Vahlens Kompendium der Wirtschaftstheorie und Wirtschaftspolitik

Band 1

9., überarbeitete Auflage

von

Professor Dr. Thomas Apolte
Universität Münster

Professor Dr. Dieter Bender
Universität Bochum

Professor Dr. Hartmut Berg
Universität Dortmund

Professor Dr. Dieter Cassel
Universität Duisburg-Essen

Professor Dr. Mathias Erlei
Universität Clausthal

Professor Dr. Heinz Grossekettler
Universität Münster

Professor Dr. Karl-Hans Hartwig
Universität Münster

Professor Dr. Lothar Hübl
Universität Hannover

Professor Dr. Wolfgang Kerber
Universität Marburg

Professor Dr. Volker Nienhaus
Universität Marburg

Professor Dr. Notburga Ott
Universität Bochum

Professor Dr. Jürgen Siebke
Universität Heidelberg

Professor Dr. Heinz-Dieter Smeets
Universität Düsseldorf

Professor Dr. H. Jörg Thieme
Universität Düsseldorf

Professor Dr. Uwe Vollmer
Universität Leipzig

Verlag Franz Vahlen München

VERLAG
VAHLEN
MÜNCHEN
www.vahlen.de

ISBN 978 3 8006 3404 0

Satz: jürgen ullrich typosatz, Deininger Straße 8, 86720 Nördlingen
Druck und Bindung: Bercker Grafischer Betrieb GmbH
Hooge Weg 101, 47624 Kevelaer
Umschlaggestaltung: Bruno Schachtner, Dachau
Gedruckt auf säurefreiem, alterungsbeständigem Papier
(hergestellt aus chlorfrei gebleichtem Zellstoff)

Vorwort zur neunten Auflage

Die nunmehr vorliegende neunte Auflage des Lehrwerks Vahlens Kompendium der Wirtschaftstheorie und Wirtschaftspolitik enthält wesentliche Änderungen, die insbesondere Band 2 betreffen. Nach intensiver Diskussion sind die Autoren der Anregung gefolgt, den Beitrag K (Haushalte und Unternehmen) von GÜNTER GABISCH, Göttingen, und den Beitrag L (Preistheorie) von JÜRGEN SIEBKE, Heidelberg, durch einen neuen Beitrag zu ersetzen. Autor dieses Beitrages ist MATHIAS ERLEI, Clausthal. Da die Inhalte der bisherigen Beiträge K und L in der akademischen Lehre üblicherweise im Rahmen der Vorlesung (des Moduls) Mikroökonimik vermittelt werden, erscheint es den Autoren sinnvoll, sie auch im Kompendium in einem Beitrag K systematisch abzuhandeln unter dem Titel der dazu einschlägigen Veranstaltung. Selbstverständlich wurden neue Aspekte der Mikroökonomik (z. B. Spieltheorie) im Text aufgegriffen.

Die durch die „Fusion" frei gewordene Kennziffer L ist einem weiteren neuen Beitrag Arbeitsmarktökonomik zugewiesen worden. In ihm werden die – bislang nur verstreut in verschiedenen Beiträgen angesprochenen – Probleme des Arbeitsmarktes systematisch von THOMAS APOLTE, Münster, behandelt.

Alle anderen Beiträge der Bände 1 und 2 wurden überarbeitet und aktualisiert. Dabei ist wie in den früheren Auflagen an dem Ziel des Kompendiums festgehalten worden, seine Leser mit dem Stoff wichtiger Bereiche der modernen Volkswirtschaftslehre vertraut zu machen und dabei durch eine intensive Zusammenarbeit der Autoren und eine für alle verbindliche gemeinsame didaktische Aufbereitung ein hohes Maß an Homogenität des gesamten Werkes zu erreichen.

Wir danken für zahlreiche Anregungen und Hinweise auf Verbesserungen der Texte, die wir häufig gern berücksichtigt haben. Unser Dank gilt – wie immer – den Sekretärinnen und den wissenschaftlichen Mitarbeitern der beteiligten Lehrstühle, die außerordentlich engagiert geholfen haben, das Kompendium fristgerecht fertigzustellen.

Frühjahr 2007 — Die Autoren

Vorwort zur zweiten Auflage

Das nunmehr in zweiter Auflage vorliegende Kompendium will seine Leser mit dem Stoff wichtiger Bereiche der modernen Volkswirtschaftslehre vertraut machen, wie sie den Studenten an den wissenschaftlichen Hochschulen des deutschsprachigen Raumes in Wirtschaftstheorie, Wirtschaftspolitik und Finanzwissenschaft angeboten werden. Die Verfasser waren bemüht, unter didaktischen Aspekten nicht nur die „herrschende Lehre“ aufzubereiten, sondern auch solche neueren Entwicklungen einzuarbeiten, die nach intensiver Fachdiskussion weitgehend akzeptiert und deshalb in den Kanon akademischer Lehre aufzunehmen sind.

Die einzelnen Beiträge in beiden Bänden von Vahlens Kompendium sind so konzipiert, daß sie geschlossene Einheiten bilden. Auf diese Weise wird gewährleistet, daß jene Beiträge ausgewählt werden können, die sich thematisch auf die jeweilige Lehrveranstaltung beziehen. Das Kompendium kann jedoch auch in der Art eines Lehrbuchs verwendet werden. In diesem Fall wird empfohlen, sich zunächst mit dem Inhalt des Beitrags „Wirtschaftssysteme“ (A) vertraut zu machen. Anschließend können die Grundlagen der Makroökonomik aus den Beiträgen „Wirtschaftskreislauf und Gesamtwirtschaftliches Rechnungswesen“ (B) und „Einkommen, Beschäftigung, Preisniveau“ (C), die Grundzüge der Mikroökonomik aus den Beiträgen „Haushalte und Unternehmen“ (K) und „Preistheorie“ (L) erarbeitet werden. Eine Einführung in allgemeine Probleme der Wirtschaftspolitik bietet der Beitrag „Theorie der Wirtschaftspolitik“ (N), der zugleich über wissenschaftstheoretische Positionen und Entwicklungen informiert, soweit sie für das Verständnis des methodischen Vorgehens in der Volkswirtschaftslehre bedeutsam sind. Auf dieser Basis können sodann die weiteren Gebiete der Volkswirtschaftslehre erarbeitet werden, denen einzelne Beiträge gewidmet sind. Als Regel empfiehlt es sich dabei, in jedem Gebiet zunächst das relevante theoretische Grundwissen zu erwerben, bevor die entsprechenden wirtschaftspolitischen Aspekte studiert werden.

Beide Bände des Kompendiums wurden von den Autoren gemeinsam konzipiert mit dem Ziel, die Einzelbeiträge in Anspruchsniveau, analytischer Vorgehensweise sowie Form aufeinander abzustimmen und inhaltlich zu verzahnen. Die in den Text aufgenommenen Verweise auf andere Beiträge (z. B.: Beitrag C-2.2.) sollen durch Angabe des Buchstabens und der Abschnittziffer die Suche nach ergänzenden oder vertiefenden Textstellen erleichtern.

Mathematische Darstellungen und Ableitungen beschränken sich auf das notwendige Maß. Wichtige Gleichungen werden innerhalb eines Beitrages fortlaufend – gegebenenfalls abschnittweise – numeriert. Die Verwendung der Symbole lehnt sich an den internationalen Sprachgebrauch an und erfolgt weitgehend einheitlich (s. Symbolverzeichnis).

Abbildungen, Tabellen und Übersichten werden innerhalb eines Beitrages fortlaufend numeriert (z. B.: *Abb. C-5; Tab. A-1; Übersicht F-2*). Der vorangestellte Buchstabe des jeweiligen Beitrages soll das Auffinden bei Querverweisen erleichtern.

Jeder Beitrag schließt mit kommentierten Literaturhinweisen, die der Orientierung vor allem über die deutschsprachige Studienliteratur dienen. Weitere Literaturhinweise im Text sollen ein vertiefendes Studium der jeweils behandelten Probleme erleichtern und anregen. Dabei bezeichnet die dem Autorennamen folgende Jahreszahl die Erstauflage der zitierten Quelle. Am Schluß des Bandes sind die genauen bibliographischen Angaben aus allen Beiträgen in alphabetischer Reihenfolge vereinigt.

Hinzuweisen ist schließlich darauf, daß ein solch umfangreicher Text nicht ohne die intensive Unterstützung der Mitarbeiter und Sekretärinnen der Autoren zustande gekommen wäre. Ihnen sei an dieser Stelle vielmals gedankt. Dank schulden die Autoren auch den Kollegen, die frühere Fassungen einzelner Beiträge gelesen und konstruktiver Kritik unterzogen haben. In der zweiten Auflage sind diese Anregungen gern berücksichtigt worden, sofern das mit vertretbarem drucktechnischen Aufwand möglich war. Zudem wurden Druckfehler berichtigt, die Literaturhinweise und -empfehlungen aktualisiert sowie einzelne Beiträge erweitert und ergänzt.

Frühjahr 1984 Die Autoren

Inhaltsverzeichnis

Band 1

Band 2

Symbolverzeichnis

In das Verzeichnis wurden außer den Symbolen, die in mehreren Beiträgen eine einheitliche Bedeutung haben, auch diejenigen Standardsymbole aufgenommen, die nur in einem Beitrag verwendet werden. Symbole, die spezifische Sachverhalte einzelner Beiträge kennzeichnen, sind an Ort und Stelle definiert. Dies gilt auch für die Fälle, in denen sich eine abweichende Verwendung desselben Symbols in verschiedenen Beiträgen nicht vermeiden ließ. So bezeichnet beispielsweise c generell die durchschnittliche Konsumquote, im Beitrag D symbolisiert c jedoch den Bargeldhaltungskoeffizienten der Nichtbanken; Definitionsgleichungen sind durch „:=" gekennzeichnet (z. B.: $Y := C + I$). Ableitungen nach der Zeit werden durch einen Punkt über dem Symbol für die zeitabhängige Größe markiert (z. B.: $dP/dt := \dot{P}$); partielle Ableitungen einer Funktion F (x. y, ...) in bezug auf ihre Argumente werden in der Reihenfolge der Funktionsargumente mit F_x, F_y, ... bezeichnet.

1. Allgemeine Regeln und Zeichen:

Angebotsgrößen:	hochgestelltes s (z. B.: M^s := Geldangebot)
Nachfragegrößen:	hochgestelltes d (z. B.: M^d := Geldnachfrage)
Erwartungsgrößen:	gekennzeichnet durch * (z. B.: i^* := erwarteter Nominalzins)
exogene Größen:	generell durch einen Querstrich über dem Symbol (z. B.: $\overline{M}$:= exogen gegebenes Geldangebot)
Wachstumsraten:	generell durch g, speziell g mit Suffix (z. B.: g_Y := Wachstumsrate des Sozialprodukts)

2. *Großbuchstaben:*

A	Vermögen
AB	Absorption
B^P	Bargeldumlauf
B_K^{MRS}	Pflichtreserven der Banken bei der Zentralbank
B_K^R	gesamte Reservehaltung der Banken bei der Zentralbank
$B_K^{ÜR}$	Überschussreserve der Banken bei der Zentralbank
BIP	Bruttoinlandsprodukt
C	Ausgaben für Konsumgüter
D	Abschreibungen
DD	Nachfragekurve
DE	täglich fällige Einlagen
DK	Durchschnittskosten
E	Gleichgewicht
Ex	Export
Ex-Im	güterwirtschaftlicher Beitrag des Auslandes

FE	Festgelder
G	Staatsausgaben
GD	verzinsliche Staatsschuld
GE	Grenzerlös
GK	Grenzkosten
GMP	(insbes.) Geldmarktfondsanteile und Geldmarktpapiere
H	Humankapitalbestand
HB	Handelsbilanzsaldo
I	Ausgaben für Investitionsgüter (netto), Nettoinvestition
Im	Import
K	Kapitalstock, Sachkapitalbestand
KE	Kündigungsgelder
KR	Kreditvolumen
L	Liquiditätspräferenz (Geldnachfrage)
M	Geldmenge
M1	Bargeld und täglich fällige Einlagen
M2	M1 + Festgelder + Kündigungsgelder
M3	M2 + (insbes.) Geldmarktfondsanteile, Geldmarktpapiere
M^d	Geldnachfrage
M^s	Geldangebot
N	Beschäftigungsniveau, Beschäftigungsmenge des Faktors Arbeit
N^d	Arbeitsnachfrage
N^s	Arbeitsangebot
NA	Nettovermögen des privaten Sektors
P	Güterpreisniveau
P_{Im}	Preisniveau der Importgüter
P_{Ex}	Preisniveau der Exportgüter
P_K	Preis pro Einheit Realkapital
Q	Gewinneinkommen
R	Gesamterlös des Unternehmens
S	Ersparnis
SS	Angebotskurve
T	Steuern
U	Nutzen
V	Umlaufgeschwindigkeit des Geldes
W	Nominallohn-Niveau
Y	Volkseinkommen, Produktionsmenge, Sozialprodukt, Nationaleinkommen
Y_d	gesamtwirtschaftliche Gütemachfrage
Y^s	gesamtwirtschaftliches Güterangebot
Z	Zahlungsbilanz, Devisenbilanzsaldo

3. Kleinbuchstaben:

a	Arbeitskoeffizient (N/Y)
c	durchschnittliche Konsumquote (C/Y)
d	Differential (totale Ableitung)
e	Wechselkurs

ex	Exportvolumen
g	Wachstumsrate für alle Größen
g_K	Wachstumsrate des Kapitalstocks
g_N	Wachstumsrate der Arbeit, Wachstumsrate der Bevölkerung
g_P	Inflationsrate
g_Y	Wachstumsrate des Sozialprodukts
g_π	Wachstumsrate des technischen Wissens (technischer Fortschritt)
i	Zinssatz (nominal)
im	Importvolumen
k	Kassenhaltungskoeffizient, in *Beiträgen G* und *H:* Kapitalkoeffizient (K/Y)
m	durchschnittliche Importquote (Im/Y)
n	Kapital-Arbeits-Verhältnis, Kapitalintensität (K/N)
p	Preis eines Gutes
r	Realzinssatz
r*	Grenzleistungsfähigkeit der Investitionen
s	durchschnittliche Sparquote (S/Y)
tot	Terms oft rade
u	Arbeitslosenquote
w	Nominallohnsatz
x	Mengeneinheiten eines gehandelten Gutes
y	Pro-Kopf-Produktion, Pro-Kopf-Einkommen (Y/N)
z	Zollsatz

4. Griechische Buchstaben:

α	Produktionselastizität
β	Akzelerator
∂	Differential (partielle Ableitung)
η	Nachfrageelastizität
η_y	Einkommenselastizität der Nachfrage
λ	Skalenelastizität
π	technisches Wissen
Θ	Periodenlänge
ρ	Arbeitsproduktivität
σ	Kapitalproduktivität

A. Wirtschaftssysteme

H. Jörg Thieme

Gliederung

1. Wirtschaftssystem als Teilsystem einer Gesellschaft

1.1. Güterknappheit, Arbeitsteilung und Herausbildung komplexer Gesellschaften

In jeder Gesellschaft sind wirtschaftliche Probleme zu lösen, die aus der Knappheit von Gütern resultieren. Knappheit bezeichnet dabei die Diskrepanz zwischen den Bedürfnissen (Wünschen) der Menschen und den zu ihrer Befriedigung geeigneten Gütern (Waren und Dienstleistungen). Nur wenige Produkte der Natur sind unmittelbar geeignet, Ziele der Daseinserhaltung und -gestaltung zu verwirklichen. Die Produkte müssen in konsumgerechte Güter umgewandelt und auf Verwendungszwecke verteilt werden. Dieser Umwandlungs- und Verteilungsprozeß (Güterproduktion und -allokation) vollzieht sich in zahlreichen Einzelschritten, die in den gegenwärtigen Gesellschaften zu einem unüberschaubaren Netz ökonomischer Aktivitäten verknüpft sind.

Das Streben nach wirksamer Knappheitsminderung bedeutet, daß unter den technisch möglichen Verwendungen von Produktionsmitteln und Gütern jene auszuwählen sind, die es erlauben, möglichst viele Bedürfnisse entsprechend ihrer Rangordnung zu verwirklichen. Wirtschaften heißt somit immer, Entscheidungen über die Verwendung knapper Produktionsmittel (Ressourcen) und Güter zu treffen.

Diese Überlegungen gelten für jede Gesellschaft, unabhängig von ihrer Organisation. Sie prägten mittelalterliche Standeswirtschaften oder Wirtschaftsformen zur Zeit der industriellen Revolution ebenso wie die in Haus- und Dorfwirtschaften lebenden Naturvölker oder die komplizierten Prozesse hochindustrialisierter Volkswirtschaften der Gegenwart. Die sozioökonomische Entwicklung einer Gesellschaft, die bei historischer Betrachtungsweise sichtbar wird, kann als Ausdruck des Strebens nach besserer Knappheitsminderung begriffen werden: Immer haben Menschen neue Wege und Möglichkeiten gesucht und gefunden, knappe Ressourcen bei der Produktion von Gütern einzusparen, ergiebigere Produktionsverfahren anzuwenden und das Güterbündel quantitativ, qualitativ und zeitlich besser auf die Wünsche der Konsumenten abzustimmen. Ein besonders markantes Beispiel knappheitsmindernder Strategien ist die Herausbildung einer hochgradigen Arbeitsteilung. Ökonomische Entwicklung ist geprägt durch berufliche, betriebliche, zwischenbetriebliche, intersektorale, interregionale und nicht zuletzt internationale Spezialisierung auf besondere Tätigkeiten. Die Anhäufung und Nutzung spezieller Fähigkeiten und Fertigkeiten bei arbeitsteiliger Wirtschaftsweise ermöglicht Produktivitätssteigerungen und damit Wohlstandseffekte, auf die schon frühzeitig PLATO und ARISTOTELES sowie später besonders ADAM SMITH hingewiesen haben.

Der Prozeß zunehmender Arbeitsteilung hat daneben zahlreiche andere Konsequenzen, die von besonderer Bedeutung für gesellschaftliches Leben sind:

Erstens wird wirtschaftliche Aktivität durch Arbeitsteilung und Spezialisierung verstärkt zur gesellschaftlichen Veranstaltung, in der der einzelne in hohem Maße von anderen Menschen abhängig ist. Umgekehrt ist die Gesellschaft zunehmend auf den wirtschaftlichen Beitrag spezialisierter Individuen und Einzelwirtschaften angewiesen, wie die Wirkungen von Spezialisten-Streiks (z. B. Fluglotsen) hinreichend verdeutlichen. Arbeitsteilung heißt somit notwendigerweise Zusammenarbeit von Individuen.

Zweitens sind arbeitsteilig wirtschaftende Gesellschaften äußerst komplex und für den einzelnen nicht mehr überschaubar. Die Menschen müssen ihre Entscheidungen und Verhaltensweisen, durch die sie ihre Interessen zu verwirklichen suchen, an den für sie unmittelbar wahrnehmbaren, einzelwirtschaftlichen Rahmenbedingungen orientieren, ohne Richtung, Umfang und Struktur des wirtschaftlichen Gesamtprozesses überschauen zu können.

Drittens ist in jeder arbeitsteiligen Volkswirtschaft zu entscheiden, was, wo, wann, wie, womit, von wem und für wen produziert wird. Diese Allokations- (Lenkungs-) und Verteilungsprobleme sind in sachlicher, zeitlicher, räumlicher und personeller Hinsicht zu lösen.

Viertens zerlegt die Spezialisierung den Produktionsprozeß in zahlreiche Arbeitsakte, an denen der einzelne Mensch jeweils nur partiell beteiligt ist. Die unmittelbare Beziehung zwischen Produzenten und konsumfähigem Gut, wie sie in den Selbstversorgungswirtschaften der Vergangenheit bestand – und in den „Kommunen"-Wirtschaften der Gegenwart vereinzelt wiederentdeckt wird –, ist beseitigt bzw. gelockert. Hierdurch können die Motivationen zur Arbeitsleistung gemindert und Schranken für die Selbstverwirklichung des Menschen aufgebaut werden.

Fünftens schließlich begründet die Anhäufung von menschlichem Fähigkeitspotential (Arbeitsvermögen; Humankapital) ebenso wie von Verfügungsrechten über Produktionsmittel (Finanz- und Sachvermögen) Machtpositionen. Entstehung und Ausübung von Macht bedürfen der Kontrolle, wenn vermieden werden soll, daß sich Einzelinteressen auf Dauer zu Lasten der Interessen anderer verwirklichen können.

Diese knappe Auflistung verdeutlicht Funktions- und Gestaltungsprobleme komplexer Gesellschaften. Menschen müssen ihre Handlungen bei arbeitsteiliger Wirtschaftsweise aufeinander abstimmen, die Beziehungen zwischen Menschen und Institutionen sowie Gütern sind zu ordnen. Aus systemtheoretischer Sicht umfaßt ein Gesellschaftssystem dieses Beziehungsnetz zwischen Systemelementen (z. B. Menschen) bzw. deren Eigenschaften (z. B. Handlungen der Menschen). Dieses Beziehungsnetz muß ein Mindestmaß an interner Ordnung aufweisen. Sie kann sich spontan herausbilden oder durch Anwendung von Organisationsprinzipien (z. B. in rechtlichen Regelungen) hergestellt werden, wodurch der Freiheitsgrad der Elemente (z. B. Handlungsspielräume der Menschen) mehr oder weniger eingeschränkt wird. Zudem müssen sich Gesellschaftssysteme an ihre Umwelt (z. B. Bestand natürlicher Ressourcen) anpassen, also auf Umweltstörungen (z. B. Erschöpfung einer Ressource) reagieren können. Anpassungs- oder Reaktionsflexibilität entscheidet dabei nicht nur über die generelle Überlebensfähigkeit eines Gesellschaftssystems, sondern auch über das Entwicklungspotential seiner Elemente.

1.2. Soziale Handlungssysteme und Interdependenz

Die Herausbildung eines an bestimmten Zielen ausgerichteten Gesellschaftssystems setzt Kenntnisse über mögliche und miteinander vereinbare Organisationsprinzipien sowie deren Einflüsse auf die Verhaltensweisen von Menschen und damit auf die durch sie initiierten und geprägten Prozeßabläufe voraus. Sie zu entdecken, ist das Erkenntnisziel jeder Gesellschaftstheorie. Sie hat in der allgemeinen Systemtheorie, wie sie einige Zeit diskutiert wurde, eine neue Variante gefunden (LUHMANN, 1968; LEIPOLD, 1976, 5. A. 1988). Gemeinsam ist den verschiedenen, durchaus kontroversen Ansätzen die Auffassung, daß nur eine umfassende Theorie gesellschaftliches Zusammenleben erklären kann, weil eine universale Interdependenz aller sozialen Phänomene existiert. Die entstandene Komplexität der Beziehungen ist jedoch in ihrer Ganzheit kaum begreifbar und erklärbar. Die notwendige Verminderung von Komplexität erfolgt durch Bildung von sozialen Teil-(Sub-)systemen, aus denen sich Gesellschaftssysteme zusammensetzen. In den sozialen Teilsystemen entscheiden und handeln die Menschen, um spezifische Bedürfnisse zu befriedigen. Soziale Teilsysteme werden deshalb auch als Entscheidungs- und Handlungssysteme begriffen. Als Kriterium der Abgrenzung sozialer Handlungssysteme können z. B. die jeweils eingesetzten Mittel der Befriedigung spezifischer Bedürfnisse verwendet werden. Es sind danach drei gesellschaftliche Teilsysteme zu unterscheiden, weil Bedürfnisbefriedigung möglich ist durch

- Androhung und Anwendung von legitimierter Gewalt (politisches System),
- Anwendung von psychischen Fähigkeiten (kulturelles System) sowie durch
- Produktion und Bereitstellung von Gütern (ökonomisches System oder Wirtschaftssystem).

Das politische Teilsystem umfaßt alle Handlungen physischer Gewaltandrohung oder -anwendung, die in den meisten modernen Gesellschaften in der Rechtsordnung niedergelegt und dem Staat vorbehalten sind. Staatliche Machtausübung kann nach unterschiedlichen Prinzipien geordnet und legitimiert sein. Sie kann z. B. verschiedenen politischen Institutionen übertragen sein (Institutionelle Gewaltenteilung), die sich gegenseitig kontrollieren mit dem Ziel, die in der Rechtsordnung (Verfassung) garantierten Persönlichkeitsrechte (z. B. Unverletzbarkeit der Person, freie Meinungsäußerung, Versammlungsfreiheit, Rechtssicherheit, Wahlfreiheit) allen Menschen zu gewährleisten. Daneben verteilt der Staat auch ökonomische Kollektivgüter, von deren Konsum – im Gegensatz zu Individualgütern – keine Person ausschließbar ist (s. Abschnitt 3.2.2.). Regelt die Verfassung, daß die Auswahl der politischen Entscheidungsträger in freien und geheimen Wahlen erfolgt und die Zuweisung staatlicher Macht an repräsentative Organe dem Prinzip der Gewaltenteilung unterliegt, entspricht das politische Teilsystem dem Modell einer rechtsstaatlichen, parlamentarischen Demokratie, wie sie in verschiedenen Nuancierungen in Ländern der westlichen Welt verwirklicht ist.

Die politische Willensbildung und die Instrumente politischer Machtausübung können auch in den Händen eines oder weniger Menschen konzentriert sein. Institutionen politischer Machtkontrolle fehlen oder üben formal gegebene Kontrollfunktionen nicht aus. Häufig werden in solchen Systemen nicht alle in der Verfassung garantierten politischen Kollektivgüter faktisch auch angeboten. Nicht freie Wahlen, sondern gewaltsame Machtergreifung – z. B. durch Putsch oder Pseudowahl im Einparteiensystem – regeln die Auswahl oberster politischer Entscheidungsträger. Ihre Beziehungen zu anderen, nachgelagerten politischen Institutionen sind durch Subordination und Anweisung geprägt. Bezieht sich der Machtanspruch in einem solchen autokratischen politischen System auf alle Lebensbereiche der Menschen, entstehen totalitäre Diktaturen, wie sie auch in der Gegenwart in zahlreichen Ländern verwirklicht sind.

Das kulturelle System umfaßt Handlungen der Menschen zur Befriedigung von Bedürfnissen, die durch Rückgriff auf psychische, auch geistige und sittliche Fähigkeiten möglich sind. Die zwischenmenschlichen Beziehungen (z. B. Kommunikationsformen, Umgang zwischen Generationen und Geschlechtern) sind durch Geschichtsbewußtsein, Tradition, Toleranz, nationalen Stolz, Religion oder Weltanschauungen bestimmt. In der Vergangenheit, aber auch in der Gegenwart haben insbesondere Religionen auf Ethos und Moralprinzipien der Menschen erheblich eingewirkt. Das kulturelle System ist für gesellschaftliches Zusammenleben von Menschen deshalb bedeutsam, weil es die für erstrebenswert angesehenen individuellen und gesellschaftlichen Ziele der Daseinsgestaltung prägt. Wie in anderen sozialen Handlungssystemen, können die Beziehungen zwischen den Menschen auch im kulturellen System verschieden gestaltet sein (z. B. Alleingültigkeitsansprüche oder friedliches Nebeneinander von Weltanschauungen oder Religionen) und unterschiedliche Chancen und Risiken individueller Entfaltung bieten. Die Erfahrung zeigt, daß die im Zeitablauf sich wandelnden Sitten und Gebräuche nicht nur intra- und interkontinental stark differieren, sondern selbst zwischen den Regionen relativ kleiner Länder (z. B. Schweiz, Bundesrepublik Deutschland).

Dem Wirtschaftssystem schließlich werden in der allgemeinen Theorie sozialer Systeme all jene auf Bedürfnisbefriedigung gerichteten Handlungen zugerechnet, die der Produktion und Bereitstellung von Gütern dienen. Alle wirtschaftlichen Handlungen unterliegen dem Phänomen der Ressourcen- und Güterknappheit. Wie später zu zeigen ist, können die Beziehungen zwischen den Elementen von Wirtschaftssystemen unterschiedlich geordnet sein. Je nach den im Systemmodell angenommenen oder in der Praxis verwirklichten Gestaltungsprinzipien werden dann auch die Planungs-, Lenkungs-, Koordinations-, Informations-, Motivations- und Kontrollprobleme bei arbeitsteiliger Wirtschaft auf verschiedene Weise gelöst.

Wie die Lebensbereiche der Menschen, sind auch die Subsysteme einer Gesellschaft interdependent. Es bestehen Entsprechungsverhältnisse und Parallelen in den Beziehungen zwischen den Elementen einzelner Subsysteme: Traditionell-religiöse Agrargesellschaften mit ausgeprägtem Gemeinschaftssinn (z. B. in Entwicklungsländern) können nicht in wenigen Jahren in funktionsfähige Industriegesellschaften verwandelt werden. Oder: Totalitäre Diktaturen müssen die politische Machtausübung ökonomisch absichern, indem sie die Entscheidungen über das Produktionsprogramm und damit die Verfügungsrechte insbesondere über die Ressourcen zentralisieren (z. B. Kriegswirtschaft im Dritten Reich, UdSSR). Diese Interdependenz wird auch sichtbar, wenn mehr oder weniger abrupte Änderungen des politischen oder kulturellen Systems auf das Wirtschaftssystem durchschlagen (z. B. Iran 1979). Umgekehrt bleiben Transformationen des Wirtschaftssystems nicht ohne Rückwirkungen auf das politische System, wie die gegenwärtigen Veränderungen in den ehemals sozialistischen Ländern Europas zeigen.

Es ist das Verdienst der neueren Ansätze zur Entwicklung einer allgemeinen Systemtheorie komplexer Gesellschaften, diese Zusammenhänge zu betonen. Sie liefern ein einheitliches Sprachsystem, Kriterien zur Abgrenzung gesellschaftlicher Subsysteme und zeigen Parallelen zwischen ihnen auf. Ob und inwieweit mit der Suche nach Gleichartigkeiten in den Beziehungen von Subsystemen allerdings Erkenntnisfortschritte für das Verständnis von Wirtschaftssystemen erzielt wurden, ist zu bezweifeln: Jeder Lebensbereich ist auch durch Eigenheiten und spezifische Probleme (z. B. das Knappheitsphänomen) gekennzeichnet, die sich in den Handlungen der Menschen und den Beziehungen zwischen ihnen niederschlagen. Sie sind theoretisch zu erklären. Eine ökonomische Theorie von Wirtschaftssystemen ist also erforderlich, wenn die Leerstellen der allgemeinen Systemtheorie ausgefüllt werden sollen und durch Bildung und Vergleich von Subsystemen das Verständnis komplexer Gesellschaften gefördert werden soll.

2. Ordnungstheoretische Bestimmung von Wirtschaftssystemen

2.1. Ansätze zur Bestimmung von Wirtschaftssystemen: Ein Überblick

In der Nationalökonomie hat es – gemessen an der Differenzierung und Entwicklung von anderen ökonomischen Teildisziplinen (z. B. Haushalts-, Unternehmens-, Preis-, Geld-, Verteilungs-, Wachstums-, Konjunkturtheorie) – nur relativ wenige Versuche gegeben, Wirtschaftssysteme zu bestimmen, ihr Funktionieren zu erklären und zu vergleichen. Das Interesse an Systemproblemen hat insbesondere im angelsächsischen Sprachraum erst seit einigen Jahren zugenommen, wohingegen die Systemanalyse vor allem im deutschen Sprachraum Tradition hat. In vielen Publikationen werden Wirtschaftsordnungen und -prozesse einzelner Staaten (z. B. USA, UdSSR) allerdings lediglich in allen Details beschrieben und klassifiziert und ihre Leistungsfähigkeit an verschiedenen Effizienzkriterien, wie z. B. der Wachstumsrate des Volkseinkommens, gemessen und verglichen. Eine Theorie der Wirtschaftssysteme läßt sich durch solche vergleichenden Faktensammlungen, wie sie auch im angelsächsischen Schrifttum üblich sind (Comparative Economic Systems), unmittelbar nicht gewinnen. In anderen Ansätzen werden einzelne wirtschaftliche Probleme – wie z. B. Verteilungs- oder Stabilitätsprobleme – aufgegriffen und systemvergleichend analysiert (CASSEL/THIEME, 1976; THIEME, 1979). Dabei werden die für spezifische Systembedingungen entwickelten ökonomischen Theorien auf andere Bedingungskonstellationen übertragen und ihre allgemeine Erklärungsrelevanz überprüft (THIEME, 1985, 2. A. 1987). Wirtschaftssysteme werden insofern nicht bestimmt, sondern bereits – nach bestimmten Kriterien abgegrenzt – vorausgesetzt.

Die vorhandenen Ansätze zur Bestimmung von Wirtschaftssystemen unterscheiden sich in den Fragestellungen, im methodischen Vorgehen sowie in Auswahl und Betonung von systembestimmenden Elementen:

In der marxistischen Theorie sind die Eigentumsverhältnisse das dominante Abgrenzungskriterium von Wirtschafts- und Gesellschaftssystemen. Die Entwicklung von der Sklavenhaltergesellschaft über die Feudalherrschaft hin zur privatkapitalistischen Produktionsweise wird auf den antagonistischen Widerspruch zwischen den jeweils realisierten privaten Eigentums- und Verfügungsrechten (Produktionsverhältnisse) einerseits und dem jeweiligen Entwicklungsstand der Produktivkräfte andererseits (z. B. Bestand an Rohstoffen, Arbeitskräften und technischem Wissen) zurückgeführt (Marx, 1859, 1972). Erreicht die kapitalistische Produktionsweise einen bestimmten Reifegrad (z. B. hoher Konzentrationsgrad der Produktion in wenigen privaten Großunternehmen) und haben sich die Klassengegensätze zwischen dem Proletariat und den Privatkapitalisten genügend verschärft, erfolgt zwangsläufig der revolutionäre Umschlag in ein sozialistisches Wirtschafts- und Gesellschaftssystem (Marx, 1867, 1969). Es ist durch gesellschaftliches Produktionsmitteleigentum und damit annahmegemäß durch Beseitigung von Ausbeutung der Arbeitskräfte charakterisiert. Abgesehen von der Vermengung beschreibender, erklärender und wertender Aussagen in marxistischen Denkansätzen (Helberger, 1974) ist die allein auf das Produktionsmitteleigentum gerichtete Betrachtung nicht geeignet, die Vielfalt realer Beziehungen in ökonomischen Prozessen zu erklären. Diese Mängel zeigen sich auch bei der Erklärung der erheblichen Differenzen in der Organisation ökonomischer Prozesse in den verschiedenen sozialistischen und kommunistischen Ländern der Vergangenheit und Gegenwart.

Die neuere Theorie der Property Rights setzt im Prinzip ebenfalls an den Eigentumsformen an (Furubotn/Pejovich, 1972; Alchian/Demsetz, 1973; North/Thomas, 1973; Überblick bei Schüller, 1983). Property Rights können als Vermögens-, Handlungs- oder Verfügungsrechte interpretiert werden, die sich auf die Nutzung von Gütern (Konsum- und Vermögensgütern einschließlich human capital) beziehen. Die Grundidee besteht im Nachweis, daß wirtschaftliche Beziehungen und deren Entwicklung im wesentlichen von der rechtlich-institutionellen Organisation der Eigentums- und Verfügungsrechte abhängen. In diesem Ansatz werden die neoklassischen Gleichgewichtsmodelle der Haushalts-, Unternehmens- und Markttheorie (Beiträge K, L) um spezifische Informations- und Transaktionskosten (z. B. alle Kosten eines Vertragsabschlusses) erweitert. Sie entstehen bei arbeitsteiliger Wirtschaft, weil die Nutzung von Gütern erst durch Austausch ermöglicht wird, bei dem immer auch Verfügungsrechte übertragen werden. Besondere (Anreiz-)Regelungen sind erforderlich, wenn Nichteigentümer Verfügungsrechte ausüben, weil Menschen immer Eigeninteressen bei wirtschaftlichen Handlungen verfolgen (Prinzipal-Agent-Problem; Beitrag K). Initiative und ökonomische Aktivität eines Menschen hängen deshalb davon ab, ob er den Ertrag seiner Anstrengungen auch vollständig individuell realisieren kann. Lassen seine Aktivitäten bei anderen unentgeltliche Erträge entstehen, mindert dies seine Initiative; verursachen sie anderen hingegen Kosten, können wirtschaftliche Aktivitäten von außen unterbunden und Entwicklungen gebremst werden (z. B. Einsprüche von Umweltgeschädigten). Ein Wirtschaftssystem kann sich auf Dauer nur dann effizient entwickeln und an Umweltänderungen anpassen, wenn die individuellen Erträge ökonomischer Handlungen den sozialen entsprechen, also keine sozialen Nettoeffekte (social net costs oder social net benefits) entstehen.

Wie die Theorie der Property Rights nachzuweisen versucht, ist dies bei staatlichem Produktionsmitteleigentum oder Gesellschafts- (Gemeinschafts-)eigentum in geringerem Maße der Fall als bei privatem – eine Erkenntnis, die von Vertretern der Ordnungstheorie (Eucken, 1940, 9. A. 1989) schon früh betont wurde. Die Theorie der Property Rights erklärt ökonomische Entwicklung monokausal aus dem Spannungsverhältnis zwischen den Selbstinteressen der Menschen und der Verteilung von Verfügungsrechten. Wenngleich ihre Ergebnisse konträr zu jenen marxistischer Ansätze sind, zeigen beide bei der Erklärung ökonomischer Entwicklung in Abhängigkeit von den Eigentumsverhältnissen eine methodische Ähnlichkeit.

Die allgemeine Systemtheorie versucht, Wirtschaftssysteme durch Anwendung kybernetischer, informations- und organisationstheoretischer Erkenntnisse zu bestimmen und eine einheitliche Terminologie für die Darstellung, die Analyse und den Vergleich von Wirtschaftssystemen zu entwickeln (Kornai, 1971). Komponenten eines Wirtschaftssystems sind z. B. nach Janos Kornai Institutionen, die sich aus Organisationen zusammensetzen. Organisationen sind reale, aus Menschen gebildete Formationen, die im Rahmen rechtlich abgegrenzter Handlungsspielräume ökonomische Funktionen erfüllen. Sie werden durch abstrakte, nicht weiter zerlegbare Einheiten abgebildet, die die Basiselemente der Organisationen und damit das Wirtschaftssystem darstellen. Das Verhalten der Einheiten – z. B. Reaktionen auf systemexogene Umweltstörungen – ist durch eine bestimmte Regelmäßigkeit geprägt. Die Einheiten erhalten pro Zeiteinheit inputs, die sie durch Veränderung ihres inneren Zustands (Prozeß) in outputs verwandeln. Ein Wirtschaftssystem existiert nur dann, wenn die Einheiten nicht unabhängig voneinander agieren, sondern durch Input-output-Ströme verbunden sind. Sie fließen in zwei Sphären (Subsystemen) der Organisation, die strikt unterschieden werden: In der Realsphäre fließen Güterströme (Produktion, Konsum, Handel), die durch materiell-physikalische Variablen erfaßt werden. In der Kontrollsphäre fließen Informationsströme (z. B. Beobachtung, Informationsübertragung und -verarbeitung), die durch Kontrollvariablen zu erfassen sind. Ein Wirtschaftssystem (E) läßt sich dann in einer allgemeinen Systemfunktion umschreiben als

$$E = E(O, G, S, \Phi, \Psi),$$

wobei O die das System bildenden Organisationen symbolisiert, G die Güter, die es hervorbringt, und S die verwendeten Informationstypen. Φ bzw. Ψ stehen für die Systeme von Reaktionsfunktionen, die Input-output-Transformationen in der Kontroll- bzw. Realsphäre erfassen. Würden außerdem die Bestände von Gütern und Informationen zu Beginn einer Periode berücksichtigt, ließe sich auch die Gesamtleistung des Systems am Periodenende bestimmen (Kornai, 1971, S. 217). Bereits die verkürzte Darstellung des vielbeachteten Ansatzes läßt einige Schwachstellen erkennen (Wagener, 1979, S. 119 ff.): Abgesehen davon, daß es sich um eine geldlose Naturalbetrachtung handelt und der Einbau eines monetären Sektors schwierig sein dürfte, wird die Annahme abstrakter Real- und Kontrolleinheiten und deren strikte Trennung in zwei Subsysteme den verschiedenen Rollen nicht gerecht, die Individuen in ökonomischen Prozessen erfüllen. Auch können die wichtigen Reaktionsfunktionen, die ja die Bewegungsgesetze des Wirtschaftssystems enthalten sollen, beim gegenwärtigen Wissensstand nicht konkretisiert und in empirisch überprüfbare Form gebracht werden. Gerade dies zu leisten, ist aber Anliegen aller ökonomischen Analysen von Wirtschaftssystemen. Der Fortschritt des systemtheoretischen Ansatzes besteht insofern darin, zu betonen, daß alle bisherigen wissenschaftlichen Bemühungen zur Entdeckung ökonomischer Verhaltensweisen Partialanalysen sind, auf deren Ergebnisse die Systemtheorie jedoch dringend angewiesen ist.

Schließlich soll ein verhaltens- oder entscheidungstheoretischer Ansatz zur Bestimmung von Wirtschaftssystemen erwähnt werden, dessen Terminologie bereits Eingang in deutschsprachige Systemanalysen gefunden hat (Leipold, 1976, 5. A. 1988). Wirtschaftssysteme werden hier definiert als Mechanismen, die wirtschaftliche Entscheidungen in Produktion, Konsumtion und Verteilung von Gütern ermöglichen. Sie sind untergliedert in die drei Systeme (Strukturen) der Entscheidung, Information und Motivation:

- Das Entscheidungssystem umfaßt alle Regelungen, durch die Entscheidungsbefugnisse auf Individuen oder Wirtschaftseinheiten übertragen werden. Entscheidungen können zentralisiert oder dezentralisiert erfolgen, womit gleichzeitig Hierarchie- und Autoritätsaspekte in Gesellschaften angesprochen werden.
- Das Informationssystem umschließt alle Mechanismen und Transmissionskanäle, durch die es den Entscheidungsträgern möglich ist, ökonomisch relevante Informationen zu sammeln, zu speichern, auszuwerten und weiterzuleiten. Eine Besonderheit dieses Ansatzes besteht darin, die notwendige Abstimmung und Koordination ökonomischer Entscheidungen als Funktion des Informationssystems zu betrachten. Konsequenterweise werden deshalb die Koordinationsmechanismen „Plan und Markt" (Šik, 1967) dem Informationssystem zugeordnet.
- Das Motivationssystem schließlich bezeichnet alle Regelungen und Mechanismen, durch die sichergestellt wird, daß Entscheidungen in Handlungen umgesetzt und verwirklicht werden. Neben ideellen und materiellen Leistungsanreizen, Tradition, Loyalität etc. wird auch Zwang als Motivationsform angesehen.

Das Wirtschaftssystem operiert dabei immer in Abhängigkeit von der sozialökonomischen Umwelt (z. B. Bedürfnisstruktur der Menschen, quantitative und qualitative Ausstattung mit Arbeits- und Sachvermögen, Bestand an natürlichen Ressourcen, politisches und soziales Teilsystem) und der staatlichen Politik, soweit sie auf wirtschaftliche Entscheidungen und Handlungen durchschlägt.

Diese Sichtweise von Wirtschaftssystemen erinnert sehr stark an die ordnungstheoretische Bestimmung und Analyse von Wirtschaftssystemen, wie sie im deutschsprachigen Raum von Walter Eucken (1940, 9. A. 1989; 1952, 6. A. 1990), K. Paul Hensel (1972, 3. A. 1978) u. a. entwickelt wurde. Der Ansatz wird den folgenden Analysen von Wirtschaftssystemen zugrundegelegt.

2.2. Wirtschaftsordnung, Wirtschaftsverfassung und Wirtschaftssystem

Wie in anderen Erklärungsansätzen werden auch hier die wirtschaftlichen Entscheidungen und Handlungen als abhängig von einem Bedingungsrahmen angesehen. Zu ihm gehören die Wirtschaftsordnung einerseits und die sozialökonomische Umwelt andererseits.

Die Wirtschaftsordnung umfaßt alle Regeln, Normen und Institutionen, die als meist längerfristig angelegte Rahmenbedingungen wirtschaftliche Entscheidungs- und Handlungsspielräume von Individuen und wirtschaftlichen Einheiten (Haushalte, Unternehmen) abgrenzen. Unter ordnungstheoretischem (morphologischem) Gesichtspunkt sind Wirtschaftsordnungen die Kombination einer begrenzten Zahl von Ordnungsformen. Als Klassifikationskriterien von Wirtschaftsordnungen werden z. B. Formen der Planung und Lenkung, Eigentums-, Markt- und Preisbildungs- und Unternehmensformen sowie Formen der Geld- und Finanzwirtschaft angesehen.

Jede Ordnungsform hat verschiedene Ausprägungen: Der Wirtschaftsprozeß kann zentral oder dezentral gelenkt werden; Produktionsmittel können Privat-, Staats- oder Gesellschaftseigentum sein; der Güteraustausch auf Märkten kann durch Leistungswettbewerb, aber auch durch Monopole geprägt sein; Willensbildung und -durchsetzung sowie Erfolgsrechnung von Unternehmen können verschiedenen Organisationsprinzipien folgen usw. Die Vielfalt konkreter Wirtschaftsordnungen ist Ausdruck der Fülle von Kombinationsmöglichkeiten dieser Ausprägungen von Ordnungsformen.

Die Ordnungsformen werden in den meisten Gesellschaften der Gegenwart – mehr oder weniger umfangreich – in Verfassung, Gesetzen und Rechtsverordnungen normiert. So kann z. B. die Form der Lenkung des Wirtschaftsprozesses gesetzlich geregelt sein (Pflicht zur Aufstellung und Erfüllung von gesamtwirtschaftlichen Plänen) oder Privateigentum an Produktionsmitteln gesetzlich verboten werden. Fehlen solche rechtlichen Normierungen, bilden sich Ausprägungen von Ordnungsformen spontan heraus. Rechtlich verankerte Normen und Institutionen, durch die Entscheidungs- und Handlungsspielräume von Wirtschaftseinheiten bestimmt sind, werden als Wirtschaftsverfassung bezeichnet. Sie wird wesentlich durch das politische und kulturelle System einer Gesellschaft geprägt. Ihre Interpretation ist ein erster Ansatzpunkt, um raumzeitbezogene Wirtschaftsordnungen zu erfassen.

Die sozialökonomische Umwelt – die zweite Säule des Bedingungsrahmens – umschließt die bereits genannten Faktoren, zu denen auch politisches und kulturelles Teilsystem einer Gesellschaft zu zählen sind. Ändert sich die Umwelt (z. B. Ressourcenerschöpfung), erfolgen Reaktionen im Wirtschaftsprozeß (z. B. Ressourcensubstitution), die wiederum Umweltänderungen (z. B. Veränderungen des politischen Systems, Anhebung des Wissensstandes durch technische Fortschritte) auslösen können.

Die Anpassungsfähigkeit an die Umwelt wird wesentlich durch die Art und Weise der Beziehungen beeinflußt, die zwischen den wirtschaftlichen Entscheidungs- und Handlungseinheiten bestehen. Sie stellen in ihrer Gesamtheit das Wirtschaftssystem dar. Die Vielfalt der wirtschaftlichen Beziehungen, die die Einheiten bei Arbeitsteilung zum Zwecke der Knappheitsminderung eingehen, kann analytisch durch Bildung von Subsystemen erfaßt werden: Das Planungs- und Koordinationssystem einerseits und das Motivations- und Kontrollsystem andererseits.

Den Zusammenhang zwischen Wirtschaftsordnung, Wirtschaftsverfassung, Wirtschaftssystem und sozialökonomischer Umwelt verdeutlicht *Übersicht A-1*.

2.3. Konstitutive Elemente des Wirtschaftssystems

Planungs- und Koordinationssystem

Das Planungs- und Koordinationssystem umfaßt alle Beziehungen eines Wirtschaftssystems, die Menschen eingehen, um wirtschaftliches Geschehen planvoll zu gestalten und aufeinander abzustimmen. Die eingangs beschriebenen Lenkungs- und Koordinationsprobleme in einer Welt der Güterknappheit und der Arbeitsteilung können als Ausgangspunkt der Bestimmung dieses Subsystems dienen (Hensel, 1972, 3. A. 1978, S. 18 ff.):

Übersicht A-1: Zusammenhang zwischen Wirtschaftsordnung, Wirtschaftsverfassung, Wirtschaftssystem und sozialökonomischer Umwelt.

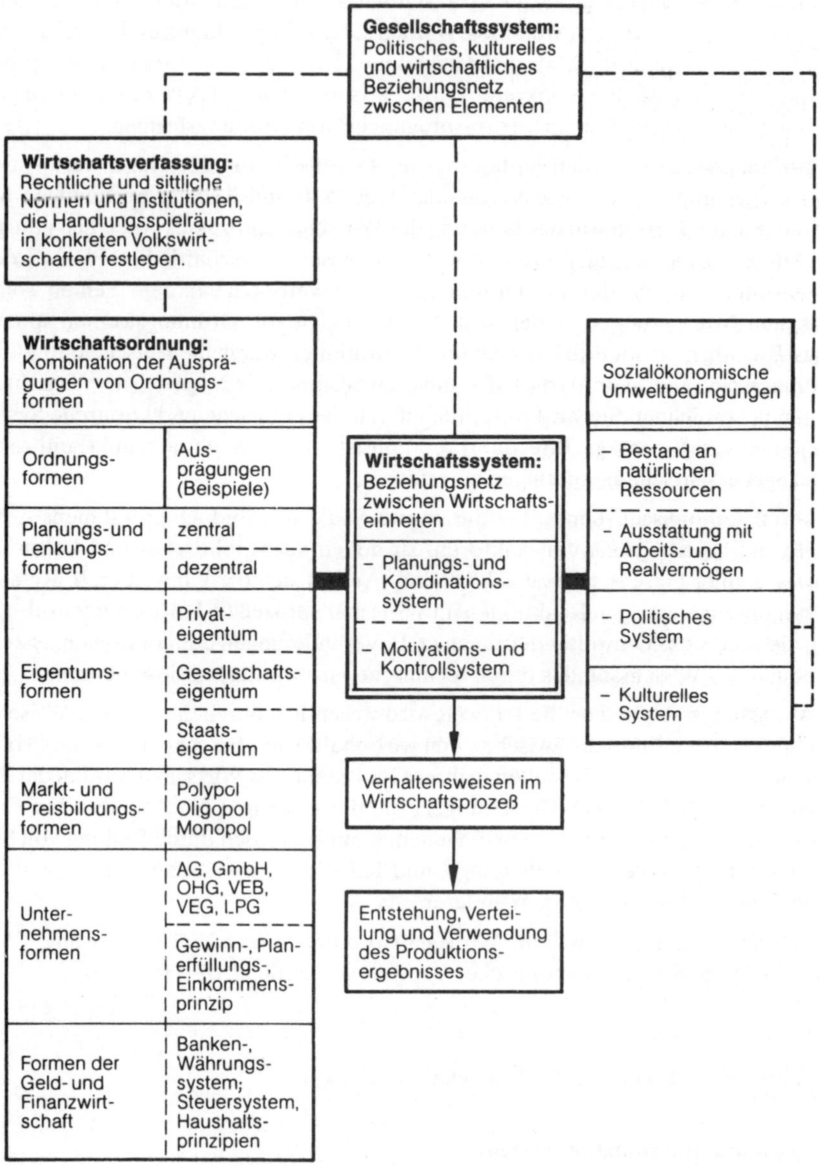

Soll Knappheit wirksam gemindert werden, sind Einsatz und Verwendung von knappen Ressourcen und Gütern zu planen. Wirtschaftliches Geschehen ist insoweit immer „Planwirtschaft“. In jeder Volkswirtschaft sind dabei die bereits erwähnten Allokations- und Verteilungsprobleme zu lösen. Dazu sind zahlreiche Entscheidungen vorzubereiten, zu treffen und in Handlungen umzusetzen. Die Verteilung von Entscheidungs- und Handlungskompetenzen, über knappe Ressourcen und Güter verfügen zu können, ist insofern ein erstes Kriterium zur Bestimmung von Planungs- und Koordinationssystemen. Sie wird vorab, wenngleich nicht ausschließlich, durch die jeweils realisierten Formen des Eigentums geprägt.

Aus gesamtwirtschaftlicher Sicht existieren unüberschaubare Beziehungen zwischen den Bedürfnissen der Menschen und den zu ihrer Befriedigung geeigneten Konsumgütern. Konsumgüter (Güter erster Ordnung) werden aus anderen, nicht unmittelbar konsumierbaren Gütern (Güter höherer Ordnung; Vorprodukte; Produktionsgüter) und Produktionsfaktoren (Güter höchster Ordnung) hergestellt. Güter können in einem Substitutions- oder Komplementärverhältnis zueinander stehen. Die Güterbeziehungen sind für das Streben der Haushalte nach Nutzenmaximierung beim Konsum ebenso bedeutsam wie für jenes der Unternehmen nach Gewinnmaximierung oder Kostenminimierung in der Produktion. Neben diesen horizontalen bestehen auch vielfältige vertikale Verflechtungen, die als technische Produktionsbeziehungen zwischen Input- und Output-Größen (Produktionsfunktionen) darstellbar sind. Sollen unter der Annahme einer gegebenen gesamtwirtschaftlichen Ausstattung mit Ressourcen möglichst viele Bedürfnisse der Menschen befriedigt werden, sind unter den technisch denkbaren Produktionsbeziehungen jene auszuwählen und zu verwirklichen, bei denen knappe Ressourcen und Güter nicht verschwendet werden.

Die Interdependenz wirtschaftlichen Geschehens bei Arbeitsteilung und die Unüberschaubarkeit der vielfältigen Beziehungen läßt dies zu einem gewaltigen Informationsproblem werden, von dessen Lösung die Konsistenz und Effizienz wirtschaftlicher Beziehungen abhängt. Es müssen nicht nur Informationen über ökonomisch relevante Daten der Vergangenheit und Gegenwart gesammelt, übermittelt, gespeichert und verarbeitet werden. Da durch Planung der zukünftige Wirtschaftsprozeß gestaltet werden soll, sind ökonomisch relevante Erwartungsgrößen zu berücksichtigen. Die Bildung von Erwartungen kann unterschiedlichen Mustern folgen; sie sind immer mit Unsicherheit behaftet. Da Informationsbeschaffung und -verarbeitung Kosten verursachen, kommt es außerdem für die Planungs- und Entscheidungsträger nicht nur auf die Menge an Informationen, sondern vor allem auf deren Qualität an. Zielgerichtete Informationsbeschaffung und damit Informationsauswahl ist in einer Welt umfangreicher Informations- und Kommunikationsnetze und hoher technischer Speicherkapazitäten eine wesentliche Aufgabe für Planungs- und Entscheidungsträger, wenn entscheidungs- und handlungshemmende Informationsüberflüsse oder -defizite vermieden werden sollen.

Die Lösung des Allokations- oder Lenkungsproblems setzt einen gesamtwirtschaftlichen Rechnungszusammenhang voraus. Er muß sicherstellen, daß die Planungs- und Entscheidungsträger über ausreichende und adäquate Informationen verfügen, damit sie die Güter bewerten und ihre Produktions- und Konsumentscheidungen an den gesamtwirtschaftlichen Knappheitsgraden der Güter ausrichten können. Der Knappheitsgrad wird als Differenz (Saldo) zwischen der in einem Zeitpunkt verfügbaren Menge und der Bedarfsmenge eines Gutes definiert. Gesamtwirtschaftliche Güterknappheiten hängen letztlich von der Bedürfnisstruktur der Menschen und den Beständen an Ressourcen ab. Deren Veränderungen lösen Variationen der absoluten Knappheitsgrade einzelner Güter und damit der relativen Güterknappheiten aus, die für wirtschaftliche Entscheidungen besonders bedeutsam sind.

Ein gesamtwirtschaftliches Planungs- und Koordinationssystem erfordert also

- ein gesamtwirtschaftliches Rechenwerk, das es ermöglicht, wirtschaftliche Entscheidungen an den absoluten und relativen Güterknappheiten auszurichten,
- Kanäle und Mechanismen, über die die Planungs- und Entscheidungsträger die notwendigen Informationen beziehen können, und
- einen Koordinationsmechanismus, durch den Millionen von Einzelplänen simultan aufeinander abgestimmt und zu einem Beziehungsnetz verknüpft werden.

In der Planungstheorie sind bisher zwei Formen der Ermittlung und Anzeige gesamtwirtschaftlicher Knappheitsgrade nachgewiesen: Mengensalden in güterwirtschaftlichen Planbilanzen einerseits sowie Güter- und Faktorpreise, die sich auf Märkten bilden, andererseits.

Im ersten Fall wird der Wirtschaftsprozeß zentral geplant. Die Mengendifferenzen der Güter werden periodenbezogen in zahlreichen Aufkommens- und Verwendungsbilanzen ermittelt. Das Beziehungsnetz entsteht, indem die Mengensalden in den Bilanzen der Konsumgüter über technische Produktionskoeffizienten jeweils in Güter höherer Ordnung umgerechnet werden. Die in den Aufkommens- und Verwendungsbilanzen der Güter höchster Ordnung auf diese Weise festgestellten Mengensalden sind die wichtigsten Bewertungskriterien, an Hand derer die Planungsstrategien (z. B. Bedarfseinschränkung, Aufwandsvermehrung durch Importe) für die betreffende Planperiode zu entwickeln sind.

Im zweiten Fall werden gesamtwirtschaftliche Knappheitsgrade bzw. -verhältnisse durch absolute Preise bzw. relative Preise ausgedrückt. Sie bilden sich auf Märkten durch das Zusammenspiel zwischen angebotenen und nachgefragten Gütermengen. Diese gehen aus einzelwirtschaftlichen Plänen privater und öffentlicher Haushalte und Unternehmen hervor, deren Entscheidungen über Märkte und die dort geschlossenen Verträge aufeinander abgestimmt werden.

Das System zentraler Planung und Koordination bedingt einen hohen Grad der Organisation, eine weitgehende Zentralisierung von Verfügungsrechten sowie Informationen und darüber hinaus die für alle verbindliche Festlegung einer Einheitsplanperiode (z. B. Einjahres- oder Fünfjahrespläne). Ein System dezentraler Planung und Koordination ist hingegen durch einen niedrigen Organisationsgrad charakterisiert, wodurch Raum für spontane Handlungen geschaffen ist. Damit sind einheitlich fixierte Planperioden ebensowenig vereinbar wie weitgehend zentralisierte Verfügungsrechte und Informationsmonopole.

Schon hier sei darauf verwiesen, daß die auf diese Weise bestimmten Systeme zentraler und dezentraler Planung und Koordination ein analytisches Instrument zur Reduktion der komplexen Beziehungen in Wirtschaftsprozessen sind. Ihre Funktionsweise wird in der Literatur z. T. unter recht restriktiven Modellannahmen (z. B. vollständige Information der Planungsträger) analysiert. In den Ländern des administrativen Sozialismus (z. B. DDR, UdSSR), in denen Systeme zentraler Planung und Koordination – oder kurz: „Sozialistische" Planwirtschaften – verwirklicht waren, wurden neben dem zentralen Volkswirtschaftsplan auch Haushalts- und Betriebspläne aufgestellt und in Ausnahmebereichen sogar über Marktpreise (z. B. auf Schwarzmärkten und Parallelmärkten für Produktionsgüter) koordiniert (Haffner, 1978; Grossman, 1979). Umgekehrt gibt es in jenen Ländern, in denen Systeme dezentraler Planung und Koordination bei privatem Produktionsmitteleigentum – kurz: „Kapitalistische“ Marktwirtschaften – als verwirklicht gelten (z.B. Bundesrepublik Deutschland, USA), mehr oder weniger umfangreiche „zentrale“ Finanz-, Investitions- oder Strukturpläne staatlicher Instanzen sowie staatliche Preisfestsetzungen in einzelnen Wirtschaftssektoren.

Aus diesen Beobachtungen zu schließen, in jeder konkreten Volkswirtschaft seien immer beide Planungs- und Koordinationssysteme nebeneinander und gleichzeitig, also nur „Mischsysteme“ (mixed economies) verwirklicht, würde allerdings weder der Logik der abgegrenzten Systemalternativen noch der Realität gerecht. Dies wird später bei der Analyse der Funktionsweise von Marktwirtschaften, der Wirtschaftsreformen in sozialistischen Planwirtschaften sowie der gegenwärtigen Transformationsprobleme in den ehemals sozialistischen Ländern Europas deutlich.

Motivations- und Kontrollsystem

Durch dieses Subsystem sollen jene Mechanismen und Beziehungen erfaßt werden, durch die soziale Einheiten zu wirtschaftlichen Entscheidungen und Handlungen motiviert und die Ausübung wirtschaftlicher Macht kontrolliert werden. Es geht somit um Aktivierung von Antriebskräften, die im Fähigkeitspotential des Menschen gebunden sind, und gleichzeitig um deren Kanalisierung und Kontrolle. Die Bedeutung dieses Subsystems für die wirtschaftliche Entwicklung einer Gesellschaft liegt darin, daß beispielsweise trotz optimaler Regeln und Institutionen für das Funktionieren eines dezentralen Planungs- und Koordinationssystems und reichlicher Ressourcenausstattung die Ergebnisse des Wirtschaftens bescheiden bleiben, wenn die Menschen nicht zur Erbringung von Leistungen motiviert sind und Antriebskräfte fehlen. Bei gleicher Ressourcenausstattung ist ein ähnliches Ergebnis denkbar, wenn Sanktions- und Kontrollmechanismen fehlen oder nicht funktionieren und deshalb eine dauerhafte Interessenverwirklichung einzelner oder einer Gruppe von Menschen zu Lasten aller anderen möglich ist.

Die gegenwärtig noch wenig entwickelte Motivationstheorie hat zwei Fragen zu beantworten:

- Was veranlaßt einen Menschen, wirtschaftliche Leistungen zu erbringen?
- Wie und wodurch können Menschen veranlaßt werden, die von anderen vorgegebenen wirtschaftlichen Aufgaben plangerecht zu lösen?

In der zweiten Frage werden alle Probleme der Planerfüllung und -verwirklichung angesprochen, wie sie sich besonders in sozialistischen Planwirtschaften, aber auch innerhalb von Wirtschaftseinheiten bei dezentraler Planung und Koordination des Wirtschaftsprozesses stellen. Ein Anreizsystem zur Stimulierung gewünschter Leistungen zu installieren, setzt allerdings Antworten auf die erste Frage voraus, weil es nur dann wirkt, wenn es an den Leistungsmotiven der zu Beeinflussenden ansetzt, mit deren Zielfunktion also übereinstimmt.

Während in der Sozialethik moralisch-religiöse Motive zu wirtschaftlichen Leistungen anspornen, werden in den motivationstheoretischen Ansätzen andere Erfolgsgrößen, an denen sich die Handlungen ausrichten, als Triebfeder wirtschaftlicher Leistungen angesehen. Der Erfolg kann an verschiedenen materiellen (z.B. Erhöhung von Einkommen oder Gewinn) oder immateriellen Indikatoren (z. B. Verbesserung der Stellung oder des Ansehens in Betrieb und Gesellschaft) gemessen werden. Die relative Bedeutung von materiellen und immateriellen Erfolgsgrößen für die Leistungsmotivation hängt insbesondere ab vom kulturellen System, dem wirtschaftlichen Entwicklungsstand sowie den Persönlichkeitsmerkmalen von Individuen:

- Im kulturellen System manifestieren sich die für erstrebenswert gehaltenen Werte, die als Richtschnur individuellen Handelns dienen. Geistige Strömungen, wie z. B. die gegenwärtige Problematisierung und Diffamierung von „Leistungsgesellschaften", bleiben – zumindest zeitweilig – nicht ohne Auswirkungen auf die Leistungsmotivation.
- In entwickelten Volkswirtschaften mit hohem Durchschnittseinkommen wirken materielle Leistungsanreize weniger bzw. nur bei entsprechender Differenzierung stimulierend als in jenen mit mittlerem Durchschnittseinkommen. In unterentwikkelten Ländern, in denen wirtschaftliche Bemühungen allein auf Existenzerhaltung gerichtet sind, wirken sie überhaupt nicht und werden deshalb durch moralische Anreize oder Zwang ersetzt.
- Schließlich prägen Persönlichkeitsmerkmale (z. B. Risikobereitschaft oder Sicherheitsstreben; Kreativität oder Nachahmungstrieb) entscheidend die Auswahl individueller Erfolgsgrößen: Risikobereite, kreative und dynamische Persönlichkeiten wird eine wirtschaftliche Aufgabe von hohem Schwierigkeitsgrad (z. B. Entwicklung und Einführung eines technischen Fortschritts) an sich stärker zu Leistungen motivieren können als hohe Einkommenssteigerungen, die sie bei Routinelösungen lediglich leichter Aufgaben im Wirtschaftsprozeß erzielen können.

Die Einflußfaktoren von Leistungsmotivationen sind bei der Installierung von Leistungsanreizsystemen zu berücksichtigen. Ebenso ist zu beachten, daß die Menschen nach aller Erfahrung dazu tendieren, ihre individuellen Erfolgsinteressen selbst dann durchzusetzen, wenn dies dauerhaft zu Lasten anderer geht. Es sind deshalb Sanktions- und Kontrollmechanismen notwendig, durch die die Gefahren asozialer Verformungen wirtschaftlicher Entscheidungen und Handlungen beseitigt bzw. gemindert werden. Reagieren einzelwirtschaftliche Erfolgsindikatoren nur dann, wenn mit der Durchsetzung eigener Interessen auch diejenigen anderer verwirklicht werden, dient die – überaus wirksame – Selbstkontrolle der Lösung des allgemeinen Kontrollproblems. Ferner können wechselseitige Kontrollen im Wirtschaftsprozeß genutzt werden, weil jeder Informations- und Güteraustausch hierzu Ansatzpunkte bietet: Informations- und Güternachfrager kontrollieren sich gegenseitig sowie besonders die Informations- und Güteranbieter und umgekehrt. Schließlich bedarf es in jeder Volkswirtschaft staatlicher Kontrollen, die die Einhaltung der Grenzen gesetzlich verankerter Handlungsspielräume zu überprüfen und bei Übertretung zu sanktionieren haben. Die Kontrollbeziehungen sind je nach den verwirklichten Ordnungsformen (besonders des Eigentums, der Unternehmen und der Märkte) unterschiedlich gestaltbar und effizient. Da Kontrollsysteme – ebenso wie Informationsaustausch und Gütertransaktionen – anderweitig verwendbare Ressourcen absorbieren, sind ihre volkswirtschaftlichen Kosten möglichst gering zu halten.

Damit sind die beiden Subsysteme des Wirtschaftssystems ordnungstheoretisch bestimmt, durch die die vielfältigen Beziehungen im wirtschaftlichen Teilbereich einer

Gesellschaft erfaßt werden können. Das Planungs- und Koordinationssystem beschreibt die Informations-, Planungs- und Entscheidungsbeziehungen im Wirtschaftssystem, die bei der Lösung des gesamtwirtschaftlichen Allokations- oder Lenkungsproblems einzugehen sind. In der Ordnungstheorie wird es als konstitutiv für die Art und Weise angesehen, wie die wirtschaftlichen Beziehungen geordnet sind (HENSEL, 1972, 3. A. 1978). Vom Motivations- und Kontrollsystem hängt dagegen in besonderem Maße die Anpassungsfähigkeit des Wirtschaftssystems an Änderungen der sozialökonomischen Umwelt ab. Es umfaßt die Mechanismen und Beziehungen, durch die das in Menschen gebundene Leistungspotential aktiviert, kontrolliert und bei der Bewältigung wirtschaftlicher Aufgaben mit unterschiedlichen Schwierigkeitsgraden genutzt werden kann. Indem es Antriebskräfte der wirtschaftlichen Entwicklung beschreibt, spricht es die dynamische Komponente von Wirtschaftsbeziehungen besonders an.

Zwischen Planungs- und Koordinationssystem einerseits und Motivations- und Kontrollsystem andererseits bestehen mannigfache Beziehungen, die in der folgenden Analyse von drei unterschiedlichen Wirtschaftssystemen verdeutlicht werden sollen.

3. Dezentrale Planung bei Privateigentum: Kapitalistische Marktwirtschaften

3.1. Planung und Planbereiche

In Wirtschaftssystemen dezentraler Planung und Koordination wird das Wirtschaftsgeschehen in einer Vielzahl privater und öffentlicher Haushalte und Unternehmen geplant. Wenn die Verteilung der Entscheidungs- und Handlungsrechte überwiegend durch die Ordnungsform des privaten Produktionsmitteleigentums geprägt ist, bezeichnet man diese Wirtschaftssysteme häufig recht vage als Verkehrs-, Markt-, Profitwirtschaft, kapitalistische Marktwirtschaft oder einfach als Kapitalismus.

Private Haushalte – und im Prinzip auch öffentliche Haushalte, die zunächst ausgeklammert werden (s. Abschnitt 3.2.2.) – planen Verwendung und Entstehung ihres Einkommens für unterschiedliche Perioden. In den Verwendungsplänen wird das für die Periode erwartete Einkommen auf verschiedene Verwendungszwecke (kurz- und langlebige Konsumgüter, Ersparnisbildung) aufgeteilt. In den Entstehungsplänen wird die Beschaffung dieses Einkommens geplant, das sich als Summe der monetären (oder auch naturalen) Gegenleistungen ergibt, die auf den Produktionsfaktormärkten für die von Haushalten angebotenen Arbeits-, Kapital- und Bodenleistungen von den Nachfragern (Unternehmen) entrichtet werden. Welchen Verhaltensmustern die Planentscheidungen unter der Zielsetzung folgen, mit gegebenen Mitteln möglichst viele Bedürfnisse zu befriedigen (Nutzenmaximierungshypothese), hat die neoklassische Haushalts- oder Konsumtheorie zumeist unter restriktiven Annahmen aufgezeigt. Hervorzuheben ist, daß die Planentscheidungen von der Art, Menge und Qualität der Informationen über entscheidungsrelevante Variablen (z. B. Qualität und Beschaffenheit der Güter, Preise auf Güter- und Faktormärkten, potentielle Tauschpartner und -orte, Tauschkonditionen) abhängen, die Such- oder Informationskosten verursachen (BERNHOLZ, 1993). Dabei sind nicht nur gespeicherte Erfahrungswerte, sondern auch

Informationen über ihre zukünftige Entwicklung erforderlich. Haushalte müssen also z. B. Preis-, Einkommens- oder Bedürfniserwartungen bilden und beziehen damit die unsichere Entwicklung ihrer Umwelt in der Zukunft in die Planüberlegungen und -entscheidungen ein. Sie leisten somit in der Planungsphase wesentliche Vorarbeiten für die Koordination der wirtschaftlichen Handlungen. Aus den Einkommensverwendungsplänen der Haushalte, die unterschiedliche Preiserwartungen bilden und Preisalternativen einkalkulieren, kann hypothetisch die gesamtwirtschaftliche Nachfrage für jedes Gut durch Summierung der zu alternativen erwarteten Preisen nachgefragten Mengen ermittelt werden. Analog sind die zu alternativen erwarteten Preisen von den Haushalten angebotenen Mengen an Faktorleistungen bestimmbar.

Private und öffentliche Unternehmen produzieren Güter, indem sie Produktionsfaktoren kombinieren. In privaten Unternehmen erfolgt die Leistungserstellung mit dem Zweck, einen Gewinn (positive Differenz zwischen Erlös und Kosten) zu erwirtschaften. Öffentliche Unternehmen können, je nach den Gütern, die sie anbieten, unterschiedliche Ziele verfolgen (z. B. Kostendeckung, bestmögliche Bedarfsdeckung, Gewinnerzielung). Private Unternehmensformen unterscheiden sich wesentlich in ihrer rechtlichen Ausgestaltung, wodurch insbesondere die Entscheidungs- und Handlungsrechte in Produktion und Verteilung bestimmt und zugeordnet werden. In den Personengesellschaften (z. B. Einzelunternehmen, Offene Handelsgesellschaft) sind die Kapitaleigner zugleich Unternehmer, die für die ökonomischen Konsequenzen ihrer Entscheidungen und Handlungen mit ihrem gesamten Vermögen haften. In den Kapitalgesellschaften (z. B. Aktiengesellschaft, Gesellschaft mit beschränkter Haftung) sind Kapitaleigner, die nur mit ihrer Kapitaleinlage haften, und Unternehmensführung rechtlich nicht identisch. Geschäftsführer (Manager), die nicht Kapitaleigner sein müssen, üben die faktischen Produktions- und Verteilungsrechte aus. Sie sind über Aus- und Abwahlmechanismen an die Interessen der Kapitaleigner gebunden und werden durch sie kontrolliert (z. B. Aufsichtsrat der Aktiengesellschaft). An der Ausübung von Produktions-, Verteilungs- und Kontrollrechten können durch besondere Rechtsvorschriften auch Vertreter der Arbeitnehmer als Nichteigentümer paritätisch beteiligt sein, wie es z. B. für Großunternehmen in der Bundesrepublik im Mitbestimmungsgesetz von 1976 vorgeschrieben ist. Es besteht dann ein Dreiecksverhältnis zwischen Kapitaleignern, Management und Arbeitnehmervertretern, deren jeweils unterschiedliche Interessen auf die ökonomischen Entscheidungen und Handlungen einwirken. Zielfunktionen und Organisation der Aktivitäten innerhalb des Unternehmens hängen wesentlich von diesen rechtlichen Regelungen ab.

Die internen Aktivitäten im Unternehmen sowie seine Beziehungen zur Umwelt (z. B. zu Güternachfragern und Anbietern von Gütern und Faktorleistungen) finden ihren Niederschlag in mehr oder weniger umfangreichen und detaillierten, kurz-, mittel- und langfristigen Absatz-, Produktions-, Beschaffungs- (Investitions-) und Finanzierungsplänen. Alle Entscheidungen über Produktionsprogramme (Gütersortiment), Auswahl von Produktionsverfahren und -faktoren, Finanzierungsalternativen usw. wirken positiv oder negativ auf den Unternehmenserfolg ein und sind deshalb an Erfolgsindikatoren (z. B. Gewinn, Rentabilitätskennziffern) auszurichten (Beitrag K). Der Erfolgsnachweis wird periodenbezogen als Plan-Ist-Vergleich in der Ergebnisrechnung geführt, wie sie vereinfacht für ein privates, auf Gewinnerzielung ausgerichtetes Unternehmen in *Übersicht A-2.I.* dargestellt ist.

Übersicht A-2: Formen der Ergebnisrechnung von Unternehmen in verschiedenen Wirtschaftssystemen

I. Gewinnprinzip	II. Planerfüllungsprinzip	III. Bruttoeinkommensprinzip
	Besonderheit: Doppelte Rechnung Plan – Ist	
Erlös ⁒ Materialkosten ⁒ Abschreibungen ⁒ Lohnkosten ⁒ Kapitalkosten ⁒ Sonstige Kosten	Erlös ⁒ Materialkosten ⁒ Abschreibungen ⁒ Lohnkosten ⁒ Sonstige Kosten	Erlös ⁒ Materialkosten ⁒ Abschreibungen
= Bruttogewinn ⁒ Steuern	= Bruttogewinn ⁒ Produktionsfondsabgabe an den Staatshaushalt (≙ Verzinsung des Kapitals)	= „Verwirklichtes" Bruttoeinkommen ⁒ Gesetzliche Verpflichtungen (z.B. Wasser-, Bodennutzungsgebühren) ⁒ Vertragliche Verpflichtungen (z. B. Zinsen, Versicherungsprämien)
= Nettogewinn	= Nettogewinn ⁒ Nettogewinnabführung an den Staatshaushalt (≙ Gewinnsteuer)	= Betriebliches (Netto-) Einkommen
	= Verbleibender Nettogewinn des Unternehmens	
Investition Ausschüttung	Betriebsprämienfonds Sonstige Fonds [z.B. Reserven, Kredittilgung] Investitionsfonds	Bruttofonds der Werktätigen ⁒ Steuern + Sozialbeiträge = Nettofonds der persönlichen Einkommen Betriebsfonds [Investitions-, Reserven-, Sozialfonds]
Erfolgsindikator: Tatsächliche Höhe des Nettogewinns	**Erfolgsindikator:** Differenz zwischen geplantem und tatsächlichem Nettogewinn	**Erfolgsindikator:** Tatsächliche Höhe des Nettoeinkommens

Wie die Haushaltsplanung setzt auch die Unternehmensplanung eine Fülle von Informationen über entscheidungsrelevante Variablen voraus, von denen die wichtigsten risikobehaftete Erwartungsgrößen sind (z. B. erwartete Entwicklung der Güternachfrage, der Preise für Faktorleistungen oder der rechtlich vorgeschriebenen Sozialleistungen). Jedes Unternehmen, das einen hohen oder gar maximalen Gewinn in der

Zukunft anstrebt, muß die Planentscheidungen auf der Basis von Absatzerwartungen treffen und macht damit die erwarteten Kaufentscheidungen der Haushalte zur Grundlage der Unternehmensplanung. Daran ändert sich prinzipiell auch dann nichts, wenn die Unternehmen durch die bei arbeitsteiliger Wirtschaft notwendige Informationsvermittlung versuchen, die Kaufentscheidungen der Haushalte werbend zu ihren Gunsten zu beeinflussen. Aus den Unternehmensplänen läßt sich wiederum hypothetisch die gesamtwirtschaftliche Angebotsmenge bei alternativen erwarteten Preisen ermitteln. Entscheidend ist somit, daß in privaten Unternehmen

- die Entscheidungskompetenzen direkt oder indirekt von den Privateigentümern an den Produktionsmitteln wahrgenommen werden (Einschränkung: Paritätische Mitbestimmung in Großunternehmen);
- Umwelt und Umweltänderungen bei der Unternehmensplanung berücksichtigt werden müssen, gerade wenn sie am Ziel der Gewinnerwirtschaftung ausgerichtet ist;
- von risikobehafteten Erwartungen ausgegangen wird, die – werden sie enttäuscht – zu unverzüglichen Planrevisionen führen müssen, wenn der Unternehmenserfolg gesichert werden soll.

In den Plänen der privaten Haushalte und Unternehmen ist somit die Basis des Beziehungsnetzes wirtschaftlicher Handlungen angelegt, weil jeder einzelne Planungsträger die erwarteten Aktionen oder Reaktionen anderer berücksichtigt. In den Plänen werden deshalb schon wichtige Vorleistungen für die Koordination wirtschaftlicher Aktivitäten erbracht.

3.2. Koordination

3.2.1. Allokation und Verteilung individueller Güter durch Marktpreise

Wegen der universalen Interdependenz läßt sich nur schwer zeigen, wie die einzelwirtschaftlichen Pläne der Haushalte und Unternehmen und die aus ihnen folgenden Handlungen auf Güter- und Faktormärkten abgestimmt werden. Dies ist ein Grund dafür, daß die Koordinationsleistungen von Märkten, die allgemein als Treffpunkt von Angebot und Nachfrage oder als Orte des Austausches definiert werden, häufig verkannt oder unterschätzt und staatliche Regelungen zur Beseitigung der vermeintlichen „Anarchie des Marktes“ gefordert werden. Weder die „unsichtbare Hand“ noch ein vorgestellter „Auktionator“ oder eine Koordinationsmechanik vollziehen in der Realität Abstimmungsprozesse, sondern agierende und reagierende Einzelwirtschaften.

Das Zusammenspiel von Angebot und Nachfrage wird an den Preis-Mengen-Diagrammen von Einzelmärkten verdeutlicht. Ihre Interpretation erlaubt es auch anzudeuten, wie es zu einem gesamtwirtschaftlichen Beziehungsnetz einzelwirtschaftlicher Pläne und Handlungen kommt. Eine Addition der von den Haushalten bzw. Unternehmen zu alternativen erwarteten Preisen nachgefragten bzw. angebotenen Mengen eines Gutes ergibt die hypothetischen gesamtwirtschaftlichen Nachfrage- bzw. Angebotskurven; im Schnittpunkt der im Preis-Mengen-Diagramm normalerweise von links oben fallenden bzw. links unten steigenden Nachfrage- bzw. Angebotskurve ergibt sich ein Preis, bei dem jene Marktteilnehmer, die diesen Preis ihren Planungen zugrundegelegt haben, nicht enttäuscht werden, also tatsächlich zum Zuge kommen (Beitrag L). Dieser Preis ist vorläufig, weil alle anderen Nachfrager und Anbieter, deren Preiserwartungen enttäuscht werden, ihre Pläne revidieren müssen. So werden beispielsweise Nachfrager, denen der Preis zu hoch ist, auf Märkte von preisgünstigeren Substituten ausweichen, was sich – graphisch gesehen – als Verlagerung der Nachfragekurven auf *beiden* Märkten niederschlägt. Anbieter mit niedrigeren Preisforderungen können mehr als geplant von dem Gut absetzen, was aber die zusätzliche Beschaffung von Vorprodukten oder Faktorleistungen voraussetzt. Sie werden ihre Produktions-, Lager- und Beschaffungspläne revidieren und beeinflussen dadurch die Nachfrage auf den vorgelagerten Märkten. Anbieter mit höheren Preisforderungen können die geplanten Produktionsmengen nur teilweise oder gar nicht absetzen. Um der Verdrängung vom Markt (Konkurs) zu entgehen, werden sie versuchen, die Produktionskosten durch technische oder organisatorische Fortschritte zu senken, das Produktionsprogramm durch Ausweichen auf andere Güter zu verändern oder einen höheren Preis am Markt – z. B. durch Werbemaßnahmen oder Kartellabsprachen mit anderen Anbietern – durchzusetzen. Die am Ausgangsmarkt für einzelne Marktteilnehmer notwendigen Planrevisionen verändern nicht nur dort die Angebots-Nachfrage-Konstellation und die Preis-Mengen-Beziehung, sondern auch jene auf zahlreichen anderen Faktor- oder Gütermärkten, die wiederum auf den Ausgangsmarkt zurückwirken.

Dieses Zusammenspiel von Angebot und Nachfrage stellt sich als Prozeß fortwährender Informationsentstehung, -verwendung und -vernichtung über die relativen Güterknappheiten dar, die den Einzelwirtschaften über die relativen Preise signalisiert werden. Variationen der relativen Preise lösen einzelwirtschaftliche Planrevisionen und Anpassungsreaktionen aus, wodurch sich die gesamtwirtschaftliche Faktorallokation ebenso wie die Güterverteilung verändert.

Über die Marktpreise werden somit die Einzelpläne aufeinander abgestimmt und über die Verknüpfung der Märkte in einen gesamtwirtschaftlichen Rechnungszusammenhang gestellt. In dem ständigen Anpassungsprozeß wird zugleich darüber entschieden, wessen Planentscheidungen auch in tatsächliche Tauschhandlungen umgesetzt werden können. Die Übertragung ausschließlicher Nutzungsrechte beendet damit die Rivalität um private Güter. Der Preis, der als Gegenleistung dafür zu zahlen ist, repräsentiert den Ressourcen- und Güteraufwand, den die Produktion und Bereitstellung des Gutes verursacht hat. Auf Märkten erfolgt somit auch die Zurechnung ökonomischer Effekte auf jene, die sie mit ihren Entscheidungen und Handlungen ausgelöst haben.

Die durch die Haushalts- und Unternehmenspläne vielfältig miteinander verflochtenen Märkte

- vermitteln laufend und in der allen Marktteilnehmern verständlichen Sprache relativer Preisänderungen gebündelte Informationen über Änderungen gesamtwirtschaftlicher Faktor- und Güterknappheiten (Informationsfunktion);
- verknüpfen einzelwirtschaftliche Teilpläne zu einem gesamtwirtschaftlichen Plansystem (Koordinationsfunktion);
- konstituieren wirksame Leistungsanreize und -kontrollen, indem leistungsfähige Marktteilnehmer belohnt und nichtleistungswillige oder -fähige mit Sanktionen bis hin zur Marktverdrängung belegt werden (Auslesefunktion);

- lasten jenen Wirtschaftssubjekten, die Ressourcen und Güter verwenden, auch die ökonomischen Konsequenzen ihrer Entscheidungen und Handlungen an (Internalisierungsfunktion); und
- schaffen schließlich Wahlalternativen und sichern dadurch die Möglichkeiten zur freien Entfaltung (z. B. Arbeitsplatz-, Konsum-, Berufswahl) ökonomisch ab (Emanzipationsfunktion).

Ob und in welchem Ausmaß Märkte diese gesamtwirtschaftlichen Funktionen erfüllen, hängt von den Marktbedingungen und Preisbildungsformen ab. Wie die Realität zeigt, vollziehen sich die Austauschprozesse keineswegs immer und überall unter der Bedingung funktionierenden Leistungswettbewerbs um die Marktchancen: Abgestimmtes Verhalten von Anbietern oder Nachfragern, Kartellabsprachen zur Preisbeeinflussung, staatliche oder private Beschränkungen des Marktzutritts oder staatliche Preisfestsetzungen (Höchst- und Mindestpreise) sind nur Beispiele wettbewerbsmindernder Praktiken. Wie die Preis- und Wettbewerbstheorie (Beiträge L und O) bzw. Verteilungstheorie zeigen, werden dadurch die angedeuteten Verhaltensmuster von Anbietern und Nachfragern auf Güter- bzw. Faktormärkten modifiziert und die Koordinationsleistungen von Märkten gemindert: Setzt der Staat z. B. einen Mindestpreis, der über dem Marktpreis liegt, fest, löst diese falsche Information über den tatsächlichen Knappheitsgrad des Gutes Fehlplanungen aus, die zur Überschußproduktion und zur künstlichen Bindung von Produktionsfaktoren in diesem Wirtschaftssektor führen. Auch sind die Wirtschaftsrechnungen der Marktteilnehmer keineswegs so geschlossen, daß alle positiven und negativen Effekte, die aus Entscheidungen und Handlungen folgen, tatsächlich den Verursachern voll zugerechnet werden. Daß mit wettbewerbsmindernden Strategien immer zu rechnen ist, wie sie die Auslese- und Emanzipationsfunktion der Märkte beeinträchtigen und welche ordnungspolitischen Konsequenzen daraus resultieren, wird noch zu zeigen sein (s. Abschnitte 3.3. und 3.4.).

3.2.2. Allokation und Verteilung öffentlicher Güter durch politische Entscheidungen

In jeder konkreten Marktwirtschaft sind Produktion und Verwendung nicht nur privater Güter, sondern auch öffentlicher Güter zu planen, zu entscheiden und zu koordinieren.

Im Gegensatz zum privaten kann beim öffentlichen Gut selbst dann niemand von seiner Verwendung ausgeschlossen werden, wenn er freiwillig nicht bereit ist, sich an den Produktionskosten zu beteiligen. Bei den spezifisch öffentlichen Gütern gilt das Ausschlußprinzip nicht; die Produktionskosten des Gutes lassen sich nicht den eigentlichen Verursachern der Produktion, den einzelnen Konsumenten, anlasten. Wenn die Wirtschaftsrechnungen nicht geschlossen sind, weil Nutznießer des Angebots eines solchen Gutes auch Nichtleistungswillige (Trittbrettfahrer, free rider) sind, wird es wegen der fehlenden Kostendeckung nicht von privaten Unternehmen angeboten. Weil hier der Markt als Koordinationsprinzip versagt, wird ihr Angebot in den öffentlichen Haushalten des Staates (Bund, Länder, Gemeinden) sichergestellt, der die Produktionskosten durch Erhebung von Zwangsabgaben (Steuern, Beiträge) decken kann (Beiträge J und M).

In der Realität fällt es schwer, öffentliche von privaten Gütern zu unterscheiden (BERNHOLZ, 1993). Viele der staatlichen Leistungen (z. B. Müllabfuhr, Verkehrsleistungen, Rundfunk und Fernsehen, Schwimmbäder, Telefon, Bildung) können im Prinzip privatwirtschaftlich angeboten werden. Neben historischen Gründen sind besonders gesellschaftspolitische Zielsetzungen (z. B. Schutz der Gesundheit, Gewährleistung gleicher Bildungschancen) die Ursache dafür, daß der Staat in Marktwirtschaften in zunehmendem Maße solche sogenannten meritorischen Güter anbietet und damit das Konsumverhalten zu beeinflussen sucht. Wird von den Verwendern ein spezielles Benutzungsentgelt (Gebühren) erhoben, ergeben sich keine wesentlichen Unterschiede zur Planung und Marktkoordination privat angebotener Güter.

Produktions-, Finanzierungs- und Verteilungsentscheidungen über öffentliche Güter (z. B. solche zur Gewährleistung äußeren und inneren Schutzes der Gesellschaftsmitglieder) und meritorische Güter werden in parlamentarischen Demokratien in verschiedenen politischen Entscheidungs- und Handlungszentren gefällt (Parteien, Parlament, Regierung, Bürokratie). Die Entscheidungen können durch Verbände, in denen Teilinteressen einer Gesellschaft mit dem Ziel ihrer besseren Durchsetzung organisiert sind, mehr oder weniger stark beeinflußt werden.

Da Märkte für spezifisch öffentliche Güter nicht existieren, erfolgt deren Angebot im Prinzip durch den Mechanismus politischer Wahlen. Parteien konkurrieren um die Regierungsgewalt. Die Politiker müssen mit den Parteiprogrammen in periodisch stattfindenden Wahlen (z. B. Bundestags-, Landtags-, Kommunalwahlen in der Bundesrepublik) um die Gunst der Wähler werben mit dem Ziel, am Wahltag möglichst viele Stimmen zu erhalten, um bei absoluter Mehrheit die Regierungsgewalt übernehmen bzw. weiter ausüben zu können. Parteiprogramme und Wahlkampfthemen sind in dieser Sicht – meist stark an einzelne Politiker gebundene – Produktions- und Verteilungsangebote öffentlicher (meritorischer) Güter sowie Vorschläge zu ihrer Finanzierung. Weil mit ihnen möglichst viele Wähler angesprochen werden sollen, sind sie allerdings recht allgemein gehalten und lassen insofern Handlungsspielräume der Politiker bestehen. Je nach der Zusammensetzung des erwarteten Wählerpotentials, der Bindungsintensität einzelner Gruppen an bestimmte Parteien, der Zahl der konkurrierenden Parteien usw. sind jeweils unterschiedliche Strategien zur Erreichung des angestrebten Wahlerfolgs einzusetzen, wie die Modelle der Ökonomischen Theorie der Politik zeigen (BERNHOLZ, 1993).

Wenngleich der politische Wahlmechanismus als Substitut der Marktkoordination und Politiker als politische Unternehmer mit analogen Erfolgsgrößen und -rechnungen begriffen werden können, bestehen einige – bisher weitgehend ungelöste – Probleme politischer Entscheidungen und Handlungen, durch die eine optimale Allokation und Verteilung öffentlicher Güter in Marktwirtschaften beeinträchtigt wird:

- Der Einfluß von Verbänden auf die politischen Planentscheidungen geht zu Lasten jener Interessen, die sich nicht oder nicht wirksam organisieren lassen.
- Politiker sind bei der Vorbereitung und Ausführung von Entscheidungen auf Spezialisten und umfangreiche Verwaltungseinrichtungen (Bürokratie) angewiesen. Wesentliches Erfolgskriterium von Bürokratien ist das Budgetvolumen, von dem die Zahl der Untergebenen sowie Ansehen und Macht der leitenden Bürokraten abhängen.

- Bei spezifisch öffentlichen Gütern ist es äußerst schwierig, wenn nicht unmöglich, Informationen über Menge und Qualität der nachgefragten Güter zu beschaffen, die für die Planung jedes einzelnen Güterangebots erforderlich wären.
- Die Informationsbeschaffung, wie sie z. B. durch Beteiligung unmittelbar betroffener Personen am Planungsprozeß spezieller und meist regional begrenzter Angebote an öffentlichen Gütern versucht wird (Partizipationsmodelle), verursacht besondere, zu finanzierende Informationskosten, ohne daß eine widerspruchsfreie Präferenzordnung für den betroffenen Personenkreis erwartet werden kann.
- Planung und Koordination des Angebots an öffentlichen Gütern basieren wie bei privaten Gütern auf Erwartungen, die einzelne Politiker und ihre Berater bilden. Sie unterliegen insofern auch den gleichen Risiken von Erwartungsenttäuschungen, nicht jedoch gleich wirksamen Sanktionsmechanismen, die bei Marktkoordination greifen.

Die politischen Planungen, Entscheidungen und Handlungen zur Bereitstellung öffentlicher und meritorischer Güter sind nicht isoliert vom marktkoordinierten Prozeß. Sie sind in den gesamtwirtschaftlichen Informations- und Rechnungszusammenhang schon deshalb integriert, weil das staatliche Angebot an Gütern den Einsatz solcher Güter bzw. Produktionsfaktoren voraussetzt, die selbst im marktkoordinierten Prozeß hergestellt bzw. dabei eingesetzt werden. Änderungen der relativen Preise induzieren insofern auch Anpassungsreaktionen bei politischen Entscheidungen. Umgekehrt ist das Angebot öffentlicher Güter (z. B. Infrastruktur, Rechtssicherheit) Voraussetzung für das Funktionieren der Marktkoordination. Diese notwendige Ergänzung und das Ineinandergreifen von Marktpreis- und politischen Wahlmechanismen in jedem Wirtschaftssystem dezentraler Planung und Koordination kann allerdings die angedeuteten ungelösten Planungs-, Informations-, Motivations- und Kontrollprobleme nicht beseitigen, die jedes staatliche Angebot an Gütern verursacht. Dies sind auch die wesentlichen Gründe, die in der kontroversen Diskussion die Position jener stützen, die eine Überprüfung und Einschränkung des staatlichen Güterangebots fordern.

3.3. Leistungsanreize und -kontrollen

Das Motivations- und Kontrollsystem in Marktwirtschaften mit privatem Produktionsmitteleigentum zeichnet sich durch weitgehende Abwesenheit von administrativ-bürokratischen Prozeßregelungen aus. Private Eigentums- oder Vermögensrechte und der Wettbewerb um die Ausnutzung von Marktchancen konstituieren wirksame Leistungsanreize und -kontrollen, die das Erfolgsstreben der Wirtschaftssubjekte prägen. Selbst im politischen Wahlmechanismus regelt das Wettbewerbsprinzip die Bereitstellung öffentlicher Güter, wenngleich aus den angedeuteten Gründen besonders in Bürokratien und Verbänden spezielle Motive und Interessen wirksam werden, so daß administrative Kontrollen der Handlungen organisiert werden müssen.

Da die Verfügungsrechte nicht nur an Konsumgütern, sondern weitgehend auch an den Produktionsmitteln privatisiert und damit Personen zugeordnet sind, werden individuelle Verantwortlichkeiten abgegrenzt und Interessen aktiviert, die Verfügungsrechte im Sinne des einzelwirtschaftlichen Erfolgsstrebens auszuüben. Wenn die Ausübung von privaten Verfügungsrechten mit dem Haftungsprinzip verbunden ist, können nicht nur positive, sondern auch negative Handlungsfolgen, die anderen entstehen, den Verursachern zugerechnet werden. Der Chance, private Verfügungsrechte durch rationellen Einsatz zu vermehren und damit individuelle Handlungsspielräume zu erweitern, steht das Risiko gegenüber, sie zu verlieren – mit allen daraus resultierenden negativen Konsequenzen für die persönliche Lebensgestaltung. Sind die Eigentumsrechte in diesem Sinne exakt abgegrenzt, können sowohl positive wie negative externe Effekte weitgehend vermieden werden. Auch besteht bei den Verfügungsberechtigten das Interesse, die Informations- und Transaktionskosten von Tauschhandlungen gering zu halten, weil sie zu eigenen Lasten gehen. Schließlich sind Privateigentümer aus Eigeninteresse darum bemüht, die an wirtschaftlichen Handlungen beteiligten Nichteigentümer durch geeignete Formen des Leistungsanreizes (z. B. Leistungslöhne, Arbeitsplatzgestaltung) so zu motivieren, daß auch deren Handlungen positiv auf die Erfolgskriterien der Eigentümer einwirken. Private Eigentumsrechte begründen also dezentralisierte Verantwortlichkeiten, in den Einzelwirtschaften Strategien zur Lösung des Leistungsproblems zu entwickeln, anzuwenden und sie den Umweltänderungen anzupassen. Ob und inwieweit diese unter gesamtwirtschaftlichen Effizienzkriterien positive Anreize und Kontrollen aus Selbstinteresse zur Geltung kommen, hängt allerdings wesentlich von der eindeutigen Abgrenzung der privaten Eigentumsrechte (und -pflichten) und damit von der Ausgestaltung der Rechtsordnung ab.

Private Eigentumsrechte an Gütern und Produktionsmitteln begründen immer Machtpositionen der Verfügungsberechtigten. Gerade wenn davon ausgegangen wird, daß sich Erfolgsstreben an Einzelinteressen ausrichtet, besteht die Gefahr der Konzentration privater Eigentumsrechte und damit der wirtschaftlichen Machtballung in den Händen weniger. Die Dezentralisierung von Entscheidungsbefugnissen durch private Eigentumsrechte ist in kapitalistischen Marktwirtschaften insoweit eine notwendige, aber nicht hinreichende Bedingung gesamtwirtschaftlich adäquater Lösungen der Anreiz- und Kontrollprobleme.

Diese hinreichende Bedingung erfüllt der Leistungswettbewerb um Marktchancen, der – neben dem privaten Produktionsmitteleigentum – die zweite Säule des marktwirtschaftlichen Motivations- und Kontrollsystems darstellt (Heuss, 1965; Hayek, 1969, 1; Hoppmann, 1977). Funktionierender Wettbewerb, der neben einer ausreichenden Anzahl von Marktteilnehmern noch weitere Bedingungen erfordert (z. B. offener Marktzutritt und -austritt, spirit of competition), schafft Anreize zu Leistungsverbesserungen, erzwingt Anpassungen an veränderte Wünsche und löst Kontrollen aus, durch die dauerhafte Machtpositionen verhindert werden. Die Anreizfunktion des Wettbewerbs besteht darin, daß z. B. dynamische, innovative Unternehmer ihre Erfolgsinteressen dann besonders gut verwirklichen können, wenn sie Neues entdecken (z. B. Marktlücken, neue oder verbesserte Produkte, kostensparende Produktionsverfahren), es auch an die Abnehmer in Form direkter oder indirekter Preisnachlässe des Gutes weitergeben und sich dadurch von ihren Mitbewerbern um die Absatzchancen abheben. Für die Konkurrenten besteht dann ein Anpassungszwang, diese Verbesserungen möglichst schnell zu imitieren, wenn sie eine Abwanderung von Nachfragern verhindern oder bereits abgewanderte zurückgewinnen wollen. Da sich Anbieter und Nachfrager untereinander und gegenseitig auf der Suche nach Vorteilen ständig beobachten, wird durch Wettbewerb ein wirksames Kontrollsystem wirtschaftlichen Verhaltens begründet – und zwar ohne bürokratischen Aufwand und bei vollständiger Internalisierung der Kontrollkosten.

Das Zusammenspiel zwischen vorstoßenden und nachziehenden, agierenden und reagierenden Wettbewerbern vollzieht sich mit wechselnden Rollen; es ist – und hierin liegt seine Bedeutung – ein Prozeß ständiger Differenzierung und Nivellierung, in dem wirtschaftliche Machtpositionen auf- und abgebaut werden. Wettbewerb sichert insoweit nicht nur wirtschaftliche Freiheitsspielräume, sondern ermöglicht durch diese Anreiz- und Kontrollregeln auch positive wirtschaftliche Marktergebnisse, die im Wege von Kompromißlösungen der Interessengegensätze allen Beteiligten zugute kommen.

Ebenso wie die Konzipierung eindeutiger privater Eigentumsrechte ist auch die Entwicklung und rechtliche Verankerung allgemeiner Wettbewerbsregeln eine ordnungspolitische Gestaltungsaufgabe des Staates, der zugleich die Einhaltung dieser Regeln zu kontrollieren hat.

3.4. Probleme der Wirtschaftspolitik

Das Wirtschaftssystem dezentraler Planung und Koordination mit Privateigentum beruht somit nicht auf einer umfassenden Planung und Festlegung von Verhaltensweisen durch staatliche Institutionen. Das Beziehungsnetz zwischen den Wirtschaftseinheiten ist vielmehr charakterisiert durch eine sich im Wettbewerb herausbildende Handelsordnung (Hayek, 1969, 1), die auf allgemeinen, von den Gesellschaftsmitgliedern akzeptierten Regeln beruht und deren Ergebnis ex ante offen ist. Private Eigentumsrechte und Wettbewerb bedingen einander, wodurch eine Dezentralisierung und Aufsplitterung wirtschaftlicher Machtpotentiale erreichbar ist, die zudem dauernd gefährdet sind. Da sie letztlich nur durch Entdeckung oder Verbreitung neuen Wissens gewonnen oder verteidigt werden können, sind die Motivationen der Menschen über ihr Erfolgsstreben in den Dienst der gesamtwirtschaftlichen Entwicklung gestellt und gleichzeitig wirksamen Handlungskontrollen unterworfen.

Die Beziehungen zwischen den Wirtschaftseinheiten sind spontan in dem Sinne, daß sie nicht einer zentralisierten, bürokratischen Organisation mit Verhaltensbefehlen und -anweisungen unterliegen. Sie sind nichtsdestoweniger geplant, allerdings dezentral in den Haushalten und Unternehmen auf der Basis der in der Wirtschaftsverfassung verankerten allgemeinen Verhaltensregeln. Die Abstimmung der Einzelpläne erfolgt über Märkte, die als nicht-autoritäre Regelsysteme die beschriebenen Funktionen erfüllen.

Aus diesem ordnungstheoretischen Erklärungsansatz wirtschaftlicher Beziehungen in komplexen Gesellschaften wurden verschiedene Konzeptionen zur praktischen Ausgestaltung von Wirtschafts- und Gesellschaftsordnungen entwickelt. Eine der bekanntesten ist die „Soziale Marktwirtschaft", wie sie seit Ende des Zweiten Weltkriegs in der Bundesrepublik Deutschland als verwirklicht gilt und die – nicht zuletzt wegen der wirtschaftlichen Erfolge – auch anderen Ländern als Leitbild dient. In dieser Konzeption fallen dem Staat wichtige Aufgaben zu, die in der Realität wegen der bereits beschriebenen Funktionsprobleme politischer Wahlmechanismen unterschiedlich gelöst sind (Cassel/Gutmann/Thieme, 1972; Hartwig, 1984; Thieme, 1991, 2; 2. A. 1994).

Erstens obliegt es dem Staat, den Bedingungsrahmen wirtschaftlicher Beziehungen in der Rechtsordnung durch verbindliche, allgemeine, eindeutige und insofern erkennbare Verhaltensregeln zu normieren. Diese ordnungspolitische Aufgabe bezieht sich vor allem auf die

- Spezifikation von privaten Verfügungsrechten und die Regeln ihrer Übertragung (Eigentums- und Vertragsrecht);
- Verankerung von Sanktionen für Handlungen, durch die Wettbewerb gemindert oder ausgeschlossen wird (Wettbewerbsrecht, Wirtschaftsstrafrecht);
- Gestaltung der Regeln, denen die Beziehungen innerhalb der Wirtschaftseinheiten unterliegen (z. B. Unternehmens- und Mitbestimmungsrecht, Familienrecht, Jugendrecht);
- Konstituierung von Regeln der Geldversorgung der Gesamtwirtschaft und der Finanzwirtschaft der öffentlichen Hand (Notenbankrecht, Steuer- und Finanzrecht).

Da diese Regeln neben Konventionen die Basis der komplexen Wirtschaftsbeziehungen darstellen, ist ihre Eindeutigkeit und Durchsetzung für das Funktionieren des Wirtschaftssystems ebenso wichtig wie die Vermeidung hektischer Änderungen dieses Bedingungsrahmens (Eucken, 1952, 6. A. 1990).

Zweitens greift der Staat im Rahmen seiner verfassungsmäßig verankerten Kompetenzen auch direkt in das wirtschaftliche Beziehungsnetz dort ein, wo es aus gesellschaftspolitischen oder wirtschaftspolitischen Gründen für notwendig erachtet wird. Das Ausmaß dieser staatlichen Prozeßaktivitäten und die Art der staatlichen Einflußnahme werden ebenso wie ihre Wirkungen kontrovers diskutiert und beurteilt, wie abschließend an einigen Bereichen staatlicher Wirtschaftspolitik in Marktwirtschaften gezeigt werden soll:

- Unumstritten ist die Notwendigkeit des staatlichen Angebots öffentlicher Güter. Umstritten ist hingegen, ob die zahlreichen vom Staat bereitgestellten privaten Güter nicht effizienter im Marktsystem produziert und angeboten werden könnten (Beitrag I).
- Unumstritten ist ferner die Notwendigkeit einer umfassenden Einkommensumverteilungs- und Sozialpolitik, weil über das Marktsystem nur jene Einkommen erhalten, die tatsächlich in den Produktionsprozeß eingegliedert sind und dabei mannigfachen physischen sowie psychischen Gefahren ausgesetzt sind. Schutz und somit soziale Sicherung der Erwerbstätigen ist deshalb ebenso erforderlich wie eine aktive Politik zur Absicherung Nichterwerbstätiger (z. B. Kinder, Kranke, Rentner, Arbeitslose). Unterschiedlich beurteilt werden die Instrumente, mit denen diese Ziele verwirklicht werden sollen (Beiträge I, R).
- Dynamische Marktwirtschaften mit Außenwirtschaftsbeziehungen unterliegen ständig dem Strukturwandel, weil sich das Wirtschaftssystem – über Variationen der relativen Preise – an Umweltänderungen anpaßt. Umstritten ist, ob und wie durch staatliche Strukturpolitik diese notwendigen Anpassungsprozesse beschleunigt oder gebremst bzw. ihre negativen sozialen Folgen gemindert werden sollen (Beiträge J, Q).
- Schließlich zeigt die Erfahrung, daß die wirtschaftliche Entwicklung in kapitalistischen Marktwirtschaften zyklisch verläuft und dabei aus wirtschaftlichen, sozialen und politischen Gründen unerwünschte gesamtwirtschaftliche Konstellationen (z. B.

Arbeitslosigkeit, Inflation) entstehen (Beitrag F). Wenngleich Übereinstimmung in der Notwendigkeit einer Vermeidung gravierender gesamtwirtschaftlicher Instabilitäten herrscht, besteht Dissens über Konzept und Methoden staatlicher Stabilisierungspolitik, weil die Ursachen solcher Aktivitätsschwankungen kontrovers beurteilt werden (Beiträge I, P).

4. Zentrale Planung bei Staatseigentum: Sozialistische Planwirtschaften

4.1. Planbereiche und Organisation zentraler Planung

Wirtschaftssysteme dezentraler Planung und Koordination mit Privateigentum haben eine lange Tradition, in der sich meist schrittweise durch Veränderungen des ordnungspolitischen Bedingungsrahmens verschiedene Varianten entwickelten. Im Gegensatz dazu und in radikaler Abkehr von diesen waren und sind Wirtschaftssysteme zentraler Planung und Koordination das Ergebnis einer bewußten und umfassenden Neuorganisation der Wirtschaftsbeziehungen. Sie erfolgte seit 1928 in der UdSSR, nachdem mit der Oktoberrevolution von 1917 die Voraussetzungen für die Vergesellschaftung der Produktionsmittel geschaffen worden waren und zunächst verschiedene Organisationsmodelle gesellschaftlicher Planung kontrovers diskutiert und teilweise auch kurzfristig angewendet wurden (Nove, 1977). Die 1928 konstituierten Organisationsformen und -regeln zentraler Planung kennzeichnen – mit einigen Verfeinerungen – bis in die achtziger Jahre die Wirtschaftsbeziehungen in der UdSSR. Sie wurden von den meisten sozialistischen Ländern übernommen. Je nach dem Dominanzkriterium, mit dem Wirtschaftssysteme voneinander abgegrenzt werden, bezeichnet man sie in der Literatur als sozialistische Planwirtschaften, Kommando- oder Befehlswirtschaften, Zentralverwaltungswirtschaften oder einfach als Planwirtschaften.

Wirtschaftssysteme zentraler Planung und Koordination bedingen einen hohen Grad vertikaler Organisation (Planung, Leitung, Kontrolle), deren Prinzipien am Beispiel der DDR – stellvertretend für andere sozialistische Planwirtschaften – dargestellt werden.

Wie in jeder komplexen Gesellschaft setzt sich auch dieses Plansystem aus einer Vielzahl von Einzel- und Teilplänen zusammen. Von dezentraler Planung unterscheidet es sich insbesondere durch die strikte Zentralisierung von Entscheidungskompetenzen und Verfügungsrechten an den Produktionsmitteln (Volks- oder Staatseigentum) bei staatlichen Instanzen, die den Produktions- und Verteilungsprozeß leiten und kontrollieren. Hervorzuheben ist die enge Verzahnung von wirtschaftlichen und politischen Teilsystemen, die ihre Ursache in der dominierenden Rolle hatte, die die kommunistischen Parteien in sozialistischen Ländern für alle Lebensbereiche bis 1989 beanspruchten.

Oberste Entscheidungsinstanz aller fundamentalen wirtschaftlichen und politischen Probleme war das Politbüro des Zentralkomitees. Das Zentralkomitee übte die Funktion eines Parteiparlaments aus, dessen Mitglieder vom Parteitag gewählt wurden – einem Forum, auf dem die vom Politbüro entwickelten „Richtlinien" bekanntgegeben wurden. Neben der Parteiorganisation stand der Staatsapparat, dessen Spitze sich aus Staatsrat, Volkskammer und Ministerrat zusammensetzte. Letzterer unterstand formal dem Staatsrat und war insbesondere dafür verantwortlich, die wirtschaftlichen Direktiven des Politbüros zu konkretisieren und durchzuführen. Die Leiter von verschiedenen Industrie- und anderen Wirtschaftsministerien stellten die Mehrzahl der Mitglieder des Ministerrats. Ihm war die oberste wirtschaftliche Planungsinstanz, die Staatliche Plankommission, zugeordnet, die die Ausarbeitung der Einzelpläne leitete, sie zu Gesamtplänen koordinierte und ihre Durchführung kontrollierte. Der Plankommission unterstanden verschiedene Wirtschaftsministerien (M) – z. B. allein 11 Industrieministerien – und diesen wiederum die nach fachlichen bzw. regionalen Kriterien organisierten mittleren Leitungsinstanzen (Kombinate = K; Bezirkswirtschaftsräte = BWR). Die unterste Leitungsebene umfaßte schließlich alle Produktionseinheiten (B), die als Volkseigene (Industrie-)Betriebe (VEB), Volkseigene Güter (VEG), Außenhandelsbetriebe (AHB), Landwirtschaftliche Produktionsgenossenschaften (LPG) u. ä. organisiert waren. Die umfassende vertikale Organisation der Leitungsinstanzen ist in *Übersicht A-3* vereinfacht dargestellt (HAMEL, 1977, 5. A. 1989, S. 55).

Übersicht A-3: Leitungsorganisation bei zentraler Planung

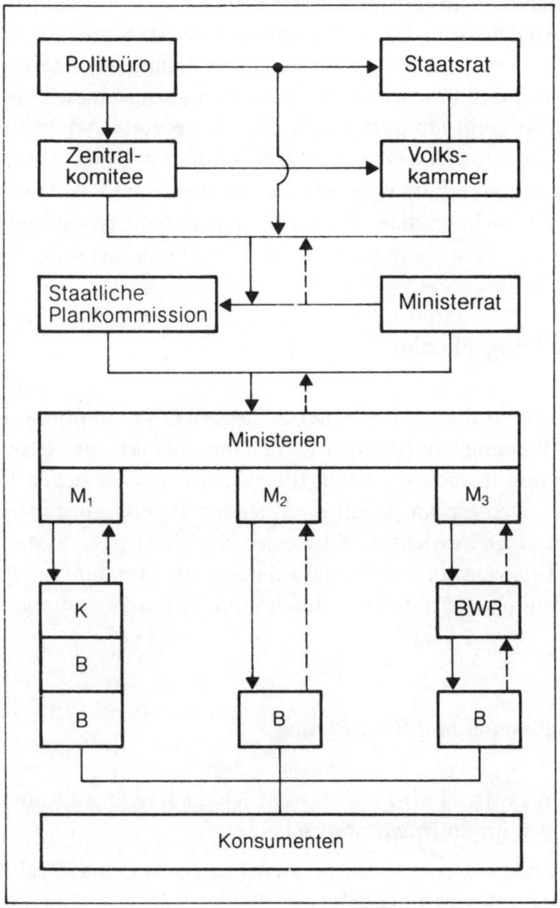

Die Leiter der einzelnen Planbereiche auf den verschiedenen Ebenen wurden durch den Staat (Partei) eingesetzt und entlassen. Dieses Hierarchieprinzip der „Parteilichkeit“ wurde durch das der „doppelten Unterstellung“ ergänzt, wonach jede Planungs- und Leitungsinstanz dem jeweiligen politischen ebenso wie dem übergeordneten wirtschaftlichen Entscheidungsträger verantwortlich war. Dabei galt das Prinzip der „Einzelleitung und -verantwortung“ durch einen Direktor (VEB) oder Generaldirektor (Kombinate), denen Fachdirektoren für einzelne Geschäftsbereiche (z. B. Planung, Verwaltung, Produktion, Finanzen) mit beratenden Funktionen untergeordnet waren.

Trotz dieser festgefügten Planungsorganisation bestanden auch Entscheidungs- und Handlungsspielräume für Haushalte und Betriebe, die in den verschiedenen wirtschaftspolitischen Reformperioden jeweils eingeschränkt oder erweitert wurden. Den staatlichen Betrieben erwuchsen aus den Lücken der Planungsorganisation und des Informationssystems solche Spielräume, die sie systematisch bei der Verwirklichung betrieblicher Erfolgsinteressen nutzten (s. Abschnitt 4.3.). Die kleineren privaten Betriebe – besonders im Dienstleistungssektor – und die Genossenschaften waren wegen des Sondereigentums an den Produktionsmitteln nicht direkt in das System zentraler Planung integriert. Schließlich planten und entschieden die privaten Haushalte die Verwendung ihrer Einkommen sowie – in gewissen Grenzen – Art und Umfang ihres Angebots an Faktorleistungen: Die Konsumgüter wurden den Haushalten nicht zugewiesen; es bestanden vielmehr Wahlmöglichkeiten des Zugriffs auf vorhandene Güter, der durch monetäre Größen (Konsumgüterpreise und Geldeinkommen) vermittelt und limitiert wurde. Da die zentrale Arbeitskräftelenkung über materielle und immaterielle Leistungsanreize und nur in Ausnahmefällen durch direkte Zuordnung von Personen auf Arbeitsplätze und -verrichtungen vollzogen wurde, bestanden auch beim Arbeitskräfteangebot eingeschränkte Entscheidungsspielräume.

4.2. Planung und Koordination

Zentrale Planung im Rahmen dieses hierarchischen Organisationsaufbaus bedingt, daß der Ablauf der Planung (und Planverwirklichung) exakt, für einen bestimmten, einheitlichen Zeitraum festgelegt ist und die gesamtwirtschaftlichen Güterknappheiten sichtbar gemacht werden, an denen die obersten Planungsinstanzen ihre wirtschaftlichen Entscheidungen ausrichten. Zu diesem Zweck wird ein System volkswirtschaftlicher naturaler Bilanzen verwendet, das – da Geld als Tauschmittel, Recheneinheit und Wertaufbewahrungsmittel fungiert – durch monetäre Bilanzen ergänzt wird.

4.2.1. Naturale Planung und Bilanzierung

Die zentralen Volkswirtschaftspläne lassen sich nach dem Zeitraum, auf den sie sich beziehen, und nach ihrem Inhalt unterscheiden:

- Längerfristige Pläne bezogen sich auf Zeiträume von 15 bis 20 Jahren. Sie enthielten die langfristigen Entwicklungsziele.

- Mittelfristige Pläne enthielten konkrete Ziele und Maßnahmen zur Zielerreichung für einen Zeitraum von fünf bis sieben Jahren. Sie bildeten die Grundlage für die jährlichen Volkswirtschaftspläne und wurden häufig – wenn sie von der tatsächlichen Entwicklung überholt waren – nach kurzer Zeit wieder revidiert oder ganz verworfen.
- Die einjährigen Volkswirtschaftspläne waren die Basis des Plansystems. In ihnen wurden die detaillierten Allokationsentscheidungen gefällt. Sie waren für die Betriebe bei der Produktion und Bereitstellung von Gütern verbindlich.

Ausgangspunkt der Jahresplanung waren die Zielvorstellungen der obersten politischen Entscheidungsorgane, die – auf der Basis von Prognosen und Informationen nachgeordneter Staatsorgane – die erwarteten Bedürfnisse ermittelten, bewerteten und in einer Rangskala ordneten, die dem Planungs- und Bilanzierungsprozeß zugrundezulegen war. Die staatliche Plankommission erarbeitete einen ersten Entwurf des Volkswirtschaftsplans (Planprojekt), der über die verschiedenen Ministerien und mittleren Leitungsinstanzen bis hin zu den VEB aufgeschlüsselt und detailliert wurde (Pfeilschema in *Übersicht A-3*). Auf der Basis der durch Kennziffern konkretisierten Planaufgaben erarbeiteten die Betriebe – unter der verantwortlichen Leitung des Direktors – Planentwürfe. Parallel zur betriebsinternen Plandiskussion schlossen die Betriebe Vorverträge mit ihren Lieferanten und Abnehmern ab, wodurch die Teilpläne auf der Betriebsebene vorkoordiniert und mögliche Leistungsreserven und -engpässe sichtbar gemacht werden sollten. In einem Rücklauf der betrieblichen Planentwürfe über die gleichen Instanzen bis hin zur Plankommission wurden die Einzelpläne aggregiert, wobei die untergeordneten Instanzen ihre Pläne jeweils gegenüber den übergeordneten Leitungsgremien zu verteidigen hatten. Die Plankommission koordinierte – und revidierte gegebenenfalls – die Teilpläne zum Volkswirtschaftsplan, der von der Volkskammer als Gesetz verabschiedet wurde. Es begann schließlich ein neuer Prozeß der Aufschlüsselung bis hin zu den Betrieben, deren endgültige Planauflagen (Plankennziffern) rechtsverbindlich zu erfüllen waren. Dieser mehrmalige Instanzendurchlauf dauerte mindestens ein Jahr (KNAUFF, 1977, 5. A. 1989, S. 78). Unerwartete Datenänderungen in diesem Zeitraum konnten nur schwer oder gar nicht berücksichtigt werden, da sonst der auch zeitlich vorgeschriebene Planungsablauf gestört wurde.

In diesem Plansystem ergibt sich der notwendige gesamtwirtschaftliche Rechnungszusammenhang, indem von den jeweiligen Planungsinstanzen Aufkommens- und Bedarfsmengen der Güter(-arten) in naturalen Bilanzen erfaßt und gegenübergestellt werden. An den Bilanzsalden ist erkennbar, bei welchen Produktionszielen Engpässe zu erwarten sind und wie diese sich auf die Produktion anderer Güter auswirken. Die umfassende naturale Bilanzierung ist das Hauptinstrument zentraler Planung und Grundlage der Planentscheidungen.

Soll das gesamtwirtschaftliche naturale Rechnungssystem als Voraussetzung konsistenter Bewertungen geschlossen werden, müßten solche Bilanzen für jedes Gut auf zentraler Ebene aufgestellt werden. Dies ist theoretisch vorstellbar (HENSEL, 1954, 3. A. 1979), bereitet jedoch in der Praxis wegen der Vielzahl von Gütern und der Komplexität ihrer Beziehungen untereinander unlösbare Probleme. Allein die dafür notwendige Erfassung und Verarbeitung von Detailinformationen über vergangene, gegenwärtige und erwartete ökonomische Variablen und Beziehungen übersteigt die

Kapazität des Planungsapparates trotz Anwendung moderner Computertechniken bei weitem. Deshalb müssen auf zentraler Ebene aggregierte Planbilanzen (für Gütergruppen) aufgestellt werden, die von den nachgeordneten Planungsinstanzen entsprechend aufzuschlüsseln sind. Das Bilanzsystem z. B. in der DDR umfaßte ca. 4600 Einzelbilanzen, von denen 400 durch die zentrale Plankommission, 700 durch die Ministerien und ca. 3500 durch Kombinate, Kombinatsbetriebe, wirtschaftsleitende Organe und Bezirkswirtschaftsräte ermittelt wurden.

Der notwendige Verzicht auf eine Detailplanung aller Güter und Beziehungen auf zentraler Ebene eröffnete den nachgeordneten Instanzen und insbesondere den Betrieben trotz fester Verzahnung im Organisationsaufbau Entscheidungs- und Handlungsspielräume. Die Betriebe erhielten ihre Planauflagen als Kennziffern, die sich u. a. auf die Produktion (in Natural- und Preisgrößen ausgedrückt), den Gewinn bzw. die Gewinnabführung an den Staat, den Arbeitskräfteeinsatz, Löhne, Materialkosten, Rohstoffverbrauch, Güterqualität usw. bezog. Sie erfassen alle wichtigen Größen der Ergebnisrechnung eines Betriebes, wie sie in *Übersicht A-2. II.* für die DDR dargestellt ist. Vom Grad der Erfüllung der Plankennziffern hing die Höhe der Zuführungen an den Betriebsprämienfonds ab, der auf die Beschäftigten verteilt wurde. Anzahl und Art der Kennziffern, die zudem noch in Haupt- und Nebenkennziffern untergliedert waren, haben sich mehrmals verändert. Zeitweise erhielten die Betriebe über 90 solcher Plankennziffern, die z. T. noch untergliedert waren (Knauff, 1977, 5. A. 1989).

Die Fülle der Kennziffern darf nicht darüber hinwegtäuschen, daß sie nur – wenngleich wichtige – Ausschnitte der betrieblichen Aktivitäten erfaßten. Die Auffüllung des Kennzifferngerüsts in den Betriebsplänen war eine wichtige Quelle von Disproportionen bei der Planverwirklichung, weil den verantwortlichen Planern im Betrieb selbst nur winzige Ausschnitte des Wirtschaftssystems bekannt waren und brauchbare gesamtwirtschaftliche Orientierungskennziffern als Grundlage betrieblicher Entscheidungen oft fehlten. Die mangelhafte Anpassungsflexibilität eines Wirtschaftssystems zentraler Planung war eine wesentliche Ursache des Entstehens spontaner außerplanmäßiger Versorgungssysteme (z. B. Beziehungen, Bestechungen, Naturaltausch, Schwarze Märkte), über die die Betriebe auftretende Engpässe zu überwinden versuchten.

4.2.2. Monetäre Planung

Die naturale Zentralplanung wurde ergänzt durch ein System der monetären und finanziellen Planung und Bilanzierung. Zwar war man in der UdSSR ursprünglich in Anlehnung an Marx zunächst davon ausgegangen, daß mit der Beseitigung der kapitalistischen Produktionsweise auch die Verwendung von Geldgrößen überflüssig geworden sei und ihnen nur in der Übergangsphase eine eingeschränkte passive Bedeutung zukomme. Nach Abschluß der kontroversen *Wertgesetz-Debatte* in den fünfziger Jahren wurde die Existenz von Ware-Geld-Beziehungen und damit die Notwendigkeit von Wertkategorien (Preise, Einkommen, Gewinne, Steuern usw.) auch theoretisch in der Politischen Ökonomie des Sozialismus voll anerkannt.

Die Notwendigkeit von in Geld ausgedrückten Wertkategorien ergibt sich aus der unvollständigen naturalen Zentralplanung: Die Betriebe benötigen Vergleichs- und Entscheidungsmaßstäbe, wenn sie z. B. die Plankennziffern durch betriebsinterne Planungen detaillieren, Wirtschaftlichkeitsrechnungen über alternative Investitionsvorhaben aufstellen oder Verträge mit Lieferanten und Abnehmern abschließen sollen. Solchen in Geld ausgedrückten Maßstäben (Gewinne, Prämien, Kosten etc.) liegen andere Wertkategorien – Güterpreise – zugrunde.

Monetäre Planung in sozialistischen Planwirtschaften bedeutet insoweit auch staatliche Preisplanung. Das System der staatlichen Preisfestsetzung basiert auf der Marx'schen Arbeitswertlehre, wonach die Preise an Güterwerte anzugleichen sind (HAFFNER, 1978; KNAUFF, 1977, 5. A. 1989). Der Wert eines Gutes wird dabei durch den gesellschaftlich notwendigen Arbeitsaufwand bestimmt, der sich aus den Produktionsbedingungen, dem Durchschnittsgrad von Geschick und Intensität der Arbeit sowie der Nachfrage ergibt. Die so bestimmten Preise ermöglichen die Bildung von Wertkategorien. Diese erlauben nicht nur betriebsinterne und -externe Leistungsmessungen durch Gegenüberstellung von Kosten und Erlösen, sondern ermöglichen auch die Zusammenfassung verschiedener Güterarten in jenen Globalbilanzen, die für Produktgruppen von den zentralen Planungsinstanzen aufgestellt werden. Wertkategorien werden in sozialistischen Planwirtschaften insbesondere drei Funktionen zugeschrieben:

- Da Leistungen vergleichbar werden, können sie leichter bewertet und kontrolliert werden (Meß- und Kontrollfunktionen). Es kann der Beitrag jedes Betriebes oder Beschäftigten an der Entstehung des Gesamtprodukts ebenso festgestellt werden wie das Ausmaß der Planerfüllung.
- Analog zur Leistungsberechnung können den Betrieben und Beschäftigten in Geld ausgedrückte Ansprüche (Gewinne, Löhne, Prämien) auf das Gesamtprodukt übertragen sowie Teile davon wieder entzogen (Gewinn- und Lohnsteuer) und umverteilt (Subventionen, Transfers) werden (Verteilungsfunktion).
- Schließlich können Wertkategorien zur Leistungsmotivation genutzt werden, wenn z. B. Lohn- und Prämienzahlungen an Leistungsmaßstäbe geknüpft sind (Stimulierungsfunktion).

Ob und inwieweit Wertkategorien diese Funktionen tatsächlich erfüllen, hängt wesentlich von der Ausgestaltung der Preis-, Leistungsanreiz- und Kontrollsysteme ab. Die Übertragung von Ansprüchen auf Güter erfolgte also auch in konkreten sozialistischen Planwirtschaften in Geldform: Geld fungierte als Recheneinheit, Tauschmittel sowie Wertaufbewahrungsmittel und ermöglichte somit die zeitweilige Übertragung von Ansprüchen durch Kredite (EHLERT/HUNSTOCK/TANNERT, 1976). Die Existenz vielfältiger Geldbeziehungen erforderte ein System der monetären und finanziellen Zentralplanung, die – wenn gesamtwirtschaftliche Disproportionen, wie z. B. ein Geldüberhang, vermieden werden sollten – in Einklang mit der naturalen Zentralplanung stehen mußte (Einheit von monetärer und güterwirtschaftlicher Planung). Die Finanzierung der geplanten, mit Preisen bewerteten Transaktionen erforderte eine bestimmte Geldmenge, deren Produktion, Verteilung und Vernichtung periodenbezogen zu planen und zu bilanzieren war. Dieser Prozeß vollzog sich in sozialistischen Planwirtschaften über ein einstufig organisiertes Bankensystem mit einer Staatsbank und ihren Filialen. Sie stellten den Betrieben über Kredite Geld (Geldfonds) zur Finanzierung ihrer Transaktionen zur Verfügung. Durch Zahlungen an andere Betriebe, im Wege von Verrechnungen auf Depositenkonten, und an Beschäftigte (Bargeld oder Giralgeld) entstanden bei diesen Geldfonds. Sie wurden bei Güterkäufen, Steuerzahlungen usw. wieder an die Betriebe oder den Staat übertragen und letztlich im Bankensystem vernichtet, wenn Betriebe aus den Erlösen ihre Kredite tilgten. Wurden Geldfonds von Haushalten oder Betrieben beispielsweise gehortet, konnten Kredite nicht oder nicht im vollen Umfang zurückgezahlt werden. Sie verblieben im Kreislauf und erhöhten die gesamtwirtschaftlichen Geldbestände.

Dieser vereinfacht dargestellte Prozeß wurde in einem komplizierten System ineinandergreifender Bilanzen erfaßt (Gutmann, 1965, S. 182 ff.; Hartwig, 1987), wie z. B. in der

- Finanzbilanz des Staates, die die geplanten Geldeinnahmen und -ausgaben der staatlichen Haushalte, der staatlichen Betriebe, der Versicherungsorganisationen und des Kreditsystems zusammenfaßte;
- Kreditbilanz der Staatsbank, in der Umfang und Struktur der gesamtwirtschaftlichen Geld- und Kreditmenge erfaßt war;
- Bilanz der Geldeinnahmen und -ausgaben der Bevölkerung, in der von der Staatsbank die erwarteten Einnahmen- und Ausgabenströme der privaten Haushalte prognostiziert wurden.

Besondere Bedeutung hatte ferner der Bargeldumsatzplan, in dem die Staatsbank die Bargeldeinnahmen und -ausgaben des Bankensystems bilanzierte. Da die Transaktionen zwischen einem Betrieb und anderen bzw. dem Staatshaushalt aus Kontrollgründen bargeldlos abzuwickeln waren, die Betriebe also Bargeld nur in äußerst geringem Umfang halten durften, wurden in diesem Plan die Bargeldströme zwischen privatem (Haushalte, private Betriebe) und staatlichem Sektor erfaßt. Die Notenbank kontrollierte mit Hilfe dieser Quartalspläne die Entwicklung der Bargeldkassenhaltung („Bargeldhorte"; „vagabundierende Bargeldbestände") im privaten Sektor. Aus Furcht, diese Bargeldbestände würden spontane Transaktionen auf Schwarzmärkten u. ä. finanzieren, entwickelte die Staatsbank bei unzureichendem Bargeldrückfluß Pläne zur Mobilisierung freier Geldmittel der Bevölkerung – z. B. durch hohe Zinsen für Einlagen auf Giro- und Sparkonten (Hedtkamp, 1974, S. 276).

Die zentrale monetäre Planung und Bilanzierung bezieht sich – wie die naturale Bilanzierung – ebenfalls nur auf Globalpositionen. Wie die Erfahrung zeigt, hat sie ungeplante Disproportionen zwischen Geld- und Gütervolumen nicht verhindern können (Wagener, 1990). Dies galt vor allem für die Konsumsphäre (Diskrepanz zwischen Kauf- und Warenfonds), da die Einkommensverwendungsentscheidung der privaten Haushalte keinen staatlichen Plananweisungen unterlagen und nur schwer zu prognostizieren waren. Aber auch und insbesondere in der Produktionssphäre wurden solche Disproportionen ausgelöst, wenn z. B. Mengen- oder Qualitätsplankennziffern nicht erfüllt wurden (Investitionsruinen, Ladenhüter). Die dann entstandenen Finanzierungslücken in den staatlichen Betrieben, die nicht konkursfähig waren, zwangen die Staatsbank zur Vergabe außerplanmäßiger Kredite und damit zur ungeplanten Erhöhung der Geldbestände (Thieme, 1991, 1; Thieme, 1998).

4.3. Planerfüllung, Leistungsanreiz- und Kontrollsystem

Das Ziel einer bedarfsgerechten Güterversorgung konnte in sozialistischen Planwirtschaften nur dann verwirklicht werden, wenn
- die aus dem Volkswirtschaftsplan abgeleiteten Planaufgaben der Betriebe auf realistischen Informationen über deren erwartete Leistungspotentiale beruhten und
- die Plankennziffern von den Betrieben auch tatsächlich erfüllt wurden.

Die Erfahrung aus den sozialistischen Planwirtschaften zeigt, daß mit der Beseitigung kapitalistischer Produktionsverhältnisse keineswegs ein sozialistisches Bewußtsein der Menschen und damit eine Identität von Individual- und Gesellschaftsinteressen entstanden ist, wie aus der anthropologischen Leitidee von Marx gefolgert wurde. Auch in diesen Wirtschaftssystemen unterliegen Entscheidungen und Handlungen einzelwirtschaftlichen Erfolgsinteressen. Wirksame Knappheitsminderung in sozialistischen Planwirtschaften setzt insofern ein organisiertes System von Leistungsanreizen und -kontrollen voraus, durch das betriebliches und individuelles Erfolgsstreben auf die zentral vorgegebenen Planaufgaben orientiert werden.

Diesem Ziel diente das Prämiensystem, das mit dem Planerfüllungsprinzip kombiniert war: Je nach dem Grad der Erfüllung der vorgegebenen Plankennziffern wurden Prämien gezahlt, die einen wesentlichen Teil der individuellen Einkommen – vor allem des leitenden Personals – ausmachten. Diese „ökonomischen Hebel" sollten – nach dem „Prinzip der materiellen Interessiertheit" – zu plangerechten Leistungen anreizen. Neben solchen materiellen wurden auch immaterielle Leistungsanreize (z. B. „Sozialistischer Wettbewerb") organisiert und eingesetzt.

Planerfüllungs- und Prämienprinzip als Basiselemente des Motivations- und Kontrollsystems sozialistischer Planwirtschaften lösten das Informations- und Leistungsproblem aus verschiedenen Gründen nur sehr unvollständig:

Erstens hingen die Prämienzahlungen vom Grad der Planerfüllung ab. Bis Mitte der sechziger Jahre fiel die Zuführung zum Betriebsprämienfonds um so höher aus, je mehr die vorgegebenen Planauflagen übertroffen wurden, mit der Konsequenz, daß die Betriebe leicht zu erfüllende Pläne („weiche" Pläne) anstrebten. Dies gelang ihnen im Planungsprozeß bei der Ausarbeitung und – aufgrund des Informationsvorsprungs gegenüber den vorgesetzten Instanzen – auch bei der Verteidigung ihrer Planentwürfe. Damit das Produktionssoll niedrig ausfiel, wurden niedrigere Produktionspotentiale vorgetäuscht; damit der Sollgewinn reduziert und stille Leistungsreserven gebildet werden konnten, wurden überhöhte Produktionskosten angesetzt. Um das Streben nach weichen Plänen zu beseitigen, erhielten die Betriebe später auch Prämien für die Überbietung der zentralen Planaufgaben in ihren Planentwürfen. Die Übernahme hoher Planauflagen („angespannter" Pläne) wurde stärker belohnt als Planübererfüllung. Planuntererfüllung wurde mit Prämienentzug sanktioniert. Weil die Betriebe jedoch auf der Beschaffungsseite mit erheblichen Unsicherheiten konfrontiert waren (Ausfall von Lieferungen, Verspätungen, Qualitätsmängel der Inputfaktoren usw.), wurden nach wie vor weiche Pläne aufgestellt. Denn der Übernahme hoher Planauflagen mit der Möglichkeit hoher Prämien stand das Risiko der Planuntererfüllung mit entsprechendem Prämienverlust gegenüber: Da es selbst bei risikoneutralem Verhalten unter Unsicherheit nicht sinnvoll war, angespannte Pläne zu übernehmen, blieb das Streben nach weichen Plänen eine dominante Verhaltensweise.

Zweitens schlugen die einzelwirtschaftlichen Erfolgsinteressen auch auf das Verhalten bei der Planverwirklichung durch. Die Betriebe waren lediglich an „maßvollen Übererfüllungen" interessiert, damit die künftigen Spielräume der Prämienerwirtschaftung nicht durch abrupt erhöhte Plankennziffern stark eingeschränkt wurden. Es wurden also nicht nur Fehlinformationen über Leistungspotentiale in der Planungsphase vermittelt, sondern auch bei der Planverwirklichung die tatsächlichen Leistungskapazitäten nicht voll ausgelastet.

Drittens veranlaßten die Beschaffungsrisiken die Betriebe, möglichst umfangreiche Leistungsreserven zu bilden, um bei auftretenden Versorgungsengpässen die Planerfüllung zu sichern. Auf diese Weise wurden zur Durchführung der Produktionspläne nicht erforderliche Reserven an Materialien, Rohstoffen, Arbeitskräften gehortet und möglichst umfangreiche – vielfach unrentable – Anlageinvestitionen getätigt.

Viertens resultierte das mangelhafte Interesse der Betriebe an technischen Neuerungen aus diesem Anreiz- und Kontrollsystem. Der Zwang zum gesamtwirtschaftlich rationellen Einsatz der Ressourcen wurde durch die stillen Reserven reduziert, die im Zeitablauf immer wieder neu gebildet werden konnten. Technische Fortschritte mit hohen Produktionssteigerungen wurden behindert, weil sie die Planauflagen in den folgenden Perioden entsprechend erhöhten und damit die Verwirklichung betrieblicher Erfolgsinteressen gefährdeten (Balcerowicz/Welfens, 1988).

Fünftens ist zu bedenken, daß das aus betrieblicher Sicht durchaus rationale Streben nach weichen Plänen auch den Interessen der übergeordneten Instanzen entsprach, weil diese ebenfalls dem Soll-Ist-Bewertungssystem unterlagen. Betriebsdirektoren und Repräsentanten der obersten Leitungshierarchie schwächten diese betrieblichen Verhaltensweisen nicht ab, weil Ansehen und Aufstiegschancen innerhalb der Hierarchie – und damit ihre materiellen und immateriellen Erträge – vom Grad der Planerfüllung ihnen untergeordneter Planbereiche abhingen.

Sechstens schließlich litt die Aussagefähigkeit betrieblicher Effizienzkriterien unter den Unzulänglichkeiten des Systems staatlich fixierter Preise. Die relativen Preise konnten schon wegen der Preisbestimmungsmethoden nicht die relativen Güterknappheiten signalisieren. Da sie zudem über längere Perioden konstant gehalten wurden, blieben auch Umweltänderungen in der Regel ohne Einfluß auf die betrieblichen Erfolgsgrößen. Dadurch wurde die Aussagefähigkeit der Gewinnkennziffer stark gemindert, denn volkswirtschaftliche Verlustproduktion wurde durch verzerrte Preisrelationen ebenso verschleiert wie bedarfsgerechte Produktion nicht angemessen im Betriebsgewinn ausgedrückt wurde.

4.4. Probleme der Wirtschaftspolitik

Ein Wirtschaftssystem zentraler Planung und Koordination ist durch einen hohen Grad bürokratischer Organisation gekennzeichnet; die Beziehungen zwischen den Wirtschaftseinheiten unterliegen dem Hierarchieprinzip. Die Zentralisierung aller wichtigen Entscheidungs- und Verfügungsrechte, die in den Wirtschaftsverfassungen sozialistischer Planwirtschaften durch eine weitgehende Verstaatlichung der Produktionsmittel abgesichert ist, stellt eine auf Dauer angelegte und umfassende ökonomische

Machtkonzentration dar. Die wirtschaftlichen und politischen Entscheidungen sind zudem untrennbar verzahnt.

Die Beziehungen zwischen den Wirtschaftseinheiten sind im Prinzip durch gesetzlich verankerte Verhaltensanweisungen geordnet. Da eine totale Reglementierung der wirtschaftlichen Handlungen aus Gründen unvollkommener Information und technischer Überforderung des Leitungsapparates unmöglich ist, entstehen Entscheidungsspielräume bei den Wirtschaftseinheiten. Diese werden im einzelwirtschaftlichen Interesse genutzt und lassen spontane Handlungsordnungen entstehen. Sie gefährden immer wieder den Anspruch auf umfassende zentrale Planung, obwohl sie teilweise die durch sie hervorgerufenen Inflexibilitäten gerade mindern helfen.

Anders als in marktkoordinierten Systemen richten sich die staatlichen Aktivitäten nicht nur auf die Sicherung des Angebots öffentlicher und meritorischer Güter und die indirekte wirtschaftspolitische Beeinflussung der Entscheidungen und Handlungen, sondern auf alle wirtschaftlichen Verhaltensweisen. Das System zentraler Planung, das zur Reduktion der Komplexität arbeitsteiliger Wirtschaftsbeziehungen bewußt organisiert wurde, verursacht selbst jene Steuerungsprobleme, die in den sozialistischen Planwirtschaften nicht gelöst werden konnten:

- Es besteht eine Diskrepanz zwischen dem Informationsbedarf der zentralen Entscheidungsträger und der dezentralisierten Informationsverfügung. Die Qualität der im organisierten Planungsprozeß beschafften Informationen hängt immer von den Motiven und Interessen der Informationsabsender ab. Diese werden durch das bei zentraler Planung notwendige Planerfüllungsprinzip geprägt, wodurch systematische Fehlinformationen und damit Disproportionen bereits im Planungsprozeß selbst angelegt sind.
- Es gelingt nicht, das System von Leistungsanreizen und -kontrollen so zu konstruieren und zu organisieren, daß individuelle und betriebliche (Einkommens-)Interessen nur durch wirtschaftliche Höchstleistungen, die zudem plangerecht sein müssen, verwirklicht werden können.
- Zeitbedarf und hoher Organisationsgrad der zentralen Planung reduzieren die Anpassungsflexibilität des Systems.
- Die Unmöglichkeit vollständiger naturaler Zentralplanung räumt den monetären Instrumenten (z. B. Gewinne, Prämien, Abführungen, Zinsen) eine aktive Rolle bei der Steuerung von einzelwirtschaftlichen Entscheidungen und Handlungen ein. Ihre Funktionen werden durch die ihnen zugrundeliegenden verzerrten Preisrelationen erheblich eingeschränkt.
- Unter den Ordnungsbedingungen verstaatlichter und konkursunfähiger Betriebe kann die monetäre Zentralplanung Disproportionen zwischen Geldmengen- und Gütermengenentwicklung nicht verhindern, die sich bei staatlich verordneter Preisstarrheit in ungeplanten Geldbeständen – insbesondere im privaten Sektor – niederschlagen (Thieme, 1977, 5. A. 1989). Hierdurch werden Verhaltensreaktionen ausgelöst, die – neben dem Entstehen von Schwarzmärkten oder Störungen der zentral geplanten Allokation (Grossman, 1979) – zu gesamtwirtschaftlichen Kontraktionseffekten bei output und Beschäftigung führen können (Portes, 1981; Hartwig, 1982; Thieme, 1985, 2. A. 1987).

Das Ringen um systemkonforme Lösungen dieser Funktionsprobleme wird in den zahlreichen Wirtschaftsreformen sichtbar, die in regelmäßiger Wiederkehr in den sozialistischen Planwirtschaften stattfanden. Solange sie an den grundlegenden Elementen des Wirtschaftssystems – Zentralplanung, Planerfüllungs- und Prämienprinzip – festhielten, beschränkten sie sich auf Variationen der Planmethodik, des Kennziffernsystems und der wirtschaftspolitischen Steuerungsinstrumente. Auf diese Änderungen der Rahmenbedingungen haben sich die Einzelwirtschaften jeweils eingestellt, ohne daß die beschriebenen Verhaltensweisen zur Verwirklichung ihrer Erfolgsinteressen prinzipiell geändert und die angesprochenen Funktionsprobleme in Wirtschaftssystemen zentraler Planung und Koordination auf Dauer beseitigt werden konnten.

5. Dezentrale Planung bei Staats- oder Gesellschaftseigentum: Sozialistische Marktwirtschaften

Aus den Erfahrungen mit der administrativ-zentralen Lenkung der Wirtschaftsprozesse sind in einigen sozialistischen Ländern (z. B. Ungarn, CSSR, Polen) seit den sechziger Jahren grundlegende Reformen des Wirtschaftssystems diskutiert und teilweise oder zeitweilig verwirklicht worden. Den Reformtendenzen in den sozialistischen Ländern gemeinsam war einerseits die Ablehnung privaten Produktionsmitteleigentums als generellem Ordnungsinstrument (was eine partielle Zulassung und sogar Förderung in einzelnen Wirtschaftssektoren nicht ausschloß) und andererseits die Wiederentdeckung dezentralisierter Markt- und Preisbildungsprozesse als bessere Lösung der Lenkungs-, Koordinations-, Leistungsanreiz- und Kontrollprobleme in arbeitsteiligen Volkswirtschaften. Diese Gemeinsamkeiten begründen, weshalb solche Wirtschaftssysteme als „sozialistische" Marktwirtschaften bezeichnet werden, obwohl sich die Reformmodelle erheblich unterscheiden. Wegen seiner historischen Einmaligkeit und seiner teilweisen Vorbildfunktion in anderen sozialistischen Ländern soll das Modell der arbeiterselbstverwalteten Wirtschaft in Jugoslawien als Beispiel einer sozialistischen Marktwirtschaft ausführlicher dargestellt werden.

5.1. Organisationsprinzipien und Erfolgsinteressen bei Arbeiterselbstverwaltung

Die schlechten Erfahrungen mit dem System zentraler Planung bei der Industrialisierung sowie politische Diskrepanzen mit der Sowjetunion haben in Jugoslawien zu Beginn der fünfziger Jahre eine Transformationsphase ausgelöst, in der durch verschiedene Verfassungsreformen bis 1965 das System einer arbeiterselbstverwalteten Wirtschaft etabliert wurde. In Abkehr von der bürokratischen Organisation des sowjetischen Planungssystems und in Anlehnung an MARX' Idee von der freien Assoziation der Produzenten (MARX, 1891, 1962) wurde das Modell einer von den Arbeitern selbstverwalteten Wirtschaft entworfen und konsequent in die Praxis umgesetzt. Es kann durch fünf Ordnungsprinzipien charakterisiert werden:

- Die zentrale Planung und Koordination sowie das Planerfüllungsprinzip wurden durch verfassungsmäßig garantierte dezentralisierte Planungs-, Entscheidungs-

und Handlungsrechte der seit 1974 als Arbeitsorganisationen (AO) bezeichneten Unternehmen ersetzt. Sie entstand durch einen – in Assoziationsverträgen geregelten – Verbund mehrerer sog. Grundorganisationen der vereinten Arbeit (GOVA), die als technische Einheiten (Betriebe; Abteilungen) Beschaffungs-, Produktions- oder Absatzfunktionen selbständig wahrnahmen und eigene Kosten-Erlös-Rechnungen durchführten. Arbeitsorganisationen konnten sich freiwillig zu vertikalen, horizontalen oder konglomeraten komplexen Organisationen der vereinten Arbeit (KOVA) zusammenschließen.

- Haushalts- und Unternehmenspläne wurden auf den Märkten koordiniert; die Marktpreise sollten prinzipiell dem Gesetz von Angebot und Nachfrage unterliegen.
- Die notwendige Dezentralisierung der Verfügungsrechte über die Produktionsmittel war durch die besondere Form des Gesellschaftseigentums institutionell abgesichert: Weder der Staat (Gebietskörperschaften) noch Private (außer in Landwirtschaft und Handwerk) konnten im Produktionsprozeß Eigentumsrechte an Produktionsmitteln erwerben bzw. veräußern. Staatliche Maßnahmen beschränkten sich hierbei auf die – allerdings weitgehend ungeklärten – Gründungs- und Auflösungsaktivitäten von AO.
- Erfolgsinteressenten und Risikoträger wirtschaftlicher Entscheidungen und Handlungen waren prinzipiell die Beschäftigten der AO.
- Kurz- und längerfristige wirtschaftspolitische Ziele, Entwicklungsstrategien und die jeweils anzuwendenden finanz-, geld-, investitions- und preispolitischen Instrumente wurden in „Gesellschaftsplänen" fixiert, die für die Gebietskörperschaften verbindlich waren.

Im Rahmen dieser ordnungspolitischen Bedingungen der sozialistischen Marktwirtschaft Jugoslawiens haben die Eigentums- und Unternehmensregelungen eine besondere Bedeutung, weil sie die Erfolgsinteressen und wirtschaftlichen Handlungen der Beschäftigten in den Arbeitsorganisationen prägen.

Über die Erfolgsindikatoren wirtschaftlicher Entscheidungen gibt die betriebliche Ergebnisrechnung Aufschluß, die dem Einkommensprinzip folgt *(Übersicht A-2.III.):* Das Nettoeinkommen einer Selbstverwaltungseinheit ist eine Residualgröße, die sich aus dem Erlös einer Planperiode berechnen läßt, wenn Materialkosten und Abschreibungen sowie gesetzliche und vertragliche Verpflichtungen (z. B. Gebühren, Zinsen) abgezogen werden. Über die Verteilung dieses Nettoeinkommens auf betriebliche Fonds (Investitions-, Reserven-, Sozialfonds) einerseits und den Bruttofonds für die Einkommen der Beschäftigten andererseits wurde kollektiv in den Selbstverwaltungsorganen entschieden. Die Aufteilung dieses Fonds auf die einzelnen Beschäftigten erfolgte – nach Abzug von Steuern und Sozialbeiträgen – durch ein Punktsystem, nach dem der einzelne entsprechend seiner Ausbildung, Verantwortung, Leistung und Dauer der Betriebszugehörigkeit eingestuft wurde. Die Höhe des persönlichen Einkommens, auf das in der Planperiode zunächst nur vorläufige Monatsabschläge gezahlt wurden, hing somit von der tatsächlichen Höhe des Bruttofonds der Einkommen, von der Summe der Punkte aller Beschäftigten sowie von der individuellen Punktezahl ab. Diese Organisations- und Verteilungsprinzipien sollten die Idee der Arbeiterselbstverwaltung verwirklichen: Die persönlichen Einkommen der Beschäftigten waren

„Residualeinkommen“, deren Höhe vom tatsächlichen wirtschaftlichen Erfolg (oder Mißerfolg) abhing, der erst ex post feststellbar war. Sie unterlagen somit den Risiken wirtschaftlicher Entscheidungen, an denen die Beschäftigten deshalb möglichst umfassend partizipieren sollten. Die hierfür institutionalisierten Wahl- und Verhandlungsmechanismen, über die die Interessen der Beschäftigten aufeinander abgestimmt werden sollten, funktionierten in der Praxis allerdings nur unvollständig. Dabei haben insbesondere der Direktor und das Management in den Betrieben als Vermittler divergierender Gruppeninteressen faktisch dominierende Rollen eingenommen, was der Selbstverwaltungsvorstellung keineswegs entsprach.

5.2. Allokations- und Verteilungswirkungen

Aus der spezifischen Unternehmensorganisation und dem Einkommensprinzip resultierten besondere Entscheidungs- und Handlungsbedingungen der am wirtschaftlichen Erfolg interessierten Beschäftigten. Wie diese ordnungsbedingten Wirkungen das Wirtschaftssystem Jugoslawiens beeinflußten, war Gegenstand zahlreicher theoretischer und empirischer Analysen (Furubotn/Pejovich, 1970; Meade, 1972; Hamel, 1974; Nutzinger, 1974).

In dieser Diskussion hat die Hypothese vom anomalen Angebotsverhalten der arbeiterselbstverwalteten Einheiten eine herausragende Bedeutung erhalten: Da alle Beschäftigten am wirtschaftlichen Erfolg partizipieren, wird in den mikroökonomischen Modellen die Maximierung des Nettoeinkommens pro Beschäftigten als Zielgröße der Betriebe unterstellt. Die „Arbeiterrentabilität“, wie sie in Analogie zur Kapitalrentabilität bezeichnet wird, ist definiert als Quotient aus Nettoeinkommen und Zahl der Beschäftigten. Unter den Annahmen eines Modells vollständiger Konkurrenz läßt sich zeigen, daß – bei Streben nach Arbeiterrentabilität – die Ausbringungsmenge bei Preiserhöhungen eingeschränkt und bei -senkungen ausgeweitet wird. Der Markt würde somit seine Informationsfunktion nicht erfüllen und relative Preisänderungen lösten Fehlallokationen aus. Allerdings sind die Modellannahmen – und damit auch die abgeleiteten anomalen Reaktionen – wenig realistisch, weil die bei Mengenvariationen notwendigen Beschäftigungsanpassungen eine autonome Entscheidungskompetenz des Direktors über Einstellungen und Entlassungen von Beschäftigten (= Unternehmern!) voraussetzt, die in den Selbstverwaltungseinheiten gerade nicht gegeben ist.

Andere Untersuchungen der spezifischen Interessenlagen bestätigen vielmehr, daß die Beschäftigtenzahlen in arbeiterselbstverwalteten Einheiten relativ konstant sind, weil Entlassungen nahezu unmöglich sind und Neueinstellungen nur unter besonderen Bedingungen erfolgen (z. B. Akzeptanz einer niedrigeren Punktbewertung gegenüber der Stammbelegschaft; Verwandtschaftsbeziehungen). Notwendige Marktanpassungen werden vorwiegend über Variationen des Kapitaleinsatzes vollzogen. In schrumpfenden Branchen werden somit zu viele Arbeitskräfte gebunden (verdeckte Arbeitslosigkeit) und Konkursgefahren durch permanente staatliche Kreditzuschüsse abgewendet. In Expansionsbranchen hingegen werden Marktanpassungen nicht durch Neueinstellung von Arbeitskräften, sondern durch die Auswahl besonders kapitalintensiver Produktionsmethoden vollzogen, die weitgehend ebenfalls kreditär finanziert werden. Da zudem kein funktionsfähiger Kapitalmarkt existiert, sind Kapitalfehllenkungen aktuell. Schließlich ist die Vergabe von Staatskrediten zur Finanzierung von Investitionen oder zur Konkursabwehr Ursache der expansiven Geldproduktion des Bankensystems (CASSEL/THIEME, 1974), die den dramatischen Anstieg der Inflationsrate und den notwendigen Währungsschnitt in 1989 erklärt.

Diese empirisch belegten Wirkungen haben ihre Ursache letztlich in dem Verteilungssystem bei Arbeiterselbstverwaltung: Da die Arbeiterrentabiliät in den einzelnen Selbstverwaltungseinheiten je nach den Markt-, Produktions- und Leistungsbedingungen sehr unterschiedlich ist, differieren auch die persönlichen Einkommen von Beschäftigten sehr stark. Ein Arbeiter in einer AO kann durchaus ein doppelt so hohes Nettoeinkommen erhalten wie sein Kollege mit gleichem Ausbildungsniveau und Leistungsstand in einer benachbarten AO. Diese bekannten Einkommensdifferenzen dienen – neben der erwarteten Inflationsrate – als Maßstab der Einkommensforderungen bei den innerbetrieblichen Verteilungsverhandlungen.

Überhöhte Einkommensansprüche bei geringer Arbeiterrentabilität können nur schwer zurückgedrängt werden, solange

- der Direktor einer Selbstverwaltungseinheit selbst vom Arbeiterrat als verteilungskompetentem Gremium abhängt und
- die Verteilungsentscheidungen zugunsten hoher persönlicher Gegenwartseinkommen und zu Lasten der Investitionsfonds – und damit der Zukunftseinkommen – im nachhinein durch staatliche Finanz- und Kredithilfen alimentiert werden.

5.3. Probleme der Wirtschaftspolitik

Darstellung und Analyse des Systems dezentraler Planung und Koordination bei Gesellschaftseigentum haben einige Funktionsprobleme des Wirtschaftssystems und damit auch die Aufgaben der staatlichen Wirtschaftspolitik aufgezeigt. Wenngleich sich Strategien und Instrumente der Wirtschaftspolitik prinzipiell nicht von jenen in kapitalistischen Marktwirtschaften unterscheiden, schaffen die Existenz des Gesellschaftseigentums im Industriesektor und die daraus resultierenden Entscheidungen und Handlungen der Selbstverwaltungseinheiten besondere Bedingungen für die staatliche Wirtschaftspolitik. Dazu zählt auch der wirtschaftliche Entwicklungsstand, der in systemvergleichenden Analysen dezentraler Planungs- und Koordinationssysteme bei unterschiedlichen Eigentumsformen nicht selten vernachlässigt wird.

Ein erstes wichtiges Problem staatlicher Ordnungspolitik war die Abgrenzung von Verfügungs- und Handlungsrechten dezentralisierter Entscheidungsträger bei „Nichteigentum" an den Produktionsmitteln. In den Verfassungs- und Gesetzesreformen wurde dieses Problem immer wieder erneut aufgegriffen, ohne daß es zufriedenstellend gelöst werden konnte. Besonders schwierig stellte sich die Prozedur der Verleihung und des Entzugs von solchen Rechten dar, also der Gründung und Auflösung arbeiterselbstverwalteter Einheiten. In beiden Fällen wirkten die Gebietskörperschaften und Banken organisatorisch sowie finanziell mit. Insbesondere aus sozialen und politischen Gründen wurden Marktaustritte unrentabler Unternehmen durch Konkurs und Liquidation vermieden.

Zweitens war das Problem der Bewertung knapper Produktionsfaktoren ungelöst, da Arbeits- und Kapitalmärkte nicht funktionierten. In den Reformen der siebziger Jahre wurden zwar Bewertungsmechanismen für Arbeitskräfte vorgesehen, die aber die im System selbst angelegten Defizite der Bewertung von Arbeitsleistungen nicht beseitigen konnten. Ähnlich gravierend war das Fehlen eines funktionsfähigen Kapitalmarktes, auf dem die – auch von den privaten Haushalten – angesammelten Geldvermögen in gesamtwirtschaftlich effiziente Verwendungen gelenkt werden konnten. Die bilateralen Kreditgeschäfte zwischen Selbstverwaltungseinheiten und Geschäftsbanken konnten diese Marktfunktionen interregional und -sektoral nicht erfüllen, zumal trotz Dezentralisierung des Bankensystems seit den sechziger Jahren die Bewertungskriterien (z. B. Zinssätze) an den Kreditmärkten durch die Wirtschaftspolitik stark beeinflußt wurden.

Drittens wurden Informations-, Allokations- und Koordinationsprobleme verursacht durch die Diskrepanz zwischen konsequenter Dezentralisierung ökonomischer Entscheidungs- und Handlungsrechte einerseits und dem nur schrittweisen Übergang zur Marktpreisbildung auf den Gütermärkten andererseits. Zwar wurden seit den fünfziger Jahren immer mehr Einzelpreise aus der administrativen Preiskontrolle entlassen; eine Vielzahl von Einzelpreisen unterlag der Kontrolle durch den Staat, der in Phasen besonders kräftiger Inflationsschübe auch zeitweilige allgemeine Preisstops verordnete. Hinzu kamen die vorwiegend oligopolistischen und monopolistischen Marktstrukturen, wodurch das Leistungsvermögen der arbeiterselbstverwalteten Wirtschaft reduziert wurde.

Viertens schließlich traten bei dezentralisierten Entscheidungsbefugnissen und zunehmender Marktpreisbildung Verteilungs- und Stabilitätsprobleme auch gesamtwirtschaftlich offen auf, die durch die Finanzpolitik des Staates und die Geld- und Kreditpolitik der Notenbank zu mindern waren. Hohe Inflationsraten und Arbeitslosenquoten sowie die beschriebenen Einkommensdifferenzen bestätigten, daß diese Probleme in Jugoslawien schlechter als in anderen Marktwirtschaften gelöst wurden.

Diese ungelösten Probleme haben die massive wirtschaftliche und politische Krise in Jugoslawien Ende der achtziger Jahre verursacht. Die Nichtexistenz funktionierender nationaler Arbeits- und Kapitalmärkte verschärfte zudem die – in der Bevölkerungszusammensetzung Jugoslawiens bereits angelegte – Regionalisierung der Wirtschaft, so daß das Wirtschaftssystem Jugoslawiens zunehmend als sozialistische, regional-administrativ zersplitterte Vereinbarungs- oder Verhandlungswirtschaft charakterisiert wurde (Eger, 1987; Iversen, 1988), die sich weder an einem zentralen Volkswirtschaftsplan noch an Knappheitspreisen orientierte. Der wirtschaftliche und politische Zusammenbruch Jugoslawiens belegt, daß die sozialistische Marktwirtschaft in der Praxis wegen systemimmanenter Mängel ebenso gescheitert ist wie die sozialistische Planwirtschaft.

6. Transformationsprozesse in sozialistischen Planwirtschaften

Die politischen und wirtschaftlichen Systeme der ehemals sozialistischen Staaten befinden sich – insbesondere in Osteuropa – seit Beginn der neunziger Jahre im dramatischen Umbruch. Es gibt nur noch wenige sozialistische Staaten, in denen Reformen innerhalb des administrativen Zentralplansystems angestrebt werden (Kuba, Nordkorea, China, Vietnam). Und auch in diesen Ländern mehren sich die Anzeichen für drastische Veränderungen. In allen anderen Staaten ist die Transformation des administrativen Sozialismus in Demokratie und Marktwirtschaft bereits eingeleitet.

Die „harten" Daten und Erfahrungen aus den sozialistischen Plan- und Marktwirtschaften bestätigen die Erkenntnisse der Ordnungstheorie, daß ökonomische Effizienz dauerhaft nur in einem marktwirtschaftlichen System mit dezentralisierten Verfügungs- und Nutzungsrechten an den Produktionsmitteln erreichbar ist. Über das allgemeine Transformationsziel sind sich die Reformkräfte und -parteien in den Ländern weitgehend einig. Unklar hingegen ist die Gestaltung des Transformationsprozesses, weil historische Erfahrungen fehlen und deshalb keine empirisch überprüfte Theorie der Wirtschaftssystemtransformation vorliegen kann.

6.1. Ziele und Konzepte der Systemtransformation

Die Transformation von einer zentralverwalteten Planwirtschaft in eine dezentralisierte Marktwirtschaft ist eine gewaltige gesellschaftspolitische Aufgabe, deren Lösung hohe Anforderungen an Initiative, Geduld und Anpassungsfähigkeit der Menschen stellt. Dies zeigt die Vereinigung Deutschlands, obwohl es hierbei eher um die Integration zweier wirtschaftlich ungleicher Regionen geht und nicht um eine typische Systemtransformation, wie sie in den anderen ehemals sozialistischen Ländern vollzogen werden soll. In diesen Ländern ist die Systemtransformation im politischen, wirtschaftlichen und sozialen Bereich weitgehend aus eigener Kraft zu leisten, wobei die wirtschaftlichen und institutionellen Voraussetzungen sehr schlecht sind:

- Die notwendige Zerschlagung der administrativen Zentralplanung und der sie tragenden Staatsbürokratie bewirkt kurzfristige Produktionsrückgänge; der abrupte Zusammenbruch des staatlich organisierten Außenwirtschaftssystems zwischen den sozialistischen Ländern hat die Versorgungsengpässe im Produktions- und Konsumgütersektor verschärft.
- Das – bislang weit unterschätzte – Ausmaß der Umweltzerstörung, eine veraltete Infrastruktur, nicht angepaßte Branchenstrukturen sowie die Bürokratielastigkeit der Wirtschaft stellen hohe Barrieren für einen marktwirtschaftlichen Neuanfang dar.
- Die jahrzehntelange strikte Gültigkeit des Planerfüllungs- und Anreizsystems in vielen Lebensbereichen hat das Humanvermögen der Bevölkerung einseitig geprägt; jene Eigenschaften und Fähigkeiten von Menschen, die bei der Initiierung von Marktprozessen und dem Umgang mit marktwirtschaftlichen Institutionen notwendig sind, müssen erst entwickelt werden.
- Die Überwindung der ehemaligen administrativen politischen Strukturen birgt Gefahren eines temporären Machtvakuums, in dem wirtschaftliche und soziale Trans-

formationsmaßnahmen wegen mangelndem Politikervertrauen und rasch auftretender Partikularinteressen nicht umgesetzt werden können.

Daneben existieren noch zahlreiche regionale Besonderheiten (z. B. Volksgruppen, religiöse Gruppen), die bei zunehmenden Freiheitsgraden nicht nur die Mobilität der Menschen fördern und – freiwillige oder unfreiwillige – Wanderungsprozesse auslösen, sondern auch und gerade die Risiken von gewaltanwendenden Machtkämpfen in der Transformationsphase erhöhen (z. B. Jugoslawien, Georgien).

Unter solchen Bedingungen ist eine klare Formulierung des Ziels der angestrebten marktwirtschaftlichen Ordnung sowie des Weges dahin besonders dringlich; dabei sind auch die in der Transformationsphase entstehenden Kosten und Erträge offenzulegen, um die Akzeptanz der Transformationspolitik zu erhöhen. Zugleich sind jene institutionellen Veränderungen zu bestimmen, die – unter Berücksichtigung der Interdependenz verschiedener Teilordnungen – notwendige Bedingungen für Entstehen und Funktionieren eines preisgesteuerten marktwirtschaftlichen Systems darstellen (KRATZ/THIEME, 1991; SCHÜLLER, 1990, 2. A. 1991):

- Die wirtschaftlichen Entscheidungen können nur dezentralisiert werden, wenn Betriebe und Kombinate entflochten, die Planungsbürokratien aufgelöst und das staatliche Eigentumsmonopol durch Privatisierungen beseitigt werden.
- Das administrative Festpreissystem auf Produkt- und Faktormärkten ist prinzipiell abzuschaffen, damit sich Märkte und Wettbewerbsprozesse herausbilden und Marktpreise den Einsatz von knappen Produktionsfaktoren bei der Güterproduktion bestimmen können.
- Das Monobankensystem ist in ein doppelstufiges Bankensystem zu überführen, in dem die Notenbank für den Abbau vorhandener und die Vermeidung zukünftiger monetärer Ungleichgewichte zuständig ist und die Geschäftsbanken auf Kreditmärkten – bei gleichzeitigem Aufbau von Aktien- und Anleihemärkten – für eine effiziente Kapitallenkung sorgen.
- Das gesamte Staatsausgaben- und Staatseinnahmensystem ist neu zu gestalten, wobei insbesondere das Steuersystem den Regeln von Marktprozessen – unter Berücksichtigung sozialer Ziele der Einkommensumverteilung – anzupassen und eine inflationstreibende, geldmengenwirksame Finanzierung von Staatsausgaben durch die Notenbank strikt zu vermeiden sind.
- Neben der Auflösung des staatlichen Außenwirtschaftsmonopols durch zügige Liberalisierung des grenzüberschreitenden Waren-, Dienstleistungs- und Kapitalverkehrs ist die Konvertibilität der Währung herzustellen.
- In neuen Gesetzen und Verordnungen müssen individuelle Entscheidungsspielräume und private Verfügungsrechte eindeutig und verläßlich verankert werden; für ihre rechtsstaatliche Durchsetzung sind entsprechende Institutionen neu aufzubauen.

Diese für den Übergang zu einer Marktwirtschaft unerläßlichen ordnungspolitischen Veränderungen lassen Raum für länderspezifische Varianten entsprechend den wirtschaftlichen und sozialen Ausgangsbedingungen. Auch sind einzelne systeminkonforme Übergangsregulierungen (z. B. Preissubventionen bei Grundnahrungsmitteln, Mietsubventionen) denkbar, wenn durch solche temporären sozialen Flankierungen die Akzeptanz der Transformationspolitik bei der Bevölkerung und damit ihre Erfolgschancen erhöht werden. Allerdings sind jene Strategien zum Scheitern verurteilt, die auf die Transformation einzelner Teilordnungen verzichten und die institutionellen Voraussetzungen eines marktwirtschaftlichen Systems – freie Marktpreisbildung bei stabiler Währung – außer acht lassen. Zahlreiche Reformen in Vergangenheit und Gegenwart sind Beleg für das Scheitern solcher lediglich „nominellen" Transformationen des Wirtschaftssystems (SCHÜLLER/BARTHEL, 1990).

6.2. Tempo und Friktionen der Transformation

Während die ordnungspolitischen Veränderungen, die beim Übergang zu einer Marktwirtschaft mit privatem Produktionsmitteleigentum notwendig sind, weitgehend akzeptiert werden, sind die Strategien, also die Gestaltung des Transformationsprozesses selbst, umstritten (CALVO/FRENKEL, 1991; DELHAES/FEHL, 1991). Im Zentrum steht dabei die Entscheidung über die Geschwindigkeit, mit der die erforderlichen Transformationsmaßnahmen umgesetzt werden sollen. Zwei Strategieoptionen sind zu unterscheiden:

- Die Systemtransformation erfolgt durch eine ordnungspolitische Schocktherapie; die Grundsatzentscheidungen für Demokratie und Marktwirtschaft werden gleichzeitig gefällt und umgesetzt.
- Bei der partiellen Transformation werden ordnungspolitische Veränderungen der einzelnen wirtschaftlichen Teilverfassungen über einen längeren Zeitraum gestreckt.

Welche der beiden Optionen erfolgreicher ist, ist schwer zu entscheiden, weil keine historischen Erfahrungen vorliegen. Auch dürften landesspezifische Besonderheiten eine wichtige Rolle bei der Strategiewahl spielen. Wie ein Vergleich transformierender Staaten zeigt, bestehen erhebliche Unterschiede in der Mentalität der Menschen und in den Erfahrungen mit Demokratie und Marktwirtschaft. Es gibt gleichwohl verschiedene Kriterien, die die Strategiewahl erleichtern helfen:

Erstens hängt von der zeitlichen Strategieentscheidung das Ausmaß der ordnungspolitischen Inkonsistenzen ab, die durch ein zu langes Nebeneinander von Institutionen und Elementen konträrer Wirtschaftssysteme entstehen. Solche Inkonsistenzen zeigen sich beispielsweise, wenn – wie in einigen Ländern – zwar ein doppelstufiges Geschäftsbankensystem per Dekret installiert wurde, aber weder die Voraussetzungen für eine rentabilitätsorientierte Kreditpolitik der Geschäftsbanken durch neue Unternehmensverfassungen und Konkursfähigkeit von Unternehmen noch die rechtlichen Bedingungen für eine die Währungsstabilität sichernde Geldpolitik der Zentralbank geschaffen wurden, also der Staat weiterhin Zugriff auf Notenbankkredite zur Finanzierung der massiv ansteigenden Staatsverschuldung hat. Diese Gefahren sind bei einer partiellen, zeitlich gestreckten Transformation sehr groß (MICHLER/THIEME, 1991).

Zweitens sind Friktionen und Hindernisse auch vom Zeitpfad der Transformation abhängig. Unabhängig vom Weg entstehen einzel- und gesamtwirtschaftliche Transformationskosten, die als Altlasten des Systems zentraler Planung unvermeidbar sind:

- Die in administrativen Planungssystemen über Jahrzehnte entstandene, versteckte Dauerbeschäftigungslosigkeit vieler Menschen wird beim Übergang zur Marktwirtschaft in offene, vorübergehende Friktionsarbeitslosigkeit umgewandelt.
- Ebenso ist die bei Preisfreigabe zu erwartende und in einigen Ländern bereits massiv eingetretene Preisinflation insbesondere verursacht durch die monetären Steuerungsprobleme im administrativen Planungssystem.

In dieser Hinsicht ist Marktwirtschaft ein Indikationssystem gesamtwirtschaftlicher und struktureller Ungleichgewichte, das zugleich durch effizienzsteigernde Anpassungsprozesse die Voraussetzungen für eine dauerhafte Lösung wirtschaftlicher und damit auch sozialer Probleme schafft.

Durch entsprechende Flankierungen (z. B. Geldvernichtung durch Verkauf von Staatseigentum, soziale Transferleistungen für einkommensschwache Haushalte) können Transformationskosten reduziert, nicht jedoch vermieden werden. Solche Maßnahmen mindern die transformationshemmenden Wirkungen der Anpassungslasten, die von den individuellen Antizipationsmöglichkeiten abhängen. Mit der Länge der Transformationsperiode steigt jedoch die Gefahr anhaltender gesamtwirtschaftlicher Ungleichgewichte, nehmen die Transformationskosten zu und schwinden die finanziellen Möglichkeiten zur Flankierung von Anpassungsprozessen. Demgegenüber werden bei einer kurzen Transformationsphase einzelwirtschaftliche Transformationserträge (z. B. Einkommensanstieg bei marktorientierten Unternehmern und anpassungsfähigen Beschäftigten) schnell sicht- und spürbar. Auch in dieser Hinsicht scheint die Schocktherapie einer graduellen Strategie überlegen. Ein zügiges Transformationstempo reduziert zudem jene Kosten, die durch den Widerstand der ehemaligen Führungskräfte in Betrieben, Staat, Partei und Bürokratie bei dem Versuch entstehen, pekuniäre und nicht pekuniäre Vorteile der Vergangenheit in der Zukunft zu sichern.

Drittens sind für die Strategiewahl Bereitschaft und Fähigkeit der Betroffenen entscheidend, unvermeidbare Anpassungslasten zu tragen, Einkommensnachteile und vorübergehende Verschlechterungen der Lebenslagen zu akzeptieren. Da die Vorteile der Transformation (z. B. Freiheitsgewinn bei Wahlen und Marktentscheidungen, Reisefreiheit) schnell und mit hohem Gewöhnungseffekt wahrgenommen werden, hängt es wesentlich von der politischen Führungselite ab, den Menschen die zu erwartenden Kosten und Erträge der Transformationskonzeption zu verdeutlichen (Kloten, 1989). Nur wenn dies gelingt, bleibt die für den Erfolg wichtigste Voraussetzung, nämlich die Akzeptanz der Transformationspolitik durch die Bevölkerung, erhalten, Nimmt sie im Laufe des Transformationsprozesses ab, steigen die Gefahren einer Wiederherstellung der alten administrativen Systembedingungen, woran deren – gerade in der Übergangsphase sehr aktiven – Nutznießer (Führungskader, Nomenklatura, Bürokraten in Geheimdienst und Militär etc.) aus ökonomischen und ideologischen Gründen interessiert sind. Da auch die politischen Machtstrukturen in der sich erst langsam entwickelnden Demokratie sehr instabil sind, ist die „Unumkehrbarkeit“ keineswegs gesichert.

Alle drei Kriterien deuten darauf hin, daß eine möglichst zügige und umfassende Transformation am ehesten erfolgreich sein wird. Die Transformationspolitik ist um so mehr gefährdet,

- je ausgeprägter die gesamtwirtschaftlichen Ungleichgewichte in der Ausgangssituation sind;

- je langsamer eine Systemtransformation abläuft;
- je höher die Anpassungsfriktionen und die Erwartungsenttäuschungen der Menschen sind; und
- je weniger Menschen auf die zeitweiligen wirtschaftlichen und sozialen Konsequenzen der Transformationspolitik vorbereitet wurden.

Das politische und wirtschaftliche Geschehen in Rußland – einschließlich des gescheiterten Putschversuches vom August 1991 – belegen diese Vermutungen ebenso wie der Transformationsprozeß in Polen, Tschechien, Ungarn und Slowenien. In den kleineren Transformationsländern sind nach relativ kurzer Zeit wirtschaftliche Erfolge der praktizierten Politik erkennbar.

Von besonderer Bedeutung für die wirtschaftliche Entwicklung dieser Länder ist eine zügige und breite Öffnung der Märkte in den traditionellen westlichen Marktwirtschaften, was in den Assoziierungsabkommen der Europäischen Gemeinschaft nicht konsequent umgesetzt wurde. Einen Sonderfall stellt die Transformation der DDR-Wirtschaft dar, die mit erheblichen Transfers aus Westdeutschland angestoßen und sozial abgefedert wurde. Nach der sehr kurzen Zeitspanne von fünf Jahren konnten dadurch positive Wachstums- und Beschäftigungseffekte initiiert werden, so daß die fünf neuen Bundesländer zeitweilig die dynamischste Wirtschaftsregion in Europa repräsentierten. Die mittlerweile nachlassende wirtschaftliche Dynamik und die nach wie vor sehr hohe Arbeitslosigkeit sind wesentlich verursacht durch die sehr schnelle Anpassung der Löhne und der Lohnnebenkosten an das Niveau in den westlichen Bundesländern; der Produktivitätsanstieg konnte diese Kostensteigerungen nicht kompensieren, so daß die Standortqualität – im Vergleich zu anderen europäischen Ländern – negativ beeinflußt wurde. Immerhin zeigen die positiven Entwicklungen in einigen Ländern (Tschechien, Polen, Ungarn, Slowenien), die die Transformation der Wirtschafts- und Gesellschaftssysteme weitgehend aus eigener Kraft bewältigen, daß eine konsequente Transformationspolitik erfolgreich ist.

Kommentierte Literaturhinweise

Als Einführung in die ordnungstheoretische Bestimmung und Analyse von Wirtschaftssystemen eignet sich die für einen breiten Leserkreis konzipierte Schrift von K. Paul Hensel (1972, 3. A. 1978); einen Überblick über Ordnungskonzeption und wirtschaftspolitische Gestaltung der Sozialen Marktwirtschaft gibt H. Jörg Thieme (1991, 2, 2. A. 1994); als Einstieg in den Vergleich von Wirtschaftssystemen am Beispiel der Bundesrepublik Deutschland und der DDR ist der von Hannelore Hamel (1977, 5. A. 1989) herausgegebene Band zu empfehlen.

Gesamtüberblicke vermitteln das Werk von Peter Bernholz (1993), sowie das Lehrbuch von Günter Hedtkamp (1974).

Ein Überblick auch über neuere systemtheoretische Erklärungsansätze und die Funktionsprobleme verschiedener Wirtschaftssysteme findet sich in der fünften Auflage des Lehrbuchs von Helmut Leipold (1976, 5. A. 1988). Eine kritische Bestandsaufnahme der Diskussion über Bestimmung und Analyse von Wirtschaftssystemen liefert Hans-Jürgen Wagener (1979).

Nach wie vor grundlegend für das theoretische Verständnis von Zentralverwaltungswirtschaften sind die Schriften von WALTER EUCKEN (1940, 9. A. 1989) und K. PAUL HENSEL (1954, 3. A. 1979).

Spezielle Probleme werden systemvergleichend analysiert in den Sammelbänden von DIETER CASSEL; H. JÖRG THIEME (1976), H. JÖRG THIEME (1979), H. JÖRG THIEME (1985, 2. A. 1987), DIETER CASSEL (1984) und PAUL R. GREGORY; ROBERT C. STUART (1980, 5. A. 1995).

Probleme der Transformation sozialistischer Planwirtschaften werden diskutiert in den Sammelbänden von DIETER CASSEL (1990), UWE JENS (1991), HANS BLOMMESTEIN; MICHAEL MARRESE (1991), KARL-HANS HARTWIG; H. JÖRG THIEME (1991), HORST SIEBERT (1992, 1, 2, 3), PAUL J. J. WELFENS (1992), PETER BERNHOLZ (1993), GERLINDE SINN; HANS-WERNER SINN (1991, 3. A. 1993), H. JÖRG THIEME (1993), GERNOT GUTMANN; ULRICH WAGNER (1994), ALFRED SCHIPKE; ALAN M. TAYLOR (1994) und H. JÖRG THIEME (1995).

Literaturverzeichnis

ALCHIAN, A.; H. DEMSETZ (1973), The property rights paradigm, in: Journal of Economic History, 33, S. 16–27.

BALCEROWICZ, L.; P. J. J. WELFENS (1988), Innovationsdynamik im Systemvergleich. Theorie und Praxis unternehmerischer, gesamtwirtschaftlicher und politischer Neuerung, Heidelberg (Physica) 1988.

BERNHOLZ, P. (1993), Theorie der Wirtschaftssysteme, 3. A., Tübingen (Mohr) 1993.

BLOMMESTEIN, H.; M. MARRESE (1991), Transformation of Planned Economies: Property Rights, Reform and Macroeconomic Stability, Paris (OECD) 1991.

CALVO, G. A.; J. A. FRENKEL (1991), From centrally planned to market economy: The road from CPE to PCPE, in: IMF Staff Papers, 38, S. 26–299.

CASSEL, D. (1984), Hg., Wirtschaftspolitik im Systemvergleich, München (Vahlen) 1984.

CASSEL, D. (1990), Hg., Wirtschaftssysteme im Umbruch, München (Vahlen) 1990.

CASSEL, D.; G. GUTMANN; H. J. THIEME (1972), Hg., 25 Jahre Marktwirtschaft in der Bundesrepublik Deutschland, Stuttgart (Fischer) 1972.

CASSEL, D.; H. J. THIEME (1974), Makroökonomische Stabilisierungsprobleme in der sozialistischen Marktwirtschaft Jugoslawiens, in: H. HAMEL, Hg. (1974), S. 135–178.

CASSEL, D.; H. J. THIEME (1976), Hg., Einkommensverteilung im Systemvergleich, Stuttgart (Fischer) 1976.

DELHAES, K. VON; U. FEHL (1991), Der Transformationsprozeß in der Zeit: Konsequenzen von Dauer und Reihung systemverändernder Maßnahmen, in: K.-H. HARTWIG; H. J. THIEME, Hg. (1991), S. 435–463.

DEUTSCHE BUNDESBANK (1998), Hg., Fünfzig Jahre Deutsche Mark. Notenbank und Währung in Deutschland seit 1948, München (Beck) 1998.

EGER, T. (1987), Ökonomische Anreizstrukturen und Wirtschaftskrise in Jugoslawien, in: Osteuropa-Wirtschaft, 32, S. 213–228.

EHLERT, W.; D. HUNSTOCK; K. TANNERT (1976), Geldzirkulation und Kredit in der sozialistischen Planwirtschaft, Berlin (O) (Die Wirtschaft) 1976.

EUCKEN, W. (1940), Die Grundlagen der Nationalökonomie, 9. A., Berlin (Springer) 1989.

EUCKEN, W. (1952), Grundsätze der Wirtschaftspolitik, 6. A., Tübingen (Mohr) 1990.

FURUBOTN, E. G.; S. PEJOVICH (1970), Property rights and the behavior of the firm in a socialist state: The example of Yugoslavia, in: Zeitschrift für Nationalökonomie, 30, S. 431–454.

FURUBOTN, E. G.; S. PEJOVICH (1972), Property rights and economic theory: A survey of recent literature, in: Journal of Economic Literature, 10, S. 1137–1162.

GREGORY, P. R.; R. C. STUART (1980), Comparative Economic Systems, 5. A., Boston (Houghton Mifflin) 1995.

GROSSMAN, G. (1979), Notes on the illegal private economy and corruption, in: Joint Economic Committee of the United States, Soviet economy in a time of change, Washington D. C. 1979, S. 834–855.

GUTMANN, G. (1965), Theorie und Praxis der monetären Planung in der Zentralverwaltungswirtschaft, Stuttgart (Fischer) 1965.

GUTMANN, G.; U. WAGNER (1994), Hg., Ökonomische Erfolge und Mißerfolge der deutschen Vereinigung – Eine Zwischenbilanz, Schriften zum Vergleich von Wirtschaftsordnungen, Bd. 45, Stuttgart (Fischer) 1994.

HAFFNER, F. (1978), Systemkonträre Beziehungen in der sowjetischen Planwirtschaft, Berlin (Duncker & Humblot) 1978.

HAMEL, H. (1974), Hg., Arbeiterselbstverwaltung in Jugoslawien, München (Beck) 1974.

HAMEL, H. (1977), Hg., Soziale Marktwirtschaft – Sozialistische Planwirtschaft. Ein Vergleich Bundesrepublik Deutschland – DDR, 5. A., München (Vahlen) 1989.

HARTWIG, K.-H. (1982), Output- und Beschäftigungswirkungen einkommens- und währungspolitischer Maßnahmen in sozialistischen Planwirtschaften: Ein rationierungstheoretischer Ansatz, in: Zeitschrift für Wirtschafts- und Sozialwissenschaft, 102, S. 363–380.

HARTWIG, K.-H. (1984), Bundesrepublik Deutschland: Wirtschaftspolitik in der Sozialen Marktwirtschaft, in: D. CASSEL, Hg. (1984), S. 179–195.

HARTWIG, K.-H. (1987), Monetäre Steuerungsprobleme in sozialistischen Planwirtschaften, Stuttgart (Fischer) 1987.

HARTWIG, K.-H.; H. J. THIEME (1991), Hg., Transformationsprozesse in sozialistischen Wirtschaftssystemen. Ursachen, Konzepte, Instrumente, Berlin (Springer) 1991.

HAYEK, F. A. VON (1969, 1), Grundsätze einer liberalen Gesellschaftsordnung, in: F. A. VON HAYEK (1969, 2), S. 108–125.

HAYEK, F. A. VON (1969, 2), Freiburger Studien. Gesammelte Aufsätze, Tübingen (Mohr) 1969.

HEDTKAMP, G. (1974), Wirtschaftssysteme. Theorie und Vergleich, München (Vahlen) 1974.

HELBERGER, C. (1974), Marxismus als Methode. Wissenschaftstheoretische Untersuchungen zur Methode der marxistischen politischen Ökonomie, Frankfurt a. M. (Fischer Athenäum) 1974.

HENSEL, K. P. (1954), Einführung in die Theorie der Zentralverwaltungswirtschaft, 3. A., Stuttgart (FISCHER) 1979.

HENSEL, K. P. (1972), Grundformen der Wirtschaftsordnung. Marktwirtschaft – Zentralverwaltungswirtschaft, 3. A., München (Beck) 1978.

HEUSS, E. (1965), Allgemeine Markttheorie, Tübingen (Mohr) 1965.

HOPPMANN, E. (1977), Marktmacht und Wettbewerb, Tübingen (Mohr) 1977.

IVERSEN, H.-C. (1988), Wirtschaft und Wirtschaftspolitik in Jugoslawien, in: Aus Politik und Zeitgeschichte. Beilage zur Wochenzeitung: Das Parlament, S. 13–23.

JENS, U. (1991), Hg., Der Umbau, Baden-Baden (Nomos) 1991.

KLOTEN, N. (1989), Zur Transformation von Wirtschaftsordnungen, in: ORDO, 40, S. 99–127.

KNAUFF, R. (1977), Die Funktionsmechanismen der Wirtschaftssysteme, 5. A., 1989, in: H. HAMEL, Hg. (1977), S. 61–110.

KORNAI, J. (1971), Anti-equilibrium. On economic systems theory and the tasks of research, London (North-Holland) 1971.

KRATZ, K.; H. J. THIEME (1991), Abbau von Transformationshemmnissen: Ursachen, Formen und Flankierungsstrategien, in: K.-H. HARTWIG, H. J. THIEME, Hg. (1991), S. 407–433.

LEIPOLD, H. (1976), Wirtschafts- und Gesellschaftssysteme im Vergleich, 5. A., Stuttgart (Fischer) 1988.

LUHMANN, N. (1968), Zweckbegriff und Systemrationalität, Tübingen (Mohr) 1968.

MARX, K. (1859, 1972), Zur Kritik der politischen Ökonomie. Erstes Heft, Berlin (O) (Dietz) 1972.

MARX, K. (1867, 1969), Das Kapital. Kritik der politischen Ökonomie, Bd. I, Marx-Engels-Werke, Bd. 23, Berlin (O) (Dietz) 1969.

MARX, K. (1891, 1962), Der Bürgerkrieg in Frankreich, Marx-Engels-Werke, Bd. 17, Berlin (O) (Dietz) 1962.

Meade, J. E. (1972), The theory of labour-managed firms and of profit-sharing, in: Economic Journal, 82, S. 402–428.

Michler, A. F.; H. J. Thieme (1991), Währungsreformen: Zur institutionellen Absicherung monetärer Prozesse, in: K.-H. Hartwig; H. J. Thieme, Hg. (1991), S. 305–329.

North, D. C.; R. P. Thomas (1973), The rise of the western world. A new economic history, Cambridge/Mass. (University) 1973.

Nove, A. (1977), The Soviet Economy, London (Allen & Unwin) 1977; deutsch: Das sowjetische Wirtschaftssystem, Baden-Baden (Nomos) 1980.

Nutzinger, H. G. (1974), Die Stellung des Betriebes in der sozialistischen Wirtschaft, Frankfurt a. M. (Campus) 1974.

Portes, R. (1981), Macroeconomic equilibrium and disequilibrium in centrally planned economies, in: Economic Inquiry, 19, S. 559–578.

Schipke, A.; A. Taylor (1994), Hg., The Economics of Transformation. Theory and Practice in the New Market Economies, Berlin (Springer) 1994.

Schüller, A. (1983), Hg., Property Rights und ökonomische Theorie, München (Vahlen) 1983.

Schüller, A.; u. a. (1990), Zur Transformation von Wirtschaftssystemen: Von der sozialistischen Planwirtschaft zur Sozialen Marktwirtschaft, Arbeitsberichte der Forschungsstelle zum Vergleich wirtschaftlicher Lenkungssysteme, 15, 2. A., Marburg 1991.

Schüller, A.; A. Barthel (1990), Zur Transformation von Wirtschaftssystemen: Das Beispiel der Perestrojka, in: WiSt, Wirtschaftswissenschaftliches Studium, 19, S. 68–74.

Siebert, H. (1992, 1), Das Wagnis der Einheit: Eine wirtschaftspolitische Therapie, Stuttgart (Deutsche Verlagsanstalt) 1992.

Siebert, H. (1992, 2), Hg., Privatization. Symposium in Honor of Herbert Giersch, Tübingen (Mohr) 1992.

Siebert, H. (1992, 3), Hg., The Transformation of Socialist Economies. Symposium 1991, Tübingen (Mohr) 1992.

Siebke, J. (1991), Hg., Monetäre Konfliktfelder der Weltwirtschaft, Berlin (Duncker & Humblot) 1991.

Šik, O. (1967), Plan und Markt im Sozialismus, Wien (Molden) 1967.

Sinn, G.; H.-W. Sinn (1991), Kaltstart: Volkswirtschaftliche Aspekte der deutschen Vereinigung, 3. A., Tübingen (dtv) 1993.

Thieme, H. J. (1977), Gesamtwirtschaftliche Instabilitäten und wirtschaftliche Steuerung, 5. A., 1989, in: H. Hamel, Hg. (1977), S. 153–199.

Thieme, H. J. (1979), Hg., Gesamtwirtschaftliche Instabilitäten im Systemvergleich, Stuttgart (Fischer) 1979.

Thieme, H. J. (1985), Hg., Geldtheorie. Entwicklung, Stand und systemvergleichende Anwendung, 2. A., Baden-Baden (Nomos) 1987.

Thieme, H. J. (1991, 1), 'Money Matters' in sozialistischen Planwirtschaften: Ursachen, Konsequenzen, Reformansätze, in: J. Siebke, Hg. (1991), S. 635–654.

Thieme, H. J. (1991, 2), Soziale Marktwirtschaft. Ordnungskonzeption und wirtschaftspolitische Gestaltung, 2. A., München (dtv) 1994.

Thieme, H. J. (1993), Hg., Privatisierungsstrategien im Systemvergleich, Schriften des Vereins für Socialpolitik, N. F. Bd. 223, Berlin (Duncker & Humblot) 1993.

Thieme, H. J. (1995), Hg., Geld und Kredit im Transformationsprozeß, Schriften des Vereins für Socialpolitik, N. F. Bd. 236, Berlin (Duncker & Humblot) 1995.

Thieme, H. J. (1998), Notenbank und Währung in der DDR, in: Deutsche Bundesbank, Hg. (1998), S. 609–653.

Wagener, H.-J. (1979), Zur Analyse von Wirtschaftssystemen. Eine Einführung, Berlin (Springer) 1979.

WAGENER, H.-J. (1990), Hg., Monetäre Steuerung und ihre Probleme in unterschiedlichen Wirtschaftssystemen, Schriften des Vereins für Socialpolitik, N. F. Bd. 191, Berlin (Duncker & Humblot) 1990.

WELFENS, P. J. J. (1992), Market-oriented Systemic Transformation in Eastern Europe. Problems, Theoretical Issues and Policy Options, Heidelberg und New York (Springer) 1992.

B. Wirtschaftskreislauf und gesamtwirtschaftliches Rechnungswesen

Lothar Hübl

Gliederung

1. Grundlagen und Aufgaben eines gesamtwirtschaftlichen Rechnungswesens

Aufgabenstellung

Aufgabe des gesamtwirtschaftlichen Rechnungswesens ist es, die Ergebnisse des abgelaufenen Wirtschaftsprozesses einer Volkswirtschaft zahlenmäßig zu ermitteln. Es handelt sich um eine ex-post-Analyse. Kernstück des gesamtwirtschaftlichen Rechnungswesens ist die Volkswirtschaftliche Gesamtrechnung, in der Entstehung, Verteilung und Verwendung des Inlandsprodukts bzw. Nationaleinkommens buchhalterisch erfasst werden. Daneben werden Ergänzungsrechnungen durchgeführt: die Input-Output-Rechnung zur Ermittlung sektoraler Verflechtungen; die Vermögensrechnung, in der die Zusammensetzung des Vermögens der Wirtschaftssubjekte ausgewiesen wird; die Finanzierungsrechnung, die die Kreditbeziehungen zwischen den Wirtschaftssubjekten registriert; die Zahlungsbilanz, in der die zwischen In- und Ausländern stattfindenden Transaktionen und Änderungen in den Kreditbeziehungen festgehalten werden (Beitrag E-1.). Die quantitative Erfassung des Wirtschaftsprozesses liefert eine Fülle von Daten und bildet eine wesentliche Grundlage für sein Verständnis und seine Beeinflussung. Zwar werden aus den Daten keine Ursache-Wirkungszusammenhänge ersichtlich – diese werden in volkswirtschaftlichen Theorien als Kausalaussagen formuliert –, aber für die Überprüfung der Hypothesen kann auf die durch das gesamtwirtschaftliche Rechnungswesen gelieferten Informationen nicht verzichtet werden. Auch die Wirtschaftspolitik benötigt die vom Rechnungswesen bereitgestellten Angaben, da vielfach nur auf ihrer Grundlage eine operationale Zielformulierung und eine Kontrolle der Wirkungen wirtschaftspolitischer Maßnahmen möglich sind.

Der Wirtschaftsprozess in einer hochentwickelten, arbeitsteilig organisierten Volkswirtschaft ist durch eine Vielzahl von Beziehungen und Beteiligten gekennzeichnet. Einer systematischen Erfassung der wirtschaftlichen Aktivitäten muss eine Reihe von Abgrenzungen und Vereinbarungen vorangestellt werden, um die inhaltlichen Voraussetzungen für das gesamtwirtschaftliche Rechnungswesen zu schaffen.

Sachliche Abgrenzungen

Im Folgenden werden einige erste Abgrenzungen vorgenommen, um die grundsätzlichen Kreislaufzusammenhänge in einer Volkswirtschaft zu erklären. Die detaillierten Abgrenzungen und Einteilungen, die das STATISTISCHE BUNDESAMT gemäß dem EUROPÄISCHEN SYSTEM VOLKSWIRTSCHAFTLICHER GESAMTRECHNUNGEN (ESVG 1995) verwendet, werden im Abschnitt B-2.4. vorgestellt.

Objekte wirtschaftlicher Aktivitäten sind Güter, Faktorleistungen und Forderungen. Zu Gütern zählen Waren und Dienstleistungen. Sie sind das Ergebnis von Produktionsprozessen. Faktorleistungen sind notwendige Einsatzfaktoren für den Produktionsprozess. Forderungen entstehen nicht durch den Einsatz von Produktivleistungen, sondern durch den Abschluss eines Kreditkontraktes. Dadurch erwirbt der Inhaber einer Forderung, der Gläubiger, einen Anspruch gegenüber dem Schuldner. Bargeld stellt dabei eine Forderung gegen die Zentralbank dar. Für den Schuldner besteht die

Verpflichtung zur Einlösung der Schuld. Dies kann durch die Lieferung von Gütern, Faktorleistungen oder wiederum Forderungen geschehen.

Werden Güter, Faktorleistungen oder Forderungen von einem Wirtschaftssubjekt auf ein anderes übertragen, dann spricht man von einer wirtschaftlichen Transaktion. Dabei gibt es folgende Möglichkeiten:

- Realtausch: Gut oder Faktorleistung gegen Gut oder Faktorleistung
- Kauf bzw. Verkauf: Gut, Faktorleistung oder Forderung gegen Forderung
- Schenkung: Übertragung eines Gutes, einer Faktorleistung oder einer Forderung ohne Gegenleistung.

Von einer Leistungstransaktion spricht man, wenn die Höhe der Forderungen und Verbindlichkeiten bei den beteiligten Wirtschaftssubjekten verändert wird. Dies geschieht beim Tausch eines Gutes oder einer Faktorleistung gegen eine Forderung und bei der Übertragung einer Forderung ohne Gegenleistung. Die Differenz von Forderungen und Verbindlichkeiten eines Wirtschaftssubjektes bezeichnet man als sein Geldvermögen (Nettoposition). Eine Finanztransaktion liegt vor, wenn sich bei den beteiligten Wirtschaftssubjekten deren Geldvermögensbestand nicht ändert, wohl aber seine Zusammensetzung. Das ist beim Forderungstausch, z. B. beim Kauf einer Obligation der Fall. Daneben gibt es noch Transaktionen, die weder die Höhe noch die Zusammensetzung des Geldvermögens berühren, wie z. B. Realtausch und Schenkung von Gütern. Eine Zunahme bzw. Abnahme des Geldvermögens wird Einnahme bzw. Ausgabe genannt. Der Kauf eines Gutes führt beim Käufer zu einer Abnahme der Forderungen oder zu einer Zunahme der Verbindlichkeiten, also zu einer Ausgabe. Der Verkäufer hat eine Einnahme in Form eines Forderungszugangs bzw. einer Abnahme der Verbindlichkeiten.

Am Wirtschaftsprozess nehmen private Haushalte, Unternehmen und öffentliche Haushalte teil. Um ihre Ziele zu erreichen, stellen sie Pläne auf, die sie durch wirtschaftliche Aktivitäten zu realisieren versuchen. Wirtschaftssubjekte können grundsätzlich vier verschiedene ökonomische Aktivitäten entfalten: Güterproduktion, Einkommensempfang und -verwendung, Vermögensbildung sowie Kreditaufnahme und -gewährung (Stobbe, 1966, 8. A. 1994). Mit den für sie typischen Aktivitäten lassen sich die Wirtschaftssubjekte gegeneinander abgrenzen.

- Unternehmen produzieren durch den Einsatz von Produktionsfaktoren und Vorleistungen Güter, die in der Regel auf dem Markt verkauft werden. Im System des ESVG werden Unternehmen noch weiter unterteilt.
- Öffentliche Haushalte produzieren Güter, die sie in der Regel ohne direktes Entgelt den anderen Wirtschaftseinheiten bereitstellen. Diese Güter werden öffentliche Güter genannt (Beitrag J-2.). Die öffentlichen Haushalte, die sich hauptsächlich aus Zwangsabgaben finanzieren, bestehen aus den Gebietskörperschaften und den Sozialversicherungshaushalten; sie werden aggregiert als Sektor Staat bezeichnet.
- Private Haushalte erzielen duch die Bereitstellung von Faktorleistungen an Unternehmen und öffentliche Haushalte Einkommen, das sie zum Kauf von Konsumgütern und für die Ersparnisbildung verwenden. In geringem Maße betreiben sie auch Produktion zur Selbstversorgung.
- Alle ausländischen Wirtschaftseinheiten, mit denen Inländer ökonomische Transaktionen durchführen, werden im Sektor übrige Welt zusammengefasst.

Bewertung

Es ist außerdem noch die Bewertung der Güter, Faktorleistungen und Forderungen zu klären. Erst ein einheitlicher Bewertungsmaßstab stellt die Vergleichbarkeit so unterschiedlicher Güter wie Autos, Brot und Reisen sicher und ermöglicht eine Aggregation. In Marktwirtschaften werden die über Märkte abgewickelten Transaktionen grundsätzlich mit ihren Marktpreisen bewertet. Staatliche Leistungen, die ohne direkte Gegenleistung abgegeben werden, bewertet man mit den Faktor-(Herstell-)kosten, die bei ihrer Erstellung anfallen. Im ESVG werden noch Zwischenbewertungsschritte vorgenommen.

Räumliche Abgrenzung

Schließlich ist die zu betrachtende Volkswirtschaft abzugrenzen. Dabei kann man von der wirtschaftlichen Betätigung aller Wirtschaftseinheiten, die ihren ständigen Sitz bzw. Wohnsitz in dieser Volkswirtschaft haben (Inländer), ausgehen. Die Staatsangehörigkeit ist ohne Bedeutung. Man bezeichnet diesen Ansatz als Inländerkonzept. Ob die Beteiligten im In- oder Ausland wirtschaftlich aktiv werden, spielt keine Rolle. Betrachtet man die wirtschaftliche Aktivität in den geographischen Grenzen eines Landes, spricht man vom Inlandskonzept. Ob In- oder Ausländer beteiligt sind, ist unerheblich.

Sonstige Abgrenzungen

Für das weitere Verständnis ist die Unterscheidung zwischen Strömen und Beständen wichtig. Stromgrößen beziehen sich stets auf Zeitabstände, wie z. B. Einnahmen oder Ausgaben während eines Monats/eines Jahres. Bestandsgrößen werden für einen Zeitpunkt ermittelt, wie z. B. das Vermögen eines Wirtschaftssubjektes an einem bestimmten Stichtag. Wirtschaftliche Transaktionen, z. B. Käufe oder Verkäufe von Sachgütern und Forderungen, können Bestände ändern. Für den Bestand an zwei Zeitpunkten gilt folgender Zusammenhang:

$$\text{Anfangsbestand} + \text{Zugang} - \text{Abgang} = \text{Endbestand}$$

Man nennt diese Art der Ermittlung des Endbestandes Fortschreibung. Zugang und Abgang betreffen einen Zeitabschnitt und stellen Stromgrößen dar.

Das Ergebnis des Wirtschaftsprozesses kann auch noch durch Vermögensrechnungen erfasst werden. Sie geben Auskunft über die Ausstattung der Wirtschaftssubjekte mit Sachvermögen, Forderungen und Verbindlichkeiten an einem Stichtag. In Vermögensrechnungen werden in Geldeinheiten bewertete Bestände zu bestimmten Zeitpunkten erfasst (Bestandsrechnung). Das Bruttovermögen eines Wirtschaftssubjekts setzt sich aus seinem Sachvermögen (Grundstücke, Maschinen, Ausrüstung, ...) und seinen Forderungen (Geld, Spareinlagen, Obligationen, gewährte Kredite, ...) zusammen. Zieht man vom Bruttovermögen die Verbindlichkeiten (Schulden) ab, so erhält man als Saldo das Netto- oder Reinvermögen.

2. Kreislaufschema und Inlandsprodukt

2.1. Kreislauf und Vermögen

Kreisläufe in einer Wirtschaft wurden für Geldströme schon früh erkannt. Der Physiokrat FRANCOIS QUESNAY (1694–1774) wendet den Kreislaufgedanken in seinem Tableau économique (1758) auf Einnahmen- und Ausgabenströme für Sachgüter, Dienstleistungen und Faktorleistungen zwischen Sektoren an. Er unterscheidet drei Sektoren: die Grundeigentümer (classe des propriétaires), die Urproduktion, zu der Landwirtschaft und Bergbau zählen (classe productive) und den Sektor Handel und Gewerbe (classe stérile). Mit dem Tableau économique stellt er als erster eine Volkswirtschaft als ein geschlossenes Gesamtsystem dar.

Der Kreislaufgedanke findet sich erst in der Entwicklungstheorie von KARL MARX (1818–1883) wieder, der ausdrücklich auf die Arbeit von QUESNAY zurückgreift. MARX unterscheidet nur zwei Sektoren einer Volkswirtschaft: die Produktionsgüterindustrie (Abteilung I) und die Konsumgüterindustrie (Abteilung II). In einem Kreislauf beschreibt er die Ausgaben- und Einnahmenströme zwischen den Abteilungen und berücksichtigt die Möglichkeiten der Ersparnisbildung und Nettoinvestition. Damit sind in seiner Theorie die wesentlichen Elemente der modernen Kreislaufanalyse enthalten, nämlich Entstehung und Verwendung des Inlandsprodukts sowie die Vermögensbildung.

Die heutige Form der Kreislaufanalyse geht auf die Arbeiten von JOHN MAYNARD KEYNES (1883–1946) und CARL FÖHL (1901–1973) zurück (KEYNES, 1936; FÖHL, 1937), die, angeregt durch die wirtschaftlichen Probleme nach dem 1. Weltkrieg, die Kreislaufzusammenhänge stärker in den Mittelpunkt wissenschaftlicher Betrachtung stellten.

Unternehmen und Haushalte

Der Kreislaufgedanke läßt sich am einfachsten anhand der Transaktionen zwischen Unternehmen und privaten Haushalten darstellen: Um Güter zu produzieren, setzen Unternehmen Produktionsfaktoren ein, die von den privaten Haushalten angeboten werden. Dafür beziehen die privaten Haushalte Einkommen, mit dem sie Güter von den Unternehmen erwerben. Von den Unternehmen fließt also zu den privaten Haushalten ein Einkommensstrom als Entgelt für den entgegengesetzten Strom von Faktorleistungen. Dem Konsumgüterstrom von den Unternehmen zu den Haushalten entspricht ein entgegengesetzter Strom von Konsumausgaben der privaten Haushalte. Mit der Produktion entsteht ein gleich hohes Einkommen Y, das hier voll für den Konsum C verwendet wird. Folglich gilt für diesen einfachen Kreislauf, in dem die Unternehmen alle Güter an die Haushalte verkaufen:

$$Y = C.$$

Wesentliche Merkmale von Kreisläufen sind Ströme, die zwischen Polen fließen. Pole sind im obigen Beispiel die Unternehmen und die Haushalte. Ströme sind gekenn-

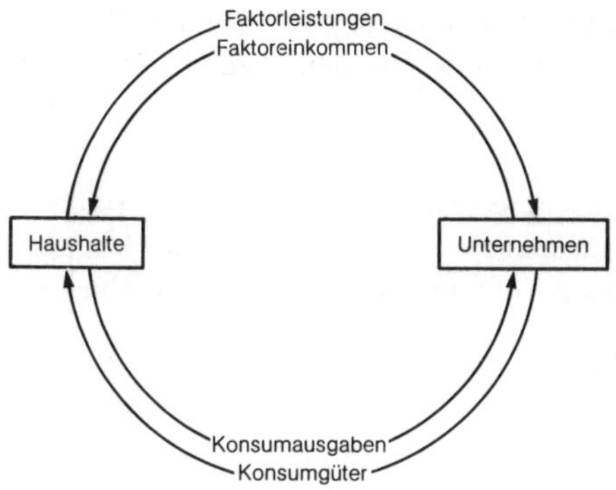

Abb. B-1: Einfacher Kreislaufzusammenhang

zeichnet durch ihre Richtung und ihre Stärke. Sie beziehen sich außerdem stets auf einen bestimmten Zeitraum wie Monat, Quartal, Jahr. Aus dem einfachen Beispiel wird deutlich, dass es zwei Arten von Strömen gibt, nämlich reale Ströme von Gütern und Faktorleistungen sowie monetäre Ströme von Ausgaben und Einnahmen. In Geldwirtschaften entspricht jedem realen Strom im Allgemeinen ein entgegengesetzter monetärer Strom. Allerdings werden die realen Ströme immer auch in Geld bewertet. Buchhalterisch werden in der Volkswirtschaftlichen Gesamtrechnung nur die monetären Ströme erfaßt (z. B. EUR/Jahr). Sie ist damit eine Einnahmen-Ausgabenrechnung. Diesem Verfahren schließen sich die folgenden Ausführungen an. Ist an allen Polen die Summe der in einen Pol fließenden Ströme gleich der Summe der abfließenden Ströme, spricht man von einem geschlossenen Kreislauf (KRELLE, 1959, 2. A. 1967).

Vermögensveränderung

Berücksichtigt man, dass die privaten Haushalte nicht ihr gesamtes Einkommen für den Konsum ausgeben, sondern auch Ersparnisse S_H bilden, und dass die Unternehmen Investitionen tätigen, so muss der einfache Kreislauf um diese Ströme erweitert werden. Dies geschieht mit einem neuen Pol, der die Vermögensveränderungen erfasst. Die Pole private Haushalte und Unternehmen sind institutionell abgegrenzt. Der Vermögensveränderungspol dagegen ist von seiner Funktion her definiert. Auf dem Vermögensveränderungskonto wird die Vermögensbildung durch zufließende Ströme, die Form der Vermögensverwendung durch abfließende Ströme festgehalten. Durch Sparen steigt das Vermögen der sparenden Wirtschaftssubjekte, die in gleicher Höhe Konsumverzicht leisten. Alle in einer Periode produzierten, aber nicht konsumierten Güter sind Bruttoinvestitionen I^b. Sie setzen sich aus Anlage- und Lagerinvestitionen zusammen. Durch die Produktion verschleißt ein Teil des Sachvermögens- (Kapital-) bestandes. Der bewertete Verschleiß heißt Abschreibung D. Die Investitionen, die erforderlich sind, um den Verschleiß zu ersetzen, d. h. den Kapitalbestand auf seiner alten Höhe zu halten, werden Ersatzinvestitionen genannt. Sie sind nicht mit einer

Vermögensveränderung verbunden. Nettoinvestitionen I^n erhöhen den Kapitalbestand und errechnen sich aus Bruttoinvestitionen abzüglich Abschreibung:

$$I^n = I^b - D.$$

Ein einfaches Kreislaufschema mit Vermögensveränderungskonto zeigt *Abb. B-2*. Es sei hier nochmals darauf hingewiesen, dass, wie in der Volkswirtschaftlichen Gesamtrechnung üblich, nur noch Einnahmen- und Ausgabenströme berücksichtigt werden.

Pol	Zuflüsse		Abflüsse
private Haushalte	Y_H	=	$C_H + S_H$
Unternehmen	$C_H + I^n$	=	Y_H
Vermögensveränderungskonto	S_H	=	I^n

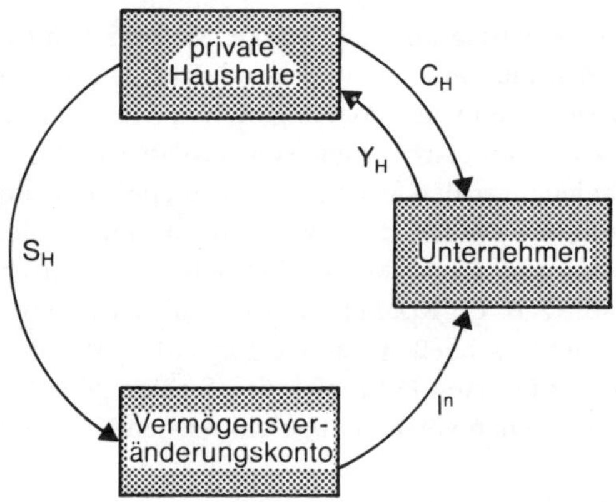

Abb. B-2: Einfaches Kreislaufschema mit Vermögensveränderungskonto

Das Faktoreinkommen der privaten Haushalte Y_H kann weiter aufgeteilt werden. Im Produktionsprozess entsteht nicht nur für die Bereitstellung von Arbeitsleistung Einkommen, sondern auch für die Bereitstellung des Faktors Kapital. Dazu zählen Unternehmerlohn, Verzinsung des eingesetzten Kapitals und Gewinn im engeren Sinn. Vereinfachend werden diese Bestandteile hier als Gewinn bezeichnet. Der Teil des Gewinns, der an die Eigentümerhaushalte ausgeschüttet wird, stellt für diese Einkommen dar. Das Gesamteinkommen der Haushalte setzt sich somit aus Löhnen W und ausgeschütteten Gewinnen Q zusammen:

$$Y_H = W + Q.$$

Ein Teil des Gewinnes kann in den Unternehmen verbleiben, d. h. von diesen gespart werden. Die unverteilten Gewinne sind das Faktoreinkommen der Unternehmen Y_U, das gleich der Unternehmensersparnis S_U ist. Sie stellt eine Vermögensbildung dar und wird deshalb durch einen Pfeil vom Sektor Unternehmen zum Vermögensveränderungskonto dargestellt. *Abb. B-3* stellt diese Zusammenhänge im Kreislauf dar.

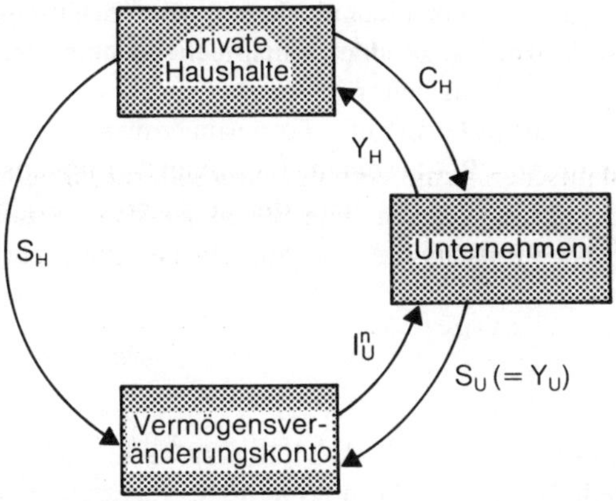

Abb. B-3: Einfaches Kreislaufschema unter Berücksichtigung unverteilter Gewinne

Pol	Zuflüsse		Abflüsse
private Haushalte	$(W + Q =) Y_H$	=	$C_H + S_H$
Unternehmen	$C_H + I_U^n$	=	$Y_H + S_U = Y_H + Y_U$
Vermögensveränderungskonto	$S_H + S_U$	=	I_U^n

Ausland

Nimmt man die ökonomischen Beziehungen zur übrigen Welt mit in die Betrachtung auf (offene Volkswirtschaft) und unterstellt der Einfachheit halber, dass nur die Unternehmen Transaktionen mit dem Ausland durchführen, so sind Einnahmen- und Ausgabenströme, die durch Exporte (Ex) und Importe (Im) von Waren und Dienstleistungen ausgelöst werden, zu berücksichtigen. Importe führen zu einem Ausgabenstrom von den Unternehmen an das Ausland; Exporte lösen einen entgegengesetzten Strom

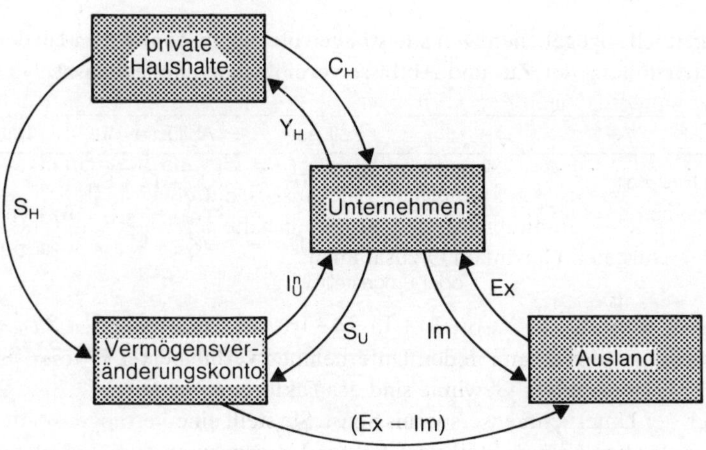

Abb. B-4: Einfaches Kreislaufschema einer offenen Volkswirtschaft

aus. Exportieren die Unternehmen mehr als sie importieren, wird in Höhe des Saldos in der Gesamtwirtschaft Vermögen gebildet. Entsprechend steigt das Sparen von Unternehmen (S_U) und privaten Haushalten (S_H). Das so gestiegene Vermögen wird aus Sicht der Gesamtwirtschaft in Form eines Forderungszuwachses gegenüber dem Ausland verwendet, was in *Abb. B-4* zu einem Pfeil vom Vermögensveränderungskonto zum Ausland führt. Übertreffen die Importe die Exporte, ergibt sich analog eine entgegengesetzte Pfeilrichtung.

Staat

Schließlich sind noch die staatlichen Aktivitäten zu berücksichtigen. Der Staat zieht Steuern einschließlich Sozialversicherungsbeiträge von den Haushalten T_H sowie Steuern von den Unternehmen T_U ein. Daneben erzielt er Faktoreinkommen aus Beteiligungen an Unternehmen und aus Vermögen $Y_{St/U}$. Er verwendet seine Einnahmen für Faktorentlohnung $Y_{H/St}$, Transferzahlungen an die Haushalte TR, Vorleistungskäufe von Unternehmen VK_{St}, Investitionsgüterkäufe (brutto) von den Unternehmen I_{St}^{br}, Zahlungen von Transfers an die Unternehmen Z (Subventionen) sowie für staatliches Sparen S_{St}.

Bei den Steuer- und Transferzahlungen handelt es sich um Geldleistungen ohne direkte Gegenleistung. Die staatlichen Dienstleistungen, die unentgeltlich abgegeben werden (öffentliche Güter), können den Empfängern nicht zugerechnet werden und erscheinen daher nicht direkt im Kreislaufschema. Um aber diese Leistungen zu berücksichtigen, werden sie über die für sämtliche staatliche Leistungserstellung notwendigen Aufwendungen, vermindert um die entgeltlich abgegebenen Dienstleistungen, erfasst. Die Aufwendungen setzen sich zusammen aus den Vorleistungskäufen von Unternehmen, den Faktoreinkommen der beim Staat Beschäftigten und den Abschreibungen auf die staatlichen Investitionen D_{St}. Die Bereitstellung öffentlicher Güter wird als staatlicher Konsum C_{St} bezeichnet:

$$C_{St} = VK_{St} + Y_{H/St} + D_{St} - \text{entgeltlich abgegebene Dienstleistungen.}$$

Die entgeltlich abgegebenen Dienstleistungen bleiben in *Abb. B-5* und in der folgenden Gegenüberstellung der Zu- und Abflüsse vereinfachend außer Ansatz.

Pol	Zuflüsse		Abflüsse
private Haushalte	$Y_{H/U} + Y_{H/St} + TR$	=	$C_H + T_H + S_H$
Unternehmen	$C_H + VK_{St} + I_{St}^{br} + Z + Ex + I_U^n$	=	$Y_{H/U} + Y_{St/U} + T_U + Im + S_U$
Staat	$Y_{St/U} + T_H + T_U + I_{St}^n$	=	$VK_{St} + I_{St}^{br} + Z + S_{St} + Y_{H/St} + TR$
	oder umgestellt:		
	$Y_{St/U} + T_H + T_U - Z - TR$	=	$VK_{St} + I_{St}^{br} - I_{St}^n + Y_{H/St} + S_{St}$
		=	$VK_{St} + D_{St} + Y_{H/St} + S_{St}$
		=	$C_{St} + S_{St}$
Ausland	$Im + (Ex - Im)$	=	Ex
Vermögensveränderungskonto	$S_H + S_U + S_{St}$	=	$I_U^n + I_{St}^n + (Ex\text{-}Im)$

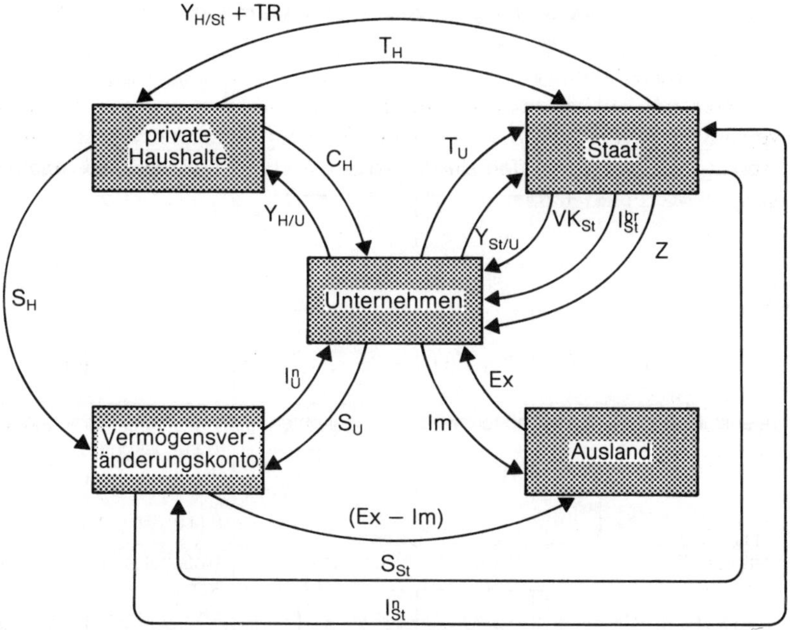

Abb. B-5: Kreislaufschema einer offenen Volkswirtschaft mit staatlicher ökonomischer Aktivität

2.2. Darstellungsformen des Wirtschaftskreislaufs

Jeder Kreislauf läßt sich graphisch (*Abb. B-1* bis *B-5*), in Matrixform, als Kontensystem und in Form von Gleichungen darstellen. Bei der Matrixform werden die einzelnen Pole in gleicher Reihenfolge in der Kopfzeile und -spalte aufgeführt. In den Zeilen werden die abfließenden Ströme, aufgeteilt auf die empfangenden Pole, eingetragen. Die Zeilensumme stellt die gesamten Abflüsse des entsprechenden Pols, die Spaltensumme die gesamten Zuflüsse dar.

Übersicht B-1: Kreislauf in Matrixdarstellung

Zuflüsse / Abflüsse	private Haushalte	Unternehmen	Staat	Ausland	Vermögensveränderungskonto
private Haushalte	–	C_H	T_H	–	S_H
Unternehmen	$Y_{H/U}$	–	$Y_{St/U}+T_U$	Im	S_U
Staat	$Y_{H/St}$+TR	$VK_{St}+I^{br}_{St}+Z$	–	–	S_{St}
Ausland	–	Ex	–	–	–
Vermögensveränderungskonto	–	I^n_U	I^n_{St}	Ex-Im	–

Übersicht B-2: Sektoren und Aktivitäten

Aktivitäten \ Sektoren	Unternehmen	Staat	private Haushalte	Gesamtwirtschaft
Produktion	Produktionskonten			Nationales Produktionskonto
Einkommensverwendung	Einkommenskonten			Nationales Einkommenskonto
Vermögensbildung	Vermögensveränderungskonten			Nationales Vermögensveränderungskonto
Finanzierung	Finanzierungskonten			Nationales Finanzierungskonto
Beziehungen mit der übrigen Welt	Zusammengefasstes Außenkonto			Zusammengefasstes Außenkonto

Im Kontensystem (*Übersicht B-2*) wird für jeden Pol und jede wirtschaftliche Aktivität ein Konto geführt, auf dem auf der Habenseite (rechts) zufließende und auf der Sollseite (links) abfließende monetäre Ströme verbucht werden. Im Gleichungssystem werden alle Positionen der Sollseite eines Kontos mit jenen der Habenseite gleichgesetzt.

2.3. Aktivitäten der Sektoren

Stellt man die möglichen ökonomischen Aktivitäten und die hier abgegrenzten Sektoren einander gegenüber, ergibt sich das in *Übersicht B-2* dargestellte Schema. Die jeweiligen Konten der Sektoren werden noch zu nationalen Konten zusammengefasst. Das Ausland wird nicht als eigener Sektor geführt, sondern alle Transaktionen von Gebietsansässigen mit Gebietsfremden werden auf einem einzigen Konto, dem zusammengefassten Außenkonto, gebucht.

Bei der Zusammenfassung der Wirtschaftseinheiten zu Sektoren rechnet man gleichartige intrasektorale Transaktionen gegeneinander auf (Konsolidierung). So werden z. B. innerhalb des Sektors Unternehmen keine Vorleistungen von inländischen Unternehmen ausgewiesen, da jeder Vorleistungslieferung ein gleichhoher Empfang bei einem anderen Unternehmen gegenübersteht. Erfasst werden aber die Vorleistungsbezüge aus dem Ausland.

2.3.1. Produktion

Auf der Habenseite (Aufkommenseite) der Produktionskonten wird der Output des Produktionsprozesses, auf der Sollseite (Verwendungsseite) der für die Produktion erforderliche Input verbucht.

Produktionskonto der Unternehmen

Auf der Aufkommenseite wird der bewertete Output, der Produktionswert, ausgewiesen. Er ist der Wert aller Güter, die im Rechnungszeitraum produziert wurden, d. h. die Summe aus abgesetzten Gütern, Lagerbestandsänderungen eigener Erzeugnisse und selbsterstellten Anlagen. Der Produktionswert wird zu Herstellungspreisen bewertet (Abschnitt 2.4.1.). Auf der Verwendungsseite werden die Vorleistungen, d. h. die im Produktionsprozess verbrauchten, verarbeiteten oder umgewandelten Waren und Dienstleistungen sowie die Bruttowertschöpfung verbucht. Setzt man von dieser die Abschreibungen für die Nutzung des Anlagevermögens ab, erhält man die Nettowertschöpfung. Die Wertschöpfung erfasst die Werte, die durch die Produktionstätigkeit geschaffen werden, d. h. die Faktorentlohnung. Sie ist ein Maß für die wirtschaftliche Leistung der betrachteten Einheit.

Produktionskonto der Unternehmen

Vorleistungen Bruttowertschöpfung • Abschreibungen • Nettowertschöpfung	Produktionswert

Produktionskonto des Staates

Das Produktionskonto des Staates hat den gleichen Aufbau wie das der Unternehmen. Auf der Sollseite sind Vorleistungen, Abschreibungen als monetäres Äquivalent für den Verschleiß dauerhafter Produktionsgüter und die Nettowertschöpfung zu berücksichtigen. Da der Staat seine produzierten Güter überwiegend unentgeltlich abgibt, kann sein Produktionswert nur als Summe der Sollseite (Inputs) errechnet werden.

Produktionskonto der privaten Haushalte

In der Wirtschaftstheorie werden die privaten Haushalte häufig nur als Nachfrager nach Konsumgütern und Anbieter von Produktionsfaktoren betrachtet. Eine Produktion findet dann annahmegemäß nicht statt. Sie wird den Unternehmen zugerechnet.

Aus Vereinfachungsgründen – insbesondere um die folgende Einkommensentstehung und -verwendung übersichtlich darstellen zu können – wird vorerst dieser Annahme gefolgt. Es sei aber schon hier darauf hingewiesen, dass im ESVG zu den privaten Haushalten auch die Selbständigen (Unternehmen ohne eigene Rechtspersönlichkeit) mit ihrer Produktion gezählt werden. Das Produktionskonto der Haushalte hat im ESVG dann den gleichen Aufbau wie das der Unternehmen.

2.3.2. Einkommensverwendung

Auf vereinfachten Einkommenskonten wird das verfügbare Einkommen und seine Verwendung für Konsum und Sparen nachgewiesen. Im ESVG wird erweiternd nach Einkommensentstehung, primärer und sekundärer Einkommensverteilung sowie Einkommensverwendung unterschieden.

Einkommenskonto der Unternehmen

Auf der Habenseite werden die Nettowertschöpfung der Unternehmen sowie empfangene Vermögenseinkommen erfasst. Werden davon auf der Sollseite geleistete Arbeitnehmerentgelte, geleistete Vermögenseinkommen sowie geleistete Einkommen- und Vermögensteuern abgesetzt, verbleibt als Saldo das verfügbare Einkommen, was dem Sparen der Unternehmen entspricht.

Einkommenskonto der Unternehmen

Geleistete Arbeitnehmerentgelte Geleistete Vermögenseinkommen Gel. Einkommen- und Vermögensteuer Verfügbares Einkommen (= Sparen)	Nettowertschöpfung Empfangene Vermögenseinkommen

Einkommenskonto des Staates

Auf der Habenseite des Einkommenskontos des Staates werden seine Nettowertschöpfung, empfangene Vermögenseinkommen, empfangene Steuern und empfangene Sozialbeiträge nachgewiesen. Werden auf der Sollseite geleistete Vermögenseinkommen und geleistete laufende Transfers abgesetzt, verbleibt als Saldo das verfügbare Einkommen, das für Konsum und Sparen verwendet wird.

Einkommenskonto des Staates

Geleistete Vermögenseinkommen Geleistete laufende Transfers Verfügbares Einkommen • Konsum • Sparen	Nettowertschöpfung Empfangene Vermögenseinkommen Empfangene Steuern Empfangene Sozialbeiträge

Einkommenskonto der privaten Haushalte

Nach der vorerst getroffenen Annahme, dass private Haushalte nicht produzieren, fällt bei ihnen keine Nettowertschöpfung an. Auf der Habenseite sind die empfangenen Arbeitnehmerentgelte, empfangene Vermögenseinkommen sowie empfangene laufende Transfers zu berücksichtigen. Werden davon auf der Sollseite die Einkommen- und Vermögensteuern, die geleisteten Sozialbeiträge sowie die geleisteten Vermögenseinkommen abgesetzt, verbleibt als Saldo das verfügbare Einkommen, das für Konsum und Sparen verwendet wird.

Einkommenskonto der privaten Haushalte

Einkommen- und Vermögensteuer Geleistete Sozialbeiträge Geleistete Vermögenseinkommen Verfügbares Einkommen • Konsum • Sparen	Empfangene Arbeitnehmerentgelte Empfangene Vermögenseinkommen Empfangene laufende Transfers

2.3.3. Vermögensbildung

Vermögen kann von allen Sektoren gebildet werden. Auf der Habenseite des Vermögensveränderungskontos wird die Vermögensbildung nach Herkunftsarten, auf der Sollseite die Vermögensanlage nachgewiesen.

Vermögensveränderungskonto der Unternehmen

Als Quellen der Vermögensveränderung werden Sparen, Abschreibungen und empfangene Vermögenstransfers auf der Habenseite verbucht. Mit ihnen werden die Bruttoinvestitionen, die sich aus Bruttoanlageinvestitionen und Vorratsveränderungen zusammensetzen, sowie die geleisteten Vermögenstransfers finanziert. In der Regel können die Bruttoinvestitionen der Unternehmen aus den Abschreibungen, dem Sparen und dem Saldo der Vermögensübertragungen nicht voll finanziert werden. Der Finanzierungssaldo (Defizit) ist noch auf der Habenseite zu berücksichtigen. Er ist gleich der Veränderung der Verbindlichkeiten und der Forderungen.

Vermögensveränderungskonto der Unternehmen

Bruttoinvestitionen • Bruttoanlageinvestitionen • Vorratsveränderungen Geleistete Vermögenstransfers	Sparen Abschreibungen Empfangene Vermögenstransfers Finanzierungssaldo

Vermögensveränderungskonto des Staates

Der Aufbau dieses Kontos ist mit dem der Unternehmen bis auf die nicht anfallenden Vorratsveränderungen identisch.

Vermögensveränderungskonto der privaten Haushalte

Schließt man annahmegemäß die Produktion privater Haushalte aus, dann sind auf der Habenseite nur Sparen und empfangene Vermögenstransfers zu berücksichtigen, denen auf der Sollseite geleistete Vermögenstransfers und der Finanzierungssaldo (üblicherweise ein Überschuss) gegenüberstehen. Im ESVG zählen zu den privaten Haushalten auch die Selbständigen, so dass dann der Aufbau des Vermögensveränderungskontos mit dem der Unternehmen übereinstimmt.

2.3.4. Finanzierung

Auf den Finanzierungskonten werden die auf den Vermögensveränderungskonten ausgewiesenen Finanzierungssalden gegenüber allen anderen Sektoren in die zugrunde liegenden Ströme der Veränderungen der Verbindlichkeiten und der der Forderungen zerlegt. Der Nettozugang an Verbindlichkeiten, d. h. Zunahme abzüglich Tilgung, wird auf der Habenseite, der Nettozugang an Forderungen, d. h. Erwerb abzüglich Veräußerung, auf der Sollseite gebucht. Der Finanzierungssaldo kann als Defizit oder Überschuss anfallen, je nachdem ob die Höhe der Veränderung der Nettoverbindlichkeiten diejenige der Nettoforderungen übertrifft (in der Darstellung als Defizit). Der Aufbau des Finanzierungskontos ist für alle Sektoren identisch.

Finanzierungskonto

Nettozugang an Forderungen Finanzierungssaldo	Nettozugang an Verbindlichkeiten

2.3.5. Transaktionen mit der übrigen Welt

Alle Transaktionen der gebietsansässigen mit gebietsfremden Einheiten, d. h. der übrigen Welt, werden auf einem einzigen Konto, dem Außenkonto, gegengebucht. Das Konto wird aus der Sicht der übrigen Welt erstellt. Die verbuchten Transaktionen werden aber als Gegenbuchungen zu den anderen Inlandskonten mit den inländischen Namen bezeichnet. Auf der Haben-(Aufkommen-)seite des Außenkontos sind demnach die Importe des Inlands (Verkäufe des Auslands) und die vom Inland geleisteten Faktoreinkommen (aus der Sicht des Auslands empfangene Faktoreinkommen), geleistete laufende Transfers und geleistete Vermögenstransfers zu buchen. Auf der Soll-(Verwendungs-)seite sind die Güterexporte (Käufe des Auslands), empfangene Faktoreinkommen, empfangene laufende Transfers sowie empfangene Vermögenstransfers zu berücksichtigen. Der Saldo zwischen diesen Soll- und Habenpositionen gibt die Veränderung der Nettoauslandsposition wieder. Im hier dargestellten Fall nehmen die Nettoforderungen des Inlands gegenüber der übrigen Welt zu.

Zusammengefasstes Außenkonto

Exporte Empfangene Faktoreinkommen Empfangene laufende Transfers Empfangene Vermögenstransfers	Importe Geleistete Faktoreinkommen Geleistete laufende Transfers Geleistete Vermögenstransfers Finanzierungssaldo (= Veränderung der Nettoauslandsposition)

2.4. Volkswirtschaftliche Gesamtrechnung für Deutschland

2.4.1. Kontensystem des Statistischen Bundesamtes

Die EUROPÄISCHE UNION hat 1995 das EUROPÄISCHE SYSTEM VOLKSWIRTSCHAFTLICHER GESAMTRECHNUNGEN (ESVG 1995) verabschiedet, das ab 1999 in allen Mitgliedsländern einzuführen war (EUROPÄISCHE KOMMISSION, 1996). Das ESVG ist aus dem Gesamtrechnungssystem der Vereinten Nationen (SYSTEM OF NATIONAL ACCOUNTS, 1993) abgeleitet. Das STATISTISCHE BUNDESAMT hat seine Gesamtrechnungen inzwischen auf das ESVG umgestellt. Es vereinheitlicht den konzeptionellen Ansatz und die Buchungsregeln, so dass die Ergebnisse für die EU-Mitgliedsländer miteinander verglichen werden können und eine einheitliche Datengrundlage für die EU-Politik bilden. Die Ergebnisse werden in Konten- und Tabellenform auf Jahres-, Halbjahres-, z. T. auf Quartalsbasis veröffentlicht. Im Vergleich zum früheren System der Gesamtrechnung des STATISTISCHEN BUNDESAMTES ist das ESVG erheblich komplizierter aufgebaut. Mit dem ESVG wurden neue Begriffe eingeführt. Eine Gegenüberstellung zentraler neuer und bisheriger Begriffe der VGR ist in *Übersicht B-3* wiedergegeben.

Übersicht B-3: Ausgewählte neue und bisherige Begriffe in der VGR

Neue Begriffe ESVG 1995	**Bisherige Begriffe**
Primäreinkommen (= Nettonationaleinkommen)	Von Inländern empf. Einkommen aus unselbst. Arbeit u. Unternehmertätigkeit u. Vermögen (= Volkseinkommen) + indirekte Steuern – Subventionen = Nettosozialprodukt (zu Marktpreisen)
Bruttonationaleinkommen	Bruttosozialprodukt + empf. Subventionen aus der übrigen Welt – geleist. Produktions- u. Importabgaben a. d. übrige Welt
Produktions- und Importabgaben	Indirekte Steuern
Gütersteuern	Nicht abziehbare Umsatzsteuer, Einfuhrabgaben und Teil aus Produktionssteuern
Einkommen- und Vermögensteuer	Direkte Steuern

Quelle: STATISTISCHES BUNDESAMT, 1999.

In den bisherigen Erläuterungen wurde ein einfaches Kreislaufschema und Kontensystem vorgestellt. Das ESVG untergliedert die Sektoren und Aktivitäten stärker und wendet ein differenziertes Produktionskonzept an.

Kleinste Darstellungseinheit

Die kleinste statistisch berücksichtigte Wirtschaftseinheit, institutionelle Einheit genannt, sind Einrichtungen, die wirtschaftliche Entscheidungsträger sind und über eine vollständige Rechnungsführung verfügen, z. B. Unternehmen, Körperschaften, Kirchen. Private Haushalte haben wirtschaftliche Entscheidungsfreiheit und gelten auch ohne vollständige Rechnungsführung als institutionelle Einheit.

Produktionskonzept

Die institutionellen Einheiten werden nach dem im ESVG verwendeten Produktionskonzept, das Marktproduzenten, Nichtmarktproduzenten für die Eigenverwendung und sonstige Nichtmarktproduzenten unterscheidet, unterteilt und zu Sektoren zusammengefasst.

In der Marktproduktion werden Güter für den Markt hergestellt und zu wirtschaftlich signifikanten Preisen verkauft. Signifikante Preise liegen vor, wenn mehr als die Hälfte der Produktionskosten im Preis abgedeckt ist. Zur Nichtmarktproduktion für die Eigenverwendung zählen die für den eigenen Konsum produzierten Güter der privaten Haushalte, wie der Eigenverbrauch der Landwirte, das Mietäquivalent selbstgenutzten Wohneigentums sowie für eigene Investitionen selbst erstellte Anlagen der Unternehmen. Sonstige Nichtmarktproduktion ist der Produktionswert, der Dritten unentgeltlich bzw. zu wirtschaftlich nicht signifikanten Preisen überlassen wird. Dazu zählen vor allem die öffentlichen Güter, die der Staat bereitstellt. Die Marktproduktion wird im ESVG vollständig berücksichtigt. Bei der Nichtmarktproduktion für die Eigenverwendung bleibt z. B. Hausarbeit, die vom selben privaten Haushalt erbracht und verbraucht wird, außer Ansatz.

Sektoreneinteilung

Die institutionellen Einheiten werden nach ihrer Stellung im Wirtschaftsprozess zu Sektoren zusammengefasst. Das ESVG gliedert wie in *Übersicht B-4* wiedergegeben.

Die gesamte Volkswirtschaft (S. 1) wird in fünf Sektoren unterteilt. Ein einheitlicher Unternehmenssektor ist nicht vorgesehen. Nichtfinanzielle Kapitalgesellschaften (S. 11) produzieren als Marktproduzenten Waren und nichtfinanzielle Dienstleistungen. Zu ihnen zählen Kapitalgesellschaften, wie AG und GmbH, Genossenschaften sowie Personengesellschaften in der Form der oHG und KG (Quasi-Kapitalgesellschaften), außerdem rechtlich unselbständige Betriebe des Staates und der Organisationen ohne Erwerbszweck mit Entscheidungsautonomie und selbständigem Rechnungswesen, wie z. B. öffentliche und gemeinnützige Krankenhäuser und Wirtschaftsverbände.

Übersicht B-4: Sektoreneinteilung im ESVG

Sektorcode	Sektorbezeichnung
S. 1	Gesamte Volkswirtschaft
S. 11	Nichtfinanzielle Kapitalgesellschaften
S. 12	Finanzielle Kapitalgesellschaften
S. 13	Staat
S. 14	Private Haushalte
S. 15	Private Organisationen ohne Erwerbszweck
S. 2	Übrige Welt

Finanzielle Kapitalgesellschaften (S. 12) sind Marktproduzenten, deren Hauptfunktion in der finanziellen Mittlertätigkeit liegt bzw. die im Kredit- und Versicherungsgewerbe tätig sind. Zu ihnen zählen die Zentralbank, Kreditinstitute, sonstige Finanzinstitute, wie z. B. Risikokapitalgesellschaften, das Kredit- und Versicherungshilfsgewerbe sowie Versicherungsgesellschaften und Pensionskassen.

Der Sektor Staat (S. 13) umfasst alle institutionellen Einheiten, die zu den sonstigen Nichtmarktproduzenten zählen, deren Produktionswert für den Individual- und Kollektivkonsum bestimmt ist und die sich primär aus Zwangsabgaben anderer Sektoren finanzieren oder die Einkommen und Vermögen umverteilen. Der Sektor wird in die Teilsektoren Bund, Länder, Gemeinden und Sozialversicherung gegliedert.

Zum Sektor private Haushalte (S. 14) zählen Einzelpersonen und Gruppen von Einzelpersonen in ihrer Funktion als Konsumenten und auch in ihrer Eigenschaft als Marktproduzenten, soweit nicht Quasi-Kapitalgesellschaften gebildet werden. Eingeschlossen sind Personen, die Waren und nichtfinanzielle Dienstleistungen produzieren, die ausschließlich für die eigene Endverwendung bestimmt sind. Zu beachten ist, dass Einzelunternehmen und Personengesellschaften ohne eigene Rechtspersönlichkeit den privaten Haushalten zugerechnet werden. Der Sektor wird in die Teilsektoren Selbständigenhaushalte, Arbeitnehmerhaushalte, Haushalte von Vermögenseinkommensempfängern, Haushalte von Renten- und Pensionsempfängern, sonstige Nichterwerbstätigenhaushalte und sonstige private Haushalte (Anstaltshaushalte) gegliedert.

Der Sektor private Organisationen ohne Erwerbszweck (S. 15) umfasst institutionelle Einheiten, die als private sonstige Nichtmarktproduzenten privaten Haushalten dienen. Dazu zählen Kirchen, Sportvereine, Wohlfahrtsverbände, Gewerkschaften, Parteien.

Übersicht B-5: Produzententypen und Haupttätigkeiten der einzelnen Sektoren nach ESVG 1995

Sektor	**Produzenten**	**Haupttätigkeit**
Nichtfinanzielle Kapitalgesellschaften	Marktproduzenten	Marktbestimmte Produktion von Waren und nichtfinanziellen Dienstleistungen
Finanzielle Kapitalgesellschaften	Marktproduzenten	Bereitstellung von Bank- und Versicherungsdienstleistungen und damit verbundene Nebenleistungen
Staat	Öffentliche sonstige Nichtmarktproduzenten	Produktion und Bereitstellung sonstiger nichtmarktbestimmter Güter (kollektive oder individualisierbare) sowie Umverteilung von Einkommen und Vermögen
Private Haushalte – als Konsumenten – als Unternehmer	 → Marktproduzenten oder private Nichtmarktproduzenten für die Eigenverwendung	 Konsum Produktion marktbestimmter Güter sowie von Gütern für die Eigenverwendung
Private Organisationen ohne Erwerbszweck	Private sonstige Nichtmarktproduzenten	Produktion und Bereitstellung sonstiger nichtmarktbestimmter individualisierbarer Güter

Quelle: Europäische Kommission (1996), ESVG 1995, S. 24.

Den fünf Sektoren bzw. der gesamten Volkswirtschaft wird zusammengefasst die übrige Welt (S. 2) gegenübergestellt. Darin sind alle gebietsfremden Wirtschaftseinheiten, d. h. mit Sitz im Ausland, zusammengefasst, soweit sie Transaktionen mit gebietsansässigen institutionellen Einheiten durchführen. Der Sektor wird weiter in Teilsektoren Europäische Union sowie Drittländer und internationale Organsiationen untergliedert.

Produzententypen und Haupttätigkeiten der einzelnen Sektoren sind in der *Übersicht B-5* dargestellt.

Kontensystem

Das im ESVG verwendete Kontensystem ist in *Übersicht B-6* wiedergegeben. In der Kontengruppe I wird die Produktion und, damit zusammenhängend, die Einkommensentstehung erfasst. Die Kontengruppe II beschreibt, ausgehend von einer Aufteilung der Einkommensentstehung, die Verteilung, Umverteilung und Verwendung der Einkom-

Übersicht B-6: Kontensystem

Konten für Sektoren

- I. Produktionskonto
- II. Einkommensverteilungs- und -verwendungskonten
  - II.1 Konten der primären Einkommensverteilung
    - II.1.1 Einkommensentstehungskonto
    - II.1.2 Primäre Einkommensverteilungskonten
      - II.1.2.1 Unternehmensgewinne
      - II.1.2.2 Verteilung sonstiger Primäreinkommen
  - II.2 Konten der sekundären Einkommensverteilung (Ausgabenkonzept)
  - II.3 Konten der sekundären Einkommensverteilung (Verbrauchskonzepl)
  - II.4 Einkommensverwendungskonten
    - II.4.1 Einkommensverwendungskonto (Ausgabenkonzept)
    - II.4.2 Einkommensverwendungskonto (Verbrauchskonzept)
- III. Vermögensveränderungskonten
  - III.1 Vermögensbildungskonten
    - III.1.1 Konten der Reinvermögensänderung durch Sparen und Vermögenstransfer
    - III.1.2 Sachvermögensbildungskonto
  - III.2 Finanzierungskonto
  - III.3 Konten sonstiger Vermögensänderungen
    - III.3.1 Konto sonstiger realer Vermögensänderungen
    - III.3.2 Umbewertungskonto (mit Unterkonten)
- IV. Vermögensbilanzen
  - IV.1 Bilanz am Jahresanfang
  - IV.2 Änderung der Bilanz
  - IV.3 Bilanz am Jahresende

Konten für die gesamte Volkswirtschaft

- 0. Güterkonto
- V. Außenkonten
  - V.I. Außenkonto der Gütertransaktionen
  - V.II Außenkonto der Primäreinkommen und Transfers
  - V.III Außenkonten der Vermögensveränderungen (mit Unterkonten)
  - V.IV Außenkonto für Vermögen und Verbindlichkeiten (mit Unterkonten)

Quelle: Statistisches Bundesamt, 1999, S. 269.

men. Vermögensveränderungen und ihre Finanzierung werden in der Kontengruppe III ausgewiesen. Mit der Kontengruppe IV werden – als Neuerung – Vermögensbilanzen integriert. Während in den Kontengruppen I bis III Stromgrößen verbucht werden, sind in den Vermögensbilanzen Bestandsgrößen erfasst. Die Verknüpfung zu den sonstigen Konten wird über die Vermögensveränderungen (Kontengruppe III) hergestellt. Sonstige Vermögensveränderungen (III.3) und Vermögensbilanzen (IV) werden wegen noch ungelöster Erfassungsprobleme bisher nicht veröffentlicht.

Den Konten für die Sektoren sind das Güterkonto für die Gesamtwirtschaft (0) vor- und die Außenkontengruppe (V) nachgestellt. Einen detaillierten Überblick über den Aufbau der Sektorkonten und die von den einzelnen Positionen betroffenen Sektoren, von der Produktion bis zum sektoralen Finanzierungssaldo, zeigt *Übersicht B-7*.

Übersicht B-7: Sektorkonten

	Verwendung Saldo (Kontenabschluß)	Aufkommen	Konto/Transaktion/Saldo (mit ESVG-Codes)	Volkswirtschaftliche Sektoren					
				S. 1	S. 11	S. 12	S. 13	S. 14/15	S. 2
I	Produktionskonto								
		P.1	Produktionswert (zu Herstellungspreisen)	x	x	x	x	x	–
	P.2		Vorleistungen	x	x	x	x	x	–
	B.1g		Bruttowertschöpfung	x	x	x	x	x	–
	K.1		Abschreibungen	x	x	x	x	x	–
	B.1n		Nettowertschöpfung	x	x	x	x	x	–
II.1.1	Einkommensentstehungskonto								
		B.1n	Nettowertschöpfung	x	x	x	x	x	–
	D.1		Geleistete Arbeitnehmerentgelte	x	x	x	x	x	x
	D.29		Geleistete sonstige Produktionsabgaben	x	x	x	x	x	–
	D.39		Empfangene sonstige Subventionen (minus)	x	x	x	x	x	–
	B.2n		(Netto)-Betriebsüberschuß/Selbständigeneinkommen	x	x	x	x	x	–
II.1.2	Primäres Einkommensverteilungskonto								
		B.2n	(Netto)-Betriebsüberschuß	x	x	x	x	x	–
		D.1	Empfangene Arbeitnehmerentgelte	x	–	–	–	x	x
		D.2	Empfangene Produktions- und Importabgaben	x	–	–	x	–	x
		D.3	Geleistete Subventionen (minus)	x	–	–	x	–	x
		D.4	Empfangene Vermögenseinkommen	x	x	x	x	x	x
	D.4		Geleistete Vermögenseinkommen	x	x	x	x	x	x
	B.5n		Primäreinkommen (Nettonationaleinkommen)	x	x	x	x	x	–
II.2/3	Konten der sekundären Einkommensverteilung								
		B.5n	Primäreinkommen (Nettonationaloinkommen)	x	x	x	x	x	–
		D.5	Empfangene Einkommen- und Vermögensteuern	x	–	–	x	–	x
		D.61	Empfangene Sozialbeiträge	x	x	x	x	x	x
		D.62	Empfangene monetäre Sozialleistungen	x	–	–	–	x	x
		D.7	Empfangene sonstige laufende Transfers	x	x	x	x	x	x
	D.5		Geleistete Einkommen- und Vermögensteuern	x	x	x	–	x	x
	D.61		Geleistete Sozialbeiträge	x	x	x	x	x	x
	D.62		Geleistete monetäre Sozialleistungen	x	x	x	x	x	x
	D.7		Geleistete sonstige laufende Transfers	x	x	x	x	x	x
	B.6/7		Verfügbares Einkommen	x	x	x	x	x	–
II.4	Einkommensverwendungskonto								
		B.8n	Verfügbares Einkommen	x	x	x	x	x	–
		D.9	Zunahme betrieblicher Versorgungsansprüche	x	x	x	–	x	–
	P.3		Konsumausgaben	x	x	x	x	x	–
	B.8n		Sparen	x	x	x	x	x	–
III.1.1	Konto der Reinvermögensänderung durch Sparen und Vermögenstransfers								
		B.8n	x	x	x	x	x	–	
		D.9	Empfangene Vermögensübertragungen	x	x	x	x	x	x
	D.9		Geleistete Vermögensübertragungen	x	x	x	x	x	x
	B.10.1		Reinvermögensänderung durch Sparen und Vermögenstransfers	x	x	x	x	x	–
III.1.2	Sachvermögensbildungskonto								
		B.10.1	Reinvermögensänderung durch Sparen und Vermögenstransfers	x	x	x	x	x	–
		K.1	Abschreibungen	x	x	x	x	x	–
	P.5		Bruttoinvestitionen	x	x	x	x	x	–
	K.2		Nettozugang an nichtproduzierten Vermögensgütern	x	x	x	x	x	–
	B.9		Finanzierungssaldo	x	x	x	x	x	x[1]

[1]) Einschl. Saldo der Gütertransaktionen (Außenbeitrag).

Quelle: Statistisches Bundesamt, 1999, S. 270.

In den Konten sind für die einzelnen Aufkommens- und Verwendungspositionen die ESVG-Codes eingetragen. Kreuze bei den Sektoren zeigen an, dass die jeweilige Position für den Sektor zu erfassen ist. Aus der Übersicht wird auch deutlich, dass die Konten miteinander verknüpft sind. Der Saldo eines Kontos auf der linken Seite wird als Eröffnung des Folgekontos auf der rechten Seite gegengebucht. Das Kontensystem wird im Folgenden an Hand der gesamtwirtschaftlichen Konten beschrieben und zahlenmäßig für das Jahr 2005 in Milliarden EUR dargestellt.

Gesamtwirtschaftliches Güterkonto 0

Im gesamtwirtschaftlichen Güterkonto werden auf der linken Seite das gesamte Güteraufkommen (Angebot) und auf der rechten Seite die gesamte Güterverwendung (Nachfrage) erfasst. Aufkommen und Verwendung werden auf diesem Konto auf der entgegengesetzten Seite zu allen anderen Konten gebucht. Das Güteraufkommen setzt sich aus dem Produktionswert und den Importen zusammen. Da der Produktionswert zu Herstellungspreisen (ohne Gütersteuern, aber einschließlich Gütersubventionen), die Verwendungsseite, die sich aus Vorleistungen und den Endnachfragekomponenten Konsum, Bruttoinvestitionen und Exporte zusammensetzt, aber zu Marktpreisen bewertet wird, sind auf der linken Seite noch die Gütersteuern abzüglich der Gütersubventionen hinzuzufügen. Gütersteuern sind Steuern, die pro Wert- oder Mengeneinheit eines produzierten Gutes zu entrichten sind, wie z. B. Mehrwertsteuer, Zölle, Verbrauchsteuern. Gütersubventionen werden analog je Einheit eines produzierten Gutes gewährt. Das Güterkonto ist definitionsgemäß ausgeglichen. Da sich Güteraufkommen und Güterverwendung entsprechen müssen, entsteht kein Saldo.

Gesamtwirtschaftliches Güterkonto 0 (2005 in Mrd. EUR)

Produktionswert* (zu Herstellungspreisen)	4050	Vorleistungen*	2021
		Konsumausgaben	1749
Gütersteuern abzüglich Gütersubventionen	218	Bruttoinvestitionen	386
		Exporte	902
Importe	790		

* einschließlich Finanzserviceleistungen, indirekte Messung (FISIM)

Produktionskonto I

Im Produktionskonto wird aus dem Produktionswert die Brutto- bzw. Nettowertschöpfung ermittelt. Zieht man vom Produktionswert die Vorleistungen ab, erhält man die Bruttowertschöpfung. Werden davon die Abschreibungen abgesetzt, verbleibt die Nettowertschöpfung. Zählt man alternativ zu dem Produktionswert (zu Herstellungspreisen) die Gütersteuern hinzu, zieht die Gütersubventionen ab und verringert diesen Wert um die Vorleistungen, erhält man das Bruttoinlandsprodukt (zu Marktpreisen). Setzt man davon die Abschreibungen ab, verbleibt das Nettoinlandsprodukt.

Produktionskonto I (2005 in Mrd. EUR)

Vorleistungen*	2021	Produktionswert*	
Bruttowertschöpfung	2029	(zu Herstellungspreisen)	4050
• Abschreibungen	328		
• Nettowertschöpfung	1702		

* einschließlich Finanzserviceleistungen, indirekte Messung

alternativ: Produktionskonto

Vorleistungen*	2021	Produktionswert*	
Bruttoinlandsprodukt	2247	(zu Herstellungspreisen)	4050
• Abschreibungen	328	Gütersteuern abzgl.	
• Nettoinlandsprodukt	1920	Gütersubventionen	218

* einschließlich Finanzserviceleistungen, indirekte Messung

Einkommensentstehungskonto II.1.1

Die vom Produktionskonto übernommene Nettowertschöpfung wird in diesem Konto auf der Verwendungsseite in Arbeitnehmerentgelt, sonstige Produktionsabgaben abzgl. sonstige Subventionen und Nettobetriebsüberschuss/Selbständigeneinkommen aufgeteilt. Sonstige Produktionsabgaben bzw. -subventionen sind keine Gütersteuern bzw. -subventionen, da sie unabhängig von den produzierten Gütern erhoben werden (z. B. Gewerbe-, Grund-, Grunderwerbsteuer).

Einkommensentstehungskonto II.1.1. (2005 in Mrd. EUR)

Arbeitnehmerentgelt	1130	Nettowertschöpfung	1702
Sonstige Produktionsabgaben abzgl. sonstige Subventionen	20		
Nettobetriebsüberschuss/Selbständigeneinkommen	552		

Primäres Einkommensverteilungskonto II.1.2.

Auf diesem Konto werden die Primäreinkommen ermittelt. Sie entstehen durch die unmittelbare Teilnahme am Produktionsprozess und als Gegenleistung für die Zurverfügungstellung von finanziellen Mitteln oder nicht produziertem Sachvermögen. Die Summe der sektoralen Primäreinkommen ist das Nettonationaleinkommen (früher Nettosozialprodukt zu Marktpreisen). Es umfasst neben der Entlohnung von Arbeit und Kapital auch die Nettoproduktionsabgaben des Staates. Obwohl diese keine Faktor-, sondern Transfereinkommen sind, entstehen sie quasi durch Mitwirkung des Staates bei der privaten Produktion und werden als Primäreinkommen behandelt. Schließlich ist noch der Saldo aus empfangenen und geleisteten Vermögenseinkommen von bzw. an die übrige Welt zu berücksichtigen. Damit wird auf diesem Konto der Übergang vom Inlands- zum Inländerkonzept vollzogen.

Setzt man vom Nettonationaleinkommen das Primäreinkommen des Staates (Nettoproduktionsabgaben) und den Saldo von Gütersteuern und Subventionen mit der übrigen Welt ab, erhält man das Volkseinkommen. Das Volkseinkommen, ein Ausgangspunkt für weitergehende Verteilungsüberlegungen, ist im ESVG nicht enthalten, wird aber vom STATISTISCHEN BUNDESAMT zusätzlich ermittelt.

Primäres Einkommensverteilungskonto II.1.2 (2005 in Mrd. EUR)

Geleistete Vermögenseinkommen	786	Nettobetriebsüberschuss/ Selbständigeneinkommen	552
Nettonationaleinkommen (Summe der sektoralen Primäreinkommen)	1923	Arbeitnehmerentgelt	1130
		Empf. Produktions- u. Importabgaben ./. Subventionen (Nettoproduktionsabgaben)	237
		Empf. Vermögenseinkommen	790

Das primäre Einkommensverteilungskonto wird weiter in zwei Unterkonten aufgespalten, in denen der Unternehmensgewinn ermittelt wird, der sich aus dem Nettobetriebsüberschuss/Selbständigeneinkommen abzüglich netto geleisteter Vermögenseinkommen, wie Zinsen und Pachten, zusammensetzt.

Sekundäres Einkommensverteilungskonto II.2.3

Dieses Konto dient der Ermittlung des verfügbaren Einkommens. Dazu zählt man zum Nettonationaleinkommen empfangene monetäre Transfers hinzu und zieht geleistete ab. Dadurch werden die Umverteilungsaktivitäten des Staates deutlich gemacht. Zu den Transfers zählen zum einen die Einkommen- und Vermögensteuern (früher als direkte Steuern bezeichnet), Sozialbeiträge, monetäre Sozialleistungen und sonstige laufende Transfers, wie z. B. Prämien und Leistungen für Schadensversicherungen.

Sekundäres Einkommensverteilungskonto, Ausgabenkonzept II.2 (2005 in Mrd. EUR)

Geleistete Einkommen- und Vermögensteuer	224	Nationaleinkommen (Summe der Primäreinkommen)	1923
Geleistete Sozialbeiträge	449	Empfangene Einkommen- und Vermögensteuer	226
Geleistete monetäre Sozialleistungen	464	Empfangene Sozialbeiträge	458
Geleistete sonstige laufende Transfers	367	Empfangene monetäre Sozialleistungen	459
Verfügbares Einkommen (Ausgabenkonzept)	1896	Empfangene sonstige laufende Transfers	341

Im Ausgabenkonzept werden nur monetäre Transfers erfasst. Daneben gibt es aber noch soziale Sachtransfers vom Staat an die privaten Haushalte. Sie erhöhen das verfügbare Einkommen der privaten Haushalte nach dem Verbrauchskonzept, wodurch die gesamte Umverteilung umfassender darstellbar wird. Gesamtwirtschaftlich ist das verfügbare Einkommen nach dem Ausgaben- und Verbrauchskonzept gleich hoch.

Einkommensverwendungskonto II.4

Auch das Einkommensverwendungskonto wird nach dem Ausgaben- und Verbrauchskonzept erstellt. Das verfügbare Einkommen wird darin in seine Verwendungsbestandteile Konsum und Sparen zerlegt. Der Konsum setzt sich aus dem Konsum der privaten Haushalte und dem des Staates zusammen. Setzt man vom verfügbaren Einkommen den Konsum ab, verbleibt als Saldo das Sparen. Die Unterscheidung in Ausgaben- und Verbrauchskonzept hat auf die Höhe des gesamten Konsums und den Saldo Sparen keinen Einfluss, wohl aber auf die sektorale Zuordnung des Konsums.

Einkommensverwendungskonto nach dem Ausgabenkonzept II.4 (2005 in Mrd. EUR)

Konsum	1749	Verfügbares Einkommen	
Sparen	147	(Ausgabenkonzept)	1896

Konto der Reinvermögensänderung III.1.1

In diesem Konto werden zum Sparen empfangene Vermögenstransfers, wie z. B. eine Schenkung, hinzugezählt und geleistete Vermögenstransfers abgesetzt, so dass als Saldo die Reinvermögensänderung durch Sparen und Vermögenstransfers verbleibt.

Konto der Reinvermögensänderung III.1.1 (2005 in Mrd. EUR)

Geleistete Vermögentransfers	65	Sparen	147
Reinvermögen durch Sparen		Empfangene	
und Vermögentransfers	147	Vermögentransfers	65

Sachvermögensbildung III.1.2

In diesem Konto wird die Reinvermögensänderung, zuzüglich der Abschreibungen, den Bruttoinvestitionen gegenübergestellt. Als Differenz verbleibt der Finanzierungssaldo. Beim gesamtwirtschaftlichen Konto gilt dieser Saldo gegenüber der übrigen Welt. Setzt man von den Bruttoinvestitionen die Abschreibungen ab, verbleiben die Nettoinvestitionen. Sie stellen die Nettosachvermögensbildung dar.

Sachvermögensbildungskonto III.1.2 (2005 in Mrd. EUR)

Bruttoinvestitionen	386	Reinvermögen durch Sparen und	
Finanzierungssaldo	89	Vermögentransfers	147
		Abschreibungen	328

Bildet man ein konsolidiertes Vermögensänderungskonto, so ist aus ihm eine wichtige gesamtwirtschaftliche Identität abzulesen: In jeder Periode ist ex post das Sparen, inklusive den empfangenen Nettovermögensübertragungen aus der übrigen Welt, gleich der Nettoinvestition plus dem Finanzierungssaldo gegenüber der übrigen Welt.

Finanzierungskonto III.2

Dieses Konto stellt den Finanzierungssaldo als Differenz zwischen dem Nettozugang an Forderungen und dem Nettozugang an Verbindlichkeiten dar.

Finanzierungskonto III.2 (2005 in Mrd. EUR)

Nettozugang an Forderungen*	·	Finanzierungssaldo Nettozugang an Verbindlichkeiten*	89 ·

* nicht ausgewiesen

Außenkonten V

Auf den Außenkonten werden die Transaktionen von Gebietsansässigen mit der übrigen Welt erfasst. Es werden vier Außenkonten geführt: Außenkonto der Gütertransaktionen, Außenkonto der Primäreinkommen und Transfers, Außenkonto der Vermögensveränderungen und Außenkonto für Vermögen und Verbindlichkeiten. Konsolidiert man die Außenkonten, so wird der Finanzierungssaldo gegenüber der übrigen Welt in die Salden der vier Außenkonten zerlegt.

Außenkonto V (2005 in Mrd. EUR)

Außensaldo der Gütertransaktionen (Außenbeitrag = Exporte ./. Importe)	112	Finanzierungssaldo	89
Außensaldo der Primäreinkommen	4		
Außensaldo der laufenden Transfers	–27		
Außensaldo der Vermögentransfers	0		

2.4.2. Entstehungs-, Verteilungs- und Verwendungsrechnung

Das Ergebnis der wirtschaftlichen Aktivität einer Periode lässt sich unter drei Blickwinkeln ermitteln, und zwar bei der Entstehung, bei der Verwendung und bei der Verteilung. Diese Rechnungen sind z. T. aus dem Kontensystem der Volkswirtschaftlichen Gesamtrechnung ableitbar. Zusätzlich veröffentlicht das Statistische Bundesamt sogenannte Standardtabellen mit weiteren Informationen. Eine Darstellung des Zusammenhangs zwischen den drei Berechnungsarten findet sich in *Übersicht B-8*.

Entstehungsrechnung

Aufgabe der Entstehungsrechnung ist es, die Beiträge der einzelnen Wirtschaftsbereiche zur gesamten Bruttowertschöpfung zu erfassen. Dazu gliedert das Statistische Bundesamt die Wirtschaft nach den in der Statistik üblichen Wirtschaftsbereichen, und zwar in: Land- und Forstwirtschaft, Fischerei (primärer Sektor); Produzierendes Gewerbe (sekundärer Sektor); Dienstleistungsbereich (tertiärer Sektor). Diese Bereiche werden noch weiter aufgespalten. Setzt man vom jeweiligen Produktionswert die Vor-

Übersicht B-8: Zusammenhang zwischen Entstehungs-, Verwendungs- und Verteilungsrechnung

leistungen ab, erhält man die Bruttowertschöpfung. Die Summe der sektoralen Einzelbeiträge ergibt die gesamtwirtschaftliche Bruttowertschöpfung. Das Bruttoinlandsprodukt erhält man, wenn die Gütersteuern, abzüglich der Gütersubventionen, hinzuaddiert werden. Diese Korrektur ist erforderlich, um von der Bewertung zu Herstellungspreisen (Produktionswert) zur Bewertung in Marktpreisen zu kommen. Mit der Revision 2005 der VGR werden die in den Zinsmargen der Banken enthaltenen Kosten für die Kredit- und Einlagenverwaltung ihrer Kunden den betroffenen Wirtschaftssubjekten zugerechnet und als Finanzserviceleistungen, indirekte Messung FISIM bezeichnet (früher unterstellte Bankgebühr). Bei Produzenten und dem Staat sind sie Vorleistungen, bei den Konsumenten erhöhen sie die Konsumausgaben. Damit ist keine Bereinigung der Bruttowertschöpfung mehr (wie früher) erforderlich.

Ergebnisse der Entstehungsrechnung für die Jahre 1991 und 2005 sind in *Tabelle B-1* wiedergegeben. Aus den Anteilswerten ersieht man die Produktionsstruktur, aus dem Zeitvergleich erhält man Einblick in deren Veränderung. Angeschlossen an diese

Tab. B-1: Bruttowertschöpfung nach Wirtschaftsbereichen, Bruttoinlandsprodukt, Nationaleinkommen in jeweiligen Preisen

	1991*		2005	
	Mrd. EUR	in v. H. der BWS	Mrd EUR	in v. H. der BWS
Land- und Forstwirtschaft, Fischerei	20	1	18	1
Produzierendes Gewerbe	514	36	602	30
• Bergbau, Energie, Wasser	44	3	46	2
• Verarbeitendes Gewerbe	387	27	478	24
• Baugewerbe	84	6	78	4
Dienstleistungsbereiche	880	62	1409	69
• Handel, Gastgewerbe u. Verkehr	251	18	366	18
• Finanzierung, Vermietung und Unternehmensdienstleister	343	24	591	29
• Öffentl. und private Dienstleister	286	20	452	22
Bruttowertschöpfung aller Wirtschaftsbereiche	1414	100	2029	100
+ Gütersteuern	151	11	225	11
./. Gütersubventionen	8	1	7	0
Bruttoinlandsprodukt (zu Marktpreisen)	1502	106	2247	111
+ Saldo d. Primäreink. a. d. übrigen Welt	9	1	4	4
Bruttonationaleinkommen	1511	107	2251	115
./. Abschreibungen	210	15	328	16
Nettonationaleinkommen	1301	92	1923	95

* ohne Finanzserviceleistungen. Mit der Revision der VGR 2005 sind die in Anspruch genommenen Finanzserviceleistungen auf die Sektoren verteilt.

Quelle: Statistisches Bundesamt, 2006.

Tabelle ist noch die Umrechnung des Bruttoinlandsprodukts über das Bruttonationalprodukt in das Nettonationalprodukt.

Verteilungsrechnung

Verteilungsüberlegungen setzen an Einkommensgrößen an. Die Verteilung kann man unter drei Blickwinkeln betrachten:

- funktionale Einkommensverteilung, bei der es darum geht, welche Einkommensanteile den Produktionsfaktoren zufließen;
- personelle Einkommensverteilung, bei der auf die Einkommensrelation zwischen Personen oder Haushalten abgestellt wird;
- sektorale Einkommensverteilung, die die Verteilung auf die Wirtschaftssektoren nach ESVG erfasst.

Von der Produktionsgröße Bruttoinlandsprodukt kommt man durch Addition der empfangenen und Subtraktion der geleisteten Primäreinkommen aus bzw. an die übrige Welt und durch Abzug der Abschreibungen zum Nettonationaleinkommen (*Übersicht B-8, Tabelle B-1*), das früher Nettosozialprodukt hieß. Das Nettonationaleinkommen ist gleich der Summe der sektoralen Primäreinkommen.

Vom Nettonationaleinkommen gelangt man durch Abzug der Produktions- und Importabgaben und Hinzurechnung der Subventionen zum Volkseinkommen, das sich in Arbeitnehmerentgelte und Unternehmens- und Vermögenseinkommen aufteilt. Dabei ist zu beachten, dass Letzteres aus statistischen Gründen nur als Residuum aus Volkseinkommen abzüglich Arbeitnehmerentgelt ermittelt werden kann. Die vom STATISTISCHEN BUNDESAMT ausgewiesene Aufteilung ist keine Verteilung auf die Produktionsfaktoren Arbeit und Kapital, da z. B. die Entlohnung für die Arbeitsleistung der Selbständigen im Unternehmens- und Vermögenseinkommen enthalten ist. In Ergänzungsrechnungen werden genauere Zuordnungen vorgenommen.

Den Übergang vom Nettonationaleinkommen zum Volkseinkommen sowie dessen Aufteilung in Arbeitnehmerentgelte und Unternehmens- und Vermögenseinkommen zeigt *Tabelle B-2*.

Tabelle B-2: Nationaleinkommen, Volkseinkommen und dessen Aufteilung

	1991		2005	
	Mrd. EUR	in v. H. des Volkseink.	Mrd. EUR	in v. H. des Volkseink.
Nettonationaleinkommen	1301	111	1923	114
./. Prod.- u. Imp.abgaben, abzgl. Subvent.	134	11	237	14
Volkseinkommen	1167	100	1686	100
• Arbeitnehmerentgelt	846	72	1129	67
– Bruttolöhne und -gehälter	693	59	909	54
– Sozialbeiträge der Arbeitgeber	153	13	220	13
• Unternehmens- und Vermögenseinkommen	321	28	557	33

Quelle: STATISTISCHES BUNDESAMT, 2006.

Die sektorale Verteilung der Primär-(National-)einkommen ist in *Tabelle B-3* wiedergegeben. Angeschlossen ist die Berechnung des verfügbaren Einkommens, das sich für die gesamte Volkswirtschaft aus dem Nationaleinkommen zuzgl. der empfangenen und abzgl. der geleisteten Transfereinkommen aus bzw. an die übrige Welt ergibt. Auf sektoraler Ebene ist das verfügbare Einkommen Ergebnis der Einkommensumverteilung. Als empfangene Transfers werden u. a. Einkommen- und Vermögensteuern sowie die Sozialbeiträge beim Staat, als geleistete Transfers u. a. die Einkommen- und Vermögensteuern der Kapitalgesellschaften und privaten Haushalte und die Sozialbeiträge der privaten Haushalte berücksichtigt.

Tabelle B-3: Einkommensverteilung nach Sektoren, 2005 in Mrd. EUR

	Gesamte Volkswirtschaft	Nichtfin. Kapitalgesellschaften	Finanz. Kapitalgesellschaften	Staat	priv. Haushalte u. priv. Organisat. o. E.	übrige Welt
Primär-(Nettonational-)eink.	1923	43	34	186	1662	–116
+ empfangene Transfers	10	30	95	821	531	10
./. geleistete Transfers	37	47	89	647	722	37
Verfügbares Einkommen	1896	26	40	360	1471	–88

Quelle: Statistisches Bundesamt, 2006.

Verwendungsrechnung

Bei dieser Betrachtung wird vom Bruttoinlandsprodukt ausgegangen, das für Konsum, Bruttoinvestitionen und den Außenbeitrag verwendet werden kann (*Tabelle B-4*). Der Konsum ist noch weiter unterteilbar in Konsumausgaben der privaten Haushalte inkl. privater Organisationen ohne Erwerbscharakter und solchen des Staates. Die Bruttoinvestitionen setzen sich aus Bruttoanlageinvestitionen und Vorratsveränderungen (inkl. Nettozugang an Wertsachen) zusammen. Konsumausgaben und Bruttoinvestitionen ergeben zusammen die inländische Verwendung. Der Außenbeitrag ist der Saldo von Exporten und Importen.

Im ESVG wird beim Konsum zwischen Ausgaben- und Verbrauchskonzept unterschieden. Beim Ausgabenkonzept wird auf die Konsumausgaben der privaten Haushalte und des Staates abgestellt. Beim Verbrauchskonzept unterscheidet man Individual- und Kollektivkonsum. Zum Individualkonsum zählen außer den Konsumausgaben der privaten Haushalte (inkl. privater Organisationen o. E.) auch noch die Teile der Konsumausgaben des Staates, die individualisierbar sind, d. h. von den privaten Haushalten verbraucht werden, ohne dass sie dafür Ausgaben tätigen. Dies sind insbesondere Ausgaben des Staates für das Unterrichts-, Gesundheits- und Sozialwesen, bzw. für Sport, Erholung und Kultur. Setzt man diese sozialen Sachtransfers von den staatlichen Konsumausgaben ab, verbleibt der Kollektivkonsum.

Tabelle B-4: Verwendung des Bruttoinlandprodukts in jeweiligen Preisen

	1991		2005	
	Mrd. EUR	in v. H. des BIP	Mrd EUR	in v. H. des BIP
Konsumausgaben (Ausgabenkonzept)	1141	76	1749	78
• Priv. Haushalte, priv. Organisationen o. E.	853	57	1332	59
• Staat	288	19	417	19
Bruttoinvestitionen	365	24	386	17
• Bruttoanlageinvestitionen	357	23	385	17
• Vorratsveränderungen	8	1	1	0
inländische Verwendung	1506	100	2135	95
Außenbeitrag	–4	–0	112	5
Bruttoinlandsprodukt zu Marktpreisen	1502	100	2247	100

Quelle: Statistisches Bundesamt, 2006.

Der Zusammenhang zwischen dem Ausgaben- und Verbrauchskonzept ist für den Konsum in *Tabelle B-5* wiedergegeben.

Tabelle B-5: Konsum, Individualkonsum, Kollektivkonsum

	1991		2005	
	Mrd. EUR	in v. H. des Konsums	Mrd. EUR	in v. H. des Konsums
private Konsumausgaben	852	75	1332	76
+ soziale Sachleistungen des Staates	158	14	242	14
Individualkonsum	1010	89	1574	90
Konsumausgaben des Staates	288	25	417	24
./. soziale Sachleistungen des Staates	158	14	242	14
Kollektivkonsum	130	11	175	10
Konsum insgesamt	1140	100	1749	100

Quelle: STATISTISCHES BUNDESAMT, 2006.

3. Ergänzungsrechnungen

3.1. Input-Output-Rechnung

Für viele Fragestellungen, z. B. der der Abhängigkeit eines Wirtschaftsbereiches von anderen, ist die Kenntnis der Vorleistungsverflechtungen wichtig. Diese Liefer- und Empfängerbeziehungen werden in Input-Output-Tabellen (*Übersicht B-9*) erfasst, die von WASSILY LEONTIEF (1936) entwickelt wurden. Sie bestehen aus drei Matrizen. In der Zentralmatrix werden die Vorleistungslieferungen und -bezüge der Produktionsbereiche wiedergegeben. In der Kopfzeile stehen die empfangenden Bereiche, in der Kopfspalte die liefernden Bereiche. Dabei werden auch Vorleistungslieferungen an den eigenen Bereich festgehalten. Nahezu alle Produktionsbereiche sind gleichzeitig Vorleistungsempfänger und -lieferanten. Im ESVG werden die liefernden Produktionsbereiche nach Gütergruppen eingeteilt.

Die Produktionsbereiche liefern nicht nur Vorleistungen, sondern stellen auch Güter für die Endnachfrage bereit. Diese Verkäufe an private Haushalte, Staat, Ausland und die Verkäufe von Investitionsgütern an andere Unternehmen werden in der rechten Randmatrix festgehalten. Addiert man zu ihnen die Vorleistungslieferungen des Bereichs, so ergibt sich seine gesamte Güterverwendung.

Zur Produktion ist außer dem Vorleistungseinsatz (intermediäre Inputs) auch der Einsatz primärer Inputs erforderlich. Für sie werden entsprechend dem Aufbau des Produktionskontos (Abschnitt 2.3.1.) neben den Löhnen (Arbeitnehmerentgelt) und Gewinnen (Betriebsüberschuss) die Abschreibungen, die Nettogütersteuern und die Importe angesetzt und in der unteren Randmatrix erfaßt. Die Summe der primären Inputs je

Übersicht B-9: Schema einer Input-Output-Tabelle für n = 9 Produktionsbereiche

Verwendung (Output an) / Aufkommen (Input von)		Produktionsbereiche	Vorleistungsverwendung = 1 bis 9	gesamtwirtschaftliche Endnachfragebereiche				Endnachfrage = 11 bis 14	Gesamtverwendung = 10 + 15
				C_H	C_{St}	I^b	Ex		
		1 . . . . . i . . 9	10	11	12	13	14	15	16
Produktionsbereiche (nach Gütergruppen)	1 . . i . . 9								
Inländische Vorleistungen = 1 bis 9	10			ΣC_H	ΣC_{St}	ΣI^b	ΣEx	gesamte Endnachfrage	Gesamtverwendung
primäre Inputs: Importe	11		Σ Im						
primäre Inputs: Abschreibungen	12		Σ D						
primäre Inputs: Nettogütersteuern	13		Σ Nettogüterst.						
primäre Inputs: Löhne	14		Σ W						
primäre Inputs: Gewinne	15		Σ Q						
Beiträge zur Bruttowertschöpfung = 12 bis 15	16		Bruttowertschöpfg.						
Gesamtaufkommen = 10 + 11 + 16	17		Gesamtaufkommen						

Bereich ohne Importe stellt den Beitrag des Bereiches zur Bruttowertschöpfung dar. Vorleistungsbezüge und gesamte primäre Inputs ergeben als Spaltensumme das gesamte Güteraufkommen dieses Bereichs. Für die Gesamtwirtschaft entspricht das gesamte Güteraufkommen der gesamten Güterverwendung. Summiert man die Endnachfragekomponenten über alle Bereiche, erhält man die Endnachfrage, die sich auf das Inland richtet.

Da in Input-Output-Tabellen spaltenweise der für die Produktion in einem Bereich erforderliche Input und zeilenweise der erzielte Output aufgeschlüsselt sind, können zur Charakterisierung der Produktionsstruktur Koeffizienten gebildet werden. Bei den Inputkoeffizienten werden Vorleistungsbezüge bzw. die Einsätze an primären Inputs eines Bereiches auf sein Aufkommen bezogen. Sie sagen aus, wieviel Vorleistungen von einem anderen Bereich bzw. wieviel primäre Inputs eingesetzt worden sind, um eine Einheit des jeweiligen Aufkommens zu erstellen. Die Koeffizienten werden Vorleistungs-, Import-, Abschreibungs-, Lohnkoeffizient usw. genannt. Outputkoeffizienten geben an, welcher Anteil der Verwendung eines Bereichs als Vorleistung an einen anderen Bereich oder direkt an die Endnachfrage geliefert wird.

Neben Informationen über die Verflechtung der verschiedenen Produktionsbereiche können Input-Output-Tabellen als Grundlage für die Input-Output-Analyse verwendet werden. In ihr werden kurzfristig konstante linear-limitationale Produktionsfunktionen (konstante Produktionskoeffizienten) unterstellt (Beitrag K-3.1.). Damit kann u. a. der Einfluss einer Veränderung einzelner Endnachfragekomponenten auf die dafür erforderlichen Vorleistungslieferungen und primären Inputs errechnet und die Auswirkungen von Nachfrageumschichtungen auf die gesamte Produktion aller anderen Bereiche abgeschätzt werden. Dies ist z. B. für die sektoralen Konsequenzen von Nachfrageverschiebungen von Bedeutung.

3.2. Vermögensrechnung

Die Volkswirtschaftliche Gesamtrechnung informiert über Ströme, z. B. die Vermögensänderung. Will man Kenntnis über die Höhe und Zusammensetzung des Vermögens erlangen, so ist zusätzlich eine Bestandsrechnung, die Vermögensrechnung, erforderlich. Im ESVG sind dafür Vermögensbilanzen vorgesehen. In der Wirtschaftstheorie wird Vermögen als Quelle zukünftiger Einkommens- und Nutzenströme definiert. Im Rechnungswesen ist der Vermögensbegriff nicht eindeutig abgegrenzt. Je nach Fragestellung werden unterschiedliche Komponenten zum Vermögen gerechnet. In der Vermögensrechnung werden für eine Wirtschaftseinheit die bewerteten Vermögensobjekte (Aktiva) und Verbindlichkeiten zu einem bestimmten Zeitpunkt gegenübergestellt. Bei den Aktiva wird zwischen produzierten und nichtproduzierten Vermögensgütern und Forderungen unterschieden. Zu produzierten Vermögensgütern zählen Sachanlagen, aber auch immaterielle Anlagegüter wie Computerprogramme, daneben Vorräte und Wertsachen wie Edelmetalle. Nichtproduzierte Vermögensgüter sind z. B. Grund und Boden, erteilte Patente, Nutzungsrechte. Die gesamte Aktivseite wird auch als Bruttovermögen bezeichnet. Dem Bruttovermögen stellt man auf der Passivseite die Verbindlichkeiten gegenüber. Die Differenz zwischen Bruttovermögen und Verbindlichkeiten ist das Reinvermögen. Das Grundschema jeder Vermögensrechnung sieht demnach wie folgt aus:

Vermögen einer Wirtschaftseinheit an einem Stichtag

Produzierte u. nichtproduzierte Vermögensgüter	Verbindlichkeiten
Forderungen	Reinvermögen

Zieht man von den Forderungen einer Wirtschaftseinheit ihre Verbindlichkeiten ab, so erhält man ihr Geldvermögen, das auch als Nettoposition bezeichnet wird. Damit ergibt sich das Reinvermögen als produzierte und nichtproduzierte Vermögensgüter plus Geldvermögen. Der Zusammenhang zwischen dem Vermögensbestand und der Vermögensänderung wird deutlich, wenn man das Vermögensveränderungskonto aus der Volkswirtschaftlichen Gesamtrechnung etwas umstellt, von Nettogrößen ausgeht und nur die produzierten Vermögensgüter berücksichtigt.

Vermögensveränderungskonto für eine Wirtschaftseinheit

Nettoinvestition = Zunahme der produzierten Vermögensgüter	Finanzierungssaldo = Zunahme der Verbindlichkeiten – Zunahme der Forderungen
	Ersparnis = Zunahme des Reinvermögens

Vermögensrechnungen können für einzelne Wirtschaftssubjekte, für Sektoren und die gesamte Volkswirtschaft aufgestellt werden. Probleme ergeben sich bei der Abgrenzung, welche Wirtschaftsobjekte bei den Aktiva und welche Verbindlichkeiten als Passiva zu berücksichtigen sind, sowie bei deren Bewertung. Als Beispiel für Abgrenzungsprobleme sei hier nur die Behandlung des „Gebrauchsvermögens" der privaten Haushalte – dazu gehören dauerhafte Konsumgüter wie Autos, Elektrogeräte usw. – genannt. Ihr Erwerb wird in der Volkswirtschaftlichen Gesamtrechnung als Konsum behandelt. Eine Bewertung der Vermögensobjekte ist erforderlich, weil sie erst dadurch vergleich- und aggregierbar werden. Je nach Fragestellung ist eine Bewertung zu Anschaffungspreisen oder Wiederbeschaffungspreisen, jeweils brutto (Neuwert) oder netto (Restwert), üblich.

Das Volksvermögen, das Reinvermögen der gesamten Volkswirtschaft, ergibt sich aus der Konsolidierung der Vermögensrechnung aller inländischen Wirtschaftssubjekte. Es umfasst alle nichtfinanziellen Aktiva zuzüglich der Nettoposition gegenüber der übrigen Welt, da sich Forderungen und Verbindlichkeiten zwischen Inländern aufheben.

In der Bundesrepublik gibt es bisher keine vollständige amtliche Volksvermögensrechnung, sondern nur Teilrechnungen (Sablotny, 1977). Deshalb kann z. B. die personelle Vermögensverteilung nicht konsistent erfasst werden. Das Statistische Bundesamt ermittelt das Anlagevermögen als Summe aus Sachanlagen und immateriellen Anlagegütern sowohl brutto als auch netto. *Tab. B-6* zeigt das Anlagevermögen nach Vermögensarten. Die Deutsche Bundesbank ermittelt das Nettogeldvermögen, d. h. die Nettoposition der einzelnen Sektoren in der Abgrenzung des ESVG und des Inlands gegenüber der übrigen Welt (*Tab. B-7*).

3.3. Finanzierungsrechnung

In der Finanzierungsrechnung, die die Deutsche Bundesbank durchführt, werden die Finanzierungskonten der Volkswirtschaftlichen Gesamtrechnung, die nur die Gesamtänderungen der Forderungen und Verbindlichkeiten ausweisen, weiter untergliedert. Es werden damit Informationen über die Änderung von Höhe und Struktur des Geldvermögens der einzelnen Sektoren gegeben. Ausgehend von dem Vermögensveränderungskonto eines Sektors, das den Finanzierungsüberschuss bzw. das Finanzierungsdefizit ausweist, wird die Anlage bzw. Finanzierung dieses Saldos aufgeschlüsselt (*Tab. B-8*). Die Finanzierungsrechnung ist somit eine Stromrechnung.

Auch in dieser Rechnung kann kein einheitlicher Bewertungsmaßstab durchgehalten werden. Die Bundesbank versucht so weit wie möglich, die Transaktionsobjekte zu den Preisen zu bewerten, zu denen sie getauscht werden. In einzelnen Fällen wird aber auf den Nominal- oder den Buchwert zurückgegriffen.

Tabelle B-6: Anlagevermögen nach Arten zu Wiederbeschaffungspreisen (netto)*

	1992		2006	
	Mrd. EUR	in v. H.	Mrd. EUR	in v. H.
Sachanlagen	4687	99	6820	99
Nutztiere und Nutzpflanzungen	...	...	6	0
Ausrüstungen	759	16	912	13
Bauten	3928	83	5902	86
• Wohnbauten	2128	45	3480	51
• Nichtwohnbauten	1800	38	2422	35
Immaterielle Anlagegüter	33	1	63	1
Alle Anlagegüter	4720	100	6883	100

* Bestand am Jahresanfang

Quelle: STATISTISCHES BUNDESAMT, 2006.

Tabelle B-7: Geldvermögen und Verbindlichkeiten der Sektoren in Mrd. EUR**

		1991	2005
Inländische nichtfinanzielle Sektoren	GV	3083	6758
	V	2934	6795
	NGV	149	–37
• Private Haushalte, priv. Organisationen o. E.	GV	2020	4260
	V	824	1569
	NGV	1196	2691
• Nichtfinanzielle Kapitalgesellschaften	GV	783	2057
	V	1527	3634
	NGV	–724	–1577
• Staat	GV	280	441
	V	583	1592
	NGV	–303	–1551
Inländische finanzielle Sektoren	GV	3006	6758
	V	2976	6795
	NGV	30	–37
Übrige Welt	GV	627	3839
	V	806	3968
	NGV	–179	–129

** Bestand am Jahresende

GV = Geldvermögen; V = Verbindlichkeiten; NGV = Nettogeldvermögen

Quelle: DEUTSCHE BUNDESBANK, 2001; 2006a.

Tabelle B-8: Vermögensbildung und ihre Finanzierung im Jahre 2005, in Mrd. EUR *

Position \ Sektoren	Inländische nichtfinanzielle Sektoren			Inländische finanzielle Sektoren insgesamt	Übrige Welt	Sektoren insgesamt
	Private Haushalte und priv. Organisationen o. Erwerbszweck	Nichtfinanzielle Kapitalgesellschaften	Staat insgesamt			
Sachvermögensbildung und Sparen						
Nettoinvestitionen	36	30	–6	–1	·	59
Bruttoinvestitionen	135	215	29	7	·	387
Abschreibungen	99	185	35	8	·	328
Nettozugang an nichtprod. Vermögensgütern	1	0	–1	0	0	–
Sparen und Vermögensübertragungen	174	34	–82	21	–88	59
Sparen	159	20	–58	26	–88	59
Vermögensübertragungen (netto)	15	14	–24	–5	–0	–
Finanzierungsüberschuss/-defizit	137	4	–75	22	–88	–
Statistische Differenz	·	13	·	·	–13	–
Geldvermögensbildung						
Währungsgold und Sonderziehungsrechte	·	·	·	–0	0	–
Bargeld und Einlagen	44	35	3	101	28	211
Geldmarktpapiere, Rentenwerte und Finanzderivate	11	4	–0	118	161	288
Aktien, sonstige Beteiligungen und Investmentzertifikate	19	–26	4	85	60	142
Kredite	·	14	–7	5	32	44
Ansprüche ggü. Versicherungen	50	2	0	·	4	57
Ansprüche aus Pensionsrückstellungen	10	·	·	·	·	10
Sonstige Forderungen	1	3	–3	–2	4	3
Insgesamt	135	32	–3	306	284	755
Außenfinanzierung						
Bargeld und Einlagen	·	·	1	129	82	211
Geldmarktpapiere, Rentenwerte und Finanzderivate	·	3	70	60	155	288
Aktien, sonstige Beteiligungen und Investmentzertifikate	·	0	·	49	93	142
Kredite	–2	–3	1	11	38	44
Ansprüche ggü. Versicherungen	·	·	·	56	0	57
Ansprüche aus Pensionsrückstellungen	·	6	·	3	·	10
Sonstige Verbindlichkeiten	1	9	0	–24	18	3
Insgesamt	–2	15	72	284	385	755
Nettogeldvermögensbildung	137	17	75	22	–101	–

* Abweichungen in den Summen durch Rundungen

Quelle: Deutsche Bundesbank, 2006a.

Durch Konsolidierung aller sektoralen Finanzierungsrechnungen ergibt sich die gesamtwirtschaftliche Rechnung. Da die übrige Welt integriert ist, liegt ein geschlossenes Buchungssystem vor, in dem die Summe der Finanzierungsüberschüsse gleich der der -defizite sein muss. Die Finanzierungsrechnung der Bundesbank gibt Einblick in die sektorale Sachvermögensbildung und Ersparnis, in die Finanzierungs- und Anlagegewohnheiten und in die Finanzierungsverflechtung der Sektoren.

4. Probleme des gesamtwirtschaftlichen Rechnungswesens

Bedeutung der Ergebnisse des gesamtwirtschaftlichen Rechnungswesens

Die Kenntnis der Größen aus dem gesamtwirtschaftlichen Rechnungswesen ist sowohl für die Weiterentwicklung der Wirtschaftstheorie als auch für die Wirtschaftspolitik unerlässlich. Der Theorie dienen die Ergebnisse des Rechnungswesens als Informationsbasis. Sie erleichtern die Hypothesenbildung und ermöglichen die empirische Überprüfung von Theorien. Die Wirtschaftspolitik ist auf die ermittelten Daten angewiesen, weil nur mit ihrer Hilfe die wirtschaftliche Lage beurteilt und Ziele operational formuliert werden können. Mit Hilfe der Theorie lässt sich dann eine Lageanalyse (Diagnose) und eine Prognose erstellen. Weicht die prognostizierte Entwicklung von den angestrebten Zielen ab, können wirtschaftspolitische Maßnahmen erforderlich werden. Für die Kontrolle des Erfolges der eingesetzten Instrumente ist das Rechnungswesen wieder eine wesentliche Voraussetzung (Beitrag N-5). Seine Bedeutung für die Wirtschaftstheorie und -politik sowie die Beachtung, die die Ergebnisse des Rechnungswesens in der Öffentlichkeit finden, dürfen nicht darüber hinwegtäuschen, dass ihre Aussagefähigkeit begrenzt ist. Probleme ergeben sich u. a. beim verwendeten Konzept, bei der Ermittlung der Daten und bei der Interpretation der Ergebnisse.

Konzeptionelle Probleme

Im Rechnungswesen wird ein Produktionskonzept verwendet, in dem zusätzlich zur Erstellung der auf Märkten gehandelten Güter und Dienstleistungen noch weitere Vorgänge als Produktion angesehen werden. Da im letzteren Fall keine Markttransaktionen vorliegen, muss mit unterstellten Transaktionen gearbeitet werden. Dabei wird aber nicht nach einem einheitlichen Ansatz, sondern pragmatisch vorgegangen; Abgrenzungsschwierigkeiten sind die Folge. Während die unentgeltlich vom Staat bereitgestellten Leistungen in Höhe der zu ihrer Erstellung erforderlichen Herstellungskosten berücksichtigt werden, bleibt die unentgeltliche Produktion von Gütern in den privaten Haushalten, z. B. Hausfrauenarbeit und Do-it-yourself-Handwerksleistungen, außer Betracht. Der Eigenverbrauch der Selbständigenhaushalte in der Landwirtschaft wird dagegen berücksichtigt und im Produktionskonto erfaßt. Auf die Höhe des ermittelten Inlandsprodukts wirkt es sich aus, ob bestimmte Leistungen durch private Haushalte oder Unternehmen erbracht werden. Geht ein privater Haushalt bei der „Produktion" sauberer Wäsche von der Nutzung einer privaten Waschmaschine auf die Inanspruchnahme eines Wäschereiunternehmens über, nimmt das ermittelte Inlandsprodukt zu. Verzichtet ein privater Haushalt auf die gewohnte Inanspruchnahme von Handwerkern und führt Reparaturen im Haushalt selbst durch, wird ein niedrigeres Inlandsprodukt ausgewiesen.

Die Nutzung dauerhafter Güter durch private Haushalte und Unternehmen wird unterschiedlich behandelt. Der Erwerb eines Automobils durch einen privaten Haushalt zählt als Konsum, während der Erwerb durch ein Unternehmen eine Investition und bei einem Selbständigenhaushalt entweder Konsum oder Investition darstellt. Mit dem Kapitalgut Automobil werden von dem Unternehmen Transportleistungen produziert, die im Rechnungswesen erfasst werden.

Ermittlungsprobleme

Neben Probleme, die sich aus dem verwendeten Produktionskonzept ergeben, treten Ermittlungsschwierigkeiten. Die Ergebnisse der Volkswirtschaftlichen Gesamtrechnung werden überwiegend aus Sekundärstatistiken abgeleitet, die in ihrer primären Ausgestaltung auf andere Fragestellungen gerichtet sind (z. B. Einkommen- und Umsatzsteuerstatistiken). Teilbereiche müssen geschätzt werden. Unterschiedliche Bewertungsmaßstäbe erschweren zusätzlich eine konsistente Ermittlung. Somit pflanzen sich Fehler bei der primären Erhebung von Daten und deren Verarbeitung fort.

Zu den Ermittlungsproblemen zählt auch die Erfassung von Gütern und Dienstleistungen, die zwar über Märkte, aber (legal) ohne Steuerpflicht und damit ohne statistische Erfassung oder illegal abgewickelt werden. Dazu zählen u. a. der steuerfreie Handel mit gebrauchten Konsumgütern zwischen privaten Haushalten, die legale Nachbarschaftshilfe und illegale Aktivitäten wie Schwarzarbeit, Zahlung von Bestechungsgeldern, Drogenhandel, Schmuggel. Für diesen Bereich hat sich der Name Schattenwirtschaft eingebürgert. In diesem Fall ist die tatsächliche Wertschöpfung höher als die ausgewiesene (CASSEL, 1982; HÜBL/HARTIG/SCHEPERS, 1986; SCHNEIDER/PÖLL, 1998).

Zeitliche Vergleichbarkeit der Ergebnisse

Probleme ergeben sich bei intertemporal zu vergleichenden Daten durch die erforderliche einheitliche Bewertung. Eine Steigerung des Inlandsprodukts zu laufenden Preisen sagt noch nichts darüber aus, ob es sich real erhöht hat, denn der Anstieg kann nicht nur auf Mengen-, sondern auch auf Preisänderungen zurückzuführen sein. Soll die reale Entwicklung ermittelt werden, sind inflationsbedingte Veränderungen zu eliminieren. Man bedient sich dazu Preisindizes, mit denen die nominalen Werte deflationiert werden (Beitrag F-1.2.). Schwierigkeiten treten u. a. deshalb auf, weil sich außer dem Preisniveau auch die relativen Preise ändern sowie die Qualität der Güter und die Zusammensetzung des Inlandsprodukts nicht konstant bleiben. Das reale BIP z. B. wird seit der Revision der VGR 2005 auf der Preisbasis des jeweiligen Vorjahres berechnet (verkettete Indizes).

Inlandsprodukt als Wohlfahrtsindikator und Erweiterungsvorschläge

In der politischen Diskussion wird das Inlandsprodukt bzw. Nationaleinkommen häufig als Wohlfahrtsindikator verwendet. Kritisiert wird daran, dass es wohlfahrtsrelevante

Vorgänge gibt, die unbefriedigend bzw. falsch oder gar nicht berücksichtigt werden. Zum ersten Kritikbereich zählt z. B. die buchhalterische Inlandsproduktsteigerung durch die Beseitigung von Umweltschäden, die Reparatur von Unfallfahrzeugen genauso wie die Behandlung der staatlichen Leistungen als Endprodukt, obwohl sie z. T. Vorleistungscharakter haben. Durch diese Verfahrensweise weist das ermittelte Inlandsprodukt eine Wohlfahrtssteigerung aus. Nicht erfasst werden Teile der Eigenleistungen der privaten Haushalte und externe Effekte (Beitrag M-3.3.). Die Höhe des Inlandsprodukts sagt des Weiteren nichts aus über die Einkommensverteilung, die Arbeitsbedingungen, die Lebensdauer der Güter sowie soziale und politische Faktoren, die die Wohlfahrt beeinflussen.

Aus dieser Kritik heraus wird versucht, die Volkswirtschaftliche Gesamtrechnung weiter zu entwickeln bzw. zu ergänzen. Ein Erweiterungsvorschlag stammt von WILLIAM D. NORDHAUS/JAMES TOBIN (1973). In ihrem Maß für den wirtschaftlichen Wohlstand (measure for economic welfare) grenzen sie Vorleistungen und Endprodukte anders ab, berücksichtigen Humankapitalinvestitionen und unterstellen Transaktionen für Freizeit, für Nichtmarktaktivitäten und für die Nutzung dauerhafter Konsumgüter. Aber auch bei diesem Konzept bestehen Bewertungs- und Erfassungsprobleme, und die Verteilungsproblematik bleibt ebenfalls ausgeklammert.

Ergänzungen werden durch die Einführung zusätzlicher sogenannter „sozialer Indikatoren" wie Lärmbelästigung, Lehrer-Schüler-Relation, Krankenhausbetten je Kopf der Bevölkerung, Lebenserwartungswerte usw. als Maßgrößen für die Qualität des Lebens versucht (ZAPF, 1976). Auch hier ergeben sich Probleme: Was man unter Qualität des Lebens versteht, ist für den Einzelnen nur subjektiv entscheidbar und entzieht sich damit weitgehend einem wissenschaftlichen Zugang. Ein theoretisch abgesichertes Konzept zur vergleichenden Bewertung verschiedener sozialer Indikatoren gibt es nicht. Die subjektive Einschätzung persönlicher Lebenssituationen wird zunehmend durch Befragungen ermittelt (EASTERLIN, 2000; FREY/STUTZER, 2001).

Des Weiteren werden Umweltökonomische Gesamtrechnungen aufgebaut. Die durch Produktion und Konsum entstehenden externen Effekte in Form einer Beeinträchtigung der Umweltqualität und der Ressourcenverzehr werden als Wertminderung vom Inlandsprodukt abgesetzt, um zu einem „Ökoinlandsprodukt" zu gelangen. Das STATISTISCHE AMT DER VEREINTEN NATIONEN arbeitet an einem „System of Integrated Environmental and Economic Accounting" (STATISTICAL OFFICE OF THE UNITED NATIONS, 1993). Weit gediehen sind die entsprechenden Arbeiten des STATISTISCHEN BUNDESAMTES, das auch schon regelmäßig Ergebnisse veröffentlicht (STATISTISCHES BUNDESAMT, 1998, 2001a, 2005a; KLAUS, 1994; SCHOER, 1999). Probleme bestehen vor allem in der Ermittlung, monetären Bewertung und Zurechnung der Umweltveränderungen. Neben dem Versuch, ökologische Überlegungen in das gesamtwirtschaftliche Rechnungswesen zu integrieren, wird daran gearbeitet, ökologische Sonderprobleme wie z. B. Material- und Energieflüsse, aber auch andere interessierende Bereiche, wie z. B. Erfassung der Haushaltsproduktion, von Forschung und Entwicklung oder des Gesundheitswesens über sogenannte Satellitensysteme mit der VGR zu verknüpfen (STATISTISCHES BUNDESAMT, 1988).

Kommentierte Literaturhinweise

In nahezu allen neueren Lehrbüchern der Allgemeinen Volkswirtschaftslehre bzw. der Makroökonomik wird der Themenbereich Kreislauf und Volkswirtschaftliche Gesamtrechnung angesprochen.
Spezielle und besonders ausführliche Darstellungen sind die Lehrbücher von ALFRED STOBBE (1966, 8. A. 1994), LOTHAR HÜBL; RAINER HARTIG; WALTER SCHEPERS (1986), FRANZ HASLINGER (1978, 7. A. 1995). Sie behandeln das ehemalige Rechenwerk des STATISTISCHEN BUNDESAMTES. Die Lehrbücher von DIETER BRÜMMERHOFF (1989, 7. A. 2002), HANS-PETER NISSEN (2002, 5. A. 2004), HANS-JÜRGEN AHRNS (1989, 3. A. 2001) und MICHAEL FRENKEL; KLAUS DIETER JOHN (1991, 6. A. 2006) stellen schon auf das ESVG ab, genauso wie die Ausführungen zur VGR bei HORST DEGEN; PETER LORSCHEID (2001, 2. A. 2002). Einen guten Überblick über die Revision nach dem ESVG gibt das STATISTISCHE BUNDESAMT (1999). Die Revision, die 2005 vorgenommen wurde, findet man in STATISTISCHES BUNDESAMT (2005). Die theoretischen Grundlagen der VGR sind bei WILHELM KRELLE (1959, 2. A. 1967) abgehandelt. Einen Überblick über Detailprobleme bringt das von DIETER BRÜMMERHOFF; HEINRICH LÜTZEL (1994, 3. A. 2002) herausgegebene Lexikon der Volkswirtschaftlichen Gesamtrechnungen. Ein Überblick über die Kreislaufanalyse findet sich bei GOTTFRIED BOMBACH (1960); die dogmengeschichtliche Entwicklung ist bei HANS PETER (1967) wiedergegeben.
Ein didaktisch gut aufbereitetes Buchungsprogramm des ESVG ist unter http://www.wiwi.unimuenster.de/actas/ zu finden.
Eine umfassende Darstellung der Input-Output-Analyse geben HANS-WERNER HOLUB; HERMANN SCHNABL (1982, 3. A. 1994).
Die gesamtwirtschaftliche Vermögensrechnung behandelt ausfühlich HERBERT SABLOTNY (1977). Über die gesamtwirtschaftliche Finanzierungsrechnung informiert die DEUTSCHE BUNDESBANK (2006).
Das Inlandsprodukt als Wohlstandsindikator und Vorschläge für ein System sozialer Indikatoren werden bei WOLFGANG ZAPF (1976) und international vergleichend im UNITED NATIONS DEVELOPMENT PROGRAM (1999) diskutiert. Die Erfassung des subjektiven Lebensstandards behandeln EASTERLIN (2000) und FREY/STUTZER (2001). Einen Überblick über Erweiterungen der Gesamtrechnung geben ROBERT EISNER (1988) und JOACHIM KLAUS (1994). Integrationsmöglichkeiten einer Umweltgesamtrechnung in die Volkswirtschaftliche Gesamtrechnung stellen GÜNTER HAMER; CARSTEN STAHMER (1992) vor. Ergebnisse der Umweltökonomischen Gesamtrechnungen veröffentlicht das STATISTISCHE BUNDESAMT (2001a). Wirtschaftsstatistische Probleme des gesamtwirtschaftlichen Rechnungswesens werden ausführlich bei PETER VON DER LIPPE (1973, 5. A. 1996) abgehandelt.
Inhalt, Aufbau bzw. Ergebnisse der Volkswirtschaftlichen Gesamtrechnungen beschreibt das STATISTISCHE BUNDESAMT ausführlich in seiner Fachserie 18, Volkswirtschaftliche Gesamtrechnungen, Reihe 1, Konten und Standardtabellen, in Reihe 2, Input-Output-Tabellen sowie in der Zeitschrift „Wirtschaft und Statistik“ und im Statistischen Jahrbuch. Das Europäische System Volkswirtschaftlicher Gesamtrechnungen – ESVG 1995 – wird ausführlich von der EUROPÄISCHEN KOMMISSION (1996) dargelegt. International werden von dem STATISTICAL OFFICE OF THE UNITED NATIONS und dem STATISTISCHEN AMT DER EUROPÄISCHEN GEMEINSCHAFTEN Gesamtrechnungen für ihre jeweiligen Mitglieder publiziert.

Literaturverzeichnis

AHRNS, H.-J. (1989), Grundzüge der Volkswirtschaftlichen Gesamtrechnungen, 3. A., Regensburg (Transfer) 2001.

BOMBACH, G. (1960), Kreislauftheorie und Volkswirtschaftliche Gesamtrechnung, in: Jahrbuch für Sozialwissenschaft, 11, S. 217–242 und S. 331–350.

BRÜMMERHOFF, D. (1989), Volkswirtschaftliche Gesamtrechnungen, 7. A., München (Oldenbourg) 2002.

BRÜMMERHOFF, D.; H. LÜTZEL (1994), Hg., Lexikon der Volkswirtschaftlichen Gesamtrechnungen, 3. A., München (Oldenbourg) 2002.

CASSEL, D. (1982), Schattenwirtschaft – eine Wachstumsbranche?, in: List Forum, 11, S. 343–363.

DEGEN, H.; P. LORSCHEID (2001), Statistik-Lehrbuch mit Wirtschafts- und Bevölkerungsstatistik, 2. A., München (Oldenbourg) 2002.

DEUTSCHE BUNDESBANK (2006), Ergebnisse der gesamtwirtschaftlichen Finanzierungsrechnung für Deutschland 1991 bis 2005, Frankfurt 2006.

DEUTSCHE BUNDESBANK (2006a), Vermögensbildung und Finanzierung im Jahr 2005, in: Monatsbericht, 6, S. 15–33.

EASTERLIN, R. (2000), The worldwide standard of living since 1800, in: Journal of Economic Perspectives, 14, S. 7–26.

EISNER, R. (1988), Extended accounts for national income and product, in: Journal of Economic Literature, 26, S. 1611–1684.

EUROPÄISCHE KOMMISSION (1996), Europäisches System volkswirtschaftlicher Gesamtrechnungen – ESVG 1995, Luxemburg 1996.

FÖHL, C. (1937), Geldschöpfung und Wirtschaftskreislauf, München 1937.

FRENKEL, M.; K. D. JOHN (1991), Volkswirtschaftliche Gesamtrechnung, 6. A., München (Vahlen) 2006.

FREY, B. S., A. STUTZER (2001), What can economists learn from happiness research?, in: CES ifo Working Paper, 503.

HAMER, G.; C. STAHMER (1992), Integrierte Volkswirtschaftliche und Umweltgesamtrechnung, in: Zeitschrift für Umweltpolitik und Umweltrecht, 15, S. 85–117, S. 237–256.

HASLINGER, F. (1978), Volkswirtschaftliche Gesamtrechnung, 7. A., München (Oldenbourg) 1995.

HOLUB, H.-W.; H. SCHNABL (1982), Input-Output-Rechnung: Input-Output-Tabellen, 3. A., München (Oldenbourg), 1994.

HÜBL, L.; R. HARTIG; W. SCHEPERS (1986), Einführung in das gesamtwirtschaftliche Rechnungswesen, Darmstadt (Wissenschaftliche Buchgesellschaft) 1986.

KEYNES, J. M. (1936), Allgemeine Theorie der Beschäftigung, des Zinses und des Geldes, Berlin (Duncker & Humblot) 1936.

KLAUS, J. (1994), Ansätze und Entwicklungslinien einer umweltökonomischen Berichterstattung, in: Zeitschrift für angewandte Umweltforschung, 2, S. 197 ff.

KRELLE, W. (1959), Volkswirtschaftliche Gesamtrechnung einschließlich input-output-Analyse mit Zahlen für die Bundesrepublik Deutschland, 2. A., Berlin (Duncker & Humblot) 1967.

LEONTIEF, W. (1936), Quantitative input and output relations in the economic system of the United States, in: Review of Economic Statistics, 18, S. 105–125.

NISSEN, H.-P. (2002), Das Europäische System Volkswirtschaftlicher Gesamtrechnungen, 5. A., Heidelberg (Physika) 2004.

NORDHAUS, W. D.; J. TOBIN (1972), Is growth obsolete?, National Bureau of Economic Research, General Series 96, New York (Columbia University) 1972; wieder abgedruckt in: H. Moss, Hg. (1973), S. 509–532.

PETER, H. (1967), Zur Geschichte, Theorie und Anwendung der Kreislaufbetrachtung, in: A. MONTANER, Hg. (1967), S. 374–410.

SABLOTNY, H. (1977), Gesamtwirtschaftliche Vermögensrechnung, Frankfurt a. M. (Campus) 1977.

SCHNEIDER, F.; G. PÖLL (1998), Schattenwirtschaft (Schwarzarbeit) und Steuerhinterziehung im internationalen Vergleich, in: KORFF, W.; A. BAUMGARTNER, Hg. (1998).

SCHOER, K. u. a. (1999), Bericht zu den Umweltökonomischen Gesamtrechnungen 1999, in: Wirtschaft und Statistik, 10/1999, S. 820–831.

STATISTICAL OFFICE OF THE UNITED NATIONS (1993), Integrated environmental and economic accounting, New York (United Nations) 1993.

STATISTICAL OFFICE OF THE UNITED NATIONS, Yearbook of national accounts statistics, New York (United Nations) lfde. Jge.

STATISTISCHES AMT DER EUROPÄISCHEN GEMEINSCHAFTEN, Volkswirtschaftliche Gesamtrechnungen – ESVG, Luxemburg lfde. Jge.

STATISTISCHES BUNDESAMT, Volkswirtschaftliche Gesamtrechnungen, Fachserie 18, Reihe 2, Input-Output-Tabellen. Stuttgart (Metzler-Poeschel) lfde. Jge.

STATISTISCHES BUNDESAMT, Wirtschaft und Statistik, Stuttgart (Metzler-Poeschel) lfde. Jge.

STATISTISCHES BUNDESAMT, Statistisches Jahrbuch für die Bundesrepublik Deutschland, Stuttgart (Metzler-Poeschel) lfde. Jge.

STATISTISCHES BUNDESAMT, (1988) Hg., Satellitensysteme zu den Volkswirtschaftlichen Gesamtrechnungen, Stuttgart (Metzler-Poeschel) 1988.

STATISTISCHES BUNDESAMT, (1998), Fachserie 19, Reihe 5, Umwelt – Material- und Energieflußrechnungen 1997, Stuttgart (Metzler-Poeschel) 1998.

STATISTISCHES BUNDESAMT, (1999), Revision der Volkswirtschaftlichen Gesamtrechnungen 1999 – Anlaß, Konzeptänderungen und neue Begriffe, in: Wirtschaft und Statistik, S. 257–281.

STATISTISCHES BUNDESAMT (2001), Volkswirtschaftliche Gesamtrechnungen, Fachserie 18, Reihe 1, Konten und Standardtabellen, Stuttgart (Metzler-Poeschel) 2001.

STATISTISCHES BUNDESAMT (2005), Revision der Volkswirtschaftlichen Gesamtrechnungen 2005 für den Zeitraum 1991 bis 2004, in: Wirtschaft und Statistik, S. 425–462.

STATISTISCHES BUNDESAMT (2005a) Umweltnutzung und Wirtschaft, Bericht zu den Umweltökonomischen Gesamtrechnungen 2005, Wiesbaden 2005.

STOBBE, A. (1966), Volkswirtschaftliche Gesamtrechnung, 8. A., Berlin 1994.

ZAPF, W. (1976), Sozialberichterstattung: Möglichkeiten und Probleme, Göttingen (Schwartz) 1976.

C. Einkommen, Beschäftigung, Preisniveau

Jürgen Siebke, H. Jörg Thieme

Gliederung

1. Makroökonomische Analyse

Leitfragen

Makroökonomische Theorie ist die Analyse gesamtwirtschaftlicher Zusammenhänge und Prozesse auf der Basis aggregierter Größen. Sie ist durch zwei Merkmale gekennzeichnet:

- Nicht individuelle oder einzelwirtschaftliche Dispositionen sind Gegenstand der Analyse, sondern das Verhalten und Zusammenwirken der zu Gruppen, Sektoren oder gar Ländern zusammengefaßten Wirtschaftseinheiten: Haushalte, Unternehmen, In- und Ausland, Konsumenten, Sparer, Investoren.
- Die Ergebnisse des Verhaltens solcher Gruppen oder Sektoren schlagen sich in aggregierten Variablen nieder: Gesamtwirtschaftliches Einkommen, Sozialprodukt, Beschäftigungs- und Preisniveau, gesamtwirtschaftlicher Konsum, gesamtwirtschaftliche Ersparnis und Investition.

Hauptaufgabe der makroökonomischen Theorie ist es, Hypothesen über die Determinanten des Verhaltens dieser Gruppen und Sektoren zu formulieren. Dadurch wird es möglich, die aggregierten Variablen ebenso zu erklären wie die Beziehungen, die zwischen ihnen bestehen.

Leitfragen makroökonomischer Analyse sind somit:

Welche Faktoren bestimmen die Höhe des gesamtwirtschaftlichen Einkommens und Sozialprodukts? Wovon hängt das Beschäftigungsniveau ab, und unter welchen Bedingungen kann in einer Volkswirtschaft dauerhaft Vollbeschäftigung der Produktionsfaktoren erreicht werden? Wodurch sind gesamtwirtschaftlich Konsum, Sparen und Investitionen determiniert? Wovon hängt die Höhe des Preisniveaus in einer Volkswirtschaft ab? Welche Beziehungen bestehen zwischen diesen gesamtwirtschaftlichen Niveauvariablen?

Diese Fragen können nur dann befriedigend beantwortet werden, wenn eine makroökonomische Theorie existiert, die das Verhalten der Gruppen und Sektoren erklärt und es dadurch ermöglicht, deren Reaktionen auf gesamtwirtschaftliche Datenänderungen zu bestimmen. Erst dann kann auch die tatsächliche Höhe der Niveauvariablen in einer Volkswirtschaft auf ihre Ursachen zurückgeführt, können Prognosen über die zukünftige Entwicklung von Sozialprodukt, Beschäftigung und Preisniveau erarbeitet und wirtschaftspolitische Instrumente zur Vermeidung unerwünschter gesamtwirtschaftlicher Entwicklungen eingesetzt werden.

Makroökonomische Märkte

Das Aggregationsverfahren, wie es für Sozialprodukt und gesamtwirtschaftliches Einkommen in der Volkswirtschaftlichen Gesamtrechnung praktiziert wird (Beitrag B), bietet den Vorteil, die Vielfalt einzelwirtschaftlicher Beziehungen und die daraus resultierende Unüberschaubarkeit gesamtwirtschaftlicher Prozesse zu reduzieren. Es ermöglicht, überschaubare Modelle mit wenigen makroökonomischen Variablen zu konstruieren und Hypothesen über ihre Bestimmungsfaktoren aufzustellen. Auch können Reaktionen einer Variablen auf angenommene Änderungen anderer (exogener) Variablen leichter erfaßt und auf diese Weise jene Bedingungen hergeleitet werden, unter denen sich im Modell ein gesamtwirtschaftliches Gleichgewicht einstellt.

Für diesen Zweck wird im folgenden die Vielzahl von verschiedenen Einzelmärkten gedanklich zu wenigen gesamtwirtschaftlich relevanten makroökonomischen Märkten zusammengefaßt: Gütermarkt, Vermögensmärkte (Geld, Wertpapiere), Arbeitsmarkt. Auf dem makroökonomischen Gütermarkt wird das in einer Periode insgesamt verfügbare Güterbündel (Sozialprodukt) angeboten und nachgefragt, auf dem makroökonomischen Wertpapiermarkt werden sämtliche zinstragenden Staatsschuldtitel gehandelt. Auf dem makroökonomischen Geldmarkt steht das gesamtwirtschaftliche Geldangebot der gesamtwirtschaftlichen Geldnachfrage, auf dem Arbeitsmarkt das gesamtwirtschaftliche Arbeitsangebot der gesamtwirtschaftlichen Arbeitsnachfrage gegenüber. Wendet man das in der Mikroökonomie entwickelte Instrumentarium an (Beitrag K, L), können Marktgleichgewichte und damit – in Abhängigkeit von der Art der makroökonomischen Hypothesen – die Gleichgewichtswerte der jeweiligen aggregierten Preis-Mengen-Variablen auf den einzelnen makroökonomischen Märkten bestimmt werden. In diesem Beitrag werden Güterpreisniveau und gesamtwirtschaftliches Einkommen (Sozialprodukt) auf dem Gütermarkt, Zinsniveau und Geldmenge durch das Zusammenspiel von Geld- und Wertpapiermarkt sowie Lohnniveau und Beschäftigungsmenge auf dem Arbeitsmarkt determiniert.

Eine partielle Gleichgewichtsanalyse liegt vor, wenn nur ein Makromarkt betrachtet wird. In diesem Fall werden die übrigen, keineswegs vernachlässigten Variablen als exogen (gegeben) angenommen, weil sie auf dem spezifischen Makromarkt nicht erklärt werden. Erst wenn die Interaktionen zwischen den Makromärkten berücksichtigt werden, kann in einer makroökonomischen Totalanalyse das gesamtwirtschaftliche Gleichgewicht auf allen Makromärkten gleichzeitig (simultan) bestimmt werden. Erst dann sind auch die betrachteten Niveauvariablen simultan im Modell (endogen) determiniert.

Die makroökonomische Theorie des Einkommens, der Beschäftigung und des Preisniveaus erklärt das Niveau von makroökonomischen Variablen und deren absolute Veränderungen. Es werden statische Modelle von Makromärkten analysiert, deren Variablen sich auf die gleiche Periode oder den gleichen Zeitpunkt beziehen (Zeitindices brauchen deshalb nur dort verwendet werden, wo dynamische Modelle besonders angesprochen sind). Ein solches Vorgehen erlaubt es lediglich, unterschiedliche Marktgleichgewichte zu vergleichen, die durch Variation einer oder mehrerer exogener Variablen entstehen (komparativ-statische Analyse). Über Art und Dauer des Prozesses, der von einem Ausgangsgleichgewicht zu einem neuen Gleichgewicht führt, kann eine komparativ-statische Analyse nichts aussagen. Hierfür sind zusätzliche Hypothesen erforderlich, die das Anpassungsverhalten der Gruppen und Sektoren erklären.

Mit diesen Leitfragen und Bausteinen makroökonomischer Analysen sowie den methodischen Überlegungen ist zugleich das weitere Vorgehen in diesem Beitrag beschrieben: Gesamtwirtschaftliches Einkommen, Beschäftigung und Preisniveau werden bestimmt, indem schrittweise einzelne Makromärkte beschrieben und partielle gesamtwirtschaftliche Gleichgewichte analysiert werden. Durch Zusammenfügen einzelner Makromärkte können die Interaktionen zwischen ihnen berücksichtigt und alle Niveauvariablen schließlich in einer Analyse des totalen gesamtwirtschaftlichen Gleichgewichts simultan bestimmt werden. Diese Gleichgewichtsanalyse wird abschließend durch Einbeziehung außenwirtschaftlicher Aktivitäten erweitert. In den jeweiligen Marktmodellen wird auch gezeigt, welche Konsequenzen die durch wirtschaftspolitische Instrumente (insbesondere Fiskal- und Geldpolitik) ausgelösten Datenänderungen auf Einkommen, Beschäftigung und Preisniveau haben.

2. Konkurrierende Erklärungsansätze

Wie in anderen Teilgebieten der Nationalökonomie konkurrieren auch in der Makroökonomik verschiedene Hypothesensysteme (Theorien), durch die beobachtete gesamtwirtschaftliche Phänomene erklärt werden sollen. In der makroökonomischen Theorie waren die Kontroversen schon immer besonders heftig, weil Einkommen, Beschäftigung und Preisniveau seit jeher eine zentrale Bedeutung in der wirtschaftspolitischen Diskussion hatten.

Bis Mitte der dreißiger Jahre des 20. Jahrhunderts dominierte die klassische Theorie (Quantitätstheorie; Fisher, 1911), nach der kurzfristige Schwankungen der gesamtwirtschaftlichen Güternachfrage durch Veränderungen der gesamtwirtschaftlichen Geldmenge verursacht werden. Da das gesamtwirtschaftliche Güterangebot in Abhängigkeit von der Faktorausstattung als gegeben angesehen wurde, konnten diese Nachfrageschwankungen keine Realeinkommens- und Beschäftigungseffekte auslösen, sondern allein unerwünschte Preisniveauveränderungen bewirken. Aus dieser Sicht war eine stetige Politik der angemessenen Geldmengenversorgung notwendige und zugleich hinreichende Bedingung für ein gesamtwirtschaftliches Gleichgewicht bei Vollbeschäftigung der Produktionsfaktoren. Dieses weithin akzeptierte Erklärungsmuster wurde durch die Weltwirtschaftskrise erheblich erschüttert, die im Oktober 1929 ausbrach. Der drastische Rückgang des Einkommens und die hohe und anhaltende Massenarbeitslosigkeit schienen mit dem klassischen Konzept nicht erklärbar. Die Theorie von John Maynard Keynes (The General Theory of Employment, Interest and Money, 1936), die er in kritischer Auseinandersetzung mit der klassischen Theorie entwickelte, schien besser geeignet, die Weltwirtschaftskrise zu erklären und wirtschaftspolitische Instrumente zur wirksamen Bekämpfung der Arbeitslosigkeit bereitzustellen: Nicht die Geldmenge, sondern die Komponenten der gesamtwirtschaftlichen Nachfrage (privater Konsum, private Investition und Staatsausgaben) determinieren in Verbindung mit der gegebenen Faktorausstattung Niveau und Veränderung der Preise, des Einkommens und der Beschäftigung. Ist die gesamtwirtschaftliche Nachfrage zu gering, um Vollbeschäftigung zu gewährleisten, kann sich in jeder Volkswirtschaft ein dauerhaftes Gleichgewicht bei Unterbeschäftigung einstellen. In solchen Situationen sei es Aufgabe des Staates, das gesamtwirtschaftliche Nachfragedefizit fiskalpolitisch durch Erhöhung der Staatsausgaben auszugleichen.

Es ist nicht verwunderlich, daß das zufällige zeitliche Zusammenfallen einer solch massiven Kritik klassischen Gedankengutes mit den noch spürbaren Auswirkungen einer schweren weltweiten Depression eine „KEYNESianische Revolution“ in der Nationalökonomie auslöste. KEYNES’ Werk und die nachfolgende Interpretation und Weiterentwicklung (HICKS, 1937; SCHNEIDER, 1947–1952) haben das makroökonomische Denken seit dem Zweiten Weltkrieg dominiert. Der so entstandene „KEYNESianismus“ prägte mindestens bis Ende der siebziger Jahre das wirtschaftspolitische Denken.

In der theoretischen Diskussion ist es hingegen seit Anfang der sechziger Jahre erneut zu heftigen Kontroversen gekommen. Ein Teil der aufkommenden Kritik am keynesianischen Modelldenken behauptete, die frühen Interpretatoren hätten das Anliegen KEYNES’ nicht richtig wiedergegeben und den revolutionären Charakter seiner Idee von Grund auf mißverstanden (LEIJONHUFVUD, 1966). Die aus dieser Neuinterpretation des KEYNESschen Werkes entwickelten Ungleichgewichtsmodelle der „Neuen Makroökonomik“ (BARRO/GROSSMAN, 1976; Einführung bei FELDERER/HOMBURG, 1984, 7. A. 1999) erklären das Entstehen unfreiwilliger Arbeitslosigkeit mikroökonomisch durch ein Versagen des klassischen Preismechanismus. Die Hauptkritik am KEYNESianismus erfolgte jedoch durch neoklassische Autoren und wurde mit der Neuformulierung der klassischen Quantitätstheorie durch MILTON FRIEDMAN (1956) ausgelöst. Die hierdurch eingeleitete „monetaristische Gegenrevolution“ (BRUNNER, 1970) wurde zu einer gesamtwirtschaftlichen Theorie des Einkommens, der Beschäftigung und des Preisniveaus ausgebaut (BRUNNER, 1970; BRUNNER, 1971; BRUNNER/MELTZER, 1976). Die auch in zahlreichen empirischen Analysen formulierte Kritik am keynesianischen Modelldenken richtet sich insbesondere gegen die unzulässige Verallgemeinerung seiner allein in speziellen gesamtwirtschaftlichen Konstellationen gültigen Aussagen und insbesondere gegen eine nicht ausreichende Berücksichtigung des monetären Sektors sowie des Marktes für bestehendes Realkapital (Beitrag D).

Die Auseinandersetzungen haben in beiden theoretischen Lagern Modifikationen und Relativierungen induziert und die analytischen Gemeinsamkeiten in den siebziger Jahren wieder stärker sichtbar gemacht (Überblick bei THIEME, 1982). Diese Konsolidierung der makroökonomischen Theorie zeigt sich auch in neueren Lehrbüchern zur Makroökonomik (BRANSON, 1972, 3. A. 1989; DORNBUSCH/FISCHER/STARTZ, 1978, 8. A. 2000; SCHMITT-RINK/BENDER, 1992): Keynesianische Sprache und Sichtweise der funktionalen Beziehungen zwischen den Niveauvariablen sind die Bausteine makroökonomischer Modelle, die durch differenzierte Teilhypothesen jeweils ausgefüllt werden. Dieser Strategie wird auch hier gefolgt, wodurch es möglich ist, analytische Gemeinsamkeiten und Unterschiede zwischen dem angebotsorientierten Makromodell der Neoklassik und dem nachfrageorientierten Makromodell keynesianischer Prägung aufzuzeigen sowie die gesamtwirtschaftlichen Auswirkungen verschiedener Teilhypothesen zu beschreiben.

3. Gütermarkt

Auf dem Gütermarkt wird die gesamtwirtschaftliche Ausbringungsmenge (Sozialprodukt) angeboten und nachgefragt. Die gesamte Volkswirtschaft sei auf diesen einen aggregierten Markt reduziert. Die Analyse der Bestimmungsgründe der gesamtwirtschaftlichen Aktivität schließt deshalb noch nicht die finanziellen Märkte und die Märkte der Produktionsfaktoren ein.

Weiterhin wird unterstellt, daß das Güterpreisniveau exogen und konstant ist. Alle ökonomischen Variablen und ihre Veränderungen sind deshalb real. Sie lassen sich zwar über das fixe Preisniveau in nominale Werte überführen, doch bleibt diese Überführung ein rechnerischer Vorgang. Gesamtwirtschaftliche Einkommensänderungen sind stets von identischen Variationen der Angebotsmengen, also des realen Sozialprodukts, begleitet.

3.1. Güterwirtschaftliches Gleichgewicht

Wenn die Unternehmen zu konstanten Preisen produzieren und anbieten, kann erwartet werden, daß die Firmen ihr Angebot stets der gegebenen Nachfrage anpassen. Preisveränderungen fallen als Instrument der Steigerung oder Zurückdrängung des Absatzes aus. Ein mengenmäßiger Anpassungsprozeß sorgt mithin dafür, daß sich das gesamtwirtschaftliche Angebot der gesamtwirtschaftlichen Nachfrage angleicht.

3.1.1. Ausgangshypothesen

Produzieren die Unternehmen mehr als tatsächlich nachgefragt wird, sind sie gezwungen, ihre Lager aufzustocken. Fällt die Produktion hinter die Nachfrage zurück, müssen die Firmen Vorräte auflösen, um die Nachfrage nach ihren Produkten befriedigen zu können. Reichen die Lagerbestände nicht aus, bleiben Kaufwünsche unerfüllt. Die grundlegende Hypothese über den mengenmäßigen Anpassungsprozeß liegt in der Annahme, daß das Auseinanderfallen zwischen der laufenden Produktion und der tatsächlichen Nachfrage unmittelbar Revisionen der Produktionspläne auslöst. Ungewollte Lagererhöhungen führen zu Produktionseinschränkungen; ein nicht erwarteter Lagerabbau stimuliert die Produktion. Diese Betrachtung legt es nahe, von einem Gleichgewicht dann zu sprechen, wenn Angebot und Nachfrage in dem Sinn übereinstimmen, daß die Firmen keine ungewollten Lagerveränderungen hinnehmen müssen.

Unfreiwillige Investitionen

Um die makroökonomische Abhängigkeit des Angebots von der Nachfrage zu verdeutlichen, sei eine Volkswirtschaft konstruiert, in der allein private Haushalte und

Unternehmen das Sozialprodukt beanspruchen. Die Volkswirtschaft habe also keine außenwirtschaftlichen Beziehungen und keine Regierung, die ökonomische Aktivitäten entfaltet. In dieser Wirtschaft fragen die Haushalte die Konsumgütermenge C nach und planen die Unternehmen das Investitionsvolumen I. Aus beiden Komponenten setzt sich die von den privaten Wirtschaftseinheiten geplante gesamtwirtschaftliche Nachfrage Y^d zusammen:

$$(3.1) \qquad Y^d := C + I.$$

Es sei unterstellt, daß die privaten Haushalte ihre Konsumpläne verwirklichen können, so daß der tatsächliche Konsum einer Periode stets dem für diese Periode geplanten Konsum entspricht. Diese Annahme bedeutet, daß niemals Situationen eintreten, in denen die Anbieter eingestehen müßten, daß sie „ausverkauft" sind. Planungsüberraschungen können sich in dieser Volkswirtschaft allein bei den Firmen einstellen. Die Unternehmen verwirklichen ihre Produktionspläne nicht, wenn sie die Konsumgüternachfrage falsch einschätzen. Dann weicht das von dem Unternehmenssektor produzierte Güterangebot Y von der gesamtwirtschaftlichen Nachfrage Y^d ab. Diese Erwartungsirrtümer schlagen sich in ungeplanten Vorratsveränderungen nieder. Sie zählen in der Volkswirtschaftlichen Gesamtrechnung zu den Investitionen (Beitrag B). Neben der geplanten Investitionstätigkeit können sich mithin unfreiwillige Lagerinvestitionen I_u bilden:

$$(3.2) \qquad I_u := Y - Y^d.$$

Ein gleichgewichtiges Güterangebot liegt vor, wenn die Firmen keine unfreiwilligen Lagerinvestitionen hinnehmen müssen. Für $I_u = 0$ geht die Definitionsgleichung (3.2) in eine Gleichgewichtsbedingung über. Ist sie erfüllt, stimmen geplante und tatsächlich realisierte Investitionen überein.

Produktionsgleichgewicht

Über die Höhe der gleichgewichtigen Produktion kann so lange nichts ausgesagt werden, wie der Umfang der geplanten gesamtwirtschaftlichen Nachfrage unbekannt ist. Die einfachste Hypothese, die sich über die Bestimmungsgründe der Nachfrage formulieren läßt, liegt in der Annahme, daß das aggregierte Nachfrageniveau $\overline{Y}^d$ konstant und exogen vorgegeben ist. Dann lautet die gesamtwirtschaftliche Gleichgewichtsbedingung:

$$(3.3) \qquad Y = \overline{Y}^d.$$

In *Abb. C-3.1* sind auf der Abszisse die gesamtwirtschaftliche Produktion und auf der Ordinate die aggregierte Nachfrage abgetragen. Alle Punkte der 45°-Linie bilden Gleichgewichtspunkte, weil hier das Angebot so hoch wie die Nachfrage ist. Für die konstante Nachfrage $\overline{Y}^d$ repräsentiert der Punkt E das gesamtwirtschaftliche Gleichgewicht und Y_E das zugehörige Sozialprodukt. Produziert der Unternehmenssektor weniger, existiert in der Volkswirtschaft eine Überschußnachfrage. In gleicher Höhe müssen ungewollt Vorräte abgebaut werden ($I_u < 0$). Geht die Produktion über die Ausbringungsmenge Y_E hinaus, sind nicht alle Angebotsmengen absetzbar, und am

Ende der Periode werden unfreiwillige positive Investitionen registriert ($I_u > 0$). Die Volkswirtschaft erreicht den Gleichgewichtspunkt E, wenn diese unfreiwilligen Investitionen die bereits geschilderten Rückwirkungen auf die Produktionsentscheidungen zur Folge haben. Die Pfeile auf der Abszisse deuten den Anpassungsmechanismus an.

Das Konzept des gesamtwirtschaftlichen Gleichgewichts basiert auf drei Konstruktionselementen (DORNBUSCH/FISCHER/STARTZ, 1978, 8. A. 2000):

- Die aggregierte Nachfrage bestimmt das Gleichgewichtsniveau der gesamtwirtschaftlichen Produktion.
- Im Gleichgewicht sind die Erwartungen und Planungen aller Wirtschaftssektoren erfüllt: Es fallen keine unfreiwilligen Lagerinvestitionen an, und die privaten Haushalte konsumieren genau die Gütermenge, deren Verbrauch sie eingeplant haben.
- Unfreiwillige Investitionen lösen Produktionsentscheidungen aus, die die tatsächliche Ausbringungsmenge dem gleichgewichtigen Sozialproduktsniveau anpassen.

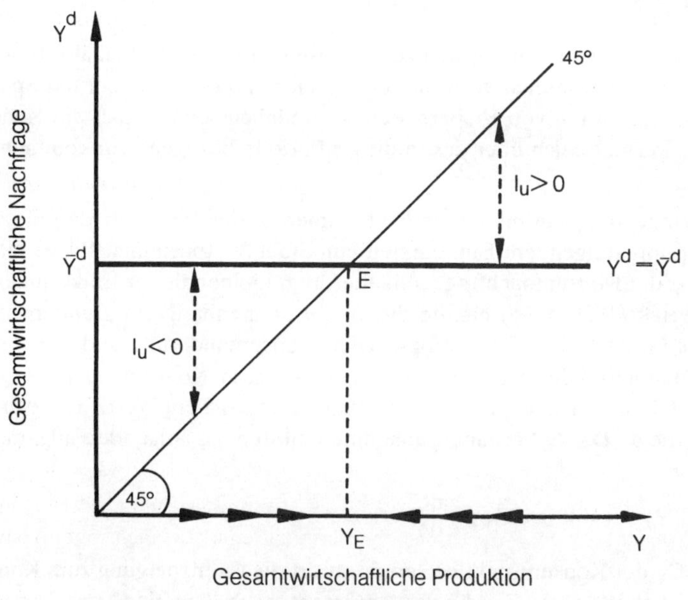

Abb. C-3.1: Gesamtwirtschaftliches Gleichgewicht bei exogener aggregierter Nachfrage

Gesamtwirtschaftliche Nachfrage

Auf der Nachfrageseite der hier betrachteten Volkswirtschaft entscheiden die privaten Wirtschaftseinheiten, welche Teile der Produktion einer Periode von ihnen verbraucht und investiert werden sollen. Deren Planungen – wie bislang – als exogen gegeben anzunehmen, ist der einfachste Ansatzpunkt einer makroökonomischen Analyse. Die wesentliche Erweiterung besteht deshalb in der Formulierung von Hypothesen über die Bestimmungsgründe der aggregierten Nachfrage. Zu den beiden weiteren Ausgangshypothesen des Gütermarktmodells gehören:

- Die geplante Investitionsnachfrage bleibt exogen vorgegeben (autonome Investitionen).
- Die Konsumnachfrage hängt von dem laufenden Einkommen ab (absolute Einkommenshypothese).

3.1.2. Konsum- und Sparfunktion

Aufgrund des konstanten Preisniveaus ist das laufende gesamtwirtschaftliche Realeinkommen gleich dem von den Unternehmen geplanten Sozialprodukt Y. Die privaten Wirtschaftseinheiten geben ihr Einkommen für Konsumzwecke C aus und sparen die nicht-konsumierten Einkommensteile S:

(3.4) $$Y := C + S.$$

Annahmen über die Bestimmungsgründe der Konsumnachfrage stellen aufgrund dieser Zweiteilung der Einkommensverwendung zugleich Hypothesen über das Sparverhalten dar. Eine Auflösung von Ersparnissen soll möglich sein, so daß die Konsumnachfrage einer Periode auch über das in dieser Periode bezogene Einkommen hinausgehen kann.

Der Konsum hänge von dem laufenden Einkommen in der Weise ab, daß die Wirtschaftseinheiten mit steigendem Einkommen eine höhere Konsumnachfrage planen. Die Ausdehnung der Konsumnachfrage fällt allerdings kleiner als der Einkommenszuwachs aus. KEYNES (1936, S. 96) nannte diesen Zusammenhang ein „fundamentales psychologisches Gesetz“. Die Relation zwischen Konsumänderung und der sie auslösenden Einkommensänderung heißt Grenzneigung zum Konsum oder marginale Konsumquote. Dieser Parameter hat also einen numerischen Wert, der zwischen Null und Eins liegt. Diese Verhaltensannahmen führen zu folgender allgemeinen Konsumfunktion:

(3.5) $$C = C(Y) \qquad \text{mit } 0 < C_Y := \frac{dC}{dY} < 1.$$

Die Ableitung C_Y der Konsumfunktion repräsentiert die Grenzneigung zum Konsum. Die abkürzende Schreibweise C_Y, die das Argument, nach dem eine Verhaltensfunktion partiell abgeleitet wird, als unteren Index dem Funktionssymbol zuordnet, wird im folgenden beibehalten.

Die Grenzneigung zum Konsum ist in *Abb. C-3.2* gleich der Steigung der dort linear eingezeichneten Konsumkurve. Unterhalb eines gewissen Basiseinkommens Y_b ist der Konsum größer als das laufende Einkommen, so daß entspart werden muß ($S < 0$). Bei hohem Einkommen bilden die privaten Haushalte Ersparnisse ($S > 0$). Aus dieser Beziehung zwischen Konsumniveau und Einkommen folgt, daß die durchschnittliche Konsumquote C/Y mit steigendem Einkommen abnimmt. Tatsächlich läßt sich ein solcher negativer Zusammenhang zwischen durchschnittlicher Konsumquote und Einkommensniveau über den Konjunkturzyklus beobachten. Sinkt das Einkommen, kür-

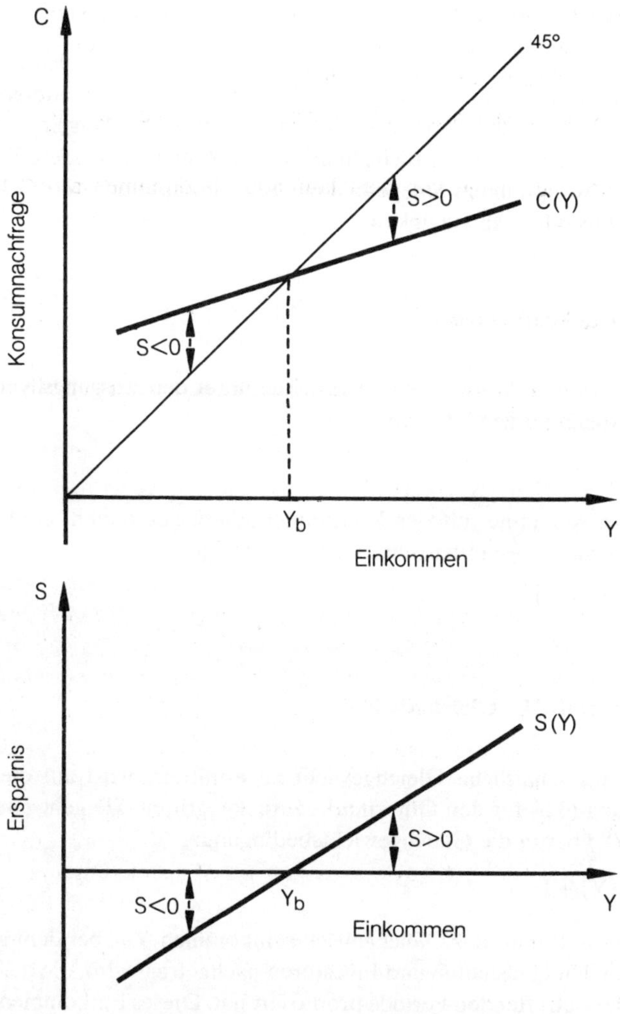

Abb. C-3.2: Konsum- und Sparfunktion

zen die Wirtschaftssubjekte ihre Ausgaben nicht proportional, um das erreichte Konsumniveau so weit wie möglich aufrechtzuerhalten. Umgekehrt zögern sie bei steigendem Einkommen, die Konsumnachfrage sofort in gleichem Maße anzupassen. Langfristig bleibt allerdings die durchschnittliche Konsumquote konstant. Die Hypothese (3.5) ist deshalb eine kurzfristige Konsumfunktion. Andere Konsumhypothesen wollen simultan die kurz- und langfristigen Beobachtungen erklären (s. Abschnitt 3.4.).

Die Definitionsgleichung (3.4) für die Einkommensverwendung, die man als Budgetbeschränkung der privaten Haushalte bezeichnen kann, impliziert mit der Konsumhypothese (3.5) eine Sparfunktion, nach der das Sparen ebenfalls eine positive Funktion des Einkommensniveaus ist:

(3.6) $S = S(Y)$ mit $S_Y = 1 - C_Y$.

Die Grenzneigung zum Sparen oder marginale Sparquote S_Y muß sich aufgrund der Budgetbeschränkung mit der Grenzneigung zum Konsum C_Y zu Eins addieren. Das gilt auch für die durchschnittlichen Anteile der Einkommensverwendungen. Im Gegensatz zum Konsum steigt die durchschnittliche Sparquote S/Y mit wachsendem Einkommen. Die Sparfunktion ist mithin ein Spiegelbild der Konsumfunktion. *Abb. C-3.2* verdeutlicht diese wechselseitige Abhängigkeit.

3.1.3. Gleichgewicht und Stabilität

Das geplante Investitionsvolumen soll, wie schon unter den Ausgangshypothesen erwähnt wurde, exogen vorgegeben sein:

(3.7) $I = \bar{I}$.

Führt man diese Annahme mit der Konsumhypothese zusammen, ergibt sich eine einkommensabhängige gesamtwirtschaftliche Nachfragefunktion:

(3.8) $Y^d = C(Y) + \bar{I}$.

Einkommenstheoretisches Gleichgewicht

Um das gesamtwirtschaftliche Gleichgewicht zu ermitteln, wird auf die Gleichgewichtsbestimmung (3.3) für den Gütermarkt zurückgegriffen. Sie geht mit der Nachfragefunktion Y^d über in die Gleichgewichtsbedingung:

(3.9) $Y = C(Y) + \bar{I}$.

Diese Gleichung bestimmt das Gleichgewichtseinkommen Y_E, bei dem gerade jene Gütermenge von den Haushalten und Investoren nachgefragt wird, die der Unternehmenssektor in der betreffenden Periode produziert hat. Dieses Einkommen heißt auch effektive Nachfrage. Darunter versteht man den Wert des gesamtwirtschaftlichen Einkommens, bei dem unter sonst gleichen Bedingungen Gleichgewicht auf dem Gütermarkt herrscht (KEYNES, 1936, Kapitel 3). Nur bei dieser Nachfrage sind die Pläne aller Wirtschaftseinheiten miteinander vereinbar, Planrevisionen also nicht erforderlich. Die Konsumenten und Investoren planen eine gesamtwirtschaftliche Nachfrage, die mit dem geplanten Güterangebot der Unternehmen übereinstimmt. Es gibt keine unfreiwilligen Investitionen.

In *Abb. C-3.3* liegt das Gleichgewicht wiederum dort, wo die gesamtwirtschaftliche Nachfragekurve die 45°-Linie schneidet. Diese Kurve unterscheidet sich von der Konsumfunktion der *Abb. C-3.2* nur dadurch, daß sie um den Betrag der exogenen Investitionen nach oben verschoben ist. Bei einem gegenüber Y_E höheren Einkommen müssen erneut unfreiwillige Vorräte gebildet werden, weil die aus diesem Einkommen entfaltete Konsumnachfrage zusammen mit der freiwilligen Investitionsnachfrage zu gering ist, um die gesamte Ausbringungsmenge zu absorbieren. Umgekehrt ist die

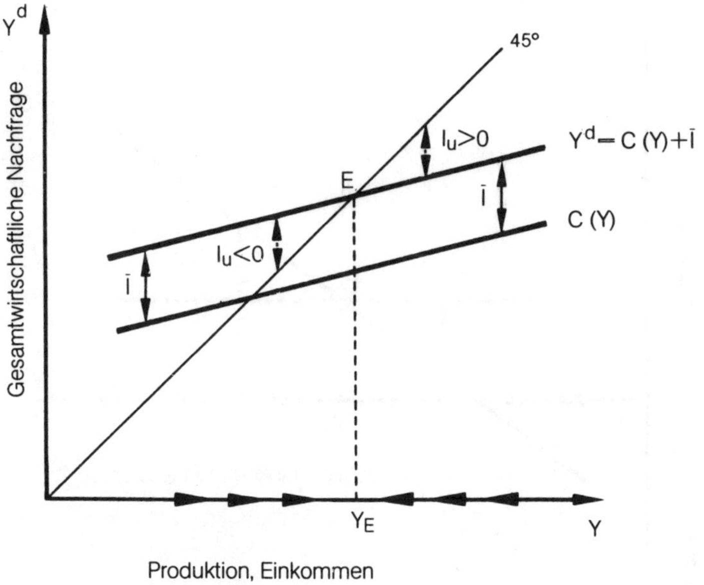

Abb. C-3.3: Gesamtwirtschaftliches Gleichgewicht und aggregierte Nachfrage

gesamtwirtschaftliche Nachfrage bei einem Einkommen kleiner Y_E zu hoch. Die Pfeile auf der Abszisse deuten den hypothetischen Anpassungsprozeß zum Gleichgewicht an.

Gleichheit von Sparen und Investieren

Der Unterschied in den Gleichgewichtsanalysen zwischen den *Abb. C-3.1* und *C-3.3* scheint auf den ersten Blick nur darin zu liegen, daß durch die Einführung der Konsumfunktion die Kurve der gesamtwirtschaftlichen Nachfrage eine positive Steigung hat und nicht mehr horizontal verläuft. Jedoch erlaubt die Aufspaltung der aggregierten Nachfrage in den geplanten Konsum und die geplante Investition, das einkommenstheoretische Gleichgewicht näher zu kennzeichnen.

Der vertikale Abstand zwischen der Kurve der Konsumnachfrage unter der 45°-Linie ist gleich dem freiwilligen Sparen, das je nach Einkommenshöhe positiv oder negativ sein kann (*Abb. C-3.2*). In *Abb. C-3.3* stimmen nur bei der effektiven Nachfrage Y_E freiwillige Ersparnis und geplantes Investitionsvolumen überein. Dieser Zusammenhang ist kein Zufallsergebnis. Zieht man von beiden Seiten der Gleichgewichtsbedingung (3.9) die Konsumnachfrage C(Y) ab und beachtet, daß die Differenz zwischen Einkommen und geplanter Konsumnachfrage gleich der geplanten Ersparnis ist, erhält man eine neue Bedingung für das einkommenstheoretische Gleichgewicht:

(3.10) $\bar{I} = S(Y).$

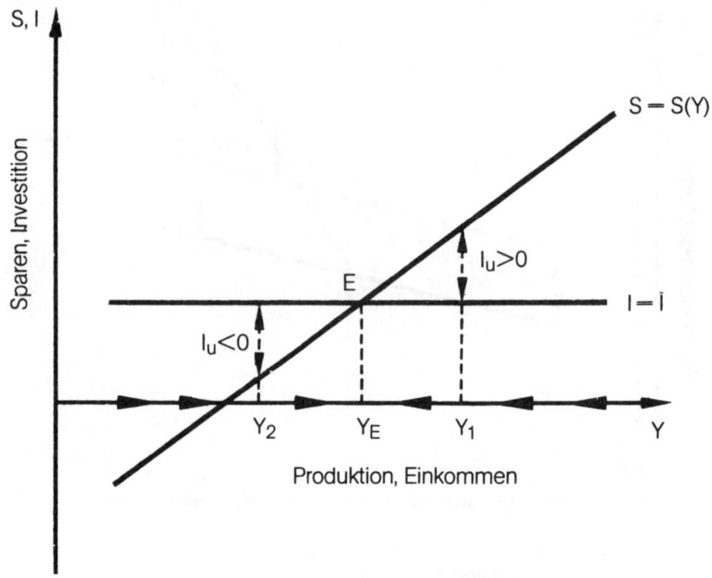

Abb. C-3.4: Gesamtwirtschaftliches Gleichgewicht von Sparen und Investieren

Auch diese Gleichung bestimmt das Gleichgewichtseinkommen Y_E (*Abb. C-3.4*), bei dem die Sparer planen, gerade so viel aus dem Einkommen nicht zu konsumieren, wie die Unternehmer aus dem Sozialprodukt zu investieren wünschen. In den Ungleichgewichtssituationen stellen sich folgende Konstellationen ein:

- In $Y_1 > Y_E$ ist der Verzicht der Inanspruchnahme des Sozialprodukts zu Konsumzwecken seitens der Einkommensbezieher größer als die geplante Verwendung von Teilen des Sozialprodukts zu Investitionszwecken seitens der Unternehmen. Man kann auch sagen: Die aus dem Einkommen geplante Konsumgüternachfrage ist kleiner als das entsprechende, von den Unternehmen geplante Angebot.
- In $Y_2 < Y_E$ ist die geplante Inanspruchnahme des Sozialprodukts zu Investitionszwecken größer als der Konsumverzicht der Einkommensbezieher. Man kann auch sagen: Die Konsumenten kaufen mehr als die Unternehmer antizipiert haben.

Die Volkswirtschaftliche Gesamtrechnung macht keine Unterschiede zwischen geplanten und ungeplanten ökonomischen Größen (Beitrag B). In der ex post-Betrachtung ist deshalb stets das Investitionsvolumen so hoch wie die Ersparnis: $S(Y) := \bar{I} + I_u$ (*Abb. C-3.4*). Von dieser Identität ist die auf die geplanten Größen bezogene ex ante-Gleichgewichtsbestimmung (3.10) zu unterscheiden. Sie zeichnet sich durch die Modellbedingung $I_u = 0$ aus.

Stabilität

Gesamtwirtschaftliche Anpassungsprozesse laufen immer dann ab, wenn die Planungen der Wirtschaftssektoren nicht miteinander übereinstimmen. In einem statischen

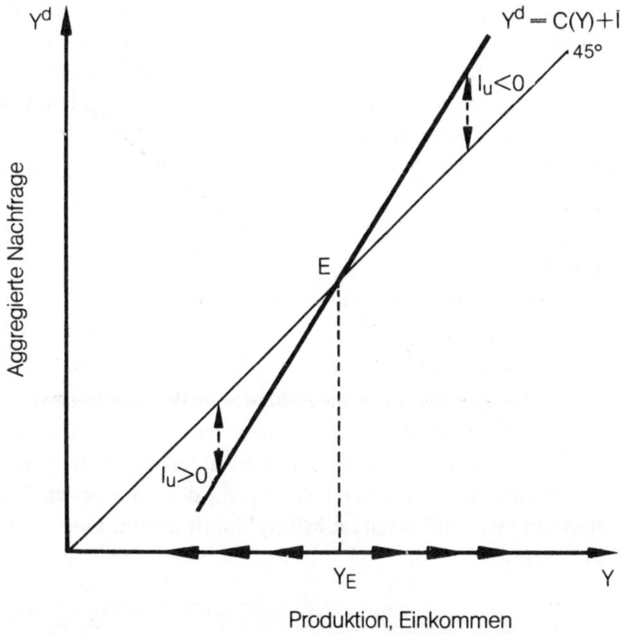

Abb. C-3.5: Gesamtwirtschaftliche Instabilität

Gleichgewichtsmodell, wie es hier formuliert wird, können solche Prozesse und damit die Stabilitätseigenschaften des Gleichgewichtseinkommens nicht explizit und analytisch aus dem Modell heraus erklärt werden. Dazu bedarf es einer dynamischen Ungleichgewichtsanalyse. Um mögliche Stabilitätsvoraussetzungen aufzuzeigen, muß man auf intuitive Annahmen und Plausibilitätsbetrachtungen zurückgreifen. Dazu gehört der bislang skizzierte hypothetische Anpassungsmechanismus, der an die Konsequenzen ungeplanter Lagerinvestitionen anknüpft. Zwei Überlegungen präzisieren und modifizieren ihn:

- Es sei angenommen, daß die marginale Konsumquote größer Eins ist. Dann verläuft die gesamtwirtschaftliche Nachfragekurve Y^d steiler als die 45°-Linie (*Abb. C-3.5*). Bei einem Einkommen, das höher als die effektive Nachfrage Y_E ist, würden unfreiwillige Lagerauflösungen stattfinden, die Anlaß zu Produktionsausweitungen geben. Gesamtwirtschaftliche Ausbringungsmenge und Einkommen wachsen und führen die Wirtschaft stetig von der Gleichgewichtslage Y_E weg. Der umgekehrte Vorgang gilt, wie die Pfeile auf der Abszisse andeuten, für ein tatsächliches Einkommen links von Y_E. Das gesamtwirtschaftliche System ist instabil. Die numerische Eingrenzung, nach der die marginale Konsumquote zwar positiv, jedoch kleiner Eins ist, ist nicht nur ein empirischer Tatbestand, sondern zugleich eine modelltheoretische Stabilitätsbedingung.
- Registrieren die Unternehmen unfreiwillige Lageraufstockungen ($I_u > 0$), schränken sie ihre laufende Produktion so weit ein, daß die Gleichgewichtslage Y_E erreicht wird. In ihr müssen sie keine ungeplanten Investitionen mehr hinnehmen. Inzwischen haben sie aber unfreiwillige Vorräte akkumuliert, die sie dadurch abbauen können, daß sie zwischenzeitlich die geplanten Investitionsvorhaben einschränken

und erst danach auf das ursprüngliche Investitionsniveau zurückkehren. In *Abb. C-3.4* würde sich mithin für eine gewisse Teilperiode die Investitionsgerade $I = \bar{I}$ nach unten verschieben und dann in die Ausgangslage zurückkehren. Ein ähnlicher Prozeß der zeitweiligen Ausdehnung der geplanten Investitionen läßt sich für eine gesamtwirtschaftliche Situation mit $I_u < 0$ konstruieren. Ein solches Investitionsverhalten führt zu Vorratszyklen.

3.2. Ausgabenmultiplikator

Das Gleichgewichtseinkommen ändert sich allein durch Variationen der exogenen Variablen und Parameter. Die Methode der Analyse besteht darin, zwei Gleichgewichtssituationen des Modells, die auf Unterschiede im Werte einer exogenen Determinanten zurückgehen, miteinander zu vergleichen. Das ist die komparativ-statische Analyse. Die quantitative Beziehung zwischen der Änderung einer exogenen Größe und der dadurch ausgelösten zugehörigen Änderung der endogenen Variablen des Gleichgewichtseinkommens wird in einem Multiplikator erfaßt. Der Multiplikator ist mithin eine Marginalgröße.

Investitionsmultiplikator

Der Investitionsmultiplikator $dY/d\bar{I}$ gibt an, um das wieviel-fache einer Änderung der geplanten Investitionen $d\bar{I}$ die effektive Nachfrage dY variiert. Aufgrund der bislang unterstellten Reaktion des Makrosystems in Ungleichgewichtssituationen ist die Richtung des ausgelösten Prozeßablaufs bekannt. Erhöhen sich die geplanten Investitionen, müssen im Ausgangsgleichgewicht unerwartete negative Lagerinvestitionen auftreten: Die Produktion wird angeregt und das gesamtwirtschaftliche Einkommen steigt. Die quantitative Relation kann man aus *Abb. C-3.6* anhand der graphischen Gegenüberstellung einer linearen Sparfunktion mit der Verschiebung der Investitionsgeraden von $\bar{I}_0$ nach $\bar{I}_1$ herleiten. Aufgrund der dort geltenden Beziehung $\text{tg}\,\alpha = S_Y = d\bar{I}/dY$ erhält man durch Umformung:

$$(3.11) \qquad \frac{dY}{d\bar{I}} = \frac{1}{S_Y} = \frac{1}{1 - C_Y}\,.$$

Dieser Multiplikatorausdruck läßt sich auch analytisch aus den Gleichgewichtsbedingungen, die für den Gütermarkt formuliert wurden, ermitteln. Bildet man beispielsweise das totale Differential für die Gleichung (3.9)

$$dY = C_Y dY + d\bar{I},$$

gewinnt man nach Umformung:

$$\frac{dY}{d\bar{I}} = \frac{1}{1 - C_Y}\,.$$

Der Investitionsmultiplikator ist demnach gleich dem reziproken Wert der marginalen Sparquote. Da dieser Wert kleiner Eins ist, fällt der Multiplikator größer Eins aus. Liegt die marginale Sparquote in der Größenordnung von 20 v. H., ist die ausgelöste Ände-

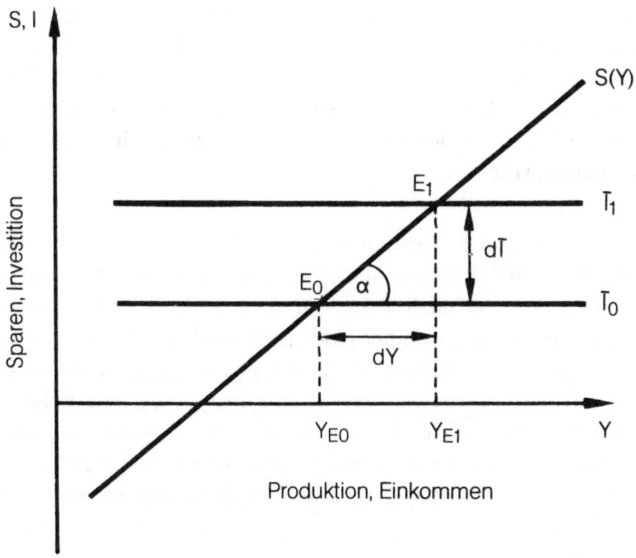

Abb. C-3.6: Graphische Herleitung des Multiplikators

rung des Gleichgewichtseinkommens fünfmal so groß wie die Erhöhung der Investitionsnachfrage. Worin ist die Ursache für diesen Multiplikatoreffekt zu suchen?

- Die einkommensabhängige Ersparnis paßt sich endogen dem autonomen Investitionsniveau an. Wenn nun die Investitionen exogen steigen, ist eine mehrfache Erhöhung des Einkommens zur Induzierung einer entsprechend umfangreichen zusätzlichen Ersparnis dann erforderlich, wenn die marginale Sparquote kleiner Eins ist: $dS = S_Y dY = d\bar{I}$.
- Die vorangegangene Erklärung ist insofern mechanistisch, als sie keinen Multiplikatorprozeß aufdeckt. Dazu bedarf es in dem statischen Modell erneut einer intuitiven Erklärung. Sie liegt in einer quasidynamischen Analyse, die den Multiplikatorprozeß als Summe von Einkommensströmen erfaßt, die durch die Ausdehnung von Investitionsnachfrage ausgelöst werden. Die Erhöhung der Investitionsnachfrage $d\bar{I}$ führt, da sich das Angebot stets der gesamtwirtschaftlichen Nachfrage anpaßt, unmittelbar zu einer Einkommenserhöhung $\Delta_1 Y$ in gleicher Höhe: $\Delta_1 Y = d\bar{I}$. Aufgrund des zusätzlichen Einkommens entfalten die Haushalte eine zusätzliche Konsumnachfrage $\Delta_1 C = C_Y \cdot \Delta_1 Y = C_Y d\bar{I}$. Die Konsumnachfrage führt eine zweite Einkommensänderung herbei: $\Delta_2 Y = \Delta_1 C = C_Y d\bar{I}$. Diese Einkommensänderung verursacht über die Konsumnachfrage $\Delta_2 C = C_Y \cdot \Delta_2 Y$ eine dritte Einkommenserhöhung $\Delta_3 Y = \Delta_2 C = C_Y^2 d\bar{I}$. Die gesamte Einkommensänderung ΔY ergibt sich damit als Summe dieser Teilerhöhungen, die zunehmend niedriger ausfallen, da C_Y kleiner Eins ist. Nach n-„Runden" hat man:

$$\Delta Y = d\bar{I}(1 + C_Y + C_Y^2 + \ldots + C_Y^{n-1}).$$

Das ist eine geometrische Reihe mit der Summenformel:

$$\Delta Y = d\bar{I}\,\frac{1 - C_Y^n}{1 - C_Y}\,. \tag{3.12}$$

Betrachtet man die Sequenzfolge der Einkommensströme als unendliche Reihe, strebt also n gegen Unendlich, geht C_Y^n gegen Null, und der Ausdruck (3.12) geht in den Investitionsmultiplikator über.

Paradoxon der Sparsamkeit

Nunmehr wird eine exogene Veränderung der Konsumnachfrage betrachtet. In *Abb. C-3.2* verschiebe sich die Konsumnachfrage parallel nach unten und in derselben Größenordnung die Sparkurve nach oben. Man sagt, die Konsumneigung ist gesunken und die Sparneigung gestiegen, weil bei jeder Einkommenshöhe weniger konsumiert und mehr gespart wird. Also ist jetzt im Ausgangsgleichgewicht Y_{EO} die freiwillige Ersparnis größer als die gewünschte Investition (*Abb. C-3.7*). Die Folge ist, daß das Sozialprodukt so weit fällt, bis die einkommensabhängige Ersparnis auf das Niveau der geplanten Investitionsnachfrage gesunken ist. Obwohl alle Wirtschaftssubjekte mehr sparen wollen, bleibt die Gesamtersparnis unverändert: Das ist das Paradoxon der Sparsamkeit.

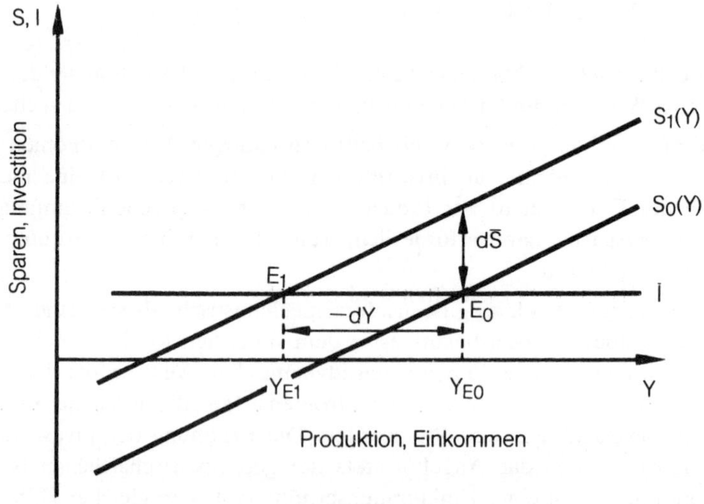

Abb. C-3.7: Paradoxon der Sparsamkeit

Multiplikatoranalyse

Es kann nicht überraschen, daß in dem obigen Paradoxon das Gleichgewichtseinkommen gesunken ist. Die exogene Abnahme der Konsumnachfrage ist lediglich der entgegengesetzte Fall der Erhöhung der autonomen Investitionen. Die quantitative Abnahme der effektiven Nachfrage ergibt sich deshalb durch Anwendung des Multiplikators $1/S_Y$. Weil hier die Wirkungen von Nachfrageänderungen analysiert werden, spricht man von dem Konzept des Ausgabenmultiplikators.

Die Multiplikatoranalyse bildet den Kern der Auswertung makroökonomischer Modelle. Multiplikatorausdrücke lassen sich für die Beziehungen zwischen allen endogenen und exogenen Variablen, die in ein Modell aufgenommen sind, herleiten. Es gibt deshalb nicht „den" Multiplikator. Ihre Strukturen und ihre numerischen Werte hängen von den Hypothesen ab, in denen sich die Modelle voneinander unterscheiden. So darf auch nicht aus dem Ausgabenmultiplikator $1/S_Y$ geschlossen werden, daß zum Begriff des Multiplikators gehört, daß er größer Eins ist. In späteren Kapiteln werden Multiplikatoren abgeleitet, die gleich und kleiner Eins sind.

3.3. Staatliche Aktivität

Der Staat wirkt durch zwei ökonomische Aktivitäten auf den Gütermarkt ein:

- Er fragt Güter nach. Diese Staatsausgaben sind eine Komponente der gesamtwirtschaftlichen Nachfrage.
- Er erhebt Steuern und leistet Transferzahlungen. Diese Transaktionen verändern das Einkommen, das den privaten Wirtschaftseinheiten für den Konsum und die Ersparnis zur Verfügung steht.

Mit welcher Multiplikatorwirkung kann der Staat seine fiskalpolitischen Instrumente einsetzen? Um diese Frage zu beantworten, sind zunächst Annahmen über das Ausgaben- und Einnahmenverhalten der öffentlichen Hand zu machen und daraus die Gleichgewichtsbedingung für das erweiterte Gütermarktmodell abzuleiten.

Verhaltensannahmen

Für die staatliche Güternachfrage G sei angenommen, die öffentliche Hand plane ein (reales) Ausgabevolumen in Höhe von $\overline{G}$:

(3.13) $G = \overline{G}$.

Das reale Steueraufkommen T fließe allein aus der direkten Einkommensteuer. Es sei zudem mit den Transferzahlungen des Staates saldiert. Für diese Einnahmen werden zwei Hypothesen verwendet:

- Der Staat plant sein Steueraufkommen einkommensunabhängig direkt in Höhe von $\overline{T}$ (lump-sum taxes):

(3.14a) $T = \overline{T}$.

- Der Staat setzt Steuersätze frei. Bei gegebenem Steuertarif bemißt sich das Steueraufkommen nach dem Einkommen. Die geplanten Steuereinnahmen lassen sich in diesem Falle durch eine gesamtwirtschaftliche Steueraufkommensfunktion beschreiben:

(3.14b) $T = T(Y) \quad \text{mit } 0 < T_Y < 1$.

Die partielle Ableitung T_Y der Funktion ist der marginale Steuersatz, der angibt, welcher Teil eines Zuwachses des gesamtwirtschaftlichen Einkommens als zusätzliche Steuern an den Staat fließt. Dieser Parameter repräsentiert das steuerpolitische Instrument, während das gesamte Steueraufkommen sich endogen aus dem Wirtschaftsablauf ergibt.

Bei Erweiterung der Analyse um den Staat ist die Hypothese über die Bestimmungsgründe des privaten Konsums zu modifizieren. Konsum und Sparen hängen von dem Einkommen ab, über das die privaten Wirtschaftseinheiten nach Abzug der Steuern disponieren können ($Y - T: = C + S$):

$$(3.15) \qquad C = C(Y - T) \qquad \text{mit } 0 < C_Y: = \frac{dC}{d\,(Y - T)} < 1.$$

Für die marginale Konsumneigung in bezug auf das verfügbare Einkommen ($Y - T$) wird weiterhin das Symbol C_Y verwendet. Für die Sparfunktion ist dann analog zu formulieren:

$$S = S(Y - T) \qquad \text{mit } S_Y = 1 - C_Y.$$

Gleichgewichtsbedingung

Die gesamtwirtschaftliche Nachfrage setzt sich nunmehr neben dem privaten Konsum und der privaten Investition auch aus der geplanten Güternachfrage des Staates zusammen. Damit ergibt sich als erweiterte Gleichgewichtsbedingung (ohne Spezifizierung der Bestimmungsgründe des Steueraufkommens) für den Gütermarkt:

$$(3.16) \qquad Y = C(Y - T) + \overline{I} + \overline{G}.$$

Zieht man von beiden Seiten dieser Gleichgewichtsbedingung wiederum die geplante Konsumnachfrage ab und beachtet, daß die Differenz $Y - C(Y - T)$ gleich der Steuerzahlung und der geplanten Ersparnis ist, geht die bisherige Gleichgewichtsbeziehung zwischen geplantem Sparen und geplantem Investitionsvolumen (3.10) über in:

$$(3.17) \qquad \overline{I} + \overline{G} = S(Y - T) + T.$$

Im Gleichgewicht ist der nicht für private Konsumausgaben geplante gesamtwirtschaftliche Einkommensteil ($S + T$) gleich dem nicht für Konsumzwecke zur Verfügung stehenden geplanten Sozialproduktsteil ($\overline{I} + \overline{G}$).

Auch in Ungleichgewichtssituationen sollen die privaten Haushalte und der Staat ihre Pläne realisieren können. Planungsüberraschungen erleben weiterhin allein die Unternehmen in Form unfreiwilliger Lagerinvestitionen (3.2). Somit kann auch die Hypothese über die Anpassung des Sozialprodukts an die gesamtwirtschaftliche Nachfrage (s. Abschnitt 3.1.) aufrechterhalten werden.

Variation der Staatsausgaben

In *Abb. C-3.8* ist die Wirkung einer Erhöhung der Staatsausgaben $d\overline{G}$ bei konstantem Steueraufkommen $\overline{T}$ anhand der Gleichgewichtsbedingung (3.17) graphisch hergelei-

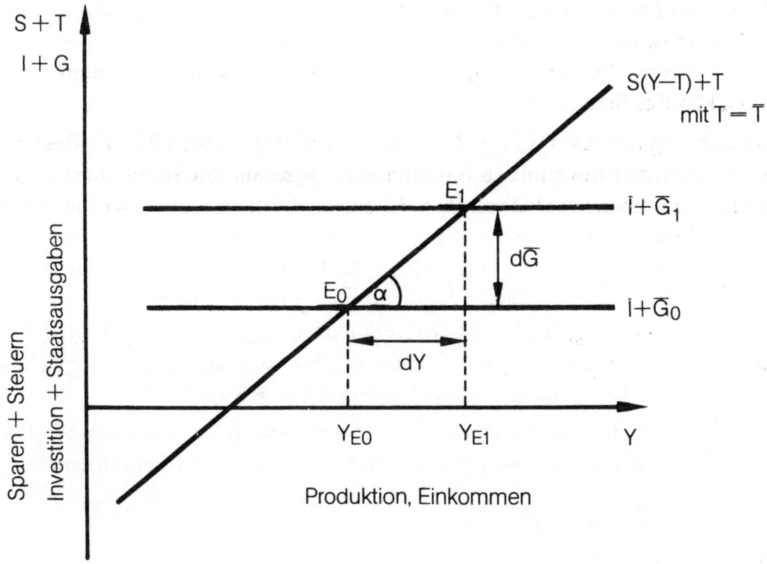

Abb. C-3.8: Erhöhung der Staatsausgaben bei exogenem Steueraufkommen

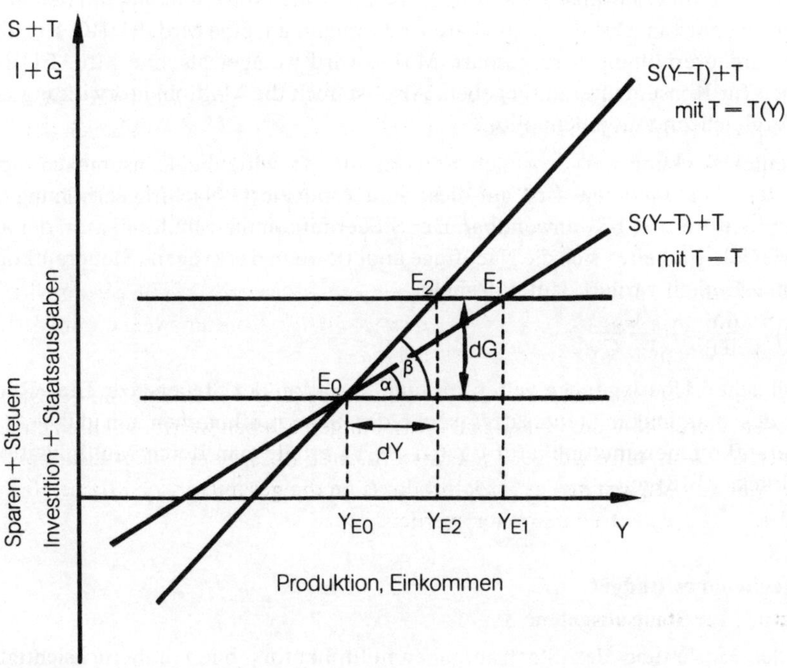

Abb. C-3.9: Erhöhung der Staatsausgaben bei endogenem und exogenem Steueraufkommen

tet. Das Diagramm unterscheidet sich in seiner Struktur nicht von *Abb. C-3.6*, die die Effekte einer Ausdehnung der privaten Investitionsnachfrage in einer Volkswirtschaft ohne Staat wiedergibt. Insbesondere weist die (S + T)-Gerade die Steigung $tg\ \alpha = S_Y$ auf. Damit ist der Staatsausgabenmultiplikator gleich dem reziproken Wert der marginalen Sparquote und identisch mit dem Investitionsmultiplikator (3.11).

Die Multiplikatorwirkung muß schwächer sein, wenn das Steueraufkommen einkommensabhängig ist. Eine Ausdehnung der Staatsnachfrage erhöht zwar das gesamtwirtschaftliche Einkommen, läßt damit aber zugleich das Steueraufkommen anwachsen. Die zusätzlichen Steuern implizieren einen Ausfall in der Konsumnachfrage, der dem expansiven Effekt der zusätzlichen Staatsausgaben entgegenwirkt. In der graphischen Darstellung verläuft die (S + T)-Kurve nunmehr steiler (*Abb. C-3.9*): Wird die rechte Seite der Gleichgewichtsbedingung (3.17) unter Berücksichtigung von $T = T(Y)$ nach Y differenziert, ergibt sich für $tg\ \beta = S_Y(1 - T_Y) + T_Y > S_Y$.

Substituiert man in diesem Ausdruck die marginale Sparquote durch den Wert $(1 - C_Y)$, läßt sich der Staatsausgabenmultiplikator mit dem Wert $1/tg\ \beta$ schreiben als:

$$(3.18) \qquad \frac{dY}{d\bar{G}} = \frac{1}{1 - C_Y(1 - T_Y)} .$$

Variation des Steueraufkommens

Eine Aufstockung der Staatsausgaben um eine Mrd. EURO wird in gleicher Höhe unmittelbar am Gütermarkt nachfragewirksam. Eine Steuersenkung um den gleichen Betrag erhöht zunächst das verfügbare Einkommen um eine Mrd. EURO. Ein Teil der Einkommenserhöhung wird gespart. Mithin wird weniger als eine Mrd. EURO zusätzlich für Konsumgüter ausgegeben. Also ist auch die Multiplikatorwirkung kleiner im Vergleich zur Ausgabenpolitik.

Bei einer Senkung der exogenen Steuern um $d\bar{T}$ wird die Konsumnachfrage um $C_Y \cdot d(-\bar{T})$ ausgedehnt. Erst auf diese steuer-induzierte Nachfrageerhöhung ist der Multiplikatoreffekt $1/S_Y$ anwendbar. Der Steueraufkommensmultiplikator, der angibt, um wieviele Einheiten sich die Nachfrage ändert, wenn das exogene Steueraufkommen um eine Einheit variiert, lautet deshalb:

$$(3.19) \qquad \frac{dY}{d\bar{T}} = -\frac{C_Y}{1 - C_Y} .$$

Die gleichen Überlegungen gelten für eine Variation der Steuersätze. Eine Reduzierung des marginalen Steuersatzes senkt das Steueraufkommen um $dT_Y \cdot Y$. Den Steueraufkommensmultiplikator $dY/(dT_Y \cdot Y)$ erhält man durch Multiplikation des Ausdrucks (3.18) mit $-C_Y$.

Ausgeglichenes Budget

Bei der Herleitung des Staatsausgabenmultiplikators blieb unberücksichtigt, wie der Staat seine Mehrnachfrage finanziert. Da Fragen der Kreditaufnahme bei der Zentralbank oder bei den privaten Wirtschaftseinheiten später behandelt werden

(s. Abschnitt 5.3.), ist der Staat in diesem Modell gezwungen, sein Budget in jeder Periode durch eine gegenseitige Anpassung von Staatsausgaben und Steuereinnahmen auszugleichen: $\overline{G} = \overline{T}$.

Für eine Zunahme der Staatsnachfrage $d\overline{G}$ erhält man die Wirkung auf das Gleichgewichtseinkommen, wenn deren expansiver Multiplikatoreffekt mit der kontraktiven Wirkung der erforderlichen Steuererhöhung $d\overline{T}$ saldiert wird. Bei einem exogenen Steueraufkommen ergibt sich zunächst als Summe der zugehörigen Multiplikatoren:

$$dY = \frac{1}{1 - C_Y} d\overline{G} - \frac{C_Y}{1 - C_Y} d\overline{T}.$$

Da nun der Budgetausgleich die Nebenbedingung $d\overline{G} = d\overline{T}$ erzwingt, folgt:

$$\frac{dY}{d\overline{G}} = 1. \tag{3.20}$$

Eine steuerfinanzierte Ausdehnung der Staatsnachfrage läßt das Gleichgewichtseinkommen um den Betrag der zusätzlichen Staatsausgaben steigen. Das ist das HAAVELMO-Theorem (HAAVELMO, 1945). Dieser Budgetmultiplikator (balanced-budget multiplier) ist wesentlich kleiner als der isolierte Staatsausgabenmultiplikator. Die verbleibende positive Wirkung stellt sich deshalb ein, weil die Steuererhöhung die gesamtwirtschaftliche Nachfrage nicht um den Betrag zurückdrängt, um den die zusätzlichen Staatsausgaben die aggregierte Nachfrage verstärken. Der Budgetmultiplikator gilt auch bei einem einkommensabhängigen Steueraufkommen und für vorgegebene Änderungen der Steuereinnahmen, an die die Staatsausgaben angepaßt werden müssen.

3.4. Alternative Konsum- und Investitionsfunktionen

Bei der Bestimmung des güterwirtschaftlichen Gleichgewichts wurde bisher die absolute Einkommenshypothese von KEYNES unterstellt, nach der die Konsumausgaben von der absoluten Höhe des laufenden (aktuellen) Einkommens abhängen. Die Investitionsausgaben blieben als exogene Variable unerklärt. Zur Überwindung dieser restriktiven Annahmen wurden in der Konsum- und Investitionstheorie verschiedene Erklärungsansätze entwickelt.

Konsumfunktionen

Beobachtungen über die Entwicklung der Konsumausgaben haben gezeigt, daß die durchschnittliche Konsumquote C/Y kurzfristig invers mit dem Einkommensniveau Y variiert. Langfristig hingegen ist C/Y konstant geblieben, wie es seit SIMON KUZNETS' (1946) bahnbrechender empirischer Konsumanalyse für eine lange Periode (1869–1938) als bestätigt gilt.

Dieses Phänomen zu erklären, ist das Anliegen verschiedener makroökonomischer Hypothesen über die Determinanten des Konsum- und Sparverhaltens:

- Relative Einkommenshypothese (DUESENBERRY, 1949);

- Lebenszeit-Einkommenshypothese (ANDO/MODIGLIANI, 1963);
- permanente Einkommenshypothese (FRIEDMAN, 1957).

JAMES DUESENBERRY formuliert zwei Hypothesen zur Erklärung des Konsumverhaltens:

- Die Konsumentscheidungen der privaten Haushalte sind – im Gegensatz zur Hypothese von KEYNES – nicht unabhängig voneinander, sondern auch von der sozialen Position (Einkommenspyramide) abhängig.
- Nicht nur die absolute Höhe des Gegenwartseinkommens, sondern auch das in der Vergangenheit erreichte Konsumniveau (Lebensstandard) bestimmen die laufenden Konsumausgaben.

Der Anteil der Konsumausgaben am laufenden Einkommen wird erklärt durch die Relation zwischen gegenwärtigem Einkommen Y und dem höchsten Einkommen Y^{max}, das in der Vergangenheit erzielt wurde. Y^{max} repräsentiert den bereits erreichten Lebensstandard. Die Konsumfunktion lautet dann z. B.:

$$(3.21) \qquad \frac{C}{Y} = a_o - a_1 \cdot \frac{Y}{Y^{max}} \qquad \text{mit } a_o; a_1 > 0.$$

Langfristig ist die durchschnittliche Konsumquote bei steigendem Einkommen konstant, weil sich die relative Einkommensposition Y/Y^{max} nicht ändert (Y und Y^{max} wachsen mit derselben Rate). Kurzfristig hingegen steigt C/Y, wenn in einer Rezession das laufende Einkommen sinkt und sich damit die relative Einkommensposition verschlechtert. Um ihr Konsumniveau möglichst aufrecht zu erhalten, reduzieren die Wirtschaftseinheiten kurzfristig den Anteil des Sparens am laufenden Einkommen, also die durchschnittliche Sparquote. Verzögerungen der Konsumanpassung (Ratchet- oder Sperrklinken-Effekt) erklären somit den Unterschied zwischen kurz- und langfristigem Konsum- und Sparverhalten.

Nach der Lebenszeit-Einkommenshypothese sind die Konsumausgaben vom erwarteten Lebenseinkommen abhängig. Gespart wird, um das gewünschte Konsumniveau auch dann realisieren zu können, wenn das aktuelle Einkommen niedriger als die hierfür notwendige Konsumsumme ist (Jugend, Alter). Die laufenden Konsumausgaben hängen ab vom Bestand an realem Vermögen K und dem erwarteten realen Arbeitseinkommen W.

Die Konsumfunktion lautet dann:

$$(3.22) \qquad C = C_K \cdot K + C_W \cdot W \text{ bzw. } \frac{C}{Y} = C_K \cdot \frac{K}{Y} + C_W \cdot \frac{W}{Y}.$$

Die langfristige Konstanz der durchschnittlichen Konsumquote C/Y wird erklärt mit der empirisch bestätigten langfristigen Konstanz von K/Y bzw. W/Y. Die kurzfristig inverse Variation von C/Y auf konjunkturell bedingte Änderungen von Y wird auf die ebenfalls empirisch belegbaren kurzfristigen Schwankungen von K/Y zurückgeführt.

Auch FRIEDMAN geht in der permanenten Einkommenshypothese davon aus, daß die Wirtschaftseinheiten ihren Konsumverbrauch langfristig planen. Der Konsum ist insofern nicht nur vom laufenden Einkommen, sondern auch vom kapitalisierten Wert aller in der Zukunft erwarteten Einkommen abhängig. Dieses permanente Einkommen Y^P ist gleich dem aktuellen Vermögensbestand (einschließlich Humankapital) A multipliziert mit einem durchschnittlichen Zinssatz r, also $Y^P := rA$. Eine einfache Konsumfunktion lautet dann:

$$(3.23) \quad C^P = C_Y{}^P \cdot Y^P,$$

wobei C^P den permanenten Konsum und $C_Y{}^P$ die permanente Konsumquote symbolisieren. Empirische Analysen bestätigen die langfristige Konstanz von C^P/Y^P und beziffern $C_Y{}^P$ mit 0,7, wobei als Näherungsmaß für Y^P ein gewogener Durchschnitt aus gegenwärtigen und vergangenen Einkommen mit exponentiell abnehmenden Gewichten verwendet wurde. Im Konjunkturverlauf hingegen gilt in der Regel $Y \gtrless Y^P$. Werden solche Einkommensdifferenzen als vorübergehend empfunden (transitorische Einkommen), weicht bei unverändertem Konsumniveau die tatsächliche von der permanenten Konsumquote ab, womit auch das kurzfristige Konsumverhalten erklärt ist.

In den beiden letztgenannten Erklärungsansätzen wird das Vermögen als Determinante des Konsumverhaltens explizit berücksichtigt. In der Literatur wird darüber hinaus auch ein spezifischer realer Vermögenseffekt diskutiert, der das Konsumverhalten beeinflußt (Realkasseneffekt von PIGOU, 1941): Bei exogenen Aufstockungen des vorhandenen realen Vermögensbestandes – beispielsweise durch ein Sinken des Preisniveaus ausgelöst – steigen die Konsumausgaben bei gegebenem Einkommen, weil die geplante Ersparnis reduziert werden kann. Graphisch impliziert eine solche exogene Erhöhung des Vermögensbestandes eine Verschiebung der S-Kurve nach unten bzw. der (C + I)-Kurve nach oben (*Abb. C-3.2* und *3.3*), wodurch das Gleichgewichtseinkommen steigt. Dieser Zusammenhang erhält Bedeutung bei der Erklärung konjunktureller Schwankungen des Einkommens, wenn das Preisniveau explizit in der Makroanalyse berücksichtigt wird: Sinkt z. B. in einem Abschwung das Preisniveau, steigt die Konsumgüternachfrage (preisinduzierter Vermögenseffekt) und der Abschwung wird gebremst.

Investitionsfunktion

Bislang wurde die geplante Investitionsnachfrage als exogene Variable behandelt. Wiederum sind verschiedene Investitionshypothesen zu unterscheiden, die die Höhe der jeweils geplanten Investitionsausgaben ökonomisch zu erklären versuchen.

Investitionen stellen Nachfrage nach physischen Gütern zur Erhaltung (Ersatzinvestitionen) oder zur Erhöhung (Nettoinvestitionen) des realen Kapitalstocks dar. Nettoinvestitionen – nur sie sollen im folgenden betrachtet werden – werden getätigt, weil aus der Kapitalanhäufung (-akkumulation) ein Ertrag erwartet wird. Ihm stehen Kosten gegenüber in Form von Zinszahlungen, die der Investor bei Kreditfinanzierung der Investition zu leisten hat, oder von Opportunitätskosten, die er bei Eigenmittelfinanzierung berechnen muß, weil ihm die erwarteten Ertragsraten bei alternativer Vermögensanlage entgehen. Es ist plausibel anzunehmen, daß die Investitionsnachfrage um so niedriger ist, je höher die erwarteten Kreditkosten oder je attraktiver die erwarteten Verzinsungen alternativer Vermögensanlagen sind. Verwendet man die durchschnittliche effektive Verzinsung langfristiger Staatsschuldtitel als repräsentativer Zinssatz r für die Gesamtwirtschaft, lautet die Investitionsfunktion:

(3.24) $I = I(r)$ mit $I_r < 0$.

Diese Investitionsfunktion ist Gegenstand analytisch z. T. recht aufwendiger Erklärungsansätze (Überblick bei BRANSON, 1972, 3. A. 1989; DORNBUSCH/FISCHER/STARTZ, 1978, 8. A. 2000), von denen hier nur drei einfachere Hypothesen vorgestellt werden:

- KEYNES'sche Investitionshypothese;
- Neoklassische Investitionshypothese;
- Akzelerator-Hypothese.

Die KEYNES'sche Investitionshypothese entspricht im Ergebnis, nicht jedoch in der Herleitung dieser aus Plausibilitätsüberlegungen gewonnenen Verhaltensgleichung (3.24). Nach KEYNES wird die Investitionsnachfrage in jeder Periode so weit ausgedehnt, bis die Grenzleistungsfähigkeit der Investition (marginal efficiency of investment) gleich dem repräsentativen Marktzinssatz ist. Die Grenzleistungsfähigkeit der Investition, d. h. die Leistungsfähigkeit der zuletzt investierten Kapitaleinheit, ist dabei jener interne Zinssatz, der die erwarteten und auf die Gegenwart diskontierten Nettoerträge den Anschaffungs- oder Herstellungskosten der Investition gleichsetzt. Dieser

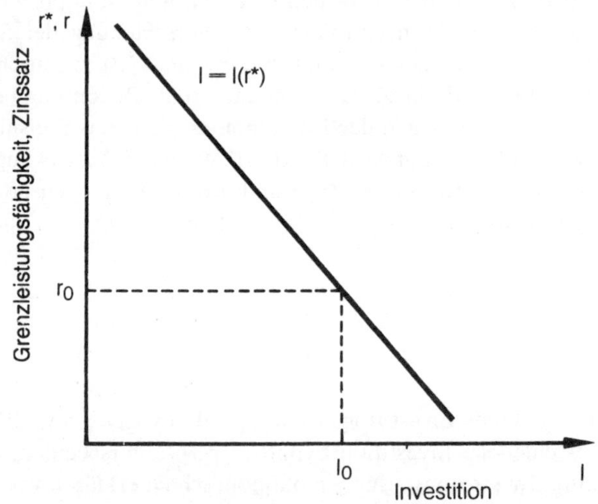

Abb. C-3.10: Kurve der Grenzleistungsfähigkeit der Investition

interne Zinssatz r*, der im KEYNES'schen Kalkül der Investitionsentscheidung eine zentrale Rolle spielt, ist eine Erwartungsgröße, da er den Anschaffungskosten die erwarteten laufenden Kosten und erwarteten Erträge des Investitionsobjekts gegenüberstellt. Ist beispielsweise $r^* < r$, lohnt sich die Investition nicht, weil bei Kreditfinanzierung der Investition nicht einmal der Kreditzins oder bei Eigenmittelfinanzierung in alternativen Vermögensanlagen eine höhere Rendite erwirtschaftet würde. Ordnet man alle denkbaren Investitionsobjekte bei gegebenen Ertragserwartungen nach der Höhe ihrer Grenzleistungsfähigkeit an, erhält man eine negative Beziehung zwischen r* und I (*Abb. C-3.10*). Der Abszissenwert I gibt dabei die Summe aller

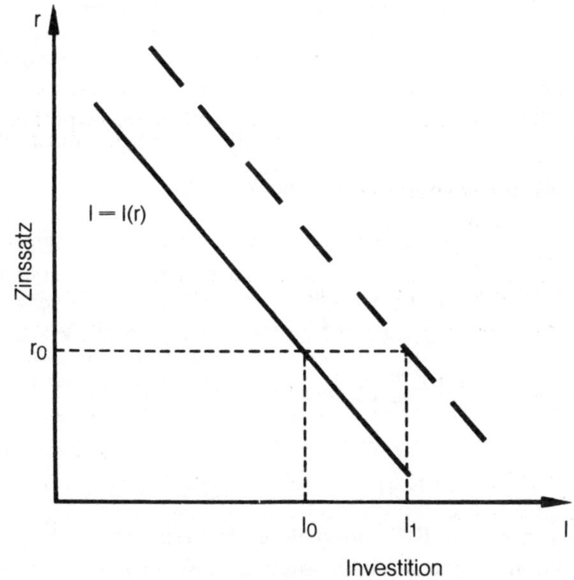

Abb. C-3.11: Investitionskurve

Investitionsobjekte an, deren interne Verzinsung mindestens r* beträgt: Bei $r = r_0$ gilt für I_0 also $r^* \geq r_0$.

Unterstellt man gegebene Ertragserwartungen bei den Investoren und ferner, daß alle profitablen Investitionen auch realisiert werden, kann die Kurve der Grenzleistungsfähigkeit von Investitionen in eine Kurve der gesamtwirtschaftlichen Investitionsnachfrage überführt werden, für die der Marktzins r die unabhängige Variable ist (*Abb. C-3.11*). Diese Kurve beschreibt die KEYNES'sche Investitionshypothese, die der Investitionsfunktion (3.24) entspricht: Bei gegebenen Ertragserwartungen steigt das Investitionsvolumen mit sinkendem Marktzinssatz.

Strikt hiervon zu unterscheiden sind Variationen des Investitionsvolumens als Folge geänderter Ertragserwartungen. Erwarten Investoren z. B. in einem Aufschwung steigende Erträge, erhöht sich die interne Verzinsung r*. Die Kurve der Grenzleistungsfähigkeit und die Investitionskurve verschieben sich nach oben (*Abb. C-3.11*). Bei gegebenem Marktzinssatz r_0 wird das Investitionsvolumen von I_0 auf I_1 ausgeweitet, weil die Investitionsneigung gestiegen ist. Umgekehrt nimmt das Investitionsvolumen ab, wenn die Investitionsneigung infolge pessimistischer Ertragserwartungen sinkt. In der KEYNES'schen Analyse wird von einer instabilen Investitionsneigung ausgegangen, die Investitionsnachfrage also als instabile Funktion des Marktzinses betrachtet. Dies ist begründet in der Annahme autonomer Änderungen der Ertragserwartungen (Wellen des Optimismus und Pessimismus), die die konjunkturellen Schwankungen der Investitionsnachfrage und letztlich der Gesamtnachfrage verursachen.

Auch in der neoklassischen Theorie kann die Zinsabhängigkeit der Investitionsnachfrage abgeleitet werden. Die für eine Periode geplante Nettoinvestition ist als Differenz zwischen geplantem optimalen Kapitalstock K^{opt} und der am Ende der vergangenen bzw. Anfang der laufenden Periode bestehenden Kapazität $\overline{K}_{-1}$ definiert:

(3.25) $I := K^{opt} - \overline{K}_{-1}$.

Die Höhe von K^{opt} wird aus der gesamtwirtschaftlichen Produktionsfunktion

(3.26) $Y = Y(K,N) \quad \text{mit } Y_K, Y_N > 0 \text{ und } Y_{KK}, Y_{NN} < 0$

abgeleitet, wobei K den Kapitalstock und N die Arbeitsmenge symbolisieren. Bei gegebenem Arbeitseinsatz, Reallohnsatz und Marktzinssatz ist – bei unterstelltem Gewinnmaximierungsverhalten – der optimale Kapitalstock dann verwirklicht, wenn die Grenzproduktivität des eingesetzten Kapitals gleich dem Marktzinssatz ist:

(3.27) $K^{opt} = K^{opt}(r) \quad \text{mit } K_r^{opt} < 0.$

Die Investitionsfunktion lautet wegen (3.27) dann

(3.28) $I = K^{opt}(r) - \overline{K}_{-1} = I(r, \overline{K}_{-1}).$

Bei Vollanpassung von $\overline{K}_{-1}$ an K^{opt} innerhalb einer Periode kann $\overline{K}_{-1}$ als Argument der Investitionsfunktion vernachlässigt werden, so daß der reale Marktzinssatz auch im neoklassischen Konzept die entscheidende Determinante der Nettoinvestitionen ist.

Nach der Akzelerator-Hypothese schließlich sind die Nettoinvestitionen abhängig von der Entwicklung der geplanten gesamtwirtschaftlichen Nachfrage. In ihrer einfachsten Form wird unterstellt, daß bei Vollauslastung der Kapazitäten der geplante Kapitalstock direkt proportional an Y angepaßt wird:

(3.29) $K^{opt} = \beta Y \quad \text{mit } \beta > 0,$

wobei der Verhaltensparameter β den Akzelerator bezeichnet. Im eigentlichen Akzelerationsbereich ($\beta > 1$) werden die Investitionen um ein Mehrfaches der Nachfragesteigerung ausgeweitet. Erfolgt die Anpassung an den optimalen Kapitalstock vollständig innerhalb einer Planperiode, gilt auch

(3.30) $\overline{K}_{-1} = K_{-1}{}^{opt} = \beta(Y_{-1}).$

Die Investitionsfunktion kann dann geschrieben werden als

(3.31) $I = \beta Y - \beta Y_{-1} = \beta(Y - Y_{-1}),$

wonach die Nettoinvestitionen eine positive Funktion der geplanten Änderung der gesamtwirtschaftlichen Nachfrage sind. Das ursprüngliche Akzelerator-Prinzip wurde mehrfach modifiziert, indem z. B. angenommen wird, daß die Anpassung des Kapitalstocks

- zeitlich verzögert von der Einkommensänderung in der Vorperiode abhängt;
- an den geplanten optimalen Kapitalstock nur unvollständig ist oder
- dem Trend der Nachfrageentwicklung folgt.

Diese dynamischen Investitionsfunktionen wurden mit dem Ziel entwickelt, Konjunkturschwankungen zu erklären. Für die komparativ-statische Betrachtung, deren Ziel es ist, die Gleichgewichtswerte von Niveauvariablen zu bestimmen, können diese Überlegungen vernachlässigt werden.

Wenn die gesamtwirtschaftliche Investitionsnachfrage vom realen Marktzins abhängt, sind nunmehr die Bestimmungsfaktoren des Zinsniveaus zu erklären. Dazu ist es erforderlich, eine Hypothese über den Geldmarkt zu formulieren, der den monetären Sektor einer Volkswirtschaft repräsentiert.

4. Geldmarkt

Auf dem Geldmarkt wird das Gut Geld angeboten und nachgefragt. Er unterscheidet sich von den Märkten für Waren, Dienstleistungen und anderen Vermögensobjekten dadurch, daß kein Ort des Tausches existiert. Der Geldmarkt ist insofern eine makroökonomische Fiktion: Da Waren, Dienstleistungen und Vermögensobjekte (außer Geld) gegen Geld getauscht werden (und umgekehrt), entfalten sich Geldangebot und Geldnachfrage indirekt auf jedem Gütermarkt. Der Geldmarkt kann somit als Spiegelbild aller Märkte interpretiert werden.

Trotz dieser Fiktion stellt sich die sehr konkrete Frage, wie das in einer Volkswirtschaft vorhandene Geld entsteht, das von den Wirtschaftseinheiten im Tauschprozeß verwendet wird. Sie zu beantworten, ist Gegenstand der Geldangebotstheorie. Ob und inwieweit die Wirtschaftseinheiten die angebotene nominale Geldmenge auch tatsächlich in ihren Kassen zu halten wünschen, ist damit noch nicht geklärt. In der Geldnachfragetheorie sind deshalb die Determinanten der angestrebten Geldhaltung zu bestimmen. Hier sollen nur die Basiskonzepte der Erklärung von Geldangebot und -nachfrage vorgestellt werden, soweit sie zur Ableitung des Gleichgewichts am Geldmarkt und damit zur Bestimmung des totalen Gleichgewichts erforderlich sind (zu den Einzelheiten der geldtheoretischen Diskussion s. Beitrag D).

4.1. Geldangebot

Betrachtet man das Geld nur in seiner Funktion als Tausch- bzw. Zahlungsmittel, zählen zur gesamtwirtschaftlichen Geldmenge M all jene Bestände (Aktiva) an direkt einsetzbaren Zahlungsmitteln, die sich zu einem Zeitpunkt in den Händen der privaten Nichtbanken (Publikum) befinden: Hierzu ist einerseits der Bestand an Bargeld (Noten und Münzen) B^P zu rechnen, das die Zentralbank produziert hat. Andererseits zählt die Summe der Sichteinlagen D dazu, die das Publikum bei den Sichtgeldproduzenten – den Geschäftsbanken – unterhält und über die es jederzeit durch Scheck und Überweisung verfügen kann:

(4.1) $$M := B^P + D.$$

Strikt hiervon zu unterscheiden ist die Zentralbankgeldmenge oder Geldbasis B. Sie umfaßt das insgesamt von der Zentralbank geschaffene (Primär-)Geld, das als Bargeld B^P vom Publikum oder als – gesetzliche und in geringem Umfang freiwillige – Reserven

TR von den Geschäftsbanken als Barreserven bzw. als Sichteinlagen auf Konten der Zentralbank gehalten wird:

$$(4.2) \qquad B := B^P + TR.$$

Die vom Publikum gewünschte Struktur der Geldhaltung kann durch den Bargeldkassenhaltungskoeffizienten bk beschrieben werden, der definiert ist als

$$(4.3) \qquad bk = \frac{B^P}{D}.$$

Die relative Reservehaltung der Geschäftsbanken ist durch den Reservekoeffizienten tr definiert:

$$(4.4) \qquad tr = \frac{TR}{D}.$$

Die nominale Geldmenge M ist somit gleich dem Produkt aus der Geldbasis B und einem Multiplikationsfaktor m, der die jeweilige Vermögensstruktur von Publikum und Geschäftsbanken ausdrückt:

$$(4.5) \qquad M = mB \qquad \text{mit } m = \frac{1 + bk}{tr + bk}.$$

Da $0 < bk, tr < 1$ gilt, ist $m > 1$.

Die Zentralbank kann durch An- und Verkauf von Aktiva (z. B. Gold, Devisen, Wertpapieren) die Geldbasis und – bei gegebenen Sichteinlagen D – durch Variation der Reservesätze auch den Reservekoeffizienten bestimmen. Bei Unterstellung eines konstanten Kassenhaltungskoeffizienten kann insofern die gesamtwirtschaftlich angebotene, nominale Geldmenge als exogene, durch geldpolitische Aktionen der Zentralbank determinierte Variable aufgefaßt werden.

4.2. Geldnachfrage

Die Geldnachfragetheorie geht von zwei Leitfragen aus:

- Aus welchen Gründen (Motiven) halten rational handelnde Wirtschaftseinheiten einen Teil ihres Vermögens unverzinst als Geld?
- Welche Faktoren determinieren die Höhe der gewünschten Geldhaltung?

Da die Wirtschaftseinheiten Kaufkraft in Form von Bargeld oder jederzeit für Zahlungszwecke verfügbaren Sichteinlagen zu halten wünschen, ist auf die reale Geldnachfrage abzustellen: Bei einer Verdoppelung aller Güterpreise und Nominaleinkommen würde auch die nominale Geldhaltung verdoppelt; die Wirtschaftseinheiten sind also frei von „Geldillusion". Seit KEYNES' Motivanalyse der Geldnachfrage werden drei Gründe genannt, durch die die Wirtschaftseinheiten zur Geldhaltung veranlaßt werden:

- Es gibt mit Sicherheit vorhersehbare zeitliche Diskrepanzen zwischen den Einnahmen und den geplanten Transaktionsausgaben (Transaktionsmotiv).
- Wegen unvollkommener Informationen und deshalb unsicherer Erwartungen über zukünftige Einnahmen und Ausgaben können unvorhersehbare Transaktionen erforderlich werden (Vorsichtsmotiv).

- Wirtschaftseinheiten spekulieren, um Kursgewinne zu realisieren bzw. Kursverluste zu vermeiden: Je nach ihren, von KEYNES als sicher angenommenen, Erwartungen über die Entwicklung der Kurse festverzinslicher Wertpapiere – und damit über das invers mit den Kursen schwankende Effektivzinsniveau – wandeln sie Geld in staatliche Wertpapiere um und umgekehrt (Spekulationsmotiv).

Neben dem Geldmarkt existiert somit ein weiterer Vermögensmarkt, auf dem zinsbringende staatliche Wertpapiere (Bonds) angeboten und nachgefragt werden. Er wird als repräsentativ für alle anderen Vermögensgüter angesehen. Wird das Niveau des gesamten Vermögens, das in Geld und staatlichen Wertpapieren gehalten werden kann, als gegeben angenommen (Vermögensbudgetrestriktion), stehen beide Makromärkte in unmittelbarem Zusammenhang: Jedem Überschußangebot auf dem Geldmarkt entspricht eine gleich große Überschußnachfrage auf dem Wertpapiermarkt. Befindet sich der eine Markt im Gleichgewicht, ist es notwendigerweise auch auf dem anderen gegeben, so daß nur ein Markt – hier der Geldmarkt – in der makroökonomischen Analyse betrachtet zu werden braucht.

Im Anschluß an KEYNES wurde in zahlreichen Analysen zur Geldnachfrage herausgearbeitet (Beitrag D), daß die Wirtschaftseinheiten Geld letztlich halten, weil die Erwartungen über zukünftige Einnahmen und Ausgaben unsicher sind und Kosten der Umwandlung von ertragbringenden Vermögensobjekten in Geld (und umgekehrt) entstehen: Entstünden keine Umwandlungskosten (z. B. Bank- und Börsengebühren, Provisionen, Kosten der Zeitverzögerung) und wäre die Zukunft sicher vorhersehbar, könnten die kurzfristig benötigten Zahlungsmittel jederzeit beschafft und die Opportunitätskosten der Geldhaltung im Sinne entgehender Zinserträge vermieden werden. Trotz einzelner Unterschiede im Begründungszusammenhang stimmen die neueren vermögenstheoretischen Erklärungsansätze darin überein, daß die gesamtwirtschaftliche reale Geldnachfrage bei gegebener Liquiditätsneigung insbesondere abhängt

- vom Realeinkommen Y: Steigt das Einkommen und damit das Volumen an geplanten und unvorhergesehenen Transaktionen, erhöht sich die reale Geldnachfrage und umgekehrt;
- vom realen Marktzinssatz r: Mit sinkendem Zins steigt die reale Geldnachfrage, weil die Opportunitätskosten der Geldhaltung sinken und umgekehrt;
- von der erwarteten Inflationsrate: Je höher die erwartete Inflationsrate, desto niedriger das Niveau der realen Geldnachfrage, weil inflationsbedingte Kaufkraftverluste der Geldhaltung durch Antizipation reduziert werden.

In komparativ-statischen Gleichgewichtsmodellen ohne Inflation kann die letztgenannte Determinante vernachlässigt werden; die gesamtwirtschaftliche Funktion der realen Geldnachfrage L (Liquiditätspräferenzfunktion) lautet dann:

(4.6) $L = L(Y,r) \quad \text{mit } L_Y > 0,\ L_r < 0.$

Diese Geldnachfragefunktion läßt sich in Abhängigkeit vom Marktzins – bei gegebenem Einkommen und gegebener Liquiditätsneigung – als kontinuierlich fallende Geldnachfragekurve darstellen (*Abb. C-4.1*): Bei einem sehr niedrigen Zinsniveau ($\underline{r}$) ist die Geldnachfrage vollkommen zinselastisch, weil alle Wirtschaftssubjekte wegen des erreichten sehr hohen Kursniveaus für Wertpapiere mit Kursrückgängen (Kapitalverlusten) rechnen. In dieser Situation sind die Opportunitätskosten der Geldhaltung –

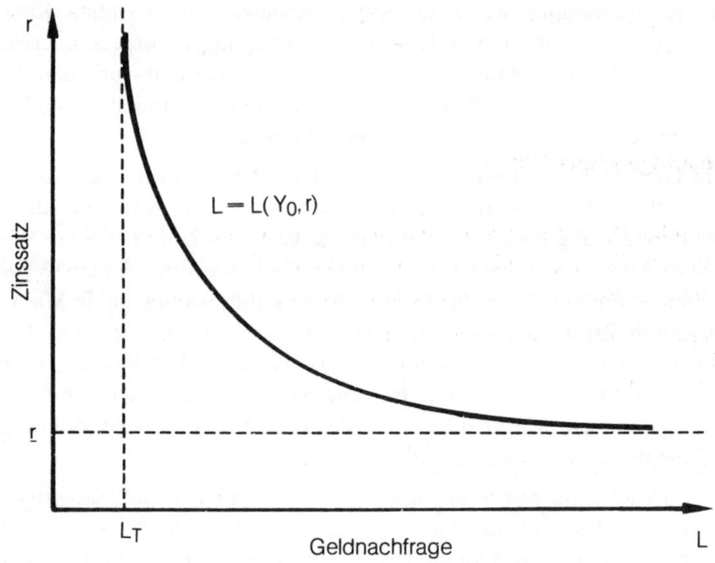

Abb. C-4.1: Geldnachfragekurve

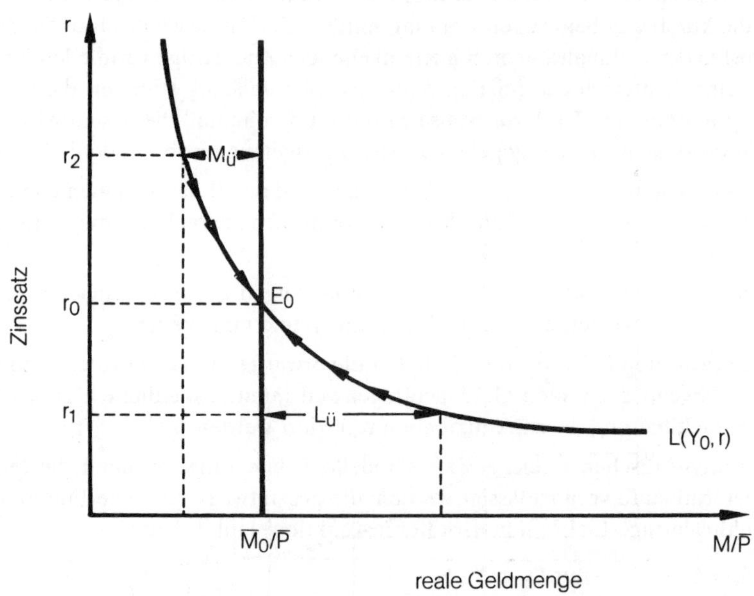

Abb. C-4.2: Gleichgewicht am Geldmarkt

unter Berücksichtigung der Umwandlungskosten – Null oder gar negativ, weshalb jede zusätzlich angebotene Geldmenge auch zum Zinsniveau $\underline{r}$ nachgefragt wird (Liquiditätsfalle; liquidity trap). Bei einem sehr hohen Zinsniveau hingegen wird die Geldnachfrage auf das für Transaktionszwecke unbedingt notwendige Minimum L_T reduziert. Steigt das Einkommen oder nimmt die Liquiditätsneigung zu, verschiebt sich die Geldnachfragekurve nach rechts; im umgekehrten Fall nach links.

4.3. Geldmarktgleichgewicht

Auf dem Geldmarkt herrscht Gleichgewicht, wenn Geldangebot und Geldnachfrage übereinstimmen. Die Zentralbank kontrolliert annahmegemäß die nominale Geldmenge $\overline{M}$ und bei exogenem Preisniveau $\overline{P}$ auch das reale Geldangebot $\overline{M}/\overline{P}$.

Die Gleichgewichtsbedingung lautet damit:

$$(4.7) \qquad \frac{\overline{M}}{\overline{P}} = L(Y, r)$$

Das Gleichgewicht am Geldmarkt ist in *Abb. C-4.2* dargestellt: Bei gegebenem Einkommen Y_0, Geldangebot $\overline{M}_0$ und exogenem Preisniveau $\overline{P}$ existiert nur ein Zins r_0, bei dem die Geldnachfrage (gewünschte Geldhaltung) mit dem Geldangebot (tatsächliche Geldmenge) übereinstimmt. Bei einem niedrigeren Zinsniveau $r_1 < r_0$ bestünde eine Überschußnachfrage nach Geld $L_ü$, die durch Wertpapierverkäufe (Kurssenkung → Zinsanstieg) abgebaut wird, bis die gewünschte Geldhaltung beim Zinsniveau r_0 mit dem Geldangebot übereinstimmt. Bei einem höheren Zinsniveau $r_2 > r_0$ wird das Überschußangebot an Geld $M_ü$ für zusätzliche Wertpapierkäufe verwendet. Die durch den Kursanstieg bewirkte Zinssenkung hält so lange an, bis beim Zinsniveau r_0 gerade wieder jene Geldmenge nachgefragt wird, die tatsächlich vorhanden ist.

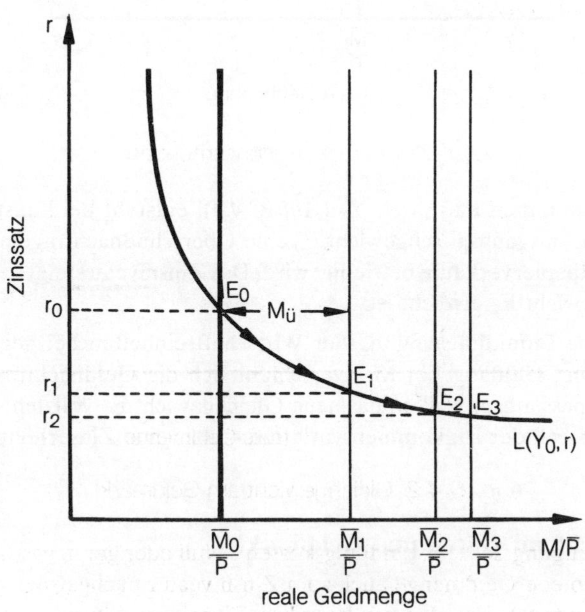

Abb. C-4.3: Geldangebotserhöhung

Die durch Variationen des Geldangebots, des Einkommens oder der Liquiditätsneigung ausgelösten Anpassungsprozesse lassen sich analog interpretieren:

- Erhöht die Zentralbank die Geldmenge auf $\overline{M}_1 > \overline{M}_0$ (*Abb. C-4.3*), entsteht im Ausgangsgleichgewicht E_0 ein Überschußangebot an Geld $M_ü$, das durch Wertpapierkäufe abgebaut wird, bis das neue Geldmarktgleichgewicht E_1 erreicht ist. Im Bereich der Liquiditätsfalle bewirkt eine Ausweitung des Geldangebots auf $\overline{M}_3 > \overline{M}_2$ keine Zinssenkung; das Überschußangebot wird ohne Zinssenkung nachgefragt, weil Geldhaltung – wegen erwarteter Kurssenkungen und Kapitalverluste – in dieser Situation zweckmäßiger ist als Anlage in verzinslichen Wertpapieren.

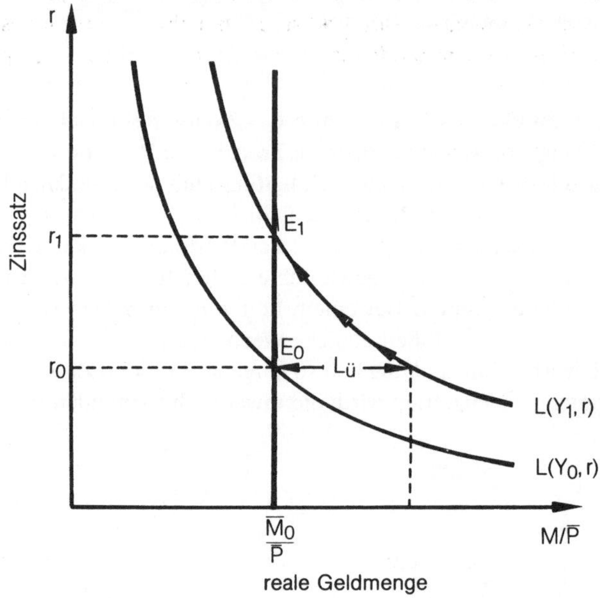

Abb. C-4.4: Einkommenserhöhung

- Steigt das Einkommen auf $Y_1 > Y_0$ (*Abb. C-4.4*), entsteht bei konstantem Geldangebot $\overline{M}_0$ im Ausgangsgleichgewicht E_0 eine Überschußnachfrage nach Geld $L_ü$, die durch Wertpapierverkäufe befriedigt wird. Das Zinsniveau steigt so lange, bis das neue Gleichgewicht E_1 erreicht ist.
- Erhöht sich die Liquiditätsneigung der Wirtschaftseinheiten bei gegebenem Einkommen Y_0 und Geldangebot $\overline{M}_0$, verschiebt sich die Geldnachfragekurve nach oben. Der Anpassungsprozeß an das neue Gleichgewicht E_1 vollzieht sich – wie im letztgenannten Fall der Einkommensvariation – über eine Zinserhöhung.

5. Gleichgewicht auf Güter- und Geldmarkt

Die vorangegangene Betrachtung des Geldmarktes und implizit zugleich des Marktes für Wertpapiere diente dazu, den Einbau der Vermögensmärkte in die Analyse der gesamtwirtschaftlichen Aktivität, die bislang nur anhand eines Gütermarktmodells vorgenommen wurde (s. Abschnitt 3.), vorzubereiten. In dem erweiterten Modell gilt weiterhin, daß bei konstantem Preisniveau die gesamtwirtschaftliche Nachfrage die Höhe des gleichgewichtigen Sozialprodukts und des gesamtwirtschaftlichen Gleichgewichtseinkommens bestimmt.

5.1. IS-LM-System

Die bisherigen Teilhypothesen über die Bestimmungsgründe der partiellen Gleichgewichte am Gütermarkt und am Geldmarkt sind nunmehr im Sinne eines simultanen Gleichgewichts zu einem Gesamtmodell zusammenzufügen. Für eine graphische Darstellung dieses keynesianischen Systems hat sich das von Sir John Hicks (1937) entwickelte IS-LM-Diagramm als sehr nützlich erwiesen. Für ein r, Y-Koordinatensystem lassen sich konstruieren:

- aus der Übereinstimmung zwischen geplanter Investitionsnachfrage plus Staatsausgaben und geplanter Ersparnis plus direkten Steuern eine Kurve des Gütermarktgleichgewichts (IS-Kurve);
- aus der Übereinstimmung zwischen gewünschter realer Geldnachfrage und dem realen Geldangebot eine Kurve des Geldmarktgleichgewichts (LM-Kurve).

Der Schnittpunkt bei Kurven repräsentiert in der graphischen Darstellung das gesamtwirtschaftliche Gleichgewicht auf dem Güter- und Geldmarkt.

IS-Kurve

Das von den privaten Wirtschaftseinheiten geplante Investitionsvolumen wurde bislang als exogene Modellvariable behandelt. Da jetzt der Zins auf dem Geldmarkt erklärt wird, kann auf die Hypothese von der Zinsabhängigkeit der Investitionsnachfrage (3.24) zurückgegriffen werden: $I = I(r)$ mit $I_r < 0$. Die gesamtwirtschaftliche Nachfrage setzt sich neben dieser Investitionsnachfrage weiterhin aus der einkommensabhängigen Konsumnachfrage und den exogenen Staatsausgaben zusammen, so daß die beiden alternativen Gleichgewichtsbedingungen für den Gütermarkt (3.16 und 3.17) nunmehr lauten:

(5.1) $$Y = C(Y - T) + I(r) + \overline{G}$$

(5.2) $$I(r) + \overline{G} = S(Y - T) + T.$$

In dem Gesamtmodell sind der Zinssatz r und das gesamtwirtschaftliche Einkommen Y endogene Variablen. Die obigen Gleichgewichtsbedingungen erfassen mithin für gegebene Werte der exogenen Variablen alle Kombinationen von r und Y, bei denen sich der Gütermarkt im Gleichgewicht befindet.

Die Beziehungen zwischen diesen beiden Variablen sind in *Abb. C-5.1* gedanklich in folgender Weise hergeleitet. Bei der Konstellation E_0 herrsche Gleichgewicht auf dem Gütermarkt; der Zinssatz sinke auf r_1. Die Zinssenkung regt die private Investitionstätigkeit an. Ohne eine Änderung der gesamtwirtschaftlichen Ausbringungsmenge Y_0 fällt im Punkt E_{01} die aggregierte Nachfrage Y^d größer als Angebot Y aus (Überschuß-

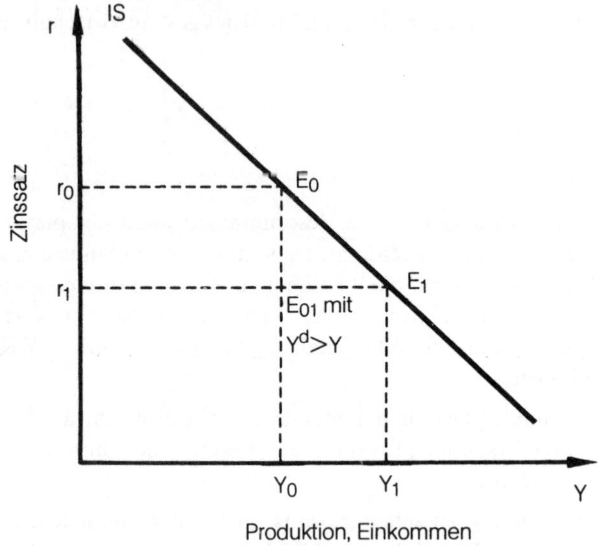

Abb. C-5.1: Kurve des Gütermarktgleichgewichts

nachfrage nach Gütern). Damit weiterhin die Gleichgewichtsbedingung (5.1) erfüllt ist, ist ein größeres Sozialprodukt und Einkommen Y_1 in der Höhe erforderlich, welche die einkommensabhängige Ersparnis dem höheren Investitionsniveau anpaßt.

Daraus folgt: Im Gütermarktgleichgewicht geht ein höheres Sozialprodukt mit einem niedrigeren Zinssatz einher und umgekehrt. Die Kurve, die alle r, Y-Gleichgewichtspunkte repräsentiert, heißt IS-Kurve. Sie hat eine negative Steigung. Unterhalb der IS-Kurve ist der Gütermarkt durch eine Überschußnachfrage nach Gütern und oberhalb durch ein Überschußangebot gekennzeichnet.

LM-Kurve

Auf dem Geldmarkt gilt weiterhin ohne Modifikationen die im vorangegangenen Abschnitt C-4.3. hergeleitete Gleichgewichtsbedingung (4.7):

(5.3) $L(Y, r) = \frac{\overline{M}}{\overline{P}}$.

Diese Bedingung erfaßt für ein gegebenes reales Geldangebot alle Kombinationen der endogenen Variablen Zinssatz und Einkommen, bei denen sich der Geldmarkt im Gleichgewicht befindet.

Analog zum Gütermarkt kann man für die Beziehung zwischen den beiden Variablen argumentieren: Ausgehend von der Gleichgewichtskonstellation E_0 sinke in *Abb. C-5.2* der Zinssatz auf r_1. Ein sinkender Zins erhöht (außerhalb der Liquiditätsfalle) die Nachfrage aus dem Spekulationsmotiv. Ohne Änderung des gesamtwirtschaftlichen

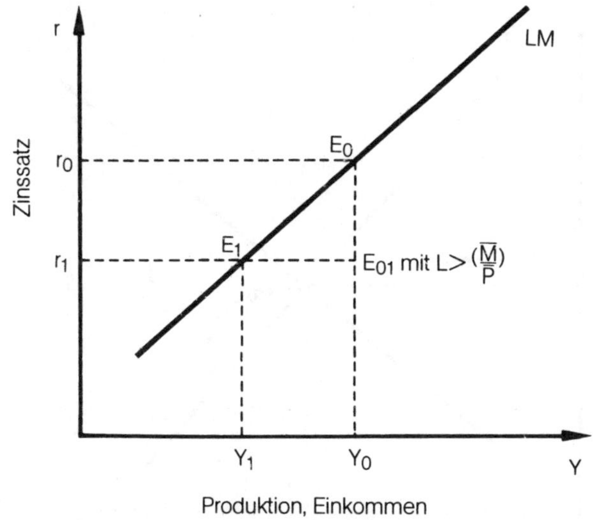

Abb. C-5.2: Kurve des Geldmarktgleichgewichts

Einkommens Y_0 ist im Punkt E_{01} die Geldnachfrage höher als das Geldangebot (Überschußnachfrage nach Geld). Bei gegebenem Geldangebot kann die Überschußnachfrage nur über eine Reduzierung der Kassenhaltung, die aus dem Transaktions- und Vorsichtsmotiv gehalten wird, abgebaut werden. Da diese Kassenhaltung positiv vom Einkommen abhängt, ist ein niedrigeres Einkommen Y_1 in der Höhe erforderlich, welches die gesamtwirtschaftliche Geldnachfrage wiederum mit dem Geldangebot in Übereinstimmung bringt.

Daraus folgt: Im Geldmarktgleichgewicht geht ein niedrigeres Einkommen mit einem niedrigeren Zins einher und umgekehrt. Die Kurve, die alle r, Y-Gleichgewichtspunkte repräsentiert, heißt LM-Kurve. Sie hat eine positive Steigung; unterschiedliche Zinselastizitäten der Geldnachfrage (Abschnitt 4.2.) bleiben hier unberücksichtigt, so daß die LM-Kurve als Gerade gezeichnet werden kann (s. dagegen Abschnitt 5.4.). Unterhalb der LM-Kurve ist der Geldmarkt durch eine Überschußnachfrage nach Geld und oberhalb durch ein Überschußangebot gekennzeichnet.

Gleichgewicht und Stabilität

Während für jeden der beiden Märkte unendlich viele Gleichgewichtskombinationen von Zinssatz und Einkommen existieren, sichert nur eine einzige Zins-Einkommen-Konstellation ein simultanes Gleichgewicht auf beiden Märkten. Das ist in *Abb. C-5.3* der Schnittpunkt E zwischen der IS-Kurve und der LM-Kurve. Hier ist die aggregierte Nachfrage (Güternachfrage) so hoch wie die gesamtwirtschaftliche Anbringungsmenge und zugleich wünschen die Wirtschaftseinheiten, die vorhandene Geldmenge zu halten.

Befindet sich die Volkswirtschaft in der Situation E_0, ist zwar der Gütermarkt im Gleichgewicht, jedoch übersteigt die gewünschte Kassenhaltung das Geldangebot. Die

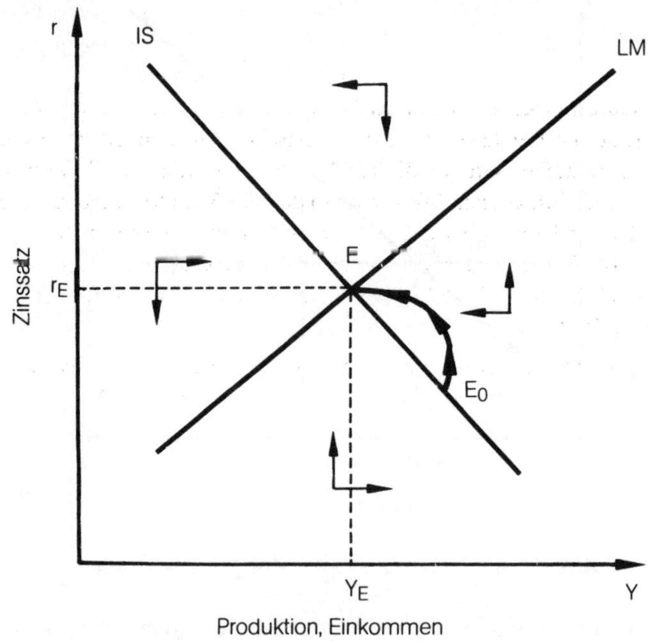

Abb. C-5.3: Gesamtwirtschaftliches Gleichgewicht und Anpassungskräfte in Ungleichgewichtssituationen

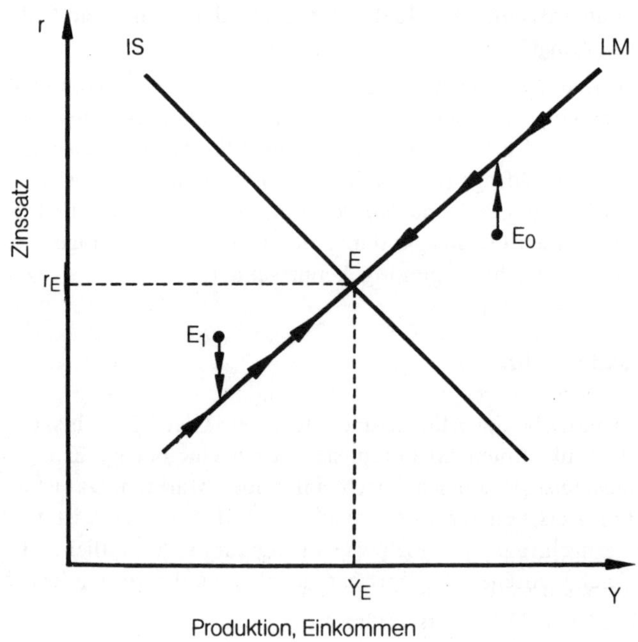

Abb. C-5.4: Anpassungspfad bei schnell reagierendem Geldmarkt

Wirtschaftseinheiten versuchen, durch den Verkauf von Wertpapieren ihre Mehrnachfrage nach Geld zu realisieren. Das erhöhte Angebot an Wertpapieren läßt den Zins steigen. Steigende Zinsen verdrängen einen Teil der Investitionsnachfrage, so daß nunmehr am Gütermarkt ein Überschußangebot vorherrscht: Die Volkswirtschaft befindet sich oberhalb der IS-Kurve. Die mangelnde Güternachfrage schlägt sich in unfreiwilligen Lageraufstockungen nieder. Diese Erfahrungen im Unternehmenssektor führen zu Produktionseinschränkungen, so daß das Sozialprodukt sinkt. Steigendes Zinsniveau und fallendes gesamtwirtschaftliches Einkommen führen das System zu der Gleichgewichtslage E hin. Die hierfür erforderlichen analytischen Stabilitätsvoraussetzungen (OTT/OTT/YOO, 1975, S. 39 ff.) sind komplizierter als im reinen Gütermarktmodell (s. Abschnitt 3.1.).

Die Anpassungskräfte, die in den möglichen Konstellationen von Marktungleichgewichten auftreten, sind in *Abb. C-5.3* durch Pfeile angedeutet. Der Anpassungspfad hängt davon ab, wie schnell die verschiedenen Märkte auf exogene Störungen reagieren. In der Regel spielt sich das Gleichgewicht auf den Vermögensmärkten schneller als auf den Märkten für neuproduzierte Güter ein. Diese unterschiedlichen Reaktionsgeschwindigkeiten bedeuten für die hypothetischen Eigenschaften des IS-LM-Modells, daß zunächst Zinssatzänderungen das Geldmarktgleichgewicht herbeiführen und sich das Gesamtsystem sodann entlang der LM-Kurve dem simultanen Gleichgewicht E nähert (*Abb. C-5.4*). Damit wird die Kurve des Geldmarktgleichgewichts zum Anpassungspfad für die Gesamtwirtschaft.

5.2. Fiskal- und Geldpolitik im IS-LM-System

Die Lage der IS-Kurve und der LM-Kurve werden von den exogenen Modellvariablen bestimmt. Die Wirkungsrichtungen der Fiskal- und Geldpolitik lassen sich deshalb anhand der ausgelösten Verschiebungen dieser Gleichgewichtskurven analysieren.

Fiskalpolitik

Eine Ausdehnung der Nachfrage des Staates nach Gütern und Diensten verschiebt die IS-Kurve in *Abb. C-5.5* von IS_0 nach IS_1. Das Ausmaß der Rechtsverlagerung kann durch die Strecke zwischen dem Ausgangsgleichgewicht E_0 und dem Punkt E_{01} gemessen werden. Hierbei würde sich das Sozialprodukt Y_{01} einspielen, wenn der Zins auf seinem gleichgewichtigen Ausgangsniveau r_{E0} verharren und damit die geplante Investitionsnachfrage auf dem zugehörigen Niveau verbleiben würde. Deshalb repräsentiert die Strecke E_0E_{01} genau die Multiplikatorwirkungen der Staatsausgaben im Gütermarktmodell (s. Abschnitt 3.3.).

Der Punkt E_{01} kann nunmehr kein gesamtwirtschaftliches Gleichgewicht sein. Im expansiven Multiplikatorprozeß steigt mit wachsendem Einkommen die Nachfrage nach Transaktionskasse. Die Überschußnachfrage nach Geld wird über einen Zinsanstieg abgebaut. Ein steigendes Zinsniveau drängt aber private Nachfrage zurück und löst einen crowding-out-Effekt aus: Der durch den Staatsausgabenanstieg bewirkte

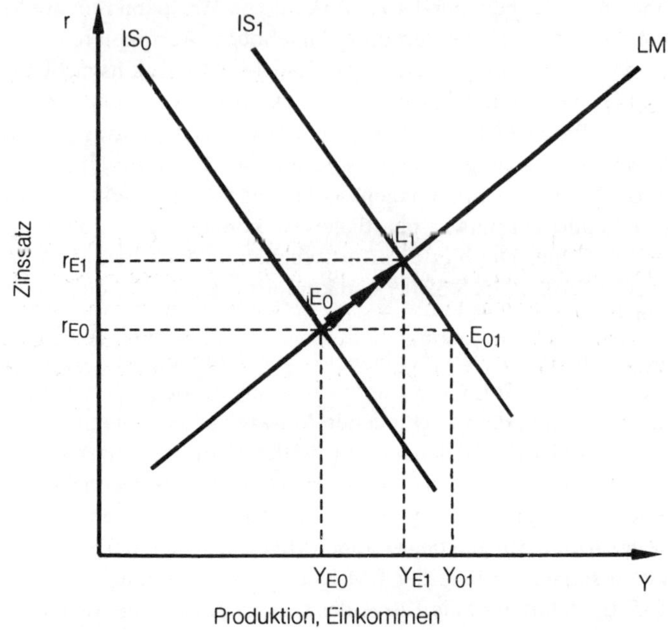

Abb. C-5.5: Ausdehnung der Staatsausgaben und Anpassungspfad des Gesamtsystems

expansive Multiplikatoreffekt wird durch Verringerung einer privaten Nachfragekomponente – hier der Investitionen – teilweise geschmälert. Da die Zunahme des Volkseinkommens, des gesamtwirtschaftlichen Transaktionsvolumens, für die Störung des Geldmarktgleichgewichts und den Zinsanstieg verantwortlich ist, wird in dieser Situation von einem Transaktions-crowding-out-Effekt gesprochen (B. M. FRIEDMAN, 1978). Im neuen Gleichgewicht E_1 ist die fiskalpolitische Multiplikatorwirkung kleiner als im Gütermarktmodell. Löst die gestiegene Geldnachfrage auf dem Geldmarkt sofortige Zinsanpassungen aus, bewegt sich die Volkswirtschaft auf der LM-Kurve zum Punkt E_1 hin.

Der teilweise kompensierte Effekt, der von den Zinssatzänderungen über die Investitionsnachfrage ausgeht, tritt auch bei Variationen des Steueraufkommens auf. Damit ist die Wirkung einer steuerfinanzierten Erhöhung der Staatsausgaben, also der HAAVELMO-Multiplikator (3.20), bei Integration des Geldmarktes kleiner Eins.

Die aufgezeigten geringeren Multiplikatoreffekte lassen sich analytisch herleiten, wenn für die Gleichgewichtsbedingungen (5.1 und 5.3) das totale Differential gebildet wird. So erhält man für die Variation der Staatsausgaben $d\overline{G}$ bei einem endogenen Steueraufkommen (3.14b) und konstantem Geldangebot ($d(\overline{M}/\overline{P}) = 0$):

(5.4) $dY = C_Y(1 - T_Y)dY + I_r dr + d\overline{G}$

(5.5) $0 = L_Y dY + L_r dr.$

Aus einer Zusammenfassung beider Gleichungen ergibt sich der Staatsausgabenmultiplikator:

$$(5.6) \qquad \frac{dY}{d\bar{G}} = \frac{1}{1 - C_Y(1 - T_Y) + \frac{I_r}{L_r} L_Y}$$

Da $I_r/L_r > 0$ und $L_Y > 0$ gilt, ist dieser Multiplikator kleiner als der Staatsausgabenmultiplikator (3.18).

Geldpolitik

Eine Erhöhung der Geldmenge verschiebt die LM-Kurve in *Abb. C-5.6* von LM_0 nach LM_1. Das Ausmaß dieser Verschiebung kann durch die Strecke zwischen dem Ausgangsgleichgewicht E_0 und dem Punkt E_{01} gemessen werden. Hierbei spielt sich der Zinssatz r_{01} ein, wenn das Sozialprodukt auf seinem gleichgewichtigen Ausgangsniveau Y_{E0} verharrt. Dieser Ablauf kann als kurzfristige Reaktion des Gesamtsystems unterstellt werden, wenn der Geldmarkt das erhöhte Geldangebot durch eine sofortige Zinssenkung voll absorbiert.

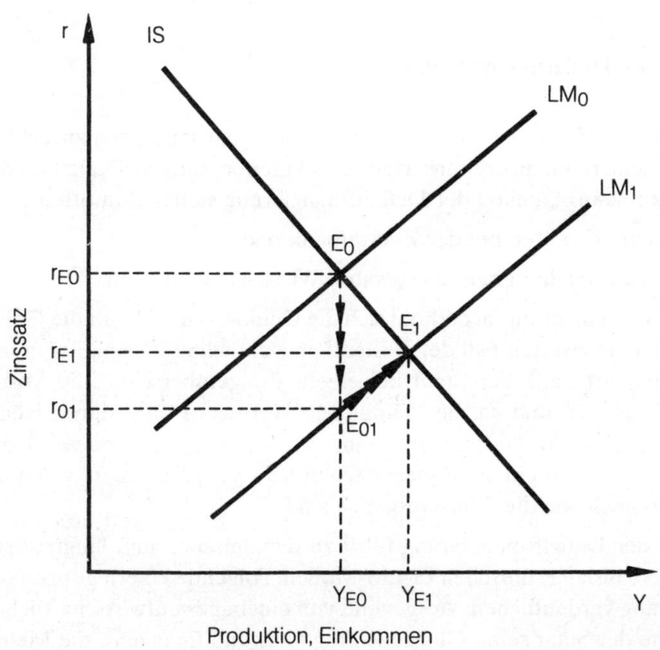

Abb. C-5.6: Ausdehnung der Geldmenge und Anpassungspfad des Gesamtsystems

In der sich kurzfristig einspielenden Lage E_{01} ist zwar der Geldmarkt, aber nicht der Gütermarkt im Gleichgewicht. Das gesunkene Zinsniveau regt die private Investitionstätigkeit an. Über die Multiplikationswirkung wächst das Sozialprodukt. Mit steigendem Einkommen benötigen die Wirtschaftseinheiten eine höhere Kassenhaltung zu Transaktionszwecken. Um sie zu realisieren, verkaufen die Wirtschaftseinheiten Wertpapiere, und der Zins beginnt nunmehr zu steigen. Die Volkswirtschaft bewegt sich auf der LM_1-Kurve zum neuen Gleichgewicht E_1 hin. Der Multiplikatoreffekt läßt sich analog zu dem Gleichungssystem (5.4 und 5.5) herleiten, wenn das totale Differential bei konstanten Staatsausgaben ($d\overline{G} = 0$) und exogener Variation der Geldmenge $d(\overline{M}/\overline{P})$ gebildet wird:

$$(5.7)\quad \frac{dY}{d\left(\frac{\overline{M}}{\overline{P}}\right)} = \frac{\frac{I_r}{L_r}}{1 - C_Y(1 - T_Y) + \frac{I_r}{L_r} L_Y}.$$

Die Geldpolitik wirkt über zwei aufeinanderfolgende Effekte auf die gesamtwirtschaftliche Aktivität ein. Geldmengenvariationen stören zunächst das Gleichgewicht auf den Vermögensmärkten. Die Zinsbewegung, die das Gleichgewicht wieder herstellt (von r_{E0} nach r_{01} in *Abb. C-5.6*), ist der Liquiditätseffekt der Geldpolitik. Beeinflußt er die gesamtwirtschaftliche Nachfrage, ändert sich das Gleichgewichtseinkommen. Die begleitenden Zinsänderungen (von r_{01} nach r_{E1}), die dem Liquiditätseffekt entgegengesetzt verlaufen, bilden den Einkommenseffekt der Geldpolitik. Der Liquiditätseffekt erfaßt die unmittelbare monetäre Auswirkung; der Einkommenseffekt die Rückwirkungen aus dem realwirtschaftlichen Sektor.

5.3. Formen der Defizitfinanzierung

Wenn das Steueraufkommen hinter den geplanten Staatsausgaben zurückbleibt, muß der Staat auf andere Finanzierungsarten zurückgreifen, um das Defizit im Staatshaushalt zu decken. Zwei Quellen der Defizitfinanzierung stehen ihm offen:

- Aufnahme von Krediten bei der Zentralbank und
- Aufnahme von Krediten bei den privaten Wirtschaftseinheiten.

Bei der ersten Finanzierungsart erhöht sich die Geldbasis und damit die Geldmenge (s. Abschnitt 4.1.), im zweiten Fall der Bestand an staatlichen Wertpapieren im privaten Sektor. Umgekehrt kann der Staat bei einem Budgetüberschuß die Mittel bei der Zentralbank stillegen und so die Geldmenge verringern oder durch Rückkauf der von ihm ausgegebenen Wertpapiere seine Verschuldung gegenüber dem privaten Sektor reduzieren. Von einem ausgeglichenen Budget spricht man, wenn die Steuereinnahmen so hoch wie die Staatsausgaben sind.

Die Analyse der Defizitfinanzierung führt zu dynamischen und langfristigen Konsequenzen in dem bislang statischen IS-LM-Modell. Folgende Überlegungen sollen diese Schlußfolgerung verdeutlichen: Ausgehend von einem gesamtwirtschaftlichen Gleichgewicht dehne der Staat seine Güternachfrage aus und finanziere die Mehrausgaben durch eine zusätzliche Verschuldung. Die am Ende der Periode der staatlichen Nachfrageausdehnung erreichte gesamtwirtschaftliche Situation kann dann nicht als Gleichgewichtslage andauern, wenn in der folgenden Periode keine ausreichenden Steuermehreinnahmen anfallen, die die Finanzierungslücke decken. In diesem Fall muß der Staat selbst bei Konstanthaltung seines Ausgabenniveaus in der zweiten Periode seine Verschuldung erhöhen. Eine einmalige Erhöhung der Staatsnachfrage zwingt mithin bei fehlendem Steueraufkommen dazu, die Staatsschuld von Periode zu Periode aufzustocken. Das Defizit und damit ein Anwachsen der Geldmenge bzw. des Bestandes an staatlichen Wertpapieren dauern so lange an, bis in einer der nachfolgenden Haushaltsperioden die ursprüngliche Ausgabenerhöhung durch Steuermehreinnahmen in gleicher Höhe finanziert werden kann.

Somit ergibt sich:

- Staatsausgaben, die über eine Verschuldung der öffentlichen Hand finanziert werden, haben langfristige Multiplikatoreffekte.
- Ein langfristiges Gleichgewicht ist erst erreicht, wenn auch die Bestandsgrößen Geldmenge und staatliche Wertpapiere nicht mehr variieren.
- Voraussetzung für ein langfristiges Gleichgewicht ist ein ausgeglichenes Budget des Staates.

Wenn in den beiden nachfolgenden Abschnitten die langfristigen Multiplikatorwirkungen der Fiskalpolitik bei unterschiedlichen Finanzierungsarten betrachtet werden, so geschieht das weiterhin unter der einschränkenden Prämisse, daß der Kapitalstock konstant ist. In einer umfassenden Analyse müßte der kapazitätsschaffende Effekt der Nettoinvestitionen berücksichtigt werden (Überblick bei SIEBKE, 1975).

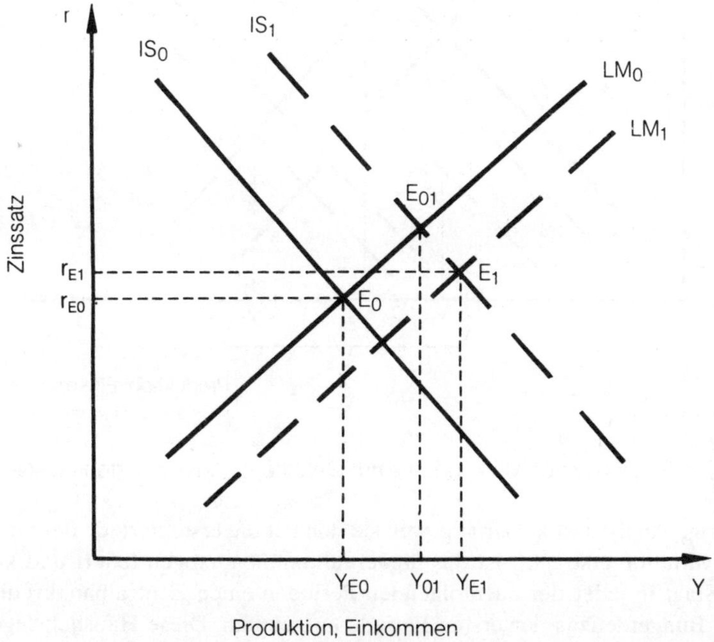

Abb. C-5.7: Kurzfristige Wirkungen einer Geldmengen-finanzierten Fiskalpolitik

5.3.1. Verschuldung gegenüber der Zentralbank

Der Staat dehne seine Güternachfrage aus und finanziere diese Mehrausgaben durch eine Kreditaufnahme bei der Zentralbank. Die Folge dieser Finanzierungspolitik ist, daß sich im IS-LM-Diagramm (*Abb. C-5.7*) sowohl die IS-Kurve nach rechts (IS_0 nach IS_1) als auch die LM-Kurve nach rechts (LM_0 nach LM_1) verschieben. Zu dem auch bei konstantem Geldangebot ausgelösten expansiven Multiplikatoreffekt der Staatsnachfrage (Y_{E0} nach Y_{01}) tritt der expansive monetäre Effekt (Y_{01} nach Y_{E1}) der Geldmengenfinanzierung hinzu: Die Wirkung der Fiskalpolitik wird durch die monetäre

Alimentierung verstärkt und der Transaktions-crowding-out-Effekt gemildert. Über die komparativ-statische Entwicklung des Zinssatzes läßt sich keine Aussage machen. Bei konstantem Geldangebot steigt der Zins. Durch die monetäre Finanzierung wird der Zins herabgedrückt. Das Resultat hängt von der relativen Stärke von Nachfrage- und Geldmengenimpuls ab.

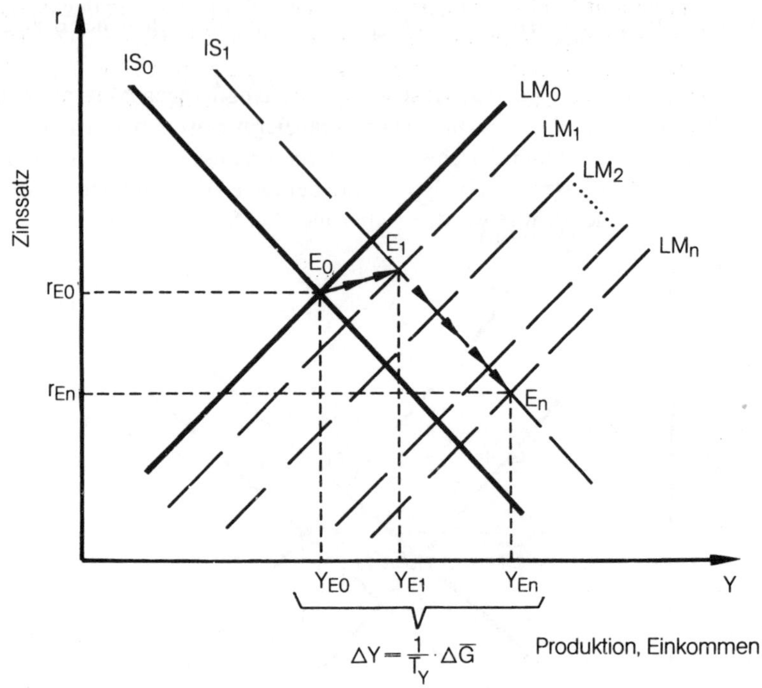

Abb. C-5.8: Langfristige Wirkungen einer Geldmengen-finanzierten Fiskalpolitik

Die bisherige Analyse ist kurzfristig, weil sie sich auf die erste Periode der einmaligen Ausgabenvariation erstreckt. Ist das Steueraufkommen exogen fixiert und konstant, muß der Staat in jeder der nachfolgenden Perioden einen Zentralbankkredit in der Höhe des Budgetdefizits der ersten Periode aufnehmen. Diese Haushaltslage impliziert, daß sich die LM-Kurve fortlaufend im Ausmaß der Verlagerung LM_0 nach LM_1 nach unten verschiebt; allerdings unter der Nebenbedingung, daß die IS_1-Kurve in ihrer Lage verbleibt. Die Folge ist ein sich stetig ausdehnendes Sozialprodukt. Ohne eine zusätzliche Steuererhebung kann sich das System keinem makroökonomischen Gleichgewicht nähern.

Anders entwickelt sich das System bei einem einkommensabhängigen Steueraufkommen. Im Zuge des Anstiegs des Einkommens erhöht sich das Steueraufkommen, so daß das Budgetdefizit von Periode zu Periode kleiner wird. Mithin fällt auch die laufende Neuverschuldung bei der Zentralbank geringer aus, so daß sich die LM-Kurve von Periode zu Periode in geringerem Maße nach rechts verschiebt (*Abb. C-5.8*).

Das Budgetdefizit besteht so lange – und in diesem Zeitraum wächst die Geldmenge –, bis über den expansiven Effekt der Geldmengenvermehrung das Sozialprodukt um einen solchen Betrag gestiegen ist, daß die daraus induzierten endogenen Steuermehreinnahmen die Höhe der ursprünglichen staatlichen Nachfrageausdehnung erreicht und damit das Budget endgültig ausgeglichen haben.

Bei konstantem marginalen Steuersatz sind die induzierten Steuereinnahmen bestimmt durch $\Delta T = T_Y \cdot \Delta Y$. Hierbei steht der Operator Δ für die Änderung einer Variablen, die insgesamt (und über mehr als eine Periode) gegenüber der Ausgangslage auftritt. Die einmalige Variation der Staatsausgaben $d\overline{G}$ ändert sich nicht im Laufe der hier betrachteten Gesamtzeitspanne, so daß für die langfristige Betrachtung gilt: $\Delta\overline{G} = d\overline{G}$. Damit hat man die Bedingung für den langfristigen Ausgleich des Budgets:

(5.8) $\Delta\overline{G} = \Delta T = T_Y \cdot \Delta Y.$

Aus dieser Gleichgewichtsbedingung folgt durch Umformung der Staatsausgabenmultiplikator für die lange Frist:

(5.9) $\frac{\Delta Y}{\Delta\overline{G}} = \frac{1}{T_Y}.$

Der langfristige Ausgabenmultiplikator ist gleich dem reziproken Wert des marginalen Steuersatzes. Je höher die Steuersätze, desto geringer ist die Wirkung der Geldmengenfinanzierten Fiskalpolitik. Das folgt daraus, daß bei höheren Steuersätzen ein geringerer Einkommenszuwachs erforderlich ist, um das Budget auszugleichen.

5.3.2. Verschuldung gegenüber dem privaten Sektor

Zur Erfassung einer staatlichen Defizitfinanzierung durch eine zusätzliche Verschuldung gegenüber den privaten Wirtschaftseinheiten muß das makroökonomische Modell erweitert werden, da der Bestand an staatlichen Wertpapieren (Staatsschuldtitel) bislang nicht als Modellvariable erschien. Die staatlichen Wertpapiere können zum Nettovermögen des privaten Wirtschaftssektors gerechnet werden (vgl. dazu BARRO, 1974). Hat die Änderung des privaten Vermögens keine Rückwirkungen auf die Konsumnachfrage und die gewünschte Geldhaltung der privaten Wirtschaftseinheiten? Diese Fragestellungen sollen den Ansatzpunkt zu zwei Erweiterungen der bislang aufgestellten Verhaltenshypothesen bilden:

- Die Konsumnachfrage steigt, wenn das (reale) Vermögen A im privaten Wirtschaftssektor wächst:

  (5.10) $C = C(Y - T, A)$ mit $0 < C_A < 1.$

- Mit wachsendem Vermögen A steigt auch die gewünschte Kassenhaltung:

  (5.11) $L = L(Y, r, A)$ mit $0 < L_A < 1.$

Eine Verschuldung des Staates gegenüber den privaten Wirtschaftseinheiten erhöht deren Vermögen und induziert auf diesem Wege eine Ausdehnung von Güter- und Geldnachfrage. Diese Effekte hätten auch in der Analyse der Geldpolitik und der Verschuldung des Staates bei der Zentralbank aufgenommen werden können, wenn die Geldmenge zum Vermögen des privaten Wirtschaftssektors gerechnet wird. Dadurch

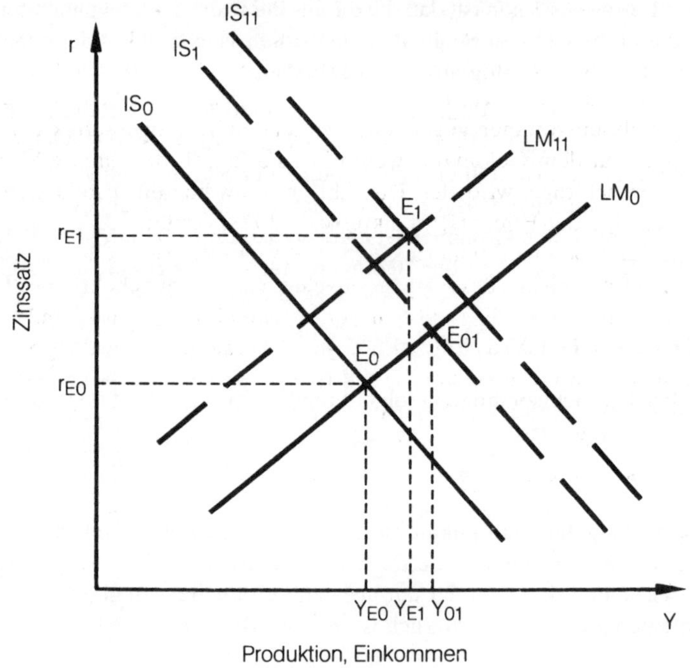

Abb. C-5.9: Kurzfristige Wirkungen einer Staatsschuldtitel-finanzierten Fiskalpolitik

brauchen allerdings die abgeleiteten grundsätzlichen Aussagen über die zusätzliche expansive Wirkung der monetären Alimentierung nicht modifiziert zu werden.

Kurzfristige Analyse

Eine Ausdehnung der staatlichen Nachfrage, die durch eine Kreditaufnahme im privaten Wirtschaftssektor finanziert wird, verschiebt zunächst wieder die IS-Kurve nach rechts (IS_0 nach IS_1 in *Abb. C-5.9*). Ohne weitere Annahmen bliebe der Geldmarkt unberührt und es würde sich das Einkommen Y_{01} einstellen, das sich ohne Berücksichtigung der Finanzierungsfragen ergibt (s. Abschnitt 5.2.). Die Ausgabe von Staatsschuldtiteln erhöht jedoch das private Nettovermögen. Die Erhöhung des Vermögens induziert eine zusätzliche Güternachfrage (weitere Rechtsverschiebung der IS-Kurve) und eine Aufstockung der gewünschten Kassenhaltung, die bei gegebenem Geldangebot eine Verschiebung der LM-Kurve nach links hervorruft. Um die Vermögenseffekte in den Abbildungen gegenüber den unmittelbaren Auswirkungen von Staatsausgaben- und Geldmengenvariationen hervorzuheben, sind den entsprechenden IS- und LM-Kurven für jede Periode der Defizitfinanzierung ein doppelter unterer Index beigefügt (IS_{11} und LM_{11}).

Der Transaktions-crowding-out-Effekt kann durch diese Vermögenseffekte verstärkt oder gemildert werden. Durch die vermögensinduzierte Zunahme der Geldnachfrage wird der zur Realisierung des Geldmarktgleichgewichts erforderliche Zinsanstieg weiter verstärkt und daher die private Investitionsnachfrage nochmals gedämpft. Dieser kontraktive Impuls wird allerdings durch den Vermögenseffekt auf dem Konsumgütermarkt ganz oder teilweise kompensiert. Ob das neue gesamtwirtschaftliche Gleichgewicht Y_{E1} unter oder über Y_{01} liegt, hängt von der relativen Stärke der beiden in bezug auf das Volkseinkommen gegenläufig wirkenden Vermögenseffekte ab: Ist der Vermögenseffekt auf dem Geldmarkt wesentlich stärker als der direkte Vermögenseffekt der Güternachfrage, wird der Transaktions-crowding-out-Effekt durch einen Vermögens-crowding-out-Effekt (B. M. FRIEDMAN, 1978) verstärkt. Die expansive Wirkung der Staatsausgaben wird nahezu kompensiert und das neue Gleichgewichtseinkommen Y_{E1} liegt in der Nähe des Ausgangsniveaus Y_{E0}. Im umgekehrten Fall wird der Effekt des Transaktions-crowding-outs ganz oder zumindest teilweise gemildert. Während damit der Umfang des aus Transaktions- und Vermögens-crowding-out resultierenden gesamtwirtschaftlichen crowding-out-Effekts und damit die Veränderung des Volkseinkommens unbestimmt ist, kann über die Zinsentwicklung eine eindeutige Aussage getroffen werden: Alle drei Kurvenverschiebungen tragen zu einem Zinsanstieg bei. Der entscheidende Unterschied zur Defizitfinanzierung durch Geldschöpfung (s. Abschnitt 5.3.1.) liegt darin, daß die Expansion der Geldmenge unterbleibt und deshalb vom Geldmarkt kein expansiver, sondern ein kontraktiver Impuls ausgeht.

Langfristige Analyse

Auch bei dieser Finanzierungsart tritt in den Perioden, die der Staatsausgabenerhöhung folgen, ein Defizit auf, das durch erneute Verkäufe von staatlichen Wertpapieren finanziert werden muß. Dieses Wachstum des Bestandes an Staatsschuldtiteln im privaten Sektor bewirkt (*Abb. C-5.10* und *5.11*):

- Die LM-Kurve verschiebt sich infolge des Vermögenseffektes in der Geldnachfrage nach links (von LM_{11} nach LM_{22} usw.).
- Die IS-Kurve verschiebt sich infolge des Vermögenseffektes in der Güternachfrage nach rechts (von IS_{11} nach IS_{22} usw.). Der fiskalpolitische Effekt der Erhöhung der Staatsausgaben entfällt von der zweiten Periode an.

Die langfristige Wirkung auf das Sozialprodukt hängt von der relativen Stärke der beiden Vermögenseffekte ab. Nur wenn die Rechtsverschiebungen der IS-Kurve stärker als die Linksverschiebungen der LM-Kurve ausfallen, steigt das Sozialprodukt gegenüber der Ausgangslage an (*Abb. C-5.10*). Der gesamtwirtschaftliche crowding-out-Effekt ist nur unvollständig, denn er kann nicht verhindern, daß die durch Verschuldung gegenüber dem privaten Sektor finanzierte Fiskalpolitik zu einer Zunahme des Gleichgewichtseinkommens führt. Ein Anstieg des gesamtwirtschaftlichen Einkommens aber ist erforderlich, um bei einkommensabhängigen Steuern langfristig die Finanzierungslücke schließen zu können. Andernfalls gerät das System durch ein wachsendes Budgetdefizit in eine kontraktive Entwicklung (*Abb. C-5.11*), die zu keiner Annäherung an ein Gleichgewichtseinkommen führt: Ein vollständiger gesamtwirtschaftlicher crowding-out-Effekt macht das gesamtwirtschaftliche System langfristig instabil.

Solange dieser gesamtwirtschaftliche crowding-out-Effekt unvollständig ist, hängt die langfristige Multiplikatorlösung davon ab, in welcher Form die öffentliche

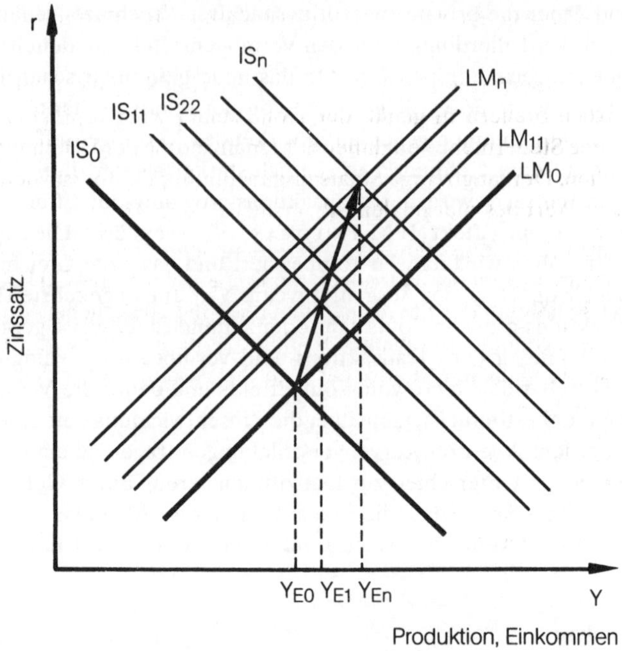

Abb. C-5.10: Langfristige Wirkungen einer Staatsschuldtitel-finanzierten Fiskalpolitik: Unvollständiger crowding-out-Effekt

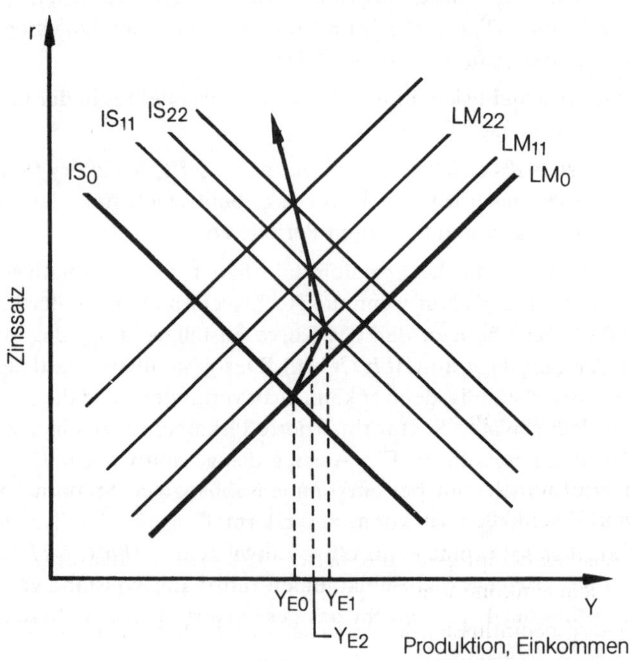

Abb. C-5.11: Langfristige Wirkungen einer Staatsschuldtitel-finanzierten Fiskalpolitik: Vollständiger crowding-out-Effekt

Hand die Zinszahlungen, die sie auf die ausstehende Staatsschuld zu leisten hat, finanziert:

- Der Staat erhebt neben seinem einkommensabhängigen Steueraufkommen in jeder Periode zusätzlich Steuern in genau der Höhe seiner Zinsverpflichtungen. Dann müssen endogene Steuermehreinnahmen zur Finanzierung der Erhöhung der Staatsausgaben anfallen. Der langfristige Staatsausgabenmultiplikator ist wiederum gleich dem reziproken Wert des marginalen Steuersatzes T_Y (5.9).
- Der Staat finanziert die Zinszahlungen aus seinem einkommensabhängigen Steueraufkommen. Dann müssen die endogenen Steuermehreinnahmen so hoch ausfallen, daß neben der Erhöhung der Staatsausgaben auch die zusätzlichen Zinszahlungen bestritten werden können. Bezeichnet R die gesamte staatliche Zinsleistung und unterliegt diese ebenfalls der Steuer, hat man die Bedingung für den langfristigen Ausgleich des Budgets:

  $$(5.12) \qquad \Delta\overline{G} + \Delta R = T_Y(\Delta Y + \Delta R).$$

  Aus dieser Gleichgewichtsbedingung folgt durch Umformung der Staatsausgabenmultiplikator für die lange Frist:

  $$(5.13) \qquad \frac{\Delta Y}{\Delta\overline{G}} = \frac{1 + (1 - T_Y)\dfrac{\Delta R}{\Delta\overline{G}}}{T_Y}.$$

  Da $\Delta\overline{G}$ und ΔR das gleiche Vorzeichen aufweisen und der Ausdruck $\Delta R/\Delta\overline{G}$ positiv ist, ist dieser Staatsausgabenmultiplikator größer als der reziproke Wert des marginalen Steuersatzes T_Y. Die Einkommenswirkung fällt stärker aus, da mit den Zinszahlungen die Gesamtausgaben des Staates wachsen, so daß bei gegebenem marginalen Steuersatz ein höheres Sozialprodukt erforderlich ist, um im Wege der endogenen Steuermehreinnahmen das höhere Defizit abzubauen.

Bei der Finanzierung der Zinszahlungen aus dem einkommensabhängigen Steueraufkommen muß das gesamtwirtschaftliche System nicht notwendigerweise einem langfristigen Gleichgewicht zustreben, wenn der crowding-out-Effekt unvollständig ist. Das ist dann der Fall, wenn das gesamtwirtschaftliche Einkommen zwar steigt, der laufende Einkommenszuwachs jedoch nie ausreicht, um die Finanzierungslücke zu schließen. Um dies sicherzustellen, muß der Einkommensanstieg eine gewisse Schwelle überschreiten (Siebke/Knoll/Schmidberger, 1981).

5.4. Relative Bedeutung von Fiskal- und Geldpolitik

In diesem Abschnitt werden die Wirkungen von Fiskalpolitik und Geldpolitik miteinander verglichen. Zwei Vergleichskriterien bieten sich an:

- In welchem Ausmaß beeinflussen die wirtschaftspolitischen Instrumente das Niveau des Gleichgewichtseinkommens?
- In welcher Weise beeinflussen die wirtschaftspolitischen Instrumente die Struktur der Verwendung des Sozialprodukts durch die privaten Haushalte und den Staat?

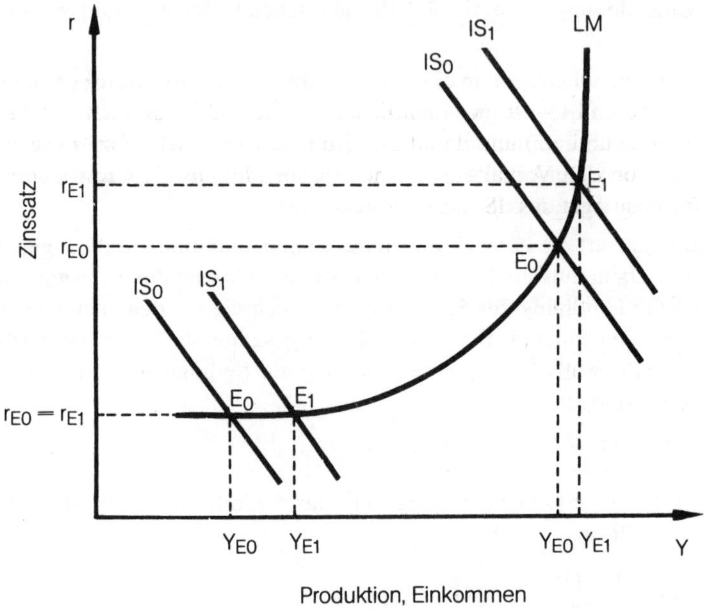

Abb. C-5.12: Effizienz der Fiskalpolitik

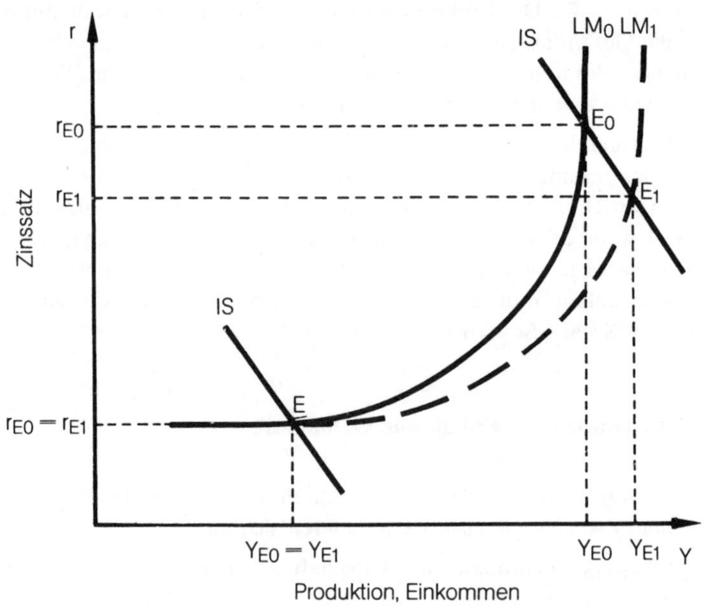

Abb. C-5.13: Effizienz der Geldpolitik

5.4.1. Niveaueffekte

Die Fiskal- und Geldpolitik konnten in der graphischen Darstellung mit Verschiebungen der IS-Kurve und LM-Kurve identifiziert werden. Die quantitativen Multiplikatorwirkungen (5.6 und 5.7) und damit die Effizienz der wirtschaftspolitischen Instrumente hängen von den Verhaltensparametern des Modells ab. Diese Parameter bestimmen die Steigungen der IS- und LM-Kurven.

Zinselastizität der Geldnachfrage

Dem Grad der Zinsabhängigkeit der Geldnachfrage kommt für die Wirksamkeit der wirtschaftspolitischen Instrumente eine zentrale Bedeutung zu. Die von Abschnitt 4.2. abgeleitete Geldnachfrage ist bei einem sehr niedrigen Zinsniveau vollkommen elastisch und bei einem sehr hohen Zinsniveau hingegen unelastisch. In diesen Zinsbereichen verläuft die LM-Kurve horizontal bzw. senkrecht zur Y-Achse im IS-LM-Diagramm (*Abb. C-5.12*). Die unendliche Zinselastizität wird als keynesianischer Fall bezeichnet, weil KEYNES sie als erster – unter dem Begriff Liquiditätsfalle – als eine theoretisch mögliche Liquiditätsneigung ansah. Der unelastische Bereich wird als klassischer Fall bezeichnet, weil hier die Geldnachfrage entsprechend der klassischen Quantitätstheorie nur vom Einkommensniveau abhängt (Beitrag D).

Im Bereich der Liquiditätsfalle erreichen die fiskalpolitischen Instrumente ihre höchste Wirksamkeit, weil sie keine Zinssatzänderungen auslösen und es deshalb zu keinem Transaktions-crowding-out-Effekt aufgrund konterkarierender Anpassungen in der privaten Investitionsnachfrage kommt. Mit zunehmender Steigung der LM-Kurve verringert sich die Effizienz der Fiskalpolitik. Im klassischen Fall der zinsunelastischen Geldnachfrage ist die Fiskalpolitik unwirksam: Eine Ausdehnung der Staatsausgaben erhöht den Realzins so stark, daß im Umfang der Erhöhung der staatlichen Güternachfrage die private Investitionsnachfrage zurückgeht. Der Transaktions-crowding-out-Effekt ist vollständig.

Genau entgegengesetzt bestimmt die Steigung der LM-Kurve die Effizienz der Geldpolitik (*Abb. C-5.13*). Im Bereich der Liquiditätsfalle nehmen die privaten Wirtschaftseinheiten eine Erhöhung der Geldmenge ohne begleitende Zinssenkung in ihre gewünschte Kassenhaltung auf. Da die Geldpolitik nur durch Beeinflussung des Zinssatzes auf den realwirtschaftlichen Sektor einwirkt, muß sie hier ineffizient bleiben. Nimmt die Steigung der LM-Kurve zu, wird die Geldpolitik effizienter, weil sie verstärkt in der Lage ist, den Zinssatz und damit die private Investitionsnachfrage zu beeinflussen.

Zinselastizität der Investitionsnachfrage

Oft wird argumentiert, daß die gesamtwirtschaftliche Investitionsnachfrage relativ unelastisch sei, weil die Zinslasten bei den meisten Investitionsvorhaben einen – jedenfalls im Vergleich zu den Lohnkosten – geringen Kostenanteil ausmachen und deshalb Zinssatzänderungen von ein oder zwei Prozentpunkten die Investoren nicht veranlassen werden, ihre Pläne zu revidieren. Je weniger zinsreagibel das Investitionsvolumen ist, desto steiler verläuft die IS-Kurve. Damit erhöht sich die Effizienz der Fiskalpolitik. Selbst wenn eine Ausdehnung der Staatsnachfrage das Zinsniveau anhebt, kommt es zu keinem kompensierenden Nachfrageausfall bei den privaten Investitionen. Die zinsunelastische Investitionsnachfrage verhindert das Wirksamwerden eines Transaktions-crowding-out-Effektes. Damit wird zugleich die Geldpolitik ineffizient. Auch wenn sie die Zinsen zu beeinflussen vermag, bleibt sie wirkungslos, weil der Liquiditätseffekt nicht auf die gesamtwirtschaftliche Nachfrage durchschlägt.

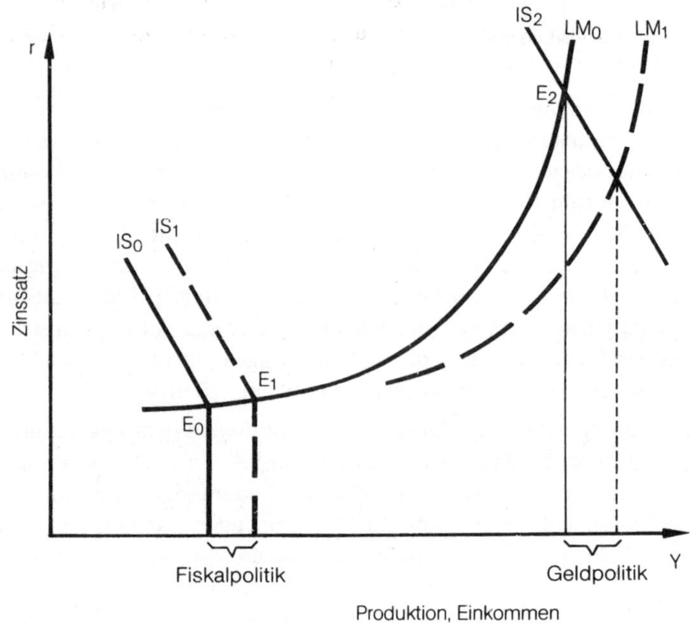

Abb. C-5.14: Effizienz von Fiskal- und Geldpolitik im Konjunkturverlauf

Effizienz im Konjunkturverlauf

Im Konjunkturverlauf schwanken das Wachstum des Sozialprodukts und das Zinsniveau prozyklisch. In der komparativ-statischen Analyse des IS-LM-Modells darf deshalb vereinfachend unterstellt werden, daß ein hohes Sozialproduktsniveau mit einem hohen Realzins und ein niedriges Gleichgewichtseinkommen mit einem niedrigen Zinsniveau einhergehen. Wenn nun außerdem die LM-Kurve in einer gewissen, nicht-extremen Größenordnung die eben geschilderten unterschiedlichen Steigungen aufweist, variiert die Effizienz von Fiskal- und Geldpolitik mit den Konjunkturschwankungen.

- Befindet sich die Wirtschaft in der Abschwungsposition E_0 (*Abb. C-5.14*), hat eine Ausdehnung der Geldmenge (LM_0 nach LM_1) nur einen geringen Liquiditätseffekt. Die expansive Fiskalpolitik wäre dagegen relativ wirksam.
- Befindet sich die Wirtschaft in der Aufschwungsposition E_2, kann eine kontraktive Geldpolitik (LM_1 nach LM_0) private Güternachfrage zurückdrängen. Die Fiskal-

politik bliebe relativ unwirksam, weil die privatwirtschaftliche Nachfrage den Ausfall staatlicher Nachfrage kompensieren würde.

Treffen diese Überlegungen zu, sollte die Stabilitätspolitik so ausgestaltet und ausgerichtet sein, daß im Abschwung die Fiskalpolitik und im Aufschwung die Geldpolitik eingesetzt wird. Diese Zuordnung von wirtschaftspolitischen Instrumenten und konjunktureller Lage wird gestützt, wenn ergänzend die Zinsabhängigkeit der Investitionsnachfrage berücksichtigt wird. Bei fallenden Zinsen kann ein so niedriges Zinsniveau erreicht werden, daß Zinssenkungen keine weiteren Investitionen induzieren. Dann ist die Investitionsnachfrage von einem bestimmten Zins an unelastisch und der untere Teil der IS-Kurve verläuft senkrecht (IS_0- und IS_1-Kurve in *Abb. C-5.14*). In diesem Bereich greift dann um so mehr die Fiskalpolitik.

Staatliche Verschuldung

Bei Berücksichtigung der Finanzierungsart ist jene Fiskalpolitik am wirksamsten, die durch eine Kreditaufnahme bei der Zentralbank unterstützt wird. Ist das Gleichgewichtseinkommen Y_{E1} in *Abb. C-5.7* das Resultat einer expansiven Fiskalpolitik? Tatsächlich überlagern sich fiskal- und geldpolitische Elemente, weil der Staat bei Aufnahme eines Zentralbankkredites ein geldmengenpolitisches Instrument einsetzt.

Deshalb erscheint es zweckmäßig, die Fiskalpolitik allein mit einer über die Variationen von Staatsausgaben und Steuereinnahmen hervorgerufenen Verschiebung der IS-Kurve und die Geldpolitik mit einer Verschiebung der LM-Kurve zu identifizieren.

Die Wirksamkeit einer Fiskalpolitik, die durch eine Verschuldung bei den privaten Wirtschaftseinheiten finanziert wird, hängt, wie gezeigt wurde, davon ab, ob ein vollständiger crowding-out-Effekt wirksam wird oder nicht. Er wird vermieden, wenn folgende Bedingung erfüllt ist (SIEBKE, 1975):

(5.14) $$\frac{C_A}{L_A} > \frac{I_r}{L_r}.$$

Bei gegebener Vermögensabhängigkeit von Konsumnachfrage und Geldnachfrage hängt die Effizienz des wirtschaftspolitischen Instruments erneut von den Zinselastizitäten der Investitions- und Geldnachfrage ab. Wenn man die Zinsabhängigkeit der Investitionen pessimistisch und die Gefahr einer Liquiditätsfalle recht hoch einschätzt, verliert der crowding-out-Effekt an Bedeutung. Auch dieses Instrument kann dann zur Beeinflussung des Niveaus des Gleichgewichtseinkommens eingesetzt werden.

Konkurrierende Hypothesen

Die in Kapitel C-2. gegenübergestellten keynesianischen und neoklassischen makroökonomischen Grundpositionen unterscheiden sich darin, welches wirtschaftspolitische Instrument als relativ wirksamer zur Beeinflussung der gesamtwirtschaftlichen Aktivität angesehen wird. Die keynesianische Sichtweise betont die Effizienz der

Fiskalpolitik, die neoklassische Denkweise die Wirksamkeit der Geldpolitik (s. Überblick bei THIEME, 1972). Die Vertreter beider wirtschaftspolitischen Konzeptionen werden manchmal Fiskalisten und Monetaristen genannt. Ihre Schlußfolgerungen lassen sich im Rahmen des hier entwickelten Makromodells auf unterschiedliche Vorstellungen über die Größenordnungen der Zinselastizitäten zurückführen. Die Keynesianer glauben an eine relativ hohe Elastizität der Geldnachfrage und an eine relativ unelastische Investitionsnachfrage. Die Monetaristen nehmen den umgekehrten Standpunkt ein. Damit ist auch die Einschätzung der empirischen Relevanz des Transaktions-crowding-out-Effektes erklärt. Die Keynesianer behaupten, daß die vermögensinduzierten crowding-out-Effekte einem expansiven Impuls der Fiskalpolitik nicht entgegenstehen. Nach monetaristischer Auffassung kann eine Fiskalpolitik, die durch eine zunehmende Verschuldung gegenüber dem privaten Wirtschaftssektor finanziert wird, mittelfristig nicht die Höhe des Sozialprodukts beeinflussen.

5.4.2. Struktureffekte

Soweit nicht die extremen Konstellationen der zinsunelastischen Investitionsnachfrage, der Liquiditätsfalle oder der nur einkommensabhängigen Geldnachfrage vorliegen, kann der Staat sowohl mittels der Fiskalpolitik als auch mittels der Geldpolitik das Gleichgewichtseinkommen erhöhen oder senken. Bei quantitativ gleichen Multiplikatorwirkungen haben die wirtschaftspolitischen Instrumente jedoch unterschiedliche Nebeneffekte darauf, welche Wirtschaftssektoren das Sozialprodukt zu welchen Zwekken verwenden können:

- Eine Ausdehnung der Staatsausgaben induziert einen Zinsanstieg und damit einen Rückgang des Volumens der privaten Investitionen. Diesen Nachfrageausfall sowie einen Teil der Sozialprodukterhöhung absorbiert der Staat durch seine zusätzliche Güternachfrage. Die verbleibende Produktionssteigerung geht in den privaten Konsum. Steht ein crowding-out-Effekt der Wirksamkeit der Fiskalpolitik entgegen, geht die zusätzliche staatliche Güterverwendung voll zu Lasten der privaten Investitionstätigkeit. Die Fiskalpolitik hat dann ausschließlich allokative Effekte.
- Eine Politik der Steuersenkung drängt zwar ebenfalls private Investitionsnachfrage zurück, jedoch entfällt die Ausdehnung des Sozialprodukts einschließlich der Kompensation des Investitionsrückganges allein auf den privaten Konsum. Es findet eine eindeutige Umschichtung zugunsten des Konsums statt.
- Im Zuge einer expansiven Geldpolitik sinkt das Zinsniveau. Die Ausdehnung des Sozialprodukts erfolgt zugunsten der freiwilligen Investitionen und des Konsums. Analog zur Steuersenkung profitiert allein der privatwirtschaftliche Sektor.

Die Tatsache, daß die Fiskal- und Geldpolitik verschiedene allokative Effekte ausüben, spiegelt sich in differierenden stabilitätspolitischen Ansichten wider. Wer dafür plädiert, daß sich der Staat in seiner ökonomischen Aktivität möglichst zurückhalten soll, wird fordern, daß im Abschwung die Steuern und im Aufschwung die Staatsausgaben gesenkt werden. Diese Politiker lehnen zugleich eine übermäßige Verschuldung des Staates bei den privaten Wirtschaftseinheiten ab, weil diese Finanzierungsform im Zweifel nur allokative Umschichtungen zugunsten des Staates zur Folge hat. Wer dagegen dafür plädiert, daß der Staat in vielen Lebensbereichen seiner Bürger Aufgaben zu erfüllen hat, fordert hohe Staatsausgaben und eine ergänzende expansive Geldpolitik, die die Finanzierung der zunehmenden Staatstätigkeit erleichtert.

6. Arbeitsmarkt

Bislang wurde im IS-LM-Gleichgewichtsmodell das reale Volkseinkommen Y und das reale Zinsniveau r simultan auf Güter- und Geldmärkten bestimmt sowie die Effekte der Geld- und Fiskalpolitik bei unterschiedlichen Finanzierungsstrategien erklärt. Dabei wurde stets ein exogenes Preisniveau $\overline{P}$ unterstellt und von einer unendlichen Produktions- und Güterangebotselastizität in bezug auf die gesamtwirtschaftliche Nachfrage ausgegangen: Das Güterangebot hat sich jeweils vollständig an entsprechende Variationen der gesamtwirtschaftlichen Nachfrage angepaßt, ohne daß sich das Preisniveau verändert hat. In einer monetär organisierten Volkswirtschaft mit knappen Ressourcen ist die Annahme einer unendlich großen Produktionselastizität bei Konstanz des Preisniveaus unrealistisch: Die Beschäftigungsmenge der Faktoren bedarf ebenso der Erklärung wie das Preisniveau. Hierzu wird in die makroökonomische Analyse zunächst der gesamtwirtschaftliche Arbeitsmarkt einbezogen, auf dem die Beschäftigungsmenge N des Faktors Arbeit und das Reallohnniveau (w/P) bestimmt wird. Die Integration des Arbeitsmarktes erlaubt es, anschließend Realeinkommen und Preisniveau simultan für unterschiedliche Beschäftigungssituationen zu erklären.

6.1. Produktionsfunktion, Arbeitsnachfrage und -angebot

Das gesamtwirtschaftliche Angebot explizit in der Makroanalyse zu berücksichtigen und das Arbeitsmarktgleichgewicht abzuleiten, erfordert Aussagen über die gesamtwirtschaftliche Produktionsfunktion sowie Hypothesen über Faktornachfrage und -angebot.

Produktionsfunktion

Wie in der Investitionsanalyse (s. Abschnitt 3.4.) wird eine gesamtwirtschaftliche Produktionsfunktion neoklassischen Typs unterstellt. Dabei wird in der kurzfristigen Makroanalyse von einem gegebenen Kapitalstock $\overline{K}$ und gegebener Technologie ausgegangen. Nettoinvestitionen erhöhen nicht die Produktionskapazität, sondern lösen kurzfristig lediglich Einkommenseffekte aus. Variabler Faktor ist die Arbeitsmenge, von deren Einsatz die Höhe des Sozialprodukts Y abhängt. Die Produktionsfunktion

(6.1) $Y = Y(N,\overline{K}) \quad \text{mit } Y_N > 0 \text{ und } Y_{NN} < 0$

ist im rechten Quadranten der *Abb. C-6.1* dargestellt.

Bei gegebenem Kapitalstock wird mit einer Arbeitsmenge N_0 das Sozialprodukt Y_0 hergestellt. Bei Ausdehnung des Arbeitseinsatzes bis zur kurzfristig maximal zur Verfügung stehenden Arbeitsmenge N_v entsteht das maximal realisierbare Sozialprodukt und damit das Vollbeschäftigungseinkommen Y_v. Bei konstantem Preisniveau ist die Produktionsfunktion (6.1) zugleich gesamtwirtschaftliche Angebotsfunktion.

Unter Hinzuziehung des einkommenstheoretischen Gleichgewichts (*Abb. C-3.4*), das im linken Quadranten der *Abb. C-6.1* dargestellt ist, kann bei vollkommen elastischem Güterangebot die Beschäftigungsmenge bestimmt werden: Die effektive Nachfrage determiniert das stabile Gleichgewichtseinkommen Y_0; das Güterangebot paßt sich daran an, wodurch über die Angebotsfunktion die Beschäftigungsmenge N_0 bestimmt ist. Ist N_v die insgesamt angebotene Arbeitsmenge, repräsentiert E_0 ein stabiles Gleichgewicht bei Unterbeschäftigung. Nur wenn das Investitionsniveau „zufällig" $\bar{I}_v$ entspricht, reicht die effektive Nachfrage auf dem Gütermarkt aus, ein stabiles Gleichgewicht E_v bei Vollbeschäftigung N_v herzustellen.

Diese makroökonomische Angebotshypothese ist unbefriedigend, weil sie von der Annahme eines konstanten Güterpreis- und Nominallohnniveaus ausgeht. Bei vollständiger Konkurrenz wäre dies bei Konstanz des Kapitalstocks unter der Voraussetzung konstanter Grenzkosten des Faktors Arbeit haltbar (LEONTIEF-Produktionsfunktion, Beitrag K); die hier in *Abb. C-6.1* unterstellte neoklassische (COBB-DOUGLAS) Produktionsfunktion, bei der mit sinkender Beschäftigung auch die Grenzkosten der Produktion abnehmen, erfordert zur Erklärung konstanter Preise die Abkehr vom Modell vollständiger Konkurrenz.

Zudem ist die Konstanz der Güterpreise und Nominallöhne trotz expandierender Güternachfrage und zunehmender Beschäftigung selbst unter der Annahme vermachteter Märkte nur bei ausgeprägter Arbeitslosigkeit (Massenarbeitslosigkeit) vorstell-

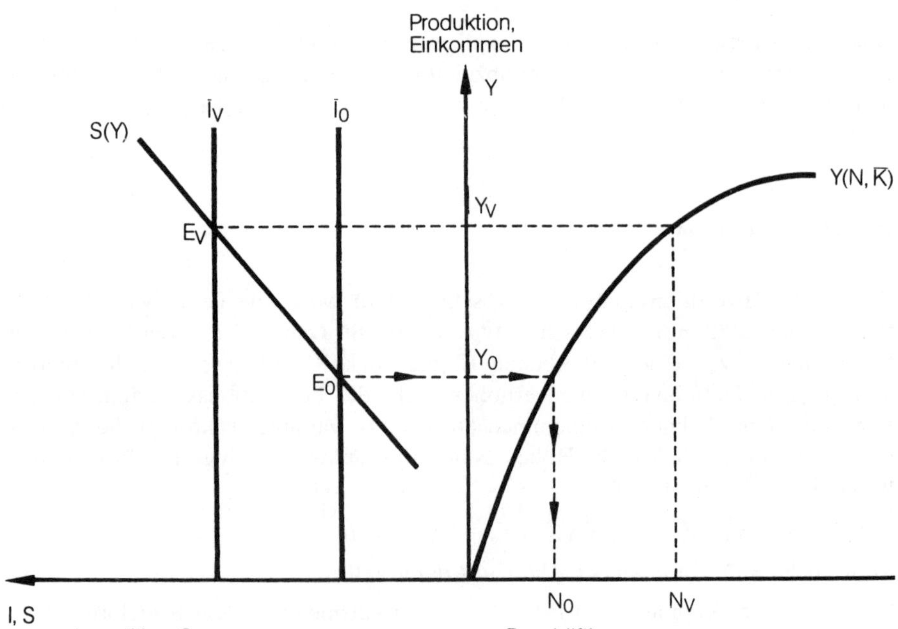

Abb. C-6.1: Produktionsfunktion und Vollbeschäftigungseinkommen

bar. Lehnt man deshalb dieses „Depressions-Modell“ ab, ist der Arbeitsmarkt explizit in die Analyse einzubeziehen.

Arbeitsnachfrage

Unter bestimmten Annahmen (Gewinnmaximierungsverhalten der Unternehmen, vollständige Konkurrenz auf Güter- und Faktormärkten) kann aus der Produktionsfunktion (6.1) die gesamtwirtschaftliche Arbeitsnachfrage abgeleitet werden: Es wird von den Unternehmen jene Arbeitsmenge nachgefragt und eingesetzt, bei der das Grenzprodukt der Arbeit dem Reallohnsatz w/P gleich ist (zur mikroökonomischen Fundierung s. Beitrag K). Da das Grenzprodukt der Arbeit – wegen der unterstellten gesamtwirtschaftlichen Produktionsfunktion – mit zunehmendem Arbeitseinsatz sinkt, lautet die Funktion für die Arbeitsnachfrage N^d

(6.2) $N^d = N^d(\frac{w}{P})$ mit $N^d_{w/P} < 0.$

Wie in *Abb. C-6.2* dargestellt, steigt die gesamtwirtschaftliche Arbeitsnachfrage mit sinkendem Reallohn und umgekehrt.

Arbeitsangebot

Analog zur Hypothese über die gesamtwirtschaftliche Arbeitsnachfrage wird angenommen, daß auch das Arbeitsangebot der Haushalte vom Reallohn abhängt: Je höher der Reallohn, desto größer das Arbeitsangebot.

Die Funktion des gesamtwirtschaftlichen Arbeitsangebots N^s, die in *Abb. C-6.3* dargestellt ist, lautet somit

(6.3) $N^s = N^s(\frac{w}{P})$ mit $N^s_{w/P} > 0.$

Damit wird gesamtwirtschaftlich der einzelwirtschaftlich durchaus denkbare Fall ausgeschlossen, daß bei einem hohen Realeinkommensniveau der Einkommenseffekt (bei steigendem Reallohn steigt die Nachfrage nach Freizeit) den Substitutionseffekt (bei steigendem Reallohn wird zunehmend Freizeit durch Arbeitszeit substituiert) kompensiert oder gar überkompensiert. Zweitens wird ebenfalls ausgeschlossen, daß bei einem niedrigen Reallohnniveau mit sinkendem Reallohn das gesamtwirtschaftliche Arbeitsangebot – z. B. aus Gründen der Existenzsicherung – ausgedehnt wird; eine Annahme, die für eine entwickelte Volkswirtschaft mit Mindestlohnregelungen plausibel ist.

Die Hypothesen (6.1) und (6.3) unterstellen, daß Anbieter (Haushalte) und Nachfrager (Unternehmen) von Arbeitsleistungen frei von Geldillusion sind: Der Nominallohn $w: = (w/P) \cdot P$ wird bei allen Entscheidungen stets um die Preisniveauentwicklung korrigiert, worauf später noch eingegangen wird (s. Abschnitt C-7.).

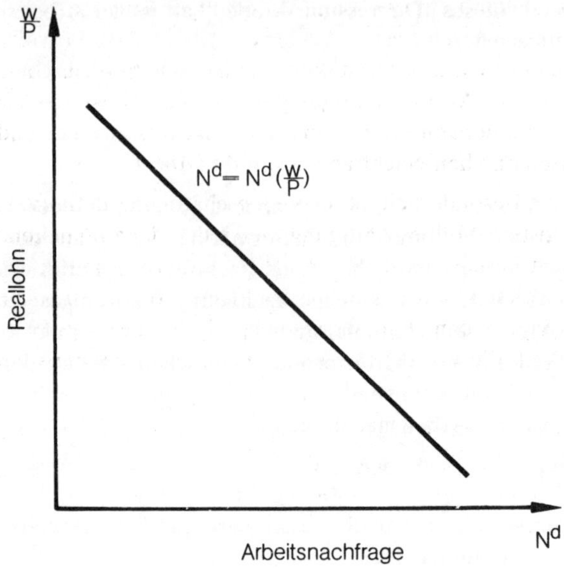

Abb. C-6.2: Arbeitsnachfragekurve

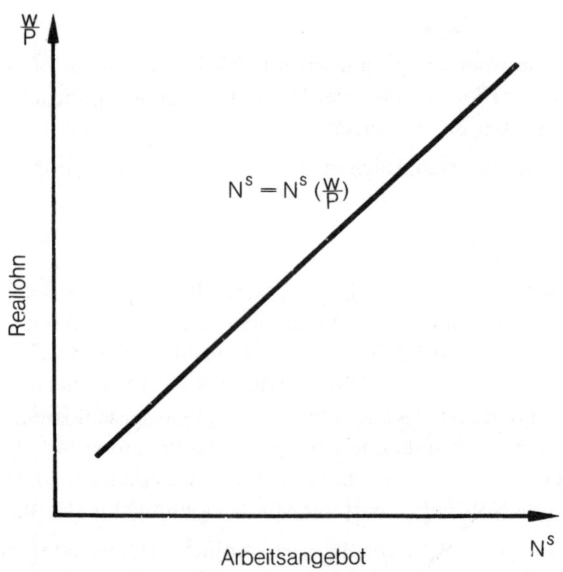

Abb.C-6.3: Arbeitsangebotskurve

6.2. Arbeitsmarktgleichgewicht

Die Gleichgewichtsbedingung für den Arbeitsmarkt lautet somit

(6.4) $N^d(\frac{W}{P}) = N^s(\frac{W}{P})$.

Im Gleichgewicht sind Reallohn (w/P) und Beschäftigungsmenge N determiniert. In einem einfachen „friktionslosen" Makromodell der Neoklassik, das vollständige Konkurrenz am Arbeitsmarkt voraussetzt, stellt diese Konstellation ein Gleichgewicht bei Vollbeschäftigung dar. Das Vollbeschäftigungseinkommen Y_v ist – in Verbindung mit der kurzfristigen Produktionsfunktion – von der Angebotsseite her und unabhängig von der gesamtwirtschaftlichen Nachfrage bestimmt (*Abb. C-6.4*).

Bereits hier sei auf die Besonderheit dieser Vollbeschäftigungsdefinition hingewiesen: Im Gleichgewicht existiert Vollbeschäftigung, weil jeder, der zum geltenden Reallohn Arbeit anbietet, auch beschäftigt wird, und jedes Unternehmen diejenige Arbeitsmenge, die es zum geltenden Reallohn beschäftigen möchte, auch tatsächlich realisieren kann. Bei einer maximalen Arbeitsmenge $\overline{N}$ ist die Differenz $\overline{N} - N_0$ freiwillige Arbeitslosigkeit, die nur durch einen Anstieg des Reallohns beseitigt würde (*Abb. C-6.5*).

Neben dieser freiwilligen Arbeitslosigkeit können zwei andere, in dynamischen Volkswirtschaften beobachtbare Arten der Arbeitslosigkeit beschrieben werden, die die klassische Vollbeschäftigungsinterpretation modifizieren. Strukturelle und friktionelle

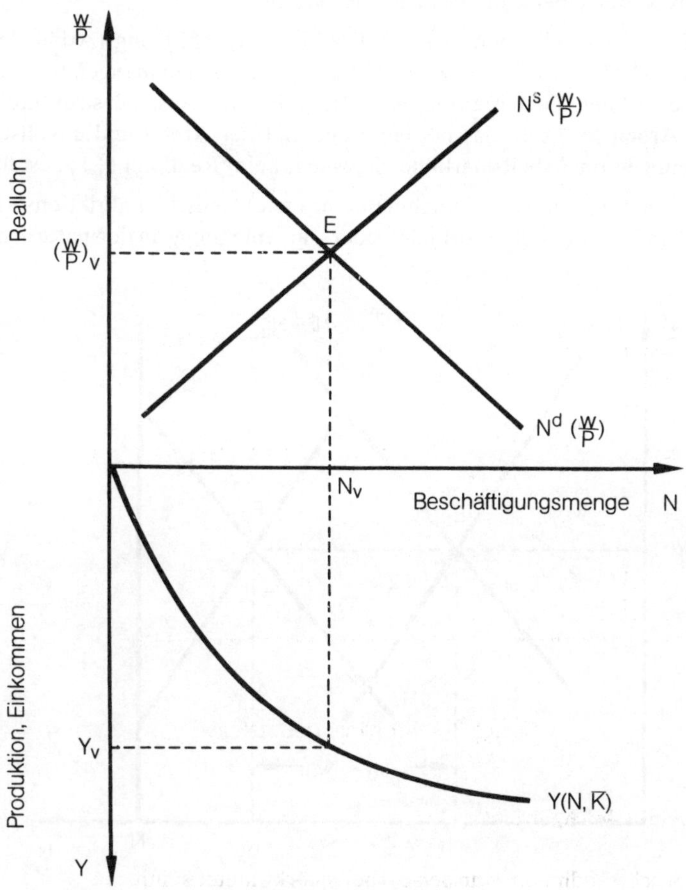

Abb. C-6.4: Arbeitsmarktgleichgewicht und Vollbeschäftigung

Arbeitslosigkeit treten auf, wenn die restriktiven Annahmen des einfachen neoklassischen Modells (Homogenität der Arbeitsqualität und -plätze, vollständige Markttransparenz etc.) aufgehoben werden (PHELPS, 1968; PHELPS, u. a., 1970).

Strukturelle Arbeitslosigkeit N_s entsteht beispielsweise durch Bedarfsänderungen oder technologische Fortschritte in nicht-stationären Volkswirtschaften, weil die Umsetzung von Arbeitskräften aus schrumpfenden in expandierende Sektoren infolge vorhandener Mobilitätsschranken (z. B. berufliche Immobilität) Anpassungskosten (z. B. für Umschulung) verursacht. Ist das Überschußangebot an Arbeit N_s^s in den schrumpfenden Sektoren gleich der Überschußnachfrage N_s^d expandierender Sektoren, gilt also $N_s^s = N_s^d$, besteht trotz Vorliegen struktureller Arbeitslosigkeit ein gesamtwirtschaftliches Arbeitsmarktgleichgewicht.

Friktionelle Arbeitslosigkeit N_f entsteht aus der unvollständigen Markttransparenz von Anbietern und Nachfragern am Arbeitsmarkt. Beide Marktseiten haben Informationsdefizite über die Arbeitsmarktlage, die sie durch Informationsbeschaffung abzubauen versuchen („Such"-Arbeitslosigkeit; search unemployment). Wiederum kann ein gesamtwirtschaftliches Arbeitsmarktgleichgewicht vorliegen, wenn das Überschußangebot an Arbeit N_f^s der Überschußnachfrage N_f^d gleich ist.

Beide Aspekte struktureller und friktioneller Unterbeschäftigung (Arbeitslosigkeit) können entsprechend $N_s^s + N_f^s = N_s^d + N_f^d$ zu $N_ü^s = N_ü^d$ zusammengefaßt werden. In *Abb. C-6.5* bezeichnet die Differenz $N_0 - N_1 = N_ü^s$ das Ausmaß struktureller und friktioneller Arbeitslosigkeit, das bei Heterogenität der Arbeit und unvollständigen Marktbedingungen im Arbeitsmarktgleichgewicht beim Reallohn $(\frac{w}{P})_o$ besteht.

Unter den weniger restriktiven Annahmen eines neoklassischen „Friktions"-Modells bezeichnet $N_ü^s(= N_ü^d)$ somit die „normale" oder – in Anlehnung an den natürlichen Zins

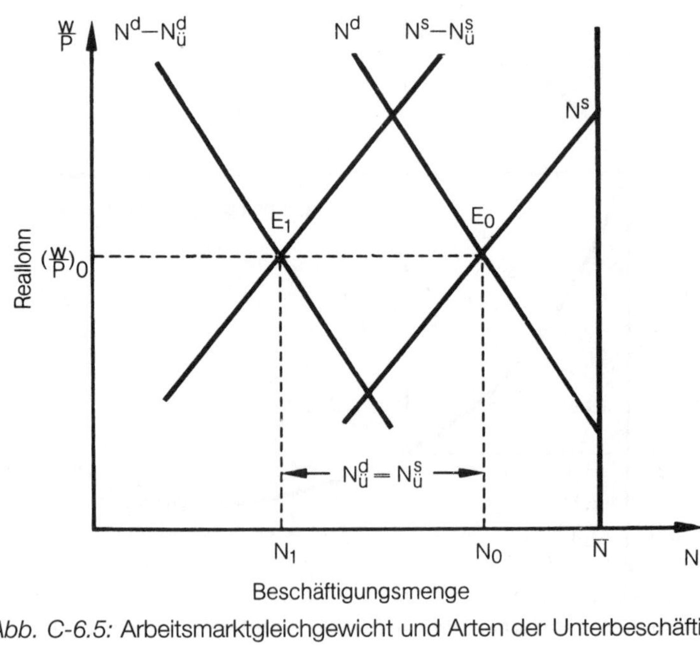

Abb. C-6.5: Arbeitsmarktgleichgewicht und Arten der Unterbeschäftigung

von KNUT WICKSELL (1898) – „natürliche“ Arbeitslosigkeit (FRIEDMAN, 1968), die strukturell-friktionell, also realwirtschaftlich begründet ist und keine monetären oder konjunkturellen Ursachen hat. Die normale Unterbeschäftigungsrate, die üblicherweise als prozentualer Anteil der Zahl der Arbeitslosen an der abhängigen Erwerbsbevölkerung (Summe von abhängig Beschäftigten und Arbeitslosen) ausgedrückt wird, ist von Land zu Land verschieden und auch im intertemporalen Vergleich keineswegs konstant. Derartige Differenzen sind durch verschiedene Faktoren erklärbar: Unterschiede in oder zeitliche Änderungen der Bevölkerungsstruktur und der Mobilitätsneigung beeinflussen ebenso die Höhe der normalen Unterbeschäftigungsrate wie wirtschafts- und sozialpolitisch ausgelöste Variationen der Arbeitsmarktbedingungen oder abrupte Strukturänderungen, die z. B. außenwirtschaftlich (Öleinfuhrstopp) oder technologisch (Elektronik, Informationsverarbeitung) bedingt sein können und Arbeitsumsetzungsprozesse größeren Ausmaßes auslösen (zur Arbeitsmarktanalyse s. FRANZ, 1991, 4. A. 1999).

Wie diese Beispiele zeigen, ist die normale Unterbeschäftigungsrate keineswegs unveränderbar: Sie kann durch eine adäquate Strukturpolitik im weitesten Sinne (einschließlich Familien- und Bildungspolitik) reduziert werden. Sie ist dauerhaft jedoch nicht mit global an den Niveaukomponenten der gesamtwirtschaftlichen Nachfrage ansetzenden Instrumenten der Geld- und Fiskalpolitik zu beseitigen, wie in der gesamtwirtschaftlichen Analyse des Gleichgewichts auf Güter-, Geld- und Arbeitsmärkten noch deutlich werden wird (s. auch Beiträge F, P).

7. Gleichgewicht auf Güter-, Geld- und Arbeitsmarkt

Nunmehr kann das soeben vorgestellte Angebotsteilmodell mit dem nachfrageorientierten IS-LM-System verbunden werden, um Realeinkommen (bzw. reales Sozialprodukt), Realzins, Beschäftigungsmenge und schließlich auch das bisher als exogen angenommene Preisniveau des Sozialprodukts simultan erklären zu können, wobei nach wie vor von einer geschlossenen Volkswirtschaft ausgegangen wird. Dabei sollen – wie bereits angedeutet (s. Abschnitt 2.) – zwei konkurrierende, die makroökonomische Theorie dominierende gesamtwirtschaftliche Gleichgewichtsanalysen gegenübergestellt sowie Verbindungslinien und Unterschiede zwischen ihnen aufgezeigt werden: Neoklassische und keynesianische Gleichgewichtsanalyse (Überblick bei BERTHOLD, 1988).

7.1. Gesamtwirtschaftliche Angebots- und Nachfragekurve

Für die Analyse des Gleichgewichts sowie der Wirkungen von Fiskal- und Geldpolitik empfiehlt es sich, zunächst gesamtwirtschaftliche Angebots- und Nachfragefunktionen zu bestimmen, die graphisch als gesamtwirtschaftliche Angebotskurve Y^s und Nachfragekurve Y^d in einem P,Y-Diagramm darstellbar sind. Beide Kurven ordnen allen Preisniveaus das jeweilige reale Gleichgewichtseinkommen zu. Die gesamtwirtschaftliche Angebotsfunktion kann aus der Produktionsfunktion

(6.1) $Y^s = Y^s(N,\overline{K})$

abgeleitet werden: Wird die neoklassische Beschäftigungsfunktion N = N(P,w) in die Produktionsfunktion substituiert, erhält man

(7.1) $Y^s = Y^s(P,w,\overline{K})$ mit $Y^s_P > 0$, $Y^s_w < 0$.

Die Gestalt der Angebotskurve im P,Y-Diagramm hängt von den Annahmen über das Nominallohnniveau w und das Preisniveau P ab: Steigen oder sinken P und w im gleichen Verhältnis, bleibt das Reallohnniveau (w/P_0) konstant und damit auch das gesamtwirtschaftliche Angebot; die Angebotskurve ist völlig preisunelastisch (Y^s_1 in *Abb. C-7.1*). Bei gegebenem Nominallohnniveau w_0 steigt das gesamtwirtschaftliche Angebot mit steigendem Preisniveau so lange, bis die Vollbeschäftigungsgrenze erreicht ist. Die gesamtwirtschaftliche Angebotskurve ist somit unterhalb dieser Grenze preiselastisch; bei Erreichen dieser Grenze hat sie einen Knick und wird völlig preisunelastisch, weil auch bei einer Erhöhung des Preisniveaus kurzfristig keine Angebotsausweitung möglich ist (Y^s_0 in *Abb. C-7.1*).

Die gesamtwirtschaftliche Nachfragefunktion Y^d beschreibt hier die Gleichgewichtswerte der Nachfrage in einem P,Y-Diagramm, die auf dem Güter- und Geldmarkt bei alternativen exogenen Preisniveaus bestimmt wurden. Sie lautet vereinfacht

(7.2) $Y^d = Y^d(P,\overline{G},\overline{M})$ mit $Y^d_P < 0$,

wobei die Staatsausgaben $\overline{G}$ und das nominale Geldangebot $\overline{M}$ exogen sind. Sie kann durch folgende Überlegungen auch aus dem IS-LM-System abgeleitet werden (s. Abschnitt 5.): Die Gleichgewichte am Geld- und Gütermarkt wurden bei gegebenem exogenen Preisniveau hergeleitet. Variiert man gedanklich das exogene Preisniveau, muß sich die LM-Kurve verschieben, weil bei gegebenem nominalen Geldangebot das reale Geldangebot variiert. Bei einer angenommenen Erhöhung des exogenen Preisniveaus vermindert sich das reale Geldangebot; bei unveränderter realer Geldnachfrage müssen Wertpapiere verkauft werden, wodurch das Realzinsniveau steigt und – bei gegebener IS-Kurve – das Gleichgewichtseinkommen sinkt. Bei steigendem Preisniveau sinkt mithin das Gleichgewichtseinkommen und umgekehrt. Diesen Zusammenhang drückt die gesamtwirtschaftliche Nachfragekurve Y^d_1 aus, die in *Abb. C-7.2* dargestellt ist.

Wird dieses Experiment für jene „kritischen" Zinsniveaus wiederholt, bei denen die IS-Kurve völlig zinsunelastisch oder die LM-Kurve völlig zinselastisch ist (*Abb. C-5.14*), verändern alternative exogene Preisniveaus das Gleichgewichtseinkommen nicht. In diesen Fällen reagiert die gesamtwirtschaftliche Nachfrage nicht auf Preisniveauänderungen. Die gesamtwirtschaftliche Nachfragekurve hat dann die Gestalt der Y^d_0-Kurve in *Abb. C-7.2*, wobei der Knick durch die jeweilige Höhe des kritischen Realzinsniveaus bestimmt ist.

Eine expansive Fiskal- oder Geldpolitik verschiebt die Y^d-Kurve nach rechts bzw. nach oben, eine kontraktive nach links bzw. nach unten. Wie bei der Y^s-Kurve hängen Gestalt und Lage der Y^d-Kurve also wesentlich von den Annahmen über die Gleichgewichtssituationen auf Güter- und Geldmarkt ab. In diesen Annahmen unterscheiden sich neoklassische und keynesianische Gleichgewichtsanalyse, wie nunmehr zu zeigen ist.

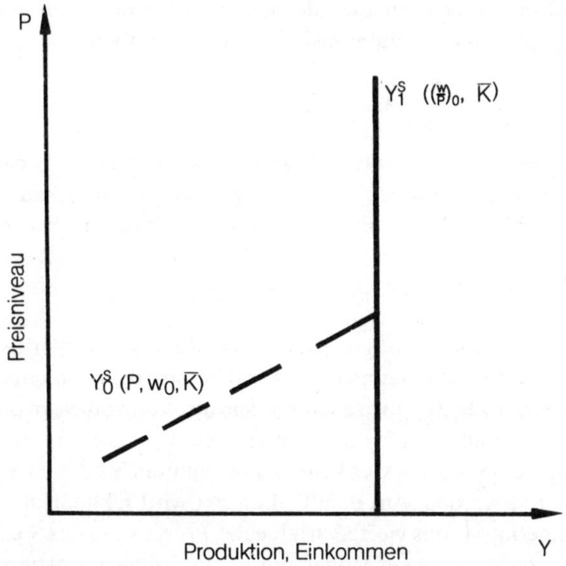

Abb. C-7.1: Gesamtwirtschaftliche Angebotskurven

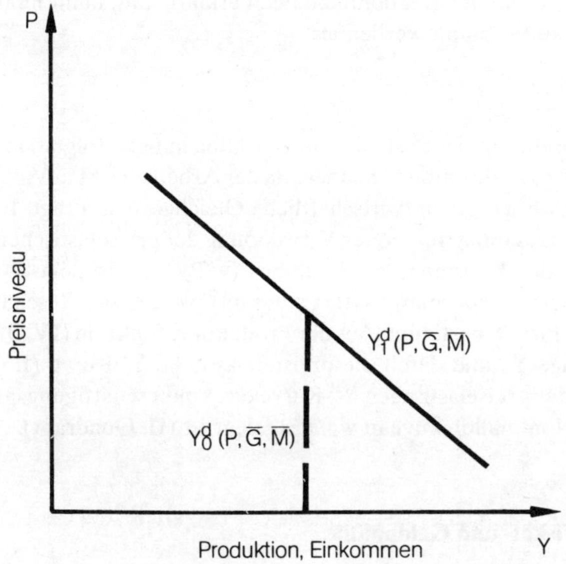

Abb. C-7.2: Gesamtwirtschaftliche Nachfragekurven

7.2. Neoklassisches Gleichgewicht

Gleichgewichtsbestimmung

In einem vollständigen neoklassischen Makromodell können die Gleichgewichtswerte der Niveauvariablen N, Y, r und P in einem System aus vier – bereits bekannten –

Gleichungen ermittelt werden, die die Gleichgewichtsbedingungen auf Güter-, Geld- und Arbeitsmarkt sowie die Produktionsfunktion beschreiben:

$$(5.1) \qquad Y = C(Y - T) + I(r) + \overline{G}$$

$$(4.7) \qquad L(Y, r) = \frac{\overline{M}}{P}$$

$$(6.4) \qquad N^d\left(\frac{w}{P}\right) = N^s\left(\frac{w}{P}\right)$$

$$(6.1) \qquad Y = Y(N, \overline{K}).$$

In diesem Modell wird die Beschäftigungsmenge auf dem Arbeitsmarkt bestimmt, die – unter entsprechenden Marktannahmen – als Vollbeschäftigungsmenge N_v bei einem Reallohnniveau $(w/P)_v$ eingesetzt wird. Durch Substitution von N_v in die Produktionsfunktion ist das reale Vollbeschäftigungseinkommen Y_v determiniert. In der Gleichgewichtsbedingung des Gütermarktes kann bei bekanntem Y_v das dazugehörige Realzinsniveau r_v ermittelt werden. Auf dem Geldmarkt wird schließlich – bei exogenem nominalen Geldangebot $\overline{M}$ – als vierte Variable das Preisniveau des Sozialprodukts (P) bestimmt. Es kann somit in diesem Modell nur ein Preisniveau existieren, bei dem auf Güter- und Geldmarkt gleichzeitig ein Gleichgewicht bei Vollbeschäftigung besteht. Da das Preisniveau und der Reallohn endogen erklärt sind, kann nunmehr auch das Nominallohnniveau bestimmt werden als

$$(7.3) \qquad w := \left(\frac{w}{P}\right) \cdot P.$$

Aus dieser Interpretation des Systems von vier Gleichungen folgt, daß es sich um ein angebotsorientiertes Makromodell handelt, da der Arbeitsmarkt in Verbindung mit der Produktionsfunktion das gesamtwirtschaftliche Gleichgewicht prägt. In *Abb. C-7.3* ist das neoklassische Gesamtsystem unter Verwendung der preiselastischen Y^d- und der – wegen Annahme der Konstanz des Reallohns (w/P) – preisunelastischen Y^s-Kurve dargestellt: Auf dem Arbeitsmarkt (III. Quadrant) werden die Beschäftigungsmenge N_v und der Reallohn w/P bestimmt. Aus der Produktionsfunktion (IV. Quadrant) ergibt sich das zugehörige Y_v und damit die preisunelastische Y^s-Kurve (I. Quadrant). Sie determiniert mit der preiselastischen Y^d-Kurve das Vollbeschäftigungspreisniveau P_{v0}, womit auch das Nominallohnniveau w_{v0} festgelegt ist (II. Quadrant).

Wirkungen von Fiskal- und Geldpolitik

Welche Effekte haben Fiskal- und Geldpolitik im neoklassischen Makromodell? Variationen der Staatsausgaben bzw. des nominalen Geldangebots verändern entsprechend (7.2) die Lage der gesamtwirtschaftlichen Nachfragekurve, weil Anpassungsprozesse auf dem Güter- bzw. Geldmarkt ausgelöst werden: Ein expansiver Fiskal- oder Geldmengenimpuls verschiebt die Nachfragekurve nach oben (Y_1^d in *Abb. C-7.3*). Bei gegebener Y^s-Kurve sind im neuen Vollbeschäftigungsgleichgewicht E_{v1} das Preisniveau auf P_{v1} und das Nominallohnniveau auf w_{v1} gestiegen. Realeinkommen und Beschäftigung bleiben in beiden Fällen unverändert. Dies gilt analog für eine restrik-

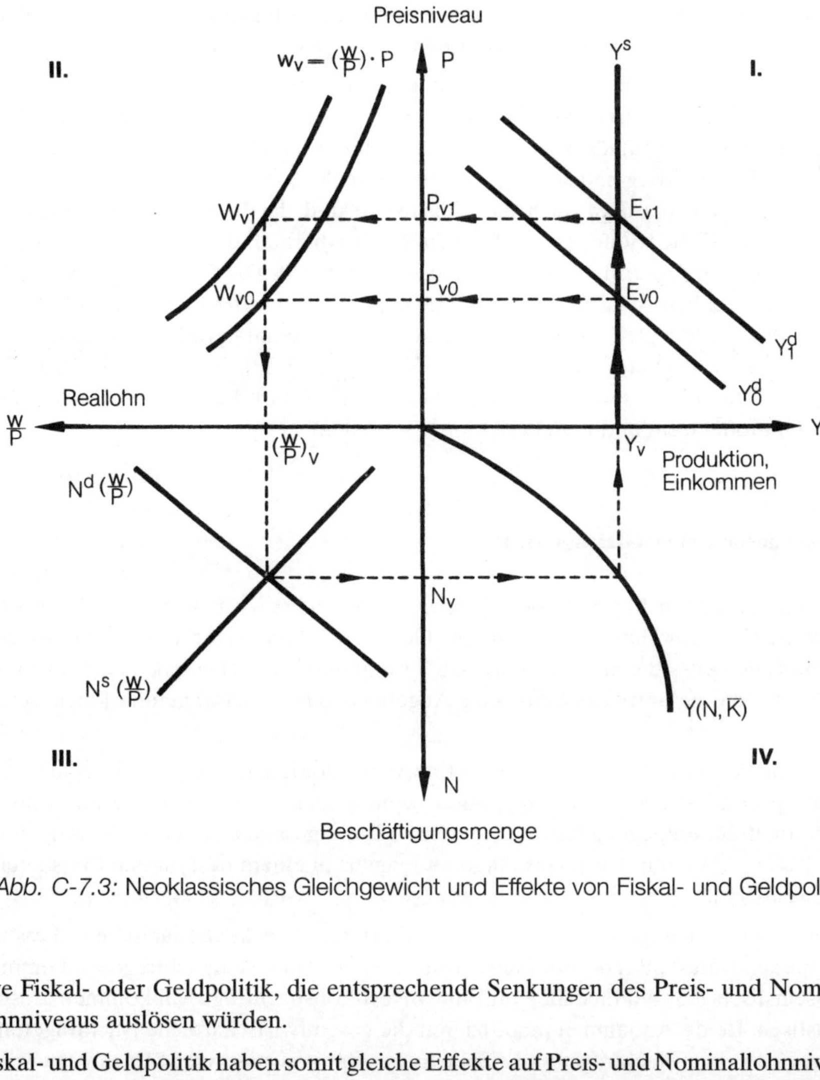

Abb. C-7.3: Neoklassisches Gleichgewicht und Effekte von Fiskal- und Geldpolitik

tive Fiskal- oder Geldpolitik, die entsprechende Senkungen des Preis- und Nominallohnniveaus auslösen würden.

Fiskal- und Geldpolitik haben somit gleiche Effekte auf Preis- und Nominallohnniveau; auch lassen beide Realeinkommens- und Beschäftigungsniveau unverändert. Sie unterscheiden sich gleichwohl in ihren allokativen Auswirkungen, weil die Impulse über verschiedene Kanäle des Güter- bzw. Geldmarktes übertragen werden (s. Abschnitt 5.4.2.):

Eine Erhöhung der Staatsausgaben bewirkt eine Überschußnachfrage am Gütermarkt, die zu einem Anstieg des Preisniveaus führt. Dadurch sinkt das reale Geldangebot $\overline{M}/P$. Die Überschußnachfrage nach Geld kann bei gegebenem nominalen Geldangebot nur durch Verkauf von Wertpapieren befriedigt werden, wodurch das reale Zinsniveau steigt und die privaten Investitionen sinken. Der Zinsanstieg hält so lange an, bis der Investitionsrückgang die Erhöhung der Staatsausgaben gerade kompensiert und damit die reale Gesamtnachfrage mit dem gegebenen Angebot wieder übereinstimmt. Die Fiskalpolitik löst mithin einen Anstieg des Realzinsniveaus und damit Allokationseffekte aus, weil die privaten Investitionen um den jeweiligen Betrag einer Erhöhung der Staatsausgaben zurückgedrängt werden.

Eine Erhöhung des nominalen Geldangebots bewirkt hingegen ein Überschußangebot am Geldmarkt, das durch Wertpapierkäufe abgebaut wird. Die Zinsniveausenkung induziert zusätzliche Investitionsausgaben, wodurch lediglich das Preisniveau steigt. Der Preisniveauanstieg hält so lange an, bis die reale Geldmenge auf ihr Ausgangsniveau gefallen ist, bei dem auch das Zinsniveau und die Investitionsnachfrage ihre ursprüngliche Höhe wieder erreicht haben. Nach Abschluß des Anpassungsprozesses befindet sich der Gütermarkt im Ausgangsgleichgewicht. Die Geldmengenpolitik hat somit weder realwirtschaftliche Niveau- noch Allokationseffekte. Sie beeinflußt über den Geldmarkt lediglich das Preisniveau und damit Nominalgrößen (monetärer Sektor); alle realwirtschaftlichen Variablen (Y, N bzw. (w/P), r) werden hingegen im Angebotsteilmodell determiniert (realer Sektor). Damit ist die klassische Dichotomie zwischen monetärem und realem Sektor beschrieben.

7.3. Keynesianisches Gleichgewicht

Im keynesianischen Makromodell können die Gleichgewichtswerte der relevanten Variablen ebenfalls simultan auf Güter-, Geld- und Arbeitsmarkt bestimmt werden. Es unterscheidet sich vom neoklassischen System durch verschiedene Annahmevariationen, die die gesamtwirtschaftlichen Angebots- oder Nachfragefunktionen verändern:

- Dem neoklassischen „Konkurrenzoptimismus" völlig flexibler Nominallöhne und Güterpreise hat KEYNES die Hypothese vom – insbesondere nach unten – starren Nominallohn entgegengesetzt. Dadurch wird die gesamtwirtschaftliche Angebotsfunktion (7.1) modifiziert: Das Angebot reagiert in einem bestimmten Preisbereich preiselastisch.
- Der zweite, wichtigere Unterschied resultiert aus dem keynesianischen „Elastizitätspessimismus". Bei bestimmten Zinsniveaus wird die Geldnachfrage vollkommen zinselastisch (Liquiditätsfalle) und die Investitionsnachfrage vollkommen zinsunelastisch. Beide Annahmen modifizieren die gesamtwirtschaftliche Nachfragefunktion (7.1): Die Nachfrage ist bei einem bestimmten niedrigen Zinsniveau völlig preisunelastisch.

Für beide Fälle kann gezeigt werden, daß stabile Gleichgewichte bei Unterbeschäftigung möglich sind und wie sie durch wirtschaftspolitische Maßnahmen in ein Vollbeschäftigungsgleichgewicht überführt werden können.

Gleichgewicht bei Unterbeschäftigung: Konstante Nominallöhne

Bei konstantem Nominallohnniveau existiert immer dann ein Gleichgewicht bei Unterbeschäftigung, wenn die gesamtwirtschaftliche Nachfrage unterhalb des Niveaus liegt, das für Vollbeschäftigung notwendig ist. In *Abb. C-7.4* ist dies in E_1 gegeben, weil die preiselastische Nachfragekurve Y_1^d die Angebotskurve Y^s in ihrem preiselastischen

Abschnitt schneidet. Bei einem Preisniveau P_1 und gegebenem Nominallohnniveau w_1 ist beim Reallohnniveau $(w/P)_1$ die Arbeitsnachfrage N_1^d kleiner als das Arbeitsangebot N_1^s; die Differenz $N_1^s - N_1^d = N_ü^s$ bezeichnet das Ausmaß an Unterbeschäftigung, das beim Reallohnniveau von $(w/P)_1$ besteht. Die Arbeitsnachfrage determiniert die tatsächlich eingesetzte Arbeitsmenge $N_1^d < N_v$, mit der – entsprechend der Produktionsfunktion – das gesamtwirtschaftliche Angebot $Y_1 < Y_v$ produziert werden kann. Es bestimmt zusammen mit P_1 das Gleichgewicht E_1, bei dem Unterbeschäftigung in Höhe von $N_ü^s$ herrscht. Jede weitere Verschiebung der Nachfragekurve nach unten erhöht die Arbeitslosigkeit als Folge steigender Reallöhne und reduziert das gesamtwirtschaftliche Angebot.

Dieses Unterbeschäftigungsgleichgewicht kann durch zwei wirtschaftspolitische Strategien beseitigt und in ein Vollbeschäftigungsgleichgewicht überführt werden:

- Durch eine erfolgreiche Einkommenspolitik (z. B. ordnungspolitische Maßnahmen zur Verschärfung des Wettbewerbs am Arbeitsmarkt), die die vollständige Flexibilität der Nominallöhne wiederherstellt;
- durch eine expansive Fiskal- oder Geldpolitik, die bei konstanten Nominallöhnen die gesamtwirtschaftliche Nachfrage erhöht.

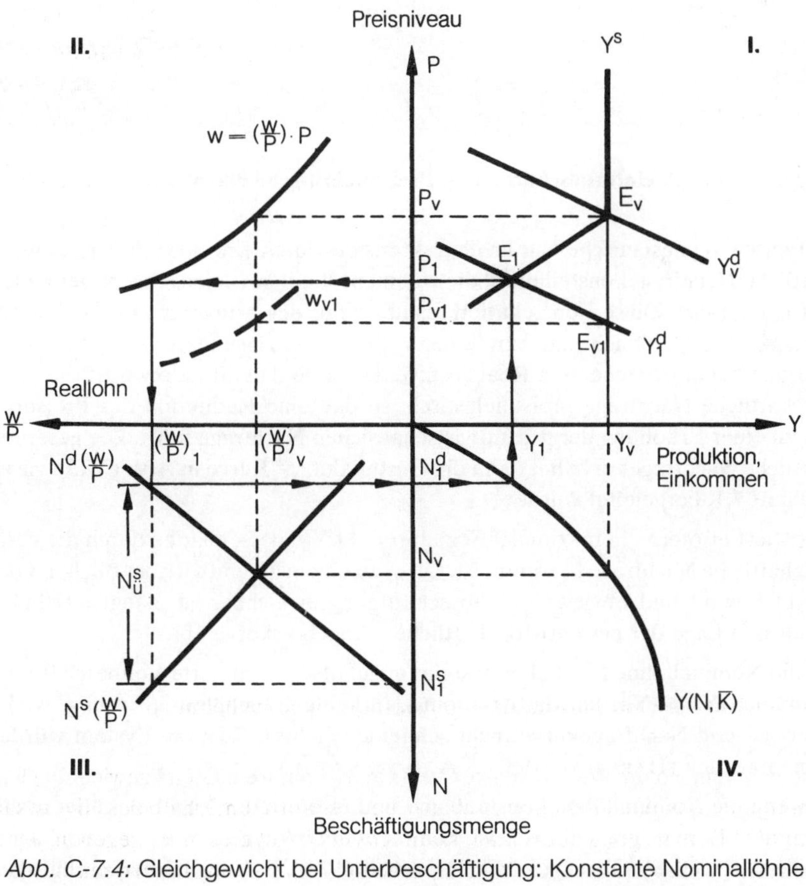

Abb. C-7.4: Gleichgewicht bei Unterbeschäftigung: Konstante Nominallöhne

Im ersten, wenig realistischen Fall würde die Y^s-Kurve völlig preisunelastisch, also die bereits aus dem neoklassischen System bekannte Gestalt annehmen (*Abb. C-7.3*). Bei gegebener preiselastischer Y_1^d-Kurve käme es über eine Senkung des Nominallohnniveaus auf w_{v1} und damit auch des Reallohnniveaus auf $(w/P)_v$ zu einem Vollbeschäftigungsgleichgewicht E_{v1}, wobei das Preisniveau auf $P_{v1} < P_1$ gesunken wäre.

Im zweiten Fall wird – bei einer richtigen Dosierung von $d\overline{G}$ oder $d\overline{M}$ – die Nachfragekurve von Y_1^d auf Y_v^d verschoben. Durch die expansive Fiskal- oder Geldpolitik wird das Vollbeschäftigungsgleichgewicht E_v erreicht, obwohl das Nominallohnniveau konstant bleibt. Dies ist allerdings nur bei einem Anstieg des Preisniveaus auf $P_v > P_1$ möglich. Er ist erforderlich, um die Reallöhne auf jenes Niveau zu drücken, bei dem der Angebotsüberschuß am Arbeitsmarkt abgebaut ist. Während im neoklassischen System die für das Arbeitsmarktgleichgewicht erforderliche Reallohnsenkung über eine Reduktion des Nominallohnniveaus herbeigeführt wird, erfüllt im keynesianischen System die Preisniveauerhöhung diese Funktion.

Bei der wirtschaftspolitischen Entscheidung, ob die notwendige Nachfrageexpansion durch Fiskal- oder Geldmengenimpulse erreicht werden soll, sind die unterschiedlichen Allokationseffekte beider Strategien zu bedenken, die bereits dargestellt wurden (s. Abschnitt 7.2.). Zu beachten ist, daß bereits die Klassiker erkannten, daß bei konstanten Nominallöhnen ein Nachfragerückgang zu einem Unterbeschäftigungsgleichgewicht führen muß. Diese Sichtweise ist insoweit kein Spezifikum keynesianischer Analyse.

Gleichgewicht bei Unterbeschäftigung: Preisunelastische Nachfrage

Der typisch keynesianische Fall ist charakterisiert durch eine spezifische gesamtwirtschaftliche Nachfragekonstellation, die zu einem stabilen Gleichgewicht bei Unterbeschäftigung führt. Diese Konstellation resultiert aus der Annahme einer vollkommen zinselastischen Geldnachfrage bzw. einer vollkommen zinsunelastischen Investitionsnachfrage bei entsprechenden Realzinsniveaus. In beiden Situationen ist die gesamtwirtschaftliche Nachfrage preisunelastisch, so daß eine Reduktion des Preisniveaus nicht zu einer Erhöhung der gesamtwirtschaftlichen Nachfrage führt. Die gesamtwirtschaftliche Nachfragekurve hat dann die Gestalt der Y^d-Kurve in *Abb. C-7.5*, wie sie in Abschnitt 7.1. hergeleitet wurde.

Es existiert insofern ein maximales Sozialprodukt Y_0^d, dessen Höhe durch die gesamtwirtschaftliche Nachfrage bestimmt ist. Ob es zu einem gesamtwirtschaftlichen Gleichgewicht kommt und inwieweit Vollbeschäftigung erreichbar ist, hängt letztlich von Gestalt und Lage der gesamtwirtschaftlichen Angebotskurve ab:

Sind die Nominallöhne flexibel und ist das angebotsdeterminierte Vollbeschäftigungseinkommen $Y_v > Y_0^d$, hat das Makromodell keine Gleichgewichtslösung, weil sich Angebots- und Nachfragekurve nicht schneiden (*Abb. C-7.5*); das System würde zusammenbrechen (HABERLER, 1937, 2. A. 1955, S. 500 f.).

Nur wenn die Nominallöhne konstant sind und insofern die Angebotskurve in einem bestimmten Bereich preiselastisch ist, kommt es unter keynesianischen Nachfragekonstellationen zu einem Gleichgewicht (E_0 in *Abb. C-7.6*). Es ist ein Unterbeschäftigungs-

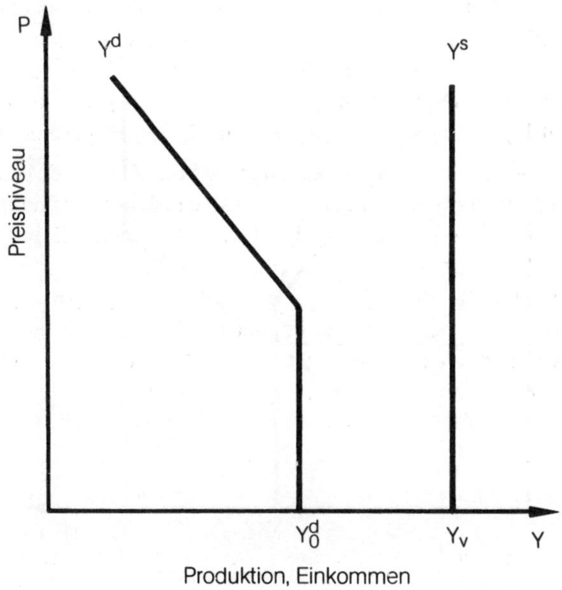

Abb. C-7.5: Preisunelastische Nachfragekurve

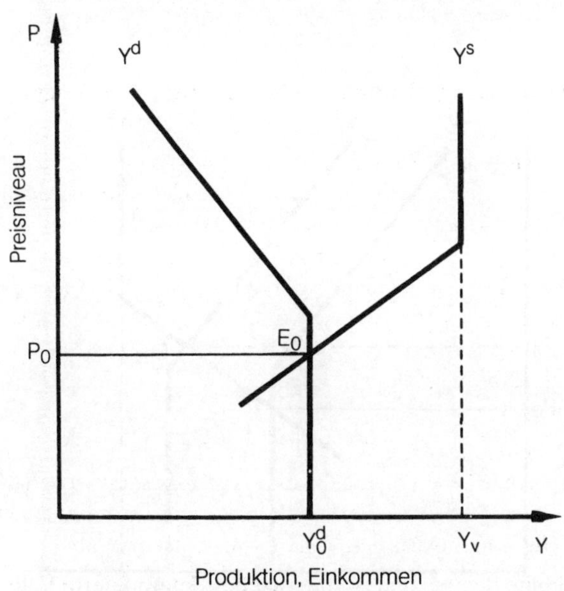

Abb. C-7.6: Gleichgewicht bei Unterbeschäftigung

gleichgewicht ($Y_0^d < Y_v$), wobei das Ausmaß der Arbeitslosigkeit am Arbeitsmarkt analog *Abb. C-7.4* zu bestimmen wäre.

Da das System stabil ist, bedarf es wirtschaftspolitischer Maßnahmen zur Überwindung der Unterbeschäftigungssituation. Allerdings ist bei dieser keynesianischen Nachfra-

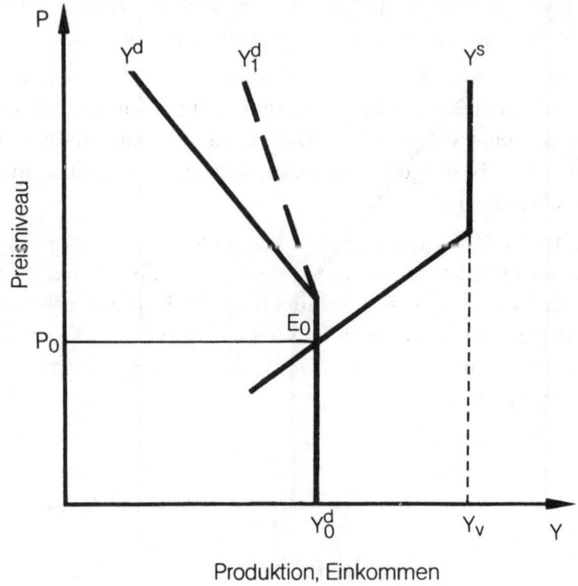

Abb. C-7.7: Expansive Geldpolitik

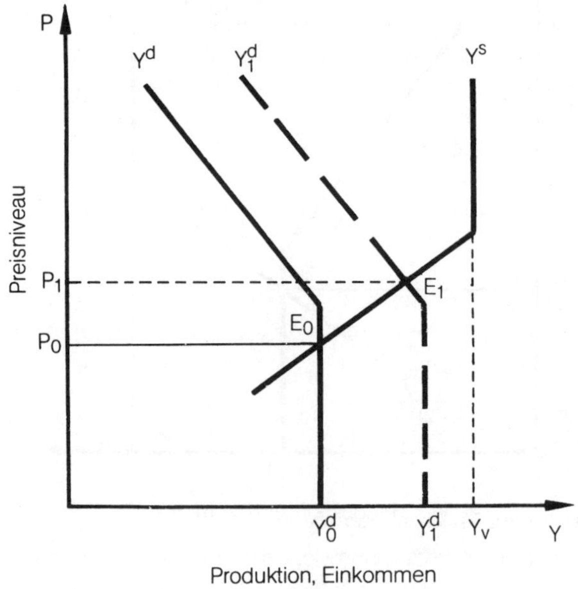

Abb. C-7.8: Expansive Fiskalpolitik

gekonstellation keineswegs jede der bereits genannten wirtschaftspolitischen Strategien geeignet, ein Vollbeschäftigungsgleichgewicht zu verwirklichen:

- Die Herstellung der vollständigen Flexibilität der Nominallöhne durch Einkommenspolitik würde in dieser Unterbeschäftigungssituation den vollständigen Zusammenbruch des Systems verursachen. Die Annahme konstanter Nominallöhne ist insoweit notwendige Bedingung des keynesianischen Systems, ohne die es keine Gleichgewichtslösung gäbe.
- Auch eine expansive Geldmengenpolitik kann die Unterbeschäftigung nicht beseitigen, weil das zusätzliche nominale Geldangebot beim kritischen Realzinsniveau vollständig als Geldhaltung absorbiert und nicht für Konsum- oder Investitionsgüter ausgegeben wird (Liquiditätsfalle) oder aber die im Normalfall erfolgende Zinssenkung keine zusätzlichen Investitionen induziert (zinsunelastische Investition). Die expansive Geldpolitik würde lediglich den preiselastischen Teil, nicht jedoch den hier relevanten preisunelastischen Teil der Y^d-Kurve nach rechts verschieben (*Abb. C-7.7*).
- In dieser Situation wäre nur eine expansive Fiskalpolitik geeignet, die gesamtwirtschaftliche Nachfrage auf jenes Niveau anzuheben, das Vollbeschäftigung sichert. Durch eine Erhöhung der Staatsausgaben wird die Nachfragekurve insgesamt nach rechts verschoben (Y_1^d in *Abb. C-7.8*) und ein Gleichgewicht in E_1 erreicht. Ob und inwieweit Vollbeschäftigung realisiert wird, hängt somit lediglich von der richtigen Mengendosierung des expansiven Fiskalimpulses ab. Zu beachten bleibt, daß auch in diesem Fall die Nachfrageausweitung mit einem Anstieg des Preisniveaus auf $P_1 > P_0$ einhergeht, wodurch die notwendige Reallohnsenkung erzwungen wird. Der hohe wirtschaftspolitische Stellenwert der Fiskalpolitik bei der Vermeidung oder Beseitigung von Unterbeschäftigungssituationen ist durch diese typisch keynesianischen Nachfragekonstellationen begründet. Ihre Existenz wurde in zahlreichen theoretischen und empirischen Analysen bezweifelt. Insbesondere wurde die Vernachlässigung des Vermögens als Determinante der Konsumausgaben kritisiert (s. Abschnitt 5.3.). Bezieht man das Vermögen in die makroökonomische Konsumfunktion ein, lösen Preis-, Realzins- und Geldmengenänderungen Vermögenseffekte aus. Diese Vermögenseffekte bewirken, daß die gesamtwirtschaftliche Nachfragefunktion durchgehend preiselastisch ist, die keynesianischen Nachfragekonstellationen also nicht auftreten. Unter solchen Voraussetzungen ist auch die expansive Geldmengenpolitik ein sehr wirksames Instrument zur Vermeidung und Beseitigung von Unterbeschäftigungssituationen (s. hierzu den Überblick bei SIEBKE/WILLMS, 1975).

Damit sind das keynesianische und das neoklassische Basismodell zur simultanen Bestimmung von Y, N, P und r vorgestellt und ihre Verbindungslinien aufgezeigt.

7.4. Ansätze zur Neuen Makroökonomie

Die in jüngerer Zeit vorgestellten Modelle der „Neuen Makroökonomie" greifen die in der KEYNES'schen Analyse enthaltene Vorstellung nicht voll flexibler Preise und Löhne auf und führen sie analytisch bis zur Entwicklung von Rationierungsgleichgewichten auf Güter- und Arbeitsmärkten fort. Ihre Idee besteht darin, daß Mengenanpassungen als Reaktion auf veränderte Angebots- und Nachfrageverhältnisse auf einem Markt den Preisänderungen vorauseilen. Damit wird die klassische Vorstellung von der zeitlichen Reihenfolge von Preis- und Mengenanpassungen umgekehrt. Verändern sich die gesamtwirtschaftliche Güter- und Faktornachfrage, werden nach klassischer Auffassung sämtliche Anbieter ihre Preisforderungen unverzüglich und so lange anpassen, bis sie wieder ihre ursprüngliche Menge absetzen. Ansatzpunkt der Neuen Makroökonomie ist dagegen die Vorstellung, die Anbieter hielten ihre Preise zunächst nahezu konstant.

Damit werden aber Situationen nicht geräumter, sich im Ungleichgewicht befindlicher Märkte zur typischen Konstellation. Da kein Marktteilnehmer gegen seinen Willen zu einer Transaktion gezwungen werden kann, entscheidet allein die „kürzere“ der beiden Marktseiten über die gehandelte Menge, während die „längere“ rationiert wird: Auf einem Käufermarkt können einige Anbieter einen Teil der von ihnen geplanten Mengen nicht absetzen, während auf einem Verkäufermarkt ein Teil der Nachfrage nicht befriedigt wird.

Folge dieser Transaktion im Ungleichgewicht („False Trading“) ist, daß die Wirtschaftssubjekte ihre Dispositionen auf anderen Märkten nicht mehr im ursprünglich geplanten Umfang durchführen können oder wollen. Es kommt zu „Spill-Over-Effekten“ von den rationierten auf andere Märkte. Ein Anbieter, der auf einem Käufermarkt nicht die ursprünglich von ihm vorgesehene Menge absetzen kann, muß ungeplante Einkommenseinbußen hinnehmen und kann damit seine auf anderen Märkten geplante Nachfrage nicht im gewünschten Maße entfalten. Umgekehrt wird ein Nachfrager, der auf einem Verkäufermarkt rationiert wird, angesichts der Warteschlangen nicht mehr bereit sein, sein Angebot auf anderen Märkten in dem von ihm vorgesehenen Umfang aufrechtzuerhalten. Diese Nachfrage- oder Angebotsreduktionen haben zur Folge, daß sich auf den Drittmärkten trotz voll flexibler Preise ein neues Gleichgewicht bei reduziertem Transaktionsvolumen ergibt. Die Preisinflexibilität auf dem einen Markt bewirkt damit eine quantitative Anpassung auf einem anderen Markt.

Die ersten explizit formulierten Rationierungsmodelle dienten der Erklärung der Einkommensabhängigkeit der KEYNES'schen Konsumfunktion. Sie nahmen an, Haushalte seien aufgrund kurzfristig nach unten starrer Nominallöhne arbeitslos und wegen der dadurch entstehenden Einkommenseinbußen gezwungen, ihre Nachfrage auf dem Gütermarkt zu reduzieren (LEIJONHUVFUD, 1966).

Den umgekehrten Weg eines „Spill-Over-Effektes“ vom Güter- auf den Arbeitsmarkt geht das zeitlich noch früher entwickelte Modell PATINKINS (1956, 2. A. 1965): Die Unternehmer treffen bei kurzfristig fixen Preisen auf eine mengenmäßig zu schwache Nachfrage und reduzieren deshalb ihre Arbeitsnachfrage. Obwohl der Reallohn seinen ursprünglichen Gleichgewichtswert nicht verändert hat, herrscht auf dem Arbeitsmarkt ein Angebotsüberschuß und damit unfreiwillige Arbeitslosigkeit.

Diese beiden sich wechselseitig ergänzenden Ansätze sind in späteren Modellen miteinander verbunden und integriert worden (BARRO/GROSSMAN, 1976; FELDERER/HOMBURG, 1984, 7. A. 1999). Ausgehend von einer kurzfristigen Lohnstarrheit auf dem Arbeitsmarkt ergibt sich ein mengenbeschränktes Gleichgewicht auf dem Gütermarkt, von dem – sofern auch hier keine vollkommene Preisflexibilität gegeben ist – wieder Rückwirkungen auf die Arbeitsnachfrage der Unternehmen ausgehen. Diese Kette von Spill-Over- und Feedback-Prozessen erklärt den keynesianischen Multiplikator und endet mit einem neuen mengenrationierten Gleichgewicht auf beiden Märkten. Der Ausdruck „Ungleichgewichtsökonomik" für die Modelle der Neuen Makroökonomie ist somit irreführend, da in dem erreichten Endzustand die Pläne aller Marktteilnehmer, allerdings bei Berücksichtigung der von ihnen wahrgenommenen Rationierungen, in Erfüllung gehen, also miteinander kompatibel sind.

Die Entwicklung dieser hier nur kurz vorgestellten Modelle scheint noch nicht abgeschlossen. Insbesondere die Annahme starrer Güter- und Faktorpreise hat in den meisten Modellen noch keine eingehende mikroökonomische Begründung erfahren (BARRO/GROSSMAN, 1976). Die Neue Makroökonomie hätte dementsprechend nur für solche Situationen Bedeutung, in denen Preise aufgrund gesetzlicher Vorschriften nicht die gewünschte Flexibilität besitzen und stünde dann mit ihren Ergebnissen nicht mehr im Widerspruch zur klassischen Theorie. Ihr Instrumentarium eröffnet jedoch interessante Perspektiven, insbesondere auch für die Analyse von Instabilitäten in Volkswirtschaften mit zentraler Planung (PORTES, 1981; HARTWIG, 1982).

Die bisherigen Modelle bezogen sich auf geschlossene Volkswirtschaften. Welche Modifikationen bei Berücksichtigung von Außenwirtschaftsbeziehungen notwendig sind und wie sie die Effizienz der Wirtschaftspolitik beeinflussen, ist nunmehr zu analysieren.

8. Außenwirtschaftsbeziehungen

Die ökonomischen Transaktionen zwischen Inländern und Ausländern werden in der Zahlungsbilanz erfaßt (Beitrag E-1.). Zur Erweiterung der bisherigen Analyse um die außenwirtschaftlichen Beziehungen ist deshalb die Zahlungsbilanz in das Makromodell einzubauen. Das geschieht im folgenden für das IS-LM-System. Der Arbeitsmarkt wird vernachlässigt, weil die im vorangegangenen Abschnitt aufgezeigten grundsätzlichen Zusammenhänge zwischen dem gesamtwirtschaftlichen Einkommen einerseits und dem Beschäftigungsvolumen sowie Preisniveau andererseits bei einer Ausdehnung der Analyse auf eine offene Volkswirtschaft erhalten bleiben.

Die Modellanalyse soll sich auf ein „kleines" Land beziehen. Diese Annahme schließt ein, daß die ökonomischen Aktivitäten dieses kleinen Landes weder das Realeinkommen, die Preise noch die Zinsen im „Rest der Welt" beeinflussen können.

8.1. Zahlungsbilanz

Der Einbau der Zahlungsbilanz kann in drei Schritten erfolgen:

- Auf dem Gütermarkt werden die Exporte und Importe als zusätzliche Nachfragekomponenten berücksichtigt. Das ist die Einbeziehung der Leistungsbilanz.
- Die Berücksichtigung der internationalen Kapitalbewegungen führt zur Einbeziehung der Kapitalbilanz.
- Die Zusammenfügung beider Bilanzen führt zur Berücksichtigung der gesamten Zahlungsbilanz. Gleichen sich Leistungsbilanzsaldo und Kapitalbilanzsaldo nicht

gegenseitig aus, entsteht ein Saldo in der dritten wichtigen Teilbilanz: der Devisenbilanz. Damit einhergehende Änderungen der Währungsreserven sind eine Komponente des inländischen Geldangebotes, so daß unmittelbar der Geldmarkt beeinflußt wird.

Export- und Importnachfrage

Da in jedem Land von der Angebotsseite her gesehen inländische und ausländische Güter miteinander konkurrieren, hängen die Export- und Importnachfragen von dem Preisverhältnis ab, das zwischen dem Inland und dem Ausland besteht. In genauerer Betrachtung bezieht sich diese Abhängigkeit auf das Verhältnis der Preise der international gehandelten Güter. Hier kann, ohne Fehlerquellen zu eröffnen, generell von den Preisniveaus ausgegangen werden. Da sich das inländische Preisniveau P und das ausländische Preisniveau Pa auf unterschiedliche Währungseinheiten beziehen, müssen sie beide über den Wechselkurs e normiert und in Beziehung gesetzt werden. Wird dieser Wechselkurs definiert als jener Betrag inländischer Zahlungsmittel (€), den man pro ausländische Währungseinheit (z. B. US-$) erhält bzw. bezahlen muß, geht das zwischenstaatliche Preisverhältnis über in ein reales Austauschverhältnis θ, genannt terms of trade (Beitrag H):

$$(8.1) \qquad \theta = \frac{P}{Pa \cdot e}.$$

Die terms of trade geben das Importvolumen an, das im Austausch gegen eine Einheit der Exportproduktion erworben werden kann. Steigt dieses Austauschverhältnis – weil (1) das inländische Preisniveau P steigt, (2) das ausländische Preisniveau Pa sinkt, (3) die Inlandswährung einer Aufwertungstendenz unterliegt, so daß der Wechselkurs e fällt –, dann nimmt die mengenmäßige Nachfrage des Inlandes nach Auslandsgütern (Importnachfrage) zu und die mengenmäßige Nachfrage des Auslandes nach Inlandsgütern (Exportnachfrage) ab. Daneben hängen diese Güterströme auch positiv von den Einkommensniveaus der jeweiligen Länder ab: Die Importe von dem realen inländischen Einkommen Y, die Exporte von dem gegebenen realen Auslandseinkommen $\overline{Ya}$. Somit gelten als Verhaltensannahmen für die in Gütereinheiten gemessene Exportnachfrage Ex und Importnachfrage Im:

$$(8.2) \qquad Ex = Ex\,(\overline{Ya}, \theta) \quad \text{mit } Ex_{\overline{Ya}} > 0,\ Ex_{\theta} < 0,$$

$$(8.3) \qquad Im = Im\,(Y, \theta) \quad \text{mit } 0 < Im_{Y} < 1,\ Im_{\theta} > 0.$$

Beide Güterströme sind noch nicht wertmäßig miteinander vergleichbar, weil die Exporte in inländischen und die Importe in ausländischen Gütereinheiten definiert sind. Multipliziert man zunächst das Importvolumen Im mit dem Preisniveau Pa des Auslandes, erhält man den Nominalwert der Importe in Auslandswährung: $Pa \cdot Im$. Diese Größe läßt sich überführen in einen Realwert Im* der Importe, der wie die Exporte Ex in inländischen Kaufkrafteinheiten gemessen ist, wenn der Nominalwert $Pa \cdot Im$ über den Wechselkurs e in inländische Währungseinheiten umgerechnet und sodann mit dem Preisniveau P deflationiert wird:

(8.4) $$\text{Im}^* = \frac{\text{Pa} \cdot \text{e}}{\text{P}} \text{Im} = \frac{1}{\theta} \text{Im}.$$

Leistungsbilanz

Damit ergibt sich für den realen Wert des Saldos der Leistungsbilanz:

(8.5) $$\text{L} = \text{Ex}\,(\overline{\text{Y}}\text{a}, \theta) - \frac{1}{\theta} \text{Im}(\text{Y},\theta).$$

Bei einer Erhöhung der terms of trade sinken aufgrund der Verhaltensfunktionen die realen Exporte Ex und steigt das mengenmäßige Importvolumen Im. Da der reziproke Wert der terms of trade 1/θ kleiner wird, ist es nach Ausdruck (8.4) möglich, daß auch der reale Wert der Importe Im* abnimmt. Damit ist die Reaktion der Leistungsbilanz (8.5) auf eine Variation der terms of trade unbestimmt. Als normale Änderung wird angesehen, daß sich mit einer Verbesserung der terms of trade, also deren Zunahme, die Leistungsbilanz verschlechtert, also ins Defizit gerät bzw. ein bestehender Überschuß sinkt. Die Voraussetzungen für diese Normalreaktion gibt die MARSHALL-LERNER-Bedingung (Beitrag E-3.1.1.) an.

Gütermarktgleichgewicht

Durch die ausländische Nachfrage nach inländischen Gütern erhöht sich die gesamtwirtschaftliche Nachfrage, während die Importe einen Teil der gesamtwirtschaftlichen Nachfrage auf das Ausland lenken. Deshalb ist die Gleichgewichtsbedingung (5.1) für den Gütermarkt um den Saldo der Leistungsbilanz additiv zu ergänzen:

(8.6) $$\text{Y} = \text{C}(\text{Y}-\text{T}) + \text{I}(\text{r}) + \overline{\text{G}} + \text{Ex}(\overline{\text{Y}}\text{a},\theta) - \frac{1}{\theta} \text{Im}(\text{Y},\theta).$$

Dieses Gleichgewicht setzt keineswegs voraus, daß auch die Leistungsbilanz ausgeglichen ist. Aus (8.6) erhält man durch Umformung als alternative Gleichgewichtsbedingung:

(8.7) $$\text{Ex}(\overline{\text{Y}}\text{a},\theta) - \frac{1}{\theta} \text{Im}(\text{Y},\theta) = \text{S}(\text{Y}-\text{T}) + \text{T} - (\text{I}(\text{r}) + \overline{\text{G}}).$$

Danach muß im Gleichgewicht die Differenz zwischen Exporten und Importen gleich der Differenz zwischen geplanter Ersparnis plus Steueraufkommen und der geplanten Investition plus Staatsnachfrage sein.

Die außenwirtschaftlichen Nachfragekomponenten beeinflussen vor allem die Lage der IS-Kurve. Eine exogene Erhöhung der Exporte, etwa als Folge eines Einkommenszuwachses im Ausland, verschiebt die Kurve des Gütermarktgleichgewichts nach rechts. Das gleiche gilt für eine Abwertung: Diese senkt die terms of trade und vergrößert damit die Differenz zwischen Exporten und Importen. Zudem bewirken exogene Nachfrageimpulse eine geringere Verschiebung der IS-Kurve im Vergleich zur geschlossenen Volkswirtschaft. Mithin ist im reinen Gütermarktmodell die Effizienz der Fiskalpolitik geschmälert; und zwar weil ein expansiver Impuls dadurch gemildert wird, daß die von ihm ausgelöste Einkommenserhöhung eine zusätzliche Nachfrage nach ausländischen Gütern und damit einen binnenländischen Nachfrageausfall hervorruft. Dieses Ergebnis erhält man analytisch, wenn man aus der Gleichgewichtsbedingung (8.6) bei gegebener Investitions- und Exportnachfrage den Multiplikator für eine Änderung der Nachfrage des Staats nach inländischen Gütern (Staatsausgabenmultiplikator) herleitet:

$$(8.8)\qquad \frac{dY}{d\bar{G}} = \frac{1}{1 - C_Y(1 - T_Y) + \frac{1}{\theta}\,Im_Y}.$$

Indem die marginale Importquote im Nenner hinzugefügt ist, fällt der Multiplikatorwert kleiner aus als der entsprechende Staatsausgabenmultiplikator (3.18) für die geschlossene Volkswirtschaft.

Im Rahmen eines derartigen Gütermarktmodells wurden in den fünfziger Jahren die makroökonomischen Probleme offener Volkswirtschaften analysiert (ALEXANDER, 1952). Die Konzentration auf die Leistungsbilanz hatte zur Folge, daß die außenwirtschaftlichen Beziehungen nur als realwirtschaftliche Probleme gesehen wurden. Diese Ausrichtung kennzeichnet die im Beitrag E-3.1. dargestellte keynesianische Theorie der Zahlungsbilanzanpassung und die dort formulierten Export- und Leistungsbilanzmultiplikatoren. HARRY G. JOHNSON und ROBERT A. MUNDELL (1960, 1962) haben dagegen als erste erkannt, daß die offene Volkswirtschaft zugleich monetäre Probleme mit sich bringt. Die Analyse ist monetär ausgerichtet, wenn zusätzlich die Kapital- und Devisenbilanz einbezogen werden.

Kapitalbilanz

Die internationalen Kapitalbewegungen resultieren aus dem Kauf und Verkauf von international gehandelten Vermögenstiteln. Die Aufteilung eines Vermögensbestandes auf inländische und ausländische Vermögensarten hängt dabei von den Zinsniveaus im Inland und Ausland ab. Je höher die im Inland zu erzielende Rendite ist, desto geringer wird die Bereitschaft inländischer Anleger ausfallen, Kapital im Ausland anzulegen, und desto breiter dagegen der Kapitalstrom aus dem Ausland sein. Bestehen keine Erwartungen über Wechselkursänderungen (Beitrag E-3.2.), läßt sich bei dem gegebenen ausländischen Zinsniveau $\bar{r}a$ postulieren, daß der nominale Nettokapitalimport NK (Saldo der Kapitalbilanz) allein eine positive Funktion des inländischen Zinssatzes ist:

$$(8.9)\qquad NK = NK\,(r) \qquad \text{mit} \qquad NK_r > 0.$$

Hinsichtlich des Ausmaßes der Zinsreagibilität der Kapitalbewegungen lassen sich zwei Fälle unterscheiden:

- Die inländischen und ausländischen Vermögenstitel, beispielsweise staatliche Wertpapiere, sind vollkommene Substitute. Dann existiert nur ein einziger Markt für diese Vermögenstitel, und es muß sich ein einheitlicher Kurs und damit eine einheitliche Verzinsung für die inländischen und ausländischen Vermögenstitel einstellen. Passen sich zudem, wie in der Regel angenommen werden darf, die Vermögensmärkte sehr schnell ihrer Gleichgewichtskonstellation an (Abschnitt 5.1.), können zu keiner Zeit Zinsdifferenzen zwischen Inland und Ausland existieren, weil die Wirtschaftseinheiten ihre Portefeuilles sofort zugunsten der Titel mit der höheren Verzinsung umschichten. Diese Kombination zwischen perfekter Substitution und sofortiger

Marktanpassung ist der Fall der vollkommenen Kapitalmobilität. Sie impliziert unendlich zinselastische Kapitalströme: $NK_r \rightarrow \infty$. Aus der weiteren Annahme des kleinen Lands folgt dann zudem, daß der inländische Zinssatz durch das exogen vorgegebene Auslandszinsniveau determiniert ist: $r = \bar{r}a$.

- Sind die inländischen und ausländischen Vermögensarten unvollkommene Substitute, weil sie sich im Urteil der Wirtschaftseinheiten beispielsweise in ihren Risiken unterscheiden (Beitrag E-4.2.), können sich dauerhafte Zinsdifferenzen zwischen Inland und Ausland einspielen. Bei unvollkommenen Substitutionsbeziehungen ist die Zinsreagibilität der Kapitalströme endlich: $0 < NK_r < \infty$. Das gilt auch für den Regelfall hoher Anpassungsgeschwindigkeiten der Vermögensmärkte. Diese Kombination von nicht-perfekter Substitutionsbeziehung und sofortiger Marktanpassung sei hier als unvollkommene Kapitalmobilität bezeichnet.

Zahlungsbilanz als Nebenbedingung

Leistungsbilanz und Kapitalbilanz werden zur Zahlungsbilanz zusammengefaßt. Aufgrund der Definition der Nettokapitalströme geschieht dies in nominalen Werten. Bezeichnet Z den Saldo der Devisenbilanz, und zwar den nominalen Überschuß der Devisenbilanz, erhält man:

(8.10) $Z = \bar{P} \cdot Ex\,(\bar{Y}a, \theta) - e \cdot \bar{P}a \cdot Im\,(Y, \theta) + NK\,(r).$

Diese Definition der Zahlungsbilanz ist als dritte Gleichung den Gleichgewichtsbedingungen für den Gütermarkt und den Geldmarkt hinzuzufügen. Ob allerdings überhaupt ein Saldo in der Devisenbilanz entstehen kann, hängt von der Ausgestaltung des Wechselkurssystems ab:

- Im System fester Wechselkurse sind die Zentralbanken verpflichtet, zur Aufrechterhaltung der vereinbarten Wechselkurse an den Devisenmärkten zu intervenieren. Aufgrund der Devisenmarkttransaktionen der inländischen Zentralbank entstehen Salden in der Devisenbilanz, die sich als Zunahme oder Abnahme der Währungsreserven der Zentralbank niederschlagen. Diese Währungsreserven sind zugleich eine der Entstehungskomponenten von Zentralbankgeld (Beitrag D). Salden in der Devisenbilanz verändern damit unmittelbar die inländische Geldversorgung. Wenn zur Vereinfachung unterstellt wird, daß genau in Höhe der Veränderung der Devisenreserven das nominale Geldangebot variiert, gilt:

  $Z = dM.$

- Im System flexibler Wechselkurse spielt sich der Wechselkurs e so ein, daß sich Leistungsbilanzsaldo und Kapitalbilanzsaldo ausgleichen:

  $Z = 0.$

Die Zahlungsbilanz läßt sich als neue, zusätzliche Kurve dem IS-LM-Diagramm hinzufügen. Als Kurve ZZ des Zahlungsbilanzgleichgewichts seien alle Kombinationen von Zins r und Sozialprodukt Y erfaßt, bei denen der Saldo der Devisenbilanz Null ist. Nach dem Grad der Kapitalmobilität sind wiederum zwei Konstellationen zu unterscheiden:

- Bei unvollkommener Kapitalmobilität hat die ZZ-Kurve eine positive Steigung. Dieser Zusammenhang läßt sich anhand von Abb. C-8.1 herleiten. Ausgehend von dem Zahlungsbilanzgleichgewicht E_0 steige das Inlandseinkommen auf Y_1. Damit erhöht sich die Importnachfrage, und die Zahlungsbilanz gerät bei unverändertem inländischen Zinsniveau r_0 im Punkte E_{d1} in ein Defizit. Um das Zahlungsbilanzgleichgewicht aufrecht zu halten, muß der Zins steigen. Dadurch wird ein zusätzlicher Kapitalimport induziert, so daß in E_1 das Leistungsbilanzdefizit kompensiert ist. Diese Überlegungen ergeben zugleich, daß unterhalb der ZZ-Kurve eine Defizitsituation und entsprechend oberhalb eine Überschußsituation vorliegt.
- Bei vollkommener Kapitalmobilität ist der inländische Zinssatz durch die ausländischen Kapitalmärkte fixiert: $r = \bar{r}a$. In Höhe dieses Zinsniveaus wird die ZZ-Kurve im IS-LM-Diagramm zu einer Parallelen zur Y-Achse. Läge der Auslandszins in Abb. C-8.1 beispielsweise bei r_0, würde die Kurve des Zahlungsbilanzgleichgewichts durch die Punkte E_0 und E_{d1} verlaufen. Auch in diesem Fall gilt wiederum, daß sich die Zahlungsbilanz unterhalb der ZZ-Kurve im Defizit und darüber im Überschuß befindet.

Internes und externes Gleichgewicht

Alle Punkte auf der ZZ-Kurve stellen ein außenwirtschaftliches (externes) Gleichgewicht dar. Dagegen bildet nur eine einzige Kombination von Zinssatz und Einkommen, nämlich der Schnittpunkt von IS- und LM-Kurve das inländische (interne) Gleichgewicht. Ein simultanes gesamtwirtschaftliches Gleichgewicht liegt erst vor,

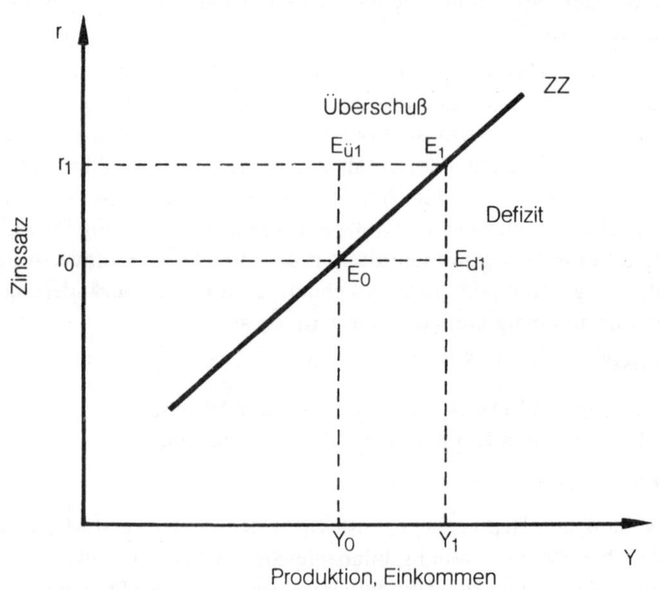

Abb. C-8.1: Kurve des Zahlungsbilanzgleichgewichts bei unvollkommener Kapitalmobilität

wenn der Schnittpunkt von IS- und LM-Kurve mit einem Punkt auf der ZZ-Kurve zusammenfällt und sich damit die drei Kurven in einem Punkt schneiden. Wenn immer internes und externes Gleichgewicht auseinanderfallen, werden über die Zahlungsbilanz Anpassungsprozesse ausgelöst, die das gesamtwirtschaftliche Gleichgewicht wieder herstellen. Die Art der Anpassungskräfte hängt von der Ausgestaltung des Wechselkurssystems ab. Dabei ergeben sich im IS-LM-Diagramm folgende grundlegende Mechanismen:

- Ist die Zahlungsbilanz im System fester Wechselkurse im Ungleichgewicht, verändern sich die Geldmenge und damit die Lage der LM-Kurve. Wenn die Zentralbank in einer Überschußsituation Devisen aufkauft, um eine Aufwertung zu verhindern, erhöht sie das Geldangebot und verschiebt die LM-Kurve nach rechts. IS- und ZZ-Kurve bleiben unberührt.
- Ist die Zahlungsbilanz im System flexibler Wechselkurse im Ungleichgewicht, verändern sich der Wechselkurs und damit der Saldo der Leistungsbilanz. Eine Veränderung dieses Saldos verschiebt zunächst die IS-Kurve. Kommt es in einer Überschußsituation zu einer Aufwertung, wird im unterstellten Normalfall der Saldo zwischen den Exporten und Importen kleiner und die IS-Kurve nach links unten verlagert. Bei unvollkommener Kapitalmobilität beeinflußt diese Veränderung des Leistungsbilanzsaldos zugleich die Kurve des Zahlungsbilanzgleichgewichts. Alle Kombinationen von Zinssatz und Einkommen auf der ZZ-Kurve werden bei einer Aufwertung über die Abnahme des Leistungsbilanzsaldos zu Konstellationen des Zahlungsbilanzdefizits. Damit die Zahlungsbilanz wieder ins Gleichgewicht kommt, müßte der Zins steigen, um zusätzliche kompensierende Kapitalimporte anzulocken, und müßte das Einkommen sinken, um die Importnachfrage zurückzudrängen. Die ZZ-Kurve verschiebt sich nach links oben.

Diese Anpassungsprozesse werden in den folgenden beiden Abschnitten bei vollkommener und unvollkommener Kapitalmobilität analysiert, um die Effizienz der Fiskal- und Geldpolitik in den beiden alternativen Wechselkurssystemen abzuschätzen. Von den Problemen der Finanzierung fiskalpolitischer Maßnahmen wird dabei stets abgesehen.

8.2. Gleichgewicht bei vollkommener Kapitalmobilität

Grundlage der nachfolgenden Betrachtung ist das simultane gesamtwirtschaftliche Ausgangsgleichgewicht E_0 in *Abb. C-8.2.* Das inländische Zinsniveau r ist vollständig an das Auslandszinsniveau $\bar{r}a$ gekoppelt.

8.2.1. Feste Wechselkurse

Eine expansive Fiskalpolitik erhöht die gesamtwirtschaftliche Nachfrage und verschiebt die IS-Kurve von IS_0 nach IS_1. Bleibt die Geldversorgung unverändert, müßte der inländische Zins steigen. Bei der geringsten Tendenz zur Zinssteigerung reagieren jedoch die Kapitalanleger mit einer Substitution von ausländischen Vermögenstiteln gegen eine Anlage in inländischen Titeln. Der sofortige Kapitalimport zwingt die Zentralbank, zur Aufrechterhaltung des Wechselkurses das Überschußangebot an Devisen aus dem Markt zu nehmen und zusätzliches Zentralbankgeld zu schaffen. Die inländische Geldmenge wächst, und die LM-Kurve wandert nach rechts. Das neue gesamtwirtschaftliche Gleichgewicht wird im Punkt E_1 bei einem höheren Einkommen

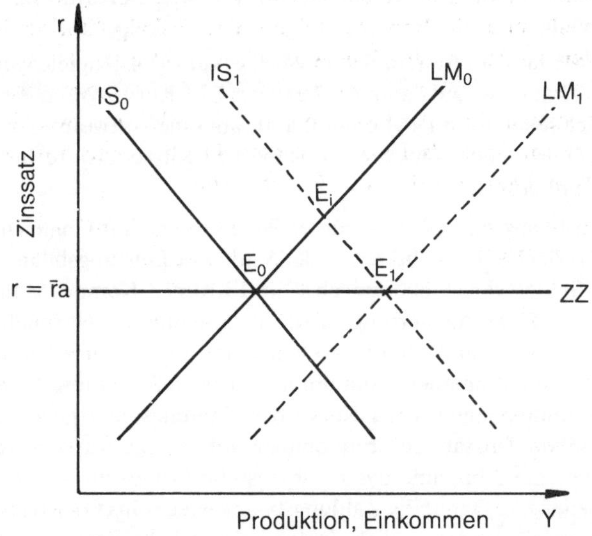

Abb. C-8.2: Gesamtwirtschaftliches Gleichgewicht bei vollkommener Kapitalmobilität

und unverändertem Zinsniveau erreicht. In der geschlossenen Volkswirtschaft würde sich das interne Gleichgewicht E_i von *Abb. C-8.2* mit einer weniger starken Einkommenserhöhung einspielen. Im Vergleich dazu ist die Fiskalpolitik in der offenen Wirtschaft mit festen Wechselkursen deshalb wirksamer, weil sie über die Zahlungsbilanz zusätzlich einen monetären Impuls auslöst.

Eine expansive Geldpolitik müßte die Kurve des Geldmarktgleichgewichts von LM_0 nach LM_1 verschieben. Das aber ist nicht möglich. Eine Tendenz zur Zinssenkung induziert einen sofortigen Kapitalexport, der die Zentralbank in ihrer Verpflichtung, eine Abwertung zu verhindern, zwingt, die ursprüngliche Geldmengenerhöhung durch den Verkauf von Devisen wieder rückgängig zu machen. Die LM-Kurve verharrt in ihrer Lage, und die Geldpolitik ist wirkungslos.

Damit ergibt sich: Im System fester Wechselkurse, mit vollkommener Kapitalmobilität und unter der Annahme des kleinen Landes determinieren das Auslandszinsniveau und die gesamtwirtschaftliche Güternachfrage das interne Gleichgewicht, während das Geldangebot endogen und vollkommen elastisch ist. Damit ist die Fiskalpolitik, die die gesamtwirtschaftliche Nachfrage beeinflußt, sehr effizient und die Geldpolitik völlig ineffizient.

8.2.2. Flexible Wechselkurse

Bei völlig flexiblen Wechselkursen gelingt es der Fiskalpolitik im Endeffekt nicht, die Lage der IS-Kurve zu verändern. Eine expansive Fiskalpolitik induziert wiederum über die Tendenz zu Zinssteigerungen sofortige Kapitalimporte. Diese führen nunmehr eine Aufwertung herbei. Dadurch sinkt die Nachfrage nach inländischen Gütern: Die Exporte nehmen ab, und die Importe steigen. Die Fiskalpolitik verdrängt mithin über die Veränderung des Wechselkurses private Nachfrage. Das ist eine weitere Form des crowding-out-Effektes (s. Abschnitt 5.3.2.). Im vorliegenden Fall wird die Leistungsbilanz genau in Höhe des Fiskalimpulses verschlechtert, weil der inländische Zinssatz sich nicht vom Auslandsniveau lösen kann. Der bewegliche Wechselkurs führt mithin einen vollständigen crowding-out-Effekt herbei.

Eine expansive Geldpolitik verschiebt die LM-Kurve von LM_0 nach LM_1. Die Tendenz zur Zinssenkung wird durch die sofortige Reaktion der Kapitalanleger, inländische Vermögenstitel durch ausländische Titel zu substituieren, verhindert. Mit dem Kapitalexport gerät die Zahlungsbilanz in ein Defizit. Die Inlandswährung wird abgewertet, und die Nachfrage nach inländischen Gütern steigt: Die Exporte wachsen, und die Importe nehmen ab. Die Verbesserung der Leistungsbilanz verschiebt die IS-Kurve nach IS_1. Die Geldpolitik ist wirksamer als in einer geschlossenen Volkswirtschaft, weil über die Wechselkursänderung endogen ein zusätzlicher Nachfrageimpuls ausgelöst wird.

Damit ergibt sich nunmehr gegenüber festen Wechselkursen das genau umgekehrte Ergebnis: Im System flexibler Wechselkurse, mit vollkommener Kapitalmobilität und unter der Annahme des kleinen Landes legen das Auslandszinsniveau und der Umfang des Geldangebots das interne Gleichgewicht fest, während die Güternachfrage endogen und vollkommen elastisch ist. Damit ist die Geldpolitik sehr effizient und die Fiskalpolitik völlig ineffizient.

8.3. Gleichgewicht bei unvollkommener Kapitalmobilität

Bei unvollkommener Kapitalmobilität kann sich das inländische Zinsniveau teilweise von der Zinsentwicklung im Ausland lösen. Damit wird der Zins r zu einer endogenen Variable, und die ZZ-Kurve des Zahlungsbilanzgleichgewichts hat eine positive Steigung. Sie kann damit steiler oder flacher als die LM-Kurve des Geldmarktgleichgewichts verlaufen. Im folgenden wird stets unterstellt, daß die Steigung der ZZ-Kurve geringer als die der LM-Kurve ist. Dies ist sichergestellt, wenn die Kapitalströme ausreichend zinselastisch sind. Je höher die Zinsreagibilität ausfällt, desto kleiner ist die Steigung der Kurve des externen Gleichgewichts.

8.3.1. Feste Wechselkurse

Fiskalpolitik

Die öffentliche Hand frage bei einer expansiven Fiskalpolitik ausschließlich inländische und keine ausländischen Güter nach (staatliche Diskriminierungspolitik). Dadurch wird in *Abb. C-8.3* lediglich die IS-Kurve verschoben – von IS_0 nach IS_1 –, während die Lage der Kurve des Zahlungsgleichgewichts ZZ unverändert bleibt. Infolge dieser Fiskalpolitik steigen der Zinssatz und das gesamtwirtschaftliche Einkommen „entlang" der zunächst gegebenen Kurve LM_0 des Geldmarktgleichgewichts. Steigende Zinsen und Einkommen führen zu einem Überschuß in der Zahlungsbilanz, da die ZZ-Kurve flacher als die LM-Kurve verläuft und sich deshalb IS_1-Kurve und LM_0-Kurve oberhalb der Kurve des Zahlungsbilanzgleichgewichts schneiden. Um eine Aufwertung der inländischen Währung zu verhindern, muß die Zentralbank Auslandswährungen aufkaufen. In der Periode der expansiven Fiskalpolitik wird mithin zugleich endogen das Geldangebot ausgeweitet.

Die Ausdehnung der Geldmenge verschiebt die LM_0-Kurve zunächst nach LM_{1k}; der ergänzende untere Index k soll andeuten, daß dieses Geldmarktgleichgewicht nur kurzfristig bestehen bleiben kann. In der Konstellation E_{1k} liegt zwar ein internes Gleichgewicht vor, doch hat es deshalb nur kurzfristig Bestand, weil die Zahlungsbilanz noch immer einen Überschuß aufweist. Damit ist die Zentralbank weiterhin gezwungen, Devisen aufzukaufen. Die LM-Kurve wandert von Periode zu Periode so lange nach rechts, bis im Punkt E_1 ein neues gesamtwirtschaftliches Gleichgewicht erreicht ist. Analog zur Defizitfinanzierung staatlicher Ausgaben hat ein Zahlungsbilanzungleichgewicht langfristige Auswirkungen. Allerdings könnte der Staat den Anpassungsprozeß beschleunigen, wenn er die expansive Fiskalpolitik durch eine expansive Geldpolitik unterstützt (LM_0 nach LM_1), um sofort auch das außenwirtschaftliche Gleichgewicht zu sichern.

Die Fiskalpolitik ist um so effizienter, je flacher die ZZ-Kurve verläuft. Sie erreicht ihren höchsten Wirkungsgrad in dem schon analysierten Fall der vollständigen Kapitalmobilität. Umgekehrt ist die Fiskalpolitik um so weniger effizient, je steiler die ZZ-

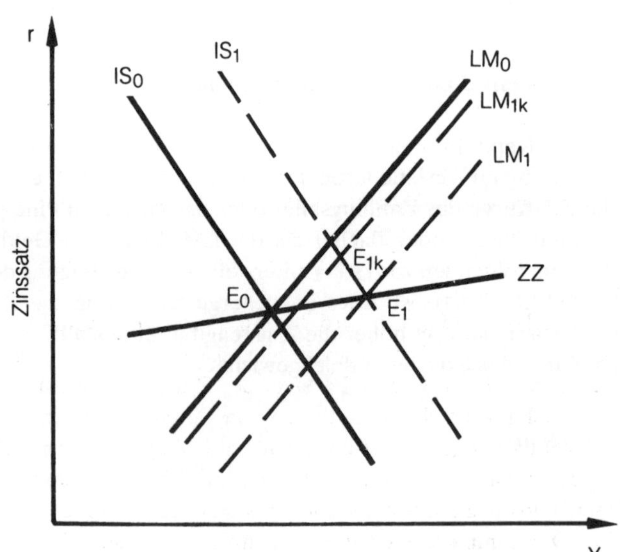

Abb. C-8.3: Wirkungen einer expansiven Fiskalpolitik bei festen Wechselkursen

Kurve verläuft, d. h. je weniger zinselastisch die Kapitalströme reagieren. In diesem Falle treten nur geringe Zahlungsbilanzüberschüsse und die Fiskalpolitik unterstützende expansive Geldmengenimpulse auf. Ist die ZZ-Kurve steiler als die LM-Kurve und schneiden sich damit IS_1-Kurve und LM_0-Kurve unterhalb der Zahlungsbilanzgleichgewichte, induziert eine expansive Fiskalpolitik sogar Zahlungsbilanzdefizite und damit konterkarierende monetäre Impulse.

Geldpolitik

Eine expansive geldpolitische Maßnahme führt kurzfristig zu einem höheren gesamtwirtschaftlichen Einkommen und zu einem niedrigeren Zinsniveau. Damit wird ein Zahlungsbilanzdefizit herbeigeführt. Die zur Stützung des Wechselkurses erforderlichen Devisenmarktoperationen der Zentralbank schränken das Geldangebot ein und neutralisieren den ursprünglich beabsichtigten expansiven Effekt der Geldpolitik. Wie unter der Bedingung vollkommener Kapitalmobilität kann auch bei geringerer Zinselastizität der Kapitalströme mittels einer einmaligen geldmengenpolitischen Maßnahme keine anhaltende Wirkung auf das inländische Sozialprodukt erzielt werden. Im Falle der unvollkommenen Kapitalmobilität kann allerdings die Zentralbank versuchen, den Zins dauerhaft zu senken und damit die eigene Volkswirtschaft auf einem höheren Produktionsniveau zu stabilisieren, indem sie in jeder Periode Devisen mit dem von ihr selbst geschaffenen Geld aufkauft, um den zahlungsbilanzbedingten Geldmengenabfluß zu überkompensieren. Dieser Mechanismus setzt allerdings voraus, daß der Rest der Welt auch bereit ist, laufend die Währung dieses Landes aufzunehmen. Sind die ausländischen Wirtschaftseinheiten nicht dazu bereit, ist die Geldmengenpolitik eines Landes im System fester Wechselkurse auch bei unvollkommener Kapitalmobilität unwirksam.

Auslandseinfluß

Auslandseinflüsse auf das Niveau der Inlandsproduktion können ausgehen von konjunkturellen Schwankungen in der ökonomischen Aktivität $\overline{Ya}$ des Auslandes oder von einer Preisniveauentwicklung $\overline{Pa}$ im Rest der Welt, die von der im Inland abweicht und die terms of trade θ verändert. Beispielsweise läßt ein Konjunkturaufschwung die Exporte wachsen und verschiebt damit in *Abb. C-8.4* die Kurve des Gütermarktgleichgewichtes von IS_0 nach IS_1. Zugleich wird die Kurve des Zahlungsbilanzgleichgewichtes nach ZZ_1 verlagert, da alle gleichgewichtigen Ausgangskombinationen ZZ_0 infolge der Erhöhung der Exporte zu Konstellationen des Zahlungsbilanzüberschusses werden: Die neuen Gleichgewichtskombinationen von Zinssatz und Einkommen müssen unterhalb der ZZ_0-Kurve liegen. Der sich einspielende Anpassungsprozeß läuft analog zu der Wirkung der expansiven Fiskalpolitik ab. Die Volkswirtschaft expandiert bei steigenden Zinsen, und die Zentralbank kompensiert die eintretenden Zahlungsbilanzüberschüsse über Devisenmarktoperationen. Damit bewegt sich das System über das kurzfristige interne Gleichgewicht E_{1k} zur langfristigen gesamtwirtschaftlichen Gleichgewichtslage E_1 hin.

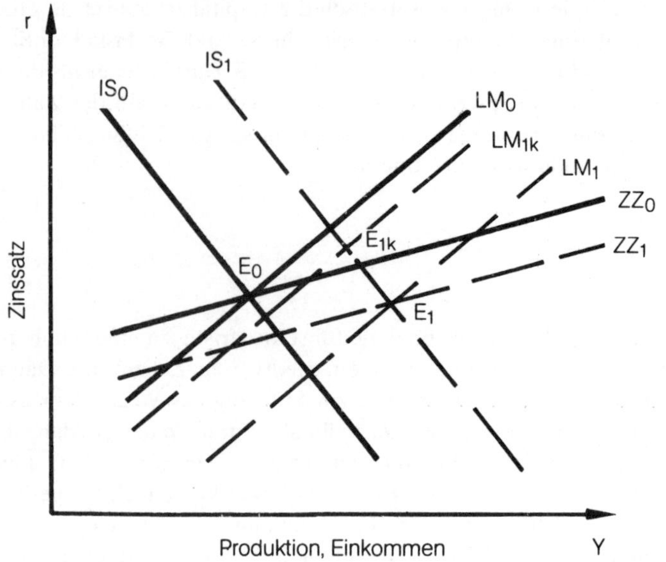

Abb. C-8.4: Wirkungen einer Ausdehnung der Exporte bei festen Wechselkursen

Policy-mix

Welche Maßnahmen können die wirtschaftspolitischen Instanzen ergreifen, um die Volkswirtschaft auf einem gewünschten Einkommensniveau zu stabilisieren? Als Beispiel seien die Folgen eines Ölpreisschocks analysiert. Mit der abrupten Anhebung des Ölpreises steigen die Ausgaben für die Ölimporte, weil eine schnelle Substitution durch andere Energieträger nicht möglich ist. Wie sich gezeigt hat, sind sogar lange Zeiträume erforderlich, um den Ölverbrauch spürbar zu reduzieren. Innerhalb des IS-LM-Modells impliziert diese geringe Reaktion des mengenmäßigen Ölimports auf Preissteigerungen, daß die marginale Importneigung Im_θ in bezug auf die terms of trade nahe bei Null liegt. Da aber die terms of trade selbst stark sinken, erhöht sich nach Ausdruck (8.4) der (reale) Wert Im* der Importe. Ein Ölpreisschock verschiebt damit die Kurve des Gütermarktgleichgewichtes nach unten und die des Zahlungsbilanzgleichgewichtes nach oben.

In *Abb. C-8.5* sei angenommen, daß sich die Volkswirtschaft im Punkt E_0 befinde, und dies sei ein Gleichgewicht bei Vollbeschäftigung. Die zugehörigen Gleichgewichtskurven für Gütermarkt, Geldmarkt und Zahlungsbilanz sind nicht eingezeichnet. Aufgrund der Änderung des Ölpreises beschreiben nunmehr dieIS_1-Kurve und die ZZ_1-Kurve die neue Lage der Volkswirtschaft. In der Zahlungsbilanz muß ein Defizit hingenommen werden, so daß die Zentralbank zur Verhinderung der Abwertung Devisen abgibt und damit die Geldmenge verringert. Die Kurve des neuen, aber nur kurzfristig bestehen bleibenden Geldmarktgleichgewichts LM_{1k} liegt oberhalb der Ausgangslage E_0. Die Volkswirtschaft gerät zunächst in die Konstellation E_{1k}, in der eine Unterbeschäftigung mit einem weiterhin bestehenden Zahlungsbilanzdefizit einhergeht.

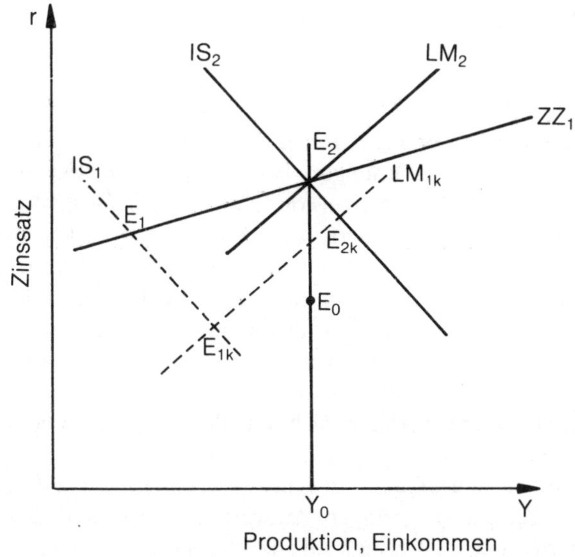

Abb. C-8.5: Kombinierter Einsatz von Geld- und Fiskalpolitik bei Unterbeschäftigung und Zahlungsbilanzdefizit

Im System fester Wechselkurse ist das gesamtwirtschaftliche Gleichgewicht durch die Zahlungsbilanz und die Güternachfrage bestimmt (Abschnitt 8.2.). Ohne fiskalpolitische Maßnahmen würde sich die Volkswirtschaft, begleitet von einer weiterhin erzwungenen restriktiven Geldpolitik, zum Punkt E_1 bewegen und damit eine noch weiter steigende Unterbeschäftigung hinnehmen müssen. Zum Abbau der Unterbeschäftigung ist demnach eine expansive Fiskalpolitik erforderlich. Werden die fiskalpolitischen Maßnahmen derart dosiert, daß die neue IS_2-Kurve die Zahlungsbilanzgerade beim angestrebten Einkommensniveau Y_0 im Punkt E_2 schneidet, stellt sich mittelfristig die Überbeschäftigungslage E_{2k} ein. Zwar liegt auch hier ein Zahlungsbilanzdefizit vor, so daß sich die Volkswirtschaft langfristig über die ausgelöste Geldmengenverringerung der Gleichgewichtslage E_2 annähert, jedoch kann die Wirtschaftspolitik diesen Anpassungsprozeß abkürzen, wenn sie gleichzeitig mit der expansiven Fiskalpolitik eine kontraktive Geldmengenpolitik verfolgt, die sogleich die Kurve des kurzfristigen Geldmarktgleichgewichts LM_{1k} in die langfristig erforderliche Lage LM_2 verschiebt.

Die an dem binnenwirtschaftlichen Gleichgewicht Y_0 ausgerichtete Fiskalpolitik erreicht – zumindest kurzfristig – nicht ihr Ziel, weil sie das außenwirtschaftliche Gleichgewicht verletzt. Letzteres kann dagegen der simultane Einsatz der Geldpolitik sicherstellen. Dieser kombinierte Einsatz der Fiskalpolitik und Geldpolitik – policy-mix genannt – ist das von MUNDELL (1962) formulierte Assignment-Prinzip: Bei festen Wechselkursen hat sich die Fiskalpolitik am internen, die Geldpolitik am externen Gleichgewicht auszurichten.

8.3.2. Flexible Wechselkurse

Fiskalpolitik

Infolge einer expansiven Fiskalpolitik, die in *Abb. C-8.6* die Kurve des Gütermarktgleichgewichts nach IS_{1k} verschiebt, steigen wiederum das Zinsniveau und das gesamtwirtschaftliche Einkommen. Diese Expansion führt, solange die ZZ-Kurve flacher als die LM-Kurve verläuft, zunächst im kurzfristigen internen Gleichgewicht E_{1k} zu einem Überschuß in der Zahlungsbilanz. Die inländische Währung wertet sich auf. Eine Aufwertung dämpft zwar die Exportnachfrage und stimuliert die Importe, sie kann jedoch über diese indirekte Wirkung bei unvollkommener Kapitalmobilität den expansiven fiskalpolitischen Impuls nicht vollständig kompensieren. Ein totaler crowding-out-Effekt wie bei vollkommener Kapitalmobilität findet nicht statt. Die Kurve des Gütermarktgleichgewichts verlagert sich lediglich nach IS_1 zurück. Mit der Aufwertung verschiebt sich gleichzeitig die ZZ-Kurve des externen Gleichgewichts nach oben. In Punkt E_1 tritt ein neues Gesamtgleichgewicht ein. Je kleiner die Zinselastizität der Kapitalströme ist, eine desto geringere Aufwertung ist erforderlich, um die zusätzlichen Kapitalimporte über die Leistungsbilanz auszugleichen. Daraus folgt, daß mit abnehmender Zinsreagibilität der Kapitalbewegungen die Effizienz der Fiskalpolitik steigt. Ist die Kurve des Zahlungsbilanzgleichgewichts steiler als die LM-Kurve, wird sogar eine Abwertung ausgelöst, die den expansiven Fiskaleffekt noch verstärkt. Das ist die entgegengesetzte Konsequenz zum System fester Wechselkurse, in dem die Fiskalpolitik um so ineffizienter ist, je steiler die ZZ-Kurve verläuft. Dort reduziert eine abnehmende Zinselastizität der Kapitalströme die expansiven monetären Impulse oder kehrt sie sogar in konterkarierende Geldmengenimpulse um.

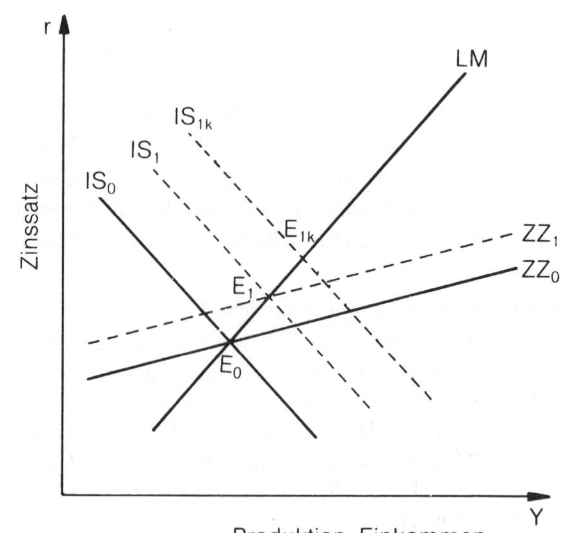

Abb. C-8.6: Wirkungen einer expansiven Fiskalpolitik bei flexiblen Wechselkursen

Geldpolitik

Eine expansive Geldpolitik, welche die LM-Kurve in *Abb. C-8.7* von LM_0 nach LM_1 verschiebt, senkt das Zinsniveau und erhöht das gesamtwirtschaftliche Einkommen. Diese Konstellation führt zu einem Defizit in der Zahlungsbilanz und löst damit eine Abwertung der inländischen Währung aus. Die Kurve des Gütermarktgleichgewichts und die des Zahlungsbilanzgleichgewichts verschieben sich, bis im Punkt E_1 ein neues Gleichgewicht bei einem höheren Gleichgewichtseinkommen erreicht ist. Im Gegensatz zum System fester Wechselkurse behält die Geldpolitik ihre Wirksamkeit, weil über die Devisenbilanz keine entgegenwirkenden monetären Impulse ausgelöst werden.

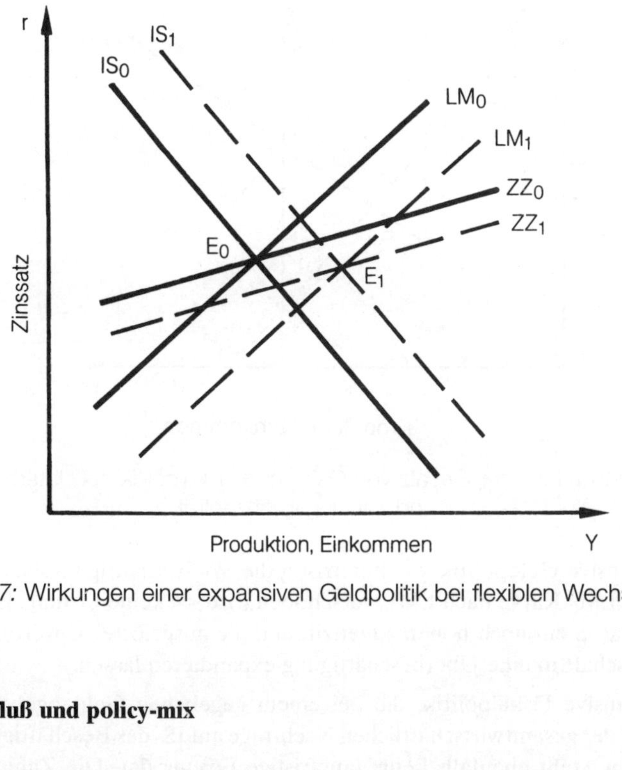

Abb. C-8.7: Wirkungen einer expansiven Geldpolitik bei flexiblen Wechselkursen

Auslandseinfluß und policy-mix

Eine exogene Erhöhung des (realen) Wertes der importierten Güter, beispielsweise wiederum hervorgerufen durch einen Ölpreisschock, bringt die Volkswirtschaft in eine Defizitsituation, die eine Abwertung der inländischen Währung hervorruft. Ist in *Abb. C-8.8* der Punkt E_0 die gesamtwirtschaftliche Ausgangslage, verschiebt sich die Kurve des Gütermarktgleichgewichts nach IS_1 sowie die Kurve des Zahlungsbilanzgleichgewichts nach ZZ_1 und es spielt sich das kurzfristige interne Gleichgewicht in E_{1k} ein. Die Abwertung stimuliert die Exporte und verdrängt einen Teil des Importvolumens. Diese Veränderungen in der Leistungsbilanz wirken der ursprünglichen Erhöhung der Ölpreisrechnung entgegen. Die IS_1- und ZZ_1-Kurve wandern zu ihrer Ausgangslage in E_0 zurück. Ein System flexibler Wechselkurse schirmt mithin die inländische Volkswirtschaft langfristig gegen exogene Schocks ab, die vom Ausland kommen.

Der Abschirmungseffekt flexibler Wechselkurse kann aber möglicherweise einen zeitlich so lang andauernden Anpassungsprozeß beanspruchen, daß sich die Wirtschaftspolitiker veranlaßt sehen, Maßnahmen zu einer schnellen Beseitigung der in der Situation E_{1k} bestehenden Unterbeschäftigung zu ergreifen. Ist hier ein ähnlicher policy-mix wie im System fester Wechselkurse angebracht?

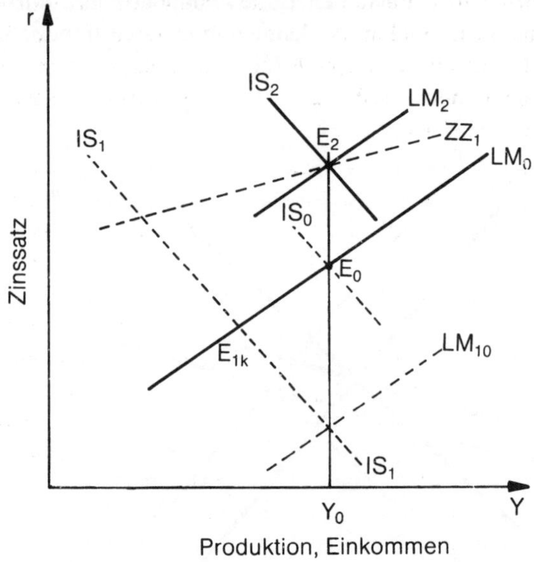

Abb. C-8.8: Kombinierter Einsatz von Geld- und Fiskalpolitik bei Unterbeschäftigung und Zahlungsbilanzdefizit

- Eine expansive Geldpolitik, die kurzfristig die Vollbeschäftigungslage Y_0 anstrebt, indem die LM_0-Kurve nach LM_{10} verschoben wird, ist keine Lösung. Die Zahlungsbilanz gerät in ein noch höheres Defizit, und die ausgelöste Abwertung würde die Volkswirtschaft in eine Überbeschäftigung expandieren lassen.
- Eine expansive Fiskalpolitik, die bei einem gegebenen Geldangebot durch eine Erhöhung der gesamtwirtschaftlichen Nachfrage auf IS_0 das Beschäftigungsvolumen Y_0 anstrebt, stellt ebenfalls keine langfristige Lösung dar. Die Zahlungsbilanz ist weiterhin im Defizit und die ausgelöste Abwertung bringt die Volkswirtschaft ebenfalls in eine Überbeschäftigungsphase.

Damit bietet sich auch im System flexibler Wechselkurse eine Kombination von Fiskal- und Geldpolitik an. Eine kontraktive Geldpolitik nach LM_2 und eine expansive Fiskalpolitik nach IS_2 würde in Punkt E_2 ein internes und externes Gleichgewicht bei der angestrebten Einkommenslage Y_0 sichern.

Wechselkurserwartungen

Bislang wurde angenommen, daß die internationalen Kapitalströme allein auf die Veränderungen von Zinssatzdifferenzen, die zwischen dem Inland und dem Ausland bestehen, reagieren. Schwanken die Wechselkurse frei, bilden jedoch die Wirtschaftseinheiten Erwartungen über die zukünftige Wechselkursentwicklung, und diese Wechselkurserwartungen beeinflussen gleichfalls die privaten Entscheidungen über die Aufteilung eines Vermögensbestandes auf inländische und ausländische Vermögenstitel. Erwarten die Wirtschaftseinheiten eine Abwertung der inländischen Währung, dann werden sie vermehrt Kapital im Ausland anlegen, denn eine realisierte Abwertung bedeutet einen Ertrag für den Kapitalexporteur. Umgekehrt vermögen Aufwertungserwartungen Kapitalimporte selbst dann auszulösen, wenn das inländische Zinsniveau unter dem des Auslandes liegt.

Die Herausbildung und Veränderung von Wechselkurserwartungen lösen gesamtwirtschaftliche Anpassungsprozesse aus. Es sei einmal angenommen, daß in der Situation eines internen und zugleich externen Gleichgewichts eines Landes aufgrund eines exogenen Impulses Erwartungen über eine Aufwertung seiner Währung entstehen. Die inländischen Vermögenstitel werden attraktiver für Anleger aus dem Ausland. Infolge des Kapitalimports wird der tatsächliche Wechselkurs aufgewertet und damit die Wettbewerbsposition des Landes geschwächt. Die daraus resultierende Verschlechterung der Leistungsbilanz reduziert das gesamtwirtschaftliche Einkommen. Sobald in Reaktion auf diese wirtschaftliche Entwicklung die privaten Wirtschaften ihre bisherigen Erwartungen auf eine Aufwertung revidieren, kommt es zu einer Umkehr des Anpassungsprozesses. Diese interdependenten Zusammenhänge lassen sich in einem statischen Modell, das der bisherigen Analyse der Außenwirtschaftsbeziehungen zugrunde lag, nicht eingehender untersuchen. Dazu müssen dynamische Modelle formuliert werden (DORNBUSCH, 1980, Kapitel 4).

Kommentierte Literaturhinweise

Eine gute Integration von keynesianischen und neoklassischen Hypothesen mit gleichzeitiger Herleitung von wirtschaftspolitischen Aussagen bieten vor allem die auch in deutscher Übersetzung erschienenen Lehrbücher von RÜDIGER DORNBUSCH; STANLEY FISCHER; RICHARD STARTZ (1978, 8. A. 2000), ROBERT BARRO (1984, 5. A. 1997), WILLIAM H. BRANSON (1972, 3. A. 1989), MICHAEL PARKIN (1984, 5. A. 1999), N. GREGORY MANKIW (1992, 4. A. 1999) und JEFFREY D. SACHS; FELIPE LARRAIN B. (1993) sowie das Lehrbuch von HANS-WERNER WOHLTMANN (1994, 4. A. 2005). Eine gut verständliche makroökonomische Theorie neoklassischer Prägung hat MICHAEL DARBY (1976) vorgelegt.

Das Lehrbuch von BERNHARD FELDERER; STEFAN HOMBURG (1984, 8. A. 2003) repräsentiert den Stand der Makroökonomik im deutschen Sprachraum und liefert einen Überblick über die Neue Makroökonomik.

Weitere Lehrbücher analysieren in ihren empirischen Teilen die Wirtschaft Europas: MICHAEL BURDA; CHARLES WYPLOSZ (1993, 2. A. 1997), ROBERT J. BARRO; VITTORIE V. GRILLI (1994) sowie der von PAUL KLEMMER (1998) herausgegebene Sammelband.

Für eine vertiefende Analyse der Außenwirtschaftsbeziehungen sollten RÜDIGER DORNBUSCH (1980) und HANS-JOACHIM JARCHOW; PETER RÜHMANN (1982, 5. A. 2000) sowie MANFRED WILLMS (1992, 2. A. 1995) herangezogen werden.

Dem mehr mathematisch orientierten Leser sind die Werke von DAVID J. OTT; ATTIAT F. OTT; JANG H. YOO (1975) und THOMAS SARGENT (1979, 2. A. 1987) besonders zu empfehlen. Eine mikroökonomische Fundierung der Makroökonomik bietet das mathematisch anspruchsvolle Werk von OLIVER J. BLANCHARD; STANLEY FISCHER (1989).

Literaturverzeichnis

ALEXANDER, S. S. (1952), Effects of a devaluation on a trade balance, in: International Monetary Fund Staff Papers, 2, S. 263–278.

ANDO, A.; F. MODIGLIANI (1963), The „life cycle“ hypothesis of saving: Aggregate implications and tests, in: American Economic Review, 53, S. 55–84.

BARRO, R. J (1974), Are government bonds net wealth?, in: Journal of Political Economy, 82, S. 1095–1117.

BARRO, R. J (1984), Macroeconomics, 5. A., New York (John Wiley) 1997; deutsch: Makroökonomie, 3. A., München (Oldenbourg) 1992.

BARRO, R. J.; V. V. GRILLI (1994), European Macroeconomics, London (McMillan) 1994; deutsch: Makroökonomie – Europäische Perspektive, München (Oldenbourg) 1996.

BARRO, R. J.; H. I. GROSSMAN (1976), Money, employment and inflation, Cambridge (University) 1976.

BERTHOLD, N. (1988), KEYNESianische versus klassische Arbeitslosigkeit, in: WiSt, 17, 1988, S. 485–493.

BLANCHARD, O. J.; ST. FISCHER (1989), Lectures on Macroeconomics, Cambridge (MIT Press) 1989.

BLANCHARD, O.; G. ILLING (1996) Makroökonomie, 4. A., München (Pearson) 2006.

BRANSON, W. H. (1972), Macroeconomic theory and policy, 3. A., New York (Harper & Row) 1989; deutsch: Makroökonomie, 4. A., München (Oldenbourg) 1997.

BRUNNER, K. (1970), Eine Neuformulierung der Quantitätstheorie des Geldes. Die Theorie der relativen Preise des Geldes, des Outputs und der Beschäftigung, in: Kredit und Kapital, 3, S. 1–30.

BRUNNER, K. (1971), A survey of selected issues in monetary theory, in: Schweizerische Zeitschrift für Volkswirtschaft und Statistik, 107, S. 1–146.

BRUNNER, K.; A. H. MELTZER (1976), An aggregative theory for a closed economy, in: J. L. STEIN, Hg. (1976), S. 69–103.

BURDA, M.; CH. WYPLOSZ (1993), Macroeconomics – A European text, 3. A., Oxford (University Press) 2001; deutsch: Makroökonomik. Eine europäische Perspektive, 2. A., München (Vahlen) 2003.

CASSEL, D.; G. GUTMANN; H. J. THIEME (1972), Hg., 25 Jahre Marktwirtschaft in der Bundesrepublik Deutschland, Stuttgart (Fischer) 1972.

DARBY, M. R. (1976), Macroeconomics. The theory of income, employment, and the price level, New York (Mc Graw-Hill) 1976.

DEUTSCHE BUNDESBANK (1999), Einkommen, Sparen und Investition in den neunziger Jahren: Ergebnisse des neuen ESVG ’95, in: Monatsberichte der Deutschen Bundesbank, 51, Nr. 12, S. 51–65.

DORNBUSCH, R. (1980), Open Economy Macroeconomics, New York (Basic Books) 1980.

DORNBUSCH, R.; S. FISCHER; R. STARTZ (1978), Macroeconomics, 8. A., New York (Mc Graw-Hill) 2000; deutsch DORNBUSCH, R.; S. FISCHER: Makroökonomik, 6. A., München (Oldenbourg) 2001.

DUESENBERRY, J. S. (1949), Income, saving and the theory of consumer behavior, Cambridge (Harvard University) 1949.

EHRLICHER, W. (1981), Hg., Geldpolitik, Zins und Staatsverschuldung, Berlin (Duncker & Humblot) 1981.

FELDERER, B.; S. HOMBURG (1984), Makroökonomik und neue Makroökonomik, 8. A., Heidelberg (Springer) 2003.

FISHER, I. (1911), The purchasing power of money, New York (Macmillan) 1911; deutsch: Die Kaufkraft des Geldes, Berlin (Duncker & Humblot) 1916.

FRANZ, W. (1991), Arbeitsmarktökonomik, 5. A., Heidelberg (Springer) 2003.

FRIEDMAN, B.M. (1978), Crowding out or crowding in? Economic consequences of financing government deficits, in: Brookings Papers on Economic Activity, 1, S. 593–641.

FRIEDMAN, M. (1956), Hg., Studies in the quantity theory of money, Chicago (University) 1956.

FRIEDMAN, M. (1957), A theory of the consumption function, Princeton (University) 1957.

FRIEDMAN, M. (1968), The role of monetary policy, in: American Economic Review, 58, S. 1–17; deutsch: Die Rolle der Geldpolitik, in: M. FRIEDMAN (1970), S. 135–156.

FRIEDMAN, M. (1970), Die optimale Geldmenge und andere Essays, München (Moderne Industrie) 1970.

FROYEN, R. (1983), Macroeconomics. Theories and policies – International edition, 8. A., London (Prentice Hall) 2004.

GÄRTNER, M. (2003), Macroeconomics, 2. A., London (Prentice Hall) 2006.

GÄRTNER, M.; M. LUTZ (1990), Makroökonomik fester und flexibler Wechselkurse, 3. A., Berlin (Springer) 2003.

GÖRGENS, E.; K. RUCKRIEGEL (1989), Grundzüge der makroökonomischen Theorie, 9. A., Bayreuth (P. C. O.) 2005.

HAAVELMO, T. (1945), Multiplier effects of a balanced budget, in: Econometrica, 13, S. 311–318.

HABERLER, G. (1937), Prosperity and depression, Geneva (League of Nations) 1937; deutsch: Prosperität und Depression, 2. A., Tübingen (Mohr) 1955.

HARTWIG, K.-H. (1982), Output- und Beschäftigungswirkungen einkommens- und währungspolitischer Maßnahmen in sozialistischen Planwirtschaften: Ein rationierungstheoretischer Ansatz, in: Zeitschrift für Wirtschafts- und Sozialwissenschaft, 102, S. 363–380.

HICKS, J. R. (1937), Mr. KEYNES and the „Classics". A suggested interpretation, in: Econometrica, 5, S. 147–159.

JARCHOW, H. J.; P. RÜHMANN (1982), Monetäre Außenwirtschaft, I. Monetäre Außenwirtschaftstheorie, 5. A., Göttingen (Vandenhoeck & Ruprecht) 2000.

KEYNES, J. M. (1936), Allgemeine Theorie der Beschäftigung, des Zinses und des Geldes, Berlin (Duncker & Humblot) 1936.

KLATT, S.; M. WILLMS (1975), Hg., Strukturwandel und makroökonomische Steuerung, Berlin (Duncker & Humblot) 1975.

KLEMMER, P. (1998), Hg., Handbuch Europäische Wirtschaftspolitik, München (Vahlen) 1998.

KUZNETS, S. (1946), National product since 1869, New York (National Bureau of Economic Research) 1946.

LEIJONHUFVUD, A. (1966), On KEYNESian economics and the economics of KEYNES. A study in monetary theory, New York (Oxford University) 1966; deutsch: Über KEYNES und den KEYNESianismus, Köln (Kiepenheuer & Witsch) 1973.

MANKIW, N. G. (1992), Macroeconomics, 5. A., New York (Worth) 2002; deutsch: Makroökonomik, 5. A., München (Schäffer-Poeschel) 2003.

MUNDELL, R. A. (1960), The monetary dynamics of international adjustment under fixed and flexible exchange rates, in: Quarterly Journal of Economics, 74, S. 227–257.

MUNDELL, R. A. (1962), The appropriate use of monetary and fiscal policy for internal and external stability, in: International Monetary Fund Staff Papers, 9, S. 70–79.

OTT, D. J.; A. F. OTT; J. H. YOO (1975), Macroeconomic theory, New York (McGraw-Hill) 1975.

PARKIN, M. (1984), Macroeconomics. 5. A., Reading (Addison-Wesley) 1999.

PATINKIN, D. (1956), Money, interest and prices. An integration of monetary and value theory, 2. A., New York (Harper & Row) 1965.

PHELPS, E. S. (1968), Money wage dynamics and labor market equilibrium, in: Journal of Political Economy, 76, S. 678–711; wieder abgedruckt in: E. S. PHELPS (1979), S. 29–62.

PHELPS, E. S. (1979), Studies in macroeconomic theory, Bd. I, Employment and inflation, New York (Academic Press) 1979.

PHELPS, E. S.; u. a. (1970), Microeconomic foundations of employment and inflation theory, London (Macmillan) 1970.

PIGOU, A. C. (1941), Employment and equilibrium, 2. A., London (Macmillan) 1949.

PORTES, R. (1981), Macroeconomic equilibrium and disequilibrium in centrally planned economies, in: Economic Inquiry, 19, S. 559–578

SACHS, J. D.; F. LARRAIN B. (1993), Macroeconomics in the global economy, New York (Harvester Wheatsheaf); deutsch: Makroökonomik in globaler Sicht, München (Oldenbourg) 1995.

SARGENT, J. T. (1979), Macroeconomic theory, 2. A., New York (Academic Press) 1987; deutsch: Makroökonomik, 2. A. München (Oldenbourg) 1994.

SCHMITT-RINK, G.; D. BENDER (1992), Makroökonomie geschlossener und offener Volkswirtschaften; 1. A.: G. SCHMITT-RINK, Makroökonomie, 1990; 2. A., Heidelberg (Springer) 1992.

SCHNEIDER, E. (1947–1952), Einführung in die Wirtschaftstheorie, Thüringen (Mohr), I. Teil, 14. A., 1969; II. Teil, 13. A., 1972, III. Teil, 12. A., 1973.

SIEBKE, J. (1975), Die Berücksichtigung der Budgetbeschränkung des Staates in dem KEYNESianischen Makrosystem, in: WISU, Wirtschaftsstudium, 4, S. 490–493, S. 538–540.

SIEBKE, J.; D. KNOLL; W.-D. SCHMIDBERGER (1981), Theoretische Grundlagen des crowding out Effektes, in: W. EHRLICHER, Hg. (1981), S. 227–262.

SIEBKE, J.; M. WILLMS (1975), Geldpolitik und Vermögenseffekte, in: S. KLATT, M. WILLMS, Hg. (1975), S. 323–340.

STARBATTY, J. (1982), Hg., Geldordnung und Geldpolitik in einer freiheitlichen Gesellschaft, Tübingen (Mohr) 1982.

STEIN, J. L. (1976), Hg., Monetarism, Amsterdam (North-Holland) 1976.

THIEME, H. J. (1972), Geld- und fiskalpolitische Prozeßsteuerung in der Marktwirtschaft – Alternative Stabilisierungskonzepte?, in: D. CASSEL, G. GUTMANN, H. J. THIEME, Hg. (1972), S. 230–250.

THIEME, H. J. (1982), KEYNESianismus – Monetarismus: Was bleibt?, in: J. STARBATTY, Hg. (1982), S. 18–34.

WICKSELL, K. (1898), Geldzins und Güterpreis, Jena (Fischer) 1898.

WILLMS, M. (1992), Internationale Währungspolitik, 2. A., München (Vahlen) 1995.

WOHLTMANN, H.-W. (1994), Grundzüge der makroökonomischen Theorie, 4. A., München (Oldenburg) 2005.

D. Geld und Kredit

Uwe Vollmer

Gliederung

1. Grundlagen der Geld- und Kredittheorie

In Volkswirtschaften erfolgt der Tausch zwischen Wirtschaftssubjekten nicht in der Form „Ware gegen Ware“, sondern unter Zwischenschaltung eines Tauschmediums. Dieses dient regelmäßig auch als Recheneinheit und mit ihm werden Werte in die Zukunft übertragen. Es wird „Geld“ genannt. Die zeitweilige Überlassung von Kaufkraft wird als „Kredit“ bezeichnet.

Monetäre Theorien erklären, warum Geld verwendet wird und welche Konsequenzen sich daraus für das einzelne Wirtschaftssubjekt und für die gesamtwirtschaftliche Entwicklung ergeben. Geldnutzentheorien fragen danach, welche Funktionen Geld erfüllt und was als Geld fungiert. Theorien der Geld- und Kreditnachfrage untersuchen, wovon die Höhe der von den Wirtschaftssubjekten gewünschten Kassenhaltung und ihres Kreditbedarfs abhängt. Theorien des Geld- und Kreditangebots fragen, wer Geld und Kredit produziert, und stellen Hypothesen über den Geld- und Kreditangebotsprozess auf. Zinsniveau- und Zinsstrukturtheorien stellen auf die Preisbildung auf Finanzmärkten ab und analysieren die Determinanten des durchschnittlichen Zinsniveaus und die Differenzen zwischen den Zinssätzen verschiedener Aktiva, die sich z. B. in ihren Risiken oder Restlaufzeiten unterscheiden. Transmissionstheorien monetärer Impulse untersuchen, wie und über welche Kanäle sich von der Notenbank ausgelöste Impulse auf das nominale Volkseinkommen übertragen. Theorien der Geldpolitik geben Empfehlungen an die Träger der Geldpolitik für die Wahl einer geeigneten Geldverfassung und für die Durchführung der praktischen Geldpolitik.

1.1. Funktionen von Geld und Kredit

In der monetären Ökonomik ist es üblich, Geld von seinen Funktionen her zu definieren: Geld ist alles, was Geldfunktionen erfüllt. Dabei unterscheidet man zwischen der Tauschmittel-, der Rechenmittel- und der Wertaufbewahrungsmittelfunktion. Alle drei Funktionen haben ihre Ursache darin, dass Wirtschaftssubjekte arbeitsteilig wirtschaften, d. h. sich spezialisieren und Güter auf Märkten tauschen.

1.1.1. Tauschmittelfunktion

Wirtschaftssubjekte spezialisieren sich, weil sie dadurch ihre Produktivität erhöhen und ein größeres Produktionsergebnis erzielen können. Allerdings erzwingt Spezialisierung den Tausch, da ein Wirtschaftssubjekt nicht mehr alle für den eigenen Lebensunterhalt notwendigen Güter und Dienste selbst erzeugt; eine arbeitsteilig organisierte Volkswirtschaft ist immer eine Tauschwirtschaft. Dieser Tausch kann auf zwei Arten durchgeführt werden: Beim Naturaltausch wird eine Ware A gegen eine Ware Z getauscht, ohne dass Geld als ein allgemein anerkanntes Tauschmedium zwischengeschaltet ist. Solch ein Naturaltausch kommt aber nur zustande, wenn eine doppelte Übereinstimmung der Wünsche vorliegt: Will eine Person die Ware A gegen die Ware Z tauschen, muss sie eine andere Person finden, die sowohl bereit ist, die Ware Z abzugeben, als auch die Ware A nachzufragen (der „frierende Bäcker“ muss also den „hungrigen Schneider“ finden). Unter diesen Bedingungen kommt ein sofortiger Tausch allenfalls zufällig zustande.

Will die Person dennoch Ware A gegen Ware Z tauschen, hat sie die Möglichkeit, entweder beim direkten Tausch zu bleiben und viel Mühe darauf zu verwenden, einen geeigneten Tauschpartner zu finden und hohe Such- oder Informationskosten aufzuwenden. Oder sie geht über zum indirekten Tausch, d. h. sie führt eine Kette von Tauschtransaktionen durch und tauscht Ware A gegen Ware B und diese gegen Ware C usw., bis sie letztlich in den Besitz der gewünschten Ware Z gelangt ist. Dann entstehen hohe Veränderungskosten durch Transport und Lagerhaltung der Waren B, C usw.

Da beide Alternativen mit hohen Transaktionskosten verbunden sind, liegt es nahe, vom Naturaltausch abzugehen und Geld als allgemein anerkanntes Tauschmedium zu verwenden. Durch diese Zwischenschaltung von Geld wird der Tauschakt in zwei Teile zerlegt, und zwar in den Verkauf der eigenen Ware A gegen Geld und den Ankauf der Ware Z ebenfalls gegen Geld. Allerdings wird die doppelte Übereinstimmung durch eine einfache Übereinstimmung der Wünsche ersetzt, weil der Käufer der Ware A und der Verkäufer der Ware Z nicht mehr ein und dieselbe Person sein müssen. Konsequenz ist eine Kostenersparnis, denn durch die Aufspaltung des Tauschakts in zwei Teile sinken

- die Suchkosten, weil es leichter ist, je eine Person zu finden, die entweder Ware A (gegen Geld) nachfragt oder Ware Z (ebenfalls gegen Geld) anbietet, als eine Person, die sowohl A nachfragt als auch Z anbietet;
- die Veränderungskosten, weil die Tauschkette kürzer wird und Transport- und Lagerhaltungskosten sinken.

Geld erlaubt es deshalb, den Tausch kostengünstiger abzuwickeln, und ermöglicht es den Wirtschaftssubjekten, sich die aus Spezialisierung und Arbeitsteilung erzielbaren Produktivitätsvorteile anzueignen (King / Plosser, 1986).

1.1.2. Rechenmittelfunktion

Neben der Tauschmittelfunktion erfüllt Geld die Rolle einer Recheneinheit, d. h. es ist die Einheit, in der Güterpreise ausgezeichnet und Nominalgrößen berechnet werden. Für diese Funktion ist seine physische Existenz nicht erforderlich, und es ist auch nicht notwendig, dass Tausch- und Rechenmittelfunktion von demselben Medium erfüllt werden. Die Häufigkeit allerdings, mit der beide Funktionen zusammenfallen, deutet darauf hin, dass es effizient ist, wenn dasselbe Medium als Rechen- und Tauschmittel verwendet wird.

Da es durch Einführung einer Recheneinheit möglich wird, den Wert aller Güter, Forderungen und Verbindlichkeiten in Einheiten derselben Bezugsgröße auszudrükken und damit vergleichbar zu machen, sinkt die Zahl der Preise erheblich. Gibt es in einer Naturaltauschwirtschaft n Güter, dann existieren zwischen diesen Gütern $n \cdot (n-1)/2$ Tauschrelationen (reziproke Austauschverhältnisse nicht mitgerechnet); das Preissystem in einer Naturaltauschwirtschaft kennt nur relative Preise. Wird eines dieser Güter (das n-te Gut) als Recheneinheit (Zählgut, Standard, numéraire) gewählt, lässt sich der Wert jeden Gutes als absoluter oder Geldpreis in Einheiten dieses Gutes ausdrücken. Es existieren nur noch (n – 1) Geldpreise (der Preis des n-ten Gutes ist ex definitione gleich eins). Damit erlaubt auch die Verwendung von Geld als Recheneinheit den Wirtschaftssubjekten, Kosten der Informationsbeschaffung einzusparen.

1.1.3. Wertaufbewahrungsmittelfunktion

Existiert ein allgemein anerkanntes Tauschmittel, wird dieses auch als Wertaufbewahrungsmittel verwendet. Allerdings ist eine Wertübertragung auf die Zukunft nicht nur durch Geld, sondern auch durch andere Vermögensformen möglich. Grob klassifiziert, stehen einem Wirtschaftssubjekt folgende Gruppen von Wertaufbewahrungsmitteln zur Verfügung, die zum Vermögen zählen:

- Geld;
- festverzinsliche Wertpapiere;
- variabelverzinsliche Wertpapiere (einschließlich Aktien);
- Sachkapital;
- Humanvermögen.

Geld ist *das* Tausch- und Rechenmedium in einer Volkswirtschaft, aber nur *ein* Wertaufbewahrungsmittel unter vielen anderen Vermögensformen.

Im Unterschied zum Geld haben alle anderen nicht-monetären Vermögensformen den Vorteil, dass sie pekuniäre Erträge in Form von Zinsen, Dividenden, Pachten, Mieten oder höheren Arbeitseinkommen erbringen und u. U. an allgemeinen Preissteigerungen (wie bei Sachkapital) partizipieren. Dem entgegen steht jedoch der Nachteil eines Kapitalwertrisikos: Die Preise oder Kurse dieser Vermögensformen, bewertet in der allgemeinen Recheneinheit, können schwanken.

Geld hingegen unterliegt keinem Kapitalwertrisiko – zumindest so lange, wie die Tauschmittelfunktion und die Rechenmittelfunktion von demselben Medium erfüllt werden (was faktisch immer der Fall ist). Damit reduziert Geld auch in seiner Funktion als Wertaufbewahrungsmittel erhebliche Transaktionskosten, denn es vermindert die Kosten der Informationsbeschaffung über die Ursachen von Kursschwankungen und es erspart die Veränderungskosten, die bei ständigen Portfolioanpassungen anfallen. Diesem Vorteil fehlender Kapitalwertrisiken steht allerdings der Nachteil entgegen, dass Geld keine oder nur sehr geringe pekuniäre Erträge erbringt.

Der relative Vorteil des Geldes als Wertaufbewahrungsmittel sinkt jedoch, wenn der Geldwert sich vermindert, d. h. ein Prozess anhaltender Preisniveausteigerungen und damit Inflation vorliegt (Beitrag F). Gegen dieses Realwertrisiko schützt eine Vermögensanlage in Wertpapieren oder Sachkapital (und in Humanvermögen) sehr viel besser als eine Vermögensanlage in Geld.

1.2. Evolution monetärer Institutionen

1.2.1. Entstehung von Geld

Weil die Haltung von Geld als Tausch- und Wertaufbewahrungsmittel den Verzicht auf Einkommen bedeutet und damit Opportunitätskosten verursacht, ist fraglich, ob Naturaltauschwirtschaften sich von selbst zu Geldwirtschaften entwickeln oder ob es dazu eines gesetzlich definierten Zahlungsmittels bedarf. Diese Frage stellt sich insbesondere angesichts der Tatsache, dass die Verwendung von Geld Transaktionsexternalitäten aufweist, die darin bestehen, dass die Verwendung einer Geldeinheit durch eine Person nicht nur ihr nützt, sondern auch allen anderen Personen, deren Geldbestände auch von der ersten Person verwendet werden. Geld ist ein „Netzwerkgut", dessen soziale Erträge der Verwendung als Rechen- und Tauschmittel die privaten Erträge übersteigen. Damit wird es denkbar, dass Wirtschaftssubjekte suboptimale Tauschketten wählen und auf die individuellen und gesellschaftlichen Vorteile eines allgemeinen Rechen- und Tauschmittels verzichten, wenn sie nicht dazu durch staatliche Regulierung (in Form eines gesetzlich vorgeschriebenen Annahmezwangs) angehalten werden. Ob dies geschieht, ist auch ideengeschichtlich von Bedeutung und findet unterschiedliche Antworten bei MENGER (1909), der Geld als Ergebnis eines evolutorischen Prozesses ansieht, und bei KNAPP (1905), dessen „Staatliche Theorie des Geldes" öffentlichen Zwang als notwendige Entstehungsvoraussetzung des Geldes ansieht.

Abb. D-1.1 verdeutlicht diese Thematik. Sie zeigt für ein Wirtschaftssubjekt den Grenznutzen und die Grenzkosten der Kassenhaltung in Abhängigkeit vom Verbrei-

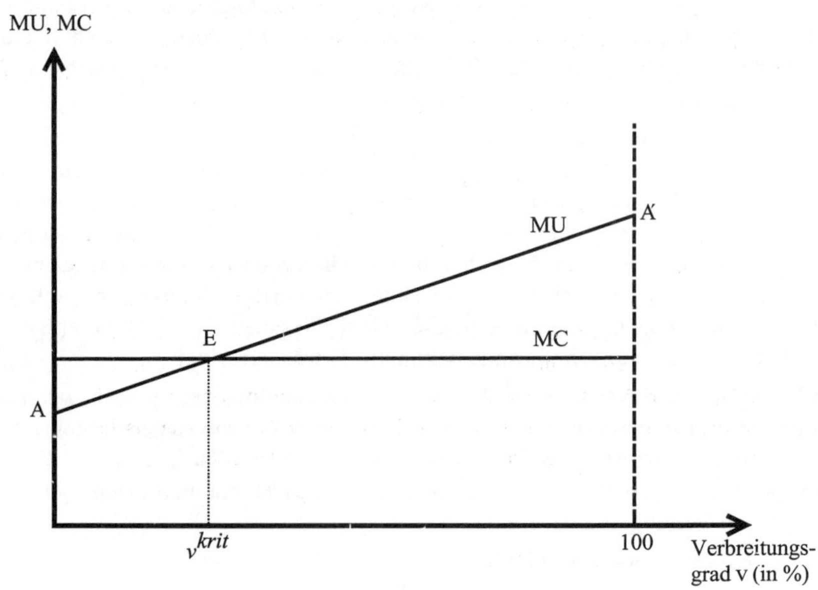

Abb. D-1.1: Grenznutzen und Grenzkosten der Kassenhaltung in Abhängigkeit vom Verbreitungsgrad des Tauschmediums

tungsgrad v des Rechen- und Tauschmediums in der Volkswirtschaft; der Verbreitungsgrad erfasst den prozentualen Anteil der Wirtschaftssubjekte, die dasselbe Rechen- und Tauschmedium verwenden (Vaubel, 1984, S. 38; die Abbildung unterstellt, dass jedes Wirtschaftssubjekt einen identischen Kassenbestand hält). Die Grenzkosten MC der Geldhaltung eines Wirtschaftssubjekts sind annahmegemäß vom Verbreitungsgrad v des Mediums unabhängig; somit verursacht die Haltung einer zusätzlichen Einheit an Kassenbestand für das Wirtschaftssubjekt zusätzliche Opportunitätskosten, beispielsweise in Form eines entgangenen Zinsertrages, die nicht davon abhängen, wie viele andere Wirtschaftssubjekte in der Volkswirtschaft dasselbe Tauschmedium verwenden. Demgegenüber steigt der Grenznutzen MU der Geldhaltung für das Wirtschaftssubjekt mit wachsendem Verbreitungsgrad an, denn die Haltung eines Tausch- und Rechenmediums stiftet für ein Wirtschaftssubjekt einen um so größeren Nutzenzuwachs, je mehr andere Wirtschaftssubjekte dasselbe Medium verwenden.

Punkt E kennzeichnet die Situation, in der Grenznutzen und Grenzkosten der Kassenhaltung übereinstimmen, jedoch beschreibt E kein stabiles Gleichgewicht: Sollte sich zufällig ein weiteres Wirtschaftssubjekt für das betrachtete Medium entscheiden, also der Verbreitungsgrad des Mediums sich leicht erhöhen, übersteigt der Grenznutzen der Kassenhaltung deren Grenzkosten; als Konsequenz entscheiden sich weitere Wirtschaftssubjekte für das Rechen- und Tauschmedium und es findet ein „Mitläufereffekt" statt, der so lange andauert, bis in einem stabilen Gleichgewicht A‘ alle Akteure in der Volkswirtschaft dasselbe Rechen- und Tauschmedium verwenden und der Verbreitungsgrad 100 % beträgt. Der Gebrauch eines Rechen- und Tauschmediums weist also eine Tendenz zum natürlichen Monopol auf, die durch steigende soziale Skalenerträge im Geldgebrauch begründet ist. Allerdings ist an dieser Stelle zu betonen, dass eine Tendenz zum natürlichen Monopol im Geldgebrauch strikt zu unterscheiden ist von einer möglichen Tendenz zum natürlichen Monopol in der Geldproduktion. Ein natürliches Monopol im Geldgebrauch liegt vor, wenn Wirtschaftssubjekte langfristig nur ein Rechen- und Tauschmedium verwenden; ein natürliches Monopol in der Geldproduktion liegt vor, wenn dauerhaft nur ein Produzent dieses Medium anbietet.

Abb. D-1.1 zeigt, dass ein Verbreitungsgrad v^{krit} existiert, ab dem die dargestellte Tendenz zum natürlichen Monopol im Geldgebrauch von selbst einsetzt; es gibt also eine „kritische Masse", nach deren Überschreiten sich ein Tausch- und Rechenmedium in der Volkswirtschaft durchsetzt. Fraglich ist, ob v^{krit} in der Realität hoch oder niedrig ausfällt. Verfechter eines staatlich geregelten Annahmezwangs in Form eines gesetzlichen Zahlungsmittels vermuten einen eher hohen Wert von v^{krit}, so dass es eines staatlichen Anstoßes bedarf, um eine Geldwirtschaft durchzusetzen. Gegner eines gesetzlich geregelten Annahmezwangs setzen v^{krit} eher niedrig an und vermuten, dass sich wegen der beschriebenen Netzwerkeffekte ein gemeinsames Rechen- und Tauschmedium von selbst in der Volkswirtschaft durchsetzen wird.

1.2.2. Erscheinungsformen des Geldes

Geldfunktionen haben in der Vergangenheit jene Güter übernommen, die insbesondere folgende Eigenschaften aufwiesen:

- Homogenität, d. h. die verschiedenen Einheiten weisen eine sehr ähnliche oder gleiche Beschaffenheit auf und können sich demzufolge fast vollständig vertreten;
- Teilbarkeit, d. h. das Medium kann in kleine Einheiten zerlegt werden, ohne dabei insgesamt an Wert zu verlieren;
- Haltbarkeit und Lagerfähigkeit, d. h. es treten im Zeitablauf keine Substanzverluste auf, die den Wert des Tauschmediums (ausgedrückt in den übrigen Gütern), also seine Kaufkraft, vermindern;
- Seltenheit, woraus folgt, dass auch einer sehr kleinen Gewichtseinheit des Tauschmittels eine hohe Kaufkraft beigemessen wird, so dass die Transportkosten niedrig sind.

Güter mit diesen Charakteristika weisen eine hohe „Marktfähigkeit" auf und fungieren deshalb als Tauschmedium. Die Marktfähigkeit eines Gutes lässt sich messen durch die Differenz zwischen An- und Verkaufspreis („bid-ask-spread"), wobei der Ankaufspreis üblicherweise nicht über dem Verkaufspreis liegt und diese Preisdifferenz umso geringer ist, je länger ein Wirtschaftssubjekt nach dem günstigsten Tauschpartner sucht und mit der Tauschabwicklung wartet. Güter mit einer hohen Marktfähigkeit weisen, wie in *Abb. D-1.2* (Glasner, 1989, S. 5) dargestellt, in der Ausgangssituation einen geringen bid-ask-spread auf, der mit der Suche schneller zu null konvergiert, als Güter mit geringer Marktfähigkeit: Der bid-ask-spread für eine Unze Gold ist geringer und konvergiert schneller als der bid-ask-spread für ein seltenes Gemälde.

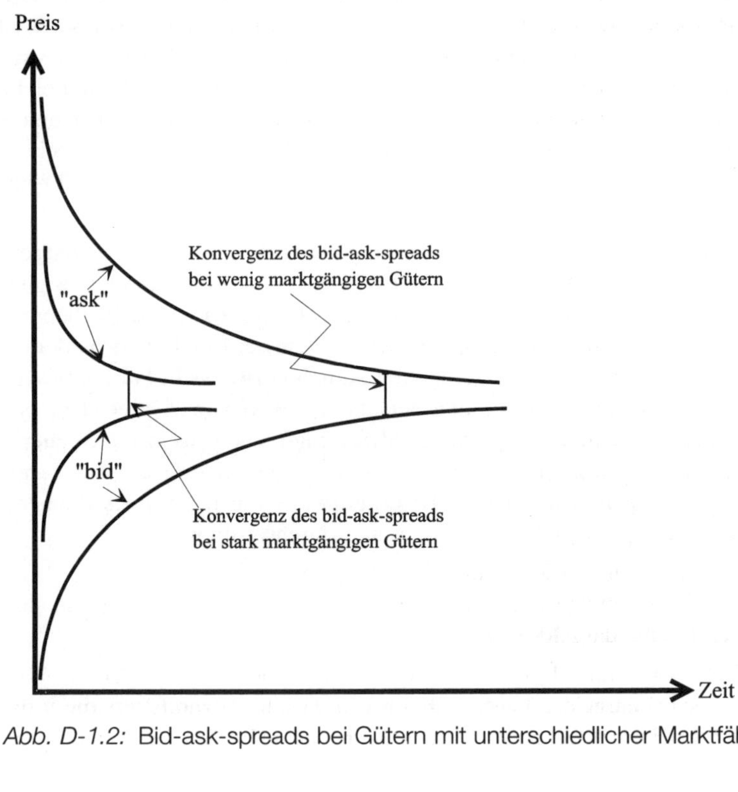

Abb. D-1.2: Bid-ask-spreads bei Gütern mit unterschiedlicher Marktfähigkeit

Wirtschaftssubjekte wählen deshalb als Tauschmedium das Gut mit dem durch seine technischen Eigenschaften bedingten niedrigsten bid-ask-spread. In primitiven Gesellschaften diente oftmals Vieh als Tauschmedium, das homogen, teilbar und lagerfähig und wegen des permanenten Bedarfs für nicht-monetäre Zwecke relativ selten war; in seiner Entstehungsphase war Geld also vor allem Warengeld, dessen Wert für nicht-monetäre Zwecke genauso groß war, wie sein Wert als Geld. Veränderte Lebensformen bedingten, dass allmählich andere Güter als Tauschmedium fungierten, wobei bald Edelmetalle Geldfunktionen übernahmen. Technischer Fortschritt, wie Münzprägung, verbesserte die Marktfähigkeit von Edelmetallen, denn sie ermöglichte es den Marktteilnehmern, darauf zu verzichten, Reinheitsgehalt und Gewicht zu überprüfen. Vollwertige Kurantmünzen, deren Nennwert mit dem Materialwert übereinstimmt, bedeuten jedoch einen hohen Ressourcenverbrauch für monetäre Zwecke, so dass Geldproduzenten rasch dazu übergingen, Münzen mit einem Metallgehalt unter dem Nennwert zu prägen, um einen Münzgewinn (Seigniorage) zu erzielen; unterwertige Scheidemünzen stellen stoffwertarmes Zeichengeld dar, dessen Nennwert größer als der stoffliche Eigenwert ist.

Ebenfalls zum Zeichengeld zählen Banknoten, die sich aus den Handelswechseln mittelalterlicher Kaufleute entwickelt haben. Dabei handelte es sich um Verpflichtungserklärungen, auf Verlangen dem Inhaber des Wechsels einen bestimmten Geldbetrag (in Münzen) auszubezahlen. Diese Verpflichtungen fanden rasch anstelle der Münzen als Zahlungsmittel Verwendung, ohne dass die Wechsel vorzeitig eingelöst wurden. Münzen und Banknoten, die wir heute verwenden, weisen eine absolute Marktfähigkeit (die allerdings durch den gesetzlichen Annahmezwang bedingt ist) und einen bid-ask-spread von null auf. Dies gilt auch für täglich fällige (Sicht-)Einlagen, die im Zahlungsverkehr per Überweisung, Scheckeinzug oder Barabhebung weitgehend ohne Abschlag akzeptiert bzw. ausgezahlt werden. Täglich fällige Einlagen zählen zusammen mit Festgeldern, Kündigungsgeldern und anderen Finanzaktiva zum stoffwertlosen Buch- oder Depositengeld, das in modernen Volkswirtschaften die am weitesten verbreitete Geldform darstellt.

1.3. Definition monetärer Aggregate

1.3.1. Geldmengenkomponenten im Überblick

Mit Ausnahme von einigen Münzen mit sehr geringem Nennwert spielt Warengeld in modernen Volkswirtschaften keine Rolle mehr. Geld ist überwiegend Zeichen- und Buchgeld. Geldproduzenten sind dabei drei Gruppen von Institutionen, die als monetäre Finanzinstitute (MFI) bezeichnet werden: Die Zentralnotenbank (ZNB), einschließlich der staatlichen Münzprägeanstalten, die Kreditinstitute und die sonstigen Finanzinstitute. Das von der Zentralnotenbank produzierte Geld bezeichnet man als Primärgeld, und das von den Kreditinstituten und sonstigen Finanzinstituten geschaffene Geld heißt Sekundärgeld.

Übersicht D-1.1 gibt einen Überblick über die Komponenten des Primär- und des Sekundärgeldes: Primärgeld existiert in Form von täglich fälligen Einlagen B^E bei der Notenbank und in Form von Bargeld B^C, d. h. Münzen und Banknoten. Es wird gehalten von den Kreditinstituten bzw. sonstigen Finanzinstituten und von den Nichtbanken (Wirtschaftssubjekte, die keine monetären Finanzinstitute sind, einschließlich des Staates). Kreditinstitute und sonstige Finanzinstitute halten Primärgeld in Form von Bargeld B_K^C und in Form von Zentralbankeinlagen B_K^E, wobei sie letztere entweder als täglich fällige Einlagen auf Girokonten bei der Notenbank oder als Übernachteinlagen im Rahmen der Einlagefazilität halten. Nichtbanken halten Zentralbankgeld zumeist in Form von Bargeld B_{NB}^C, d. h. in Form von Münzen und Banknoten. Darüber hinaus unterhalten einige Nichtbanken (vor allem die öffentlichen Haushalte) noch (betragsmäßig geringe) täglich fällige Einlagen B_{NB}^E bei der Notenbank.

Übersicht D-1.1: Geldmengenkomponenten

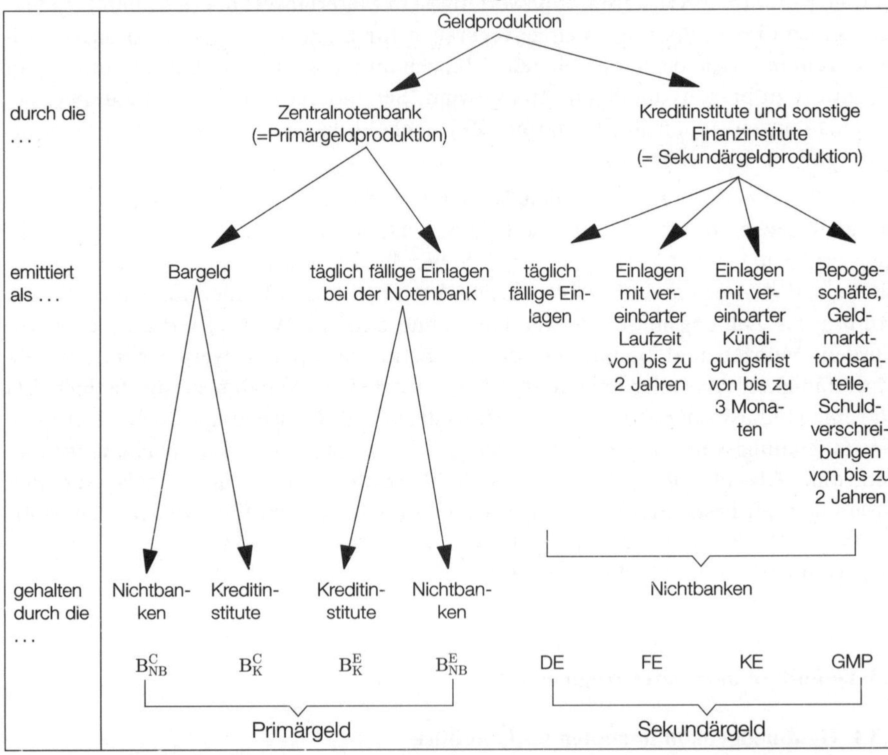

Sekundärgeld wird von den Nichtbanken gehalten als täglich fällige Einlagen (Sichteinlagen) DE, Einlagen mit vereinbarter Laufzeit von bis zu 2 Jahren (Festgelder) FE, Einlagen mit vereinbarter Kündigungsfrist von bis zu 3 Monaten (Kündigungsgelder) KE, sowie als Forderungen GMP aus Repogeschäften, Geldmarktfondsanteilen oder als Schuldverschreibungen mit einer Laufzeit bis zu 2 Jahren (einschließlich Geldmarktpapieren). Dabei bezeichnen Repogeschäfte (repurchase operations) eine Rückkaufsvereinbarung, bei der ein Finanzinstitut von einer Nichtbank einen Vermögensgegenstand per Kassa ankauft und sich gleichzeitig verpflichtet, den Vermögensgegenstand per Termin an die Nichtbank zurückzuverkaufen. In Europa spielen von den zuletzt genannten Finanzaktiva vor allem Geldmarktfondsanteile eine nennenswerte Rolle.

Damit ist es möglich, die beiden zentralen Geldmengenkonzepte voneinander abzugrenzen: Die Zentralbankgeldmengen und die volkswirtschaftlichen Geldmengen.

1.3.2. Zentralbankgeldmengenkonzepte

Zentralbankgeld bezeichnet die monetären Forderungen von Kreditinstituten und sonstigen Finanzinstituten und Nichtbanken gegenüber der Zentralnotenbank. Für die Zentralbankgeldmenge ZBG gilt:

$$\text{ZBG} := B_{NB}^{C} + B_{K}^{C} + B_{K}^{E} + B_{NB}^{E}. \qquad (1.1)$$

Die Höhe der Zentralbankgeldmenge zu einem bestimmten Zeitpunkt ermittelt man aus der Bilanz der Zentralnotenbank. Der konsolidierte Ausweis des Eurosystems zum Jahresende 2005 ist in *Übersicht D-1.2* wiedergegeben. Die Zentralbankgeldmenge entspricht der Summe der Positionen P.1., P.2.1., P.2.2., P.3. und P.4. auf der Passivseite. Sie umfasste zum Jahresende 2005 etwa 775 Mrd. EUR.

Übersicht D-1.2: Konsolidierter Ausweis des Eurosystems (30. 12. 2005; in Mrd. EUR)

Aktiva A		**Passiva P**	
A.1. Nettowährungsreserven	342	P.1. Banknotenumlauf	565
A.2. Forderungen in EUR an Kreditinstitute	406	P.2. Verbindlichkeiten in EUR ggü. Kreditinstituten im Euro-Währungsgebiet	156
davon:		davon:	
A.2.1. Hauptrefinanzierungsgeschäfte	315	P.2.1. Einlagen auf Girokonten	155
A.2.2. Längerfristige Refinanzierungsgeschäfte	90	P.2.2. Einlagefazilität	0*
A.2.3. Spitzenrefinanzierungsfazilität	1		
		P.3. Verbindlichkeiten in EUR ggü. sonstigen Ansässigen im Euro-Währungsgebiet	42
		P.4. Verbindlichkeiten in EUR ggü. Ansässigen außerhalb des Euro-Währungsgebiets	13
A.3. Übrige Aktiva	290	P.5. Übrige Passiva	262
	1038		1038

* Auf null abgerundet.

Quelle: Europäische Zentralbank, Monatsbericht, 8. Jg., Frankfurt/Main, Januar 2006, S. S6.

Begrifflich von der Zentralbankgeldmenge zu unterscheiden ist die Geldbasis B (Monetäre Basis, monetary base, high powered money), die nur einen Teil der Zentralbankgeldmenge umfasst. Nicht enthalten sind die Einlagen der Nichtbanken bei der Zentralnotenbank. Somit gilt für die Geldbasis B:

$$(1.2) \qquad B := B^{C}_{NB} + B^{C}_{K} + B^{E}_{K},$$

wobei die Kreditinstitute Einlagen B^{E}_{K} bei der Notenbank entweder als Einlagen auf Girokonten B^{DE}_{K} oder als Guthaben im Rahmen der Einlagefazilität B^{EF}_{K} halten. Die Geldbasis umfasste im Euro-Währungsraum 720 Mrd. EUR zum Jahresende 2005.

Kreditinstitute und sonstige Finanzinstitute halten Zentralbankgeld, um damit ihrer Mindestreservepflicht nachzukommen und um über eine genügend große Überschussreserve zu verfügen. Damit gilt:

$$(1.3) \qquad B^{C}_{K} + B^{E}_{K} = B^{C}_{K} + B^{DE}_{K} + B^{EF}_{K} = B^{MRS}_{K} + B^{ÜR}_{K},$$

wobei B^{MRS}_{K} das Mindestreservesoll und $B^{ÜR}_{K}$ die von den Geschäftsbanken (freiwillig) gehaltene Überschussreserve bezeichnen, so dass sich für die Geldbasis auch schreiben lässt:

$$(1.4) \qquad B := B^{C}_{NB} + B^{MRS}_{K} + B^{ÜR}_{K}.$$

1.3.3. Geldmengenaggregate

Anders als die Zentralbankgeldmengen sollen volkswirtschaftliche Geldmengenaggregate den Bestand an Zahlungsmitteln in einer Volkswirtschaft erfassen. Um dies zu leisten, müssen zwei Fragen beantwortet werden:

- Welche Finanzaktiva erfüllen Geldfunktionen und sollen in das Aggregat aufgenommen werden?
- Wie sollen die Bestände dieser Aktiva aggregiert, d. h. miteinander verknüpft werden?

Die erste Frage ist relativ leicht zu beantworten: Geldfunktionen erfüllen in modernen Volkswirtschaften in unterschiedlicher Weise:

- Der im Nichtbankensektor befindliche Bestand an Noten und Münzen (Bargeldumlauf B^{C}_{NB}); sowie
- der im inländischen Nichtbankensektor befindliche Bestand an täglich fälligen Einlagen (*DE*), an Einlagen mit vereinbarter Laufzeit von bis zu 2 Jahren (FE), an Einlagen mit einer vereinbarten Kündigungsfrist von bis zu 3 Monaten (KE) und der an Forderungen aus Repo-Geschäften, Geldmarktfondsanteilen und Schuldverschreibungen bis zu 2 Jahren (GMP).

Keine Geldfunktionen erfüllen hingegen die Zentralbankgeldbestände (B^{C}_{K} +B^{E}_{K}) der Kreditinstitute, die vornehmlich der Liquiditätsvorsorge und nicht dem Kauf von Gütern und Dienstleistungen dienen und damit keine Tauschmittelfunktion haben, und die Zentralbankeinlagen der Nichtbanken, vor allem der öffentlichen Haushalte, die oftmals aus politischen Gründen verändert werden. Damit verbleibt als zweite

Frage, wie diese Geldfunktionen erfüllenden Komponenten zu einer Gesamtgröße aggregiert werden sollen.

Summenaggregate

Summenaggregate ermitteln den Gesamtbestand der in den Bilanzen von Zentralnotenbank, Geschäftsbanken und sonstigen Finanzinstituten ausgewiesenen Geldkomponenten und addieren sie zu einer Gesamtgröße. Die Europäische Zentralbank (1999) unterscheidet derzeit folgende Summenaggregate:

(1.5) $M1 := B^C_{NB} + DE;$

(1.6) $M2 := B^C_{NB} + DE + FE + KE;$

(1.7) $M3 := B^C_{NB} + DE + FE + KE + GMP.$

Übersicht D-1.3 zeigt die Zusammenhänge dieser Aggregate zum Jahresende 2005 im Euro-Währungsgebiet.

Übersicht D-1.3: Einfache Summenaggregate M1, M2 und M3 zum 31. 12. 2005 im Euro-Währungsgebiet (in Mrd. EUR)

<table>
<tr><td>Bargeldumlauf
B^C_{NB}</td><td>Täglich fällige Einlagen
DE</td><td rowspan="2">Einlagen mit vereinbarter Laufzeit von bis zu 2 Jahren
FE</td><td rowspan="2">Einlagen mit vereinbarter Kündigungsfrist von bis zu 3 Monaten
KE</td><td rowspan="3">Repogeschäfte, Geldmarktfondsanteile und Schuldverschreibungen von bis zu 2 Jahren (einschl. Geldmarktpapiere)
GMP</td></tr>
<tr><td colspan="2">$M1 = B^C_{NB} + DE = 3423$</td></tr>
<tr><td colspan="4">$M2 = B^C_{NB} + DE + FE + KE = 6075$</td></tr>
<tr><td colspan="5">$M3 = B^C_{NB} + DE + FE + KE + GMP = 7071$</td></tr>
</table>

Quelle: Europäische Zentralbank, Monatsbericht, 8. Jg., Frankfurt/Main, Juli 2006, S. S12.

Die Geldmenge M1 enthält ausschließlich Komponenten, die als Zahlungsmittel verwendet werden; bei ihr steht die Tauschmittelfunktion im Vordergrund. Die Geldmengen M2 und M3 enthalten zusätzlich noch Komponenten, die von den Nichtbanken zwar nicht unmittelbar zu Zahlungszwecken eingesetzt werden, jedoch rasch mobilisiert werden können; hier steht die Wertaufbewahrungsmittelfunktion stärker als bei M1 im Vordergrund.

Monetäre Divisia-Indizes

Vor allem die Summenaggregate in den weiten Abgrenzungen M2 und M3 addieren Finanzaktiva zu einer gemeinsamen Größe, die Geldfunktionen in unterschiedlicher

Weise erfüllen. Während Bargeld und täglich fällige Einlagen perfekte Tauschmittel darstellen, eignen sie sich nur beschränkt zur Wertaufbewahrung; umgekehrt erlauben Festgelder, Kündigungsgelder und die übrigen in M3 enthaltenen Finanzvermögensformen eine gute Wertübertragung in die Zukunft, stellen aber nur sehr unvollkommene Tauschmittel dar. Wenn aber die in ein Geldmengenaggregat aufgenommenen Komponenten keine perfekten Substitute sind, führt eine einfache Addition zu einem verzerrten und wenig aussagekräftigen Aggregat, von dem falsche Informationen über die Ausstattung der Volkswirtschaft mit Liquidität ausgehen. Deshalb wird in der theoretischen Diskussion seit langem gefordert, verschiedene Finanzaktiva nicht einfach aufzuaddieren, sondern sie entsprechend ihrer Geldnähe zu gewichten (FRIEDMAN / SCHWARTZ, 1963, S. 25f.). Gesucht wird nach einem Aggregationsverfahren, mit dem die verschiedenen Geldkomponenten konsistent zu einer Gesamtgröße zusammengefasst werden können.

Dieses Verfahren bietet eine von dem Statistiker F. DIVISIA entwickelte Indexformel, und die hiernach gebildeten Geldmengenaggregate werden als „Monetäre DIVISIA-Indizes" bezeichnet (Überblicke bei BARNETT / FISHER / SERLETIS, 1992; ISSING / TÖDTER / HERRMANN / REIMERS, 1993). Sie sehen Geld als ein Gebrauchsgut an, das einen kontinuierlichen Strom an nutzenstiftenden Gelddiensten erbringt. Allerdings messen sie nicht den Bestand an monetären Aktiva, wie das bei den traditionellen Summenaggregaten der Fall ist, sondern erfassen den von diesem Bestand ausgehenden Strom an Gelddiensten. Dieser Nutzenstrom lässt sich nicht kardinal erfassen, weil der Nutzen keine quantifizierbare Größe ist. Quantifizieren lassen sich aber dessen Wachstumsraten, so dass monetäre DIVISIA-Indizes als Indexzahlen definiert sind.

Die Wachstumsraten der einzelnen DIVISIA-Geldmengen-Indizes erhält man, indem man die gemäß ihren Grades an „Geldnähe" gewichteten Wachstumsraten der einzelnen Geldkomponenten addiert, wobei die Summe der Gewichte eins betragen muss. Die Wachstumsrate der DIVISIA-Geldmenge M1 beispielsweise ist gleich der Summe der so gewichteten Veränderungsraten von Bargeldbeständen und täglich fälligen Einlagen. Völlig analog ergeben sich die Wachstumsraten der DIVISIA-Geldmengen M2 und M3, indem man zu diesen Komponenten noch die gewichteten Veränderungsraten von Fest- und Kündigungsgeldern und die gewichteten Veränderungsraten der Forderungen aus Repo-Geschäften, Geldmarktfondsanteilen und Schuldverschreibungen von bis zu zwei Jahren hinzu addiert.

Dabei hängen die Gewichte von den Zinssätzen der einzelnen Geldkomponenten ab und sind umso höher, je niedriger die Verzinsung eines Aktivums ist. Deshalb gehen niedrig verzinste Aktiva, wie Bargeld und täglich fällige Einlagen, mit einem höheren Gewicht in das Aggregat ein, als höher verzinste Aktiva, wie Geldmarktfondsanteile. Die Konstruktion der DIVISIA-Geldmengen-Indizes bedingt, dass sich die Gewichte verändern, wenn die Zinssätze variieren. Zudem bedingen die unterschiedlichen Gewichte, dass Umschichtungen, beispielsweise von Kündigungsgeldern zu Sichteinlagen, die das Summenaggregat M2 unverändert lassen, sich im DIVISIA-Geldmengenaggregat für M2 durchaus niederschlagen: Bei einer normalen Zinsstruktur ist der Rückgang an Kündigungsgeldern mit einem niedrigeren Gewicht versehen als der Zuwachs an Sichteinlagen, so dass der DIVISIA-Geldmengen-Index für M2 ansteigt, weil die Wirtschaftssubjekte eine veränderte Präferenz zugunsten von Finanzanlagen mit größerer Zahlungsmittelnähe offenbaren.

Obwohl DIVISIA-Geldmengen-Indizes ein solideres Fundament in der Aggregationstheorie haben, werden sie bislang nur selten von Notenbanken ausgewiesen (eine Ausnahme ist die BANK OF ENGLAND), allerdings häufig in empirischen Studien verwendet.

2. Geld- und Kreditnachfrageverhalten

Unter Geldnachfrage versteht man den Wunsch eines Wirtschaftssubjekts, einen Teil seines Vermögens in Form von Kasse zu halten. Einzelwirtschaftliche Geldnachfragetheorien fragen nach den Determinanten der von einem einzelnen Wirtschaftssubjekt gewünschten Kassenhaltung. Sie formulieren Hypothesen über die Zeit, die vergeht, bis eine Geldeinheit schließlich zum Kauf von Gütern und Diensten verausgabt wird. Gesamtwirtschaftliche Geldnachfragetheorien untersuchen die Determinanten der im Aggregat gewünschten Kassenhaltung.

Nachfolgend wird die enge Geldmengenabgrenzung M1 zugrunde gelegt, und es werden Hypothesen über deren Nachfrage formuliert. Dabei ist es üblich, die Determinanten der Kassenhaltung aus den Geldfunktionen als Tauschmittel und als Wertaufbewahrungsmittel abzuleiten, wobei die aus der ersten Funktion abgeleitete Geldnachfrage als Nachfrage nach Transaktionskasse und die aus der zweiten Funktion abgeleitete Kassenhaltung als Nachfrage nach Spekulationskasse bezeichnet wird. Zugleich lassen sich aus der Wertaufbewahrungsfunktion die Determinanten der Kreditnachfrage ableiten.

2.1. Tauschmittelfunktion und Transaktionskassenhaltung

2.1.1. Einkommensabhängigkeit der Kassenhaltung

In einem ersten Schritt wird angenommen, dass neben dem Geld keine geldnahen Forderungen existieren, die einen Zinsertrag erbringen, oder dass für ein Wirtschaftssubjekt die Umwandlung von Kasse in geldnahe Forderungen unmöglich ist. Dann lassen sich erste Determinanten der Geldnachfrage in einem Modell einer Volkswirtschaft ableiten, in der zwei repräsentative Wirtschaftssubjekte agieren: Ein Haushalt, der Arbeitsleistungen anbietet und Konsumgüter nachfragt, und ein Unternehmen, das Arbeitsleistungen nachfragt und Konsumgüter anbietet. Beiden Wirtschaftssubjekten seien Höhe und zeitliche Verteilung der Zahlungen bekannt und diese werden von ihnen als Daten hingenommen.

Zunächst wird unterstellt, dass die Lohn- und Gehaltszahlungen monatlich erfolgen, während der Haushalt sein Einkommen kontinuierlich verausgabt. Damit entwickeln sich die Kassenbestände beider Wirtschaftssubjekte wie durch die durchgezogenen Kurvenverläufe in *Abb. D-2.1* dargestellt: Der Haushalt verfügt bei einem Einkommen von Y = 3000 EUR/Monat zu Monatsbeginn über einen Kassenbestand in gleicher Höhe, der kontinuierlich abnimmt und auf null zum Monatsende sinkt; dann erhält er

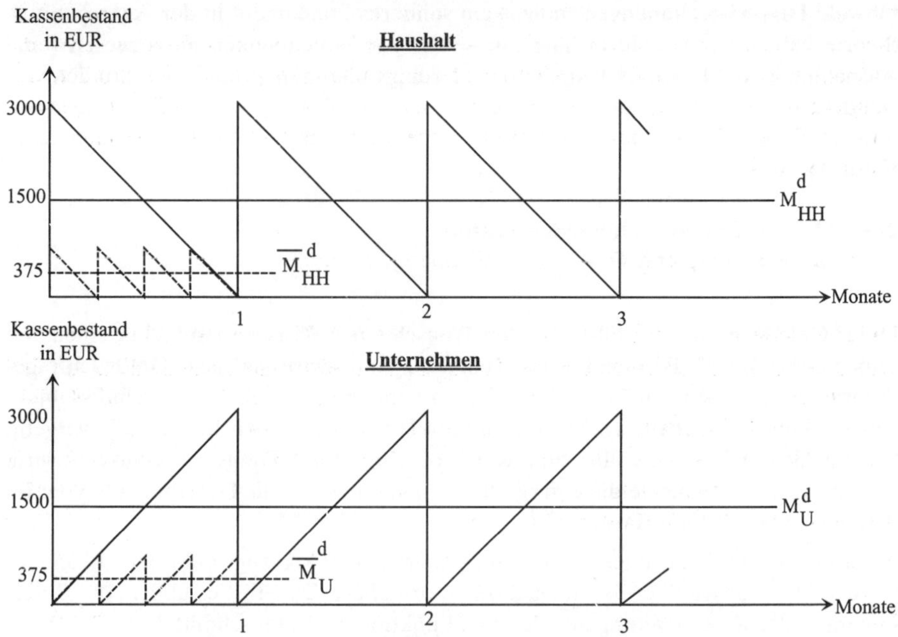

Abb. D-2.1: Kassenbestände von Haushalt und Unternehmen

zu Beginn des nächsten Monats eine neue Einkommenszahlung und sein Kassenbestand steigt wieder an. Im zeitlichen Durchschnitt hält der Haushalt einen Kassenbestand in Höhe von $M^d_{HH} = 1500$ EUR, der die Hälfte eines Monatseinkommens bzw. 1/24 eines Jahreseinkommens umfasst.

Der Unternehmer verfügt zu Monatsbeginn (nach geleisteter Lohn- und Gehaltszahlung) über einen Kassenbestand von null, der sich durch seine Einnahmen aus dem Verkauf des Konsumgutes kontinuierlich erhöht und auf 3000 EUR zum Monatsende ansteigt. Dann sinkt der Kassenbestand wieder auf null ab, weil der Unternehmer Löhne und Gehälter zahlt, und beginnt anschließend wieder zu steigen. Auch der Unternehmer hält im zeitlichen Durchschnitt einen Kassenbestand in Höhe von $M^d_U = 1500$ EUR, der die Hälfte seines monatlichen Umsatzes und 1/24 seines Jahresumsatzes beträgt.

Die durchschnittliche Kassenhaltung beider Sektoren verändert sich, wenn Zahlungsrhythmus oder Zahlungsvolumen variieren: Geht das Unternehmen bei unveränderten Umsätzen und unveränderter Einkommenshöhe beispielsweise von monatlichen zu wöchentlichen Lohn- und Gehaltszahlungen über, entwickeln sich die Kassenbestände beider Sektoren entsprechend der gestrichelt dargestellten Geraden in *Abb. D-2.1*; der Haushalt erhält viermal pro Monat einen Wochenlohn in Höhe von 750 EUR und hält im zeitlichen Durchschnitt eine Kasse von nur noch $\bar{M}^d_{HH} = 375$ EUR, die ein Viertel der ursprünglichen Kassenhaltung beträgt; auch die durchschnittliche Kassenhaltung des Unternehmers sinkt auf $\bar{M}^d_U = 375$ EUR.

Beide Sektoren reduzieren ihre durchschnittliche Kassenhaltung ebenfalls, wenn bei gleichbleibendem Zahlungsrhythmus Haushaltseinkommen und Unternehmensumsatz auf beispielsweise die Hälfte des alten Wertes sinken. Dann halbierten sich in *Abb. D-2.1* (dort nicht dargestellt) die Ordinatenwerte der „Sägezahnkurven“ und die durchschnittliche Kassenhaltung beider Sektoren sinkt gleichfalls auf die Hälfte der Ausgangswerte. Konsequenz ist, dass beide Sektoren bei gegebenem Zahlungsrhythmus im Durchschnitt einen konstanten Prozentsatz des laufenden Einkommens in Form von Kasse halten.

2.1.2. Kassenhaltung und Transaktionskostenminimierung

Der proportionale Zusammenhang zwischen Einkommensentwicklung und Kassenhaltung ist jedoch nicht mehr haltbar, wenn ein Wirtschaftssubjekt in geldnahe verzinsliche Forderungen wechseln kann, die risikolos sind. Dann kann es kurzfristig nicht benötigte Kassenbestände verzinslich anlegen und diese Anlage bei Auftreten eines Finanzierungsbedarfs wieder auflösen. Auf diese Weise kann das Wirtschaftssubjekt die im Verzicht auf Zinserträge begründeten Opportunitätskosten der Kassenhaltung vermindern. Da aber mit Bildung und Auflösung der geldnahen Forderungen Umwandlungskosten (Bankspesen etc.) anfallen, ergibt sich seine gewünschte Kassenhaltung aus einem Optimierungskalkül, bei dem das Wirtschaftssubjekt jene Kassenhaltung wählt, die die Summe aus Umwandlungskosten und entgangenen Zinserträgen minimiert.

Dieser Optimierungskalkül begründet eine Zinsabhängigkeit der Nachfrage nach Transaktionskasse (Baumol, 1952; Tobin, 1956). Sie lässt sich für ein Wirtschaftssubjekt unter der Annahme darstellen, dass die Ausgaben kontinuierlich über den Planungszeitraum (von z. B. einem Monat) verteilt sind, während die Einnahmen nur einmal pro Periode anfallen. Sofern dies am Periodenende geschieht, müssen die Ausgaben vorfinanziert werden, z. B. durch Verkauf eines Wertpapierbestandes. Es sei unterstellt, dass das Wirtschaftssubjekt Ausgaben in Höhe von 3000 EUR/Monat leistet, denen Einnahmen Y in gleicher Höhe zum Monatsende gegenüberstehen, die durch Verkauf eines Wertpapierbestandes in derselben Höhe vorfinanziert werden; allerdings kann das Wirtschaftssubjekt den Wertpapierbestand in verschiedenen Tranchen in Kasse umwandeln. Das Wertpapier erzielt einen Zinssatz i, der den Opportunitätskosten der Kassenhaltung entspricht. Bei jeder Umwandlung wird ein (zu ermittelnder) Betrag C (von z. B. 1000 EUR) von Wertpapieren in Kasse umgewandelt. Dabei fallen konstante Umwandlungskosten in Höhe von b EUR je Umwandlung an.

Insgesamt entstehen für das Wirtschaftssubjekt folgende Kosten K der Kassenhaltung:

$$(2.1) \qquad K = b \cdot \frac{Y}{C} + i \cdot \frac{C}{2}.$$

Der erste Summand auf der rechten Seite bezeichnet die monatlichen Umwandlungskosten; da das gesamte Einkommen Y ausgegeben und jeweils ein konstanter Betrag C abgehoben wird, beträgt die Gesamtzahl der Umwandlungen Y/C, die mit den bei jedem Wertpapierverkauf anfallenden Umwandlungskosten multipliziert werden müssen. Der zweite Summand bezeichnet die entgangenen Zinserträge aus der Wertpapierhaltung, da das Wirtschaftssubjekt, unabhängig davon, wie oft Wertpapiere in Kasse umgewandelt werden, eine monatsdurchschnittliche Kasse in Höhe von C/2 EUR hält, die mit dem Zinssatz multipliziert werden muss. Das Wirtschaftssubjekt wählt jenen Kassenbestand, der die Gesamtkosten minimiert. Die notwendige Bedingung für ein Kostenminimum lautet:

(2.2) $$\frac{\partial K}{\partial C} = -b \cdot \frac{Y}{C^2} + \frac{i}{2} = 0 \qquad \text{oder } C = \sqrt{\frac{2 \cdot b \cdot Y}{i}}.$$

Da im Monatsdurchschnitt ein Betrag in Höhe von C/2 als Kasse gehalten wird, beträgt die Nachfrage M_T^d nach Transaktionskasse:

(2.3) $$M_T^d = \frac{C}{2} = \frac{1}{2}\sqrt{\frac{2 \cdot b \cdot Y}{i}} = \sqrt{\frac{b \cdot Y}{2i}}.$$

Hat das Wirtschaftssubjekt die Möglichkeit, kurzfristig nicht benötigte Kassenbestände verzinslich anzulegen, steigt die Kassenhaltung gemäß (2.3) nur unterproportional zum Ausgabevolumen Y. Zudem sinkt die Geldnachfrage, wenn i steigt oder b sinkt, weil das Wirtschaftssubjekt dann kleinere Beträge von Wertpapieren in Kasse umwandelt. Seine Kassenhaltung wird null, wenn die Umwandlungskosten b oder sein Einkommen Y null betragen oder der Zinssatz i unendlich groß wird.

2.2. Wertaufbewahrungsmittelfunktion, Kassenhaltung und Kreditnachfrage

Die Zinsabhängigkeit der Geldnachfrage lässt sich weiter begründen, wenn man die Determinanten der Kassenhaltung untersucht, die aus ihrer Funktion als Wertaufbewahrungsmittel resultieren. Geld steht in dieser Funktion in einer engen Substitutionsbeziehung zu anderen Vermögensformen, weil es – in enger Abgrenzung – zwar zinsertraglos, aber auch frei von Kapitalwertrisiken ist. Wertpapiere als mögliche Alternativanlage erbringen demgegenüber zwar einen Zinsertrag, unterliegen aber auch dem Risiko schwankender Kurse. Ein Anleger steht damit vor dem Problem, entscheiden zu müssen zwischen der ertrag- und risikolosen Kassen- und der ertragbringenden und risikobehafteten Wertpapierhaltung (oder anderen Vermögensformen). Dieser Entscheidungsprozess ist Gegenstand der Portfoliotheorie der Geldnachfrage und soll zunächst für den Fall der Portfoliowahl bei sicheren (einwertigen) Kurserwartungen dargestellt werden.

2.2.1. Portfoliowahl zwischen Geld und einem Wertpapier bei sicheren Kurserwartungen

Es wird ein Wirtschaftssubjekt betrachtet, das vor der Entscheidung steht, sein Vermögen *W* in Form von Kasse oder in Form eines festverzinslichen Wertpapiers mit unendlicher Laufzeit, einem Nennwert von 100 EUR und einer nominalen Zinszahlung von z EUR/Jahr zu halten. Für dieses Wertpapier weicht der Marktzins i_t (also die Umlaufrendite) im Zeitpunkt t vom Nominalzins z/100 ab, sofern der Marktkurs WP_t des Wertpapiers vom Nominalwert differiert. Für den Marktzins und den Wertpapierkurs gelten:

(2.4) $$i_t = \frac{z}{WP_t} \qquad \text{bzw.}$$

(2.5) $$WP_t = \frac{z}{i_t}.$$

Steigt der durchschnittliche Marktzins an, weil beispielsweise neu emittierte Wertpapiere mit hohem Nominalzins am Markt angeboten werden, sorgen Arbitrage-

Prozesse dafür, dass der Kurs der bereits am Markt gehandelten Wertpapiere mit niedriger Nominalverzinsung so lange fällt, bis ihre Rendite mit der Rendite neu emittierter Wertpapiere übereinstimmt.

Ob das Wirtschaftssubjekt sein Vermögen als Kasse oder in Form von Wertpapieren hält, hängt ab von dem im Entscheidungszeitpunkt t für das Ende der (als einjährig angenommenen) Anlageperiode $t+1$ erwarteten Marktzins i^*_{t+1}, für den gilt:

(2.6) $$i^*_{t+1} = \frac{z}{WP^*_{t+1}},$$

wobei WP^*_{t+1} den für $t+1$ erwarteten Wertpapierkurs bezeichnet. Entsprechend gilt auch:

(2.7) $$WP^*_{t+1} = \frac{z}{i^*_{t+1}}.$$

Ein Anstieg des vom Wirtschaftssubjekt zum Ende seiner Anlageperiode erwarteten Marktzinses geht damit einher mit einem Rückgang des erwarteten Wertpapierkurses. Zunächst wird, Keynes (1936) folgend, unterstellt, dass das Wirtschaftssubjekt

- sichere (einwertige) Erwartungen über die Höhe des zum Ende der Anlageperiode herrschenden Marktzinses bzw. Wertpapierkurses hat; Keynes bezeichnet diesen von dem Wirtschaftssubjekt erwarteten Kurs/Zinssatz als „normalen“ Wertpapierkurs/Zinssatz;
- seine Kurs-/Zinserwartung völlig unabhängig vom aktuellen Kurs/Zinssatz bildet (unelastische Kurs-/Zinserwartung).

Unter diesen Bedingungen hält das Wirtschaftssubjekt sein Vermögen entweder nur als Kasse oder nur in Form des Wertpapiers, d. h. es trifft eine Entweder-oder-Entscheidung. Das lässt sich zeigen, wenn man den zum Ende der einjährigen Anlageperiode erwarteten Ertragsstrom R^*_{t+1} bei Wertpapierhaltung ermittelt:

(2.8) $$R^*_{t+1} = (WP^*_{t+1} - WP_t) + z,$$

der sich aus der erwarteten Kursänderung und der festen Zinszahlung zusammensetzt. Bezieht man R^*_{t+1} auf den aktuellen Wertpapierkurs WP_t, erhält man die erwartete Effektivrendite r^*_{t+1} der Wertpapierhaltung:

(2.9) $$r^*_{t+1} = \frac{R^*_{t+1}}{WP_t} = (\frac{WP^*_{t+1}}{WP_t} - 1) + \frac{z}{WP_t},$$

wobei der Ausdruck in Klammern die erwartete relative Kursänderung und der letzte Summand die nominale Zinszahlung pro Geldeinheit bezeichnen. Für (2.9) lässt sich wegen (2.5) und (2.7) auch schreiben:

(2.10) $$r^*_{t+1} = (\frac{i_t}{i^*_{t+1}} - 1) + i_t.$$

Das Wirtschaftssubjekt ist indifferent zwischen der Kassenhaltung und der Wertpapierhaltung, sofern gilt:

(2.11) $$r^*_{t+1} = 0 \quad \text{oder} \quad i_t = \frac{i^*_{t+1}}{1+i^*_{t+1}} =: i^{krit}_t.$$

In diesem Fall erwartet es einen Kursverlust genau in Höhe der nominalen Zinszahlung, so dass die erwartete Effektivrendite aus der Wertpapierhaltung null und damit genauso hoch wie aus der Geldhaltung ist. Der Marktzins, bei dem dies der Fall ist, wird als

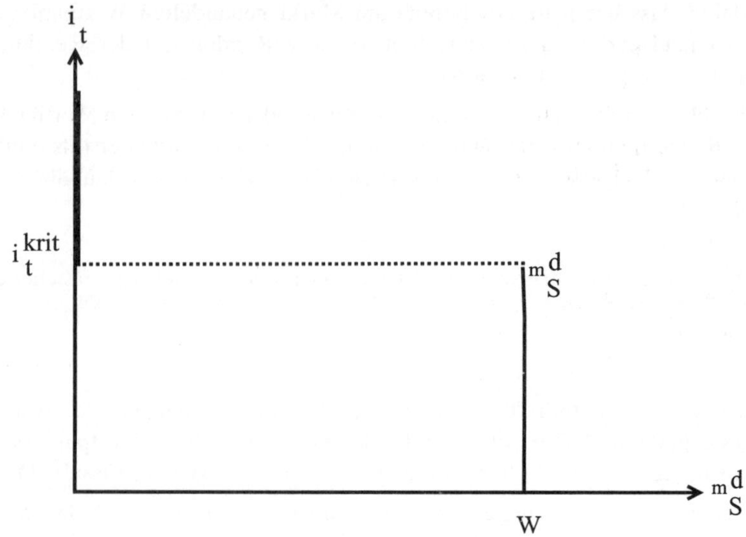

Abb. D-2.2: Einzelwirtschaftliche Geldnachfrage bei sicheren Kurserwartungen

„kritischer Zinssatz" i_t^{krit} bezeichnet. Gilt hingegen $r_{t+1}^* > 0$ und damit $i_t > i_t^{krit}$, erwartet das Wirtschaftssubjekt eine positive Rendite aus der Wertpapierhaltung und hält sein gesamtes Vermögen in Form von Wertpapieren. Gilt umgekehrt $r_{t+1}^* < 0$ und damit $i_t < i_t^{krit}$, ist die erwartete Rendite aus der Wertpapierhaltung negativ und das Wirtschaftssubjekt hält sein gesamtes Vermögen als Kasse.

Graphisch ergibt sich eine nicht-stetige einzelwirtschaftliche Nachfragekurve nach Spekulationskasse m_S^d, die wie in *Abb. D-2.2* dargestellt verläuft: Stimmt der Marktzins mit dem – allein von der exogenen Zinserwartung abhängigen – kritischen Zinssatz überein, ist das Wirtschaftssubjekt indifferent zwischen Geld- und Wertpapierhaltung und die Geldnachfragekurve weist eine Sprungstelle auf. Bei allen darunter liegenden Zinssätzen ist die erwartete Effektivrendite aus der Wertpapierhaltung negativ und das Wirtschaftssubjekt hält sein Gesamtvermögen W als Kasse. Umgekehrt wird bei allen über dem kritischen Zinssatz liegenden Marktzinssätzen die erwartete Effektivrendite aus der Wertpapierhaltung positiv und das Wirtschaftssubjekt hält keine Kasse, sondern sein gesamtes Vermögen in Form von Wertpapieren.

KEYNES unterstellt zudem, dass die Wirtschaftssubjekte individuell unterschiedliche (sichere) Erwartungen über die Höhe des „normalen Zinssatzes" haben und sich damit die kritischen Zinssätze von Individuum zu Individuum unterscheiden. Unter dieser Bedingung ergibt eine Horizontaladdition einstufiger individueller Treppenfunktionen eine vielstufige gesamtwirtschaftliche Treppenfunktion, die bei sehr großer Zahl betrachteter Wirtschaftssubjekte durch eine negativ geneigte und gekrümmte gesamtwirtschaftliche Geldnachfragefunktion M_S^d angenähert werden kann. Addiert man hierzu die gesamtwirtschaftliche Nachfrage nach Transaktionskasse, erhält man die gesamtwirtschaftliche Geldnachfragekurve (*Abb. C-4.1*; Beitrag C-4). Die gesamtwirtschaftliche Nachfrage nach Spekulationskasse wird null bei einem Marktzins, der so hoch ist, dass er gerade über den kritischen Zinssätzen aller Wirtschaftssubjekte liegt, die alle ihr gesamtes Vermögen in Wertpapieren (und keine Kasse) halten. Umgekehrt wird die gesamtwirtschaftliche Geldnachfrage bei einem anderen Zinsniveau völlig zinselastisch, welches so niedrig ist, dass es für alle Wirtschaftssubjekte gerade unter dem kritischen Zinssatz liegt; daher rechnen alle Akteure mit steigenden Zinssätzen und fallenden Wertpapierkursen, und keiner hält Wertpapiere. Alle Wirtschaftssubjekte sind in dieser Situation der Liquiditätsfalle bereit, ihr gesamtes Vermögen als Kasse zu halten.

2.2.2. Portfoliowahl zwischen Geld und einem Wertpapier bei unsicheren Kurserwartungen

Individuell gemischte Portefeuilles lassen sich erklären, wenn man die Annahme sicherer bzw. einwertiger Kurs- oder Zinserwartungen aufgibt und unsichere/mehrwertige Erwartungen berücksichtigt. In diesem Fall hängt die in t+1 realisierte Wertpapierrendite $r_{t+1,i}$ vom Eintritt eines Umweltzustands i ab, dem das Wirtschaftssubjekt eine Eintrittswahrscheinlichkeit $prob_i$ zuordnet. Dann lässt sich ein Wertpapier durch folgende Grundbegriffe der Portfoliotheorie charakterisieren:

- Als Erwartungswert μ_{WP} des zukünftigen Ertrags bezeichnet man die Summe der mit ihrer Eintrittswahrscheinlichkeit gewichteten Wertpapierrenditen über alle Umweltzustände i:

  (2.12) $\mu_{WP} := EW[r_{t+1}] = \sum_{i=1}^{n} r_{t+1,i} \cdot prob_i,$

  wobei n die Anzahl der möglichen Umweltzustände und EW den Erwartungsoperator bezeichnet.
- Die Varianz σ^2_{WP} misst das Risiko eines Wertpapiers und gibt an, wie die verschiedenen als möglich angesehenen Ertragssätze $r_{t+1,i}$ um den Erwartungswert im Durchschnitt streuen. Für sie gilt:

  (2.13) $\sigma^2_{WP} := \sum_{i=1}^{n} \left(EW[r_{t+1}] - r_{t+1,i}\right)^2 \cdot prob_i,$

  d. h. sie erfasst die Summe der mit ihren Eintrittswahrscheinlichkeiten gewichteten quadratischen Abweichungen der möglichen Ertragssätze vom Erwartungswert; die Quadratwurzel aus der Varianz wird als Standardabweichung bezeichnet.

Das numerische Beispiel aus *Übersicht D-3.1* erleichtert die Interpretation beider Grundbegriffe. Dort ist ein Wertpapier mit einem aktuellen Kurs WP_t von 100 EUR und einer nominalen Zinszahlung z von 8 EUR/Jahr unterstellt. Für $t + 1$ hält das Wirtschaftssubjekt $n = 5$ Umweltzustände für möglich, in denen der Kurs die in Spalte (2) eingetragenen Werte annimmt; zusammen mit der Zinszahlung aus Spalte (3) ergeben sich die in Spalte (4) aufgeführten möglichen Wertpapierrenditen.

Spalte (5) enthält die vom Wirtschaftssubjekt unterstellten Eintrittswahrscheinlichkeiten und Spalte (6) für jeden Umweltzustand das Produkt aus Wahrscheinlichkeit und möglicher Wertpapierrendite, dessen Summe den nach (2.12) ermittelten Erwartungswert ergibt. Die letzte Spalte (7) enthält für jeden Umweltzustand die quadrierte und mit ihrer Eintrittswahrscheinlichkeit gewichtete Abweichung der möglichen Rendite vom Erwartungswert; deren Summe ergibt die Varianz und erlaubt es, die Standardabweichung für die Wertpapierrendite zu ermitteln. Im Mittel kann das Wirtschaftssubjekt im Anlagezeitpunkt für jede im Wertpapier angelegte Geldeinheit eine Rendite von 8 % erwarten; die Varianz der Rendite beträgt 0,034.

Übersicht D-3.1: Erwartungswert und Varianz

(1)	(2)	(3)	(4)	(5)	(6)	(7)
i	$WP_{t+1,i}$	z	$r_{t+1,i}$	$prob_i$	$r_{t+1,i} \cdot prob_i$	$(EW[r_{t+1}] - r_{t+1,i})^2 \cdot prob_i$
1	130	8	0,38	0,1	0,038	$(0,08 - 0,38)^2 \cdot 0,1 = 0,009$
2	120	8	0,28	0,2	0,056	$(0,08 - 0,28)^2 \cdot 0,2 = 0,008$
3	100	8	0,08	0,4	0,032	$(0,08 - 0,08)^2 \cdot 0,4 = 0,000$
4	80	8	–0,12	0,2	–0,024	$(0,08 + 0,12)^2 \cdot 0,2 = 0,008$
5	70	8	–0,22	0,1	–0,022	$(0,08 + 0,22)^2 \cdot 0,1 = 0,009$
					$\mu_{WP} = 0,08$	$\sigma^2_{WP} = 0,034; \sigma_{WP} = 0,1843$

Die Kenntnis von Erwartungswert und Varianz eines Wertpapiers erlaubt es, die Portfoliowahl des Wirtschaftssubjekts zwischen Kasse und dem Wertpapier zu bestimmen. Bezeichnet man mit x_1 den Anteil der Wertpapierhaltung (und mit $x_0 = 1 - x_1$ den Anteil der Kassenhaltung) am Gesamtvermögen, gilt für den erwarteten Gesamtertrag μ aus dem Portfolio:

(2.14) $$\mu = 0 \cdot (1 - x_1) + \mu_{WP} \cdot x_1 = \mu_{WP} \cdot x_1,$$

da die Kassenhaltung in der hier verwendeten Geldmengenabgrenzung ertraglos ist; weiterhin gilt für das Portfoliorisiko (gemessen an der Standardabweichung σ):

(2.15) $$\sigma = \sigma_{WP} \cdot x_1,$$

da die Kassenhaltung ebenfalls risikolos ist. Damit werden für das Wirtschaftssubjekt folgende, als Möglichkeitenlinie bezeichnete Erwartungswert-Risiko-Kombinationen möglich, sofern man (2.15) nach x_1 auflöst und in (2.14) einsetzt:

(2.16) $$\mu = \frac{\mu_{WP}}{\sigma_{WP}} \cdot \sigma.$$

Gleichung (2.16) gibt den Zusammenhang zwischen dem erwarteten Portfolioertrag μ und dem Portfoliorisiko σ für einen gegebenen erwarteten Ertrag μ_{WP} und ein gegebenes Risiko σ_{WP} einer in Wertpapieren angelegten Geldeinheit wieder. Graphisch stellt sich die Möglichkeitenlinie in *Abb. D-2.3* als eine aus dem Ursprung kommende Gerade $\overline{0A}$ dar (LAIDLER, 1974, 4. A. 1977; JARCHOW, 1973, 11. A. 2003), die die Kombinationen von μ und σ wiedergibt, die das Wirtschaftssubjekt mit steigendem Anteil x_1 des Wertpapiers am Portefeuille erreichen kann. Hält es nur Kasse (Punkt 0), sind erwarteter Portfolioertrag und erwartetes Portfoliorisiko gleich null; hält es nur das Wertpapier (Punkt A), stimmen Portfolioertrag und Portfoliorisiko mit dem Wertpapierertrag und dem Wertpapierrisiko überein. Hält das Wirtschaftssubjekt ein gemischtes Portefeuille, befindet es sich auf der Möglichkeitenlinie zwischen den Punkten 0 und A.

Um die Portfoliowahl des Wirtschaftssubjekts bestimmen zu können, bedarf es einer Annahme über seiner Risikopräferenz. Sofern ein risikoaverser Entscheider unterstellt wird, lassen sich seine Präferenzen durch folgende, vom Portfolioertrag und vom Portfoliorisiko abhängige Nutzenfunktion wiedergeben:

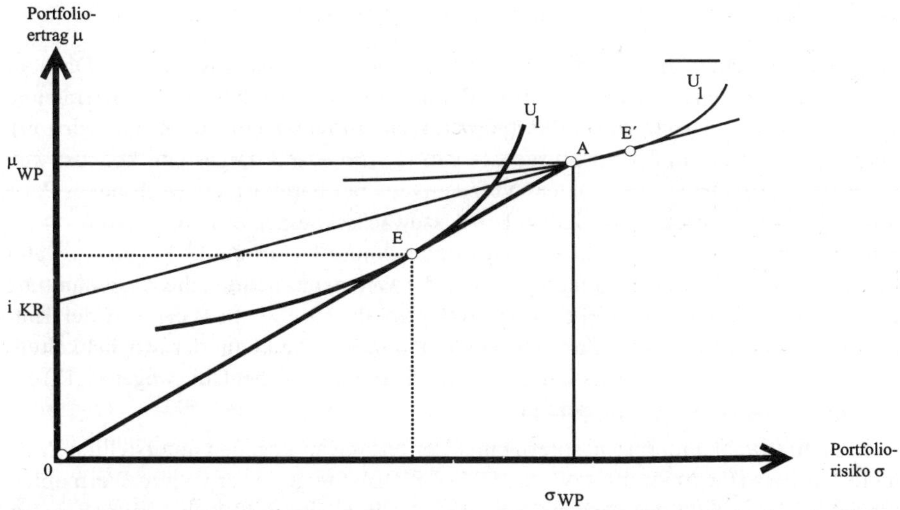

Abb. D-2.3: Portfoliowahl zwischen Kasse und einem risikobehafteten Wertpapier

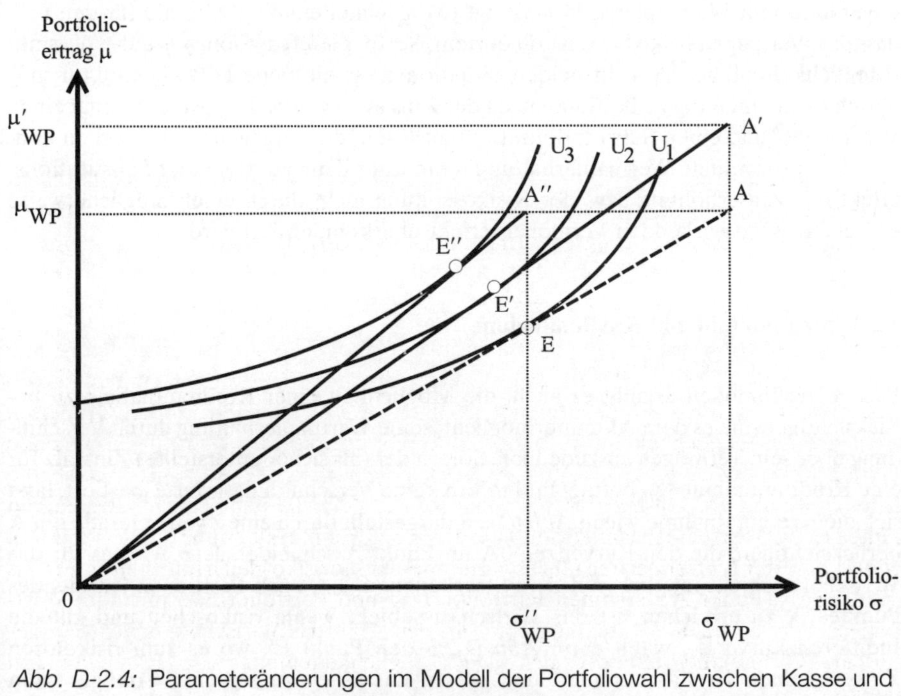

Abb. D-2.4: Parameteränderungen im Modell der Portfoliowahl zwischen Kasse und einem risikobehafteten Wertpapier

$$(2.17)\qquad U = U(\mu, \sigma) \quad \text{mit} \quad \frac{\partial U}{\partial \mu} > 0 \quad \text{und} \quad \frac{\partial U}{\partial \sigma} < 0,$$

d. h. der Grenznutzen des Ertrages ist positiv, der des Risikos ist negativ. Darüber hinaus sei unterstellt, dass die Grenzrate der Substitution zwischen Portfolioertrag und Portfoliorisiko mit steigendem Wertpapierertrag zunimmt (strikte Risikoaversion); dann verlaufen die Indifferenzkurven U, wie in *Abb. D-2.3* dargestellt, konvex, weil das Wirtschaftssubjekt bei gleichem Nutzenniveau nur bereit ist, ein wachsendes Portfoliorisiko durch größer werdende Ertragszuwächse auszugleichen. In *Abb. D-2.3* erreicht das Wirtschaftssubjekt sein Nutzenmaximum U_1 im Punkt E, d. h. es wählt im Beispiel eine Portfolioaufteilung, bei der die Wertpapierhaltung die Kassenhaltung übersteigt, so dass der Portfolioertrag größer ist als 0,5 μ_{WP}. In E erreicht der Entscheider sein höchstes Nutzenniveau, weil jeder andere Punkt auf der Möglichkeitenlinie auf einer näher zur Abszisse liegenden Indifferenzkurve liegt, die wegen (2.17) ein niedriges Nutzenniveau repräsentiert.

Die Portfoliowahl ändert sich, sofern einer der bislang als gegeben unterstellten Parameter variiert (LAIDLER, 1974, 4. A. 1977, S. 81 ff.): Steigt der erwartete Wertpapierertrag μ_{WP} oder sinkt das Wertpapierrisiko σ_{WP}, dreht sich die Möglichkeitenlinie $\overline{0A}$ entgegen dem Uhrzeigersinn im Ursprung. In beiden Fällen ergibt sich jeweils ein neuer Tangentialpunkt E′ bzw. E″ mit der höchsten erreichbaren Indifferenzkurve. *Abb. D-2.4* zeigt das für den Fall, dass der erwartete Wertpapierertrag von μ_{WP} auf μ'_{WP} bei unverändertem Wertpapierrisiko ansteigt (Möglichkeitenlinie $\overline{0A'}$), und für den Fall, dass das Wertpapierrisiko bei unverändertem Wertpapierertrag von σ_{WP} auf σ''_{WP} sinkt (Möglichkeitenlinie $\overline{0A''}$). In beiden Situationen ist die neue Portfoliostruktur graphisch nicht eindeutig zu bestimmen, da der Zinsanstieg bzw. die Risikosenkung einen Vermögens- und einen Substitutionseffekt auslösen, die entgegengesetzt wirken können. Die prozentuale Wertpapierhaltung nimmt nur dann zu, wenn der Substitutionseffekt der Zinserhöhung bzw. der Risikosenkung nicht durch einen möglicherweise entgegengesetzt wirkenden Vermögenseffekt überkompensiert wird.

2.2.3. Portfoliowahl und Kreditaufnahme

Das Portfoliomodell erlaubt es auch, die Möglichkeit einer Kreditaufnahme zu berücksichtigen, die es dem Akteur ermöglicht, seine Wertpapierhaltung durch Verschuldung über sein Vermögen auszudehnen. Sofern der (als sicher unterstellte) Zinssatz für eine Kreditaufnahme i_{KR} beträgt und sofern keine Verschuldungsgrenze existiert, lässt sich die Kreditaufnahme wie in *Abb. D-2.3* dargestellt durch eine zweite Gerade $\overline{i_{KR}A}$ berücksichtigen, die den Kurvenzug $\overline{0A}$ im Punkt A schneidet. Jetzt wird es für das Wirtschaftssubjekt möglich, auf dem Streckenzug $\overline{i_{KR}A}$ auch Positionen jenseits des Punktes A zu erreichen. Ist das Wirtschaftssubjekt wenig risikoscheu und gilt die Indifferenzkurve $\bar{U}_1$, wählt es in *Abb. D-2.3* den Punkt E′, wo es zum risikolosen Zinssatz einen Kredit aufnimmt und diesen zusätzlich zu seinem Vermögen zum Wertpapierankauf verwendet (und keine Kasse hält).

2.3. Vermögenstheoretischer Ansatz der Geldnachfrage

Anders als die soeben dargestellten Modelle betont der vermögenstheoretische (neoquantitätstheoretische) Ansatz der Geldnachfrage (Friedman, 1956) nicht die besondere Funktionalität des Geldes als Tausch- und Wertaufbewahrungsmittel. Geld wird vielmehr als ein dauerhaft nutzenstiftendes Gut betrachtet, dessen Nachfrage von denselben Determinanten wie die nach jedem anderen Gebrauchsgut abhängt, nämlich der Budgetrestriktion des nachfragenden Wirtschaftssubjekts, seinen Präferenzen sowie dem Preis des betrachteten Gutes relativ zu den Preisen anderer Güter (Beitrag K). Die relevante Budgetbeschränkung für die Kassenhaltung wird durch das reale Vermögen W_r des Haushalts beschrieben, wobei das Vermögen alle Quellen zukünftiger Einkommensströme umfasst; deshalb wird das Vermögen durch den Barwert aller zukünftig erwarteten (permanenten) realen Einkommensströme Y_r^{Perm} ermittelt. Für dieses gilt:

$$(2.25) \qquad W_r = \frac{Y_r^{Perm}}{i},$$

sofern die Lebensdauer des Haushalts unendlich ist und die durchschnittliche Verzinsung des gesamten Vermögens i beträgt.

Anders als in der herkömmlichen Haushaltstheorie wird die Aufteilung dieses Budgets auf die beteiligten Vermögensformen nicht durch die Preise/Kurse als Beschaffungswiderstände, sondern durch die Ertragssätze des Geldes relativ zu den Ertragssätzen anderer Vermögensformen als Opportunitätskosten bestimmt. Friedman betrachtet als Alternativen zur Kassenhaltung die Haltung festverzinslicher Wertpapiere („bonds"), die Haltung variabelverzinslicher Wertpapiere („equities"), die Sachkapitalhaltung und die Haltung von Humanvermögen. Da Letzteres nicht marktfähig und kaum durch andere Vermögensformen substituierbar ist, berücksichtigt der Ansatz lediglich den Anteil hq des Humankapitals am Gesamtvermögen als Geldnachfragedeterminante. Es wird argumentiert, dass ein Wirtschaftssubjekt mit steigendem hq mehr Kasse hält, um dadurch die mangelnde Marktfähigkeit des Humankapitals auszugleichen.

Für alle anderen Vermögensformen erfasst die neoquantitätstheoretische Geldnachfragetheorie die pekuniären und nicht-pekuniären Erträge:

- Kasse selbst erbringt in enger Abgrenzung keine pekuniären Erträge, erzielt aber erhebliche nicht-pekuniäre Erträge in Form der eingangs dargestellten Transaktionskostenersparnisse.
- Der erwartete Ertragssatz festverzinslicher Wertpapiere r^* besteht aus den jährlichen Zinszahlungen i und den erwarteten prozentualen Kursänderungen; da erwartete Kurssteigerungen mit erwarteten Marktzinssenkungen (und umgekehrt) einhergehen, lässt sich auch schreiben:

  $$(2.26) \qquad r^* = i - \frac{1}{i} \cdot \frac{di^*}{dt}.$$

  Um die erwartete Effektivrendite zu ermitteln, muss vom aktuellen Marktzins die erwartete relative Zinssenkung subtrahiert (und damit die erwartete Kurssteigerung addiert) werden.
- Analoges gilt auch für die erwartete Ertragsrate für variabel verzinsliche Wertpapiere; allerdings muss hier zusätzlich berücksichtigt werden, dass bspw. Aktien

im Regelfall realwertgesichert sind, weil ein Anstieg der erwarteten Inflationsrate über stärker steigende Unternehmenserlöse letztlich zu schneller wachsenden Dividendenzahlungen führt.

- Für Sachkapital besteht der periodisch anfallende pekuniäre Ertrag aus der erwarteten Inflationsrate g_P^*.

Schließlich berücksichtigt FRIEDMAN noch die Präferenzen U des Entscheiders und unterstellt fehlende Geldillusion, so dass das Wirtschaftssubjekt mit steigendem Preisniveau P eine proportional steigende nominale Kassenhaltung wünscht, um dieselben Gelddienste erhalten zu können.

Insgesamt ergibt sich daraus der folgende Ausdruck für die vermögenstheoretische nominale Geldnachfragefunktion:

$$(2.27) \quad M^d = f(\frac{Y_r^{Perm}}{i}, i - \frac{1}{i} \cdot \frac{d\,i^*}{dt}, g_P^*, hq, U) \cdot P$$

oder für die reale Geldnachfrage:

$$(2.28) \quad \frac{M^d}{P} = f(\frac{Y_r^{Perm}}{i}, i - \frac{1}{i} \cdot \frac{d\,i^*}{dt}, g_P^*, hq, U),$$

wobei die reale Geldnachfrage mit steigendem Realvermögen, sinkendem Ertragssatz der Wertpapierhaltung und sinkender erwarteter Inflationsrate zunimmt.

2.4. Transaktionskosten und kurzfristige Geldnachfrage

Die bisherigen Überlegungen haben gezeigt, wovon die gewünschte Kassenhaltung abhängt, sofern keine Kosten der Portfolioanpassung bestehen und die Akteure sich unverzüglich mit ihrer tatsächlichen Kassenhaltung an den gewünschten Wert anpassen können. Berücksichtigt man jedoch die Existenz solcher Transaktionskosten bei der Portfolioanpassung, wird es für ein Wirtschaftssubjekt rational, seine tatsächliche Geldnachfrage nur zeitlich verzögert an den langfristig angestrebten Wert anzupassen, so dass die kurzfristig gewünschte Kassenhaltung von der (bislang betrachteten) langfristig gewünschten Geldnachfrage abweicht. Bezeichnet man die langfristig gewünschte reale Kassenhaltung mit $(M/P)^L$ und die im Zeitpunkt t-1 tatsächlich gehaltene reale Kasse mit (M_{t-1} / P_{t-1}), dann lässt sich die im Zeitpunkt t gewünschte reale Kassenhaltung (M_t / P_t) durch folgende Bestandsanpassungshypothese abbilden (LAIDLER, 1982; SIEBKE, 1985):

$$(2.29) \quad (M_t / P_t) - (M_{t-1} / P_{t-1}) = \gamma\left[(M/P)^L - (M_{t-1} / P_{t-1})\right],$$

mit $0 \leq \gamma \leq 1$ bzw.

$$(2.30) \quad (M_t / P_t) = \gamma (M/P)^L + (1-\gamma)(M_{t-1} / P_{t-1}).$$

Gleichung (2.29) besagt, dass die Differenz zwischen langfristig gewünschter und zu Periodenbeginn vorhandener realer Kassenhaltung in jeder Periode um einen Bruchteil γ abgebaut wird. Damit entspricht gemäß Gleichung (2.30) die im Zeitpunkt t kurzfristig gewünschte reale Geldnachfrage einem gewichteten Mittel aus langfristig gewünschter realer Kassenhaltung und im Zeitpunkt t-1 tatsächlich gehaltener realer

Kasse. Geldnachfragefunktionen vom Typ (2.30) werden häufig bei empirischen Arbeiten verwendet (Überblicke bei MILBOURNE, 1988; SUBRAMANIAN, 2001).

3. Geld- und Kreditangebotsprozesse

Geld- und Kreditangebotstheorien untersuchen die einzel- und gesamtwirtschaftlichen Determinanten des umlaufenden Geld- und Kreditvolumens. Geldanbieter sind im Europäischen Währungsgebiet die monetären Finanzinstitute, d. h. das Eurosystem, die Kreditinstitute (Geschäftsbanken) und die sonstigen Finanzinstitute (in Deutschland vor allem Geldmarktfonds). Im Mittelpunkt der Analyse steht das Geschäftsbankenverhalten, weil das Notenbankverhalten politisch determiniert und daher modellexogen ist und die sonstigen Finanzinstitute quantitativ für den Geldangebotsprozess eine nur geringe Rolle spielen. Bevor das Geschäftsbankenverhalten betrachtet wird, soll zunächst gefragt werden, warum es überhaupt Geschäftsbanken gibt.

3.1. Erklärungsansätze von Geschäftsbanken

Die originäre Dienstleistung einer Geschäftsbank besteht im kombinierten Einlagen- und Kreditgeschäft, d. h. sie nimmt Einlagen an und transformiert sie in einzelwirtschaftliche Kredite. Auf diese Weise erfüllt eine Geschäftsbank mit ihrem Aktivgeschäft eine Informationsbeschaffungs- und Kontrollfunktion, denn sie überprüft Kreditwünsche der Kreditnachfrager, beobachtet das Management der kreditnehmenden Unternehmen und verhindert, dass der Kreditnehmer ein anderes Investitionsprojekt als angekündigt durchführt. Zugleich erfüllt sie mit ihrem Passivgeschäft eine Liquiditätsbeschaffungsfunktion, denn sie stellt den Nichtbanken täglich fällige Einlagen als allgemein anerkanntes Tausch- und Zahlungsmittel bereit, das auch als Wertaufbewahrungsmittel fungiert und in der (staatlich festgelegten) Recheneinheit nominiert ist.

Ansätze zur Erklärung von Geschäftsbanken (Überblicke bei BHATTACHARYA / THAKOR, 1993; BALTENSPERGER, 1996; DIETRICH/VOLLMER, 2005) beziehen sich auf diese beiden Funktionen und arbeiten mit der Annahme von Informationsasymmetrien, d. h. einer ungleichen Informationsverteilung zwischen Wirtschaftssubjekten. Damit liegt eine Prinzipal-Agent-Beziehung vor, wobei der Agent als vollständig informiert und der Prinzipal als vollständig uninformiert unterstellt ist. Die beiden wichtigsten Erklärungsansätze unterscheiden sich allerdings darin, auf welcher Stufe der Kreditbeziehung die Informationsasymmetrie angenommen wird: Das Monitoring-Modell von DIAMOND (1984) unterstellt die Existenz privater Informationen auf Seiten der Kapitalnehmer, die allein über das tatsächlich realisierte Ergebnis des Investitionsprojekts informiert sind, das sie durch die Kapitalaufnahme finanzieren; die Aufgabe der Geschäftsbank besteht darin, diese Informationsasymmetrie zu beseitigen und die Investitionsergebnisse im Auftrag der Kapitalgeber zu kontrollieren. Im Unterschied hierzu unterstellt das Liquiditätsversicherungsmodell von BRYANT (1980) und DIA-

MOND / DYBVIG (1983) private Informationen auf Seiten der Einleger, die alleine über das Auftreten eines vorzeitigen individuellen Liquiditätsbedarfs informiert sind; die Aufgabe der Geschäftsbank besteht darin, die Einleger gegen das Auftreten individueller Liquiditätsrisiken abzusichern.

3.1.1. Geschäftsbanken als Überwacher von Kreditausfallrisiken

Ausgangspunkt des ersten Ansatzes zur Erklärung von Geschäftsbanken ist der Tatbestand, dass einzelne Investitionsvorhaben oftmals zu groß sind, um von einem einzigen Kapitalgeber finanziert zu werden. Vielmehr erfordern bereits mittelgroße Projekte zahlreiche Kapitalgeber, die als unternehmensexterne Personen keine Kenntnisse von den tatsächlichen Investitionsergebnissen haben, sondern auf Informationen seitens der mit der Unternehmensleitung beauftragten Personen angewiesen sind. Diese Informationsasymmetrie begründet ein Prinzipal-Agent-Problem, denn die Unternehmensleitung kann ihren Kapitalgebern zu niedrige Ergebnisse des Investitionsvorhabens mitteilen.

Ohne Existenz einer Geschäftsbank haben die Kapitalgeber als Prinzipale entweder die Möglichkeit, die mit der Unternehmensleitung betrauten Unternehmer direkt zu kontrollieren oder mit ihnen einen Vertrag abschließen, der ihnen jeden Anreiz zur Fehlberichterstattung nimmt. Da beide Möglichkeiten mit hohen Kosten verbunden sind, besteht die Alternative darin, die Überwachung einer Geschäftsbank als beauftragter Kontrolleur zu übertragen. Dadurch wird zwar das bislang einstufige Prinzipal-Agent-Verhältnis zwischen Unternehmer und Kapitalgeber durch ein zweistufiges Prinzipal-Agent-Verhältnis zwischen Geschäftsbank und Unternehmen einerseits und zwischen Kapitalgeber und Geschäftsbank andererseits ersetzt, jedoch kann dies einzelwirtschaftlich von Vorteil sein, wenn die Geschäftsbank im Auftrag vieler Kapitalgeber viele Unternehmen überwacht, deren Investitionsvorhaben voneinander unabhängig sind. Dann bestehen wachsende Skalenerträge bei der Unternehmenskontrolle, die zusammen mit der soeben dargestellten Informationsasymmetrie die Existenz einer Geschäftsbank als delegierte Kontrollinstitution begründen.

Modellannahmen

Genauere Aussagen lassen sich im Modell einer Volkswirtschaft machen, in der n identische und als risikoneutral unterstellte Unternehmer existieren, die über keine eigenen Finanzmittel verfügen. Jeder Unternehmer plant ein großes, als unteilbar unterstelltes Projekt, das einen auf 1 EUR normierten Kapitaleinsatz erfordert und einen stochastischen Bruttoertrag y erbringt, für den gilt:

(3.1) $0 < y < \infty$ und $EW[y] > R$,

wobei R einen exogen vorgegebenen kompetitiven Alternativertrag bezeichnet. Jeder Unternehmer weist eine Vielzahl von ebenfalls als risikoneutral unterstellten Kapitalgebern auf, von denen jeder über finanzielle Mittel in Höhe von $1/m < 1$ EUR verfügt, so dass zur Finanzierung eines Investitionsprojekts $m > 1$ Kapitalgeber erforderlich sind. Die Verteilungsfunktion der Investitionserträge y ist für alle Projekte identisch und die Erträge sind voneinander unabhängig; die Verteilungsfunktion ist zwar allen Marktteilnehmern ex ante bekannt, jedoch kennt nur der Unternehmer als Kreditnehmer ex port das tatsächliche Ergebnis. Dabei ist die Realisierung von y eine bloße Zufallsgröße und von den Aktionen des Unternehmers unabhängig.

Nichtexistenz von Geschäftsbanken

Da nur der Unternehmer das tatsächliche Investitionsergebnis y kennt, kann er seine Kapitalgeber täuschen und ihnen gegenüber am Periodenende den realisierten Ertrag niedriger als tatsächlich eingetreten ausweisen. Um dies zu verhindern, haben die Kapitalgeber bei Nichtexistenz von Geschäftsbanken zwei Alternativen:

Jeder Anleger kann erstens den Unternehmer direkt kontrollieren, d. h. er wendet Kontrollkosten in Höhe von K EUR auf, um die Realisierung von *y* für sich (und nur für sich, da es sich um eine private Information handelt) beobachtbar zu machen.

Jeder Anleger kann zweitens mit dem Unternehmen einen Schuldvertrag abschließen, der die Androhung und Durchsetzung von Strafkosten vorsieht, falls der Unternehmer das Rückzahlungsversprechen nicht einhält. Um dem Unternehmer den Anreiz zu täuschen zu nehmen, müssen die Strafkosten nicht-pekuniärer Art sein, damit sie vom säumigen Schuldner auch bei einem sehr niedrigen Ertrag getragen werden können; Beispiele für solche nicht-pekuniären Strafkosten sind die Unannehmlichkeiten eines Insolvenzverfahrens, Suchkosten für entlassene Manager, im Extremfall sogar Gefängnisstrafen. Darüber hinaus müssen die Strafkosten von einer Größe abhängen, die auch für den Kapitalgeber beobachtbar ist; dies kann im vorliegenden Modell nur die tatsächliche Auszahlung des Unternehmers sein. Bezeichnet man die nicht-pekuniären Strafkosten mit φ , die tatsächlichen Auszahlungen des Unternehmers mit z und das vertraglich vorgesehene Zahlungsversprechen mit h, dann hat eine anreizkompatible Straffunktion folgendes Aussehen:

$$(3.2) \qquad \varphi = \begin{cases} h - z \text{ für } h > z, \\ 0 \qquad \text{für } h \leq z. \end{cases}$$

Der Vertrag sieht also nicht-pekuniäre Strafkosten für den Fall vor, dass der Schuldner sein Zahlungsversprechen nicht vollständig erfüllt; damit entspricht der dargestellte Vertrag einem gewöhnlichen Schuldvertrag („Standardkreditvertrag“), der die Rückzahlung eines vorher festgelegten Betrags vorsieht. Bei dieser Konstruktion des Kreditvertrages ist es für den Schuldner optimal, das Rückzahlungsversprechen einzuhalten, wenn er kann ($y \geq h$), oder dem Gläubiger den gesamten verfügbaren Ertrag zu überlassen, wenn er nicht kann ($y < h$). Die Gläubiger werden mit diesem Vertrag gerade einverstanden sein, wenn gilt: $EW[z] = R$, d. h. sie also im Erwartungswert den Alternativvertrag R erzielen.

Da die Unternehmer ihren Kapitalgebern mindestens den Ertrag R der Alternativanlage zuzüglich anfallender Kontrollkosten zahlen müssen, gehen die mit der Lösung des Prinzipal-Agent-Problems verbundenen Kosten voll zu ihren Lasten: Je nachdem, welche Vertragsform sie wählen, entstehen für das Unternehmen entweder direkte Kontrollkosten in Höhe von $m \cdot K$ EUR oder mit positiver Wahrscheinlichkeit nicht-pekuniäre Strafkosten, deren Erwartungswert $EW[\varphi]$ beträgt, wenn das Unternehmen in Konkurs geht, ohne zu täuschen. Die Unternehmung wird sich für einen Beteiligungsvertrag mit direkter Kontrolle nur entscheiden, sofern gilt:

$$(3.3) \qquad m \cdot K < EW[\varphi],$$

und im umgekehrten Fall einen Standardkreditvertrag mit positivem Erwartungswert für die Strafkosten wählen. Das Unternehmen entscheidet sich nur bei hinreichend geringer Zahl m an Kapitalgebern für einen Beteiligungsvertrag mit direkter Kontrolle und wählt ansonsten den Standardkreditvertrag.

Existenz von Geschäftsbanken

Die Alternative zur direkten Gläubiger-Schuldner-Beziehung oder gegebenenfalls zur direkten Kontrolle durch die Kreditgeber sind eine indirekte Finanzierung und die delegierte Kontrolle durch einen Finanzintermediär. Dadurch sinken die Kontrollkosten pro Unternehmen von $m \cdot K$ EUR auf K EUR, weil jedes Unternehmen jetzt nicht mehr m, sondern nur noch einen Kreditgeber (die Bank) aufweist (*Abb. D-3.1*). Diesem Vorteil geringerer Kontrollkosten entgegen steht jedoch der Nachteil, dass das bislang einstufige Prinzipal-Agent-Verhältnis durch ein zweistufiges ersetzt wird und auch für die Geschäftsbank ein Anreiz besteht, ihrerseits die tatsächlichen Investitionsergebnisse zu untertreiben.

Offensichtlich ist eine direkte Kontrolle der Bank durch die Kapitalgeber ineffizient, weil dadurch die Kontrollkosten im Vergleich zur direkten Gläubiger-Schuldner-Beziehung ansteigen. Vielmehr schließen die Kapitalgeber mit der Bank einen anreizkompatiblen Kreditvertrag mit den oben beschriebenen Eigenschaften ab, so dass die Geschäftsbank bei Nichteinhaltung des Schuldvertrages Insolvenz- oder Strafkosten zu tragen hat, deren Erwartungswert von DIAMOND (1984, S. 269) als Kosten der delegierten Kontrolle oder Delegationskosten D bezeichnet werden. Die Kosten D bezeichnen damit die erwarteten nicht-pekuniären Kosten, die bei einer Bank pro Unternehmen entstehen, wenn die Bank zahlungsunfähig wird oder ihr Zahlungsversprechen nicht einhält.

Für den einzelnen Unternehmer ist die delegierte Kontrolle durch eine Geschäftsbank damit einer direkten Finanzierung überlegen, sofern gilt:

$$(3.4) \qquad D + K < \text{Min}(m \cdot K; EW[\varphi]),$$

d. h. sofern die Summe der (bei der Bank entstehenden, aber vom Unternehmer zu tragenden) Delegations- und Kontrollkosten geringer ist als das Minimum der Kosten einer multiplen Kontrolle durch die Kapitalgeber oder die erwarteten Strafkosten. Wenn (wie oben unterstellt) die Erträge der Investitionsprojekte voneinander unabhängig sind und damit nicht korrelieren, konvergieren die Delegationskosten mit wachsender Anzahl der durch die Bank kontrollierten Unternehmen gegen null, d. h. es gilt:

$$(3.5) \qquad \lim_{n \to \infty} D = 0\,;$$

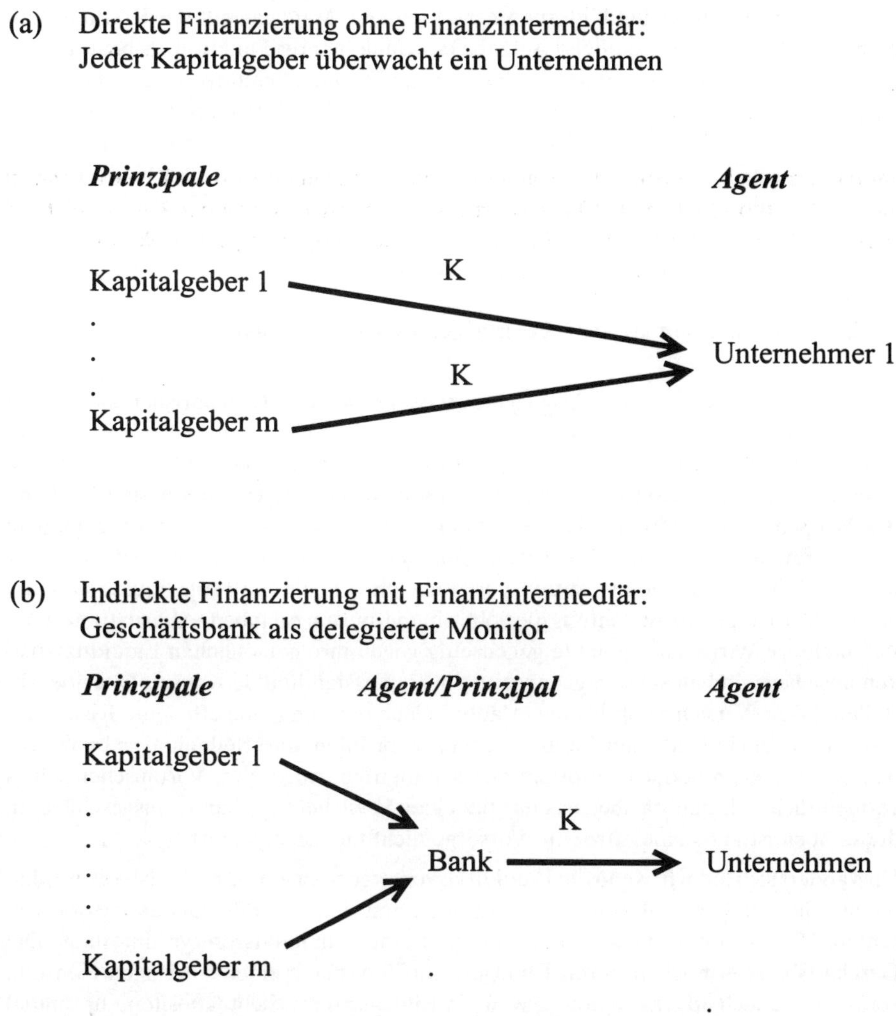

Abb. D-3.1: Geschäftsbanken als delegierte Monitoren

naive Risikodiversifikation innerhalb des Portfolios des Intermediärs erlaubt wegen des Gesetzes der großen Zahl eine Abnahme der Insolvenzgefahr auf null. Damit ist für die Unternehmer eine delegierte Kontrolle von Vorteil, sofern gilt:

(3.6) $\quad K < \mathrm{Min}(m \cdot K; EW[\varphi])$.

Für den Unternehmer lohnt sich die Inanspruchnahme der Dienstleistung der Bank mithin immer, sofern $K < EW[\varphi]$ ist, d. h. wenn die Kontrollkosten durch die Bank geringer als die erwarteten Strafkosten des Unternehmens im Konkursfall ausfallen.

Die Geschäftsbank ist deshalb imstande, Sparer und Investoren kostengünstiger zusammenzubringen als diese dazu bei direktem Kontakt in der Lage wären, sofern die

Bank Kontrakte mit vielen Unternehmen abschließt; Management des Kreditausfallrisikos ist damit eine wesentliche Aufgabe der Bank in ihrer Funktion als beauftragter Monitor. Dabei bietet die Bank im Passivgeschäft einen Schuldvertrag in Form der Einlage an, die in der Praxis des Bankbetriebs tatsächlich dominiert. Offen geblieben ist allerdings bislang, welche Form diese Einlage annimmt und ob es sich um eine täglich fällige Einlage oder um eine andere Form festverzinslicher Verbindlichkeiten handelt. Um dies zu beantworten, ist es nun zweckmäßig, die zweite Funktion der Bank als effizienter Versicherer gegen Liquiditätsrisiken zu betrachten.

3.1.2. Geschäftsbanken als Versicherer gegen Liquiditätsrisiken

Ausgangspunkt des zweiten Ansatzes zur Erklärung von Geschäftsbanken ist der Tatbestand, dass ein Wirtschaftssubjekt seinen zukünftigen Liquiditätsbedarf nicht genau kennt und dem Risiko unterliegt, auf Grund zufälliger persönlicher Ereignisse zu einem vorzeitigen Konsum gezwungen zu sein. Gegen dieses Liquiditätsrisiko kann das Wirtschaftssubjekt individuelle Vorsorge nur treffen, wenn es einen genügend großen liquiden, aber unrentablen Konsumgütervorrat unterhält. Das bedeutet aber den Verzicht auf rentable Investitionsvorhaben, die oftmals nur wenig liquide sind und erst nach Ablauf einer Ausreifungsperiode einen Konsum erlauben. Alternativ können sich mehrere Wirtschaftssubjekte gegenseitig gegen ihre persönlichen Liquiditätsrisiken absichern, indem sie sich gegenseitig im Bedarfsfall liquide Konsumgüter bereitstellen. Diese Versicherungslösung erlaubt jedoch nur dann eine effiziente Risikovorsorge, wenn ein individueller Liquiditätsbedarf von allen Marktteilnehmern beobachtbar ist; bestehen jedoch Informationsasymmetrien, wird das Vortäuschen eines vermeintlichen Liquiditätsbedarfs nur bei einer Versicherungsprämie ausgeschlossen, die so hoch ist, dass eine effiziente Vorsorge nicht mehr möglich ist.

Dies ändert sich jedoch, wenn die Liquiditätsvorsorge über eine Geschäftsbank erfolgt, die auf Sicht fällige Einlagen anbietet und die mit den ihr zufließenden Ressourcen rentable Investitionsprojekte durchführt und eine Liquiditätsreserve unterhält. Die Geschäftsbank ermöglicht ihren Einlegern im Bedarfsfall einen sofortigen Konsum, vermeidet jedoch adverse Anreize, weil ein Einleger seine Sichtdepositen nur einmal auflösen kann und dadurch seinen Anspruch auf zukünftige Erträge aus den Investitionsprojekten verliert. Die Geschäftsbank ist als Liquiditätspool zur Haltung einer geringeren Liquiditätsreserve imstande als das bei individueller Vorsorge möglich wäre, sofern die Liquiditätsbedarfe der Einleger nicht vollständig positiv korrelieren. Damit bestehen steigende Skalenerträge bei der Liquiditätsvorsorge, die zusammen mit den oben erwähnten Informationsasymmetrien die Existenz einer Geschäftsbank erklären. Allerdings begründen die Einsparungen bei der Liquiditätshaltung gleichzeitig auch eine potenzielle Instabilität einer einzelnen Geschäftsbank und des gesamten Bankensystems, sofern eine große Zahl von Einlegern ihre Depositen aus anderen als Liquiditätsgründen abhebt, so dass die Gefahr eines Bankruns oder einer Bankenpanik besteht.

Modellannahmen

Die Wirtschaftssubjekte können ein als beliebig teilbar unterstelltes Investitionsvorhaben mit konstanten Skalenerträgen und einer maximalen Laufzeit von drei Zeitpunkten (t = 0, 1, 2) durchführen; die Lagerhaltung von Ressourcen ist kosten- und ertraglos. Das Investitionsprojekt erfordert in t = 0 einen Kapitaleinsatz von 1 EUR und erbringt einen sicheren Ertrag von R > 1 EUR im Zeitpunkt t = 2, sofern es bis zum Ende durchgeführt wird, oder einen Liquidationserlös von 1 EUR in t = 1, sofern es vorzeitig abgebrochen wird. *Übersicht D-3.1* verdeutlicht die Zahlungsströme in den drei Zeitpunkten für die Fälle Durchführung und Abbruch des Investitionsvorhabens.

Um das Liquiditätsrisiko zu modellieren, werden zwei Typen von Investoren unterstellt:

- Ein Investor vom Typ 2 will erst in t = 2 konsumieren und ist somit bereit, das Investitionsprojekt bis zum Ende durchzuführen.
- Demgegenüber muss ein Investor vom Typ 1 aufgrund individueller Ereignisse (Krankheit, Unfall u. ä.) schon in t = 1 konsumieren.

Übersicht D-3.1 Zahlungsströme des Investitionsprojekts im DIAMOND/DYBVIG-Modell

Zeitpunkt	t = 0	t = 1	t = 2
Durchführung des Projekts	–1	0	R
Abbruch des Projekts	–1	1	0

Alle Individuen sind in t = 0 identisch, verfügen über eine Ressourcenausstattung von 1 EUR und erfahren erst in t = 1, zu welchem Typ sie gehören; allerdings ist das nur dem Betroffenen bekannt und für Dritte nicht beobachtbar. Die Zugehörigkeit zu einer der beiden Gruppen ist zufällig, und θ bezeichne den Anteil der Investoren vom Typ 1 und $(1-\theta)$ den Anteil vom Typ 2. Die Wirtschaftssubjekte seien risikoavers und erzielen in t = 1 einen Gegenwartsnutzen von $U(c_1)$, sofern sie in t = 1 konsumieren, und einen Gegenwartsnutzen von $\beta \cdot U(c_2)$, sofern sie in t = 2 konsumieren, wobei β mit $1 > \beta > 1/R$ den Faktor der Zeitpräferenz bezeichnet. Da ein Individuum in t = 0 noch nicht weiß, zu welcher Gruppe es gehören wird, wählt es jenes Konsumprofil (c_1^*, c_2^*), das seinen erwarteten Nutzen:

$$\text{(3.7)} \qquad EW[U(c_1, c_2)] = \theta \cdot U(c_1) + (1-\theta) \cdot \beta \cdot U(c_2)$$

maximiert.

Nichtexistenz von Geschäftsbanken

Bei individueller Risikovorsorge verfügt das Wirtschaftssubjekt über keine Entscheidungsalternative, weil es nur einen Konsumstrom ($c_1 = 1; c_2 = 0$) realisieren kann, falls es zum Typ 1 zählt, oder ($c_1 = 0; c_2 = R$), falls es zum Typ 2 zählt. Alle Individuen könnten sich verbessern, wenn sie sich gegenseitig gegen Illiquidität versicherten und in t = 0 einen Versicherungskontrakt abschlössen gegen das Pech, zum Typ 1 zu zählen. Diese gegenseitige Versicherung sähe vor, dass in t = 1 auch ein Teil der Investoren vom Typ 2 seine

Projekte auflöst, um den sich ergebenden Liquidationserlös pro Kopf auf die Investoren vom Typ 1 zu verteilen; bezeichnet man λ den Anteil der in $t = 0$ begonnenen Projekte, der in $t = 1$ aufgelöst wird, ergibt sich für einen Investor vom Typ 1 ein Konsumstrom: $c_1 = \frac{\lambda}{\theta}$. Die übrigen Investoren vom Typ 2 führen dann ihre Projekte bis zum Ende durch und teilen den Gesamterlös unter allen Investoren vom Typ 2 auf, sodass sich für sie ein Konsumstrom der Höhe: $c_2 = \frac{1-\lambda}{1-\theta} \cdot R$ ergibt. Auf diese Weise könnten alle Investoren den für sie optimalen Konsumplan (c_1^*, c_2^*) mit $1 < c_1^* < c_2^* < R$ verwirklichen, der sich ergibt, wenn man den erwarteten Nutzen (3.7) unter Berücksichtigung der intertemporalen Budgetbeschränkung maximiert, die durch Auflösen der letzten beiden Ausdrücke nach λ und Gleichsetzen bestimmt werden kann, und die lautet:

(3.8) $$\theta \cdot c_1 + (1-\theta) \cdot \frac{c_2}{R} = 1.$$

Allerdings wird diese Versicherung wegen der beschriebenen Informationsasymmetrie nicht zustandekommen, denn es lohnt sich für einen Investor vom Typ 2 zu behaupten, dass er zum Typ 1 zählt (was nicht zu überprüfen ist). Dann könnte er sein eigenes Investitionsprojekt bis zum Ende durchführen und gleichzeitig in $t = 1$ von den übrigen Agenten vom Typ 2 eine Ausgleichszahlung $(c_1^* - 1)$ verlangen, die er bis $t = 2$ lagert. Da alle Investoren vom Typ 2 sich so verhalten würden, könnte eine Versicherung nur zustandekommen, wenn die Versicherungsprämie (Preis der Konsumgüter in $t = 1$ relativ zu den Konsumgütern in $t = 2$) $1/R$ betrüge. Dann aber lohnte sich ein Versicherungsvertrag für die Marktteilnehmer nicht mehr, denn jedes Wirtschaftssubjekt hätte ein Konsumprofil wie bei individueller Vorsorge.

Existenz von Geschäftsbanken

Die optimale Vertragslösung kann durch Zwischenschaltung einer Geschäftsbank erreicht werden, die Einlagen aufnimmt und in das Projekt investiert. Jeder Einleger erhält einen Anspruch auf einen Auszahlungsbetrag in $t = 1$ in Höhe von $r_1 > 1$ EUR gewährt; dabei werden alle in $t = 1$ die Auszahlung wünschenden Einleger sequenziell in der Reihenfolge ihres Eintreffens bedient.

In $t = 2$ wird die Bank aufgelöst, und alle dann noch verbliebenen Einleger erhalten das verbliebene Vermögen der Bank pro Kopf, d. h. ihren individuellen Anteil am gesamten Projektertrag aller in $t = 1$ nicht liquidierten Projekte. Bezeichnet man mit f den Anteil an den Einlagen im Zeitpunkt $t = 0$, die in $t = 1$ ausbezahlt wurden, dann beträgt der individuelle Auszahlungsbetrag in $t = 2$ pro in $t = 0$ einbezahlter Deposite entweder null (sofern alle Projekte bereits in $t = 1$ aufgelöst werden mussten, d. h. $\lambda = 1$ gilt) oder $R(1 - r_1 \cdot f)/(1 - f)$; denn da $r_1 \cdot f = \lambda$ dem Anteil der in $t = 1$ aufgelösten Investitionsvorhaben an den in $t = 0$ eingelegten Depositen bzw. an den in $t = 0$ begründeten Investitionsvorhaben entspricht, ist:

- $(1 - r_1 \cdot f)$ der Anteil der in $t = 1$ noch bestehenden Investitionsvorhaben an den in $t = 0$ begründeten Investitionsprojekten;
- $R \cdot (1 - r_1 \cdot f)$ der gesamte Auszahlungsbetrag in $t = 2$ pro in $t = 0$ eingelegter Deposite;
- $R \cdot (1 - r_1 \cdot f)/(1 - f)$ der Auszahlungsbetrag in $t = 2$ pro in $t = 2$ noch bestehender Deposite.

Betragen beispielsweise R = 2 EUR; r_1 = 1,5 EUR und f = 0,2, hat die Bank in t = 1 30 % der in t = 0 begonnen Projekte aufgelöst und kann in t = 2 den verbliebenen Einlegern einen Betrag in Höhe von $2 \cdot (1 - 1,5 \cdot 0,2)/0,8 = 1,75$ EUR ausbezahlen.

Die Geschäftsbank erreicht die effiziente Risikoabsicherung, wenn sie $r_1 = c_1^*$ setzt und den Rest pro Kopf an die noch bestehenden Einleger in t = 2 ausbezahlt. Sie unterliegt nicht der Gefahr, getäuscht zu werden, weil es normalerweise (auf den Ausnahmefall wird sogleich eingegangen) optimal ist für einen Anleger vom Typ 1, sich in t = 1, und für einen Anleger vom Typ 2, sich erst in t = 2 ausbezahlen zu lassen; eine Täuschung lohnt sich für Typ 2 nicht, denn wenn er seine Anlage in t = 1 auflöst, verliert er seinen Anspruch in t = 2.

Bankrun

Allerdings kann auch die Situation eintreten, in der auch die Einleger vom Typ 2 in t = 1 ihre Einlagen auflösen, ohne dass sie einen individuellen Liquiditätsbedarf haben, so dass ein Run auf die Bank einsetzt (DIAMOND / DYBVIG, 1983). Dies geschieht, sobald für einen Einleger der erwartete Auszahlungsbetrag für t = 2 kleiner wird als der erwartete Auszahlungsbetrag in t = 1. Das ist der Fall, sofern

(3.9) $$r_1 \geq \frac{R(1-r_1 f)}{1-f} \quad \text{bzw.}$$

(3.10) $$f \geq \frac{R-r_1}{r_1(R-1)} =: f^*$$

gilt. Erwartet ein Einleger vom Typ 2, dass in t = 1 nur Einleger vom Typ 1 ihre Einlagen auflösen, d. h. $f = \theta < f^*$ und die Bank in t = 2 noch zahlungsfähig ist, löst er seine Einlage erst in t = 2 auf und die Bank bleibt bestehen. Erwartet der Typ 2-Einleger jedoch, dass in t = 1 ein Anteil $f \geq f^*$ seine Einlagen auflöst, ist es für ihn rational, seine Einlage ebenfalls in t = 1 aufzulösen, und die Bank bricht zusammen. Im obigen Beispiel setzt der Run bei $f^* = 0,33$ ein, weil in diesem Fall die erwartete Auszahlung für t = 2 mit r_1 = 1,5 EUR übereinstimmt.

Damit existieren zwei funktionale Erklärungsansätze von Geschäftsbanken, die sich ergänzen, weil sie unterschiedliche Aspekte des Bankgeschäfts erklären: Während der zuerst dargestellte Ansatz begründet, warum Banken Kredite an Unternehmen vergeben und festverzinsliche Einlagen ausgeben, erläutert der zweite Ansatz, warum die

A	Geschäftsbank	P
Liquiditätsreserven B_K^R		Eigenkapital EK
Kredite KR		Sichteinlagen DE

Übersicht. D-3.2 Vereinfachte Bankbilanz

typische Bankverbindlichkeit eine Einlage mit hoher Liquidität (und beispielsweise keine Bankschuldverschreibung) ist, die Geldfunktionen erfüllt. Kreditangebot und Angebot an täglich fälligen Einlagen sind also miteinander verbundene Tätigkeiten einer Bank, die aus ihren Funktionen folgen.

3.2. Geschäftsbankenverhalten

Als Konsequenz der eben dargestellten Funktionen unterliegt die Geschäftsbank einem Illiquiditäts- und einem Überschuldungsrisiko. Dabei folgt das Illiquiditätsrisiko aus dem Passivgeschäft und ist darin begründet, dass eine Einlage unerwartet aufgelöst und die Bank illiquide wird. Im Unterschied hierzu folgt das Überschuldungsrisiko aus dem Aktivgeschäft der Bank und besteht beispielsweise darin, dass ein gewährter Kredit unvollständig oder gar nicht zurückbezahlt und die Bank überschuldet wird. Die Aufgabe der Bank besteht darin, gegen diese Risiken Vorsorge zu treffen, indem sie über eine ausreichende Primärgeldreserve verfügt, um liquide zu bleiben, und über eine hinreichend große Eigenkapitalausstattung, um ihre Verbindlichkeiten zurückzahlen zu können. Das Ausmaß dieser Vorsorge ist Ergebnis eines Optimierungskalküls, der von den Kosten des Bankmanagements, den Risiken und der Höhe der Zinssätze abhängt und jetzt dargestellt werden soll.

Wir gehen aus von einer vereinfachten Bankbilanz mit gegebenem Volumen, wie sie in *Übersicht D-3.2* dargestellt ist. Die Bank hält auf der Aktivseite unverzinsliche Liquiditätsreserven B_K^R und zinsbringende Kredite KR und auf der Passivseite Eigenkapital EK und täglich fällige Einlagen DE . Sie erzielt Zinserträge aus der Kreditvergabe und wendet Zinszahlungen an ihre Einleger und Dividendenzahlungen an ihre Eigenkapitalgeber auf; zusätzlich entstehen Opportunitätskosten durch entgangene Zinserträge aus der Liquiditätsreserve.

3.2.1. Optimale Liquiditätsreserve

Um die Analyse der von der Bank gewünschten Aktivastruktur (Baltensperger, 1980, S. 4 ff.; Niehans, 1980, S. 201 ff.; Tobin, 1982; Tobin / Golub, 1998, S. 170 ff.; Baltensperger / Milde, 1987, S. 19 ff.) einfach zu halten, wird in einem Einperiodenmodell zunächst von einer Eigenkapitalhaltung EK abgesehen und unterstellt, dass der Kreditzins i_{KR} für die Bank gegeben ist. Sie unterliegt allerdings einem Illiquiditätsrisiko, denn der Verlust X an Einlagen (Abhebungen) folgt einer Zufallsvariable mit einer der Bank bekannten Dichtefunktion prob(X). Gerät die Bank in Liquiditätsschwierigkeiten, weil die Abhebungen den Reservenbestand zu Periodenbeginn übersteigen, muss sie Anpassungskosten b pro EUR Defizit zahlen, die proportional zum Reservedefizit sind.

Die Bank wählt zu Periodenbeginn für ein gegebenes Einlagenvolumen die für sie kostenminimale Reservehaltung. Die erwarteten Gesamtkosten K der Reservehaltung betragen:

$$(3.11) \qquad K = i_{KR} \cdot B_K^R - \int_{B_K^R}^{\infty} b\left(B_K^R - X\right)\text{prob}(X)dX.$$

Der erste Summand auf der rechten Seite erfasst die Erträge, auf die eine Bank verzichtet, wenn sie anstatt der Kreditgewährung Reserven hält. Der zweite Summand bezeichnet die erwarteten Anpassungskosten im Falle der Illiquidität: $(B_K^R - X)$ ist für $X \geq B_K^R$ das Liquiditätsdefizit; $b(B_K^R - X)$ sind die Anpassungskosten, die mit dem Wert der Dichtefunktion prob(X) gewichtet und für alle $X \geq B_K^R$ zusammengefasst werden müssen. Im Kostenminimum gilt (auf die Herleitung der hinreichenden Bedingung wird verzichtet):

$$(3.12) \qquad \frac{\partial K}{\partial B_K^R} = i_{KR} - b \int_{B_K^R}^{\infty} \text{prob}(X)dX \overset{!}{=} 0 \qquad \text{bzw.}$$

$$(3.13) \qquad \frac{i_{KR}}{b} = \int_{B_K^R}^{\infty} \text{prob}(X)dX.$$

Die Bank wählt jenes Reservevolumen B_K^R, bei dem die „Preisrelation" i_{KR}/b mit der Wahrscheinlichkeit eines Reservedefizits übereinstimmt, mindestens jedoch $B_K^R = 0$. B_K^R ist dabei um so höher, je niedriger i_{KR}, je höher b und je wahrscheinlicher $X \geq B_K^R$ ist. Darüber hinaus lässt sich zeigen, dass die Standardabweichung der Abhebungen und damit B_K^R mit wachsender Einlegerzahl zunehmen, allerdings unterproportional zum Einlagenbestand, solange die Gründe für Depositenauflösungen nicht perfekt korreliert sind.

3.2.2. Optimale Eigenkapitalhaltung

Ein ähnlicher Optimierungskalkül liegt auch Modellen zugrunde, die sich mit der Passivastruktur der Bankbilanz befassen (BALTENSPERGER, 1973; NIEHANS, 1980, S. 197 f.). In der einfachsten Form wird in einem Einperiodenmodell eine Bank unterstellt, die im Aktivgeschäft Kredite vergibt (von einer Reservehaltung wird jetzt abstrahiert) und daraus ein stochastisches Zinseinkommen *Y* erzielt, mit einer der Bank bekannten Dichtefunktion prob(Y). Sie muss im Passivgeschäft entscheiden, ob sie die Kredite durch Eigenkapital EK oder täglich fällige Einlagen DE finanziert. Im Falle einer Einlagenfinanzierung muss sie bei einem Einlagenzins i_{DE} zum Periodenende einen Betrag $DE \cdot (1 + i_{DE})$ zurückzahlen. Dazu ist sie jedoch nur imstande, wenn sie nicht überschuldet ist, d. h. der Wert ihrer Aktiva zum Periodenende, KR + Y, ihre Verbindlichkeiten nicht unterschreitet, d. h. wenn gilt:

$$(3.14) \qquad KR + Y - DE \cdot (1 + i_{DE}) = (Y - i_{DE} \cdot DE) + (KR - DE) \geq 0.$$

Im umgekehrten Fall ist sie überschuldet, d. h. wenn gilt:

$$(3.15) \qquad Y < DE \cdot (1 + i_{DE}) - KR = (KR - EK) \cdot (1 + i_{DE}) - KR =: \hat{Y}.$$

$\hat{Y}$ bezeichnet das „kritische" Zinseinkommen, bei dem der Aktivawert der Bank gerade noch ausreicht, um die Einlage zu bedienen. Überschuldung verursacht Kosten $k \cdot (\hat{Y} - Y)$ für die Bank, deren Höhe wiederum als proportional zu der Eigenkapitallücke $(\hat{Y} - Y)$ angesehen wird, wobei k hier die Überschuldungskosten pro EUR Eigenkapitallücke betragen.

Die Bank wählt zu Periodenbeginn für ein gegebenes Kreditvolumen das für sie kostengünstigste Eigenkapitalvolumen EK. Bei einem Marktzins R für alternative Eigenkapitalanlagen betragen die Gesamtkosten der Eigenkapitalhaltung:

$$(3.16)\qquad K = (R - i_{DE}) \cdot EK + \int_{-\infty}^{\hat{Y}} k(\hat{Y} - Y)\,prob(Y)dY.$$

Der erste Summand bezeichnet die zusätzlichen Zinszahlungen bei einer Eigenkapital- anstatt einer Einlagenfinanzierung. Der zweite Summand beinhaltet die erwarteten Überschuldungskosten bei einer Einlagenfinanzierung, die anfallen, sofern Y kleiner als $\hat{Y}$ wird. Im Kostenminimum gilt (auf die Darstellung der hinreichenden Bedingung wird wieder verzichtet):

$$(3.17)\qquad \frac{\partial K}{\partial EK} = (R - i_{DE}) + \int_{-\infty}^{\hat{Y}} k\frac{d\hat{Y}}{dEK}\,prob(Y)dY \overset{!}{=} 0$$

bzw. (gemäß 3.15)

$$(3.18)\qquad R - i_{DE} = k(1 + i_{DE}) \int_{-\infty}^{\hat{Y}} prob(Y)dY.$$

Die Bank wählt damit ein optimales Eigenkapitalvolumen, bei dem die erwarteten Grenzkosten der Solvenzsicherung (rechte Seite von 3.18) mit den marginalen Opportunitätskosten des Eigenkapitaleinsatzes (linke Seite) übereinstimmen. $\hat{Y}$ ist damit um so größer, d. h. die optimale Eigenkapitalausstattung ist mithin gemäß (3.15) um so geringer, je größer der Alternativertrag R, je kleiner der Einlagenzins i_{DE}, je geringer die marginalen Insolvenzkosten k und je geringer die Wahrscheinlichkeit für Zinseinkünfte $Y \leq \hat{Y}$ ist.

3.3. Entstehung und Verwendung von Basisgeld

Nach der Analyse des Geschäftsbankenverhaltens wird jetzt von der einzel- auf die gesamtwirtschaftliche Ebene übergegangen und dargestellt, wovon die Höhe des umlaufenden Geld- und Kreditvolumens abhängt. Dabei bleibt die Analyse weiterhin auf die enge Geldmengenabgrenzung M1 beschränkt. Da die einzelne Geschäftsbank aus Gründen der Liquiditätsvorsorge eine Reserve an Primärgeld hält und auch Nichtbanken Primärgeld halten, um Zahlungen abzuwickeln, hängt das gesamtwirtschaftliche Geld- und Kreditschöpfungspotenzial von der Höhe der von der Zentralnotenbank geschaffenen Basisgeldmenge ab, die die Grundlage für den Sekundärgeldschöpfungsprozess im Sektor der monetären Finanzinstitute darstellt.

Auskunft über Entstehung und Verwendung der Geldbasis gibt die konsolidierte Bilanz des Eurosystems, die bereits in Abschnitt 1 (*Übersicht D-1.2*) vorgestellt wurde. Sie lässt sich als Gleichung darstellen:

$$(3.19)\qquad WR + HRF + LRF + SRF + ÜA = B^{C}_{NB} + B^{C}_{K} + B^{DE}_{K} + B^{EF}_{K} + ÜP.$$

Dabei bezeichnen zusätzlich zu den bereits benannten Symbolen WR die Nettowährungsreserven, HRF den Bestand an Hauptrefinanzierungskrediten des Eurosystems an seine Geschäftspartner (d. h. die Kreditinstitute und die sonstigen Finanzinstitute), LRF den entsprechenden Bestand an längerfristigen Refinanzierungskrediten und SRF das von den Geschäftspartnern im Rahmen der Spitzenrefinanzierungsfazilität aufgenommene Kreditvolumen; ÜA und ÜP bezeichnen die übrigen Aktiva und übrigen Passiva.

Da die ersten vier Summanden auf der rechten Seite von (3.19) die Geldbasis B wiedergeben, lässt sich auch schreiben:

$$(3.20) \quad \mathrm{WR} + \mathrm{HRF} + \mathrm{LRF} + \mathrm{SRF} + \mathrm{ÜA} - \mathrm{ÜP} = \mathrm{B}^{\mathrm{C}}_{\mathrm{NB}} + \mathrm{B}^{\mathrm{C}}_{\mathrm{K}} + \mathrm{B}^{\mathrm{DE}}_{\mathrm{K}} + \mathrm{B}^{\mathrm{EF}}_{\mathrm{K}} =: \mathrm{B}.$$

Die linke Seite von Gleichung (3.20) zeigt die Entstehung der Basisgeldmenge B, die rechte Seite deren Verwendung.

Basisgeld entsteht damit vor allem auf vier Wegen (GÖRGENS ET AL., 1999, 4. A. 2004; EUROPÄISCHE ZENTRALBANK, 2004; VOLLMER, 2005; Beitrag P):

- Ankauf von Währungsreserven WR durch das Eurosystem.
- Hauptrefinanzierungskredite HRF des Eurosystems an die Kreditinstitute und sonstigen Finanzinstitute; dabei handelt es sich um wöchentlich vom Eurosystem zum Hauptrefinanzierungssatz durchgeführte Kreditgeschäfte mit einer Laufzeit von einer Woche (ursprünglich von zwei Wochen).
- Längerfristige Refinanzierungskredite LRF an die Kreditinstitute und sonstigen Finanzinstitute; dies sind monatlich zum Satz für längerfristige Refinanzierungsgeschäfte durchgeführte Kreditgeschäfte mit einer Laufzeit von drei Monaten.
- Während diese Geschäfte auf Initiative des Eurosystems durchgeführt werden, steht die Inanspruchnahme der Spitzenrefinanzierungsfazilität SRF in der Disposition der Geschäftspartner. Sie können gegen Zahlung des Spitzenrefinanzierungssatzes über Nacht auf eigene Initiative Basisgeld gegen refinanzierungsfähige Sicherheiten erhalten.

Ebenfalls auf Initiative der Geschäftspartner des Eurosystems erfolgt die Inanspruchnahme der Einlagefazilität $\mathrm{B}^{\mathrm{EF}}_{\mathrm{K}}$, die es den Kreditinstituten und sonstigen Finanzinstituten erlaubt, nicht benötigte Basisgeldbestände über Nacht beim Eurosystem verzinslich anzulegen. In diesem Fall bleibt die Höhe der Basisgeldmenge unverändert, da keine Entstehungskomponente von B aus (3.20) variiert; allerdings findet ein Wechsel auf der Verwendungsseite statt, da die Position $\mathrm{B}^{\mathrm{EF}}_{\mathrm{K}}$ auf Kosten von $\mathrm{B}^{\mathrm{C}}_{\mathrm{K}}$ oder $\mathrm{B}^{\mathrm{DE}}_{\mathrm{K}}$ zunimmt. Veränderungen der Mindestreserveanforderungen beeinflussen ebenfalls die Verwendungsstruktur der Geldbasis. Dadurch variiert die Position $\mathrm{B}^{\mathrm{DE}}_{\mathrm{K}}$, weil diese verzinsten Einlagen der Kreditinstitute und sonstigen Finanzinstitute beim Eurosystem hauptsächlich durch die Mindestreservepflicht bedingt sind, denn die Geschäftspartner werden bestrebt sein, darüber hinausgehende (unverzinste) Überschussreserven möglichst gering zu halten.

3.4. Geldschöpfungsmechanik im Geschäftsbankensektor

Sekundärgeld ist eine monetäre Verbindlichkeit eines Kreditinstituts oder eines sonstigen Finanzinstituts gegenüber den Nichtbanken. Es entsteht, wenn eines dieser Finanzinstitute einer Nichtbank Einlagen einräumt oder andere zur Geldmenge zählende Finanztitel verkauft. Dies kann auf zwei Wegen erfolgen:

- Bei einer aktiven Sekundärgeldschöpfung dehnt sich das Aktivgeschäft des Finanzinstituts aus, indem es beispielsweise einer Nichtbank einen Kontokorrentkredit einräumt oder von der Nichtbank ein Wertpapier gegen Gutschrift ankauft. In beiden

Fällen entsteht Geld, weil die Geschäftsbank mit Forderungen gegenüber sich selbst bezahlt, die zur Geldmenge zählen.

- Bei einer passiven Sekundärgeldschöpfung dehnt sich das Passivgeschäft des Finanzinstituts aus; einziges Beispiel hierfür ist, dass eine Nichtbank bei einer Bank Zentralbankgeld einzahlt und sich ein Guthaben einräumen lässt.

Kreditinstitute können auch aktiv nicht unendlich viel, sondern nur begrenzt Sekundärgeld schöpfen. Hierfür sind zwei Gründe verantwortlich.

- Reservehaltung an Zentralbankgeld durch die Geschäftsbanken:

  Da täglich fällige Einlagen jederzeit abberufen werden können, unterliegt das einzelne Kreditinstitut einem Liquiditätsrisiko und muss Zahlungen (bspw. an andere Geschäftsbanken) in Zentralbankgeld leisten. Die Geschäftsbank muss deshalb einen „Vorrat" an Zentralbankgeld halten, um die mit Zahlungsunfähigkeit verbundenen erwarteten Kosten so gering wie möglich zu halten.

  Nachfolgend soll unterstellt werden, dass Kreditinstitute einen durch die Notenbank vorgegebenen Prozentsatz ihrer zum Geldvolumen zählenden Passiva

  $$(3.21) \quad \mathrm{mrs} := \frac{B_K^{MRS}}{DE} \text{ (= Mindestreservesatz)}$$

  als verbindliche, zum Satz für Hauptrefinanzierungskredite verzinste Mindestreserve auf Sichteinlagen bei der Zentralbank halten. Darüber hinaus ist unterstellt, dass die Geschäftsbanken, um Zahlungsschwierigkeiten zu vermeiden, einen weiteren Prozentsatz ihrer Sichteinlagen,

  $$(3.22) \quad \mathrm{ürs} := \frac{B_K^{ÜR}}{DE} \text{ (= Überschussreservesatz)}$$

  als freiwillige Überschussreserve halten, deren Höhe sich aus dem im Abschnitt 3.2.1 erläuterten Kalkül ergibt.

  Für die gesamte Reservehaltung in Relation zu den Sichteinlagen gilt damit:

  $$(3.23) \quad r := \mathrm{mrs} + \mathrm{ürs} = \frac{B_K^{MRS} + B_K^{ÜR}}{DE} = \frac{B_K^R}{DE},$$

  wobei r den (bereits bekannten) Reservesatz bezeichnet.

- Bargeldabflüsse an die Nichtbanken:

  Der Geschäftsbankensektor insgesamt verliert Zentralbankgeld an die Nichtbanken, wenn diese ihre Zahlungen nicht bargeldlos abwickeln, sondern selbst Zentralbankgeld B_{NB}^C halten.

  Es sei unterstellt, dass die Nichtbanken Bargeld in Höhe eines gegebenen Anteils an der Geldmenge bzw. den Sichteinlagen zu halten wünschen. Bezieht man die Bargeldhaltung auf den Sichteinlagenbestand, ergibt sich der Bargeldhaltungskoeffizient c:

$$(3.24) \quad c := \frac{B_{NB}^C}{DE}.$$

Die Kenntnis von Reservesatz und Bargeldhaltungskoeffizient erlaubt es, den rechnerischen Zusammenhang zwischen Basisgeldmenge B und volkswirtschaftlicher Geldmenge M1 herzustellen. Für die Geldbasis gilt (siehe Abschnitt 1.3.2.):

$$(3.25)\quad B = B_{NB}^{C} + B_{K}^{MRS} + B_{K}^{ÜR} = c \cdot DE + r \cdot DE = (c + r) \cdot DE.$$

Für M1 gilt:

$$(3.26)\quad M1 = B_{NB}^{C} + DE = (c + 1) \cdot DE$$

und damit:

$$(3.27)\quad M1 = \frac{c+1}{c+r} B.$$

Den in (3.27) dargestellten Multiplikator bezeichnet man als Geldangebotsmultiplikator.

3.5. Geldangebotsmodelle

Die bisherigen Überlegungen zum Geldangebotsprozess waren rein tautologisch und beschränkten sich auf den rechnerischen Zusammenhang zwischen der Geldbasis B und der Geldmenge M1. Damit aus den Ex post-, Identitäts- oder Definitionsgleichungen des Multiplikatoransatzes eine Geldangebotstheorie wird, müssen für die dort erscheinenden Größen Verhaltensannahmen (Ex ante-Hypothesen) formuliert werden. Solche Verhaltensannahmen sind notwendig, weil die im Multiplikatorkonzept auftretenden Größen nicht modellexogen sind, sondern von den Entscheidungen der Zentralnotenbank, der Kreditinstitute (und sonstigen Finanzinstitute) und der Nichtbanken abhängen und damit modellendogen erklärt werden müssen. Die Aufgabe besteht darin, das Geldangebotsmultiplikatorkonzept durch Verhaltenshypothesen „zum Leben zu erwecken" und empirisch überprüfbare Geldangebotshypothesen zu formulieren. Letztlich besteht das Interesse darin zu überprüfen, welcher der drei Sektoren den dominanten Einfluss auf M1 ausübt und ob die gesamtwirtschaftliche Geldmenge M1 eine durch die Notenbank steuerbare Größe ist. Steuerbarkeit liegt vor, wenn Variationen von M1 dominant durch die Zentralnotenbank beeinflusst werden.

3.5.1. Mechanistische Geldangebotstheorie

Die mechanistische Geldangebotstheorie ist die Geldangebotstheorie der Neoklassik. Sie geht von drei Verhaltensannahmen aus:

- Die Geldbasis ist vollständig durch die Notenbank kontrolliert; sie ist eine modellexogene Größe.
- Der Überschussreservesatz ürs ist konstant und der Reservesatz r wird damit vollständig durch den von der Zentralbank gesetzten Mindestreservesatz mrs bestimmt.
- Der Bargeldhaltungskoeffizient c der Nichtbanken ist kurzfristig konstant und verändert sich allein mittelfristig mit den Zahlungssitten.

Aus den letzten beiden Annahmen folgt, dass der Geldangebotsmultiplikator modellexogen und zumindest kurzfristig allein vom Verhalten der Zentralnotenbank abhängig ist; der Geldangebotsmultiplikator bleibt konstant, wenn die Notenbank den Mindestreservesatz nicht verändert. Unter dieser Bedingung führen von der Notenbank ausgelöste Veränderungen der Geldbasis B zu proportionalen Variationen der gesamtwirtschaftlichen Geldmenge M1, so dass die Elastizität

$$(3.28)\qquad \varepsilon_{M1,B} = \frac{dM1}{dB} \cdot \frac{B}{M1}$$

der Geldmenge in Bezug auf die Geldbasis gleich 1 ist. Die Geldmenge ist damit vollständig durch die Notenbank steuerbar.

Die mechanistische Geldangebotstheorie verdeutlicht damit, wie unter sonst gleichen Bedingungen ein von der Notenbank ausgelöster Anstieg der Geldbasis maximal auf die gesamtwirtschaftliche Geldmenge M1 wirkt. Ihre Schwäche besteht darin, dass

- die monetäre Basis unter den institutionellen Bedingungen in vielen Volkswirtschaften nicht allein durch die Notenbank, sondern auch durch die Geschäftsbanken bestimmt ist;
- die spezielle Annahme konstanter Verhaltensparameter c und ürs für Nichtbanken und Geschäftsbanken unrealistisch ist, weil beide Sektoren ihr Verhalten an Datenänderungen, vor allem Zinssatzvariationen, anpassen werden.

3.5.2. Kreditmarktmodell des Geldangebots

Diese Mängel vermeidet das Kreditmarktmodell des Geldangebotsprozesses, das mit allgemeineren Annahmen über das Verhalten von Geschäftsbanken und Nichtbanken arbeitet (SIEBKE / WILLMS, 1974; WILLMS, 1985; BRUNNER / MELTZER, 1990). Im Mittelpunkt der Analyse steht der Kreditmarkt, weil Sekundärgeld vor allem durch Kreditvergabe von den Geschäftsbanken geschaffen wird. Unter dem Kreditmarkt versteht man den Markt für Bankkredite. Auf ihm werden im Gleichgewicht von Kreditangebot und Kreditnachfrage der Kreditzins i_{KR} und das Kreditvolumen KR determiniert. Gleichzeitig mit dem Kreditvolumen ist auch die Geldmenge M1 bestimmt.

Definitionsrahmen

Das Kreditmarktmodell unterscheidet drei Sektoren, und zwar die Zentralnotenbank (das Eurosystem), die Kreditinstitute (einschließlich der sonstigen Finanzinstitute) und die Nichtbanken, für die jeweils Vermögensrestriktionen formuliert werden. Bevor dies für Geschäftsbanken und Nichtbanken gemacht wird, ist es zweckmäßig, den ersten genannten Mangel des mechanistischen Ansatzes zu korrigieren und zu berücksichtigen, dass die Geldbasis unter den gegebenen institutionellen Bedingungen im Euro-Währungsraum nicht ausschließlich durch die Notenbank bestimmt ist. Die Aufgabe besteht darin, eine exogene Geldbasis B^{ex} zu definieren, deren Höhe allein durch das Verhalten des Eurosystems determiniert ist. Dann lässt sich aus den übrigen Vermögensgleichungen ein zugehöriger Geldangebotsmultiplikator m_1^{ex} konstruieren, der allein vom Verhalten der Geschäftsbanken und Nichtbanken abhängt. Da B^{ex} anders als B definiert ist, muss auch der Multiplikator m_1^{ex} anders als bislang kennengelernt aussehen.

A	Geschäftsbanken		P
Mindestreserven	B_K^{MRS}	Hauptrefinanzierungskredite	HRF
Überschussreserven	$B_K^{ÜR}$	Spitzenrefinanzierungskredite	SRF
Kredite	KR	Sichteinlagen	DE
		Festgelder	FE
		Kündigungsgelder	KE
		Geldmarktpapiere	GMP

Übersicht D-3.3: Konsolidierte Bilanz des Geschäftsbankensektors

Um B^{ex} zu ermitteln, muss B um solche Entstehungskomponenten bereinigt werden, deren Höhe von den Geschäftsbanken beeinflusst wird. Dabei handelt es sich um die im Rahmen der Spitzenrefinanzierungsfazilität vergebenen Kredite, bei denen das Eurosystem eine „Preispolitik" betreibt, d. h. den Abgabesatz fixiert und das Volumen der Entstehungskomponente den Dispositionen der Kreditinstitute überlässt. Zieht man diese Entstehungskomponente von den übrigen ab, erhält man die „exogene Geldbasis" B^{ex}, für die gilt:

(3.29) $B^{ex} := B - SRF.$

Der Geschäftsbankensektor wird durch dessen konsolidierte Bilanz wiedergegeben, die in *Übersicht D-3.3* dargestellt ist. In Gleichungsform lautet sie:

(3.30) $B_K^{MRS} + B_K^{ÜR} + KR = HRF + SRF + DE + FE + KE + GMP.$

Wir unterstellen, dass die Kreditinstitute sämtliche Aktiv- und Passivpositionen proportional zum Bestand an täglich fälligen Einlagen halten wollen. Dann lassen sich beide Seiten von (3.30) durch DE dividieren, und man erhält:

(3.31) $r + l = h + s + 1 + f + k + g,$

wobei $l := KR/DE$ als Kreditangebotskoeffizient, $h := HRF/DE$ als Hauptrefinanzierungskoeffizient, $s := SRF/DE$ als Spitzenrefinanzierungskoeffizient, $f := FE/DE$ als Festeinlagenkoeffizient, $k := KE/DE$ als Kündigungseinlagenkoeffizient und $g := GMP/DE$ als Geldmarktpapierkoeffizient definiert werden sollen.

Die letzte erforderliche Definitionsgleichung ist jene für die Geldmenge M1:

(3.32) $M1 = B_{NB}^{C} + DE.$

Damit ergibt sich wegen:

(3.33) $M1 = (c+1)DE$ und:

(3.34) $B^{ex} = (c+r-s)DE$ als Geldangebotsmultiplikator:

(3.35) $M1 = \frac{c+1}{c+r-s} B^{ex} = m_1^{ex} \cdot B^{ex}.$

Der Geldangebotsmultiplikator m_1^{ex} sieht anders als in (3.27) aus, weil er sich auf B^{ex} und nicht auf B bezieht.

Für das Kreditangebot der Geschäftsbanken gilt:

(3.36) $KR^s = l \cdot DE = \frac{l}{c+r-s} \cdot B^{ex} = m_K^{ex} \cdot B^{ex}.$

Dabei bezeichnet m_K^{ex} den auf B^{ex} bezogenen Kreditangebotsmultiplikator.

Verhaltenshypothesen

Aus dem Definitionsrahmen entsteht ein Geldangebotsmodell, wenn für die in den Multiplikatorausdrücken erscheinenden Koeffizienten sowie für die Kreditnachfrage Verhaltenshypothesen formuliert werden.

In Gleichung (3.31) wurde bereits unterstellt, dass die Geschäftsbanken jedes Sichteinlagenvolumen akzeptieren, das die Nichtbanken zu halten wünschen, und dass ceteris paribus die übrigen Bilanzkomponenten proportional zu diesem Einlagenvolumen sind. Um das Geschäftsbankenverhalten zu charakterisieren, müssen darüber hinaus Hypothesen über die Determinanten der Koeffizienten l, r und s aufgestellt werden. Es wird unterstellt:

(3.37) $l = l(i_{KR}, i_{EF}, i_{HRF}, i_{SRF}, mrs),$

mit: $\frac{\partial l}{\partial i_{KR}} > 0; \frac{\partial l}{\partial i_{EF}} < 0; \frac{\partial l}{\partial i_{HRF}} < 0; \frac{\partial l}{\partial i_{SRF}} < 0$ und $\frac{\partial l}{\partial mrs} = -1.$

Das von den Geschäftsbanken in Relation zum Sichteinlagenvolumen angebotene Kreditvolumen KR ist um so größer, je höher der Kreditzins i_{KR} ist, je niedriger der Zins i_{EF} im Rahmen der Einlagefazilität (zu dem die Überschussreserven verzinst werden) und je niedriger der Hauptrefinanzierungssatz i_{HRF} und der Spitzenrefinanzierungssatz i_{SRF} sind; darüber hinaus hängt l noch vom Mindestreservesatz mrs ab, wobei die Geschäftsbanken mit steigendem Reservesatz den Kreditangebotskoeffizienten proportional reduzieren werden.

(3.38) $r = r(mrs, i_{EF}, i_{KR}),$

mit: $\frac{\partial r}{\partial mrs} = 1; \frac{\partial r}{\partial i_{EF}} > 0; \frac{\partial r}{\partial i_{KR}} < 0.$

Der Reservehaltungskoeffizient der Geschäftsbank steigt proportional zum Mindestreservesatz und steigt mit wachsendem i_{EF} ; darüber hinaus sinkt er, wie in Abschnitt 3.2.1. gezeigt wurde, mit steigendem Kreditzins.

(3.39) $s = s(i_{KR}, i_{SRF}, i_{HRF})$

mit: $\frac{\partial s}{\partial i_{KR}} > 0$; $\frac{\partial s}{\partial i_{SRF}} < 0$ und $\frac{\partial s}{\partial i_{HRF}} > 0$.

Die von den Geschäftsbanken in Anspruch genommene Spitzenrefinanzierungsfazilität (relativ zum Einlagenvolumen) steigt mit wachsendem Kreditzins, sinkendem Spitzenrefinanzierungsatz und steigendem Hauptrefinanzierungssatz.

Für die Nichtbanken müssen Hypothesen für das Verhalten des Bargeldhaltungskoeffizienten c und für die Kreditnachfrage KR^d formuliert werden. Wir unterstellen, dass der Bargeldhaltungskoeffizient vom Gesamtvermögen W und den Zinssätzen i_{FE}, i_{KE} und i_{GMP} abhängt und postulieren:

(3.40) $c = c(i_{FE}, i_{KE}, i_{GMP}, W)$,

mit: $\frac{\partial c}{\partial i_{FE}} > 0$; $\frac{\partial c}{\partial i_{KE}} > 0$; $\frac{\partial c}{\partial i_{GMP}} > 0$; $\frac{\partial c}{\partial W} < 0$,

wobei bei den ersten drei partiellen Ableitungen unterstellt ist, dass täglich fällige Einlagen in engerer Substitutionbeziehung zu Festgeldern, Kündigungsgeldern und Geldmarktpapieren stehen als Bargeld und deshalb bei einem Anstieg der Zinssätze i_{FE}, i_{KE} und i_{GMP} stärker als die Bargeldhaltung reagieren.

Das Modell wird geschlossen durch Verhaltenshypothesen für die Kreditnachfrage der Nichtbanken:

(3.41) $KR^d = KR^d(i_{KR}, i^*_{SK}, Y, ...)$,

mit: $\frac{\partial KR^d}{\partial i_{KR}} < 0$; $\frac{\partial KR^d}{\partial i^*_{SK}} > 0$; $\frac{\partial KR^d}{\partial Y} > 0$.

Die Kreditnachfrage der Nichtbanken wächst mit sinkendem Kreditzins, steigenden Erwartungen über die Ertragsrate i^*_{SK} auf Sachkapital und steigendem nominalen Volkseinkommen.

Gleichgewichtsbedingungen

Gleichgewicht auf dem Kreditmarkt herrscht, sofern gilt:

(3.42) $m_K^{ex} \cdot B^{ex} = KR^d(i_{KR}, ...)$ bzw.

(3.43) $\frac{l(i_{KR},...)}{c(...)+r(i_{KR},...)-s(i_{KR},...)} B^{ex} = KR^d(i_{KR}, ...)$

oder

(3.44) $KR^s(i_{KR}, ...) = KR^d(i_{KR}, ...)$.

Im Gleichgewicht von Kreditangebot und Kreditnachfrage werden der gleichgewichtige Kreditzins i_{KR_E} und das gleichgewichtige Kreditvolumen KR_E bestimmt. Gleichzeitig ist auch das Geldangebot determiniert, denn aus (3.35) folgt:

(3.45) $M1 = m_1^{ex}(i_{KR}, ...) \cdot B^{ex}$ oder

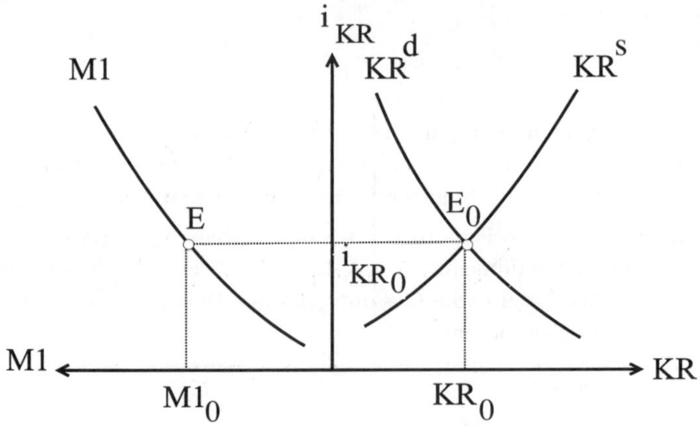

Abb. D-3.2: Kreditmarktgleichgewicht

$$\text{(3.46)} \quad M1 = \frac{c(...)+1}{c(...)+r(i_{KR},...)-s(i_{KR},...)} B^{ex}.$$

Abb. D-3.2 zeigt für einen gegebenen Wert der exogenen Geldbasis B^{ex} das Gleichgewicht auf dem Kreditmarkt und das zugehörige Geldangebot. Die Kreditnachfrage KR^d ist eine fallende Funktion des Kreditzinses i_{KR}, wie in Gleichung (3.41) postuliert. Das Kreditangebot steigt mit wachsendem Kreditzins, weil *l* und s zunehmen und r abnimmt und damit der Kreditangebotsmultiplikator m_K^{ex} in (3.43) anwächst; mit wachsendem Kreditzins werden die Geschäftsbanken ceteris paribus ihre Bilanz zugunsten einer erhöhten Kreditvergabe umstrukturieren. Ebenfalls mit steigendem Zinssatz wächst das Geldangebot M1, weil r sinkt und s zunimmt, so dass der Geldangebotsmultiplikator m_1^{ex} in (3.46) zunimmt. Im Kreditmarktgleichgewicht E sind simultan der Kreditzins i_{KR_0}, das Kreditvolumen KR_0 und das Geldangebot $M1_0$ bestimmt.

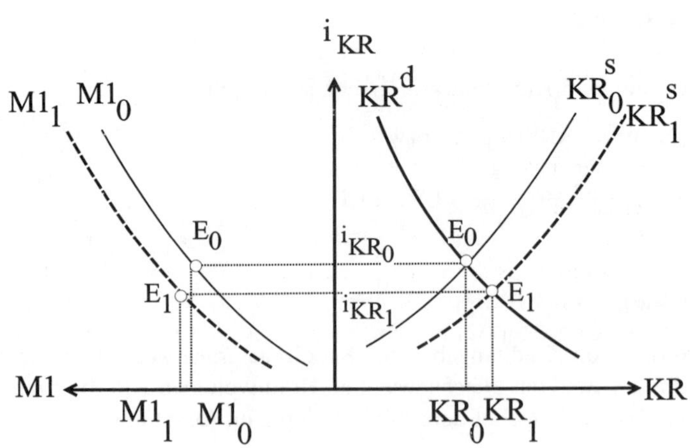

Abb. D-3.3: Auswirkungen einer Ausweitung von B^{ex} im Kreditmarktmodell

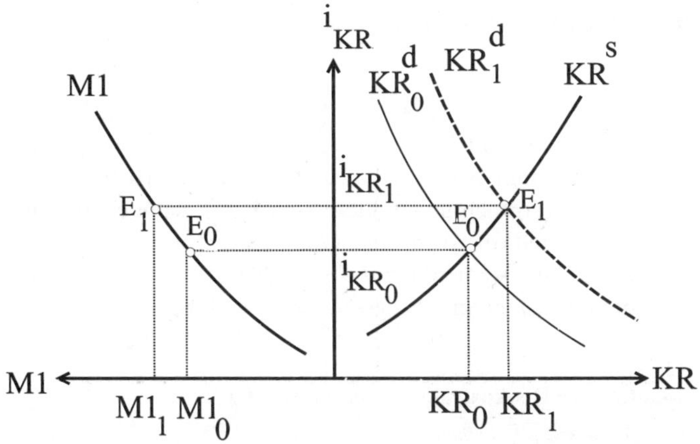

Abb. D-3.4: Auswirkungen verbesserter Ertragserwartungen der Nichtbanken im Kreditmarktmodell

Gleichgewichtsstörungen

Das Kreditmarktmodell zeigt, dass entgegen den Prognosen des mechanistischen Ansatzes Veränderungen der exogenen Geldbasis zu keinen proportionalen Variationen des Geldangebots führen, so dass die Elastizität $\varepsilon_{M1,B^{ex}}$ von M1 in Bezug auf B^{ex} kleiner als 1 ist: Steigt die exogene Geldbasis an, verschieben sich in *Abb. D-3.3* Kredit- und Geldangebotskurve nach außen und der Kreditzins beginnt zu sinken. Dadurch verringern sich der Geld- und Kreditangebotsmultiplikator, denn mit fallendem Kreditzins ändert sich die Preisstruktur auf den Finanzmärkten und die Geschäftbanken weiten ihre Überschussreserven aus oder senken ihre Refinanzierungsverbindlichkeiten. Es kommt zu einer Bewegung entlang der Kredit- und Geldangebotskurve, so dass die Auswirkungen der exogenen Geldbasisausweitung auf M1 und KR teilweise kompensiert werden.

Eine Geldmengenausweitung ist auch bei Konstanz der exogenen Geldbasis B^{ex} denkbar, wenn sich die Kreditnachfrage erhöht (beispielsweise weil sich die Ertragserwartungen i_{SK}^* für Realkapital verbessern). In diesem Fall verlagert sich der Graph der Kreditnachfrage nach rechts (*Abb. D-3.4*) und der Kreditzins steigt. Die Banken reagieren, indem sie verstärkt Kredite ausreichen, ihre Überschussreserven abbauen und vermehrt Refinanzierungskredite in Anspruch nehmen.

Damit haben bei normal verlaufenden Kredit-/Geldangebots- und Kreditnachfragekurven alle drei Sektoren Einfluss auf die Höhe des volkswirtschaftlichen Geldangebots. Der relative Einfluss von Notenbank, Kreditinstituten und Nichtbanken hängt deshalb vom konkreten Verlauf vor allem der Kredit-/Geldangebotskurve ab. Letztlich ist damit die Frage nach dem Einfluss der Notenbank auf M1 nur empirisch zu beantworten.

4. Preisbildung auf Finanzmärkten

Der Zinssatz ist der Preis für die zeitweilige Überlassung von Kaufkraft in Geldform, normalerweise bezogen auf ein Jahr. Würden auf Finanzmärkten vollständig homogene Titel gehandelt und spielten Risiken, Laufzeiten, auf unterschiedliche Währungen lautende Rückzahlungsverpflichtungen etc. keine Rolle, gäbe es nur einen Zinssatz. Faktisch weisen Finanzmärkte solch eine Homogenität nicht auf, und es gibt eine Vielzahl unterschiedlicher Segmente, auf denen Titel mit unterschiedlichen Risiken und Laufzeiten zu abweichenden Ertragssätzen gehandelt werden.

4.1. Determinanten der Risikostruktur von Zinssätzen

Die Theorie des Finanzmarktgleichgewichts (Capital-Asset-Pricing-Modell; Sharpe, 1964; Überblicke bei Eichberger / Harper, 1997; Dietrich / Vollmer, 2005) untersucht die Eigenschaften eines allgemeinen Gleichgewichts am Kapitalmarkt, wenn sich alle Wirtschaftssubjekte gemäß der einzelwirtschaftlichen Portfoliotheorie verhalten und sich die am Kapitalmarkt gehandelten Finanztitel in ihren Risiken, nicht aber in ihren Laufzeiten unterscheiden. Bei der Darstellung der Portfoliotheorie (Abschnitt 2.2.) waren die Preise bzw. Ertragssätze der einzelnen Aktiva als gegeben unterstellt und es wurde nach der individuellen Portfoliowahl gefragt; das Capital-Asset-Pricing-Modell geht einen Schritt weiter und aggregiert das einzelwirtschaftliche Verhalten, um zu der Höhe der sich im Gleichgewicht ergebenden Preise bzw. Ertragssätze und mithin zu der Risikostruktur der Ertragsätze zu gelangen.

Betrachtet wird ein Finanzmarkt, auf dem im Zeitpunkt t eine große Zahl von Akteuren mit einer ebenfalls große Anzahl von $j = 1, ..., n$ Finanztiteln handeln. Jeder Titel hat eine Laufzeit von einer Periode und muss im Zeitpunkt $t+1$ zurückbezahlt werden. Dieser Rückzahlungsbetrag WP^j_{t+1} ist stochastisch und hängt von dem in $t+1$ eintretenden Umweltzustand ab; eine Ausnahme hiervon bildet allein das letzte (das $n-$te) Aktivum, das als Recheneinheit dient und einen sicheren Ertrag r erzielt.

Jedes Wirtschaftssubjekt ist risikoavers und verfügt in t über eine gegebene Anfangsausstattung an Finanztiteln; die individuellen Anfangsausstattungen sind unterschiedlich, allerdings weisen alle Akteure dieselben Erwartungen über die in $t+1$ möglichen Rückzahlungsbeträge auf. In t treten alle Anleger am Markt auf und beginnen zu tauschen, d. h. sie erwerben ein Portfolio, das ihren erwarteten Nutzen unter Berücksichtigung der Budgetbeschränkung maximiert, dass der Wert ihrer Anfangsausstattung mit dem Wert des gewählten Portefeuilles in t übereinstimmt. Anliegen der Theorie des allgemeinen Finanzmarktgleichgewichts ist es, jenen Vektor $(WP^1_t, WP^2_t, ..., WP^n_t)$ an Marktpreisen zu ermitteln, der alle Teilmärkte räumt.

Im Ergebnis ergibt sich für den Gleichgewichtspreis eines beliebigen risikobehafteten Aktivums j im Zeitpunkt t:

$$(4.1) \qquad WP^j_t = \frac{EW[WP^j_{t+1}]}{r} - \beta \cdot \left(\frac{EW[WP^M_{t+1}]}{r} - WP^M_t \right).$$

Der Marktpreis WP^j_t einer Anlage j bestimmt sich im Gleichgewicht aus dem zum risikolosen Zinssatz r abdiskontierten erwarteten Ertrag dieser Anlage und einem aus zwei Komponenten bestehenden Risikoabschlag; dabei besteht die erste Komponente aus einem Faktor β, der den Risikobeitrag der Anlage j zum Risiko des Marktportfolios relativ zum Risiko des Marktportfolios misst, und die zweite Komponente bestimmt sich aus der Differenz zwischen dem abdiskontierten erwarteten Marktpreis des Marktportfolios in $t+1, EW[WP^M_{t+1}]$, und dem Marktwert des Marktportfolios WP^M_t als Anfangsausstattung in t.

4.2. Erklärungsansätze der zeitlichen Zinsstruktur

Gegenstand der Theorien der zeitlichen Zinsstruktur ist es, die effektiven Zinssätze für festverzinsliche Wertpapiere zu erklären, die sich nur in ihrer Restlaufzeit RLZ unterscheiden und ansonsten homogen sind. Graphisch wird die Beziehung zwischen dem Effektivzinssatz und der RLZ durch die „Renditestrukturkurve" abgebildet, wobei sich häufiger ein mit zunehmender Restlaufzeit wachsender Effektivzins („normale Zinsstrukur"), seltener ein mit wachsender Restlaufzeit abnehmender Effektivzins („inverse Zinsstruktur") zeigt.

4.2.1. Erwartungstheorie

Ältester Ansatz zur Erklärung der zeitlichen Zinsstruktur ist die Erwartungstheorie (FISHER, 1930), die identische, einwertige (sichere) Zinserwartungen der Anleger unterstellt. Unter diesen Annahmen kann der Zusammenhang von kurz- und langfristigen Zinssätzen durch einen Vergleich der Erlöse von Anlagen in kurz- und langfristige Wertpapiere bestimmt werden. Kauft ein Wirtschaftssubjekt zum Zeitpunkt t ein langfristiges Wertpapier mit einer Restlaufzeit von T Perioden, ergibt sich nach T Perioden der folgende erwartete Liquidationserlös E_L pro angelegte Geldeinheit:

$$(4.2) \qquad E_L = (1+i_L) \cdot (1+i_L) \cdot \ldots \cdot (1+i_L) = (1+i_L)^T,$$

wobei i_L den Zinssatz des langfristigen Wertpapiers bezeichnet. Legt das Wirtschaftssubjekt sein Vermögen hingegen bis zum Ende seines Anlagehorizonts in jeder Periode jeweils in kurzfristige Wertpapiere mit einer Restlaufzeit von einer Periode an, lautet sein erwarteter Liquidationserlös E_k pro angelegte Geldeinheit:

$$(4.3) \qquad E_k = (1+i_{k,1}) \cdot (1+i^*_{k,2}) \cdot \ldots \cdot (1+i^*_{k,T}),$$

wobei $i_{k,1}$ den in t herrschenden kurzfristigen Zinssatz benennt und $i^*_{k,2}, i^*_{k,3}, \ldots, i^*_{k,T}$ die heute für die Folgeperioden erwarteten kurzfristigen Zinssätze für einperiodige Anlagen bezeichnen.

Da die erwarteten Erlöse dieser beiden Anlagealternativen auf Grund der einwertigen Erwartungen aus Sicht des Wirtschaftssubjekts jeweils sicher sind, muss im Finanzmarktgleichgewicht der Erlös der beiden Anlagealternativen übereinstimmen, da ansonsten für den Anleger eine Arbitragemöglichkeit bestünde. Somit folgt aus (4.2) und (4.3) direkt, dass auf den Finanzmärkten Gleichgewicht herrscht, sofern gilt:

$$(4.4) \qquad i_L = \sqrt[T]{(1+i_{k,1}) \cdot (1+i^*_{k,2}) \cdot \ldots \cdot (1+i^*_{k,T})} - 1,$$

so dass der langfristige Zinssatz dem geometrischen Mittel aus dem aktuellen Zinsfaktor und den für die Zukunft erwarteten kurzfristigen Zinsfaktoren (minus 1) entspricht.

Die Erwartungstheorie prognostiziert somit eine normale Zinsstruktur, sofern die Wirtschaftssubjekte für die Zukunft mit steigenden kurzfristigen Zinssätzen rechnen und beispielsweise gilt:

$$(4.5) \qquad i^*_{k,T} > \ldots > i^*_{k,2} > i_{k,1} \qquad \text{und damit} \qquad i_L > i_{k,1};$$

umgekehrt ergibt sich eine inverse Zinsstruktur, sofern mit fallenden kurzfristigen Zinssätzen gerechnet wird.

4.2.2. Marktsegmentationstheorie

Die Erwartungstheorie ist nicht in der Lage zu begründen, warum eine normale Zinsstruktur häufiger als eine inverse Zinsstruktur zu beobachten ist, weil es hierzu der Annahme bedarf, dass die Akteure häufiger steigende als fallende kurzfristige Zinssätze erwarten. Marktsegmentations- und Liquiditätspräferenztheorie greifen diese Schwäche auf und erklären die Dominanz der normalen Zinsstruktur. Beide Ansätze gehen von mehrwertigen, d. h. unsicheren Erwartungen aus, wobei die Marktsegmentationstheorie (CULBERTSON, 1957) strikt risikoaverses Verhalten der Marktteilnehmer unterstellt, die jedes Risiko vermeiden wollen.

Folgende beiden Risikokategorien lassen sich unterscheiden:

- Bei kurzfristigen Finanzanlagen unterschreitet die Restlaufzeit des Wertpapiers sowohl die vom Kapitalgeber gewünschte Anlageperiode als auch die vom Kapitalnehmer gewünschte Finanzierungsperiode. Deshalb unterliegen diese Anlagen einem Einkommensrisiko, d. h. einem Risiko schwankender Ertragssätze: Der Kapitalgeber muss das Risiko einer Wiederanlage zu niedrigeren Marktzinsen, der Kapitalnehmer das Risiko einer Anschlussfinanzierung zu höheren Marktzinsen fürchten.
- Bei langfristigen Finanzanlagen überschreitet die Restlaufzeit sowohl die Anlageperiode des Kapitalgebers als auch die Finanzierungsperiode des Kapitalnehmers, und beide unterliegen einem Kapitalwertrisiko, d. h. einem Risiko schwankender Marktkurse: Der Kapitalgeber muss befürchten, seine Anlage vorzeitig zu gesunkenen Kursen veräußern zu müssen, der Kapitalnehmer muss befürchten, seine Verbindlichkeiten zu gestiegenen Kursen tilgen zu müssen.

Da alle Akteure als absolut risikoavers unterstellt sind, wünschen sie eine strikte Fristenkongruenz: Sie kaufen nur Finanzanlagen und bieten nur Finanzanlagen an, deren Restlaufzeit mit der von ihnen gewünschten Anlageperiode bzw. Finanzierungsperiode übereinstimmt. Deshalb zerfällt der Wertpapiermarkt in viele, nach Restlaufzeiten abgegrenzte Segmente, zwischen denen keine Arbitrage stattfindet. Die Zinssätze und damit die Zinsstruktur sind zufälliges Ergebnis der Angebots- und Nachfragebedingungen auf den jeweiligen Teilmärkten.

Allerdings ergibt sich die normale Zinsstruktur, wenn die Kapitalgeber kurzfristige Anlageperioden und die Kapitalnehmer langfristige Finanzierungsperioden wünschen. Dann würde sich bei Vorliegen gleicher Zinssätze für kurze und lange Finanzanlagen

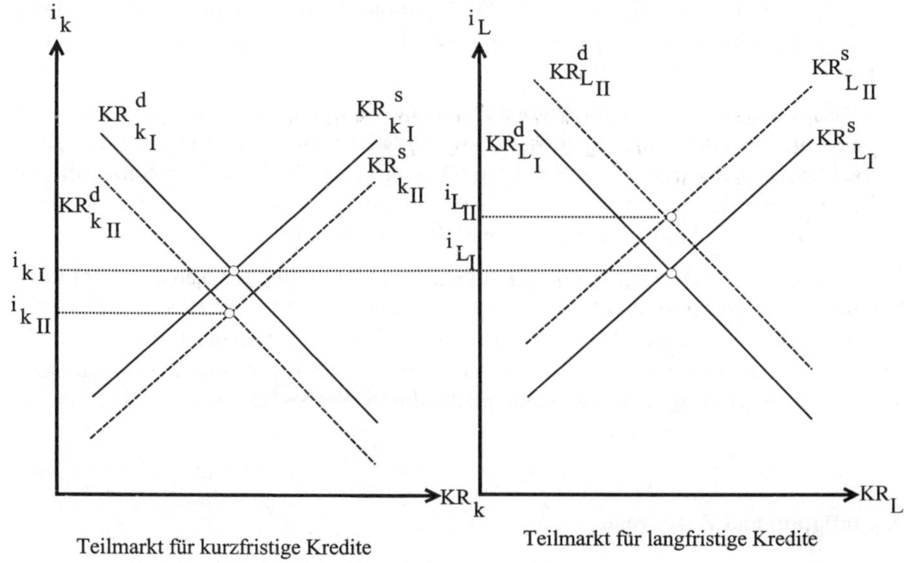

Abb. D-4.1: Liquiditätspräferenztheorie der Zinsstruktur

am „kurzen Ende" ein Nachfrageüberschuss nach Wertpapieren ergeben mit der Folge eines Kursanstiegs und einer Zinsabnahme; umgekehrt resultiert am „langen Ende" ein Angebotsüberschuss an Wertpapieren, der eine Kurssenkung und einen Zinsanstieg zur Folge hätte. Als Konsequenz bildet sich eine normale Zinsstruktur heraus.

4.2.3. Liquiditätspräferenztheorie

Im Vergleich zur Marktsegmentationstheorie unterstellt die Liquiditätspräferenztheorie (Hicks, 1939 2. A. 1946) auch risikoaverses Verhalten der Entscheider, sieht aber von strikter Risikoaversion ab. Kapitalgeber und Kapitalnehmer sind deshalb bereit, Einkommens- und Kapitalwertrisiken einzugehen und können Finanzanlagen nachfragen bzw. anbieten, deren Restlaufzeit von der gewünschten Anlageperiode bzw. Finanzierungsperiode abweicht. Allerdings gewichten Kapitalgeber annahmegemäß das Kapitalwertrisiko höher als das Einkommensrisiko und präferieren kurzfristige Anlagen; umgekehrt scheuen Kapitalnehmer das Einkommensrisiko stärker als das Kapitalwertrisiko und ziehen langfristige Anlagen vor.

Jetzt ergibt sich auf den Finanzmärkten eine normale Zinsstruktur, selbst wenn alle Akteure für die Zukunft keine Veränderungen der kurzfristigen Zinssätze erwarten, d. h. wenn gilt: $i_{k,1} = i^*_{k,2} = ... = i^*_{k,T}$. Dann stimmen gemäß der Erwartungstheorie bei Risikoneutralität kurz- und langfristiger Zinssatz überein, wie das in *Abb. D-4.1* bei Vorliegen der mit dem Index I versehenen Kreditangebots- und Kreditnachfragekurven der Fall ist. Dies kann aber kein Gleichgewicht sein, wenn die Marktteilnehmer sich risikoavers verhalten:

- Kreditanbieter (Wertpapiernachfrager) haben eine Präferenz für kurzfristige Anlagen und reduzieren ihr langfristiges Kreditangebot zugunsten des kurzfristigen

Kreditangebots. Auf Grund dieses Substitutionseffekts verschiebt sich die langfristige Kreditangebotskurve in die Position $KR^s_{L,II}$ und die kurzfristige Kreditangebotsfunktion in die Position $KR^s_{k,II}$.

- Kreditnachfrager (Wertpapieranbieter) haben eine Präferenz für langfristige Anlagen und erhöhen ihre Nachfrage nach langfristigen Krediten zu Lasten ihrer Nachfrage nach kurzfristigen Krediten. Dies bewirkt ebenfalls einen Substitutionseffekt, durch den sich die langfristige Kreditnachfragekurve nach $KR^d_{L,II}$ und die kurzfristige Kreditnachfragekurve nach $KR^d_{k,II}$ verlagert.

Konsequenz ist ein Anstieg des langfristigen Zinssatzes und eine Abnahme des kurzfristigen Zinssatzes und damit selbst bei Erwartung konstanter kurzfristiger Zinssätze eine normale Zinsstruktur. Eine anomale Zinsstruktur ist gemäß der Liquiditätspräferenztheorie nur möglich, wenn die Marktteilnehmer für die Zukunft stark sinkende Zinssätze erwarten, und dieser Effekt nicht durch die beschriebenen Substitutionseffekte überkompensiert wird.

4.3. Inflation und Zinsniveau

Inflationserwartungen beeinflussen die Höhe des allgemeinen Zinsniveaus. Dies lässt sich für den Fall zeigen, dass die Marktteilnehmer für die kommende Periode identische und sichere Inflationserwartungen haben. Bezeichnet man mit i_r den Realzinssatz, zu dem der Kreditvertrag bei Preisniveaustabilität zustande kommt, und die erwartete Inflationsrate mit g_P^*, beträgt der nominale Zinsfaktor (Nominalzins i plus eins), zu dem der Kreditgeber dem Kreditnehmer für ein Jahr einen Euro zu überlassen bereit ist:

$$(4.6) \qquad (1 + i) = (1 + i_r) \cdot (1 + g_P^*) = 1 + i_r + g_P^* + i_r \cdot g_P^*.$$

oder

$$(4.7) \qquad i = i_r + g_P^* + i_r \cdot g_P^*.$$

Der Nominalzins entspricht der Summe aus gefordertem Realzins, der erwarteten Inflationsrate und dem Produkt aus Realzins und erwarteter Inflationsrate (Preiserwartungs- oder FISHER-Effekt). Dabei dient der zweite Summand auf der rechten Seite von (4.7) dem Ausgleich des erwarteten Kaufkraftverlusts des Kreditbetrags und der dritte Summand dem Ausgleich des erwarteten Kaufkraftverlusts der Zinszahlung. Dieser ist betragsmäßig sehr klein und wird deshalb häufig vernachlässigt.

5. Transmission monetärer Impulse

5.1. Fragestellungen und Systematik von Transmissionstheorien

Transmissionstheorien analysieren, wie sich ein von der Zentralbank ausgelöster monetärer Impuls auf das Bruttoinlandsprodukt überträgt. Folgende Fragestellungen stehen im Mittelpunkt der Analyse:

- Über welche Transmissionskanäle oder Transmissionsglieder übertragen sich monetäre Impulse auf die gesamtwirtschaftliche Aktivität?
- Wie läuft der Transmissionsprozess zeitlich ab, d. h. mit welchen Verzögerungen (time lags) reagieren die für die Übertragung eines monetären Impulses relevanten Größen?

Darüber hinaus stellt sich noch die Frage nach der Aufteilung von Veränderungen des nominalen Bruttoinlandsprodukts in Realeinkommens- und Preisniveauänderungen (Splitting-Problem), die im Regelfall im Rahmen der PHILLIPS-Kurven-Diskussion (Beitrag F) beantwortet wird.

Moderne Transmissionstheorien knüpfen zumeist an den Ergebnissen des IS-LM-Modells (Beitrag C) an, das lediglich zwei Gruppen von Finanzaktiva unterstellt und alle ertragbringenden, risikobehafteten Vermögensformen als vollständige Substitute betrachtet und zur Vermögensform „Wertpapiere" zusammenfasst, die die einzige Anlagealternative zur Kassenhaltung darstellt. Demgegenüber geben jüngere Transmissionstheorien die Annahme vollständiger Substitutionsbeziehungen zwischen den ertragbringenden, risikobehafteten Vermögensformen auf und analysieren eine reichhaltigere Portfoliostruktur. Sie lassen sich in zwei Gruppen unterteilen und hinsichtlich der unterstellten Substitutionsbeziehungen wie folgt unterscheiden (Überblick bei MISHKIN, 1995).

Im Mittelpunkt des vermögenstheoretischen Ansatzes (money view) der Transmission monetärer Impulse (Überblicke bei THIEME / VOLLMER, 1985; CASSEL, 1995) stehen Bestandsanpassungsprozesse auf Vermögensmärkten. Dabei werden alle Formen der Investitionsfinanzierung als vollständige Substitute unterstellt, so dass es für ein Unternehmen unerheblich ist, ob es sich intern oder extern, über Wertpapieremissionen oder Kreditaufnahme, finanziert. Allerdings werden Finanzaktiva und bestehendes Sachkapital als unvollständige Substitute betrachtet, so dass ein Entscheider vor der Alternative steht, sein Vermögen als Finanzanlage oder als Sachkapital zu halten. Ausgangspunkt ist die Annahme, dass Wirtschaftssubjekte bei gegebenen Ertragssätzen, gegebenen Risiken und gegebenem Gesamtvermögen genaue Vorstellungen über die von ihnen gewünschte Vermögensstruktur haben. Ein monetärer Impuls stört diese Portfoliostruktur und ändert Höhe und Zusammensetzung des Vermögens. Folge sind Portfolioanpassungsprozesse über Änderungen von Vermögensertragssätzen (Änderungen relativer Preise; Substitutionseffekte) und Änderungen des Vermögenswertes (Vermögenseffekte), die sich von Vermögensmarkt zu Vermögensmarkt fortpflanzen und schließlich den Ertragssatz für bestehendes Sachkapital relativ zum Ertragssatz für neuzuproduzierendes Sachkapital beeinflussen. Konsequenz ist eine Änderung der Ausgaben für neuzuproduzierendes Sachkapital (d. h. der Investitions- und Konsumgüterausgaben) und damit eine Änderung der Güterproduktion oder der Güterpreise.

Im Zentrum des kredittheoretischen Ansatzes (credit view) der Transmission monetärer Impulse stehen Veränderungen der Kreditgewährung durch den Finanzsektor. Dazu werden Finanzanlagen und bestehendes Sachkapital als vollständig substitutive Anlageformen betrachtet; allerdings ist berücksichtigt, dass alternative Formen der Investitionsfinanzierung unvollständige Substitute sein können. Dabei unterstellt der bank lending channel (BERNANKE / BLINDER, 1988; KASHYAP / STEIN, 1994) unvollständige Substitutionsbeziehungen zwischen Bankkrediten und Wertpapieremissionen als alternative Formen der externen Finanzierung. Demgegenüber unterstellt der balance sheet channel (BERNANKE / GERTLER / GILCHRIST, 1996; OLINER / RUDEBUSCH, 1996; HOLMSTRÖM / TIROLE, 1997; REPULLO / SUAREZ, 2000) unvollständige Substitutionsbeziehungen zwischen interner und externer Unternehmensfinanzierung. In beiden Varianten beeinflussen monetäre Impulse die Möglichkeiten zur Investitionsfinanzierung, aus denen, wie auch im vermögenstheoretischen Ansatz, Änderungen in den Ausgaben für neuzuproduzierendes Sachkapital und damit Veränderungen in der gesamtwirtschaftlichen Aktivität resultieren.

Nachfolgend werden beide Ansätze vorgestellt, wobei der Schwerpunkt beim kredittheoretischen Ansatz auf den bank lending channel gelegt wird.

5.2. Vermögenstheoretischer Transmissionsansatz

5.2.1. Modellannahmen und Portfoliogleichgewicht

Der vermögenstheoretische Ansatz (TOBIN, 1969; BRUNNER, 1970; MELTZER, 1995) unterscheidet drei Vermögensformen, und zwar Basisgeld B, Wertpapiere WP (worunter alle Formen ertragbringender, risikobehafteter Finanzanlagen fallen) und bestehendes Sachkapital SK. Akteure sind zwei Gruppen von Wirtschaftssubjekten, nämlich der private Sektor PS (Haushalte, Unternehmen und Finanzsektor) und der öffentliche Sektor ÖS (Staat und Zentralbank), deren Vermögensrestriktionen als Bilanzen in *Übersicht D-5.1* dargestellt sind: Der private Sektor verfügt über ein Nettovermögen W_{PS}, das er in Form von Basisgeld B_{PS}, öffentlichen Wertpapieren WP_{PS} oder bestehendem Sachkapital SK_{PS} hält (alle Größen in EUR); innerhalb des Sektors existierende Schuldbeziehungen sind konsolidiert. Der öffentliche Sektor hält Sachkapital $SK_{ÖS}$, dessen Erwerb er durch Ausgabe von Basisgeld $B_{ÖS}$ oder Emission von staatlichen Wertpapieren $WP_{ÖS}$ finanziert hat.

Addiert man die Aktiva und die Passiva aus den beiden sektoralen Bilanzen, ergibt sich:

(5.1) $$B_{PS} + WP_{PS} + SK_{PS} + SK_{ÖS} = B_{ÖS} + WP_{ÖS} + W_{PS};$$

oder

(5.2) $$B^d + WP^d + SK^d = B^s + WP^s + SK^s,$$

da sich die von beiden Sektoren als Aktivapositionen gehaltenen Vermögensformen als wertmäßige Nachfragegrößen interpretieren lassen, denen die Passivapositionen als wertmäßige Angebotsgrößen gegenüber stehen. Da Basisgeld und Wertpapiere zugleich Forderungen des privaten Sektors und Verbindlichkeiten des öffentlichen Sektors darstellen, stimmt das Nettovermögen mit dem vorhandenen Angebot an Sachkapital überein.

Aus (5.2) folgt WALRAS' Gesetz für Vermögensmärkte:

(5.3) $$\left(B^d - B^s\right) + \left(WP^d - WP^s\right) + \left(SK^d - SK^s\right) = 0.$$

Die Summe der Überschussnachfragen auf den drei Vermögensmärkten ist gleich null. Sind also von drei Vermögensmärkten zwei im Gleichgewicht, dann muss auch der dritte Vermögensmarkt im Gleichgewicht sein.

A		Privater Sektor	P
Basisgeld	B_{PS}		
Wertpapiere	WP_{PS}		
Sachkapital	SK_{PS}	Nettovermögen	W_{PS}

A		Öffentlicher Sektor	P
Sachkapital	$SK_{ÖS}$	Basisgeld	$B_{ÖS}$
		Wertpapiere	$WP_{ÖS}$

Übersicht D-5.1: Bilanzschemata für den privaten Sektor und den öffentlichen Sektor

Gesamtwirtschaftliches Vermögensgleichgewicht herrscht, wenn Geld-, Wertpapier- und Sachkapitalmarkt jeweils im Gleichgewicht sind. Es gelten folgende Verhaltenshypothesen und Gleichgewichtsbedingungen:

(5.4) $$B^d(i_{WP}, P_{SK}, Y, W) = \bar{B}^s,$$

mit: $$\frac{\partial B^d}{\partial i_{WP}} < 0; \frac{\partial B^d}{\partial P_{SK}} > 0; \frac{\partial B^d}{\partial Y} > 0; \frac{\partial B^d}{\partial W} > 0;$$

(5.5) $$WP^d(i_{WP}, P_{SK}, Y, W) = \overline{WP}^s,$$

mit: $$\frac{\partial WP^d}{\partial i_{WP}} > 0; \frac{\partial WP^d}{\partial P_{SK}} > 0; \frac{\partial WP^d}{\partial Y} < 0; \frac{\partial WP^d}{\partial W} > 0;$$

(5.6) $$SK^d(i_{WP}, P_{SK}, Y, W) = SK^s,$$

mit: $$\frac{\partial SK^d}{\partial i_{WP}} < 0; \frac{\partial SK^d}{\partial P_{SK}} < 0; \frac{\partial SK^d}{\partial Y} > 0; \frac{\partial SK^d}{\partial W} > 0;$$

wobei mit Querstrichen versehene Größen in jedem Zeitpunkt gegebene wertmäßige Angebotsmengen bezeichnen und das wertmäßige Sachkapitalangebot SK^S dem Produkt aus dessen Preis P^{SK} und der gegebenen Menge an Sachkapital $\overline{sk}^S$ entspricht.

Für die drei Nachfragefunktionen gelten folgende, als adding up constraints bezeichnete Bedingungen:

- Der Einfluss eines veränderten Vermögens auf die Nachfrage nach Aktiva wird als Vermögenseffekt bezeichnet. Verändert sich das Vermögen als gesamtwirtschaftliche Budgetrestriktion, muss die Nachfrage nach allen Aktiva insgesamt im gleichen Ausmaß zunehmen, sodass die Summe der Vermögenseffekte stets gleich eins ist:

$$(5.7)\qquad \frac{\partial B^d}{\partial W} + \frac{\partial WP^d}{\partial W} + \frac{\partial SK^d}{\partial W} = 1.$$

- Variationen der Marktertragssätze oder des nominalen Volkseinkommens bewirken eine Anpassung der von den Wirtschaftssubjekten gewünschten Vermögensstruktur, die als Substitutionseffekt bezeichnet wird. Steigt das nominale Volkseinkommen ceteris paribus an, wünschen die Wirtschaftssubjekte eine höhere Transaktionskassenhaltung (Abschnitt 2.1.1.) und müssen andere Aktiva verkaufen. Ebenso kann eine Veränderung der zwischen den Aktiva herrschenden Ertragssatzdifferenzen nur die Aufteilung zwischen den Aktiva, nicht aber die in jedem Zeitpunkt gegebene Budgetrestriktion beeinflussen. Die Summe der Substitutionseffekte ist damit stets gleich null:

$$(5.8)\qquad \begin{aligned} &\frac{\partial B^d}{\partial i_{WP}} + \frac{\partial WP^d}{\partial i_{WP}} + \frac{\partial SK^d}{\partial i_{WP}} = 0;\\ &\frac{\partial B^d}{\partial P_{SK}} + \frac{\partial WP^d}{\partial P_{SK}} + \frac{\partial SK^d}{\partial P_{SK}} = 0;\\ &\frac{\partial B^d}{\partial Y} + \frac{\partial WP^d}{\partial Y} + \frac{\partial SK^d}{\partial Y} = 0. \end{aligned}$$

Graphisch ergibt sich für die Vermögensgleichgewichte im $(P_{SK}; i_{WP})$-Diagramm das in *Abb. D-5.1* dargestellte Bild. Die MM-Kurve beschreibt den geometrischen Ort aller Gleichgewichtspunkte auf dem Basisgeldmarkt. Sie hat eine positive Steigung, weil mit steigendem Zinssatz i_{WP} für Kredite und Wertpapiere ein Überschussangebot an Basisgeld entsteht. Diese überschüssige Kassenhaltung baut der private Sektor wieder ab, indem er verstärkt das bestehende Sachkapital nachfragt, so dass dessen Preis P_{SK} und damit auch das Vermögen W ansteigt. Beide Änderungen bewirken eine Steigerung der gewünschten Kassenhaltung bis der Geldmarkt schließlich wieder geräumt

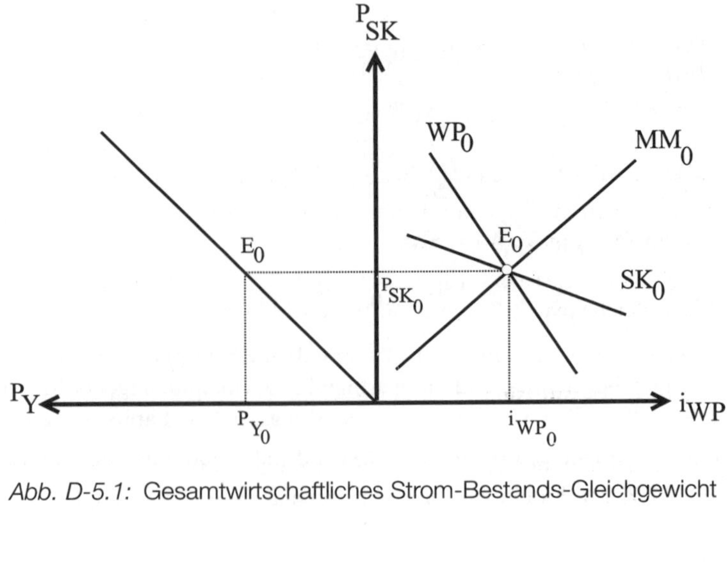

Abb. D-5.1: Gesamtwirtschaftliches Strom-Bestands-Gleichgewicht

wird. Die MM-Kurve verlagert sich gemäß Gleichung (5.4) nach links, sofern gilt: $\Delta Y < 0; \Delta \bar{B}^s > 0; \Delta \overline{sk}^S < 0$.

Die WP-Kurve bezeichnet die Gleichgewichte auf dem Wertpapiermarkt für zinstragende Aktiva. Sie hat eine negative Steigung, weil mit wachsendem Ertragssatz i_{WP} eine Überschussnachfrage nach zinstragenden Aktiva entsteht. Diese überschüssige Wertpapiernachfrage impliziert ein Nachfragedefizit auf dem Markt für bestehendes Sachkapital, d. h. der private Sektor versucht, Sachkapital zu verkaufen, um mit den erzielten Verkaufserlösen den zusätzlichen Wertpapiererwerb zu finanzieren. Hierdurch muss P_{SK} und folglich auch W sinken, was jeweils zu einem Abbau der Überschussnachfrage nach Wertpapieren führt, bis der Wertpapiermarkt geräumt ist. Die WP-Kurve verlagert sich gemäß (5.5) nach links, sofern gilt: $\Delta Y < 0; \Delta \overline{WP}^s < 0; \Delta \overline{sk}^S > 0$.

Die SK-Kurve schließlich bezeichnet die Gleichgewichte auf dem Markt für bestehendes Sachkapital. Ihre Steigung ist negativ, wenn ein durch eine Erhöhung des Ertragssatzes i_{WP} entstandenes Nachfragedefizit (wie in *Abb. D-5.1* und im Folgenden unterstellt) durch eine Senkung des Preises P_{SK} von bestehendem Sachkapital wieder abgebaut wird. Dies ist der Fall, wenn der direkte (nachfragesteigernde) Substitutionseffekt einer Preissenkung auf die Sachkapitalnachfrage größer ist als der indirekte (nachfragesenkende) Vermögenseffekt, der über die durch eine Preissenkung ausgelöste Vermögenssenkung auf die Nachfrage nach bestehendem Sachkapital wirkt. Überwöge hingegen der indirekte Effekt, ergäbe sich eine positive Steigung der SK-Kurve. Sie verläuft aber in jedem Fall flacher als die WP-Kurve, weil mit steigendem i_{WP} auf dem Markt für bestehendes Sachkapital ein Angebotsüberschuss entsteht, der kleiner ist als der Nachfrageüberschuss auf dem Markt für zinstragende Aktiva, weil auf dem Geldmarkt ebenfalls ein Angebotsüberschuss entsteht, so dass auf dem Sachkapitalmarkt eine geringere Preissenkung als auf dem Markt für Zinstitel erforderlich ist, um ein Gleichgewicht wiederherzustellen. Die SK-Kurve verlagert sich gemäß (5.6) nach links, sofern gilt: $\Delta Y < 0; \Delta \overline{sk}^S < 0$.

Portfoliogleichgewicht herrscht im Schnittpunkt aller drei Vermögensmarktgleichgewichtsgeraden. Neben diesem Bestandsgleichgewicht herrscht auch ein Stromgrößengleichgewicht auf dem Markt für neuzuproduzierendes Sachkapital, wenn die Preise für bestehendes Sachkapital P_{SK} und für neuzuproduzierendes Sachkapital P_Y übereinstimmen. Dies ist in allen Punkten entlang der 45°-Linie im linken Quadranten von *Abb. D-5.1* der Fall. In den Punkten E_0 herrscht damit gesamtwirtschaftliches Strom-Bestands-Gleichgewicht.

Monetäre Impulse stören dieses Strom-Bestands-Gleichgewicht und führen Anpassungsprozesse herbei, die unterschiedliche Anpassungsfristen benötigen:

- In der kurzfristigen Transmission bleiben Outputgüterpreis P_Y und reales Bruttoinlandsprodukt Y_r unverändert, und es reagieren nur die Vermögensmärkte.
- In der mittel- und langfristigen Transmission reagieren Stromgrößen (P_Y, Y_r), die auf die Bestandsgleichgewichte auf Vermögensmärkten zurückwirken.

5.2.2. Kurzfristige Transmissionseffekte: Reaktion der Vermögensmärkte

Als Beispiel für einen monetären Impuls wird eine expansive Offenmarktpolitik unterstellt, bei der die Zentralnotenbank von den Geschäftsbanken Wertpapiere ankauft. Im

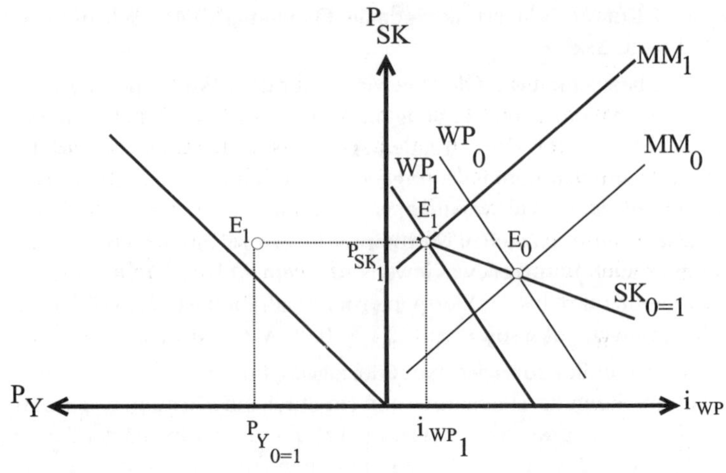

Abb. D-5.2: Kurzfristige Transmissionseffekte

Bilanzschema von *Übersicht D-5.1* bedeutet das einen Passivtausch in der Bilanz des öffentlichen Sektors ($\Delta WP_{ÖS} < 0; \Delta B_{ÖS} > 0$), während in der Bilanz des privaten Sektors ein Aktivtausch stattfindet ($\Delta B_{PS} > 0; \Delta WP_{PS} < 0$). Konsequenz ist eine Senkung des Ertragssatzes i_{WP} für zinstragende Aktiva, wodurch Anpassungsprozesse im privaten Sektor ausgelöst werden, der sich verstärkt verschuldet und seine Nachfrage nach bestehendem Sachkapital ausweitet, wodurch dessen Marktpreis P_{SK} ansteigt.

In transmissionstheoretischen Analysen wird unterstellt, dass die Reaktion der Vermögensmärkte auf den monetären Impuls in $t = 0$ unendlich schnell erfolgt und dass das neue Portfoliogleichgewicht bereits im Zeitpunkt $t = 1$ erreicht ist. Graphisch ergeben sich folgende Reaktionen (*Abb. D-5.2*):

- Auf dem Geldmarkt entsteht ein Angebotsüberschuss durch das gestiegene Geldangebot des Finanzsektors, so dass i_{WP} sinken oder P_{SK} steigen muss, um das Geldmarktgleichgewicht wiederherzustellen.

  Die MM-Kurve verschiebt sich nach links/oben in die Position MM_1.
- Auf dem Wertpapiermarkt entsteht ein Nachfrageüberschuss, da die Geschäftsbanken ihr Kreditangebot ausweiten (und damit zinstragende Aktiva nachfragen). Damit der Markt wieder ins Gleichgewicht kommt, müssen i_{WP} oder P_{SK} sinken.

  Die WP-Kurve verschiebt sich nach links/unten in die Position WP_1.
- Da durch die Offenmarktpolitik der Vermögensbestand unverändert bleibt, ergibt sich kein unmittelbarer Einfluss auf die Gleichgewichtskurve für bestehendes Sachkapital, die ihre Lage $SK_{0=1}$ beibehält.

Das neue kurzfristige Vermögensgleichgewicht liegt im Punkt E_1, wo der Preis für bestehendes Sachkapital auf P_{SK_1} angestiegen und der Ertragssatz für zinstragende Aktiva auf i_{WP_1} gesunken ist. Damit verteuert sich bestehendes Sachkapital relativ zu dem im Preis noch unverändert gebliebenen neuzuproduzierenden Sachkapital ($P_{SK_1} > P_{Y_{0=1}}$), und der monetäre Impuls überträgt sich auf die gesamtwirtschaftliche Aktivität.

5.2.3. Mittel- und langfristige Transmissionseffekte: Reaktion der Stromgütermärkte

Die steigende Nachfrage nach Outputgütern in t = 2 erhöht das nominale Bruttoinlandsprodukt Y, wovon gemäß Gleichungen (5.4) bis (5.6) Rückwirkungen auf die Vermögensmarktgleichgewichte ausgehen. Dabei ist es unerheblich, wie sich der Anstieg des nominalen Bruttoinlandsprodukts in Produktions- (Y_r) und Preisniveaueffekte (P_Y) aufteilt. Jetzt wird vereinfachend unterstellt, dass der monetäre Impuls auf den Outputgütermärkten bloße Preisniveaueffekte auslöst, so dass der Anstieg des nominalen Volkseinkommens mit einem Preisniveauanstieg einhergeht, und es gilt: $\Delta Y > 0; \Delta P_Y > 0$.

Der einsetzende Anstieg des Preisniveaus P_Y für neuzuproduzierendes Sachkapital stört das kurzfristige Portfoliogleichgewicht (*Abb. D-5.3*):

- Auf dem Geldmarkt entsteht ein Nachfrageüberschuss, wodurch sich die MM-Kurve wieder nach rechts/unten verlagert und ihre mittelfristige Ruhelage MM_2 erreicht, nachdem der Preisniveauanstieg auf den Outputgütermärkten abgeschlossen ist.
- Auf dem Markt für zinstragende Aktiva entsteht ein Überschussangebot, so dass die WP-Kurve sich nach rechts/oben verlagert, bis sie ihre mittelfristige Ruhelage WP_2 erreicht hat.
- Der Anstieg von P_Y stört das Gleichgewicht auf dem Markt für bestehendes Sachkapital, dessen Ertragsrate ansteigt, so dass ein Nachfrageüberschuss entsteht. Um diesen auszugleichen, müssen i_{WP} oder P_{SK} ansteigen, so dass sich die SK-Kurve nach rechts/oben verlagert, bis sie ihre mittelfristige Ruhelage SK_2 erreicht hat.

Abb. D-5.3 zeigt das Ergebnis des mittelfristigen Transmissionsprozesses. Im Gleichgewicht E_2 ist der Preis für bestehendes Sachkapital P_{SK} wieder etwas abgesunken und der Preis für neuzuproduzierendes Sachkapital P_Y ist angestiegen, so dass beide wieder gleich sind und ein Strom-Bestandsgrößen-Gleichgewicht herrscht.

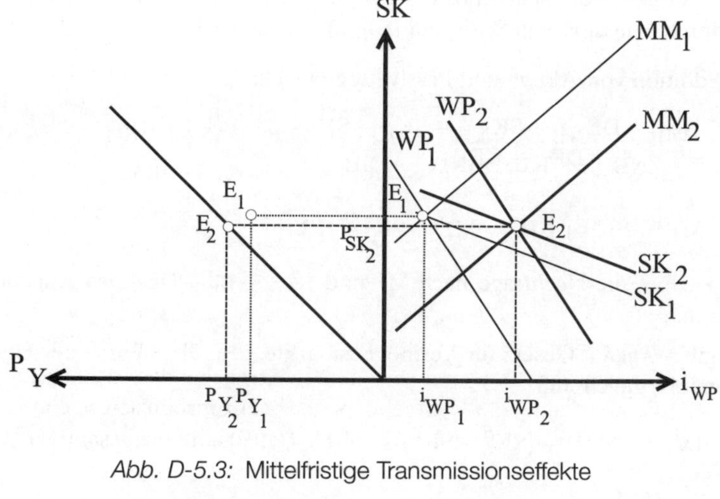

Abb. D-5.3: Mittelfristige Transmissionseffekte

5.3. Kredittheoretischer Transmissionsansatz

Anders als im vermögenstheoretischen Transmissionsansatz, wo Bankenkredite und Wertpapiere als vollkommene Substitute unterstellt sind, spielt die Kreditvergabe durch Geschäftsbanken im kredittheoretischen Ansatz eine besondere Rolle. Dies folgt aus der Basisannahme unvollkommener Substitutionsbeziehungen zwischen den Finanzierungsalternativen von Investitionsprojekten. Grundsätzlich hat ein Unternehmen drei Möglichkeiten, um sein Investitionsvorhaben zu finanzieren: Es kann sich intern finanzieren, indem es erzielte Einzahlungsüberschüsse thesauriert, oder es kann sich extern finanzieren, indem es Eigen- oder Fremdkapital von außen zuführt. Dabei besteht die Alternative einer direkten externen Finanzierung über Wertpapieremissionen oder einer indirekten externen Finanzierung über Finanzintermediäre durch Aufnahme von Bankkrediten.

Der credit view unterstellt, dass Unternehmen (aber auch Haushalte im Falle einer Konsumgüterfinanzierung) externe Mittel nur erhalten, wenn sie zuvor über eine zureichend hohe interne Finanzierung genügend Eigenmittel thesauriert haben, jedoch ihren externen Finanzierungsbedarf nur über Bankkredite decken können, weil ihnen der Zugang zu den Wertpapiermärkten versperrt ist. Damit wird Kreditgewährung vor allem durch Geschäftsbanken entscheidend für die Höhe der Ausgaben für neuzuproduzierendes Sachkapital. Im Unterschied zum vermögenstheoretischen Ansatz werden Wertpapiere und bestehendes Sachkapital als vollkommene Substitute unterstellt und unter dem Begriff „Sachkapital" zusammengefasst.

Da Geschäftsbanken von besonderer Bedeutung sind, unterscheidet der credit view drei Sektoren, und zwar den Sektor der Nichtbanken (Unternehmen, private und öffentliche Haushalte), den Geschäftsbankensektor und die Zentralnotenbank, deren Vermögensrestriktionen in *Übersicht D-5.2* wiedergegeben sind. Die Nichtbanken halten auf der Aktivseite ihrer Bilanz Basisgeld B_{NB}^{C}, Sichtdeposditen DE_{NB} und Sachkapital SK_{NB}; sie finanzieren diese Aktiva durch Kredite KR_{NB} und durch ihr Nettovermögen W_{NB}. Die Kreditinstitute halten auf der Aktivseite Reserven B_{K}^{R} an Basisgeld, Kredite KR_{K} an die Nichtbanken und ebenfalls Sachkapital SK_{K}; sie finanzieren dies über Ausgabe von Sichtdepositen DE_{K}. Die Zentralbank hält Sachkapital SK_{ZNB}, das sie durch Emission von Basisgeld B_{ZNB} finanziert.

Durch Addition von Aktiva und Passiva ergibt sich:

$$(5.9)\quad \begin{aligned} &B_{NB}^{C} + DE_{NB} + SK_{NB} + SK_{K} + SK_{ZNB} + B_{K}^{R} + KR_{K} \\ &= B_{ZNB} + DE_{K} + KR_{NB} + W_{NB} \end{aligned} \qquad \text{oder}$$

$$(5.10)\quad M1^{d} + SK^{d} + KR^{s} = M1^{s} + SK^{s} + KR^{d},$$

da $B_{NB}^{C} + DE_{NB}$ die Nachfrage nach M1 und $B_{ZNB} - B_{K}^{R} + DE_{K}$ das Angebot an M1 bezeichnen.

Wieder gilt WALRAS' Gesetz für Vermögensmärkte, d. h. die Summe der Überschussnachfragen ist gleich null:

$$(5.11)\quad (M1^{d} - M1^{s}) + (SK^{d} - SK^{s}) + (KR^{s} - KR^{d}) = 0.$$

A	Nichtbanken		P
Basisgeld	B^C_{NB}	Kredite	KR_{NB}
Sicht-depositen	DE_{NB}		
Sach-kapital	SK_{NB}	Netto-vermögen	W_{NB}

A	Kreditinstitute		P
Basisgeld	B^R_K	Sicht-depositen	DE_K
Kredite	KR_K		
Sach-kapital	SK_K		

A	Zentralnotenbank		P
Sach-kapital	SK_{ZNB}	Basisgeld	B_{ZNB}

Übersicht D-5.2: Bilanzschemata für die Nichtbanken, den Finanzsektor und die Zentralnotenbank

Aus Gründen der Vereinfachung wird von einer Basisgeldhaltung seitens der Nichtbanken abgesehen ($B^C_{NB} = 0; c = 0$), so dass nur die Kreditinstitute Primärgeld halten ($B^R_K = B_{ZNB}$) und die Geldmenge nur aus Sichtdepositen besteht ($M1 = DE_{NB}$).

Da die Reservehaltung der Kreditinstitute vom Reservesatz und dem von ihnen angebotenen Volumen an Sichteinlagen abhängt, lässt sich für ihre Vermögensbilanz auch schreiben:

(5.12) $KR_K + SK_K = (1 - r)\, DE_K$ oder

(5.13) $KR_K + SK_K = \lambda(1 - r)\, DE_K + (1 - \lambda)(1 - r)\, DE_K,$

wobei λ den Anteil der Kredite und (1-λ) den Anteil des Sachkapitals an dem um die Reservehaltung bereinigten Bilanzvolumen der Kreditinstitute sowie r den Reservekoeffizienten bezeichnen.

Für den Geschäftsbankensektor gelten folgende Verhaltenshypothesen:

(5.14) $DE^s = \frac{1}{r} B_{ZNB},$ mit: r = const.;

(5.15) $KR^s = \lambda(i_{KR}, i_{SK})(1 - r)DE,$ mit: $\frac{\partial \lambda}{\partial i_{KR}} > 0; \frac{\partial \lambda}{\partial i_{SK}} < 0.$

Für den Nichtbankensektor gelten folgende Verhaltensannahmen:

(5.16) $DE^d = DE^d(i_{SK}, Y)$, mit: $\frac{\partial DE^d}{\partial i_{SK}} < 0; \frac{\partial DE^d}{\partial Y} > 0;$

(5.17) $KR^d = KR^d(i_{KR}, i_{SK}, Y)$, mit: $\frac{\partial KR^d}{\partial i_{KR}} < 0; \frac{\partial KR^d}{\partial i_{SK}} > 0; \frac{\partial KR^d}{\partial Y} > 0.$

Der Markt für bestehendes Sachkapital muss nicht explizit betrachtet werden, da er im Gleichgewicht ist, sofern sich die anderen Vermögensmärkte im Gleichgewicht befinden. Für diese gelten folgende Gleichgewichtsbedingungen:

Für den Geldmarkt:

(5.18) $DE^d(i_{SK}, Y) = \frac{1}{r} B_{ZNB};$

und für den Kreditmarkt:

(5.19) $KR^d(i_{KR}, i_{SK}, Y) = \lambda(i_{KR}, i_{SK})(1 - r)DE.$

Darüber hinaus herrscht Gleichgewicht auf dem Markt für neuzuproduzierendes Sachkapital, wenn gilt:

(5.20) $Y = Y^d(i_{KR}, i_{SK})$, mit: $\frac{\partial Y^d}{\partial i_{KR}} < 0; \frac{\partial Y^d}{\partial i_{SK}} < 0.$

In *Abb. D-5.4* zeigt die LM-Kurve die Gleichgewichtsbedingung (5.18) auf dem Geldmarkt im (i_{SK}, Y)-Diagramm für gegebene Werte der Lageparameter r und B_{ZNB}. Die LM-Kurve ist positiv geneigt, weil mit steigendem Volkseinkommen Y die Geldnachfrage zunimmt und zum Ausgleich i_{SK} ansteigen muss, um das Geldmarktgleichgewicht wiederherzustellen. Sie verlagert sich nach rechts/außen, sofern gilt: $\Delta r < 0$; $\Delta B_{ZNB} > 0$. Die CC-Kurve beschreibt die Kombinationen aus Sachkapitalzins und Volkseinkommen, bei denen ein simultanes Gleichgewicht auf dem Kreditmarkt und auf dem Markt für Outputgüter herrscht. Die CC-Kurve erhält man, indem man Gleichung (5.18) in (5.19) einsetzt:

(5.21) $KR^d(i_{KR}, i_{SK}, Y) = \lambda(i_{KR}, i_{SK}) \frac{1-r}{r} B_{ZNB},$

und den Kreditzins i_{KR} als implizite Funktion φ zu (5.21) ermittelt, bei dem der Kreditmarkt im Gleichgewicht ist, wobei der Gleichgewichtskreditzins von den Parametern i_{SK}, Y, r und B_{ZNB} abhängt:

(5.22) $i_{KR} = \varphi(i_{SK}, Y, r, B_{ZNB}),$

mit: $\frac{\partial \varphi}{\partial i_{SK}} > 0; \frac{\partial \varphi}{\partial Y} > 0; \frac{\partial \varphi}{\partial r} > 0; \frac{\partial \varphi}{\partial B_{ZNB}} < 0.$

Der Gleichgewichtszins ist dabei gemäß Gleichung (5.22) um so größer, je höher i_{SK}, je größer Y, je größer der Reservesatz r und je geringer die Geldbasis B_{ZNB} ist. Setzt man (5.22) in die Gleichgewichtsbedingung (5.20) für den Outputmarkt ein, ergibt sich:

(5.23) $Y = Y^d\left[\varphi(i_{SK}, Y, r, B_{ZNB}), i_{SK}\right],$

mit: $\frac{\partial Y^d}{\partial i_{SK}} < 0; \frac{\partial Y^d}{\partial Y} < 0; \frac{\partial Y^d}{\partial r} < 0; \frac{\partial Y^d}{\partial B_{ZNB}} > 0,$

die die Bedingung für die CC-Kurve beschreibt. Diese weist im (i_{SK}, Y)-Diagramm eine negative Steigung auf, weil mit steigendem Sachkapitalzins die Güternachfrage zu-

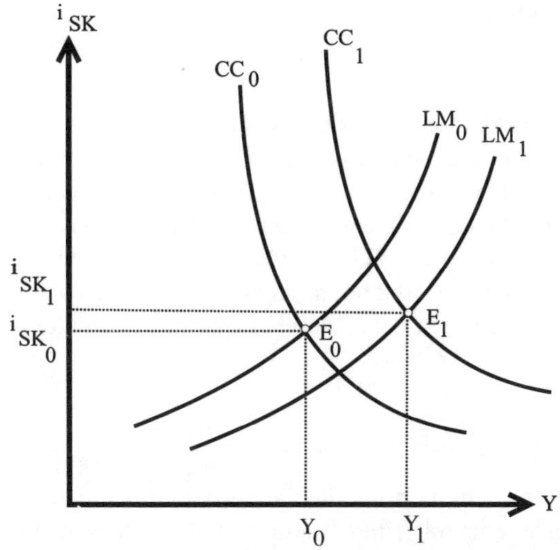

Abb. D-5.4: Strom-Bestands-Gleichgewicht im kredittheoretischen Transmissionsmodell

rückgeht und Y deshalb fallen muss, um das Gütermarktgleichgewicht wiederherzustellen. Die CC-Kurve verschiebt sich nach rechts/außen, sofern gilt: $\Delta r < 0; \Delta B_{ZNB} > 0$.

Im Schnittpunkt E_0 herrscht gesamtwirtschaftliches Strom-Bestands-Gleichgewicht, weil der Geld- und der Kreditmarkt und der Gütermarkt simultan geräumt sind und wegen WALRAS' Gesetz auch der Markt für Sachkapital (dessen Gleichgewichtskurve nicht eingezeichnet ist) sich im Gleichgewicht befinden muss.

Monetäre Impulse stören das Strom-Bestands-Gleichgewicht und führen Anpassungsprozesse herbei, die sich in *Abb. D-5.4* als Kurvenverlagerungen darstellen: Betreibt die Zentralnotenbank beispielsweise eine expansive Offenmarktpolitik (und kauft Sachkapital/Wertpapiere an), entsteht gemäß Gleichungen (5.14) bis (5.19) ein Angebotsüberschuss auf dem makroökonomischen Geld- und Kreditmarkt. Um das Geldmarktgleichgewicht wiederherzustellen, muss die LM-Kurve sich nach rechts/außen in die Position LM_1 verlagern. Gleichzeitig verschiebt sich die CC-Kurve nach rechts/außen in die Position CC_1, um das Gleichgewicht auf dem Kredit-/Gütermarkt wiederherzustellen. Konsequenz ist ein Anstieg des Volkseinkommens bei nahezu unverändertem (in *Abb. D-5.4* leicht gestiegenem) Wertpapierzins. Damit wirkt die Geldpolitik im kredittheoretischen Transmissionsmodell expansiv auf das Bruttoinlandsprodukt, auch wenn der Wertpapierzins nicht sinkt und beispielsweise die Situation einer Liquiditätsfalle (Beitrag C-4.2) vorliegt. Die expansive Geldpolitik senkt den Kreditzins und erhöht dadurch die Nachfrage nach Outputgütern.

6. Theorien der Geldpolitik

Aufgabe der nationalen Geldpolitik ist es, die gesamtwirtschaftliche Stabilität zu erhalten oder wiederzugewinnen, falls es zu Störungen gekommen ist (Beitrag P). Wie diese erfüllt werden kann, ist Gegenstand der Theorien der Geldpolitik, die Empfehlungen an die Träger der Geldpolitik geben. Diese betreffen die konstitutionelle Ebene und damit die Wahl einer geeigneten Geldverfassung. Sie erfassen aber auch die Ebene der aktuellen geldpolitischen Maßnahmen und damit die Entscheidung für eine geldpolitische Strategie und für geeignete Zwischenziel- und Indikatorvariablen.

6.1. Wahl der Geldverfassung

In modernen Volkswirtschaften erfolgt die Geldproduktion innerhalb eines zweistufig aufgebauten Bankensystems mit einer staatlichen Zentralnotenbank auf der oberen und einer Vielzahl von Geschäftsbanken (und sonstigen Finanzinstituten) auf der unteren Ebene. Hierbei verfügt die Zentralbank über ein gesetzlich geschütztes Monopol bei der Bereitstellung von Primärgeld, für das als gesetzliches Zahlungsmittel ein Annahmezwang besteht; Außenseiterkonkurrenz durch Produktion von Geldzeichen in anderen Wertbezeichnungen ist untersagt. Darüber hinaus kontrolliert und reguliert die Notenbank als „Bank der Banken" die Sekundärgeldproduktion der Kreditinstitute und sonstigen Finanzinstitute, indem sie das Halten einer Mindestreserve anordnet, die Zinsbildung beeinflusst oder ihren Geschäftspartnern als „lender of last resort" Primärgeld zur Verfügung stellt. Gesetzliche Weisungskompetenzen, Sanktionsandrohungen und das Ausgabemonopol für Primärgeld ermöglichen es, diese Anordnungen durchzusetzen.

Obwohl die Öffentlichkeit mit dieser doppelstufigen Organisation des Geldwesens vertraut ist, sind staatliche Notenbanken vergleichsweise junge Institutionen, die teilweise erst im 20. Jahrhundert entstanden sind. Zuvor existierte in vielen Ländern während so genannter Free-banking-Perioden ein Sektor von im Wettbewerb zueinander stehenden Geschäftsbanken, die sowohl Banknoten als auch Bankdepositen produzierten (Schuler, 1992). Umstritten ist, worin die Ursache für das Entstehen von staatlichen Zentralnotenbanken lag, wozu in der Literatur zwei Auffassungen konkurrieren (Überblick bei Dowd, 1993): Als Ursachen für das Entstehen von Zentralnotenbanken sieht die marktevolutorische Sicht Tendenzen zum natürlichen Monopol bei der Banknotenproduktion sowie die Furcht vor Bankenpaniken. Demgegenüber sieht die staatskonstruktivistische Position das Entstehen von staatlichen Notenbanken als Ergebnis einer Regulierungsspirale, bei der ein Staat aus fiskalischen Gründen einzelnen Banken Monopolrechte bei der Notenproduktion eingeräumt und sie letztlich in eine staatliche Währungsbehörde überführt hat.

Umstritten ist auch, welche Alternativen zur herrschenden Geldverfassung denkbar sind, und ob eine von regulativen Eingriffen des Staates freie Geldordnung funktionsfähig wäre. Drei mögliche Spielarten einer durch den Wettbewerb organisierten Laisser-faire-Geldverfassung werden diskutiert (Überblicke bei Selgin / White, 1994; Vollmer, 2005):

- Vertreter moderner Free-banking-Ansätze knüpfen an die historischen Erfahrungen aus den Free-banking-Perioden an und stellen sich eine Geldverfassung vor, in der Geschäftsbanken voneinander unterscheidbare, allerdings in derselben Recheneinheit nominierte Banknoten und Bankdepositen produzieren (beispielsweise auf Euro lautende Noten und Depositen der „A-Bank" und der „B-Bank"), die in Gold oder ein anderes vom Notenhalter akzeptiertes Außengeld konvertierbar sein müssen. Damit existiert in einem Free-banking-System weiterhin eine gemeinsame Geldbasis (beispielsweise Gold), deren Umfang allerdings geldpolitisch nicht beeinflussbar ist, und die Banknotenproduktion ist privaten Geschäftsbanken übertragen, die im Wettbewerb miteinander stehen.

  Anhänger dieses Vorschlags vermuten, dass die Konvertibilität der von den Geschäftsbanken emittierten Noten und Depositen in Gold bei konstantem Goldumlauf Preisniveaustabilität garantiert, da keine Geschäftsbank imstande ist, dauerhaft mehr Noten und Depositen zu emittieren als vom Publikum bei gegebenem Preisniveau zu halten gewünscht wird. Sollte eine Geschäftsbank dennoch mehr Noten und Depositen emittieren als Bedarf vorhanden ist, werden diese ihr sehr schnell wieder zur Einlösung in Gold vorgelegt; sie bleiben nicht lange genug im Umlauf, um die Kosten der Emission und Rücknahme zu decken.

- Vertreter des Währungswettbewerbs konstruieren eine Geldverfassung, in der die Geschäftsbanken unterscheidbare, in unterschiedlichen Recheneinheiten nominierte Banknoten („A-Bank Dukaten"; „B-Bank Taler") produzieren, die nicht einlösbar sind. Jede dieser Geschäftsbanken produziert damit ihr eigenes Basisgeld, das Grundlage einer Sekundärgeldschöpfung durch mit ihr verbundene Depositenbanken sein kann. Zwischen den umlaufenden Währungen der verschiedenen Geschäftsbankengruppen bestehen flexible Wechselkurse.

  Jede Gruppe versucht, das Preisniveau eines von ihr gewählten Güterbündels konstant zu halten: Beispielsweise verspricht die „A-Bank", das Preisniveau eines Warenkorbs zu stabilisieren, der typischerweise von einer bestimmten Zielgruppe konsumiert wird, während die „B-Bank" ankündigt, das Preisniveau eines Warenkorbs zu stabilisieren, den typischerweise eine andere Zielgruppe verbraucht. Im Wettbewerbsprozess konkurrieren die Banken um die verschiedenen Geldnutzergruppen, und eine Bank, die ihr Versprechen nicht einhält, muss befürchten, dass ihre Kunden zum anderen Standard wechseln.

- Im Unterschied zu den modernen Free-banking-Ansätzen, wo es weiterhin nur ein Primärgeld gibt, und den Ansätzen eines Währungswettbewerbs, wo viele Primärgelder umlaufen, konstruieren die Ansätze der „new monetary economics" eine Geldverfassung, in der es überhaupt kein einlösbares Primärgeld mehr gibt, das gleichzeitig als Rechen- und Tauschmittel fungiert. Vielmehr erfolgt eine vollständige Trennung beider Funktionen, und als Rechenmittel fungiert ein reiner numéraire, der physisch nicht existiert. Die Wirtschaftssubjekte unterhalten verzinsliche Einlagen bei den Geschäftsbanken und verfügen darüber per Scheck oder Überweisung. Die Geschäftsbanken investieren die ihnen zufließenden Mittel in ertragbringende Aktiva. Sie begleichen Zahlungssalden untereinander durch Austausch eines bilateral vereinbarten Aktivums (Gold, Silber, Platin, Wertpapiere usw.), wobei die Bewertung dieser Aktiva in Einheiten des gesetzten numéraires erfolgt.

Offen bleibt, wohin sich die Geldverfassung moderner Volkswirtschaften entwickelt hätte, wenn der Staat nicht in der Vergangenheit die Primärgeldversorgung einer Währungsbehörde übertragen hätte. Da dies aber geschehen ist, steht die Theorie der Geldpolitik vor der Frage, wie innerhalb der bestehenden Geldverfassung eine stabilitätsgerechte Geldmengenversorgung garantiert werden kann. Dies ist gleichbedeutend mit der Frage nach der zu wählenden geldpolitischen Strategie.

6.2. Strategien der Geldpolitik

Unter einer geldpolitischen Strategie versteht man das längerfristige Verfahren, nach dem die Notenbank als Träger der Geldpolitik über den Instrumenteneinsatz entscheidet. Dabei lassen sich mit einer diskretionären und einer regelgebundenen Geldpolitik zwei wichtige Alternativen unterscheiden: Während die Zentralnotenbank bei Diskretion fallweise und im eigenen Ermessen über den Instrumenteneinsatz entscheidet, legt sie sich bei Regelbindung einmalig und endgültig fest und wählt verbindlich eine für die Zukunft anzuwendende geldpolitische Formel, die sie von Periode zu Periode wie vorgesehen umsetzt. Je nach der gewählten Formel werden zwei verschiedene Formen regelgebundener Geldpolitik unterschieden: Bei einer aktiven (Feedback-)Regel reagiert die Notenbank auf von ihr wahrgenommene Veränderungen im makroökonomischen Umfeld in vorher festgelegter Weise mit einer expansiveren oder restriktiveren Ausrichtung ihrer Politik; demgegenüber unterbleiben bei einer passiven Regel solche Reaktionen auf wahrgenommene Umweltzustandsänderungen und die Notenbank legt einmalig einen bestimmten Wert für das zukünftige Geldmengenwachstum fest („k-Prozent-Regel", FRIEDMAN, 1956).

Lange Zeit vertrat die Theorie der Geldpolitik die Auffassung, dass Diskretion einer Regelbindung eindeutig überlegen sei, da sie es dem geldpolitischen Entscheidungsträger ermöglicht, flexibel auf unvorhergesehene Ereignisse zu reagieren und es ihm zugleich erlaubt, bei Fehlen dieser Ereignisse eine selbst gesetzte Regel zu verfolgen. Diese Schlussfolgerung erweist sich jedoch als Trugschluss, wenn man berücksichtigt, dass sich der private Sektor durch längerfristige Verträge (beispielsweise am Arbeitsmarkt) selbst binden und deshalb Erwartungen über den zukünftigen Kurs der Geldpolitik bilden muss. Dann besteht für den Träger der Geldpolitik ein Anreiz, sich „dynamisch inkonsistent" zu verhalten und eine andere Geldpolitik als ursprünglich beabsichtigt zu betreiben, um durch eine überraschende Inflationsakzeleration positive Produktions- oder Beschäftigungseffekte zu erzielen (BARRO / GORDON, 1983). Eine Geldpolitik ist „zeitinkonsistent", weil ein ursprünglich als optimal angesehener Instrumenteneinsatz im Zeitablauf suboptimal wird.

Kennen die privaten Wirtschaftssubjekte diesen Anreiz für die Geldpolitik, sich dynamisch inkonsistent zu verhalten und eine höhere Inflationsrate herbeizuführen als angekündigt, werden sie dies von vornherein bei Abschluss ihrer Verträge berücksichtigen, um der Politik den Anreiz für eine weitere Inflationsakzeleration zu nehmen. Die Konsequenz ist ein Inflationsbias diskretionärer Geldpolitik, d. h. eine im Durchschnitt höhere Inflationsrate als bei Regelbindung. Diskretion ist damit kein „free lunch", denn der Vorteil der Flexibilität wird erkauft durch den Verzicht auf eine glaubwürdige Selbstbindung der Geldpolitik und einem daraus folgenden Anstieg der Inflationsrate.

Verschiedene Vorschläge zur Lösung dieses Zielkonflikts zwischen Flexibilität und Glaubwürdigkeit werden gemacht (Überblicke bei SCHALING, 1995; WALSH, 1998, 2. A. 2003, S. 363 ff.; VOLLMER, 2005): ROGOFF (1985) und LOHMANN (1992) zeigen, dass die Inflationsneigung bei Diskretion geringer wird, wenn man die geldpolitische Verantwortung auf eine von der Regierung (partiell) unabhängige Notenbank überträgt. Unabhängigkeit bedeutet dabei, dass die Notenbank das Ziel Preisniveaustabilität stärker als die Regierung gewichtet und sich insofern „konservativer" als diese verhält. Unabhängigkeit bedeutet darüber hinaus, dass die Regierung Kosten (etwa in Form eines Reputationsverlusts) zu tragen hat, wenn sie die Entscheidung der Notenbank revidiert. Konsequenz ist, dass eine unabhängige Notenbank eine im Durchschnitt niedrigere Inflationsrate als die Regierung herbeiführt, dafür aber auch weniger stark auf Störungen der gesamtwirtschaftlichen Angebotsbedingungen reagiert und somit stärkere Schwankungen in der Produktions- und Beschäftigungsentwicklung zulässt.

Eine institutionelle Alternative zu einer von der Regierung unabhängigen Notenbank besteht darin, dass die Regierung mit der Notenbank einen Vertrag abschließt, der dieser den Anreiz nimmt, sich zeitlich inkonsistent zu verhalten und die Marktteilnehmer durch Überraschungsinflation zu täuschen (WALSH, 1995). Solch ein Vertrag sieht beispielsweise die periodische Zahlung eines monetären Transfers an die Notenbank vor, dessen Höhe mit steigender Inflationsrate abnimmt; alternativ könnte der Vertrag – wie im Zentralbankgesetz Neuseelands vorgesehen – die Amtsenthebung des Notenbankpräsidenten bei zu hohen Inflationsraten beinhalten. SVENSSON (1997) zeigt, dass sich solch ein Vertrag als eine Strategie mit flexiblem Inflationsziel interpretieren lässt, bei der die Notenbank eine mittelfristig stabile Inflationsentwicklung garantiert, um die Inflationserwartungen zu stabilisieren, und gleichzeitig vorübergehende Variationen in der Inflationsrate zulässt, um flexibel auf wahrgenommene Umweltzustandsänderungen zu reagieren.

Allerdings verursacht eine aktive Geldpolitik in Form eines flexiblen Inflationsziels Probleme, wenn die Wirkungsverzögerungen der Geldpolitik lang und variabel (und damit schwer zu prognostizieren) sind. Lange time lags verursachen ein Kontrollproblem, weil die kurzfristigen Effekte monetärer Impulse auf die Zielgröße gering, die langfristigen Effekte dagegen hoch sind, und zur Stabilisierung der gesamtwirtschaftlichen Effekte immer größer werdende aktuelle monetäre Impulse notwendig werden, um die verzögerten Effekte vergangener geldpolitischer Maßnahmen zu kompensieren. Dies wird sogar unmöglich, wenn die time lags variabel sind, so dass eine auf Stabilisierung der gesamtwirtschaftlichen Entwicklung ausgerichtete Geldpolitik destabilisierend wirkt und die Schwankungen der Zielgröße erhöht anstatt sie zu vermindern. Um dies zu verhindern, sollte die Geldpolitik eine passive Regel wählen, bei der auf eine Reaktion auf wahrgenommene Umweltzustandsänderungen verzichtet wird. Dies stellt eine risikominimierende Strategie dar, bei der die Geldpolitik zwar nicht zur Stabilisierung gesamtwirtschaftlicher Zielgrößen eingesetzt wird, aber auch nicht destabilisierend wirkt.

6.3. Indikatoren und Zwischenziele der Geldpolitik

Wirkungsverzögerungen begründen – zusammen mit dem indirekten Einfluss der Geldpolitik auf gesamtwirtschaftliche Zielgrößen – auch, warum die Notenbank bei der Durchführung ihrer Politik Orientierungsgrößen benötigt, die als Indikatoren und Zwischenzielgrößen bezeichnet werden. Dabei informiert ein Indikator über Richtung und Stärke der aktuellen Geldpolitik bzw. über die aktuelle Wirkung vergangener geldpolitischer Impulse. Um dies zu leisten, muss eine als Indikator in Betracht kommende Variable schnell und mit vertretbarem Aufwand messbar sein, zügig auf geldpolitische Änderungen reagieren und in einem engen Zusammenhang zum Zwischen- und Endziel stehen. Demgegenüber dient eine Zwischenzielvariable als geldpolitische Steuerungsgröße, die Lenkungsfunktionen erfüllen und Auskunft über die zukünftige Wirkung geldpolitischer Maßnahmen geben soll. Um dies zu erreichen, muss eine Zwischenzielgröße in engem Zusammenhang zur Endzielgröße stehen und durch die Notenbank gut kontrollierbar sein.

Als denkbare „Kandidaten" für diese Aufgaben kommen mit Zinssätzen und Geldmengenaggregaten vor allem zwei Gruppen von Variablen in Frage. Gegen Zinssätze spricht, dass sie vor allem als Indikatorgrößen oftmals falsche Signale aussenden und beispielsweise von einem steigenden Zinssatz nicht auf die Wirkungsrichtung der aktuellen Geldpolitik geschlossen werden kann. Dies wird deutlich, wenn man sich beispielsweise die Auswirkungen eines expansiven monetären Impulses auf das Zinsniveau im Rahmen des Kreditmarktmodells des Geldangebotsprozesses anschaut (Abschnitt 3.5.2.): Ein Anstieg der exogenen Geldbasis führt dort über einen Anstieg des gesamtwirtschaftlichen Geldangebots zunächst zu einer Abnahme des Zinsniveaus (Bewegung von E_0 nach E_1 in *Abb. D-6.1*), die als „Liquiditätseffekt" bezeichnet wird. Diese Zinssenkung wirkt über den Kreditkanal expansiv auf die gesamtwirtschaftliche Aktivität; dadurch steigt über ein wachsendes Nominaleinkommen die Kreditnachfrage, was zu einem Wiederanstieg des Zinssatzes führt (Bewegung von E_1 nach E_2 in *Abb. D-6.1*), der als „Einkommenseffekt" bezeichnet wird. Sofern die Notenbank die exogene Geldbasis mit konstanter Rate ausweitet, steigt langfristig die Inflationsrate an; sobald die Marktteilnehmer diesen Inflationsanstieg antizipieren, sinkt das Kreditangebot und steigt die Kreditnachfrage und der nominale Marktzins steigt um die antizipierte Inflationsrate über das Ausgangsniveau hinaus an (Bewegung von E_2 nach E_3 in *Abb. D-6.1*; „Preiserwartungs-" oder „Fisher-Effekt").

Ein expansiver monetärer Impuls hat damit zunächst eine Senkung und dann einen Anstieg des Marktzinssatzes zur Folge, so dass ein aktuell steigender Zinssatz sowohl Frühfolge einer momentan restriktiven Geldpolitik (auf Grund des Liquiditätseffekts) als auch Spätfolge einer in der Vergangenheit expansiven Geldpolitik (auf Grund des jetzt einsetzenden Einkommens- und Preiserwartungseffekts) sein kann. Deshalb eignen sich Geldmengenaggregate besser als Zinssätze als Indikatoren der Geldpolitik, weil sie eindeutig auf einen monetären Impuls reagieren. Allerdings muss dann entschieden werden, welches Geldmengenaggregat verwendet werden sollte.

Für ein breites Aggregat, wie M3, spricht nach Auffassung der Europäischen Zentralbank (1999, S. 32 ff.) die Erfahrung einer langfristig hohen Stabilität der Geldnachfrage und günstiger Vorlaufeigenschaften in Bezug auf die Verbraucherpreisentwicklung. Beides sind jedenfalls die Gründe, warum die Europäische Zentralbank

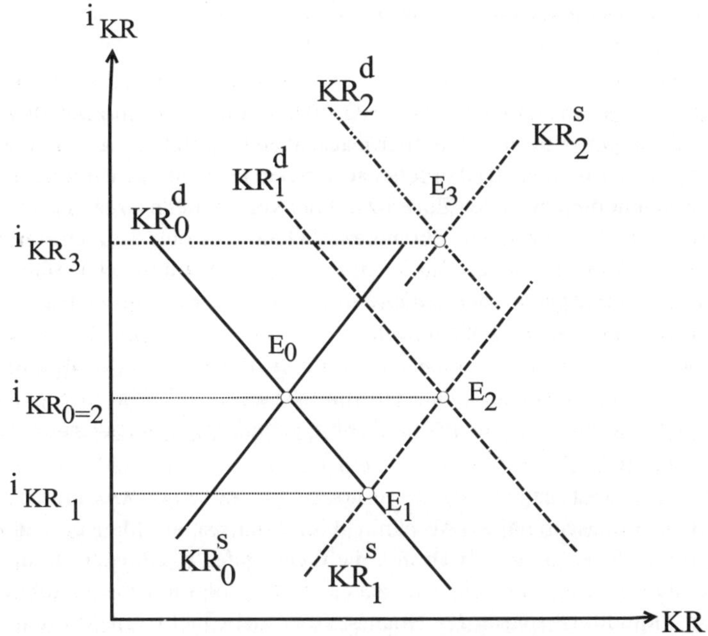

Abb. D-6.1: Liquiditäts-, Einkommens- und Preiserwartungseffekt im Kreditmarktmodell des Geldangebotsprozesses

der Geldmenge M3 im Rahmen ihrer Strategie eine besondere Rolle beimisst und einen jährlichen Referenzwert für deren Wachstum bekanntmacht. Für ein enges Aggregat spricht, dass es kurzfristig durch die Notenbank kontrollierbar ist, weil die enthaltenen Geldkomponenten nicht zu geldmarktnahen Sätzen verzinst werden und deshalb bei einem restriktiven monetären Impuls eindeutig absinken. Im Gegensatz dazu sind breite Geldmengenaggregate schlecht steuerbar, da ihre Komponenten zu geldmarktnahen Sätzen verzinst werden und daher weniger elastisch auf geldpolitische Impulse reagieren.

6.4. Geldpolitische Instrumente

Ähnlich wie bei der Wahl von Indikatoren und Zwischenzielen steht die Notenbank auch bei Einsatz ihres Instrumentenbündels vor der Alternative, dieses zins- oder mengenorientiert einzusetzen, indem sie einen Mengentender (Festzinstender) oder einen Zinstender (Tender mit variablem Zinssatz) verwendet. Bei einem Mengentender gibt die Notenbank den Zinssatz vor, zu dem sie mit ihren Partnern geldpolitische Geschäfte abzuwickeln bereit ist, und die Geschäftspartner geben Gebote über die Beträge an Primärgeld ab, die sie im Rahmen des betreffenden Geschäfts aufzunehmen wünschen. Da die Notenbank dadurch die Kontrolle über die Entwicklung der Zentralbankgeldmenge zu verlieren droht, legt sie intern einen Zuteilungsbetrag fest. Dann teilt sie die Gebote der Geschäftspartner anteilsmäßig zu, sofern deren Bietungsvolumen den vorgesehenen Zuteilungsbetrag übersteigt.

Demgegenüber geben die Geschäftspartner bei einem (liquiditätszuführenden) Zinstender Gebote an die Notenbank, die neben dem Betrag auch den Zinssatz enthalten, zu dem sie Geschäfte mit der Notenbank abschließen wollen. Die Notenbank stellt diese Gebote in abfallender Reihenfolge zusammen und teilt sie dann zu, beginnend mit dem Gebot mit dem höchsten Zinssatz, bis der vorgesehene Gesamtbetrag erreicht ist. Die Zuteilung der zum Zuge gekommenen Gebote erfolgt dann entweder zu den individuellen Bietungssätzen der Geschäftspartner („amerikanisches Verfahren") oder für alle zu dem Bietungssatz des Geschäftspartners, der gerade noch zum Zuge gekommen ist („holländisches Verfahren").

Da die Gebote der Geschäftspartner bei einem Mengentender nur anteilig zugeteilt werden, besteht bei solch einem zinsorientierten Instrumenteneinsatz die große Gefahr, dass die Geschäftspartner den individuellen Liquiditätsbedarf übertreiben und stark überhöhte Bedarfe an Zentralbankgeld angeben, was die Geldmengensteuerung erschwert. Diese Erfahrung musste die Europäische Zentralbank machen, die ihre Hauptrefinanzierungsgeschäfte (Abschnitt 3.3.) zunächst als Mengentender durchgeführt hatte. In Konsequenz übertrafen die Gebote der Kreditinstitute die tatsächlichen Zuteilungsbeträge um ein Vielfaches, und es bestand die Gefahr, dass die Gebote die Liquiditätsbedarfe des Finanzsektors nicht mehr reflektierten. Deshalb hat die Europäische Zentralbank im Sommer 2000 einen Verfahrenswechsel hin zu einem Zinstender durchgeführt, wobei sie jetzt mit der Zinshöhe auf die Gebote der Geschäftspartner reagiert, um die Kontrolle über die Primärgeldmenge wiederzugewinnen.

Kommentierte Literaturhinweise

Einführungen in den Gegenstand von Geld- und Kredittheorien bieten im deutschsprachigen Raum die Lehrbücher von Ansgar Belke et al. (2007), Horst Gischer et al. (2004, 2. A. 2005), Hans-Joachim Jarchow (1973, 11. A. 2003) und Otmar Issing (1981, 14. A. 2007). Überblicke über verschiedene, im Beitrag angesprochene Fragestellungen bieten zudem die von H. Jörg Thieme (1985, 2. A. 1987), Benjamin M. Friedman, Frank H. Hahn (1990) sowie von Jürgen von Hagen, Johann Heinrich von Stein (2000) herausgegebenen Sammelbände oder das als Lexikon konzipierte, dreibändige Werk von Peter Newman, Murray Milgate, John Eatwell (1992).

Einen Überblick über die Ideengeschichte der Geldtheorie und die Evolution monetärer Institutionen bieten Emil-Maria Claassen (1970) und David Glasner (1989). Einführungen in die Mikroökonomik des Bankverhaltens geben Doris Neuberger (1998) und Stuart I. Greenbaum, Anjan V. Thakor (1995). Dieselbe Thematik wird analytisch anspruchsvoller bei Ernst Baltensperger, Hellmuth Milde (1987), bei Xavier Freixas, Jean-Charles Rochet (1997) sowie bei Diemo Dietrich, Uwe Vollmer (2005) behandelt. Analysen des gesamtwirtschaftlichen Geldangebotsprozesses findet der Leser bei Jürgen Siebke, Manfred Willms (1974) sowie bei Dieter Nautz (2000).

Einen ausführlichen Überblick über verschiedene Geld- und Kreditnachfragehypothesen bieten DAVID E. W. LAIDLER (1974, 4. A. 1997) und JAMES TOBIN, STEPHEN S. GOLUB (1998). Die Preisbildung auf Finanzmärkten ist Gegenstand bei JÜRGEN EICHBERGER, IAN HARPER (1997). Überblicke über aktuelle Fragestellungen zur Transmissionstheorie monetärer Impulse geben die Beiträge im Band 9, Nr. 4, des JOURNALS OF ECONOMIC PERSPECTIVES. Eine Einführung in das geldpolitische Instrumentarium des Eurosystems bieten EGON GÖRGENS, KARLHEINZ RUCKRIEGEL, FRANZ SEITZ (1999, 4. A. 2004), EUROPÄISCHE ZENTRALBANK (2004) und UWE VOLLMER (2005). Überblicke über Gegenstand und verschiedene Lösungen des Zeitinkonsistenzproblems diskretionärer Geldpolitik geben ERIC SCHALING (1995), PETER BOFINGER, JULIAN REISCHLE, ANDREA SCHÄCHTER (1996), GERHARD ILLING (1997) und CARL E. WALSH (1998, 2. A. 2003).

Literaturverzeichnis

Baltensperger, E. (1973), Optimal bank portfolios: The liability side, in: Jahrbücher für Nationalökonomie und Statistik, 187, S. 147–160.

Baltensperger, E. (1980), Alternative approaches to the theory of the banking firm, in: Journal of Monetary Economics, 6, S. 1–37.

Baltensperger, E. (1996), Banken und Finanzintermediäre, in: J. von Hagen; A. Börsch-Supan; P. J. J. Welfens, Hg., Springers Handbuch der Volkswirtschaftslehre, Bd. I, Berlin, Heidelberg, New York u. a. (Springer), S. 268–304.

Baltensperger, E.; H. Milde (1987), Theorie des Bankverhaltens, Berlin, Heidelberg, New York (Springer).

Barnett, W. A.; D. Fisher; A. Serletis (1992), Consumer theory and the demand for money, in: Journal of Economic Literature, 30, S. 2086–2119.

Barro, R. J.; D. B. Gordon (1983), A positive theory of monetary policy in a natural-rate model, in: Journal of Political Economy, 91, S. 589–610.

Bhattacharya, S.; A. V. Thakor (1993), Contemporary banking theory, in: Journal of Financial Intermediation, 3, S. 2–50.

Baumol, W. J. (1952), The transaction demand for cash. An inventory theoretic approach, in: Quarterly Journal of Economics, 66, S. 545–556.

Belke, A.; D. Duwendag; D. Gros; W. Kösters; R. Pohl (1974), Geldtheorie und Geldpolitik in Europa, 5. A., Berlin, Heidelberg, New York (Springer) 2007.

Bernanke, B. S.; Blinder, A. S. (1988), Credit, money, and aggregate demand, in: American Economic Review, 78, Papers & Proceedings, S. 435–439.

Bernanke, B. S.; M. Gertler; S. Gilchrist (1996), The financial accelerator and the flight to quality, in: Review of Economics and Statistics, 79, S. 1–15.

Bofinger, P.; J. Reischle; A. Schächter (1996), Geldpolitik: Ziele, Institutionen, Strategien und Instrumente, München (Vahlen).

Brunner, K. (1970), Eine Neuformulierung der Quantitätstheorie des Geldes. Die Theorie der relativen Preise, des Geldes, des Outputs und der Beschäftigung, in: Kredit und Kapital, 3, S. 1–30.

Brunner, K.; A. H. Meltzer (1990): Money supply, in: B. M. Friedman; F. H. Hahn, eds., Handbook of Monetary Economics, Vol. 1, Amsterdam (Elsevier) S. 357–398.

Bryant, J. (1980), A model of reserves, bank runs and deposit insurance, in: Journal of Banking and Finance, 43, S. 749–761.

Cassel, D. (1995), Geldmengen-, Konjunktur- und Inflationszyklen in Deutschland, in: Siebke, J.; H. J. Thieme, Hg., Geldpolitik. Zwanzig Jahre Geldmengensteuerung in Deutschland, Baden-Baden (Nomos), S. 133–182.

Claassen, E.-M. (1970), Grundlagen der Geldtheorie, 2. A., Berlin, Heidelberg, New York (Springer) 1980.

Culbertson, J. M. (1957), The term structure of interest rates, in: Quarterly Journal of Economics, 71, S. 485–517.

Diamond, D. W. (1984), Financial intermediation and delegated monitoring, in: Review of Economic Studies, 51, S. 393–414.

Diamond, D. W.; P. Dybvig, (1983), Bank runs, deposit insurance and liquidity, in: Journal of Political Economy, 91, S. 401–419.

Dietrich, D.; U. Vollmer (2005), Finanzverträge und Finanzintermediation. Grundlagen, Modelle, Übungen, Wiesbaden (Gabler).

Dowd, K. (1993), Laissez-faire banking, London, New York (Routledge).

Eichberger, J.; I. Harper. (1997), Financial economics, Oxford (Oxford University Press).

Europäische Zentralbank (1999), Monetäre Aggregate im Euro-Währungsgebiet und ihre Rolle in der geldpolitischen Strategie des Eurosystems, in: Europäische Zentralbank, Monatsbericht, 1. Jg., Februar, S. 29–47.

Europäische Zentralbank (2004), Die Geldpolitik der EZB, Frankfurt/M.

Fisher, I. (1930), The theory of interest, New York (MacMillan).

Freixas, X.; J. C. Rochet (1997), Microeconomics of banking, Cambridge/Mass., London (MIT-Press).

Friedman, B. M.; F. H. Hahn (1990), eds., Handbook of monetary economics, 2 Bde., Amsterdam (Elsevier).

Friedman, M. (1956), The quantity theory of money: A restatement, in: M. Friedman, ed., Studies in the quantity theory of money, Chicago (University of Chicago Press), S. 3–21.

Friedman, M.; A. J. Schwartz (1963), A monetary history of the United States, Princeton, N. J. (NBER).

Gischer, H.; B. Herz; L. Menkhoff (2004), Geld, Kredit und Banken. Eine Einführung, 2. A., Berlin, Heidelberg, New York 2005.

Glasner, D. (1989), Free banking and monetary reform, Cambridge (Cambridge University Press).

Görgens, E.; K. Ruckriegel; F. Seitz (1999), Europäische Geldpolitik, 4. A., Düsseldorf (Lucius & Lucius) 2004.

Greenbaum, S. I.; A. V. Thakor (1995), Contemporary financial intermediation, Fort Worth u. a. (Dryden Press).

Hicks, J. R. (1939), Value and capital, 2. A., Oxford (Oxford University Press) 1946.

Holmström, B.; J. Tirole (1997), Financial intermediation, loanable funds, and the real sector, in: Quarterly Journal of Economics, 112, S. 663–691.

Illing, G. (1997), Theorie der Geldpolitik. Eine spieltheoretische Einführung, Berlin, Heidelberg, New York (Springer).

Issing, O. (1981), Einführung in die Geldtheorie, 14. A., München (Vahlen) 2007.

Issing, O.; K.-H. Tödter; H. Herrmann; H.-E. Reimers (1993), Zinsgewichtete Geldmengenaggregate und M3 – ein Vergleich, in: Kredit und Kapital, 26, S. 1–21.

Jarchow, H.-J. (1973), Theorie und Politik des Geldes I, 11. A., Göttingen (Vandenhoeck & Ruprecht) 2003.

Kashyap, A. K.; J. C. Stein (1994), Monetary policy and bank lending, in: N. G. Mankiw, ed., Monetary policy. NBER Studies in Business Cycles, 29, Chicago, S. 221–261.

Keynes, J. M. (1936), Allgemeine Theorie der Beschäftigung, des Zinses und des Geldes, Berlin (Duncker & Humblot).

King, R. G.; C. I. Plosser (1986), Money as the mechanism of exchange, in: Journal of Monetary Economics, 17, S. 93–115.

Klein, M. (1971), A theory of the banking firm, in: Journal of Money, Credit, and Banking, 3, S. 205–218.

Knapp, G. (1905), Die staatliche Theorie des Geldes, Leipzig (Duncker & Humblot).

Laidler, D. E. W. (1974), The demand for money, 4. A., New York (Harper & Row) 1997.

Laidler, D. E. W. (1982), Monetarist perspectives, Cambridge/Mass. (MIT-Press).

Lohmann, S. (1992), Optimal commitment in monetary policy: Credibility versus flexibility, in: American Economic Review, 82, S. 273–286.

Meltzer, A. H. (1995), Money, credit and (other) transmission processes: A monetarist perspective, in: Journal of Economic Perspectives, 9(4), S. 49–72.

Menger, C. (1909), Geld, in: J. Conrad; C. L. Elster; W. Lexis; E. Loening, Hg., Handwörterbuch der Staatswissenschaften, 3. A., Jena (Fischer), S. 555–610.

MILBOURNE, R. (1988), Disequilibrium buffer stock models, in: Journal of Economic Surveys, 2, S. 187–209.

MISHKIN, F. S. (1995), Symposium on the monetary transmission mechanism, in: Journal of Economic Perspectives, 9(4), S. 3–10.

NAUTZ, D. (2000), Die Geldmarktsteuerung der Europäischen Zentralbank und das Geldangebot der Banken, Heidelberg (Physica).

NEUBERGER, D. (1998), Mikroökonomik der Bank, München (Vahlen).

NEWMAN, P.; M. MILGATE; J. EATWELL (1992), eds., The new palgrave dictionary of money and finance, 3 Bde., London, New York (Palgrave).

NIEHANS, J. (1980), Theorie des Geldes, Bern (Haupt).

OLINER, S. D.; G. D. RUDEBUSCH (1996), Is there a broad credit channel for monetary policy?, in: Federal Reserve Bank of San Francisco, Economic Review, No. 1, S. 3–13.

REPULLO, R.; J. SUAREZ (2000), Entrepreneurial moral hazard and bank monitoring: A model of the credit channel, in: European Economic Review, 44, S. 1931–1950.

ROGOFF, K. (1985), The optimal degree of commitment to an intermediate monetary target, in: Quarterly Journal of Economics, 100, S. 1169–1189.

SCHALING, E. (1995), Institutions and monetary policy. Credibility, flexibility and central bank independence, Aldershot (Edward Elgar).

SCHULER, K. (1992), The world history of free banking: An overview, in: DOWD, K., The experience of free banking, London, New York (Routledge), S. 7–47.

SELGIN, G. A.; L. H. WHITE (1994), How would the invisible hand handle money?, in: Journal of Economic Literature, 32, S. 1718–1749.

SHARPE, W. F. (1964) Capital asset prices: A theory of market equilibrium and conditions of risk, in: Journal of Finance, 19, S. 425–442.

SIEBKE, J. (1985), Geldnachfragetheorie, in: THIEME, H. J., Hg., Geldtheorie. Entwicklung, Stand und systemvergleichende Anwendung, 2. A., Baden-Baden (Nomos) 1987, S. 41–71.

SIEBKE, J.; H. J. THIEME (1995), Hg., Geldpolitik. Zwanzig Jahre Geldmengensteuerung in Deutschland, Baden-Baden (Nomos).

SIEBKE, J.; M. WILLMS (1974), Theorie der Geldpolitik, Berlin, Heidelberg, New York (Springer).

SUBRAMANIAN, S. S. (2001), A survey of recent empirical money demand studies, in: IMF Staff Papers, 47, S. 334–365.

SVENSSON, L. E. O. (1997), Optimal inflation targets, ‚conservative' central banks, and linear inflation contracts, in: American Economic Review, 87, S. 98–114.

THIEME, H. J. (1985), Hg., Geldtheorie. Entwicklung, Stand und systemvergleichende Anwendung, 2. A., Baden-Baden (Nomos) 1987.

THIEME, H. J.; U. VOLLMER (1985), Theorien des Geldwirkungsprozesses, in: THIEME, H. J., Hg., Geldtheorie. Entwicklung, Stand und systemvergleichende Anwendung, 2. A., Baden-Baden (Nomos) 1987, S. 73–109.

TOBIN, J. (1956), The interest-elasticity of transactions demand for cash, in: The Review of Economics and Statistics, 38, S. 241–247.

TOBIN, J. (1969), A general equilibrium approach to monetary policy, in: Journal of Money, Credit, and Banking, 1, S. 15–29.

TOBIN, J. (1982), The commercial banking firm: A simple model, in: Scandinavian Journal of Economics, 84, S. 495–530.

TOBIN, J. with GOLUB, S. S. (1998), Money, credit, and capital, Boston u. a. (Irwin-McGraw-Hill).

VAUBEL, R. (1984), The government's money monopoly: Externalities or natural monopoly?, in: Kyklos, 37, S. 27–58.

VOLLMER, U. (2005), Geld- und Währungspolitik, München (Vahlen).
VON HAGEN, J.; J. H. VON STEIN (2000), Hg., Obst/Hintner. Geld-, Bank- und Börsenwesen. Handbuch des Finanzsystems, 40. A., Stuttgart (Schäffer-Poeschel).
WALSH, C. E. (1995), Optimal contracts for central bankers, in: American Economic Review, 85, S. 150–167.
WALSH, C. E. (1998), Monetary theory and policy, 2. A., Cambridge/Mass., London (MIT-Press) 2003.
WILLMS, M. (1985), Geldangebotstheorie, in: THIEME, H. J., Hg., Geldtheorie. Entwicklung, Stand und systemvergleichende Anwendung, 2. A., Baden-Baden (Nomos) 1987, S. 11–40.

E. Währung und Internationale Finanzmärkte

Heinz-Dieter Smeets

Gliederung

Die rasante Entwicklung der Transport-, Informations- und Kommunikationstechnologien hat in den vergangenen Jahrzehnten den Grad an internationaler Verflechtung – und zwar sowohl im Bereich des Außenhandels als auch bei den internationalen Kapitaltransaktionen – ständig zunehmen lassen, was zumeist mit dem Schlagwort „Globalisierung" gekennzeichnet wird. Im Beitrag H (Internationaler Handel) wird insbesondere die Allokation von Produktionsfaktoren im Rahmen der Weltwirtschaft untersucht, die daraus resultierende Produktionsspezialisierung einzelner Länder sowie die darin zum Ausdruck kommende internationale Arbeitsteilung. Diese Analyse vollzieht sich im Rahmen einer Tauschwirtschaft, mit dem Schwerpunkt auf einer mikroökonomischen Betrachtung einzelner Güter, die exportiert oder importiert werden. Im Gegensatz dazu werden in diesem Beitrag Geld und in Geld ausgedrückte Preise berücksichtigt. Dadurch verlagert sich der Schwerpunkt der Analyse von einzelnen Gütern und Faktoren sowie deren Preisen zu Aggregaten. Hierzu zählen etwa die gesamtwirtschaftliche Produktion und Nachfrage, das Preisniveau, Exporte und Importe sowie das Beschäftigungsniveau. Zugleich ergeben sich aber auch neue Problembereiche:

- Dem realen Strom von Waren und Dienstleistungen steht nun ein finanzieller Strom entgegen, der zum Teil aus Geld und zum Teil aus Krediten besteht.
- Reine Finanztransaktionen sind möglich und machen mittlerweile den weit überwiegenden Teil der internationalen Transaktionen aus.
- Da (fast) jedes Land sein eigenes Geld besitzt, muss für internationale Transaktionen ein Austausch erfolgen. Hierzu dienen die Devisenmärkte, an denen sich Wechselkurse als das Tauschverhältnis nationaler Zahlungsmittel zueinander bilden.

1. Zahlungsbilanz und Devisenmarkt

In der Zahlungsbilanz werden die Transaktionen des Inlands mit dem Ausland – geordnet nach bestimmten Kriterien – zusammengestellt. Als Inländer gelten Wirtschaftseinheiten, die ihren ständigen Wohnsitz oder Aufenthaltsort in dem betreffenden Land haben. Nicht zu den Inländern zählen u. a. Mitarbeiter im diplomatischen Dienst, ausländische Studierende und Angehörige ausländischer Streitkräfte. Ausländische Unternehmen und Gastarbeiter werden demgegenüber als Inländer angesehen. Die Verbuchung der Transaktionen geschieht nach dem Prinzip der doppelten Buchführung. Hierbei werden auf der Aktivseite alle Vorgänge verbucht, die zu Zahlungseingängen führen können, wie der Export von Waren und Dienstleistungen, unentgeltliche Übertragungen aus dem Ausland, der Import von Kapital und Devisenverkäufe durch die Zentralbank. Auf der Passivseite werden alle Vorgänge erfasst, die Zahlungsausgänge auszulösen vermögen. Hierzu gehört der Import von Waren und Dienstleistungen, unentgeltliche Übertragungen an das Ausland, der Export von Kapital und Devisenkäufe durch die Zentralbank. Im Gegensatz zur üblichen Terminologie werden in dieser Bilanz allerdings keine Bestands-, sondern Stromgrößen erfasst. *Übersicht E-1* zeigt die Zahlungsbilanz des Euro-Währungsgebiets für das Jahr 2000.

Übersicht E-1: Zahlungsbilanz des Euro-Währungsgebiets (Mrd. Euro) für das Jahr 2005

Teilbilanz	Einnahmen/ Aktiva	Ausgaben/ Passiva	Saldo
I. Leistungsbilanz	**2022,6**	**2045,7**	**- 23,1**
1. Handelsbilanz			54,1
a) Ausfuhr	1220,1		
b) Einfuhr		1165,0	
2. Dienstleistungsbilanz	397,3	362,5	34,8
3. Erwerbs- und Vermögenseinkommen	321,6	365,4	- 43,8
4. Laufende Übertragungen	83,6	151,8	- 68,2
II. Bilanz der Vermögens-übertragungen	**23,4**	**10,9**	**12,5**
III. Kapitalbilanz			**79,1**
1. Direktinvestitionen[1)]	76,4	232,7	-156,3
2. Wertpapieranlagen[2)]	598,1	442,7	155,4
3. Finanzderivate[2)]			- 15,2
4. Kreditverkehr und sonstige Anlagen[2)]			76,5
a) langfristig			
b) kurzfristig			
5. Währungsreserven[3)] [Devisenbilanz]			18,8
IV. Restposten (ungeklärte Beträge)			**-68,5**

1) Aktiva = Direktinvestitionen im Euro-Währungsgebiet
Passiva = Direktinvestitionen außerhalb des Euro-Währungsgebiets

2) Nettozuflüsse / Kapitalimporte (Aktiva); Nettoabflüsse / Kapitalexporte (Passiva)

3) Zunahme (Passivsaldo); Abnahme (Aktivsaldo)

Leistungsbilanz

Die beiden wichtigsten Teilbilanzen der Leistungsbilanz bilden die Handelsbilanz (Warenhandel) und die Dienstleistungsbilanz. Zu den Dienstleistungen zählen insbesondere der Reiseverkehr, Transport- und Finanzdienstleistungen. Daneben werden die Erwerbs- und Vermögenseinkommen sowie die laufenden Übertragungen erfasst. Zufließende Einkommen und unentgeltlich empfangene Leistungen stellen dabei Zahlungseingänge dar, abfließende Einkommen und unentgeltlich gewährte Leistungen Zahlungsausgänge. Die Vermögenseinkommen beinhalten wiederum die Kapitalerträge als wichtigen Posten. Laufende Übertragungen bestehen in erster Linie aus Beiträgen an internationale Organisationen, Entwicklungshilfe und Rentenzahlungen.

Bilanz der Vermögensübertragungen

Während in der Bilanz der laufenden Übertragungen lediglich solche Transaktionen Berücksichtigung finden, die unmittelbar die Stromgrößen Einkommen und Verbrauch beeinflussen, werden in der Bilanz der Vermögensübertragungen Transaktionen erfasst, die ihrem Charakter nach einmalig sind und nur die Vermögensbestände verändern. Im wesentlichen handelt es sich hierbei um Erbschaften, Schenkungen und Schuldenerlasse.

Kapitalbilanz

In der Kapitalbilanz werden alle Änderungen in den Beständen der Forderungen und Verbindlichkeiten gegenüber dem Ausland erfasst. Kapitalimporte werden aktiv gebucht und umfassen die Zunahme inländischer Verbindlichkeiten bzw. die Abnahme inländischer Forderungen gegenüber dem Ausland. Kapitalexporte werden passiv gebucht und umfassen die Zunahme inländischer Forderungen bzw. die Abnahme inländischer Verbindlichkeiten gegenüber dem Ausland. Die Untergliederung erfolgt sachorientiert unter weitgehender Vernachlässigung der traditionellen Aufteilung in kurz- und langfristige Transaktionen. Wertpapiertransaktionen beinhalten dabei alle Formen der verbrieften Kreditgewährung, während die unverbrieften Formen der Kreditgewährung in dem Posten „übriger Kapitalverkehr" enthalten sind. Im Gegensatz zum deutschen Zahlungsbilanzschema wird im Euro-Währungsgebiet – vor dem Hintergrund internationaler Standardisierung – keine eigenständige Devisenbilanz mehr ausgewiesen. Die Währungsreserven bilden einen Unterposten der Kapitalbilanz, die sich damit aus den privaten Kapitaltransaktionen und den „offiziellen Ausgleichsoperationen" zusammensetzt. Auf der Aktivseite der Zahlungsbilanz schlagen sich Verringerungen des Devisenbestandes bei der Zentralbank nieder, auf der Passivseite Erhöhungen des Devisenbestandes. Der Kapitalbilanzsaldo entspricht somit zugleich der Veränderung der Nettoauslandsposition des Euro-Währungsgebietes. Reine Finanztransaktionen stellen Umbuchungen innerhalb der Kapitalverkehrsbilanz dar und ändern lediglich die Struktur der Nettoauslandsposition. Die Kapitalbilanz wird also im weiten Sinne abgegrenzt. Betrachtet man nur die privaten Kapitalbewegungen, so spricht man von der Kapitalbilanz im engeren Sinne. Auf die Einzelposten der Kapitalbilanz im engeren Sinne wird in Abschnitt 3.2. näher eingegangen.

Restposten

Die wesentliche Ursache für das Auftreten der Restposten sind statistische Erfassungsmängel, die daraus resultieren, dass Lieferung und Zahlung im Leistungsverkehr zeitlich auseinanderfallen. Während bei gleichbleibenden Zahlungsbedingungen noch eine einigermaßen zuverlässige Zuordnung der Leistungs- und Finanzströme möglich ist, wird dies bei einer Änderung des Zahlungsverhaltens schwierig. Derartige Änderungen ergeben sich z. B. im Zusammenhang mit Wechselkursänderungserwartungen, indem ausländische Importeure bei einer Aufwertungserwartung für die Inlandswährung ihre Rechnungen unmittelbar begleichen oder Vorauszahlungen tätigen. Es kommt dann zu einem verstärkten Mittelzufluss aus dem Ausland, der keinen direkten Bezug zum Außenhandel erkennen lässt und eine periodengerechte Zuordnung erschwert. Daneben treten Erfassungsprobleme beim Tourismus und bei Kapitaltransaktionen auf, die ohne Mitwirkung der Banken erfolgt sind.

Da die Zahlungsbilanz nach dem Prinzip der doppelten Buchführung erstellt wird, muss sie im periodischen Sinne stets ausgeglichen sein. Obwohl es im alltäglichen Sprachgebrauch ständig geschieht, ist es deshalb streng genommen nicht statthaft, von einem Defizit oder einem Überschuss der Zahlungsbilanz zu sprechen. Gemeint sind dann gewöhnlich Salden in den Teilbilanzen, und zwar oft, ohne sie hinreichend genau abzugrenzen und zu benennen. Um Anpassungsprozesse an veränderte außenwirtschaftliche Situationen untersuchen zu können, benötigt man daher ein anderes Zahlungsbilanzkonzept. Dies bildet die Marktzahlungsbilanz, in der Angebot und Nachfrage nach Devisen zum jeweiligen Wechselkurs gegenübergestellt werden. Ein Zahlungsbilanzgleichgewicht liegt demnach dann vor, wenn sich die Zahlungseingänge und -ausgänge eines Landes ohne direkte Einflussnahme der Währungsbehörden die Waage halten. Die so abgegrenzten Zahlungseingänge und -ausgänge bezeichnet man auch als autonome Transaktionen.

Beim Wechselkurs unterscheidet man zwei Notierungen:

- **Mengennotierung (e):** Sie gibt an, welche Menge an ausländischen Währungseinheiten ($WE_{Ausl.}$) mit einer Einheit der heimischen Währung ($WE_{Inl.}$) erworben werden kann (z. B.: 1 EUR = 1,25 USD). Die Mengennotierung gilt seit Jahresbeginn 1999 für alle EUR-Wechselkurse.

- **Preisnotierung (1/e):** Sie gibt den Preis in heimischer Währung für eine Einheit der ausländischen Währung an (z. B.: 1 USD = 0,80 EUR). Dabei entspricht der Wechselkurs in der Preisnotierung dem reziproken Wert der Mengennotierung und umgekehrt. Im weiteren Verlauf wird – soweit nicht ausdrücklich davon abgewichen wird – von der Mengennotierung ausgegangen.

Abb. E-1 zeigt die Marktzahlungsbilanz mit dem Wechselkurs (e) in der Mengennotierung. Aus der Sicht des Euro-Währungsgebietes spiegeln sich in der Nachfrage nach EUR ($N^{€}$) alle auf autonomen Transaktionen beruhenden Zahlungseingänge wider, während das Angebot an EUR ($A^{€}$) alle auf autonomen Transaktionen beruhenden Zahlungsausgänge umfasst. So führen zum Beispiel Güterexporte des Inlands dazu, dass man Devisen (hier z. B. US-Dollar) anbietet und heimische Währung (EUR) nachfragt. Und zwar unabhängig von der Währung, in der fakturiert wird. Lautet die Rechnung des deutschen Exporteurs auf EUR, so ist es zum Beispiel der amerikanische Importeur, der EUR nachfragt, um in dieser Währung bezahlen zu können. Fakturiert der deutsche Exporteur hingegen in USD, so ist er es, der den eingehenden USD-Betrag (Devisen) anbietet, um EUR nachzufragen. Umgekehrt verhält es sich bei den Güterimporten. Einen Kapitalexport kann man sich als einen Import von Forderungstiteln vorstellen. Zum Erwerb muss man aus der Sicht des deutschen Anlegers EUR anbieten, um die entsprechenden Devisen zur Bezahlung zu erwerben. Einem Kapitalimport steht hingegen ein Export von Forderungstiteln gegenüber, der die Nachfrage nach EUR beeinflusst. Die Kurven des Angebots an und der Nachfrage nach EUR weisen einen normalen Verlauf auf; eine Annahme, die – wie später gezeigt wird – nicht

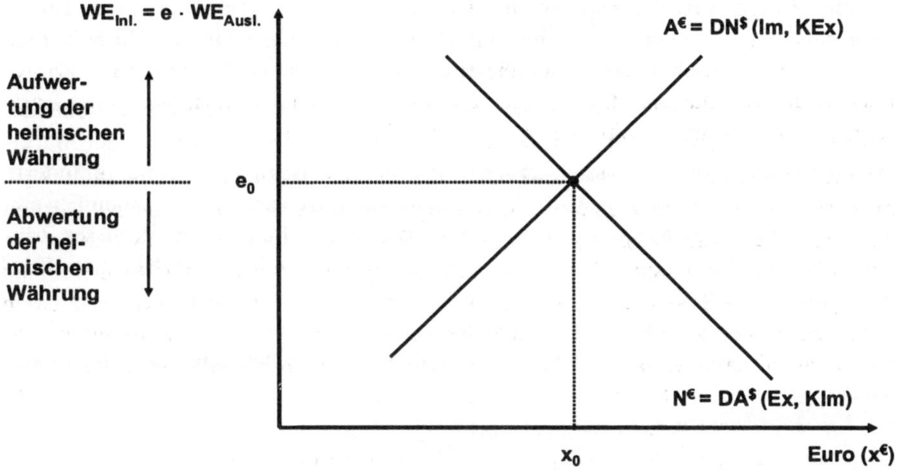

Abb. E-1: Devisenmarkt (Mengennotierung)

in jedem Fall gerechtfertigt ist. Zunächst sei jedoch unterstellt, dass das EUR-Angebot und die EUR-Nachfrage auf Änderungen des Wechselkurses normal reagieren, die Angebotskurve also positiv, die Nachfragekurve hingegen negativ geneigt ist.

Der gleichgewichtige Wechselkurs e_0 könnte z. B. einem Wert von 1,00 USD für einen EUR entsprechen. Stellt sich – ausgehend vom Gleichgewichtskurs (e_o) – ein höherer Wechselkurs ein, so entspricht dies einer Aufwertung der heimischen bzw. einer Abwertung der Fremdwährung. Sinkt der Wechselkurs hingegen, so kommt darin eine Abwertung der heimischen Währung und eine Aufwertung der Fremdwährung zum Ausdruck. Wird der Wechselkurs in der Preisnotierung angegeben, so gelten diese Beziehungen mit umgekehrten Vorzeichen.

Können In- und Ausländer Währungen jeder Herkunft zum bestehenden (festen oder flexiblen) Wechselkurs unbegrenzt kaufen oder verkaufen, so bezeichnet man dies als monetäre Konvertibilität. Einschränkungen können sich zum einen auf die betroffene Personengruppe (Inländer-/Ausländerkonvertibilität), zum anderen auf die zugrundeliegenden Transaktionen (Leistungs-/Kapitaltransaktionen) beziehen. Häufig wird Konvertibilität auch mit der Abwesenheit von Devisenbewirtschaftung in einem Land gleichgesetzt. Sie manifestiert sich demnach in der Freiheit des internationalen Zahlungsverkehrs, wobei neben der freien Umtauschbarkeit explizit auch die freizügige Übertragbarkeit gemeint ist.

Neben dem Kassamarkt, an dem sich der Kassakurs bildet, existiert der Terminmarkt mit dem entsprechenden Terminkurs. Während Kassageschäfte innerhalb von zwei Werktagen zu erfüllen sind, wird der Terminkurs zwar bei Vertragsabschluss fest vereinbart, der Umtausch erfolgt aber erst zu einem späteren Zeitpunkt. Gängige Fälligkeitstermine sind ein, drei, sechs und zwölf Monate. Die Differenz zwischen dem Kassa- (e) und dem Terminkurs (e^T), bezogen auf den Kassakurs sowie korrigiert um die Laufzeit (n = Tage) des Termingeschäfts, bezeichnet man als Swapsatz.

(1) $$\text{Swapsatz} = \frac{e - e^T}{e} \cdot \frac{360}{n}$$

Bei einem negativen Swapsatz spricht man von einem Deport auf die Auslandswährung, bei einem positiven Wert von einem Report. Die später erläuterte Zinsarbitrage sowie die Terminspekulation bilden die Klammer zwischen beiden Märkten.

Im weiteren Verlauf gilt es nun zu untersuchen, wie volkswirtschaftliche Datenänderungen auf den Devisenmarkt wirken, dort ein Ungleichgewicht im Sinne der Marktzahlungsbilanz entstehen lassen, und wie sich der Devisenmarkt an die veränderte Situation anpasst (s. Beitrag C-8). Diese Anpassung ist gewöhnlich gemeint, wenn man von Zahlungsbilanzausgleich spricht. Dabei ist von Bedeutung, ob dieser Zahlungsbilanzausgleich gegenüber jedem anderen Land einzeln zu erfolgen hat (Bilateralismus), ob der Zahlungsbilanzausgleich gegenüber verschiedenen Ländern oder Ländergruppen zu erzielen ist (regionaler Ausgleich) oder ob schließlich die Zahlungsbilanz gegenüber allen Ländern zusammen ausgeglichen sein muss (Multilateralismus).

2. Zahlungsbilanzausgleich bei festen und flexiblen Wechselkursen

Führen Datenänderungen dazu, dass sich die Kurven des EUR-Angebots oder der EUR-Nachfrage verschieben, so kommt es – bezogen auf den aktuellen Wechselkurs – zu einem Zahlungsbilanzungleichgewicht. Um zu einem Gleichgewicht zurückzukehren, stehen verschiedene Maßnahmen zur Verfügung. *Abb. E-2* erläutert diese Möglichkeiten vor dem Hintergrund eines Zahlungsbilanzdefizits, das einem Angebotsüberschuss an EUR in Höhe der Strecke ($x_2 - x_1$) entspricht. In einem System flexibler Wechselkurse vollzieht sich die Rückkehr zum Gleichgewicht über den Preis (hier: Wechselkurs), der sich durch die Angebots- und Nachfragekonstellation privater Wirt-

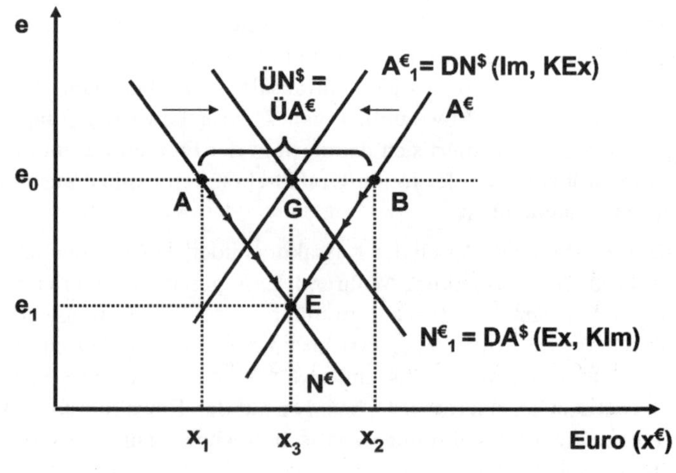

Abb. E-2: Anpassungsprozesse am Devisenmarkt

schaftseinheiten auf den Devisenmärkten bestimmt. In einem System fester Wechselkurse hingegen – wie es das System von Bretton-Woods und das Europäische Währungssystem repräsentierten (s. Abschnitt 5) – halten die Zentralbanken den Preis durch Eingriffe in den Devisenmarkt konstant. Die Anpassung erfolgt daher über die Menge (hier: Währungseinheiten).

Feste Wechselkurse

Unter der Annahme eines (absolut) fixierten Wechselkurses ($\overline{e_0}$) gelangt man folglich dann zu einem neuen Gleichgewicht, wenn sich das Angebot an EUR vermindert ($A^€$ verschiebt sich nach links) oder die Nachfrage nach EUR erhöht ($N^€$ verschiebt sich nach rechts). Dabei kann die neue Gleichgewichtsposition jedem Punkt zwischen A und B entsprechen. Im vorliegenden Fall führt das Zahlungsbilanzdefizit beim fixierten Wechselkurs (e_o) zu einem Überschussangebot an EUR bzw. einer Überschussnachfrage nach Devisen ($x_2 - x_1$), das die heimische Notenbank ausgleichen muss. Sie bietet Devisen an, fragt EUR nach und vermindert im Gegenzug die heimische Geldmenge. Diese als Interventionen bezeichneten Ausgleichsoperationen der Notenbank stellen im Defizitland zunächst einmal eine Finanzierung des Zahlungsbilanzdefizits in Form der Abgabe von Währungsreserven dar. Da der Bestand an Währungsreserven sowie die Möglichkeit zur Aufnahme von Währungskrediten in aller Regel begrenzt ist, handelt es sich bei der Zahlungsbilanzfinanzierung stets um eine Maßnahme mit temporärem (überbrückendem) Charakter und nicht um eine ursachenadäquate Therapie (Anpassung).

Von den Interventionsverpflichtungen der Notenbanken können aber zugleich auch anpassende Wirkungen ausgehen. Die Anpassung besteht dabei aus Maßnahmen und Wirkungen zur (dauerhaften) Überwindung eines Zahlungsbilanzungleichgewichts. Den Ausgangspunkt der Ausgleichsmechanismen bilden die interventionsbedingten Geldmengenwirkungen. Hiervon gehen – wie aus der Transmissionstheorie (s. Beiträge C und D) bekannt – Wirkungen aus auf den Zins, das Realeinkommen und das Preisniveau. Aus diesem Grunde spricht man auch von dem:

- Geldmengen-Zins-Mechanismus,
- Geldmengen-Einkommen-Mechanismus und
- Geldmengen-Preis-Mechanismus.

Im vorliegenden Fall eines Zahlungsbilanzdefizits führt die interventionsbedingte Verminderung der Geldmenge zu kurzfristig steigenden Zinsen im Inland. Ist eine Anpassung über die internationalen Finanzmärkte möglich, liegen also keine Kapitalverkehrsbeschränkungen vor, dann führt der Zinsanstieg im Inland c. p. zu vermehrten Kapitalimporten und verminderten Kapitalexporten. Die Nachfrage nach EUR steigt durch diese Entwicklung, während gleichzeitig das Angebot sinkt. Insgesamt kommt es also zu einer Ausgleichstendenz beim fixierten Wechselkurs (e_o).

Stehen die internationalen Finanzmärkte als Anpassungskanal zur Verfügung, so ist damit zu rechnen, dass die Wirkungen sehr schnell und massiv einsetzen. Ist dies hingegen nicht der Fall, so werden – mit entsprechenden zeitlichen Verzögerungen – gleichwohl Anpassungsprozesse über ein (temporär) sinkendes Realeinkommen oder sinkende Preise zustande kommen. Ein sinkendes Realeinkommen wird zu einem verminderten Import und damit zu einer Verlagerung der EUR-Angebotskurve nach links führen. Sinkende Preise bewirken ihrerseits verminderte Importe bei gleichzeitig steigenden Exporten. In beiden Fällen kommt es zu einem tendenziellen Ausgleich der Zahlungsbilanz beim festen Wechselkurs (e_o).

Will man sich hingegen den mit den Ausgleichsmechanismen verbundenen Anpassungsprozessen nicht unterwerfen, dann könnten zunächst die interventionsbedingten Geldbasisveränderungen z. B. durch eine entgegengerichtete Offenmarktpolitik neutralisiert bzw. sterilisiert werden. Im Fall eines Zahlungsbilanzdefizits hieße dies, dass der interventionsbedingte Devisenabfluss durch eine expansive Offenmarktpolitik (s. Beiträge D und P-4.2.) kompensiert werden müsste. Eine solche Neutralisierungs- oder Sterilisationsstrategie zur Verteidigung einer eigenständigen, an nationalen Zielen orientierten Geldpolitik hat jedoch den Nachteil, dass die Ursachen des Ungleichgewichts nicht beseitigt werden. Damit bleiben auch die Interventionsverpflichtungen bestehen, die zu einem fortdauernden Abfluss von Devisenreserven führen. Statt einer Zahlungsbilanzanpassung kommt es folglich wieder zur Zahlungsbilanzfinanzierung, die aber – wie oben bereits erläutert – auch mit Hilfe von Währungskrediten nur vorübergehend durchgehalten werden kann. Auf längere Sicht nimmt der Druck ständig zu, so dass anpassende Maßnahmen erforderlich werden.

Ist eine Finanzierung des Zahlungsbilanzdefizits nicht (länger) möglich, weil keine Devisenreserven oder -kredite (mehr) zur Verfügung stehen, bedarf es Maßnahmen der Zahlungsbilanzanpassung. Hierzu zählen insbesondere die Geld- und die Währungspolitik. Die Geldpolitik wirkt dabei in gleicher Weise wie die oben bereits beschriebenen Ausgleichsmechanismen, die hierdurch verstärkt werden könnten. Im Bereich der Währungspolitik bieten sich einmalige Anpassungen oder eine dauerhafte Freigabe des Wechselkurses an. Eine diskretionäre Wechselkursanpassung hieße in *Abb. E-2*, den neuen festen Wechselkurs in Höhe von e_1 festzusetzen, was einer Abwertung der heimischen Währung entspricht. Doch auch diese Maßnahme verspricht nur dann einen dauerhaften Erfolg, wenn zugleich die Ursachen des Defizits beseitigt werden. Ansonsten käme es auch bei dem neuen Wechselkurs e_1 wieder zu einem Überschussangebot an EUR, weil sich Angebot und Nachfrage auseinanderbewegen.

Darüber hinaus können auch administrative Eingriffe in den freien Handels- und Zahlungsverkehr vorgenommen werden, um den Zahlungsbilanzausgleich zu gewährleisten. Eine Möglichkeit liegt in der handelspolitischen Beschränkung von Importen (Zölle) oder in der Förderung von Exporten (Subventionen). Hierdurch wird – in der Regel sehr kurzfristig – die Devisennachfrage zurückgedrängt oder das Devisenangebot ausgeweitet und somit das Defizit gesenkt (s. Beitrag H-4.). Dabei ist allerdings zu beachten, dass – obwohl diese Maßnahmen zum Teil im Rahmen der Welthandelsorganisation (WTO) erlaubt sind – mit ihrem Einsatz erhebliche Wohlfahrtsverluste durch eine internationale Fehlallokation von Ressourcen einhergehen. Längerfristig muss darüber hinaus auch mit konterkarierenden Sekundäreffekten auf die Handelsbilanz gerechnet werden, die etwa von steigenden Preisen importierter Vorprodukte ausgehen können.

Neben Beschränkungen des internationalen Handels sind in der Vergangenheit immer wieder Kontrollen der privaten Kapitalbewegungen eingeführt worden. Und zwar nicht nur von Defizitländern, um den Kapitalabfluss zu unterbinden, sondern auch von Überschussländern, um unerwünschte Kapitalzuflüsse zu begrenzen. So wurde zum Beispiel in der Bundesrepublik Deutschland in den Jahren 1972 und 1973 unter Anwendung des § 23 Außenwirtschaftsgesetz der Erwerb von Wertpapieren durch Ausländer sowie die Aufnahme von Krediten im Ausland durch Inländer verboten.

Die schärfste Form administrativer Eingriffe in das Marktgeschehen bildet die staatliche Devisenbewirtschaftung. In diesem Fall wird eine Ablieferungspflicht für Devisen eingeführt, der alle Exporteure unterliegen. Damit stehen der Notenbank Devisen in Höhe von x_1 in *Abb. E-2* zur Verfügung, die sie nach bestimmten Schlüsseln auf die Nachfrager verteilt. Dabei ist häufig zu beobachten, dass die (vom Staat abhängige) Notenbank dieses Zuteilungsverfahren zugleich zur Investitionslenkung „nutzt". Es werden also bevorzugt solchen Importbereichen Devisen zugeteilt, von denen man für die Zukunft z. B. hohe Wachstumspotentiale erwartet.

Dem Zahlungsbilanzdefizit im Inland steht zugleich ein Zahlungsbilanzüberschuss im Ausland gegenüber. Dort laufen die zuvor erläuterten Anpassungsprozesse mit umgekehrtem Vorzeichen ab. Da die Interventionen der Notenbank in diesem Fall jedoch zu einem Devisenzufluss und damit zu einer Ausweitung der heimischen Geldmenge führen, geht der Anpassungsdruck in erster Linie von der importierten Inflation aus. Zur Zahlungsbilanzanpassung stehen auch hier die oben bereits erläuterten Politikmaßnahmen zur Verfügung.

Neben den bisher untersuchten Anpassungswirkungen spielt auch die Verteilung der Anpassungslasten in einem Festkurssystem eine wichtige Rolle. Dabei unterscheidet man gewöhnlich zwischen asymmetrischer (Hegemoniallösung) und symmetrischer Verteilung (kooperative Lösung). Hierhinter verbirgt sich das sogenannte Problem des n-ten Landes. In einem System von n Ländern gibt es nur n-1 unabhängig festgelegte Paritäten. Daher sind auch n-1 Länder gezwungen, ihre Geldpolitik so zu gestalten, dass sie feste Wechselkurse garantiert. Nur eine einzige Zentralbank ist hingegen in der Lage, ihre Geldpolitik unabhängig festzulegen. Ein solches asymmetrisches System kann durch explizite institutionelle Regelungen, durch die Größe und wirtschaftliche Bedeutung der beteiligten Länder sowie durch das Vertrauen der (Finanz-)Märkte in die Stabilitätspolitik eines Landes entstehen. Im Falle dieser asymmetrischen Lösung unterliegen alle anderen Länder dem geldpolitischen Diktat des Leitwährungslandes. Kommt es hingegen zu einer Aufteilung der Anpassungslasten zwischen den beteiligten Ländern, so verzichtet das n-te Land (freiwillig) auf seine geldpolitische Autonomie.

Flexible Wechselkurse

Bei flexiblen Wechselkursen kommt der Ausgleich der Zahlungsbilanz hingegen stets und automatisch über den Wechselkursmechanismus zustande. Geht man wiederum von der Defizitsituation in *Abb. E-2* aus, so stellt sich der Zahlungsbilanzausgleich bei dem gesunkenen Wechselkurs e_1 ein. Die damit verbundene Abwertung der heimischen Währung kann wiederum über zwei Kanäle auf den Devisenmarkt wirken.

Stehen die internationalen Finanzmärkte als Anpassungskanal zur Verfügung, so wird die Abwertung c. p. zu einem erhöhten Kapitalimport und einem verminderten Kapitalexport führen. Damit steigt die Nachfrage nach EUR ($x_1 \rightarrow x_3$), das Angebot sinkt ($x_2 \rightarrow x_3$). Während es bei festen Wechselkursen zu Verschiebungen der Kurven kam, erfolgt die Anpassung hier entlang (auf) der jeweiligen Kurve. Ist eine Anpassung über die in der Regel sehr schnell wirkenden Finanzmärkte ausgeschlossen, so kommt es gleichwohl zu Anpassungsprozessen, die nun allerdings über die Leistungsbilanz ablaufen. Eine Abwertung der heimischen Währung erhöht die Wettbewerbsfähigkeit des Inlands und lässt die Exporte steigen und die Importe sinken. Bei hier angenommener normaler Reaktion nimmt die Nachfrage nach EUR zu ($x_1 \rightarrow x_3$) und das Angebot sinkt ($x_2 \rightarrow x_3$), so dass es zum Zahlungsbilanzausgleich kommt. Ein unveränderter Bestand an Währungsreserven (eine ausgeglichene Devisenbilanz) kann dabei mit allen denkbaren Ungleichgewichten in der Leistungs- und der (sonstigen) Kapitalbilanz einhergehen. Der oftmals erhoffte automatische Ausgleich der Leistungsbilanz bei flexiblen Wechselkursen kommt hingegen nur dann zustande, wenn aufgrund geringer internationaler Kapitalmobilität die Kapitalbilanz keine Bedeutung besitzt und die Leistungsbilanz zum Spiegelbild der Reservenbewegungen wird.

Kann der aktuelle Wechselkurs um den offiziell fixierten Mittelkurs (Parität) in gewissen Grenzen (Bandbreiten) frei schwanken, dann stellen die Anpassungsprozesse eine Kombination aus den zuvor erläuterten Wirkungen dar. Innerhalb des Bandes finden die Überlegungen zu flexiblen Wechselkursen Anwendung. Bei Erreichen der oberen oder der unteren Bandgrenze hingegen gelten die Aussagen zu festen Wechselkursen.

3. Entwicklung ausgewählter Teilbilanzen

Die Salden der einzelnen Teilbilanzen der Zahlungsbilanz sind das Ergebnis von Mengen- und Preisänderungen auf den Devisen-, Güter-, Geld- und Kapitalmärkten. Diese sind sowohl von den Entscheidungen der privaten Wirtschaftseinheiten als auch der wirtschaftspolitischen Entscheidungsträger abhängig. Dabei geht es sowohl um die Analyse der Determinanten von Teilbilanzsalden als auch um die Wirkung wirtschaftspolitischer Maßnahmen auf diese Salden. Jeder dieser Ansätze repräsentiert partialanalytische Einflüsse auf bestimmte Teilbilanzen, die in der Realität durchaus auch simultan auftreten können und sich nicht gegenseitig ausschließen.

3.1. Leistungsbilanz

Den Ausgangspunkt der folgenden Überlegungen bildet eine allgemeine Definition des Handelsbilanzsaldos (HB). Exporte (Ex) und Importe (Im) sind dabei abhängig vom Inlandseinkommen (Y), dem Auslandseinkommen (Y^a), dem Inlandspreisniveau (P), dem Auslandspreisniveau (P^a) und dem Wechselkurs (e):

(2) $$HB = Ex\,(Y^a; P; P^a; e) - Im\,(Y; P; P^a; e).$$

In der Literatur werden in diesem Zusammenhang zwei typische Fälle diskutiert: Zum einen geht man von gegebenen Einkommen im Inland und im Ausland aus, so dass sich die Einflussfaktoren auf die Preise und den Wechselkurs reduzieren. Zum anderen unterstellt man fixierte Wechselkurse sowie gegebene Preise im Inland und im Ausland, so dass als Einflussfaktoren die Einkommen verbleiben.

3.1.1. Relative Preise

Der Einfluss der relativen Preise auf die Handelsbilanz soll im folgenden mit Hilfe einer Wechselkursanpassung als Datenänderung untersucht werden. Im Mittelpunkt steht dabei die Frage, ob die Handelsbilanz als Folge einer Wechselkursanpassung normal oder anomal reagiert. Eine normale Reaktion liegt dann vor, wenn die Handelsbilanz sich als Folge einer Abwertung verbessert oder als Folge einer Aufwertung verschlechtert. Im umgekehrten Fall spricht man von einer anomalen Reaktion. Wie bereits zu Anfang erläutert wurde, schlägt sich der Importwert im Angebot an EUR nieder, während sich der Exportwert in der Nachfrage nach EUR widerspiegelt. Wichtig sind also für die Wirkung am Devisenmarkt nicht die Mengengrößen, sondern die Wertgrößen. Für den Handelsbilanzsaldo ergibt sich daraus folgende Beziehung, hier ausgedrückt in heimischer Währung:

$$HB = \overbrace{(x^{Ex} \cdot p^{Ex})}^{Ex} - \overbrace{(x^{Im} \cdot p^{Im\,a}/e)}^{Im} . \qquad (3)$$

Geht man von einer ausgeglichenen Handelsbilanz aus (Ex = Im), dann erläutert *Abb. E-3* die Reaktion der Handelsbilanz auf eine Abwertung der Inlandswährung. Die hier vorgenommene Betrachtung der Handelsbilanzentwicklung, ausgedrückt in heimischer Währung, ist insbesondere dann sinnvoll, wenn es um den Einfluss der Devisenströme auf die heimische Geldmenge oder die Entwicklung der Auslandsnachfrage geht. In ausländischer Währung ausgedrückt würde man die Handelsbilanz

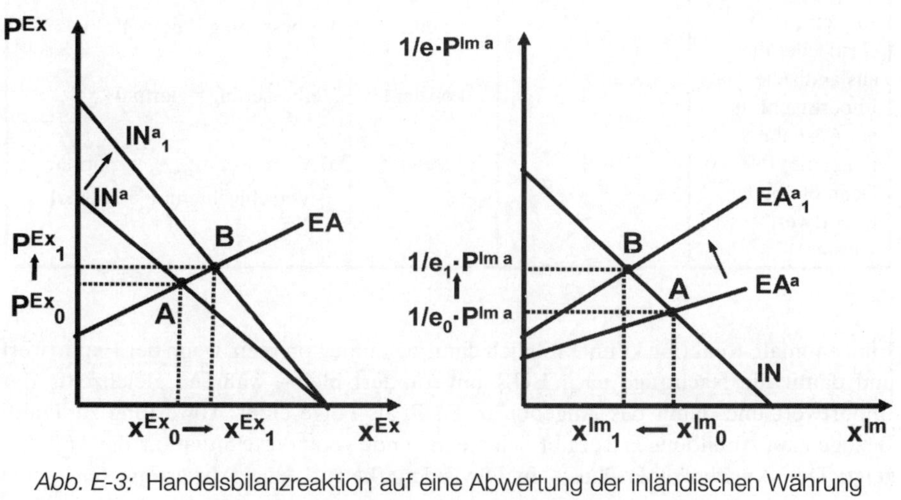

Abb. E-3: Handelsbilanzreaktion auf eine Abwertung der inländischen Währung

hingegen dann betrachten, wenn der zukünftige Devisenbedarf abgeschätzt werden soll. Auf dem Markt für ein repräsentatives Exportgut (Güterbündel) des Inlands (Exportmarkt) stehen sich dabei die Exportangebotskurve des Inlands (EA) und die Importnachfragekurve des Auslands (IN^a) gegenüber. Auf dem Markt für ein repräsentatives Importgut des Inlands (Importmarkt) treffen sich hingegen das Exportangebot des Auslands (EA^a) und die Importnachfrage des Inlands (IN).

Ausgehend vom Gleichgewicht im Punkt A des Exportmarktes führt eine Abwertung der heimischen Währung zu einer Rechtsdrehung der Importnachfragekurve. Ursache hierfür sind die in Auslandswährung gesunkenen Preise der Exporte, die die Nachfrage ansteigen lassen. Dies führt sowohl zu einem Anstieg der exportierten Menge ($x^{Ex}{}_0 \rightarrow x^{Ex}{}_1$) als auch zu erhöhten Preisen ($P^{Ex}{}_0 \rightarrow P^{Ex}{}_1$). Damit nimmt der Exportwert des Inlands zweifelsfrei zu. Eine Ausnahme ist nur dann gegeben, wenn die Elastizität der IN^a-Kurve den Wert Null aufweist, sie also vertikal verläuft. In diesem Fall bliebe der Exportwert konstant.

Auf dem Importmarkt führt die Abwertung zu einer Drehung des EA^a nach links, da die ausländischen Anbieter in ihrer Währung einen geringeren Gegenwert für ihre Exporte erhalten. Diese Entwicklung führt zu einem steigenden Preis der Importe [$(1/e_0 \cdot P^{Im\ a}) \rightarrow (1/e_1 \cdot P^{Im\ a})$] bei gleichzeitig sinkender Importmenge ($x^{Im}{}_0 \rightarrow x^{Im}{}_1$). In diesem Fall hängt die Entwicklung des Importwertes ab von der Preiselastizität der inländischen Importnachfragekurve (IN). Welche möglichen Reaktionen sich daraus für den Importwert und die gesamte Handelsbilanz ergeben können, fasst *Übersicht E-2* zusammen.

Übersicht E-2: Reaktion der Handelsbilanz in Inlandswährung

Exportwert in €	Elastizität der inländischen Importnachfrage (absolut gemessen)	Importwert in €	Reaktion der Handelsbilanz
Steigt immer (um so mehr, je elastischer die ausländische Importnachfrage ist. Ausnahme: Elastizität $IN^a = 0$ Dann bleibt der Exportwert konstant)	> 1	sinkt	Verbesserung = normal
	= 1	konstant	Verbesserung = normal
	< 1	steigt	a) Verbesserung = normal b) Verschlechterung = anomal

Eine anomale Reaktion könnte folglich dann zustande kommen, wenn der Exportwert und damit die Nachfrage nach EUR unverändert bleibt, während gleichzeitig der Importwert und damit das Angebot an EUR als Folge einer Abwertung zunimmt. Bezogen auf Abbildung E-2 ergibt sich die folgende veränderte Situation, die *Abb. E-4* zeigt. Der Angebotsüberschuss am Devisenmarkt ruft eine Abwertung ($e_0 \rightarrow e_1$)

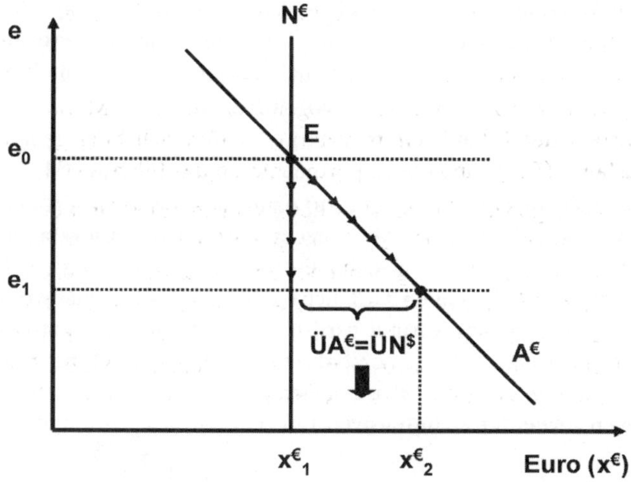

Abb. E-4: Instabiler Devisenmarkt

hervor, die nun allerdings aufgrund des anomalen Verlaufs der A€-Kurve nicht automatisch zum Gleichgewicht (E) hinführt, sondern vielmehr von diesem weg. Darin kommt zum Ausdruck, dass statt eines automatischen Ausgleichs das Defizit in der Handelsbilanz sogar noch zunimmt.

Geht man von einer ausgeglichenen Handelsbilanz im Ausgangszustand aus, so ist mit einer normalen Reaktion der Handelsbilanz als Folge einer Wechselkursanpassung gemäß der ROBINSON-Kondition immer dann zu rechnen, wenn – in Abhängigkeit von den Angebots- (ε_{Im}; ε_{Ex}) und Nachfrageelastizitäten (η_{Im}; η_{Ex}) auf dem Import- und dem Exportmarkt (s. Beitrag K-2.3.2) – die folgende Bedingung erfüllt ist:

(4) $$|\eta_{Ex} + \eta_{Im}| > 1 - \frac{\eta_{Im} \cdot \eta_{Ex}}{\varepsilon_{Im} \cdot \varepsilon_{Ex}} \cdot (\varepsilon_{Im} + \varepsilon_{Ex} + 1) \rightarrow dHB/de < 0.$$

Geht man von einer Unterbeschäftigungssituation in beiden Ländern aus, so verlaufen die Exportangebotskurven horizontal, was Angebotselastizitäten im In- und Ausland von unendlich entspricht. Unter dieser Annahme kommt es immer dann zu einer normalen Reaktion der Handelsbilanz, wenn die Summe der absoluten Nachfrageelastizitäten auf dem Export- und dem Importmarkt den Wert 1 übersteigt. Diese in Ausdruck (5) wiedergegebene Bedingung bezeichnet man als MARSHALL-LERNER-Kondition:

(5) $$|\eta_{Ex} + \eta_{Im}| > 1 \rightarrow dHB / de < 0$$

Da die MARSHALL-LERNER-Kondition eine hinreichende Bedingung für die Erfüllung der ROBINSON-Kondition darstellt, beschränkt man sich insbesondere im Rahmen empirischer Untersuchungen häufig auf den Test dieser reduzierten Bedingung.

Wegen der bedeutenden Rolle des Elastizitätsansatzes in der wirtschaftspolitischen Diskussion – insbesondere hinsichtlich der Korrektur von Leistungsbilanzsalden durch Wechselkursänderungen – muss aber auch auf den einschränkenden Rahmen dieses Ansatzes hingewiesen werden. Er besteht vor allem darin, dass nur die Primärwirkungen von Wechselkursänderungen auf die Handelsbilanz berücksichtigt werden. Sekundäreffekte auf das inländische Preisniveau – etwa in Form von Preissteigerungen importierter Vorprodukte – oder auf das reale Volkseinkommen durch abwertungsinduzierte Nachfrageeffekte werden hingegen nicht berücksichtigt.

Häufig wird angenommen, dass die MARSHALL-LERNER-Kondition kurzfristig nicht erfüllt ist und somit eine Wechselkursanpassung (insbesondere eine Abwertung) kontraproduktiv wirkt. Trifft diese Annahme zu, dann führt eine Abwertung der heimischen Währung kurzfristig zu einer Verschlechterung der Leistungsbilanz (anomale Reaktion) und erst längerfristig stellt sich die erhoffte Verbesserung ein. Da der Anpassungspfad dann dem Buchstaben J ähnlich sieht, spricht man auch vom J-Kurven-Effekt. Ein solcher Anpassungsverlauf wird in erster Linie auf kurzfristig fehlende Mengenreaktionen zurückgeführt, da eine rasche Substitution aufgrund der relativen Preisänderungen häufig aufgrund vertraglicher Bindungen, persönlicher oder sachlicher Präferenzen sowie der zeitintensiven Informationsbeschaffung über Alternativen unmöglich ist.

Die Wirkung kurzfristig fehlender Mengenanpassungen veranschaulicht *Abb. E-5.* Dort wird zwischen den kurzfristigen (K) und den längerfristigen (L) Importnachfragekurven unterschieden. Geht man auch hier von der vereinfachenden Annahme horizontal verlaufender Exportangebotskurven aus, bleibt als Folge einer Abwertung kurzfristig der Exportwert konstant, während der Importwert aufgrund der gestiegenen Preise in Inlandswährung steigt. Die Bedeutung dieses Umbewertungseffektes nimmt noch zu, wenn – was den Praxisfall darstellen dürfte – die Abwertung aus der Situation eines Handelsbilanzdefizits heraus geschieht.

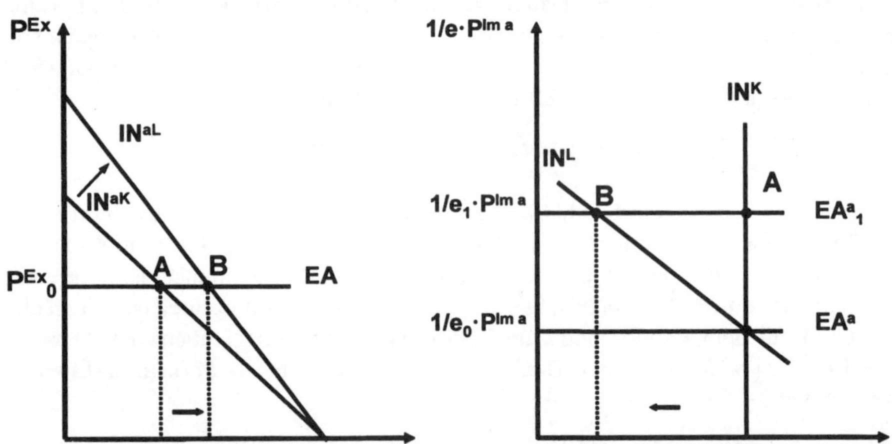

Abb. E-5: Kurzfristig anomale Handelsbilanzreaktion

Daneben kann aber auch die Fakturierung im Rahmen der Außenhandelsgeschäfte das Auftreten eines J-Kurven-Effektes beeinflussen. Diese Überlegungen veranschaulicht Beziehung (6):

(6) $$LB = x^{Ex} \cdot \underbrace{[P^{Ex} \cdot \alpha + P \cdot {}^{Exa}/_{e} \cdot (1-\alpha)]}_{PI^{Ex}} - x^{Im} \cdot \underbrace{[P^{Im} \cdot \beta + P^{Ima}/_{e} \cdot (1-\beta)]}_{PI^{Im}}.$$

α = Anteil der Exporte, der in heimischer Währung fakturiert wird

β = Anteil der Importe, der in heimischer Währung fakturiert wird

Steigt der Anteil der Exporte und sinkt der Anteil der Importe, die in heimischer Währung fakturiert werden, steigt zugleich auch die Wahrscheinlichkeit eines J-Kurven-Effekts. Denn im Extremfall ($\alpha = 1$; $\beta = 0$) bleibt der Preisindex der Exporte (PI^{Ex}) konstant, während der Preisindex der Importe (PI^{Im}) um den maximalen Wert steigt. Die Möglichkeit von J-Kurven-Effekten lässt sich jedoch nicht als grundsätzliches Argument gegen eine Wechselkursanpassung ins Feld führen. Sie verdeutlicht vielmehr, dass eine Wechselkursanpassung (Abwertung) rechtzeitig erfolgen sollte, solange noch in ausreichendem Maße Devisenreserven zur Verfügung stehen.

3.1.2. Einkommen

Die Wirkung exogener Nachfragekomponenten auf das Einkommen sowie die Rückwirkungen der Einkommensänderung auf den Außenhandel bei gegebenen Preisen und Wechselkursen lassen sich mit Hilfe der keynesianischen Multiplikatoranalyse untersuchen. Den Ausgangspunkt bildet die Gleichgewichtsbedingung des inländischen Gütermarktes:

(7) $$Y = C(Y) + I + G + Ex(Y^a) - Im(Y),$$

bei der der Konsum (C) und die Importe (Im) vom Einkommen des Inlands (Y) abhängen, während die Exporte (Ex) vom Auslandseinkommen (Y^a) beeinflusst werden. Die Investitionen (I) und die Staatsausgaben (G) werden als exogene Variablen angesehen (s. Beitrag C-3.).

Betrachtet man zunächst den Fall einer kleinen offenen Volkswirtschaft, so sind im Gegensatz zu einer geschlossenen Volkswirtschaft (Multiplikator = 1/s) die einkommensinduzierten Wirkungen auf den Außenhandel zu berücksichtigen. Dabei kommt es zu einer gleichgerichteten Reaktion der Importe, deren Ausmaß von der marginalen Importneigung (m) abhängt. Der darin in einer 2-Länder-Analyse zum Ausdruck kommende Exportanstieg des Auslands ist aber im Fall eines kleinen Landes so geringfügig, dass das ausländische Einkommen (Y^a) in keiner Weise reagiert – der inländische Export stellt daher zunächst ebenfalls eine exogene Variable dar. Steigt nun zum Beispiel das inländische Einkommen aufgrund einer autonomen Nachfrageausweitung bei unverändertem Auslandseinkommen (Y^a) an, so führt dies zu einem induzierten Anstieg der Importe. Bei gegebenen Exporten (aufgrund des gegebenen Auslandseinkommens) führt dies zu einer Verschlechterung der Handelsbilanz. Kommt es hingegen zu einem autonomen Einkommensanstieg im Ausland, durch den die heimischen Exporte steigen, dann löst diese Nachfragesteigerung zwar – über die Einkommensausweitung im Inland – ebenfalls einen Importanstieg im Inland aus, der den gestiegenen Export aber nur zum Teil kompensiert. In diesem Fall kommt es also zu einer

Verbesserung der Handelsbilanz, die allerdings kleiner ausfällt als die anfängliche Exportsteigerung.

Bei der Wirkung auf das heimische Einkommen ist es hingegen unerheblich, ob der Nachfrageanstieg seinen Ursprung im Inland oder im Ausland hat. Das Einkommen steigt in beiden Fällen um den gleichen multiplikativen Betrag. Der Multiplikator fällt jedoch kleiner aus als in einer geschlossenen Volkswirtschaft, da ein Teil der zusätzlichen Nachfrage in Form von Importen im Ausland „versickert". Die Multiplikatoren für eine kleine offene Volkswirtschaft fasst *Übersicht E-3* zusammen.

Übersicht E-3: Multiplikatoren für eine kleine offene Volkswirtschaft

Datenänderung / Wirkung	ΔI	$\Delta Ex = \Delta Im^a$
ΔY	$\frac{1}{s+m}$	$\frac{1}{s+m}$
ΔHB	$-\frac{1}{1+\frac{s}{m}}$	$\frac{1}{1+\frac{m}{s}}$

Gibt man die Annahme eines kleinen (In-)Landes auf, dann ergeben sich folgende Erweiterungen der bisherigen Analyse: Der einkommensbedingte Anstieg des inländischen Imports entspricht einer erhöhten Nachfrage (Ex^a) im Ausland, die nun nach Maßgabe der marginalen Sparneigung (s^a) und der marginalen Importneigung (m^a) das Einkommen auch dort ansteigen lässt. Dies zieht wiederum steigende Importe des Auslands nach sich, die eine zusätzliche Ausweitung der Nachfrage im Inland bedeuten. Dieser Prozess der gegenseitigen Beeinflussung setzt sich so lange fort, bis die ständig kleiner werdenden Effekte versiegen. Diese Entwicklung verdeutlicht *Abb. E-6*.

Ausgehend von einem Gleichgewicht in Punkt G kommt es im Gefolge expansiver Impulse im Inland zu einer Linksverschiebung der Kurve Y nach Y_1. (Zur Ableitung von Y und Y^a siehe etwa WILLMS, 1995). Die Situation im Punkt G_1 entspricht zunächst wiederum der Situation einer kleinen offenen Volkswirtschaft, denn bei unverändertem Auslandseinkommen (Y^a_0) steigt das Inlandseinkommen von Y_0 auf Y_1. Gesteht man jedoch dem Inland einen signifikanten Einfluss auf das Ausland zu, so steigt dort im Gefolge der expansiven Inlandspolitik ebenfalls das Einkommen, und zwar von Y^a_0 auf Y^a_1. Hiermit sind zugleich aber auch Rückkopplungseffekte auf das Inland verbunden, die das Einkommen hier nochmals von Y_1 auf Y_2 steigen lassen. Nach Abschluss aller Anpassungsprozesse kommt es zu einem neuen Gleichgewicht im Punkt G_2. Ergänzt man die Gleichgewichtsbedingung (7) um eine entsprechende Bedingung

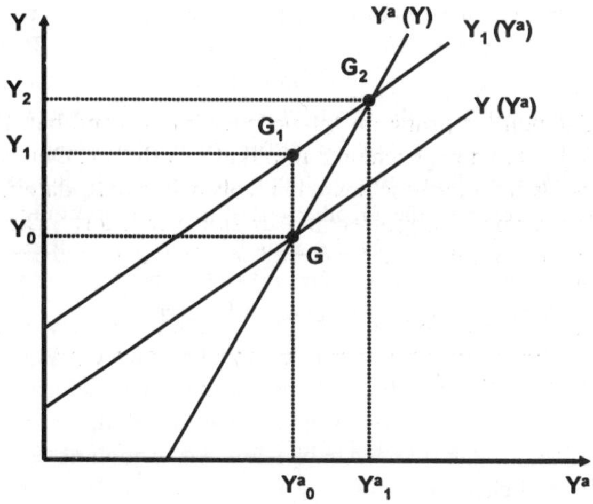

Abb. E-6: Einkommensentwicklung im Zwei-Länder-Fall

für das Ausland, so lassen sich auch für diesen Fall entsprechende Multiplikatoren ableiten, die *Übersicht E-4* auszugsweise zusammenstellt.

Die Rückkopplungseffekte im Fall eines großen Inlands führen – wie ein Vergleich der Multiplikatoren zeigt – dazu, dass

Übersicht E-4: Multiplikatoren für den Zwei-Länder-Fall

Datenänderung / Wirkung	ΔI
ΔY	$\dfrac{1}{(s+m)-\dfrac{m\cdot m^a}{s^a+m^a}}$
ΔY^a	$\dfrac{m}{s\cdot s^a+ms^a+m^a s}$
ΔHB	$-\dfrac{1}{1+\dfrac{s}{m}+\dfrac{m^a s}{ms^a}}$

- das inländische Einkommen um einen größeren Betrag steigt, da zusätzliche Nachfrage aus dem Ausland ($Im^a = Ex$) induziert wird,
- die Leistungsbilanz sich in geringerem Maße verschlechtert, da es zu induzierten Exporten kommt, die den erhöhten Importen gegenüberstehen,
- ein zusätzlicher gleichgerichteter Effekt auf das ausländische Einkommen ausgeübt wird, obwohl dort keine wirtschaftspolitischen Maßnahmen ergriffen wurden.

Diesen letzten Effekt versucht man im Rahmen des sogenannten Lokomotiv- oder Konvoi-Theorems auszunutzen. Durch die expansive (Nachfrage-)Politik eines Landes oder einer Ländergruppe soll die konjunkturelle Situation nicht nur dort, sondern auch bei den Handelspartnern über die oben beschriebenen Effekte verbessert werden. Dabei gilt es jedoch zu bedenken, dass die Interessen nur dann kompatibel sein werden, wenn in beiden Ländern die hier angenommene Unterbeschäftigungssituation vorliegt. Ferner dürfen auf keinen Fall die Größenverhältnisse der beteiligten Länder außer Acht gelassen werden. Eine solche Strategie fällt zudem denjenigen Ländern leichter, die einen Überschuss in der Leistungsbilanz aufweisen, da sich deren Saldo – wie zuvor gezeigt – als Folge der expansiven Inlands-Politik verringert.

Auf der anderen Seite verdeutlicht dieser Ansatz aber auch die Vorteile einer exportorientierten Wachstumsstrategie. Eine Verbesserung der Handelsbilanz und ein Einkommensanstieg können simultan realisiert werden. Bei all diesen Schlussfolgerungen sei jedoch daran erinnert, dass die Analyse auf der Annahme fester Wechselkurse basiert und zudem jegliche internationalen Kapitalbewegungen vernachlässigt.

3.2. Kapitalbilanz

3.2.1. Integration der Finanzmärkte

Seit dem Beginn der 80er Jahre haben sich die wirtschaftlichen Verflechtungen zwischen den Industrieländern erheblich gewandelt. War der internationale Austausch lange Zeit auf den Warenhandel beschränkt, sind seither Finanzdienstleistungen vermehrt zu handelsfähigen Gütern geworden. Das Ausmaß internationaler Kapitalbewegungen hat dabei in den 90er Jahren einen Höchststand erreicht. Ursachen waren einerseits Produkt- und Prozessinnovationen auf den weltweiten Vermögensmärkten. Durch die große Zahl an Finanzinnovationen (Derivate) wurden die Anlagealternativen beträchtlich erhöht. Gleichzeitig sanken durch verstärkten EDV-Einsatz die Transaktionskosten. Von Seiten des Staates wurden diese Entwicklungen durch weitreichende Deregulierungsmaßnahmen – wie etwa Abschaffung von Kapitalverkehrskontrollen – flankiert.

Die Folge dieser Entwicklung schlägt sich in einem immer intensiveren Austausch zwischen den nationalen Finanzmärkten nieder. Wechselkursschwankungen oder Zahlungsbilanzsalden lassen sich immer weniger allein durch internationale Güterströme erklären. Sie werden verstärkt durch internationale Rendite- und Risikoaspekte sowie dadurch ausgelöste grenzüberschreitende Kapitalanlageentscheidungen beeinflusst, die sich letztlich in der Kapitalbilanz niederschlagen. Diese Zusammenhänge veranschaulicht – in Anlehnung an THIEME/VOLLMER (1990) – *Übersicht E-5*. In ihr werden die Finanz- bzw. Vermögensmärkte des Inlands (Euro-Währungsgebiet) und Auslands (USA) gegenübergestellt. Der Transfer von Finanztiteln von einem Land in ein anderes erfolgt über den (internationalen) Devisenmarkt, auf dem die nationalen Währungen zum Wechselkurs gehandelt werden. Falls Kapital international mobil ist und in- und ausländische Finanztitel substituierbar sind, wird es zu Arbitrageprozessen zwischen den verschiedenen nationalen Finanzmärkten kommen. Eine erhöhte Integration führt dabei auf der einen Seite dazu, dass die Substitutionsbeziehungen immer enger werden

Übersicht E-5: Nationale und internationale Finanzmärkte

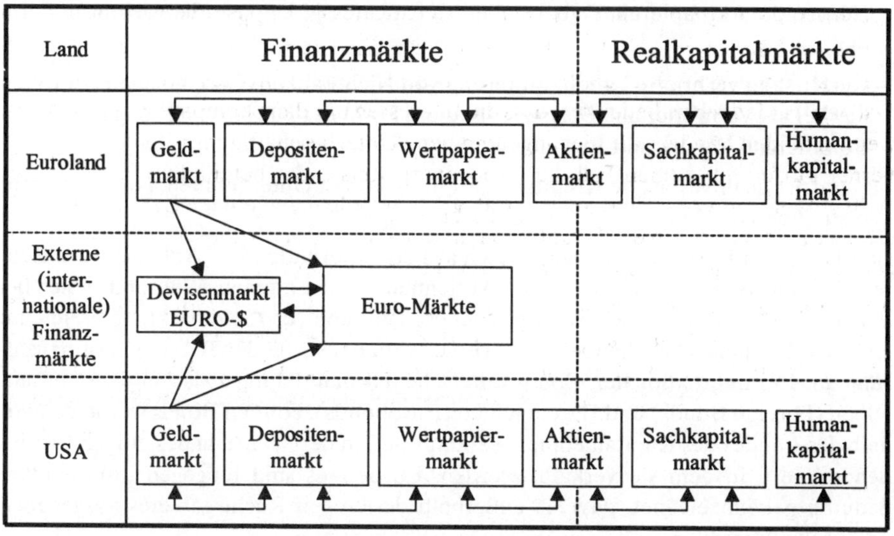

und daher immer geringere Zinsdifferenzen ausreichen, um internationale Kapitalbewegungen auszulösen. Auf der anderen Seite erhöhen sich die Geschwindigkeit und das Ausmaß dieser internationalen Arbitrageprozesse.

Nationale Finanzmärkte sind dadurch gekennzeichnet, dass alle Vertragspartner ihren (Wohn-)Sitz im jeweiligen Land haben und die Verträge in der Landeswährung abgeschlossen werden. Liegt eine dieser Bedingungen nicht vor, so spricht man von internationalen Finanzmärkten. Zum einen bieten internationale Finanzmärkte die Möglichkeit, Auflagen und Beschränkungen (z. B. Mindestreserve) sowie die Besteuerung durch einzelne Staaten zu umgehen. Zum anderen können Wechselkursschwankungen aber auch eine zusätzliche Quelle von Risiken darstellen. Die Geschäfte auf internationalen Finanzmärkten umfassen somit zum Beispiel Kredite, die von einer inländischen Bank in der Landeswährung an einen ausländischen Kreditnehmer gewährt werden. Weit größere Bedeutung hat in den vergangen Jahren jedoch die Kreditvergabe in Auslandswährung gewonnen. Diese Märkte werden auch als Euromärkte bezeichnet.

Traditionell werden die Finanzmärkte nach der Fristigkeit in den Geldmarkt (Laufzeit der Verträge bis zu einem Jahr) und den Kapitalmarkt (Laufzeit der Verträge übersteigt ein Jahr) unterteilt. Da die Grenzen zwischen dem Geld- und dem Kapitalmarkt jedoch zunehmend verwischen, erscheint eine solche Einteilung immer schwieriger. Aus diesem Grund ist man in der Zahlungsbilanzstatistik dazu übergegangen, die Klassifizierung von Finanztransaktionen nicht mehr nach der Fristigkeit vorzunehmen, sondern primär auf die Form der Finanztransaktion abzustellen.

Nach Art der Objekte lassen sich am Eurogeldmarkt folgende Formen der Kreditgewährung unterscheiden:

- Kurzfristige unverbriefte Kreditgewährung zwischen Banken (Interbankengeschäft).

- Kurzfristige verbriefte Kreditgewährung von Banken an Nichtbanken in Form von Eurogeldmarktpapieren. Dabei stellen Certificates of Deposit die wichtigste Form dar.
- Kurzfristige verbriefte Kreditgewährung von Nichtbanken. Geschäftsbanken treten hierbei als Vermittler auf. Beispiele für diese Form der Kreditgewährung sind Euro-Commercial-Papers und Euronotes.
- Kurzfristige unverbriefte Kreditgewährung zwischen Unternehmen. Hierbei spricht man auch von Konzern- bzw. Industrieclearing.

Internationale Kapitalmärkte setzen sich aus den internationalen Anleihe- oder Rentenmärkten (Bondmärkte) sowie den Aktienmärkten zusammen. Während es sich bei der Ausgabe einer Anleihe – wie auch bei der Ausgabe von Geldmarktpapieren – um eine Kreditfinanzierung handelt, gehört die Aktienausgabe der Beteiligungsfinanzierung an. Bei internationalen Bonds unterscheidet man häufig zwischen Auslandsanleihen (Foreign Bonds) und Euroanleihen (Eurobonds). Foreign Bonds werden außerhalb des Landes des Kapitalnehmers verkauft und in der Währung desjenigen Landes denominiert, in dem sie verkauft werden. Eurobonds sind hingegen insbesondere dadurch gekennzeichnet, dass sie außerhalb desjenigen Rechtsgebietes ausgegeben und verkauft werden, in dessen Währung sie denonimiert sind.

3.2.2. Wertpapiertransaktionen und Finanzkredite

Gedeckte Zinsparität

Bei kurzfristigen Anlagen und Krediten an den internationalen Geldmärkten besteht die Möglichkeit, das damit verbundene Währungsrisiko über ein Devisentermingeschäft auszuschließen. Hierzu muss ein Anleger Devisen, die er zum Kassakurs (e) erwirbt, gleichzeitig per Termin zum geltenden Terminkurs (e^T) wieder verkaufen. Geht man zur Vereinfachung von einem Anlagehorizont von einem Jahr aus, erhält der Anleger für einen Betrag X im Inland $(1 + i) \cdot X$ und im Ausland $(1 + i^a) \cdot X \cdot \frac{e}{e^T}$. Daraus ergibt sich bei Abwesenheit von Transaktionskosten im Gleichgewicht:

$$\text{(8)} \qquad \frac{e}{e^T} = \frac{1+i}{1+i^a}.$$

Bildet man den reziproken Wert von (8) und subtrahiert auf beiden Seiten den Wert 1, so erhält man:

$$\text{(8a)} \qquad \frac{e^T}{e} - \frac{e}{e} = \frac{1+i^a}{1+i} - \frac{1+i}{1+i} \rightarrow \frac{e^T-e}{e} = \frac{i^a-i}{1+i} \rightarrow \frac{e-e^T}{e} = \frac{i-i^a}{1+i}.$$

Im Gleichgewicht sind die Anleger indifferent hinsichtlich einer Inlands- oder Auslandsanlage. Geht man von niedrigen Werten für den Inlandszins (i) aus, so lässt sich (8a) wie folgt vereinfachen:

$$\text{(9)} \qquad \frac{e-e^T}{e} = i - i^a.$$

Der Ausdruck auf der linken Seite, der die Kosten der Kurssicherung widerspiegelt, wird auch als Swapsatz (sw) bezeichnet. Zu einem vermehrten Kapitalexport und einem verminderten Kapitalimport wird es dann kommen, wenn der Ertragssatz der

Auslandsanlage unter Berücksichtigung der Kurssicherungskosten größer ist als der Inlandsertrag:

(10) $i < i^a + sw.$

Gilt die umgekehrte Beziehung, löst dies Nettokapitalimporte aus. Die mit den internationalen Kapitalbewegungen verbundenen Anpassungsprozesse führen automatisch wieder zum Zinsarbitragegleichgewicht zurück.

Ungedeckte Zinsparität

Bei Schuldverschreibungen, die entweder aufgrund ihrer Anlagedauer nicht über den Terminmarkt abgesichert werden können oder aufgrund von erwarteten Ertragsdifferenzen nicht abgesichert werden sollen (Spekulation), müssen Erwartungen hinsichtlich des zukünftigen Wechselkurses gebildet werden (e*). Dies führt – analog zur gedeckten Zinsparität – bei Abwesenheit von Kapitalverkehrsbeschränkungen sowie vollkommener Substituierbarkeit von in- und ausländischen Finanzaktiva (Risikoneutralität der Anleger) zu folgenden Gleichgewichtsbedingungen:

(11) $\frac{e}{e^*} = \frac{1+i}{1+i^a}$ bzw.

(11a) $\frac{e-e^*}{e} = \frac{i-i^a}{1+i},$

die sich unter der Annahme niedriger Inlandszinssätze wiederum vereinfachen lassen zu

(12) $\frac{e-e^*}{e} = i - i^a.$

Diese Gleichgewichtsbedingung wird als ungedeckte Zinsparität bezeichnet.

Bei einem Zinssatz von 10 v. H. im Inland und 5 v. H. im Ausland ist die Zinsparität dann erfüllt, wenn eine 5 prozentige Abwertungserwartung (positives Vorzeichen der erwarteten Wechselkursänderungsrate) gegenüber der heimischen Währung besteht. Bei Inlandsanlage erhält man folglich einen Zins von 10 v. H., bei Auslandsanlage einen Zins von 5 v. H. sowie einen erwarteten Aufwertungsgewinn von 5 v. H. auf die Fremdwährung, was einem (erwarteten) Gesamtertrag im Ausland von ebenfalls 10 v. H. entspricht. In diesem Fall sind die Wirtschaftssubjekte indifferent hinsichtlich einer In- oder Auslandsanlage, so dass es zu keinen internationalen Kapitaltransaktionen kommen wird. Kapitalexporte und Kapitalimporte werden immer dann ausgelöst, wenn die Zinsparität durch (wirtschaftspolitische) Datenänderungen ins Ungleichgewicht gerät.

Übersteigt die Ertragsrate im Inland den erwarteten Ertrag im Ausland, der sich aus Zinsertrag und erwarteter Wechselkursänderungsrate zusammensetzt

(13) $i > i^a + \frac{e-e^*}{e},$

werden sich die Wirtschaftssubjekte für die Anlage im Inland entscheiden. Im umgekehrten Fall kommt es aus der Sicht des Inlands zu steigenden Kapitalexporten und sinkenden Kapitalimporten. Ungleichgewichte führen stets über die internationalen

Kapitalbewegungen zu automatischen Anpassungsprozessen und damit zurück zum Gleichgewicht. Die Anpassungskanäle hängen dabei insbesondere ab vom Wechselkurssystem. In einem System flexibler Wechselkurse steht der aktuelle Wechselkurs im Vordergrund, während bei festen Wechselkursen in erster Linie die Zinssätze reagieren. Eine Zunahme der Kapitalimporte und eine Abnahme der Kapitalexporte kommt c. p. dann zustande, wenn

- der Inlandszins steigt,
- der Auslandszins sinkt oder
- eine Aufwertung der heimischen Währung erwartet wird.

Aktienanlagen

Der Ertrag einer Aktienanlage (r_A) setzt sich zusammen aus der Dividende und dem Kursgewinn. Investiert man einen Betrag X im Inland, so ergibt sich daraus innerhalb eines Jahres ein erwarteter Ertrag von $(1+r_A{}^*)\cdot X$. Eine entsprechende Anlage im Ausland erbringt hingegen einen erwarteten Ertrag in Höhe von $(1 + r_A^{a^*})X \cdot \frac{e}{e^*}$. Daraus ergibt sich ein Gleichgewicht in der vereinfachten Form analog zur ungedeckten Zinsparität, das nun jedoch ausschließlich auf Erwartungswerten basiert:

$$(14) \qquad r_A{}^* - r_A{}^{a*} = \frac{e-e^*}{e}.$$

Ist der erwartete Aktienertrag im Inland größer als der erwartete Aktienertrag im Ausland

$$(15) \qquad r_A{}^* > r_A{}^{a*} + \frac{e-e^*}{e},$$

dann kommt es zur Inlandsanlage. Im umgekehrten Fall ist eine Auslandsanlage vorzuziehen. Ausdruck (14) macht darüber hinaus deutlich, dass eine Auslandsanlage selbst dann von Vorteil sein kann, wenn zwar die erwarteten Erträge niedriger sind als im Inland, zugleich aber eine entsprechend große Abwertungserwartung bezüglich der heimischen Währung vorherrscht, die die Ertragsdifferenz überkompensiert.

Geht man ferner davon aus, dass die erwarteten Änderungsraten des realen BIPs einen wichtigen Einflussfaktor der erwarteten Aktienrendite bilden, lässt sich daraus ein Argument dafür ableiten, dass schneller wachsende Volkswirtschaften tendenziell eine Aufwertung ihrer Währung erfahren, während die Währungen langsam wachsender Volkswirtschaften eher abgewertet werden. Hierin drücken sich auch die veränderten internationalen Rahmenbedingungen und insbesondere die zunehmende Bedeutung internationaler Kapitaltransaktionen aus, hier in Form von Aktienanlagen. In der traditionellen, die Leistungsbilanz betonenden Analyse wäre man hingegen etwa vor dem Hintergrund der keynesianischen Multiplikatoranalyse zu dem gegenteiligen Ergebnis gekommen. Schneller wachsende Länder hätten dort über schneller zunehmende Importe ein Defizit in der Leistungsbilanz erfahren, das dann zur Abwertung der heimischen Währung geführt hätte.

Neben den (erwarteten) Ertragssätzen ist bei der Aktienanlage aber auch das Risiko zu beachten. Geht man von risikoaversen Anlegern aus, so werden sie niedrigere erwartete Ertragssätze dann akzeptieren, wenn hierdurch das Risiko sinkt und umgekehrt. Die

Portfoliotheorie (s. Beitrag D) geht davon aus, dass ein Investor, indem er sein Portfolio gemäß der erwarteten Ertragssätze und der Korrelation zwischen den Ertragsraten zusammenstellt, entweder das Risiko bei gegebenem erwarteten Ertrag minimieren oder den erwarteten Ertrag bei gegebenem Risiko maximieren kann. Je geringer dabei die Korrelation zwischen den Ertragsraten ausfällt, desto größer sind c. p. die Erträge der Portfoliodiversifikationen. Wegen unterschiedlicher Strukturen und unterschiedlicher Konjunkturzyklen ist damit zu rechnen, dass die Erträge verschiedener Länder weniger stark korrelieren als unterschiedliche Ertragsraten innerhalb eines Landes. Auslandsanlagen bieten unter dieser Voraussetzung Diversifikationsvorteile, die bei ausschließlicher Inlandsanlage nicht genutzt werden können. Eine Auslandsanlage kann somit auch dann vorteilhaft sein, wenn die erwartete Ertragsrate einschließlich der erwarteten Wechselkursänderungsrate niedriger ausfällt als im Inland. Der Vorteil der Risikominderung überkompensiert in diesem Fall den Ertragsnachteil.

3.2.3. Finanzderivate

Finanzderivate haben seit Mitte der 70er Jahre zunehmend an Bedeutung gewonnen. Obgleich sich die Liste „exotischer" Derivate nahezu täglich verlängert, lassen sich die meisten dieser Finanzinstrumente auf drei Grundtypen zurückführen: Swaps, Futures und Optionen. Allen ist gemeinsam, dass sich mit ihrer Hilfe das Risikomanagement verbessern lässt. Sie erlauben es aber auch, neue Risiken einzugehen sowie Bankenregulierungen, Steuern und Kapitalverkehrskontrollen zu umgehen.

Swaps ermöglichen den Austausch von Zahlungsverpflichtungen zwischen den Partnern nach einem vorher festgelegten Ablaufplan. Ihre Funktion besteht zum Beispiel darin, komparative Kostenvorteile, die eine Partei gegenüber der anderen aufgrund ihrer Stellung in einem bestimmten Finanzmarktsegment genießt, auszunutzen. Swaps gibt es in Form von Zins- und Währungsswaps. Insbesondere die Währungsswaps sind in den vergangenen Jahren zunehmend als Sicherungsinstrument eingesetzt worden. De facto gleicht dabei ein Währungsswap einem Termingeschäft, allerdings mit Laufzeiten bis zu zehn Jahren, so dass früher nicht absicherbare Risiken nun ausgeschlossen werden können.

Die Funktionsweise und Kapitalbilanzwirkungen von Swaps sollen beispielhaft an einem Zinsswaps in einheitlicher Währung erläutert werden. Angenommen, ein amerikanisches Unternehmen verfügt über eine sehr gute Bonität (z. B. ein AAA-Rating), während ein italienisches Unternehmen nur mit BBB eingestuft wird, so ergeben sich für beide Unternehmen unterschiedliche Finanzierungskosten. Obgleich das amerikanische Unternehmen aufgrund seines Ratings in allen Kreditmarktsegmenten bessere Konditionen (absolute Vorteile) erhält, sei der komparative Vorteil bei fester Verzinsung größer als bei flexibler Verzinsung. Wird nun unterstellt, dass das amerikanische Unternehmen eine variable Verzinsung vorzieht, während das italienische Unternehmen feste Zinszahlungen wünscht, dann ergeben sich Vorteile für beide Unternehmen aus dem Austausch von Zinsleistungen. Dabei nimmt das amerikanische Unternehmen zunächst wegen seines Finanzierungsvorteils einen festverzinslichen Dollarkredit in London auf. Danach geht es ein Swapgeschäft mit einer Londoner Bank ein, in dessen Rahmen nun eine Festzinszahlung gegen variable Zahlungen getauscht wird. Im Gegenzug schließt die Bank ein Swapgeschäft mit dem italienischen Unternehmen ab, das variabel verzinsliche Dollar-Wertpapiere in London anbietet, aber eine feste Verzinsung wünscht. Durch den komparativen Finanzierungsvorteil des italienischen Unternehmens gewinnen alle Beteiligten an diesem Tausch der Zinszahlungen. Ohne den Swap hätte das amerikanische Unternehmen sich zu einem variablen Zins in den USA und das italienische Unternehmen zu einem festen Zins in Italien verschuldet. Der Swap hat hingegen – selbst bei einheitlicher Währung – zu internationalen Kapitaltransaktionen geführt, die anderenfalls nicht zustande gekommen wären.

Futures sind standardisierte Terminkontrakte, die an Terminbörsen gehandelt werden. Gegenstand von Futures sind auf der einen Seite Waren und auf der anderen Seite insbesondere Währungen sowie festverzinsliche Wertpapiere. Futures bieten nicht nur Absicherungsmöglichkeiten, sondern sie erlauben es auch, absolute und relative Kurs- bzw. Zinserwartungen in profitable Strategien umzusetzen (Spekulation).

Optionen beinhalten das Recht, aber nicht die Verpflichtung zum Kauf oder Verkauf eines Finanzinstruments gemäß vorheriger Vereinbarungen. Bei den Optionen lassen sich Zins-, Währungs- und Aktienoptionen (Indexoptionen) unterscheiden. Der Erwerb von Optionen ist zum Beispiel in Situationen sinnvoll, in denen Ungewissheit über den Abschluss einer internationalen Transaktion besteht.

Futures und Optionen werden an organisierten Terminbörsen gehandelt. Am Handelsvolumen gemessen sind die Terminbörsen in Chicago (z. B. CBOT, CME) sowie in Europa die Londoner LIFFE, die französische MATIF und die Eurex (ehemals Deutsche Terminbörse, DTB) von besonderer Bedeutung. Im Gegensatz dazu dominieren bei den „Over-the-counter"-Transaktionen (OTCs) die Swaps. Sie werden im wesentlichen von spezialisierten Banken bereitgestellt und haben den Vorteil, stärker auf den individuellen Bedarf des Kunden zugeschnitten zu sein. Dem steht jedoch der Nachteil gegenüber, dass wegen der individuellen Ausgestaltung häufig nur eine sehr eingeschränkte Marktfähigkeit für diese Instrumente besteht.

3.2.4. Direktinvestitionen

Als Direktinvestitionen werden jene Investitionen in Sach- und Humankapital bezeichnet, deren Zweck es ist, unmittelbaren Einfluss auf die Geschäftspolitik des ausländischen Unternehmens auszuüben. Dieses Kontrollmotiv unterscheidet somit die Direkt- von den Portfolioinvestitionen. Dabei kann es sich bei ersteren sowohl um Neugründungen von Tochtergesellschaften als auch um Übernahmen von Kapitalbeteiligungen bzw. ganzer Unternehmen im Ausland handeln. Statistisch gesehen werden hierbei – in der Regel – Beteiligungen von 10 v. H. oder mehr des Anteils an einem bestehenden ausländischen Unternehmen als Direktinvestition erfasst.

Die Theorie der Direktinvestitionen im engeren Sinne besteht aus einer Reihe partieller Erklärungsansätze. Im Rahmen der traditionellen Ansätze lassen sich – in Anlehnung an Stehn (1992) – länder- und firmenspezifische Einflussfaktoren unterscheiden, die *Übersicht E-6* veranschaulicht.

Vor diesem Hintergrund entwickelte Dunning (1977) Ende der siebziger Jahre eine eklektische Theorie der Direktinvestitionen, bei der zumindest einige der existierenden

Übersicht E-6: Einflussfaktoren von Direktinvestitionen in traditionellen Theorieansätzen

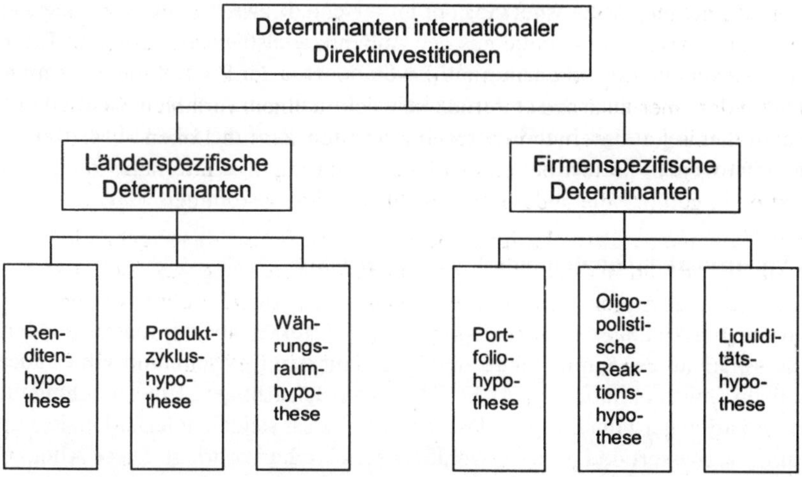

partiellen Ansätze miteinander verknüpft wurden. Dieser Ansatz wird auch als Ownership-Location-Internalization-Framework (OLI-Ansatz) bezeichnet, weil anhand bestimmter Kriterien analysiert wird, ob sich ein Unternehmen für eine Export-, Lizenzvergabe- oder eine Direktinvestitionsstrategie entscheiden sollte. Danach kommt es immer dann zur Gründung ausländischer Tochterunternehmen, also zu Direktinvestitionen, wenn folgende Bedingungen erfüllt sind:

- Der Investor verfügt über firmenspezifische Wettbewerbsvorteile auf den Auslandsmärkten. Dies können Produkte oder Produktionsverfahren sein, zu denen andere Unternehmen keinen Zugang haben, weil sie z. B. durch Patente geschützt sind. Entscheidend ist, dass sich dieser Wettbewerbsvorteil in eine gewisse Marktmacht oder in Kostenvorteile übersetzt, mit denen die evtl. Nachteile eines Auslandsengagements ausgeglichen werden können (ownership advantage).
- Der ausländische Markt verfügt gegenüber dem Heimatland über Standortvorteile. Neben tarifären und nichttarifären Handelshemmnissen, die eine reine Exportstrategie erschweren oder ganz verhindern (s. Beitrag H-4.), kann sich dies auch in geringeren Faktorkosten oder in einer geringeren Entfernung zu den Absatzmärkten ausdrücken (location advantage).
- Aufgrund des unzureichenden Schutzes geistigen Eigentums (Patente) und ineffizienter nationaler und internationaler Patentrechtsordnungen wird ein Handel mit intangiblen Gütern verhindert. Ursache sind Informationsasymmetrien zwischen den Anbietern eines solchen Gutes, z. B. der Lizenz zur Produktion eines bestimmten Gutes, und den potenziellen Lizenznehmern. Für den Lizenzgeber ist es dabei nicht möglich, die Qualität seines Gutes zu offenbaren, ohne zugleich seinen Know-how-Vorsprung zu verlieren. Folglich käme nur eine Internalisierung der Produktion in Frage (internalization advantage).

DUNNING operationalisiert diese Thesen durch einen Katalog von Bestimmungsfaktoren. Hierzu gehören etwa spezielle eigentümerspezifische Vorteile aufgrund der Multinationalität von Unternehmen wie der bessere Zugang zu den und die bessere

Kenntnis über die benötigten Produktionsfaktoren sowie die Fähigkeit international tätiger Unternehmen zur Ausnutzung der Unterschiede zwischen den einzelnen Volkswirtschaften. Hinzu kommen die aus der Außenhandelstheorie bekannten Faktoren, die die Entscheidung zwischen alternativen Standorten der Produktion determinieren. Letztlich liefert aber auch dieser Ansatz keine eindeutigen Aussagen, da er im Grunde nur einen Katalog möglicher Faktoren repräsentiert, auf die Direktinvestitionen zurückgeführt werden können.

3.2.5. Finanzmarktintegration und Wohlfahrtseffekte

Neben den unmittelbaren (makroökonomischen) Effekten von internationalen Finanztransaktionen auf die Kapitalbilanz und damit auf den Devisenmarkt gilt es auch die allokativen (mikroökonomischen) Effekte zu berücksichtigen. Eine zunehmende Integration nationaler Finanzmärkte lässt erwarten, dass sich die internationale Kapitalallokation verbessert und positive Wohlfahrtseffekte hervorbringt. Diese Allokationseffekte lassen sich mit Hilfe von *Abb. E-7* verdeutlichen, bei der für den Zwei-Länder-Fall der Kapitalzins für das Inland (r) und das Ausland (r^a) in Abhängigkeit vom Kapitalstock abgetragen wurde. Sind die Kapitalmärkte im Ausgangszeitpunkt separiert, liegen also Kapitalverkehrsbeschränkungen, erhebliche Transaktionskosten oder keine Substitutionsmöglichkeiten vor, dann kann das Kapital nicht ungehindert an den Ort fließen, wo es den höchsten Ertrag erbringt. Eine solche Situation liegt in *Abb. E-7* etwa bei der Kapitalaufteilung K_1 vor. Dabei entspricht der Kapitalstock im Inland der Strecke $0K_1$, während er sich im Ausland auf 0^aK_1 beläuft. Es zeigt sich darüber hinaus, dass bei separierten Kapitalmärkten die Zinssätze im Inland (r_1) und im Ausland (r^a_1) auseinanderfallen.

Kommt es nun zu einer (zunehmenden) Integration der Finanzmärkte, dann fließt Kapital von dem Niedrigzinsland in das Hochzinsland. Dieser Prozess hält bei vollkommener Integration so lange an, bis es zu einem Ausgleich der Ertragsraten in beiden Ländern kommt (r_0 = r^a_0). Ein solches Gleichgewicht wird in Punkt G der

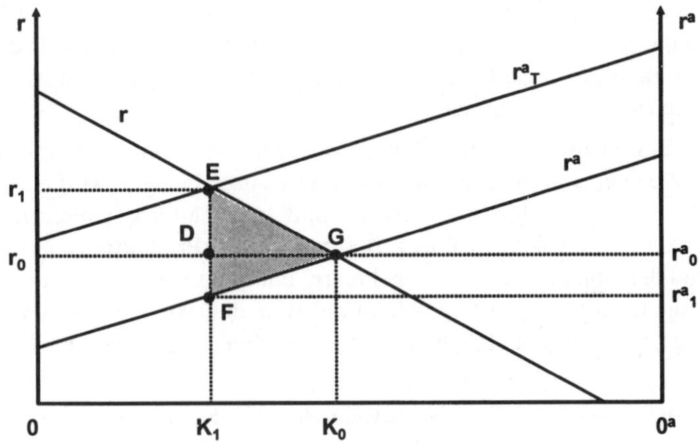

Abb. E-7: Allokationswirkungen internationaler Kapitalbewegungen

Abb. E-7 erreicht. Durch die internationalen Kapitalbewegungen sinkt der Kapitalstock im Ausland auf 0^aK_0, während er im Inland auf $0K_0$ steigt. Im Verlaufe dieser Anpassung steigt die Produktion des Inlands um K_1EGK_0, während sich die Produktion des Auslands um K_1FGK_0 vermindert. Die daraus resultierende Nettoproduktionsausweitung in der Weltwirtschaft entspricht dem schraffierten Dreieck GFE in *Abb. E-7*. Aber auch die Einkommen der beteiligten Volkswirtschaften steigen. Das Inland zahlt Zinsen in Höhe des Rechtecks K_1DGK_0 auf die Nettoforderungen des Auslands in Höhe von K_0K_1. Verrechnet man diese Zinszahlungen mit dem Produktionsanstieg (K_1EGK_0), so fällt dem Inland ein Nettoeinkommenszuwachs in Höhe des Dreiecks GDE zu. Dem Ausland fließen Zinsen in Höhe des Rechtecks K_1DGK_0 zu, während die Produktion um die Fläche K_1FGK_0 sinkt. Per Saldo kommt es auch hier zu einem Einkommensanstieg, und zwar im Umfang des Dreiecks GDF. Die beiden Teildreiecke verdeutlichen, wie sich der gesamte Wohlfahrtszuwachs auf beide Länder verteilt.

Entsprechende Wohlfahrtsverluste kommen dann zustande, wenn man den zuvor geschilderten freien internationalen Kapitalverkehr durch administrative Maßnahmen beschränkt. Wird der Kapitalexport aus dem Ausland entweder (steuerlich) belastet – r^a verschiebt sich um die Belastung auf $r^a{}_T$ – oder mengenmäßig begrenzt, dann wird Kapital (hier: K_0K_1) künstlich im Ausland gebunden und führt zu Allokationsverzerrungen.

3.2.6. Finanzkrisen

Der starke Anstieg internationaler Kapitalbewegungen in den zurückliegenden Jahren hat die bereits erläuterten Vorteile verwirklicht. Der internationale und der intertemporale Ausgleich zwischen Sparern und Investoren wird verbessert; effizientere Finanzinstrumente entwickelt; Länder gezwungen, adäquate Regulierungs- und Aufsichtssysteme zu schaffen; das Risikomanagement und die Risikodiversifikation über nationale Grenzen hinweg verbessert sowie Effizienz und institutionelle Entwicklung des finanziellen Sektors erhöht. Auf der anderen Seite waren aber die letzten zehn Jahre auch durch zahlreiche Finanzkrisen gekennzeichnet. Als eine Herausforderung des einundzwanzigsten Jahrhunderts wird daher häufig die Entwicklung einer internationalen Währungsordnung gesehen, die auf der einen Seite wirtschaftliches Wachstum und die (weitere) Expansion des internationalen Kapitalverkehrs gewährleistet, während auf der anderen Seite die Krisenvermeidung und -bewältigung verbessert werden.

Beginnend mit der Mexiko-Krise im Jahre 1995, und weiter über Thailand, Indonesien, Korea, Russland, Brasilien, Argentinien und die Türkei, bezeichnet man die jüngeren Krisen als Finanzkrisen, die in erster Linie in den Kapitalbilanzentwicklungen zum Ausdruck kommen. Im Kern sind solche Finanz- oder allgemeiner formuliert Währungskrisen immer nur bei festen Wechselkursen ein ernsthaftes Problem. Die grundlegenden Zusammenhänge lassen sich dabei mit Hilfe von *Abb. E-2* veranschaulichen. Geht das Vertrauen in eine Währung verloren, dann führen spekulative Attacken dazu, dass die Kapitalexporte in starkem Maße zunehmen ($A^€ \rightarrow A^€{}_1$) während zugleich die Kapitalimporte abnehmen ($N^€ \rightarrow N^€{}_1$). Hierdurch kommt es zu einem Angebotsüberschuss an heimischer Währung bzw. einem Nachfrageüberschuss nach Devisen, den die heimische Notenbank zur Fixierung des Wechselkurses durch ein erhöhtes Devisenangebot ausgleichen muss. Diese Finanzierung stößt aber – wie bereits erläutert – in der Regel schnell an Grenzen, so dass häufig die Abwertung der heimischen Währung (e_1) als einziger Ausweg bleibt. Unterscheiden lassen sich die Modelle der Währungskrisen nach den Ursachen, die die spekulativen Attacken auslösen.

- In den Modellen der ersten Generation steht eine ungünstige Entwicklung der Fundamentalfaktoren im Mittelpunkt, die in aller Regel in Inflationsdifferenzen und damit verbundenen Handelsbilanzdefiziten zum Ausdruck kommt.
- In den Modellen der zweiten Generation sieht man die Krisenursache in unglaubwürdigen (inkonsistenten) wirtschaftlichen Zielsetzungen, die mit einem festen Wechselkurs nicht vereinbar sind.
- In den Modellen der dritten Generation wird die Krise durch anfängliche Kapitalzuströme im Zusammenwirken mit ineffizienten nationalen Finanzmärkten ausgelöst. Diese Ursachenhypothese legt es nahe, in diesem Fall von einer Finanzkrise zu sprechen, die sich – international gesehen – primär in der Kapitalbilanz widerspiegelt.

Bei allen Währungskrisen und insbesondere bei den hier im Mittelpunkt stehenden Finanzkrisen wird allerdings häufig der zentrale Charakter fester Wechselkurse als Krisenursache vernachlässigt. Dies beginnt bereits bei den anfänglichen Kapitalzuflüssen. Eine Wechselkursbindung spiegelt häufig die Abwesenheit eines Wechselkursrisikos vor, so dass bei (inflationserwartungsbedingt) höheren Zinsen im Vergleich zum Ausland der Zufluss ausländischen Portfoliokapitals und die Aufnahme von (auf ausländische Währung lautenden) Krediten im Ausland angeregt wird. Der so initiierte Kapitalzufluss führt über die Interventionsverpflichtungen der Zentralbank zu einem Anstieg der Inflationsrate, der wiederum Handelsbilanzdefizite verursacht. Diese Defizite könnten bereits eine erste Ursache für negative Erwartungen hinsichtlich der heimische Währung bilden. Verstärkt werden könnten diese Zweifel durch einen ineffizienten inländischen Finanzsektor. Kommt es etwa zu einer Fehleinschätzung oder bewussten Vernachlässigung der Risiken, weil im großen Umfang Kredite zur Verfügung stehen, eine nur unzureichende Bankenaufsicht existiert oder weil man im Krisenfall auf Finanzhilfen internationaler Institutionen – wie z. B. des Internationalen Währungsfonds – hofft, so wird das Vertrauen in die heimische Währung schwinden. Ähnliche Effekte sind zu erwarten, wenn aufgrund der ineffizienten (konsumtiven) Verwendung der zufließenden Kredite Zweifel an der Bedienung des Schuldendienstes aufkommen. In der Summe mag dies der Ausgangspunkt für eine spekulative Attacke sein. Wird das vorher bereitwillig zufließende Kapital nun im großen Stile abgezogen, schlägt sich das als Nettokapitalexport in der Kapitalbilanz nieder. Der Kapitalabfluss ist aber keineswegs die Krisenursache, sondern spiegelt nur die vorausgegangenen Fehlentwicklungen wider, zu denen insbesondere auch die Wechselkursfixierung gehört. Ähnlich verhält es sich mit den anfänglichen Kapitalzuflüssen, die man nicht – wie häufig gefordert – durch Kapitalverkehrsbeschränkungen ganz oder teilweise beschränken sollte, da hierdurch die positiven Wirkungen des internationalen Kapitalverkehrs unterbunden würden. Vor diesem Hintergrund versucht man häufig auch zwischen stabilen Kapitalbewegungen, die eine längerfristige Bindung beinhalten, und den kurzfristigen (spekulativen) Kapitalbewegungen („Hot money“) zu unterscheiden. Zur ersten Gruppe werden dabei in aller Regel die Direktinvestitionen gezählt, während Portfolioinvestitionen und Bankkredite der zweiten Gruppe zugeordnet werden. Die Überlegungen zu den Finanzderivativen haben jedoch gezeigt, dass eine solche Abgrenzung zunehmend problematischer wird. Welche Rolle internationale Institutionen wie etwa der Internationale Währungsfonds (IWF) bei der Vermeidung bzw. Bewältigung solcher (Finanz-)Krisen spielen können, wird in Abschnitt 5.5 ausführlich diskutiert.

3.3. Währungsreserven (Devisenbilanz)

Die Zahlungsbilanz stellt ein grundsätzlich monetäres Phänomen dar. Zu dieser Auffassung gelangen die Vertreter des monetären Ansatzes der Zahlungsbilanz, weil sie sich in ihrer Analyse nicht auf Teilbilanzen „über dem Strich" konzentrieren, sondern vielmehr auf die Devisenströme und damit auf den zusammengefassten Saldo aller übrigen Teilbilanzen als entscheidende Größe „unter dem Strich". Der so definierte Zahlungsbilanzsaldo (BP) schlägt sich dann bei festen Wechselkursen in entsprechenden Variationen des Reservenbestandes (R) nieder:

$$(16) \qquad BP = \frac{dR}{dt}.$$

Ein in diesem Sinne monetäres Phänomen erfordert es aber auch, dass Zahlungsbilanzprobleme explizit im Rahmen des Geldmarktes bzw. der Vermögensmärkte gelöst werden. Die Vertreter des monetären Ansatzes der Zahlungsbilanz konzentrieren sich deshalb auf die Analyse des Geldangebots und der Geldnachfrage. Gleichwohl bedeutet diese Sichtweise nicht, dass ausschließlich Veränderungen dieser beiden Größen für Zahlungsbilanzungleichgewichte verantwortlich sind. Vielmehr wird durchaus auch die Relevanz nicht monetärer Variablen gesehen. Einen Einfluss auf die Zahlungsbilanz gesteht man ihnen jedoch nur in dem Maße zu, wie sie eine Veränderung von Geldangebot oder Geldnachfrage hervorrufen.

Betrachtet man eine Volkswirtschaft, in der nur international gehandelte Güter existieren und in der die privaten Wirtschaftssubjekte nur das finanzielle Aktivum Geld (des Inlands) halten, dann stellen Güterkäufe und -verkäufe die einzig möglichen Transaktionen dieser Gruppe mit dem Ausland dar. Der Handelsbilanzsaldo (HB) entspricht somit den Devisenströmen. Nimmt man ferner an, dass der Handelsbilanzsaldo der Differenz zwischen den im Inland produzierten (Y) und den im Inland absorbierten Gütern (AB) entspricht

$$(17) \qquad HB = \frac{dR}{dt} = Y - AB,$$

so reduziert sich die Bestimmung des Handelsbilanzsaldos in einer vollbeschäftigten und stationären Volkswirtschaft auf die Frage, welche Variablen die Absorption determinieren. Eine im Rahmen des monetären Ansatzes häufig verwandte Theorie des Absorptionsverhaltens verbindet die Absorption unmittelbar mit der Diskrepanz zwischen aktuellem realen Vermögensbestand (hier: M^s/P) und gewünschtem realen Vermögensbestand (hier: M^d/P). Dabei impliziert die Orientierung an realen Größen, dass die Wirtschaftssubjekte nicht der Geldillusion (s. Beitrag D) unterliegen. Ist die Diskrepanz zwischen aktuellem realen Geldbestand und gewünschtem Bestand gleich Null, so wird das gesamte Einkommen absorbiert, ist sie hingegen ungleich Null, dann passen die Wirtschaftssubjekte die Absorption relativ zum Einkommen an, um den aktuellen Geldbestand mit Hilfe eines Spar- oder Entsparprozesses mit dem gewünschten Bestand in Übereinstimmung zu bringen:

(18) $AB = \bar{Y} + \phi(M^s/P - M^d/P).$

Die Größe ϕ stellt hier ein Maß für die Geschwindigkeit dar, mit der die Wirtschaftssubjekte das Vermögensungleichgewicht abzubauen wünschen. Graphisch lassen sich diese Zusammenhänge mit Hilfe von *Abb. E-8* verdeutlichen.

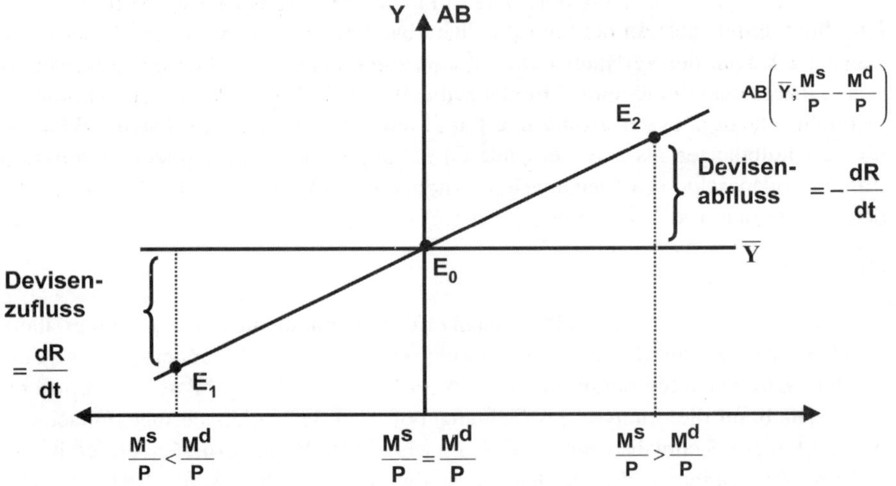

Abb. E-8: Monetärer Ansatz

Herrscht ein monetäres Gleichgewicht, so kommen keine Netto-Zuflüsse oder Abflüsse von Devisen zustande. Diesen Fall zeigt Punkt E_0 in Abbildung E-8. Wird die Inlandswährung abgewertet, so sorgt der internationale Preiszusammenhang dafür, dass das inländische Preisniveau unverzüglich um den Abwertungssatz steigt. Dies wiederum vermindert den Realwert der Geldbestände und es kommt zu einem Nachfrageüberschuss am Geldmarkt (E_1). Die Wirtschaftssubjekte senken ihre Absorption, was einen Devisenzustrom hervorruft. Der interventionsbedingte Anstieg der Reserven dauert so lange an, bis der Geldmarkt sich wieder im Gleichgewicht (E_0) befindet. Kommt es hingegen zu einer Ausweitung der Geldmenge im Inland, hat dies einen Angebotsüberschuss am Geldmarkt zur Folge (E_2). Dieser Überschuss wird nun über eine erhöhte Absorption in Form eines Devisenabflusses so lange exportiert, bis sich auch hier wieder ein Gleichgewicht einstellt (E_0).

Der monetäre Ansatz stellt damit grundsätzlich eine Theorie des automatischen Zahlungsbilanzausgleichs dar. Da Devisenströme ursächlich auf Divergenzen in den Vermögensmärkten – hier ausdrücklich als Bestandsmärkte verstanden – zurückgehen, handelt es sich bei den Reservebewegungen um die Anpassung an ein erneutes Bestandsgleichgewicht. Devisenströme müssen demnach als ein lediglich temporäres Phänomen gelten, das nur so lange bestehen kann, wie Reservebewegungen die Vermögensmärkte noch nicht wieder in ein neues Gleichgewicht gebracht haben.

Unter diesen Bedingungen verspricht der Einsatz der Geldpolitik zur Verwirklichung binnenwirtschaftlicher Ziele wenig Erfolg. Denn die Wirtschaftssubjekte ‚exportieren' oder ‚importieren' die jeweilige Differenz zwischen gewünschten und aktuellem Vermögensbestand durch Transaktionen mit dem Ausland und realisieren so den von ihnen angestrebten Bestand. Die Währungsinstanzen können demnach mit ihrer Geldpolitik nur bestimmen, wie die Geldbasis auf die binnenwirtschaftliche und auf die außenwirtschaftliche Komponente aufgeteilt wird, nicht jedoch deren Höhe selbst.

Wechselkursanpassungen wirken ebenfalls über ein Vermögensgleichgewicht. Dabei ist es gerade die von Abwertungskritikern oft befürchtete Preisniveausteigerung, die den Realwert des Vermögens mindert und so einen Devisenzustrom herbeiführt. Diese Reaktion ergibt sich jedoch nur für den begrenzten Zeitraum des Vermögensungleichgewichts. Ferner machen diese Überlegungen deutlich, dass sich nicht einmal dieser temporäre Erfolg einstellt, wenn die Wechselkurspolitik von der nationalen Geldpolitik unterlaufen wird. Denn gleichen die geldpolitischen Instanzen das durch eine Wechselkursänderung hervorgerufene Ungleichgewicht des Vermögensbestandes ganz oder teilweise wieder aus, so unterliegen die Wirtschaftssubjekte keiner oder allenfalls noch einer eingeschränkten Notwendigkeit, ihren Vermögensbestand über die Devisenströme anzupassen.

4. Wechselkursentwicklung

4.1. Kaufkraftparität

Die Kaufkraftparität beruht auf dem „Gesetz des einheitlichen Preises". Es besagt, dass homogene international handelsfähige Güter – bei Abwesenheit signifikanter Transaktionskosten und handelsbeschränkender Maßnahmen – im Inland und im Ausland stets zu einem einheitlichen Preis angeboten werden müssen. Ansonsten führt Arbitrage zu einem Preisausgleich:

$$(19) \qquad \underbrace{P_T}_{\text{Inlandspreis}} = \underbrace{P_T^a/e}_{\text{Auslandspreis in inländischer Währung}}.$$

Daraus lässt sich nun durch entsprechende Umformulierung eine Wechselkurs-„Theorie" ableiten. Sie besagt, dass der Wechselkurs dem Verhältnis der beiden Preise zueinander entspricht.

$$(20) \qquad e = \frac{P_T^a}{P_T}.$$

Dieser auf Niveaugrößen basierende Ausdruck wird als absolute Kaufkraftparität bezeichnet. Auf dieser einfachen Beziehung beruht zum Beispiel die sogenannte „Big Mac-Parität". Hierbei wird der Hamburger als homogenes Gut betrachtet und seine Preise im In- und Ausland werden gegenübergestellt, um den gleichgewichtigen

Wechselkurs zu ermitteln. Kostet der Big Mac im Inland 2,40 EUR und in den USA 2.40 $, so ergibt sich daraus ein Wechselkurs von 1,00 $/EUR.

Abweichungen des tatsächlichen Wechselkurses von diesem „Gesetz" des einheitlichen Preises können insbesondere aus folgenden Gründen zustande kommen:

- Homogene Güter sind im internationalen Handel eher die Ausnahme.
- Handelshemmnisse behindern auch heute noch die Arbitrage.
- Transportkosten sind nicht in jedem Fall vollkommen zu vernachlässigen.

Vor dem Hintergrund dieser Einschränkungen wird die Kaufkraftparität häufig in einer auf Veränderungsraten basierenden relativen Version formuliert. Geht man nämlich davon aus, dass sich die Ursachen für Abweichungen von der absoluten Version in einem konstanten Faktor zusammenfassen lassen, dann impliziert dies, dass sich die relative Veränderung des Wechselkurses (g_e) längerfristig aus der Differenz der Inflationsraten handelsfähiger Güter im Inland (g_{p_T}) und im Ausland (g_{pa_T}) ergibt:

(21) $$g_e = g_{pa_T} - g_{p_T}.$$

Ausdruck (21) verdeutlicht, dass die Währung des Inlandes bei höherer Inflationsrate als im Ausland längerfristig abgewertet und umgekehrt. Der Ausgleichsmechanismus wirkt dabei ausschließlich über die Gütermärkte. Unterschiedliche Inflationsraten führen zu Verschiebungen der internationalen (Preis-)Wettbewerbsfähigkeit, die wiederum die Exporte und Importe beeinflussen. Die dadurch ausgelösten Angebots- und Nachfragewirkungen an den Devisenmärkten führen so lange zu Wechselkursanpassungen, bis die ursprüngliche Wettbewerbssituation wieder hergestellt ist.

In einer weiter gefassten Version bezieht die Kaufkraftparität neben den international handelbaren auch die nicht-handelbaren Güter in die Analyse ein. Hierbei handelt es sich in erster Linie um traditionelle Dienstleistungen und um solche Güter, deren Preise staatlich administriert werden. Der umfassende Preisindex ergibt sich aus dem mit den Anteilen der handelbaren (α) und nicht-handelbaren Güter ($1-\alpha$) am Gesamtwarenkorb gewichteten Durchschnitt der Preise beider Gütergruppen:

(22) $$P = \alpha P_T + (1 - \alpha)\, P_N .$$

Bezeichnet man das Preisverhältnis zwischen den nicht-handelbaren und den handelbaren Gütern mit β:

(23) $$\beta = \frac{P_N}{P_T}$$

bzw.

(23a) $$P_N = \beta P_T$$

und setzt Gleichung (23a) in (22) ein, so ergibt sich

(24) $$P = [\alpha + (1-\alpha)\, \beta]\, P_T = \gamma P_T .$$

Formuliert man ferner eine entsprechende Gleichung für das Ausland und setzt beide Ergebnisse in die absolute Kaufkraftparität in der bisherigen Form ein, so wird der Wechselkurs gleichzeitig von monetären und realen Größen bestimmt:

(25) $$e = \frac{P_T^a}{P_T} = \frac{P^a}{P} \cdot \frac{\gamma}{\gamma^a}.$$

Die Koeffizienten γ und γ^a spiegeln dabei Veränderungen der Präferenzen, Verlagerungen zwischen handelbaren und nicht-handelbaren Gütern sowie Differenzen der Wachstumsraten des realen BIP in beiden Ländern, also reale Faktoren, wider. Drückt man (25) in Veränderungsraten aus, so erhält man:

(26) $$g_e = (g_{pa} - g_p) - (g_{\gamma^a} - g_\gamma)\ .$$

Sind γ und γ^a konstant oder kompensieren sich die Veränderungen ($g_{\gamma^a} = g_\gamma$), entspricht die Wechselkursänderungsrate der Inflationsdifferenz zwischen dem Ausland und dem Inland. Der Wechselkurs reduziert sich dann erneut auf ein rein monetäres Phänomen. Wächst das reale BIP im Inland jedoch (deutlich) schneller als im Rest der Welt, erfährt die Inlandswährung tendenziell eine Aufwertung.

Betrachtet man den empirischen Gehalt und damit die Prognosefähigkeit der Kaufkraftparität, so ergibt sich ein zwiespältiges Bild. Bei allen wichtigen Währungen lassen sich Abweichungen des aktuellen Wechselkurses von der Kaufkraftparität beobachten, die zum Teil länger andauern und auch ein mehr oder weniger großes Ausmaß aufweisen. Für kurz- und mittelfristige Prognosen ist die Kaufkraftparität daher wenig geeignet. Den Grund dafür bilden insbesondere die im Rahmen dieses Ansatzes vernachlässigten Finanzmarkttransaktionen. Insgesamt lässt sich jedoch empirisch nachweisen, dass die Kaufkraftparität – trotz temporärer Abweichungen – bei vielen wichtigen Währungen die längerfristige Trendendwicklung der Wechselkurse zutreffend widerspiegelt. Diese Einschätzung hängt jedoch in starkem Maße von der Wahl des Basisjahres ab (Indizes = 100), in dem annahmegemäß die Kaufkraftparität erfüllt sein muss.

Vielfach wird der der Kaufkraftparität entsprechende Kurs auch als der – von den „Fundamentalfaktoren" determinierte – längerfristig „richtige" oder gleichgewichtige Wechselkurs angesehen. Abweichungen des tatsächlichen vom KKP-Kurs werden als Fehlbewertung der Währung interpretiert, die es gegebenenfalls durch wirtschaftspolitische Interventionen zu vermeiden gilt. Diese Überlegungen verdeutlicht *Abb. E-9*.

Liegt der aktuelle Wechselkurs über dem Niveau der KKP (Punkt A), so spricht man von einer Überbewertung der heimischen Währung bzw. einer Unterbewertung der Fremdwährung. Das Inland verliert dadurch an internationaler Wettbewerbsfähigkeit, die in der Regel mit einer Verschlechterung (Defizit) der Leistungsbilanz einhergeht. Bei flexiblen Wechselkursen könnte diese Entwicklung über eine Abwertung der heimischen Währung (C) und bei festen Wechselkursen – aufgrund von interventionsbedingten Veränderungen der Devisenreserven – über Inflationsanpassungen im In- oder Ausland kompensiert werden (G). Stellt sich der aktuelle Wechselkurs hingegen unterhalb der KKP ein (z. B. Punkt D), spricht man von einer Unterbewertung der heimischen oder einer Überbewertung der Fremdwährung, die aus der Sicht beider Länder zu den umgekehrten Wirkungen wie im vorherigen Fall führt.

In diesem Zusammenhang wird häufig auch auf das Konzept des realen Wechselkurses zurückgegriffen, das auf den Kaufkraftvergleich zweier Währungen abstellt. Der Realwert einer Einheit Inlandswährung beträgt beim Kauf eines Güterbündels im Inland 1/P. Dabei entspricht P dem Preisindex des Güterbündels. Beim Kauf dieses Güter-

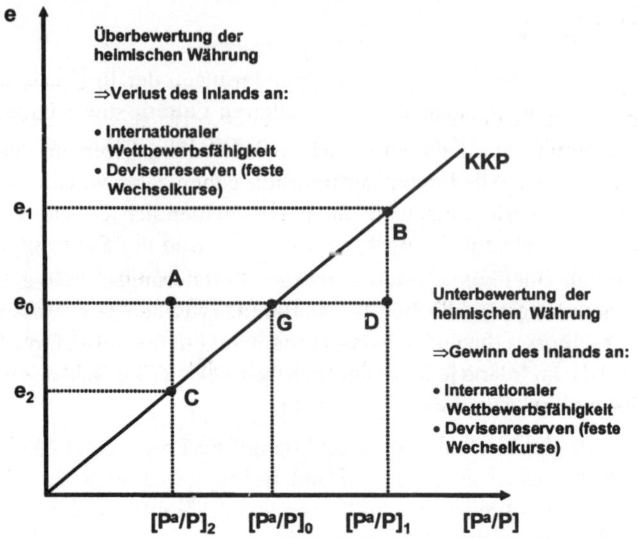

Abb. E-9: Über- und Unterbewertung (Mengennotierung)

bündels im Ausland ergibt sich analog – unter Berücksichtigung des Wechselkurses in der Mengennotierung – ein Realwert von $(1/P^a) \cdot e$. Der entsprechende reale Wechselkurs in der Mengennotierung ergibt sich dann als

$$(27) \qquad e_{real} = \frac{P \cdot e}{P^a}.$$

Gilt die Kaufkraftparität, dann bleibt der reale Wechselkurs konstant bzw. seine Veränderungsrate nimmt den Wert Null an.

Eine Veränderung des realen Wechselkurses wird häufig als Indikator für die internationale (Preis-) Wettbewerbsfähigkeit herangezogen. Steigt der reale Wechselkurs, so entspricht dies einer realen Aufwertung der heimischen Währung, die c. p. durch eine nominale Aufwertung, einen Anstieg des Inlandspreisniveaus oder eine Minderung des ausländischen Preisniveaus zustande kommen kann. Eine reale Aufwertung führt zu einer Überbewertung der heimischen Währung mit den zuvor erläuterten Konsequenzen. Sinkt der reale Wechselkurs, handelt es sich um eine reale Abwertung der heimischen Währung, die eine Unterbewertung nach sich zieht.

Will man die (Preis-) Wettbewerbsfähigkeit einer Branche oder eines Landes nicht nur gegenüber *einem* anderen Land ermitteln, so muss ein handelsgewichteter realer Wechselkurs gegenüber dem Rest der Welt oder zumindest gegenüber wichtigen Handelspartnern ermittelt werden. Einen solchen Index bezeichnet man als realen effektiven Wechselkurs, bei dem g_j den Anteil des Auslandes j am Handel des Inlandes repräsentiert:

$$(28) \qquad e_{real/eff.} = \sum_{j=1}^{n} g_j \left(\frac{P \cdot e_j}{P^a}\right).$$

4.2. Finanzmarktansätze

Im Gegensatz zu den traditionellen Ansätzen der Wechselkursbestimmung, die den Wechselkurs in einem Stromgrößenkontext ableiten, erfolgt seine Bestimmung im Rahmen der Finanzmarktansätze über Gleichgewichtsbedingungen auf den Bestandsmärkten für Finanzaktiva. Alle Finanzmarktansätze gehen dabei von der Abwesenheit von Kapitalverkehrsbeschränkungen aus. Sie unterscheiden sich jedoch – wie *Übersicht E-7* verdeutlicht – bezüglich der Annahme über den Grad der Substituierbarkeit in- und ausländischer Wertpapiere. Während die monetären Ansätze von einer vollkommenen Substituierbarkeit ausgehen, wird im Rahmen des Portfolioansatzes eine begrenzte Substituierbarkeit in- und ausländischer Wertpapiere unterstellt. Die monetären Ansätze unterscheiden sich außerdem dadurch, ob kurzfristig flexible oder rigide Güterpreise angenommen werden.

Die Bezeichnungen der verschiedenen Ansätze ergeben sich aus dem jeweiligen Modellrahmen, den man sich vor dem Hintergrund des walrasianischen Gesetzes verdeutlichen kann. Befinden sich demnach n-1 Märkte im Gleichgewicht, so impliziert dies gleichzeitig den Ausgleich des n-ten Marktes. Ein allgemeines Gleichgewicht lässt sich demnach aus n-1 Marktgleichgewichten ableiten (Claassen, 1980). Ausgangspunkt sei die folgende – in Stromgrößen ausgedrückte – Budgetrestriktion. Da es sich bei Geld und Wertpapieren jedoch um Bestandsgrößen handelt, werden Ungleichgewichte auf diesen Märkten als Bestandsanpassungen und damit als Stromgrößen betrachtet.

Übersicht E-7: Finanzmarktansätze

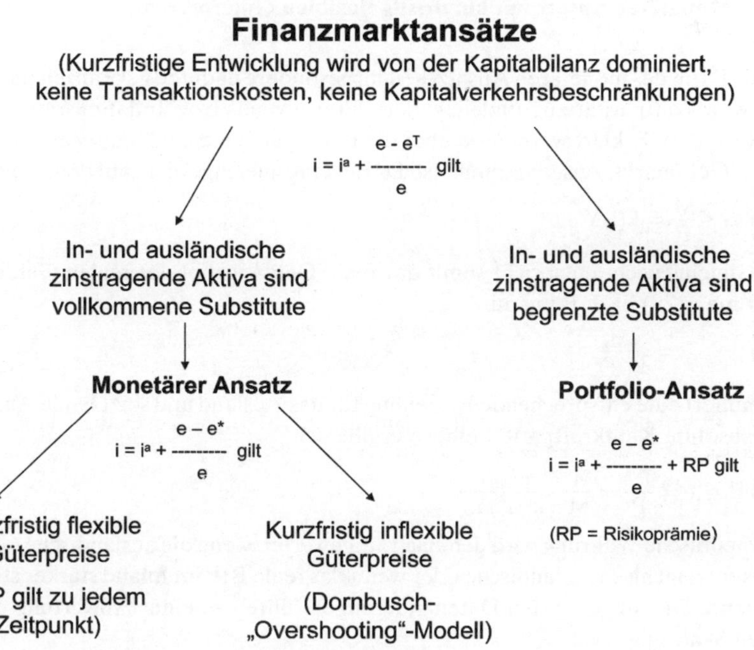

Übersicht E-8: Budgetrestriktion

		Markt für Wertpapiere				
Geldmarkt		Markt für inländische Wertpapiere		Markt für ausländische Wertpapiere		Gütermarkt
$(M^d - M^s)$	+	$(WP^d - WP^s)$	+	$(WP^{ad} - WP^{as})$	=	$(Y - AB)$

Je nach dem gewählten Modellrahmen sind also nur drei der vier Märkte explizit zu betrachten. Da die monetären Ansätze von vollkommener Substituierbarkeit in- und ausländischer Wertpapiere ausgehen, lassen sich die beiden Wertpapiermärkte zu einem einheitlichen Markt zusammenfassen. Schließt man nun diesen Markt von der expliziten Analyse aus, reduziert sich das Modell auf die Betrachtung des Geld- und Gütermarktes. Da der Geldmarkt der einzige explizit betrachtete Markt für Finanzaktiva ist, spricht man von monetären Ansätzen. Der Portfolioansatz geht hingegen von begrenzter Substitution der in- und ausländischen Wertpapiere aus, so dass eine Zusammenfassung der Wertpapiermärkte unzulässig ist. Der hier gewählte Modellrahmen schließt den Gütermarkt von der expliziten (kurzfristigen) Analyse aus und leitet die Wechselkursentwicklung aus der Portfolioentscheidung über Geld, inländische und ausländischer Wertpapiere ab.

4.2.1. Monetärer Ansatz mit kurzfristig flexiblen Güterpreisen

Diese Form des monetären Ansatzes ist insbesondere dadurch gekennzeichnet, dass die der Kaufkraftparität zugrundeliegenden Preisniveaus bzw. Inflationsraten endogenisiert werden. Erklärt werden sie über die Bedingungen am inländischen und ausländischen Geldmarkt. Ausgangspunkt ist das Bestandsgleichgewicht auf dem Geldmarkt:

(29) $$\frac{M}{P} = k(i)Y.$$

Im Gleichgewicht entspricht somit das reale Geldangebot der realen Geldnachfrage. Löst man (29) nach P hin auf

(30) $$P = \frac{M}{k(i)Y},$$

formuliert eine entsprechende Beziehung für das Ausland und setzt beide Ausdrücke in die absolute Kaufkraftparität ein, so ergibt sich

(31) $$e = \frac{P^a}{P} = \frac{M^a}{M} \cdot \frac{k(i)Y}{k^a(i^a)Y^a}.$$

Die heimische Währung wird demnach aufgewertet, wenn die ausländische Geldmenge stärker steigt als die inländische oder wenn das reale BIP im Inland stärker steigt als im Ausland. Die umgekehrten Datenänderungen führen zu einer Abwertung der heimischen Währung.

Vernachlässigt man die realen Faktoren in Ausdruck (31) und schreibt ihn in Veränderungsraten, dann ergibt sich die Wechselkursentwicklung ausschließlich aus der Differenz der Wachstumsraten der Geldmenge und der Wechselkurs ist wiederum ein rein monetäres Phänomen:

(32) $g_e = g_{M^a} - g_M.$

Auch dieser Ansatz erlaubt daher eher langfristig angelegte Wechselkursprognosen auf der Basis der Entwicklung insbesondere von Geldmengen und realen Wachstumsraten in den beteiligten Ländern.

4.2.2. Monetärer Ansatz mit kurzfristig rigiden Güterpreisen

Während die längerfristige Wechselkursentwicklung primär auf der Basis von Gütertransaktionen ermittelt wird, stehen im Mittelpunkt der kurzfristigen Wechselkursentwicklung die Kapitaltransaktionen. Der Grund hierfür liegt insbesondere in der hohen internationalen Kapitalmobilität und in den immer größeren Volumina, die an den Finanzmärkten gehandelt werden.

Aus dem Zusammenspiel von kurzfristiger und langfristiger Wechselkursanalyse wird in einem auf DORNBUSCH zurückgehenden Modell das sogenannte Überschießen (Overshooting) des Wechselkurses abgeleitet. Im Mittelpunkt dieser Überlegungen steht die Annahme, dass die Finanzmärkte schneller auf geldpolitische Aktionen reagieren als die Gütermärkte – was vor dem Hintergrund des Transmissionsmechanismus nicht unplausibel erscheint. Hinzu kommt, dass die Finanzmarkttransaktionen mittlerweile etwa 90 v. H. des Devisenhandels ausmachen, während auf die Leistungstransaktionen nur noch 10 v. H. entfallen. Das Modell geht insbesondere von folgenden Annahmen aus:

- In der betrachteten Volkswirtschaft herrscht Vollbeschäftigung, so dass Nachfrageveränderungen nur zu Preisveränderungen führen.
- Während Zinssätze und Wechselkurse jederzeit vollkommen flexibel sind, reagieren die Gütermärkte träge – also mit zeitlicher Verzögerung – auf Geldmarktungleichgewichte.
- Langfristig entwickelt sich der Wechselkurs gemäß der Kaufkraftparität.
- Kurzfristig dominieren die Finanzmarkttransaktionen die Wechselkursentwicklung.
- Die international gehandelten Aktiva sind vollkommene Substitute, so dass die ungedeckte Zinsparität in Form der Gleichung (12) gilt.
- Die Wirtschaftssubjekte bilden rationale Wechselkurserwartungen.

Abb. E-10 veranschaulicht den Anpassungsprozeß mit Hilfe der Kaufkraftparität und dem Geldmarktgleichgewicht (M^sM^d). Die KKP-Gerade weist eine Steigung von 45° auf und spiegelt daher bei gegebenem Auslandspreisniveau die Kaufkraftparität wider. Preissteigerungen im Inland müssen demnach zu einer gleich hohen Abwertung der heimischen Währung führen und umgekehrt. Die Gerade M^sM^d spiegelt alle Gleich-

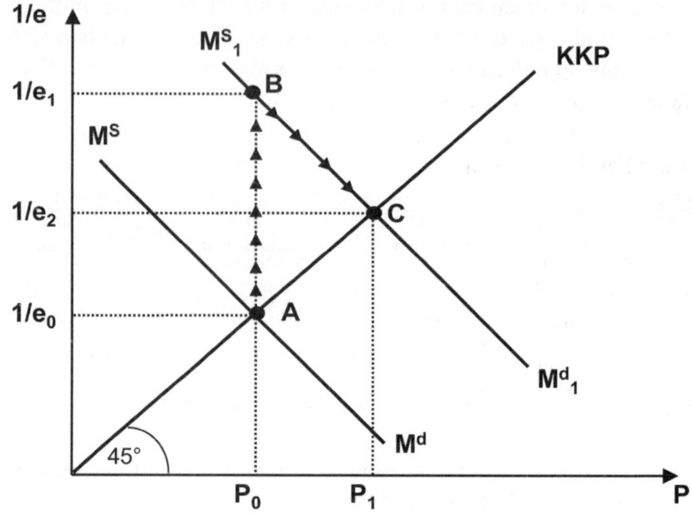

Abb. E-10: Overshooting-Modell

gewichte von Geldangebot (M^s) und Geldnachfrage (M^d) im Inland wider. Die Geldnachfrage ist dabei abhängig vom Preisniveau, dem (gegebenen) Realeinkommen und dem Zinsniveau. Löst man die ungedeckte Zinsparität nach i auf und setzt den resultierenden Ausdruck in die Geldnachfragefunktion ein, so ergibt sich folgendes Geldmarktgleichgewicht:

$$(33) \qquad M^d(i^a + \frac{e-e^*}{e}; \overline{Y})P = M^s.$$

Punkte auf der M^sM^d-Kurve implizieren somit, dass die ungedeckte Zinsparität erfüllt ist. Den negativen Verlauf der M^sM^d-Kurve kann man sich dabei wie folgt verdeutlichen: Steigt – ausgehend von Punkt A – das Preisniveau, führt dies c. p. zu einer Überschussnachfrage am Geldmarkt. Ein neues Gleichgewicht impliziert einen Zinsanstieg im Inland, der über Kapitalimporte zu einer Aufwertung der heimischen Währung führt (1/e sinkt).

Betrachtet man vor diesem Hintergrund zunächst die Gleichgewichtssituation A in *Abbildung E-10*, so herrscht hier sowohl ein kurzfristiges als auch ein langfristiges Gleichgewicht, da Zins- und Kaufkraftparität erfüllt sind. Kommt es nun – ausgehend von der zuvor erläuterten Gleichgewichtssituation – zu einer expansiven Geldpolitik im Inland, so drückt sich dies in einer Rechtsverschiebung der Kurve des Geldmarktgleichgewichts von M^sM^d auf $M^s{}_1M^d{}_1$ aus. Da die Gütermärkte und damit die Preise zunächst nicht reagieren (P_0), erfolgt die kurzfristige Anpassung ausschließlich über die Finanzmärkte. Die Ausweitung der Geldmenge führt zu einem Fallen des inländischen Zinssatzes, was wiederum einen erhöhten Kapitalexport und einen verminderten Kapitalimport auslöst. Der Wechselkurs in der Preisnotierung steigt auf das Niveau $1/e_1$, wodurch ein kurzfristiges Gleichgewicht in Form der Zinsparität gewährleistet ist, da Punkt B auf der neuen Geldmarktgleichgewichtsgeraden $M^s{}_1M^d{}_1$ liegt. Durch die Abwertung ist jedoch die Kaufkraftparität nicht mehr erfüllt. Zugleich macht Abbildung E-10 deutlich, dass der neue langfristige Gleichgewichts-(Kaufkraftparitäten-) Kurs zwar (auch) eine Abwertung erfordert ($1/e_2$), die jedoch hinter der kurzfristig auftretenden Abwertung zurückbleibt. Der Wechselkurs überschießt also sein langfristig notwendiges Abwertungsniveau. Das langfristige Gleichgewichtsniveau wird im Laufe der Zeit entlang des Anpassungspfades BC erreicht. Der gesunkene Zins und die Abwertung der heimischen Währung ($1/e_1$) führen zu einer Zunahme der Nachfrage, die die Inlandspreise im Laufe der Zeit steigen lässt. Zugleich erhöht sich das Zinsniveau, was zu einer relativen Aufwertung der heimischen Währung ($1/e_1 \rightarrow 1/e_2$) führt. Im neuen langfristigen Gleichgewicht ist das inländische Preisniveau auf das Niveau P_1 gestiegen, während die inländische Währung von $1/e_0$ auf $1/e_2$ abgewertet wurde. Damit ist in C sowohl die Kaufkraftparität als auch die Zinsparität erfüllt, da sich $M^s{}_1M^d{}_1$ und KKP schneiden. Der in *Abbildung E-10* eingezeichnete Anpassungspfad zwischen den Punkten A und C entspricht der Anpassung im Rahmen des monetären Ansatzes mit kurzfristig flexiblen Güterpreisen, da hierbei keine Veränderung des realen Wechselkurses auftritt.

Sterilisierte Devisenmarktinterventionen haben in einem solchen monetären Modell keine (dauerhafte) Wirkung auf den Wechselkurs. Der Ankauf von Devisen zur Stärkung der Auslandswährung und die damit verbundene Ausweitung der heimischen Geldmenge führt zwar zunächst zu den in *Abbildung E-10* beschriebenen Abwertungsprozessen der heimischen Währung. Wird die Ausweitung der heimischen Geldmenge jedoch durch eine restriktive Offenmarktpolitik komplett neutralisiert, verschiebt sich die $M^s{}_1M^d{}_1$-Gerade auf die ursprüngliche Lage nach links und der Wechselkurs bleibt unbeeinflusst.

4.2.3. Portfolioansatz

Wie bereits erläutert, besteht das hier gewählte einfache Portfolio-Modell aus drei Marktgleichgewichtsbedingungen und einer Vermögensrestriktion. Dem Modell liegt die Annahme statischer Erwartungen zugrunde. Ferner geht man davon aus, dass die Inländer bei gegebenen Risiken und gegebenem Grad der Risikoaversion das inländische private Vermögen (A) nur in Abhängigkeit von den relativen Ertragsraten auf die unterschiedlichen Vermögensarten Geld (M), inländische Wertpapiere (WP) und ausländische Wertpapiere (WP^a) aufteilen (s. hierzu auch Beitrag D):

(34) $M = m(i, i^a) \cdot A,$

(35) $WP = wp(i, i^a) \cdot A,$

(36) $WP^a/e = wp^a(i, i^a) \cdot A,$

(37) $A = M + WP + WP^a/e.$

Wegen der Annahme eines kleinen Landes ist der Auslandszins gegeben, so dass als endogene Variablen des Modells der Inlandszins und der Wechselkurs verbleiben. Grafisch lassen sich die Modellzusammenhänge mit Hilfe von *Abb. E-11* erläutern.

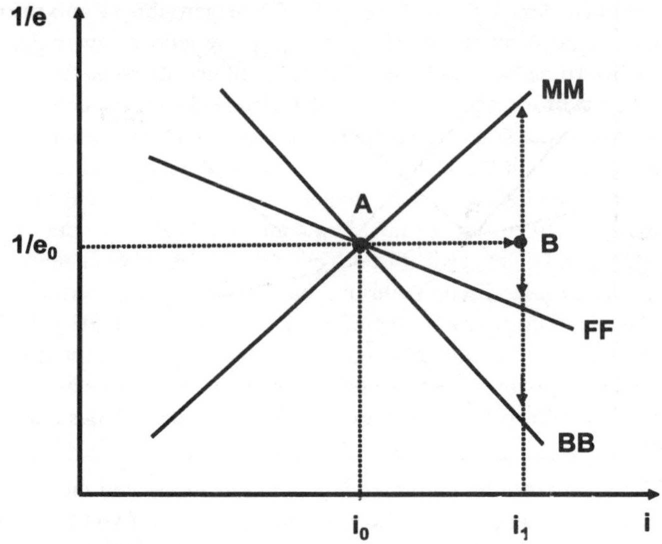

Abb. E-11: Kurvenverläufe beim Portfolioansatz

MM, BB und FF stellen dabei die Gleichgewichtskurven der drei Vermögenskomponenten dar. Die Kurve des Geldmarktgleichgewichts weist einen positiven Verlauf auf. Steigt zum Beispiel ausgehend vom Gleichgewicht der Zins, führt dies zu einer sinkenden Geldnachfrage und damit c. p. zu einem Überschussangebot auf dem Geldmarkt. Ein Ausgleich kommt dann zustande, wenn über eine Aufwertung der Fremdwährung das Gesamtvermögen steigt (F/e steigt weil e sinkt bzw. 1/e steigt). Die Gleichgewichtskurve des Marktes für heimische Wertpapiere (BB) verläuft hingegen negativ geneigt. In diesem Fall führt nämlich eine Zinssteigerung zu einer erhöhten Wertpapiernachfrage und damit c. p. zu einer Überschussnachfrage auf diesem Markt. Ein Ausgleich wird hier herbeigeführt, wenn eine Abwertung der Fremdwährung das Gesamtvermögen und damit die Nachfrage nach heimischen Wertpapieren senkt (F/e sinkt, weil e steigt bzw. 1/e sinkt). Die Gleichgewichtskurve des Marktes für ausländische Wertpapiere verläuft ebenfalls negativ geneigt. Eine Aufwertung der Fremdwährung (e sinkt, 1/e steigt) erhöht nun das Angebot an ausländischen Wertpapieren über eine Wertsteigerung (F/e steigt). Gleichzeitig nimmt aber auch die Nachfrage aufgrund des gestiegenen Vermögens zu. Da der Angebotseffekt größer als der Nachfrageeffekt ausfällt, kommt es zu einem Angebotsüberschuss auf diesem Markt. Ein Ausgleich kommt dann zustande, wenn die Nachfrage nach ausländischen Wertpapieren steigt, was eine Senkung der inländischen Zinsen gewährleistet. Die FF-Gerade verläuft insbesondere deshalb flacher als die BB-Gerade, weil man davon ausgeht, dass die Nachfrage nach ausländischen Wertpapieren weniger stark auf Veränderungen des Inlandszins reagiert als die Nachfrage nach inländischen Wertpapieren. Bei einer Angebotsausweitung verschiebt sich die MM-Gerade nach links, die BB-Gerade nach rechts und die FF-Gerade nach links unten.

Untersucht man – ausgehend von einer Gleichgewichtssituation A in *Abb. E-12* – die Wirkung einer expansiven Offenmarktpolitik, so verschieben sich die MM-Kurve und die BB-Kurve nach links. Bei unverändertem Gesamtvermögen halten die privaten

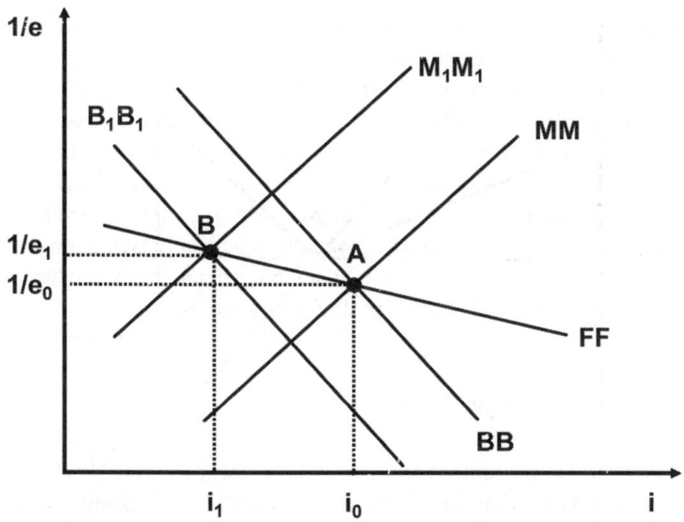

Abb. E-12: Wirkungen einer expansiven Geldpolitik

Wirtschaftssubjekte nun mehr Geld und weniger inländische Wertpapiere. Im neuen (kurzfristigen) Gleichgewicht B ist der Inlandszins von i_0 auf i_1 gesunken, während es gleichzeitig zu einer Abwertung der heimischen Währung von e_0 auf e_1 kommt ($1/e_0$ steigt auf $1/e_1$ = Abwertung in der Preisnotierung).

Vor dem Hintergrund dieses Modellrahmens sollen ferner die Wirkungen neutralisierter Devisenmarktinterventionen untersucht werden. Die Interventionen selbst sind als Ankauf ausländischer Wertpapiere durch die Notenbank zu interpretieren. Dies führt dazu, dass die Ausweitung der heimischen Geldmenge die MM-Kurve in *Abb. E-13* nach

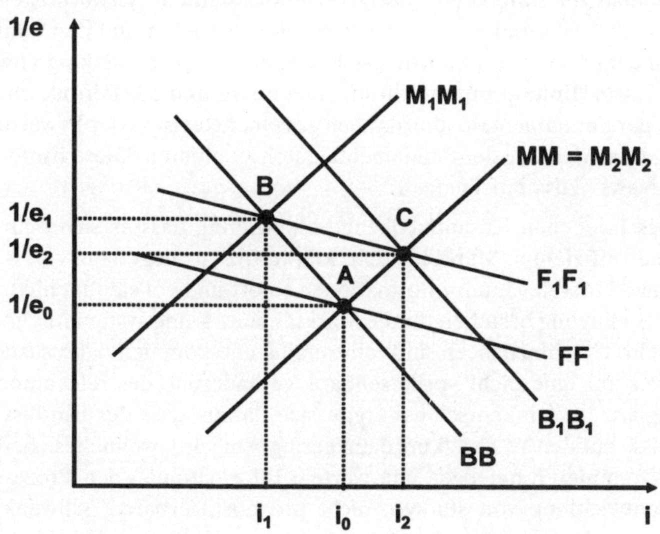

Abb. E-13: Neutralisierte Devisenmarktinterventionen

links verschiebt, während gleichzeitig der Wertpapierankauf durch die Notenbank die FF-Kurve nach rechts oben verschiebt. Das neue Gleichgewicht bildet sich im Punkt B und geht mit einer Abwertung der heimischen Währung von e_0 auf e_1 ($1/e_0$ steigt auf $1/e_1$) einher. Versucht nun die Zentralbank die interventionsbedingte Ausweitung der heimischen Geldmenge durch eine restriktive Offenmarktoperation mit heimischen Wertpapieren zu neutralisieren, so verschiebt sich die Kurve des Geldmarktgleichgewichts wieder auf die ursprüngliche Lage zurück ($M_2M_2 = MM$). Gleichzeitig verschiebt sich die BB-Gerade nach rechts. Das Sterilisationsgleichgewicht stellt sich dann in Punkt C ein. Im Gegensatz zum monetären Modell bleibt hier auch bei Sterilisation der Geldzuflüsse ein Nettoeffekt auf den Wechselkurs erhalten (Abwertung von $1/e_0$ auf $1/e_2$).

4.3. Devisenmarkteffizienz und News

Der eingeschränkte Erklärungsgehalt der bisher vorgestellten Wechselkursmodelle führte in den 80er Jahren zu neuen Ansätzen, die die Bedeutung der Erwartungen für die Wechselkursentwicklung betonen. Hierdurch sollte insbesondere die hohe Volatilität der Wechselkurse erklärt werden.

Als Ausgangspunkt zur Erläuterung dieser Zusammenhänge soll zunächst die ungedeckte Zinsparität dienen, hier zur Erklärung des aktuellen Wechselkurses umgestellt:

$$(38) \qquad e = \frac{e^*}{i^a - i + 1}.$$

Neben den Wechselkurserwartungen beeinflussen hier die Zinssätze den aktuellen Wechselkurs. Die Zinssätze spiegeln dabei die Entwicklung der Fundamentalfaktoren wie zum Beispiel Geldpolitik und reales Wirtschaftswachstum wider. Die Wechselkurserwartungen hängen wiederum vom unterstellten Erwartungsbildungsmechanismus ab. Geht man von rationalen – also modellkonsistenten – Erwartungen aus, dann ergeben sich die Wechselkurserwartungen aus den aktuellen und den künftig erwarteten Fundamentalfaktoren. Erwartungsfehler und damit Wechselkursschwankungen können vor diesem Hintergrund sowohl aus einer für die aktuelle Periode unerwarteten Entwicklung der Fundamentaldaten als auch aus einer Revision der Erwartungen über die zukünftige Entwicklung der Fundamentaldaten resultieren. Diese Einflussfaktoren werden als „News" zusammengefasst.

Die zuvor beschriebenen Zusammenhänge implizieren, dass es sich beim Devisenmarkt um einen effizienten Markt handelt. Markteffizienz liegt dann vor, wenn sich in den Preisen alle kursrelevanten Informationen sofort und vollständig niederschlagen. Unter dieser Bedingung bestehen für die Marktakteure keine systematischen Gewinnpotentiale mehr. Gewinnchancen sind rein zufällig und kommen dann zustande, wenn der Marktpreis auf eine nicht vorhersehbare Veränderung des relevanten Informationssets reagiert. Im Umkehrschluss ergibt sich daraus, dass der Einfluss ökonomischer Ereignisse auf den Wechselkurs dann gering sein wird, wenn diese bereits erwartet wurden. Dominieren hingegen unerwartete Informationen den Prozess, wird die Wechselkursentwicklung von starken, nicht prognostizierbaren Schwankungen geprägt. Aus diesem Grunde wird dieser Analyseansatz häufig zur Erklärung der Volatilität herangezogen.

Damit von einem effizienten Devisenmarkt gesprochen werden kann, sind zwei Grundvoraussetzungen notwendig. Zum einen muss den Marktteilnehmern ein Modell vorliegen, mit dessen Hilfe ein gleichgewichtiger Devisenkurs abgeleitet werden kann. Zum anderen müssen die Marktteilnehmer ihre Erwartungen rational in dem Sinne bilden, dass sie keine systematischen Prognosefehler machen. Unterstellt man zunächst risikoneutrale Marktteilnehmer sowie die Abwesenheit von administrativen Hemmnissen und abstrahiert von Transaktionskosten, so erhält man zunächst die Gleichgewichtsbedingung für den Devisenkassamarkt durch die ungedeckte Zinsparität:

(39) $$(1+i) = (1+i^a) \cdot \frac{e_t}{e^*_{t+1}}.$$

Ähnlich kann für die Devisenterminmärkte argumentiert werden. Hier muss sich unter den zuvor gemachten Prämissen die gedeckte Zinsparität einstellen:

(40) $$(1+i) = (1+i^a) \cdot \frac{e_t}{e^T_{t;t+1}}.$$

Während Kassamarktspekulationen die ungedeckte Zinsparität erzwingen, wird die gedeckte Zinsparität durch risikolose Arbitrage über Terminkontrakte herbeigeführt. Die Spekulation zwischen beiden Märkten wird so lange andauern, bis der heutige Terminkurs dem künftig erwarteten Kassakurs für die gleiche Fristigkeit entspricht:

(41) $$e^*_{t+1} = e^T_{t,t+1}.$$

Neben den Gleichgewichtsbedingungen (39) und (40) sind rationale Erwartungen der Marktteilnehmer die zweite Grundbedingung für effiziente Märkte. Dies impliziert, dass der von den Akteuren subjektiv erwartete zukünftige Wechselkurs dem mathematischen Erwartungswert des zukünftigen Devisenkassakurses auf der Basis aller gegenwärtig verfügbaren kursrelevanten Informationen entsprechen muss:

(42) $$e^*_{t+1} = EW_t(e_{t+1}).$$

Rationalität von Erwartungen lässt sich dabei unmittelbar testen, indem man prüft, ob der in t für t + 1 erwartete Kassakurs mit dem später tatsächlich realisierten Kassakurs e_{t+1} übereinstimmt.

Aus (41) und (42) ergibt sich nach Subtraktion von e_{t+1} auf beiden Seiten der Gleichung wiederum:

(43) $$e^T_{t;t+1} - e_{t+1} = [EW_t(e_{t+1}) - e_{t+1}] = u_{t+1}.$$

Die eckige Klammer auf der rechten Seite der Gleichung spiegelt dabei die Erwartungsirrtümer wider. Bei rationalen Erwartungen ergibt sich dieser Fehler (u_{t+1}) rein zufällig und er weist keine systematische Entwicklung im Zeitablauf auf. Rationale Erwartungsbildung bedeutet demnach aber nicht zugleich auch, dass die Erwartungen immer zutreffend sind. Erwartungsirrtümer können zum Beispiel durch überraschende Informationen ausgelöst werden, die zum Entscheidungszeitpunkt noch nicht bekannt waren.

Da sich die Erwartungen der Wirtschaftssubjekte nicht unmittelbar erfassen lassen, ergibt sie nach Umstellung von (43) als empirisch testbare Hypothese für einen effizienten Devisenmarkt, dass der heutige Terminkurs ein unverzerrter Schätzer für den zukünftigen Kassakurs sein muss:

(44) $$e_{t+1} = e^T_{t,t+1} + u_{t+1}.$$

Die meisten empirischen Untersuchungen gelangen jedoch zu dem Schluss, dass der heutige Terminkurs keinen unverzerrten Schätzwert für den zukünftigen Kassakurs darstellt – Beziehung (44) also nicht erfüllt ist. Dabei gilt es allerdings zu beachten, dass (empirische) Überprüfungen der Hypothese effizienter Märkte stets eine Verbundhypothese testen. Während sich die erste Teilhypothese auf das relevante Erklärungsmodell – also auf das Zustandekommen der gleichgewichtigen Preise – bezieht, prüft man im Rahmen der zweiten Teilhypothese die Rationalität der Erwartungen, und damit die Informationsverarbeitung. Die daraus abgeleiteten Schlussfolgerungen sind aber keineswegs einheitlich. Eine Möglichkeit, dieses Ergebnis – unter Beibehaltung der Annahme rationaler Erwartungen – zu erklären, besteht darin, (variable) Risikoprämien zu berücksichtigen und somit die Annahme der Risikoneutralität im Zusammenhang mit der ungedeckten Zinsparität abzulehnen. Sind Spekulanten nämlich risikoavers, so werden sie nur dann bereit sein, Devisen am Terminmarkt zu verkaufen, wenn diese um eine Mindest-Risikomarge (φ) teurer sind als der erwartete Kurs am Kassamarkt. Gleichung (44) erweitert sich dann wie folgt:

(45) $$e_{t+1} = e^{T}_{t;t+1} \pm \varphi + u_{t+1}.$$

Dies zeigt, dass selbst bei rationalen Erwartungen [siehe (42)] der heutige Terminkurs vom zukünftigen Kassakurs abweichen kann. Variable Abweichungen wären dann durch entsprechende variable Risikoprämien zu erklären.

Ein weiterer Erklärungsansatz basiert auf den oben erläuterten News. Da sie annahmegemäß erst nach der Festlegung des Terminkurses bekannt werden, können sie hierin nicht enthalten sein und führen zu Abweichungen vom künftigen Kassakurs. Ähnlich – allerdings mit umgekehrten Vorzeichen – verhält es sich mit dem sogenannten „Finanzminister-“ oder „Peso-Problem“. Wenn das „richtige“ Modell bekannt ist und ein wechselkursrelevantes Ereignis wie etwa die Ernennung eines neuen Finanzministers oder die Ausweitung des Geldmengenwachstums erwartet wird, kommt es zu Reaktionen des aktuellen Wechselkurses. Wenn das allseits erwartete Ereignis dann allerdings doch nicht eintritt, erscheinen die Wechselkursbewegungen ohne Beziehung zu den relevanten Bestimmungsfaktoren und empirische Tests verwerfen das Modell. Wieder andere Ansätze, auf die im folgenden näher eingegangen wird, schließen von diesem empirischen Ergebnis auf ineffiziente Märkte und nicht-rationale Erwartungsbildung.

4.4. Spekulative Blasen

Spekulative Blasen beschreiben einen explosiven Pfad der Wechselkursentwicklung. Dabei entfernt sich der Wechselkurs immer weiter von seinem Gleichgewichtswert, bis die Blase möglicherweise platzt. Zu einer solchen Entwicklung kann es insbesondere dann kommen, wenn die Wirtschaftssubjekte erwarten, dass sich eine Abwertungstendenz in der Zukunft fortsetzt. Durch den Kauf der aufwertenden Währung kommt es dann zu einer sich selbst erfüllenden Erwartung.

Mit rationalen Erwartungen kann eine solche Entwicklung einher gehen, wenn der Zeitpunkt des Platzens der Blase nicht mehr mit Sicherheit bekannt ist. Den Ausgangspunkt der Überlegungen soll wiederum die ungedeckte Zinsparität bilden, nun allerdings in logarithmischer Form [i entspricht hier ln (1+i); i^a entspricht ln (1+i^a)]:

(46) $i - i^a = \Delta \ln e^*$.

Die erwartete Wechselkursänderungsrate setzt sich dabei aus zwei Komponenten zusammen: Mit der Wahrscheinlichkeit α wird erwartet, dass die Blase in der nächsten Periode platzt und damit eine Aufwertung der heimischen Währung auf den Gleichgewichtswert $\ln \bar{e}$ stattfindet. Demgegenüber wird mit der Wahrscheinlichkeit $1-\alpha$ erwartet, dass die heimische Währung eine weitere Abwertung erfährt ($\Delta \ln e$). Daraus ergibt sich die erwartete Abwertungsrate wie folgt:

(47) $\Delta \ln e^* = \alpha (\ln e - \ln \bar{e}) + (1\text{-}\alpha) \Delta \ln e$.

Fügt man (47) in (46) ein, und löst den Ausdruck zur Wechselkursänderung der Inlandswährung auf, erhält man

(48) $\Delta \ln e = \frac{1}{1-\alpha} (i^a - i) + \frac{\alpha}{1-\alpha} (\ln e - \ln \bar{e})$.

Bei der sicheren Erwartung einer nie platzenden Blase (α=0) entspricht die Abwertungsrate der Inlandswährung der Zinsdifferenz. Besteht hingegen Unsicherheit darüber, ob und wann die Blase platzt ($\alpha > 0$), fällt die Abwertung größer aus und der Wechselkurs entfernt sich immer weiter vom Gleichgewichtskurs. Der Prozess findet dann ein Ende, wenn die Blase platzt und der Kurs zum Gleichgewicht zurückfindet. Dieser Zeitpunkt ist zufallsbestimmt und im voraus nicht bekannt.

Ein wesentlicher Kritikpunkt am Konzept der spekulativen Blasen besteht darin, dass weder die Entstehung einer solchen Blase noch deren Platzen erklärt wird. Die auslösenden Faktoren, die zur Initialabweichung vom Fundamentalkurs führen und die Ereignisse, die die plötzliche Rückkehr auf den Gleichgewichtspfad verursachen, werden als exogen angesehen. Als wenig realitätsnah erscheint zudem die Tatsache, dass die Wahrscheinlichkeit des Platzens der Blase unabhängig vom Ausmaß der Fehlbewertung ist und als konstant angesehen wird. Selbst die Identifikation einer spekulativen Blase bereitet insofern Probleme, als sie die Kenntnis des fundamentalen (Gleichgewichts-)Wechselkurses voraussetzt.

4.5. Fundamentalisten und Chartisten

In Wechselkursmodellen mit vollständiger Voraussicht und vollkommener Kapitalmobilität wird der heutige Kassakurs – wie im letzten Abschnitt erläutert – über die ungedeckte Zinsparität von den Erwartungen (eindeutig) beeinflusst. Geht man hingegen von unvollständiger Voraussicht der Marktteilnehmer aus, dann erhält man einen Korridor, in dem sich aktuelle und erwartete Wechselkurse mit annähernd gleicher Wahrscheinlichkeit einstellen. Die erwartete Wechselkursänderungsrate wird nun jedoch neben den Fundamentalfaktoren, an denen sich die Fundamentalisten orientieren, auch von Gegenwarts- und Vergangenheitsfaktoren bestimmt, an denen sich zum Beispiel Chartisten in Form von Trendextrapolationen orientieren. Über die Gegenwarts- und Vergangenheitsfaktoren gehen also nicht-rationale Elemente in die Erwartungsbildung ein. Formal lässt sich die erwartete Wechselkursänderungsrate (g_{e*}) wie folgt spezifizieren:

$$(49) \qquad g_{e^*} = \alpha \left(\sum_{j=0}^{n} c_j g_{e_{t-j}} \right) + (1-\alpha)(\bar{e} - e).$$

Der erste Ausdruck auf der rechten Seite von (49) spiegelt den mit α gewichteten Einfluss der Gegenwarts- und Vergangenheitsrate wider, während der zweite Ausdruck den mit (1-α) gewichteten Einfluss der Fundamentalfaktoren berücksichtigt. Bei positiven Werten von α werden dabei die gegenwärtigen und vergangenen Änderungsraten in die Zukunft extrapoliert. Im Rahmen der Fundamentalfaktoren wird jeweils eine Rückkehr zum Gleichgewichtskurs ($\bar{e}$) erwartet. Der Gewichtungsfaktor α ist in diesem Ansatz wiederum abhängig von der Differenz zwischen aktuellem Wechselkurs und seinem Gleichgewichtswert und stellt damit keine Konstante dar. Befindet sich der Wechselkurs innerhalb des vorher erläuterten Korridors um den jeweiligen Gleichgewichtskurs, dominieren die Chartisten die Wechselkursänderungserwartung und α nimmt im Extrem den Wert 1 an. Verlässt der Wechselkurs hingegen den Korridor, setzen sich die Fundamentalisten durch, und α tendiert gegen Null. News haben in diesem Ansatz nur einen begrenzten Einfluss auf den Wechselkurs, solange sich die Änderungen innerhalb des durch Vergangenheitserfahrungen geprägten Korridors bewegen. Dies kann aber wiederum dazu führen, dass sich der Wechselkurs für längere Zeit von seinem Gleichgewichtswert entfernt.

5. Währungssysteme und Währungspolitik

Aufgabe der internationalen Währungsordnung ist es, die aus dem internationalen Handels- und Kapitalverkehr resultierenden Zahlungsströme zu sichern. Hierzu ist es erforderlich, dass kein Land längerfristig mehr Zahlungen an das Ausland leisten muss, als es Zahlungen vom Ausland empfängt. Die Grundelemente der internationalen Währungsordnung umfassen dabei das Wechselkurssystem, die Reserveversorgung, die Konvertibilitätsregeln sowie die Anpassungsregeln bzw. -wirkungen. Vor diesem Hintergrund sollen im folgenden Ausgestaltung, Funktionsweise und Mängel der real praktizierten Währungssysteme nach dem Zweiten Weltkrieg diskutiert werden. Zugleich gilt es aber auch, die währungspolitischen Möglichkeiten und Grenzen der beteiligten Länder – in der Regel aus der Sicht der Bundesrepublik Deutschland – mit Hilfe des Dreiecks währungspolitischer Inkonsistenz *(Übersicht E-9)* zu erläutern, bei dem nach herrschender Meinung bestenfalls zwei der drei Ziele gleichzeitig realisiert werden können. Die Zielkonkurrenz resultiert dabei aus der Annahme, dass den drei Zielen lediglich zwei (wirksame) Instrumente gegenüberstehen, nämlich: die nationale Geldpolitik sowie administrative Beschränkungen des Kapitalverkehrs. In Abhängigkeit vom Währungssystem und dem betrachteten Zeithorizont standen den beteiligten Ländern unterschiedliche Zweier-Kombinationen zur Verfügung bei gleichzeitigem Verzicht auf das jeweils dritte Ziel.

Übersicht E-9: Dreieck währungspolitischer Inkonsistenz

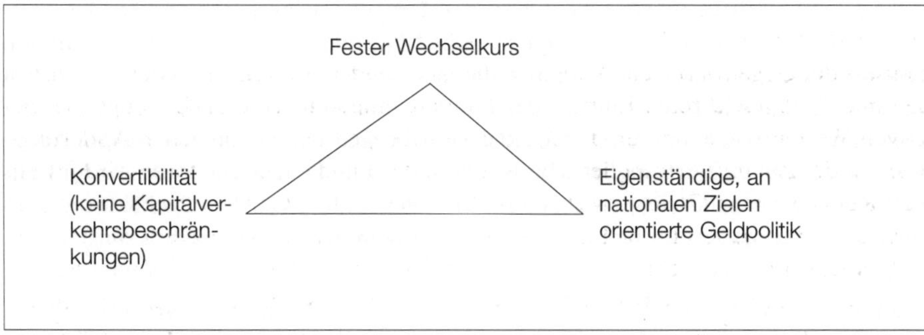

5.1. System von Bretton Woods

Das 1944 geschlossene Abkommen über die Errichtung des Internationalen Währungsfonds (IWF) war Teil eines umfassenden Versuchs zur Wiederherstellung geordneter Wirtschaftsbeziehungen in der Welt. Dieses Abkommen und das darauf basierende Währungssystem von Bretton Woods bildete eine Synthese aus Gold- und Devisenstandard. Die Paritäten der einzelnen Währungen wurden entweder direkt in Goldeinheiten oder indirekt über das Verhältnis zum Dollar festgelegt. Um die vereinbarte Parität wurde eine Schwankungsbreite für die Wechselkurse von ± 1 v. H. zugelassen. Davon zu trennen ist die Goldeinlösepflicht, für die sich – bis 1971 – nur die USA entschieden. Diese Goldkonvertibilität des Dollars bestand allerdings nur gegenüber anderen Notenbanken, nicht jedoch gegenüber privaten Banken und Nichtbanken. Hinzu kam, dass die Goldeinlösepflicht nicht automatisch vorgenommen wurde, sondern nur auf Initiative der Dollarbesitzer – also der Überschussländer. Gleichwohl bedeutete die Goldeinlöseverpflichtung einen entsprechenden Anreiz für die USA, eine stabilitätsorientierte Geldpolitik zu betreiben, um auf diese Art und Weise einen drohenden Goldabfluss zu vermeiden. Alle anderen Länder, die sich nicht für die Goldeinlösepflicht entschieden hatten, mussten „durch geeignete Maßnahmen im Rahmen dieses Abkommens" dafür sorgen, dass die Wechselkurse ihrer Währungen innerhalb der vorgegebenen Bandbreiten blieben. In Situationen eines ‚fundamentalen Ungleichgewichts' konnte die Parität angepasst werden. Soweit diese Anpassung einen Wert von zehn v. H. nicht überstieg, bedurfte es nur der Konsultation, nicht jedoch der Zustimmung des IWF. Da alle anderen Länder ihre Wechselkurse gegenüber dem US-Dollar fixierten, kam ihm die Leitwährungsfunktion zu.

Obgleich die amerikanische Leistungsbilanz bis 1970 durchweg einen Überschuss aufwies, traten bereits seit den frühen fünfziger Jahren Devisenabflüsse auf, weil die Überschüsse in der Leistungsbilanz nicht ausreichten, um den Kapitalabfluss zu decken. Dieser Abfluss an Gold- und Devisenreserven schlug sich jedoch in den Nicht-Leitwährungsländern als entsprechender Zustrom und damit als latentes Inflationspotential nieder. Nachdem die Deutsche Bundesbank erfolglos versucht hatte, den Inflationsgefahren durch eine restriktive Geldpolitik zu begegnen, kam es am 9. März 1961 zur Aufwertung der DEM um 5 v. H. gegenüber dem USD und damit zugleich gegenüber allen anderen Ländern.

Die Zeit ab 1965 war hingegen durch eine Abkehr der USA von der bis dahin realisierten Stabilitätspolitik gekennzeichnet. Um einem damit einhergehenden massiven Abfluss von Gold zu begegnen, kam es im März 1967 zunächst zu einer bilateralen Vereinbarung zwischen den USA und der Bundesrepublik Deutschland, in der ein Verzicht auf die Goldeinlösung von Dollarreserven vereinbart wurde. Diesem Schritt folgte am 15. August 1971 die ‚offizielle' Rücknahme der Goldeinlöseverpflichtung durch die USA. Damit war zugleich aber auch jegliche Inflationsbegrenzung im Leitwährungsland entfallen. Erneut stand die Bundesrepublik vor dem Problem der (importierten) Anpassungsinflation, die dem heimischen Ziel der Preisniveaustabilität entgegenstand.

Begonnen hatte dieses letzte Kapitel des Systems von Bretton Woods mit der Abwertung des britischen Pfunds im November 1967. Bis dahin hatte man geglaubt, Abwertungen kämen für die beiden großen Reservewährungen – US-Dollar und britisches Pfund – auf keinen Fall in Frage. Nun allerdings reagierten die Finanzmärkte mit Misstrauen auch gegenüber dem US-Dollar. Es kam zu den Währungskrisen der Jahre 1968/69, die für die Bundesrepublik in einer Aufwertung der DEM endeten, nachdem der Wechselkurs im Oktober 1969 frei schwankte. Gleichwohl kam es zu immer größeren Devisenzuflüssen und einer damit – verzögert – einhergehenden Anpassungsinflation, da sich der zunehmende Anstieg der Geldbasis immer weniger sterilisieren ließ. Um weitere Devisenzuflüsse zu unterbinden, hob die Bundesregierung am 5. Mai 1971 die Interventionspflicht der Deutschen Bundesbank auf. Am 18. Dezember 1971 einigte man sich dann im Rahmen des ‚Smithsonian Agreement' auf neue Leitkurse. Zugleich wurden die Bandbreiten gegenüber dem Dollar von $\pm$ 1 v. H. auf $\pm$ 2,25 v. H. ausgeweitet. Damit konnten zum Beispiel die europäischen Währungen gegeneinander um ± 4,5 v. H. schwanken. Letztlich kehrte man aber zu dem System grundsätzlich fester Wechselkurse zurück, das durch die Aufgabe der Goldkonvertibilität durch die USA am 15. August 1971 lediglich von einem Gold-Devisen-Standard zu einem reinen Devisen-Standard wurde.

Die nächste Krise ließ jedoch nicht lange auf sich warten. Bereits 1972 führte man in der Bundesrepublik weitreichende Beschränkungen des Kapitalverkehrs zur Abwehr erneuter Devisenzuflüsse ein. Gleichwohl kam es zu einem fortlaufenden Anstieg der Geldmenge. Im Januar 1973 wurde dann der Wechselkurs des Schweizer Frankens freigegeben. Als im Februar die deutschen Kapitalverkehrskontrollen noch verschärft wurden, floss das Kapital zunehmend nach Japan, so dass auch der Yen am 10. Februar freigegeben wurde. Am 12. Februar versuchten die fünf größten Industrieländer durch ein erneutes Realignment, in dessen Rahmen der US-Dollar weiter abgewertet wurde, die Lage zu bereinigen. Doch bereits am 2. März 1973 spitzte sich die Situation erneut krisenhaft zu, so dass man sich am 19. März 1973 allgemein zur Aufgabe der festen Wechselkurse entschloss.

5.2. Flexible Wechselkurse

Der Übergang zum (Block-)Floating im März 1973 war zunächst von vielen nur als eine Übergangslösung angesehen worden, da im Reform-Ausschuss des IWF die Diskussion über das künftige Wechselkurssystem zu diesem Zeitpunkt in vollem Gang war. Es dauerte immerhin bis zum Januar 1976, bis das neue System offiziell legalisiert wurde. Für die DEUTSCHE BUNDESBANK begann damit die Möglichkeit, ihre Geldpolitik stärker an nationalen wirtschaftspolitischen Gesichtspunkten zu orientieren. Dies bedeutet aber nicht zugleich auch, dass man auf diese Art und Weise die Binnenwirtschaft komplett von außenwirtschaftlichen Einflüssen isolieren kann. Eng damit zusammen hing die Vorstellung, flexible Wechselkurse würden automatisch die als störend empfundenen Situationen der Über- oder Unterbewertung von Währungen verhindern. Diese Erwartung muss man wohl auch vor dem Hintergrund sich wandelnder Rahmenbedingungen sehen. Geht man nämlich davon aus, dass die Über- oder Unterbewertung einer Währung gewöhnlich an der Kaufkraftparität gemessen wird, so sind es insbesondere die Waren- und Dienstleistungsströme, die diesen Referenzmaßstab beeinflussen. Geht man von einer geringen internationalen Kapitalmobilität aus, wie sie – zumindest in weiten Teilen – während der 60er Jahre noch bestand, so führen flexible Wechselkurse idealtypischerweise zum Ausgleich der Leistungsbilanz und zur längerfristigen Gültigkeit der Kaufkraftparität. Mit zunehmender Bedeutung der internationalen Kapitalbewegungen verhindern flexible Wechselkurse aber ‚nur' noch Devisenzu- oder Devisenabflüsse, die nun jedoch mit verschiedenen Ungleichgewichten in den sonstigen Teilbilanzen einhergehen können. Die von internationalen Kapitalbewegungen ausgehenden kurz- und längerfristigen Wirkungen auf die heimische Volkswirtschaft waren wiederum der Anlass, ‚ungeordneten Marktverhältnissen' mit freiwilligen Devisenmarktinterventionen zu begegnen. Entgegen einigen Erwartungen hatte dies zugleich wieder zur Folge, dass ein solches ‚schmutziges' Floating Währungsreserven keineswegs entbehrlich machte.

In der Praxis des Floating führte die stark vorangeschrittene Integration der Weltwirtschaft und der Finanzmärkte im besonderen zu einem starken Anwachsen der nominalen und realen Wechselkursschwankungen. Dabei unterscheidet man zwischen kurzfristigen (Volatility) sowie längerfristigen Schwankungen (Misalignment) und befürchtet hierdurch entstehende Kosten. „Versichert" sich ein Unternehmen gegen das Risiko kurzfristiger nominaler Wechselkursschwankungen zum Beispiel am Devisenterminmarkt, dann werden die damit verbundenen Kosten zu höheren Preisen oder sinkenden Gewinnen führen. Dass dies aber auch eine Verminderung des internationalen Handels und damit volkswirtschaftliche Kosten nach sich zieht, ließ sich bisher empirisch nicht eindeutig nachweisen. Als Folge längerfristiger Schwankungen insbesondere des realen Wechselkurses befürchtet man hingegen Fehlallokationen der Ressourcen, weil sich Produktions- und Investitionsentscheidungen längerfristig als falsch herausstellen. Soweit ein kurzfristiges Überschießen der Wechselkurse nach oben oder unten zustandekommt, könnte man eine solche Entwicklung aber auch als ‚Aufpasserfunktion' internationaler Kapitalströme bei flexiblen Wechselkursen interpretieren. Gegenwärtige Fehler in der Politik wirken sich nämlich schneller und deutlich negativer auf die Wirtschaft aus als früher – der internationale Kapitalmarkt und der Wechselkurs reagieren sofort. Es kommt folglich zu einer – frühzeitigen – Disziplinierung der heimischen Volkswirtschaft über die Erwartungen der Wirtschaftssubjekte.

Um diese Kosten zu mindern oder ganz auszuschließen, wurden verschiedene Maßnahmen vorgeschlagen und praktiziert. Ein Teil dieser Maßnahmen orientiert sich dabei an den vermeintlichen Ursachen für Wechselkursschwankungen. Als solche werden zum einen die hohe internationale Kapitalmobilität und zum anderen divergierende nationale Wirtschaftspolitiken gesehen. Der andere Teil empfiehlt hingegen ein Kurieren an den Symptomen – also eine Beeinflussung der Wechselkurse selbst.

Einschränkungen der internationalen Kapitalmobilität

Führt man die (kurzfristigen) Wechselkursschwankungen in erster Linie auf internationale Kapitalbewegungen zurück, so scheint es naheliegend, Sand in das Getriebe des internationalen Kapitalverkehrs zu streuen. TOBIN (1978) hat in diesem Zusammenhang eine Besteuerung vorgeschlagen, die insbesondere den Anreiz zu kurzfristigen – von ihm als spekulativ angesehenen – Kapitalbewegungen unterbinden soll. Diese Beziehung zeigt Ausdruck (50):

(50) $$i = i^a + \frac{e - e^*}{e} - \frac{s}{t}.$$

s = Steuersatz

t = Anlagezeitraum (1 Monat → t = 1/12)

Je kürzer der Anlagezeitraum, desto höher müsste der Zins im Ausland ausfallen, um bei gegebenem Steuersatz eine Auslandsanlage lohnenswert erscheinen zu lassen.

Die grundsätzlichen Kritikpunkte an dieser TOBIN-Steuer sind zum einen, dass sich die Kapital-Transaktionen aus den Güterbewegungen und dem „Spekulationsmotiv" nicht trennen lassen. Zum anderen führt eine solche Steuer zu einer Desintegration der Finanzmärkte, mit der Folge, dass sich die internationale Kapitalallokation verschlechtert und negative Wohlfahrtseffekte entstehen. Nicht zu vergessen sind bei diesem Vorschlag die Kosten der Kontrolle, die eine Umgehung der progressiven Steuerwirkung unterbinden müsste.

Koordination der nationalen Geldpolitiken

Der Vorschlag, die nationalen Geldpolitiken zu koordinieren, geht insbesondere auf MCKINNON (1984) zurück. Die Kernpunkte lassen sich vor dem Hintergrund des realen Wechselkurses verdeutlichen:

(51) $$g_{e\ real} = g_e - g_{pa} + g_p.$$

Unter der vereinfachenden Annahme gleicher Inflationsraten im In- und Ausland ($g_{pa} = g_p$) bleibt der reale Wechselkurs dann konstant ($g_{e\ real} = 0$), wenn der nominale Wechselkurs eine stabile Entwicklung aufweist ($g_e = 0$). Löst man ferner die Quantitätsgleichung zur jeweiligen Inflationsrate auf (Inland: $g_p = g_M + g_V - g_Y$) und setzt die beiden Ausdrücke in die Kaufkraftparität ein, so erhält man folgende Beziehungen:

(52) $$g_e = (g_M{}^a - g_M) - (g_V - g_V{}^a) \text{ bzw.}$$

(53) $$g_e = 0 \rightarrow (g_M{}^a - g_M) = (g_V - g_V{}^a).$$

Ausdruck (53) verdeutlicht wiederum, unter welchen Bedingungen der nominale Wechselkurs (im Extremfall) konstant bzw. die Veränderungsrate gleich Null ist.

McKinnon geht nun davon aus, dass es zu Umschichtungen in der Geldhaltung (Währungssubstitution) zugunsten des Auslands und zulasten des Inlands kommt. Bei gegebenen Geldangebotsbedingungen in beiden Ländern würde der Zins im Inland sinken und derjenige im Ausland steigen. Die Folge wären eine Abwertung der heimischen Währung und damit ein Abweichen vom realen Wechselkurs. Soll die Weltgeldmenge konstant bleiben, muss das Geldangebot im Inland sinken und im Ausland in gleichem Umfang steigen. Diesen Effekt erreicht man, wenn man auf Währungssubstitution mit symmetrischen nicht sterilisierten Devisenmarktinterventionen reagiert, die zu einer entsprechenden Veränderung des Geldangebots führen. Der McKinnon-Vorschlag impliziert ein Weltgeldmengenziel, das mit Preisniveaustabilität (der handelsfähigen Güter) vereinbar ist. Ist eine solche Koordination nicht möglich, lässt sich eine nominale Konstanz des Wechselkurses nur dann realisieren, wenn das Ausland sein Geldangebot so lange ausweitet, bis der Zins auf das niedrige Niveau des Inlands sinkt. Dies entspricht asymmetrischen Interventionen, bei denen das Ausland allein die Anpassungslast trägt. Langfristig führt dies jedoch zu einem Anstieg der Inflationsrate im Ausland. Ist die Geldnachfrage hingegen gegeben, so erfordert eine Konstanz des nominalen Wechselkurses, dass die Koordination zu einer parallelen Geldangebotspolitik in beiden Ländern führt.

Bei der währungspolitischen Kooperation im Sinne McKinnons stellt sich zunächst einmal die Frage, ob Geldnachfrageverlagerungen die dominierende Datenänderung widerspiegeln. Obwohl solche Währungs-Substitutionsbewegungen insbesondere nach dem Zusammenbruch des Festkurssystems von Bretton Woods zu beobachten waren, dürften insgesamt eher Geldangebotsdifferenzen die dominierende Ursache für Geldmarktungleichgewichte darstellen. Unabhängig davon lassen die zurückliegenden Erfahrungen aber kaum vermuten, dass die beteiligten Staaten auf eine an nationalen Zielen orientierte Geldpolitik zugunsten einer stabileren Wechselkursentwicklung verzichten werden.

Wechselkursziele und Devisenmarktinterventionen

Wechselkursziele und die zu ihrer Erreichung durchgeführten Devisenmarktinterventionen können sowohl Ausdruck einer kooperativen Strategie – vereinbart etwa im Rahmen von G-7 Treffen – sein, als auch auf die Initiative einzelner Länder zurückgehen. Hierbei werden (informelle) Grenzen für die Wechselkursentwicklung festgelegt, bei deren Erreichen es zu (freiwilligen) Interventionen kommt. Das Motiv der „Kurspflege" führt somit zu einem System des „Managed Floating". Das Kernproblem bei einem solchen Vorgehen ist die Ermittlung und Festlegung des realen Wechselkurses, an dem sich die Ziele orientieren.

Die beiden wichtigsten und bekanntesten Beispiele für kooperativ festgelegte Wechselkursziele sind das Plaza Agreement und der Louvre Accord. Im September 1985 trafen sich die Finanzminister der G-7 Staaten in New York und kamen überein, durch gemeinsame Devisenmarktinterventionen den Wert des Dollars zu drücken und ihn damit der Kaufkraftparität wieder näherzubringen. Als der Dollar jedoch unentwegt (weiter) fiel, erblickte man schon bald Handlungsbedarf in umgekehrter Richtung. Im Februar 1987 vereinbarte man daher im Rahmen eines Treffens der G-7 in Paris, den Dollar innerhalb bestimmter Bandbreiten zu stabilisieren. Die genauen Vereinbarungen wurden allerdings nicht veröffentlicht. Im Ergebnis führte dies zunächst zu den umfangreichsten Interventionen zugunsten des Dollars seit dem Zusammenbruch des Bretton-Woods-Systems. Doch bereits im Herbst 1987 kam es zum Bruch dieses mehr oder weniger formalen Agreements und der Dollar fiel zunächst weiter, um dann aber vergleichsweise regelmäßig um die Kaufkraftparität zu schwanken.

Für die Beurteilung von Devisenmarktinterventionen sind folgende Überlegungen von besonderer Bedeutung, die im weiteren Verlauf näher erläutert werden:

- Der Wechselkurs beeinflusst die Währungsgebiete unterschiedlich stark.
- Die Notenbank muss in der Lage sein, allein oder zusammen mit anderen Notenbanken ein Wechselkursziel gegenüber den privaten Wirtschaftssubjekten am Devisenmarkt durchzusetzen.
- Wechselkursziele stehen möglicherweise mit dem Ziel der Preisniveaustabilität in Konflikt.

Blickt man auf das Euro-Währungsgebiet, so ist einer der Hauptvorteile darin zu sehen, dass sich die Bedeutung von Wechselkursschwankungen erheblich reduziert hat. Der Anteil des Güterhandels am BIP gegenüber Drittländern beläuft sich gegenwärtig auf etwa 16 v. H.. Dieses Verhältnis ist vergleichbar mit den Zahlen für die USA (ca. 12 v. H.) und für Japan (ca. 8,5 v. H.). Bei einem Beitritt der verbleibenden EU-Länder (Großbritannien, Schweden und Dänemark) zur Währungsunion wird sich der Anteil für Euroland weiter auf etwa 10 v. H. senken. Speziell unter diesen neuen Bedingungen erscheint es aber wenig sinnvoll, externe Stabilität (Wechselkursstabilität) statt – und möglicherweise zu Lasten – interner Stabilität (Preisniveaustabilität) anzustreben. Dies gilt so lange, bis nicht zweifelsfrei belegt werden kann, dass externe Instabilität den Grund für signifikante interne Instabilität bildet.

Für viele Beobachter ist es bereits die Größe der Finanzmärkte, die ein systematisches Management der Wechselkurse unmöglich erscheinen lässt – selbst für die Zentralbanken großer Währungsgebiete. Nach Angaben der BIZ lag der durchschnittliche tägliche Umsatz an den Devisenmärkten 2004 bei etwa 1880 Mrd. US-Dollar. Selbst wenn man mögliche Doppelzählungen berücksichtigt, handelt es sich um eine beeindruckende Zahl. Vergleicht man sie mit den gesamten Gold- und Devisenreserven des Euro-Systems in Höhe von etwa 350 Mrd. EUR, so scheint die Einflussmöglichkeit der EZB sehr begrenzt.

Können Devisenmarktinterventionen gleichwohl erfolgreich sein? Vor dem Hintergrund der monetären Theorieansätze zur Wechselkursentwicklung haben Interventionen nur dann eine nachhaltige Wirkung, wenn sie einen Wechsel der Geldpolitik implizieren. In diesem Fall sind Devisenmarktinterventionen nichts anderes als eine spezielle Form der Geldpolitik. Neutralisierte Interventionen bleiben mithin ohne Wirkung auf den Wechselkurs.

Davon abweichende Ergebnisse liefert zum einen der Portfolioansatz, bei dem selbst neutralisierte Interventionen über den „portfolio-balance-effect" eine (begrenzte) Netto-Wirkung auf den Wechselkurs ausüben. Diese Wirkung steigt mit abnehmender Substituierbarkeit in- und ausländischer Wertpapiere – also mit sinkender internationaler Kapitalmobilität. Zum anderen wird argumentiert, dass es entscheidend darauf ankomme, ob Devisenhändler angesichts der Interventionen ihre Wechselkurserwartungen revidieren. Ist dies der Fall, werden die dadurch ausgelösten privaten Transaktionen den Wechselkurs nachhaltig beeinflussen. Bleiben die Erwartungen unverändert, sind signifikante Wirkungen auf den Wechselkurs unwahrscheinlich – und zwar unabhängig davon, ob die Interventionen neutralisiert werden oder nicht. Diese Hypothese bezeichnet man als „signaling-effect".

Betrachtet man vor diesem Hintergrund insbesondere die Interventionserfahrungen der EZB in der jüngeren Vergangenheit, so erscheint der davon auf den Wechselkurs ausgegangene Einfluss äußerst begrenzt. Gründe für eine solche eingeschränkte Wirkung sind insbesondere in folgenden Argumenten zu sehen:

- Im Rahmen der zunehmenden Finanzmarktintegration stellen inländische und ausländische Wertpapiere immer weiter zunehmende Substitute dar, so dass Portfolioeffekte kleiner werden und man sich dem monetären Wechselkursmodell nähert.
- Signal-Effekte können nur dann auf den Wechselkurs wirken, wenn Interventionen als neue Information über den zukünftigen Kurs der Geldpolitik interpretiert werden können. Man findet allerdings kaum Belege dafür, dass Zentralbanken ihre Geldpolitik durch Devisenmarktinterventionen „verkaufen". Dies gilt insbesondere dann, wenn diese Interventionen neutralisiert werden, was in der Praxis den Regelfall darstellt. Denn dieses Verhalten signalisiert unzweideutig, dass die Geldpolitik gerade am alten Kurs festhalten will.

Mit dem Übergang zum Floating bestand somit die grundsätzliche Möglichkeit für die Deutsche Bundesbank, Interventionen insbesondere gegenüber dem Dollar auszuschließen und somit die Geldbasisentwicklung – mit Ausnahme der Rückwirkungen aus dem Europäischen Währungsverbund – weitgehend autonom am nationalen Ziel der Preisniveaustabilität auszurichten. Starke Abweichungen von der Kaufkraftparität ließen die Deutsche Bundesbank jedoch zumindest zeitweise Wechselkursziele gegenüber dem Dollar verfolgen, was wiederum freiwillige Beeinträchtigungen bei der Geldbasisentwicklung mit sich brachte. Insgesamt hat die Freigabe der Wechselkurse jedoch zu einer wesentlich größeren Anpassungsflexibilität geführt. Ansonsten hätten Schocks wie die beiden Ölpreiskrisen und die starke Divergenz zwischen dem Policy-mix in den USA und Deutschland während der ersten Hälfte der 80er Jahre kaum bewältigt werden können. Wäre nämlich der Wechselkurs weiterhin fixiert worden, hätte die Anpassung über nationale Preise oder Mengen vollzogen werden müssen, was sicherlich zur Sprengung des Systems geführt hätte.

5.3. Europäischer Währungsverbund

Bereits im April 1972 hatten die Mitgliedsländer der EG im Gegensatz zu den sonstigen Entwicklungen ihre Bandbreiten untereinander auf $\pm$ 2,25 v. H. vermindert. Sowohl die Schlange als auch das hierauf ab 1979 aufbauende europäische Währungssystem (EWS) krankten allerdings daran, dass ungeachtet der Erfahrungen mit dem Bretton-Woods-System die beteiligten Länder versuchten, eine eigenständige an nationalen Zielen orientierte Wirtschaftspolitik zu betreiben. Möglicherweise wurden sie hierzu durch die formale Symmetrie beider Währungssysteme ermuntert. In der Praxis entwickelten sich jedoch ‚Schlange' und EWS weitgehend zu asymmetrisch wirkenden DEM-Blöcken, in denen der Bundesrepublik die Rolle des n-ten Landes zufiel. Die Rolle der Ankerwährung fiel der DEM jedoch nicht aufgrund vertraglicher Vereinbarungen zu, sondern vielmehr aufgrund des Vertrauens der Märkte in die Stabilitätspolitik der Deutschen Bundesbank.

In der Rolle des n-ten Landes hatte es die Deutsche Bundesbank nun in der Hand, eine an nationalen Zielen orientierte Geldpolitik zu betreiben, an die sich bei festen Wechselkursen alle anderen Mitgliedsländer hätten anpassen müssen. Da man sich diesem Zwang aber – wie zuvor ausgeführt – lange Zeit nicht unterwerfen wollte, blieb neben Konvertibilitätsbeschränkungen in Form von Kapitalverkehrskontrollen nur der Wechselkurs als Anpassungsinstrument. So betrug die durchschnittliche nominale Aufwertungsrate der DEM gegenüber allen Mitgliedsländern in der Zeit von März 1979 bis einschließlich März 1983 insgesamt 23 v. H. Nachfolgend sank dann sowohl die Zahl, als auch das Ausmaß der Realignments. Die durchschnittliche nominale Aufwertungsrate der DEM verminderte sich in der Zeit von April 1983 bis einschließlich Januar 1987 auf insgesamt 7,7 v. H. In der Zeit von Februar 1987 bis einschließlich August 1992 wurde kein Realignment mehr durchgeführt.

Man muss in diesem Zusammenhang sicherlich auch darauf hinweisen, dass die Wechselkursanpassungen nicht nur im Interesse, sondern wohl – zumindest teilweise – auch auf Druck der Deutschen Bundesbank zustande kamen. Die asymmetrische Wirkung und damit die Unabhängigkeitsposition der Deutschen Bundesbank hing im starken Maße von den Neutralisierungsmöglichkeiten interventionsbedingter Liquiditätszuflüsse ab. In diesem Zusammenhang haben selbst die Kapitalverkehrskontrollen anderer Mitgliedsländer zugunsten der Bundesrepublik gewirkt. Gelder, die dort administrativ bedingt nicht abflossen, konnten somit auch nicht in die Bundesrepublik hineinfließen, wodurch der Sterilisationsspielraum erhöht wurde.

Die umgekehrte Wirkung lässt sich hingegen idealtypisch an der EWS-Krise 1992/93 veranschaulichen. Vor dem Hintergrund des gemeinsamen Bankenbinnenmarktes waren zu diesem Zeitpunkt Kapitalverkehrskontrollen weitgehend abgeschafft, so dass eine nahezu vollkommene Kapitalmobilität herrschte. Zu dem längerfristigen Gleichschritt der Inflationsraten vor dem Hintergrund der Kaufkraftparität

(54) $$g_e = 0 \rightarrow g_P = g_P^a$$

kam nun auch das kurzfristige Erfordernis einheitlicher Zinssätze vor dem Hintergrund der ungedeckten Zinsparität hinzu:

(55) $$\frac{e-e^*}{e} = 0 \rightarrow i = i^a.$$

Ursache der Septemberkrise 1992 war primär ein Wechselkursänderungsbedarf als Folge divergierender Inflationsentwicklungen in den Ländern Portugal, Spanien, Italien und Großbritannien gegenüber der Bundesrepublik Deutschland, die zu einer eklatanten Verschlechterung der internationalen (Preis-)Wettbewerbsfähigkeit dieser Länder führte. Insofern war das von den Finanzmärkten herbeigeführte Realignment kein Ausdruck eines Marktversagens, sondern die zu Recht erzwungene Durchführung eines längst überfälligen Realignments – also vielmehr Ausdruck eines Politikversagens.

Diese Ursache entspricht den Modellen der ersten Generation zur Erklärung von Währungskrisen. Danach kommt es gemäß KRUGMAN (1979) immer dann zu spekulativen Attacken in einem Festkurssystem, wenn die zuvor erläuterte makroökonomische Disziplin nicht gewahrt wird. Der Abfluss von Devisenreserven führt nämlich dazu, dass deren Bestand stetig sinkt, bis die verbliebenen Reserven durch einen massiven schlagartigen (spekulativen) Kapitalabfluss aufgebraucht werden.

Nicht mit auseinanderdriftenden Preisniveauentwicklungen lässt sich jedoch die Spekulation gegen den französischen Franc erklären, die schließlich im August 1993 zur faktischen Aufgabe fester Wechselkurse im EWS führte. In der Zeitpunktbetrachtung lag die Inflationsrate Frankreichs sogar unterhalb der deutschen Inflationsrate. Doch auch die kumulierte Preisniveauentwicklung – die der längerfristigen Interpretation der Kaufkraftparität eher entspricht – stimmte im Herbst 1992 etwa mit derjenigen Deutschlands überein. Dabei übersieht man allerdings, dass das EWS als Ganzes von einem asymmetrischen realen Schock in Form der deutschen Wiedervereinigung getroffen wurde, der den gleichgewichtigen realen Wechselkurs der DEM gegenüber den anderen Mitgliedsländern sinken ließ. In dieser Situation standen grundsätzlich drei Anpassungsmöglichkeiten zur Verfügung: Die Bundesrepublik alimentiert die zusätzliche Nachfrage monetär, so dass über ein höheres Preisniveau im Inland die reale Aufwertung zustandekommt; das Ausland betreibt eine restriktive Geldpolitik, um sein Preisniveau zu senken; oder der nominale Wechselkurs der DEM wird entsprechend angepasst, die DEM also aufgewertet.

Da die Partnerländer jedoch eine Aufwertung der DEM ablehnten, während gleichzeitig die Deutsche Bundesbank an ihrer restriktiven Geldpolitik festhielt, hing die Stabilität des Franc-Kurses entscheidend vom Vertrauen der Finanzmärkte in eine weiterhin – ja sogar zunehmend – restriktive Geldpolitik in Frankreich ab. Vor dem Hintergrund steigender Arbeitslosigkeit in Frankreich und unverändert hoher Zinsen in Deutschland schwand dann allerdings das Vertrauen in eine weiterhin auf Stabilität ausgerichtete Geldpolitik in Frankreich. Somit existierte nach wie vor eine Vertrauensasymmetrie zu Lasten des französischen Franc, die durch die Entscheidung der Franzosen, die Unabhängigkeit ihrer Notenbank zunächst aufzuschieben, nicht gerade geringer geworden war. Die damit verbundenen Abwertungserwartungen für den Franc führten zu massiven Geldzuflüssen in die Bundesrepublik, so dass die bereits im Vorjahr stattgefundenen Devisenzuflüsse nochmals übertroffen wurden. Die damit drohende Anpassungsinflation in der Bundesrepublik führte dann im August 1993 zur faktischen Aufgabe des Festkurssystems, indem die Bandbreiten – bei formal unveränderten Leitkursen – auf ± 15 v. H. ausgeweitet wurden.

Diese Situation lässt sich als Beispiel für Krisenmodelle der zweiten Generation interpretieren. Eine Regierung bzw. Zentralbank, die den internationalen Finanzmärkten glaubwürdig vermitteln kann, dass sie den festen Wechselkurs aufrecht erhalten wird, wird nur geringe Schwierigkeiten haben, diese Ankündigung auch tatsächlich zu erfüllen. So überstand zum Beispiel der österreichische Schilling, der ebenfalls fest an die DEM gebunden war, die gesamte Krise unbeschadet. Erwarten die Wirtschaftssubjekte hingegen – etwa vor dem Hintergrund inkonsistenter Politikziele – eine Aufgabe der Wechselkursfixierung, so kann es auch bei (noch) soliden Fundamentaldaten zu spekulativen Attacken kommen, die dann möglicherweise den Politikwechsel tatsächlich erzwingen.

5.4. Wechselkursbindung und Currency Boards

Im Gegensatz zum europäischen Währungssystem, bei dem es sich – zumindest formal – um ein kooperatives System handelt(e), wurden einseitige Wechselkursbindungen an die DEM, bzw. jetzt faktisch an den EUR, den französischen Franc oder den US-Dollar in der Vergangenheit von solchen Ländern eingegangen, die entweder Preisniveaustabilität sowie Vertrauen aus einem Ankerwährungsland importieren oder eine sichere Kalkulationsgrundlage gegenüber einem dominierenden Handelspartner schaffen wollten. Als Beispiele hierfür mögen die Wechselkursbindung des jugoslawischen Dinars an die DEM im Jahre 1990 oder die aktuellen Bindungen Estlands, Bulgariens und Bosnien-Herzegowinas an die DEM bzw. den EUR dienen. Hierzu zählen aber auch die Franc-Zonen in West- und Zentralafrika und die südostasiatischen Krisenländer, die ihre Währungen an den US-Dollar gebunden hatten bzw. noch haben. Das Prinzip des Stabilitätsimports (nominaler Anker) bei gleichzeitiger Vertrauensbildung durch eine Wechselkursbindung lässt sich als eine Selbstentmachtung der nationalen wirtschaftspolitischen Instanzen (tying one's hands) verstehen, die sich mit Hilfe der Kaufkraftparität veranschaulichen lässt. Die Änderungsrate des Wechselkurses ergibt sich demnach aus der Differenz zwischen der heimischen und der ausländischen Inflationsrate (der handelsfähigen Güter). Fixiert man nun den Wechselkurs absolut ($g_e=0$), so ergibt sich daraus unzweideutig, dass zumindest längerfristig automatisch ein Inflationsausgleich zwischen In- und Ausland erfolgen muss:

$$(56) \qquad g_e = 0 \rightarrow g_P = g_P^a$$

Damit steht aber nicht zugleich auch fest, auf welchem Inflationsniveau dieser Gleichschritt erfolgt. Bei einer freiwilligen Bindung wird die einseitige Anpassung an das ausländische Stabilitätsniveau hingegen aufgrund der Annahme erwartet, bei dem sich bindenden Land handele es sich um eine kleine offene Volkswirtschaft, die sich als „price-taker" verhält. Dies führt letztlich dazu, dass bei uneingeschränktem Wirken der Anpassungsmechanismen die nationale Inflationsrate automatisch auf das Niveau des Ankerwährungslandes sinken muss. Wenn die Wirtschaftssubjekte ihre Inflationserwartungen auf der Grundlage dieser Zusammenhänge bilden, wird zugleich das notwendige Vertrauen in eine solche Politik erzeugt und die Antiinflationspolitik vollzieht sich im Idealfall ohne begleitende Stabilisierungskrise.

Um die Glaubwürdigkeit der Geldpolitik noch zu erhöhen, haben einige Länder neben der Wechselkursbindung noch ein so genanntes Currency Board eingeführt. Im Extremfall entspricht dies einer Abschaffung der Zentralbank. Hierbei verkürzt sich die Geldbasis auf deren internationale Komponente, so dass den nationalen wirtschaftspolitischen Instanzen keine Möglichkeit für eine eigenständige Geldpolitik verbleibt. Damit ist insbesondere auch eine Kreditvergabe an den Staat ausgeschlossen. Hinzu kommt sowohl die unlimitierte Konvertibilität des inländischen Bargelds im Fremdwährung zu einem vorbestimmten Kurs als auch die unlimitierte Konvertibilität von inländischen Depositen in Bargeld. Die Funktionstüchtigkeit eines solchen Systems hängt im wesentlichen vom Vertrauen in diese doppelte Konvertibilität ab. Der erste Teilaspekt kann dabei insbesondere durch eine möglichst vollständige Deckung der Bargeldbestände durch entsprechende Währungsreserven erreicht werden. Das fixierte Deckungsverhältnis kann mit dem Geldschöpfungsmultiplikator verglichen werden. Ein Currency Board lässt sich also als besondere Form einer geldpolitischen Regel auffassen, die sich – vergleichbar dem Goldstandard – an den Währungsreserven und damit an einem Medium orientiert, das man nicht selbst schaffen kann. Im Unterschied zu einer Zentralbank interveniert das Currency Board aber nicht aktiv an den Devisenmärkten, um die Parität gegenüber der Ankerwährung zu gewährleisten. Statt dessen sorgt Arbitrage dafür, dass die Abweichung des Marktkurses vom offiziellen Wechselkurs die Transaktionskosten nicht übersteigt.

Doch auch Currency Boards gelten nicht als vollständig immun gegenüber wirtschaftspolitischer Einflussnahme. Der Haupt-„Angriffspunkt" ist dabei das Deckungsverhältnis. Wird es nämlich (heimlich) gelockert, dann bedeutet dies nichts anderes als eine Umgehung der Regel und die Möglichkeit, wieder eine eigenständige Geldpolitik zu betreiben. Über kurz oder lang hätte dies eine Aufgabe der Wechselkursbindung zur Folge. Lassen sich diese Freiräume hingegen wirkungsvoll ausschließen, dann sorgt ein Currency Board automatisch dafür, dass eine interne Anpassung sowohl an monetäre als auch an reale Datenänderungen erfolgt. Wird der Anpassungsdruck etwa in Form von Unterbeschäftigung zu groß, besteht auch hier die Gefahr, dass die Fixierung des Wechselkurses und damit letztlich das gesamte Currency Board System zerbricht.

Die zuvor angestellten Überlegungen zu Währungskrisen gelten hier analog. Wird die makroökonomische Disziplin nicht gewahrt (Abfluss von Währungsreserven über die Leistungs- oder Kapitalbilanz) oder erwartet man vor dem Hintergrund inkonsistenter wirtschaftspolitischer Zielsysteme eine Aufgabe der Wechselkursfixierung, wird es zu spekulativen Attacken kommen, die dann aufgrund des Reservenverlusts eine Abwertung erzwingen. Insbesondere diese beiden Ursachen für Währungskrisen versucht man mit Hilfe eines Currency Boards auszuschließen. Vor dem Hintergrund der Währungskrisen in Asien im Jahre 1997 hat man jedoch eine dritte Modellgeneration entwickelt, die von so genannten Zwillings-Krisen ausgeht. Zu der Währungskrise tritt in diesen Fällen noch eine Krise des Bankensektors hinzu. Die Ursachen für die Bankenkrise können dabei struktureller Natur sein (unzureichende Bankenaufsicht, unzureichende Risikovorsorge) oder auf die Währungsprobleme selbst zurückgehen (Anstieg der Auslandsverschuldung in heimischer Währung nach einer Abwertung). Auf eine solche Bankenkrise hat ein Currency Board jedoch keinen unmittelbaren Einfluss. Es gehen vielmehr negative Wirkungen auf das Currency Board aus, wenn eine Bankenkrise das Vertrauen in die Konvertibilität der Depositen untergräbt.

5.5. Währungspolitische Institutionen

Nach dem Zusammenbruch des Systems von Bretton-Woods hat der IWF seinen Mitgliedsländern seit 1978 die Wahl des Währungssystems freigestellt. Jedes Land muss sich allerdings für ein bestimmtes System verbindlich entscheiden und dies dem IWF anzeigen. Das primäre Unterscheidungskriterium alternativer Währungssysteme bildet gewöhnlich das Wechselkurssystem. Dabei unterscheidet der IWF (2006) zwischen Ländern ohne eigenes gesetzliches Zahlungsmittel, Ländern mit festen, festen aber anpassungsfähigen, sowie weitgehend flexiblen Wechselkursen. *Übersicht E-10* zeigt, in welchem Maße sich die Mitgliedsländer des IWF für diese Alternativen entschieden haben.

Übersicht E-10: Wechselkurssysteme

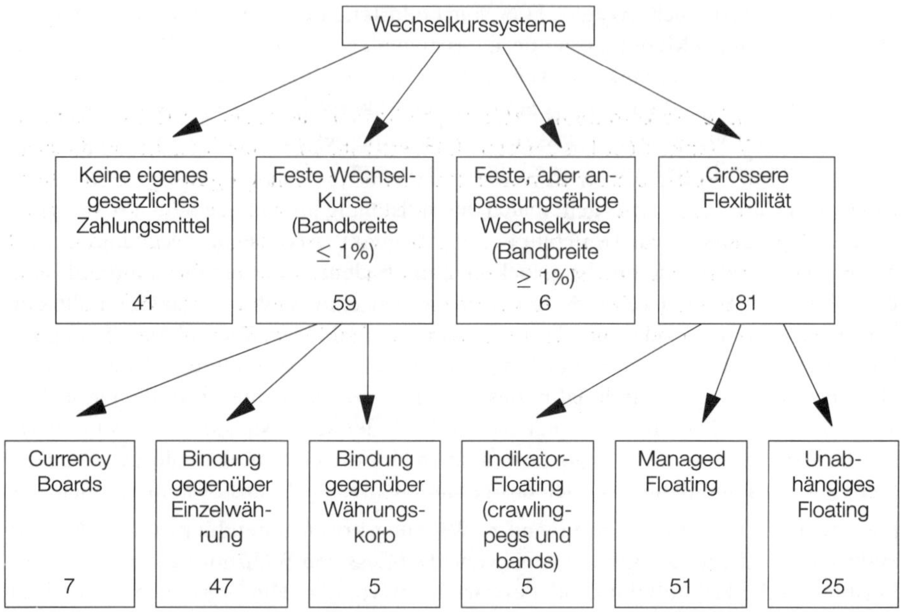

Mit dem Übergang zum (Block-)Floating im Jahre 1973 haben sich zugleich auch die Aufgaben des IWF gewandelt. Während er im System fester Wechselkurse von Bretton Woods insbesondere die Aufgabe hatte, konkurrierende Wechselkursänderungen (Abwertungen) zu vermeiden und Mitgliedern, die in Zahlungsbilanzschwierigkeiten gerieten, Kredite bereitzustellen, galt es hiernach, neue Tätigkeitsfelder zu finden, um – nicht zuletzt aus Eigeninteresse des Fonds-Managements – die Daseinsberechtigung des IWF zu untermauern. So engagierte er sich im Bereich der Entwicklungspolitik, entwickelte sich zum zentralen Akteur auf den internationalen Kapitalmärkten – etwa im Rahmen diverser Verschuldungskrisen – und widmete sich seit 1991 auch den Problemen der Transformation ehemals sozialistischer Volkswirtschaften. Mit der Vergabe von Krediten verbindet der IWF Auflagen (Konditionalität), die die Empfänger verpflichten, wirtschaftliche Reformen und Stabilisierungsprogramme in Angriff zu nehmen, so dass man die institutionellen Regelungen des IWF als eine Art „Verfassung“ des Internationalen Währungssystems bezeichnen kann.

Im Mittelpunkt der gegenwärtigen Diskussion steht die Rolle des IWF bei der Stabilisierung der internationalen Finanzmärkte. Das Spektrum der Vorschläge reicht dabei von der Abschaffung des IWF bis hin zu seinem Ausbau zum „Lender of last resort“, was einer Stellung als Weltzentralbank gleichkäme. Die Reformvorschläge sollen dabei vor dem Hintergrund entsprechender Regulierungsargrumente eingeordnet werden. Diese Regulierungsargumente bilden die theoretische Basis, mit deren Hilfe sowohl die Notwendigkeit als auch die Art supranationaler Maßnahmen beurteilt werden kann.

Die beiden wichtigsten Begründungen für eine Regulierung der Finanzmärkte und insbesondere des Bankenbereichs sind in einer asymmetrischen Informationsverteilung zwischen den Einlegern und der Bank sowie dem Run-Argument zu sehen. Diese aus dem nationalen Zusammenhang bekannten Argumente gilt es nun – aufgrund der Internationalisierung der Finanzmärkte – auf die weltwirtschaftliche Ebene zu übertragen.

Bei asymmetrischer Informationsverteilung sieht man die Gefahr ruinöser Konkurrenz, wenn z. B. Banken (in bestimmten Ländern) ihre Ertrags- und Liquiditätslage ungerechtfertigt positiv einschätzen und dadurch ihren Kunden günstigere Konditionen bieten als andere Institute. Das Argument zielt also darauf ab, dass der Kunde zu spät – nämlich erst dann, wenn er die Gegenleistung nicht erhält – den Unterschied zwischen soliden und weniger soliden Finanzinstitutionen erkennt. Die asymmetrische Informationsverteilung führt zu einer Negativauslese (adverse selection), an deren Ende nur solche Banken bzw. Bankprodukte am Markt verbleiben, die eine relativ schlechte Qualität repräsentieren. Es gibt eine Reihe von marktlichen Lösungen, bei denen die relativ schlecht informierte Marktseite versucht, zusätzliche Informationen zu gewinnen (Screening) oder die relativ gut informierte Marktseite sich bemüht, glaubwürdige Informationen über ihre angebotene hohe Qualität zu verbreiten (Signaling). Screening kann dabei von der benachteiligten Marktseite selbst oder von spezialisierten Dritten (z. B. Rating-Agenturen) vorgenommen werden. Es stößt jedoch an Grenzen, wenn die besser informierte Marktseite für sie negative Merkmale verschweigen kann oder die Einschaltung eines spezialisierten Dritten ausscheidet, weil sie zum Beispiel aufgrund von Externalitäten vom Markt fernbleiben.

Die Rolle des „spezialisierten Dritten“ könnte nun – unabhängig von Externalitäten – vom IWF wahrgenommen werden. Er könnte durch eine erhöhte und verbesserte Informationsbereitstellung einzelwirtschaftliche und länderbezogene Risiken rechtzeitig deutlich machen. Bisher ist es allerdings nicht gelungen, verlässliche Frühwarnindikatoren für Währungs- und Bankenkrisen zu entwickeln. Die Prognosequalität solcher Indikatoren ist äußerst schlecht, so dass sich der IWF darauf beschränken sollte, möglichst zeitnah eine Vielzahl mikro- und makroökonomischer Variablen zu beobachten, die dann jeweils situationsbezogen ausgewertet werden können.

Häufig tritt in den hier erläuterten Situationen neben die Informationsasymmerie noch das Problem des moralischen Risikos (Moral-hazard). So mag ein Autofahrer nach Abschluss einer Vollkaskoversicherung weniger vorsichtig fahren, als wenn er jeden Schaden selbst zu bezahlen hätte. Im Zusammenhang mit internationalen Finanzkrisen hat der IWF zum Teil die Funktion des „Versicherers“ übernommen. Gehen Anleger nämlich – zu Recht oder Unrecht – davon aus, dass sie keinen Ausfall ihrer Einlagen zu befürchten haben, weil der IWF im Fall des Zusammenbruchs die Verpflichtungen der Banken ganz oder teilweise übernimmt (bail-out), dann ist es nur rational, Anlagen in solchen Ländern zu tätigen, die hohe Zinsen versprechen bei gleichzeitig minimalem Risiko. Auf der anderen Seite bestehen wenig Anreize, die Kredite produktiv einzusetzen, da die Rückzahlung auf jeden Fall gewährleistet ist. Dadurch wird aber gerade die Negativauswahl unter den Banken gefördert. Extreme Ausmaße würde diese Fehlentwicklung dann annehmen, wenn sich der IWF zum „International lender of last resort“, zur Weltzentralbank, entwickeln würde. Eine solche Umwandlung ist daher unter allen Umständen abzulehnen. Typische Reaktionen auf Moral-hazard sind die Berücksichtigung von Selbstbehalten sowie die Begrenzung des angebotenen „Versicherungs“-Umfangs. Im vorliegenden Fall ließe sich das Moral-hazard-Verhalten von

Regierungen am einfachsten dadurch einschränken, dass die Länderkontingente für IWF-Kredite möglichst knapp bemessen werden. Bei privaten Investoren kann das Moral-hazard-Verhalten verringert werden, indem man in die Kreditverträge Klauseln einbaut, die im Krisenfall eine Prolongation kurzfristiger Kredite oder eine Beteiligung am Ausfallrisiko vorsehen (bail-in).

Erst wenn diese (marktlichen) Lösungen nicht greifen und ein Marktversagen aufgrund von Qualitätsunkenntnis vorliegt, stellt sich die Frage nach adäquaten wirtschaftspolitischen Eingriffsmöglichkeiten. Hierzu zählen im Finanzsektor insbesondere die Einführung einer Pflichtversicherung oder der Erlass von Mindeststandards bzw. Zulassungsbeschränkungen. Im Gegensatz zu den nationalstaatlichen Regelungen ergibt sich im Rahmen der internationalen Finanzordnung allerdings zusätzlich das Problem der Durchsetzung. Dabei wird erneut der IWF als eine Möglichkeit angesehen. Er könnte – so das Argument – im Rahmen seiner Konditionalität für die Einführung entsprechender nationaler Regulierungssysteme sorgen. Dabei wird allerdings vernachlässigt, dass eine konditionierte Kreditvergabe durch den IWF in der Regel erst während oder nach einer Krise einsetzt und zudem nur einen begrenzten Teil der potenziellen Länder erfasst. Weitergehende Reformvorschläge, wie die Einführung einer globalen Banken- oder Finanzaufsicht – möglicherweise unter dem Dach des IWF oder der Bank für internationalen Zahlungsausgleich (BIZ) – zur Überwachung entsprechender Regulierungen erscheinen hingegen unrealistisch, weil sie sich politisch kaum durchsetzen lassen. Zunächst sollte aber auf jeden Fall die Notwenigkeit (supra-) nationaler Regulierungen zweifelsfrei belegt werden.

Ein weiteres Argument für eine Reglementierung des Finanzsystems besagt, dass Banken besonders vertrauensanfällig sind. Es geht also nicht mehr darum, Nichtbanken alle verfügbaren Informationen bereitzustellen, sondern es gilt nun, Vertrauenskrisen und Kettenreaktionen zu vermeiden, damit nicht Zusammenbrüche einzelner Institute oder nationaler Finanzsysteme das internationale Finanzsystem als Ganzes in Gefahr bringen. Selbst wenn man das Regulierungsargument als stichhaltig ansieht, bleibt die Frage nach der wirtschaftspolitischen Reaktion. Dabei ist entscheidend, dass die Vertrauenskrise, der „Run", den Kern des Regulierungsarguments bildet und nicht der Bankenzusammenbruch. Bankpolitisch orientierte Mindeststandards (wie z. B. Eigenkapitalrichtlinien) stellen daher kein ursachenadäquates Regulierungsinstrument dar. Empfehlenswerter wäre in diesem Fall ein System der Einlagensicherung, das genügend Schutz bietet, um nationale und internationale Vertrauenskrisen gar nicht erst aufkommen zu lassen. Unabhängig von der Art der Regulierung ergibt sich jedoch auch hier die zentrale Frage, wie entsprechende Regelungen auf nationaler Ebene durchgesetzt werden können.

Zusammenfassend lässt sich daraus schließen, dass der IWF auch in Zukunft eine Daseinsberechtigung besitzt, und zwar insbesondere durch die Bereitstellung von Informationen zur Reduktion oder zum Abbau asymmetrischer Informationsverteilung. Die Kreditvergabe sollte hingegen länderweise begrenzt sein und (primär) nach ökonomischen und nicht nach politischen Gesichtspunkten erfolgen. Ein Ausbau des IWF zu einer Weltzentralbank ist auf der anderen Seite unter allen Umständen zu vermeiden, da hierdurch das moralische Risiko beträchtlich gesteigert und die Negativauslese geradezu herausgefordert wird. Insofern ist die Entscheidung über die Kompetenzen des IWF auch eine Gratwanderung zwischen den Nutzen der Kreditvergabe und den Kosten des moralischen Risikos. Unabhängig von der politischen Durchsetzbarkeit wäre vor der Forderung einer neuen Behörde zur internationalen Finanzmarktregulierung – etwa unter dem Dach des IWF – zunächst deren Notwendigkeit zweifelsfrei nachzuweisen.

Die zweite zentrale Institution des internationalen Währungs- und Finanzsystems, die WELTBANK, wurde 1944 auf der Konferenz von Bretton Woods ins Leben gerufen und hatte zunächst die Aufgabe, den Wiederaufbau nach dem 2. Weltkrieg zu unterstützen. Heute geht es ihr in erster Linie darum, das wirtschaftliche Wachstum in Entwicklungs- und Transformationsländern durch die Unterstützung von Investitionen über zinsgünstige oder zinslose Kredite zu fördern. Darüber hinaus berät die Weltbank die oben genannte Ländergruppe in wirtschaftlichen, technischen und organisatorischen Fragen und fördert private Auslandsinvestitionen in diesen Ländern.

Kommentierte Literaturhinweise

Ein Teil der in diesem Beitrag dargestellten Analyse wird auch in Büchern zur Außenwirtschaftslehre unter dem Titel „Monetäre Außenwirtschaftstheorie" behandelt. Ein diesbezüglicher „Klassiker" ist das Buch von KLAUS ROSE und KARLHANS SAUERNHEIMER (1964, 13. A. 1999). Ebenfalls zu nennen sind hier HORST SIEBERT und THOMAS LORZ (1973, 8. A. 2006) und GUSTAV DIECKHEUER (1990, 5. A. 2001).

Beiträge, die sich speziell der monetären Seite der außenwirtschaftlichen Analyse widmen, wurden veröffentlicht von HANS-JOACHIM JARCHOW und PETER RÜHMANN (1982, 4. A. 1994) sowie von ERNST BALTENSPERGER (1992). Hierzu gehört auch das Buch von MANFRED WILLMS (1992, 3. A. 2007), in dem insbesondere auch eingegangen wird auf Fragen zur Funktionsweise des EWS, zur Wechselkursstabilisierung, zum Funktionswandel des IWF und zur Bedeutung der internationalen Kapitalmärkte.

Fundierte und umfassende Aufbereitungen der Wechselkurstheorien einschließlich ihrer empirischen Überprüfung findet man in PAUL DE GRAUWE (2006), MANFRED GÄRTNER (1990, 3. A. 2004) und PETER ISARD (1995).

Probleme der internationalen Währungspolitik in unterschiedlichen Währungssystemen werden lehrbuchmäßig dargestellt von HANS-JOACHIM JARCHOW und PETER RÜHMANN (1984, 4. A. 1997). Zur Funktionsweise des Systems von Bretton Woods sei besonders auf FRANZ E. ASCHINGER (1971, 2. A. 1973) verwiesen. Die währungspolitischen Probleme der Bundesrepublik Deutschland in der Nachkriegszeit werden anschaulich erläutert und diskutiert in OTMAR EMMINGER (1986). Zentrale Aspekte der Wirtschafts- und Währungskooperation werden aufgegriffen von JOHN WILLIAMSON (1983), RONALD MCKINNON (1984), MANFRED WILLMS (1988 und 1990), DIETER BENDER (1988) und MANFRED J. M. NEUMANN (1991 und 1994). Die Wirkung von Zentralbankinterventionen auf den Wechselkurs untersuchen KATHRYN M. DOMINGUEZ und JEFFRY A. FRANKEL (1993).

Theoretisch anspruchsvolle Übersichtsartikel zur Währungstheorie und -politik enthalten die von RONALD W. JONES und PETER B. KEEN (1985), von FREDERICK VAN DER PLOEG (1994) und von GENE M. GROSSMAN und KENNETH ROGOFF (1995) herausgegebenen Sammelbände.

Literaturverzeichnis

Apolte, T.; R. Caspers; P. Welfens (1999), Hg., Standortwettbewerb, wirtschaftspolitische Rationalität und internationale Ordnungspolitik, Baden-Baden (Nomos) 1999.

Aschinger, F. E. (1971), Das Währungssystem des Westens, 2. A., Frankfurt (Knapp) 1973.

Aschinger, F. E. (1978), Das neue Währungssystem. Frankfurt (Knapp) 1978

Baltensperger, E. (1992), Monetäre Außenwirtschaftstheorie, in: Zeitschrift für Wirtschafts- und Sozialwissenschaften, 112, S. 505–565.

Bender, D. (1982), Finanzmarkttheorie des Wechselkurses, in: Handwörterbuch der Wirtschaftswissenschaften, Bd. 9, S. 748–764.

Berensmann, K.; Schlotthauer, N. (1998), Asiatische Währungs- und Finanzkrise: Ursachen, Auswirkungen und Lösungsansätze, Köln (Deutscher Instituts-Verlag) 1998.

Bernholz, P. (1974), Währungskrisen und Währungsordnung, Hamburg (Hoffmann und Campe) 1974.

Bilson, J. F. (1978), The monetary approach to the exchange rate: Some empirical evidence, in: International Monetary Fund Staff Papers, 25, S. 46–75.

Bofinger, P. (1991), Festkurssysteme und geldpolitische Koordination, Baden-Baden (Nomos) 1991.

Borchert, M. (1977), Außenwirtschaftslehre, Wiesbaden (Gabler) 2001.

Branson, W. H. (1977), Asset markets and relative prices in exchange rate determination, in: Sozialwissenschaftliche Annalen, 1, S. 69–89.

Branson, W. H.; J. P. Love (1987), The real exchange rate and employment in US manufacturing, Cambridge/Mass. (National Bureau of Economic Research) 1987.

Cassel, D. (1990), Hg., Wirtschaftssysteme im Umbruch, München (Vahlen) 1990.

Cassel, G. (1918), Theoretische Sozialökonomie, Leipzig (Scholl) 1918.

Claassen, E.-M. (1980), Grundlagen der makroökonomischen Theorie, München (Vahlen) 1998.

Claassen, E.-M. (1996), Monetäre Außenwirtschaftstheorie, München (Vahlen) 1996.

De Grauwe, P. (1989), International money. Post-war trends and theories, 2. A., Oxford (Clarendon Press) 2006.

Dieckheuer, G. (1990), Internationale Wirtschaftsbeziehungen, 5. A., München (Oldenbourg) 2001.

Dominguez, K. M.; J. A. Frankel (1993), Does foreign exchange intervention work?, Washington. D. C. (Institute for International Economics) 1993.

Dornbusch, R. (1976), Expectations and exchange rate dynamics, in: Journal of Political Economy, 84, S. 1161–1176.

Emminger, O. (1986), D-Mark, Dollar, Währungskrisen, Stuttgart (DVA) 1986.

Frankel, J. A. (1983), Monetary and portfolio models of exchange rate determination, in: J. S. Bhandari and B. H. Putnam, Economic interdependence and flexible exchange rates, Cambridge (MIT Press), S. 84–115.

Frankel, J. A.; K. A. Froot (1986), The dollar as a speculative bubble: A tale of fundamentalists and chartists, NBER Working Paper Series Nr. 1854, Cambridge/Mass.

Frankel, J. A.; A. K. Rose (1995), A survey of empirical research on nominal exchange rates. in: G. M. Grossmann; K. Rogoff (1995). Hg.; S. 1689–1729.

Frenkel, J. (1976), A monetary approach to the exchange rate: Doctrinal aspects and empirical evidence. in: Scandinavian Journal of Economics, 78, S. 200–224.

FRENKEL, M.; MENKHOFF, L. (2000), Stabile Weltfinanzen?, Berlin, Heidelberg, New York (Springer) 2000.
FRENKEL, M.; G. STADTMANN; C. PIERDZIOCH (2001), Die Intervention der Europäischen Zentralbank am Devisenmarkt: Effekte, Effektivität und wirtschaftspolitische Bewertung, in: Aussenwirtschaft, 56, S. 225–263.
FROOT, K. A.; K. ROGOFF (1995), Perspectives on PPP and long-run real exchange rates. in: G, M. GROSSMANN; K. ROGOFF (1995), Hg., S. 1647–1688.
GANDOLFO, G. (1997), International economics II, 2. A., Berlin, Heidelberg, New York (Springer) 1995.
GANDOLFO, G. (2001), International finance and open-economy macroeconomics, Berlin, Heidelberg, New York (Springer) 2001.
GÄRTNER, M. (1990), Makroökonomik flexibler und fester Wechselkurse, 2. A., Berlin, Heidelberg, New York (Springer) 2004.
GÄRTNER, M. (1997), A primer in European macroeconomics, London (Prentice Hall) 1997.
GROSSMANN, G. M.; K. ROGOFF (1995), Hg., Handbook of international economics, Band 3, Amsterdam (Elsevier) 1995.
HARTWIG, K.-H.; H. J. THIEME (1999), Hg., Finanzmärkte, Stuttgart (Lucius & Lucius) 1999.
ISARD, P. (1995), Exchange rate economics, Cambridge (Cambridge University Press) 1995.
ISSING, O.; K. MASUCH (1989), Zur Frage der normativen Interpretation von Leistungsbilanzsalden, in: Kredit und Kapital, 22, S. 1–17.
IMF (2000), International capital markets, Washington (IMF) 2000.
IMF (2006), Annual Report, Washington (IMF) 2006.
JARCHOW, H.-J.; P. RÜHMANN (1982), Monetäre Außenwirtschaft, I. Monetäre Außenwirtschaftstheorie, 5. A., Göttingen (Vandenhoeck & Ruprecht) 2000.
JARCHOW, H.-J.; P. RÜHMANN (1984), Monetäre Außenwirtschaft, II. Internationale Währungspolitik, 4. A., Göttingen (Vandenhoeck & Ruprecht) 1997.
JARCHOW, H.-J. (1997), Rationale Wechselkurserwartungen, Devisenmarkteffizienz und spekulative Blasen, in: WiSt. Wirtschaftswissenschaftliches Studium, 25, S. 509–516.
JONES. R. W.; P. B. KENEN (1985), Hg., Handbook of international economics, Band 2, Amsterdam (North-Holland) 1985.
KRUEGER, A. O. (1983), Exchange rate determination, Cambridge/MA (Cambridge University Press) 1983.
KRUGMAN, P. (1979), A model of balance of payments crises, in: Journal of Money, Credit and Banking, 11, S. 311–325.
KRUGMAN, P. (1995), Hg., Currencies and crises, Cambridge/MA (Cambridge University Press) 1995.
KRUGMAN, P. R.; M. OBSTFELD (1988), International economics, 5. A., Reading/Mass. (Addison-Wesley) 2005.
LEVI, M. (1983), International finance, 2. A., New York (McGraw-Hill) 1990.
MACDONALD, R.; M. P. TAYLOR (1992), Exchange rate economics, in: IMF Staff Papers, 39, S. 1–57.
MACKINNON, R. I. (1984), An international standard for monetary stabilization. Policy analysis in international economics 8, Washington, D. C. 1984.
MENKHOFF, L. (1995), Spekulative Verhaltensweisen auf Devisenmärkten, Tübingen (Mohr) 1995.
MUNDELL, R. A. (1963), Capital mobility and stabilization policies under fixed and flexible exchange rates, in: Canadian Journal of Economics and Political Science, 29, S. 475–485.

OBSTFELD, M. (1995), International currency experience: new lessons and lessons relearned, in: Working Papers on Economic Activity. 25th Anniversary Issue, S. 119- 196.

OBSTFELD, M.; K. ROGOFF (1996), Foundations of international macroeconomics, Cambridge/Mass. (MIT Press) 1996.

PUTNAM, R. D.; N. BAYNE (1987), Hanging together. Cooperation and conflict in the seven-power summits, 2. A., London (Sage) 1987.

ROSE, K.; K. SAUERNHEIMER (1964), Theorie der Außenwirtschaft, 13. A., München (Vahlen) 1999.

SCHEIDE, J. (1988), Lehren aus dem Scheitern des Bretton-Woods Systems, in: Die Weltwirtschaft, S. 53–71.

SIEBERT, H.; T. LORZ (1973), Außenwirtschaft, 8. A., Stuttgart (Lucius & Lucius) 2006.

SIEBERT, H. (1997), Weltwirtschaft, Stuttgart (Lucius & Lucius) 1997.

SMEETS, H.-D. (1982), Der monetäre Ansatz der Zahlungsbilanztheorie. Frankfurt (Lang) 1982.

SMEETS, H.-D. (1988), Die Bundesrepublik Deutschland als internationale „Konjunkturlokomotive", Hamburg (HWWA) 1988.

SMEETS, H.-D. (1989), Finanzmarktintegration und währungspolitische Koordination, in: J. W. GADDUM und H.-D. SMEETS (1989), Hg., Währungspolitik und staatliche Regulierung, Tübingen (Mohr) 1989, S. 21–41.

SMEETS, H.-D. (1997), Internationales Währungssystem und deutsche Wirtschaftspolitik, in: ORDO, 48, S. 573–594.

SMEETS, H.-D.; M. MÖLLER (1994), Zur Krise des Europäischen Währungssystems, in: List-Forum, 20, S. 226–243.

SOLOMON, R. (1982), The international monetary system 1945–1981, Cambridge (Harper & Row) 1982.

STRÖBELE, W; H. WACKER (1995), Außenwirtschaft, 2. A., München (Oldenbourg) 2000.

TAVLAS, G. S. (1997), Hg., The collaps of exchange rate regimes: Causes, consequences and policy responses, Boston, Dordrecht, London (Kluwer) 1997.

THIEME, H. J.; U. VOLLMER (1990), Internationale Integration der Finanzmärkte: Wirtschaftspolitische Herausforderungen durch liberalisierten Kapitalverkehr?, in: D. CASSEL, Hg. (1990), S. 47–71.

TOBIN, J. (1978), A proposal for international monetary reform, in: The Eastern Economic Journal, 4, S. 153–159.

VAN DER PLOEG, F. (1994), Hg., The Handbook of international macroeconomics, Cambridge (Blackwell) 1994.

VON HAGEN, J.; J. H. VON STEIN (1999), Hg., Obst/Hintner: Geld-, Bank- und Börsenwesen, 40. A., Stuttgart (Schäffer-Poeschel) 2000.

WAGNER, H. (1991), Einführung in die Weltwirtschaftspolitik, München (Oldenbourg) 2003.

WILLIAMSON, J. (1977), The failure of world monetary reform 1971–1974, Southampton (Nelson), 1977.

WILLIAMSON, J. (1983), The exchange rate system. Policy analysis in international economics 5, 2. A., Washington, D. C. 1985.

WILLMS, M. (1988), Wechselkursstabilisierung durch währungspolitische Kooperation?, in: 0. ISSING, Hg. (1988), S. 229–260.

WILLMS, M. (1990), Concepts and implications of international monetary coordination, in: Aussenwirtschaft, 45.

WILLMS, M. (1992), Internationale Währungspolitik, 2. A., München (Vahlen) 2007.

WILLMS, M. (1999), Globalisierung und internationale Währungspolitik: Die Rolle des IWF, in: T. APOLTE; R. CASPERS; P. WELFENS, Hg. (1999), S. 271–284.

F. Inflation

Dieter Cassel

Gliederung

1. Inflation als gesamtwirtschaftliches Phänomen

Mit „Inflation“ werden im wissenschaftlichen wie im alltäglichen Sprachgebrauch sehr unterschiedliche Sachverhalte bezeichnet: Einzelpreis- und Preisniveauerhöhungen, Zunahme von Output- und Bestandsgüterpreisen, Kosten- und Gewinnsteigerungen, Geldwertschwund und Währungsverfall, Geldmengenausweitung und Güterverknappung, Faktor- und Realeinkommenslücken, um nur einige zu nennen. Diese Vielfalt erfordert zunächst eine Klärung der Inflationsbegriffe und ihrer Operationalisierungsmöglichkeiten.

1.1. Definition

Die Schwierigkeiten, Inflation problemadäquat und operational zu definieren, haben mit der theoretischen Durchdringung dieses Phänomens eher zu- als abgenommen. In der älteren Literatur herrschen Kausaldefinitionen vor. Darunter versteht man Definitionen, in denen jeweils eine mögliche Inflationsursache (Geldmengenerhöhungen, Nachfragesog, Kostendruck, Budgetdefizite, Zahlungsbilanzüberschüsse usw.) begriffskonstitutiv ist. Häufig sind sie schon an den Zusätzen zum Wort „Inflation“ zu erkennen, wie die Geldmengen-, Angebotsdruck-, Verteilungskampf-, Anspruchsinflation oder die importierte Inflation. Kausaldefinitionen implizieren meist eine monokausale Inflationserklärung, schließen alternative Kausalzusammenhänge sprachlich aus und engen den analytischen Problemhorizont von vornherein ein.

Inzwischen haben sich Symptomdefinitionen durchgesetzt. Das sind Sprachregelungen, die ausschließlich auf das äußere Erscheinungsbild der Inflation abstellen. Nach der gebräuchlichsten Symptomdefinition sind unter Inflation anhaltende, über eine bestimmte Marge hinausgehende Preisniveausteigerungen zu verstehen (Woll, 1979; Reither, 1996). Bei Preisniveausenkungen spricht man analog von Deflation. Die Merkmale dieser Inflationsdefinition lassen sich wie folgt umschreiben:

- Definitionsgemäß irrelevant sind Erhöhungen sowohl der absoluten als auch der relativen Einzelpreise der Güter und Faktoren – so wichtig sie im gesamtwirtschaftlichen Allokationszusammenhang auch sein mögen (z. B. Erhöhungen von Öl- und Nahrungsmittelpreisen, Mieten und Lohnsätzen). Inflation liegt nur dann vor, wenn das Preis-„Niveau“ steigt. Diskrepanzen in der Wahrnehmung von Preisniveau- und Einzelpreissteigerungen insbesondere nach der EURO-Umstellung Anfang 2002 haben zur Unterscheidung von der anhand von Verbraucherpreisindizes „gemessenen“ und der „gefühlten“ bzw. „wahrgenommenen“ Inflation geführt (Überblick bei Brachinger, 2005; Hinze, 2006).
- Nicht als Inflation gelten ferner einmalige Steigerungen des Preisniveaus, wie sie infolge einer Erhöhung der Mehrwertsteuer, einer Mißernte, saisonaler Einflüsse, sektorspezifischer Preiserhöhungen oder der Aufhebung eines Preisstopps auftreten können. Inflation ist dagegen eine mehrere Jahre lang anhaltende Abfolge „ständiger“ Preisniveausteigerungen. Diese werden im Gegensatz zur jeweils aktuell gemessenen Teuerung („Headline-Inflation“) von der Europäischen Zentralbank neuerdings als „Kerninflation“ bezeichnet und für das EURO-Währungsgebiet anhand von Preis-

indizes gemessen, in denen die Preise für Energie (Heizöl und Kraftstoffe) und unverarbeitete Nahrungsmittel unberücksichtigt bleiben (EZB, 2001, S. 55 ff.).

- Ausgeschlossen sind auch verhältnismäßig geringe Preisniveausteigerungen. Meist gibt man hierfür eine Marge von 1–2 v. H. pro Jahr an. Begründet wird dies überwiegend mit gewissen strukturell bedingten Preisniveauerhöhungen (s. Abschnitt 2.2.2.), vor allem aber mit Meßfehlern, die der Preisniveauermittlung durch Preisindizes anhaften können (s. Abschnitt 1.2.). Von Inflation spricht man folglich erst dann, wenn die Nullabweichung der Steigerungsrate des ausgewählten Preisindex eine statistisch begründbare Marge der Meßungenauigkeit überschreitet.

Die strikte Begrenzung des Inflationsbegriffs auf das Symptom anhaltender Preisniveausteigerungen ist nicht ohne Kritik geblieben (Cassel, 1985). Hiernach erscheint die herrschende Sprachregelung zwar durchaus adäquat für Inflationen in Marktwirtschaften mit weitgehend freier Preisbildung auf allen Märkten. Fraglich ist jedoch, wie diejenigen Fälle begrifflich einzuordnen sind, in denen innerhalb eines marktwirtschaftlichen Systems ein weiterer Anstieg des Preisniveaus durch wirtschaftspolitische Eingriffe in den Preisbildungsprozeß – z. B. durch generelle Lohn- und Preisstopps – unterdrückt wird. Auch in sozialistischen Planwirtschaften läßt sich nach der gängigen Definition keine Inflation diagnostizieren, wenn die Planungsinstanzen die Preise über Jahre hinweg unverändert lassen. Darüber hinaus kommt es in westlichen Marktwirtschaften wie in sozialistischen Planwirtschaften nicht selten zu Indexmanipulationen, durch die der statistische Ausweis tatsächlich eingetretener Preisniveausteigerungen vermieden werden soll. Obwohl bestimmte Erscheinungen wie zunehmende Warteschlangen, längere Lieferfristen, steigende Schwarzmarktpreise, Abbau von Nebenleistungen, Qualitätsverschlechterungen usw. auf Inflation schließen lassen, ist auf sie die obige Symptomdefinition nicht anwendbar. Trotz der empirischen Relevanz derartiger Fälle begnügt man sich mit der Bildung von Analogien und spricht von gestoppter, zurückgestauter und Quasi-Inflation bzw. generell von Inflationen ohne Preisniveauanstieg, ohne über geeignete Meßkonzepte zur Bestimmung ihres quantitativen Ausmaßes zu verfügen.

Will man diese begriffliche Inkonsistenz vermeiden, ist vom Ursprung des Inflationsphänomens auszugehen. Er liegt in der Einführung des Geldes in den Wirtschaftskreislauf (Beitrag D-1.1.). In einer Geldwirtschaft läßt sich der Wert der Güter im Preisniveau P und der Wert des Geldes – der Geldwert GW – in Gütereinheiten, d. h. als Kehrwert des Preisniveaus (GW: = 1/P) ausdrücken. Geldwert und Preisniveau bilden sich im Zusammenspiel von nominalem Geldangebot M und realer Geldnachfrage $L := M^d/P$ auf dem gesamtwirtschaftlichen Geldmarkt (Beitrag C-4.3.), so daß unter der Gleichgewichtsbedingung $M = M^d$ gilt:

(1.1) $$GW = L/M \text{ bzw. } P = M/L.$$

Inflation, verstanden als Prozeß anhaltender Preisniveausteigerungen, ist somit ein gesamtwirtschaftliches „monetäres Phänomen“ (Friedman, 1970), das notwendig an die Existenz des Geldes gebunden ist und in einer Naturaltauschwirtschaft nicht auftreten kann. Erklärt man in der Cambridge-Tradition der Geldnachfragetheorie (Beitrag C-4.2.) die reale Geldnachfrage L mit dem Produkt aus dem Kassenhaltungskoeffizienten k und dem realen Sozialprodukt Y, also

(1.2) $$L = M^d/P = k \cdot Y,$$

so folgt durch Substitution von (1.2) in (1.1) und Auflösen nach der nominalen Geldmenge pro Outputeinheit M/Y

(2.1) $M/Y = k \cdot P$

bzw. in Änderungsraten ausgedrückt:

(2.2) $g_M - g_Y = g_k + g_P.$

Damit ist die Verbindung zwischen Geld- und Gütermarkt hergestellt: Inflation läßt sich dann als permanenter Anstieg der nominalen Geldmenge pro Outputeinheit M/Y definieren, d. h. als ein länger anhaltender Prozeß, in dem gemäß $g_M > g_Y$ die Wachstumsrate der nominalen Geldmenge g_M größer ist als die des realen Sozialprodukts g_Y. Das überschüssige Geldmengenwachstum ($g_M - g_Y > 0$) läßt sich als Inflationspotential (Inflationsangebot) interpretieren, das je nach institutionellen Gegebenheiten und individueller Anpassungsfähigkeit und -willigkeit der Wirtschaftssubjekte gemäß (2.2) durch Zunahme des Kassenhaltungskoeffizienten ($g_k > 0$) oder durch allgemeine Preissteigerungen ($g_P > 0$) ausgeschöpft werden kann (Inflationsnachfrage); denn das „überschüssige" Geld wird entweder zusätzlich als Kasse gehalten oder dient der Finanzierung des sich durch laufende Preiserhöhungen aufblähenden Einkommenskreislaufs. Somit können die Änderungsraten des Kassenhaltungskoeffizienten g_k und des durch einen geeigneten Preisindex repräsentierten Preisniveaus g_P als Inflationsindikatoren betrachtet werden (Cassel, 1985; Caspers, 1987).

Je nach Konstellation lassen sich verschiedene Erscheinungsformen der Inflation unterscheiden. In einer Marktwirtschaft mit funktionsfähigem Preismechanismus wird das Inflationspotential letztlich durch allgemeine Preissteigerungen ausgeschöpft ($g_P > 0$). Diese als Preisinflation bezeichnete Erscheinungsform entspricht der herrschenden Symptomdefinition. Kommt es – aus welchen Gründen auch immer – zu einem überschüssigen Geldmengenwachstum, versuchen die Akteure auf den preisflexiblen Güter- und Faktormärkten den zu erwartenden Preissteigerungen durch eigene Preisanpassungen zuvorzukommen, so daß die Preise schließlich auf breiter Front steigen. Die Rate der Preisinflation läßt sich am Anstieg eines geeigneten Preisindex messen, der zugleich ein Maß für den Kaufkraftschwund ist, dem das Geld bei Preisinflation unterliegt. Solange das Inflationspotential (noch) nicht vollständig durch Preisinflation ausgeschöpft ist, besteht gemäß (2.2) in Höhe der Differenz Kassenhaltungsinflation ($g_k > 0$); sie baut sich im Zeitablauf mit zunehmender Preisinflation ab.

Auch in sozialistischen Planwirtschaften kann es jederzeit zu Divergenzen von Geldmengen- und realem Sozialproduktwachstum kommen. Werden die Einzelpreise durch zentral-administrative Preisfixierung längere Zeit praktisch konstant gehalten, so kann die Inflation nur als ein permanenter Anstieg des Kassenhaltungskoeffizienten in Erscheinung treten ($g_k > 0$). Dies wäre auch in Marktwirtschaften der Fall, wenn über längere Zeit ein lückenloser Preisstopp praktiziert würde. Die Unterdrückung des Preisniveauanstiegs hat dieser Erscheinungsform die Bezeichnung gestoppte bzw. zurückgestaute Inflation gegeben. Sie soll hier ihrem Indikator entsprechend als Kassenhaltungsinflation bezeichnet werden. Von einer gemischten Inflation als dritter Erscheinungsform wäre immer dann zu sprechen, wenn der Anstieg des Preisniveaus nur teilweise unterdrückt wird. Hierbei zeigt sich die Inflation in gleichzeitigen permanenten Erhöhungen sowohl des Preisniveaus als auch des Kassenhaltungskoeffizienten.

1.2. Messung

Will man das quantitative Ausmaß einer Inflation an ihrem Symptom $g_M > g_Y$ messen, ist die zeitliche Entwicklung der beiden Symptomvariablen M und Y zu erfassen. Dabei entsteht das Problem, zwischen den verschiedenen Abgrenzungen der Geldmenge (M1, M3; Beitrag D-1.3.) und des Outputs (Nationalprodukt, Inlandsprodukt, Produktionspotential; Beitrag B-2.4. und G-2.1.) wählen zu müssen. Darüber hinaus besteht die Schwierigkeit, daß die realen Produkte keine originären Größen sind, sondern erst mit Hilfe des Preisniveaus aus den nominalen Produkten errechnet werden müssen. Das Meßergebnis hängt also in jedem Fall von der korrekten Preisniveauermittlung durch geeignete Indizes ab.

Meßprobleme der Preisinflation

Zur Operationalisierung des Konstrukts Preisniveau – genauer gesagt: zur Messung seiner zeitlichen Veränderungen – werden Preisindizes herangezogen, deren Ermittlung nicht unproblematisch ist und daher eine quantitativ exakte Inflationsdiagnose unmöglich macht (Schubert, 1981; Deutsche Bundesbank, 1998,2).

Zunächst besteht die Wahl zwischen mehreren Index-Formeln, unter denen die Preisindizes nach Laspeyres (P_L) und nach Paasche (P_P) am bekanntesten sind:

$$P_L = \frac{\Sigma\, p_{i1} \cdot q_{i0}}{\Sigma\, p_{i0} \cdot q_{i0}} \cdot 100 \qquad \text{bzw.} \qquad P_P = \frac{\Sigma\, p_{i1} \cdot q_{i1}}{\Sigma\, p_{i0} \cdot q_{i1}} \cdot 100$$

mit p – Preis; q – Menge; i – 1, 2, ..., n Güter;
0 – Basisperiode; 1 – Berichtsperiode.

Der Laspeyres-Index verwendet das konstante Wägungsschema q_{i0}, das aus den in einer Basisperiode realisierten Anteilen der Ausgaben für einzelne Güter an den Gesamtausgaben für einen Warenkorb gebildet wird. Indexwerte aufeinanderfolgender Berichtsperioden repräsentieren die reine Preisentwicklung und sind uneingeschränkt miteinander vergleichbar. Dagegen verwendet der Paasche-Index das sich jeweils ändernde Wägungsschema der Berichtsperiode. Er ist deshalb für den periodischen Preisniveauvergleich ungeeignet. Seine Werte repräsentieren die reine Preisentwicklung lediglich im Vergleich zur Basisperiode. Deshalb dient er meist nur als Deflator zur Preisbereinigung von Aggregaten der Volkswirtschaftlichen Gesamtrechnung (VGR). *Tab. F-1* zeigt die Inflationsentwicklung in der Bundesrepublik Deutschland seit 1975 anhand repräsentativer VGR-Deflatoren und Laspeyres-Indizes.

Den einzelnen Konsumenten interessiert weniger die Preisentwicklung aller Güter des Nationalprodukts, als vielmehr nur derjenigen, die von ihm zu kaufen gewünscht werden. Das Statistische Bundesamt hat deshalb insgesamt fünf (Laspeyres-)Lebenshaltungsindizes entwickelt. Unter ihnen haben der Preisindex für die Lebenshaltung aller privaten Haushalte (Spalte 3a) und der Preisindex für die Lebenshaltung von Zwei-Personen-Haushalten von Renten- und Sozialhilfeempfängern (Spalte 4) den breitesten Adressatenkreis und dementsprechend auch die größte Relevanz für die wirtschaftspolitische Inflationsdiagnose. Ein Vergleich der jährlichen Änderungsraten

Tab. F-1: Nationale und internationale Inflationsentwicklung (jährliche Änderungsraten in v. H.), 1975–2004

Jahr	Bundesrepublik Deutschland[1]					Industrieländer[2]	DDR		Polen	
	VGR-Deflatoren		LASPEYRES-Indizes							
	Bruttoinlandsprodukt	Privater Verbrauch	Lebenshaltung aller privaten Haushalte		Lebenshaltung von Rentnern[3]	Verbraucherpreise	Kassenhaltungskoeffizient[4]	Verbraucherpreise[5]	Kassenhaltungskoeffizient[4]	Verbraucherpreise[6]
	1	2	3a*	3b**	4	5	6	7	8	9
1975	6,0	6,2	5,9	–	6,6	11,1	3,5	0,0	2,3	2,3
1976	3,7	4,2	4,4	–	5,1	8,3	1,5	0,0	- 2,7	4,4
1977	3,8	3,6	3,6	–	3,5	8,5	2,9	- 0,1	- 1,8	4,9
1978	4,2	2,7	2,7	–	2-2	7,2	3,2	- 0,1	3,2	8,1
1979	4,0	4,0	4,2	–	3,4	9,2	1,6	0,3	4,2	7,0
1980	4,8	5,8	5,4	–	5,4	11,9	- 2,0	0,4	5,5	9,7
1981	4,0	6,2	6,3	5,4	6,1	10,1	0,4	0,2	20,5	19,1
1982	4,4	4,7	5,2	4,6	5,7	7,5	3,1	0,0	- 22,4	103,6
1983	3,2	3,2	3,3	3,8	3,4	5,1	4,3	0,0	- 8,1	25,5
1984	2,0	2,5	2,4	2,9	2,4	4,8	0,4	0,0	- 3,3	15,4
1985	2,3	2,1	2,0	1,9	2,0	4,2	0,7	- 0,1	10,7	11,5
1986	3,1	- 0,5	- 0,1	1,7	0,3	2,4	1,8	0,0	- 2,2	16,6
1987	2,0	0,6	0,2	1,3	- 0,3	2,9	3,4	0,0	- 10,1	26,4
1988	1,5	1,3	1,3	1,6	1,0	3,3	2,6	0,0	0,3	58,7
1989	2,6	2,8	2,8	2,1	3,0	4,5	2,5	2,3	- 12,9	244,6
1990	3,2	2,7	2,7	2,6	2,9	5,2	–	–	- 25,3	555,4
1991	3,8	3,7	3,5	3,6	3,6	4,7	–	–	- 9,1	76,7
1992	4,4	3,8	4,0	3,6	3,9	3,5	–	–	- 2,4	45,3
1993	3,2	3,2	4,5	3,9	3,7	3,1	–	–	- 3,2	36,9
1994	2,1	2,9	2,7	2,3	3,0	2,6	–	–	3,4	33,3
1995	2,0	1,8	1,7	1,7	1,9	2,6	–	–	–	28,1
1996	1,0	1,7	1,4	1,2	1,3	2,4	–	–	–	19,8
1997	0,7	2,0	1,9	1,0	2,3	2,1	–	–	–	15,1
1998	1,1	1,1	1,0	1,0	1,4	1,5	–	–	–	11,7
1999	0,4	0,3	0,6	0,6	0,3	1,4	–	–	–	7,3
2000	0,4	1,4	1,9	0,7	1,7	2,3	–	–	–	10,1
2001	1,2	1,8	2,0	1,3	–	2,1	–	–	–	5,3
2002	1,4	1,2	1,4	1,2	–	1,5	–	–	–	1,9
2003	1,0	1,5	1,1	0,6	–	1,8	–	–	–	0,7
2004	0,8	1,4	1,6	0,4	–	2,0	–	–	–	3,6

* mit staatlich administrierten Preisen ** ohne staatlich administrierte Preise

[1] ab 1991 inklusive der fünf neuen Bundesländer. [2] 21 Industrieländer, ab 1989 24 Industrieländer einschließlich 4 südostasiatischer Schwellenländer (Hongkong SAR, Südkorea, Singapur, Taiwan). [3] Lebenshaltung von 2-Personen-Haushalten von Renten- und Sozialhilfeempfängern, Berechnung durch das Statistische Bundesamt bis 2000. [4] Quotient aus Bargeld und Sichteinlagen des privaten Publikums und Einzelhandelsumsatz; ab 1992 Quotient aus Bargeld und Sichteinlagen des privaten Publikums und nominalem Bruttoinlandsprodukt. [5] Preisindex der Konsumgüter, Leistungspreise und Tarife. [6] Preisindex der Konsumgüter und Dienstleistungen.

Quelle: Sp. 1–2: SVR, Jahresgutachten (lfde. Jahrgänge); Sp. 3a–3b; 4: Statistisches Bundesamt, Fachserie 17, Reihe 7: Preise und Preisindizes der Lebenshaltung (lfde. Jahrgänge); ab 2001: SVR, Jahresgutachen (lfde. Jahrgänge); Sp. 5: IMF, International Financial Statistics, Yearbook 1989; ab 1989: SVR, Jahresgutachten (lfde. Jahrgänge); Sp. 6–7: Staatliche Zentralverwaltung für Statistik, Statistisches Jahrbuch der DDR, Berlin (Ost) (lfde. Jahrgänge); Sp. 8; 9: bis 1987: GUS, ab 1988: IMF (International Financial Statistics); ab 2001: SVR, Jahresgutachten (lfde. Jahrgänge); eigene Berechnungen.

der Lebenshaltungsindizes zeigt, daß der gemessene Kaufkraftschwund weder für beide Indexhaushalte gleich groß noch für den einen Indexhaushalt stets größer als für den anderen ist.

Probleme der Inflationsdiagnose resultieren auch aus der für den intertemporalen Preisniveauvergleich notwendigen Konstanz des Wägungsschemas der LASPEYRES-Indizes (Überblick bei FRENKEL/PIERDZIOCH/STADTMANN, 2003; LEIFER, 2006). Da sich in der Realität die Güterarten und -qualitäten sowie die Verbauchsstrukturen laufend ändern, kann das starre Wägungsschema rasch veralten und der gemessene Indexwert zur Fiktion werden. Der Index weist dann die Preisniveauänderungen zu hoch oder zu niedrig aus. Da man allgemein annimmt, daß z. B. Qualitätsverbesserungen häufiger und gewichtiger sind als Qualitätsverschlechterungen, wird per saldo auf eine nicht unerhebliche qualitätsbedingte Übertreibungstendenz der LASPEYRES-Indizes geschlossen. Hinzu kommen jene Übertreibungstendenzen, die den substitutionsbedingten Abweichungen der tatsächlichen Verbrauchsstruktur vom Wägungsschema infolge von Veränderungen der relativen Preise zugeschrieben werden (LASPEYRES-Effekt). Die amtliche Statistik ist zwar bemüht, derartige Effekte auszuschalten – so versucht man in den USA und neuerdings auch in Deutschland, die drastischen Qualitätsverbesserungen im IT-Bereich mit einer „hedonischen" Preisberechnung, bei der einzelne Eigenschaften eines Produktes preislich bewertet werden, besser zu berücksichtigen (BOSKIN u. a., 1996) –; dennoch ist davon auszugehen, daß der Preisindex der Lebenshaltung die Teuerung in Deutschland um 0,75 und in den USA um 0,5–1,5 Prozentpunkte pro Jahr übertreibt (BOSKIN u. a., 1998; DEUTSCHE BUNDESBANK, 1998,2, S. 60).

Gewisse Informationsverzerrungen gehen auch auf ungelöste Erfassungsprobleme zurück. Sie resultieren vor allem aus der bei den Lebenshaltungsindizes in der Bundesrepublik praktizierten Erhebung von Angebotspreisen anstelle von Transaktionspreisen. Angebotspreise sind Preise, die in Preisauszeichnungen, Preislisten, Katalogen usw. als Offerte an die Nachfrager kundgetan werden. Hiervon weichen die bei Vertragsabschluß ausgehandelten und tatsächlich gezahlten Transaktionspreise häufig nicht unerheblich ab. Vergleichsrechnungen zeigen, daß Angebotspreisindizes in der Rezession übertreiben, weil dann die Transaktionspreise durch den verschärften Wettbewerb unter Druck geraten. In Boomphasen neigen sie zur Untertreibung. Dies dürfte generell für alle Käufermarktsituationen gelten, insbesondere aber für alle Fälle, in denen staatliche Kontrollen der Angebotspreise durch Erhöhung von Transaktions- und Schwarzmarktpreisen umgangen werden. Solche erhebungsbedingten Untertreibungstendenzen werden unter dem Begriff versteckte bzw. verdeckte Inflation zusammengefaßt.

Andererseits übertreiben die Preisindizes in Marktwirtschaften mit einem wachsenden schattenwirtschaftlichen Sektor (shadow economy): Wenn mehr und mehr Produktionsleistungen unter dem Druck zunehmender staatlicher Abgaben und Regulierungen aus der offiziellen Wirtschaft in die private Haushaltssphäre (Selbstversorgungswirtschaft) oder den erwerbswirtschaftlichen Untergrund (Untergrundwirtschaft) verlagert und durch Do-it-yourself, Nachbarschaftshilfe, Schwarzarbeit, Verkauf ohne Rechnung usw. weit unter dem regulären (Markt-)Preis erstellt werden, weisen die amtlichen Preisindizes den tatsächlichen Kaufkraftschwund zu hoch aus (CASSEL, 1984).

Die Messung der Preisinflation ist also mit vielfältigen, teils vermeidbaren, teils unvermeidbaren Unsicherheiten behaftet. Es ist deshalb nicht unangemessen, wenn man die Unsicherheitsmarge mit bis zu 2 v. H. ansetzt, wie dies die DEUTSCHE BUNDESBANK bei ihrer stabilitätspolitischen Zielsetzung getan hat und es die EZB nun ebenfalls tut. Dies um so mehr, als neuere Berechnungen zeigen, daß ein nicht unbeträchtlicher Teil der Steigerungsrate der Verbraucherpreise von staatlich administrierten Preiserhöhungen einschließlich der Erhöhung der indirekten Steuern ausgeht (Spalten 3a und 3b; WEEBER, 1994; SVR, 2001/02, S. 45*ff.). Auch haben sich nach Gründung der EUROPÄISCHEN WÄHRUNGSUNION (EWU) zusätzliche Messprobleme durch die Notwendigkeit ergeben, der EZB einen „harmonisierten Verbraucherpreisindex" (HVPI-EWU) zur Zielorientierung ihrer Geldpolitik zur Verfügung zu stellen (BUCHWALD, 1998; LANGE, 2001).

Meßprobleme der Kassenhaltungsinflation

Zur Messung der Kassenhaltungsinflation ist die Operationalisierung des Kassenhaltungskoeffizienten erforderlich. Er läßt sich als Quotient aus der Summe aller inländischen Geldbestände und dem nominalen Nationalprodukt errechnen. Je nach Abgrenzung von Geldmenge und Nationalprodukt sowie ihrer Disaggregation nach Sektoren der VGR lassen sich Teilkoeffizienten mit unterschiedlichem Aussagegehalt konstruieren. In den ehemaligen sozialistischen Planwirtschaften hatten sich die Meßkonzepte jedoch mehr nach den begrenzt verfügbaren Daten als nach theoretischen Idealvorstellungen zu richten. Darüber hinaus entstanden Schwierigkeiten mit der systemspezifischen Abgrenzung und Zuordnung der relevanten Aggregate (CASSEL u. a., 1989).

Wie *Tab. F-1* (Spalten 6 bis 9) zeigt, bestand in der ehemaligen DDR eine durchaus merkliche Kassenhaltungsinflation mit schwankenden Raten, während Polen bis zur Preisfreigabe im Jahr 1989 eine ziemlich starke gemischte Inflation aufwies, die ihr gesamtes Ausmaß erst in der Zusammenschau der Entwicklung von Preisniveau und Kassenhaltungsdauer erkennen läßt. Mit Hilfe der Wachstumsrate des Kassenhaltungskoeffizienten konnte somit die von westlichen Beobachtern schon immer vermutete, aber meist mit anekdotischen Erscheinungen wie Güterrationierungen, Warteschlangen, Schwarzmärkten usw. belegte und hinsichtlich ihres Ausmaßes nur vage geschätzte Inflation in sozialistischen Ländern allein unter Verwendung offizieller Statistiken nachgewiesen und quantifiziert werden.

1.3. Inflationsarten

Ihrem Erscheinungsbild nach lassen sich zahlreiche Arten der (Preis-)Inflation unterscheiden. Von Bedeutung ist zunächst die Unterteilung in heimische Inflation und Weltinflation. Mit heimischer Inflation wird der sich innerhalb der Grenzen eines Landes ausbreitende inflatorische Prozeß bezeichnet. Unter Weltinflation versteht man den Sachverhalt, daß sich die nationalen inflatorischen Prozesse nach dem Zweiten Weltkrieg tendenziell ziemlich einheitlich und in enger Beziehung zueinander entwickelt haben. Die Weltinflation läßt sich näherungsweise als ein mit den Inlandsproduktanteilen gewichtetes geometrisches Mittel der nationalen Inflationsraten berechnen

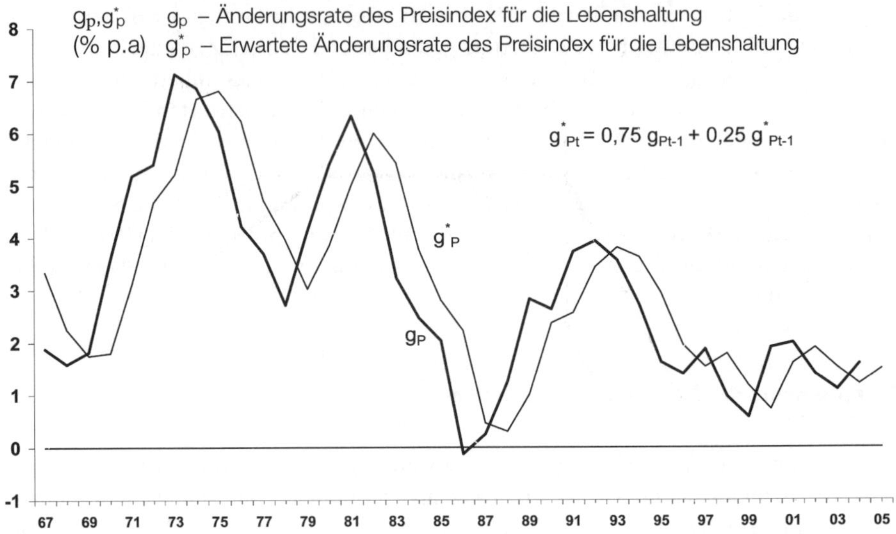

Abb. F-1a: Inflationsentwicklung in der Bundesrepublik Deutschland, 1967–2005

(*Tab. F-1*, Spalte 5). Die Standardabweichung zwischen den nationalen Inflationsraten nimmt dabei um so höhere Werte an, je variabler die Wechselkurse sind: Für die Jahre 1958–70 betrug sie 0,908, für 1971–78 lag sie bei 2,389 und für 1976–78 – eine Periode mit praktisch flexiblen Wechselkursen – sogar bei 3,531 (STEINMANN, 1979, S. 119). Theoretisch ist die Weltinflation als ein supranationales Phänomen aufzufassen, das in einer weitgehend integrierten Weltwirtschaft immer dann auftritt, wenn die Wachstumsrate der Weltgeldmenge ständig größer ist als die des realen Weltprodukts.

In der Literatur findet sich immer wieder die bei Politikern beliebte, theoretisch aber weitgehend irrelevante Unterscheidung nach der absoluten Höhe der Inflationsrate – dem Tempo der Inflation – in schleichende, trabende und galoppierende Inflation und Hyperinflation. Manche Autoren lassen die schleichende Inflation bei einer jährlichen Rate von 3 v. H. in eine trabende und bei 8 v. H. in eine galoppierende übergehen, andere sehen schon bei 3 v. H. den Übergang von der schleichenden in die galoppierende Inflation; und von PHILLIP CAGAN (1956, S. 25) stammt der vielzitierte Vorschlag, ab einer monatlichen Rate von 50 v. H. – das entspricht einer jährlichen Steigerungsrate von 12 975 v. H.! – Hyperinflation anzunehmen. In den von ihm untersuchten Fällen lagen die monatlichen Inflationsraten in der Spitze allerdings weit über dieser Marge: in Deutschland bei $32{,}4 \cdot 10^3$ v. H. (Oktober 1923) und in Ungarn bei $41{,}9 \cdot 10^{15}$ v. H. (Juli 1946). Solche Hyperinflationen sind jedoch Episoden der Wirtschaftsgeschichte geblieben. In den 70er Jahren erreichten Chile mit 586 v. H. (1974) und Argentinien mit 487 v. H. (1976) die höchsten jährlichen Raten. Unter den westlichen Industrieländern lagen Japan mit 24,5 v. H. (1974), England mit 24,2 v. H. (1975) und Italien mit 21,2 v. H. (1980) an der Spitze. Mitte 1989 stachen Brasilien und Jugoslawien mit Raten von 870 bzw. 590 v. H. hervor und wurden Anfang der 90er Jahre von den ehemals sozialistischen Ländern an der Spitze der Inflationsskala abgelöst (Überblick bei FISCHER/SAHAY/VÉGH, 2002).

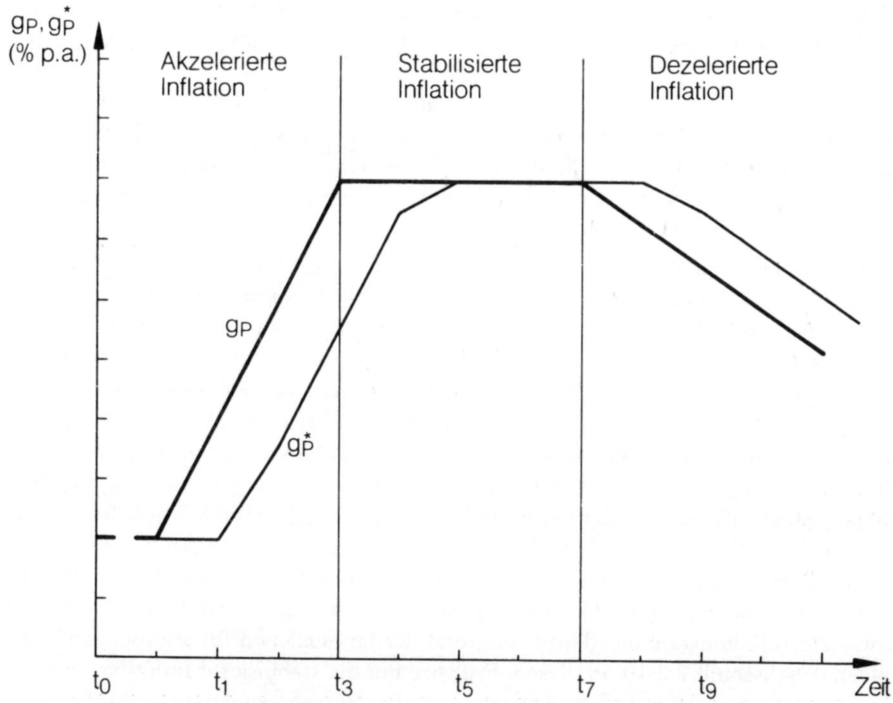

Abb. F-1b: Phasenschema der Inflation

Die Inflationsraten können sich in bezug auf die Zeitachse nach oben, unten oder horizontal entwickeln *(Abb. F-1a)*. Dementsprechend wird zwischen Phasen akzelerierter, stabilisierter und dezelerierter Inflation unterschieden. Hierbei interessiert

Übersicht F-1: Systematik der Inflationsbegriffe

Kriterium	Bezeichnung der Inflation
Indikator	Preisinflation Kassenhaltungsinflation (gestoppte, zurückgestaute Inflation) Gemischte Inflation
Meßergebnis	Offene Inflation Versteckte (verdeckte) Inflation
Wahrnehmung	Gemessene (Headline-) Inflation Gefühlte (Perceived-) Inflation Kern-(Core-) Inflation
Verbreitung	Heimische Inflation Weltinflation
Tempo	Schleichende (trabende) Inflation Galoppierende Inflation Hyperinflation
Phase	Akzelerierte Inflation Stabilisierte Inflation Dezelerierte Inflation (Disinflation)
Anpassung	Vollständig antizipierte (Steady-state-) Inflation Unvollständig antizipierte Inflation

nicht die absolute Höhe der Inflationsrate, sondern das Ausmaß und die Richtung ihrer Änderung, wie es vereinfachend anhand eines linearen Verlaufsschemas gezeigt werden kann *(Abb. F-1b)*: Die Phase der akzelerierten Inflation ist durch einen kontinuierlichen Anstieg, die der dezelerierten Inflation (Disinflation) durch einen entsprechenden Rückgang der Inflationsrate gekennzeichnet. Bleibt dagegen die Inflationsrate unverändert, liegt eine Phase der stabilisierten Inflation vor. Anders als bei Preisniveaustabilität steigt dabei das Preisniveau exponentiell an; „stabilisiert" ist nur die Änderungsrate des Preisniveaus.

In engem Zusammenhang mit der Phaseneinteilung steht die Unterscheidung der Inflation nach dem Grad der den Wirtschaftsssubjekten gelungenen Ex-ante-Anpassung an die tatsächlich eintretende Inflationsrate. Man unterscheidet hierbei zwischen vollständig antizipierter und unvollständig antizipierter Inflation. Der Begriff der Antizipation, der dieser Einteilung zugrunde liegt, beinhaltet nicht nur die subjektiven Erwartungen hinsichtlich der künftigen Inflationsrate, sondern auch die faktisch getroffenen Dispositionen, mit denen die Wirtschaftssubjekte der jeweils erwarteten Preisentwicklung zuvorzukommen wünschen. Eine vollständig antizipierte Inflation (Steady-state-Inflation) ist der theoretische Grenzfall, in dem die Wirtschaftssubjekte die Höhe der Inflationsrate korrekt erwartet haben und ihre erwartungsinduzierten Anpassungswünsche so durchsetzen konnten, daß ex post kein Anpassungsbedarf mehr besteht. In *Abb. F-1a* und *1b* wird angenommen, daß die Wirtschaftssubjekte die erwartete Inflationsrate g_P^* adaptiv aufgrund der tatsächlichen Inflationsentwicklung bilden (s. Abschnitt 2.2.4.). In diesem Fall wird nur die stabilisierte Inflation – zumindest streckenweise – korrekt erwartet und – sofern alle Anpassungswünsche erfüllt sind – auch vollständig antizipiert ($g_P = g_P^* = g_P^a$; g_P^a – antizipierte Inflationsrate). In den übrigen Inflationsphasen kommt es dagegen zu Erwartungsirrtümern und damit zu unvollständig antizipierter Inflation. Die bisher behandelten Inflationsbegriffe werden in *Übersicht F-1* zusammengefaßt.

2. Inflationserklärung

Befriedigende wissenschaftliche Erklärungen des Inflationsphänomens erfordern ein widerspruchsfreies und empirisch gesichertes System von Hypothesen, die angeben, unter welchen Bedingungen Inflation auf welche Weise generell in Erscheinung tritt. Solche Bedingungen bezeichnet man als Inflationsursachen. Ihre Analyse geht der Frage nach, wodurch eine Inflation ausgelöst und in Gang gehalten, beschleunigt, verlangsamt oder stabilisiert und international übertragen wird.

2.1. Analysekonzepte

Systematik inflationstheoretischer Erklärungsansätze

Nach wie vor verläuft eine Haupttrennungslinie zwischen „rein" ökonomischen bzw. preistheoretischen und sozialwissenschaftlich bzw. soziologisch und politologisch angelegten Erklärungsversuchen. Dementsprechend lassen sich ökonomische und politische

Übersicht F-2: Systematik inflationstheoretischer Erklärungsansätze

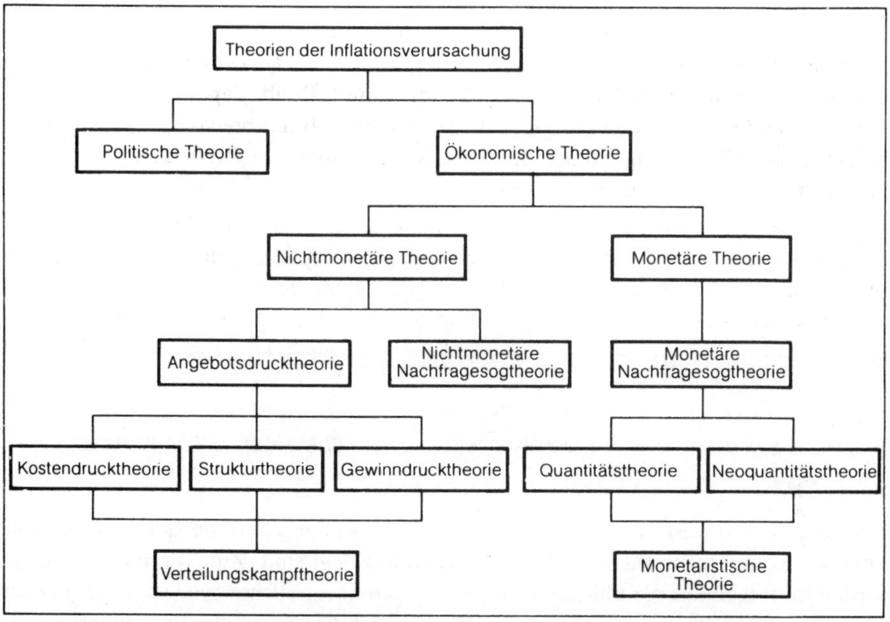

Theorien der Inflationsverursachung unterscheiden *(Übersicht F-2)*. Ökonomische Theorien der Inflationsverursachung, die dem Geld eine entscheidende Rolle beimessen, werden als monetäre Theorien bezeichnet, alle anderen als nichtmonetäre Theorien. Diese Unterscheidung hat sich zwar allgemein durchgesetzt, ist aber angesichts der neueren, auf eine Synthese der monetären und nichtmonetären Aspekte der Inflationsverursachung zielenden Theoriebildung schon wieder fragwürdig geworden. Vereinfacht werden deshalb nach ihrer zeitlichen Entwicklung zwei „Generationen" ökonomischer Ursachenanalysen unterschieden: eine bis in die Mitte der 60er Jahre reichende „traditionelle" Theorie und eine sich daran anschließende „moderne" Theorie. Letztere wird praktisch mit der monetaristischen Theorie gleichgesetzt, während erstgenannte alle übrigen ökonomischen Ansätze umfaßt (Überblick bei Rieter, 1971; Frisch, 1980).

Konventionelle Analysekonzepte

Die so klassifizierten Erklärungsansätze geben im einzelnen häufig divergierende und unvollständige Antworten auf die eingangs gestellten Fragen. Dies liegt teilweise an der gewählten Problemstellung, vor allem aber am unterschiedlichen analytischen Vorgehen: Verbale Beschreibungen denkbarer Kausalzusammenhänge stehen neben mathematisch-formalen Modellen, definitorische Aussagesysteme neben empirisch testbaren Hypothesen. Mikroökonomische Ursachenanalysen kommen möglicherweise zu anderen Ergebnissen als makroökonomische. Partialmodelle haben eine andere Aussagefähigkeit als Totalmodelle. Und schließlich macht es einen Unterschied, ob Niveaugrößen (Preisniveau, Nationalprodukt usw.) oder ihre Veränderungsraten (Infla-

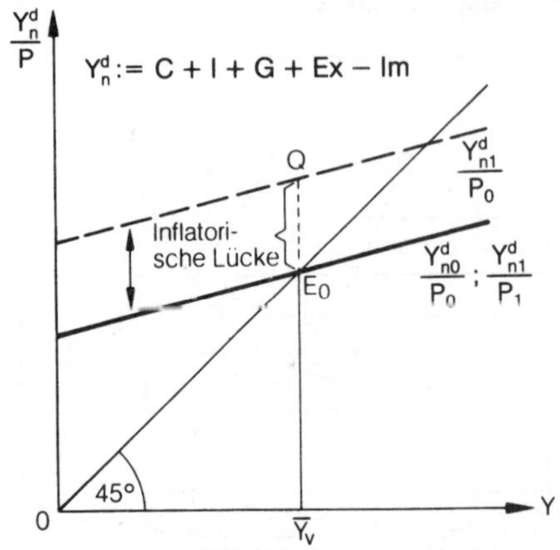

Abb. F-2a: Einkommen–Ausgaben-Konzept

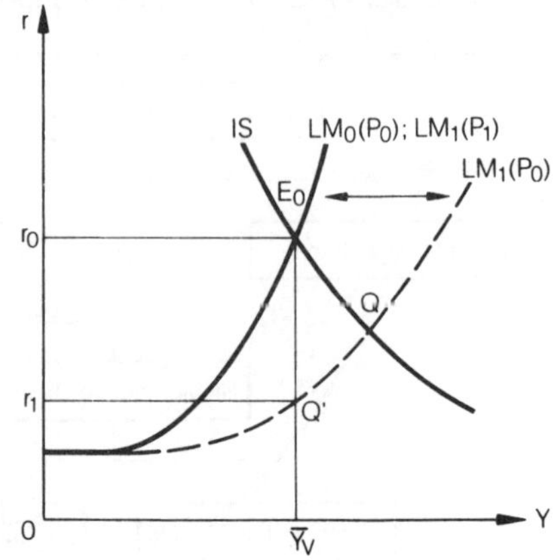

Abb. F-2b: IS-LM-Konzept

tionsrate, Wachstumsrate des Nationalprodukts usw.) analysiert werden und ob diese Analysen komparativ-statisch oder dynamisch angelegt sind. Zur Veranschaulichung werden im folgenden die üblichen Graphiken unterschiedlicher Analysekonzepte für den Fall einer Inflation gegenübergestellt, die durch Erhöhung der gesamtwirtschaftlichen Nachfrage verursacht sein soll.

Abb. F-2a repräsentiert das keynesianische Einkommen-Ausgaben-Konzept zur Bestimmung des partiellen Gütermarkt-Gleichgewichts (Beitrag C-3.1.). Ausgangszustand ist das Vollbeschäftigungsgleichgewicht E_0, das durch den Schnittpunkt der Kurve der geplanten realen Gesamtausgaben (reale Gesamtnachfrage) mit der 45°-Linie bestimmt ist. Wünschen die Wirtschaftssubjekte eine Erhöhung ihrer realen Gesamtausgaben Y_n^d/P, indem sie in Erwartung eines konstanten Preisniveaus P_0 höhere nominale Gesamtausgaben Y_n^d planen, so verschiebt sich die Kurve der realen Gesamtnachfrage nach oben. Es entsteht die sogenannte inflatorische Lücke E_0Q. Sie beschreibt den Sachverhalt, daß bei kurzfristig nicht mehr steigerungsfähigem realen Vollbeschäftigungsnationalprodukt $\overline{Y}_v$ die geplante reale Mehrnachfrage nicht befriedigt werden kann. Der Versuch, mehr als bisher für Güterkäufe auszugeben, führt – statt zu der erforderlichen Produktionsausweitung über $\overline{Y}_v$ hinaus – zu einer Preisniveauerhöhung von P_0 auf P_1, die jedoch in diesem Konzept unmittelbar nicht darstellbar ist. Am Ende der Periode haben die Wirtschaftssubjekte zwar ihre nominalen, nicht aber ihre realen Ausgabenpläne realisiert. Beabsichtigen sie, die nicht erfüllten realen Ausgabenwünsche in der Folgeperiode zu verwirklichen, müßten sie die geplanten nominalen Gesamtausgaben weiter aufstocken, so daß es auch in dieser Periode zu einer inflatorischen Lücke und einem weiteren Preisniveauanstieg kommt. Die inflatorische Lücke verschwindet erst dann, wenn die Wirtschaftssubjekte ihre Absicht, reale Mehrausgaben zu realisieren, aufgeben. Anhaltende Preisniveausteigerungen setzen in diesem Konzept eine permanente inflatorische Lücke voraus, die wiederum ständig steigende nominale Gesamtausgaben impliziert. Die für das Ergebnis äußerst wichtige Frage, wie die Ausgabensteigerungen gesamtwirtschaftlich finanziert werden, bleibt hierbei jedoch unbeantwortet (Überblick bei FELDSIEPER/KÄHLER, 1981).

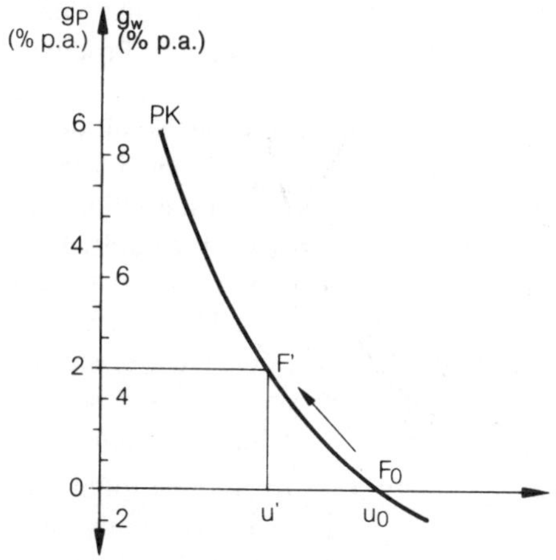

Abb. F-2c: PHILLIPS-Kurven-Konzept

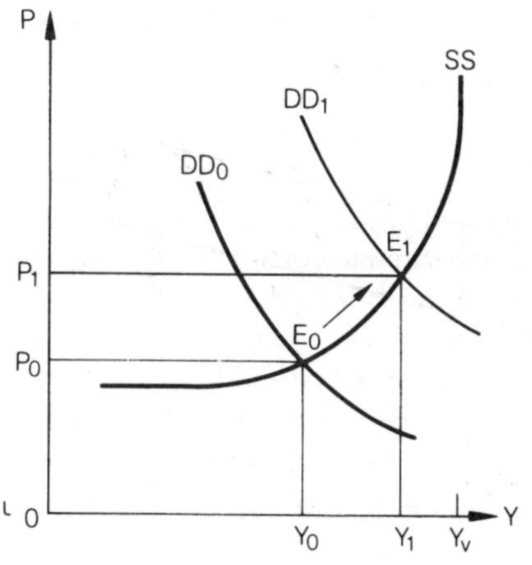

Abb. F-2d: Angebot–Nachfrage-Konzept

Probleme ergeben sich auch bei der Anwendung des in *Abb. F-2b* dargestellten IS-LM-Konzepts (Beitrag C-5.1.). Es berücksichtigt zwar außer dem Gütermarkt auch den Geldmarkt, ermöglicht aber ebenfalls nur eine komparativ-statische Analyse von Niveaugrößen bei gegebenen realen Vollbeschäftigungseinkommen. Im vorliegenden Fall wird eine (einmalige) Erhöhung der nominalen Geldmenge angenommen, wodurch sich – bei zunächst konstantem Preisniveau P_0 – die reale Kassenhaltung momentan erhöht und die LM-Kurve nach rechts verschiebt: Der gleichgewichtige Realzins r sinkt und induziert Nachfragesteigerungen, die jedoch auf ein nicht ausdehnungsfähiges Produktangebot stoßen und – wie schon im Einkommen-Ausgaben-Konzept – das Preisniveau steigen lassen. Hierdurch sinkt die vorher infolge der Geldmengenerhöhung gestiegene Realkasse auf ihr ursprüngliches Niveau, so daß die LM-Kurve in die Ausgangsposition zurückgeht und dabei den Realzins wieder heraufzieht. Auch in diesem Konzept treten das Preisniveau und seine einmalige Änderung nicht direkt in Erscheinung, wie im übrigen von jeglichen Preiserwartungseffekten abstrahiert wird.

In *Abb. F-2c* werden die beiden keynesianischen PHILLIPS-Kurven dargestellt: Bezogen auf die Änderungsrate des Nominallohnsatzes g_w (rechte Ordinatenskala) repräsentiert PK die originäre PHILLIPS-Kurve, bezogen auf die Inflationsrate g_p (linke Ordinatenskala) die modifizierte PHILLIPS-Kurve. ALBAN W. PHILLIPS (1958) hatte in einer ökonometrischen Untersuchung für Großbritannien für die Zeit von 1861–1957 aufgezeigt, daß sich die Beziehung zwischen der prozentualen Änderungsrate des Nominallohnsatzes und der prozentualen Arbeitslosenquote durch eine zum Ursprung konvexe Funktion beschreiben läßt. Aufgrund verschiedener Erklärungen dieses empirischen Phänomens postulierte man auch theoretisch eine stabile Austausch- bzw. Substitutionsbeziehung (trade-off) zwischen Lohnsatzänderungen und Arbeitslosenquote. Die daraus ableitbare originäre PHILLIPS-Kurve wurde sodann modifiziert, indem man von der Änderungsrate des Nominallohnsatzes auf die Inflationsrate überging und eine entsprechende Austauschbeziehung zwischen Arbeitslosenquote und Inflationsrate herleitete (Überblick bei SIEBKE, 1972). Der Übergang von der originären zur modifizierten PHILLIPS-Kurve basiert hier auf der Annahme, daß jeder Prozentpunkt Nominallohnsteigerung, der über die mit durchschnittlich 2,5 v. H. angenommene Produktivitätssteigerung hinausgeht, von den Unternehmen in den Preisen weitergegeben wird und in entsprechenden Preisniveausteigerungen zum Ausdruck kommt. Somit determinieren die Vorgänge auf dem Arbeitsmarkt unmittelbar die Entwicklung des Preisniveaus und bringen seine Änderungsrate ebenfalls in eine Substitutionsbeziehung zur Arbeitslosenquote, sobald die Lohnsatzerhöhungen den Produktivitätsfortschritt übersteigen. Eine Bewegung auf der modifizierten PHILLIPS-Kurve von F_0 nach F′ ist deshalb als angebotsseitige Reaktion auf einen Nachfragesog (eine Überschußnachfrage) auf dem Arbeitsmarkt zu interpretieren, der gleichzeitig u sinken und g_p steigen läßt. Woher die Überschußnachfrage nach Arbeitskräften kommt, wie sie sich ständig erneuert und wodurch sie finanziert wird, bleibt in diesem Partialmodell offen.

Immerhin ermöglicht das Konzept der modifizierten PHILLIPS-Kurve eine Inflationsratenanalyse, die der üblichen komparativ-statischen Preisniveauanalyse methodisch überlegen ist. Der Unterschied läßt sich im Vergleich mit dem in *Abb. F-2d* dargestellten Angebot-Nachfrage-Konzept demonstrieren. Seine Bestandteile sind gesamtwirtschaftliche Angebots- und Nachfragekurven, die bestimmte Beziehungen zwischen dem Preisniveau und dem Niveau des realen Nationalprodukts repräsentieren (Beitrag C-7.1.). Die Angebotskurve läßt in ihrem mittleren Teil gleichgerichtete Variationen von P und Y zu, nach Erreichen des Vollbeschäftigungseinkommens nur noch Änderungen von P; die gesamtwirtschaftliche Nachfragekurve DD besitzt dagegen eine negative Steigung und ist über den gesamten Bereich preisniveauelastisch. Beide Kurven determinieren in ihrem Schnittpunkt E_0 das Preisniveau P_0, nicht aber die Inflationsrate. Änderungsraten des Preisniveaus müßten erst berechnet werden; und Veränderungen von Änderungsraten sind überhaupt nicht darstellbar. Die Verschiebung der gesamtwirtschaftlichen Nachfragekurve nach oben erklärt also nur eine einmalige Preisniveausteigerung von P_0 auf P_1. Wollte man z. B. eine stabilisierte Inflation darstellen, müßte die DD-Kurve von Periode zu Periode immer stärker nach oben verschoben werden, so daß sich das Preisniveau exponentiell erhöht. Die komparativ-statische Preisniveauanalyse behandelt die Inflation nicht als einen Prozeß ständiger Preisniveausteigerungen, sondern als diskrete Folge von Zuständen, die jeweils durch eine einmalige Erhöhung des Preisniveaus aufgrund angenommener Datenvariationen zwischen zwei Zeitpunkten gekennzeichnet sind.

Inflationstheoretisches Grundmodell

Abweichend von den konventionellen Analysekonzepten, sollen die verschiedenen inflationstheoretischen Erklärungsansätze im folgenden anhand eines einheitlichen Grundmodells demonstriert werden, das schrittweise alle wesentlichen Kausalfaktoren einzubeziehen gestattet und von vornherein auf Änderungsraten abstellt. Ausgangspunkt ist eine modifizierte PHILLIPS-Kurve PK, die – anders als üblich dargestellt – linear und spiegelverkehrt in *Abb. F-3.II.* eingezeichnet ist. Aus ihr läßt sich mit Hilfe der 45°-Linie und der als OK-Kurve bezeichneten Geraden eine gesamtwirtschaftliche Angebotswachstumskurve SG konstruieren (*Abb. F-3.III., IV.* und *I.*). Sie gibt an, mit welcher Rate das angebotene reale Nationalprodukt bei unterschiedlich hohen Inflationsraten wächst. Die vereinfacht als linear angenommene OK-Kurve repräsentiert die dem OKUNschen Gesetz zugrunde liegende Annahme, daß zwischen der Arbeitslosenquote und der Wachstumsrate des realen Nationalprodukts eine inverse Beziehung besteht. Hinsichtlich der gesamtwirtschaftlichen Güternachfrage wird zunächst vereinfachend unterstellt, daß sie unabhängig vom Inflationsniveau mit der konstanten Rate $\bar{g}_{Y^d}$ wächst (DG in *Abb. F-3.I.*). Im Schnittpunkt E von DG- und SG-Kurve sind die Änderungsraten des Preisniveaus g_{P_E} und des realen Nationalprodukts g_{Y_E} bestimmt. Dem entspricht im Punkt F auf der PK-Kurve eine Arbeitslosenquote in Höhe von u_F.

Algebraisch läßt sich das Modell wie folgt entwickeln: Ausgangspunkt auf der Angebotsseite ist das Preissetzungsverhalten der Unternehmen. Annahmegemäß bilden sie die Angebotspreise durch einen prozentualen Aufschlag (mark-up) auf die Lohnstückkosten. Geht man von der Aufteilung des nominalen Einkommens bzw. Nationalprodukts in Lohn- und Gewinneinkommen aus ($Y \cdot P = W + Q$), läßt sich die Aufschlagskalkulation gesamtwirtschaftlich gesehen wie folgt ableiten:

(3.1) $Y \cdot P = W + Q = w \cdot N + w \cdot N \cdot s = w \cdot N \cdot q$
mit $W := w \cdot N$; $Q := w \cdot N \cdot s$; $q := 1 + s > 0$;
w – Nominallohnsatz; N – Beschäftigungsmenge des Faktors Arbeit;
s, q – Gewinnaufschlagsätze.

Nach dem Preisniveau P aufgelöst, ergibt sich

(3.2) $P = w \cdot \frac{N}{Y} \cdot q = \frac{w \cdot q}{\varrho}$,

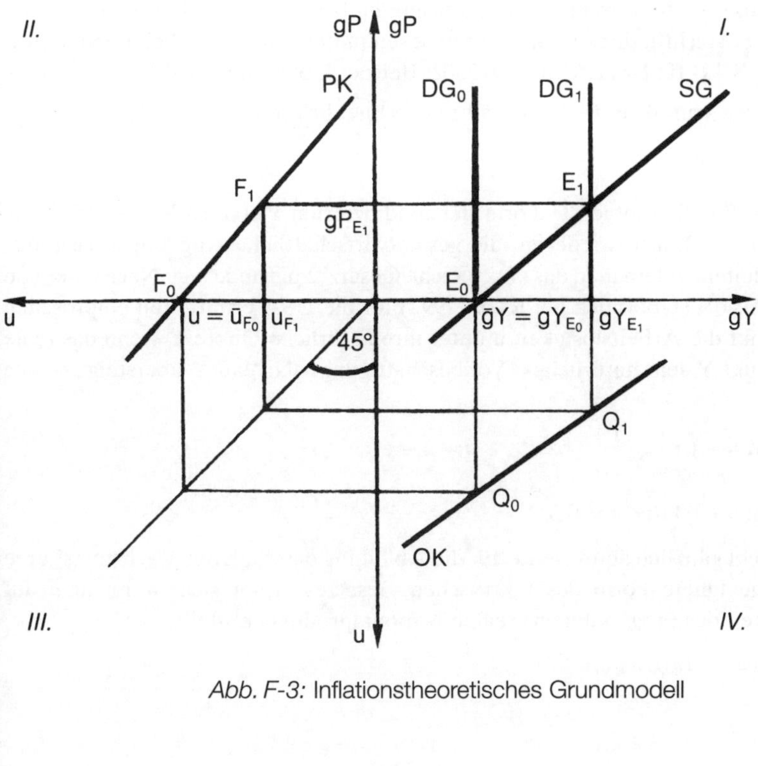

Abb. F-3: Inflationstheoretisches Grundmodell

wobei $\varrho := Y/N$ die Arbeitsproduktivität symbolisiert. Diese Gleichung läßt sich in Änderungsraten ausgedrückt schreiben als

(3.3.1) $g_p = g_w - g_\varrho + g_q$ mit $g_q \gtreqless 0$ bzw.

(3.3.2) $g_p = g_w - g_\varrho$ mit $g_q = 0$.

Dabei symbolisieren g_w die Änderungsrate des Nominallohnsatzes und g_ϱ die Änderungsrate der Arbeitsproduktivität; die Differenz $g_w - g_\varrho$ wird auch als „Kern" der Inflation (ECKSTEIN, 1981) bezeichnet. Die Komponente g_q steht für einen Gewinndruck, von dem jedoch zunächst durch Annahme von $g_q = 0$ abstrahiert wird.

Die Lohnsatzänderungen sollen annahmegemäß vorerst nur von der Produktivitätsentwicklung und der Arbeitsmarktsituation abhängen:

(4) $g_w = g_\varrho + n \cdot (\bar{u} - u)$ mit $n > 0$.

In der Arbeitsmarktkomponente $n \cdot (\bar{u} - u)$ symbolisieren u die „realisierte" und $\bar{u}$ die „natürliche" Arbeitslosenquote, die hier mit Vollbeschäftigung gleichgesetzt werden soll. Nach MILTON FRIEDMAN (1968) ist die natürliche Arbeitslosenquote jenes Maß an Arbeitslosigkeit, das sich bei Gleichgewicht am Arbeitsmarkt ergeben würde, sofern die bestehenden Strukturcharakteristika der Arbeits- und Gütermärkte einschließlich der Marktunvollkommenheiten, der Kosten der Informationsbeschaffung über Arbeitsangebot und -nachfrage, der Kosten der Mobilität usw. berücksichtigt werden (Beitrag C-6.2.). Neuerdings wird $\bar{u}$ auch als NAIRU (Non-Accelerating-Inflation Rate of Unemployment) interpretiert, unter der man jene Arbeitslosenquote versteht, die sich im Gleichgewicht der Ansprüche von Arbeitgebern und -nehmern an das Nationalprodukt einstellt und mit einer konstanten bzw. nicht akzelerierenden Inflation vereinbar ist (inflationsstabile Arbeitslosenquote; Überblick bei LANDMANN/JERGER, 1999, S. 121 ff.; BALL/MANKIW, 2002; Beitrag L-3.2. und 4.3.).

Durch Einsetzen von (4) in (3.3.2) erhält man schließlich mit

(5) $g_p = n \cdot (\bar{u} - u)$

die Gleichung für die einfachste Form der modifizierten PHILLIPS-Kurve PK (*Abb. F-3.II.*). Aus (5) läßt sich wiederum die gesamtwirtschaftliche Angebotswachstumskurve SG herleiten, indem man das „OKUNsche Gesetz" zugrunde legt: Nach einer von ARTHUR M. OKUN (Überblick bei KLÖS, 1992) für die USA ermittelten empirischen Beziehung sinkt die Arbeitslosigkeit u unter ihre natürliche Quote $\bar{u}$, wenn das reale Nationalprodukt Y sein natürliches (Vollbeschäftigungs-)Niveau $\overline{Y}$ übersteigt et vice versa:

(6.1) $u - \bar{u} = -\tau \left(\frac{Y - \overline{Y}}{\overline{Y}}\right)$ bzw. $u = \bar{u} - \tau \cdot \left(\frac{Y - \overline{Y}}{\overline{Y}}\right)$

mit $\bar{u} = 0{,}04$ und $\tau = 0{,}3$.

Eine damit nicht gänzlich äquivalente, für die Ableitung der Angebotswachstumskurve aber besser geeignete Form des OKUNschen Gesetzes ergibt sich, wenn man auf Änderungsraten des (angebotenen) realen Nationalprodukts abstellt:

(6.2) $u = \bar{u} - \lambda \cdot (g_{Y^s} - \bar{g}_{Y^s})$

mit $\lambda > 0$ (Konstante); $\bar{g}_{Y^s}$ – natürliche (Vollbeschäftigungs-) Wachstumsrate des angebotenen realen Nationalprodukts.

Da $\bar{u}$ und $\bar{g}_{Y^s}$ als exogen bestimmte Größen angesehen und konstant gesetzt werden können, ist (6.2) die Gleichung der in *Abb. F-3.IV.* dargestellten OK-Kurve. Sie bringt den beobachtbaren Sachverhalt zum Ausdruck, daß sich die tatsächliche Arbeitslosenquote invers zum Wirtschaftswachstum verhält: Je stärker das Vollbeschäftigungswachstum unterschritten wird ($g_{Y^s} < \bar{g}_{Y^s}$), um so mehr liegt die Arbeitslosenquote über ihrem natürlichen Niveau ($u > \bar{u}$; Unterbeschäftigung); wächst dagegen die Wirtschaft mit einer höheren als der natürlichen Rate ($g_{Y^s} > \bar{g}_{Y^s}$), so wird die Arbeitslosenquote unter ihr Normalniveau gedrückt ($u < \bar{u}$; Überbeschäftigung). In der Vollbeschäftigungssituation gilt mit $g_{Y^s} = \bar{g}_{Y^s}$ auch $u = \bar{u}$. Setzt man (6.2) in (5) ein und substituiert man $\gamma := n \cdot \lambda > 0$, so ergibt sich mit

(7) $$g_P = \gamma \cdot (g_{Y^s} - \bar{g}_{Y^s})$$

die Gleichung der in *Abb. F-3.I.* dargestellten SG-Kurve.

Die in *Abb. F-3* im Schnittpunkt der SG- und DG-Kurve ermittelten Lösungen E_0 und E_1 stellen „Gleichgewichte" in dem Sinne dar, daß die Wachstumsraten des angebotenen und nachgefragten realen Nationalprodukts jeweils übereinstimmen ($g_{Y^s_E} = g_{Y^d_E}$). Im Ausgangszustand (E_0; F_0) bestehe Preisniveaustabilität ($g_P = 0$), so daß Wirtschaftswachstum und Arbeitslosigkeit ihre „natürlichen" Niveaus erreicht haben ($g_{Y^s} = \bar{g}_{Y^s}$; $u = \bar{u}$). Würde sich die Nachfragewachstumskurve – aus welchen Gründen auch immer – von DG_0 nach DG_1 verschieben, käme es zum neuen Gleichgewicht E_1. Nun herrscht Inflation ($g_P > 0$), während die Wachstumsrate über und die Arbeitslosenquote unter ihr natürliches Niveau gedrückt sind. Ob damit schon ein stabiles inflatorisches Gleichgewicht (Steady-state-Inflation) erreicht ist, läßt sich erst dann sagen, wenn Inflationserwartungen und -antizipationen einbezogen werden.

Dieses Grundmodell soll nun schrittweise erweitert werden, um im einzelnen zeigen zu können, ob und inwieweit durch die verschiedenen zur Diskussion stehenden Kausalfaktoren Inflation ausgelöst und aufrechterhalten werden kann. Zunächst werden die Nachfragesogfaktoren einbezogen, indem die DG-Kurve als Verhaltensgleichung ausformuliert wird (s. Abschnitt 2.2.1.); anschließend werden die Angebotsdruckfaktoren in die SG-Kurve eingebaut (s. Abschnitt 2.2.2.). Durch entsprechende Modifikationen der DG- und SG-Kurve werden schließlich der Verteilungskampf (s. Abschnitt 2.2.3.) sowie die Erwartungen und Antizipationen (s. Abschnitt 2.2.4.) modelltheoretisch analysierbar.

2.2. Inflationsursachen

2.2.1. Nachfragesogfaktoren

Die ökonomische Ursachenanalyse unterscheidet die inflationsauslösenden und -erhaltenden Momente danach, ob sie von der Nachfrage- oder der Angebotsseite des Marktes ausgehen. Bis unmittelbar nach dem Zweiten Weltkrieg wurden bestimmte Vorgänge auf der Nachfrageseite der Produkt- und Faktormärkte als Inflationsursachen herausgestellt. Diese Ansätze lassen sich in eine monetäre (quantitätstheoretische) und eine nichtmonetäre (keynesianische) Nachfragesogtheorie einteilen (*Übersicht F-2*). Beide Varianten führen die Inflation auf eine im Verhältnis zum Wachstum des realen Güterangebots zu starke Expansion der nominalen Güternachfrage zurück: Das Preisniveau wird gleichsam durch die ständig expandierende Nachfrage am Gütermarkt heraufgezogen (demand-pull). Nach der nichtmonetären Nachfragesogtheorie resultiert der Nachfragesog direkt aus autonomen Erhöhungen der nominalen volkswirtschaftlichen Gesamtnachfrage; nach der monetären Nachfragesogtheorie ergibt er sich indirekt über die Zins- und Realkasseneffekte autonomer Erhöhungen des Geldangebots. Der Unterschied in den Aussagen wird deutlicher, wenn man die Ausgabengleichung der keynesianischen Einkommenstheorie (Beitrag C; Das Suffix n symbolisiert hier nominale Größen).

(8.1) $Y^d \cdot P = C_n + I_n^b + G_n + Ex_n - Im_n$

mit der modifizierten Cambridge-Gleichung

(8.2) $M^s \cdot V = Y^d \cdot P$

zur Gleichung

(9) $M^s \cdot V = Y^d \cdot P = C_n + I_n^b + G_n + Ex_n - Im_n$

verbindet. Dabei ergibt sich (8.2) aus der originären Cambridge-Version $M^d = k \cdot Y^d \cdot P$, indem man die Kassenhaltungsdauer k durch den reziproken Wert der Umlaufgeschwindigkeit ($k := 1/V$) substituiert und mit $M^d = M^s$ unterstellt, daß fortwährend Geldmarktgleichgewicht besteht. Man kann (9) entweder von rechts nach links (nichtmonetärer Ansatz) oder von links nach rechts (monetärer Ansatz) interpretieren.

Nichtmonetärer Nachfragesog

Der erstgenannten Interpretation gemäß besteht die Inflationsursache in autonomen Erhöhungen der Gesamtausgaben, die auf ein nur begrenzt ausdehnungsfähiges Güterangebot stoßen; die Inflationsverursacher sind die Nachfrager mit ihren Nachfrageplänen und den daraus resultierenden nicht stabilitätsgerechten Dispositionen (DUESENBERRY, 1950):

- Viele sehen im Staat den eigentlichen Inflationsverursacher. Kriege, Reparationen, Wahlgeschenke, Aufblähungen des Staatsapparates usw. haben nach dieser Auffassung inflationär wirkende Ausgabenschübe zur Folge, die durch Steuererhöhungen, Staatsverschuldung beim privaten Publikum oder durch Geldschöpfung finanziert sein können.
- Auch die privaten Haushalte werden als mögliche Inflationsverursacher angesehen. Die Konsumnachfrage könne aufgrund von Veränderungen der Konsumneigung, der Einkommens- und Vermögensverteilung, der Bevölkerungsentwicklung usw. durchaus inflationär expandieren. Als Finanzierungsquelle stünde eine erhöhte Verschuldung, ein Vermögensabbau oder eine Senkung der Sparquote zur Verfügung.
- Mehr noch als die privaten Haushalte trage der Unternehmenssektor mit seiner kurzfristig stark schwankenden und bei Annäherung an das Vollbeschäftigungsniveau sich selbst verstärkenden Investitionsnachfrage bei. Technische Neuerungen,

Konkurrenzdruck und verbesserte Zukunftserwartungen seien die wesentlichen Motive inflationär wirkender Investitionsausgabenschübe.

- Schließlich komme auch das Ausland als Inflationsverursacher in Betracht. Im System fester Wechselkurse nehme die Nettoauslandsnachfrage immer dann zu, wenn das ausländische Preisniveau stärker steigt als das inländische. Die handelsfähigen Güter des Inlands werden für das Ausland relativ billiger, so daß die Exportmengen zu- und die Importmengen abnehmen bzw. weniger stark steigen. Das Inland importiere auf diese Weise zumindest teilweise die Inflation des Auslands (importierte Inflation).

Diese Inflationserklärungen erscheinen plausibel, weil sie den inflationären Nachfrageüberschuß direkt mit dem Verhalten der wirtschaftlichen Akteure begründen. Zwei Fragen bleiben aber offen: Wie erklären sich die „autonome“ Nachfrageerhöhung und die Permanenz der Nachfrageexpansion? Und: Wie wird die Nachfrageexpansion gesamtwirtschaftlich finanziert, d. h. monetär alimentiert?

Ein Nachfrageschub, mit dem die Gesamtausgaben nur ein höheres Niveau erreichen (einmalige Ausgabenerhöhung), erklärt eine (einmalige) Preisniveauerhöhung, aber keine Inflation. Erklärungsrelevant sind deshalb nur permanent wachsende autonome Ausgaben. Für derartige Ausgabensteigerungen muß eine Begründung gegeben werden, die nicht auf die möglichen erwartungsinduzierten Ausgabeneffekte der Inflation selbst Bezug nimmt. Verhältnismäßig einfach ist dies im Falle der Nettoauslandsnachfrage. Sie wird tatsächlich permanent steigen, sofern feste Wechselkurse sowie ein anhaltendes Inflationsgefälle vom Ausland zum Inland bestehen (s. Abschnitt 2.4.1.). Die Begründung einer inflationär wirkenden Zunahme der Staatsnachfrage ist schon schwieriger, wenn man von kriegsbedingten Ausgabensteigerungen einmal absieht. Sie ist ein zentraler Gegenstand der politischen Theorie der Inflationsverursachung (Überblick bei Berlemann, 1999). Hiernach liegt die „tiefere“ Ursache der Inflation in der Struktur und Funktionsweise des politischen Systems repräsentativer Demokratie und der ihm innewohnenden Tendenz, der Wählerstimmen wegen alle möglichen Einkommens- und Leistungsansprüche der privat-autonomen sozialen Gruppen für gerechtfertigt zu halten und erfüllen zu wollen. Dagegen sind anhaltende Erhöhungen der privaten autonomen Konsum- und Investitionsnachfrage kaum begründbar: Die Konsumnachfrage entwickelt sich erfahrungsgemäß längerfristig proportional zum permanenten Einkommen; die Investitionsnachfrage unterliegt relativ starken zyklischen Schwankungen (Beitrag C-3.4.).

Ausgabensteigerungen sind kreislauftheoretisch gesehen nur dann realisierbar, wenn sie gemäß (9) monetär, d. h. durch eine entsprechende Zunahme des Geldstroms $M^s \cdot V$ alimentiert werden. Ausgehend von der keynesianischen Geldnachfragetheorie, wird es noch vielfach für möglich gehalten, daß ein permanenter Nachfragesog mit einer ständig sinkenden Liquiditätspräferenz einhergeht und dementsprechend durch fortwährende Erhöhungen der Umlaufgeschwindigkeit des Geldes alimentiert wird. Diese Annahme wird jedoch durch die Erfahrung widerlegt: V ist z. B. in der Bundesrepublik im Zeitraum von 1972–90 sogar mit einer jahresdurchschnittlichen Rate von –0,9 v. H. (bezogen auf M 1) bzw. –1,1 v. H. (bezogen auf M 3) gesunken, obwohl die Verbraucherpreise durchschnittlich um knapp 4 v. H. pro Jahr gestiegen sind (Issing/Tödter, 1995). Als Alternative bliebe die Finanzierung durch einen permanenten Anstieg von M^s. Diese Bedingung wird in der keynesianischen Theorie durch die Annahme eines elastischen Geldangebots bzw. einer permissiven Geldpolitik als jederzeit erfüllbar angesehen (Beitrag D-6.2.).

Die nichtmonetäre Nachfragesogtheorie sieht in der notwendigen Erhöhung der Wachstumsrate der monetären Gesamtnachfrage nicht die Ursache der herrschenden Inflation, sondern nur den Reflex der eigentlich inflationsverursachenden permanenten autonomen Ausgabensteigerung. Ob und inwieweit diese Interpretation zutrifft, ist eine empirisch zu beantwortende Frage. Relevante Fälle könnten aus den bereits genannten Gründen die Staats- und Nettoauslandsnachfrage bilden. Ihre monetäre Alimentation stellt kein Problem dar, wenn die Notenbank zur Finanzierung staatlicher Budgetdefizite und zu Devisenmarktinterventionen verpflichtet ist. Davon abgesehen, erscheinen mögliche autonome Ausgabenschübe eher dazu geeignet, einen inflatorischen Prozeß in Gang zu setzen als ihn über längere Zeit in Gang zu halten. In jedem Fall bleibt festzustellen, daß die keynesianischen Nachfragesogfaktoren monetär alimentiert sein müssen, wenn sie als Inflationsursachen in Betracht kommen sollen.

Monetärer Nachfragesog

Die monetäre Nachfragesogtheorie (Quantitäts-, Neoquantitäts- und monetaristische Theorie) interpretiert Gleichung (9) von links nach rechts. Als inflationsauslösende Ursache wird ein Anstieg der Wachstumsrate des Geldangebots angesehen, als inflationserhaltende Ursache ein im Verhältnis zur Expansion des realen Güterangebots anhaltend zu hohes Geldmengenwachstum (FRIEDMAN, 1968; BRUNNER, 1970; JOHNSON, 1975). Dieser Erklärungsansatz wirft drei Fragen auf:

- Wodurch ist die Wachstumsrate des Geldangebots bestimmt?
- Kann das Geldangebotswachstum nicht durch eine verstärkte freiwillige Kassenhaltung kompensiert werden?
- Auf welchem Wege werden Geldangebotserhöhungen in entsprechende Ausgabensteigerungen transformiert?

Die Beantwortung ist Gegenstand der (monetaristischen) Geldangebots-, Geldnachfrage- und Transmissionstheorie.

Die angebotene Geldmenge ist zwar eine auch vom Verhalten des Bankensystems und des privaten Publikums abhängige, endogene Größe, sie wird aber unter der Voraussetzung flexibler Wechselkurse und begrenzter Refinanzierungsmöglichkeiten der Geschäftsbanken geldpolitisch als hinreichend steuerbar angesehen. Ein bestimmtes Geldmengenwachstum sowie seine Veränderung sind deshalb nach monetaristischer Auffassung stets Ausdruck des Willens der geldpolitischen Autoritäten (Regierung und Notenbank). Sie lassen sich folglich nur in einem größeren soziopolitischen Kontext erklären. Für die ökonomische Inflationsanalyse sind sie als exogene Größen anzusehen, die durch eine aktive Geldpolitik bestimmt werden (Beitrag D-6.2.).

Um das Geldangebotswachstum – letztlich also die nicht stabilitätsgerechte Geldpolitik – als dominierende Inflationsursache identifizieren zu können, darf sich V in (9) nicht ständig kompensatorisch ändern. Das Problem der Bestimmung von V ist identisch mit dem Problem der Bestimmung der realen Geldnachfrage M^d/P. Die neoquantitätstheoretische Geldnachfrageanalyse kommt zu dem Ergebnis, daß M^d/P eine stabile Funktion relativ weniger Variablen ist, die eine anhaltende Kompensation von Geldangebotsänderungen durch Änderungen der Umlaufgeschwindigkeit ausschließt (SIEBKE, 1985).

Die Umlaufgeschwindigkeit ist demnach keine konstante Größe, wie es von der älteren Quantitätstheorie angenommen wurde. Sie schwankt aber auch nicht erratisch, wie es die keynesianische Theorie unterstellt, sondern sie steht in einer stabilen Beziehung zu ihren Determinanten. Empirische Untersuchungen haben ergeben, daß ihre Einkommenselastizität praktisch Null, ihre Zinselastizität relativ gering und ihre Inflationserwartungselastizität nur bei stärkeren, unvollständig antizipierten Inflationen nennenswert ist. Kann bei längerfristiger (Gleichgewichts-)Betrachtung der Realzins als konstant und die Inflation als vollständig antizipiert gelten, ist folglich auch V als konstant anzunehmen. Kurzfristig gesehen wird sich V dagegen vor allem dann ändern, wenn von der Geldpolitik exogene Schocks ausgehen, die im Transformationsprozeß der monetären Impulse zu zyklischen Zinsschwankungen führen (CASSEL, 1995, S. 163 ff.; MICHLER/THIEME, 1998, S. 257 ff.).

Ein Anstieg des Geldmengenwachstums muß aus monetaristischer Sicht zu einer entsprechenden Erhöhung des Gesamtnachfragewachstums führen, wenn ein inflationsverursachender Nachfragesog entstehen soll. Der expansive monetäre Impuls muß gleichsam von der linken Seite der Gleichung (9) auf ihre rechte Seite übertragen werden. Die monetaristische Theorie erklärt diese Transmission mit dem Mechanismus der relativen Preise (BRUNNER, 1970; Beitrag D-5.): Der expansive monetäre Impuls bewirkt eine Störung der zuvor als optimal angesehenen Vermögenszusammensetzung. Hierauf reagieren die Wirtschaftssubjekte mit Änderungen ihrer Vermögenshaltung einschließlich ihrer Kassenhaltung sowie ihrer Nachfrage nach neu produzierten (Konsum- und Investitions-)Gütern. Zuerst erhöht sich die Nachfrage nach festverzinslichen Wertpapieren. Die Kurse steigen, so daß die Kapitalgüter und die sie repräsentierenden Aktien relativ billiger werden. Diese ziehen dann die Nachfrage auf sich, wodurch ihre Preise ebenfalls steigen. Gestiegene Preise für die vorhandenen Bestände an Wertpapieren und Realkapital bedeuten für die Vermögensbesitzer einen nominalen Wertzuwachs. Im Vergleich dazu sind die neu produzierten Güter (relativ) billiger. Aus beiden Gründen werden vermehrt neu produzierte Konsum- und Investitionsgüter nachgefragt: Der expansive monetäre Impuls hat sich durch Veränderungen der relativen Preise und dadurch ausgelöste Vermögens- und Substitutionseffekte in einen verstärkten Anstieg der Gesamtausgaben transformiert.

Modelltheoretische Analyse des Nachfragesogs

Um den Nachfragesog-Fall anhand des inflationstheoretischen Grundmodells analysieren zu können, muß die Nachfragewachstumskurve DG zunächst als Verhaltensgleichung formuliert werden. Dies ist möglich, indem man (8.2) $M^s \cdot V = Y^d \cdot P$ nach P auflöst ($P = M^s \cdot V/Y^d$) und in Änderungsraten transformiert:

(10) $g_P = g_{M^s} + g_V - g_{Y^d}$ bzw.

(11) $g_P = g_{MV} - g_{Y^d}$ mit $g_{MV} := g_{M^s} + g_V$.

Die Gleichungen (10) und (11) repräsentieren die gesamtwirtschaftliche Nachfragewachstumskurve DG, die in *Abb. F-4* vereinfachend als Gerade dargestellt ist.

Im Ausgangsgleichgewicht E_0, das mit dem in *Fig. F-3* dargestellten Gleichgewicht E_0 identisch ist, sind die Parameter der SG- (7) und DG-Kurve (11) so gewählt, daß gleichzeitig Preisniveaustabilität, Vollbeschäftigung und die natürliche Wachstumsrate des realen Nationalprodukts realisiert sind. Ein Nachfragesog entsteht dann, wenn die Wachstumsrate der monetären Gesamtnachfrage einen gegenüber dem Ausgangsgleichgewicht höheren Wert annimmt.

In diesem Fall verschiebt sich die Nachfragewachstumskurve von DG_0 nach DG_1, so daß in E_1 ein neues Gleichgewicht entsteht. Die im Vergleich zur Ausgangslage verstärkte Expansion der Nachfrage löst also einen inflatorischen Prozeß aus und läßt bei gegebener SG-Kurve das Preisniveau mit der Rate g_{P_1} steigen. Die Wachstumsrate des realen Nationalprodukts hat sich auf g_{Y_1} erhöht. Gleichzeitig wird auf der unveränderten PK-Kurve ein neuer Punkt F_1 mit einer auf u_1 gesunkenen Arbeitslosenquote erreicht. Dies entspricht im Ergebnis der keynesianischen PHILLIPS-Kurven-Analyse. Hiernach wäre es möglich, die Arbeitslosigkeit durch eine nachfrageseitig ausgelöste und mit konstanter Rate in Gang gehaltenen Inflation dauerhaft unter ihr natürliches Niveau zu senken. Dieses Ergebnis kommt jedoch nur durch die Abstraktion von Inflationsratenerwartungen und -antizipationen sowie von Angebotsdruckfaktoren zustande. Hebt man diese Restriktionen auf, wird das in E_1 erreichte Gleichgewicht nicht auf Dauer bestehen bleiben bzw. erst gar nicht zustande kommen. Dieser Fall wird später noch analysiert.

Monetäre und nichtmonetäre Nachfragesogtheorien führen somit formal zum gleichen Ergebnis. Theoretisch besteht jedoch ein wesentlicher Unterschied darin, daß der monetäre Ansatz vom Geldmarkt, der nichtmonetäre Ansatz vom Gütermarkt ausgeht. Dadurch differieren zwangsläufig die für ursächlich gehaltenen primären Impulse (autonome Erhöhung der Wachstumsrate des Geldangebots oder der Güternachfrage), die notwendigen Bedingungen für die Ursächlichkeit (induzierte Erhöhung der Wachstumsrate der Gesamtausgaben oder der Geldmenge) sowie die jeweiligen Transmissi-

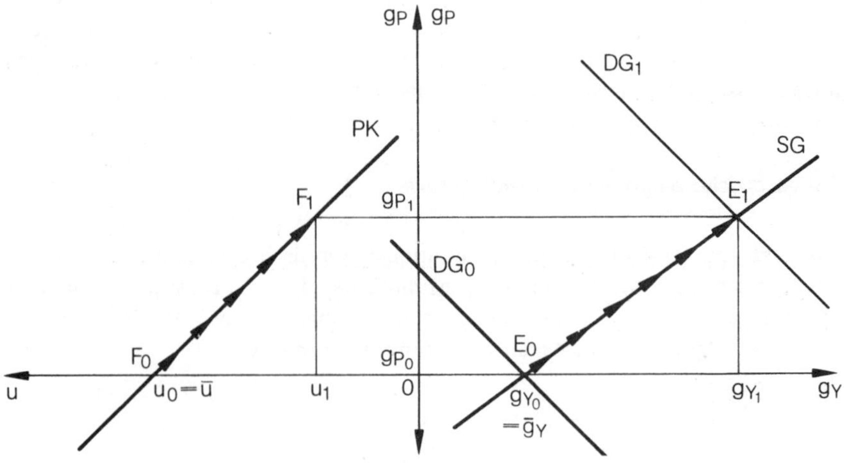

Abb. F-4: Autonomer Nachfragesog

onswege. Wirtschaftspolitisch reduzieren sich die Implikationen beider Erklärungsansätze auf die der Geldpolitik alternativ zugewiesene aktive oder passive Rolle. Diese mag von Fall zu Fall wechseln. Will man den geldpolitischen Autoritäten auf Dauer weder den Willen noch die Fähigkeit zu einer stabilitätsgerechten Geldmengensteuerung absprechen, so erscheint es mit beiden Ansätzen vereinbar, die durch Nachfragesogfaktoren verursachte Inflation als ein geldpolitisch zu lösendes und lösbares Problem anzusehen.

2.2.2. Angebotsdruckfaktoren

Nach der Angebotsdrucktheorie liegen die inflationsverursachenden Faktoren auf der Angebotsseite der Güter- und Faktormärkte: Die Güterpreise – und damit das Preisniveau – werden durch das Preissetzungsverhalten der Anbieter von Gütern und Faktorleistungen hinaufgedrückt (supply-push). Es wird angenommen, daß die Anbieter die Angebotspreise ihrer Güter und Leistungen autonom heraufsetzen, um vergleichsweise höhere bzw. stärker steigende Einkommen zu erzielen. Dies bedeutet eine Abkehr von der preistheoretischen Fiktion des Preisnehmers und Mengenanpassers bei vollständiger Konkurrenz auf den Güter- und Faktormärkten. Statt dessen wird unterstellt, daß es den Anbietern gelingt, jede geplante Angebotspreiserhöhung am Markt durchzusetzen, und daß sie dies tun werden, auch wenn dadurch Absatzeinbußen oder Entlassungen drohen. Je nach Herkunft des autonomen Angebotsdrucks lassen sich verschiedene Angebotsdruckfaktoren unterscheiden *(Übersicht F-2)*.

Autonomer Gewinndruck

Die Gewinndrucktheorie geht davon aus, daß die Unternehmen in oligopolistischen Märkten ihre Angebotspreise im Hinblick auf ein längerfristiges Gewinnziel „planen" und sie den Nachfragern praktisch wie bei behördlicher Gebührenfestsetzung „vorschreiben" (administered pricing). Dabei werden die Preise so gesetzt, daß sie unabhängig von kurzfristigen Kosten- und Absatzschwankungen für einen längeren Zeitraum konstant gehalten werden können. Die Preiskalkulation erfolgt meist nach dem Aufschlagprinzip: Auf die faktischen oder standardisierten Durchschnittskosten wird eine prozentuale Gewinnspanne (mark-up) aufgeschlagen, die hoch genug ist, um mittel- oder langfristig eine als angemessen betrachtete Verzinsung des eingesetzten Kapitals zu erreichen (MACHLUP, 1960).

Die Existenz marktmächtiger Unternehmen mit administrierter Preisfixierung bzw. -anpassung ist eine notwendige, aber keine hinreichende Bedingung für einen anhaltenden Gewinndruck, wie er zur Aufrechterhaltung der Inflation erforderlich ist. Haben nämlich die Unternehmen aufgrund ihrer langfristigen Gewinnplanung den Aufschlagsatz fixiert, entsteht kein Gewinndruck mehr – unabhängig davon, ob der Aufschlagsatz 5 oder 500 Prozent beträgt. Hinreichende Bedingung ist also, daß im gesamtwirtschaftlichen Durchschnitt gesehen der Aufschlagsatz ständig steigt. Dies ist jedoch nur in zwei Fällen denkbar: zum einen bei zunehmender Vermachtung der Märkte; zum anderen bei wiederholter Erhöhung des Gewinnziels marktmächtiger

Unternehmen. Im ersten Fall resultiert der Gewinndruck aus der Oligopolisierung bzw. Monopolisierung bisheriger Wettbewerbsmärkte: Im Verlauf des Konzentrationsprozesses schrumpft die Zahl der marktreagiblen Preise, an ihre Stelle treten administrierte Preise; außerdem entstehen monopolistische Preissetzungsspielräume, die durch autonome Preiserhöhungen ausgeschöpft werden. Im zweiten Fall resultiert der Gewinndruck aus ständigen Erhöhungen des Aufschlagsatzes, die mit der Notwendigkeit steigender Gewinne zur Selbstfinanzierung aufwendiger und risikoreicher Zukunftsinvestitionen begründet werden. Umstritten ist jedoch, ob und inwieweit diese denkbaren Fälle empirisch relevant sind und in welchem Ausmaß sie gegebenenfalls Inflation auslösen oder verstärken können (Überblick bei MEISSNER/FASSING, 1981).

Autonomer Kostendruck

Die Kostendrucktheorie führt den autonomen Angebotsdruck auf angebotsseitig erzwungene Erhöhungen der Preise für Faktorleistungen, Rohstoffe usw. zurück, die von den Unternehmen nicht durch entsprechende Produktivitätssteigerungen kostenniveauneutral aufgefangen werden können. Soll die entstehende Kostensteigerung nicht zu Verlusten oder Gewinnkompressionen führen, muß es den Unternehmen gelingen, sie über die Preise ihrer Produkte auf die Abnehmer abzuwälzen. Auch hierbei spielt die administrierte Preissetzung eine Schlüsselrolle, da die Kostensteigerungen durch die Aufschlagkalkulation quasi mechanistisch zu einer Erhöhung der Angebotspreise führen. Dieser Mechanismus ist im Prinzip bei jeder Art von Kostendruck wirksam, wobei dem Lohn- und Importpreisdruck die größte Bedeutung beigemessen wird.

Die Kostendrucktheorie konzentriert sich auf den Lohndruck, weil einerseits die Lohnkosten einschließlich der Lohnnebenkosten in den meisten Wirtschaftszweigen den größten Kostenbestandteil ausmachen. Andererseits seien die Gewerkschaften als Vertreter der abhängig Beschäftigten aufgrund ihrer relativ großen Verhandlungsmacht bei der kollektiven Lohnbildung prinzipiell in der Lage, ständig Lohnsatzerhöhungen durchzusetzen, die über den Produktivitätssteigerungen liegen. Praktisch wird immer dann auf einen autonomen Lohndruck geschlossen, wenn die Gewerkschaften Lohnsatzerhöhungen über die laufenden Produktivitäts- und Preisniveausteigerungen hinaus erkämpfen. Dahinter steht das Ziel, die funktionelle Einkommensverteilung zugunsten der Lohn- und zu Lasten der Gewinneinkommen zu ändern (aggressive Lohnpolitik). Auch durch innergewerkschaftlichen Wettbewerb um die jeweils höchsten Tarifabschlüsse bzw. um Positionsverbesserungen in der Rangskala der Löhne (Lohnführerschaft) kann es zu Lohndruck kommen: Erzielen die Einzelgewerkschaften in Wirtschaftszweigen mit überdurchschnittlichen Produktivitätsfortschritten relativ hohe Tarifabschlüsse, die von den übrigen Gewerkschaften trotz unzureichender Produktivitätsentwicklung in anderen Branchen imitiert werden, so liegen die Lohnsatzsteigerungen im gesamtwirtschaftlichen Durchschnitt über den Produktivitätssteigerungen. Ausmaß und Dauer des autonomen Lohndrucks hängen somit wesentlich von der Zielsetzung, der Verhandlungsmacht und der Organisationsstruktur der Gewerkschaften ab (Überblick bei SCHNABEL, 1990; WIENERT, 2005; Beitrag L-5.3.).

Ein autonomer Importpreisdruck entsteht bei festen Wechselkursen und freiem Waren- und Dienstleistungsverkehr immer dann, wenn das Ausland stärker inflationiert als das Inland oder die Weltmarktpreise einzelner, kurz- und mittelfristig kaum substituierbarer Vorleistungen steigen. Dabei wirken sich die Preiserhöhungen von Importgütern bei den inländischen Abnehmern unmittelbar kostenerhöhend aus und treiben die administrierten Endproduktpreise nach oben. Schöpfen die Anbieter von Importsubstituten die sich ergebenden Preiserhöhungsspielräume aus, greift der Importpreisdruck auch auf heimische Produkte über. Eine Erhöhung der Weltmarktpreise gibt andererseits auch den Exporteuren die Möglichkeit, ihre Angebotspreise auf dem Inlandsmarkt heraufzusetzen und einen heimischen Exportpreisdruck zu erzeugen. Der durch diesen direkten internationalen Preiszusammenhang importierte Kostendruck wird so lange anhalten, wie die Weltmarktpreise der handelsfähigen Güter steigen und der Wechselkurs unverändert bleibt (Überblick bei Adebahr, 1972). Er kann – zumindest teilweise – durch häufigere Aufwertungen der heimischen Währung oder durch Freigabe der Wechselkurse abgewehrt werden.

Autonomer Strukturanpassungsdruck

Die Strukturtheorie führt den autonomen Angebotsdruck auf zu geringe Lohn- und Preisflexibilität in einer wachsenden und offenen Wirtschaft zurück (strukturelle Inflation; Überblick bei Frisch, 1980, S. 137 ff.). Hiernach ist ausreichende Preis- und Lohnflexibilität nach oben und unten erforderlich (symmetrischer Marktmechanismus), um den ständigen außenwirtschafts- und wachstumsbedingten Strukturwandel ohne gesamtwirtschaftliche Friktionen bewältigen zu können. Der expandierenden Nachfrage in einigen Branchen steht stets eine schrumpfende Nachfrage in anderen gegenüber; und während hier die zur Expansion zusätzlich erforderlichen Produktionsfaktoren durch (relative) Preis- und Lohnerhöhungen angelockt werden, müssen dort die freizusetzenden Faktoren durch (relative) Preis- und Lohnsenkungen zur Abwanderung veranlaßt werden, damit eine gesamtwirtschaftlich optimale Faktorallokation bei stabilem Preisniveau realisierbar ist. Dieses Ergebnis tritt jedoch nicht ein, wenn sich die relativen Preise und Löhne nicht in dem für die Reallokation erforderlichen Ausmaß anpassen und die interindustriellen Lohn- und intersektoralen Einkommensrelationen starr sind, wie es für die meisten Industrieländer unterstellt wird. Unter diesen Umständen ist die erforderliche Preisflexibilität nur dann gegeben, wenn sich die Preisrelationen im Rahmen eines steigenden Preisniveaus durch unterschiedlich hohe Einzelpreissteigerungen hinreichend verändern können.

Die Strukturtheorie bildet also eine Synthese aus den gewinn- und kostendrucktheoretischen Ansätzen für den Fall permanenter Nachfrageverschiebungen. Hiernach arbeitet der Marktmechanismus insofern asymmetrisch, als die Preis- und Lohnerhöhungsspielräume in den expandierenden Branchen und Sektoren voll ausgeschöpft werden, ohne daß es in den schrumpfenden Wirtschaftszweigen zu einem kompensatorischen Sinken der Preise und Lohnsätze bzw. ihrer Steigerungsraten kommt. Der daraus resultierende gesamtwirtschaftliche Angebotsdruck mag zwar permanent wirksam sein, dürfte sich aber in seiner Auswirkung auf die beobachtbaren Inflationsraten quantitativ in engen Grenzen halten. Immerhin wurde er als ausreichend angesehen, um in der Bundesrepublik in den 1970er Jahren anhaltende Preisniveausteigerungen von 1–1,5 Prozentpunkten pro Jahr zu erklären (Giersch, 1977, S. 88). Da die Notenbank so gut wie keinen Einfluß auf die strukturell bedingten Preisniveausteigerungen hat, wird dieser Befund – neben den Meßproblemen der Preisinflation – als weitere Begründung für die stabilitätspolitische Toleranzschwelle von Preisniveauerhöhungen bis zu 2 v. H. angeführt (s. Abschnitt 1. 1.).

Seit Beginn der Währungsunion im Jahre 1999 hat die strukturtheoretische Inflationserklärung neuen Auftrieb erhalten. Hierbei geht es um die Frage, warum im EURO-Raum trotz Binnenmarktliberalisierung noch signifikante Inflationsunterschiede zwischen den Teilnehmerländern bestehen und die Streuung der nationalen Inflationsraten sogar tendenziell zugenommen hat. Begründet wird dies mit dem BALASSA-SAMUELSON-Effekt (Überblick bei SVR 2001/02, S. 429 ff.; GISCHER/WEIß, 2006). Er unterstellt ein unterschiedliches Produktivitätswachstum in den Sektoren der international handelbaren und nicht-handelbaren Güter einer Volkswirtschaft bei intersektoral mobilen Arbeitskräften und homogenen Arbeitsleistungen in beiden Sektoren. Bei gegebenen Preissteigerungen der handelbaren Güter ist die Inflation in einem Land dann um so stärker, je größer die intersektorale Differenz des Produktivitätswachstums ist: Das annahmegemäß höhere Produktivitätswachstum im Sektor der handelbaren Güter zieht dort Nominallohnerhöhungen nach sich, die wegen der intersektoralen Mobilität der Beschäftigten und der gewerkschaftlichen Tarifpolitik auch im Sektor der nicht-handelbaren Güter gezahlt werden müssen, obwohl hier wie angenommen das Produktivitätswachstum niedriger ist. Lohnkostenüberwälzung vorausgesetzt, steigen deshalb die Preise nicht-handelbarer Güter stärker als die der handelbaren, so daß sich im Durchschnitt eine höhere Inflationsrate als bei fehlenden intersektoralen Produktivitätsdifferenzen ergibt. Die bisher vorliegenden empirischen Befunde (Überblick bei SVR, 2001/02, S. 431 ff.) zeigen gegenüber Deutschland als Referenzland eine auf den BALASSA-SAMUELSON-Effekt zurückführbare Inflationsdifferenz zu den anderen EWU-Staaten, die zwischen 0,4 (Portugal) und 1,8 Prozentpunkten (Italien) liegt. Bei vorsichtiger Interpretation kommt der SVR auf ein mit der geldpolitischen Toleranzschwelle von 2 v. H. zu vereinbarendes „strukturelles Inflationspotential" im gesamten EURO-Raum von nicht mehr als 0,5 Prozentpunkten, das sich im Falle der anstehenden EU-Erweiterungen allerdings noch um etwa 0,25 Prozentpunkte erhöhen könnte.

Modelltheoretische Analyse des Angebotsdrucks

Um den Angebotsdruck-Fall anhand des inflationstheoretischen Grundmodells analysieren zu können, müssen der Gewinndruck g_q und der Lohndruck g_l in die Angebotswachstumskurve SG einbezogen werden. Hierzu wird die zuvor in (3.3) gemachte Annahme $g_q = 0$ aufgehoben; statt dessen wird mit $g_q > 0$ ein Gewinndruck unterstellt, mit dem die Unternehmen die Einkommensverteilung durch Erhöhung ihrer Angebotspreise über die Kostensteigerungen hinaus zugunsten der Gewinneinkommen zu verändern beabsichtigen. Außerdem repräsentiere g_q alle Einflüsse, die von der Entwicklung der Nichtlohnkosten (z. B.: Steuern, Zinsen, Rohstoffpreise) ausgehen.

Die Lohndruckkomponente g_l läßt sich als additives Glied in die Bestimmungsgleichung der Lohnsatzänderungen (4) einbauen, so daß nunmehr gilt:

(4.1) $g_w = g_Q + g_l + n \cdot (\bar{u} - u)$.

Die Komponente g_l steht für das Maß, mit dem die Arbeitnehmer die Einkommensverteilung zugunsten der Lohneinkommen zu verändern beabsichtigen. Durch Einsetzen von (4.1) in (3.3) und Zusammenfassen der Gewinn- und Lohndruckkomponente zu einer Angebotsdruckkomponente $g_A := g_q + g_l$ ergibt sich

(5.1) $g_P = g_A + n \cdot (\bar{u} - u)$ mit $g_A \gtreqless 0$.

Dementsprechend läßt sich (7) überführen in

(7.1) $g_P = g_A + \gamma \cdot (g_{Y^s} - \bar{g}_{Y^s})$.

Die Gleichungen (5.1) und (7.1) repräsentieren nun eine durch Angebotsdruckfaktoren erweiterte Version der modifizierten PHILLIPS-Kurve PK bzw. der Angebotswachstumskurve SG.

Der Angebotsdruck-Fall wird durch *Abb. F-5* veranschaulicht. Ausgehend von E_0 komme es zu einem autonomen Angebotsdruck ($g_{A1} > g_{A0} = 0$), der definitionsgemäß aus einem Gewinn- ($g_q > 0$) oder Lohndruck ($g_l > 0$) bestehen kann. Hierdurch verschieben sich die PK- und SG-Kurve nach oben. Dagegen bleibt die Lage der DG-Kurve unverändert, da der autonome Angebotsdruck annahmegemäß zunächst weder durch eine aktive noch durch eine passive Geldpolitik monetär alimentiert wird. Es entsteht ein neues Gleichgewicht E_1 mit einer auf g_{P1} gestiegenen Inflationsrate. Das reale Nationalproduktwachstum ist dagegen auf g_{Y1} gesunken, während sich die Arbeitslosenquote auf u_1 erhöht hat. Beschäftigung und Wirtschaftswachstum liegen unter ihren natürlichen (Vollbeschäftigungs-)Niveaus. Damit kommt die Angebotsdrucktheorie hinsichtlich der inflationsbegleitenden Realeffekte zu einem der Nachfragesogerklärung entgegengesetzten Ergebnis. Allerdings ist E_1 wiederum nur der erste analytische Schritt auf dem Weg zur Erklärung des Zustandekommens eines inflatorischen Gleichgewichts.

2.2.3. Verteilungskampf

Nach der Verteilungskampftheorie, deren Grundgedanken schon Anfang der 50er Jahre formuliert wurden, ist Inflation die Folge eines mehr oder weniger offenen Verteilungskampfes, den einzelne Einkommensbezieher, organisierte soziale Gruppen und der Staat um den jeweils „gerechten“ Anteil am Volkseinkommen führen (MEISSNER/UNTERSEHER, 1972; WÜRGLER, 1973). Da die in einer Gesellschaft vorhandenen Einkommensunterschiede vielfach als ungerecht empfunden werden, resultieren daraus fortwährend Forderungen der sozialen Gruppen nach verteilungsnivellierenden Einkommensverbesserungen. Entsprechende Realisierungsversuche treffen jedoch auf den Widerstand derjenigen, die ihre relative Einkommensposition aufrechterhalten wollen. Die Summe aller realen Einkommensansprüche übersteigt deshalb regelmäßig das verteilbare reale Sozialprodukt. Versuchen die sozialen Gruppen, ihre konkurrierenden Ansprüche wechselseitig durch Einsatz ihrer ökonomischen und politischen Machtmittel durchzusetzen, so erzeugen sie ständig Angebotsdruck und erzwingen den ihn alimentierenden Nachfragesog. Die daraus entstehende Inflation (Anspruchsinfla-

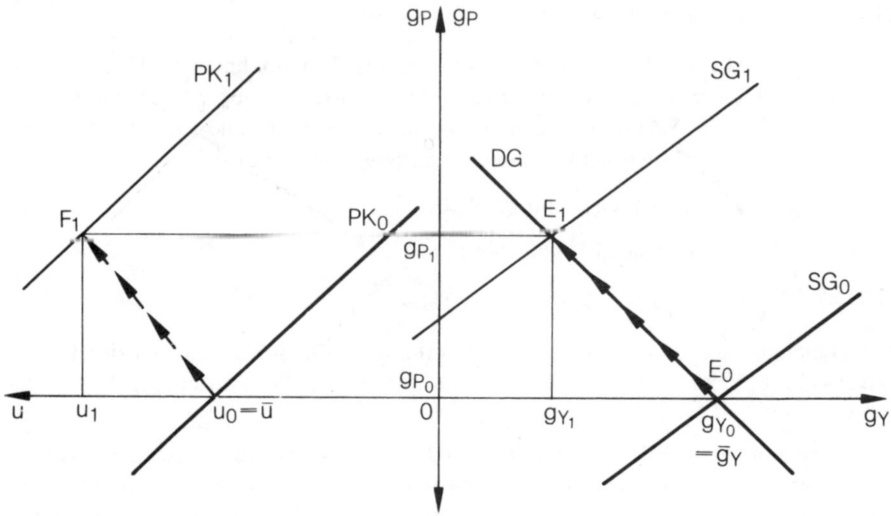

Abb. F-5: Autonomer Angebotsdruck

tion; competitive inflation) wird gleichsam als Ventil angesehen, durch das der Überdruck des tiefgreifenden sozialen Unfriedens entweicht (Überblick bei FAUTZ, 1978).

Verteilungskampfinduzierter Angebotsdruck

Auslösende Momente und ökonomische Konsequenzen des Verteilungskampfes werden in *Abb. F-6* dargestellt. Ausgangspunkt ist das aus *Abb. F-5* bereits bekannte Gleichgewicht E_1. Ging die ursprüngliche Verschiebung der Angebotswachstumskurve aus einem autonomen Gewinndruck hervor ($g_q > 0$), so folgt aus dem Modell, daß sich sowohl die Real- als auch die Nominaleinkommensposition der Arbeitnehmer im Vergleich zur Ausgangssituation E_0 verschlechtert haben: Die Wachstumsrate des Nominallohnsatzes g_w ist wegen $u_1 > \bar{u}$ unter die Produktivitätssteigerungsrate g_Q gesunken; und die durch $g_{W^r} := g_W - g_p$ bestimmte Änderungsrate des Reallohnsatzes hat sich außerdem um die Inflationsrate g_{P1} verringert. Obwohl die Nominal- und Reallöhne weiterhin steigen, sinkt die Lohnquote wegen $g_{W^r} < g_Q$ ständig. Ein solches Ergebnis fordert zwangsläufig zu Gegenmaßnahmen der Arbeitnehmerseite heraus.

Eine mögliche Reaktion der Gewerkschaften besteht z.B. darin, in der nächsten Tarifrunde deutlich höhere Lohnsatzsteigerungen durchzusetzen. Sie werden versuchen, die alte Verteilungsposition der Arbeitnehmer wiederherzustellen oder sogar zu verbessern. Halten die Unternehmen an ihrer aggressiven Gewinnpolitik fest, so verstärkt sich dadurch der Angebotsdruck um die Lohndruckkomponente $g_l > 0$ (verteilungskampfinduzierter Angebotsdruck). Als Folge davon verschiebt sich die SG-Kurve noch weiter nach oben. Wird der Angebotsdruck monetär nicht alimentiert, so kommt es in E_2 zu einer nochmals gestiegenen Inflationsrate und einer weiter gesunkenen Wachstumsrate des realen Nationalprodukts (Stagflation).

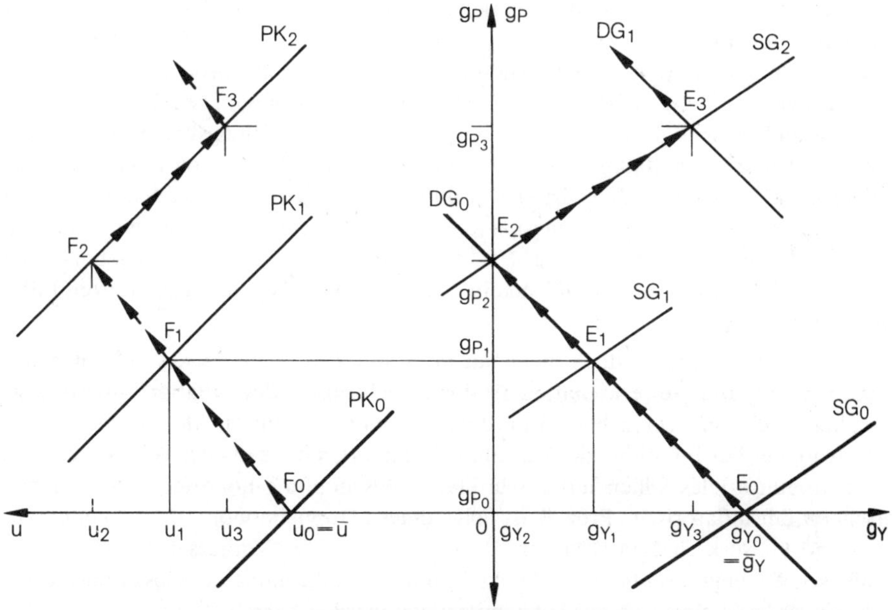

Abb. F-6: Verteilungskampfinduzierter Angebotsdruck und Nachfragesog

Die Arbeitnehmer kommen jedoch ihrem Umverteilungsziel unter den gemachten Annahmen keinen Schritt näher: Sie könnten nämlich ihre Verteilungsposition nur dann verbessern, wenn die Unternehmen – zumindest vorübergehend – sinkende Gewinnaufschlagsätze realisierten ($g_q < 0$). Hierauf haben aber die Gewerkschaften unmittelbar keinen Einfluß. Denkbar wäre jedoch, daß sich die Unternehmen durch die schlechte Absatzlage zu entsprechenden Konzessionen gezwungen sehen. Auch die Gewerkschaften dürften angesichts der gestiegenen Arbeitslosigkeit künftig eine vorsichtigere Tarifpolitik treiben. Die vermutlichen Reaktionen von Unternehmen und Gewerkschaften auf die negativen realwirtschaftlichen Effekte ihres Verteilungskampfes reduzieren den Angebotsdruck wieder und leiten eine gegenläufige Entwicklung in Richtung auf E_0 ein. Der monetär nicht alimentierte verteilungskampfinduzierte Angebotsdruck wird demnach nur eine vorübergehende, wenn auch gesamtwirtschaftlich äußerst kostspielige Erscheinung sein. Hierin bestätigt sich ein weiteres Mal: Inflation setzt als ein Dauerphänomen notwendigerweise die monetäre Alimentierung der vermuteten nicht-monetären Ursachen voraus.

Verteilungskampfinduzierter Nachfragesog

Aller Erfahrung nach wird die Wirtschaftspolitik gegen die Stagflation vorgehen. Möglicherweise wird man versuchen, die Inflation durch einkommenspolitische Maßnahmen und die Stagnation durch expansive Geld- und Fiskalpolitik zu bekämpfen (Beitrag P). Erhöhen die monetären Autoritäten die Wachstumsrate der Geldmenge, so wird sich die DG-Kurve nach oben verschieben. Gelingt es nicht, den Verteilungskampf durch einkommenspolitische Maßnahmen zu dämpfen und bleibt deshalb die Lage der SG-Kurve unverändert, kommt es in E_3 zu einem neuen Gleichgewicht: In ihm hat sich zwar die Inflationsrate nochmals erhöht; aber das reale Sozialproduktswachstum ist wieder positiv und die Arbeitslosigkeit ist gesunken. Vor diesem realwirtschaftlichen Hintergrund wird möglicherweise eine neue Runde des Verteilungskampfes einsetzen, die erneut in die Stagflation führt und dabei noch höhere Inflationsraten zur Folge haben kann, so daß sich die Wirtschaftspolitik erst recht zum Eingreifen gezwungen sieht usw. Wird also der verteilungskampfinduzierte Angebotsdruck monetär alimentiert (verteilungskampfinduzierter Nachfragesog), so können sich Angebots- und Nachfrageseite gegenseitig aufschaukeln und u. U. sogar zu einer akzelerierten Inflation führen.

Dieses Ergebnis hängt jedoch nicht nur vom anhaltend aggressiven Verhalten der Unternehmen und Gewerkschaften als den „Nachfragern der Inflation" ab, sondern vor allem auch vom nachgiebigen Kurs der geldpolitischen Entscheidungsträger, die als die „Anbieter der Inflation" die Verteilungskampfergebnisse um des Wachstums- und Beschäftigungszieles willen mit verstärkter Geldschöpfung honorieren. So gesehen erscheint der inflatorische Prozeß als Folge eines „Doppelmonopols" von Unternehmen und Gewerkschaften (LERNER, 1967), das unter der Voraussetzung staatlicher Vollbeschäftigungsgarantie ohne Beschränkung durch die monetäre Gesamtnachfrage beliebig zu Preis- und Lohnerhöhungen genutzt werden kann.

2.2.4. Erwartungen und Antizipation

Inflationsratenerwartungen und -antizipation stellen ein wesentliches Element in jeder neueren Inflationserklärung dar. Ihre Bedeutung geht schon aus der Redewendung hervor, daß es genüge, Inflation zu erwarten, um sie tatsächlich entstehen zu lassen. Da z. B. nominale Lohnsätze, die heute mit einer Laufzeit von einem Jahr vereinbart werden, je nach der Höhe der eintretenden Preisniveausteigerungen zu einer recht unterschiedlichen Kaufkraft der Nominallohneinkommen führen können, werden die Tarifparteien keine Tarifverhandlungen führen, ohne dabei ihre Vorstellungen über die künftige Preisniveauentwicklung in die Forderungen und Angebote mit einzubeziehen. Wenn aber höhere Lohnsätze, Zinssätze, Mieten oder Vorleistungspreise vereinbart werden, weil Inflation erwartet wird, liegt ein erwartungsinduzierter Angebotsdruck vor. Bauen die Wirtschaftssubjekte andererseits die Kassenbestände ab, um sie zumindest teilweise der erwarteten Geldentwertung zu entziehen, steigt die Umlaufgeschwindigkeit des Geldes vorübergehend an, so daß außerdem ein erwartungsinduzierter Nachfragesog entsteht. Inflationsratenerwartungen werden also gleichzeitig auf der Angebots- und Nachfrageseite aller Güter-, Faktor- und Finanzaktivamärkte wirksam und beeinflussen daher nicht unerheblich den tatsächlichen Verlauf des inflatorischen Prozesses.

Erwartungsbildungs- und Antizipationsverhalten

Wie bei der Unterscheidung von vollständig und unvollständig antizipierter Inflation erwähnt, sind Erwartungen und Antizipationen analytisch strikt auseinanderzuhalten.

Der Begriff Inflationsratenerwartung bezieht sich auf die rein gedanklichen Vorstellungen von der Entwicklung der Inflationsrate in der Zukunft. Diese Vorstellungen konzentrieren sich auf den subjektiv wahrscheinlichsten Wert der Inflationsrate, den sogenannten (mathematischen) Erwartungswert. Der Begriff Inflationsratenantizipation stellt hingegen auf die Erwartungswirkungen ab. Er beinhaltet die erwartungsinduzierten Dispositionen (Ex-ante-Anpassungen der Angebots- und Nachfragepläne), mit denen die Wirtschaftssubjekte einem tatsächlichen Eintreten der erwarteten Inflationsratenentwicklung zuvorzukommen trachten. Da sich die Pläne nicht immer realisieren lassen, ist zwischen den Antizipationswünschen und den am Ende der Planungsperiode faktisch durchgesetzten Antizipationen zu unterscheiden. Solange es den Wirtschaftssubjekten nicht gelingt, ihre aufgrund von Erwartungsänderungen revidierten Pläne in vollem Umfang zu verwirklichen, führen selbst korrekte Inflationsratenerwartungen nicht zu einer vollständigen Inflationsratenantizipation. In diesem Fall bleibt ihnen nichts anderes übrig, als sich nachträglich an die tatsächlich eingetretene Preisniveausteigerung anzupassen (Ex-post-Anpassung). Inflationsratenerwartungen bleiben sogar ohne jegliche Wirkung, solange aus ihnen keine Antizipationswünsche hervorgehen – etwa weil sich die Wirtschaftssubjekte unsicherheitsbedingt abwartend verhalten oder weil ihnen die Kosten von Ex-ante-Anpassungen im Vergleich zum erwarteten Nutzen zu hoch erscheinen. Die durch entsprechende Dispositionen in t-1 für t antizipierte Inflationsrate $g^a_{P_t}$ wird deshalb als Produkt aus dem Antizipationskoeffizienten β und der erwarteten Inflationsrate $g^*_{P_t}$ ausgedrückt:

(12) $$g^a_{P_t} = \beta \cdot g^*_{P_t} \quad \text{mit } \beta \geqq 0.$$

Wollen und können die Wirtschaftssubjekte die von ihnen erwartete Inflationsrate in vollem Umfang antizipieren, ist $\beta = 1$. Eine vollständig antizipierte Inflation liegt jedoch erst dann vor, wenn die tatsächliche Inflationsrate korrekt erwartet und antizipiert wird ($g_{P_t} = g^*_{P_t} = g^a_{P_t}$).

Das Ausmaß der Antizipationswirkungen auf den Verlauf der tatsächlichen Inflationsrate hängt wesentlich davon ab, wie die Inflationsratenerwartungen gebildet und angesichts neuer Erfahrungswerte überprüft und korrigiert werden. Der Erwartungsprozeß kann im ökonomischen Sinne als ein Produktionsprozeß aufgefaßt werden, in dem durch Beschaffung und Verarbeitung von Informationen Vorleistungen für die auf eine unsichere Zukunft gerichtete Entscheidungsfindung der Wirtschaftssubjekte erbracht werden. Das Produktionsziel sind Erwartungswerte mit möglichst geringem Unsicherheitsgrad, um das Risiko von Fehlentscheidungen aufgrund von Erwartungsirrtümern zu minimieren. Je präziser und sicherer die Erwartungen sein sollen, um so zeitaufwendiger und kostspieliger ist die Informationsverarbeitung. Die Produktion von Erwartungen unterliegt dabei dem Gesetz vom abnehmenden Grenzertrag, vor allem dann, wenn Entscheidungen unter Zeitdruck zu fällen sind. Es ist deshalb ökonomisch rational, wenn die Wirtschaftssubjekte im jeweiligen Einzelfall die Informationsverarbeitung abbrechen, bevor der Unsicherheitsgrad auf das erreichbare Minimum reduziert wird.

Die als Produktionsinput verwendeten Informationen führen aufgrund ihrer Herkunft und ihres Gehaltes zu unterschiedlichen Schlußfolgerungen hinsichtlich der künftigen Entwicklung. Je nach Art der verarbeiteten Informationen werden folgende Gruppen von Erwartungen unterschieden (Überblick bei CASPERS, 1987):

- autoregressive (extrapolative, regressive und adaptive) Erwartungen (CAGAN, 1956; SOLOW, 1969): Sie werden rein mechanistisch auf der Grundlage von Informationen über die vergangene Entwicklung der erwarteten Größe selbst gebildet, wie es z. B. der einfache adaptive Ansatz

  (13) $g^*_{P_t} = \alpha \cdot (g_{P_{t-1}} - g^*_{P_{t-1}}) + g^*_{P_{t-1}} \quad \text{mit } 0 < \alpha \leq 1$

  zum Ausdruck bringt (s. *Abb. F-1a*), wobei $(g_{P_{t-1}} - g^*_{P_{t-1}})$ den Erwartungsirrtum darstellt;
- rationale bzw. konsistente Erwartungen (MUTH, 1961; SARGENT/WALLACE, 1976): Sie basieren zusätzlich auf Informationen über die Vergangenheitsentwicklung solcher Größen, die nach Auffassung des Erwartungsbildenden wichtige Bestimmungsfaktoren der jeweiligen Erwartungsvariablen sind. Für einen Monetaristen z. B. wäre im einfachsten Fall die Erwartungsbildung gemäß

  (14) $g^*_{P_t} = g_{M_{t-1}} - \bar{g}_{Y_{t-1}}$

  konsistent mit der von ihm vertretenen Theorie einer rein monetären Inflationsverursachung;
- ökonomisch rationale Erwartungen (FEIGE/PEARCE, 1976; DARBY, 1976): Dies sind rationale Erwartungen, die bei unterschiedlich hohen Kosten der Informationen, die zur Erwartungsbildung auf der Grundlage alternativer Theorien jeweils beschafft werden müssen, einen optimalen Unsicherheitsgrad bzw. Informationsstand beinhalten. Die Wirtschaftssubjekte bilden ihre Erwartungen aufgrund jener „vereinfachten" Theorie, bei der sie einen gewissen tolerierten Unsicherheitsgrad mit geringstmöglichen Informationsbeschaffungskosten erzielen können.

Werden derartige Verhaltenshypothesen (Erwartungsgeneratoren) in die jeweiligen Inflationsmodelle eingebaut, erzeugen sie (künstliche) Erwartungswerte g^*_P, deren Antizipation das Modellergebnis entscheidend mitbestimmt. Dabei geht man meist von der Fiktion subjektiv sicherer Erwartungen aus; d. h. man nimmt an, daß sich die Wirtschaftssubjekte trotz unvollkommener Voraussicht und der daraus resultierenden objektiven Unsicherheit der Erwartungen subjektiv völlig sicher fühlen und sich deshalb bei ihren erwartungsinduzierten Antizipationen so verhalten, als ob sie objektiv sicher wären (risikoneutrales Antizipationsverhalten). Die Wirtschaftssubjekte werden folglich versuchen, ihre Pläne möglichst rasch und vollständig an Veränderungen der erwarteten Inflationsrate anzupassen. Nur wenn dies gelingt, ist die übliche Gleichsetzung von erwarteter und antizipierter Inflation gerechtfertigt.

Erwartungsinduzierter Angebotsdruck

Inflationserwartungen und -antizipationen lassen sich in das inflationstheoretische Grundmodell einbeziehen, indem man die Bestimmungsgleichung der Änderungsrate des Nominallohnsatzes (4) über die Lohndruckkomponente g_l hinaus noch um die antizipierte Inflationsrate g^a_P erweitert:

(4.2) $g_w = g^a_P + g_Q + g_l + n \cdot (\bar{u} - u).$

Hieraus folgen mit

(5.2) $g_P = g_P^a + g_A + n \cdot (\bar{u} - u)$

und

(7.2) $g_P = g_P^a + g_A + \gamma \cdot (g_{Y^s} - \bar{g}_{Y^s})$

die Gleichungen der um Inflationsratenantizipationen und Angebotsdruckfaktoren erweiterten Versionen der modifizierten PHILLIPS- bzw. Angebotswachstumskurve, die als PK_0 und SG_0 in *Abb. F-7* dargestellt sind.

Ausgangspunkt ist das bereits aus *Abb. F-4* bekannte Gleichgewicht E_1. Diese Situation kann jedoch nicht bestehen bleiben, sofern es den Arbeitnehmern z. B. gelingt, die für die nächste Periode gemäß (13) mit $\alpha = 1$ erwartete Inflationsrate durch einen entsprechenden Aufschlag auf die Änderungsrate des Nominallohnsatzes gemäß (4) und (12) mit $\beta = 1$ zu antizipieren. Hierdurch verschiebt sich die SG-Kurve nach oben, so daß zusammen mit der annahmegemäß unveränderten DG-Kurve ein neues Gleichgewicht E_2 zustande kommt. Dieser Vorgang wiederholt sich nun mit immer kleineren Anpassungsschritten, bis das inflatorische Gleichgewicht E_L mit $g_{P_L} = g^*_{P_L} = g^a_{P_L}$ erreicht ist. In diesem Fall bildet die SG-Kurve eine Vertikale SG_L über der natürlichen Wachstumsrate des realen Nationalprodukts. Ein entsprechendes Ergebnis zeigt die PHILLIPS-Kurven-Darstellung im gegenüberliegenden Quadranten.

Diese Ceteris-paribus-Analyse gilt nicht ohne Vorbehalte:

- So wird z. B. vorausgesetzt, daß während des Anpassungsprozesses kein zusätzlicher (autonomer) Angebotsdruck oder Nachfragesog entsteht; anderenfalls ergäben sich nicht unwesentliche Modifikationen in bezug auf den Anpassungspfad.
- Mit Hilfe der komparativ-statischen Inflationsratenanalyse vermag man den dynamischen Anpassungsprozeß bei endogener Erwartungsbildung nicht adäquat wiederzugeben; im Rahmen einer dynamischen Inflationsratenanalyse, in der die Zeit explizit als Variable einbezogen ist, würde sich möglicherweise ein Anpassungspfad ergeben, wie er in *Abb. F-7* als gekrümmte Linie dargestellt ist.
- Ein weiterer Einwand richtet sich gegen die Beibehaltung des adaptiven Erwartungsgenerators während der Dauer des Anpassungsprozesses. Hiermit wird unterstellt, daß die Wirtschaftssubjekte nicht schnell genug aus den wiederkehrenden Erwartungsirrtümern lernen. Wahrscheinlich werden sie ihre Erwartungsbildungsverfahren ändern, wenn sich die Qualität der Erwartungen als schlecht erweist. Unterstellt man mit (14) eine rationale Erwartungsbildung, erfolgt z. B. die Anpassung entlang der Vertikalen SG_L bzw. PK_L.
- Die übliche Annahme von $\beta = 1$ ist extrem wirklichkeitsfremd; erforderlich wäre eine Theorie des Antizipationsverhaltens, die den Antizipationskoeffizient β durch eine Verhaltensgleichung bestimmt, in die die Unsicherheit der Erwartungen als Variable eingehen müßte. Dies hätte möglicherweise zur Folge, daß der Anpassungspfad in *Abb. F-7* zunächst vergleichsweise flacher (verzögerte Inflationsantizipation) und dann sehr viel steiler in Richtung auf E_L bzw. F_L verliefe (beschleunigte Inflationsantizipation).

Erwartungsinduzierter Nachfragesog

Die erwartete bzw. antizipierte Inflationsrate ist auch ein Bestimmungsfaktor der realen Geldnachfrage bzw. der Umlaufgeschwindigkeit des Geldes und deshalb implizit der Nachfragewachstumskurve. Bei Einbeziehung von Erwartungen und Antizipationen kann folglich die DG-Kurve zumindest während des Anpassungsprozesses nicht fixiert bleiben. Der sich hieraus ergebende Fall des erwartungsinduzierten Nachfragesogs, der in Verbindung mit den Angebotsdruckfaktoren den Fall der akzelerierten Inflation erklärt (s. Abschnitt 2.3.), wird in *Abb. F-8a* dargestellt. Ausgehend von E_1, sollen außer den Arbeitnehmern nun auch die Kassenhalter durch Antizipation gemäß den obigen Annahmen versuchen, sich soweit wie möglich vor einer erwarteten Geldentwertung zu schützen. Sie werden zu diesem Zweck ihre realen Kassenbestände reduzieren. Die dadurch bedingten nominalen Mehrausgaben erhöhen die Umlaufgeschwindigkeit des Geldes, so daß deren Änderungsrate positiv wird. Resultierte die ursprüngliche Verschiebung der DG-Kurve aus einer anhaltenden Erhöhung der Wachstumsrate des Geldangebots, so verschiebt sich DG nun durch erwartungsinduzierte Antizipationen noch weiter nach oben (DG'_1) und bildet zusammen mit SG_1 den Punkt E'_2.

Im weiteren Verlauf des Anpassungsprozesses geht die DG-Kurve jedoch wieder zurück und verharrt schließlich auf der durch das gegebene Geldmengenwachstum festgelegten Position DG_1: Mit zunehmender Antizipation werden die Anpassungsschritte immer kleiner, so daß die Umlaufgeschwindigkeit nur noch mit sinkender Rate ansteigt. Bei vollständiger Antizipation der Inflation in E_L finden keine weiteren erwartungsinduzierten Revisionen der realen Kassenbestände mehr statt; g_V nimmt wieder den Wert Null an. Kommt also zum erwartungsinduzierten Angebotsdruck noch ein erwartungsinduzierter Nachfragesog hinzu, so unterscheidet sich dieser Fall von dem in *Abb. F-7* dargestellten zwar nicht durch das gemeinsame inflatorische Gleichgewicht E_L, wohl aber durch den Anpassungspfad, auf dem es erreicht wird. Dieser Anpassungspfad läßt sich jedoch nur unvollkommen durch eine komparativ-statische Inflationsratenanalyse bestimmen; eine dynamische Analyse würde zeigen, daß er im Falle rationaler Erwartungsbildung etwa der in *Abb. F-8a* gekrümmt dargestellten Linie folgen würde (LAIDLER, 1976; FRISCH/HOF, 1981).

2.3. Inflationsphasen und -zyklen

Die bisher behandelten Einzelursachen führen erst im konkreten Zusammenwirken zu den variierenden Mustern der in Wirklichkeit zu beobachtenden inflatorischen Prozesse. Dabei muß dem Geldmengenwachstum als der zentralen Determinante der Wachstumsrate der monetären Gesamtnachfrage eine besondere Rolle zuerkannt werden; denn anhaltende Preisniveausteigerungen lassen sich in keinem Fall auf nichtmonetäre Verursachungsfaktoren zurückführen, ohne daß ihre monetäre Alimentierung – sei es durch eine aktive oder passive Geldpolitik – sichergestellt ist.

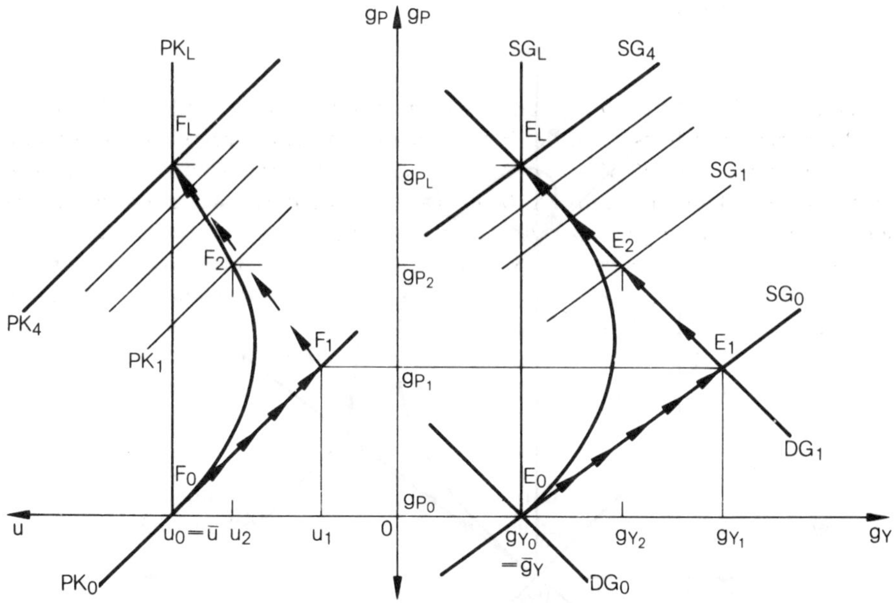

Abb. F-7: Erwartungsinduzierter Angebotsdruck

Inflationsphasen

Die in der Realität beobachtbaren Phasen der akzelerierten, stabilisierten und dezelerierten Inflation (*Abb. F-1a*) werden durch verschiedenartige Konstellationen simultaner und zeitlich aufeinander folgender Nachfragesog- und Angebotsdruckfaktoren verursacht. In *Abb. F-8a* wird einer von vielen möglichen Anpassungspfaden bei akzelerierter Inflation dargestellt. Antizipieren die Anbieter und Nachfrager eine durch monetäre Impulse in Gang gekommene Inflation relativ rasch und ziemlich vollständig oder verläuft der Verteilungskampf sehr ausgeprägt, halten sich die bei akzelerierter Inflation normalerweise zu erwartenden positiven Wachstums- und Beschäftigungseffekte in engen Grenzen, so daß der Anpassungspfad nicht allzu weit rechts von SG_L entlangführt. Entstünde die Inflation wie in *Abb. F-6* aus einem anfänglich autonomen Angebotsdruck, der später monetär alimentiert wird, würde die Inflationsakzeleration sogar mit einer erst negativen und dann positiven Wachstums- und Beschäftigungsentwicklung einhergehen: Der Anpassungspfad verliefe von E_0 ausgehend links von SG_L auf E_L zu.

Zwei mögliche Anpassungspfade der dezelerierten Inflation werden in *Abb. F-8b* veranschaulicht. Von E_L ausgehend, ist eine Senkung der Inflationsrate nur möglich, wenn die DG-Kurve durch eine Verringerung der Wachstumsrate der Geldmenge – etwa im Zuge einer monetären Antiinflationspolitik (Beitrag P-5.2.) – nachhaltig nach unten verschoben wird, z. B. von DG_0 nach DG_1. Je größer die Antizipations- und je kleiner die Verteilungskampfeffekte sind, um so geringer sind die auftretenden negativen Wachstums- und Beschäftigungswirkungen der monetären Restriktionspolitik. Bei Variante A wird die sinkende Inflationsrate zunächst nur geringfügig antizipiert

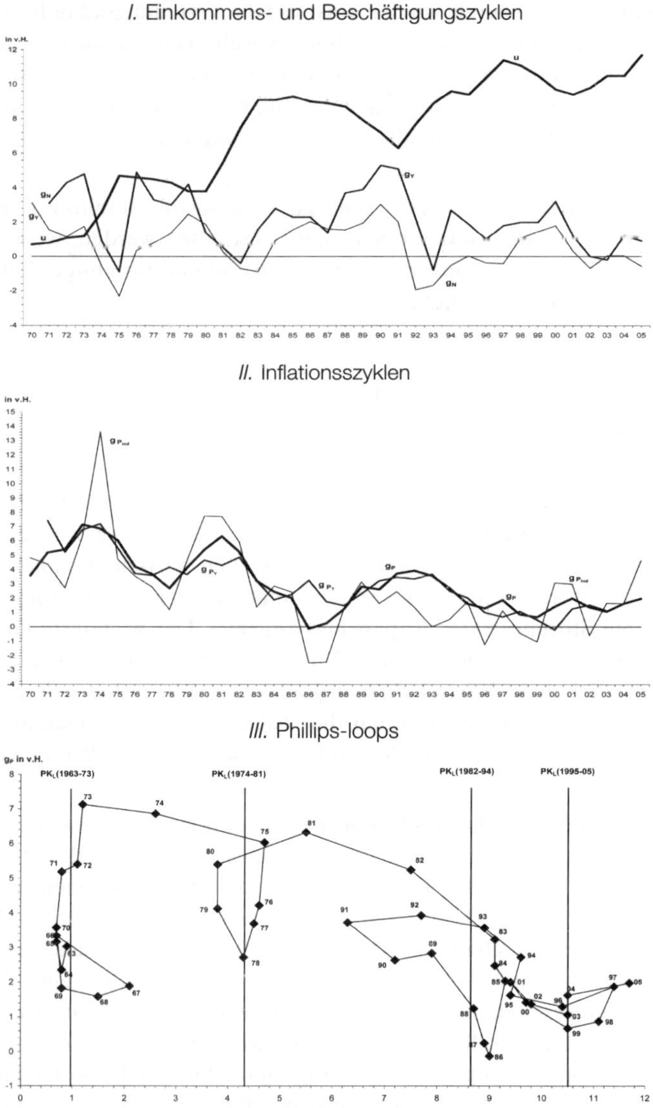

u – Arbeitslosenquote (registrierte Arbeitslose in v. H. der unselbständigen Erwerbspersonen; Quartalswerte; in III. Jahreswerte).
g_N – Jährliche Änderungsrate der Zahl der unselbständig Beschäftigten in v. H. (Quartalswerte).
g_Y – Wirtschaftswachstum (jährliche Änderungsrate des realen Bruttoinlandsprodukts in v. H.; Quartalswerte).
g_P – Inflationsrate (jährliche Änderungsrate des Preisindex für die Lebenshaltung aller privaten Haushalte in v. H.; Quartalswerte; in III. Jahreswerte).
g_{PInd} – Jährliche Änderungsrate der Industriegüterpreise (Index der Erzeugerpreise gewerblicher Produkte im Inlandsabsatz in v. H.; Quartalswerte).
g_{PY} – Jährliche Änderungsrate des Preisindex des Bruttonationalprodukts (Nationalproduktdeflator in v. H.; Quartalswerte; in III. Jahreswerte).
PK_L – Langfristige PHILLIPS-Kurve (über der natürlichen Arbeitslosenquote).

Abb. F-9: Gesamtwirtschaftliche Zyklen in der Bundesrepublik Deutschland, 1970–2005

Der empirische Zusammenhang von Inflations-, Einkommens- und Beschäftigungszyklen wird aus *Abb. F-9* ersichtlich. In den Phasen mit relativ hohem Wirtschaftswachstum (1976–79; 1988–91; *Abb. 9.I.*) hat sich offenbar ein Inflationspotential herausgebildet, das jeweils zeitverzögert durch steigende Inflationsraten ausgelastet wurde (1978–81; 1989–94; *Abb. 9.II.*). Dem stehen vier Rezessionen gegenüber (1973–75; 1981–82; 1985–87; 1991–93), in denen das reale Bruttoinlandsprodukt zeitweise sogar schrumpfte und in deren Verlauf sich die Inflationsraten wieder zurückzubilden begannen (1975–78; 1982–87; 1989–91; ab 1994). Die beobachtbare Abfolge von akzelerierter und dezelerierter Inflation steht somit in einem engen Zusammenhang mit den Phasen des konjunkturellen Auf- und Abschwungs, die ihr zeitlich jeweils vorauslaufen. Seit Mitte der 1990er Jahre hat sich dagegen die Zyklik im Vorfeld der Gründung der Europäischen Währungsunion (EWU) merklich abgeschwächt (MICHLER/THIEME, 2004; Beitrag S-3.2.2.).
In dieses Schema paßt auch die Arbeitslosenquote (*Abb. 9.I.*): Sie entwickelte sich erwartungsgemäß invers zu den Phasen des konjunkturellen Auf- und Abschwungs, verharrte jedoch von Rezession zu Rezession auf einem immer höheren „Sockel", der sich aus einer von Mal zu Mal verschlechterten Struktur des Arbeitsmarktes erklärt und somit einen periodischen Anstieg der natürlichen Arbeitslosigkeit signalisiert. Dies wird noch deutlicher, wenn man die jahresdurchschnittlichen Werte der Inflationsrate und Arbeitslosenquote in ein entsprechendes Koordinatensystem einzeichnet und die zeitliche Entwicklung dieser Kombinationen verfolgt (*Abb. 9.III.*): Sie verläuft in Schleifen (PHILLIPS-loops), die sich spiralförmig nach rechts außen bewegen und dementsprechend mit einer Zunahme der phasendurchschnittlichen (natürlichen) Arbeitslosigkeit verbunden sind („Hysteresis-Phänomen": Verschiebung von PK_L nach rechts; ASSENMACHER, 1986; KÖSTERS/BELKE, 1992; Beitrag L-5.1.). Ursächlich dafür dürfte nicht zuletzt die seit 1967 bis in die neunziger Jahre in der Bundesrepublik praktizierte antizyklische Globalsteuerung sein, die den gesamtwirtschaftlichen Zyklen im Wechsel von expansiver und kontraktiver Geld- und Fiskalpolitik jeweils vorausging (Beitrag P-5.2.).

2.4. Internationaler Inflationszusammenhang

Nach dem Zweiten Weltkrieg verliefen die Inflationszyklen in den wichtigsten westlichen Industrieländern weitgehend synchron. Demnach können die inflatorischen Prozesse nicht als isolierte nationale Phänomene betrachtet werden. Wie aber kommt es zum internationalen Inflationszusammenhang, wie entsteht Inflation als ein weltweites Phänomen und wie wird sie auf einzelne Länder übertragen? Die Antwort hierauf fällt recht unterschiedlich aus, je nachdem, welches Wechselkursregime realisiert ist. Besteht ein System fester Wechselkurse – wie bis 1973 das System von Bretton Woods (Beitrag E-5.1.) –, führen unterschiedliche nationale Inflationsraten bei der jeweils festgesetzten Parität zu Ungleichgewichten an den Devisenmärkten: Inflationiert das Ausland stärker als das Inland, kommt es zu einem Angebotsüberschuß der ausländischen Währung, den die inländische Notenbank gegen Hingabe heimischer Währung aufzukaufen verpflichtet ist; hieraus resultiert im Inland eine Beschleunigung des Geldmengenwachstums, wodurch sich die heimische Inflation an die ausländische anpaßt. Im System flexibler Wechselkurse – wie es seit 1973 im Prinzip gegenüber dem Dollar, dem Yen und dem Pfund Sterling besteht – sind die Notenbanken dagegen nicht zu Devisenmarktinterventionen verpflichtet, so daß sie grundsätzlich eine an nationalen Belangen orientierte, auf Preisniveaustabilität gerichtete autonome Geldpolitik treiben können.

2.4.1. Weltinflation bei festen Wechselkursen

Die nationalen Inflationsraten der westlichen Industrieländer wichen bis zur Wechselkursfreigabe im Jahr 1973 im Durchschnitt nicht stärker voneinander ab als etwa die regionalen Inflationsraten von US-Großstädten (GENBERG, 1976). Solche Beobachtungen relativieren den Aussagegehalt von Inflationserklärungen, die primär binnenwirtschaftlich ansetzen. Sie geben Anlaß, die Inflation als ein Weltphänomen zu begreifen, von dem die Vorgänge innerhalb der Landesgrenzen ebenso wenig separierbar sind wie etwa die Inflationsentwicklung in der Region Frankfurt von der der gesamten Bundesrepublik.

Erklärung der Weltinflation

Diese Betrachtungsweise geht davon aus, daß bei festen Wechselkursen, freier Konvertibilität und politisch unbehindertem Güter- und Kapitalverkehr äußerst wettbewerbsintensive internationale Märkte für handelsfähige Güter und Finanzaktiva entstehen. Diese bilden zusammengenommen eine integrierte Weltwirtschaft, in der sich die ihr angehörenden Länder ökonomisch als ein geschlossenes System national abgegrenzter Regionen interpretieren lassen. In ihr bildet sich ein Weltpreisniveau P^w, dem sich durch den Arbitragemechanismus die Preisniveaus der einzelnen Länder anpassen. So kaufen Arbitrageure Güter in Regionen mit niedrigeren Preisen und verkaufen sie in solchen mit höheren, bis schließlich aufgrund der Preisangleichung alle profitablen Arbitragemöglichkeiten ausgeschöpft sind (direkter nationaler bzw. internationaler Preiszusammenhang). Das Preisniveau P eines einzelnen Landes steht somit bei gegebenem Wechselkurs $\bar{e}$ der Auslandswährung in einem festen, durch $P = \bar{e} \cdot P^w$ bestimmten Verhältnis. Auf Änderungsraten abgestellt, folgt hieraus $g_P = g_P^w$, d. h. bei festen Wechselkursen ist die heimische Inflationsrate g_P gleich der Weltinflationsrate g_P^w. Die in der Realität zu beobachtenden Divergenzen zwischen den nationalen Inflationsraten können auf die Existenz von Handelsschranken, unvollkommene Arbitrage oder Auf- und Abwertungen, vor allem aber auf die Existenz nicht handelsfähiger Güter zurückgeführt werden (Überblick bei CLAASSEN, 1978, S. 111 ff.).

Um die Weltinflation zu erklären, braucht man das obige Grundmodell nur weltwirtschaftlich zu interpretieren. Hiernach ist die Weltinflationsrate im inflatorischen Gleichgewicht – analog zu E_L in *Abb. F-8a* – bestimmt durch die Differenz zwischen der Wachstumsrate des Weltgeldangebots $g_{M^s}^w$ und der natürlichen Wachstumsrate des realen Weltprodukts $\bar{g}_Y^w$:

$$(15) \qquad g_P^w = g_{M^s}^w - \bar{g}_Y^w.$$

Dabei setzen sich $g_{M^s}^w$ und $\bar{g}_Y^w$ gemäß

$$g_{M^s}^w = \sum_{i=1}^{n} \delta_i \cdot g_{M^s}^i \quad \text{mit } \delta_i = M^{si} / \sum_{i=1}^{n} M^{si}$$

bzw.

$$\bar{g}_Y^w = \sum_{i=1}^{n} \lambda_i \cdot \bar{g}_Y^i \qquad \text{mit } \lambda_i = Y^i / \sum_{i=1}^{n} Y^i$$

aus den entsprechend gewichteten heimischen Wachstumsraten der i = 1, ..., n Länder zusammen. *Tab. F-2.I.* enthält ein Zahlenbeispiel für den hypothetischen Fall einer Weltwirtschaft mit zwei unterschiedlich großen Ländern, die über ein verschieden hohes natürliches Sozialproduktwachstum verfügen. Aufgrund des direkten internationalen Preiszusammenhangs sind die Inflationsraten der beiden Länder identisch mit der Weltinflationsrate; und im inflatorischen Weltgleichgewicht, das das Gleichgewicht auf dem Weltgeldmarkt und den nationalen Geldmärkten einschließt, divergieren die monetären Expansionsraten beider Länder im Ausmaß der Differenz zwischen ihren natürlichen Wachstumsraten des realen Nationalprodukts.

Gleichgewichtsstörungen und internationale Inflationsübertragung

Nach der monetären Theorie der Weltinflation ist für diese Situation die Höhe der aus den nationalen Geldangeboten resultierenden Wachstumsrate der Weltgeldmenge ursächlich (MUNDELL, 1971; JOHNSON, 1975; CLAASSEN, 1978, S. 89 ff.). Dies gilt auch für alle Gleichgewichtsstörungen. Wenn z. B. das erste (große) Land seine monetäre Expansion verstärkt, erhöht sich dadurch auch die Wachstumsrate der Weltgeldmenge *(Tab. F-2.II.)*. Der Anpassungsprozeß ist relativ kompliziert. Vereinfacht dargestellt, besteht er aus folgenden Schritten: Der im ersten Land entstandene Nachfragesog (Geldangebotsüberschuß) läßt hier die Inflationsrate und – wegen des Arbitragemechanismus – auch die des anderen Landes sowie die Weltinflationsrate steigen. Hierdurch wird das Geldmarktgleichgewicht des zweiten Landes gestört; denn der Versuch, die infolge der Inflationsakzeleration gesunkene Realkasse wieder auf die gewünschte Höhe zurückzuführen, bedeutet einen Geldnachfrageüberschuß im zweiten Land. Geldnachfrage- im zweiten und Geldangebotsüberschuß im ersten Land lassen dem monetären Ansatz der Zahlungsbilanztheorie zufolge hier einen Zahlungsbilanzüberschuß und dort ein gleich hohes Zahlungsbilanzdefizit entstehen (Beitrag E-4.3.). Hierdurch wird ständig Geld vom ersten auf das zweite Land übertragen, so daß die monetären Expansionsraten beider Länder mit dem annahmegemäß neu zustande kommenden inflatorischen Gleichgewicht vereinbar sind (*Tab. F-2.III.*; Überblick bei HEUBES, 1990).

Das Zahlenbeispiel macht deutlich, daß diejenigen Länder eine besondere Rolle spielen, deren Währungen einen relativ großen Anteil am Weltangebot haben: Sie bestimmen im wesentlichen das Tempo der Weltinflation, zwingen den kleineren Ländern permanente Zahlungsbilanzüberschüsse auf und machen deren Geldangebot zu einer endogenen Größe. So wird z. B. in der zu starken Expansion der Geldmenge in den USA bis zur Mitte der 70er Jahre die Ursache der sich bis Anfang der 80er Jahre beschleunigenden Weltinflation gesehen (*Tab. F-1*, Spalte 5): Im System von Bretton Woods konnten die USA als relativ großes Leitwährungsland mit ihrer heimischen Geldpolitik die Wachstumsrate der Weltgeldmenge dominant bestimmen. Ihre monetär bedingten Zahlungsbilanzdefizite blähten die Dollar-Währungsreserven weltweit auf und zwangen so die Zahlungsbilanzüberschußländer zu verstärkter monetärer Expansion, d. h. zur Mittäterschaft an einer nicht stabilitätsgerechten Wachstumsrate

Tab. F-2: Weltinflation im Zwei-Länder-Modell

$\delta_1 = \lambda_1 = 3/4$	I. Inflatorisches Ausgangsgleichgewicht			II. Störung durch Land 1	III. Inflatorisches Endgleichgewicht		
$\delta_2 = \lambda_2 = 1/4$	$\bar{g}_Y$	g_{M^s}	g_P	g_{M^s}	$\bar{g}_Y$	g_{M^s}	g_P
Land 1	4	10	6	22	4	19	15
Land 2	8	14	6	14	8	23	15
Welt	5	11	6	20	5	20	15

der Weltgeldmenge. Eine ähnlich dominante Rolle wurde der Bundesrepublik Deutschland innerhalb des EWS zugeschrieben, was jedoch wegen der hierzulande bestehenden „Stabilitätskultur" und Unabhängigkeit der Notenbank eher zur Preisniveaustabilität als zur Inflation in Europa beigetragen hat und damit eine der wesentlichen Voraussetzungen für die Erfüllung der Maastricht-Kriterien zur Gründung der EWU war (Überblick bei MICHLER/THIEME, 1998, S. 265 ff.).

2.4.2. Inflationsübertragung bei flexiblen Wechselkursen

Bei flexiblen Wechselkursen stellt die Inflation nach verbreiteter Auffassung im wesentlichen ein nationales Problem dar: Der Kaufkraftparitätentheorie zufolge paßt sich statt des inländischen Preisniveaus der Wechselkurs an die Preisniveauänderungen im Ausland an. Ein einzelnes Land braucht also trotz inflationärer Umwelt nicht von seinem Ziel der Preisniveaustabilität abzuweichen. Die Beobachtung verhältnismäßig stark divergierender nationaler Inflationsraten seit 1973 scheint diese Auffassung zu bestätigen. Andererseits hat die Erfahrung inzwischen gezeigt, daß flexible Wechselkurse kein absoluter Garant monetärer Unabhängigkeit eines Landes sind und folglich auch keinen unter allen Umständen verläßlichen Schutz vor internationaler Inflationsübertragung bieten. Dies wird seit Mitte der 70er Jahre mit einer Vielzahl wechselkurstheoretischer Ansätze zu erklären versucht (Überblick bei KOTIOS, 1986).

Internationales inflatorisches Gleichgewicht

Nach der Kaufkraftparitätentheorie (Beitrag E-4.1.) bildet sich der Wechselkurs e – hier verstanden als Preis der ausländischen Währung (z. B. Dollar), ausgedrückt in inländischer Währung (z. B. EURO; sog. Preisnotierung) – aufgrund des internationalen Güteraustausches. Er entspricht im Gleichgewicht E dem Verhältnis der Kaufkraft der ausländischen Währung ($1/P^a$) zu der der Inlandswährung ($1/P$), also

(16.1) $e^E = P/P^a$ (Preisnotierung)

oder – auf Änderungsraten abgestellt –:

(16.2) $g_{e^E} = g_P - g_{P^a}$.

Hierbei steht g_{e^E} für die Änderungsrate des Gleichgewichtskurses der ausländischen Währung, ausgedrückt in Währungseinheiten des Inlands; sie ist gleich der Differenz zwischen der heimischen (g_P) und der ausländischen Inflationsrate (g_{P^a}). Inflationiert etwa das Ausland mit einer Rate von 15 v. H., das Inland aber nur mit 5 v. H., so müßte sich die Auslandswährung nach der Kaufkraftparitätentheorie um 10 v. H. abwerten und die heimische Währung entsprechend aufwerten. Der relativ stärkere Anstieg des Preisniveaus im Ausland würde dann durch eine proportionale Aufwertung der Inlandswährung kompensiert, so daß das inländische Preisniveau, in das auch die Importgüterpreise eingehen, davon unberührt bliebe: Der direkte internationale Preiszusammenhang wäre durchbrochen – und da bei flexiblen Wechselkursen auch keine Liquiditätseffekte möglich sind, bliebe das Inland von der Übertragung der Auslandsinflation verschont. Dies gilt jedoch nur solange, wie die sich am Devisenmarkt ergebende tatsächliche Änderungsrate des Wechselkurses g_e der gleichgewichtigen entspricht, d. h. solange die nach

(16.3) $g_e^r := g_e - g_{e^E} = g_e - (g_P - g_{P^a})$

um die Inflationsratendifferenz bereinigte Änderungsrate des Wechselkurses g_e^r gleich Null ist.

Kommt es dagegen zu einer realen Abwertung der heimischen Währung ($g_e^r > 0$), indem sich die Inlandswährung weniger stark aufwertet als es der Kaufkraftparität entspricht oder indem sie sich abwertet, steigen die Importgüterpreise und treiben das inländische Preisniveau nach oben: Der direkte internationale Preiszusammenhang ist wiederhergestellt und ermöglicht den Inflationsimport, ohne daß es dazu einer durch Devisenmarktinterventionen bedingten Aufblähung der Geldmenge bedürfte. Ob und inwieweit es zur Inflationsübertragung bei flexiblen Wechselkursen kommt, hängt vor allem davon ab, wie stark und wie nachhaltig die reale Abwertung der heimischen Währung ist. Dies läßt sich – von Sonderfaktoren wie Politik-, Öl- oder Verschuldungskrisen einmal abgesehen – mit Hilfe der Zinsparitätentheorie erklären. Sie gibt die Wechselkursbedingungen an, unter denen eine zwischen In- und Ausland bestehende Nominalzinsdifferenz ($i - i^a$) aufrechterhalten werden kann. Dies ist immer dann der Fall, wenn sich entsprechende Wechselkursänderungserwartungen einstellen. Im Falle der Preisnotierung lautet die ungedeckte Zinsparität (Beitrag E-3.2.2.) vereinfacht: $e^* - e / e = i - i^a$. Setzt man $e^* - e / e = ge^*$, so gilt im Gleichgewicht, daß gemäß

(17) $g_e^* = i - i^a$

die erwartete Änderungsrate des Wechselkurses g_e^* gleich der internationalen Zinsdifferenz ist. Unter diesen Umständen würden vergleichbare Kapitalanlagen im In- und Ausland unter Berücksichtigung des Wechselkursrisikos die gleiche Rendite versprechen.

Werden die Inflationsraten im In- und Ausland jeweils korrekt erwartet und antizipiert ($g_P^* = g_P$; $g_{P^a}^* = g_{P^a}$) und gehen die Kapitalanleger international vom gleichen Realzins aus ($r = r^a$), stimmen Kaufkraft- und Zinsparitätentheorie im Ergebnis überein. Dies wird ersichtlich, wenn man die Bestimmungsgleichungen für das in- und ausländische Zinsniveau (Fisher-Theorem)

(18.1) $i = r + g_P^*$ und

(18.2) $i^a = r^a + g^*_{P^a}$

unter den gemachten Annahmen voneinander subtrahiert:

(19.1) $i - i^a = g_P - g_{P^a}$,

woraus den Gleichungen (16.2) und (17) entsprechend die Gleichgewichtsbedingung

(19.2) $g^*_e = g_{e^E}$

folgt. Ist (19.2) erfüllt, bestimmt die bestehende Differenz der Inflationsraten die gleichgewichtige Änderungsrate des Wechselkurses, die ihrerseits erwartet wird, weil die Inflationsraten korrekt antizipiert in die Zinsbestimmung eingehen (internationales inflatorisches Gleichgewicht).

Reale Abwertung und Inflationsimport

Zu einer inflationär wirkenden realen Abwertung der Inlandswährung kommt es immer dann, wenn durch die im In- und Ausland verfolgte Geld- und Fiskalpolitik das inländische Nominalzinsniveau sinkt oder das ausländische steigt. Bremst etwa das Ausland die monetäre Expansion, um seine Inflation zu bekämpfen, werden dort die Zinsen vorübergehend steigen – wie dies in den Jahren 1980–82 in den USA der Fall war. Hierdurch wird das internationale inflatorische Gleichgewicht gestört, denn die zuvor erwartete Abwertungsrate entspricht nun nicht mehr der gestiegenen Zinsdifferenz. Da die internationalen Finanzmärkte schneller reagieren als die Gütermärkte, dominiert kurzfristig die Zinsarbitrage die Wechselkursentwicklung: Es kommt zu zinsinduzierten Kapitalexporten, durch die der Kurs der Inlandswährung trotz des nach wie vor bestehenden Inflationsgefälles unter Druck gerät. Die Abwertung muß nach der Zinsparitätentheorie so groß sein, daß sich schließlich Aufwertungserwartungen einstellen, die gemäß Gleichung (17) der gestiegenen Zinsdifferenz entsprechen. Da die restriktive Geldpolitik im Ausland längerfristig die Inflationsrate nach unten drücken wird (Desinflation; s. Abschnitt 2.3.), so daß das Zinsniveau gemäß Gleichung (18.2) wieder sinkt, ist mit einer Aufwertung der Inlandswährung zu rechnen. Sie wird jedoch je nach Erfolg der Inflationsbekämpfung im Ausland und der Reaktionsweise der inländischen Geld- und Fiskalpolitik nicht mehr notwendigerweise zum Ausgangskurs zurückführen. In jedem Falle überschießt der Kassakurs aufgrund der besonderen Bedingungen der internationalen Finanzmärkte den längerfristig nach der Kaufkraftparitätentheorie zu erwartenden Kurs deutlich, so daß sich zumindest vorübergehend eine merkliche reale Abwertung der Inlandswährung einstellt (Overshooting; Beitrag E-4.2.).

Aus der Sicht des Inlands kann sich seine Währung somit ohne eigenes Zutun real abwerten. Diese reale Abwertung verteuert jedoch die heimischen Importe und läßt die terms of trade sinken: Es entsteht ein wechselkursinduzierter Angebotsdruck, der die im Inland herrschende Inflation beschleunigen wird (s. Abschnitt 2.2.2.). Dem kann das Inland nur dadurch begegnen, daß es selbst zu einer antiinflationären Geldpolitik übergeht: Das heimische Zinsniveau muß dem ausländischen soweit folgen, daß die ursprüngliche Zinsdifferenz beibehalten wird. Damit begibt sich aber das Inland in das Schlepptau der ausländischen Antiinflationspolitik und riskiert dabei selbst eine Stabilisierungskrise – ein Dilemma, vor dem die Bundesrepublik Deutschland angesichts der dramatischen Dollarkurs-Schwankungen seit Anfang der 80er Jahre wiederholt stand. Diese Erfahrungen haben die alte Diskussion darüber, ob flexible Wechselkurse in jedem Fall ein Garant für eine autonome, auf Preisniveaustabilität gerichtete nationale Geld- und Zinspolitik sind, zeitweise neu belebt (Beitrag E-5.2.).

Stärkung der monetären Disziplin

Wenngleich die Möglichkeit der Inflationsübertragung bei Wechselkursflexibilität nicht ausgeschlossen werden kann, ist das Risiko, Inflation ungewollt zu importieren, in einem System flexibler Wechselkurse theoretisch wie empirisch gesehen doch wesentlich geringer als in einem Festkurssystem. Letztlich aktuell wird der Inflationsimport nur dann, wenn ein Leitwährungsland wie die USA oder die wichtigsten Handelspartner eines Landes gleichzeitig eine monetäre Antiinflationspolitik einleiten oder das Zinsniveau durch einen exzessiven Anstieg der Staatsverschuldung nach oben treiben. Denkbar ist auch, daß die inflationär wirkende reale Abwertung der heimischen Währung durch realwirtschaftliche Schocks – wie politische Krisen im In- und Ausland oder drastische Ölpreisveränderungen – hervorgerufen werden. In allen Fällen kommt es aber immer nur zu einem temporären Overshooting, das allenfalls über die Preise der handelsfähigen Güter angebotsseitig auf die inländische Inflationsrate durchschlagen und überdies durch eine aktive kompensatorische Zinspolitik des Inlands gebremst werden kann. Es ist deshalb nach wie vor richtig, das Inflationsphänomen bei flexiblen Wechselkursen im wesentlichen als ein nationales, von der heimischen Geldpolitik zu verantwortendes Problem anzusehen. Dies um so mehr, als der Overshooting-Mechanismus bei Wechselkursflexibilität die nationale monetäre Disziplin zu stärken verspricht.

Durch das Overshooting werden nämlich die von einer expansiven Geldpolitik im Inland ausgehenden inflationären Anpassungsprozesse beschleunigt, d. h. das entsprechende Inflationspotential wird bei Wechselkursflexibilität rascher durch Preisinflation ausgeschöpft als es ohne die zu erwartenden Kursänderungen der Fall wäre: Mit der annahmegemäß verstärkten monetären Expansion geht vorübergehend ein sinkendes Zinsniveau einher, das zu einer Abwertung der Inlandswährung führen muß, damit sich in Höhe der gestiegenen Zinsdifferenz zum Ausland entsprechende Aufwertungserwartungen bilden können. Die daraus resultierende reale Abwertung wird den inländischen Preisauftrieb angebotsseitig via Importpreiserhöhungen beschleunigen, ohne daß es dazu eines expansiven Impulses auf Produktion und Beschäftigung bedürfte. Theoretisch gesehen bedeutet dies, daß die kurzfristige PHILLIPS- und die Angebotswachstumskurve vergleichsweise steiler verlaufen (s. Abschnitt 2.2.2. und 3.1.). Wird die ohne größere vorausgehende Realeffekte einsetzende Inflationsakzeleration zügig am Arbeitsmarkt antizipiert, kommt außerdem rasch die Lohn-Preis-Lohn-Spirale in Gang. Der für die Phase der akzelerierten Inflation typische Anpassungspfad wird somit ebenfalls vergleichsweise steiler verlaufen (*Abb. F-8a*; s. Abschnitt 2.3.). Hierdurch verschlechtern sich die Erfolgsbedingungen einer beschäftigungsorientierten expansiven Geldpolitik, so daß sie bei flexiblen Wechselkursen zusätzlich an Attraktivität verliert (Beitrag P-5.). Umgekehrt verbessern sich bei Wechselkursflexibilität die Erfolgschancen der monetären Antiinflationspolitik eines Landes, indem Zinserhöhungen eine reale Aufwertung der Inlandswährung induzieren, die den Preisauftrieb dämpft, bevor es überhaupt zu negativen Einkommens- und Beschäftigungseffekten kommt (Anpassungspfad B in *Abb. F-8b*; s. Abschnitt 2.3.).

Die Einsicht in diese nach Freigabe der Wechselkurse im Jahr 1973 gewandelten Bedingungen monetärer Steuerung scheint die Ausrichtung der Geldpolitik auf die Wiedergewinnung und Erhaltung der Preisniveaustabilität weltweit gefördert zu haben. So gesehen ist die seit Mitte der 90er Jahre in fast allen Industrieländern erreichte Preisniveaustabilität durchaus als spätes Resultat der Abschaffung des Bretton-Woods-Regimes und des Übergangs zu einem System mehr oder weniger flexibler Wechselkurse zu werten. Und da mit Einführung des EURO zwischen Euroland und USA ein „Leitwährungs-Wettbewerb" einsetzen wird, der die Geldpolitik in beiden Hemisphären zusätzlich disziplinieren dürfte, stehen die Chancen für die Beibehaltung der weltweiten Preisniveaustabilität keineswegs schlecht.

3. Inflationswirkungen

So vielschichtig wie die Ursachen der Inflation sind auch ihre Wirkungen. Aufgrund überlieferter Erfahrungen mit der Hyperinflation werden der Inflation bestimmte, meist negative Wirkungen zugeschrieben. Genauere Wirkungsanalysen der schleichenden bzw. trabenden Inflation haben jedoch gezeigt, daß die Inflationseffekte je nach dem Erscheinungsbild der Inflation und den konkreten Bedingungskonstellationen sehr unterschiedlich sein können. Man kann demnach nicht mehr undifferenziert von „den" Wirkungen „der" Inflation sprechen (Überblick bei Fischer/Modigliani, 1978; Camba-Mendez/García/Palenzuela, 2003):

- Inflatorische Prozesse bringen keineswegs nur einzel- und gesamtwirtschaftliche Nachteile (Kosten), sondern u. U. auch Vorteile (Nutzen).
- Neben den Kosten und Nutzen der Inflation sind auch die Kosten und Nutzen der Inflationsbekämpfung (Desinflation) zu berücksichtigen.
- Stabilitätspolitische Entscheidungen für oder gegen die Inflationsbekämpfung hängen daher vom Ergebnis einer zweifachen Cost-benefit-Analyse ab.
- Da die Inflation aufgrund eines möglichen Netto-Vorteils politisch erwünscht sein kann, sind die Ergebnisse der Wirkungsanalyse ein wichtiger Bestandteil der Inflationserklärung.
- Kosten und Nutzen der Inflation hängen wesentlich davon ab, ob sie vollständig oder nur unvollständig antizipiert wird.
- Wichtige Bestimmungsfaktoren sind auch die jeweiligen institutionellen Gegebenheiten, wie z. B. die Zulässigkeit von Index- oder Revisionsklauseln in langfristigen Verträgen.
- Bedingt durch ökonomische Effekte, können auch nichtökonomische Inflationswirkungen auftreten, wie Staatsverdrossenheit, Steuerverweigerung usw.

Nachfolgend werden nur die ökonomischen Inflationswirkungen behandelt.

3.1. Einkommens- und Beschäftigungseffekte

Unter positiven und negativen Einkommenseffekten versteht man inflationsbedingte Abweichungen der Wachstumsrate des realen Nationalprodukts von ihrem natürlichen Niveau nach oben oder unten. Damit korrespondieren positive und negative Beschäftigungseffekte, die als Differenz zwischen natürlicher und tatsächlicher Arbeitslosenquote definiert werden.

Temporäre Effekte

Einkommens- und Beschäftigungseffekte sind im wesentlichen temporäre Erscheinungen, die nur solange auftreten, wie die Inflation noch nicht voll antizipiert ist; sie können positiv oder negativ sein, je nachdem in welcher Phase sich die Inflation befindet und welche Angebots-Nachfrage-Konstellation vorliegt.

Wie bereits dargestellt (s. Abschnitt 2.3.), muß selbst eine akzelerierte Inflation nicht notwendigerweise positive Einkommens- und Beschäftigungseffekte haben: Nur wenn der Anstieg der Inflationsrate durch einen monetären Nachfragesog ausgelöst wird und der induzierte Angebotsdruck erst zeitverzögert einsetzt, ist mit einer inflationsbegleitenden Prosperität zu rechnen. Bleibt die Wachstumsrate der Geldmenge im weiteren Verlauf des Anpassungsprozesses unverändert, sind die positiven Realeffekte wegen des nachfolgenden erwartungs- und verteilungskampfinduzierten Angebotsdrucks lediglich eine vorübergehende Erscheinung. Dauerhafte Realeffekte lassen sich nur dann erzielen, wenn das Geldmengenwachstum ständig erhöht und dadurch eine permanente Inflationsakzeleration herbeigeführt wird. Dies bedeutet, daß es keinen längerfristig nutzbaren Trade-off zwischen bestimmten Inflationsraten und Arbeitslosenquoten geben kann, wie er mit der keynesianischen Annahme einer stabilen PHILLIPS-Kurve unterstellt wird. Steigt nämlich die Inflationsrate, so wird sich die PHILLIPS-Kurve über kurz oder lang erwartungs- und verteilungskampfinduziert nach oben verschieben (*Abb. F-6* und *7*), d. h. kurzfristig existieren zwar PHILLIPS-Kurven, aber sie sind instabil. Diese monetaristische Gegenposition gilt seit längerem durch zahlreiche empirische Tests erhärtet (Überblick bei BRUNNER/MELTZER, 1981; ASSENMACHER, 1986).

Während negative Einkommens- und Beschäftigungseffekte bei akzelerierter Inflation die Ausnahme sind, können sie bei dezelerierter Inflation als die Regel gelten *(Abb. F-8b)*. Notwendige Voraussetzung für eine nachhaltige Verringerung des Inflationstempos ist eine konsequente monetäre Restriktionspolitik. Je ausgeprägter sie ist und je schwächer darauf die Angebotsseite mit einer Korrektur nach unten reagiert, um so höher sind die Kosten der Inflationsbekämpfung – und um so größer ist die Gefahr eines vorzeitigen Abbruchs der monetären Restriktion. Die Antiinflationspolitik muß deshalb versuchen, die negativen Realeffekte möglichst gering zu halten, d. h. einen Anpassungspfad anzusteuern, der möglichst nahe an SG_L bzw. PK_L herankommt. Hierzu bedarf es zum einen einer wohldosierten und vor allem kontinuierlichen Zurückführung des Geldangebotswachstums, zum anderen einer Reihe flankierender Maßnahmen, um die Erwartungsanpassungen an die sinkende Inflationsrate zu beschleunigen und den Verteilungskampf abzuschwächen (CASSEL/THIEME, 1977; BALTENSPERGER/BÖHM, 1984; Beitrag P-4.4.).

Permanente Effekte

Geht man davon aus, daß die Inflation langfristig gesehen korrekt erwartet und vollständig antizipiert wird und daß kein Verteilungskampf stattfindet, so werden die (langfristige) Angebotswachstumskurve SG_L und die (langfristige) PHILLIPS-Kurve PK_L des Grundmodells zu Vertikalen über der natürlichen Wachstumsrate des Nationalprodukts bzw. der natürlichen Arbeitslosenquote (*Abb. F-10*). Dies entspricht der sogenannten FRIEDMAN-PHELPS-Hypothese, daß bei vollständig antizipierter Inflation keinerlei Einkommens- und Beschäftigungseffekte auftreten, d. h. daß langfristig jeder vorübergehend mögliche trade-off verschwindet und Wachstum und Beschäftigung auf ihrem natürlichen Niveau verharren (FRIEDMAN, 1968; PHELPS, 1972).

Über die Existenz langfristiger Einkommens- und Beschäftigungseffekte bei stabilisierter Inflation wird allerdings nach wie vor diskutiert (Überblick bei AKERLOF/DICKENS/PERRY, 1996). In *Abb. F-10* sind zwei denkbare Fälle dargestellt:

- Erstens erscheint es möglich, daß ständig Verteilungskampf herrscht, während die Inflation korrekt erwartet und vollständig antizipiert wird. Hieraus leiten sich die Vertikalen SG_L^A und PK_L^A als Varianten der langfristigen Angebotswachstums- und PHILLIPS-Kurve ab: Unabhängig von der Höhe der Inflationsrate, insbesondere aber bei relativ moderater Inflation, können permanente negative Wachstums- und Beschäftigungseffekte auftreten. Im Zeitablauf können sich die Vertikalen sogar immer weiter nach links verschieben, d. h. die natürliche Arbeitslosenquote bzw. die NAIRU (s. Abschnitt 2.1.) nehmen zu (BORCHERT/FRÖHLING, 2001).
- Zweitens wird es für möglich gehalten, daß die Inflationsrate langfristig zwar korrekt erwartet, aber nicht vollständig antizipiert wird. Hierfür können institutionelle Hemmnisse (z. B. nur periodisch erfolgende Lohnabschlüsse) oder zu hohe Antizipationskosten ausschlaggebend sein. Aus dieser Annahme lassen sich die Varianten SG_L^B und PK_L^B ableiten, die einen langfristigen trade-off implizieren.

Beide Fälle kommen somit zu entgegengesetzten Ergebnissen: Während der erste Fall die Thesen der Stagflationstheoretiker belegt, stützt der zweite die Auffassungen derjenigen Theoretiker, die in der Inflation ein geeignetes Mittel der Wachstumsförderung sehen. Empirische Schätzungen haben ergeben, daß der Antizipationskoeffizient im allgemeinen Werte von $\beta < 1$ annimmt. Dabei schwankt β im Konjunkturverlauf prozyklisch und nähert sich im Boom dem Wert $\beta = 1$ (FRISCH/OTRUBA, 1978, S. 22).

3.2. Allokations- und Wachstumseffekte

Unberücksichtigt blieb bisher die Frage, ob und inwieweit die Inflation auch das natürliche Nationalproduktswachstum beeinflußt. Hiermit beschäftigt sich die Analyse der Allokationseffekte der Inflation. Darunter versteht man inflationsbedingte Umlenkungen der Produktionsfaktoren, die vom gesamtwirtschaftlich optimalen Faktoreinsatz weg- oder zum Allokationsoptimum hinführen können.

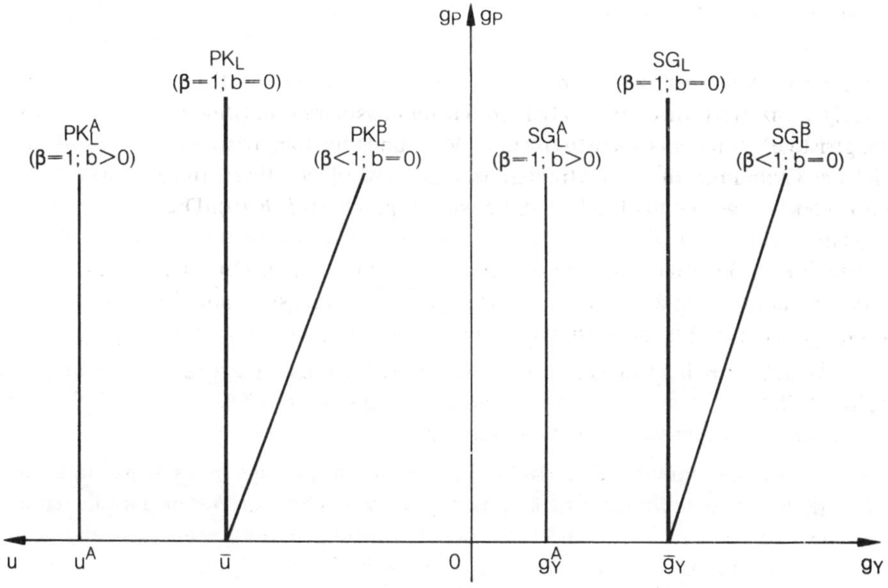

Abb. F-10: Langfristige Angebotswachstums- und PHILLIPS-Kurven

Wachstumshemmende und -fördernde Momente

Ob die Inflation das Wirtschaftswachstum fördert oder bremst, ist umstritten (OKUN, 1975; STREISSLER u. a., 1976, S. 96 ff.; GIERSCH, 1977, S. 68 ff.; WAGNER, 1983, 1). Die meisten Ökonomen sind sich darin einig, daß eine Inflation mit hohen oder stark schwankenden Änderungsraten des Preisniveaus das Wachstum überwiegend negativ beeinflußt:

- Hohe und veränderliche Inflationsraten erhöhen die Unsicherheit der Erwartungen und das Risiko von Fehlentscheidungen aufgrund von Erwartungsirrtümern. Die Bildung von Erwartungen mit einem tolerierbaren Unsicherheitsgrad erfordert deshalb im Vergleich zur Erwartungsbildung bei Preisniveau- bzw. Inflationsratenstabilität mehr Ressourcen (Zeit, Geld, Arbeitskraft usw.), die dann an anderer Stelle im Produktionsprozeß nicht mehr zur Verfügung stehen.
- Mit dem Tempo der Inflation nehmen auch die Antizipationswünsche und -versuche zu, die einen zusätzlichen Einsatz an Faktorleistungen bedingen. Anstatt ihre Ressourcen zu vermehrter Produktion von Waren und Dienstleistungen einzusetzen, richten die Wirtschaftssubjekte ihre Aktivitäten verstärkt auf die Informationsverarbeitung und die Suche nach Anpassungsstrategien und -möglichkeiten. Sie erhöhen zwecks Risikominimierung die Häufigkeit von Vertragsabschlüssen, Transaktionen und Zahlungsvorgängen.
- Bei hohen und variablen Inflationsraten veralten die vom Preismechanismus gelieferten Informationen sehr viel schneller als bei Preisniveaustabilität. Die Wirtschaftssubjekte müssen sich wie bei der Verwendung einer fremden Währung vor jeder Transaktion erneut über relative Preise, „billige“ und „teure“ Angebote, preis-

günstige Bezugsquellen usw. informieren, statt derartige Informationen durch wiederholte Transaktionen akkumulieren und routinemäßig nutzen zu können.

- Die aus Furcht vor Inflationsverlusten oder auch in der Hoffnung auf Inflationsgewinne durchgeführten Antizipationen führen zu einer unproduktiven Sachkapitalbildung und dementsprechend zu einer wachstumshemmenden Investitions- und Produktionsstruktur. So investieren z. B. potentielle Geldanleger verstärkt in vermeintlich inflationsgeschützte langlebige Gebrauchsgüter (Grundbesitz, Eigentumswohnungen, Gold, Antiquitäten usw.) statt in Finanzaktiva, Produktivvermögen oder Humankapital (Flucht in die Sachwerte; Flucht in das Betongold).
- Der Realzins wird infolge unvollständiger Inflationsantizipation insbesondere bei akzelerierter Inflation (vorübergehend) unter sein natürliches Niveau gedrückt, wobei $r \leqq 0$ nicht auszuschließen ist. Dadurch kommt es zu Überinvestitionen, die sich bei Marktsättigung und wieder ansteigendem Realzins als unrentable Fehlinvestitionen herausstellen (Investruinen).

Die Wachstumgshemmnisse bei Inflation resultieren also aus einer kapazitäts- und effizienzmindernden Umlenkung knapper Ressourcen von der Waren- und Dienstleistungsproduktion in die „Produktion" von Erwartungen, Antizipationen und Antizipationswirkungen.

Nach Auffassung der Vertreter der Angebotsdrucktheorie hat die Inflation auch wachstumsfördernde Wirkungen:

- Wenn viele Löhne und Preise nach unten starr sind, kann der wachstumsbedingte Wandel der Nachfrage-, Produktions- und Beschäftigungsstruktur durch den Anpassungsmechanismus der Preis- und Lohnrelationen nur dann bewältigt werden, wenn man mehr (Einzel-)Preissteigerungen zuläßt als mit Preisniveaustabilität vereinbar sind.
- Wenn ein permanenter autonomer Kostendruck existiert, der nicht direkt bekämpft werden kann, kommt es ständig zu kostenbedingten Preissteigerungen, falls sich die Kosten-Erlös-Relationen der Unternehmen nicht investitions- und wachstumshemmend verschlechtern sollen.

Dieser Argumentation zufolge sind mäßige Inflationsraten eine notwendige Bedingung für den reibungslosen Vollzug des Strukturwandels sowie für die Beibehaltung einer angemessenen Investitionsquote.

Wohlfahrtskosten der Inflation

Selbst bei vollständig antizipierter Inflation treten zusätzlich Allokations- und Wachstumseffekte auf, die aus den Dispositionen der Wirtschaftssubjekte über ihre reale Kassenhaltung resultieren. Da sich diese Effekte gesamtwirtschaftlich nicht ausgleichen, sondern von der Gesellschaft als Netto-Wohlfahrtsverluste zu tragen sind, bezeichnet man sie auch als Wohlfahrtswirkungen bzw. -kosten der Inflation. Sie beziehen sich im Wesentlichen auf die verminderten Nutzenströme einer dauerhaft reduzierten Realkassenhaltung.

In *Abb. F-11.I.* werden die Wohlfahrtskosten einer verringerten Realkassenhaltung in einer stationären Wirtschaft veranschaulicht. Ausgangspunkt ist Q_0 auf der vereinfachend als linear unterstellten realen Geldnachfragefunktion. Da zunächst Preisniveaustabilität angenommen wird, stimmen der Nominalzins i_0 und der Realzins r_0 überein. Bei diesem Zinsniveau sind die Wirtschaftssubjekte bereit, eine reale Kasse in Höhe von m_0 zu halten. Herrscht statt dessen eine vollständig antizipierte Inflation, so übersteigt der Nominalzins i_1 den Realzins r_0 um die antizipierte Inflationsrate. Die Opportunitätskosten der realen Kassenhaltung sind dadurch gestiegen. Deshalb erscheint es den Wirtschaftssubjekten attraktiver, ihre reale Kasse auf m_1 zu verringern und die freiwerdende reale Geldmenge in Höhe von $m_0 - m_1$ investiv oder konsumtiv zu verwenden. Die Wohlfahrtskosten der Inflation entsprechen dann der Fläche WK und hängen unmittelbar von der Höhe der Inflationsrate ab. WK repräsentiert den Realwert der Nutzenströme, welche die Realkasse $m_0 - m_1$ den Kassenhaltern geleistet hätte, wenn nicht – bedingt durch die gestiegenen Opportunitätskosten – auf deren Haltung verzichtet worden wäre. In einer wachsenden Wirtschaft ist sogar mit einem Anstieg der Wohlfahrtskosten zu rechen *(Abb. F-11.II.)*.

Ökonomisch kann man Geld als Konsumgut oder als Produktionsfaktor interpretieren. Je nachdem stellt die Fläche WK entweder den Nutzenentgang aller Haushalte dar, der durch den inflationsbedingten Verzicht auf Realkassenhaltung entsteht, oder eine durch Mindereinsatz von Ressourcen erlittene Produktionseinbuße. Da im Punkt Q^{opt} die optimale reale Kassenhaltung realisiert wäre, bedeutet der Rückgang der Realkasse in jedem Fall eine weitere Entfernung vom Optimum der gesamtwirtschaftlichen Geldversorgung (FRIEDMAN, 1970). Während einige Autoren derartige Überlegungen als praktisch irrelevante Gedankenexperimente bezeichnen (TOBIN, 1972, S. 15; STREISSLER u. a., 1976, S. 121), kommen andere bei empirischen Schätzungen auf beachtliche Beträge. So sollen z. B. in den USA bei einer vollständig antizipierten jährlichen Inflationsrate von 10 v. H. Wohlfahrtskosten in Höhe von 10–22 Mrd. Dollar pro Jahr entstehen (TATOM, 1976, S. 13). Für die Bundesrepublik wurden die Verluste, die während der relativ harmlosen Inflation der Jahre 1968–73 durch Reduktionen der Realkassenhaltung entstanden sind, immerhin auf jahresdurchschnittlich 1,7 Mrd. DM, insgesamt also auf 10,2 Mrd. DM geschätzt (ALEXANDER/LOEF, 1975, S. 192).

3.3. Umverteilungseffekte

Im Vordergrund praktischer Erfahrungen und wissenschaftlicher Analysen stehen traditionell die Redistributionswirkungen der Inflation (BACH/ANDO, 1957; CASSEL/THIEME, 1976, 2; FRICKE, 1981). Sie sind äußerst komplex und bisher in ihrer Gesamtheit weder theoretisch noch empirisch vollständig erfaßt. Die Inflation greift nämlich direkt und allumfassend in den Mechanismus der relativen Preise und in das Finanzsystem staatlicher Transferzahlungen und Steuereinnahmen ein. Jede inflationsbedingte Veränderung der relativen Preise, des Realwerts der Einkommenstransfers und der nominalen Steuerbemessungsgrundlagen führt zu einer Umverteilung der Einkommensströme und der Vermögensbestände. Dabei läßt sich die Richtung der Umverteilungswirkungen generell wie folgt skizzieren:

- Eine Inflation geht zu Lasten der Einkommensbezieher, deren Einkommen inflationsbedingt weniger stark steigen als die Preise, die sie zu zahlen haben, und

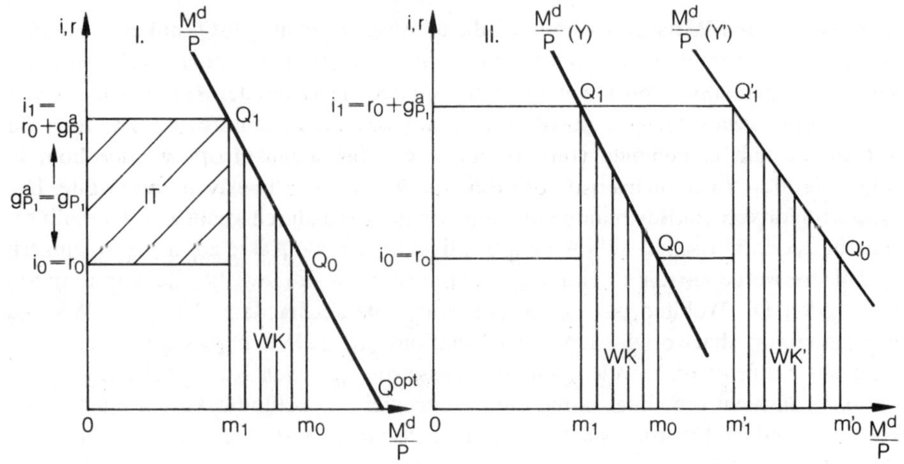

Abb. F-11: Wohlfahrtskosten der Inflation

zugunsten derjenigen, deren inflationsbedingte Einkommenssteigerungen größer sind als die Erhöhungen der für sie relevanten Preise.

- Eine Inflation benachteiligt die Vermögensbesitzer, deren nominales Nettovermögen (Bruttovermögen abzüglich Schulden) inflationsbedingt langsamer steigt als das Preisniveau, und begünstigt jene, deren Nettovermögenswert schneller wächst als das Preisniveau.

Jede Einkommens- und Vermögensart sowie jeder Einkommensbezieher und Vermögensbesitzer ist prinzipiell von der Inflation betroffen, so daß die Umverteilungseffekte auf allen nur denkbaren Verteilungsebenen auftreten können. Im inflatorischen Prozeß kommt es deshalb zur Umverteilung von Einkommen und Vermögen

- zwischen Besitzern von Finanz-, Sach- und Humanvermögen, zwischen Kassenhaltern, Spareinlagen- und Wertpapierbesitzern, Grundbesitzern, Hauseigentümern, Aktionären und Antiquitätensammlern sowie zwischen Gläubigern und Schuldnern;
- zwischen den Beziehern von Kontrakt- und Residualeinkommen sowie von Faktor- und Transfereinkommen – also zwischen den Beziehern von Löhnen, Dividenden, Zinsen, Mieten, Subventionen, Renten, Kindergeld, Versicherungsleistungen usw.;
- zwischen den einkommensbeziehenden und vermögensbesitzenden Sektoren der Volkswirtschaft, d. h. zwischen Landwirtschaft, Industrie und Dienstleistungssektor, Haushalten und Unternehmen, Privaten und Staat sowie zwischen In- und Ausland.

Auf jeder dieser Verteilungsebenen gibt es Gewinner und Verlierer der Inflation. Da die Haushalte, Unternehmen, Institutionen und öffentlichen Hände über mehrere Vermögensarten verfügen und folglich ihr Einkommen aus verschiedenen Quellen beziehen, gleichzeitig in verschiedenen Sektoren agieren und Gläubiger und Schuldner zugleich sind, ist schwer zu sagen, wer per saldo durch die Inflation gewinnt oder verliert.

Sieht man von den u. U. beachtlichen Umverteilungseffekten zwischen In- und Ausland ab, so rechnen sich die Umverteilungsgewinne und -verluste der Inflation gesamtwirtschaftlich gegeneinander auf. Bei einzelwirtschaftlicher Betrachtung ergäben sich nur dann keine Umverteilungseffekte, wenn die Inflation in sämtlichen Transaktionen und auf allen Verteilungsebenen von jedermann vollständig antizipiert werden könnte. Dieser Fall ist zwar theoretisch denkbar, praktisch aber irrelevant, so daß in der Realität stets mit Redistributionseffekten der Inflation zu rechnen ist.

Aber selbst eine allumfassende Inflationsantizipation kann nicht verhindern, daß Kaufkraft von der Gesamtheit der Kassenhalter auf die Geldproduzenten (Staat einschließlich Notenbank, Geschäftsbanken, Ausland) umverteilt wird: Die Inflation ist einer Mengensteuer vergleichbar, d. h. sie kann als Steuer auf den Realwert der von den Wirtschaftssubjekten gehaltenen Kassenbestände interpretiert werden (FRIEDMAN, 1971).

Der Realwert der Inflationssteuer einer Periode ist gleich dem Zuwachs der nominalen Geldmenge ΔM, dividiert durch das Preisniveau P dieser Periode. Durch Erweiterung von $\Delta M/P$ mit M folgt

$$(20) \qquad \frac{\Delta M}{P} = \frac{M}{M} \cdot \frac{\Delta M}{P} = \frac{M}{P} \cdot \frac{\Delta M}{M} = m \cdot \frac{\Delta M}{M} \qquad \text{mit } m := \frac{M}{P}.$$

In einer stationären Wirtschaft ist die Inflatinsrate bei vollständig antizipierter Inflation gleich der Wachstumsrate der angebotenen und zugleich nachgefragten Geldmenge ($g_P = g_M \triangleq \Delta M/M$). Somit folgt aus (20):

$$(21) \qquad \frac{\Delta M}{P} = m \cdot g_P.$$

Die Steuerbemessungsgrundlage der Inflationssteuer ist demnach die Realkasse m, der Steuersatz die Inflationsrate g_P. In *Abb. F-11.I.* wird der Realwert der Inflationssteuer durch die Fläche IT repräsentiert: Ihr Inhalt $m_1 \cdot g_{P_1}$ entspricht jenem Betrag an realer Kaufkraft, den sich die geldschöpfenden Instanzen pro Periode durch die nahezu kostenlose Produktion der zusätzlichen nominalen Geldmenge ΔM aneignen. Da die Geldschöpfung im wesentlichen von Staat und Notenbank ausgeht, steht den staatlichen Instanzen mit der Inflationssteuer die einzige Finanzierungsquelle zur Verfügung, für die sie keine gesetzliche Grundlage benötigen. Die Möglichkeit, selbst bei vollständiger Antizipation durch Inflation Umverteilungsgewinne auf Kosten der Privaten zu erzielen, dürfte mit ein Grund sein, warum der Fiskus ein latentes Interesse an Inflation hat, das es durch informierte Wähler und eine unabhängige Notenbank in Schach zu halten gilt.

4. Inflation in sozialistischen Planwirtschaften

Inflation ist kein systemspezifisches Phänomen kapitalistischer Marktwirtschaften. Selbst in den ehemals sozialistischen Ländern mit zentraler Planung (z. B. DDR, Polen, UdSSR) war sie eine permanente und häufig beklagte Erscheinung. Allerdings läßt sie sich hier wegen der administrativen Preisfixierung nur als Kassenhaltungsinflation oder als gemischte Inflation nachweisen (s. Abschnitt 1.3.; *Tab. F-1*). Dabei ist davon auszugehen, daß auch die Inflation in sozialistischen Planwirtschaften im Wesentlichen monetär verursacht ist und beachtliche Umverteilungseffekte hat; selbst Einkommens- und Beschäftigungseffekte sind nicht auszuschließen (Sozialistische PHILLIPS-Kurve; THIEME, 1985).

Ursachen der Kassenhaltungsinflation

Seit den 50er Jahren stieg in den genannten Ländern das Geldangebot mit z. T. erheblichen Schwankungen seiner Wachstumsraten ständig stärker als der reale Output. In der DDR z. B. expandierten die nominalen Geldbestände der privaten Haushalte zwischen 1955 und 1976 um jahresdurchschnittlich rd. 12 v. H., während die Konsumgüterproduktion nur um etwa 5 v. H. zunahm. Da das verstaatlichte Bankensystem und die zentrale monetäre Planung (Beitrag A-4.2.2.) günstige Voraussetzungen für eine straffe Geldangebotssteuerung zu bieten schienen, ist dieses Ergebnis einigermaßen verwunderlich: Entweder stand die inflationsverursachende Geldmengenausweitung im Dienste der Erreichung bestimmter Ziele der zentralen Planungsinstanzen oder sie war Ausdruck systembedingter Mängel der monetären Steuerung und Kontrolle. Beide Vermutungen sind zutreffend (HARTWIG, 1987).

Die übermäßige Geldversorgung war einerseits ein bewußt eingesetztes Mittel der ehrgeizigen Wachstums- und Planerfüllungspolitik: Große Investitionsvorhaben, Rüstungsprojekte und Prestigeobjekte (z. B. Raumfahrt) überstiegen meist die private Ersparnisbildung der Bevölkerung und wurden dann durch zusätzliche Geldschöpfung der Notenbank finanziert. Realwirtschaftlich entzogen sie dem Konsumgütersektor die für eine ausreichende Versorgung mit Konsumgütern erforderlichen Ressourcen. Da ein wesentlicher Teil der Ausgaben für derartige Projekte der Bevölkerung als Geldeinkommen zufloß, erhöhte sich deren „Kauffonds", während der verfügbare „Warenfonds" weniger stark stieg oder vorübergehend sogar stagnierte. Diese Politik des „reichlichen" Geldes erleichterte zugleich den Absatz der häufig nicht bedarfsgerechten Konsumgüterproduktion und ermöglichte den prinzipiell produktions- und nicht absatzorientierten Betrieben die Erfüllung ihrer Planauflagen.

Andererseits scheiterte eine effiziente Geldmengensteuerung an der Praxis der kreditären Finanzierung sozialistischer Betriebe: Da die monetären Planbilanzen wegen der unzureichenden naturalen Planung und der ungleichgewichtigen Preisfestsetzung nur zufällig den tatsächlichen Gegebenheiten entsprachen, waren sie als Kontrollinstrument der Planungsbehörden nur bedingt geeignet und ließen den Produzenten erhebliche Verhaltensspielräume. So konnten die Betriebe aufgrund „weicher" Pläne ungeplante Läger an Fertigprodukten und Umlaufmitteln bilden oder ihren Beschäftigten ungeplante Löhne und Prämien zahlen. Sie beschafften sich die dazu erforderlichen finanziellen Mittel, indem sie planmäßige Kredite nicht fristgerecht zurückzahlten oder außerplanmäßige Kredite – trotz hoher Strafzinsen – beim staatlichen Bankensystem aufnahmen. Da ungeplante „Konkurse" sozialistischer Betriebe nicht möglich waren, war das Bankensystem zur Prolongation bzw. zur Gewährung der zusätzlichen Kredite in jedem Fall verpflichtet. Dies traf auch zu, wenn zur Abwehr außenwirtschaftsbedingter Störungen (Inflationsimport, Rohstoffpreiserhöhungen usw.) ein ungeplanter Finanzierungsbedarf bei den Außenwirtschaftsunternehmen entstand. Die Verpflichtung der monetären Autoritäten zur geldschaffenden Kreditgewährung machte somit das Geldangebot in der sozialistischen Planwirtschaft zu einer endogenen Größe, die aufgrund der systembedingten betrieblichen Verhaltensweisen ständig stärker zu steigen tendierte als die durch sie finanzierte Produktion.

Umverteilungseffekte der Kassenhaltungsinflation

Von den möglichen Wirkungen der Inflation in sozialistischen Planwirtschaften wurden meist nur die Umverteilungseffekte der Kassenhaltungsinflation näher analysiert (CASSEL/THIEME, 1976, 2). Diesbezüglich weisen Preis- und Kassenhaltungsinflation gewisse Parallelen, aber auch bedeutsame Unterschiede auf. Gemeinsam ist ihnen, daß sie einen Verfall der Kaufkraft des Geldes darstellen: Für die nominale Geldeinheit lassen sich immer weniger Güter kaufen. Während sich aber der Kaufkraftverfall bei Preisinflation im Anstieg der für eine bestimmte Gütermenge zu entrichtenden Geldeinheiten zeigt, wird er bei Kassenhaltungsinflation in der Unmöglichkeit sichtbar, bestimmte Gütermengen überhaupt kaufen zu können. Die Gesamtheit der Einkommensbezieher kann deshalb auch ihr Nominaleinkommen bei Preisinflation in vollem Umfang ausgeben, erhält dafür aber pro Geldeinheit einen sinkenden Realwert; bei Kassenhaltungsinflation sind die Einkommensbezieher insgesamt dazu außerstande, weil ihre disponiblen Einkommen das verfügbare, mit konstanten Preisen bewertete Güterbündel zunehmend übersteigen.

Für den Einzelnen braucht jedoch nicht zu gelten, was für die Gesamtheit der Wirtschaftssubjekte gilt. Generell läßt sich sagen, daß sich diejenigen vor der Kassenhaltungsinflation schützen oder aus ihr Vorteile ziehen können, die im sozialistischen System Möglichkeiten haben und Wege finden, jede vereinnahmte Geldeinheit umgehend wieder auszugeben, d. h. die in den nominalen Geldbeträgen verbürgten Ansprüche auf einen Teil des realen Sozialprodukts durch den Tausch gegen Güter zu realisieren. Hierzu gehören Partei- und Regierungsfunktionäre, Armeeangehörige, Beschäftigte in Schlüsselindustrien und selbständige Handwerker, aber auch verdiente Sportler, Helden der Arbeit und Schwarzhändler. Sie verfügen über genügend Einfluß, Beziehungen, Informiertheit und Sachkenntnis, um die Realverteilung zu ihren Gunsten zu verändern: nämlich durch den vergleichsweise besseren Zugriff auf das Güterangebot, der ihnen die Umwandlung von Geld in Realwerte erleichtert und sie von dem Zwang befreit, unfreiwillig zu sparen und das akkumulierte Geld als Kasse zu halten. Wem das nicht oder nur unzureichend gelingt – wie dem nicht erwerbstätigen, politisch uninteressierten und gesellschaftlich isolierten Bevölkerungsteil –, der sieht sich hilflos dem Anwachsen seiner Kassenhaltung ausgesetzt, ohne die Chance zu haben, ihren rechnerischen Realwert je in Form von Gütern realisieren zu können. Wie bei der Preisinflation, so entscheidet auch hier das Ausmaß der im Einzelfall gelungenen Antizipation darüber, wer per saldo zu den Inflationsgewinnern oder -verlierern zählt.

Inflation im Transformationsprozeß

Als Ende der achtziger Jahre in den ehemals sozialistischen Ländern Osteuropas der Transformationsprozeß begann, war durch die verbreitete Kassenhaltungsinflation überall ein mehr oder weniger hoher Geldüberhang entstanden. Um zu vermeiden, daß es bei der unumgänglichen Freigabe der Preise zu abrupten nachfrageinduzierten Preiserhöhungen kommt, hätte der Geldüberhang zuvor durch Geldvernichtung beseitigt werden müssen (GROS/STEINHERR, 1995, S. 154 ff.). Dies wäre erstens durch eine Währungsreform, zweitens durch Nettotilgung von Notenbankkrediten, drittens durch stillzulegende Steuermehreinnahmen und viertens durch die Stillegung von Privatisierungserlösen möglich gewesen. Doch mit Ausnahme der DDR, in der der vergleichsweise niedrige Geldüberhang durch die Währungsunion mit dem früheren Bundesgebiet vom 1. Juli 1990 beseitigt wurde, hat keines der Transformationsländer derartige Maßnahmen ergriffen. Es war deshalb nicht verwunderlich, daß die Preise dort im Zuge der forcierten Preisliberalisierung sprunghaft stiegen. Je nach Ausmaß der vorhandenen monetären Ungleichgewichte erhöhte sich das Peisniveau mit zwei- bis dreistelligen Raten – verbunden mit einer entsprechend drastischen Abwertung der heimischen Währung. So stiegen die Verbaucherpreise im Jahr ihrer Freigabe in Rußland um 1350 v. H. (1992), in Polen um 585 v. H. (1990), in Bulgarien um 340 v. H. (1991), in der CSFR um 57 v. H. (1991) und in Ungarn um 35 v. H. (1991). Da der Anstieg des Preisniveaus in diesen Ländern anschließend wieder stark zurückging, läßt sich schließen, daß die kumulierte Kassenhaltungsinflation nach der Preisliberalisierung abrupt in eine einmalige Preisniveaukorrektur transformiert wurde. Dies zeigt sich deutlich am Beispiel Polens, wenn monatliche Änderungsraten betrachtet werden und man sich bewußt macht, daß im Rahmen des vom INTERNATIONALEN WÄHRUNGSFONDS unterstützten BALCEROWICZ-Programms vom August 1989 bis zum 1. Januar 1990 über 95 v. H. aller Preise freigegeben wurden (*Abb. F-12*).

Mit dem einmaligen Preisniveausprung kann zwar der Geldüberhang absorbiert werden; damit ist aber noch nicht die Inflationsgefahr gebannt. Dies erfordert im weiteren Transformationsprozeß eine stabilitätsgerechte Geldpolitik, aufgrund derer kein Inflationspotential mehr entsteht. Die Tatsache, daß in allen osteuropäischen Transformationsländern die Verbraucherpreise noch lange nach der Preisfreigabe mit zweistelligen – in Rumänien und der GUS sogar mit dreistelligen – Jahresraten stiegen, und es z. B. in Polen schon als Erfolg galt, die monatliche Inflationsrate unter 1 v. H. zu drücken, läßt das Gegenteil vermuten. Tatsächlich hatten die Notenbanken in den Transformationsländern noch keine vergleichbare autonome Stellung erlangt und wurden nach wie vor zur Finanzierung von Budgetdefiziten und maroden Staatsbetrieben herangezogen. Nicht zuletzt im Hinblick auf den gewünschten Beitritt zur EU – gegebenenfalls sogar zur EWU – haben die meisten mittel- und osteuropäsichen Transformationsländer (MOEL) inzwischen jedoch beachtliche Erfolge bei der Inflationsbekämpfung erzielen und ihre Inflationsrate deutlich in Richtung auf den EWU-Referenzwert drücken können (Überblick bei GÖRGENS/RUCKRIEGEL/SEITZ, 2. A., 2001).

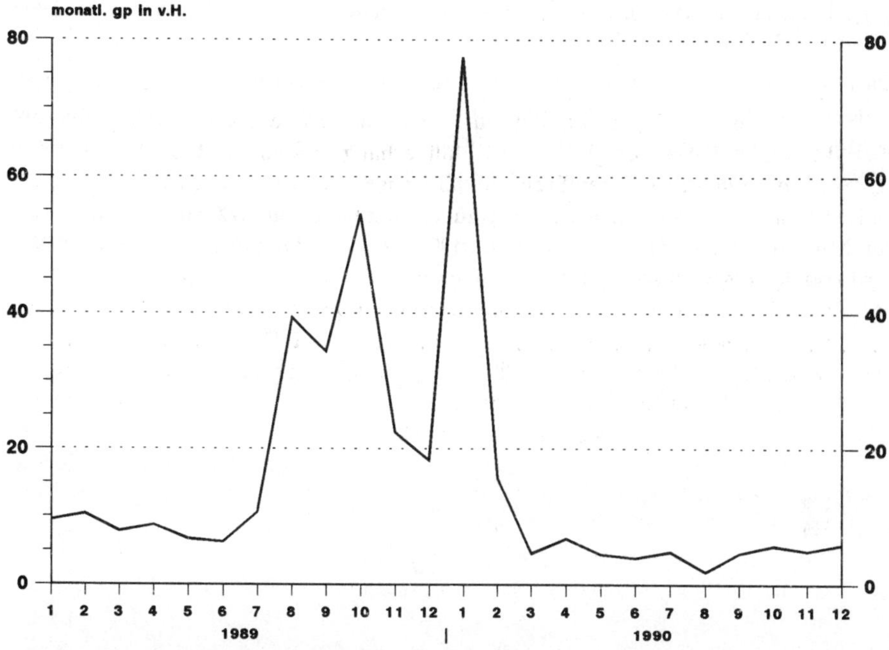

Quelle der Daten: IMF, International Financial Statistics (lfde. Jge.).

Abb. F-12: Monatliche Verbraucherpreissteigerungen während der Preisliberalisierung in Polen, Januar 1989 – Dezember 1990.

Kommentierte Literaturhinweise

Definition, Ursachen, Wirkungen und Möglichkeiten zur Bekämpfung der Inflation werden ausführlich in den Lehrbüchern von RICHARD JACKMANN; CHARLES MULVEY; JAMES A. TREVITHICK (1975; 2. A. 1981), WOLFGANG STRÖBELE (1979; 3. A. 1994) und HELMUT WAGNER (1983, 2) sowie in dem von ARTUR WOLL (1979) herausgegebenen Sammelband behandelt.

Stärker modelltheoretisch orientiert sind die Studientexte von GUNTER STEINMANN (1979), RÜDIGER POHL (1981) und JÜRGEN HEUBES (1989). Im Lehrbuch von HELMUT FRISCH (1980) werden die Modelle der „neuen" Inflationstheorie, insbesondere die monetaristischen und strukturellen Erklärungsansätze dargestellt. HAJO RIESE (1986) stellt die sozio-politischen Aspekte der Inflation heraus und vertritt den verteilungskampftheoretischen Erklärungsansatz.

Die Aufsatzsammlungen von HARRY G. JOHNSON (1975), EMIL-MARIA CLAASSEN (1978) und PHILLIP CAGAN (1979) behandeln die monetäre Theorie der (Welt-)Inflation und kritisieren ausführlich die nichtmonetären Ansätze. OLIVER LANDMANN; JÜRGEN JERGER (1999) behandeln ausführlich das Inflations-Beschäftigungs-Dilemma.

Dogmengeschichtlich wichtige Beiträge bis Anfang der 90er Jahre faßt der Sammelband von MICHAEL PARKIN (1994) zusammen. Die inflationstheoretischen und stabilitätspolitischen Implikationen der EWU werden in dem von PAUL J. J. WELFENS (1997) herausgegebenen Sammelband diskutiert.

Die antiinflationäre Geldmengensteuerung der Deutschen Bundesbank seit 1974 wird in dem von JÜRGEN SIEBKE; H. JÖRG THIEME (1995) und die „Erfolgsgeschichte“ der D-Mark seit der Währungsreform von 1948 in dem von der DEUTSCHEN BUNDESBANK (1998, 1) herausgegebenen Sammelband gewürdigt.

Die Inflationsverursachung und -bekämpfung speziell in einer Währungsunion werden von MICHAEL CARLBERG (2002) diskutiert. Die Zentralbankperspektive in der EWU wird von der EZB (2000) erläutert.

Literaturverzeichnis

ADEBAHR, H. (1972), Der direkte internationale Preiszusammenhang. Rückblick auf eine deutsche Diskussion, in: Zeitschrift für Wirtschafts- und Sozialwissenschaften, 92, S. 657–674.

AKERLOF, G. A.; W. T. DICKENS; G. L. PERRY (1996), The macroeconomics of low inflation, in: Brookings Papers on Economic Activity, 1, S. 1–76.

ALEXANDER, V.; H. E. LOEF (1975), Die Messung sozialer Kosten der Inflation, in: P. HARBUSCH; D. WIEK, Hg. (1975), S. 179–193.

APOLTE, T.; R. CASPERS; P. J. J. WELFENS (2004), Hg., Ordnungsökonomische Grundlagen nationaler und internationaler Wirtschaftspolitik, Schriften zu Ordnungsfragen der Wirtschaft, Bd. 74, Stuttgart (Lucius & Lucius) 2004.

ASSENMACHER, W. (1986), Die Dynamik der Inflations- und Beschäftigungsentwicklung. Eine theoretische und ökonometrische Analyse, in: Kredit und Kapital, 19, S. 540–568.

BACH, G. L.; A. ANDO (1957), The redistributional effects of inflation, in: Review of Economics and Statistics, 39, S. 33–47.

BALL, L.; N. G. MANKIW (2002), The NAIRU in theory and practice, in: Journal of Economic Perspectives, 16, S. 115–136.

BALTENSPERGER, E.; P. BÖHM (1984), Geldmengenpolitik und Inflationskontrolle. Möglichkeiten, Kosten, flankierende Maßnahmen, Diessenhofen (Rüegger) 1984.

BERLEMANN, M. (1999), Politökonomische Theorien der Inflation und der Konjunktur. Eine theoretische und empirische Analyse unter besonderer Berücksichtigung des Zeitinkonsistenzproblems, Marburg (Metropolis) 1999.

BERLEMANN, M.; A. KARMANN, Politökonomische Konjunkturtheorien, in: WISU, Wirtschaftsstudium, 29, S. 989–997.

BORCHERT, M.; A. FRÖHLING (2001), NAIRU, fiskalische Abgabenlast und Arbeitsproduktivität in Deutschland, in: WiSt, Wirtschaftswissenschaftliches Studium, 30, S. 454–462.

BOSKIN, M. J., u. a. (1996), Towards a more accurate measure of the cost of living. Final report to the Senate Finance Committee, in: The Journal of Economic Perspectives, 12, S. 3–26.

Boskin, M. J.; u. a. (1998), Consumer prices, the consumer price index, and the cost of living, in: Journal of Economic Perspectives, 12, S. 3–26.

BRACHINGER, H. W. (2005), Der Euro als Teuro? Die wahrgenommene Inflation in Deutschland, in: Wirtschaft und Statistik, 9/2005, S. 999–1013.

BRUNNER, K. (1970), Eine Neuformulierung der Quantitätstheorie des Geldes. Die Theorie der relativen Preise des Geldes, des Outputs und der Beschäftigung, in: Kredit und Kapital, 3, S. 1–30.

BRUNNER, K.; A. H. MELTZER (1981), Hg., The costs and consequences of inflation, Amsterdam (North-Holland) 1981.

BUCHWALD, W. (1998), Die Harmonisierung der Verbraucherpreisindizes in Europa, in: List Forum, 24, Heft 1, S. 1–12.

CAGAN, Ph. (1956), The monetary dynamics of hyperinflation, in: M. FRIEDMAN, Hg. (1956), S. 25–117.

CAGAN, Ph. (1979), Persistent inflation. Historical and policy essays, New York (Columbia University) 1979.

CAMBA-MENDEZ, G.; J. Á. GARCÍA; D. R. PALENZUELA (2003), Relevant economic issues concerning the optimal rate of inflation, in: O. ISSING, Hg. (2004), S. 91–125.

CARLBERG, M. (2002), Inflation in a monetary union, Berlin (Springer) 2002.

Caspers, R. (1987), Das Gesetz der Inflation. Eine Studie zur Inflations- und Wachstumsdynamik, Hamburg (Steuer- und Wirtschaftsverlag) 1987.

Cassel, D. (1984), Stabilitätspolitik und Schattenwirtschaft, in: W. Schäfer, Hg. (1984), S. 159–183.

Cassel, D. (1985), Inflation und Inflationswirkungen in sozialistischen Planwirtschaften, in: H. J. Thieme, Hg. (1985), S. 263–294.

Cassel, D. (1995), Geldmengen-, Konjunktur- und Inflationszyklen in Deutschland, in: J. Siebke; H. J. Thieme, Hg. (1995), S. 133–182.

Cassel, D. (1998), Hg., 50 Jahre Soziale Marktwirtschaft. Ordnungstheoretische Grundlagen, Realisierungsprobleme und Zukunftsperspektiven einer wirtschaftspolitischen Konzeption, Stuttgart (Lucius & Lucius) 1998.

Cassel, D.; u. a. (1989), Hg., Inflation und Schattenwirtschaft im Sozialismus, Hamburg (Steuer- und Wirtschaftsverlag) 1989.

Cassel, D.; H. J. Thieme (1976, 1), Hg., Einkommensverteilung im Systemvergleich, Stuttgart (Fischer) 1976.

Cassel, D.; H. J. Thieme (1976, 2), Verteilungswirkungen von Preis- und Kassenhaltungsinflation, in: D. Cassel; H. J. Thieme, Hg. (1976, 1), S. 101–121.

Cassel, D.; H. J. Thieme (1977), Einkommenspolitik. Kritische Analyse eines umstrittenen stabilitätspolitischen Konzepts, Köln (Kiepenheuer & Witsch) 1977.

Claassen, E.-M. (1978), Weltinflation, München (Vahlen) 1978.

Darby, M. R. (1976), Rational expectations under conditions of costly information, in: Journal of Finance, 31, S. 889–895.

Deutsche Bundesbank (1998, 1), Hg., Fünfzig Jahre Deutsche Mark. Notenbank und Währung in Deutschland seit 1948, München (Beck) 1998.

Deutsche Bundesbank (1998, 2), Probleme der Inflationsmessung, in: Monatsberichte der Deutschen Bundesbank 50, Nr. 5, S. 53–66.

Duesenberry, J. S. (1950), The mechanics of inflation, in: Review of Economics and Statistics, 32, S. 144–149.

Duwendag, D. (1995), Hg., Neuere Entwicklungen in der Geldtheorie und Währungspolitik, Berlin (Duncker & Humblot) 1995.

Eckstein, O. (1981), Core inflation, Englewood Cliffs (Prentice-Hall) 1981.

EZB (2000), Europäische Zentralbank, Die Geldpolitik der EZB, Frankfurt am Main 2000.

EZB (2001), Europäische Zentralbank, Monatsbericht, Juli 2001, S. 55–66.

Fautz, W. (1978), Verteilungskampfhypothesen der Inflation. Eine kritische Übersicht, in: Schweizerische Zeitschrift für Volkswirtschaft und Statistik, 114, S. 163–183.

Feige, E. L.; D. K. Pearce (1976), Economically rational expectations: Are innovations in the rate of inflation independent of innovations in measures of monetary and fiscal policy?, in: Journal of Political Economy, 84, S. 499–522.

Feldsieper, M.; M. Kähler (1981), Das Konzept der inflatorischen und deflatorischen Lücke, in: WiSt, Wirtschaftswissenschaftliches Studium, 10, S. 511–519.

Fischer, S.; F. Modigliani (1978), Towards an understanding of the real effects and costs of inflation, in: Weltwirtschaftliches Archiv, 114, S. 810–833.

Fischer, S.; R. Sahay; C. A. Végh (2002), Modern hyper- and high inflations, in: Journal of Economic Literature, 40, S. 837–880.

Frenkel, M.; C. Pierdzioch; G. Stadtmann (2003), Probleme der Inflationsmessung, in: WISU – Das Wirtschaftsstudium, 32, S. 538–544.

Fricke, D. (1981), Verteilungswirkungen der Inflation, Baden-Baden (Nomos) 1981.

Friedman, M. (1956), Hg., Studies in the quantity theory of money, Chicago (University Press) 1956.

FRIEDMAN, M. (1968), The role of monetary policy, in: American Economic Review, 58, S. 1–17.

FRIEDMAN, M. (1970), The counter-revolution in monetary theory, London (Institute of Economic Affairs) 1970.

FRIEDMAN, M. (1971), Government revenue from inflation, in: Journal of Political Economy, 79, S. 846–856.

FRISCH, H. (1976), Hg., Inflation in small countries, Berlin (Springer) 1976.

FRISCH, H. (1980), Die Neue Inflationstheorie, Göttingen (Vandenhoeck & Ruprecht) 1980.

FRISCH, H.; F. HOF (1981), A „textbook"-model of inflation and unemployment, in: Kredit und Kapital, 14, S. 159–176.

FRISCH, H.; H. OTRUBA (1978), Hg., Neuere Ergebnisse zur Inflationstheorie, Stuttgart (Fischer) 1978.

GENBERG, H. (1976), A note on inflation rates under fixed exchange rates, in: M. PARKIN; G. ZIS, Hg. (1976), S. 183–187.

GIERSCH, H. (1977), Konjunktur- und Wachstumspolitik in der offenen Wirtschaft, Allgemeine Wirtschaftspolitik, Band 2, Wiesbaden (Gabler) 1977.

GISCHER, H.; M. WEIß (2006), Inflationsdifferenzen im Euroraum – Zur Rolle des Balassa-Samuelson-Effekts, in: List Forum für Wirtschafts- und Finanzpolitik, 32, S. 16–37.

GÖRGENS, E.; K RUCKRIEGEL; F. SEITZ (2001), Europäische Geldpolitik, 2. A., Düsseldorf (Werner) 2001.

GROS, D.; A. STEINHERR (1995), Winds of change. Economic transition in Central and Eastern Europe, London (Longman) 1995.

HAGEN, J. VON (2004), Hat die Geldmenge ausgedient? Plenumsvortrag zur Jahrestagung des Vereins für Socialpolitik, in: Perspektiven der Wirtschaftspolitik, 5, S. 423–453.

HARBUSCH, P.; D. WIEK (1975), Hg., Marktwirtschaft. Eine Einführung in das Konzept der freiheitlichen Wirtschaftsordnung, Stuttgart (Fischer) 1975.

HARTWIG, K.-H. (1987), Monetäre Steuerungsprobleme in sozialistischen Planwirtschaften, Stuttgart (Fischer) 1987.

HEUBES, J. (1989), Inflationstheorie, München (Vahlen) 1989.

HEUBES, J. (1990), Importierte Inflation, in: WiSt, Wirtschaftswissenschaftliches Studium, 19, S. 322–327.

HINZE, J. (2006), „Wahre" Teuerungsrate – Divergenzen zwischen Preismessung und Inflationswahrnehmung, in: Wirtschaftsdienst, 86, S. 125–131.

ISSING, O. (2003), Hg., Background studies for the ECB's evaluation of its monetary policy strategy, Frankfurt am Main (European Central Bank) 2003.

ISSING, O.; K.-H. TÖDTER (1995), Geldmenge und Preise im vereinigten Deutschland, in: D. DUWENDAG, Hg. (1995), S. 97–124.

JACKMAN, R.; C. MULVEY; J. A. TREVITHICK (1975), The economics of inflation, 2. A., Oxford (Martin Robertson) 1981.

JOHNSON, H. G. (1975), Inflation – Theorie und Politik, München (Vahlen) 1975.

KANTZENBACH, E.; O. G. MAYER (1992), Hg., Beschäftigungsentwicklung und Arbeitsmarktpolitik, Berlin (Duncker & Humblot) 1992.

KIRCHNER, R.; W. FUHRMANN (2002), Inflationsprognosen durch P*-Modelle, in: WiSt, Wirtschaftswissenschaftliches Studium, 31, S. 486–491.

KLÖS, H.-P. (1992), Die OKUN-Kurve, in: WiSt, Wirtschaftswissenschaftliches Studium, 21, S. 349–352.

KÖSTERS, W.; A. BELKE (1992), Arbeitslosigkeit in Westeuropa – Ein Hysteresis-Phänomen, in: E. KANTZENBACH; O. G. MAYER, Hg. (1992), S. 9–50.

KOTIOS, A. (1986), Die neuere Diskussion über den Zusammenhang von Wechselkursflexibilität und Inflation, Köln (Institut für Wirtschaftspolitik) 1986.

LAIDLER, D. E. W. (1976), An elementary monetarist model of simultaneous fluctuations in prices and output, in: H. FRISCH, Hg. (1976), S. 75–89.

LANDMANN, O.; J. JERGER (1999), Beschäftigungstheorie, Heidelberg u. a. (Springer) 1999.

LANGE, K. (2001), Der harmonisierte Preisindex in der Europäischen Union als Instrument zum Nachweis der Konvergenz der EU-Mitgliedsländer, in: S. PARASKEWOPOULOS, Hg. (2001), S. 107–123.

LEIFER, H.-A. (2006), Qualitätsbereinigung beim Harmonisierten Verbraucherpreisindex, in: Wirtschaftsdienst, 86, S. 413–416.

LERNER, A. P. (1967), Employment theory and employment policy, in: American Economic Review, Papers and Proceedings, 57, S. 1–18.

MACHLUP, F. (1960), Another view of cost-push and demand-pull inflation, in: Review of Economics and Statistics, 42, S. 125–139.

MEISSNER, W.; W. FASSING (1981), Concentration and inflation, in: Konjunkturpolitik, 27, S. 247–259.

MEISSNER, W.; L. UNTERSEHER (1972), Hg., Verteilungskampf und Stabilitätspolitik, Stuttgart (Kohlhammer) 1972.

MICHLER, A.; H. J. THIEME (1998), Bundesbankverfassung und Stabilitätsgesetz: Zur Adäquanz der institutionellen Grundlagen erfolgreicher Stabilitätspolitik, in: D. CASSEL, Hg. (1998), S. 243–286.

MICHLER, A.; H. J. THIEME (2004), Zur Konzeption der EZB-Politik: Anpassungserfordernisse unter veränderten Rahmenbedingungen?, in: T. APOLTE; R. CASPERS; P. J. J. WELFENS, Hg. (2004), S. 81–96.

MUNDELL, R. A. (1971), Monetary theory: Inflation, interest and growth in the world economy, Pacific Palisades (Goodyear Publishing) 1971; deutsch: Geld- und Währungstheorie, München (Vahlen) 1976.

MUTH, F. (1961), Rational expectations and the theory of price movements, in: Econometrica, 29, S. 315–335.

OKUN, A. M. (1975), Inflation: Its mechanics and welfare cost, in: Brookings Papers on Economic Activity, 1, S. 351–390.

PARASKEWOPOULOS, S. (2001), Hg., Erste Erfahrungen und Perspektiven der Europäischen Währungsunion, Berlin (Duncker & Humblot) 2001.

PARKIN, M. (1994), Hg., The theory of inflation, Aldershot (Elgar) 1994.

PARKIN, M.; G. ZIS (1976), Hg., Inflation in open economies, Manchester (University Press) 1976.

PHELPS, E. S. (1972), Inflation policy and unemployment theory. The cost benefit approach to monetary planning, London (Macmillan) 1972.

PHILLIPS, A. W. (1958), The relation between unemployment and the rate of change of money wage rates in the United Kingdom, 1861–1957, in: Economica, 25, S. 283–299.

POHL, R. (1981), Theorie der Inflation. Grundzüge der monetären Makroökonomik, München (Vahlen) 1981.

REITHER, F. (1996), Inflation, in: Gabler Volkswirtschafts-Lexikon, Wiesbaden (Gabler) 1996, S. 504–513.

RIESE, H. (1986), Theorie der Inflation, Tübingen (Mohr) 1986.

RIETER, H. (1971), Die gegenwärtige Inflationstheorie und ihre Ansätze im Werk von Thomas Tooke, Berlin (de Gruyter) 1971.

SARGENT, T. J.; N. WALLACE (1976), Rational expectations and the theory of economic policy, in: Journal of Monetary Economics, 2, S. 169–183.

SCHÄFER, W. (1984), Hg., Schattenökonomie. Theoretische Grundlagen und wirtschaftspolitische Konsequenzen, Göttingen (Vandenhoeck & Ruprecht) 1984.
SCHNABEL, C. (1990), Trade unions and inflation: New evidence on an old question, in: Jahrbücher für Nationalökonomie und Statistik, 207, S. 341–355.
SCHNEIDER, H. K.; C. WATRIN (1973), Hg., Macht und ökonomisches Gesetz, Berlin (Duncker & Humblot) 1973.
SCHNEIDER, H. K.; W. WITTMANN; A. WÜRGLER (1975), Hg., Stabilisierungspolitik in der Marktwirtschaft, Berlin (Duncker & Humblot) 1975.
SCHUBERT, M. (1981), Preisindizes als Inflationsindikatoren, Frankfurt am Main (Lang) 1981.
SIEBKE, J. (1972), Der Zusammenhang zwischen Preisniveauentwicklung und Beschäftigungsgrad: Die PHILLIPS-Kurve, in: Jahrbuch für Sozialwissenschaft, 23, S. 289–300.
SIEBKE, J. (1985), Geldnachfragetheorie, in: H. J. THIEME, Hg. (1985), S. 41–71.
SIEBKE, J.; H. J. THIEME (1995), Hg., Zwanzig Jahre Geldmengensteuerung in Deutschland. Konzeptionen, Erfahrungen, Kritik, Baden-Baden (Nomos) 1995.
SOLOW, R. M. (1969), Price expectations and the behavior of the price level, Manchester (University Press) 1969.
STEINMANN, G. (1979), Inflationstheorie, Paderborn (Schöningh) 1979.
STREISSLER, E. (1973), Die schleichende Inflation als Phänomen der politischen Ökonomie, Zürich (Schultheiss) 1973.
STREISSLER, E.; u. a. (1976), Zur Relativierung des Zieles der Geldwertstabilität, Göttingen (Schwartz) 1976.
STRÖBELE, W. (1979), Inflation. Einführung in Theorie und Politik, 3. A., München (Oldenbourg) 1994.
SVR (2001/02), Sachverständigenrat zur Begutachtung der gesamtwirtschaftlichen Entwicklung, Jahresgutachten 2001/02 vom 14. 11. 2001, S. 424–443; S. 45*–47*.
TATOM, J. A. (1976), The welfare cost of inflation, in: Federal Reserve Bank of St. Louis Review, 58, S. 9–22.
THIEME, H. J. (1985), Hg., Geldtheorie. Entwicklung, Stand und systemvergleichende Anwendung, 2. A., Baden-Baden (Nomos) 1987.
THIEME, H. J.; U. VOLLMER (1985), Theorien des Geldwirkungsprozesses, in: H. J. THIEME, Hg. (1985), S. 73–109.
TOBIN, J. (1972), Inflation and unemployment, in: American Economic Review, 62, S. 1–18.
WAGNER, H. (1983, 1), Inflation und Wirtschaftswachstum. Zum Einfluß von Inflation auf die Akkumulationsrate, Berlin (Duncker & Humblot) 1983.
WAGNER, H. (1983, 2), Inflation, Würzburg (Physica) 1983.
WEEBER, J. (1994), Probleme der Inflationsmessung, in: WiSt, Wirtschaftswissenschaftliches Studium, 23, S. 312–315.
WELFENS, P. J. J. (1997), European Monetary Union. Transition, international impact and policy options, Berlin (Springer) 1997.
WIENERT, H. (2005), Zusammenhang von Löhnen, Preisen und Beschäftigung in Deutschland von 1975 bis 2002, in: List Forum für Wirtschafts- und Finanzpolitik, 31, S. 105–118.
WOLL, A. (1979), Hg., Inflation. Definitionen, Ursachen, Wirkungen und Bekämpfungsmöglichkeiten, München (Vahlen) 1979.
WÜRGLER, H. (1973), Inflation als Machtproblem, in: H. K. SCHNEIDER; C. WATRIN, Hg. (1973), S. 697–720.

G. Wachstum und Entwicklung

Dieter Bender

Gliederung

1. Definition und Messung

1.1. Wachstum

Seit Beginn der Industrialisierung haben viele Staaten Perioden eines stürmischen Wirtschaftswachstums erlebt. So stieg beispielsweise das Volkseinkommen des Deutschen Reiches, gerechnet in Preisen von 1913, von 11,6 Mrd. Mark im Jahre 1860 auf 23,6 Mrd. Mark im Jahre 1890 (W. G. HOFFMANN, 1965, S. 454). In dreißig Jahren konnte sich also in Deutschland das reale Volkseinkommen mehr als verdoppeln, was bei einem geometrischen Wachstum einer durchschnittlichen jährlichen Wachstumsrate von 0,024 (= 2,4 v. H.) entspricht. In der gleichen Zeit erlebten auch andere Länder, die frühzeitig mit der Industrialisierung begonnen hatten, ein ähnliches Wachstum. So konnte sich z. B. das reale Volkseinkommen in Großbritannien von 1870 bis 1900 mehr als verdoppeln, und im letzten Drittel des 19. Jahrhunderts stieg das reale Volkseinkommen in den USA um fast das Dreifache (CLARK, 1960).

Diese Zeit eines raschen Wirtschaftswachstums war aber begleitet von einem fast ebenso raschen Wachstum der Bevölkerung. Das Resultat beider Entwicklungen war, dass das Volkseinkommen pro Kopf der Bevölkerung annähernd konstant blieb. Erst in den fünfziger und teilweise in den sechziger Jahren des letzten Jahrhunderts konnten viele Länder ein Wirtschaftswachstum realisieren, das auch zu einem spürbaren Anstieg des realen Volkseinkommens pro Kopf führte. So wuchs z. B. das deutsche reale Bruttosozialprodukt in dieser Zeit mit einer Jahresrate von bis zu 7 v. H.

Das wirtschaftliche Wachstum wird heute meist auf der Grundlage von Zeitreihen des realen Bruttoinlandsprodukts (BIP:=Y) berechnet. Die BIP-Wachstumsrate ist definiert als

$$g_Y(t) := \frac{Y(t)-Y(t-1)}{Y(t-1)}.$$

Steigt z. B. das Inlandsprodukt von Y(t-1) = 100 Mrd. EUR im Jahre t-1 auf Y(t) = 110 Mrd. EUR im Folgejahr t, so erhält man die Wachstumsrate $g_Y(t) = 0{,}10$. Das Inlandsprodukt hat also in diesem Zeitraum um 10 v. H. zugenommen.

Bei kontinuierlicher Zeitbetrachtung erfolgt die Definition der Wachstumsrate analog. Das Inlandsprodukt (Y(t) ist in diesem Fall als Inlandsprodukts „rate", d. h. als „Momentanproduktion" einer Volkswirtschaft aufzufassen – ähnlich der Momentangeschwindigkeit eines fahrenden Wagens. Die Wachstumsrate ist dann definiert als

$$g_Y(t) := \frac{dY(t)/dt}{Y(t)} = \frac{\dot{Y}(t)}{Y(t)}.$$

Diese so definierte Wachstumsrate bezieht sich auf einen Zeitpunkt, wohingegen der zuerst definierten Wachstumsrate eine Zeitperiode zugrunde lag. Im folgenden werden beide Definitionen verwendet.

Ob mit einer positiven Wachstumsrate des BIP das Ziel, die Güterversorgung pro Kopf der Bevölkerung zu steigern, bereits erreicht ist, ließe sich nur bei konstanter Bevölkerungszahl eindeutig bejahen. Deshalb muss das wirtschaftliche Wachstum auch auf der Grundlage von Zeitreihen des Pro-Kopf-Einkommens (PKE) berechnet werden. Diese Größe wird ermittelt, indem das reale Inlandsprodukt durch die Bevölkerungszahl des betrachteten Landes (Bev) dividiert wird:

$$PKE(t) = \frac{Y(t)}{Bev(t)}.$$

Die Wachstumsrate des PKE ergibt sich dann aus der Differenz der Wachstumsrate des Inlandprodukts und der Wachstumsrate der Bevölkerung:

$$g_{PKE}(t) = g_Y(t) - g_{Bev}(t).$$

Steigt also im obigen Beispiel gleichzeitig die Bevölkerung von Bev(t-1) = 10 Mio. auf Bev(t) = 11 Mio, verharrt das Pro-Kopf-Einkommen trotz des zehnprozentigen Wirtschaftswachstums auf dem Niveau PKE = 10 000 EUR, weil $g_{Bev} = g_Y = 0{,}10$ ist. Das PKE steigt erst dann, wenn die Wachstumsrate der Inlandsproduktion die Wachstumsrate der Bevölkerung überschreitet.

Ein hiermit eng zusammenhängender (oft ebenfalls als Pro-Kopf-Einkommen bezeichneter) Wachstumsindikator ist das Bruttoinlandsprodukt pro Erwerbstätigen, definiert als

$$y(t) := \frac{Y(t)}{N(t)}$$

Im Grunde liefert diese Pro-Kopf-Einkommensziffer ein Maß für die gesamtwirtschaftliche Arbeitsproduktivität. Definiert man die Erwerbsquote (q) als das Verhältnis von Beschäftigtenzahl zur Gesamtbevölkerung, dann folgt

$$N(t) = q\, Bev(t).$$

Bleibt die Erwerbsquote langfristig konstant, stimmt die Wachstumsrate der Beschäftigung mit der Bevölkerungswachstumsrate überein, so dass

$$g_{PKE}(t) = g_y(t) = g_Y(t) - g_N(t).$$

Die Annahme einer langfristig konstanten Erwerbsquote, die im folgenden zugrunde gelegt wird, macht deutlich, dass ein stetig steigendes Pro-Kopf-Einkommen nur mit Steigerungen der Arbeitsproduktivität erwirtschaftet werden kann.

1.2. Entwicklung

Entwicklung darf nicht mit Wirtschaftswachstum gleichgesetzt werden. Der Entwicklungsbegriff umfasst zwar eine anhaltende Zunahme des realen Bruttoinlandsproduktes und Einkommens pro Kopf der Bevölkerung. Er ist jedoch weiter gefasst, so dass die Diagnose „wirtschaftliches Wachstum ohne Entwicklung“ nicht ausgeschlossen werden kann. Dies wird deutlich, wenn Entwicklung verstanden wird als gesellschaftlicher und wirtschaftlicher Wandel, der die allgemeinen Lebensbedingungen in einem Land verbessert und Armut vermindert.

Eine Volkswirtschaft gilt als gering entwickelt, wenn dort absolute Armut eines im internationalen Vergleich überdurchschnittlichen Anteils ihrer Gesamtbevölkerung und relative Armut ihres Bevölkerungsdurchschnitts besteht. Absolute Armut liegt vor, wenn elementare Grundbedürfnisse (Ernährung, Gesundheit, Wohnung, Ausbildung) unzureichend abgedeckt werden. Die Folgen sind Unterernährung, überhöhte Anfälligkeit für Krankheiten, geringe Lebenserwartung mit hoher Säuglingssterblichkeit, Analphabetismus und geringe Einkommenserwerbschancen. Relative Armut besteht, wenn wesentliche Indikatoren des sozialen Wohlstands einen signifikanten relativen Rückstand zur Wohlfahrtsposition der Länder mit durchschnittlichem oder hohem internationalen Lebensstandard (OECD-Länder als Kontrollgruppe) aufweisen. Aus dieser Perspektive umfasst Entwicklung den anhaltenden Abbau absoluter und relativer Armut.

Ein so weit gespannter Entwicklungsbegriff wirft die Frage auf, ob die statistische Diagnose von nachhaltigen oder ausbleibenden Entwicklungsprozessen auf internationale Vergleiche eindimensionaler Indikatoren (Zeitreihen der Pro-Kopf-Einkommen und der unterhalb einer Einkommens-Armutsschwelle lebenden Bevölkerungsanteile) gestützt werden kann oder mehrdimensionaler sozialer Indikatoren bedarf. Ein System sozialer Indikatoren müsste neben laufender Erfassung der Pro-Kopf-Einkommen insbesondere Daten über durchschnittliche Wochenarbeitszeiten, Ernährungslage (Kalorienangebot pro Kopf, Verbrauch an tierischem Protein), Gesundheitszustand (durchschnittliche Lebenserwartung in Jahren, Ärzte je 10 000 Einwohner), Ausbildungsstand (Analphabetenquote in v. H. der Bevölkerung, Schüler der Primar- und Sekundarstufe in v. H. der jeweiligen Altersgruppe), Beschäftigungslage (Arbeitslosenquote), Einkommensverteilung (interpersonelle Verteilungsmessung, Personen unterhalb der Armutsgrenze in v. H. der Bevölkerung) und Konsumstandards (z. B. Energieverbrauch pro Kopf) aufbereiten und auf diese Weise Ausmaß und Veränderung absoluter und relativer Armut länderspezifisch differenzierter sichtbar machen als Globalindikatoren. Die in *Tab. G-1* erfasste Auswahl sozialer Indikatoren weist auf eine absolute und relative Verbesserung der meisten Kennziffern hin, doch sind die Wohlfahrtsdisparitäten für Entwicklungsländer mit niedrigen Einkommen noch immer erheblich.

Ein neuerer Ansatz, mehrdimensionale Entwicklungsindikatoren (Pro-Kopf-Einkommen, Lebenserwartung, Bildungsgrad) zu einem aggregierten Wohlfahrtsmaß zu verdichten, ist der Human Development Index der UNDP (United Nations Development Programme). Dieser wird zu Recht kritisch beurteilt, da die Rangfolge der mit diesem Index evaluierten Länder von der Auswahl und Gewichtung der Einzelkomponenten abhängt (Srinivasan, 1994; Lüchters/Menkhoff, 1996).

Dem Entwicklungsbegriff entspricht ein um geeignete institutionelle Kennziffern (z. B. Indices der politischen Stabilität, Demokratisierung, Rechtsstaatlichkeit, Korruption) erweiterbares Messkonzept sozialer Indikatoren, während der Wachstumsbegriff die Entwicklungsmessung auf das Konzept der Wachstumsrate des Pro-Kopf-Einkommens reduziert, das durch einkommenbezogene Armutsstatistiken zu ergänzen ist.

Das soziale Indikatorsystem der Unterentwicklung (Tab. G-1) stützt indes die Vermutung einer positiven Korrelation zwischen Pro-Kopf-Einkommen und übrigen Entwicklungsindikatoren. Entwicklungsländer mit den gegenüber Industrieländern niedrigsten Einkommensrückständen weisen in der Regel auch bei anderen Indikatoren relativ hohe Wohlfahrtspositionen innerhalb dieser Ländergruppe auf (z. B. Mitteleinkommensländer in Lateinamerika, Nahost und Nordafrika im Vergleich zu Niedrigeinkommensländern in Sub-Sahara-Afrika und Südasien). Offenbar vergrößert ein steigendes

Pro-Kopf-Einkommen das Potential zur Verbesserung der übrigen Sozialindikatoren, und eine Verbesserung spezifischer Wohlfahrtsindikatoren (z. B. des Gesundheits- und Ausbildungsstandes) wird das Wachstum des Pro-Kopf-Einkommens fördern. Daher soll das Pro-Kopf-Einkommen als Primärindikator verwendet und die entwicklungsökonomische Analyse auf eine wachstumstheoretische Basis gestellt werden, die – wenn auch nur begrenzt – zur Erklärung der Ursachen und Beeinflussbarkeit wirtschaftlicher Entwicklungsprozesse beitragen kann.

Tab. G-1: Soziales Indikatorsystem der Unterentwicklung

Indikator		LNE	LMEU	LMEO	LHE	ASS	OPA	SA	EZ	NN	LAK
Reales Bruttosozialprodukt je	1975	220	510	1560	5840	458	511	193	...	1892	1055
Einwohner(in US-$)	1990	390	1030	2780	19770	825	1053	377	2005	2174	1794
	2002	430	1400	5110	26490	780	1477	731	2168	2597	2926
Disparitätsindex	1975	3,8	8,7	26,7	100	7,8	8,8	3,3	...	32,4	18,1
(LHE = 100)	1990	2,0	5,2	14,1	100	4,2	5,3	1,9	10,1	11,0	9,1
	2002	1,6	5,3	19,3	100	2,9	5,6	2,8	8,2	9,8	11,0
Lebenserwartung bei Geburt	1975	50	63	67	72	46	55	51	69	55	63
eines Kindes	1990	57	68	71	76	51	63	57	70	64	68
	2002	59	70	73	78	49	66	62	70	68	71
Disparitätsindex	1975	69,4	87,5	93,1	100	63,9	76,4	70,8	95,8	76,4	87,5
(LHE = 100)	1990	75,0	89,5	93,4	100	67,1	82,9	75,0	92,1	84,2	89,5
	2002	75,6	89,7	93,6	100	62,8	84,6	79,5	89,7	87,2	91,0
Ärzte je 10.000 Einwohner	1975	1,6	8,3	...	14,5	0,9	2,9	1,6	...	2,5	5,7
	1990	...	16,8	17,2	23,6	1,4	5,4	2	30,6	7	11
	1997	...	18,5	17,5	27,6	0,8	6,5	2,3	30	13,2	12,9
Disparitätsindex	1975	11,0	57,2	...	100	6,2	20,0	11,0	...	17,2	39,3
(LHE = 100)	1990	...	71,2	72,9	100	5,9	22,9	8,5	129,7	29,7	46,6
	2002	...	67,0	63,4	100	2,9	23,6	8,3	108,7	47,8	46,7
Schüler an weiterführenden	1975	20	43	48	81	12	36	21	61	31	38
Schulen (in v. H. der jew.	1990	35	56	64	94	21	39	36	86	52	52
Altersgruppe)	2002	46	75	81	106	37	61	47	87	62	76
Disparitätsindex	1975	24,7	53,1	59,3	100	14,8	44,4	25,9	75,3	38,3	46,9
(LHE = 100)	1990	37,2	59,6	68,1	100	22,3	41,5	38,3	91,5	55,3	55,3
	2002	43,4	70,8	76,4	100	34,9	57,5	44,3	82,1	58,5	71,7

LNE Länder mit niedrigem Einkommen
(2002: 64 Entwicklungsländer mit bis zu 735-$ BSP pro Kopf)
LMEU Länder mit mittlerem Einkommen, untere Kategorie
(2002: 54 Entwicklungsländer mit bis zu 2935-$ BSP pro Kopf)
LMEO Länder mit mittlerem Einkommen, obere Kategorie
(2002: 34 Entwicklungsländer mit bis zu 9075-$ BSP pro Kopf)
LHE Länder mit hohem Einkommen
(2002: 56 Länder mit mehr als 9075-$ BSP pro Kopf)
OPA EL in Ostasien und Pazifik
SA EL in Südasien
EZ EL in Europa und Zentralasien
ASS EL in Afrika südlich der Sahara (Sub-Saharian Africa)
NN EL in Nahost und Nordafrika
LAK EL in Lateinamerika und Karibik

Quelle: Eigene Berechnungen nach Weltbank, World Development Indicators 2004

Bei sorgfältiger Interpretation des Zusammenhangs zwischen Einkommensniveau und Entwicklungsstand muss allerdings beachtet werden, dass internationale Einkommensdisparitäten zu einer Überschätzung der Wohlfahrtsdisparitäten tendieren:

- Die Beiträge der Subsistenzwirtschaft (Eigenproduktion und Selbstversorgung privater Haushalte) und der informellen Produktionssektoren werden in der Berechnung des Bruttoinlandsproduktes nicht erfasst. Da die Anteile der Subsistenzwirtschaft und des informellen Sektors mit sinkenden Pro-Kopf-Einkommen steigen, sind die Wohlfahrtsunterschiede geringer als die statistisch ausgewiesenen Einkommensdisparitäten.

- Internationale Unterschiede der Pro-Kopf-Einkommen erlauben noch keine eindeutige Folgerung über Verbreitung und Ausmaße von Armut. Der prozentuale Anteil der Bevölkerung, der unterhalb der Armutsschwelle lebt, kann auch in zwei Ländern mit ungefähr gleichen Einkommensniveaus höchst unterschiedlich sein.
- Da internationale Einkommensvergleiche erst nach Umrechnung der Makrogrößen in eine gemeinsame Währungseinheit (US-Dollar: USD) überhaupt möglich sind, ergeben sich Fehlschätzungen der Einkommensdisparitäten, wenn die zur Umbewertung verwendeten Wechselkurse verzerrt sind.

Die „vergessenen" Wohlstandsbeiträge der Haushaltsproduktion und des informellen Sektors lassen sich kaum zuverlässig schätzen. Eine Basis für internationale Einkommensvergleiche kann dagegen hergestellt werden, indem die zur Bewertung verwendeten USD-Wechselkurse für alle Währungen der in den Vergleich einbezogenen Länder aus Kaufkraftparitäten berechnet werden. Diese Datenbasis bieten die in fiktiven internationalen Dollar (KKP-Dollar: aus Kaufkraftparitäten abgeleiteter Wechselkurs) denominierten Einkommensstatistiken von Summers und Heston (Penn World Tables). Darauf abgestellte Einkommensberechnungen für Entwicklungsländer (z. B. Niedrigeinkommensländer) zeigen kaufkraftbereinigte Bruttoinlandsprodukte pro Kopf, die wesentlich höher sind als die nach geltenden Wechselkursen berechneten Produktionswerte (z. B. viermal so hoch in Niedrigeinkommensländern).

Auf dieser Grundlage kann das Zielsystem der Entwicklungspolitik präzisiert werden:

- Eine dauerhaft positive Wachstumsrate des Pro-Kopf-Einkommens erfordert eine langfristige Wachstumsrate des realen Bruttoinlandsprodukts, die die langfristige Wachstumsrate der Bevölkerung überschreitet (Bedingung des nachhaltigen Einkommenswachstums).
- Eine stetige Reduktion der Einkommensdisparität erfordert, dass die Wachstumsrate des Pro-Kopf-Einkommens über einen längeren Zeitraum die vergleichbare Wachstumsrate der Hocheinkommensländer überschreitet (Bedingung des aufholenden Einkommenswachstums: „catching up").
- Ein Teil des aufholenden Einkommenswachstums muss für den Abbau absoluter Armut verwendet werden (Bedingung des armutsorientierten Einkommenswachstums: „pro poor growth").

Es wäre verfehlt, einen Gegensatz von „wachstumsorientierter" und „armutsorientierter" Entwicklungspolitik zu behaupten. Verminderung absoluter und relativer Armut setzt Wachstum voraus, und Wachstumserfolge müssen auch in einer verbesserten Versorgung armer Einkommensschichten mit Grundbedarfsgütern sichtbar werden.

1.3. Stilisierte Fakten

Empirische Beobachtungen der Wachstumsprozesse in vielen Ländern decken bestimmte Regelmäßigkeiten auf, die zu stilisierten Fakten der weltwirtschaftlichen

Wachstumsdynamik verdichtet werden können. Auch wenn dies eine gewisse Vereinfachung der Erfahrungswirklichkeit darstellt, wird hierdurch eine brauchbare Basis wachstumsanalytischer Theoriebildung und entwicklungsökonomischer Anwendungsrelevanz wachstumstheoretischer Modelle aufgebaut. Im Länderquerschnitt bilden die stilisierten Fakten folgende Beobachtungen ab (BARRO/SALA-I-MARTIN, 1998; JONES, 1998):

- Im Ländervergleich besteht eine erhebliche Varianz der Pro-Kopf-Einkommen. Wird der Weltbank-Klassifikation in Hoch-, Mittel- und Niedrigeinkommensländer gefolgt, so betrugen die Pro-Kopf-Einkommen der ärmsten Länder weniger als 5 v. H. der Pro-Kopf-Einkommen der reichsten Länder (z. B. reales Bruttoinlandsprodukt pro Kopf der Bevölkerung 1997 (in 1985 KKP-USD) in USA: 20049, Indien: 1624, Uganda: 697; Tschad: 392; vgl. JONES, 1998, S. 4).
- Die im Jahresdurchschnitt längerfristiger Zeiträume gemessenen Wachstumsraten der Pro-Kopf-Einkommen variieren sehr stark zwischen den Ländern. Dies deckt aber keineswegs die häufig vertretene Auffassung, die ärmeren Länder würden relativ immer ärmer und die reicheren Länder relativ reicher. Vielmehr ist sowohl eine Verminderung der Einkommensdisparitäten (aufholendes Wachstum) als auch ihre Vergrößerung (zurückfallendes Wachstum) zu beobachten (JONES, 1998, S. 4). Im Zeitraum 1960–97 war das Wachstum in Mitteleinkommensländern wie Südkorea (5,9 v. H.), Hongkong (5,2 v. H.) und Singapur (5,4 v. H.), aber auch in bestimmten Niedrigeinkommensländern wie China (3,5 v. H.) und Indien (2,3 v. H.) stärker als im Hocheinkommensland USA (1,4 v. H.). Hingegen war die Wachstumsdynamik in anderen Niedrigeinkommensländern (vor allem in Sub-Sahara-Afrika) wie z. B. Zimbabwe (0,4 v. H.), Madagaskar (–1,5 v. H.) oder Tschad (–1,4 v. H.) zu schwach oder gar negativ, so dass der Rückstand noch größer wurde.
- Die Wachstumsraten sind zeitvariant, wobei ihre Variabilität im Zeitverlauf in Hocheinkommensländern deutlich geringer als in Mittel- und Niedrigeinkommensländern ist (JONES, 1998, S. 11).
- Hocheinkommensländer wie USA, die bereits eine relativ lang anhaltende Phase hoher Wachstumsdynamik erlebt haben, weisen im langfristigen Durchschnitt dauerhaft positive und relativ konstante Wachstumsraten des Pro-Kopf-Einkommens und der Kapitalintensität (Verhältnis von Sachkapital- und Arbeitseinsatz), eine relativ konstante Realverzinsung des Kapitals sowie ein näherungsweise konstantes Verhältnis von Sachkapitaleinsatz und Bruttoinlandsprodukt (konstante Kapitalkoeffizienten) auf. Da die Kapitaleinkommensquote das mathematische Produkt von Realzins und Kapitalkoeffizient ist, folgt aus der zuletzt erfassten empirischen Beobachtung, dass sich die funktionelle Einkommensverteilung auf die Produktionsfaktoren Arbeit und Kapital langfristig kaum verschoben hat (z. B. Lohnquote in den USA ca. 70 v. H., Kapitaleinkommensquote ca. 30 v. H.).

Während die meisten Industrieländer der Gruppe der Hocheinkommensländer angehören, befinden sich die Entwicklungsländer in den Gruppen der Mittel- oder Niedrigeinkommensländer (Ausnahme: einige ölexportierende Entwicklungsländer). Darin zeigt sich bereits die Heterogenität dieser Ländergruppe. Dennoch geht die traditionelle Entwicklungsökonomik oftmals von stilisierten Fakten eines (nicht für alle) repräsentativen Entwicklungslandes aus (Übersicht G-1), um eine ökonomische Abgrenzung gegenüber Industrieländern herstellen zu können. In dieser Abgrenzung zeigt sich ein Phänomen, das als ökonomischer Dualismus bezeichnet wird. Danach ist die Wirtschaftsstruktur der Entwicklungsländer in die Subsysteme des traditionellen Subsistenzsektors und des modernen Industriesektors gespalten. Im traditionellen Sektor ländlicher Regionen dominieren arbeitsintensive, mit einfachen und rückständigen Technologien arbeitende Kleinbetriebe der Landwirtschaft, des Handwerks und des Handels. Der moderne Sektor städtischer Regionen hingegen wird durch kapitalintensive, produktivere Mittel- und Großbetriebe der verarbeitenden Industrie beherrscht.

Übersicht G-1: Stilisierte Fakten eines Entwicklungslandes

Einkommensentstehung	Einkommensverteilung	Einkommensverwendung
Primärer Sektor: Hoher Anteil (der im primären Sektor Beschäftigten) an Gesamtproduktion (Erwerbstätigen). Zahlreiche landwirtschaftliche Betriebe mit geringer durchschnittlicher Betriebsgröße: Geringe Kapitalausstattung pro Arbeitsplatz und Verwendung einfacher, arbeitsintensiver Techniken (Folge: niedrige Arbeitsproduktivität). Reduktion der im Agrarsektor Beschäftigten erzeugt keinen spürbaren Rückgang der Gesamtproduktion (Grenzprodukt der Arbeit nahe Null, → versteckte Arbeitslosigkeit). Relativ hohe Quote des Inlandsabsatzes und Eigenverbrauchs; zum Teil nur Belieferung lokaler Märkte. Wenige Großbetriebe des Agrarsektors oder der Rohstoffgewinnung stellen Ausnahmeerscheinungen von diesen Bedingungen dar. Relativ hohe Exportquote, die aber auf sehr wenige Produkte konzentriert ist. **Sekundärer Sektor:** Geringer Anteil an Gesamtproduktion und Beschäftigung. Wenige kapitalintensive Großbetriebe, z. T. durch wesentliche ausländische Kapitalbeteiligung und Einsatz hochentwickelter arbeitssparender Technologien bestimmt. Hohe Arbeitsproduktivität und beträchtlicher Lohnsatzvorsprung gegenüber dem primären Sektor. Relativ hohe Exportquote. **Tertiärer Sektor:** Kleinbetriebe des Handwerks und des Handels mit geringem Anteil an Gesamtproduktion und Beschäftigung. Hierfür gelten ähnliche Bedingungen wie im primären Sektor, jedoch kaum Teilnahme am internationalen Handel.	Niedriges Realeinkommen pro Kopf der Bevölkerung, das im internationalen Vergleich sehr ungleichmäßig verteilt ist. Hohe Quoten an struktureller Arbeitslosigkeit: • Versteckte Arbeitslosigkeit im Agrarsektor („la-bour surplus" mit Grenzprodukt von Null). Entlohnung aller Arbeitskräfte nach dem Wert des Durchschnittsprodukts bedingt niedrigen Durchschnittslohn gegenüber sekundärem Sektor. • Offene Arbeitslosigkeit im sekundären Sektor. Hoher Anteil der Bevölkerung unterhalb oder nahe der Armutsschwelle.	**Niedrige Masseneinkommen** Verfügbare Einkommen (plus: Eigenproduktion) decken nur den Grundbedarf an lebensnotwendigen Gütern. Ersparnisbildung aus Durchschnittseinkommen der Masse der Bevölkerung nahe bei Null. **Hohe Einkommen:** Relativ hoher Importgehalt der Konsumgüternachfrage dieser Einkommensschicht. Ersparnisbildung durch Einkommensverwendung dieser relativ schmalen Gesellschaftsschicht, auf die sich überproportionaler Anteil des Volkseinkommens konzentriert. Relativ hoher Anteil der Kapitalexporte an der Ersparnisbildung.

Die entwicklungspolitische Problematik dieses Dualismus besteht darin, dass die durch den Lohnvorsprung des modernen Sektors angeregten Land-Stadt-Wanderungen eher zur Umwandlung versteckter in offene Arbeitslosigkeit als zu armutsminderndem Einkommenswachstum führen (TODARO, 1969; HARRIS/TODARO, 1970). Zwar wird durch Abwanderung aus dem ländlichen Subsistenzsektor (Abbau versteckter Arbeitslosigkeit) das Durchschnittseinkommen in diesem Sektor steigen, jedoch droht auch eine Zunahme der offenen Arbeitslosigkeit im städtischen Industriesektor. Führen nämlich Industrie-Mindestlöhne und subventionierter Kapitaleinsatz zu einer relativen Verteuerung des Faktors Arbeit im Verhältnis zum Faktor Kapital, so wird der Industriesektor zur Übernahme arbeitssparenden technischen Fortschritts neigen. Wegen der Kapitalintensivierung werden zum geltenden Lohnsatz also nur Teile des freigesetzten Arbeitspotentials absorbiert. Auf diese Weise kann sich ein „Wachstum ohne Entwicklung“ anbahnen: Lediglich die Pro-Kopf-Einkommen der im traditionellen Sektor Beschäftigten und der durch den modernen Sektor aufgenommenen Arbeitskräfte wachsen. Gleichzeitig aber kann die Anzahl der unterhalb der Armutsgrenze Lebenden zunehmen und die Ungleichheit der personellen Einkommensverteilung wird verstärkt.

Vor diesem Hintergrund soll nun dargestellt und geprüft werden, inwieweit die stilisierten Fakten langfristiger Wachstums- und Entwicklungsprozesse theoretisch erklärt werden können und welche Erkenntnisse für die Gestaltung von Strategien zur Förderung der Wachstumsdynamik und wirtschaftlichen Entwicklung sich daraus gewinnen lassen.

2. Postkeynesianische Wachstumstheorie

JOHN MAYNARD KEYNES (1936) hatte nachgewiesen, dass eine Erhöhung der Investitionen zu einer um ein Vielfaches größeren Erhöhung der Nachfrage und damit auch des Einkommens führen kann. Dieses Ergebnis ist als das Multiplikatorprinzip bekannt, und man bezeichnet diese Eigenschaft der Investitionen als ihren Einkommenseffekt (Beitrag C-3.2). Darüber hinaus weisen die Investitionen aber auch einen Kapazitätseffekt auf. Unter diesem Effekt versteht man die Tatsache, dass Investitionen die Produktionskapazität vergrößern; je größer der Kapitalstock ist, desto größer ist auch das Produktionspotential.

Im Zusammenhang mit dem Einkommens- und Kapazitätseffekt der Investitionen spricht man häufig auch vom dualen Charakter der Investitionen. Darunter versteht man, dass die Durchführung von Investitionen einerseits neue Nachfrage, andererseits aber auch neue Kapazitäten schafft. Dabei sei darauf hingewiesen, dass die Nachfrageerhöhung auf zusätzliche Investitionen und die Kapazitätserhöhung auf die absolute Größe der Investitionen zurückgeht. Insofern bezieht sich der duale Charakter der Investitionen einmal auf ΔI und einmal auf I.

DOMAR (1946) griff diesen dualen Charakter der Investitionen auf, indem er eine Konsumfunktion $C = cY$ und eine konstante Kapitalproduktivität $\sigma := Y/K$ annahm. HARROD (1939) entwickelte ein ähnlich strukturiertes Modell. Aus diesem Grunde spricht man auch häufig von der HARROD-DOMAR-Theorie.

Mit der zur Konsumfunktion komplementären Sparfunktion lässt sich das Gleichgewicht auf dem Gütermarkt (geplante Investitionen = geplante Ersparnisse) darstellen als

$$I(t) = s\, Y(t),\ 0 < s < 1,$$

und die konstante Kapitalproduktivität bedeutet, dass die Produktionskapazität (Y^{pot}) dem Kapitalstock K(t) proportional sein muss:

$$Y^{pot}(t) = \sigma\, K(t),\ (\sigma > 0).$$

Der Einkommenseffekt zusätzlicher Nettoinvestitionen ergibt sich dann aus dem einfachen Investitionsmultiplikator (Beitrag C-3.2):

(2.1) $\Delta\, Y(t) = \frac{1}{s} \Delta I(t).$

Der Kapazitätseffekt einer gegebenen Nettoinvestition zeigt den Zuwachs des Produktionspotentials, der auf das Wachstum des Kapitalstocks ($\Delta K = I$) zurückzuführen ist:

(2.2a) $\Delta\, Y^{pot}(t) = \sigma \Delta K(t) = \sigma I(t).$

Meist wird in Gleichung (2.2) mit dem Kehrwert der Kapitalproduktivität ein Kapitalkoeffizient $k := \frac{K}{Y^{pot}} = \frac{1}{\sigma}$ eingeführt und der Kapazitätseffekt in der Form

(2.2b) $\Delta\, Y^{pot}(t) = (1/k)\, I(t)$

erfasst. Da von einer linear-limitationalen Produktionsfunktion $Y^{pot} = \sigma K$ ausgegangen wird, ist der Kapitalkoeffizient konstant und der marginale Kapitalkoeffizient stimmt mit dem durchschnittlichen Kapitalkoeffizienten überein (dK/dY = K/Y).

Es stellt sich nun die Frage, mit welcher Nachfrage die neugeschaffenen Kapazitäten $Y^{pot}(t)$ ausgelastet werden können. Die Antwort ist nach Domar recht einfach: mit der neuen Nachfrage, die durch zusätzliche Investitionen geschaffen wird. Durch diese Annahme wird die Dynamik des Domarschen Modells begründet, denn zusätzliche Investitionen implizieren ein Wachstum der Investitionen.

Um die durch Nettoinvestitionen geschaffenen Produktionskapazitäten auszulasten, muss $Y(t) = Y^{pot}(t)$ und somit auch $\Delta\, Y(t) = \Delta\, Y^{pot}(t)$ erfüllt werden. Dieses Wachstumsgleichgewicht ist im Domar-Modell erreicht, wenn Kapazitätseffekt und Einkommenseffekt übereinstimmen, denn nur dann wachsen Güterangebot ($\Delta\, Y^{pot}$) und Güternachfrage (ΔY) bei voller Kapazitätsauslastung im Gleichschritt.

Die Bedingung, die erfüllt sein muss, um diesen gleichgewichtigen Wachstumspfad zu realisieren, ergibt sich nun aus $\Delta Y = (1/s)\, \Delta\, I = (1/k) I = \Delta Y^{Pot}$, woraus mit

(2.3) $\frac{\Delta I}{I} = \frac{s}{k} = g_K = g_{Y^{pot}}$

die Wachstumsrate der Nettoinvestitionen folgt, die erforderlich ist, um über eine steigende Güternachfrage die wachsenden Produktionskapazitäten auszulasten. Ein inflationsfreies Wachstum im Vollbeschäftigungsgleichgewicht ist also nur gewährleistet, wenn die BIP-Wachstumsrate mit der Wachstumsrate des Produktionspotentials übereinstimmt (befriedigendes Wachstum):

(2.4) $g_Y = g_{Y^{pot}} = g_K = \frac{s}{k}.$

Da bei der hier unterstellten linear-limitationalen Produktionsfunktion Kapital und Arbeit nicht substituierbar sind (konstante Kapital- und Arbeitskoeffizienten), muss auch die Beschäftigtenzahl mit der gleichen Rate wachsen. Dies ist aber nur gewährleistet, wenn die BIP-Wachstumsrate mit der Wachstumsrate der Bevölkerung übereinstimmt (natürliche Wachstumsrate):

(2.5) $g_Y = g_N$.

Wachstum bei stabilem Preisniveau und Vollbeschäftigung setzt somit die Übereinstimmung von befriedigender und natürlicher Wachstumsrate voraus:

(2.6) $\frac{s}{k} = g_N$.

Auf dem gleichgewichtigen Wachstumspfad muss die Wachstumsrate der Bevölkerung mit dem Verhältnis von Sparquote und Kapitalkoeffizient übereinstimmen.

Das HARROD-DOMAR-Modell erklärt mit diesem gleichgewichtstheoretischen Ansatz lediglich die Voraussetzungen gleichgewichtigen Wachstums und nicht das tatsächlich sich einstellende Wirtschaftswachstum. Es wird nicht begründet, dass die Einkommensentwicklung diesem Wachstumspfad folgt, sondern dass sie sich auf diesem Pfad bewegen müsste, um gleichgewichtiges Wachstum zu erreichen.

Dieses Wachstumsgleichgewicht ist aber instabil. Da Sparquote, Kapitalkoeffizient und Bevölkerungswachstum exogen vorgegeben sind, werden Abweichungen vom Gleichgewichtspfad keine Anpassungen auslösen, die zum Gleichgewichtspfad zurückführen. Die tatsächliche Wachstumsrate kann nicht größer als die (exogene) natürliche Wachstumsrate sein ($g_Y \leq g_N$). Ist die befriedigende größer als die natürliche Wachstumsrate ($s/k > g_N$), kommt es zu einer zunehmenden Unterauslastung des wachsenden Kapitalstocks ($g_K > g_Y = g_N$). Liegt die befriedigende unter der natürlichen Wachstumsrate ($s/k < g_N$), kommt es zu wachsender Arbeitslosigkeit ($s/k = g_K = g_Y < g_N$). Nur in diesem Bereich kann die BIP-Wachstumsrate durch höhere Sparquoten gesteigert und der wachsenden Arbeitslosigkeit durch Förderung der Ersparnisbildung entgegen gewirkt werden.

Dieses Modell kann zwar einen positiven Zusammenhang zwischen Sparquote (bzw. Investitionsquote) und Wachstumsrate des Kapitalstocks begründen, doch folgt daraus kein entsprechender Einfluss der Sparquote auf die Wachstumsrate der Produktion.

Die Ergebnisse des HARROD-DOMAR-Modells sind mit den stilisierten Fakten der Wachstumsprozesse in den Hocheinkommensländern (s. Abschnitt 1.3) nicht kompatibel, da mit diesen Ansatz ein anhaltendes Wachstum der Kapitalintensitäten und Pro-Kopf-Einkommen nicht erklärt werden kann. Auch die diesem Modell eigene Instabilität eines „Wachstums auf des Messers Schneide (knife edge growth)“ entspricht nicht den Erfahrungen mit marktwirtschaftlichen Systemen, die zwar Konjunkturschwankungen, jedoch keine anhaltenden, sich selbst verstärkenden Abweichungen von Marktgleichgewichten kennen.

Der entscheidende Grund für diese Schwächen des postkeynesianischen Wachstumsmodells liegt darin, dass mit der dort unterstellten linear-limitationalen Produktionsfunktion Substitutionsmöglichkeiten zwischen Kapital und Arbeit ausgeschlossen werden. Hier setzen die neoklassischen Wachstumsmodelle an, die im nächsten Abschnitt vorgestellt werden.

3. Neoklassische Wachstumstheorie

3.1. Konstante Technik

3.1.1. Neoklassische Produktionsfunktion

Das neoklassische Wachstumsmodell (SOLOW, 1956; SWAN, 1956) basiert auf einer neoklassischen Produktionsfunktion. Das Inlandsprodukt (bzw. Nationaleinkommen) Y wird mit Hilfe der beiden Produktionsfaktoren Arbeit (N) und Sachkapital (K) hergestellt. Die zeitlichen Veränderungen des Kapitalstocks (K(t)) und der beschäftigten Arbeitskräfte (N (t)) bestimmen unter der zunächst getroffenen Annahme konstanter Technik den Wachstumspfad von Y:

(3.1) $Y(t) = F\,(K(t), N(t)) \quad F_K, F_N > 0$

Diese Produktionsfunktion wird als linear-homogen (Beitrag K – 2.2.1.) angenommen: Würden K und N proportional, also um den gleichen Prozentsatz wachsen, müsste auch Y um diesen Prozentsatz zunehmen: $g_Y = g_K = g_N$.

Das Pro-Kopf-Einkommen bzw. die Pro-Kopf-Produktion PKE = y = Y/N würde also konstant bleiben, wenn die als Kapitalintensität bezeichnete durchschnittliche Kapitalausstattung pro Arbeiter n: = K/N nicht verändert wird. Diese Eigenschaft erlaubt es, die neoklassische Produktionsfunktion in eine Pro-Kopf-Produktionsfunktion umzuformen, indem (3.1) durch N(t) dividiert wird:

(3.2) $y(t) = \frac{Y(t)}{N(t)} = F(\frac{K(t)}{N(t)}, 1) = f(n(t)).$

Das Pro-Kopf-Einkommen kann nur wachsen, wenn die Kapitalintensität erhöht wird; die Pro-Kopf-Produktion ist also eine steigende Funktion der Kapitalausstattung pro Arbeitskraft.

Diese Produktionsfunktion wird nun durch die zusätzliche Annahme spezifiziert, sie erfülle die sogenannten INADA-Bedingungen, dass das Grenzprodukt des Kapitals

- immer positiv ist: $\partial Y/\partial K = Y_K > 0, \partial y/\partial n = y_n > 0$,
- bei Zunahme des Kapitalstocks und der Kapitalintensität zurückgeht:

  $Y_{KK} < 0,\ y_{nn} < 0,$

- bei unbegrenztem Wachstum des Kapitalstocks und der Kapitalintensität gegen Null konvergiert:

  $$\lim_{n \to \infty} y_n = 0,$$

- gegen unendlich konvergiert, wenn Kapitaleinsatz und –intensität gegen Null tendieren:

  $$\lim_{n \to 0} y_n = \infty,$$

  wobei ohne Kapitaleinsatz nicht produziert werden kann.

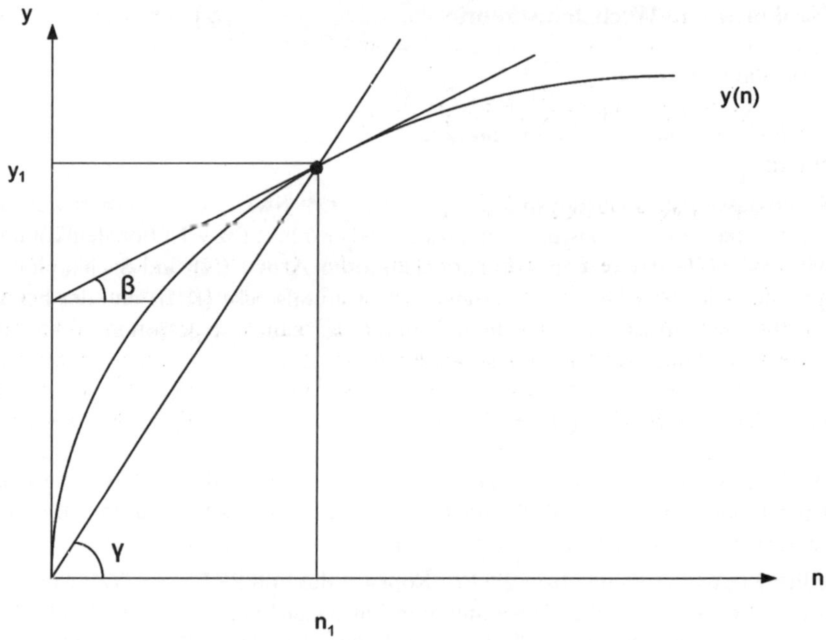

Abb.G-1: Pro-Kopf-Einkommen und Kapitalintensität.

Die linear-homogene Cobb-Douglas-Produktionsfunktion (Beitrag K-2.2.1)

(3.3) $Y = K^{\alpha}N^{1-\alpha}$ $(0 < \alpha < 1)$

und damit auch ihre Pro-Kopf-Version

(3.4) $y = K^{\alpha}N^{-\alpha} = n^{\alpha}$

weist genau diese Eigenschaften auf. Die Darstellung der in Gleichung (3.4) spezifizierten Pro-Kopf-Produktionsfunktion (Abb. G-1) mit ihrem degressiv steigendem Verlauf zeigt, dass die Steigungsmaße der Kurve (Grenzproduktivität des Kapitals: $tg\ \beta = dy_1/dn_1 = \alpha n^{\alpha-1}$) und des Ursprungsstrahles zur Kurve (Durchschnittsproduktivität des Kapitals: $tg\gamma = y_1/n_1 = n^{\alpha-1}$) für $0 < n < \infty$ positiv sind und mit steigender Kapitalintensität abnehmen. Demgegenüber werden die Grenzproduktivität der Arbeit $\delta Y/\delta N = (1-\alpha)K^{\alpha}N^{-\alpha} = (1-\alpha)n^{\alpha}$ und die durchschnittliche Arbeitsproduktivität $(Y/N = y = n^{\alpha})$ mit zunehmender Kapitalintensität steigen.

3.1.2. Übergangswachstum

Die Wachstumsrate des Inlandsprodukts kann nun aus Gleichung (3.1) oder (3.3) hergeleitet werden. Aus dem totalen Differential von (3.1)

$$dY = (\partial Y/\partial K)dK + (\partial Y/\partial N)dN$$

mit den abnehmenden Grenzproduktivitäten des Kapitals und der Arbeit folgt nach Division durch Y und Erweiterung der rechten Seite der Gleichung

$$\frac{dY}{Y} = g_Y = Y_K \frac{K}{Y}\frac{dK}{K} + Y_N \frac{N}{Y}\frac{dN}{N}.$$

somit gilt

$$g_Y = \alpha\, g_K + (1\text{-}\alpha) g_N \;(0 < \alpha < 1)$$

wobei $\alpha = Y_K(K/Y)$ die Produktionselastizität des Kapitals und $1\text{-}\alpha = Y_N(N/Y)$ die Produktionselastizität der Arbeit angeben. Diese Elastizitätskoeffizienten zeigen die Wachstumsbeiträge der Kapitalakkumulation und des Bevölkerungswachstums: Wenn die Wachstumsrate des Kapitalstocks (der Beschäftigung) um einen Prozentpunkt erhöht wird, nimmt die Wachstumsrate des Einkommens um α $(1\text{-}\alpha)$ Prozentpunkte, also weniger als einen Prozentpunkt zu. Da die Produktionsfunktion linear-homogen ist, muss im Falle eines Wachstums bei konstanter Kapitalintensität ($g_K = g_N$) auch eine gleich hohe Wachstumsrate des Einkommens ($g_Y = g_K = g_N$) resultieren. Da sich die Unternehmer annahmegemäß als gewinnmaximierende Mengenanpasser verhalten, werden sie den Kapitaleinsatz (Arbeitseinsatz) realisieren, bei dem die Grenzproduktivität des Kapitals (der Arbeit) mit dem Realzins r (dem Reallohn w) übereinstimmt. Wenn somit $Y_K = r$ und $Y_N = w$, entspricht $\alpha = rK/Y$ der Kapitaleinkommensquote und $1\text{-}\alpha = wN/Y$ der Lohnquote. Die Wachstumsbeiträge von g_K und g_N können dann anhand der langfristig relativ stabilen funktionellen Verteilungsquoten (siehe Abschnitt 1.3). bestimmt werden.

Aus der obigen Wachstumsgleichung der linear-homogenen Produktionsfunktion folgen die Wachstumsraten des Inlandsprodukts

(3.5) $$g_Y = g_N + \alpha(g_K - g_N)$$

und des Pro-Kopf-Einkommens

(3.6) $$g_y = g_Y - g_N = \alpha(g_K - g_N) = \alpha g_n.$$

Die gleiche Lösung erhalten wir, wenn die Cobb-Douglas-Funktionen (3.3) und (3.4) in Wachstumsraten umgerechnet werden. Die Wachstumsgleichung zeigt in aller Deutlichkeit, dass bei konstantem Stand der Technik ein Wachstum der Pro-Kopf-Einkommen nur erreicht werden kann, wenn die Kapitalausstattung der Arbeitskräfte ständig erhöht wird ($g_K - g_N = g_n > 0$).

Wenn Nettoinvestitionen unterbleiben ($g_K = 0$), würde das Einkommen nur in der Rate $g_Y = (1 - \alpha)g_N < g_N$ wachsen und das Pro-Kopf-Einkommen müsste um $g_y = \alpha g_N$ zurückgehen. Erst wenn die Nettoinvestitionen gerade ausreichen, um die Kapitalintensität $n = K/N$ bei wachsender Beschäftigtenzahl konstant zu halten ($g_K = g_N$: capital widening) kann ein anhaltender Rückgang des PKE verhindert werden. Darin wird deutlich, dass ein ansteigender Wachstumstrend der Pro-Kopf-Einkommen unter den hier unterstellten Bedingungen nur durch Kapitalintensivierung ($g_K > g_N$: capital deepening) erreichbar ist.

Welche Bedingungen zu erfüllen sind, um auf einen derartigen Wachstumspfad zu gelangen, hängt allein von der aus Ersparnissen finanzierten Sachkapitalakkumulation

(S = I = dK) ab. Wie bereits im HARROD-DOMAR-Modell (siehe Abschnitt 2) nachgewiesen wurde, folgt aus sY = dK nach Division beider Seiten durch K, dass die Wachstumsrate des Kapitalstocks durch das Verhältnis von Sparquote s und Kapitalkoeffizient (k:= K/Y) bestimmt wird: $g_K = s/k$. Die fundamentalen Wachstumsgleichungen können somit auch in der Form

(3.7) $$g_Y = g_N + \alpha(\frac{s}{k} - g_N)$$

(3.8) $$g_y = \alpha(\frac{s}{k} - g_N)$$

dargestellt werden. Die Wachstumsgleichung (3.8) zeigt, dass eine positive Wachstumsrate des Pro-Kopf-Einkommens erst mit einer Sparquote $s > kg_N$ erzielt werden kann. Dieser kritische Schwellenwert der Sparquote, dessen Überschreitung erst Pro-Kopf-Einkommenswachstum hervorbringt, liegt umso höher, je höher der Kapitalkoeffizient oder die Bevölkerungswachstumsrate ist. Die Wachstumsrate des Pro-Kopf-Einkommens ist um so höher, je höher die Sparquote, je niedriger der Kapitalkoeffizient und je schwächer das Bevölkerungswachstum ist.

Gegenüber dem HARROD-DOMAR-Modell, welches diese Ergebnisse bereits geliefert hatte, bringt das neoklassische Modell jedoch einen wesentlichen Fortschritt. War in der postkeynesianischen Wachstumstheorie der Kapitalkoeffizient eine exogen vorgegebene Konstante, so wird er nun zu einer endogenen Variablen. Da mit steigendem Kapitaleinsatz pro Arbeiter durchschnittliche und marginale Kapitalproduktivität zurückgehen werden, müssen durchschnittlicher und marginaler Kapitalkoeffizient im Verlauf der Kapitalintensivierung ansteigen:

(3.9) $$k = k(n) = \frac{n}{y(n)} = \frac{n}{n^\alpha} = n^{1-\alpha} \quad (k_n > 0).$$

Wie die Wachstumsgleichungen (3.7) und (3.8) aufdecken, müssen damit bei gegebener konstanter Sparquote die Einkommenswachstumsraten zurückgehen. Die zunächst mit einer hohen Ersparnisbildung erreichte Wachstumsdynamik wird bei der aufgrund abnehmender Grenzproduktivität des Kapitals nachlassenden Sachkapitalakkumulation und Kapitalintensivierung immer schwächer. Es stellt sich die Frage, wann der Rückgang der Wachstumsraten zum Stillstand kommt. Die bislang erklärte Wachstumsdynamik, die durch Sachkapitalakkumulation und Kapitalintensivierung getrieben wird, ist also zeitlich begrenzt. Die Zeitphase, in der sich diese Wachstumsdynamik abspielt, soll deshalb als Übergangswachstum (bzw. transitorisches Wachstum) bezeichnet werden. Im nächsten Schritt wird gezeigt, warum dieses Übergangswachstum langfristig in einen stabilen und gleichgewichtigen Wachstumspfad (Steady State) mündet, der niedrigere und konstante Wachstumsraten des Inlandsprodukts aufweist.

3.1.3. Steady – State – Wachstum

Nachdem geklärt wurde, dass ein durch Erhöhung der Spar- und Investitionsquote angeregtes Übergangswachstums durch Kapitalintensivierung getrieben wird, ist es naheliegend, aus einer die zeitliche Entwicklung der Kapitalintensität erklärenden Gleichung herzuleiten, wohin die transitorische Wachstumsdynamik führt. Aus

$$g_n = \frac{\dot{n}}{n} = g_K - g_N = \frac{s}{k(n)} - g_N$$

folgt die zeitliche Veränderung der Kapitalintensität:

(3.10) $$\dot{n} = \left(\frac{s}{k(n)} - g_N\right)n = sy(n) - ng_N = sn^{\alpha} - ng_N$$

Sie wird bestimmt durch die tatsächlich erreichte Investition pro Kopf ($sy = sY/N = I/N$) abzüglich der bei wachsender Bevölkerung zur Erhaltung der erreichten Kapitalintensität erforderlichen Pro-Kopf-Investition (ng_N), die im folgenden als Pro-Kopf-Ersatzinvestition bezeichnet werden soll. Ist die tatsächliche Pro-Kopf-Investition größer als die Pro-Kopf-Ersatzinvestition ($sy > ng_N$), wächst die Kapitalintensität ($\dot{n} > 0$). Ist sie kleiner ($sy < ng_N$), wird die Kapitalausstattung der Arbeitsplätze abgebaut ($\dot{n} < 0$).

In der grafischen Darstellung (Abb. G-2) wird deutlich, dass die in Periode t vorhandenen Wachstumsperspektiven für Periode t + 1 von dem in t erreichten Niveau der Kapitalintensität und damit von der Höhe des Pro-Kopf-Einkommens y(t) abhängen.

Angenommen, in Periode t = 1 seien die Kapitalintensität n_1 und folglich das Pro-Kopf-Einkommen y_1 erreicht. Wie in Abb. G-2 erkennbar, ist in dieser Ausgangslage $sy_1 > n_1g_N$, so dass in den Folgeperioden die Kapitalintensität und das Pro-Kopf-Einkommen steigen werden. Mit steigenden Werten dieser Pro-Kopf-Größen wird aber die Differenz von realisierter Pro-Kopf-Investition und Pro-Kopf-Ersatzinvestition ständig kleiner und schließlich Null. Haben die Pro-Kopf-Variablen also die Niveaus n_E und y_E erreicht, kommt die Wachstumsdynamik der Übergangsphase in einem langfristigen Wachstumsgleichgewicht zum Stillstand. Da auf diesem gleichgewichtigen Wachstumspfad Kapitalintensität und Pro-Kopf-Einkommen auf den Niveaus n_E und y_E verharren, müssen die Steady-State-Wachstumsraten von Y und K mit der exogenen Bevölkerungswachstumsrate übereinstimmen:

$$g_Y = g_K = s/k = g_N.$$

Dieses neoklassische Wachstumsgleichgewicht ist stabil, wie im (unteren) Phasendiagramm von Abb. *G-2* deutlich wird. Die hier dargestellte Kurve bildet die in Gleichung (3.10) erfasste Differenz von tatsächlicher Pro-Kopf-Investition und Pro-Kopf-Ersatzinvestition in Abhängigkeit von der Kapitalintensität ab. Solange das tatsächliche Kapital-Arbeits-Verhältnis kleiner (größer) als das gleichgewichtige ist, wächst (sinkt) es. Die Kapitalintensität weist somit die Tendenz auf, von jedem beliebigen Startwert n(t) aus zum Gleichgewichtswert n_E zu streben. Diese Stabilitätseigenschaft beruht auf Veränderungen des Kapitalkoeffizienten, die in einem systematischen Zusammenhang mit den Veränderungen der Kapitalintensität stehen. Ist $n < n_E$ ($n > n_E$), wird mit den steigenden (sinkenden) Werten von n der Kapitalkoeffizient steigen (sinken) und die Wachstumsrate des Kapitalstocks wegen $g_K = s/k$ solange zurückgehen (zunehmen) bis mit $g_K = g_N$ der gleichgewichtige Steady-State-Wachstumspfad erreicht ist. Dieses Gleichgewicht wird in Abb. *G-2* also durch den Schnittpunkt der sy-Kurve mit der g_Nn-Geraden bestimmt.

Damit lässt sich mit Hilfe von Abb. *G-2* auch nachweisen, dass weder durch eine Er-

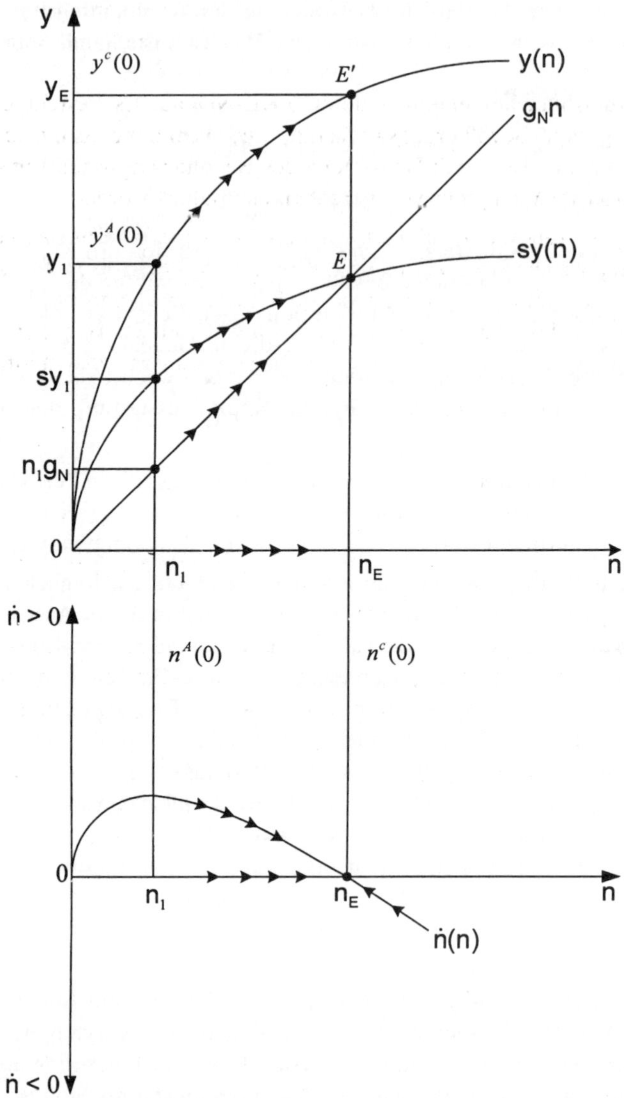

Abb. G-2: Übergangswachstum und Wachstumsgleichgewicht ohne technischen Fortschritt

höhung der Sparquote noch durch eine Senkung der Bevölkerungswachstumsrate eine anhaltende Steigerung der PKE-Wachstumsrate erzielt werden kann. Eine höhere Sparquote (Aufwärtsdrehung der sy-Kurve) wird zwar ein Übergangswachstum mit höheren Wachstumsraten anregen, führt aber langfristig zu den gleichen Steady-State-Wachstumsraten $g_Y = g_K = g_N$ zurück. Immerhin liegen die gleichgewichtigen Niveaus von n_E und y_E nun höher und der gleichgewichtige Wachstumspfad verläuft auf höherem Einkommensniveau. Langfristig besteht also keine positive Korrelation zwischen Sparquote und Wachstumsrate, wohl aber zwischen Sparquote und PKE-Niveau.

Ein analoges Ergebnis folgt bei einem Rückgang des Bevölkerungswachstums (Abwärtsdrehung der $g_{N}n$-Kurve). Im Steady-State hat sich die Wachstumsrate des Inlandsproduktes an die niedrigere Bevölkerungswachstumsrate angepasst, doch verläuft dieser Wachstumspfad auf einem höheren PKE-Niveau. Es besteht ein negativer Zusammenhang von Bevölkerungswachstum und Einkommensniveau. Die PKE-Wachstumsrate kann also durch Drosselung des Bevölkerungswachstums ebenso wie durch Investitionsförderung nur vorübergehend stimuliert werden.

So vermittelt das Grundmodell die mit den aus Länderquerschnittsanalysen gewonnenen empirischen Erfahrungen kompatible Einsicht, dass Spar- bzw. Investitionsquote und Wachstumsrate der Bevölkerung wesentliche Bestimmungsgründe für den Lebensstandard eines Landes sind (MANKIW, 1995). Länder mit relativ hohen Investitionsquoten und relativ schwachen Bevölkerungswachstumsraten werden langfristig auch relativ hohe Pro-Kopf-Einkommen erreichen.

3.2. Exogener technischer Fortschritt

Das Basismodell der neoklassischen Wachstumstheorie vermittelt zwar ein grundlegendes Verständnis der Bedeutung der Sachkapitalakkumulation für den Wachstumprozess, ist jedoch nicht mit den stilisierten Fakten der Wachstumsdynamik (s. Abschnitt 1.3) vereinbar, die in den meisten Fällen ein anhaltendes Wachstum von Kapitalintensität und Pro-Kopf-Einkommen zeigen. Dieser Widerspruch resultiert aus der Annahme eines unveränderten Standes der Technik. Wird sie aufgehoben und durch die Annahme ersetzt, dass ein stetig fortschreitender Stand der Technik in einer konstanten technischen Fortschrittsrate erfasst werden kann, dann muss das Pro-Kopf-Einkommen auch auf dem gleichgewichtigen Wachstumspfad zunehmen. Das SOLOW-Modell mit (exogenem) technischem Fortschritt bietet somit zunächst einmal eine schlüssige, mit den empirischen Erfahrungen besser zu vereinbarende Erklärung der Dynamik des Übergangs- und Steady-State-Wachstums.

3.2.1. Technischer Fortschritt und Produktionsfunktion

Technischer Fortschritt resultiert aus einer Zunahme des technischen Wissens, die neue Produkte oder bessere Produktqualitäten (Produktinnovationen) und effizientere, kostensparende Produktionsverfahren (Prozessinnovationen) hervorbringt. Das neoklassische Wachstumsmodell versteht technischen Fortschritt als stetige Entwicklung von Prozessinnovationen, die sich so auswirken, als hätte die Einsatzmenge eines Produktionsfaktors oder beider Faktoren zugenommen (faktorvermehrender technischer Fortschritt). So gesehen, erhöht technischer Fortschritt die Kapitalproduktivität, Arbeitsproduktivität oder die Produktivität der Faktorkombination von Arbeit und Kapital (totale Faktorproduktivität).

Entsprechend werden kapital-, arbeits- oder faktorvermehrender technischer Fortschritt unterschieden. Wenn technischer Fortschritt die Knappheitsrelationen von Arbeit und Kapital verändert, so dass sich die funktionelle Einkommensverteilung verschiebt, spricht man von nicht-neutralem Fortschritt, anderenfalls von neutralem technischen Fortschritt. Da das neoklassische Wachstumsmodell auf der Basis einer linear-homogenen COBB-DOUGLAS-Funktion konstante Lohn- und Kapitaleinkommensquoten impliziert, muss hier neutraler technischer Fortschritt vorliegen.

Wird nun ein Technologieparameter π in diese Produktionsfunktion eingeführt, so zeigt sich technischer Fortschritt in einem Anstieg des Parameters ($d\pi/dt = \dot{\pi} > 0$) und die technische Fortschrittsrate lautet $g_\pi = \dot{\pi}/\pi$.

Es sind nun drei Fälle denkbar:

(3.11) $Y(t) = \pi(t)F(K(t), N(t)) = \pi K^\alpha N^{1-\alpha}$

In diesem Fall wirkt der technische Fortschritt so, als wären die beiden Produktionsfaktoren Arbeit und Kapital proportional vermehrt worden. Diese Form des technischen Fortschritts, die in einer Zunahme der totalen Faktorproduktivität zum Ausdruck kommt, wird als HICKS-neutraler Fortschritt bezeichnet.

(3.12) $Y(t) = F(\pi(t)K(t), N(t)) = (\pi K)^\alpha N^{1-\alpha}$

Im zweiten Fall wirkt der technische Fortschritt so, als wäre nur der Kapitaleinsatz größer geworden; die Effizienz des Faktors Kapital wird gesteigert (SOLOW-neutraler Fortschritt).

(3.13) $Y(t) = F(K(t), \pi(t)N(t) = K^\alpha (\pi N)^{1-\alpha}$

Im dritten Fall wirkt der technische Fortschritt wie eine Vermehrung des Arbeitseinsatzes; der Faktor Arbeit wird effizienter (HARROD-neutraler Fortschritt). Steigt also der Technologieparameter von π (0) = 1 auf π (1) = 2, dann hat der technische Fortschritt in diesem Zeitraum die Effizienz einer Arbeitskraft verdoppelt: Dank besserer Technik kann eine Arbeitskraft in t = 1 das Doppelte wie in t = 0 leisten. Diese Form des technischen Fortschritts steht im Zentrum neoklassischer Wachstumsmodelle und soll deshalb auch im folgenden zugrunde gelegt werden.

Technischer Fortschritt wirkt so als hätte sich die Zahl der beschäftigten Arbeitskräfte verdoppelt. Die effektive Arbeit ($\hat{N}$) ist von $\hat{N}(0) = N(0)$ auf $\hat{N}(1) = 2N(0)$ erhöht worden, so dass allgemein gilt: $\hat{N} = \pi N$. Die in (3.13) erfasste Produktionsfunktion lautet nun $Y = K^\alpha \hat{N}^{1-\alpha}$. Hieraus kann die Pro-Kopf-Produktionsfunktion für das Einkommen pro effektive Arbeitseinheit ($\hat{y} = Y/\hat{N} := Y/\pi N$) hergeleitet werden.

(3.14) $\hat{y} = \left(\frac{K}{\hat{N}}\right)^\alpha = \hat{n}^\alpha.$

In Übereinstimmung mit Gleichung (3.4) und Abb. G-1 ist dieses PKE eine degressiv steigende Funktion des Kapitaleinsatzes pro effektive Arbeitseinheit $\left(\hat{n} = K/\hat{N} = K/\pi N\right)$. Die Pro-Kopf-Produktionsfunktion (3.14) erfüllt die gleichen INADA-Bedingungen wie die unter (3.4) erfasste Beziehung. Mit steigender Kapitalintensität $\hat{n}$ wird die Durchschnitts- und Grenzproduktivität des Kapitals $((\hat{y}/\hat{n}, \delta\hat{y}/\delta\hat{n})$ sinken und die entsprechenden Kapitalkoeffizienten steigen.

3.2.2. Übergangs- und Steady-State-Wachstum

Bei Harrod-neutralem technischen Fortschritt folgen aus (3.13) die fundamentalen Wachstumsgleichungen:

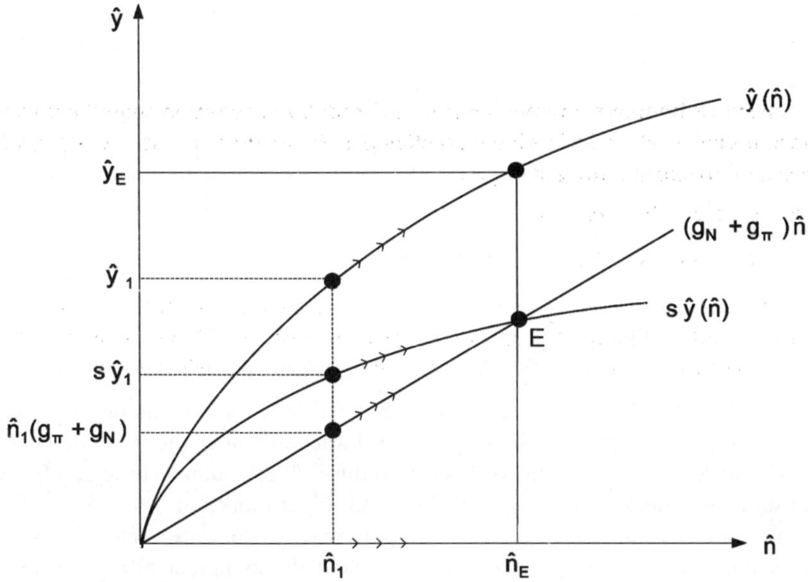

Abb. G-3: Übergangswachstum und Wachstumsgleichgewicht mit technischem Fortschritt

(3.15) $g_Y = \alpha g_K + (1-\alpha)(g_N + g_\pi)$

$= g_\pi + g_N + \alpha\,(g_K - (g_N + g_\pi))$

$= g_\pi + g_N + \alpha g_{\hat{n}}$

und

(3.16) $g_y = g_\pi + \alpha g_{\hat{n}} = g_\pi + \alpha(g_K - (g_N + g_\pi))$

Da $g_K = s\hat{y}/\hat{n}$, wird der Kapitalstock pro effektive Arbeitseinheit wachsen, solange

$$g_{\hat{n}} = \frac{s\hat{y}}{\hat{n}} - (g_N + g_\pi) > 0.$$

Unter dieser Bedingung wird die realisierte Investition pro effektive Arbeitseinheit die entsprechende Ersatzinvestition überschreiten, die die Kapitalintensität $\hat{n}$ konstant hält, so dass $\hat{n}$ steigt (Abb. G-3), wenn

$$\frac{\delta \hat{n}}{\delta t} = s\hat{y} - (g_N + g_\pi)\,\hat{n} > 0.$$

Das Wachstum der Kapitalintensität wird umso schwächer sein, je höher ihr bereits erreichtes Niveau ist. In diesem Übergangswachstum mit relativ hohen Wachstumsraten $g_K > g_Y > g_\pi + g_N$ und $g_y > g_\pi$, wird $\hat{n}$ solange steigen und g_K solange sinken, bis die Kapitalintensität im Gleichgewichtspunkt E ein stabiles Niveau erreicht hat.

In diesem Steady-State-Wachstumsgleichgewicht, dessen Stabilität in der (analog zu Abb. G-2 lesbaren) Abb. G-3 deutlich wird, muss folglich gelten:

$$g_K = g_N + g_\pi = g_Y.$$

$$g_K - g_N = g_n = g_\pi.$$

$$g_Y - g_N = g_y = g_\pi.$$

Pro-Kopf-Einkommen und Kapitalintensität n wachsen mit der Rate des technischen Fortschritts, während der Kapitalkoeffizient konstant bleibt ($g_k = g_K - g_Y = 0$). Die Grenzproduktivität des Kapitals (= Realzins) verändert sich nicht mehr, während die Grenzproduktivität der Arbeit (= Reallohn) mit der Rate des Harrod-neutralen technischen Fortschritts zunimmt.

3.2.3. Wachstumsrechnung

Das um technischen Fortschritt erweiterte Solow-Modell steht mit den stilisierten Fakten recht gut im Einklang. Seine größte Schwäche ist aber die unterstellte Exogenität des technischen Fortschritts. Dies wird durch Wachstumsrechnungen (growth accounting) aufgedeckt, die von der COBB-DOUGLAS-Funktion $y = \pi K^\alpha N^{1-\alpha}$ mit HICKS-neutralem technischen Fortschritt ausgeht und aus der entsprechenden Wachstumsgleichung $g_Y = g\pi + \alpha g_K + (1\text{-}\alpha)g_N$ die nicht direkt beobachtbare technische Fortschrittsrate als sogenanntes SOLOW-Residual ermittelt:

$$g\pi = g_Y - \alpha g_K - (1\text{-}\alpha)g_N.$$

Dabei kann im langfristigen Durchschnitt für Hocheinkommensländer wie USA oder Deutschland eine Kapitaleinkommensquote $\alpha = 0{,}3$ und Lohnquote $1 - \alpha = 0{,}7$ zugrunde gelegt werden (siehe Abschnitt G-1.3).

Die Anwendung dieser Wachstumsrechnung auf die Bundesrepublik Deutschland im Zeitraum 1961–1990 (SMOLNY, 2000) erbringt in Übereinstimung mit entsprechenden früheren Zerlegungen der US-amerikanischen Einkommenswachstumsrate ein interessantes, für das Solow-Modell aber auch vernichtendes Ergebnis. Die jahresdurchschnittliche Wachstumsrate lag in diesem Zeitraum bei 3,06 v. H. Der Kapitalstock wuchs jahresdurchschnittlich um 4,27 v. H., woraus sich ein Wachstumsbeitrag von 0,3 x 4,27 = 1,27 v. H ergibt. Die Beschäftigung gemessen in Jahresarbeitsstunden ging um 0,98 v. H. zurück, so dass ein negativer Wachstumsbeitrag von ca. –0,69 v. H. vorlag. Aus obiger Wachstumsgleichung folgt demnach die mit den SOLOW-Residual geschätzte technische Fortschrittsrate aus $g_\pi = 3{,}06 - 1{,}27 + 0{,}69 = 2{,}48$. Das bedeutet aber, dass mit diesem neoklassischen Modell ca. 80 v. H. der deutschen Wachstumsdynamik 1961 – 1991 nicht erklärt werden kann. Die Exogenitätsannahme impliziert, dass mehr als drei Viertel dessen, was erklärt werden soll, einfach angenommen worden ist. Es bleibt offen, ob die so errechnete residuale Wachstumsrate ausschließlich oder nicht nur auf technischen Fortschritt zurückzuführen ist.

3.3. Humankapitalbildung

Die relativ schwache Erklärungskraft dieses neoklassischen SOLOW-Modells ist zum Teil darin begründet, dass Zusammenhänge zwischen Qualifikation und Produktivität der

Arbeitskräfte ignoriert werden. Ein Land mit einem hohen Anteil qualifizierter Arbeitskräfte an der Gesamtzahl der Erwerbspersonen ist produktiver als ein Land mit hoher Analphabetenquote und hohem Anteil nicht oder wenig ausgebildeter Arbeitskräfte.

Fasst man die durch Ausbildung aufgebauten Qualifikationen (abgeschlossene primäre und sekundäre Schulausbildung, Hochschulausbildung oder Berufsausbildung, Erwerb von Erfahrungen und Fertigkeiten am Arbeitsplatz) zu einem dritten Produktionsfaktor Humankapital (H) zusammen, wird mit der Humankapitalakkumulation ein weiterer Wachstumsmotor in das Blickfeld gerückt, der mindestens ebenso wichtig wie die Sachkapitalakkumulation ist.

Das um Humankapital erweiterte SOLOW-Modell (MANKIW/ROMER/WEIL, 1992) geht von einer linear-homogenen Produktionsfunktion aus:

(3.17) $Y = Y(K, H, N) = K^{\alpha}H^{\beta}(\pi N)^{1-\alpha-\beta}.$

Bei konstantem Stand der Technik ($\pi = 1$) folgt hieraus die Pro-Kopf-Produktionsfunktion

3.18 $y = y\left(\frac{K}{N}, \frac{H}{N}\right) = \left(\frac{K}{N}\right)^{\alpha}\left(\frac{H}{N}\right)^{\beta}.$

Das Pro-Kopf-Einkommen steigt mit zunehmender Sachkapitalintensität und steigendem durchschnittlichen Qualifikationsniveau der Arbeitskräfte, das durch die Humankapitalintensität H/N gemessen wird. Die Wachstumsdynamik wird nun nicht nur durch Ausrüstungsinvestitionen, die die Sachkapitalintensität erhöhen, sondern auch durch Ausbildungsinvestitionen, die das Qualifikationsniveau der Arbeitskräfte anheben, angetrieben. Sowohl die Ausrüstungs- als auch die Ausbildungsinvestitionen müssen aus Ersparnissen finanziert werden. Im Übergangswachstum werden die Einkommenswachstumsraten um so höher sein, je größer die durch Ersparnisse ermöglichten Ausrüstungs- und Ausbildungsinvestitionsquoten ($\Delta K/Y, \Delta H/Y$) sind.

Ebenso wie die Sachkapitalakkumulation wird auch die Humankapitalbildung nicht nur das Bruttoinlandprodukt, sondern auch die Grenzproduktivität aller Arbeitskräfte erhöhen. Dies gilt auch für jene Arbeiter, die wenig oder kein Humankapital aufgebaut haben. Auch die ungelernten Arbeitskräfte profitieren deshalb in Form steigender Reallöhne von der Humankapitalbildung, in die Andere investiert haben.

Höhere Investitionen in die Humankapitalbildung haben in diesem Modellrahmen jedoch – wie Investitionen in Sachkapitalbildung – keinen Einfluss auf die Steady-State-Wachstumsrate, da auch die Grenzerträge des Humankapitals mit wachsenden Humankapitalbeständen abnehmen. Sie schaffen langfristig eine höhere Humankapitalintensität und steigern somit auch die Produktion pro Beschäftigten. Länder, die in Relation zu ihrem Bruttoinlandsprodukt höhere (staatliche und private) Bildungsausgaben tätigen, erzielen auch eine höhere Arbeitsproduktivität und Pro-Kopf-Produktion.

Ist das Steady-State-Wachstumsgleichgewicht erreicht, bleibt die Humankapitalintensität konstant, so dass $g_H = g_N = g_Y$ (Annahme: $g_{\pi} = 0$). Während im Übergangswachstum die Humankapitalakkumulation das Verhältnis zwischen der Anzahl qualifizierter und nichtqualifizierter Arbeitskräfte erhöht, wird sich diese Relation und damit der Anteil qualifiziert ausgebildeter Arbeitskräfte an der Gesamtbevölkerung (bzw. Arbeitsbevölkerung) auf dem Steady-State-Wachstumspfad nicht mehr verändern.

3.4. Optimales Wachstum

3.4.1. Optimale Sparquote

Der positive Zusammenhang von Sparquote und Niveau des Pro-Kopf-Einkommens (s. Abschnitt 3.1.3 und 3.2) wirft die Frage nach der optimalen Sparquote auf. Ist sie nachweisbar, steht ein Maßstab zur Verfügung, der ein Urteil darüber erlaubt, ob die realisierte Sparquote zu niedrig oder zu hoch und deshalb ein wachstumspolitisches Interesse vorhanden ist, die Sparneigung durch positive Anreize zu fördern (Aufwärtsdrehung der sy-Kurve bzw. sŷ-Kurve in Abb. G-2 bzw. G-3) oder durch negative Anreize zu drosseln (Abwärtsdrehung der sy-Kurve). In der ersten Generation neoklassischer Modelle optimalen Wachstums ist diese Frage mit dem Beweis gelöst worden, dass es in der Tat eine Sparquote gibt, die zu Steady-State-Niveaus $y_E^{opt.}$, $n_E^{opt.}$ führt, bei deren Erreichen der Konsum pro Kopf der Bevölkerung maximiert wird (PHELPS, 1961; SOLOW, 1962; VON WEIZSÄCKER, 1962).

Der Pro-Kopf-Konsum (c: = C/N) im Steady-State ist durch

$$c_E = y_E(n_E) - \frac{I}{N} = y_E(n_E) - sy_E(n_E)$$

bestimmt. Da $sy_E = g_N n_E$ erfüllt ist, folgt

$$c_E = y_E(n_E) - g_N n_E$$

Die Bedingung für ein Konsummaximum lautet

$$\frac{dc_E}{dn_E} = \frac{dy_E}{dn_E} - g_N = 0.$$

Sie ist somit erfüllt, wenn die Grenzproduktivität des Kapitals mit der Bevölkerungswachstumsrate übereinstimmt: $dy_E/dn_E = g_N$. Da auf dem gleichgewichtigen Wachstumspfad $g_Y = g_N$ ist und die Grenzproduktivität des Kapitals mit dem Realzins übereinstimmt ($r = dy_E/dn_E$), ist jene Sparquote optimal, die zu einer Steady-State-Kapitalintensität führt, bei der Realzins und BIP-Wachstumsrate übereinstimmen:

$$(3.19) \qquad r = \partial y_E/\partial n_E = \partial y/\partial n = g_Y = g_N$$

Wenn die gegenwärtige und alle zukünftigen Generationen dieser „Goldenen Regel der Kapitalakkumulation“ (PHELPS, 1961) folgen, erhält jede von ihnen die bestmögliche Konsumgüterversorgung.

Die Goldene Regel lässt sich in Abb. G-4 veranschaulichen. Wird die Sparquote sukzessive erhöht, wandert der Wachstumsgleichgewichtspunkt auf der $g_N n$-Geraden nach oben. Da $g_N n_E = sy_E$, misst die vertikale Differenz von $y_E(n_E)$ und $g_N n_E$ den Pro-Kopf-Konsum. Ist zum Beispiel der gleichgewichtige Wachstumspfad auf dem Niveau n_{E_1} und y_{E_1} erreicht, bestimmen die Strecke $n_{E_1} E_1'$ das Pro-Kopf-Einkommen und die Strecke $n_{E_1} E_1$ die Pro-Kopf-Investition, so dass der Pro-Kopf-Konsum an der Strecke $E_1 E_1'$ ablesbar ist. Es wird erkennbar, dass der Pro-Kopf-Konsum durch eine Erhöhung der Sparquote noch gesteigert werden kann. Diese Möglichkeiten sind erst dann erschöpft, wenn eine gleichgewichtige Kapitalintensität $n_E^{opt.}$ erreicht ist, bei der das Steigungsmaß der Pro-Kopf-Produktionsfunktion (Grenzprodukt des Kapitals) mit dem Steigungsmaß der $g_N n$-Kurve ($g_N = g_Y$) übereinstimmt. Der maximal erreichbare Pro-Kopf-Konsum entspricht damit der Strecke $E^{opt.} E_{opt}'$ und wird bei jener Kapital-

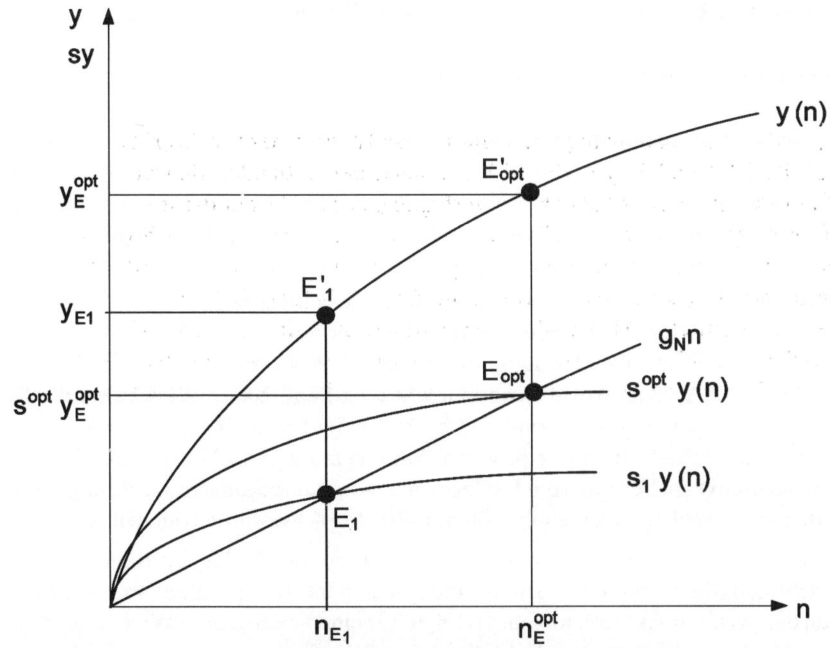

Abb. G-4: Optimale Sparquote

intensität erreicht, bei der die Grenzproduktivität des Kapitals mit der Wachstumsrate der Produktion (bzw. Bevölkerung) übereinstimmt.

Für eine optimale Wachstumspolitik ergibt sich daraus folgende Leitlinie: Solange auf einem Steady-State-Wachstumspfad der Realzins größer (kleiner) ist als die Wachstumsrate des realen Bruttoinlandsprodukts, sollte auf eine höhere (niedrigere) Sparquote hingewirkt werden. Wenn $dy_E/dn_E > g_N = g_Y$ ($< g_N = g_Y$), dann ist $s < s_{opt.}$ ($s > s_{opt.}$).

Die optimale Sparquote, die den konsummaximierenden gleichgewichtigen Wachstumspfad hervorbringt, muss somit zu einem Gleichgewichtsniveau der Kapitalintensität führen, bei dem wegen der Konstanz des Kapitalkoeffizienten ($g_N = g_K$) das Grenzprodukt des Kapitals auch mit der Wachstumsrate des Kapitalstocks übereinstimmt. Damit ist im neoklassischen Grundmodell die Höhe der optimalen Sparquote eindeutig bestimmt. Aus den Optimalitätsbedingungen

$$\frac{dy}{dn} = \frac{\partial Y}{\partial K} = gK$$

und

$$g_K = \frac{s_{opt.} Y}{K}$$

folgt

$$s_{opt.} = \frac{\partial Y}{\partial K} \cdot \frac{K}{Y} = \alpha.$$

Die optimale Sparquote stimmt mit der Produktionselastizität des Kapitals, also auch mit der Kapitaleinkommensquote, überein. Beträgt diese $\alpha = 0,3$, dann sind Sparquoten unter (über) 30 v. H. zu niedrig (hoch).

Im Solow-Modell mit exogenem technischen Fortschritt gilt eine analoge Optimierungsbedingung der Goldenen Regel mit einem wesentlichen Unterschied. Da bei Befolgen dieser Leitlinie der Konsum pro Arbeitseffizienzeinheit maximiert wird, generiert die optimale Sparquote den optimalen Wachstumspfad des Pro-Kopf- Konsums, der mit der technischen Fortschrittsrate wächst.

3.4.2. Optimale Wachstumsdynamik

Nach dem Maßstab der Goldenen Regel, nach der eine Sparquote von etwa 30 v. H. optimal wäre, hätten viele OECD-Staaten zu niedrige Sparquoten und zu niedrige Kapitalbestände pro Beschäftigten (Sparquoten 2003: 19,7 v. H. in Deutschland, 13,5 v. H. in USA; IMF World Economic Outlook Sept. 2004). Würden sie die Kapitalbildung z. B. durch Abbau von Staatsbudgetdefiziten, niedrigere Kapitalertragsbesteuerung, Steuerbefreiung der privaten Altersvorsorge und Umstellung der gesetzlichen Rentenversicherung von Umlage- auf Kapitaldeckungsfinanzierung fördern, könnten sie langfristig auch einen höheren Pro-Kopf-Konsum erreichen.

Es muss aber bezweifelt werden, dass die Sparquote der Goldenen Regel tatsächlich den richtigen Maßstab bietet. Gründe, die aus dem intertemporalen Optimierungsverhalten der privaten Akteure folgen, sprechen für einen niedrigeren Wert der optimalen Sparquote. Eine Wachstumspolitik, die auf die Diagnose $s < s_{opt.}$ mit die Ersparnisbildung fördernden Maßnahmen reagiert, die erst langfristig (z. B. erst nach 30 Jahren) einen höheren Pro-Kopf-Konsum als heute ermöglichen, begegnet einem trade-off. Der Preis, der für einen nach vielleicht 30 Jahren höheren Lebensstandard zu zahlen ist, ist der gegenwärtige zusätzliche Konsumverzicht, ohne den die zu dem „besseren" Steady-State führende Wachstumsdynamik nicht in Gang käme. Der gegenwärtige Pro-Kopf-Konsum muss also zu Gunsten einer höheren Pro-Kopf-Ersparnis gesenkt werden. Die Erträge in Form eines gegenüber heute höheren Pro-Kopf-Einkommens stellen sich erst in ferner Zukunft ein. Ein überwiegender Teil dieser Erträge kommt nicht der gegenwärtigen Generation sparsamer Haushalte, sondern der zukünftigen konsumfreudigeren Generation zugute.

Wenn die privaten Akteure deshalb den Nutzen des zukünftigen Konsumzuwachses geringer schätzen als den Nutzenentgang aus dem gegenwärtigen Konsumverzicht, der diesen späteren Zusatzkonsum erst ermöglicht, muss die optimale Sparquote unter dem Maßstab der Goldenen Regel liegen ($s_{opt.} < 0{,}3$). Die goldene Regel verliert also ihren Optimalitätsstandard, wenn die Individuen eine Präferenz für den Gegenwartskonsum (positive Zeitpräferenzrate: $\rho > 0$) haben. Dies bedeutet, dass einem Zukunftskonsum (von z. B. 1000 EUR) ein nach Maßgabe von ρ geringeres Nutzengewicht beigemessen wird, als einem gleich großen Gegenwartskonsum (von 1000 EUR). Die Goldene Regel impliziert jedoch die Annahme, dass jeder Verzicht auf Gegenwartskonsum durch eine gleich große Zunahme des Zukunftskonsums kompensiert werden kann, also keine Präferenz für Gegenwartskonsum vorliegt (Zeitpräferenzrate $\rho = 0$).

Es ist realistischer, von der Annahme $\rho > 0$ auszugehen. Dann aber ist die Sparquote nicht mehr eine zentral planbare exogene Variable, sondern eine aus dem Optimierungsverhalten privater Haushalte resultierende endogene Verhaltensvariable. Die Konsequenzen sollen in einem einfachen Beispiel eines Zwei-Perioden-Optimierungsmodells verdeutlicht werden. Angenommen, ein Haushalt stehe am 1. 1. 2006 vor der Entscheidung, einen einmaligen Einkommenszuwachs von 1000 EUR entweder zu sparen oder zu konsumieren. Wenn er diesen Betrag mit einer Realverzinsung $r = 0.05$ für ein Jahr anlegt, kann er im Folgejahr einen um 50 EUR höheren Konsum realisieren als bei einem zum 1. Januar 2006 realisierten Gegenwartskonsum in Höhe von 1000 EUR. Bringt ihm nun ein Konsum von 1030 EUR zum 1. Januar 2007 den gleichen Nutzen wie ein Konsum von 1000 EUR zum 1. Januar 2006 (Zeitpräferenzrate von 3 v. H.), wird er sich für Sparen entscheiden, weil hierdurch bei $r = 0{,}05 > \rho = 0{,}03$ ein Nutzenzuwachs von 20 EUR erzielt wird.

Dies lässt sich verallgemeinern, wobei die beiden Jahre als Perioden 1 und 2 bezeichnet werden sollen. Wenn $r > \rho$ werden sich private Haushalte für Zukunftskonsum und Gegenwartssparen entscheiden, weil die Grenzkosten des Konsumverzichts (ρ) kleiner als der Grenzertrag des Konsumverzichts (r) sind. Bei $r < \rho$ werden sich die Haushalte für Gegenwartskonsum statt Sparen entscheiden. Ist $r > \rho$ folgt somit $C(2)/C(1) > 1$. Ist $r < \rho$, folgt $C(2)/C(1) < 1$. Eine positive Wachstumsrate des Konsums kommt also nur zustande, wenn $r - \rho > 0$. Für $r - \rho = 0$ bleiben die Konsumausgaben im Zeitverlauf konstant, für $r - \rho < 0$ gehen sie zurück. In einem spezifizierten dynamischen Optimierungsmodell kann $C(2)/C(1)$ in eine Wachstumsrate umgerechnet und exakt bewiesen werden (vgl. etwa BRETSCHGER, 2004), dass die Wachstumsrate der aus Sicht der Privathaushalte optimalen Konsumausgaben und somit auch die der optimalen Ersparnis durch die Differenz von Realzins und Zeitpräferenzrate bestimmt wird (RAMSEY, 1928):

(3.19) $$g_{C_{\text{opt.}}} = r - \rho.$$

Auf jedem Steady-State-Wachstumspfad muss bei konstanter Technik zusätzlich gelten: $g_C = g_Y = g_N = g_K$.

Der optimale Steady-State-Wachstumspfad des Pro-Kopf-Konsums erfüllt also die Bedingung

$$g_{C_{\text{opt.}}} - g_N = r - \rho - g_N = 0$$

und somit gilt die RAMSEY-Regel:

(3.20) $$r = \partial y/\partial n = \partial Y/\partial K = \rho + g_N.$$

Während auf dem nach der Goldenen Regel optimalen Wachstumspfad die Grenzproduktivität des Kapitals mit der exogenen Bevölkerungswachstumsrate (bzw. g_Y und g_K) übereinstimmt, ist sie auf dem gemäß RAMSEY-Regel optimalen Pfad um die Zeitpräferenzrate größer. Daraus folgt, dass die optimale Kapitalintensität und somit die optimale Sparquote kleiner als die Sparquote der Goldenen Regel ist, wenn die Zeitpräferenzrate positiv ist. Gesellschaften, deren Sparverhalten durch hohe Zeitpräferenzraten bestimmt wird, erreichen langfristige Wachstumsgleichgewichte mit niedrigeren Einkommensniveaus als sparsamere Gesellschaften mit niedrigeren Zeitpräferenzraten.

4. Theorien endogenen Wachstums

Die größte Schwäche der bisher vorgestellten Generation neoklassischer Wachstumsmodelle beruht darauf, die langfristigen Wachstumsraten in Folge von sinkenden Grenzproduktivitäten des Kapitals ausschließlich auf exogene Faktoren (Bevölkerungswachstum und technischer Fortschritt) zurück zu führen, nicht aber erklären zu können, warum diese Einflüsse die unterstellte Stärke haben oder weshalb sie sich ändern können. So kann zwar die Dynamik des Übergangswachstums in noch relativ weit vom Steady-State entfernten Ländern zum Teil erklärt werden, nicht aber ihre langfristigen Wachstumsperspektiven.

Der exogene technische Fortschritt wird in diesen Modellen als globales öffentliches Gut angesehen, so dass diese Fortschrittsrate in allen weltwirtschaftlich geöffneten Ländern gilt. Es wird nicht erklärt, wie dieser Fortschritt zustande kommt und über welche Kanäle er weltweit verbreitet wird. Wenn diese Ansätze aber nicht erklären können, warum die technischen Fortschrittsraten so unterschiedlich sind, kann mit ihnen auch nicht begründet werden, weshalb die Wachstumsraten der Pro-Kopf-Einkommen zwischen den Ländern auch langfristig so stark von einander abweichen. Die vor allem durch die Beiträge von ROBERT E. LUCAS (1988) UND PAUL M. ROMER (1986, 1990) angestoßene Entwicklung einer neuen Generation von Wachstumsmodellen trug wesentlich zur Überwindung dieser Defizite bei und führte zu einer Renaissance der Wachstumstheorie.

Die neuen Wachstumsmodelle werden als Theorien endogenen Wachstums bezeichnet, weil sie unterschiedlich starkes dauerhaftes Wachstum der Pro-Kopf-Einkommen verschiedener Länder nicht durch exogene Einflüsse, sondern aus dem Modell heraus begründen. Obwohl die verschiedenen Ansätze nicht die Geschlossenheit des neoklassischen Modells aufweisen, lassen sich die unterschiedlichen Modelle der „neuen Wachstumstheorie“ in zwei Typen zusammenfassen: Modelle, die begründen,

- warum auch bei konstantem technologischen Niveau keine sinkenden Grenzerträge des Kapitals auftreten müssen (AK-Modelle),
- welche Faktoren technischen Fortschritt erzeugen und welche Anreizmechanismen Innovationen anregen und antreiben (innovationstheoretische Ansätze: ROMER-Modelle).

4.1. Endogenes Wachstum bei konstanter Technik

4.1.1. Konstante Grenzproduktivität des Kapitals

Ein dauerhaftes Pro-Kopf-Einkommenswachstum ist aus Sicht der neoklassischen Wachstumstheorie ohne technischen Fortschritt nicht realisierbar, da bei fortgesetzter Kapitalakkumulation die Grenzproduktivität des Kapitals – gemäß den INADA-Bedingungen – gegen Null strebt.

Die Produktionsfunktion

$$Y = \pi K^{\alpha} N^{1-\alpha}$$

impliziert bei konstantem Stand der Technik ($\pi = A = \text{const.}$) ein konstantes Grenzprodukt des Kapitals (und die Nicht-Erfüllung der INADA-Bedingungen), wenn $\alpha = 1$. In diesem Fall ergibt sich die lineare AK-Produktionsfunktion (REBELO, 1991):

$$(4.1) \qquad Y = AK.$$

Begründet wird die aus $\alpha = 1$ folgende Konstanz der Grenzproduktivität des Kapitals $dY/dK = A$ mit einem erweiterten Kapitalbegriff, der Sach- und Humankapital einbezieht. Der andere Produktionsfaktor N wird von ungelernten Arbeitskräften bereitgestellt, die nur in Kombination mit Kapital produktiv eingesetzt und deshalb in der Produktionsfunktion vernachlässigt werden können.

Bei konstanter Technik wird also die Wachstumsrate des Bruttoinlandsprodukts durch die Wachstumsrate des (Sach- und Human)Kapitalbestandes bestimmt: $g_Y = g_K$. Da $g_K = dK/K = sY/K$ und $Y/K = A$, ergeben sich die Wachstumsraten des Bruttoinlandsprodukts und des Kapitalstocks

$$(4.2) \qquad g_Y = g_K = sA$$

sowie des Pro-Kopf-Einkommens und der Kapitalintensität

$$(4.3) \qquad g_y = g_Y - g_N = g_K - g_N = g_n = sA - g_N.$$

Bei hinreichend großer Sparquote und Kapitalproduktivität ($sA > g_N$) wird also ein gleichgewichtiger Wachstumspfad mit positiver Wachstumsrate des Pro-Kopf-Einkommens erreicht. Unterschiede zwischen Übergangs- und Steady-State-Wachstumspfaden gibt es nicht mehr, die Länder wachsen immer auf dem Steady-State-Wachstumspfad. Dauerhaft höhere Wachstumsraten der Pro-Kopf-Produktion und des Kapitals pro Kopf der Beschäftigten sind mit einer Erhöhung der Sparquote, einer einmaligen technologischen Verbesserung oder einer Drosselung des Bevölkerungswachstums erreichbar. Höheres Bevölkerungswachstum bedingt dauerhaft niedrigere Wachstumsraten des Pro-Kopf-Einkommens.

Diese dem neoklassischen Wachstumsmodell widersprechenden Ergebnisse sind Konsequenz der Aufhebung der Annahme sinkender Grenzproduktivitäten des Kapitals.

4.1.2. Humankapitalallokation

Eine mit den beiden engeren Kapitalbegriffen arbeitende Variante bietet das UZAWA-LUCAS-Modell (UZAWA, 1961,1963; LUCAS, 1988), das endogenes Wachstum durch Humankapitalbildung erklärt. Wachstum resultiert aus der Akkumulation der beiden Faktoren Sachkapital (K) und Humankapital (H). Die Volkswirtschaft besteht aus zwei Sektoren. Im Produktionssektor werden durch Einsatz von Sach- und Humankapital Endprodukte hergestellt, die entweder für Konsum oder für Investitionen in Sachkapitalbildung verwendet werden:

$$(4.4) \qquad Y = Y(K, H) = AK^{\alpha}(uH)^{1-\alpha}$$

A: Konstanter Stand der Technik

u: Teil des Humankapitals, der im Produktionssektor eingesetzt wird.

Im Bildungssektor wird durch Einsatz von Humankapital neues Humankapital produziert:

(4.5) $\dot{H} = \rho_B(1 - u)H$

$(1 - u)$: Teil des Humankapitals, der im Bildungssektor eingesetzt wird,

ρ_B: Produktivität (Effizienz) des Bildungssektors.

Die Wachstumsrate des Bruttoinlandsprodukts ergibt sich aus

$$g_Y = \alpha g_K + (1 - \alpha)g_H + (1 - \alpha)g_u$$

und unter Berücksichtigung von $g_H = \dot{H}/H = \rho_B(1 - u)$:

(4.6) $g_Y = \alpha g_K + (1 - \alpha)\rho_B(1 - u) + (1 - \alpha)g_u.$

Die Wachstumsdynamik mündet in einen langfristigen Gleichgewichtspfad, auf dem die Aufteilung des Humankapitalbestandes als Ergebnis individueller Entscheidungen über die optimale Zeitallokation zwischen Bildung und Produktion (bzw. Einkommenserwerb) konstant ist ($g_u = 0$) und Y in der gleichen Rate wie K wächst ($g_Y = g_K$). Die in diesem Fall folgenden Wachstumsraten

(4.7) $g_Y = \rho_B(1 - u)$

(4.8) $g_y = \rho_B(1 - u) - g_N$

zeigen, dass durch Humankapitalbildung ($1 - u > 0$) dauerhaft positive Wachstumsraten erreicht werden, wenn $\rho_B(1 - u) > g_N$, und diese umso höher sein werden, je mehr in Ausbildung investiert und je effizienter das Bildungswesen organisiert wird.

4.2. Endogener technischer Fortschritt

4.2.1. Externe Effekte der Sachkapitalbildung

Verbesserungen der Technik können durch Sachkapitalbildung zustande kommen. (Romer, 1986; Rebelo 1991). Sie sind Nebenprodukte der Investitionen in Sachkapitalbildung, die den Investoren vom Markt nicht entlohnt werden und daher auch nicht in der erwarteten internen Verzinsung ihrer Investitionsprojekte enthalten sind. Diese Investitionen haben positive externe Effekte. Die gesamtwirtschaftliche Grenzproduktivität ist größer als die einzelwirtschaftliche Grenzproduktivität des Kapitals, weil Investoren den Stand des technischen Wissens erweitern und neues anwendbares Wissen schaffen, das nicht nur für das investierende Unternehmen, sondern für alle Unternehmen nutzbar ist.

Aufgrund dieser Externalität müssen eine einzelwirtschaftliche Produktionsfunktion (der repräsentativen Unternehmung i), die den externen Effekt nicht enthält, und eine gesamtwirtschaftliche Produktionsfunktion, die den externen Effekt einbezieht, unterschieden werden. Die Produktionsfunktion der repräsentativen Unternehmung lautet:

(4.9) $Y_i = \pi_i K_i^{\alpha} N_i^{1-\alpha}.$

Die positive Externalität der Kapitalakkumulation wird in der Form

(4.10) $\pi_i = AK^{\beta}$

modelliert und in die gesamtwirtschaftliche Produktionsfunktion $Y = \pi K^{\alpha} N^{1-\alpha}$ eingesetzt, so dass diese mit

(4.11) $Y = AK^{\alpha+\beta} N^{1-\alpha}$

die Externalität enthält und deshalb steigende Skalenerträge ($\alpha + \beta + 1 - \alpha = 1 + \beta > 1$) aufweist. Werden nun der externe Effekt mit $\beta = 1 - \alpha$ und eine konstante Bevölkerungsgröße (normiert auf N = 1) angenommen, ergibt sich aus (4.11): Y = AK. Die durch das Kapitalstockwachstum getriebene Zunahme des technischen Wissens verhindert, dass die Grenzproduktivität des Kapitals abnimmt. Wachstumsprozesse werden somit auch hier durch den AK-Ansatz erklärt (s. Abschnitt 4.1.1).

4.2.2. Investitionen in Forschung und Entwicklung

Technischer Fortschritt entsteht in jenen Ländern, die über das erforderliche Humankapital verfügen und dieses für Innovationsprozesse nutzen können. Dies setzt Investitionsausgaben gewinnmaximierender Akteure in Forschung und Entwicklung (FuE) voraus. Sie schaffen neues Wissen, das in effizientere Produktionsverfahren (Prozessinnovation) oder neue Produkte bzw. Produktvarianten (Produktinnovationen) umgesetzt werden kann. So wie Ausrüstungs- und Ausbildungsinvestitionen den Sach- und Humankapitalbestand erhöhen, vermehren FuE-Investitionen das Wissenskapital. Die sozialen Grenzerträge der Wissenskapitalbildung können die privaten Grenzerträge überschreiten, weil auch andere als die Innovatoren Nutzen aus dem neuen Wissen ziehen können, ohne an den FuE-Investitionsausgaben beteiligt gewesen zu sein (positiver externer Effekt). Das von den Innovatoren geschaffene technische Wissen hat somit Eigenschaften eines öffentlichen Gutes, wenn die Nutzung der neuen Technik durch eine Unternehmung andere Unternehmen nicht daran hindert die gleiche Technik zu nutzen (Nicht-Rivalität), und wenn jeder, der das neue Wissen kennt und versteht, daraus Nutzen ziehen kann (Nicht-Ausschließbarkeit).

Liegt der soziale Grenzertrag von FuE-Investitionen über dem privaten Grenzertrag, besteht die Gefahr, dass zu wenig in FuE investiert wird. Je höher der Grad der Ausschließbarkeit von technologischen Innovationen ist, umso kleiner ist die Differenz von sozialen und privaten Grenzerträgen und umso stärker sind die Innovationsanreize. Dies kann durch Ausschlusstechnologien (z. B. Kopierschutz bei Computerprogrammen) und gesetzlich geschützte intellektuelle Eigentumsrechte (wie Patente, Copyrights) erreicht werden. Sie erlauben dem Eigentümer einer neuen Idee, einen Preis für ihre Nutzung zu verlangen, mit dem die positiven Externalitäten seiner FuE-Investition zumindest partiell internalisiert werden können.

Die Frage, wie dieses neue Wissen entsteht und das Wirtschaftswachstum beeinflusst, wurde von Paul M. Romer (1990) modelltheoretisch gelöst.

Das Romer-Modell unterscheidet drei Sektoren eines humankapitalreichen Ursprungslandes von Innovationen,

- einen FuE-Sektor, der Innovationen hervorbringt (Sektor1)
- einen Endproduktionssektor, in dem mit Einsatz von Sachkapital und Arbeit Zwischenprodukte zu Fertigprodukten zusammengebaut werden (Sektor 2) und
- den Zwischenproduktionssektor, der Einbauteile von Fertigprodukten produziert und an die Endproduzenten liefert (Sektor 3).

Die Innovationen erscheinen in Gestalt von Konstruktionsplänen neuer Varianten von Zwischenprodukten (z. B. neue Komponenten im Automobilbau wie Airbag, Satelliten-Navigationsgerät, Parktronic-System). Diese patentgeschützten Designs werden von den Eigentümern an den Zwischenproduktsektor verkauft. Die Käufer der Patente nutzen das mit den Konstruktionsplänen erworbene neue technische Wissen zur Herstellung der neuen spezifischen Zwischenproduktvarianten, die sie auf monopolistischen Konkurrenzmärkten an die Fertigproduzenten verkaufen.

Die folgende und darauf aufbauende Darstellung soll auf die Sektoren 1 und 2 beschränkt bleiben. Die Produktionsfunktion des Sektors 2 habe die neoklassischen Eigenschaften (s. Abschnitt 3.1.1) und der technische Fortschritt sei HARROD-neutral:

(4.12) $Y = K^{\alpha}(\pi N_2)^{1-\alpha} \qquad N_2 = b_2 N$

N_2: Anzahl der im Sektor 2 (Endproduktion) beschäftigten Arbeitskräfte

b_2: Der Teil der Beschäftigten, der im Sektor 2 eingesetzt wird.

Das mit Innovationen im Sektor 1 geschaffene neue technische Wissen wird durch eine Wissensproduktionsfunktion erklärt (JONES, 1995):

(4.13) $\dot{\pi} = aN_1\pi^{\theta} = a\pi^{\theta}b_1N$

N_1: Anzahl der im Sektor 1 (FuE) beschäftigten Arbeitskräfte (Humankapitaleinsatz im FuE)

b_1: Der im FuE-Sektor eingesetzte Teil der Beschäftigten.

Technischer Fortschritt entsteht also nur dann, wenn bereits technisches Wissen vorhanden ist ($\pi > 0$) und entsprechend qualifizierte Arbeitskräfte verfügbar sind, die in Forschungs- und Entwicklungsprojekten eingesetzt werden können ($b_1>0$). Die Innovationsstärke und Wissenskapitalbildung ($\dot{\pi} > 0$) hängt dann von der Anzahl der Forscher und Entwicklungstechniker ($N_1 = b_1N$) und ihrer Produktivität ($a\pi^{\theta}$) ab. Wenn $\theta > 0$, ist die Forschungsproduktivität umso höher, je mehr Wissen (π) bereits vorhanden ist. Mit zunehmendem Wissen wächst die Forschungsproduktivität unterproportional (überproportional), wenn $0 < \theta < 1$ ($\theta>1$).

Aus (4.13) ergibt sich die technische Fortschrittsrate.

(4.14) $g_{\pi} = \dot{\pi}/\pi = a\pi^{\theta-1}b_1N.$

Für $\theta = 1$ folgt daraus $g_{\pi} = ab_1N$, so dass die technische Fortschrittsrate und mit ihr auch die Wachstumsrate des Pro-Kopf-Einkommens durch die Größe der Bevölkerung, also durch die Niveaugrößen N bzw. N_1, bestimmt werden (Skaleneffekte), wenn der technische Fortschritt unabhängig vom Stand des technischen Wissens ist. Die diesen Spezialfall abbildende Funktion $g_{\pi} = ab_1N$ impliziert, dass mit einer Verdoppelung des

Forschungspersonals die technische Fortschrittsrate und somit auch die Pro-Kopf-Einkommenswachstumsrate verdoppelt wird. Die Wachstumsrate des Pro-Kopf-Einkommens wäre in diesem Fall eine exponentiell steigende Funktion der Niveaugrößen N bzw. N_1. Es liegt jedoch keine empirische Evidenz vor, die solche in Gleichung (4.14) enthaltenen Skaleneffekte bestätigen könnte (JONES, 1999). Obwohl in USA die Anzahl der in FuE-Bereichen Beschäftigten 1987 ungefähr auf das Fünffache des Standes von 1950 gestiegen war, folgten die Wachstumsraten des Einkommens keinem steigenden Trend (JONES, 1995). Demnach sind die Fälle $\theta \geqq 1$ auszuschließen.

Für $0 < \theta < 1$ hängt die technische Fortschrittsrate negativ mit dem Stand des Wissens zusammen: steigt π, muss g_π zurückgehen $(\theta - 1 < 0)$. Je mehr bereits entdeckt worden ist, umso weniger Neues bleibt noch zu entdecken. Diese verlangsamende Wirkung kann nur durch einen Innovationsschub in Form einer „technologischen Revolution" (z. B. Entwicklung der Mikroelektronik) überkompensiert werden (einmaliger Anstieg von a). Wenn die technische Fortschrittsrate aber mit zunehmendem Wissenskapitalbestand zurückgeht, stellt sich wieder die Frage, ob diese Fortschrittsdynamik in ein Steady-State-Gleichgewicht mit konstanten Wachstumsraten mündet. Der Produktionssektor wächst im Steady-State mit

$$g_Y = g_K = g_\pi + g_N.$$

Die Wachstumsraten $g_Y = g_K$ bleiben nur konstant, wenn auch die technische Fortschrittsrate stabil bleibt. Für $b_1 = \text{const.}$ ist diese Bedingung erfüllt, wenn die aus Gleichung (4.14) ableitbare Änderungsrate der technischen Fortschrittsrate gleich Null ist:

$$g_{(\dot{\pi}/\pi)} = (\theta - 1)g_\pi + g_N = 0.$$

Hieraus folgt die Steady-State-Fortschrittsrate

(4.15) $$g_\pi = \frac{g_N}{1-\theta}.$$

Dieses langfristige Gleichgewicht ist stabil, da bei $g_\pi > g_N/(1 - \theta)$ ein Rückgang ($g_{(\dot{\pi}/\pi)} < 0$), bei $g_\pi < g_N/(1 - \theta)$ ein Anstieg der Fortschrittsrate ($g_{(\dot{\pi}/\pi)} > 0$) zustande kommt. Somit sind die gleichgewichtigen Wachstumsraten im endogenen Wachstumsmodell determiniert:

(4.16) $$g_y = g_Y - g_N = g_K - g_N = g_n = g_\pi = \frac{g_N}{1-\theta}$$

(4.17) $$g_Y = g_K = \frac{g_N}{1-\theta} + g_N = \left(1 + \frac{1}{1-\theta}\right) g_N.$$

Der auf den ersten Blick überraschende positive Zusammenhang von Bevölkerungswachstum und Einkommenswachstum beruht darauf, dass das Bevölkerungswachstum eine ebenfalls mit der Rate g_N wachsende Humankapitalausstattung hervorbringt, wenn b_1 konstant gehalten wird. Mit der stetigen Vermehrung des in FuE-Sektoren humankapitalreicher Länder einsetzbaren Produktionsfaktors steigt auch deren Innovationsdynamik. Die Fortschrittsraten und Einkommenswachstumsraten sind daher umso höher, je schneller die Bevölkerung und damit die Anzahl der Forscher wächst und je produktiver die Forschungs- und Entwicklungsprozesse sind.

4.3. Wachstumspolitische Implikationen

Diese Steady-State-Gleichgewichtslösung lässt erkennen, dass neoklassische Wachstumsmodelle und ROMER-Modelle einander ergänzen und zur Synthese eines neoklassischen Modells endogenen Wachstums verschmelzen. In diesem Modellrahmen treten die Ansatzpunkte der Wachstumspolitik, aber auch die begrenzte politische Steuerbarkeit der Wachstumsdynamik, deutlicher und differenzierter hervor.

Da wirtschaftliches Wachstum Ergebnis von Marktprozessen, Anreizstrukturen und Optimierungsverhalten wirtschaftlicher Akteure ist, gibt es kein zielgenau einsetzbares wachstumspolitisches Instrumentarium. Die Politik kann aber durch Gestaltung und Förderung wachstumsfreundlicher Rahmenbedingungen mit Bildungs-, Technologie- und Außenwirtschaftspolitik die Voraussetzungen für ein höheres Wirtschaftswachstum verbessern:

- Erhöhung der Ausbildungsinvestitionsquote durch Umschichtung von Staatsausgaben zugunsten des Bildungs- und FuE-Sektors oder Privatisierung von Bildungseinrichtungen.
- Förderung von Ausrüstungs- und FuE-Investitionen durch Subventionierung jener technologisch zukunftsweisenden Projekte, die die höchsten positiven Externalitäten aufweisen.
- Förderung der FuE-Investitionen durch zeitlich befristeten Patentrechtsschutz von Innovationsmonopolen, deren Monopolrenten erst erlauben, die hohen FuE-Ausgaben zu amortisieren.
- Außenwirtschaftliche Öffnung durch Liberalisierung des Handels- und Kapitalverkehrs.
- Handelsliberalisierung öffnet den Zugang zu ausländischem technischem Wissen, dessen Import wesentlich kostengünstiger als die parallele FuE-Investition in die gleichen technologischen Verbesserungen ist. Geöffnet wird auch der Zugang zu internationalen Absatzmärkten, die auf Grund der wesentlich größeren Absatzpotentiale höhere Innovationsprofite erwarten lassen.
- Kapitalverkehrsliberalisierung führt zu einer Integration in die internationalen Finanzmärkte, wodurch ein größeres und kostengünstigeres Finanzierungsvolumen für FuE-Investitionen erschlossen werden kann.

Ob diese Modelle mit ihren wachstumspolitischen Implikationen auf Entwicklungsländer übertragen werden können und welche Lehren daraus für die Entwicklungspolitik gezogen werden können, wird im folgenden Teil dieses Beitrags untersucht.

5. Entwicklungsökonomik

Eine wachstumstheoretisch fundierte Entwicklungsökonomie steht vor der Aufgabe, die Ursachen der über die Länder und Zeit unterschiedlichen Einkommensniveaus und -wachstumsraten zu analysieren. Damit können in Entwicklungsländern die Gründe für aufholende oder zurückfallende Entwicklungsprozesse (Konvergenz oder Divergenz) und Stagnation auf niedrigen Einkommensniveaus (Armutsfallen) untersucht werden. Konvergenz liegt vor, wenn ein der Gruppe der Entwicklungsländer zugerechnetes Land über einen längerfristigen Zeitraum eine jahresdurchschnittliche Wachstumsrate des Pro-Kopf-Einkommens erreicht, die über einer Vergleichsgröße aus der Gruppe der Hocheinkommensländer (z. B. USA oder OECD-Länder) liegt. Im umgekehrten Fall liegt Divergenz vor. Eine Armutsfalle besteht, wenn ein der Gruppe der Niedrigeinkommensländer zugeordnetes Entwicklungsland eine jahresdurchschnittliche (positive oder negative) Einkommenswachstumsrate aufweist, die die Referenzwachstumsrate nicht überschreitet, so dass die übermäßige Einkommensungleichheit fortbesteht oder gar größer wird.

Aus einer Ursachenanalyse können wiederum Folgerungen zur effektiveren Gestaltung der Entwicklungspolitik gezogen werden. Ebenso lassen sich Gründe für das Versagen der Entwicklungspolitik nachweisen. Der elementare Beitrag, den eine so verstandene Entwicklungsökonomie leisten kann, besteht darin, Kriterien zur Evaluierung der in Entwicklungsländern betriebenen Politik und der Entwicklungszusammenarbeit zwischen Industrie- und Entwicklungsländern bereit zu stellen. Als Basis entwicklungsökonomischer Analysen wird auf die neoklassische Wachstumstheorie (s. Abschnitt 3.) und ergänzende Beiträge von Theorien endogenen Wachstums (s. Abschnitt 4.) zurückgegriffen.

Für die Entwicklungsländer kann unterstellt werden, dass sie sich im Prozess des Übergangswachstums vor Erreichen des langfristigen Gleichgewichtspfades befinden. Das reale Bruttoinlandsprodukt (Y) wird durch die neoklassische Produktionsfunktion $Y = \pi K^{\alpha} N^{1-\alpha}$ $(0 < \alpha < 1)$ erklärt. Daraus folgt, dass die Wachstumsrate des Pro-Kopf-Einkommens auf die technische Fortschrittsrate und auf wachsende Sachkapitalausstattung pro Arbeitsplatz (Kapitalintensivierung: $g_K - g_N > 0$) zurückzuführen ist. Der damit implizierte Hicks-neutrale technische Fortschritt zeigt sich in einer Erhöhung der totalen Faktorproduktivität (π):

$$(5.1) \qquad g_y = g_Y - g_N = g_\pi + \alpha(g_K - g_N) = g_\pi + \alpha(s/k - g_N).$$

Diese Grundgleichung der transitorischen Wachstumsdynamik eröffnet Einblicke in Entwicklungspotentiale, wenn Einflussfaktoren identifiziert werden können, die die Faktorakkumulation ($g_K - g_N$) oder das Produktivitätswachstum (g_π) verstärken, so dass eine höhere Wachstumsrate des Pro-Kopf-Einkommens generiert wird. Während das Wirtschaftswachstum in den Hocheinkommensländern überwiegend auf Produktivitätswachstum zurück zu führen ist, wird die Wachstumsdynamik in Entwicklungsländern vor allem durch Faktorakkumulation angetrieben (YOUNG, 1995).

5.1. Bevölkerungswachstum und Armutsfalle

Die Wachstumsrate der Bevölkerung hängt von der Geburtenziffer (GZ: durchschnittliche Geburten pro 1000 Einwohner), der Sterblichkeitsziffer (SZ: durchschnittliche Zahl von Todesfällen pro 1000 Einwohner) und der Migrationsziffer (MZ: durchschnittliche Nettoeinwanderung pro 1000 Einwohner) ab. Sie ist umso höher, je größer GZ oder MZ und je kleiner SZ sind. Je größer g_N ist, umso niedriger ist g_y und umso schwieriger wird es sein, wachsende Einkommensdisparitäten zwischen Industrie- und Entwicklungsländern zu verhindern. Gelingt eine nachhaltige Senkung von g_N, werden diese Bedingungen verbessert. Dieser aus Gleichung (3.16) ableitbare Sachverhalt stützt zunächst einmal die These, die Bevölkerungsexplosion in Niedrigeinkommensländern sei Ursache und Wirkung ihrer Armut. Eine auf diese Zusammenhänge bezogene entwicklungspessimistische Sicht wird von der „Hypothese der Bevölkerungsfalle" vertreten (Übersicht G-2).

Übersicht G-2. „Bevölkerungsfalle"

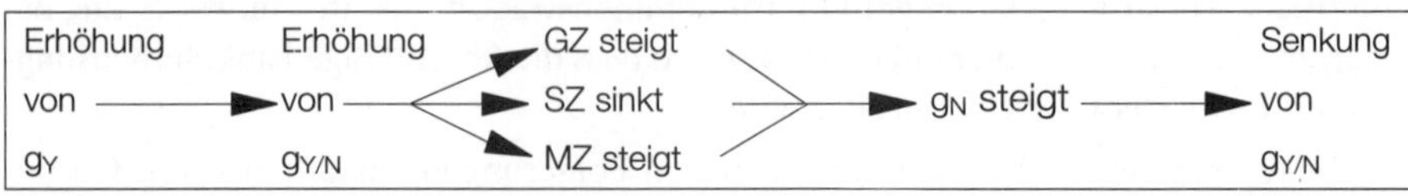

Angenommen, in der Ausgangslage gelte $g_Y = g_N = g_K$ und $g_\pi = 0$, so dass das niedrige Pro-Kopf-Einkommen der Basisperiode nicht überwunden werden kann. Können nun einmalig verbesserte Produktionstechniken importiert und eingesetzt werden ($g_\pi > 0$), steigt g_Y. Der durch eine höhere Wachstumsrate der Produktion ausgelöste Anstieg des Pro-Kopf-Einkommens bewirkt ein höheres Bevölkerungswachstum, so dass die Wachstumsrate des Pro-Kopf-Einkommens wieder absinkt und das Einkommen auf das niedrige Ausgangsniveau („low level equilibrium trap") zurückfällt. Dieses entwicklungshemmende Zusammenspiel von Einkommens- und Bevölkerungswachstum wird durch Unterentwicklungsmodelle der „Bevölkerungsfalle" (LEIBENSTEIN, 1954; NELSON, 1956) analysiert. Wird berücksichtigt, dass im Regelfall MZ = 0 gesetzt werden kann und bei SZ in vielen Fällen die für Industrieländer typischen niedrigeren Sterblichkeitsziffern durch Import der dort errungenen medizinischen Fortschritte bereits annäherungsweise erreicht sind, reduziert sich die Hypothese einer Bevölkerungsfalle auf den Zusammenhang zwischen hohen Geburtenziffern und hohen Bevölkerungswachstumsraten einerseits (z. B. Afrika in Tab. G-2 oberer Teil) sowie hohem Bevölkerungswachstum und niedrigen Einkommensniveaus andererseits (z. B. Länder mit PKE < 750 US-$ in Tab. G-2 unterer Teil).

Allerdings wird die Eindeutigkeit eines negativen Zusammenhangs zwischen Bevölkerungswachstum und Pro-Kopf-Einkommen bestritten. Zur Begründung der These, dass Bevölkerungswachstum die ökonomische Entwicklung auch positiv beeinflussen kann, wird vor allem auf produktivitätssteigernde Skaleneffekte (Beitrag H-3.2.1.) und technische Fortschritte verwiesen, die durch eine mit wachsender Bevölkerung zunehmende Industriegüternachfrage und -produktion und steigende Humankapitalausstattung (s. Abschnitt 4.2.2) induziert werden können. Daher müssten für jedes Land negative und positive Auswirkungen einer wachsenden Bevölkerung gegeneinander abgewogen werden, bevor ein Urteil über die Konsequenzen des Bevölkerungswachstums gefällt wird.

Die Hypothese einer Bevölkerungsfalle für Entwicklungsländer ist damit weder theoretisch noch empirisch widerlegt. Dies wird auch durch einen Vergleich des durchschnittlichen jährlichen Bevölkerungswachstums in Europa und unterentwickelten Regionen verdeutlicht (*Tab. G-2*). Innerhalb der Gruppe der Entwicklungsländer zeigt sich dabei, dass Länder mit sehr niedrigen Pro-Kopf-Einkommen relativ hohe Zuwachsraten der Bevölkerung aufweisen, während die Länder mit einem vergleichsweise hohen Einkommensniveau niedrige Bevölkerungswachstumsraten erreicht ha-

Tab. G-2: Bevölkerungswachstum und Einkommensniveau

	Afrika	Asien	Latein-Amerika	Europa
Jahresdurchschnittliche Wachstumsraten der Bevölkerung in v. H.				
1960–1970	2,5	2,6	3,4	0,9
1980–1985	2,9	1,7	2,3	0,3
1985–1990	3,0	1,9	2,1	0,2
Jährliche Geburten auf 1000 Einwohner				
1965–1970	47	35	44	18
1980–1985	46	27	32	14
1985–1990	45	28	29	13
Jährliche Sterbefälle auf 1000 Einwohner				
1965–1970	21	13	10	10
1980–1985	17	10	8	11
1985–1990	15	9	7	11

Quelle: United Nations Statistical Yearbook

Reales Bruttosozialprodukt pro Kopf in US-$, Einkommensgruppen		Anzahl der Länder		Bevölkerung in Mill.		Durchschnittliches jährliches Wachstum der Bevölkerung in v. H.		
1975	2000	1975	2000	1975	2000	1970–1980	1980–1990	1990–2000
unter 200		28		659				
200–499	unter 756	40	64	1295	2459	2,2	2,3	2,0
500–1999	756-2995	59	55	576	2046	3,1	1,6	1,1
2000-4999	2996-9265	30	38	654	647	2,5	1,8	1,4
5000 und mehr	9266 und mehr	25	50	422	903	0,8	0,6	0,7

Quelle: Weltentwicklungsbericht 2002

ben. Im relativ breiten Zwischenbereich der Einkommensgruppen ergibt sich allerdings kein eindeutiges Bild. Bei weitergehender Disaggregation stößt man hier auf Länder mit hohem Bevölkerungswachstum bei gleichzeitig hohen Zuwachsraten des Pro-Kopf-Einkommens neben Ländern mit geringer Einkommenszunahme trotz niedrigen Bevölkerungswachstums. Die Vermutung, Bevölkerungswachstum sei ein Entwicklungshemmnis, darf somit keineswegs als Gesetzmäßigkeit verallgemeinert werden. Immerhin wird bei Analyse einer breiteren Datenbasis davon auszugehen sein, dass die Hypothesen für eine Reihe von Niedrigeinkommensländern (vor allem afrikanische Staaten) gültig bleiben.

Auswege bieten eine auf sinkende Geburtenziffern gerichtete Bevölkerungspolitik und eine auf steigende Einkommen zielende Förderung von Sach- und Humankapitalbildung und technologischer Entwicklung.

5.2. Wege aus der Armutsfalle: Entwicklungsökonomische Implikationen neoklassischer Wachstumsmodelle

5.2.1. Ausrüstungsinvestitionen und Sachkapitalbildung

Ausgehend von Gleichung (5.1) soll angenommen werden, in einem Niedrigeinkommensland mit einer Sparquote von 7,5 v. H. und einem Kapitalkoeffizienten von 2,5 sei die Ausgangslage durch $g_Y = g_N = g_K = s/k = 0{,}03$ und $g_\pi = 0$ determiniert. Das Produktionswachstum von 3 v. H. reicht also gerade aus, um eine in der gleichen Rate wachsende Bevölkerung so zu versorgen, dass die niedrige Pro-Kopf-Produktion nicht noch weiter absinkt. Könnte das Land dieser Armutsfalle entrinnen? Wenn es gelingt durch wirksame Anreize die Ersparnisbildung zu fördern (s. Abschnitt 6.1.2.) und die Sparquote von 7,5 v. H. auf 15 v. H. nachhaltig zu steigern (Senkung der Konsumquote von 92.5 v. H. auf 85 v. H.), kann für $k = 2{,}5$ und $\alpha = 0{,}3$ die Wachstumsrate des Sachkapitalstocks von 3 v. H. auf 6 v. H. erhöht werden. Gemäß Gleichung (5.1) führt dies zu einer Wachstumsrate der Produktion von 3 v. H. und des Pro-Kopf-Einkommens von 0,9 v. H. Eine Einkommenswachstumsrate von 1,5 v. H. würde unter diesen Bedingungen eine Sparquote von 20 v. H. erfordern und mit einer Sparquote von 40 v. H. wäre eine Steigerung des Pro-Kopf-Einkommens von jährlich 3,9 v. H. erreichbar (*Tab. G-3*).

Tab. G-3: Sparquote, Sachkapitalbildung und Einkommenswachstum

$g_Y - g_N = \pi + \alpha(\frac{s}{k} - g_N)$ $(\pi = 0, k = 2.5, g_N = 0.03, \alpha = 0.3)$			
Sparquote (s)	Wachstumsrate des Kapitalstocks (s/k)	Wachstumsrate der Kapitalintensität (s/k – g_N)	Wachstumsrate des Pro-Kopf-Einkommens ($g_Y - g_N$)
0.075	0.03	0.00	0.000
0.100	0.04	0.01	0.003
0.150	0.06	0.03	0.009
0.200	0.08	0.05	0.015
...	...	...	...
...	...	...	...
0.400	0.16	0.13	0.039

Die durch höhere Sparquoten erzielten höheren Wachstumsraten des Pro-Kopf-Einkommens können jedoch nicht dauerhaft aufrechterhalten werden. Da beschleunigte Sachkapitalbildung und höhere Wachstumsraten der Kapitalausstattung pro Arbeitsplatz diese Wachstumsdynamik antreiben, werden marginale und durchschnittliche Kapitalproduktivität sinken. Damit muss der Kapitalkoeffizient steigen. Die Wachstumsrate des Kapitalstocks sinkt, so dass mit dem verlangsamten Wachstum der Kapitalintensität auch die Wachstumsrate des Pro-Kopf-Einkommens zurückgeht (s. Abschnitt 3.1.2.).

In einer offenen Volkswirtschaft bestehen größere Wachstumsspielräume, weil die Nettoausrüstungsinvestitionen nicht allein durch heimische Ersparnis, sondern auch durch Aufbringung von Auslandskapital (Kreditaufnahme im Ausland, Zufluss ausländischer Direktinvestitionen) finanziert werden können (s. Abschnitt 6.2.2.). Gerade in Hocheinkommensländern mit hohem gesamtwirtschaftlichen Sparaufkommen finden sich für Entwicklungsländer Quellen zur Abschöpfung von Auslandsersparnissen. Durch Kapitalimporte (KIm) kann ein Überhang der Investitionsquote (I/Y) über die heimische Sparquote, die so genannte Ersparnislücke, finanziert werden, so dass die Wachstumsgleichung nun lautet:

(5.1) $$g_y = g_Y - g_N = \alpha\left(\frac{I/Y}{k} - g_N\right), \text{ wobei } I/Y = s + KIm/Y.$$

Auch bei konstanter Sparquote ist eine zu höherem Einkommensniveau führende transitorische Wachstumsbeschleunigung erreichbar, weil die Investitionsquote durch Aufnahme ausländischer Bankkredite oder Zufluss von Portfolio- und Direktinvestitionen gesteigert werden kann. Folglich sind transitorische Wachstumsraten und langfristige Einkommensniveaus positiv mit der Ausrüstungsinvestitionsquote korreliert, wobei die weltwirtschaftliche Öffnung einem Entwicklungsland größere Wachstumspotentiale eröffnet als Abschließung und Isolation (s. Abschnitt 6.2.).

Eine Wachstumsbilanz des Zeitraums 1965–87 (*Tab. G-4*) bestätigt, dass Entwicklungsländer mit hohen Wachstumsraten auch hohe Spar- und Investitionsquoten und – ebenso wie Entwicklungsländer mit mittleren Wachstumsraten – einen Überhang der Investitionen über die heimische Ersparnis aufwiesen, der durch Kapitalzuflüsse finanziert wurde. Die Weltbankdaten für die 1990er Jahre (*Tab. G-4*, S. 436) zeigen für die drei Länder-Einkommensklassen Investitionsquoten über 20 v. H. und Ersparnislücken in Niedrigeinkommensländern, während Mitteleinkommensländer ihre Investitionen und Nettokapitalexporte aus heimischen Ersparnissen finanziert haben. Die niedrigsten Investitionsquoten zeichnen sich in Sub-Sahara-Afrika ab, wobei in Einzelfällen sehr große Ersparnislücken erkennbar werden, z. B. 1999 in Benin 18 v. H./8 v. H. (1. Zahl : Investitionsquote, 2. Zahl: Ersparnislücke in v. H. des BIP), Ghana 22 v. H./4 v. H., Madagaskar: 12 v. H./5 v. H.

Tab. G-4: Ersparnis, Investition und Wachstum in den Entwicklungsländern[1]

Ländergruppe Zeitraum 1965–1987	Bruttoersparnis in v. H. des Bruttoinlandsproduktes	Bruttoinvestition in v. H. des Bruttoinlandsproduktes
Hohes Wachstum (über 7 v. H.)		
7 Länder	28,0	28,6
ohne China	23,2	26,7
Mittleres Wachstum (3 bis 7 v. H.)		
51 Länder	18,5	22,6
Geringes Wachstum (unter 3 v. H.)		
22 Länder.	19,0	19,0

[1] Die Angaben sind gewogene Jahresdurchschnitte (multipliziert mit 100) und basieren auf einer Auswahl von 80 Entwicklungsländern.

Quelle: Weltentwicklungsbericht 1990

Ländergruppe		Sparquote (in v. H.)	Investitionsquote (in v. H.)
	1990	21	24
LNE	1999	19	20
	1990	27	26
LME	1999	26	24
	1990	23	23
LHE	1999	22	21
	1990	19	23
SA	1999	19	22
	1990	16	15
SSA	1999	14	17
	1990	26	26
OA	1999	24	25

LNE: Länder mit niedrigem Einkommen

LME: Länder mit mittleren Einkommen

LHE: Länder mit hohem Einkommen

SA: Südasien

SSA: Sub-Sahara-Afrika

OA: Ostasien

Quelle: Weltentwicklungsbericht 2000/2001

5.2.2. Ausbildungsinvestitionen und Humankapitalbildung

Aus Sicht der auf Joseph Alois Schumpeter (1883–1950) zurückgehenden Entwicklungstheorie sind Prozess- und Produktinnovationen und die Diffusion dieser Neuerungen, also die Dynamik des Innovations- und Imitationswettbewerbs, die eigentlichen Antriebskräfte ökonomischer Entwicklung. Hierfür sind qualifizierte Arbeitskräfte erforderlich, die industrielle Produktionsprozesse effizienter steuern sowie neue Technologien übernehmen, anwenden und weiterentwickeln können. Auch bedarf es kreativer, wagemutiger Unternehmer, die fähig und bestrebt sind, neue Märkte zu erschließen, neue Produkte durchzusetzen und produktivitätssteigernde Technologien zu verwirklichen.

Zum Aufbau eines qualifizierten Arbeitspotentials werden Investitionen in Primar- und Sekundarschulen, Hochschulen und berufliche Aus- und Weiterbildungseinrichtungen benötigt. Auch zur Finanzierung dieser Ausbildungsinvestitionen, die das Bildungsangebot quantitativ erhöhen und qualitativ verbessern sollen, müssen Ersparnisse mobilisiert werden. Diese Prozesse müssen von einer wachsenden Bildungsnachfrage begleitet werden, die sich in steigenden Einschulungsquoten in primären, sekundären und tertiären Ausbildungsgängen niederschlägt (Barro/Lee, 1993). Dies setzt bildungsfördernde Anreizstrukturen voraus, die durch qualifikationsbezogene Lohndifferenzierungen und nicht-pekuniäre Erträge verbesserter Ausbildung geschaffen werden. Besondere Bedeutung gerade in armen Ländern kommt der Expansion der Grundschulbildung zu, die zum Abbau von Analphabetenquoten und zum Aufbau elementarer Fähigkeiten führt, die erst die Voraussetzungen zur Ausweitung der schulischen und beruflichen Weiterbildung schaffen. Auf der ersten Stufe der Humankapitalbildung müssen deshalb Anreize verstärkt werden, die eine allgemeine Grundschulbildung und die Substitution von Kinderarbeitsplätzen durch Primarschulausbildungsplätze fördern.

Die Nutzung und Entwicklung des Unternehmerpotentials erfordert begünstigende Rahmenbedingungen (Freiheit zur Entfaltung von Privatinitiativen, Gewerbefreiheit, Rechtssicherheit) und Leistungsanreize (Deregulierung, Privatwirtschaftsförderung, Freiheit der Verwendung von Unternehmensgewinnen, keine Diskriminierung unternehmerischer Tätigkeit, keine konfiskatorische Besteuerung von Unternehmergewinnen). Die These, ökonomische Entwicklung müsse in Niedrigeinkommensländern am fehlenden Unternehmerpotential scheitern, ist nicht haltbar. Auch in Entwicklungsländern sind unternehmerische Potentiale vorhanden. Sie werden zur Entfaltung kommen, wenn sie nicht durch ein Übermaß an staatlichen Regulierungen daran gehindert und in unproduktive Tätigkeitsfelder (z. B. Grundstücksspekulation, Schwarzmarktaktivitäten, andere illegale Aktivitäten) abgedrängt werden. Ist erst einmal eine Grundausstattung mit Humankapital aufgebaut worden, erweitern die durch qualifizierte Industriearbeitsplätze, technologische Adoptions- und Innovationsprozesse vermittelten Lerneffekte die Qualifikation des Arbeitspotentials und das unternehmerische Fähigkeitspotential eines Entwicklungslandes.

Humankapitalbildung ist somit der Schlüsselfaktor, der ärmeren Ländern die Chance bietet, näher zu den reicheren Ländern aufzuschließen (GUNDLACH, 1995), da eine verbesserte Humankapitalausstattung

- die Anzahl und Qualität der Ausbilder erhöht,
- die Standortattraktivität für ausländische Direktinvestitionen stärken und somit eine höhere Ausrüstungsinvestitionsquote ermöglichen wird (s. Abschnitte 5.2.1. und 6.2.2.) und
- den Abbau der technologischen Rückständigkeit ($g_\pi > 0$) fördern kann (s. Abschnitt 5.3.).

Empirische Länderquerschnittsanalysen stützen diese Vermutung entwicklungsfördernder Wirkungen der Humankapitalbildung (MANKIW/ROMER/WEIL, 1992; BENHABIB/SPIEGEL, 1994; GUNDLACH, 1995).

5.2.3. Konvergenz, Divergenz und Armutsfallen

Wenn zwei Entwicklungsländer (A, B), die in einer Basisperiode 0 unterschiedliche Pro-Kopf-Einkommen aufweisen ($y^A(0) < y^B(0)$), in den Produktionsfunktionen sowie Wachstumsbedingungen übereinstimmen ($g_\pi = 0, \alpha^A = \alpha^B = \alpha$, $g_N^A = g_N^B = g_N$, $IQ^A = IQ^B = IQ$), dann wird das relativ ärmere Land im Übergangswachstum höhere Einkommenswachstumsraten als das relativ reichere Land erzielen, und die Wachstumsprozesse beider Länder werden langfristig einem Zeitpfad mit gleichen Wachstumsraten ($g_Y - g_N = 0$) und den gleichen höheren Einkommensniveaus ($y^A(0) < y^B(0) < y^A(T) = y^B(T)$) zustreben. Diese entwicklungsökonomische Implikation des neoklassischen Modells wird als Konvergenzhypothese bezeichnet (Barro, 1991; Barro/Sala-I-Martin, 1992). Sie ist darin begründet, dass das in Periode 0 ärmere Land 1 bei einer niedrigeren Kapitalausstattung pro Arbeitsplatz startet ($n^A(0) < n^B(0)$) und deshalb eine höhere Kapitalproduktivität bzw. einen niedrigeren Kapitalkoeffizienten ($k^A(0) < k^B(0)$) aufweist. Gemäß $g_K = IQ/k$ werden daher die Wachstumsraten des Kapitalstocks und somit auch die Wachstumsraten der Kapitalintensität und des Pro-Kopf-Einkommens bei sonst gleichen Wachstumsfaktoren umso höher sein, je niedriger in der Basisperiode k(0) und y(0) sind.

Die Konvergenzhypothese kann aus Abb. G-2 hergeleitet und es kann bewiesen werden, dass ein ärmeres Land unter bestimmten Bedingungen das Pro-Kopf-Einkommen eines reicheren Landes einholen kann. Zunächst wird konstante Technik ($g_\pi = 0$) unterstellt. Angenommen, ein Hocheinkommensland C ist in einer Basisperiode 0 bereits im Steady-State mit $y^C(0) = y_E$ = const. und $n^C(0) = n_E$ = const. angekommen. In der gleichen Basisperiode ist das Niedrigeinkommensland A mit einer niedrigeren Kapitalausstattung pro Arbeiter $n^A(0) = n_1 < n_E$ und einem Pro-Kopf-Einkommen $y^A(0) = y_1 < y_E$ noch weit von einem langfristigen Wachstumsgleichgewicht entfernt (Abb. G-2). Wenn Land A auf dem gleichen technologischen Niveau die gleiche Produktionsfunktion, Sparquote und Bevölkerungswachstumsrate wie Land C aufweist, wird es in einer zukünftigen Periode m auch das gleiche Steady-State-Niveau $y^A(m) = y^C(0) = y^C(m) = y_E$ erreicht haben. Da in Periode 0 ein Einkommensrückstand in Höhe von $y^A(0)/y^C(0) < 1$ besteht, der in Periode m mit $y^A(m)/y^C(m) = 1$ beseitigt sein wird, müssen in den Perioden 0 bis m –1 die Wachstumsraten im ärmeren Land A größer als im reicheren Land C sein ($g_{y^A} > g_{y^C} = 0, g_{Y^A} > g_{Y^C} = g_N$). Länder, die die Konvergenzbedingung gleicher Fundamentalfaktoren des Wachstums erfüllen, wachsen also umso schneller je ärmer sie sind. Konvergenz liegt mithin immer dort vor, wo eine negative Korrelation von Pro-Kopf-Einkommen einer Basisperiode und jahresdurchschnittlicher Pro-Kopf-Einkommens-Wachstumsrate der Folgeperioden des Übergangswachstums nachgewiesen werden kann. Beispiele für derartige Konvergenz lassen sich häufig finden. So hatten im Jahresdurchschnitt des Zeitraumes 1960–1991 die USA und Südkorea ähnlich hohe Sparquoten (22 v. H. und 24 v. H.). Im gleichen Zeitraum erreichte Südkorea eine BIP-Wachstumsrate von 7 v. H., während in den USA das BIP nur um 2 v. H. stieg.

Diese Konvergenzdynamik zweier Entwicklungsländer (A, B) mit gleichen oder ähnlichen Wachstumsbedingungen kann auch mit Hilfe der Wachstumskurve $g_y(y)$ abgebildet werden (Abb. G-5), die aus der Wachstumsgleichung $g_y = \alpha\ (IQ/k - g_N)$ unter Berücksichtigung von $y = n^\alpha$ bzw. $n = y^{1/\alpha}$ hergeleitet werden kann. Aus $k = n/y = y^{(1/\alpha-1)}$ folgt $g_y = \alpha\ (IQ\ y^{(1-1/\alpha)} - g_N)$.Wegen $1 - 1/\alpha < 0$ folgt: Je höher das erreichte PKE-Niveau, desto niedriger ist die PKE-Wachstumsrate. Für alle $y(0) < y_E$ ist $g_y > 0$ und umso höher, je größer die negative Abweichung des Basiseinkommens von y_E ist. Für alle $y(0) > y_E$ ist $g_y < 0$ und umso niedriger, je größer die positive Abweichung des Basiseinkommens von y_E ist. Somit konvergiert die Wachstumsdynamik auf das langfristige Einkommensniveau y_E, bei dem das Pro-Kopf-Einkommenswachstum zum Erliegen kommt, solange kein technischer Fortschritt generiert werden kann.

Die Konvergenzhypothese darf keinesfalls zu einem allgemeinen Entwicklungsopti-

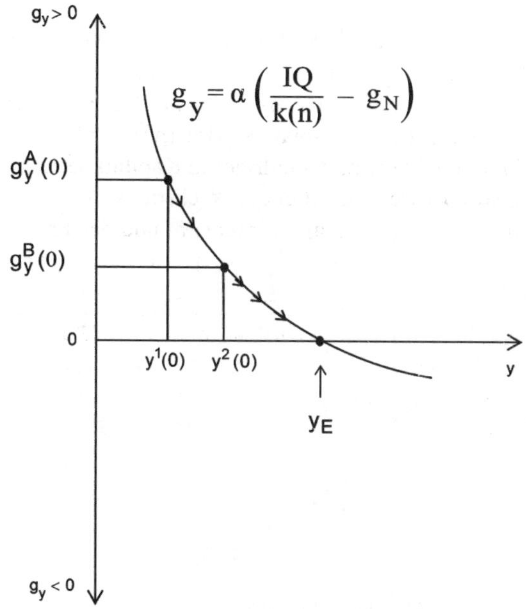

Abb. G-5: Konvergenz

mismus verleiten. Es wäre eine entwicklungsökonomische Fehlinterpretation des zugrunde liegenden Wachstumsmodells, daraus den Schluss zu ziehen, langfristig könnten alle Einkommensdisparitäten überwunden und gleicher Wohlstand für alle Länder erreicht werden. Dies wird deutlich, wenn absolute und bedingte Konvergenz unterschieden werden (BARRO,1991,1997; BARRO/SALA-I-MARTIN, 1992).

Absolute Konvergenz liegt vor, wenn im Querschnitt über die Länder und über einen langen Zeitraum die Wachstumsraten des Pro-Kopf-Einkommens signifikant negativ mit den Anfangseinkommen korrelieren. In diesem Fall gleichen sich Wachstumsraten, Einkommensniveaus und Kapitalintensität im Zeitverlauf an, weil ärmere Länder im Prozess des Übergangswachstums schneller als reichere Länder wachsen.

Bedingte Konvergenz liegt vor, wenn im Querschnitt über die Länder und über einen langen Zeitraum die Pro-Kopf-Einkommenswachstumsraten signifikant positiv mit den Differenzen von länderspezifischen Steady-State-Einkommen und Anfangseinkommen korrelieren. Nicht unbedingt die ärmeren Länder, sondern die weiter von ihren Steady-State-Einkommensniveaus entfernten Länder erreichen höhere Wachstumsraten. Es hängt von den jeweiligen Wachstumsparametern ab, ob die ärmeren Länder schneller oder langsamer als die reicheren Länder wachsen.

Die neoklassische Konvergenzhypothese begründet lediglich bedingte Konvergenz. Entwicklungsökonomische Anwendungen des neoklassischen Wachstumsmodells können somit auch wachsende Einkommensdisparitäten (Divergenz) erklären, die dann entstehen, wenn das ärmere Land A im Übergangswachstum immer die Einkommenswachstumsrate des reicheren Landes C unterschreitet. Ursachen können deutlich niedrigere Investitionsquoten ($IQ^A < IQ^C$) und höhere Bevölkerungswachstumsraten ($g_N^A > g_N^C$) im relativ ärmeren Land sein.

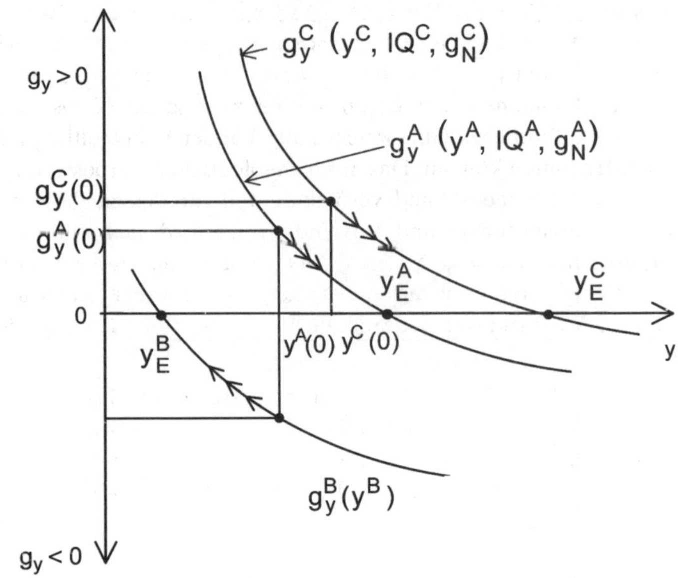

Abb. G-6: Divergenz

In diesem Fall verläuft die Wachstumskurve $g_y(y)$ des ärmeren Landes A auf niedrigerem Niveau und konvergiert auf ein langfristiges Pro-Kopf-Einkommen $y_E^A < y_E^C$ (Abb. G-6). In der Basisperiode 0 gilt $y^A(0) < y^C(0)$ und $g_y^A(0) < g_y^C(0)$. Im Vergleich der Steady-State-Periode und der Startperiode (0) ergibt sich $y_E^C/y_E^A > y^C(0)/y^A(0)$. Das reichere Land ist relativ reicher, das ärmere Land relativ ärmer geworden. Ein ärmeres Land B kann sogar absolut verarmen, wenn bei $y^B(0) = y^A(0)$ die Wachstumskurve $g_y^B(y^B)$ auf Grund noch ungünstigerer Wachstumsbedingungen im negativen Bereich verläuft (*Abb. G-6*). Zu geringe Investitionsquoten und zu hohe Bevölkerungswachstumsraten sind Ursachen dieser Armutsfallen. Sie sind schwer überwindbar, wenn die niedrige Sparquote (hohe Bevölkerungswachstumsrate) erst oberhalb einer kritischen Einkommensschwelle mit wachsenden Pro-Kopf-Einkommen zunimmt (zurückgeht), dieser Einkommenssprung („big push") aber ohne massive ausländische Kapitalhilfe kaum erreichbar ist.

So kann in *Abb. G-6* auch gezeigt werden, dass von drei Ländern (A, B, C) die beim gleichen Basiseinkommen $y^A(0) = y^B(0) = y^C(0) = y\ (0)$ starten, ein Land (C) auf einem konvergenten Wachstumspfad der Armutsfalle entrinnt und die beiden anderen Länder (A und B) auf divergenten Wachstumspfaden in Armutsfallen gefangen werden ($y_E^B < y_E^A < y_E^C$). Das negative Steigungsmaß der Wachstumskurven deutet auf Konvergenz hin, ihre unterschiedlichen Niveaus darauf, dass bestimmte Ländergruppen unterschiedliche Konvergenzclubs (Länder mit ähnlichen Wachstumskurven) bilden.

5.3. Diffusion und Adoption technischen Wissens: Entwicklungsökonomische Implikationen endogener Wachstumsmodelle

Zu den stärksten Antriebskräften aufholender Entwicklungsprozesse gehören die Hervorbringung und Übernahme technologischer Verbesserungen. Auf Grundlage der Produktionsfunktion $Y = \pi K^{\alpha}N^{1-\alpha}$ (π : Stand der Technik = totale Faktorproduktivität TFP) wird die technologische Fortschrittsdynamik in der Wachstumsrate der totalen Faktorproduktivität ($g_{\pi} > 0$) sichtbar. Dieser technische Fortschritt ist jedoch – im Gegensatz zur Annahme der traditionellen neoklassischen Wachstumstheorie – kein internationales öffentliches Gut, welches alle Länder unentgeltlich nutzen und gleichermaßen übernehmen können. Das mit technologischen Verbesserungen erweiterte Wissen ist nicht für jedes Land verfügbar, weil für dessen Anwendung und Nutzung besondere Ausstattungen und Aufwendungen erforderlich sind, die die Möglichkeiten von technologisch rückständigen Entwicklungsländern überschreiten können. Aus dieser Perspektive wird die entwicklungsökonomische Relevanz neuerer Ansätze endogener Wachstumsmodelle deutlich (LUCAS, 1988; ROMER, 1990, 1993; SCHUBERT, 1999).

Das Ausmaß des mit der TFP-Wachstumsrate gemessenen technischen Fortschritts divergiert erheblich zwischen den Ländern (HEMMER, 1999). Ein Grund hierfür kann sein, dass das im Ausland geschaffene technische Wissen von ärmeren Entwicklungsländern nur teilweise oder überhaupt nicht absorbiert wird: Die Produktionsfunktionen divergieren hinsichtlich des Niveaus und der Veränderung der totalen Faktorproduktivität. Wo aber liegen dann die Ursachen für anhaltende oder gar zunehmende technologische Rückständigkeit von Entwicklungsländern oder für ihren erfolgreichen Anschluss an die weltwirtschaftliche Fortschrittsdynamik?

Technischer Fortschritt wird durch FuE-Investitionen und damit erzielte Innovationen angetrieben, die einzelne Firmen unternehmen, um durch Kostensenkung (Prozessinnovation) oder Absatzsteigerung (Produktinnovation) den Gegenwartswert zukünftiger Gewinne zu erhöhen. Diese Innovationen erweitern das vorhandene technische Wissen (Wissenskapital WK). Das neu geschaffene Wissen ist nur partiell ausschließbar (z. B. durch befristeten Patentschutz). Es kann also teilweise in andere Sektoren des In- oder Auslandes übertragen werden, wobei für diese die Kosten der Technologieübernahme (Adoption) wesentlich niedriger als die ursprünglichen Innovationskosten sind.

Die im entwicklungsökonomischen Kontext bedeutsame internationale Wissensübertragung kann über verschiedene Kanäle zustande kommen:

- Internationaler Güterhandel verbreitet das in den Produkten enthaltene technische Wissen derjenigen, die diese Produkte entwickelt und als erste produziert haben. Güterimporte schaffen Zugang zu diesem verkörperten Wissen, das durch Produktanalysen entschlüsselt und durch Beratungsleistungen ausländischer Exporteure oder inländischer Importeure produktiv nutzbar gemacht werden kann (GROSSMAN/HELPMAN, 1991).
- Internationaler Tausch von Informationsträgern (Fachzeitschriften, Blaupausen, technische Handbücher, Internet) verbreitet das Wissen über neue Technologien, Materialien und Organisationsmethoden.
- Ausländische Direktinvestitionszuflüsse können zum Aufbau wissensintensiver Fertigungsbereiche und zu Lernprozessen beitragen.
- Nicht nur internationale Kapitalmobilität, auch die Zuwanderung qualifizierter Arbeitskräfte, die oftmals mit Direktinvestitionen verbunden ist, kann durch Beratung und Ausbildung neues Erfahrungswissen und technische Problemlösungen vermitteln.

Voraussetzungen für den Anschluss von Entwicklungsländern an diese Kanäle der internationalen Wissensdiffusion sind (WALZ, 1999) eine Mindestausstattung mit Humankapital (Abschnitt 5.2.2.) und weltwirtschaftliche Öffnung (Abschnitt 6.2.). Isolationismus behindert, ein höherer Öffnungsgrad fördert die wirtschaftliche Entwicklung.

Die totale Faktorproduktivität ist aus dieser Sicht positiv mit der Humankapitalausstattung (H), dem bereits vorhandenen Wissenskapital (WK) und dem Offenheitsgrad (OG) der Volkswirtschaft korreliert:

(5.2.) $\pi = \pi$ (H, WK, OG).

Der Offenheitsgrad, der direkt durch die Anteile des Güterimports (bzw. des Imports technologieintensiver Güter) und der ausländischen Direktinvestitionen am Bruttoinlandsprodukt oder indirekt durch das Ausmaß der Import-, Auslandsinvestitions- und Zuwanderungshemmnisse gemessen werden kann, bestimmt damit den Grad, in dem ausländisches Wissenskapital übertragen und in Produktivitätswachstum umgesetzt werden kann (COE/HELPMAN, 1995; EDWARDS, 1998).

Es muss allerdings beachtet werden, dass die Technologieadoption in Entwicklungsländern zwar kostengünstiger als die Innovation, aber nicht kostenlos ist (Lizenzgebühren, Entwicklungskosten, Beratungskosten). Die Adoptionsrate hängt also auch von der Höhe der Adoptionskosten ab, die zusammen mit der Marktstruktur unvollständiger Konkurrenz darauf Einfluss haben, wie schnell die Adoptionskosten durch „mark up pricing" (Preis/Grenzkosten > 1) zurück gewonnen werden können. Technologische Adoptionsanreize und Aufholdynamik werden somit letztlich durch die institutionellen, gesetzlichen und wirtschaftlichen Rahmenbedingungen bestimmt (GROSSMAN/HELPMAN, 1994).

Divergenzen zwischen Entwicklungsländern, die in Form wachsender Einkommensdisparitäten hervortreten, können somit auch technologiebedingt sein (*Abb. G-7*).

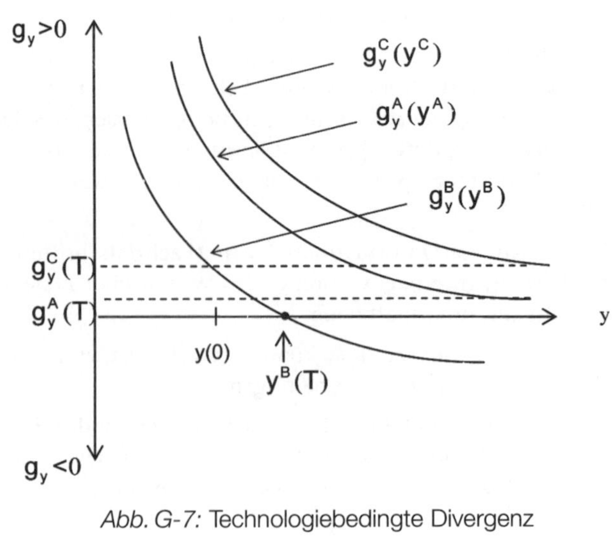

Abb. G-7: Technologiebedingte Divergenz

Angenommen, drei Entwicklungsländer (A, B, C), die in Basisperiode 0 das gleiche Pro-Kopf-Einkommen y(0) erreicht haben, unterscheiden sich hinsichtlich der technologischen Aufholdynamik. Land C hat die höchste Fortschrittsrate, so dass dort die Wachstumsdynamik auf eine langfristige, stabile Einkommenswachstumsrate $g_y^C(T)$ konvergiert. Land A erreicht eine mittlere Fortschrittsrate, die ein langfristiges Einkommenswachstum $g_y^A(T) < g_y^C(T)$ sichert. Land B bleibt vom technischen Fortschritt völlig abgekoppelt, so dass die Wachstumsdynamik in der Armutsfalle $y^B(T)$ zum Erliegen kommt und die technologische Rückständigkeit immer größer wird.

6. Entwicklungsfördernde Politik

Wie gezeigt wurde, kann eine auf Entwicklungsländer gerichtete wachstumstheoretische Perspektive sowohl die treibenden Kräfte aufholender Wachstumsdynamik als auch die strukturellen Mängel aufdecken, die Konvergenz verhindern und relative Armut verfestigen. Aus entwicklungspolitischer Sicht ergibt sich daraus die Frage, welche Reformstrategien in Entwicklungsländern diese strukturellen Defizite beseitigen und aufholende Wachstumsprozesse anstoßen oder beschleunigen können.

Dabei muss beachtet werden, dass die Ausgangslage in vielen Entwicklungsländern durch makroökonomische Instabilitäten gekennzeichnet ist (HEMMER/MARIENBURG, 2000). Sie zeigen sich in binnenwirtschaftlichen Ungleichgewichten (hohe Staatshaushaltsdefizite, Inflationsraten und Arbeitslosenquoten) und fundamentalen außenwirtschaftlichen Gleichgewichtsstörungen (Zahlungsbilanzdefizite). Strukturelle externe Ungleichgewichte, die mit den begrenzten Devisenreserven nur temporär finanziert werden können, gefährden langfristig die internationale Zahlungsfähigkeit des Landes und bedrohen damit die Stabilität seiner außenwirtschaftlichen Beziehungen. Übermäßige Inflationsraten, die oftmals Ergebnis hoher, durch Zentralbankgeldschöpfung finanzierter Haushaltsdefizite sind, sind eine der wesentlichen Ursachen der auf Grund niedriger Sparquoten zu schwachen Wachstumspotentiale (s. Abschnitt 6.1.2) und der nicht-tragfähigen Zahlungsbilanzdefizite.

Auf der Grundlage dieser Ursachendiagnosen hat sich das entwicklungspolitische Sanierungskonzept des „Washington-Consensus" (WILLIAMSON, 1990; HEMMER/MARIENBURG, 2000; BENDER, 2001) herausgebildet, das Weltbank und Internationalem Währungsfonds als Programmrahmen konditionierter Entwicklungskredite (s. Abschnitt 6.3.1.) diente, in den länderspezifische Reformprogramme eingepasst werden sollen. Bestandteile des Konzepts sind Stabilisierungs- und Strukturanpassungsprogramme. Sie wurden mittlerweile um Programme zur Armutsbekämpfung (Poverty Reduction Strategies) zu einem „Post-Washington-Consensus" erweitert (STIGLITZ, 1998).

Stabilisierungsprogramme umfassen nachfrageorientierte stabilitätspolitische Maßnahmen, die kurz- bis mittelfristig die Wiederherstellung des internen und externen Gleichgewichts fördern sollen. Die Eindämmung der Inflation und Zahlungsbilanzdefizite soll durch Kombination einer restriktiven Fiskal- und Geldpolitik mit einer Abwertung der Landeswährung erreicht werden. Mittelfristig wird hierdurch die internationale Wettbewerbsfähigkeit heimischer Produktionssektoren gestärkt und damit das Wachstum der Produktion von Export- und Importersatzgütern gefördert. Fiskalischen Reformen kommt hierbei eine Schlüsselrolle zu, müssen doch einerseits die in Relation zum Bruttoinlandsprodukt überhöhten Fiskaldefizite durch Einschränkungen staatlicher Ausgaben (Einsparung staatlicher Konsumausgaben, Subventionsabbau) und Steigerung des Steueraufkommens (Reformen von Steuersystem und Finanzverwaltung) reduziert, andererseits aber auch Staatsausgaben in öffentliche Investitionsbereiche (Infrastruktur, Gesundheit, Bildung) umgeschichtet werden.

Strukturanpassungsprogramme umfassen angebotsorientierte reformpolitische Maßnahmen, die mittel- bis langfristig eine verbesserte Allokationseffizienz, Produktivitätssteigerungen und höhere Wachstumsraten herbeiführen sollen. Die Komponenten der Strukturanpassungsprogramme können in binnen- und außenwirtschaftliche Reformen aufgegliedert werden. Binnenwirtschaftliche Reformprogramme setzen sich zusammen aus Deregulierung von Güter-, Faktor- und Finanzmärkten, Privatisierung von Staatsunternehmen sowie institutionellen Reformen. Außenwirtschaftliche Reformprogramme sind auf verbesserte Nutzung der Vorteile internationaler Arbeitsteilung gerichtet und sollen daher die weltwirtschaftliche Öffnung eines Landes durch Liberalisierung des Handels- und Kapitalverkehrs fördern.

Programme zur Armutsbekämpfung werden von kreditnachfragenden Entwicklungsländern aufgestellt und als „Poverty Reduction Strategy Papers (PRSP)“ den multilateralen Kreditgebern zugeleitet, die bei Annahme des Strategieplans auf dieser Grundlage konditionierte Kredite zur Finanzierung armutsorientierter Programme (Poverty Reduction and Growth Facility) bereit stellen.

6.1. Binnenwirtschaftliche Reformen

6.1.1. Privatisierung und Deregulierung

Die Privatisierung staatseigener Betriebe sollte vorrangig dort ansetzen, wo staatliche Produktionstätigkeit privatwirtschaftlich effizienter organisiert werden könnte und mit Betriebsverlusten verbunden ist, welche aus dem Staatshaushalt finanziert werden müssen. Das reale Bruttoinlandsprodukt wird steigen, wenn

- die Stilllegung nicht-sanierungsfähiger staatlicher Produktionsbereiche negative Wertschöpfungsbeiträge (Vorleistungskosten > Produktionswert) beseitigt,
- die hierbei freigesetzten produktiven Ressourcen in wachsenden privaten Produktionssektoren eingesetzt werden, oder
- die Überführung sanierungsfähiger Staatsbetriebe in Privateigentum eine durch effizientere Verwendung produktiver Ressourcen gewinnbringende Umstrukturierung anregt.

Im letztgenannten Fall muss verhindert werden, dass staatliche durch privatwirtschaftliche Monopole ersetzt werden. Privatisierungsprogramme müssen von Deregulierungsprogrammen begleitet werden, die die Entwicklung von Wettbewerbsmärkten fördern (Freiheit des Marktzutritts, Markteintrittsanreize für private Anbieter, Marktzugang für ausländische Anbieter, staatliche Wettbewerbsaufsicht). In beiden Fällen wird das Kernelement des makroökonomischen Stabilisierungsprogramms, die fiskalische Konsolidierung, durch staatliche Privatisierungserlöse und den aufgelösten Subventionsbedarf verlustreicher Staatsbetriebe unterstützt. Der rückläufige staatliche und der steigende private Anteil am Unternehmenssektor wird langfristig positive Auswirkungen auf Sachkapitalbildung, Humankapitalbildung und Wirtschaftswachstum haben, wenn der rechtliche Schutz privater Eigentums- und Verfügungsrechte (s. Abschnitt 6.1.3.) die privaten Anreize verstärkt, in Produktions- oder Ausbildungsprozesse zu investieren, weil die Investoren von den Erträgen ihrer Investitionen profitieren.

Oftmals unterliegen polypolistische Gütermärkte umfangreichen staatlichen Preisregulierungen in Form von Höchstpreisen, mit denen aus sozialpolitischen Gründen niedrigere Verbraucherpreise durchgesetzt werden sollen. Höchstpreise unterdrücken höhere Marktpreise und wirken hierdurch angebotsbeschränkend. Es entstehen Versorgungsengpässe. Aufhebung der Höchstpreisregelungen und Freigabe der Preise schaffen Anreize zur Produktionsausweitung, so dass die Versorgungsdefizite durch den Preismechanismus aufgelöst werden können. Eine für notwendig angesehene sozialpolitische Abfederung kann besser durch zielgenaue direkte Transferzahlungen an ärmere Haushaltsgruppen erreicht werden. Um die Anreize zur Produktionssteigerung zu stärken und monopolistische Preissetzungsspielräume zu beschränken, müssen außerdem Regulierungen beseitigt werden, die den Markteintritt neuer Anbieter und damit den Wettbewerb auf Gütermärkten behindern.

Preisregulierungen auf polypolistischen Faktormärkten (Arbeitsmärkte, Kapitalmärkte) verzerren die relativen Faktorpreise von Arbeit und Kapital. Mindestlohnregulierungen, die den Produktionsfaktor Arbeit relativ teuer machen, in Verbindung mit Höchstzinsen oder Inputsubventionen, die den Faktor Kapital künstlich verbilligen, fördern übermäßig kapitalintensive Produktionsprozesse. Arbeitsnachfrage und Beschäftigung werden hierdurch niedriger gehalten als sie sein könnten. Die Arbeitskräfte werden nur scheinbar durch Mindestlöhne begünstigt, da ihre Chancen, Erwerbseinkommen zu erzielen, verschlechtert werden. Diese Diskriminierung des Faktors Arbeit gegenüber dem Faktor Kapital kann durch ein die Faktormärkte umfassendes Deregulierungsprogramm abgebaut werden, weil hierdurch ein Anstieg der Zins-Lohn-Relation gefördert wird. Da Entwicklungsländer relativ reichlich mit einfacher Arbeit und relativ knapp mit Kapital ausgestattet sind (s. Abschnitt 6.2.1.), entspricht ein höheres Zins-Lohn-Verhältnis den tatsächlichen Faktorknappheiten und macht den Einsatz arbeitsintensiver Produktionstechniken rentabel. Das Wachstum der Beschäftigung und sparsamere, effizientere Nutzung des besonders knappen Produktionsfaktors werden gefördert.

6.1.2. Finanzmarktliberalisierung

Die Wirksamkeit dieser Deregulierungsprogramme wird durch eine Reformstrategie der Finanzmarktliberalisierung unterstützt, die höhere Sparquoten und Wachstumsraten des Kapitalstocks fördert.

Angriffsziele finanzieller Reformen bilden Regulierungen der Finanzmärkte, die unter dem Syndrom der finanziellen Repression (McKinnon, 1973, Shaw, 1973; Roubini/Sala-I-Martin, 1992) zusammengefasst werden:

- Höchstsätze für Einlagenzinsen führen zu einer niedrigen, oft sogar negativen Realverzinsung privater Ersparnisse. Diese negativen Sparanreize beschränken die Mobilisierung privater Ersparnisse zur Investitionsfinanzierung. Die Ersparnislücke wird durch Kapitalexporte (Anlage von heimischen Ersparnissen auf ausländischen Kapitalmärkten) noch vergrößert, so dass Kapitalexportkontrollen eingerichtet werden, um die Kapitalflucht einzudämmen.
- Die den Geschäftsbanken zufließenden Einlagen werden mit hohen Pflichtreservesätzen belastet, so dass ein beträchtlicher Teil des Einlagevolumens nicht in Bankkredite an Investoren sondern in die Zentralbank geschleust wird, die damit Staatshaushaltsdefizite finanziert oder – meist staatliche – Spezialkreditinstitute zu niedrigen Zinsen refinanziert. Die spezialisierten Entwicklungsbanken (z. B. Industrieentwicklungsbank, Export-, Hypotheken- und Landwirtschaftsbank) werden diese liquiden Mittel dann zu subventionierten Zinsen an ausgewählte Kreditnehmer ausleihen. Im Unterschied zu Mindestreserven (Beitrag D-3.4.) sind die Pflichtreserven also Instrument der Finanzpolitik im Dienste staatlicher Kreditallokation.
- Das verbleibende knappe Kreditangebot der Geschäftsbanken steht auf offiziellen, nicht-regulierten Kreditmärkten nur zu überhöhten Marktzinsen zur Verfügung oder muss auf den durch Höchstzinsen regulierten Kreditmärkten zu künstlich niedrig gehaltenen Kreditzinsen ausgeliehen werden. Viele Kreditnachfrager werden auf informelle Kreditmärkte mit überhöhten Zinsen abgedrängt.
- Finanzielle Repression hat ein unterentwickeltes, ineffizientes System der Investitionsfinanzierung zur Folge. Angesichts fehlender Wertpapiermärkte können private Sparer ihr Finanzvermögen kaum diversifizieren und mit attraktiven Kapitalerträgen anlegen. Folge ist eine hohe Kassenhaltungsneigung im privaten Sektor. Investitionsprojekte werden überwiegend aus einbehaltenen Unternehmensgewinnen und subventionierten Staatskrediten an Prioritätssektoren finanziert. Die Ersparnisbildung ist zu niedrig, und das noch geringere Kreditangebot wird nicht in die relativ ertragreichsten und produktivsten Investitionsprojekte gelenkt.

Die Einflüsse der finanziellen Repression auf die Wachstumsraten des Kapitalstocks und des Pro-Kopf-Einkommens können im neoklassischen oder im AK-Wachstumsmodell (s. Abschnitt 4.1.) endogenisiert werden (PAGANO, 1993), wenn in der Gleichung (5.1) bzw. (4.3) mit

$$I = \mu S \qquad \text{bzw.} \qquad I/Y \equiv \mu s$$

berücksichtigt wird, dass nicht nur die Ersparnis niedriger ist, als sie sein könnte, sondern zusätzlich ein Teil 1-μ) der Ersparnis durch Ineffizienzen der Finanzintermediation „verloren" geht. Die neoklassische Wachstumsgleichung

$$(6.1) \qquad g_Y = g_\pi + \alpha\left(\frac{I/Y}{k} - g_N\right) = g_\pi + \alpha\left(\frac{\mu s}{k} - g_N\right)$$

kann somit ebenso wie die AK-Wachstumsgleichung (s. Abschnitt 4.1.)

$$(6.2) \qquad g_Y = \mu s A - g_N$$

aufdecken, dass die Wachstumsrate des Pro-Kopf-Einkommens umso niedriger ausfällt, je höher der Grad der finanziellen Repression (1-μ) ist.

Die Theorie der finanziellen Repression liefert somit das entwicklungstheoretische Fundament finanzieller Reformen:

- Die Anhebung der Einlagenzinsen und schrittweise Freigabe der Zinssätze schafft in Verbindung mit einem makroökonomischen Stabilisierungsprogramm höhere und positive Realzinsen auf Ersparnisse und niedrigere Kreditzinsen für Investoren.
- Die Reduktion der Pflichtreservesätze und der Abbau staatlicher Kreditallokation verstärken die Auswirkungen der Zinsliberalisierung auf die Spanne zwischen Kredit- und Einlagenzinsen.
- Die hierdurch geförderten Spar- und Investitionsanreize werden durch Maßnahmen zur Verbesserung der finanziellen Infrastruktur (Entwicklung von Wertpapiermärkten, Entwicklung des Geschäftsbankensystems: Kreditmanagement, Bankenwettbewerb, Bankenaufsicht, Einlagensicherungsfonds) verstärkt und es wird eine effizientere Kreditallokation begünstigt.

Wie die neoklassische oder AK-Wachstumsgleichung zeigen, werden finanzielle Liberalisierungsprogramme über die Auswirkungen auf die Sparquote (Anstieg von s), Effizienz der Kapitalallokation (Anstieg der Kapitalproduktivität A, Senkung des Kapitalkoeffizienten k) und regulierungsbedingten Absickerverluste im finanziellen Intermediationsprozess (Anstieg von μ) höhere Wachstumsraten und höhere langfristige Einkommensniveaus herbeiführen (PAGANO, 1993; BENDER, 1996; GRAFF, 2000).

6.1.3. Bildung und Reformen von Institutionen

Die institutionelle Infrastruktur eines Landes kann ein wachstumsförderndes oder -feindliches Klima schaffen (NORTH, 1990). Sie wird durch die formalen und informellen Verhaltensregeln gebildet, welche die Interaktionen zwischen Individuen und die Anreizstrukturen bestimmen, die positiv (Sparanreize, Ausbildungsanreize, Innovationsanreize) oder negativ (Rentensuchanreize, Korruptionsanreize, Anreize zum Regelverstoß) auf die Wohlstandsentwicklung wirken. Formale Handlungsregeln sind in der Verfassung und den daraus abgeleiteten Gesetzen ausgeformt. Sie erfordern einen Rechtsschutzstaat, der für Einhaltung dieser Regeln sorgt. Informelle Handlungsregeln werden durch allgemeine Normen, Konventionen, Moralvorstellungen, Religionen und Ideologien bestimmt. Während die formalen Regeln durch die Rechtsordnung und das Gewaltmonopol des Rechtsstaates durchgesetzt werden müssen, können informelle Regeln oft nicht durch externe Sanktionsmechanismen erzwungen werden, sondern ergeben sich aus individuellen Selbstbindungen.

Effiziente Institutionen sind geplant geschaffene oder historisch gewachsenen Systeme von wechselseitig respektierten und zumeist sanktionierbaren Regeln, die wirtschaftliche und soziale Interaktionen der Individuen durch wechselseitig verlässliche Verhaltenserwartungen fördern, so dass sie zur Reduktion von Unsicherheit und hierdurch bedingten Transaktionskosten beitragen (Beitrag L-1.2.2.). Institutionen die solchen Anforderungen genügen, sind wachstumsfördernd. Institutionen, die ein Klima der Verhaltensunsicherheit (wie z. B. hohe Risiken des Vertragsbruches, des Betrugs oder der Korruption) mit hohen Transaktionskosten (wie z. B. Kosten der Durchsetzung von

Verträgen und der Absicherung gegen Betrug, Bestechungsgelder) schaffen, sind wachstumsschädlich. Institutioneller Wandel, der diese Bedingungen verbessert, fördert die wirtschaftliche Entwicklung (North, 1990; Klump, 1995, 1999; Hall/Jones, 1999).

Dies führt zu einer erweiterten Sicht des technischen Fortschritts, der nicht alleine durch Prozess- und Produktinnovationen, sondern auch durch institutionellen Fortschritt getrieben wird (Hall/Jones, 1999). Dabei ist institutioneller Fortschritt die Entwicklung von Regeln, welche die Kosten der Produktion und des Tausches von Gütern (Informationskosten, Verhandlungskosten, Überwachungskosten) in einem durch effiziente Arbeitsteilung und Spezialisierung geprägten wirtschaftlichen System senken und wachstumsförderliche Anreizstrukturen schaffen.

Da wirtschaftliche Entwicklung mit zunehmender Spezialisierung und Arbeitsteilung verbunden ist, werden die Interdependenzen und die Bedeutung vertraglicher Beziehungen zunehmen. Damit steigt mit der Gefahr opportunistischen Individualverhaltens (Anreize zu Vertragsverstößen) aber auch die Unsicherheit. Dem müssen Sicherungen gegen opportunistisches Verhalten eigennutzorientierter Individuen dadurch entgegenwirken, dass die von individuellen Akteuren erwarteten Kosten der Verletzung institutioneller Regeln höher gewichtet werden als die erwarteten Erträge aus Regelverletzungen. Dies ist eine der entscheidenden Voraussetzungen dafür, dass sich im Entwicklungsprozess funktionsfähige Märkte herausbilden können. Zu diesen institutionellen Voraussetzungen gehören (Brautigam/Knack, 2004):

- Ein glaubwürdiger Schutz privater Eigentums- und Verfügungsrechte (Individualrechte der Güter- und Faktornutzung und der Einbehaltung von Erträgen) muss gesichert werden.
- Die Übertragbarkeit privater Verfügungsrechte an andere ist zu gewährleisten und Regeln zu unterwerfen.
- Zur Durchsetzbarkeit vertraglicher Leistungspflichten müssen Instrumente geschaffen werden, die Schutz gegen opportunistisches Individualverhalten bieten, wobei dem Rechtssystem („Herrschaft des Gesetzes", Vertragsrecht, Insolvenzrecht), der Rechtssicherheit und Durchsetzbarkeit von Rechtsansprüchen (unparteiische, nicht korrupte Justiz) und privaten Streitschlichtungsmechanismen die wichtigsten Rollen zukommen.

Die ökonomische Ineffizienz der institutionellen Infrastruktur zeigt sich vor allem in fehlendem oder unvollkommenem Schutz privater Verfügungsrechte, Mangel an Rechtssicherheit, Korruptionsanfälligkeit der staatlichen Bürokratie (Verwaltung, Justiz) und rentensuchenden individuellen Verhaltensweisen. Ineffiziente Institutionen können stabil und damit umso schwerer überwindbar sein, je länger sie Bestand haben. Es entsteht das Problem der Pfadabhängigkeit von Entwicklungsprozessen. Das Niveau des langfristigen Wachstumspfades hängt von den institutionellen Ausgangsbedingungen und von den Möglichkeiten ab, diese durch zielgerichtete Reformen nachhaltig zu verbessern. Pfadabhängigkeit bedeutet also, dass Entwicklungsländer mit unterschiedlichen institutionellen Ausgangsbedingungen selbst dann keine Wachstumskonvergenz erreichen, wenn sie in allen sonstigen Wachstumsdeterminanten übereinstimmen.

Empirische Länderquerschnittsanalysen bestätigen, dass der Grad des Schutzes privater Verfügungsrechte zur Erklärung unterschiedlicher Wachstumsraten der totalen Faktorproduktivität beitragen kann (EDWARDS, 1998), und dass Länder mit höheren Korruptionsindices relativ häufig niedrigere Investitionsquoten und Pro-Kopf-Einkommenswachstumsraten aufweisen (BARDHAN, 1997; WEDER, 2000).

6.2. Außenwirtschaftliche Öffnung

Weltmarktorientierte Entwicklungsstrategien sind darauf ausgerichtet, die Wachstumspotentiale internationaler Güter- und Kapitalmärkte durch Handels- und Kapitalverkehrsliberalisierung, also durch weltwirtschaftliche Integration, für die eigene Entwicklung auszunutzen. Als Wachstumsmotoren dienen die Förderung industrieller Güterexporte (Exportdiversifizierung: steigender Industriegüteranteil am Gesamtexport, Anhebung der Exportquote) und ausländischer Direktinvestitions- und Portfoliokapitalzuflüsse (Erhöhung der Investitionsquote). Sie stellen die Gegenposition zu binnenmarktorientierten Entwicklungsstrategien dar, die darauf ausgerichtet sind, die Wachstumspotentiale heimischer Märkte durch Handels- und Kapitalverkehrskontrollen, also durch weltwirtschaftliche Abschottung, zu stärken. Dem Konzept der binnenmarktorientierten Entwicklung dienen die Förderung heimischer Industriegüterproduktion (Importsubstitution: Ersetzung von Industriegüterimporten durch Inlandserzeugung, Senkung der Importquote) und Kapitalexportkontrollen (Erhöhung der Investitionsquote) in Verbindung mit einer restriktiven Steuerung ausländischer Direktinvestitionen (Schutz heimischer Industrien) als Wachstumsmotoren. Zahlreiche empirische Studien dokumentieren die relative Überlegenheit des weltmarktorientierten Konzepts der wirtschaftlichen Entwicklung (DOLLAR, 1992; EDWARDS, 1993, 1998; HARRISON, 1996). Außenorientierte Entwicklungsländer (z. B. Singapur, Südkorea, Taiwan) haben in den 1970er und 80er Jahren niedrigere Kapitalkoeffizienten, stärkeres Exportwachstum und hierdurch höhere BIP-Wachstumsraten erzielt als die im gleichen Zeitraum relativ binnenorientierten Entwicklungsländer (z. B. Argentinien, Indien, Philippinen) die ihre Handelspolitik auf Importsubstitution ausrichteten (LAUX-MEISELBACH, 1989).

6.2.1. Internationaler Güterhandel

Für viele Entwicklungsländer des lateinamerikanischen und asiatischen Raumes bestand die Attraktivität der in den 1950er und 60er Jahren sehr verbreiteten Importsubstitutionsstrategie in der vermeintlichen Problemlosigkeit einer Industrialisierungspolitik, die den Absatzmarkt der angestrebten Binnenproduktion durch die Abwehr von Importen schafft. Erwartet wurde hiervon die Erfüllung wachstums-, beschäftigungs- und zahlungsbilanzpolitischer Ziele:

- Der in der Regel mit Konsumgüterimportsubstitution beginnende Aufbau einer Produktionsstruktur mit höherem Industriegüteranteil kann über Rückwärtsverkettungen wesentlich stärkere sekundäre Wachstumsimpulse freisetzen als die Expansion des primären Sektors.

- Die Schaffung zusätzlicher Arbeitsplätze in aufstrebenden Industriesektoren mindert ebenso die versteckte Arbeitslosigkeit in der Landwirtschaft – und erhöht damit die Produktivität des Agrarsektors – wie sie zur Verminderung der offenen Arbeitslosigkeit in den Städten beiträgt.
- Die durch Konsumgüterimportsubstitution induzierten Devisenersparnisse bedingen eine Ausweitung der Importkapazität, die zur Erhöhung der Kapitalgüterimporte genutzt werden kann. Ergibt sich als Folge rückläufiger Importnachfrage der Entwicklungsländer sogar eine tendenzielle Verbesserung ihrer terms of trade, so wird der positive Zahlungsbilanzeffekt weiter verstärkt.

Das Instrumentarium der Importsubstitutionspolitik lässt sich unter dem Sammelbegriff des Entwicklungsprotektionismus erfassen: temporäre oder dauerhafte effektive Protektion (Beitrag H-4.1.1) inländischer Anbieter durch Importzölle oder nicht-tarifäre Importbeschränkungen und künstliche Verbilligung der von heimischen Industriesektoren benötigten Einfuhrgüter (Kapitalgüter, Vorleistungen) durch einen überbewerteten Wechselkurs der Landeswährung im Rahmen eines Systems multipler Wechselkurse mit Devisenkontrollen.

Die Entwicklungsstrategie wird meist mit dem Erziehungsschutz-Argument („infant industry protection", Beitrag H-4.1.2) und Erfahrungskurven-Effekten begründet. Relativ junge inländische Industrien können mit den etablierten Unternehmen der Industrieländer nicht konkurrieren, da diese auf Grund von Größenvorteilen (Skaleneffekte, Beitrag H-3.2) „first mover advantages" haben. Daher wird temporäre effektive Protektion als notwendig erachtet, damit die heimischen Industrien während der Protektionsphase durch Wachstums- und Lernprozesse, die internationaler Wettbewerb bei Freihandel verhindern würde, Skaleneffekte nutzen, zukünftige Kostenvorteile vorbereiten sowie Humankapital und Innovationspotentiale aufbauen können. Die zur Mitte des 20. Jahrhunderts relativ breite Akzeptanz dieser strategischen Position wirkte sich auf das Allgemeine Zoll- und Handelsabkommen (GATT, Beitrag H-5.2) aus, in dem mit Art. 18 ein protektionistischer Ausnahmebereich für Entwicklungsländer geschaffen wurde, der ihnen unter bestimmten Voraussetzungen den Einsatz von Importrestriktionen zur Förderung der industriellen Entwicklung gestattet.

Die Problematik der Importsubstitutionspolitik besteht vor allem in der Gefahr eines auf lange Sicht zu geringen entwicklungspolitischen Erfolgsgrades. Importbeschränkungen bewirken überhöhte Preise industrieller Erzeugnisse. Sie verzerren die Preisstruktur zugunsten des inländischen Importkonkurrenzsektors und fördern eine Überdimensionierung dieses Sektors. Die hiermit verbundene suboptimale Allokation knapper Produktionsfaktoren mindert die gesamtwirtschaftliche Produktivität und behindert die Expansion des Exportsektors. Da Zwischenprodukt- und Kapitalgüterimportsubstitution wichtige Einsatzfaktoren verteuern, wird zudem der Aufbau international wettbewerbsfähiger Exportindustrien erschwert. Oftmals produzieren die hinter protektionistischen Mauern errichteten inländischen Importsubstitutionsindustrien zu vergleichsweise überhöhten Kosten und unter zu geringem Wettbewerbsdruck, so dass sie weder preispolitisch noch mit ihren Produktqualitäten internationale Wettbewerbsfähigkeit erlangen. Ergebnis ist ein die inländischen Nachfrager belastender Dauerschutz, der diese Industrien künstlich am Leben hält.

Weitere Mängel ergeben sich aus der Unfähigkeit einer binnenmarktorientierten

Importsubstitution, in relativ kleinen Volkswirtschaften eine dauerhafte Wachstumsbeschleunigung durchzusetzen. Dem zeitweilig höheren Wachstumstempo folgt bei nur begrenzt wachsendem Binnenmarkt wieder eine Verlangsamung, so dass keine nachhaltige Erhöhung des Realeinkommenswachstums zustande kommt. Berücksichtigt man ferner, dass es sich bei den zu ersetzenden Importen oft um Industrieprodukte handelt, die unter hoher Fixkostenbelastung mit kapitalintensiven Methoden erzeugt werden, so bleiben die neu geschaffenen Betriebseinheiten weit von den optimalen Betriebsgrößen der verdrängten Auslandsproduzenten entfernt und die erhofften Beschäftigungseffekte gering. Schließlich erscheint es zweifelhaft, ob Importsubstitution aus der Sicht zahlungsbilanzpolitischer Ziele eine wirksame Alternative zur Exportförderung darstellt. Erfasst man die durch Importsubstitution induzierten zusätzlichen Importe, ist nicht auszuschließen, dass langfristig keine Verminderung der Importabhängigkeit gelingt, weil höhere Importquoten an Kapitalgütern, Zwischenprodukten und Rohstoffen notwendig sind. Der binnenmarktorientierte Industriesektor erzielt keine Deviseneinnahmen, löst aber relativ hohe Devisenausgaben aus.

Das entwicklungsökonomische Versagen binnenmarktorientierter Strategien der Importsubstitution führte seit den 1970er und 80er Jahren in vielen Entwicklungsländern zu weitreichenden Reformen der Handelsregimes (Abbau von Zöllen und quantitativen Importbeschränkungen, Abbau von Devisenkontrollen, Vereinheitlichung des Wechselkurssystems), die sich am Leitbild weltmarktorientierter Entwicklungsstrategien ausrichteten. Diese richten sich auf die Förderung des Wachstums traditioneller Exportsektoren oder die Entwicklung neuer Exportzweige im sekundären Sektor. Sie erstreben mithin eine gezielte Anhebung der Exportquote. Da das Entwicklungspotential traditioneller Primärgüterexporte relativ gering ist, kann nur die Strategie der Exportdiversifizierung den Weg weisen: Überwindung der einseitigen Ausrichtung der Exportaktivitäten auf wenige Produkte durch Verbreiterung des Exportsortiments und Aufbau einer Exportstruktur mit höherem Industriegüteranteil. Kennzeichen der Exportdiversifizierung sind also eine vergrößerte Anzahl industrieller Exportprodukte und die verstärkte Integration in die internationale Arbeitsteilung.

Importsubstitution und Exportdiversifizierung dürfen allerdings nicht als stets konkurrierende Industrialisierungsstrategien angesehen werden. Für die meisten Entwicklungsländer waren nämlich die Startbedingungen einer Erfolg versprechenden exportgetriebenen Wachstumspolitik (Unternehmerpotential, Kenntnisse der Auslandsmärkte, qualifizierte Arbeitskräfte) nicht hinreichend erfüllt. In den Anfangsphasen waren viele Entwicklungsländer deshalb auf Industrialisierung durch Importsubstitution angewiesen, weil Unternehmer mangels hinreichender Information über Auslandsmärkte sich zunächst auf den Binnenmarkt konzentrieren mussten, der durch die zu verdrängenden Importe bereits erschlossen war. Erfolgreiche Importsubstitutionspolitik kann langfristig Voraussetzungen schaffen, die in einer späteren Industrialisierungsphase Exportdiversifizierung möglich machen. Sie müsste dann aber solchen Sektoren Priorität einräumen, die nach Abschluss der Importsubstitutionsphase Exportchancen besitzen, weil komparative Kostenvorteile existieren oder durch steigende Skalenerträge (Beitrag H-3.2.1) und Lerneffekte erschlossen werden.

Die Selektion der potentiell exportfähigen Branchen, auf die Fördermaßnahmen zu konzentrieren sind, orientiert sich an den Spezialisierungskriterien der Faktorproportionen- und Produktzyklus-Theorie (Beitrag H-3.1.2; H-3.3) sowie an den Einkommenselastizitäten der jeweiligen Produktgruppen. Entwicklungsländer besitzen gegenüber Industrieländern relativ wenig Sach- und Humankapital, verfügen aber über günstige Ausstattungsrelationen bei Arbeitsleistungen mit geringem Gehalt an Ausbildungskapital. Infolge relativ niedriger Reallohnniveaus ungelernter oder angelernter Arbeitskräfte werden sie daher komparative Kostenvorteile in solchen Produktionszweigen aufweisen oder entwickeln können, welche diese reichlich vorhandenen Produktionsfaktoren intensiv nutzen, ohne dass ihre internationalen Produktivitätsnachteile diese Lohnvorteile überkompensieren.

In der Anfangsphase industrieller Entwicklung stehende Länder sollten daher zunächst den (in Bezug auf die heimische Ressourcenbasis) rohstoffintensiven und arbeitsintensiven Industrieprodukten, deren Herstellungsprozess relativ wenig qualifizierte Arbeitskräfte benötigt, die höchste Priorität einräumen (z. B. Lederverarbeitung, Schuhe, Textilien, Bekleidung, Glaserzeugnisse, Keramik). Länder, die bereits die Importsubstitutionsphase und hiermit verbundene Lernprozesse der Industrialisierung durchlaufen haben, können aufgrund ihrer Lohnkostenvorteile auch die Exportproduktion in kapitalintensiveren Zweigen aufnehmen, die Arbeitskräfte höheren Qualifikationsniveaus benötigen, ihre Produkte aber mit relativ einfachen, ausgereiften Techniken herstellen. Solche Produktionsbedingungen sind für Erzeugnisse typisch, die sich in der Ausreifungs- und Standardisierungsphase ihres Lebenszyklus befinden (z. B. Möbelerzeugung, Elektrotechnik, Feinmechanik, Photoindustrie, Uhrenindustrie, Eisen- und Stahlverarbeitung). Die meisten Produkte dieser zweiten Kategorie weisen hinreichend hohe Werte der Einkommenselastizitäten auf, während die Einkommenselastizitäten einiger Produkte der ersten Kategorie (z. B. Textilien und Bekleidung, Schuhe) mit steigendem Pro-Kopf-Einkommen auf unter Eins liegende Werte sinken können.

Eine langfristig angelegte Entwicklungsstrategie der weltwirtschaftlichen Integration sollte in der Lage sein, jene breite Exportstruktur aufzubauen, deren höhere durchschnittliche Einkommenselastizität eine wesentlich wirksamere Anbindung an das Einkommenswachstum der Industrieländer gestattet als die traditionelle Exportstruktur. Das diesen Strukturwandel fördernde Instrumentarium besteht aus dem Abbau der Importrestriktionen (Handelsliberalisierung) und der Beseitigung einer Überbewertung des Wechselkurses der heimischen Währung (Abwertung), die das Exportwachstum behindert haben. Im Interesse der Stärkung und Sicherung der internationalen Wettbewerbsfähigkeit der aufstrebenden Exportindustrien müssen die Reformen des Handels- und Wechselkursregimes (Flexibilisierung des Wechselkurses oder marktgerechte Wechselkursbindung an Ankerwährung) durch

- eine nachhaltige makroökonomische Stabilisierung (stabilitätsorientierte Geldpolitik, fiskalische Disziplin),
- Entwicklung der Infrastruktur (insbes. Verkehrsnetze, Kommunikations- und Informationsnetze) und
- Öffnung der Märkte in den Hocheinkommensländern für die Exportprodukte der Entwicklungsländer

unterstützt werden.

Die entwicklungsökonomische Überlegenheit der außenwirtschaftlichen Öffnungsstrategie wird durch traditionelle Freihandelsmodelle und neuere endogene Wachstumsmodelle theoretisch untermauert. Sie weisen nach, dass relativ offene Volkswirtschaften schneller wachsen als Länder mit restriktivem Handelsregime, weil freier Handel

- Produktivitätsgewinne aus effizienterer Faktorallokation erschließt, da die auf Grund komparativer Kostenvorteile wettbewerbsstarken Sektoren wachsen, während die wegen komparativer Kostennachteile wettbewerbsschwächeren Bereiche schrumpfen (statische Integrationseffekte),
- zu Produktivitätssteigerungen und Kostensenkungen auf Grund von Skalenvorteilen führt, die bei größeren, weltwirtschaftlichen Absatzmärkten stärker ausgenutzt werden können (dynamische Integrationseffekte),
- die Absorption technologischer Fortschrittsprozesse begünstigt, da Informationen über neues technisches Wissen durch internationalen Güterhandel und verbesserte Kommunikation schneller und kostengünstiger verbreitet werden,
- eine größere Anzahl differenzierter Zwischenprodukte und Kapitalgüter zu niedrigeren Preisen verfügbar macht, so dass eine effizientere, kostengünstigere Endproduktion ermöglicht wird (Romer, 1990).

Die theoretischen Ansätze münden in die Hypothese eines positiven Zusammenhangs zwischen Öffnungsgrad bzw. Liberalisierungsgrad des Handelsregimes, Wachstumsrate der totalen Faktorproduktivität und Pro-Kopf-Einkommenswachstum. Empirische Tests (Edwards, 1998; Sachs/Warner, 1995; Dollar/Kraay, 2004), die unterschiedliche Maße für den außenwirtschaftlichen Öffnungsgrad verwenden, können das erwartete positive Vorzeichen der Regressionskoeffizienten in den meisten Fällen bestätigen.

Neuere empirische Untersuchungen (Überblick bei Winters, 2004; Winters u. a., 2004) liefern Evidenz für positive Wachstumseffekte der Handelsliberalisierung, die auch die in absoluter Armut lebenden Haushalte erreichen. Eine von David Dollar und Aart Kraay (2004) vorgelegte umfangreiche Länder-Querschnittsanalyse (137 Länder, 1950–1999) kann eine proportionale Beziehung zwischen dem durchschnittlichem Einkommen pro Kopf der Gesamtbevölkerung und dem Durchschnittseinkommen der unterhalb der Armutsschwelle lebenden Bevölkerung nachweisen. Sie stützt somit die Hypothese armutsmindernder Wirkungen der Handelsliberalisierung.

6.2.2. Internationaler Kapitalverkehr

Der Abbau von Kapitalverkehrskontrollen (Kapitalimport- und Kapitalexportbeschränkungen, Restriktionen ausländischer Direktinvestitionen) wird Nettokapitalimporte fördern, die eine aufholende Wachstumsdynamik auslösen oder verstärken können (s. Abschnitt 5.2.1.). Der mit der weltwirtschaftlichen Öffnung des Finanzsektors hergestellte Zugang zu internationalen Kapitalmärkten erweitert die Möglichkeiten, heimische Investitionsprojekte über Auslandskredite (Bankkredite, ausländische Portfolioinvestitionen) zu finanzieren oder ausländische Direktinvestitionen anzuziehen. So wie Investitionen im Inland mit ausländischen Ersparnissen finanziert werden können (Kapitalimporte), lassen sich nun heimische Ersparnisse auch im

Ausland anlegen (Kapitalexporte). Durch Liberalisierung des Kapitalverkehrs werden somit über weitere Sparanreize und Zugang zu Kapitalimporten Voraussetzungen für eine höhere Ausrüstungsinvestitionsquote geschaffen. Die wachstumsfördernden Wirkungen einer Steigerung der Kapitalimportquote (s. Abschnitt 5.2.1.) kommen aber nur dann zustande, wenn die zufließenden

- Auslandskredite in effiziente Investitionsprojekte gelenkt werden, aus deren Erträgen die Schuldendienstleistungen (Zinsen und Tilgungszahlungen an das Ausland) finanziert werden können,
- ausländischen Direktinvestitionen keine crowding-out-Effekte auf heimische Investitionen haben.

Daher schätzt die neoklassische Wachstumsgleichung (s. Gleichung (5.2.), Abschnitt 5.2.1.) die durch Kapitalmarktöffnung bei gegebenen Kapitalkoeffizienten maximal erreichbare Wachstumsbeschleunigung, die dann eintritt, wenn der gesamte Kapitalimport in zusätzliche produktive Investitionen fließt. Außerdem muss unterschieden werden, ob die Investitionsquote durch Auslandsverschuldung oder ausländische Direktinvestitionen erhöht wird.

Auslandsverschuldung

Ersparnis- und Devisenlücken (I>S und Leistungsbilanzdefizit) können durch Auslandskredite finanziert werden, die an internationalen Finanzmärkten aufgenommen oder als Kapitalhilfekredite über die finanzielle Entwicklungszusammenarbeit (s. Abschnitt 6.3.1) aufgebracht werden. Diese Entwicklungsfinanzierung ist aber mit zwei Problemen verbunden. Erstens steigt die Auslandsverschuldung. Zweitens wächst das Leistungsbilanzdefizit, weil die zunehmende Auslandsverschuldung mit steigenden Zinszahlungen bedient werden muss und weil die durch Kapitalimporte finanzierbare höhere Investitionsquote auf Grund der beschränkten Kapazität des heimischen Investitionsgütersektors meist nur über Importe von Kapitalgütern (Im_K) realisiert werden kann. Die durch die Summe von heimischer Spar- und Kapitalimportquote (KIm/Y) bestimmte maximal erreichbare Investitionsquote (s. Abschnitt 5.2.1) setzt sich somit aus Investitionsgütern heimischer Produktion (I_d/Y) und im Ausland hergestellten Investitionsgütern (I_f/Y) zusammen, wobei für ein Niedrigeinkommensland, wo kaum Investitionsgüter hergestellt werden, von $I_f > I_d \geqq 0$ auszugehen ist:

$$\frac{I}{Y} = \frac{I_d}{Y} + \frac{I_f}{Y} \leqq \frac{S}{Y} + \frac{KIm}{Y}.$$

Hieraus darf jedoch nicht der Schluss gezogen werden, die Investitionsquote und damit auch die Einkommenswachstumsrate seien eine linear steigende Funktion der realisierbaren Kapitalimportquote (Easterly, 1999). Zum einen wird der wachstumsstimulierende Effekt der kapitalimportfinanzierten Investitionen durch steigende Kapitalkoeffizienten wieder abgebaut (s. Abschnitte 3.1.2 und 5.2.1). Zum anderen wird die Devisenlücke vergrößert.

Kapitalimporte werden nämlich auch zur Finanzierung anderer Güterimporte benötigt, wenn die Deviseneinnahmen aus dem Export nicht ausreichen, um den Importbedarf an Konsumgütern und Vorleistungen zu decken. Da die Importausgaben für Konsumgüter (Im_C), Zwischenprodukte (Im_{ZW}) und Investitionsgüter ($Im_K = I_f$) bei fehlenden Devisenreserven die durch Exporterlöse (Ex) und Nettokapitalimporte determinierte Importkapazität nicht überschreiten können, muss langfristig eine Devisenrestriktion (Zahlungsbilanzrestriktion) beachtet werden:

$$Ex + KIm \geqq Im_C + Im_K + Im_{ZW}.$$

Da die durch Kapitalimporte ermöglichte Anhebung der Importkapazität und damit der Investitionsquote in Zukunft durch den Schuldendienst DS (debt service: Verzinsung plus Tilgung der Auslandsschuld) auf den Bestand an Nettoauslandsverbindlichkeiten (D) wieder vermindert wird, gilt für ein Schuldnerland die Devisenrestriktion:

$$\overbrace{\underbrace{Im_C + Im_K + Im_{ZW} - Ex}_{\text{Handelslücke}} + DS}^{\text{Devisenlücke}} \leqq KIm$$

Wird die aus Kapitalimporten resultierende zukünftige Schuldendienstbelastung als Bruchteil der Exporterlöse ausgedrückt, indem ein Schuldendienstkoeffizient

$$ds = DS/Ex$$

eingeführt wird, so lässt sich die Zahlungsbilanzrestriktion auch in folgender Form schreiben:

$$Ex(1 - ds) + KIm \geqq Im_C + Im_{ZW} + Im_K.$$

Wird durch Y dividiert und nach Im_K/Y aufgelöst, so zeigt sich auch hier, dass bei gegebener beschränkter heimischer Investitions- und Sparquote die durch Kapitalgütereinfuhr ermöglichte Wachstumsbeschleunigung von der Kapitalimportquote KIm/Y abhängt:

$$(6.3) \qquad \frac{I_f}{Y} = \frac{Im_K}{Y} = \frac{Ex}{Y}(1 - ds) - \frac{Im_C}{Y} - \frac{Im_{ZW}}{Y} + \frac{KIm}{Y}.$$

Da der Schuldendienstkoeffizient aber mit steigender Kapitalimportquote größer wird, wenn zusätzliche Kredite nur mit höheren Zinsen und kürzeren Laufzeiten zu erhalten sind, wird Gleichung (6.3) die Wachstumsdynamik erst erklären können, wenn die mit Auslandskrediten verbundene Schuldendynamik einbezogen wird.

Der Schuldendienst besteht aus Zinszahlungen auf die bestehenden Auslandsschulden (iD) und Tilgungszahlungen, die Auslandsschulden abbauen. Wird nun KIm als Nettokapitalimport (Neu aufgenommene Auslandskredite minus Kredittilgung) definiert, ist damit auch die Veränderung der Auslandsverschuldung bestimmt. Sind die Neukredite größer (kleiner) als die in der gleichen Periode geleisteten Tilgungszahlungen – ist also $KIm > 0$ ($KIm < 0$) – wächst (sinkt) die Auslandsschuld. Damit folgt aus der Devisenrestriktion $Im_C + Im_{ZW} + I_f - Ex + iD = KIm = \dot{D}$.

Definiert man die Differenz $Ex - Im_c - Im_{zw}$ als primären Handelsbilanzsaldo (PHB), wird die Veränderung der Auslandsverbindlichkeiten bestimmt durch

$$\dot{D} = KIm = I_f - PHB - iD \text{ oder}$$

$$\frac{\dot{D}}{Y} = \frac{\dot{D}}{D} * \frac{D}{Y} = \frac{KIm}{Y} = \frac{I_f}{Y} - \frac{PHB}{Y} + i\frac{D}{Y}.$$

Unter Berücksichtigung der in internationalen Verschuldungsstatistiken erfassten Kennziffern der Schuldenquote (d=D/Y) und der Wachstumsrate der Auslandsverbindlichkeiten ($\dot{D}/D = g_D$) folgt:

$$\frac{I_f}{Y} = \frac{PHB}{Y} + (g_D - i)d = \frac{PHB}{Y} - id + \frac{KIm}{Y}. \quad (6.4)$$

Die Wachstumsspielräume (gemessen an der Investitionsquote I_f/Y) werden kleiner, wenn

- eine strukturelle Verschlechterung der primären Handelsbilanz (PHB/Y sinkt) als Folge sinkender Exportquoten oder steigender Importquoten eintritt,
- die Auslandsverschuldung langsamer wächst (g_D sinkt) oder die Kreditzinsen (i) steigen,
- im Falle $i > g_D$ die Schuldenquote (d) steigt ($g_D > g_Y$).

Steigende Exportquoten, sinkende Importquoten und niedrigere Kreditzinsen (z. B. durch subventionierte Kredite im Rahmen der multi- oder bilateralen Kapitalhilfe) verbessern danach die Wachstumsbedingungen. Wachstumseinbußen sind zu befürchten, wenn die Exportquoten sinken und die Importquoten oder Kreditzinsen steigen. Diesen negativen extern oder intern verursachten Einflüssen könnte zwar mit einer verstärkten Kreditaufnahme im Ausland (Erhöhung von KIm/Y) entgegen gewirkt werden, um die Investitionsquote I_f/Y zu stabilisieren. Jedoch würde dies auch die Wachstumsrate der Auslandsschulden in die Höhe treiben ($g_D - g_Y$ steigt). Die Schuldenquote (D/Y) und mit ihr die Zinslastquote (iD/Y) und Schuldendienstkoeffizienten (DS/Ex) würden noch schneller zunehmen.

Diese Schuldendynamik stößt an ihre Grenzen, wenn übermäßig hohe und steigende Verschuldungsindikatoren auf der Gläubigerseite die Erwartungen von Rückzahlungsschwierigkeiten der Schuldner hervorrufen, so dass die Bereitschaft zur Kreditvergabe an hochverschuldete Länder zurückgeht oder nur mit beträchtlichen Zinserhöhungen (in Folge höherer Risikoprämien) aufrecht erhalten werden kann. Kann dieser Prozess nicht aufgehalten werden, rückt der Zeitpunkt näher, in dem die Nettodeviseneinnahmen nicht mehr zur Aufbringung des Schuldendienstes ausreichen und ein Schuldenmoratorium erklärt werden muss (Schuldenkrise).

Die in den 1980er Jahren in Lateinamerika (insbesondere Argentinien, Brasilien, Chile, Mexiko, Peru), Afrika (z. B. Algerien, Ägypten, Madagaskar) und Teilen Ostasiens (z. B. Philippinen, Thailand) aufgetretenen Verschuldungskrisen offenbarten zunächst die Anfälligkeit der Schuldendienstbelastung bei steigendem internationalem Zinsniveau vor allem dort, wo der Bestand an Auslandsschulden in Folge von verteuerten Ölimporten und Terms-of-Trade-Verschlechterungen und damit Verschlechterung der primären Handelsbilanzen stark gewachsen war. Waren externe Ursachen wachsender Verschuldungsprobleme zunächst dominant, so trat nach 1983 die interne Verursachung in jenen Ländern deutlicher hervor, deren Verschuldungskennziffern sich in einer Phase rückläufiger internationaler Kreditzinsen verschlechterten (z. B. Argentinien, Kolumbien, Algerien) oder nach zeitweiliger Verbesserung erneut anstiegen (z. B. Brasilien, Mexiko, Madagaskar). In den 1990er Jahren zeigten sich wieder steigende Schuldendienstkoeffizienten (Argentinien, Brasilien, Mexiko, Peru), aber auch deutliche Rückgänge dieser Kennziffer (Chile, Algerien, Ägypten, Madagaskar). Verantwortlich für die ungünstigen Entwicklungen waren in vielen Fällen hohe Inflationsraten, die vor allem durch Geldschöpfungsfinanzierung der stark gestiegenen Staatshaushaltsdefizite verursacht wurden, oder rückläufige Preise eines Rohstoff-Exportgutes bei einem zu einseitig auf diese Devisenquelle ausgerichteten engen Exportsortiment.

Die Voraussetzungen zur Vermeidung oder Überwindung von Verschuldungskrisen werden daher durch wirksamere Inflationskontrolle und Exportdiversifizierung (s. Abschnitt 6.2.1) geschaffen. Vergleichsanalysen hochverschuldeter lateinamerikanischer Staaten und asiatischer Entwicklungsländer ohne Verschuldungsprobleme können dies bestätigen (Sachs, 1985), lassen sich doch für die zweite Ländergruppe niedrigere Inflationsraten, stärker diversifizierte Exportsortimente, höhere Investitionsquoten sowie höhere Export- und BIP-Wachstumsraten nachweisen.

Gerade die Erfahrungen dieser asiatischen Länder belegen, dass Entwicklungsfinanzierung durch Kapitalimporte effektiv sein kann und keineswegs zu einer Schuldenkrise führen muss. Vor dem Hintergrund historischer Erfahrungen sollten daher Schuldenzyklen (Siebert, 1989) und Verschuldungsinstabilität unterschieden werden. Eine erfolgreiche Strategie der Auslandsverschuldung besteht darin, die zur Finanzierung von Leistungsbilanzdefiziten mobilisierten Kapitalimporte für solche Investitionsprojekte zu verwenden, die in Zukunft höhere Exporte oder die Einsparung von Importen ermöglichen. In diesem Fall werden in der Phase wachsender Auslandsverschuldung Voraussetzungen für eine allmähliche Verbesserung der primären Handelsbilanz geschaffen, so dass die zukünftige Auslandsschuld wieder geringer wird. Im Endergebnis bleibt das Land entweder in einer Nettoschuldnerposition, kann aber die relativ niedrige Auslandsschuld problemlos bedienen (halber Schuldenzyklus), oder es gelingt sogar, in dauerhafte Handelsbilanzüberschüsse und in die Nettogläubigerposition eines Kapitalexportlandes hineinzuwachsen (voller Schuldenzyklus). Verschuldungsinstabilität entsteht, wenn Kapitalimporte nicht in Verwendungen fließen, die zum Abbau der Handelsbilanzdefizite führen (z. B. Finanzierung staatlicher oder privater Konsumausgaben durch Auslandskredite). In diesem Fall kann sich jener Teufelskreis von wachsender Auslandsschuld, infolge von Zinszahlungen zunehmenden Leistungsbilanzdefiziten und beschleunigtem Wachstum der Auslandsverschuldung entwickeln, der in eine Verschuldungskrise führt.

Neue Schuldenkrisen sind in den 1990er Jahren in den trotz hoher Kapitalhilfeanteile (s. Abschnitt 6.3.1) gegenüber staatlichen Kreditgebern des Pariser Clubs oder der internationalen Finanzinstitutionen hochverschuldeten Niedrigeinkommensländern (HIPC: Highly Indebted Poor Countries) aufgetreten. In der HIPC-Initiative haben die öffentlichen Gläubiger mit dem Ziel der Wiederherstellung einer tragfähigen Auslandsverschuldung den Schuldnerstaaten eingeräumt, sich mit einer darauf gerichteten Reformpolitik für einen Teilschuldenerlass zu qualifizieren.

Ausländische Direktinvestitionen

Die Risiken und Erfahrungen der Schuldenkrisen der 1980er Jahre haben dazu beigetragen, dass der Anteil ausländischer Direktinvestitionen an den privaten Kapitalzuflüssen in den Entwicklungsländern stark (auf mehr als 50 v. H.) gestiegen ist. Diese Direktinvestitionszuflüsse konzentrierten sich aber vor allem auf (ostasiatische und lateinamerikanische) Entwicklungsländer, die sich bereits in einem aufholenden Wachstumsprozess befanden.

Eine wachstumsfördernde Erhöhung des Realkapitalbestandes in Entwicklungsländern durch ausländische Direktinvestitionen kann über Standortverlagerungen, Unternehmensgründungen und Erwerb von Kapitalbeteiligungen an bestehenden oder neu errichteten Unternehmen erfolgen. Zur Beurteilung der Frage, ob die gezielte Förderung solcher Direktinvestitionen ein wirksames entwicklungspolitisches Instrument bietet, sollte einerseits bezüglich der Bestimmungsgründe zwischen absatzorientierten (binnenmarktorientierten) und kostenorientierten (export- oder beschaffungsorientierten) Direktinvestitionen, andererseits bezüglich der Wirkungen zwischen importsubstituierenden, Inlandsangebot substituierenden und angebotsdiversifizierenden Projekten unterschieden werden. Hierbei ist zu beachten, dass die Gründung inländischer Tochtergesellschaften durch ausländische (meist vertikale oder konglomerate) Konzerne mit hohen internationalen Kapitalverflechtungen (multinationale Konzerne) oder die Gründung von Gemeinschaftsunternehmen mit aus- und inländischer Kapital- und Leitungsbeteiligung (joint ventures) bei Direktinvestitionen eine wichtige Rolle spielen.

Aus der Sicht des neoklassischen Wachstumsmodells sind solche die aufholende Wachstumsdynamik und Konvergenz beschleunigenden Kapitalströme aus Hocheinkommensländern (mit hoher Kapitalausstattung pro Arbeitsplatz und niedriger Realverzinsung) in Niedrigeinkommensländer (mit niedriger Kapitalausstattung pro Arbeitsplatz und hoher Realverzinsung) zu erwarten, wenn freie internationale Mobilität des Produktionsfaktors Kapital besteht. In der Tat hat die internationale Kapitalmobilität zugenommen, jedoch sind die Anteile der Niedrigeinkommensländer an den weltweiten Kapitalströmen zurückgegangen, die sich relativ stark auf Industrieländer und eine relativ kleine Zahl von aufstrebenden Entwicklungsländern konzentrieren (BOSWORTH/COLLINS, 1999; MISHRA/MODY/MURSHID, 2001). Dies wirft die Frage auf, warum zu wenig Kapital von reichen zu armen Ländern fließt (LUCAS, 1990). Die wesentlichen Gründe liegen wohl darin, dass die Grenzproduktivität des Kapitals und somit auch die Realverzinsung positiv mit der Humankapital- und Infrastrukturausstattung zusammenhängt: Direktinvestitionen sind in Ländern mit qualifiziertem Arbeitspotential und guter Infrastruktur produktiver als in arbeitsreichen armen Ländern mit schlechter Infrastruktur.

Können die institutionellen, infrastrukturellen und bildungspolitischen Rahmenbedingungen für die Attraktion von Direktinvestitionen geschaffen werden, tragen diese zum Abbau der drei elementaren Entwicklungslücken (Technologielücke, Ersparnislücke, Devisenlücke) und über diese Kanäle zur Wachstumsdynamik bei:

- Der technologische Rückstand wird vermindert, wenn ausländische Direktinvestitionen einen Zustrom an Kapitalgütern mit einem Zufluss des zur effizienten Nutzung dieses Kapitalbedarfs erforderlichen technischen und organisatorischen Wissens (moderne Produktionstechnologien, Management, technische Intelligenz) verbinden. Die simultane Einfuhr von Geld-, Sach- und Humankapital lässt somit gegenüber kapitalimportfinanzierten heimischen Investitionsprojekten die Übertragung modernerer Technologien und ein stärkeres Produktivitätswachstum erwarten.

- Die Lücke zwischen Investitionsbedarf und zu geringer interner Ersparnisbildung wird vermindert, wenn ausländische Direktinvestoren ihre Investitionsprojekte durch Absorption ausländischer Ersparnisse finanzieren. Jedoch könnten auch die durch Kapitalimporte finanzierten inländischen Investitionsprojekte den gleichen Beitrag zur Schließung dieser Ersparnislücke leisten. Hier ergibt sich eine unterschiedliche Beurteilung beider Alternativen erst dann, wenn ausländische Direktinvestoren Teile der knappen Ersparnisbildung im Entwicklungsland absorbieren und damit die Finanzierungsmöglichkeiten für heimische Investitionsprojekte verschlechtern.
- Zur Verminderung der Devisenlücke werden die Kapitalimporte ausländischer Direktinvestoren beitragen, wenn diese im Inland zu Güterkäufen verwendet werden. Obwohl der weitaus größere Teil dieser Devisenzuflüsse durch Kapitalgüter- und Vorleistungsimporte wieder abfließt, sind zusätzlich positive Zahlungsbilanzwirkungen zu erwarten, wenn die Direktinvestitionen zu höheren Exporten oder reduzierten Importen beitragen. Lediglich binnenmarktorientierte, Inlandsangebot substituierende Direktinvestitionen leisten geringe Beiträge zum Abbau der Devisenlücke. Von diesem Fall abgesehen, werden aber vergleichbare kapitalimportfinanzierte inländische Investitionsprojekte gleiche Zahlungsbilanzeffekte aufweisen. Relative Vorteile der Förderung von Direktinvestitionen werden erst langfristig sichtbar, wenn die zukünftigen Zahlungsbilanzbelastungen durch Gewinnrückflüsse in die Mutterländer der Direktinvestoren geringer sind als die mit der Finanzierung vergleichbarer heimischer Investitionsprojekte verbundenen Schuldendienstabflüsse ins kapitalgebende Ausland.

Die positiven Wachstumswirkungen ausländischer Direktinvestitionen können mit der neoklassischen Wachstumsgleichung (5.1) und dem (um Humankapital) erweiterten Modell (s. Abschnitt 3.3) begründet werden. Direktinvestitionszuflüsse werden im Gastland

- die Investitionsquote erhöhen,
- den gesamtwirtschaftlichen Kapitalkoeffizienten senken, da die ausländischen Investoren in der Regel moderne, produktivere Kapitalgüter als die inländischen Investoren einsetzen,
- technologische Fortschritte und neues technisches Wissen einbringen und
- die Humankapitalbildung fördern.

Die entwicklungsökonomische Analyse dieser Wachstumseffekte internationaler Kapitalmobilität muss allerdings zwischen Wachstum des Inlandsproduktes und des Inländereinkommens pro Kopf der Bevölkerung unterscheiden. Die wachstumstheoretisch untermauerte Hypothese einer positiven Korrelation von Direktinvestitionsquote und Wachstumsrate des realen Inlandsproduktes pro Kopf beantwortet noch nicht die entscheidende Frage, wie viel von diesen Wachstumsgewinnen den ausländischen Kapitaleigentümern zufließt und in das Ausland abfließt und wie viel im Gastland verbleibt, also tatsächlich in wachsendes Pro-Kopf-Einkommen umgesetzt wird.

Unmittelbare einkommenssteigernde Wirkungen ergeben sich, wenn das durch Direktinvestitionen induzierte Produktivitätswachstum über steigende Entlohnung heimischer Arbeitskräfte oder sinkende Güterpreise die realen Inländereinkommen wachsen lässt.

Mittelbare Einkommenswirkungen ergeben sich aus Wachstumsimpulsen, die über Rückwärtsverkettungen auf vorgelagerte heimische Produktionssektoren übertragen werden, und aus den positiven externen Effekten ausländischer Direktinvestitionen. Die absorbierten inländischen Arbeitskräfte werden mit moderneren Produktionstechnologien, Produktqualitäten und Management-Techniken vertraut gemacht. Es werden Lernprozesse eingeleitet, die langfristig das durchschnittliche Qualifikationsniveau des inländischen Arbeitspotentials verbessern und daher dem Entwicklungsland zur Einsparung sonst erforderlicher Ausbildungsinvestitionen verhelfen. Das durch den Direktinvestor aufgebaute technische Wissen und Fähigkeitspotential wird in der Folgezeit auch für andere inländische Unternehmen zur Verfügung stehen.

Unter bestimmten Bedingungen können Direktinvestitionen aber auch zu negativen Einkommenswirkungen führen. So wird darauf verwiesen, dass ein überhöhter Teil der produktivitätssteigernden Wirkungen in einer Erhöhung des realen Bruttoinlandsproduktes besteht, die durch Gewinnausschüttungen in die Herkunftsländer der Direktinvestoren abfließt und sich nicht in ein Wachstum des realen Pro-Kopf-Einkommens im Entwicklungsland umsetzt (Reis, 2001). Dies ist nur in jenem Umfang gesichert, in dem inländische Arbeitskräfte besser entlohnt und zusätzlich beschäftigt, Gewinne im Inland investiert und höhere Staatseinnahmen aus Gewinnbesteuerung induziert werden. Allerdings ist im Einzelfall zu prüfen, wann Gewinnrepatriierung als „überhöht" zu gelten hat, und ob nicht hohe Gewinnrückflüsse mangelnde Reinvestitionsmöglichkeiten – also Misserfolge der Kapitalimportpolitik – reflektieren.

Neben diesen offenen Gewinntransfers verfügen vertikal konzentrierte multinationale Konzerne über Möglichkeiten, den Anteil ihres im Entwicklungsland einkommenswirksam werdenden Wertschöpfungsbeitrags durch preispolitische Strategien des verdeckten Gewinntransfers (transfer pricing) zu vermindern. Durch konzerninterne Verrechnung von gegenüber den Weltmarktpreisen überhöhten Preisen für Vorleistungskäufe und unterbewerteten Preisen für Verkäufe an Konzerngesellschaften lassen sich Gewinne in das Land mit der geringsten Steuerbelastung verlagern, so dass mit transfer pricing steuerpolitische Versuche des Entwicklungslandes durchkreuzt werden können, einen größeren Teil des Wertschöpfungsbeitrags von Direktinvestitionen der Inlandsverwendung zuzuführen. Daneben bleiben indirekte Wachstumseffekte vertikal konzentrierter Unternehmen gering, wenn exportorientierte Direktinvestitionen dieser Konzerne in Rohstoffgewinnung, Weiterverarbeitung oder Fertigwarenproduktion nur relativ schwache Verkettungen mit heimischen Produktionsbereichen aufweisen („Exportenklaven").

Zudem kann die zusätzliche Beschäftigung inländischer Arbeitskräfte gering ausfallen, wenn der Direktinvestor kapitalintensive Produktionsprozesse einsetzt und ein wesentlicher Teil des Bedarfs an qualifizierten Arbeitskräften (Manager, Techniker, Facharbeiter) aus dem Ausland gedeckt wird. Kommt es durch Auslandsinvestitionen zur Verdrängung heimischer Anbieter, kann der Beschäftigungseffekt sogar negativ werden, da in kleineren heimischen Produktionsbetrieben meist weniger kapitalintensive Verfahren eingesetzt werden. Allerdings ist hierbei zu berücksichtigen, dass Direktinvestoren oft über höhere Weltmarktanteile verfügen und daher die Fertigung eines relativ großen Produktionsvolumens in Verbindung mit einem entsprechend großen Arbeitsplatzangebot in das Entwicklungsland verlagern können.

Wenn ferner durch Direktinvestitionen eine relativ starke Nachfrage nach knappen qualifizierten und eine nur relativ schwache Nachfrage nach reichlich vorhandenen gering qualifizierten Arbeitskräften wirksam wird, so werden relative Reallohnsteigerungen der Mittelklasse und oberen Einkommensschichten (Facharbeiter, Ingenieure, Kaufleute) induziert. Unter solchen Bedingungen tragen Direktinvestitionen zu größerer Ungleichheit der Einkommensverteilung bei, ohne die strukturelle Arbeitslosigkeit und absolute Armut wesentlich zu verringern.

Auch wenn negative Nebenwirkungen ausländischer Direktinvestitionen nicht ganz ausgeschlossen werden können, bieten Länderquerschnittsanalysen genügend empirische Evidenz, die die Hypothese eines positiven Wachstumsbeitrags der Direktinvestitionsquote stützt (De Mello, 1997; Borensztein/De Gregorio/Lee, 1998; Nunnenkamp, 2000). Auch die Hypothese, dass Umfang und Effizienz zufließender Direktinvestitionen zwischen dem restriktiven Regime der Importsubstitution und dem freihandelsorientierten Regime der Exportdiversifizierung variieren, konnte positiv getestet werden (Balasubramanyam/Salisu/ Sapsford, 1996). Das liberale Handelsregime attrahiert umfangreichere Zuflüsse und begünstigt eine effizientere Nutzung der Kapitalimporte als das restriktivere Importsubstitutions-Regime.

6.3. Entwicklungszusammenarbeit

Entwicklungshilfe umfasst alle von entwickelten Ländern eingesetzten Transfermaßnahmen, die unmittelbar oder mittelbar in den Empfängerländern die Überwindung der Unterentwicklung fördern sollen. Es handelt sich hierbei also um eine Flankierung der Reformprogramme durch Auslandshilfe. Ökonomisches Kriterium aller Auslandshilfeleistungen ist ein zugunsten eines unterentwickelten Nehmerlandes vollzogener freiwilliger Transfer realer Ressourcen durch ein Geberland (bilaterale Entwicklungshilfe) oder durch internationale Organisationen (multilaterale Entwicklungshilfe).

Auslandshilfe kann dabei die Förderung wirtschaftlicher Entwicklung über internationale Kapitalbewegungen (Kapitalhilfe) oder Handelsbeziehungen (Handelshilfe) anstreben. Kapitalhilfe sei durch folgendes Beispiel illustriert: Industrieland C gewährt dem Entwicklungsland B einen Kredit, dessen Zinsniveau und sonstige Schuldendienstkonditionen unter denen jener Kapitalmärkte liegen, über die Land B Kapitalimporte hätte beziehen können. Handelshilfe sei durch folgendes Beispiel charakterisiert: Industrieland A gewährt einem Entwicklungsland B Zollpräferenzen und kauft somit industrielle Halb- und Fertigwaren zu Preisen, die über dem Preisniveau liegen, zu dem ein vergleichbares Warenbündel bei allgemeiner Zollsenkung aus den Industrieländern C, D... hätte bezogen werden können. Kapitalhilfe ist also nicht mit Kapitalexporten in Entwicklungsländer identisch. Ebenso wenig kann Handelshilfe durch die Güterimporte aus Entwicklungsländern erfasst werden. Eine Quantifizierung der Entwicklungshilfeleistungen setzt vielmehr die Aufdeckung des Transfergehaltes dieser Kapitalexporte und Güterimporte voraus.

6.3.1. Kapitalhilfe

Kapitalhilfe dient in Ergänzung ausländischer Portfoliokapital- und Direktinvestitionszuflüsse der Überbrückung der Ersparnislücke (Sachkapitalhilfe) oder der technologischen Lücke (Humankapitalhilfe). Sachkapitalhilfe oder finanzielle Entwicklungszusammenarbeit liegt vor, wenn ein Geberland die Sachkapitalbildung im Nehmerland zu „weichen“ Konditionen (niedrige Verzinsung, tilgungsfreie Jahre, lange Laufzeiten) finanziert oder durch zins- und tilgungsfreie Zuschüsse (grants) ermöglicht. In der amtlichen Statistik werden als Kapitalhilfe nur öffentliche Nettoübertragungen (Bruttoauszahlungen minus Tilgungszahlungen auf ausstehende Entwicklungshilfekredite) erfasst, die einen Zuschussanteil von mindestens 25 v. H. enthalten. Das Zuschusselement errechnet sich aus der Gegenüberstellung der durchschnittlichen Kreditmarktkonditionen der Betrachtungsperiode und der Konditionen von Entwicklungskrediten, deren Standardtyp mit einer Verzinsung von 2 v. H. bei einer Laufzeit von 30 Jahren mit 10 tilgungsfreien Jahren ausgestattet war (noch günstigere Konditionen bis hin zu nichtrückzahlbaren Zuwendungen für die ärmsten Entwicklungsländer). Die Auswirkung der Sachkapitalhilfe zeigt sich also gegenüber einer privaten Kapitalimportfinanzierung in einer Senkung des Schuldendienstkoeffizienten: Entwicklungsgefährdende Verschuldungsgrenzen werden hinausgeschoben, während gleichzeitig die Importkapazität und damit das Wachstumspotential ausgeweitet werden.

Humankapitalhilfe oder technische Entwicklungszusammenarbeit besteht in der Übertragung technischen Wissens durch Entsendung von Experten (technische Hilfe; z. B. durch die Gesellschaft für technische Zusammenarbeit und den Deutschen Entwicklungsdienst) oder Subventionierung der Ausbildung oder Weiterqualifikation von Studierenden oder Experten aus Entwicklungsländern im Bildungssystem der Industrieländer (Bildungshilfe; z. B. durch den Deutschen Akademischen Austauschdienst).

Neben der Unterscheidung nach Trägern der Kapitalhilfeleistungen (öffentliche oder private Hilfe, bilaterale oder multilaterale Hilfe, letztere z. B. durch die Vereinten Nationen, die Weltbank und ihre Tochterorganisationen) ist die verwendungsbezogene Trennung der Kapitalhilfeformen in Programm- und Projekthilfe ebenso wichtig wie die Unterscheidung zwischen Lieferbindung und Bindungsfreiheit. Programmhilfe bieten finanzielle Transfers im Rahmen eines Entwicklungsprogramms (z. B. Gesundheits- oder Ausbildungsprogramm) ohne spezifische Zweckbindung der zufließenden Mittel. Projekthilfen sind an ein konkretes Projekt (z. B. Bau einer Straße, Schule oder Gesundheitsstation) gebundene Transfers.

Dabei kann verwendungsfreie Programmhilfe durchaus mit Lieferbindung verknüpft sein. Das ist der Fall, wenn das Entwicklungsland zwar frei im Rahmen des mit dem Mittelzufluss realisierbaren Entwicklungsprogramms entscheiden kann, aber an die Auflage gebunden ist, einen Teil des projektinduzierten Güterimportbedarfs im Geberland zu decken. Ebenso muss Projektbindung der Kapitalhilfe durchaus nicht Lieferbindung implizieren. Aus ihrer Interessenlage heraus neigen Industrieländer aber zu bilateraler Projekthilfe mit Lieferbindung, weil dies Kontrollierbarkeit der Mittelverwendung und Mittelrückfluss sichert, während Entwicklungsländer multilaterale Programmhilfe ohne Lieferbindung anstreben, da sie aus ihrer Sicht größere politische und ökonomische Unabhängigkeit gewährt.

Entwicklungspolitische Effizienzunterschiede bestehen vor allem zwischen Liefergebundenheit und Bindungsfreiheit von Kapitalhilfeströmen. Eine Lieferbindung, die aus Sicht des Geberlandes die kapitalexportbedingte Zahlungsbilanzbelastung ausgleicht, wird im Regelfall nur deshalb vereinbart, weil die Kapitalhilfe ohne Lieferbindung

Güterexporte anderer Länder, nicht aber des Geberlandes, auslösen würde. Dies impliziert jedoch, dass die Lieferpreise des Geberlandes über dem Weltmarktpreisniveau vergleichbarer Produkte der übrigen Länder liegen. Unter solchen Bedingungen induziert liefergebundene Kapitalhilfe für das Empfängerland somit eine Handelsumlenkung auf kostenungünstigere Bezugsquellen. Die Verbesserung der Importkapazität des Entwicklungslandes wird durch eine kapitalhilfeinduzierte Verschlechterung seiner terms of trade zumindest partiell kompensiert. Die größtmögliche Wachstumswirksamkeit kann somit in der Regel eine nicht-liefergebundene Kapitalhilfe mit möglichst hohem Anteil an Kapitalhilfegeschenken und „weich“ ausgestalteten Krediten entfalten.

Angesichts der Probleme bestehender Ersparnislücken, wachsender Auslandsverschuldung und hoher Schuldendienstbelastung übernimmt die Kapitalhilfepolitik insbesondere für ärmere Länder ohne Zugang zu internationalen Kapitalmärkten eine wichtige ergänzende Funktion. Sie kann aber kein Surrogat für wirksame Selbsthilfe der Entwicklungsländer sein; vielmehr setzt sie effiziente Entwicklungsprogramme voraus, deren Durchführung und Auswirkungen den Kapitalhilfebedarf allmählich durch zunehmende interne Sparfähigkeit und -willigkeit ersetzen. Wesentliches Merkmal wirksamer Kapitalhilfepolitik sollte sein, sich langfristig überflüssig zu machen.

Der Erfüllung dieser Voraussetzung stehen Fungibilitäts-, Absorptions- und Aufbringungsprobleme entgegen, die bislang nicht befriedigend gelöst sind:

- Es wird bezweifelt, ob das inländische Sparverhalten vom Kapitalhilfezufluss unabhängig ist. Durch Geberländer subventionierte Kapitalimporte können danach die heimische Sparquote der Nehmerländer negativ beeinflussen, so dass eine Anhebung der Investitionsquote und eine langfristige Verbesserung der Wachstumsbedingungen fraglich werden. Wurden Entwicklungsprogramme bisher durch staatliche Ersparnis finanziert, so kann Kapitalhilfe bei gegebenem Wachstumsziel zur Erhöhung staatlicher Konsumausgaben und entsprechender Zurücknahme des geplanten Sparens beitragen; wurden private Investitionen bislang im wesentlichen Umfang durch Eigenkapital finanziert, so kann die privaten Investoren zufließende Kapitalhilfe Anreize zur Eigenkapitalbildung abschwächen. Induziert der Kapitalzufluss somit eine wesentliche Zunahme des privaten und staatlichen Konsums, geht die heimische Sparquote zurück, ohne dass die Einkommenswachstumsrate ansteigt. Allerdings kann diese Befürchtung durch Prüfung der Kausalitäten zwischen Kapitalhilfe, Ersparnisbildung und Wirtschaftswachstum weder theoretisch noch empirisch sicher untermauert werden (Papanek, 1979; Hansen/Tarp, 2000; Easterly, 2003).
- Die Wirksamkeit der Kapitalhilfepolitik wird auch durch mangelnde Fähigkeit des Nehmerlandes bedroht, die externen Ressourcen effizient zu verwenden (Absorptionskapazität). Dieser Mangel kann in unzureichender Ausstattung mit den zur Durchführung rentabler privater Investitionsprojekte komplementären Produktionsfaktoren (Infrastrukturkapital, qualifizierte Arbeitskräfte) begründet sein. Ursache kann aber auch eine suboptimale Allokation der Kapitalhilfe durch die Administrationen der Geber- oder Nehmerländer sein, wenn in Geberländern außenpolitische Motive gegenüber entwicklungspolitischen Effizienzkriterien dominieren, oder wenn Nehmerländer dem durch fehlende Zins- und Tilgungslasten gelockerten

Zwang zur Verteilung der Mittel auf die relativ rentablen Investitionsprojekte zugunsten unproduktiver Prestigeprojekte nachgeben.

- Schließlich ist das Problem einer inflationsneutralen Finanzierung der Kapitalhilfe zu beachten. Da ein wesentlicher Teil der Kapitalexporte über Güterimporte der Entwicklungsländer wieder in Industrieländer zurückfließt, dem monetären Transfer mithin der reale Transfer folgt, muss die Güternachfrage der Geberländer den entzogenen Ressourcen angepasst werden, wenn inflationäre Anspannungen vermieden werden sollen. Die Finanzierung bilateraler oder multilateraler Kapitalhilfe durch nationale oder internationale Geldschöpfung, wie dies die Forderung nach Schaffung zusätzlicher zweckgebundener Sonderziehungsrechte des IWF vorsah, kann dieser Voraussetzung nicht genügen. Kapitalhilfe muss aus staatlichen oder privaten Ersparnissen der Geberländer finanziert werden.

Neuere Untersuchungen können empirisch bestätigen, dass die wachstumsfördernden Wirkungen der finanziellen Entwicklungszusammenarbeit von der Qualität der Politik in den Nehmerländern der Kapitalhilfe abhängen (World Bank, 1998; Burnside/Dollar, 2000; Weder, 2000). Kapitalhilfe war in jenen Nehmerländern wirksam, die relativ hohe Maße der Makrostabilität und weltwirtschaftlichen Öffnung, des Schutzes privater Verfügungsrechte, der Qualität der Regierungsführung sowie der Effizienz und Korruptionsresistenz der Bürokratie aufweisen. Arme Länder mit guten Politikindikatoren profitieren von Kapitalhilfe, weil die politischen Rahmenbedingungen eine positive Wirkung des Kapitalhilfezuflusses auf die Wachstumsrate des Pro-Kopf-Einkommens begünstigen. In Ländern mit schlechten Politikindikatoren hat Kapitalhilfe keine positiven Wachstumswirkungen, sondern versickert in unproduktiven Investitions- und Konsumausgaben. Diese Ergebnisse können den Anstoß zu einer Neuorientierung der finanziellen Entwicklungszusammenarbeit (Burnside/Dollar, 2000) geben. Wenn Geberinstitutionen die Allokation ihrer Kapitalhilfebudgets stärker als bisher an den relativen Pro-Kopf-Einkommen und politischen Rahmenbedingungen der Nehmerländer ausrichten, könnte eine mit Politikqualität konditionierte Kapitalhilfe selbst einen positiven Einfluss auf die Qualität der Entwicklungspolitik ausüben.

6.3.2. Handelshilfe

Die im Rahmen der Handelshilfe eingesetzten Transfers dienen einer relativen Erhöhung und Stabilisierung der Exporterlöse (Exporthilfe), einer Senkung der Importausgaben durch subventionierte Lieferung von Importgütern (Importhilfe) oder der Überwindung spezifischer Nahrungslücken (Nahrungsmittelhilfe) durch unentgeltliche Lieferung landwirtschaftlicher Produkte, wie Getreide (USA; Weltweizenabkommen) oder Milchpulver (EU). Durch Förderung kurzfristig stabiler und langfristig steigender Exporterlöse soll die wachstumswirksame Ausweitung der Importkapazität ohne erratische Schwankungen vorangetrieben werden. Eine liberale Handelspolitik gegenüber sich entwickelnden Ländern muss dabei eine flankierende Rolle übernehmen, wenn Entwicklungshilfe nicht in die widersprüchliche Situation geraten soll, einerseits durch Kapitalhilfe die internationale Wettbewerbsfähigkeit aktueller oder potentieller Exportsektoren zu stärken, andererseits aber den Kapitalhilfeempfängern das Eindringen in diese Exportmärkte durch Protektionismus (z. B. EU-Agrarmärkte, Textilindustrie) zu verweigern.

Dient die Kapitalhilfe primär der Förderung von Infrastrukturinvestitionen und importsubstituierender Industrialisierung, ohne dass Exportdiversifizierung angestrebt wird oder realisiert werden kann, dann wird sich Handelshilfe auf den Ausgleich von Nachteilen aus der komplementären internationalen Arbeitsteilung konzentrieren (kompensatorische Handelshilfe). Als Ansatzpunkte zur Erhöhung und Stabilisierung der Erlöse aus Primärgüterexporten werden in diesem Zusammenhang Waren- und Rohstoffabkommen (Primärgüterabkommen) diskutiert. Durch Primärgüterabkommen sollen übersteigerte Fluktuationen der Exporterlöse gemildert werden. Die Gefahr instabiler Exporterlöse ist bei Konzentration der Exportaktivitäten auf wenige Produkte mit relativ preisunelastischen Angebotseigenschaften gegeben, wenn die Nachfrage der Abnehmerländer oder die Angebotsmengen der Erzeugerländer relativ starken Schwankungen unterworfen sind. Exporterlösstabilisierung soll durch sogenannte Ausgleichslager (buffer stocks) angestrebt werden, die von der UNCTAD im Rahmen des „integrierten Rohstoffprogramms" für ein breiteres Bündel von Rohstoffen gefordert wurden. Danach hätten die Industrieländer ergänzend zur sonstigen Kapitalhilfe die Finanzierung eines Marktinterventionssystems zu übernehmen, welches der Destabilisierung des Exportwertes bei temporärem Nachfragerückgang (Nachfrageanstieg) durch Rohstoffkäufe und Lagerung (Lagerbestandsauflösung und Rohstoffverkäufe) entgegenwirkt.

Wie frühere Erfahrungen mit Ausgleichslagern für Zinn (1954–1977) und Kakao (1973–1980) zeigten, entstehen dadurch Probleme, dass die Interventionsschwellen durch richtig adjustierte Höchst- und Mindestpreise fixiert werden müssen, um überhöhte Mindestpreissetzungen und damit chronische Überschussproduktion zu vermeiden. Überhöhte Mindestpreise würden daher die finanzielle Ausstattung des Ausgleichslagers erschöpfen oder ständig wachsende Kapitaltransfers erfordern. Ferner muss zwischen kurzfristigen und trendartigen Angebots- und Nachfragevariationen unterschieden werden, wenn das Interventionssystem funktionsfähig bleiben soll. Schließlich garantiert eine Preisstabilisierung durch Marktinterventionen noch keine Stabilität der Exporterlöse, wenn die Ursache der Instabilität in Angebotsfluktuationen begründet ist. Angesichts dieser Bedenken erscheint das vom IWF praktizierte System der Ausgleichsfinanzierung (compensatory financing) als erwägenswerte Alternative. Durch Nachfrage- oder Angebotsschwankungen bedingte Exporterlöseinbussen gegenüber dem Durchschnitt der Erlöse einer Referenzperiode werden durch gering verzinsliche Auslandskredite ausgeglichen, so dass trotz beträchtlicher Exportfluktuationen eine Stabilisierung der Importkapazität und damit der Wachstumsmöglichkeiten erreicht werden kann.

Steht die Verwendung der Kapitalhilfe hauptsächlich im Dienste einer exportdiversifizierenden Industrialisierung, so kann eine hierauf abgestimmte Handelshilfepolitik die Herausbildung wachstumsfördernder Exportstrukturen von Entwicklungsländern aktiv fördern, indem Industrieländer Exporthilfen (Handelspräferenzen oder Vermarktungshilfen bei Industrieerzeugnissen) und Importhilfen (Subventionierung von Zwischenprodukt-, Kapitalgüter- und Technologieexporten in Entwicklungsländer) gewähren. Exportdiversifizierende Handelshilfe der Industrieländer darf aber nicht in Widerspruch zu ihrer Außenhandels- und Strukturpolitik geraten. Widerspruchsfreiheit setzt Strukturanpassungen begünstigende wirtschaftspolitische Rahmenbedingungen in den Industrieländern (Anpassungshilfen. Verbesserung der nationalen und internationalen Kapital- und Arbeitsmobilität, Innovationsförderung) und einen Abbau der effektiven Protektion inländischer Halb- und Fertigwaren voraus. Beide Voraussetzungen zur Überwindung komplementärer Strukturen internationaler Arbeitsteilung waren in der Vergangenheit unzureichend erfüllt. Nach wie vor weisen gerade jene Fertigungsbereiche (wie z. B. Textilindustrie, Bekleidung, Eisen und Stahl), die für Entwicklungsländer als aussichtsreiche Exportsektoren erscheinen, in den Industrieländern einen relativ hohen Grad an tarifärer oder nicht-tarifärer effektiver Protektion auf.

Die im Rahmen der UNCTAD erhobenen Forderungen der Entwicklungsländer richten sich auf eine Förderung ihrer Fertigwarenexporte durch Handelspräferenzen. Hierbei werden in Abweichung von der GATT-Meistbegünstigung Importe aus den in Präferenzabkommen eingebundenen Ländern mit niedrigeren Zöllen belastet oder geringer kontingentiert als konkurrierende Importerzeugnisse aus Drittländern. Aus weltwirtschaftlicher Sicht sind solche Präferenzsysteme ineffizient, wenn sie die internationalen Handelsströme von kostengünstigeren Drittländerexporten auf kostenungünstigere Entwicklungsländerexporte umlenken, also Produkte unterstützen, deren Herstellung im Entwicklungsland komparative Kostennachteile aufweist. Bestehen aber für bestimmte Industriegüter komparative Kostenvorteile des Entwicklungslandes, so ist die Exportförderung durch Handelspräferenzen nicht erforderlich und weltweite Liberalisierung die bessere Alternative. Ökonomisch lassen sich Präferenzsysteme nur dann rechtfertigen, wenn hierdurch Skaleneffekte wirksam werden, die das präferenznehmende Entwicklungsland in komparative Kostenvorteile hineinwachsen lassen. In Analogie zu Erziehungszöllen (Beitrag H-4.1.2) sollten Handelspräferenzen daher nur als temporäre Exporthilfen eingesetzt werden, wenn sie Entwicklungsprozesse in Gang bringen können, die ohne Präferenzgewährung nicht zur Entfaltung kämen und Handelspräferenzen in Zukunft überflüssig machen.

Einen umfassenden Schritt in Richtung einer allgemeinen Entwicklungshilfestrategie stellte das 1975 erstmals unterzeichnete Abkommen von Lomé zwischen der EG und den sogenannten AKP-Staaten (ca. 70 Entwicklungsländer aus dem Raum Afrikas, der Karibik und des Pazifik) dar. Das 1990 mit einer Laufzeit von 10 Jahren erneuerte 4. Lomé-Abkommen umfasst ein System von nicht reziproken Handelspräferenzen (einschließlich einiger Sondervorteile im Rahmen der EU-Agrarmarktordnungen), die ausgewählten AKP-Exportgütern einen zoll- und quotenfreien Zutritt zum EU-Absatzmarkt eröffnen, ein System zur Stabilisierung der Ausfuhrerlöse bei landwirtschaftlichen Rohstoffen (Stabex) und mineralischen Rohstoffen (Sysmin), welches unter Verzicht auf Ausgleichslager nach dem Muster der Ausgleichsfinanzierung gestaltet ist, und ein multilaterales Kapitalhilfeabkommen über finanzielle und technische Zusammenarbeit im Rahmen eines von der EU-Kommission verwalteten Entwicklungsfonds. Eine nachhaltige Effektivität der AKP-Handelspräferenzen konnte durch empirische Untersuchungen nicht bestätigt werden (AGARWAL/DIPPL/LANGHAMMER, 1985; DAVENPORT/HEWITT/KONING, 1995). Das Ziel einer Steigerung und Diversifizierung der AKP-Exporte ist in den meisten Anwendungsfällen nicht erreicht worden. Die durch wenige landwirtschaftliche oder mineralische Rohstoffe dominierte Produktions- und Exportstruktur der meisten AKP-Länder ist durch die nicht-reziproke

Präferenzgewährung eher verfestigt worden. Ähnliches gilt für das Stabex-System der kompensatorischen Finanzierung von Exporterlösausfällen. Mit einer kompensatorischen Handelshilfe fördert die Stabex-Ausgleichsfinanzierung die Konservierung traditioneller Strukturen und schwächt die Anreize zu strukturellem Wandel und Exportdiversifizierung. Nachhaltige Wachstumswirkungen durch Förderung der Exportdiversifizierung konnte die europäische AKP-Entwicklungszusammenarbeit bis auf wenige Ausnahmen nicht erzielen. Die mit dem WTO-Abkommen nicht kompatiblen EU-AKP-Handelspräferenzen (Verstoß gegen Meistbegünstigung, Beitrag H-5.2.1.) sind zeitlich und regional nur noch begrenzt einsetzbar. Das Nachfolgeabkommen der Lomé-Verträge (Cotonou-Abkommen mit ca. 80 AKP-Staaten, 2000–2020) regelt die Ersetzung nicht-reziproker durch reziproke Präferenzsysteme und fördert die Bildung von Freihandelsabkommen im Rahmen einer Neugestaltung der EU-AKP-Entwicklungszusammenarbeit.

7. Armutsbekämpfung

Die bisher dargestellten Ansatzpunkte wachstumsorientierter Entwicklungspolitik behalten ihre Gültigkeit auch in einer Zeit, in der die entwicklungspolitischen Schwerpunkte auf armutsorientierte Entwicklungspolitik verlagert werden (World Bank 2001).

Entwicklungspolitische Programme müssen sicherstellen, dass die durch marktwirtschaftliche Rahmenbedingungen geförderten Wachstumspotentiale vorrangig zur Überwindung absoluter Armut und ihrer Ursachen genutzt werden. Es besteht zwar keine Antinomie zwischen wachstums- und armutsorientierter Entwicklungspolitik, da Wachstum die Verminderung der absoluten Armut fördert (Dollar/Kraay, 2003). Es existiert aber auch kein Automatismus, der armutsmindernde Effekte wirtschaftlichen Wachstums garantiert. Wachstumsförderung ist zwar eine notwendige, aber keine hinreichende Bedingung der Armutsminderung. Die nachhaltige Wirksamkeit armutsorientierter Strategien muss gesteigert werden. Dies setzt eine systematische Erforschung der Ursachen von Armut und der Möglichkeiten ihrer Bekämpfung voraus (Hemmer, 1994; Lal/Myint, 1996; World Bank, 2001).

Neben den allgemeinen armutsverursachenden Bedingungen (unzureichendes Wirtschaftswachstum, zu große Ungleichverteilung der Einkommen, soziale Ausgrenzung eines Teils der Bevölkerung) werden drei grundlegende Ursachenkomplexe und daraus folgende Handlungsfelder identifiziert (World Bank, 2001):

- Mangel an Einkommenserwerbschancen auf Grund eines unzureichenden Zugangs zu Produktionsmitteln (landwirtschaftliche Nutzflächen, Sachkapital, Technologie), Institutionen (Finanzinstitutionen, Märkte, Beratung) und öffentlich bereitgestellten, zur Grundbedarfssicherung notwendigen Gütern (Ausbildung, Gesundheitsdienste, Wasserversorgung) mit der Folge zu geringer Arbeitsproduktivität.
- Verwundbarkeit (vulnerability) auf Grund einer im Vergleich zu anderen Personengruppen höheren Eintrittswahrscheinlichkeit negativer einkommensmindernder Schocks und schlechterer Möglichkeiten zur Absicherung gegen diese erhöhten

Risiken (unzureichende und arme Zielgruppen nicht erreichende staatliche Transfers und fehlender Zugang zu oder Nicht-Existenz von sozialen Sicherungssystemen).

- Einflusslosigkeit (voicelessness, powerlessness) auf Grund des Ausschlusses armer Bevölkerungsgruppen von gesellschaftlichen und politischen Entscheidungsprozessen.

Daraus folgen die Handlungsfelder:

- Schaffung von Einkommenserwerbsmöglichkeiten (opportunity) durch ursachenbezogene Maßnahmen, die Möglichkeiten armer Bevölkerungsgruppen verbessern, ihre produktiven Fähigkeiten als Einkommensquelle zu nutzen und zu verbessern: Landnutzungsrechte, Zugang zu Kreditmärkten, Mikrokredite, allgemeine Grundschulbildung, Zugang zu sekundären und beruflichen Bildungseinrichtungen, Zugang zu präventiven und kurativen Gesundheitsdiensten, Versorgung mit sauberem Wasser und sanitären Einrichtungen, Ernährungssicherung.
- Absicherung gegen Risiken (security): Auf- und Ausbau sozialer Sicherungssysteme, die eine Mindestabsicherung gegen Einkommensausfallrisiken auf Grund von Krankheit, Alter, Arbeitslosigkeit oder Naturkatastrophen sichern, Förderung privater Sicherungsnetzwerke, Nothilfefonds, „food-for-work"-Beschäftigungsprogramme.
- Einbeziehung armer Bevölkerungsgruppen in gesellschaftliche Entscheidungsprozesse durch Veränderung sozialer und politischer Rahmenbedingungen (empowerment): Demokratisierung, Mehr-Parteien-System mit politischem Wettbewerb, Partizipation an politischen Entscheidungsprozessen, Abbau von Diskriminierungen.

Diese Ansatzpunkte führen zu einer Neuorientierung der Entwicklungshilfepolitik, die auf eine „neue Konditionalität der Entwicklungszusammenarbeit" ausgerichtet werden sollte. Danach ist Entwicklungshilfe – von Katastrophen abgesehen – an die Bedingungen zu knüpfen, dass potentielle Empfängerländer die sozialen, politischen und ökonomischen Rahmenbedingungen für eine nachhaltige entwicklungsfördernde und armutsmindernde Effektivität der Transferleistungen vor und nach erfolgter Auszahlung gewährleisten.

Dies stellt nicht nur die finanzielle Entwicklungszusammenarbeit der Geberländer vor neue Aufgaben (hohe Priorität von Bildungs- und Gesundheitssektor, Wasserwirtschaft und Entsorgung, Aufbau sozialer Sicherungssysteme). Auch die Effektivität der handelspolitischen Zusammenarbeit erfordert eine kohärente Handelspolitik der Hocheinkommensländer. Die Öffnung ihrer Agrarmärkte für landwirtschaftliche Exporte der Niedrigeinkommensländer ist eine wesentliche Voraussetzung zur Armutsminderung, weil mehr als zwei Drittel der Armutsbevölkerung in ländlichen Regionen der Entwicklungsländer leben (WORLD BANK, 2001). Drohenden Land-Stadt- oder Süd-Nord-Armutswanderungen kann nur vorgebeugt werden, wenn es im Zusammenwirken von eigenständiger, reformorientierter Entwicklungspolitik und diese unterstützender Entwicklungszusammenarbeit gelingt, die Ursachen der Armut an den Entstehungsquellen zu beseitigen.

Kommentierte Literaturhinweise

Vorzügliche Einführungen in die Wachstumstheorie bieten CHARLES I. JONES (1998, 2. A. 2002) und MICHAEL FRENKEL, HANS-RIMBERT HEMMER (1999). Weitere empfehlenswerte Lehrbücher zur Wachstumstheorie sind: LUTZ ARNOLD (1997); LUCAS BRETSCHGER (1998, 3. A. 2004) ERIC C. MEYER, KARL-WILHELM MÜLLER-SIEBERS, WOLFGANG STRÖBELE (1985, 2. A. 1997); ALFRED MAUSSNER, RAINER KLUMP (1996); ROBERT J. BARRO, XAVIER SALA-I-MARTIN (1998, 2. A. 2004).

Die Möglichkeiten und Grenzen der traditionellen Wachstumstheorien erläutert ROBERT M. SOLOW (1971) in seinem knappen Überblick über neoklassische Ansätze der Wachstumstheorie. Die neueren Ansätze endogener Wachstumsmodelle werden von PHILLIPE AGHION, PETER HOWITT (1998) vorgestellt.

Das umfassendste, sehr zu empfehlende Lehrbuch zur Entwicklungstheorie und -politik bietet HANS-RIMBERT HEMMER (1978, 3. A. 2002). Als weitere Lehrbücher zum Gesamtproblem ökonomischer Entwicklung sind die Monographien von MICHAEL P. TODARO (1977, MICHAEL P. TODARO und STEPHEN SMITH 8. A. 2002), NORBERT WAGNER u. a. (1983, 3. A. 1995) und DEBRAJ RAY (1998) zu empfehlen.

Theoretische Ansätze der Entwicklungsökonomik werden in den Lehrbüchern von FRIEDRICH L. SELL (1993), HELMUT WAGNER (1997, 2. A. 1999) und KAUSHIK BASU (1997) präsentiert. Beiträge zur empirischen Entwicklungsökonomik leisten die Studie von ROBERT J. BARRO (1997) und die Lehrbücher von HANS-RIMBERT HEMMER, ANDREAS LORENZ (2004) und DAVID WEIL (2004).

Eine Evaluierung der internationalen Entwicklungszusammenarbeit liefert die bereits zitierte Studie der WELTBANK (WORLD BANK, 1998). Die Instrumente, Schwächen und Reformperspektiven europäischer Entwicklungspolitik werden in der Monographie von ENZO R. GRILLI (1993) und in dem Beitrag von DIETER BENDER (1998) diskutiert.

Literaturverzeichnis

AGARWAL, J. P; M. DIPPL; R. J. LANGHAMMER (1985), EC trade policies toward associated developing countries: barriers to success, Kieler Studien, Bd. 193, Tübingen (Mohr) 1985.

AGÉNOR, P. R.; P. MONTIEL (1996), Development macroeconomics, 2. A., Princeton, New Jersey 1999.

AGHION, P.; P. HOWITT (1998), Endogenous growth theory, Cambridge (MIT Press) 1998.

ARNOLD, L. (1997), Wachstumstheorie, München (Vahlen) 1997.

BALASUBRAMANYAM, V. N.; M. SALISU; D. SAPSFORD (1996), Foreign direct investment and growth in EP and IS countries, in: Economic Journal, 106, S. 92–105.

BARDHAN, P. (1997), Corruption and development: a review of issues, in: Journal of Economic Literature, 35, S. 1320–1346.

BARRO, R. J. (1991), Economic growth in a cross section of countries, in: Journal of Monetary Economics, 106, S. 407–443.

BARRO, R. J. (1997), Determinants of economic growth – a cross-country empirical study, Cambridge, London.

BARRO, R. J.; J. LEE (1993), International comparisons of educational attainment, in: Journal of Monetary Economics, 32, S. 363–394.

BARRO, R. J.; X. SALA-I-MARTIN (1992), Convergence, in: Journal of Political Economy, 100, S. 223–251.

BARRO, R. J.; X. SALA-I-MARTIN (1998), Wirtschaftswachstum, München, Wien (Oldenbourg) 1998.

BASU, K. (1997), Analytical development economics. The less developed economy revisited, Cambridge, MIT Press.

BENDER, D. (1996), Domestic financial liberalization and capital account openness, in: F. P. LANG, R. OHR, Hg. (1996), S. 57–76.

BENDER, D. (1998), Entwicklungspolitik, in: P. KLEMMER, Hg. (1998), S. 519–558.

BENDER, D. (2001), Beeinträchtigung nationalstaatlicher Souveränität durch internationale monetäre Organisationen, in: VON DELHAES-GUENTHER, D.; K.-H. HARTWIG; V. VOLLMER, Hg. (2001), S. 361–377.

BENHABIB, J.; M. M. SPIEGEL (1994), The role of human capital in economic development. Evidence from aggregate cross-country data, in: Journal of Monetary Economics, 34, S. 143–173.

BORENSZTEIN, E.; J. DE GREGORIO; J.-W. LEE (1998), How does foreign investment affect growth?, in: Journal of International Economics, 45, S. 115–135.

BOSWORTH, B. P.; S. M. COLLINS (1999), Capital flows to developing economies: implications for saving and investment, in: Brookings Papers on Economic Activity, S. 143–180.

BRAUTIGAM, D.; S. KNACK (2004), Foreign aid, institutions, and governance in Sub-Sahara Africa, in: Economic Development and Cultural Change, 52, S. 255–285.

BRETSCHGER, L. (1998), Wachstumstheorie, 3. A., München (Oldenbourg), 2004.

BURNSIDE, C.; D. DOLLAR (2000), Aid, policies, and growth, in: American Economic Review, 90, S. 847–868.

CLARK, C. (1960), The conditions of economic progress, London (Macmillan) 1960.

COE, D. T.; E. HELPMAN (1995), International R&D spillovers, in: European Economic Review, 39, S. 859–887.

DAVENPORT, M.; A. HEWITT; A. KONING (1995), Europe's preferred partners? The Lomé countries in world trade, London (Overseas Development Institute) 1995.

De Mello, L. R. (1997), Foreign direct investment in developing countries and growth: a selective survey, in: Journal of Development Studies, 34, S. 1–34.

Dollar, D. (1992), Outward oriented developing economies really do grow more rapidly: evidence from 95 LDCs 1976–1985, in: Economic Development and Cultural Change, 40, S. 523–544.

Dollar, D.; A. Kraay (2004), Trade, growth, and poverty, in: Economic Journal, 114, S. 22–49.

Domar, E. D. (1946), Capital expansion, rate of growth, and employment, in: Econometrica, 14, S. 137–147, wieder abgedruckt in: J. E. Stiglitz; H. Uzawa, Hg. (1969), S. 34–44.

Easterly, W. (1999), The ghost of financing gap. Testing the growth model used in the International Financial Institutions in: Journal of Development Economics, 60, S. 423–438.

Easterly, W. (2003), Can foreign aid buy growth?, in: Journal of Economic Perspectives, 17, S. 23–48.

Edwards, S. (1993), Openness, trade liberalization and growth in developing countries, in: Journal of Economic Literature, 31, S. 1358–1393.

Edwards, S. (1998), Openness, productivity and growth: what do we really know?, in: Economic Journal, 108, S. 383–398.

Frenkel, M.; H. R. Hemmer (1999), Grundlagen der Wachstumstheorie, München (Vahlen) 1999.

Graff, M. (2000), Finanzielle Entwicklung und reales Wirtschaftswachstum, Tübingen (Mohr-Siebeck).

Grilli, E. R. (1993), The European Community and the developing countries, Cambridge/Mass. (Cambridge University) 1993.

Grossman, G. M.; E. Helpman (1991), Innovation and growth in the global economy, 2. A., Cambridge/Mass. (MIT Press) 1992.

Grossman, G. M.; E. Helpman (1994), Endogenous innovation in the theory of economic growth, in: Journal of Economic Perspectives, 8, S. 23–44.

Gundlach, E. (1995), The role of human capital in economic growth: New results and alternative interpretations, in: Weltwirtschaftliches Archiv, 131, S. 383–402.

Hall, R. E.; C. I. Jones (1999), Why do some countries produce so much more output per worker than others?, in: Quarterly Journal of Economics, 114, S. 83–116.

Hansen, H.; F. Tarp (2000), Aid effectiveness disputed, in: Journal of International Development, 12, S. 375–398.

Harris, J. R.; M. P. Todaro (1970), Migration, unemployment and development: A two-sector analysis, in American Economic Review, 60, S. 126–142.

Harrison, A. (1996), Openness and growth: a time series, cross-country analysis for developing countries, in: Journal of Development Economics, 48, S. 419–447.

Harrod, R. F. (1939), An essay in dynamic theory, in: Economic Journal, 49, S. 14–33, wieder abgedruckt in: J. E. Stiglitz; H. Uzawa (1969), S. 14–33.

Hemmer, H. R. (1978), Wirtschaftsprobleme der Entwicklungsländer, 3. A., München (Vahlen) 2002.

Hemmer, H. R. (1994), Ansatzmöglichkeiten einer armutsorientierten Entwicklungspolitik: ein Überblick, in: H.-B. Schäfer, Hg. (1994), S. 55–90.

Hemmer, H. R. (1999), Die endogene Wachstumstheorie als Reaktion auf die Erklärungsdefizite der traditionellen neoklassischen Wachstumstheorie – ein Überblick, in: R. Schubert (Hg.), S. 11–57.

Hemmer, H. R.; A. Lorenz (2004), Grundlagen der Wachstumsempirie, München (Vahlen) 2004.

Hemmer, H. R.; H. Marienburg (2000), Ökonomische Strukturanpassungspolitik in

Entwicklungsländern, in: Entwicklungsökonomische Diskussionsbeiträge, No. 29, Gießen.

Hoffmann, W. G. (1965), Das Wachstum der deutschen Volkswirtschaft seit der Mitte des 19. Jahrhunderts, Berlin (Springer) 1965.

Inada, K. (1963), On a two-sector model of economic growth: Comments and a generalization, in: Review of Economic Studies, 30, S. 119–127.

Jones, Ch. I. (1998), Introduction to economic growth, 2. A., New York, London (Norton) 2002.

Jones, Ch. I. (1995), R&D-based models of economic growth, in: Journal of Political Economy, 103, S. 759–784.

Jones, Ch. I. (1999), Growth: With or without scale effects, in: American Economic Review, Papers and Proceedings, 89, S. 139–143.

Keynes, J. M. (1936), Allgemeine Theorie der Beschäftigung, des Zinses und des Geldes, Berlin (Duncker & Humblot) 1936.

Klemmer, P. (1998), Hg., Handbuch Europäische Wirtschaftspolitik, München (Vahlen) 1998.

Klump, R. (1995), Produktivitätslücken, Konvergenzprozesse und die Rolle der Wirtschaftsordnung: Anmerkungen zur „catching-up"-Hypothese, in: Zeitschrift für Wirtschaftspolitik, 44, S. 29–44.

Klump, R. (1999), Wirtschaftswachstum und institutionelle Entwicklung, in: Schubert, Hg. (1999), S. 91–113.

Lal, D.; H. Myint (1996), The political economy of poverty, equity, and growth. A comparative study, Oxford (University Press).

Lang, F. P.; R. Ohr (1996), Hg., Openness and development, Heidelberg (Physica) 1996.

Laux-Meiselbach, W. (1989), A note on import substitution versus export promotion as strategies for development, in: Kyklos, 42, S. 219–229.

Leibenstein, H. (1954), A theory of economic – demographic development, Princeton (Princeton University) 1954.

Lucas, R. E. (1988), On the mechanics of economic development, in: Journal of Monetary Economics, 22, S. 3–42.

Lucas, R. E. (1990), Why doesn't capital flow from rich to poor countries, in: American Economic Review, 80, S. 92–96.

Lüchters, W.; L. Menkhoff (1996), Human development as statistical artefact, in: World Development, 24, S. 1385–1392.

Mankiw, N. G. (1995), The Growth of Nations, in: Brookings Papers on Economic Activity, S. 275–326.

Mankiw, N. G.; D. Romer; D. N. Weil (1992), A contribution to the empirics of economic growth, in: Quarterly Journal of Economics, 107, S. 407–437.

Maussner, A., R. Klump (1996), Wachstumstheorie, Berlin u. a. (Springer) 1996.

McKinnon, R. J. (1973), Money and capital in economic development, Washington, D. C. (Brookings) 1973.

Meyer, E. C.; K.-W. Müller-Siebers.; W. Ströbele (1985), Wachstumstheorie, 2. A., München-Wien (Oldenbourg) 1998.

Mishra, D.; A. Mody; A. P. Murshid (2001), Private capital flows and growth, in: Finance and Development, 38, S. 2–5.

Nelson, R. (1956), A theory of the low level equilibrium trap in underdeveloped economies, in: American Economic Review, 46, S. 894–908.

North, D. C. (1990), Institutions, institutional change and economic performance, Cambridge (University Press).

Nunnenkamp, P. (2000), Ausländische Direktinvestitionen und gesamtwirtschaftliches

Wachstum in Entwicklungs- und Schwellenländern, in: Die Weltwirtschaft 2/2000, S. 187–206.

PAGANO, M. (1993), Financial markets and growth: an overview, in: European Economic Review, 37, S. 613–622.

PAPANEK, G. F. (1979), Aid, foreign private investment, savings and growth in less developed countries, in: Journal of Political Economy, 81, S. 120–130.

PHELPS, E. S. (1961), The golden rule of accumulation: a fable for growthmen, in: American Economic Review, 51, S. 638–643.

RAMSEY, F. P. (1928), A mathematical theory of saving, in: Economic Journal, 38, S. 543–559; abgedruckt in: J. E. STIGLITZ; H. UZAWA, Hg. (1969), S. 424–445.

RAY, D. (1998), Development economics, Princeton (University Press).

REBELO, S. (1991), Long-run policy analysis and long-run growth, in: Journal of Political Economy, 99, S. 501–521.

REIS, A. B. (2001), On the welfare effects of foreign investment, in: Journal of International Economics, 54, S. 411–427.

ROMER, P. M. (1986), Increasing returns and long-run growth, in: Journal of Political Economy, 94, S. 1002–1037.

ROMER, P. M. (1987), Growth based on increasing returns due to specialization, in: American Economic Review, 77, S. 56–62.

ROMER, P. M. (1990), Endogenous technological change, in: Journal of Political Economy, 98, S. 71–102.

ROMER, P. M. (1993), Idea gap and object gaps in economic development, in: Journal of Monetary Economics, 32, S. 543–573.

ROUBINI, N.; X. SALA-I-MARTIN, (1992), Financial repression and economic growth, in: Journal of Development Economics, 39, S. 5–30.

SACHS, J. (1985), External debt and macroeconomic performance in Latin America and East Asia, in: Brookings Papers on Economic Activity, S. 523–573.

SACHS, J. D.; A. WARNER. (1995), Economic reform and the process of global integration, in: Brookings Papers on Economic Activity, S. 1–95.

SCHÄFER, H.-B. (1994), Hg., Armut in Entwicklungsländern, Berlin (Duncker & Humblot) 1994.

SCHUBERT, R. (1999), Hg., Neue Wachstums- und Außenhandelstheorie. Implikationen für die Entwicklungstheorie und -politik, in: Schriften des Vereins für Sozialpolitik, Band 269, Berlin (Duncker & Humblot).

SCHUMPETER, J. A. (1911), Theorie der wirtschaftlichen Entwicklung, 6. A., Berlin (Duncker & Humblot) 1964.

SELL, F.-L. (1993), Ökonomik der Entwicklungsländer, Frankfurt/M. (Lang) 1993.

SHAW, E. S. (1973), Financial Deepening and Economic Development, New York (Oxford University Press).

SIEBERT, H. (1989), The half and the full debt cycle, in: Weltwirtschaftliches Archiv, 125, S. 217–229.

SMOLNY, W. (2000), Endogenous innovations and knowledge spillovers, Heidelberg (Physica) 2000.

SOLOW, R. M. (1956), A contribution to the theory of economic growth, in: Quarterly Journal of Economics, 70, S. 65–94; wieder abgedruckt in: J. E. STIGLITZ; H. UZAWA (1969), S. 587.

SOLOW, R. M. (1962), Comment on the golden rule, in: Review of Economic Studies, 29, S. 255–257; wieder abgedruckt in: J. E. STIGLITZ; H. UZAWA, Hg. (1969), S. 440–448.

SOLOW, R. M. (1971), Wachstumstheorie, Göttingen (Vandenhoeck & Ruprecht) 1971.

SRINIVASAN, T. N. (1994), Human development: a new paradigm or reinvention of the wheel?, in: American Economic Review, 84, S. 183–243.

STIGLITZ, J. E. (1998), More Instruments and Broader Goals: Moving toward the Post-Washington Consensus, WIDER Annual Lecture, World Institute for Development Economics Research, Helsinki.

STIGLITZ, J. E.; H. UZAWA (1969), Hg., Readings in the modern theory of economic growth, Cambridge u. a. (M. I. T.) 1969.

SUMMERS, R.; A. HESTON (1988), A new set of international comparisons of real product and prices: Estimates for 130 countries, 1950–1985, in: REVIEW OF INCOME AND WEALTH, 34, S. 1–25.

SWAN, T. W. (1956), Economic growth and capital accumulation, in: Economic Record, 32, S. 334–361; abgedruckt in: J. E. Stiglitz; H. Uzawa, Hg. (1969), S. 88–115.

TODARO, M. P. (1969), A model of labor migration and urban unemployment in less developed economies, in: American Economic Review, 59, S. 138–148.

TODARO, M. P.; S. SMITH (1977), Economic Development, 1. A.: M. P. TODARO, Economic development, 1977, 8. A. New York (Longman) 2002.

UZAWA, H. (1961), Neutral inventions and the stability of growth equilibrium, in: Review of Economic Studies, 28, S. 117–124; wieder abgedruckt in: J. E. STIGLITZ, H. UZAWA, Hg. (1969), S. 137–144.

UZAWA, H. (1963), On a two-sector model of economic growths, in: Review of Economic Studies, 30, S. 105–118; wieder abgedruckt in: J. E. STIGLITZ; H. UZAWA, Hg. (1969), S. 411–424.

VON DELHAES-GUENTHER, D.; K.-H. HARTWIG; U. VOLLMER (2001), Hg., Monetäre Institutionenökonomik, Festschrift für H. Jörg Thieme, Schriften zu Ordnungsfragen der Wirtschaft, Band 67, Stuttgart (Lucius & Lucius).

WAGNER, N.; M. KAISER; F. BEIMDIEK (1983), Ökonomie der Entwicklungsländer, 3. A., Stuttgart (Fischer) 1995.

WAGNER, H. (1997), Wachstum und Entwicklung: Theorie der Entwicklungspolitik, 2. A., München (Oldenbourg) 1999.

WALZ, U. (1999), Wissensakkumulation, endogenes Wachstum und Implikationen für Entwicklungstheorie und -politik, in: R. SCHUBERT (Hg.), S. 59–82.

WEDER, B. (2000), Foreign aid, institutions and development: lessons from four decades of development cooperation, in: Aussenwirtschaft, 55, S. 291–303.

WEIL, D. N. (2004), Economic Growth, Boston (Addison) 2004.

WEIZSÄCKER, C. C. VON (1962), Wachstum, Zins und optimale Investitionsquote, Tübingen (Mohr) 1962.

WELTBANK, Weltentwicklungsbericht, lfd. Jahrgänge.

WILLIAMSON, J. (1990), Latin American adjustment: how much has happened?, Institute for International Economics, Washington D.C..

WINTERS, A. (2004), Trade liberalization and economic performance: an overview, in: Economic Journal, 114, S. 4–21.

WINTERS, A.; N. MCCULLOCH; A. MCKAY (2004), Trade liberalization and poverty: the evidence so far, in: Journal of Economic Literature, 42, S. 72–115.

WORLD BANK (1998), Assessing aid: what works, what doesn't, and why?, New York (Oxford University Press).

WORLD BANK (2001), Attacking poverty. World development report 2000/2001, Washington D.C..

YOUNG, A. (1995), The tyranny of numbers: confronting the statistical realities of the East Asian growth experiences, in: Quarterly Journal of Economics, 110, S. 641–680.

H. Internationaler Handel

Dieter Bender

Gliederung

1. Problemstellung

Außenhandelsliberalisierung und Einkommenswachstum haben in den vergangenen fünf Jahrzehnten zu einem kräftigen Wachstum des Welthandels beigetragen. Die jahresdurchschnittliche Wachstumsrate der Weltexporte betrug im Zeitraum 1950–1996 ungefähr das 1,5-fache des Wachstums der Weltproduktion. Diese Intensivierung der internationalen Handelsverflechtungen war innerhalb der Gruppe der Industrieländer besonders ausgeprägt. Ein ähnlicher, wenngleich schwächerer Trend zeigte sich in den Handelsbeziehungen zwischen Industrie- und Entwicklungsländern, die vor allem durch die weltwirtschaftliche Öffnung aufholender Entwicklungs- und Schwellenländer des ostasiatischen Raums positiv beeinflußt wurden. Diese Globalisierungsprozesse schritten in den 90er Jahren, die durch zunehmende Welthandelsintegration ehemals abgeschlossener postsozialistischer Transformationsländer vor allem des mittleren Osteuropa geprägt waren, weiter voran.

Das weltweite Zusammenwachsen der Gütermärkte war mit einem Wandel der Produktions- und Beschäftigungsstrukturen verbunden und förderte das Wohlstandswachstum in den Ländern, die am Prozeß der zunehmenden internationalen Arbeitsteilung teilnahmen. Die traditionelle Weltarbeitsteilung, in der Industrieländer mit Entwicklungsländern industrielle Erzeugnisse (Investitionsgüter, dauerhafte Konsumgüter, wie z. B. Fahrzeuge und Elektrogeräte) gegen Primärgüter (Rohstoffe, Agrarprodukte) tauschten, hat sich aufgelöst. Der Anteil der Industriegüterexporte am Gesamtexport der Entwicklungsländer ist beträchtlich gestiegen. Hier haben Industrieländer einerseits Weltmarktanteile an Entwicklungsländer abtreten müssen (z. B. bei Textilien und Bekleidungswaren, Stahl), andererseits mit technologisch anspruchsvollen Industrieprodukten (z. B. Maschinenbau, Flugzeugbau, Computer) und als Exporteure international handelbarer Dienstleistungen (z. B. Finanzdienstleistungen, Beratungsdienste) Weltmarktanteile hinzu gewonnen.

Aufgabe einer Theorie des internationalen Handels ist die Erklärung der Entstehung, Veränderungen und Auswirkungen dieser Welthandelsverflechtungen. Sie entwickelt Analysemethoden, die empirisch prüfbare Hypothesen über Ursachen und Wirkungen arbeitsteiliger weltwirtschaftlicher Strukturen generieren können. Die Außenhandelstheorie soll damit Antworten auf die Fragen liefern,

- warum Sachgüter oder Dienstleistungen international getauscht werden,
- warum ein Land bestimmte Güter exportiert, obwohl diese auch in den Einfuhrländern hergestellt werden können,
- warum ein Land bestimmte Güter importiert, obwohl diese auch von einheimischen Produzenten hergestellt werden können,
- welche Preise auf den Weltmärkten der international handelbaren Produkte zustande kommen und ob diese Weltmarktpreise mit den Inlandspreisen übereinstimmen oder davon abweichen,
- welches Preisverhältnis zwischen Exporten und Importen eines Landes (terms of trade) daraus resultiert und wie sich ein Anstieg dieser Preisrelation (Verbesserung der terms of trade) oder ein Rückgang (Verschlechterung der terms of trade) auswirkt,

- inwieweit diese Handelsstrukturen zu den resultierenden Weltmarktpreisen für alle Welthandelsländer vorteilhaft sind und wie sich diese Vorteile auf die Länder verteilen.

In den Rahmenbedingungen dieser Analysen muß unterschieden werden, ob Staaten die Entwicklung der Außenhandelsbeziehungen dem Selbststeuerungssystem des Weltmarktes überlassen (Freihandelspolitik) oder mit handelspolitischen Eingriffen zu Gunsten einheimischer Wirtschaftseinheiten beeinflussen wollen (Protektionismus). Damit erschließen sich auch Antworten auf die Frage, wie handelspolitische Liberalisierungsprogramme oder Lenkungseingriffe die Handelsströme, Güterpreise und Wohlfahrtspositionen beeinflussen werden. Diese Antworten beleuchten, welche Rolle die internationale Staatengemeinschaft als weltwirtschaftlicher Ordnungsfaktor spielt und welche Konfliktpotentiale die Konkurrenz nationalstaatlicher handelspolitischer Interessen birgt.

2. Strukturen der internationalen Arbeitsteilung

Die Vielfalt möglicher Bestimmungsgründe der Warenstruktur von Exporten und Importen schließt eine monokausale Erklärung von Außenhandelsströmen aus. Um die Auswirkung spezifischer Einflußfaktoren auf den Handel zu analysieren, müssen daher mehrere Typen von Erklärungsmodellen entwickelt werden, die jeweils nur einen Teilbereich internationaler Handelsbeziehungen erfassen, ohne beanspruchen zu können, die Gesamtheit der Weltarbeitsteilung zu erklären.

2.1. Intersektoraler Außenhandel

Bei gegebener Abgrenzung der Produktionssektoren liegt intersektoraler Außenhandel vor, wenn Länder diese Produkte entweder exportieren oder importieren, ohne gleichzeitig Produkte der gleichen Kategorie zu importieren oder zu exportieren. Dieser intersektorale Handel ist entweder durch Substitutionsmodelle (substitutive internationale Arbeitsteilung) oder durch Verfügbarkeitsmodelle (komplementäre internationale Arbeitsteilung) zu analysieren.

2.1.1. Substitutionsmodelle

Das Substitutionsmodell der internationalen Arbeitsteilung entspricht den Standardmodellen der traditionellen Außenhandelstheorie (s. Abschnitt 3.1.). Da die international handelsfähigen Produkte in allen Handel treibenden Ländern erzeugt werden oder zumindest produziert werden können, besteht in jeder Volkswirtschaft ein substitutives Verhältnis zwischen Inlandserzeugung und Import bzw. zwischen Inlandsverwendung und Export. Die Volkswirtschaften erstellen aufgrund vergleichbarer (aber nicht gleichartiger) Produktionsbedingungen homogene Produkte (z. B. Getreide, Kohle, Stahl) oder relativ enge Substitute (z. B. natürliche und synthetische Rohstoffe), die sie zu unterschiedlichen Preisen oder Qualitäten anbieten können. Die internationale Wettbewerbsposition eines nationalen Produktionssektors am Weltmarkt bestimmt dann, ob diese Güterkategorie Export- oder Importprodukt der betreffenden Volkswirtschaft wird.

Werden Qualitätsunterschiede vernachlässigt, so ist die Richtung des Außenhandels dadurch bestimmt, daß in zwei Ländern verfügbare Güter aus dem Land mit im Autarkiezustand niedrigerem Lieferpreis ab Werk in das Land mit höherem ab-Werk-Lieferpreis strömen, wenn die Transportkosten pro Stück (Frachtkosten = Frachtsatz pro Tonnenkilometer · Entfernung · Stückgewicht + Versicherungskosten) geringer als diese Preisdifferenz sind. Zunächst bleiben Transportkosten unberücksichtigt, so daß für zwei Länder 1 (Inland) und 2 (Ausland) folgt:

	Autarkiepreise	*Freihandelsrichtung*
(1)	$p_1^1 < p_1^2 \cdot e$	Inland exportiert Gut 1 nach Land 2
	(15 EUR) < (20 \$) (0,9 EUR/\$)	
(2)	$p_2^1 > p_2^2 \cdot e$	Inland importiert Gut 2 aus Land 2
	(10 EUR) > (10 \$) (0,9 EUR/\$)	

p_1^1, p_1^2 – Preise des Gutes 1 in Ländern 1 und 2

p_2^1, p_2^2 – Preise des Gutes 2 in Ländern 1 und 2

e – Wechselkurs (Preis einer Währungseinheit von Land 2 in Währungseinheiten des Landes 1)

Bei Autarkie ist noch kein gleichgewichtiger Wechselkurs determiniert, so daß sich die aus (1) und (2) folgende Bedingung für die hier unterstellte Richtung des Außenhandels durch Umrechnung in relative Güterpreise (mit Gut 2 als numéraire) auf Ungleichung (3) reduziert:

$$(3) \quad \frac{p_1^1 \text{ (15 EUR)}}{p_2^1 \text{ (10 EUR)}} < \frac{p_1^2 \text{ (20 \$)}}{p_2^2 \text{ (10 \$)}}$$

$$(1{,}5) < (2)$$

Das Inland exportiert also Gut 1, weil dessen in Einheiten des Importgutes gemessener relativer Autarkiepreis niedriger als im Ausland ist. Bei Geltung dieser Bedingung lassen sich die inländischen Auswirkungen des Übergangs zu substitutiver internationaler Arbeitsteilung mit Hilfe einer partiellen Gleichgewichtsanalyse der in- und ausländischen Märkte beider Güter verdeutlichen *(Abb. H-1)*.

Preiseffekte: Bei Freihandel können die inländischen Produzenten von Gut 1 durch Unterbietung ihrer ausländischen Konkurrenten, aber zu einem Preis $p_1 > 15$ EUR, in den Auslandsmarkt eindringen. Im Inlandsmarkt steigt, im Auslandsmarkt sinkt der Preis des Gutes 1, da sein Export das verfügbare Güterangebot am Inlandsmarkt verknappt und am Auslandsmarkt ausweitet. Schließlich wird das inländische Überschußangebot des Exportgutes bei einem für beide Länder geltenden Weltmarktgleichgewichtspreis $p_1^w = 16$ EUR durch eine gleich große ausländische Überschußnachfrage

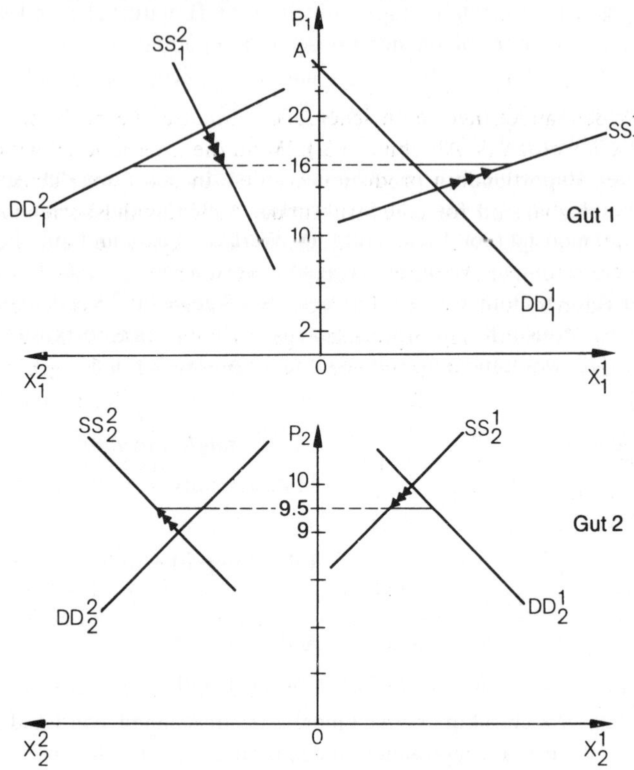

Abb. H-1: Partielles Weltmarktgleichgewicht bei zwei international gehandelten Gütern

absorbiert. Entsprechend wird der Preis des inländischen Importgutes im Inland sinken und im Ausland steigen, bis ein Gleichgewicht mit einem in beiden Ländern einheitlichen Weltmarktpreis $p_2^w = 9{,}50$ EUR zustande kommt. Außenhandel beseitigt somit die absoluten und relativen Preisunterschiede des Autarkiezustandes. Für das Inland spielt sich ein internationales Austauschverhältnis zwischen Exporten und Importen von $p_1^w/p_2^w = 1{,}68$ ein, das zwischen den relativen Autarkiepreisen liegt. Diese sog. terms of trade geben an, daß das Inland im Austausch gegen eine der Inlandsverwendung entzogene Einheit des Exportgutes 1,68 Einheiten von Gut 2 aus dem Ausland beziehen kann. Diese Situation ist günstiger als bei Autarkie, da ohne Außenhandel durch Verzicht auf eine Einheit von Gut 1 nur 1,5 Einheiten des Gutes 2 erlangt werden konnten (Außenhandelsgewinn = $0{,}18\ x_2$).

Struktureffekte: Außenhandel verändert die Produktionsstruktur als Folge einer Spezialisierung beider Länder auf das Gut mit dem niedrigeren relativen Autarkiepreis (Gut 1 im Inland, Gut 2 im Ausland). Im Inland expandiert Produktionssektor 1 und Sektor 2 schrumpft, während sich im Ausland der entgegengesetzte Strukturwandel vollzieht. Ist im nationalen Rahmen langfristig die Bedingung unbeschränkter Faktormobilität erfüllt, so kann dieser Strukturwandel durch Reallokation der Produktionsfaktoren ohne Gefährdung des Vollbeschäftigungszieles ablaufen.

2.1.2. Verfügbarkeitsmodelle

Das Verfügbarkeitsmodell der internationalen Arbeitsteilung gab einer Entwicklungsrichtung der Außenhandelstheorie entscheidende Impulse, die noch eingehender zu verdeutlichen sein werden (s. Abschnitt 3.3.). Wenn die international handelsfähigen Güter nur in den Exportländern produziert werden, in den Importländern aber bei Autarkie nicht verfügbar sind, folgt die Struktur der Außenhandelsbeziehungen aus der internationalen Nachfrage nach diesen Güterkategorien. Typische Beispiele für solche arbeitsteiligen Strukturen liefert eine komplementäre internationale Arbeitsteilung zwischen Entwicklungs- und Industrieländern, die sich als internationaler Austausch von Primärgütern (Rohstoffe, Agrarprodukte) gegen industrielle Fertigwaren darstellt: Ein Entwicklungsland liefert aufgrund spezieller klimatischer oder geologischer Bedingungen Primärprodukte (z. B. Kaffee oder Erdöl), die im Bestimmungsland nicht verfügbar sind, weil dessen Klima den Anbau von Kaffee nicht gestattet oder eigene Erdölvorkommen fehlen. Das Importland liefert dafür technologisch hochwertige Fertigfabrikate (z. B. EDV-Anlagen) an das Entwicklungsland, welches diese aufgrund mangelnder technologischer Kenntnisse nicht selbst erzeugen kann. Der internationale Austausch orientiert sich dann nicht mehr an Divergenzen von relativen Autarkiepreisen – wegen der Nichtverfügbarkeit des potentiellen Importproduktes existieren solche relativen Autarkiepreise nicht mehr –, sondern am Vorhandensein natürlicher und technologischer Verfügbarkeitsmonopole.

Gleichwohl kann die partielle Gleichgewichtsanalyse *(Abb. H-1)* in ein Verfügbarkeitsmodell überführt werden. Die Darstellung ist lediglich so zu modifizieren, daß im jeweiligen Importland der inländischen Nachfragekurve keine heimische Angebotskurve SS_1^1 gegenübersteht. Außenhandel kommt in diesem Verfügbarkeitsmodell zustande, wenn die Prohibitivpreise der Nachfragefunktionen in den potentiellen Importländern (z. B. p_1^1 = OA in *Abb. H-1*) über den gleichgewichtigen Autarkiepreisen der Ursprungsländer von Verfügbarkeitsmonopolen liegen.

2.2. Intrasektoraler Außenhandel

Intrasektoraler Außenhandel liegt vor, wenn Länder innerhalb einer Güterkategorie in wesentlichem Umfang sowohl Exporte als auch Importe aufweisen. In der Tat können empirische Studien aufdecken, daß zwischen Industrieländern in hohem Maße intraindustrieller Handel betrieben wird, und der Anteil dieses intraindustriellen Handel im Zuge der außenwirtschaftlichen Liberalisierung beträchtlich gestiegen ist (HESSE, 1967; GRUBEL/LLOYD, 1975; GREENAWAY/MILNER, 1986).

Diesem Ergebnis könnte man entgegenhalten, daß die Trennung von inter- und intrasektoralem Außenhandel ein statistisches Artefakt ohne Erklärungswert ist, da bei zunehmender Aggregation der Sektorabgrenzung intrasektorale Handelsströme zwangsläufig zunehmen müssen, während bei Disaggregation bis hin zu den STAKKELBERGschen Elementarmärkten nur intersektoraler Außenhandel übrig bleibt. Die Kritik übersieht dabei aber, daß die Erklärung eines innerhalb eng definierter Gütergruppen auftretenden Austauschhandels andere Bestimmungsfaktoren (raumwirtschaftliche Einflüsse, heterogene Konkurrenz, economies of scale) und andere Auswirkungen der Außenhandelsliberalisierung in den Vordergrund rückt als das Modell einer intersektoralen, substitutiven Arbeitsteilung (s. Abschnitt 3.2.).

So konnte sich etwa nach Bildung der EWG die aus der Gedankenwelt des Substitutionsmodells stammende Befürchtung nicht bestätigen, dieser Prozeß würde wegen bestehender Kosten- und Preisnachteile gegenüber deutschen Konkurrenzunternehmen zur Schrumpfung der französischen Automobilindustrie führen. Statt dessen trug der europäische Integrationsprozeß zu verstärktem Wachstum und wachstumsinduzierten Kostensenkungen französischer und deutscher Automobilproduzenten bei, weil nach Beseitigung von Handelshemmnissen Deutsche zunehmend französische Autos kauften und Frankreich zunehmend deutsche Autos importierte. Außenhandel führt hier also im Gegensatz zum traditionellen Substitutionsmodell zu tendenziellen Preisangleichungen bei gleichzeitiger Annäherung der nationalen Produktionsstrukturen.

2.2.1. Raumwirtschaftsmodelle

Auch in der strengsten Form des Substitutionsmodells (Produktion eines homogenen Gutes in beiden Ländern) kann sich die Vernachlässigung von Transportkosten als Quelle von Fehlschlüssen erweisen. Es läßt sich durch Berücksichtigung von Transportkosten nachweisen, daß ein homogenes Produkt von einem Land gleichzeitig exportiert und importiert werden kann (GRUBEL/LLOYD, 1975).

Da räumliche Distanzen zwischen Produktionsstandort und Absatzort Transportkosten verursachen, wird ein Gut nur dann exportiert werden, wenn die folgende Beziehung erfüllt ist:

Preis ab Werk + Stück-Transportkosten bis Grenze
= cif-Importpreis bei Grenzübertritt
< Preis der Auslandsanbieter am gleichen Ort.

So kann trotz des in *Abb. H-1* unterstellten Preisvorteils von Inlandsproduzenten des Gutes 1 Außenhandel verhindert werden, wenn hohe Frachtsätze bei relativ großen Distanzen im ausländischen Wirtschaftsraum einen Preisnachteil inländischer Produzenten gegenüber ihrer Auslandskonkurrenz entstehen lassen. Eine relative Nähe ausländischer Produktionsstandorte zur Landesgrenze vermag sogar zu bewirken, daß das im Inland kostengünstiger erzeugte Produkt 1 importiert statt exportiert wird.

Betreiben Produzenten keine räumliche Preisdifferenzierung und bestehen an jedem Ort identische Nachfragefunktionen, so wird der Angebotspreis bei konstantem Frachtsatz proportional zur Absatzentfernung zunehmen und die Grenze des Absatzgebietes liegt dort, wo der regionale Preis den Prohibitivpreis der Nachfragefunktion erreicht hat. Unter diesen Bedingungen ist mithin der Radius eines Absatzgebietes um so größer, je kleiner ab-Werk-Preis und Frachtsatz sind. Da mit sinkendem Frachtsatz mithin eine Expansion und mit steigendem Frachtsatz eine Kontraktion des Absatzgebietes verbunden ist, wirken höhere Transportkosten genauso wie Zölle als internationales Handelshemmnis, während kostensenkende Verbesserungen der Transporttechnologie (z. B. Container-Verkehr, Groß-Tanker) ebenso wie Außenhandelsliberalisierung handelserweiternd wirken. Je geringer hierdurch das Transportkostengewicht

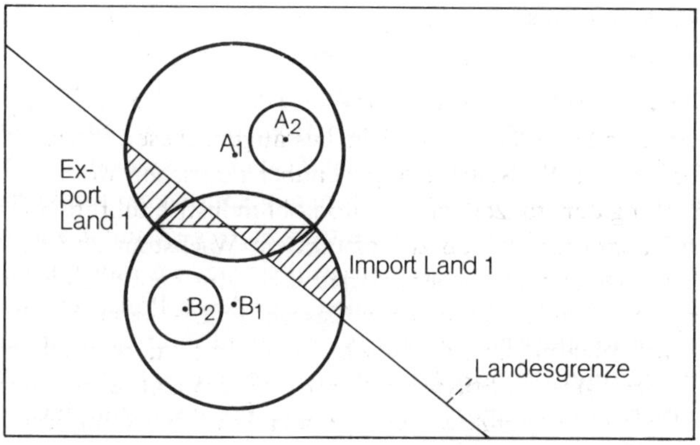

Abb. H-2: Raumwirtschaftsmodell des Außenhandels

relativ zum ab-Werk-Preis geworden ist, desto eher gelten die Aussagen des traditionellen Substitutionsmodells für den internationalen Handel mit homogenen Produkten. Für die Produkte mit relativ hohen Transportkostengewichten (z. B. Stahlerzeugnisse) können allerdings Modifikationen auftreten, die im folgenden Absatz erläutert werden. Schließlich existieren Gütergruppen, bei denen die Relation Transportkosten/ab-Werk-Preis so hoch ist (z. B. bei bestimmten personengebundenen Dienstleistungen), daß die enge Begrenzung des Absatzgebietes Außenhandel mit diesen Produkten von vornherein ausschließt. Die Berücksichtigung der Transportkosten führt hier zur Trennung in international handelsfähige und nicht-handelsfähige Produkte.

Transportkosten bestimmen aber nicht nur Intensität des Außenhandels und Relation von handelsfähigen zu nicht-handelsfähigen Produkten, sondern können auch Einfluß auf dessen Richtung nehmen. *Abb. H-2* verdeutlicht diese Zusammenhänge bei gegebener Verteilung der Produktionsstandorte A_1 (z. B. Stahlproduktion in Deutschland), A_2 (z. B. Dienstleistungsproduktion in Deutschland), B_1 (z. B. Stahlproduktion in Frankreich) und B_2 (z. B. Dienstleistungsproduktion in Frankreich). Kreise mit gleichen Radien zeigen die Absatzgebiete der jeweiligen Anbieter, wenn gleiche ab-Werk-Preise und gleiche Transportkostensätze des jeweiligen Produkts unterstellt sind. Wo sich solche Absatzkreise konkurrierender Anbieter überschneiden, liefert die Verbindungslinie beider Schnittpunkte die Trennung der vom jeweiligen Anbieter beherrschten Absatzgebiete. Damit kann sich bei gegebenem Verlauf der Landesgrenze die Konstellation ergeben, daß inländische Produzenten das gleiche Produkt exportieren (z. B. Lieferungen deutscher Stahlerzeuger des Ruhrgebietes nach Nord-Frankreich), welches ausländische Erzeuger nach dem Inland ausführen (z. B. Lieferungen französischer Stahlunternehmen im Elsaß nach Baden-Württemberg). Intraindustrieller Außenhandel mit homogenen Produkten ist zustande gekommen. Basis dieses Außenhandels ist die Standortverteilung und nicht mehr die – hier ausgeschaltete – unterschiedliche Struktur der ab-Werk-Preise.

2.2.2. Produktdifferenzierung

Nicht nur Preisunterschiede, Verfügbarkeitsmonopole oder die aus früheren Standortentscheidungen folgenden Transportkostenunterschiede lassen Außenhandel zustande kommen. Auch objektive oder subjektive Qualitätsunterschiede handelsfähiger Waren können Ursache von Außenhandel sein. Märkte mit heterogener Konkurrenz eröffnen die Möglichkeit, daß ausländische Produkte trotz eines gegenüber inländischen Substituten höheren Preises importiert werden, weil sie sich im Bewußtsein der Käufer durch qualitative Besonderheiten auszeichnen, die diesen Preisnachteil ausgleichen. Ebenso werden nun inländische Erzeugnisse aufgrund ihrer qualitativen Besonderheiten und nicht aufgrund etwaiger Autarkiepreisvorteile zu Exportprodukten. Meist werden dann Importe und Exporte differenzierte Produkte innerhalb der gleichen Güterkategorien sein.

Die für die Länder mit hohem Pro-Kopf-Einkommen typische Vielschichtigkeit der Käuferpräferenzen und die hierauf abgestimmten Produzentenstrategien der Produktdifferenzierung erklären somit, warum gerade intrasektorale Außenhandelsströme im Zuge der Intensivierung der Welthandelsbeziehungen zwischen reichen Industrieländern so stark an Bedeutung gewonnen haben (HESSE, 1967).

3. Vorteile der Welthandelsliberalisierung

3.1. Ausnutzung komparativer Kostenunterschiede

Wie im folgenden nachzuweisen ist, führen internationale Kostenunterschiede unter Freihandelsbedingungen nur dann zu Außenhandelsbeziehungen, wenn sie mit komparativen Kostendifferenzen verbunden sind. Diese prägen Richtung und Struktur eines für alle Länder vorteilhaften Außenhandels. Das durch die klassische Außenhandelstheorie von DAVID RICARDO und JOHN STUART MILL aufgedeckte Grundprinzip der internationalen Arbeitsteilung lieferte die erste stringente Rechtfertigung der Freihandelskonzeption. In der klassischen ricardianischen Außenhandelstheorie werden dabei komparative Kostenunterschiede auf internationale Produktivitätsunterschiede, also auf international divergierende Produktionsfunktionen homogener Produkte zurückgeführt, während die neoklassische Handelstheorie von ELI HECKSCHER und BERTIL OHLIN internationale Unterschiede in der Ausstattung mit Produktionsfaktoren als Ursachen komparativer Kostendifferenzen ins Blickfeld rückt. Wegen der Koexistenz mehrerer wesentlicher Ursachen eines durch komparative Kostendifferenzen gesteuerten Außenhandels erscheint es zweckmäßig, die international gehandelten Güter in die Kategorien der RICARDO-Güter und der HECKSCHER-OHLIN-Güter einzuteilen (HIRSCH, 1974), und zunächst die internationalen Handelsströme für beide Produkttypen getrennt zu erklären.

RICARDO-Güter sind durch internationale Unterschiede ihrer natürlichen Produktionsbedingungen gekennzeichnet, so daß diese Kategorie vor allem den internationalen Handel mit Rohstoffen und landwirtschaftlichen Produkten umfassen wird.

HECKSCHER-OHLIN-Güter werden mit in allen Ländern verfügbaren gleichartigen Standardtechnologien erzeugt und unterscheiden sich im Verhältnis zueinander lediglich durch unterschiedliche Faktorintensitäten (z. B. arbeitsintensive oder kapitalintensive Güter). Diese Kategorie wird einen Teil des internationalen Handels mit industriellen Zwischenprodukten und Fertigwaren erklären können.

Mit einer solchen Kategorienbildung ist allerdings noch keineswegs die Gesamtheit internationaler Handelsbeziehungen erfaßt. Die Auseinandersetzung mit der klassischen und neoklassischen Theorie der komparativen Kosten muß also zu der Frage führen, welche Zusammenhänge für den übrigen Teil des nicht durch komparative Kostenunterschiede bestimmten Außenhandels von Bedeutung sind.

3.1.1. RICARDO-Modell

RICARDO-Version komparativer Kostenunterschiede

Die ricardianische Außenhandelstheorie analysiert die Auswirkungen internationaler Produktivitätsunterschiede, die aufgrund natürlicher Bedingungen als dauerhaft anzusehen sind und nicht auf einen durch Prozeßinnovationen errungenen temporären Vorsprung eines Landes zurückgeführt werden können. Der Ansatz von DAVID RICARDO betrachtete nationalen und internationalen Handel (zwischen England und Portugal) mit zwei Konsumgütern (Tuch und Wein), die durch Einsatz eines homogenen Produktionsfaktors Arbeit erzeugt werden, welcher im nationalen Wirtschaftsraum vollständig mobil, international aber völlig immobil ist. Dabei wurde nachgewiesen, daß ein unbehinderter Außenhandel (englische Tuchexporte im Austausch gegen Weinimporte aus Portugal) die in beiden Ländern verfügbaren Konsumgütermengen ausweitet, obwohl Portugal beide Produkte kostengünstiger (d. h. mit geringerem Arbeitsaufwand pro Produkteinheit) als England herstellen konnte. Die Beweisführung, daß nicht absolute sondern relative Kostenunterschiede beider Länder Voraussetzung einer den beiderseitigen Interessen dienenden internationalen Arbeitsteilung sind, soll im folgenden Zwei-Länder-Zwei-Güter-Modell nachvollzogen werden. Die Produktionsfunktionen zweier Güter seien durch konstante Skalenerträge gekennzeichnet, so daß bei steigender Produktion die Arbeitsproduktivitäten konstant bleiben (Grenzproduktivität = Durchschnittsproduktivität der Arbeit). Produktionsfunktionen und damit Produktivitäten werden aber zwischen Inland und Ausland divergieren: Gut 1 sei z. B. Getreide, bei dem das Ausland (Land 2) wegen günstigerer klimatischer Bedingungen einen höheren Ertrag pro Arbeitseinheit erwirtschaften möge als das Inland; Gut 2 sei etwa Steinkohle, welche im Inland (Land 1) in 1000 m Tiefe, im Ausland in nur 200 m Tiefe lagert. Obwohl mithin das Ausland für beide Produkte einen Produktivitätsvorsprung (also geringeren Arbeitsaufwand pro Gütereinheit) aufweist, wird ein für beide Länder vorteilhafter internationaler Austausch beider Produkte zustandekommen, wenn die Produktivitätsvorsprünge (also die realen Kostenvorteile) des Auslandes unterschiedlich groß sind.

In den Produktionssektoren beider Volkswirtschaften sollen demgemäß folgende WALRAS-LEONTIEF-Produktionsfunktionen (Beitrag K-2.2.1.) gelten:

Inland		*Ausland*	
(4.1)	$x_1^1 = \varrho_1^1 N_1^1 = 0{,}4\, N_1^1$	(4.2)	$x_1^2 = \varrho_1^2 N_1^2 = 0{,}5\, N_1^2$
(5.1)	$x_2^1 = \varrho_2^1 N_2^1 = 0{,}8\, N_2^1$	(5.2)	$x_2^2 = \varrho_2^2 N_2^2 = 1{,}5\, N_2^2$

x_i^j – Produktionsmenge des Gutes i in Land j

ϱ_i^j – Arbeitsproduktivität des Sektors i in Land j

N_i^j – Beschäftigungsmenge im Sektor i des Landes j

(i – 1,2; j = 1,2)

Die Produktionsbedingungen sind so gewählt, daß der relative Produktivitätsvorsprung des Auslandes bei Produkt 2 mit 1,5/0,8 = 1,875 (87,5 v. H.) wesentlich größer ist als bei Produkt 1 mit 0,5/0,4 = 1,25 (25 v. H.). In beiden Sektoren der jeweiligen Volkswirtschaft wird der gleiche Nominallohn bezahlt (intersektorale Arbeitsmobilität führt zu $w_1^j = w_2^j = w^j$) Aufgrund der Annahme, daß der Faktor Arbeit international immobil ist, werden die Lohnniveaus beider Länder in der Regel divergieren. Die Grenzkosten, die sich als Quotient aus Nominallohnsatz und Grenzproduktivität der Arbeit errechnen lassen, sind konstant und stimmen mit den Durchschnittskosten (= Lohnstückkosten) überein. Bei vollständiger Konkurrenz mit unbeschränktem Marktzutritt werden die Güterpreise diesen konstanten Grenzkosten entsprechen. Mithin determinieren die Produktionsfunktionen folgende Struktur der Grenzkosten und der Autarkiepreise in Landeswährung:

Inland	*Wechselkurs*	*Ausland*
$w^1 = 24$ EUR	(e = 1 EUR/$)	$w^2 = 32$ $

(6.1.) $p_1^1 = w^1 \frac{1}{\varrho_1^1} = 60$ EUR (6.2.) $p_1^2 = w^2 \frac{1}{\varrho_1^2} = 64$ $

(7.1.) $p_2^1 = w^1 \frac{1}{\varrho_2^1} = 30$ EUR (7.2.) $p_2^2 = w^2 \frac{1}{\varrho_2^2} = 21{,}33$ $

Bei einem EUR-Wechselkurs von 1/e = 1 $/EUR wird Gut 1 wegen der internationalen Differenz der Autarkiepreise Exportprodukt des Landes 1, obwohl Land 2 einen Produktivitätsvorsprung (einen absoluten Kostenvorteil) hat:

$p_1^1/e = 60\ \$ < p_1^2 = 64\ \$.$

Gut 2 wird von Land 1 im Austausch gegen Gut 1 importiert und von Land 2 exportiert, weil der ausländische Produktionssektor 2 einen relativ höheren Produktivitätsvorsprung als Sektor 1 (einen absoluten und komparativen Kostenvorteil) aufweist:

$p_2^1/e = 30\ \$ > p_2^2 = 21{,}33\ \$.$

Die Höhe des Wechselkurses hat dabei keinen Einfluß auf diese Austauschbeziehung. Bei 1/e = 0,5 $/EUR wären zwar beide Güter potentielle Exportprodukte des Inlandes, jedoch könnte diese Situation nicht bestehen bleiben, da den Exporten keine Importe gegenüberstehen. Die Nachfrage des Auslandes nach Inlandswährung, die auf kein Angebot dieser Währung trifft, würde dann sogleich eine kräftige Anhebung des Wechselkurses herbeiführen. Ebenso wenig könnte ein Wechselkurs 1/e = 1,5 $/

EUR (beide Güter wären potentielle Exportprodukte des Auslands) bestehen bleiben, da die Marktkräfte den Wechselkurs in jene Zone zurückdrängen, in der ein internationaler Tausch beider Produkte zustande kommt. Export- und Importpositionen sind damit allein von der relativen Produktivitätsdifferenz, nicht aber vom Wechselkurs abhängig. Dies wird deutlich, wenn aus (4.1.)–(7.2.) die Bedingung für diese Außenhandelsstruktur abgeleitet wird. Gut 1 ist Exportprodukt des Inlandes und Importprodukt des Auslandes, wenn folgende Ungleichung erfüllt ist:

$$(8) \qquad \frac{w^1}{\varrho_1^1 e} < \frac{w^2}{\varrho_1^2} \rightarrow \frac{\varrho_1^1}{\varrho_1^2} > \frac{w^1}{w^2 e}$$

Gut 2 ist Exportprodukt des Auslandes und Importprodukt des Inlandes, wenn als Ungleichung erfüllt ist:

$$(9) \qquad \frac{w^1}{\varrho_2^1 e} > \frac{w^2}{\varrho_2^2} \rightarrow \frac{\varrho_2^1}{\varrho_2^2} < \frac{w^1}{w^2 e}$$

Aus (8) und (9) folgt mithin als Bedingung dafür, daß das Inland Gut 1 exportiert und Gut 2 importiert:

$$(10) \qquad \frac{\varrho_1^1}{\varrho_1^2} > \frac{w^1}{w^2 e} > \frac{\varrho_2^1}{\varrho_2^2}$$

$$(0{,}8) > (0{,}75) > (0{,}53)$$

Da der gleichgewichtige Wechselkurs bei gegebenen Nominallöhnen Ungleichung (10) erfüllen muss, kann er nicht höher als 1,067 $/EUR und nicht niedriger als 0,71 $/EUR sein (1,067 $/EUR > 1/e > 0,71 $/EUR). Bei allen in dieser Bandbreite sich bewegenden Gleichgewichtskursen wird Land 1 trotz absoluter Produktivitätsnachteile beider Sektoren Gut 1 deshalb exportieren, weil der relative Produktivitätsnachteil dieses Sektors (ca. 20 v. H. niedrigeres Produktivitätsniveau als das Ausland) geringer ist als im Sektor 2 (ca. 47 v. H. niedrigeres Produktivitätsniveau) und weil somit der relative Vorteil eines um 25% niedrigeren Lohnniveaus den relativen Produktivitätsnachteil des Sektors 1, nicht aber den des Sektors 2, überkompensiert. Diese Austauschstruktur wird sich bei Freihandel auch herausbilden, weil die komparativen Unterschiede in den Produktivitäten und damit der realen Arbeitskosten – wie die Gleichungen (6.1.)–(7.2.) zeigen – in Unterschiede der relativen und absoluten Autarkiepreise umgesetzt werden, welche die Basis eines für beide Länder vorteilhaften Außenhandels bilden.

Allgemeines Gleichgewicht und Vorteilhaftigkeit des Freihandels

Diese Wohlfahrtsgewinne können im Rahmen einer allgemeinen Gleichgewichtsanalyse nachgewiesen werden. In beiden Ländern setzt sich ein gleichgewichtiger Nominallohn w^j durch, der im Arbeitsmarkt Vollbeschäftigung herstellt; das konstante Arbeitsangebot $\overline{N^j}$ wird durch die Arbeitsnachfrage beider Sektoren voll ausgeschöpft:

$$\overline{N^j} = N_1^j + N_2^j = \frac{1}{\varrho_1^j} x_1^j + \frac{1}{\varrho_2^j} x_2^j \qquad (j = 1{,}2)$$

Wird diese Gleichung nach x_2^j aufgelöst, so ergeben sich Bestimmungsgleichungen der Transformationskurven beider Länder:

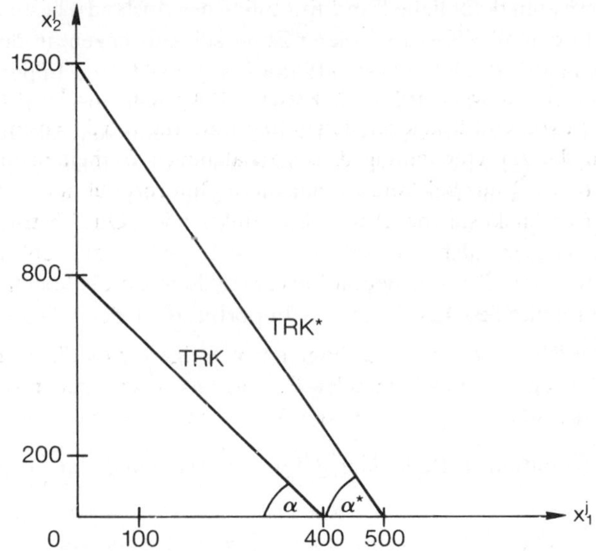

Abb. H-3: In- und ausländische Transformationskurve und komparative Kostenvorteile

$$(11) \qquad x_2^j = \overline{N}^j \varrho_2^j - \frac{\varrho_2^j}{\varrho_1^j} x_1^j \qquad (j = 1{,}2)$$

Jede Transformationskurve bildet die Produktionsmöglichkeiten-Grenze der jeweiligen Volkswirtschaft ab; diese vereinigt alle bei Vollbeschäftigung und effizientem Faktoreinsatz maximal produzierbaren Mengenkombinationen beider Güter. Werden übereinstimmende Faktorenausstattungen beider Länder von $\overline{N}^1 = \overline{N}^2 = 1000$ unterstellt, so ergibt sich als inländische Transformationskurve TRK *(Abb. H-3):*

$$(11.1.) \qquad x_2^1 = 800 - 2x_1^1$$

und als ausländische Transformationskurve TRK* *(Abb. H-3)*:

$$(11.2.) \qquad x_2^2 = 1500 - 3x_1^2$$

Die komparativen Kostenunterschiede kommen in den unterschiedlichen Steigungsmaßen der Transformationskurven beider Länder zum Ausdruck. Im vorliegenden Zwei-Güter-Ein-Faktor-Vollbeschäftigungsmodell ist die Expansion eines Sektors nur möglich, wenn durch Kontraktion des anderen Sektors die zur Faktorreallokation benötigten Einsatzmengen freigesetzt werden. Die auch als Grenzrate der Transformation bezeichneten Steigungsmaße der Transformationskurven ($tg\alpha = -2, tg\alpha^* = -3$) geben nun für jedes Land an, um wieviel die Produktion des Gutes 2 eingeschränkt werden muß, wenn eine zusätzliche Einheit des Gutes 1 produziert werden soll:

$$\frac{dx_2^1}{dx_1^1} = -\frac{\varrho_2^1}{\varrho_1^1} = -2, \quad \frac{dx_2^2}{dx_1^2} = -\frac{\varrho_2^2}{\varrho_1^2} = -3$$

Damit lassen sich diese Grenzraten der Transformation auch als volkswirtschaftliche Opportunitätskosten des Gutes 1 interpretieren. Im Inland ist für die Herstellung einer zusätzlichen Einheit von Gut 1 ein realer Kostenbetrag von 2 ($= \varrho_2^1/\varrho_1^1$) Einheiten des

Gutes 2 aufzuwenden, weil hierfür 2,5 (= $1/\varrho_1^1$) Arbeitseinheiten benötigt werden und weil der Verzicht auf eine Einheit des zweiten Gutes 1,25 (= $1/\varrho_2^1$) Arbeitsmengen freisetzt. Entsprechend ergeben sich die Opportunitätskosten der Inlandsproduktion von Gut 2 aus dem Kehrwert $\varrho_1^1/\varrho_2^1 = 0{,}5$. Im Ausland kostet die Herstellung einer zusätzlichen Einheit von Gut 1 dagegen den höheren Betrag von 3 (= ϱ_2^2/ϱ_1^2) Einheiten des Gutes 2, weil die zur Herstellung dieser zusätzlichen Einheit benötigten zwei Arbeitseinheiten (= $1/\varrho_1^2$) nur bei Verzicht auf diese Güterproduktion zur Verfügung stehen. Die Opportunitätskosten der Auslandsproduktion von Gut 2 betragen entsprechend $\varrho_1^2/\varrho_2^2 = 1/3$ und sind damit niedriger als im Inland. Somit läßt sich an den Steigungsmaßnahmen der Transformationskurven ablesen, wo die komparativen Kostenvorteile jedes Landes liegen.

Bewertet man die pro Produkteinheit benötigten bzw. freigesetzten Einsatzmengen mit den in beiden Sektoren übereinstimmenden Faktorpreisen, so ergeben sich die (monetären) Grenzkosten. Da die Grenzrate der Transformation – wie oben erläutert – dem Verhältnis der pro Einheit des jeweiligen Gutes benötigten und freigesetzten Faktormengen entspricht, sind diese marginalen Opportunitätskosten eines Gutes durch das Verhältnis seiner Grenzkosten zu den Grenzkosten des anderen Gutes bestimmt. Der komparative Vorteil des Landes 1 in der Herstellung von Gut 1 läßt sich nun auch daran messen, daß die relativen Grenzkosten dieses Sektors im Inland niedriger sind als im Ausland:

$$\frac{GK_1^1\,(60\text{ EUR})}{GK_2^1\,(30\text{ EUR})} < \frac{GK_1^2\,(64\text{ \$})}{GK_2^2\,(21{,}33\text{ \$})}$$

$$(2) < (3)$$

Entsprechend offenbart sich der komparative Vorteil des Landes 2 in der Herstellung von Gut 2 in einem relativen Grenzkostenvorteil dieses ausländischen Sektors gegenüber dem gleichen Produktionszweig des Landes 1:

$$\frac{GK_2^1\,(30\text{ EUR})}{GK_1^1\,(60\text{ EUR})} > \frac{GK_2^2\,(21{,}33\text{ \$})}{GK_1^2\,(64\text{ \$})}$$

$$(0{,}5) > (0{,}33)$$

Der Vorteil dieses mit Grenzkostenrelationen arbeitenden Konzeptes zur Messung komparativer Kostenunterschiede besteht darin, daß es nicht nur auf den hier erörterten Spezialfall des RICARDO-Modells (Arbeit als einziger Produktionsfaktor, konstante Durchschnitts- und Grenzproduktivität der Arbeit) zugeschnitten ist, sondern auch realitätsnähere Modelle mit mehreren Produktionsfaktoren und variablen Faktorproduktivitäten (s. Abschnitt 3.1.2.) abdeckt. Diese auf GOTTFRIED HABERLER (1933) zurückgehende Version komparativer Kostenunterschiede ist wegen ihres breiteren Anwendungsbereiches der in Ungleichung (10) spezifizierten RICARDO-Version überlegen. Im Spezialfall des hier dargestellten RICARDO-Modells sind die absoluten und mithin auch die (dem Steigungsmaß der Transformationskurve entsprechenden) relativen Grenzkosten konstant, so daß die Transformationskurven linear verlaufen. Auf dieser Grundlage können die Auswirkungen des Freihandels aus der Gegenüberstellung von Autarkie- und Freihandelsgleichgewicht abgeleitet werden.

Da unter Autarkiebedingungen bei vollständiger Konkurrenz Preise und Grenzkosten übereinstimmen, determinieren die Steigungsmaße der in- und ausländischen Trans-

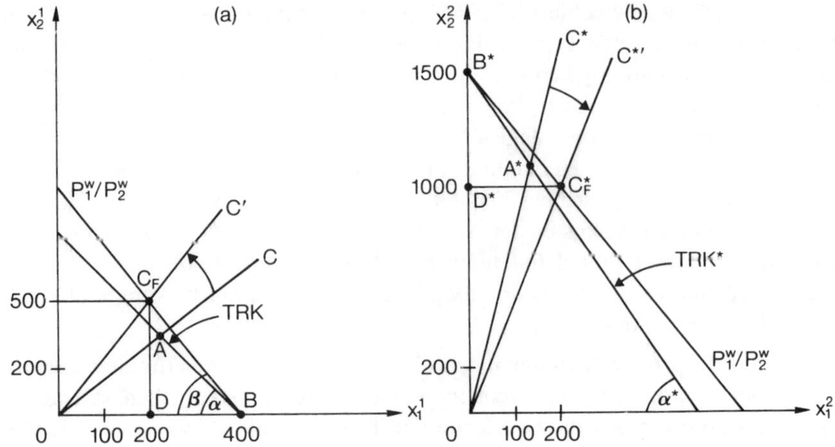

Abb. H-4: Allgemeine Gleichgewichtsanalyse des RICARDO-Modells

formationskurve die relativen Preise des Gutes 1 im In- und Ausland, die – unabhängig von der Nachfrage – allein aus den Produktionsbedingungen folgen:

$$-\operatorname{tg}\alpha = \frac{\varrho_2^1}{\varrho_1^1} = \frac{GK_1^1}{GK_2^1} = \frac{P_1^1}{P_2^1} = 2$$

$$-\operatorname{tg}\alpha^* = \frac{\varrho_2^2}{\varrho_1^2} = \frac{GK_1^2}{GK_2^2} = \frac{P_1^2}{P_2^2} = 3$$

Dem jeweiligen Relativpreis ist eine bestimmte Nachfragestruktur zugeordnet, die durch die Konsumlinie OC (Ausland: OC*) beschrieben wird (*Abb. H-4* (a) und (b)). Diese ergibt sich aus einem – hier nicht eingezeichneten – System gesellschaftlicher Indifferenzkurven als Ortslinie aller bei dem gegebenen Preisverhältnis für alternative Einkommensniveaus optimalen Nachfragepunkte, in denen das Steigungsmaß einer Indifferenzkurve (Grenzrate der Substitution) mit dem Relativpreis übereinstimmt (zur mikroökonomischen Fundierung s. Beitrag K-2.1.1.). Die hier als linear unterstellte Konsumlinie basiert auf speziellen Annahmen über die im Indifferenzkurvensystem zum Ausdruck kommenden Präferenzen (homothetische Nutzenfunktion), da die Nachfragestruktur bei steigendem Einkommen nur konstant bleibt, wenn die Einkommenselastizitäten der Nachfrage für beide Güter eins betragen. Steigt der relative Preis des Gutes 1, so dreht sich die Konsumgerade nach links, da nun relativ mehr von Gut 2 und weniger von Gut 1 konsumiert wird. Das Gleichgewicht der Märkte beider Güter ist im Autarkiezustand somit durch den Schnittpunkt von Konsumlinie und Transformationskurve bestimmt. Die Transformationskurve begrenzt die Versorgungsmöglichkeiten und die optimale Versorgung wird im Konkurrenzgleichgewicht (A, A*) der gegen internationalen Handel abgeschirmten nationalen Binnenmärkte erreicht.

Nach Aufnahme internationaler Handelsbeziehungen wird die in den Inlandsmarkt des Produktes 1 eindringende Auslandsnachfrage im Regelfall den Produktpreis über 60,00 EUR ansteigen lassen, so daß sich zwischen 64,00 EUR (der Wechselkurs beträgt e = 1 EUR/$) und 60,00 EUR ein Weltmarkt-Gleichgewichtspreis (z. B. p_1^w = 62,50 EUR) einspielt. Umgekehrt wird die Umschichtung der Inlandsnachfrage nach Gut 2 im Auslandsmarkt einen Anstieg des Preises über 21,33 EUR herbeiführen, so daß sich ein zwischen 30,00 und 21,33 EUR liegender Weltmarktpreis (angenommen $p_2^w = 25$ EUR) einstellt. Durch Nachfrageverlagerungen hin zu den relativ kosten- und preisgünstigen Produkten kommt es also zu Preisänderungen, bis sich ein in beiden Ländern einheitlicher relativer Weltmarktpreis durchgesetzt hat, der zwischen den relativen Autarkiepreisen liegt:

$$2 \leqq p_1^w/p_2^w \leqq 3, \quad 0{,}33 \leqq p_2^w/p_1^w \leqq 0{,}5$$
$$(2{,}5) \qquad\qquad (0{,}4)$$

Freihandel löst über die relativen Preisverschiebungen Produktionseffekte (Änderung der Produktionsstruktur) und Konsumeffekte (Änderung der Nachfragestruktur) aus. Die Konsumeffekte kommen in einer Drehung der Konsumlinien nach links von OC nach OC' (im Inland) bzw. nach rechts von OC* nach OC*' (im Ausland) zum Ausdruck, während die Produktionseffekte als Bewegungen entlang der Transformationskurve des jeweiligen Landes erfaßt werden können. Im Inland expandiert der durch internationale Wettbewerbsvorteile begünstigte Sektor 1, der zum Exportsektor wird, während der im internationalen Wettbewerb unterlegene Sektor 2 schrumpfen muß (Verlagerung des Produktionspunktes auf der Transformationskurve nach rechts unten). Im Ausland wird die Expansion des relativ kostengünstigen Sektors 2 durch eine Kontraktion des komparativ benachteiligten Sektors 1 ermöglicht (Verlagerung des Produktionspunktes auf der Transformationskurve nach links oben).

In beiden Ländern sind die komparativ benachteiligten Sektoren mit Weltmarktpreisen unter den eigenen Grenz- und Durchschnittskosten konfrontiert. Die betroffenen Produzenten werden daher zum Marktaustritt gezwungen, weil zu diesen Preisen eine kostendeckende Inlandsproduktion als Alternative zu Importen nicht aufrecht zu erhalten ist. Den komparativ kostengünstigen Sektoren beschert die zugewachsene Auslandsnachfrage Preise über den Grenzkosten. Die Anreize zu gewinnsteigernder Expansion stoßen damit erst an ihre Grenzen, wenn das gesamte Arbeitspotential durch den expandierenden Exportsektor absorbiert ist. In jedem Land kommt es zu einer vollständigen Spezialisierung auf das mit komparativen Kostenvorteilen ausgestattete Produkt, so daß im Inland Produktionspunkt B ($x_1^1 = OB = 400$, $x_2^1 = 0$) und im Ausland Produktionspunkt B* ($x_2^2 = OB^* = 1500$, $x_1^2 = 0$) resultieren.

Bei dem durch die Preisgerade p_1^w/p_2^w dargestellten relativen Weltmarktpreis des Gutes 1 ($-\text{tg}\beta = 2{,}5$) kann im Inland die – oberhalb der Konsummöglichkeiten des Autarkiezustandes liegende – Freihandels-Konsumposition C_F erreicht werden, indem von Gut 1 die Exportmenge $ex_1^1 = DB = 200$ im Austausch gegen die Importmenge $im_2^1 = DC_F = 500$ angeboten wird. Der Konsumpunkt C_F muß auf einer höheren Indifferenzkurve liegen als der Autarkie-Konsumpunkt A. Die Realisierung dieser superioren Versorgungslage setzt ein Außenhandelsgleichgewicht voraus. Dieses (und mithin ein gleichgewichtiger relativer Weltmarktpreis) liegt vor, wenn im Ausland die gegenüber Autarkie vorteilhaftere Freihandels-Konsumposition C^*_F erreicht ist, indem von Gut 2 die Exportmenge $ex_2^2 = B^*D^* = DC_F = 500$ im Austausch gegen die Importmenge $im_1^2 = D^*C^*_F = DB = 200$ angeboten wird. Das Freihandelsgleichgewicht ist somit durch die Schnittpunkte von Weltmarktpreislinie und Konsumlinie dann determiniert, wenn sich aus den Abweichungen von Konsum- und Produktionspunkt im In- und Ausland deckungsgleiche Außenhandelsdreiecke BDC_F und $B^*D^*C^*_F$ ergeben, so daß der Gesamtwert der Exporte mit dem Gesamtwert der Importe übereinstimmt.

Tab. H-1: Autarkie- und Freihandelsgleichgewicht

Land		x_1^j	x_2^j	c_1^j	c_2^j	ex_1^j	ex_2^j	im_1^j	im_2^j	$x_1^j p_1^w + x_2^j p_2^w$	$c_1^j p_1^w + c_2^j p_2^w$
1	AUT	225	350	225	350	0	0	0	0	22 812,50	22 812,50
	FH	400	0	200	500	200	0	0	500	25 000,00	25 000,00
?	FH	0	1500	200	1000	0	500	200	0	37 350,00	37 350,00
	AUT	140	1080	140	1080	0	0	0	0	35 750,00	35 750,00

AUT: Autarkiegleichgewicht

FH: Freihandelsgleichgewicht (p_1^w = 62,50 EUR, p_2^w = 25 EUR)

Die quantitativen Ergebnisse der allgemeinen Gleichgewichtsanalyse (Abb. H-4) sind in Tab. H-1 zusammengefasst. Werden die Produktionsmengen mit den Weltmarktpreisen bewertet, so zeigt der Vergleich von Freihandels- und Autarkiegleichgewicht, daß das Weltsozialprodukt durch Freihandel von 58 562,50 EUR auf 62 350 EUR gestiegen ist, und daß beide Freihandelsländer an diesem Wachstum partizipieren. Im Inland steigt das Realeinkommen um 2 187,50 EUR und im Ausland um 1 750 EUR. Einkommen und Gesamtausgaben stimmen auch im Freihandelsgleichgewicht überein, so daß sich die Handelsbilanz im Gleichgewicht befindet (Exportwert = Importwert = 12 500).

Wie sich der Zuwachs des Weltsozialproduktes bei gegebenen Angebotsbedingungen auf die Freihandelsnationen verteilt, hängt von der Höhe des gleichgewichtigen Weltmarktpreises ab. Diese kann im angebotsorientierten RICARDO-Modell erst dann endogen bestimmt werden, wenn die Zusammenhänge zwischen Relativpreisen und Nachfrage im In- und Ausland durch Nachfragefunktionen spezifiziert sind (implizit kommen diese in den alternativen Relativpreisen zugeordneten Konsumlinien zum Ausdruck). Bestehen andere Nachfragebedingungen als in *Abb. H-4* und *Tab.* H-1 unterstellt, und steigt deshalb im Inland der Relativpreis des Gutes 1 gegenüber dem Autarkiezustand (terms of trade des Inlandes) nur wenig an (z. B. auf $p_1^{re1} = 2{,}05x_2^1$), so daß im Ausland der Relativpreis des Gutes 2 (terms of trade des Auslandes) entsprechend stark steigen wird (auf $p_2^{re1} = 0{,}49x_1^2$), dann konzentriert sich der Effizienzgewinn aus internationaler Arbeitsteilung auf das Ausland. Nachfragebedingte Änderungen der terms of trade bewirken mithin eine internationale Umverteilung des Freihandels-Spezialisierungsgewinns (s. Abschnitt 3.4.).

Die RICARDO-Version der Theorie komparativer Kostenunterschiede bleibt durch die Einengung der Perspektive auf Zwei-Güter-Ein-Faktor-Modelle mit konstanten Arbeitskoeffizienten und Grenzproduktivitäten der Arbeit in ihrem Erklärungswert begrenzt. Es stellt sich somit die Frage, ob die Ergebnisse wesentlich modifiziert werden, wenn

- Außenhandelsbeziehungen mit einer Vielzahl von Gütern betrachtet werden,
- die Produktion den Einsatz mehrerer Produktionsfaktoren erfordert, und
- die Produktionsbedingungen steigende Grenzkosten (s. Abschnitt 3.1.2.) oder sinkende Grenzkosten (s. Abschnitt 3.2.1.) hervorrufen.

Klassische Außenhandelstheorie bei einer Vielzahl von Gütern

Wird das Spektrum der Außenhandelsgüter auf eine Vielzahl von m > 2 Gütern ausgeweitet (DORNBUSCH/FISCHER/SAMUELSON, 1977), so läßt sich die Außenhandelsstruktur nicht allein aufgrund des Kriteriums komparativer Kostendifferenzen bestimmen. Nunmehr ist eine Rangfolgeregel komparativer Kosten anzuwenden, die eine schwächere ricardianische Bedingung liefert: Werden alle von beiden Ländern produzierten Güter nach ihren relativen Arbeitsproduktivitäten geordnet, so wird die Relation zwischen inländischer und ausländischer Arbeitsproduktivität bei allen Exportprodukten des Inlandes höher sein als bei seinen Importprodukten. Welche Güter aber im einzelnen Export- bzw. Importprodukte sind, hängt von der in gleichen Währungseinheiten gemessenen Relation w^1/w^2e zwischen inländischem und ausländischem Nominallohn ab, so daß nunmehr auch das relative Lohnniveau die Warenstruktur der Exporte und Importe beeinflußt:

$$\text{(12)} \qquad \overbrace{\frac{\varrho_1^1}{\varrho_1^2} > \frac{\varrho_2^1}{\varrho_2^2} > \frac{\varrho_3^1}{\varrho_3^2}}^{\text{Exporte}} > \frac{w^1}{w^2e} > \overbrace{\frac{\varrho_4^1}{\varrho_4^2} > \ldots > \frac{\varrho_m^1}{\varrho_m^2}}^{\text{Importe}}$$

Für Gut 3 folgt in (12) $w^1/\varrho_3^1 < w^2e/\varrho_3^2$, so daß dieses Produkt wegen niedrigerer Lohnstückkosten, also absoluter Autarkiepreisvorteile, durch Land 1 exportiert wird; um so mehr muß dies für die Güter 1 und 2 gelten. Für Gut 4 folgt $w^1/\varrho_4^1 > w^2e/\varrho_4^2$ so daß dieses Produkt wegen seiner höheren Lohnstückkosten aus Land 2 importiert wird, was wiederum um so mehr für die Güter 5 . . m gelten muß. Damit Außenhandel zustande kommen kann, darf somit die internationale Lohnrelation nicht größer als die höchste Produktivitätsrelation und nicht kleiner als die geringste Produktivitätsrelation in dieser Rangfolge sein, weil jedes Land zumindest ein Produkt exportieren muß, um bei ausgeglichener Handelsbilanz die zur Finanzierung von Importen benötigten Devisenerlöse zu erlangen.

MAC-DOUGALL-Test

Empirische Testversuche der klassischen Außenhandelstheorie stehen der Schwierigkeit gegenüber, daß der an sich aussagefähigere Ansatz komparativer Opportunitätskosten erheblich größere Meßprobleme aufwirft als internationale Produktivitätsvergleiche, und die Testbasis daher an die RICARDO-Version gebunden bleibt. Ein solcher Test wurde mit Außenhandelsdaten der Vereinigten Staaten und Großbritanniens für das Jahr 1937 durchgeführt (MACDOUGALL, 1951, 1952). Später wurde dieser MAC-DOUGALL-Test auf aktuellere Außenhandelsdaten beider Länder mit ähnlichen Ergebnissen angewendet (BALASSA, 1963; STERN, 1962). Getestet werden sollte die nach der bisherigen Lektüre vertraute Hypothese, daß ein Land die Güter exportieren wird, bei denen die Relation zwischen in- und ausländischer Arbeitsproduktivität die Relation zwischen inländischem und ausländischem Nominallohn überschreitet. Daten über den bilateralen Außenhandel zwischen England und USA waren allerdings durch sehr hohe und unterschiedliche Zollsätze verzerrt, während die Produkte beider Länder in

Drittmärkten mit gleichen Zollsätzen belastet und somit gleichen Wettbewerbsbedingungen unterworfen waren. Daher blieb der MAC-DOUGALL-Test darauf beschränkt, den Zusammenhang zwischen relativen Produktivitätsunterschieden von 25 amerikanischen und englischen Industrieprodukten und deren Marktpositionen auf Drittländermärkten (gemessen durch das Verhältnis US-Exporte in Drittländer/U. K.-Exporte in Drittländer) zu überprüfen. Das Untersuchungsergebnis konnte belegen, daß der relative Marktanteil US-amerikanischer Exporte mit steigenden relativen Produktivitätsvorteilen tendenziell zunimmt.

Es wird aber zu Recht davor gewarnt, die Ergebnisse des MAC-DOUGALL-Tests voreilig und unkritisch als erfolgreichen Bestätigungsversuch der RICARDO-Theorie zu interpretieren, da es nicht gelungen ist, die im bilateralen Handel bestehende Warenstruktur der US-Exporte nach England und der England-Exporte nach USA zu untersuchen. Zum einen kann nicht nachgewiesen werden, daß Marktanteilsvergleiche auf Drittländermärkten zwingende Rückschlüsse auf die bilaterale Außenhandelsstruktur erlauben. Zum anderen erfolgt keine Analyse der Ursachen internationaler Produktivitätsunterschiede, so daß auch nicht feststellbar ist, ob ein Produktivitätsvorsprung aufgrund der von RICARDO unterstellten natürlichen Umweltbedingungen dauerhaft ist, oder ob er durch Prozeßinnovationen nur temporär errungen wurde. Damit bleibt es zweifelhaft, ob tatsächlich die RICARDO-Theorie untersucht und verifiziert werden konnte, weil die untersuchten Produktgruppen zum Teil keine reinen RICARDO-Güter sind (z. B. heterogene Industriegüter wie Fahrzeuge, Elektrogeräte, Maschinen, Zigaretten).

3.1.2. Faktorproportionen-Modelle

Die neoklassische Außenhandelstheorie analysiert Handelsstrukturen im Rahmen von Zwei-Güter-Zwei-Faktoren-Modellen und erfasst daher die komparativen Kostenunterschiede entsprechend der HABERLER-Version. Das Inland wird Gut 1 exportieren und Gut 2 importieren, wenn – wie im folgenden Beispiel – die durch die relativen Grenzkosten gemessenen Opportunitätskosten des Gutes 1 niedriger als im Ausland sind:

(70 EUR) (90 EUR)	$\frac{GK_1^1}{GK_2^1} < \frac{GK_1^2}{GK_2^2}$ (0,78) < (1,14)	(320 ZL) (280 ZL)	komparativer Vorteil des Inlandes in der Produktion von Gut 1 (z. B. Elektrogeräte als deutsches Exportprodukt)
(280 ZL) (320 ZL)	$\frac{GK_2^2}{GK_1^2} < \frac{GK_2^1}{GK_1^1}$ (0,88) < (1,29)	(90 EUR) (70 EUR)	komparativer Vorteil des Auslandes in der Produktion von Gut 2 (z. B. Textilien als polnisches Exportprodukt)

Diese an komparativen Kostenunterschieden orientierte optimale Außenhandelsstruktur wird bei gewinnmaximierendem Produzentenverhalten unter den Bedingungen vollständiger Konkurrenz auch zustande kommen, wenn im oben dargestellten Beispiel ein Wechselkurs von 4 ZL/EUR gilt.

Faktorproportionen-Theorem

Derartige komparative Kostenunterschiede und die hiermit verbundene Außenhandelsstruktur können auf unterschiedlichen Faktorausstattungen beider Länder beruhen, wenn die Produktion beider Konsumgüter divergierende Faktorintensitäten beansprucht. Dieser Nachweis wurde erstmals von ELI HECKSCHER und seinem Schüler BERTIL OHLIN erbracht (HECKSCHER-OHLIN-Theorie). Für die von diesem Ansatz erfaßten Außenhandelsgüter wird unterstellt, daß die Produktionstechnologien in beiden Ländern verfügbar und somit identisch sind, wodurch die ricardianische Determinante komparativer Kosten ausgeschaltet ist. Die Produktionsprozesse unterscheiden sich nur zwischen beiden Gütern: Bei Realisierung der einem gegebenen Faktorpreisverhältnis zugeordneten Minimalkostenkombination (Beitrag K-2.2.1.) werde Gut 1 in beiden Ländern mit größerem Kapitaleinsatz pro Arbeitseinheit erzeugt als Gut 2 (Gut 1 ist kapitalintensiv, Gut 2 ist arbeitsintensiv). Beide Länder unterscheiden sich lediglich in ihrer Ausstattung mit den Produktionsfaktoren Arbeit und Kapital: Land 1 sei ein kapitalreiches Land, in dem Arbeitskräfte relativ zum Kapitalbestand knapp sind, während Land 2 ein arbeitsreiches Land sei, weil die Kapitalausrüstung relativ zum verfügbaren Arbeitspotential niedrig ist. Die unterschiedliche Ausstattung mit Produktionsfaktoren spiegelt sich also in unterschiedlichen Faktorproportionen beider Länder wider:

(13.1) $$\frac{K^1}{N^1} > \frac{K^2}{N^2}$$

K^j – Kapitalbestand in Land j
N^j – Arbeitspotential in Land j (j = 1,2)

Für den Autarkiezustand läßt sich dieses Merkmal divergierender Faktorausstattungen in der Regel (d. h. bei identischen oder relativ wenig divergierenden Nachfragestrukturen beider Länder) in ein Faktorpreis-Kriterium überführen:

(13.2) $$\frac{(20\ \text{EUR})}{(10\ \text{EUR})}\ \frac{w^1}{r^1} > \frac{w^2}{r^2}\ \frac{(40\ \text{ZL})}{(60\ \text{ZL})} \qquad (2) > (0{,}67)$$

w^j – Reallohn pro Arbeitseinheit im Lande j = 1,2
r^j – Realzins pro Kapitaleinheit im Lande j = 1,2

Im kapitalreichen Land wird der Faktor Arbeit relativ knapp und damit auch teuer sein, während das weniger knappe Kapital relativ billig einsetzbar ist. Im arbeitsreichen Land wird das reichliche Arbeitspotential einen relativ niedrigen Lohnsatz, das knappe Produktivkapital dagegen einen relativ hohen Zinssatz bedingen. Diese Faktorpreise stellen in beiden Ländern Vollbeschäftigungsgleichgewichte auf den Faktormärkten her.

Die in beiden Ländern identischen Produktionsfunktionen eines Gutes seien durch kontinuierliche Faktorsubstituierbarkeit, sinkende partielle Grenzproduktivitäten beider Faktoren und konstante Skalenerträge ausgezeichnet (linear-homogene neoklassische Produktionsfunktionen). Derartige Produktionsfunktionen beider Güter lassen sich durch ihre Einheitsisoquanten darstellen *(Abb. H-5)*, weil die Isoquanten höherer Produktionsniveaus für jede Faktorintensität durch entsprechende Vervielfachung der Faktoreinsatzmengen bestimmbar sind. Die Inputkoeffizienten (Arbeitskoeffizient a_1^j,

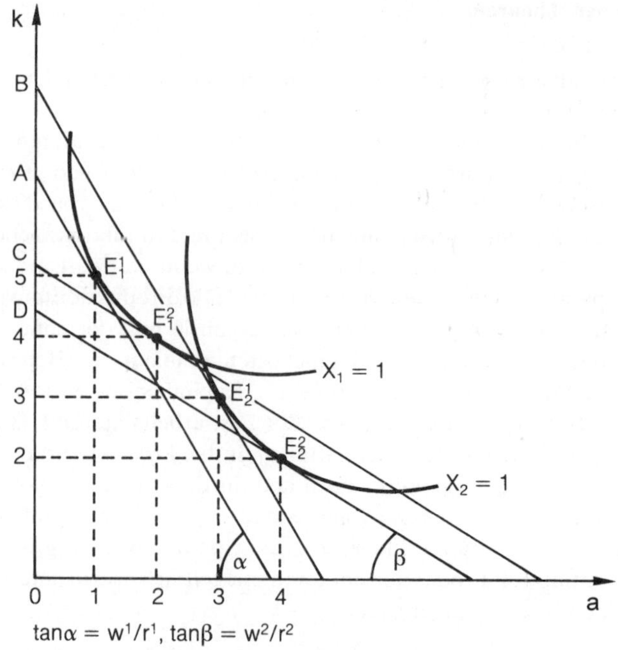

Abb. H-5: Unterschiedliche Lohn-Zins-Relation zweier Länder als Ursache divergierender relativer Autarkiepreise

Kapitalkoeffizient k_1^j) sind damit bei gegebenem Lohn-Zins-Verhältnis durch die länderspezifischen Minimalkostenkombinationen des Gutes 1 (E_1^1, E_1^2) und des Gutes 2 (E_2^1, E_2^2) determiniert. Die in *Abb. H-5* vereinigten Einheitsisoquanten beider Güter verdeutlichen nun die unterschiedlichen Produktionsbedingungen in beiden Sektoren: mit steigendem Lohn-Zins-Verhältnis (von der Abszisse aus gemessenes Steigungsmaß der Isokostenlinie) steigt zwar die Kapitalintensität beider Produktionen (Substitution der sich relativ verteuernden Arbeit durch Kapital), jedoch ist für jedes beliebige Lohn-Zins-Verhältnis die Kapitalintensität bei Gut 1 höher als bei Gut 2, so daß beide HECKSCHER-OHLIN-Güter eindeutig nach ihrer Faktorintensität klassifiziert werden können.

Bei gegebener Faktorpreisrelation tg $\alpha = w^1/r^1 = 2$ und tg $\beta = w^2/r^2 = 0{,}67$ werden nun im kapitalreichen Land 1 die durch die Punkte E_1^1 ($k_1^1 = 5$, $a_1^1 = 1$) und E_2^1 ($k_2^1 = 3$, $a_2^1 = 3$) bestimmten kostenminimalen Produktionsprozesse gewählt, während die gleichen Produkte im arbeitsreichen Land 2 mit den durch E_1^2($k_1^2 = 4$, $a_1^2 = 2$) und E_2^2($k_2^2 = 2$, $a_2^2 = 4$) repräsentierten arbeitsintensiveren Prozessen erzeugt werden. Damit können aus den Produktionspunkten der Einheitsisoquante die jeweiligen Grenzkosten abgeleitet werden, die wegen der konstanten Skalenerträge unverändert bleiben, solange sich das nationale Faktorpreisverhältnis nicht ändert. Im Inland gilt:

(14.1) $GK_1^1 = w^1 a_1^1 + r^1 k_1^1 = r^1(a_1^1 w^1/r^1 + k_1^1) = OA\ r^1$

(14.2) $GK_2^1 = w^1 a_2^1 + r_2^1 k_2^1 = r^1\ (a_2^1 w^1/r^1 + k_2^1) = OB\ r^1$

Daraus folgt für die marginalen Opportunitätskosten des kapitalintensiven Gutes 1 im kapitalreichen Inland mit relativ hohem Lohnniveau

$$\frac{GK_1^1}{GK_2^1} = \frac{OA}{OB} \; (< 1)$$

Im Ausland gilt:

(15.1) $GK_1^2 = w^2 a_1^2 + r^2 k_1^2 = r^2 \, (a_1^2 w^2/r^2 + k_1^2) = OC \; r^2$

(15.2) $GK_2^2 = w^2 a_2^2 + r^2 k_2^2 = r^2 \, (a_2^2 w^2/r^2 + k_2^2) = OD \; r^2$

Daraus folgt für die marginalen Opportunitätskosten des Gutes 1 im arbeitsreichen Ausland mit relativ niedrigem Lohnniveau

$$\frac{GK_1^2}{GK_2^2} = \frac{OC}{OD} \; (> 1)$$

Ein Vergleich dieser in- und ausländischen relativen Grenzkosten des kapitalintensiven Gutes 1 bzw. des arbeitsintensiven Gutes 2 läßt zwei Schlußfolgerungen zu. Zum einen wird deutlich, daß bei sinkendem Lohn-Zins-Verhältnis (steigendem Zins-Lohn-Verhältnis) die relativen Grenzkosten des kapitalintensiven Gutes 1 steigen (OC/OD bei $tg\beta >$ OA/OB bei $tg\alpha$) und daß bei steigendem Lohn-Zins-Verhältnis die relativen Grenzkosten des arbeitsintensiven Gutes steigen (OB/OA bei $tg\alpha >$ OD/OC bei $tg\beta$). Zum anderen zeigen sich komparative Vorteile des kapitalreichen Inlandes in der Herstellung des kapitalintensiven Gutes (dessen relative Grenzkosten dort niedriger sind als im Ausland) und komparative Vorteile des arbeitsreichen Auslandes in der Produktion des arbeitsintensiven Gutes 2 (dessen Opportunitätskosten dort niedriger als im Inland sind).

Im nächsten Schritt läßt sich nun zeigen, daß sich die Struktur der internationalen Arbeitsteilung unter Freihandelsbedingungen an den komparativen Kostendifferenzen orientieren wird. Einsetzen der in *Abb. H-5* bestimmten Inputkoeffizienten in Gleichungen (14.1.)–(15.2.) liefert unter Berücksichtigung der Zahlenwerte in (13.2.) die in *Tab. H-2* zusammengefaßten Ergebnisse.

Das bei Autarkie in Land 1 bestehende Lohn-Zins-Verhältnis $w^1/r^1 = 2$ bedingt also einen relativen Autarkiepreis des Gutes 1 von $p_1^1/p_2^1 = GK_1^1/GK_2^1 = 0{,}78 \; x_2$, während das geringere Lohn-Zins-Verhältnis $w^2/r^2 = 0{,}67$ des Landes 2 zu einem Relativpreis von $p_1^2/p_2^2 = GK_1^2/GK_2^2 = 1{,}14 \; x_2$ führt. Da identische Produktionsfunktionen vorliegen, in denen Gut 1 als das eindeutig kapitalintensivere Produkt erscheint, gilt der Zusammenhang, daß der Relativpreis des kapitalintensiven Gutes 1 um so höher sein wird, je

Tab. H-2: Lohn-Zins-Verhältnis, Kapitalintensität und Außenhandelsstruktur

Gut / Land	Grenzkosten		marginale Opp. Kosten		Kapital-intensität		Außenhan-delsstruktur	
	1	2	1	2	1	2	1	2
1	70 EUR	90 EUR	0,78	1,29	5	1	Exp.	Imp.
2	320 ZL (80 EUR)	280 ZL (70 EUR)	1,14	0,88	2	0,5	Imp.	Exp.

e_{EUR} = 4 ZL/EUR; $w^1/r^1 = 2$; $w^2/r^2 = 0{,}67$

niedriger das Lohn-Zins-Verhältnis ist. In einem kapitalreichen Land muß somit der Relativpreis des kapitalintensiven Gutes bei Autarkie geringer als in einem arbeitsreichen Land sein. Diese Preisstruktur bringt die komparativen Kostenvorteile zum Ausdruck. Hieraus folgt die Aussage des Faktorproportionentheorems: Relativ kapitalreiche Länder werden kapitalintensive Produkte exportieren und arbeitsintensive Produkte importieren, während relativ arbeitsreiche Länder arbeitsintensive Produkte im Austausch gegen kapitalintensive Importprodukte ausführen werden. Jedes Land wird mithin das Gut exportieren, bei dessen Produktion der relativ billige Faktor intensiv eingesetzt wird.

Allgemeines Gleichgewicht und Vorteilhaftigkeit des Freihandels

Unter den Produktionsbedingungen, die im neoklassischen Zwei-Güter-Zwei-Faktoren-Modell erfaßt werden, müssen bei wachsendem Produktionsvolumen eines Sektors die Grenzkosten im expandierenden Produktionszweig relativ zu den Grenzkosten im schrumpfenden Sektor steigen, weil die Änderung der Produktionsstruktur Verschiebungen der relativen Faktorpreise hervorruft. Expandiert etwa der kapitalintensive Sektor 1, so muß der arbeitsintensive Sektor 2 schrumpfen. Da vom Sektor 2 pro Einheit des arbeitsintensiven Gutes weniger Kapital und mehr Arbeit freigesetzt werden als im Sektor 1 pro Einheit des kapitalintensiven Gutes benötigt wird, muß der Zinssatz steigen, während der Lohnsatz zurückgehen wird. Wie zuvor verdeutlicht, werden aber bei steigendem Zins-Lohn-Verhältnis die Grenzkosten in der Herstellung des kapitalintensiven Gutes 1 steigen und in der Herstellung des arbeitsintensiven Gutes 2 zurückgehen.

Die Produktionsbedingungen der hier erfaßten HECKSCHER-OHLIN-Güter ergeben somit eine zum Ursprung hin konkave Transformationskurve *(Abb. H-6):* bei steigender Produktionsmenge eines Sektors steigt die Grenzrate der Transformation, weil im expandierenden Bereich die relativen Grenzkosten zunehmen. Im inländischen Autarkiegleichgewicht (Schnittpunkt A von inländischer Transformationskurve und Konsumlinie OC in *Abb. H-6*) muß das Steigungsmaß der Transformationskurve (tgα =

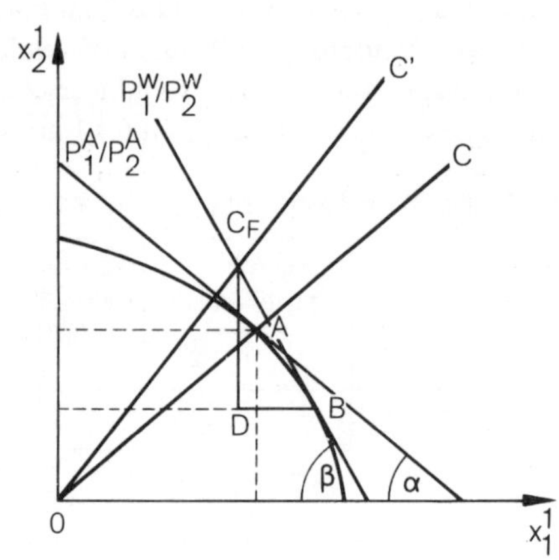

Abb. H-6: Allgemeine Gleichgewichtsanalyse des HECKSCHER-OHLIN-Modells

marginale Opportunitätskosten des Gutes 1) mit dem Steigungsmaß der Autarkie-Preislinie p_1^A/p_2^A (tgα = relativer Autarkiepreis des Gutes 1) übereinstimmen, da die gewinnmaximale Herstellung beider Güter bei $p_i^1 = GK_i^1$ (i = 1,2) erreicht ist.

Nach Einführung von Freihandelsbedingungen werden im Inland Expansionsanreize im Sektor 1 und Kontraktionsanreize im Sektor 2 wirksam, weil sich das Preisverhältnis zugunsten von Gut 1 auf $p_1^W/p_2^W > p_1^A/p_2^A$ verschiebt. Die Produktion dieses Gutes wird auf Kosten der Produktion des komparativ benachteiligten Gutes 2 ausgedehnt, bis sich die Grenzkosten in beiden Sektoren den neuen Preisdaten angepaßt haben. Die Expansion des Sektors 1 kommt zum Stillstand, wenn die steigenden Grenzkosten das gegenüber dem Autarkiezustand höhere Weltmarktpreisniveau erreicht haben. Der geschrumpfte Importkonkurrenzsektor bleibt nach Abschluß eines kontraktiven Anpassungsprozesses überlebensfähig, wenn seine Grenzkosten auf das niedrigere Niveau des Weltmarktpreises importierter Produkte gesunken sind. Die Produktionsstruktur verändert sich nun dadurch, daß sich die Produktion vom Autarkiepunkt A zum Freihandelspunkt B verlagert (Produktionseffekt), da das Steigungsmaß der Transformationskurve (relative Grenzkosten von Gut 1) nur in B mit dem Steigungsmaß der Weltmarkt-Preislinie p_1^W/p_2^W (tgβ = relativer Weltmarktpreis von Gut 1) übereinstimmt. Die Konsumstruktur verschiebt sich infolge der relativen Verteuerung des Gutes 1 zugunsten von Gut 2, was in der neuen Konsumlinie OC' zum Ausdruck kommt (Konsumeffekt). Durch Export von $ex_1^1 = DB$ und Import von $im_2^1 = DC_F$ kann ein Freihandels-Gleichgewichtspunkt C_F erreicht werden, bei dem die Güterversorgung gegenüber dem Autarkie-Gleichgewichtspunkt A verbessert ist. Wiederum wird dies dadurch erreicht, daß sich jedes Land gemäß seiner komparativen Kostenvorteile spezialisiert, weil die Produzenten und Konsumenten sich an Preisänderungen anpassen, die erst zum Stillstand kommen, wenn die aus Konsum- und Produktionspunkt resultierenden Außenhandelsdreiecke des In- und Auslandes deckungsgleich sind. Im Unterschied zum RICARDO-Ansatz führt der freihandelsbedingte Strukturwandel im Normalfall nur zu einer unvollständigen Spezialisierung und damit zu einer Wirtschaftsstruktur mit zwei Außenhandelssektoren (Exportbranche, Importsubstitutionsbranche).

Eine entsprechende Spezialisierung ist ökonomisch sinnvoll, da hierdurch in jedem Land der relativ teure Faktor relativ eingespart werden kann, indem das diesen Faktor intensiv beanspruchende Gut importiert wird. Damit aber wird die Veränderung der Produktionsstruktur in beiden Ländern die relative Knappheit der Faktoren ändern, so daß sich auch die internationalen Unterschiede der relativen und absoluten Faktorpreise abbauen werden. Im Inland expandiert die Produktion des kapitalintensiven Gutes zu Lasten des arbeitsintensiven Sektors, so daß der Zins relativ zum Lohn steigen wird. Im Ausland führt die Expansion des arbeitsintensiven Sektors zu einem steigenden Lohn-Zins-Verhältnis. Hat sich somit unter Freihandelsbedingungen ein in beiden Ländern übereinstimmender Relativpreis des Gutes 1 eingespielt, so wird diesem Freihandelsgleichgewicht auch eine in beiden Ländern übereinstimmende Lohn-Zins-Relation zugeordnet sein (Faktorpreisausgleichs-Theorem; SAMUELSON, 1949). Unbeschränkter Außenhandel bei internationaler Immobilität von Produktionsfaktoren führt somit nach Aussage des HECKSCHER-OHLIN-SAMUELSON-Theorems zu den gleichen Faktorpreiswirkungen wie die unbeschränkte internationale Beweglichkeit von Arbeit und Kapital, indem in jedem Land eine Umverteilung zu Gunsten des reichlichen Faktors und zu Lasten des knappen Faktors induziert wird. Die Entwicklung freier internationaler Handelsbeziehungen würde also in kapitalreichen Ländern unter den Bedingungen der Grenzproduktivitätstheorie der funktionellen Einkommensverteilung zu einer sinkenden Lohn- und steigenden Profitquote beitragen, da eine sinkende Lohn-Zins-Relation bei Vollbeschäftigung beider Produktionsfaktoren mit einem Rückgang der Lohneinkommen-Kapitaleinkommen-Relation verbunden ist. Auch der absolute Reallohn wird im kapitalreichen Land zurückgehen, wenn die Arbeitskräfte mit dem Grenzprodukt entlohnt werden. Da nämlich die Produzenten auf das gestiegene Zins-Lohn-Verhältnis mit einer Senkung der Kapitalintensitäten reagieren, wird auch die Grenzproduktivität der Arbeit geringer. Andererseits steigt die Grenzproduktivität des Kapitals, so daß im kapitalreichen Land ein höherer Realzins zustandekommt. Außenhandelsliberalisierung bewirkt somit im kapitalreichen Land niedrigere Lohneinkommen und höhere Kapitaleinkommen. Da das gesamtwirtschaftliche Realeinkommen steigt, ist die Zunahme des Kapitaleinkommens größer als die Abnahme des Lohneinkommens. Dies schafft Spielraum für verteilungspolitische Kompensationslösungen, die die Nettoeinkommen beider Produktionsfaktoren am Effizienzgewinn der Handelsliberalisierung beteiligen können.

Im realistischeren Fall des Außenhandels mit mehr als zwei Gütern ergibt sich analog zur RICARDO-Theorie eine schwächere Bedingung für die Außenhandelsstruktur eines Landes: Ordnet man alle Außenhandelsgüter nach der Höhe ihrer Kapitalintensität, so werden nach dem Faktorproportionen-Theorem alle Exportprodukte eines kapitalreichen Landes höhere Kapitalintensitäten aufweisen als die Importerzeugnisse dieses Landes (DEARDORFF, 1979). Wo die Trennungslinie zwischen Exporten und Importen verläuft, hängt wiederum von der Nachfrageseite ab.

LEONTIEF-Test

Die Auseinandersetzung um die Fähigkeit des Faktorproportionen-Theorems, reale Außenhandelsstrukturen erklären und ihre Veränderung prognostizieren zu können, erfuhr durch die bahnbrechende empirische Untersuchung von WASSILY LEONTIEF (1953) ihren entscheidenden Anstoß. Aufgrund einer Input-Output-Studie für die Vereinigten Staaten des Jahres 1947 wurden Arbeits- und Kapitaleinsatz pro 1 Mio. US-$ der amerikanischen Export- und Importkonkurrenzprodukte ermittelt. Auch wenn wegen fehlender ausländischer Input-Output-Tabellen der Faktorgehalt US-amerikanischer Importe nicht unmittelbar bestimmt werden konnte, erschien der Rückgriff auf Importsubstitute als legitime Testbasis, da das HECKSCHER-OHLIN-Theorem identische Produktionsfunktionen und eindeutige Faktorintensitätsunterschiede beider Gruppen von Außenhandelsgütern unterstellte. Der Quotient der so errechneten Kapital- und Arbeitskoeffizienten sollte auf diese Weise den Rückschluß auf die Kapitalintensitäten amerikanischer Export- und Importprodukte ermöglichen. Selbst wenn die empirische Messung des relativen Faktorreichtums und damit die Erstellung einer soliden Testbasis häufig Schwierigkeiten bereiten dürfte, bestand dieses Problem im Fall der Vereinigten Staaten nicht, die unbestritten als kapitalreichstes Land der Welt eingestuft werden konnten. Gemäß Faktorproportionen-Theorem müßten die Vereinigten Staaten somit kapitalintensive Güter exportieren und arbeitsintensive

Produkte einführen. Das Ergebnis des LEONTIEF-Tests widersprach aber dieser Hypothese, da die Kapitalintensität der amerikanischen Exporte geringere Werte aufwies als die Kapitalintensität der heimischen Importsubstitute. Die USA exportierten somit arbeitsintensive Produkte und importierten kapitalintensive Erzeugnisse (LEONTIEF-Paradoxon), so daß ihre Außenhandelsstruktur im Widerspruch zur Prognose des HECKSCHER-OHLIN-Theorems stand. Die Testergebnisse zeigen, daß das HECKSCHER-OHLIN-Theorem in seiner einfachen Form nicht hinreichend empirisch abgesichert ist. Es ist somit zu prüfen, ob Verfeinerungen und Modifikationen der Faktorproportionen-Theorie komparativer Kostenunterschiede zu Hypothesen führen, die im empirischen Bewährungstest erfolgreicher sind.

Neo-Faktorproportionen-Theorem

Versuche zur Erklärung und Lösung des LEONTIEF-Paradoxon führten in zwei beachtenswerte Richtungen. Es wurde der Nachweis erbracht, daß

- das HECKSCHER-OHLIN-Theorem auch aus logischen Gründen versagen und das LEONTIEF-Paradoxon Bestätigung finden muß, wenn die in beiden Ländern identischen Produktionsfunktionen umschlagende Faktorintensitäten implizieren (nach Überschreiten eines bestimmten Lohn-Zins-Verhältnisses wird das bislang arbeitsintensivere zum kapitalintensiven Produkt) und somit die Produkte nicht mehr widerspruchsfrei in arbeits- oder kapitalintensive Erzeugnisse eingeteilt werden können,
- das LEONTIEF-Paradoxon gelöst werden und das Faktorproportionen-Theorem in erweiterter Form seine Bestätigung finden kann, wenn für die Produktionsfaktoren Arbeit oder Kapital die Homogenitätsannahme aufgehoben wird.

Die zweite Alternative soll im folgenden näher erläutert werden, da hiermit entscheidende Impulse für die weitere Entwicklung der Außenhandelstheorie verbunden waren. Das Zwei-Faktoren-Modell der Faktorproportionen-Theorie kann auf zweierlei Weise realitätsgerechter modifiziert werden. Entweder wird das bislang homogene Arbeitspotential in verschiedene Kategorien von Arbeitskräften unterschiedlichen Qualifikationsniveaus (z. B. fachlich ausgebildete, angelernte oder ungelernte Arbeitskräfte) aufgespalten, oder der Kapitalbegriff wird um das durch Ausbildung der Arbeitskräfte aufgebaute Humankapital erweitert.

Die Produktion verschiedener Güter (z. B. neuentwickelte Computergenerationen im Vergleich zu Textilerzeugnissen) erfordert in der Regel auch in unterschiedlicher Intensität eingesetzte Mengen an qualifizierten Arbeitskräften (Wissenschaftler, Ingenieure, Facharbeiter, Manager) und an gering ausgebildetem Personal. Ein als arbeitsreich einzustufendes Land kann nun gerade mit Arbeitskräften höheren Qualifikationsniveaus vergleichsweise knapp ausgestattet sein, während ein kapitalreiches Land auch relativ reichlich über qualifizierte Arbeitskräfte verfügen mag. Unter dieser Bedingung ist davon auszugehen, daß Arbeitskräfte mit hohem Ausbildungsniveau im arbeitsreichen Land relativ hoch entlohnt werden, weil sie dort knapper als im kapitalreichen Land sind. Dann werden aber auch Produkte, deren Erzeugung den relativ hohen Einsatz qualifizierter Arbeitskräfte erfordert, im arbeitsreichen Land nur relativ teuer hergestellt werden können. Das arbeitsreiche Land besitzt komparative Kostennachteile, das kapitalreiche Land komparative Kostenvorteile in der Erzeugung qualifikationsintensiver Güter. Damit folgt das internationale Spezialisierungsmuster nunmehr einem modifizierten Faktorproportionen-Theorem: kapitalreiche Länder, die auch relativ reichlich mit ausgebildeten Arbeitskräften höherer Qualifikationsniveaus ausgestattet sind, werden vor allem jene Güter exportieren, deren Erzeugung den Faktor qualifizierte Arbeit intensiv nutzt, während ihre Importprodukte in den Ursprungsländern mit einem relativ hohen Anteil gering ausgebildeter Arbeitskräfte erstellt werden.

So können etwa die US-amerikanischen Exportindustrien als relativ qualifikationsintensiv gelten, da sie ein höheres Lohnniveau aufweisen, als dem gesamtwirtschaftlichen Durchschnittslohn entspricht, und weil sie einen größeren Anteil jener Sektoren umfassen, die in hohem Maße qualifiziert ausgebildete Arbeitskräfte beschäftigen. Die durch den LEONTIEF-Test ausgewiesene relativ hohe Arbeitsintensität amerikanischer Exporte spiegelt also in Wirklichkeit deren hohe Qualifikationsintensität, während die Importe im Interpretationsrahmen eines Drei-Faktoren-Modells (einfache Arbeit, Ausbildung, Kapital) als arbeitsintensiv einzustufen sind.

Interpretiert man andererseits die Ausbildung qualifizierter Arbeitskräfte als Investition in Humankapital und verbindet die Erweiterung des Kapitalbegriffs (Sachkapital + Ausbildungskapital) mit einer Einengung des Begriffs eines homogenen Arbeitspotentials auf einfache, ungelernte Arbeit, so läßt sich das LEONTIEF-Paradoxon ebenfalls mit Faktorproportionen-Ansätzen in Einklang bringen. Die durch den LEONTIEF-Test ausgewiesene vergleichsweise hohe Arbeitsintensität amerikanischer Exportprodukte ließe sich auf ihren relativ hohen Anteil an Humankapital zurückführen (z. B. der für die Computer-Industrie typische hohe Aufwand an Forschung und Entwicklung, Organisationsberatung, Kundendienst), so daß diese Produkte im Sinne des Neo-Faktorproportionen-Theorems als kapitalintensiv zu klassifizieren wären.

Empirische Untersuchungen von Außenhandelsstrukturen konnten die durch das Neo-Faktorproportionen-Theorem beschriebenen Strukturdeterminanten als signifikante Einflußfaktoren bestätigen. Eine Untersuchung des deutschen Außenhandels der Jahre 1962 und 1972 auf Basis eines Drei-Faktoren-Modells (ungelernte Arbeit, Humankapital, Sachkapital) belegt einen komparativen Vorteil in der Produktion humankapitalintensiver Güter. Diese werden im Austausch gegen arbeitsintensive Importprodukte und – in geringerem Ausmaße – gegen sachkapitalintensive Einfuhrerzeugnisse exportiert (STEINHERR/RUNGE, 1978). Zu ähnlichen Ergebnissen gelangten auch STERN (1976) und WOLTER (1977).

Weitere empirische Studien können belegen, daß die HECKSCHER-OHLIN-Theorie in ihrer zum Neo-Faktorproportionen-Theorem erweiterten Version am aussagekräftigsten ist, wenn sie auf den Außenhandel zwischen hochentwickelten Industrieländern und halbindustrialisierten Entwicklungsländern angewendet wird (FELS, 1971; LOWINGER, 1971; HIRSCH, 1974). Nach LOWINGER ist etwa der komparative Nachteil Brasiliens am ausgeprägtesten in der Produktion jener Güter, deren Erzeugung einen relativ hohen Aufwand qualifizierter Arbeit bzw. an Humankapital erfordert, so daß diese Produkte aus USA und Westeuropa importiert werden. Die relative Knappheit an Sachkapital kann dabei durch Kapitalgüterimporte und ausländische Direktinvestitionen, also durch internationale Kapitalmobilität, sehr viel leichter gemildert werden als das relative Ausstattungsdefizit bei Humankapital, welches sich durch Abwanderung hochqualifizierter Arbeitskräfte in Länder mit hohem Lebensstandard eher noch zu verschärfen droht. Angesichts dieser im HECKSCHER-OHLIN-Theorem nicht erfaßten internationalen Faktorbewegungen werden somit meist die relativen Ausstattungsunterschiede mit Humankapital und einfacher Arbeit zu entscheidenden Determinanten internationaler Handelsstrukturen, und die Verteilungswirkungen des Freihandels äußern sich in veränderten Lohnrelationen, also Umverteilungsprozessen innerhalb der Lohneinkommen. Außenhandelsliberalisierung bewirkt in humankapitalreichen Industrieländern steigende Reallöhne qualifizierter Arbeitskräfte und sinkende Reallöhne unqualifizierter Arbeitskräfte. Die Lohndisparität nimmt zu (WOOD, 1994, 1995).

Während dieses Erklärungsmuster zur Analyse des Handels zwischen Industrie- und Entwicklungsländern recht brauchbar ist, zeigen sich seine Grenzen, wenn die Handelsbeziehungen zwischen hochentwickelten Industrieländern erklärt werden sollen. Die in dieser Gruppe zusammengefaßten Länder sind sich in Produktionsfunktionen, Faktorausstattungen und Pro-Kopf-Einkommen relativ ähnlich, so daß die Ursachen komparativer Kostenunterschiede nicht signifikant zur Geltung kommen. Jedoch wird zwischen diesen Ländern fast die Hälfte des Welthandels abgewickelt. Die Beobachtung, daß die Außenhandelsbeziehungen zwischen Ländern mit ähnlichen Angebotsbedingungen am intensivsten sind, steht im Gegensatz zur Theorie komparativer Kostenunterschiede, nach der die Außenhandelsbeziehungen um so intensiver sind, je stärker sich die Länder in ihren relativen Angebotsbedingungen unterscheiden. Außerdem dominiert zwischen hochentwickelten Industrieländern der intraindustrielle Außenhandel (s. Abschnitt 2.2.), während die Modelle komparativer Kostenunterschiede intersektorale Handelsbeziehungen erklären (s. Abschnitt 2.1.1.).

3.2. Ausnutzung von Skalenvorteilen

Um den Einfluß weiterer Faktoren auf Richtung und Struktur des Außenhandels zu isolieren, wird im Rahmen der bisherigen Modelle vollständiger Konkurrenzmärkte von der Annahme übereinstimmender Transformationskurven zweier Länder ausgegangen. Die Produktionsbedingungen im In- und Ausland sind identisch. In der autarken Ausgangslage existieren weder relative Produktivitätsunterschiede noch relative Faktorausstattungsdivergenzen. Obwohl die Ursachen komparativer Kostenunterschiede hiermit ausgeschaltet sind, werden Anreize zur Aufnahme wohlfahrtssteigernder Außenhandelsbeziehungen wirksam sein, wenn steigende Skalenerträge (Beitrag K-3.1.1.) oder divergierende Nachfragestrukturen vorliegen.

3.2.1. Externe Skalenvorteile bei vollständiger Konkurrenz

Industrielle Produktionsprozesse sind durch Kostenvorteile der Massenproduktion geprägt, die mit wachsender Gesamtproduktion eines Industriesektors (betriebsexterne Skalenvorteile) oder wachsenden Betriebsgrößen (betriebsinterne Skalenvorteile) erschlossen werden können. Externe Kostenersparnisse oder Skaleneffekte treten auf, wenn die Grenz- und Durchschnittskosten aller Betriebe eines Industriezweiges unabhängig vom betrieblichen Produktionsvolumen sinken. Ursache hierfür kann sein, daß die steigende Industrieproduktion auf vorgelagerten Produktionsstufen Kostenvorteile wachsender Vorleistungsproduktion bewirkt, die in sinkenden Lieferpreisen weitergegeben werden. Interne Kostenersparnisse oder Skaleneffekte sind wirksam, wenn die Grenz- und Stückkosten eines Betriebes mit wachsendem Produktionsvolumen sinken, weil die optimale Betriebsgröße noch nicht erreicht ist. In beiden Fällen folgen sinkende Grenz- und Durchschnittskosten aus überlinear-homogenen Produktionsfunktionen, bei denen eine proportionale Ausweitung der Faktoreinsätze die Faktorproduktivitäten steigen läßt (Beitrag K-2.2.1.).

Während externe Skaleneffekte mit vollständiger Konkurrenz durchaus vereinbar sind, führen die mit internen Skaleneffekten verbundenen Anreize zur Herausbildung von Marktstrukturen monopolistischer oder oligopolistischer Konkurrenz (s. Abschnitt 3.2.3.). Steigende Skalenerträge in der Herstellung von Industriegütern sprengen somit den bisher vorgezeichneten Analyserahmen klassischer und neoklassischer Außenhandelstheorien. Zum einen unterstellen diese Ansätze Produktionsbedingungen, die konstante oder steigende Stück- und Grenzkosten bei wachsender betrieblicher und sektoraler Produktion hervorrufen. Zum anderen ist die mit allgemeinen Gleichgewichtsanalysen vollständiger Konkurrenzmärkte arbeitende Methodik auf die für viele Industrierzeugnisse typischen Bedingungen betriebsinterner Kostenersparnisse nicht mehr anwendbar, weil Marktstrukturen unvollständiger Konkurrenz vorliegen. Um Skaleneffekte als eigenständige Determinante internationalen Handels mit Industrieprodukten zu analysieren, wird zunächst die Annahme vollständiger Konkurrenz aufrechterhalten und die Wirksamkeit externer Skalenvorteile im Rahmen eines Zwei-Güter-Zwei-Länder-Modells unterstellt.

Die Dominanz externer Skaleneffekte erzeugt eine zum Ursprung konvexe Transformationskurve *(Abb. H-7)*. Um in diesem Fall steigende Skalenerträge als Außenhandelsursache zu isolieren, wird in *Abb. H-7* unterstellt, daß die konvexe Transfor-

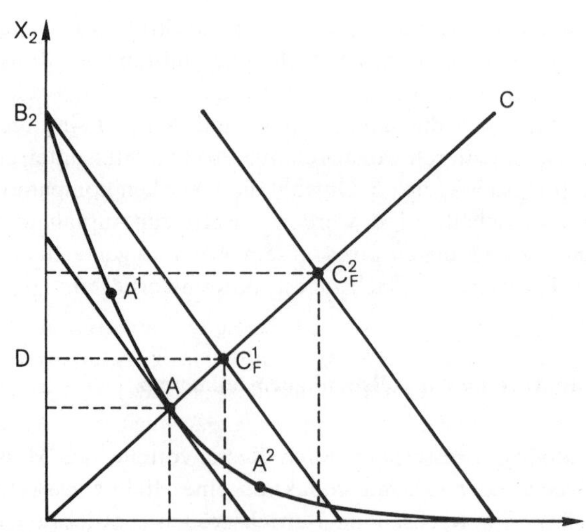

Abb. H-7: Außenhandelsgleichgewicht bei steigenden Skalenerträgen

mationskurve B_1B_2 in beiden Ländern gilt. Produktionsbedingungen und Nachfragestrukturen (Konsumlinie OC) des In- und Auslandes stimmen überein. Im Autarkiegleichgewicht resultiert für beide Länder die gleiche durch Punkt A determinierte Produktionsstruktur. Die Grenzkosten beider Güter stimmen mit den Marktpreisen überein, so daß das Steigungsmaß der Transformationskurve (GK_1^j/GK_2^j) im Produktionspunkt A die in beiden Ländern gleichen absoluten und relativen Autarkiepreise (p_1^j/p_2^j) widerspiegelt.

Da im Produktionspunkt A die Produktionsmengen beider Güter auf den autarken Binnenmärkten beider Länder zu gering sind, um die Kostenvorteile der Massenproduktion voll erschließen zu können, ist die Aufnahme von Außenhandelsbeziehungen sinnvoll. Diese schaffen die Möglichkeit einer sich ergänzenden vollständigen Spezialisierung (hier: Land 1 auf Gut 2, Land 2 auf Gut 1). Obwohl für den in *Abb. H-7* dargestellten speziellen Fall das Weltmarktpreisverhältnis dem relativen Autarkiepreis entspricht, führt internationaler Tausch zu einer verbesserten Versorgungsposition beider Länder (C_F^1 im Inland, C_F^2 im Ausland), indem Land 1 die Menge B_2D des Gutes 2 im Austausch gegen die Importmenge DC_F^1 des Gutes 1 exportiert, während Land 2 B_1E Einheiten des Gutes 1 exportiert (= DC_F^1) und EC_F^2 Einheiten von Gut 2 (= B_2D) einführt.

Steigende Skalenerträge, nicht aber Autarkiepreisunterschiede, sind die Ursache dieser Außenhandelsstruktur und der hiermit verbundenen Wohlfahrtseffekte. Dabei führt der Übergang zu einem Freihandels-Gleichgewicht dann nicht zu relativen Preisverschiebungen, wenn bei vollständiger Spezialisierung beider Länder die beiden Güter in dem Mengenverhältnis produziert werden, das bei dem gleichgewichtigen Preisverhältnis auf der Nachfrageseite gewünscht wird (Konsumlinie verläuft durch den Spezialisierungspunkt mit den Koordinaten OB_1 und OB_2). Ist diese – in *Abb. H-7* unterstellte – Voraussetzung nicht erfüllt, wird sich die Preisrelation bei Übergang zu Freihandel verändern. Die Wohlfahrtsgewinne werden dann in jenem Land reduziert, dessen terms of trade verschlechtert werden, während das andere Land durch terms-of-trade-Verbesserung zusätzliche Wohlfahrtsgewinne erzielt.

Skaleneffekte sind somit eine zusätzliche Quelle von Spezialisierungsgewinnen, die nicht von der Existenz komparativer Kostenunterschiede abhängen. Relative Kostendifferenzen werden erst durch internationale Spezialisierung ausgelöst. Sie sind nicht mehr Ursache, sondern Wirkung internationaler Handelsbeziehungen. Mit der Aufdeckung der aus steigenden Skalenerträgen resultierenden Spezialisierungsgewinne liefert die in *Abb. H-7* dargestellte internationale Arbeitsteilung zwar normative Aussagen über die Vorteilhaftigkeit des Freihandels. Es sind jedoch keine kausalen Aussagen über die in einem Freihandelssystem entstehende Struktur des Außenhandels möglich. Die Frage, welches Land welches Gut exportieren wird, bleibt offen. Die in *Abb. H-7* dargestellte Handelsstruktur (Inland exportiert Gut 2, Ausland exportiert Gut 1) wurde angenommen, nicht aber erklärt. Genausogut könnte sich das Inland auf die Exportproduktion des Gutes 1 (Produktionspunkt B_1), das Ausland auf Gut 2 (Punkt B_2) spezialisieren. Es käme zum gleichen Zuwachs des Weltsozialprodukts, jedoch zu einer anderen Verteilung des Spezialisierungsgewinns, da nunmehr die Konsumposition des Inlandes stärker als die des Auslandes verbessert würde.

Das unter Freihandelsbedingungen sich ergebende Spezialisierungsmuster ist somit bei externen Skaleneffekten nicht prognostizierbar. Es ist Ergebnis exogener Faktoren und historischer Entwicklungen. Wenn z. B. der Autarkie-Produktionspunkt im Inland durch A^1 und im Ausland durch A^2 bestimmt ist, so haben die inländische Produzenten des Gutes 2 die Skalenvorteile in ihrem größeren Binnenmarkt besser als ihre ausländischen Konkurrenten ausnutzen können, während die ausländischen Hersteller des Gutes 1 aus dem gleichen Grund Kostenvorteile gegenüber den inländischen Herstellern dieses Gutes aufweisen. Bei Freihandel folgen daraus internationale Wettbewerbsvorteile inländischer Hersteller des Gutes 2 und ausländischer Produzenten des Gutes 1, die zur Spezialisierung des Inlandes auf die Exportproduktion des Gutes 2 und des Auslandes auf die Exportproduktion von Gut 1 führen. Eine mögliche Ursache für solche divergierenden Autarkie-Produktionsstrukturen bei gleichen Produktionsbedingungen zweier Länder und für daraus folgende Freihandels-Spezialisierungsmuster sind abweichende Nachfragestrukturen.

3.2.2. Nachfragestruktur

Die angebotsorientierte Analysemethode der RICARDO- oder HECKSCHER-OHLIN-Theorien komparativer Kosten vernachlässigt den Einfluß der Nachfrageseite. Konsumentenpräferenzen und Nachfrageverhalten können aber zur wichtigen Triebfeder internationaler Handelsbeziehungen werden, weil

- in hochentwickelten Ländern bestehende Präferenzen für Produktvielfalt auf offenen Weltmärkten Quellen für Kostensenkungen erschließen, die bei monopolistischer Konkurrenz auf geschlossenen Binnenmärkten nicht zugänglich sind (s. Abschnitt 3.2.3.).
- zwischen verschiedenen Ländern abweichende Präferenzmuster bei vollständiger Konkurrenz relative Preisunterschiede verursachen können, die nicht auf Produktivitäts- oder Faktorausstattungsunterschiede zurückführbar sind.

Solche abweichenden Präferenzstrukturen lassen sich als eigenständige Determinante der Außenhandelsstruktur isolieren. Unterschiedliche Nachfragestrukturen im In- und Ausland können sowohl bei steigenden Grenzkosten *(Abb. H-8a)* als auch bei sinkenden Grenzkosten *(Abb. H-8b)* Ursache abweichender Grenzkostenrelationen sein und somit Außenhandel verursachen.

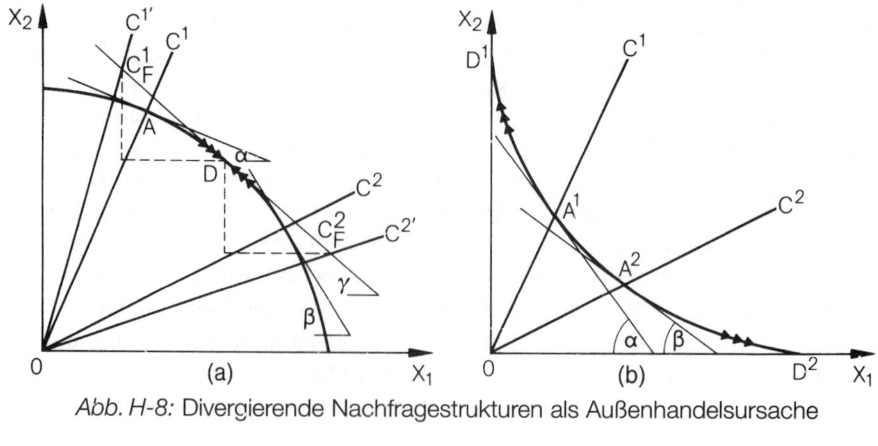

Abb. H-8: Divergierende Nachfragestrukturen als Außenhandelsursache

Bei steigenden Grenzkosten bedingt die relativ starke inländische Nachfragepräferenz für Gut 2 einen relativ hohen Autarkiepreis dieses Gutes, während die im Ausland relativ ausgeprägte Präferenz für Gut 1 einen relativ hohen Preis dieses Produktes bewirkt. Bei Autarkie ist somit der Relativpreis des Gutes 1 im Inland (tgα) niedriger als im Ausland (tgβ). Nach Übergang zu Freihandel wird das Inland daher Gut 1 exportieren und das bislang teure Gut 2 zu günstigeren Konditionen importieren. Wenn der relative Preis des Gutes 1 bei Freihandel auf tgγ steigt, wird die Produktion dieses inländischen Exportgutes zu Lasten von Gut 2 ausgedehnt. Im Ausland wird der relative Preis von Gut 1 sinken, so daß dort die Produktion von Gut 2 steigt und dieses somit zum Exportprodukt des Landes 2 wird. Im Gegensatz zu früheren Modellen komparativer Kosten gleichen sich nun die Produktionsstrukturen an (Produktionspunkt D) und ermöglichen auf diese Weise eine durch Konsumpunkte außerhalb der Transformationskurve repräsentierte kostengünstigere Abdeckung der divergierenden Bedarfsstrukturen.

Bei sinkenden Grenzkosten erzeugen vergleichbare Diskrepanzen der Autarkie-Konsumstrukturen in Umkehrung des ersten Falles einen relativen Preisvorteil des Inlandes (Punkt A^1) bei Gut 2 und des Auslandes (Punkt A^2) bei Gut 1 *(Abb. H-8b)*. Dieser ist nun die Folge der durch relativ hohe heimische Nachfrage begünstigten Skaleneffekte. Nach Öffnung der Grenzen wird sich also das Inland auf Gut 2 (Produktionspunkt D^1), das Ausland auf Gut 1 (Produktionspunkt D^2) als Exportgut spezialisieren und die Inlandsproduktion des im eigenen Land relativ wenig begehrten und deshalb zu hohen Kosten erzeugten Produktes vollständig durch Importe substituieren. Außenhandel wird eine intensivere Nutzung der kostensenkenden Skaleneffekte ermöglichen, indem sich die Produktionsstrukturen noch weiter auseinander entwickeln.

3.2.3. Interne Skalenvorteile bei monopolistischer Konkurrenz

Betriebsinterne Skalenvorteile führen zur Herausbildung von Marktstrukturen unvollständiger Konkurrenz. Märkte mit monopolistischer oder oligopolistischer Konkurrenz sind Ergebnis der hier wirksamen Anreize zur Durchsetzung interner Kostenersparnisse durch Betriebsgrößenwachstum. Dies kann erreicht werden, indem

- durch Strategien der Produktdifferenzierung monopolistisch beherrschte Teilmärkte geschaffen werden, die allerdings der Substitutionskonkurrenz der auf anderen Teilmärkten angebotenen Produktvarianten ausgesetzt sind (monopolistische Konkurrenz),
- durch erfolgreichen Verdrängungswettbewerb oder durch Unternehmenszusammenschlüsse eine Aufteilung des gesamten Absatzmarktes auf eine relativ kleine Anzahl von Unternehmenseinheiten angestrebt wird (oligopolistische Konkurrenz),
- durch Eindringen in ausländische Absatzmärkte ein dauerhaft größeres Produktionsvolumen sichergestellt wird.

Monopolistische Konkurrenzmärkte oder Oligopole und auch Außenhandelsbeziehungen folgen somit aus dem unternehmerischen Streben nach Ausnutzung interner Kostenersparnisse. Die Aufnahme internationaler Handelsbeziehungen kann aus einzelwirtschaftlicher Sicht für Unternehmen und aus gesamtwirtschaftlicher Sicht für

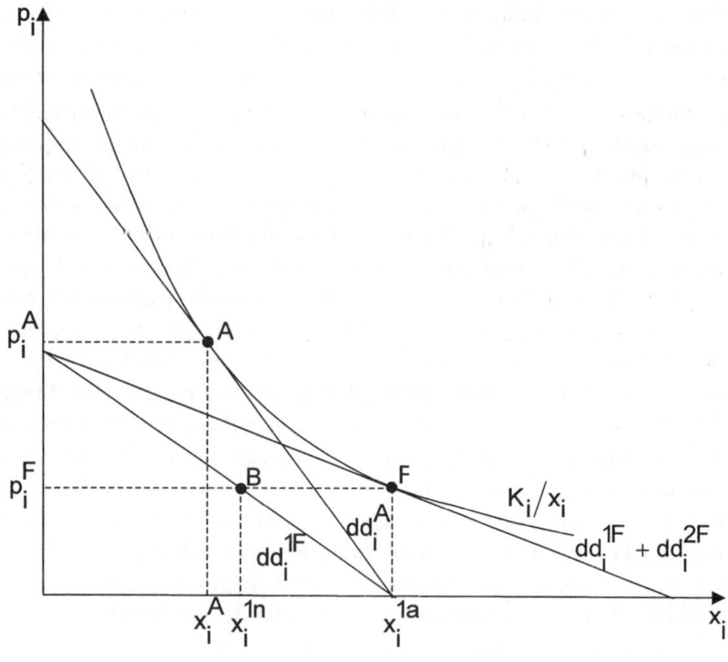

Abb. H-9: Langfristiges Freihandelsgleichgewicht bei monopolistischer Konkurrenz

Länder auch dann lohnend sein, wenn im autarken Ausgangszustand keine internationalen Kosten- und Preisunterschiede bestehen.

Um bei monopolistischer Konkurrenz die Auswirkungen internationaler Handelsbeziehungen in Folge von internen Skalenvorteilen und Produktdifferenzierung aufzuzeigen (KRUGMAN, 1979, 1980; HELPMAN/KRUGMAN, 1985), werden zwei in den Produktionsbedingungen identische Länder betrachtet. Im Autarkiezustand sind beide Binnenmärkte für heimische Anbieter offen, für ausländische Anbieter aber geschlossen. Jede inländische Firma bietet eine andere Variante eines Produktes an. Freier Marktzugang für inländische Anbieter führt zu einem CHAMBERLIN-Marktgleichgewicht (Beitrag L-4.1.). im Tangentialpunkt A von Preis-Absatz-Funktion der Produktvariante i (dd_i^A) und der Kurve sinkender Durchschnittskosten K_i/x_i, in dem zu einem Autarkiepreis p_i^A die Absatzmenge x_i^A verkauft wird *(Abb. H-9)*. Resultiert der Anpassungsprozeß, der über die Auflösung von Monopolrenten zu diesem Gleichgewicht geführt hat, aus dem Markteintritt von insgesamt n^{1A} inländischen Unternehmen, so werden in diesem Zustand n^{1A} Varianten $i = 1 \ldots n^{1A}$ des Gutes 1 angeboten. Es gelte die Symmetrieannahme gleicher Durchschnittskosten und übereinstimmender Marktanteile aller Hersteller, so daß alle Firmen $i = 1 \ldots n^{1A}$ die gleiche Kostenfunktion wie die hier betrachtete repräsentative Firma aufweisen, und mit der gleichen Preis-Absatz-Funktion dd_i^A konfrontiert sind. Von allen Produktvarianten wird die Stückzahl x_i^A zum gleichen Preis p_i^A umgesetzt, und die Gesamtproduktion des Gutes beläuft sich auf eine Stückzahl von $n^{1A}x_i^A$. Die Marktbedingungen im Ausland seien symmetrisch, wobei im Autarkiegleichgewicht n^{2A} Firmen die Produktvarianten $j = n^{1A} + 1 \ldots$

$n^{1A} + n^{2A}$ zu einem Preis p_j^A verkaufen. Um Autarkiepreisunterschiede als Außenhandelsursache auszuschalten, werde $p_i^A = p_j^A$ angenommen.

Mit dem Übergang zu Freihandel werden die beiden bislang abgeschotteten Märkte für ausländische Anbieter geöffnet, so daß die Produktvielfalt durch die ausländischen Varianten vergrößert wird. Die Konkurrenz ausländischer Erzeugnisse zieht Inlandsnachfrage von heimischen Produkten ab und die durch größere Produktvielfalt verbesserten Substitutionsmöglichkeiten machen die Nachfrage preiselastischer. Die veränderte Konkurrenzsituation zwingt einen Teil der Anbieter zum Marktaustritt, während die übrigen Anbieter ihre Absatzverluste im Inlandsmarkt durch Exporte ausgleichen und die Produktion ausweiten können. Produktionswachstum führt bei steigenden Skalenerträgen zu sinkenden Stückkosten, und der Wettbewerbsprozeß zwingt zur Anpassung der Preise an die gesunkenen Durchschnittskosten. Das langfristige CHAMBERLIN-Gleichgewicht des Freihandelszustandes liegt im Tangentialpunkt F der aus Inlands- und Auslandsnachfrage zusammengesetzten Preis-Absatz-Funktion ($dd_i^{1F} + dd_i^{2F}$) und der Durchschnittskostenkurve der repräsentativen inländischen Unternehmung. Zum Gleichgewichtspreis $p_i^F < p_i^A$ wird die inländische Produktionsmenge x_i^{1a} angeboten. Davon wird x_i^{1n} im Inland abgesetzt und $ex_i^1 = x_i^{1a} - x_i^{1n} = BF$ ausgeführt. Eine symmetrische Gleichgewichtssituation ergibt sich im Ausland, wo die repräsentative Unternehmung eine im Vergleich zum Autarkiezustand größere Produktionsmenge x_j^{2a} zu einem niedrigeren Preis $p_j^F = p_i^F$ absetzen und davon $ex_j^2 = x_j^{2a} - x_j^{2n}$ exportieren kann.

Bei einer gegenüber dem Autarkiezustand reduzierten Anzahl heimischer Anbieter (und somit der aus jedem Land stammenden Produkttypen) gilt $i = 1 \ldots n^{1F}$ mit $n^{1F} < n^{1A}$ und $j = n^{1F} + 1 \ldots n^{1F} + n^{2F}$ mit $n^{2F} < n^{2A}$. Da alle international gehandelten Produkttypen i und j zur gleichen Produktgruppe gehören, kommt im Freihandelsgleichgewicht eine intraindustrielle Handelsstruktur als Folge interner Skalenvorteile und strategischer Produktdifferenzierung zustande, ohne daß komparative Kostenunterschiede vorliegen:

$$Ex^1 = Im^2 = n^{1F} ex_i^1 \, p_i^F$$
$$Ex^2 = Im^1 = n^{2F} ex_j^2 \, p_j^F ,$$

wobei $n^{1F} + n^{2F} > n^{1A}$, $n^{2F} + n^{1F} > n^{2A}$, $n^{1F} < n^{1A}$ und $n^{2F} < n^{2A}$. Durch Eingliederung in eine intraindustrielle internationale Arbeitsteilung kann jedes Land die Anzahl der dort gefertigten Produktvarianten reduzieren (Spezialisierungsgewinne aus Skaleneffekten) und dennoch den Konsumenten zugleich eine größere Vielfalt von Produktvarianten bereitstellen (Wohlfahrtsgewinne aus größerer Produktdifferenzierung). Damit ergeben sich in beiden Ländern positive Wohlfahrtswirkungen, weil eine größere Produktvielfalt zu niedrigeren Preisen angeboten wird.

Diese Gründe für intensive intraindustrielle Handelsbeziehungen zwischen hochentwickelten Industrieländern sind schon früher durch die LINDER-Hypothese (LINDER, 1961; ARAD/HIRSCH, 1981) aufgedeckt worden. Danach besteht ein Zusammenhang zwischen durchschnittlichem Pro-Kopf-Einkommen und Nachfragestruktur. In Industrieländern mit hohem Pro-Kopf-Einkommen bestehen ähnliche Präferenzmuster mit relativ ausgeprägter Vorliebe für Produktdifferenzierung, während in weniger entwickelten Ländern mit niedrigem Durchschnittseinkommen Präferenzen für einfachere Konsumgütersortimente mit geringerem Diversifikationsgrad dominieren. Unter den

Bedingungen interner Skalenvorteile folgt daraus, daß internationaler Handel mit industriellen Fertigprodukten zwischen jenen Ländern am intensivsten sein wird, die relativ ähnliche Pro-Kopf-Einkommen und daher auch ähnliche Nachfragestrukturen aufweisen.

3.3. Innovationen, Produktzyklen und Wachstumsdynamik

Die Auseinandersetzung mit der traditionellen Faktorproportionentheorie und die Analyse anderer Determinanten des internationalen Handels mit Industrieprodukten (Skaleneffekte, Produktdifferenzierung, monopolistische Konkurrenz) haben Grenzen der neoklassischen Außenhandelstheorie aufgezeigt. Ein genauer Beobachter des Außenhandels mit Industrieerzeugnissen wird zudem feststellen, daß manche Länder mit Produkten international wettbewerbsfähig sind, bei denen sie nach der Faktorproportionen-Theorie eigentlich keine komparativen Kostenvorteile aufweisen könnten. So exportiert etwa das arbeitsreiche Indien Stahlerzeugnisse, die sehr kapitalintensiv hergestellt werden. Die Exporterfolge dieses indischen Industriesektors lassen die empirische Relevanz und normative Kraft einer Theorie fragwürdig erscheinen, die zur Empfehlung führt, ein Land solle in Anpassung an Arbeitsreichtum und Kapitalarmut arbeitsintensive Industrieproduktionen entwickeln und auf Herstellung und Export kapitalintensiver Erzeugnisse gänzlich verzichten. Offenbar ist die neoklassische Außenhandelstheorie nicht immer in Einklang zu bringen mit den bei Industrieprodukten vorherrschenden internationalen Wettbewerbsbedingungen in einer dynamischen, permanenten Strukturwandlungen unterworfenen Weltwirtschaft.

Die aus diesem Ungenügen heraus entstandene Außenhandelstheorie erhielt ihre entscheidenden Impulse durch die KRAVIS-POSNER-Theorie des „technological gap trade" (KRAVIS, 1956; POSNER, 1961). Außenhandel aufgrund technologischer Lücken findet statt, wenn das Exportland ein technologisches Verfügbarkeitsmonopol besitzt, während im Importland Nicht-Verfügbarkeit vorliegt. Die Frage nach den Ursachen solcher Verfügbarkeitsmonopole wurde dabei mit der außenhandelstheoretischen Anwendung der Entwicklungstheorie von JOSEF ALOIS SCHUMPETER beantwortet. In einem mit dem erforderlichen Humankapital (wissenschaftliche und technische Intelligenz, dynamische und risikobereite Unternehmer) ausgestatteten Land werden intensive Forschungs- und Entwicklungsbemühungen und innovationsaktive Unternehmertätigkeit nach Markteinführung neuer Güter temporäre Liefermonopole mit anschließendem Außenhandel begründen.

Die Theorie des „technological gap trade" erklärt den Außenhandel mit neuentwikkelten Industrieprodukten und führt somit zu der Frage, wie lange die Unternehmen eines Landes aufgrund monopolistischer Verfügbarkeit über technologische Informationen Exportmonopole aufrecht erhalten können, und wie sich die Außenhandelsbeziehungen verändern werden, wenn nach internationaler Ausbreitung dieses technischen Wissens in anderen Ländern erfolgreiche Imitationsprozesse eingeleitet werden. Zunächst führt diese Frage zur Analyse von Bestimmungsgründen der Länge des internationalen Imitations-Lags. Weil nach Abschluß dieses Imitations-Lags das Verfügbarkeitsmodell der internationalen Arbeitsteilung durch ein Substitutionsmodell zu ersetzen ist, ergab sich die einfache Schlußfolgerung, daß nunmehr die bereits vertrauten Außenhandelsdeterminanten darüber entscheiden, ob das Ursprungsland der Innovation Exportland bleibt oder zum Importland wird, weil sich sein ehemaliger Verfügbarkeitsvorteil in einen komparativen Kostennachteil verwandelt hat.

Erkenntnisfortschritte ergaben sich, nachdem durch Rückgriff auf betriebswirtschaftliche Marketingtheorien eine genauere Analyse dieser Zusammenhänge ermöglicht wurde. Dies führte zur Entwicklung einer Produktzyklus-Theorie der internationalen Arbeitsteilung (VERNON, 1966), die die axiomatischen Grundlagen der traditionellen, statischen Substitutionsmodelle aufgibt. Jedes neuentwickelte Produkt wird nach seiner Markteinführung einen Lebenszyklus durchlaufen, der in drei Stadien (Innovationsphase, Ausreifungsphase, Standardisierungsphase) eingeteilt werden kann. Diese unterscheiden sich hinsichtlich typischer Produktmerkmale sowie in den Produktions- und Absatzbedingungen. Produktzyklus-Güter sind also dadurch gekennzeichnet, daß sie mehrere Entwicklungsphasen durchlaufen, in denen sich Produktionsfunktionen (von relativ hoher Qualifikations- und Arbeitsintensität zu relativ hoher Kapitalintensität) und Absatzmärkte (von Monopol zu steigender Wettbewerbsintensität, von Qualitäts- zu Preiswettbewerb) in systematischer und damit vorhersehbarer Weise verändern (AUDRETSCH, 1987). Während eines bestimmten Betrachtungszeitraumes wird sich die Vielzahl international gehandelter Güter in unterschiedlichen Produktentwicklungsphasen befinden.

Im gleichen Zeitraum werden die Außenhandel treibenden industrialisierten oder sich industrialisierenden Länder unterschiedliche Entwicklungsniveaus aufweisen (hochentwickelte Industrieländer, entwickelte Industrieländer, Entwicklungsländer im Stadium der Industrialisierung). In Abhängigkeit von ihrem jeweiligen Entwicklungsniveau werden sich diese Ländergruppen hinsichtlich typischer Präferenzstrukturen (Bedarfsintensität an differenzierten oder arbeitszeitsparenden Konsumgütern), Produktionsstrukturen (Diversifizierungsgrad) und Faktorausstattungsbedingungen (hochqualifizierte, gelernte und ungelernte Arbeitskräfte, natürliche Ressourcen) unterscheiden. Aus der begründeten Vermutung, daß jede Ländergruppe komparative Vorteile der Produktion von Gütern in einer bestimmten Phase ihres Produktzyklus besitzt, lassen sich dann Hypothesen über die Struktur des internationalen Handels mit Produktzyklus-Gütern gewinnen (OBERENDER, 1988).

Bedeutsam hierbei ist die Berücksichtigung unterschiedlicher Grade internationaler Faktorbeweglichkeit. Kapital wird als international beweglich unterstellt, während die Annahme internationaler Arbeitsimmobilität aufrecht erhalten bleibt, so daß das Ländermerkmal „Kapitalausstattung einer Volkswirtschaft" bei weitgehend unbeschränktem Kapitalverkehr zunehmend irrelevant wird. Dies zeigt sich auch daran, daß die relativen internationalen Lohnunterschiede beträchtlich höher sind als die nur relativ schwach ausgeprägten Unterschiede der Kapitalkosten, so daß sich immer mehr die Klassifikationsmerkmale Hochlohn-Land und Niedriglohn-Land durchsetzen. Ein Hochlohn-Land ist durch eine hohe Ausstattungsrelation zwischen qualifizierten und gering qualifizierten Arbeitskräften gekennzeichnet, während in einem Niedriglohn-Land die Ausstattungsrelation zwischen ungelernten und qualifizierten Arbeitskräften groß sein wird.

Welche Außenhandelsstruktur wird sich unter diesen Bedingungen ergeben, und welchen Änderungen wird diese unterworfen sein? Hochentwickelte Industrieländer werden aufgrund ihrer spezifischen Faktorausstattung Ursprungsländer neuer Produkte sein. Nachdem Auslandsnachfrage nach dem neuen Produkt wirksam geworden ist, wird das Exportmonopol zunächst durch Marktzutrittsschranken gestützt, die potentiellen Produzenten anderer Länder den Markteintritt versperren. Neben den Fixkosten der Imitation (z. B. Lizenzgebühren) werden die von den Urhebern der Innovation bereits ausgenutzten Skalenvorteile und Lerneffekte Wettbewerbsnachteile des Importlandes gegenüber dem Ursprungsland des neuen Produktes bedingen.

Mit wachsendem Pro-Kopf-Einkommen und allmählichem Eintritt des Produktes in seine Ausreifungsphase können sich allerdings die relativen Wettbewerbspositionen verschieben. Am Binnenmarkt wirksame Transportkostenvorteile sowie internationale Lohnkostenvorteile heimischer Produzenten – und evtl. auch ausländischer Direktinvestoren – drängen Exporte des Innovatorlandes zunehmend von diesen Märkten und von Drittmärkten ab. Die Verdrängung der Innovatoren aus ihren ursprünglichen Exportmärkten beginnt um so früher und läuft um so rascher ab, je schärfer die Kostendegression schon bei geringen Produktmengen beginnt, je größer der Binnenmarkt des Imitators ist und je stärker Transportkosten oder andere internationale Handelshemmnisse ins Gewicht fallen. In dieser Phase rückläufiger Exporte des Innovators und sinkender Importe der Handelspartner verschieben sich bei steigenden Skalenerträgen die internationalen Kostenrelationen weiter zugunsten der Imitatoren. Schließlich können die Imitatoren auch in den ausländischen Markt eindringen, so daß das einstige Exportprodukt zum Importprodukt des Innovatorlandes wird. Ist das zur erfolgreichen Imitation erforderliche technische Wissen und unternehmerische Potential verfügbar, so können die Nachahmungsprozesse somit komparative Kostenvorsprünge erzeugen, durch die für Güter in der Ausreifungsphase ihres Produktzyklus eine Exportposition entsteht. Gründe hierfür sind die durch Massenproduktion bei wachsendem Gesamtmarkt realisierbaren Skalenvorteile und die relativen Ausstattungsvorteile bei gelernten Arbeitskräften, die in relativ niedrigen Lohnkosten für diese nunmehr relativ stark benötigte Arbeitsart zum Ausdruck kommen.

Dieser Prozeß struktureller Verschiebungen innerhalb der Export- und Importsortimente kann sich mit Eintritt eines Produktes in die Standardisierungsphase seines Lebenszyklus fortsetzen. Produkte und Produktionstechnik sind ausgereift, Forschungs- und Entwicklungsarbeit ist nicht mehr erforderlich und eine standardisierte Produktionstechnologie mit z. T. hohem Kapitaleinsatz pro Arbeitsplatz stellt geringe Qualifikationsanforderungen an das Bedienungspersonal. Das reiche Reservoir gering qualifizierter, aber lernfähiger Arbeitskräfte und evtl. auch die Verfügbarkeit über natürliche Ressourcen können in dieser Phase komparative Kostenvorteile sich industrialisierender Entwicklungsländer induzieren, wenn der Kapitalzufluß aus dem Ausland (Standortverlagerungen der ursprünglichen Innovatoren oder Imitatoren, Finanzierung der industriellen Entwicklung durch Auslandsverschuldung) die Voraussetzungen zur Aufnahme dieser neuen Produktion herstellt. In dieser Endphase des Produktzyklus werden somit die Produzenten der bisherigen Exportländer auf ihrem Binnenmarkt und ihren Exportmärkten durch die Konkurrenz aufstrebender Entwicklungsländer Marktanteilsverluste hinnehmen müssen.

Die Hochlohn-Länder der Weltwirtschaft verlieren zwar während des Produktzyklus ihre durch innovative Produktpolitik gewonnene Exportposition. Den hierfür ursächlichen Lohnkostennachteilen steht aber ihre im hohen Reallohnniveau widergespiegelte Fähigkeit gegenüber, einen permanenten Strom neuer Produkte zu erzeugen.

Hochentwickelte Industrieländer sind daher aufgrund ihrer Ausstattungsvorteile mit wissenschaftlich-technischer Intelligenz in der Lage, Innovationsvorsprünge im Zeitablauf über eine sich ständig ändernde Palette neuer Produkte zu entfalten. Die Exporte der Länder mit hoher Innovationsdynamik werden also einen hohen Anteil neuer Produkte aufweisen, die nicht nur qualifikationsintensiv erzeugt werden, sondern auch weniger kapitalintensiv sind als in den späteren Phasen ihres Produktzyklus. Die Importe der gleichen Länder werden einen relativ hohen Anteil älterer Güter der Ausreifungs- und Standardisierungsphase aufweisen, die weniger qualifikationsintensiv sind und kapitalintensiver als die neuen Exportprodukte sein können. Damit ist eine weitere mögliche Erklärung des LEONTIEF-Paradoxon gefunden.

Neuere außenhandelstheoretische Ansätze bemühen sich um eine modellendogene Erklärung von Innovation, Imitation und Produktzyklen (GROSSMAN/HELPMAN, 1989, 1991a; SEGERSTROM/ANANT/DINOPOULOS, 1990). Die Innovationsrate einer Unternehmung bzw. eines Landes hängt ab von dem in Forschungs- und Entwicklungsbereichen (FuE) eingesetzten Anteil der für solche Aufgaben verfügbaren qualifizierten Arbeitskräfte. Diese innovationsorientierte Ressourcenallokation wird bestimmt durch die erwartete Profitrate der FuE-Aktivitäten (abhängig vom Marktpreis neuer Produkte, vom relativen Lohnniveau qualifizierter Arbeitskräfte und von der Erfolgswahrscheinlichkeit der FuE-Aufwendungen) und durch den Druck des aktuellen oder potentiellen Imitationswettbewerbs. Die Imitationsrate anderer Unternehmen bzw. Länder hängt ab von dem in Imitationsprozessen eingesetzten Anteil der dort für solche Entwicklungsarbeiten verfügbaren qualifizierten Arbeitskräfte. Sie ist um so größer, je geringer die technologischen Informationskosten und das relative Lohnniveau qualifizierter Arbeitskräfte sind. Demzufolge werden die Geschwindigkeit des Abbaus von Monopolrenten der Innovatoren um so größer und die Produktzyklen um so kürzer sein, je häufiger die technologischen Informationen über neue Produkte nicht firmenspezifisch, sondern güterspezifisch sind. Sind diese Informationen nämlich in den Produkten verkörpert, so werden sie durch Exporte international übertragen. Die mit Imitationspotential ausgestatteten Einfuhrländer können sich dieses technische Wissen mit relativ geringen Kosten durch Nachkonstruktion (reverse engineering) aneignen, solange der Schutz intellektueller Eigentumsrechte nicht durch eine internationale patentrechtliche Übereinkunft erzwungen werden kann. Unter diesen Bedingungen kann Außenhandel zur Ursache breiterer und schnellerer Diffusion technischen Wissens, stärkerer Imitationskonkurrenz, größerer Innovationsdynamik und somit einer dauerhaft höheren weltwirtschaftlichen Wachstumsrate werden (GROSSMAN/HELPMAN, 1990, 1991a; RIVERA-BATIZ/ROMER, 1990).

Als erfolgreicher Versuch einer empirischen Bestätigung der KRAVIS-POSNER-Theorie des „technological gap trade“ für die Vereinigten Staaten kann der KEESING-Test angesehen werden (KEESING, 1967). Die entsprechend ihrer Exportposition (US-Exporte in v. H. der Exporte der Zehnergruppe der Industrieländer im Jahr 1962) in einer Rangfolge geordneten US-amerikanischen Exportindustrien wurden in bezug auf zwei Merkmale der Forschungs- und Entwicklungsintensität untersucht (Wissenschaftler und Ingenieure in v. H. der sektoralen Beschäftigungsmenge des Jahres 1961, Ausgaben für Forschung und Entwicklung in v. H. des sektoralen Umsatzerlöses im Jahre 1960). In beiden Untersuchungsreihen ergaben sich hohe Koeffizienten der Rangkorrelation.

Tests der Produktzyklus-Hypothese können diese für die Exportentwicklung der Vereinigten Staaten bestätigen (Stern/Maskus, 1981). Dies gilt auch für Untersuchungen der Elektronik-Industrie (Hirsch, 1972), und der petrochemischen Industrie (Stobaugh, 1972), deren Erzeugnisse im Beobachtungszeitraum verschiedenen Stadien des Produktzyklus angehörten. Aktuelle Beispiele für die mit der Produktzyklushypothese erklärbare internationale Wettbewerbsdynamik bietet der Außenhandel mit mikroelektronischen Erzeugnissen. In der Herstellung von Personalcomputern technologisch führende (z.B. US-amerikanische oder japanische) Unternehmen verlieren Marktanteile an (z.B. koreanische oder taiwanesische) Imitatoren, die mit relativ preisgünstigen und qualitativ wettbewerbsfähigen Konkurrenzprodukten in den Markt eintreten. Die Innovationsführer antworten mit einer neuen, auf leistungsfähigeren Mikroprozessoren basierenden PC-Generation und erobern somit die verlorengegangenen Marktanteile wieder zurück. Ein neuer Produktzyklus beginnt, und der dynamische Ablauf setzt sich mit dem Ergebnis fort, daß sich das Qualitätsspektrum einer Produktkategorie immer weiter nach oben verschiebt (Grossman/Helpman, 1991b).

3.4. Terms of trade

Die terms of trade lassen sich als Quotient aus Preisindex der Exporte und Preisindex der Importe berechnen, so daß sie das relative Preisniveau der Exporte eines Landes erfassen (terms of trade auf Güterbasis, Commodity terms of trade). Im folgenden ist zu analysieren, welche gesamtwirtschaftlichen Auswirkungen mit veränderten terms of trade verbunden sind, und welche Ursachen den Verschiebungen internationaler Preisrelationen zugrunde liegen können.

Die terms of trade bestimmen jenes Importvolumen, welches im Austausch gegen eine Einheit der Exportproduktion erworben werden kann. Ihr Kehrwert zeigt den realen Export, der heimischer Verwendung entzogen werden muß, um eine Einheit realer Importe beschaffen zu können. Sinken die terms of trade, so spricht man von einer Verschlechterung des internationalen Tauschverhältnisses, da nun pro Exporteinheit weniger Importeinheiten dem im Inland verfügbaren Güterangebot hinzugefügt werden können oder pro Importeinheit mehr Exporteinheiten zu Lasten des verfügbaren Inlandsangebots abgezweigt werden müssen. Die reale Importkapazität einer Exporteinheit wird also zurückgehen und die volkswirtschaftlichen Opportunitätskosten einer Importeinheit werden ansteigen. Genauso wird eine Terms-of-trade-Verbesserung das verfügbare Gesamtangebot ausweiten, ohne daß die Faktorausstattung der Volkswirtschaft gestiegen ist. Die Angebotseffekte sich verändernder terms of trade entsprechen mithin den Angebotswirkungen gleichgerichteter Veränderungen der Faktorproduktivität. Ein wesentlicher Unterschied bleibt allerdings bestehen. Während positives Wachstum der Arbeitsproduktivität das inländische Produktionspotential ausweitet, wird eine Terms-of-trade-Verbesserung das Inlandsangebot bei konstantem Produktionspotential vermehren können. Dieses Angebotswachstum wird nämlich durch jene ausländischen Handelspartner „finanziert", deren terms of trade entsprechend gesunken sein müssen. Während Produktivitätswachstum das Weltsozialprodukt erhöht, werden Terms-of-Trade-Verschiebungen ein konstantes Weltsozialprodukt international umverteilen.

Die durch Wachstum der Arbeitsproduktivität ermöglichte inländische Realeinkommenszunahme pro Kopf (realer Verteilungsspielraum) überschreitet bzw. unterschreitet also den prozentualen Produktivitätszuwachs um den Betrag der relativen Terms-of-trade-Verbesserung bzw. -Verschlechterung. Die Berechnung inflationsneutraler Lohnsteigerungsraten muß die durch Terms-of-trade-Verschlechterung bedingte Schmälerung des Verteilungspotentials berücksichtigen, da der an das Ausland umverteilte Produktionszuwachs nicht nochmals an inländische Haushalte verteilt werden kann.

Ursachen von Verschiebungen des internationalen Tauschverhältnisses können sein:
- intersektorale oder internationale Unterschiede der Wachstumsraten und Einkommenselastizitäten,
- unterschiedliche Wettbewerbsintensitäten auf Export-Absatzmärkten und Import-Beschaffungsmärkten,
- Änderungen wirtschaftspolitischer Parameter.

Soweit diese Ursachen vom Inland ausgehen, werden nur dann Terms-of-trade-Veränderungen induziert, wenn dieses Land hinreichend große Weltmarktanteile besitzt, um mit Datenänderungen Weltmarktpreise beeinflussen zu können.

Eine überdurchschnittliche Wachstumsrate des Exportsektors kann eine Verschlechterung der terms of trade fördern, wenn die Einkommenselastizität der Inlandsnachfrage bei eins liegt: Die Exportproduktion wird mit einer größeren Rate zunehmen als Einkommen und Inlandsnachfrage nach dem Exportprodukt, so daß das Exportangebot steigt. Hierdurch werden ceteris paribus die terms of trade sinken. Höhere Einkommenselastizitäten wirken diesem Effekt entgegen, niedrigere Elastizitäten verstärken ihn. Umgekehrt wird eine überdurchschnittliche Wachstumsrate des inländischen Importsubstitutionssektors eine Terms-of-trade-Verbesserung begünstigen, solange eine hinreichend niedrige inländische Einkommenselastizität der Nachfrage nach Importen gewährleistet, daß dieser Wachstumsprozeß die Importabhängigkeit reduziert. Höhere Einkommenselastizität der Importnachfrage wirkt der Terms-of-trade-Verbesserung entgegen, niedrigere Elastizitäten verstärken sie. Unter bestimmten Bedingungen können Wachstumsprozesse also durchaus Terms-of-trade-Verschlechterungen induzieren, durch die zumindest ein Teil des Wachstumserfolges zugunsten des Auslandes umverteilt wird. Der Extremfall eines den Wachstumseffekt überkompensierenden negativen Terms-of-trade-Effektes (Verelendungswachstum) kann nicht gänzlich ausgeschlossen werden (BHAGWATI, 1958).

Neben Wachstumswirkungen spielen unterschiedliche Marktstrukturen als Determinanten des Terms-of-trade-Niveaus eine nicht unwesentliche Rolle. Weichen die Exportsortimente zweier Länder stark voneinander ab, und ist dabei die inländische Exportindustrie am Weltmarkt mit niedriger Wettbewerbsintensität, die ausländische Exportindustrie mit hoher Wettbewerbsintensität konfrontiert, so begünstigt diese Divergenz der Marktstrukturen die inländischen terms of trade. Jene Folgerung trifft somit kaum auf den intrasektoralen Außenhandel von Ländern mit vergleichbar hohem Pro-Kopf-Einkommen zu, deren Export- und Importstrukturen relativ ähnlich sind. Relevanz mag ihr aber dann zukommen, wenn der Außenhandel zwischen Hochlohn-Ländern mit hoher Innovationsdynamik und den auf standardisierte Industrieerzeugnisse und Primärprodukte spezialisierten Niedriglohn-Ländern betrachtet wird. Die Produktzyklushypothese hat gerade hier systematische Unterschiede der Wettbewerbsintensitäten auf den Exportmärkten beider Ländergruppen aufgedeckt. Relevanz kommt dieser Einflußgröße auch zu, wenn Exportländer eines nicht überall verfügbaren Rohstoffes ein wirksames Kollektivmonopol organisieren können, weil die Rohstoffnachfrage relativ preisunelastisch ist, und weil keine wesentliche Außenseiter- und Substitutionskonkurrenz besteht (Beispiel: OPEC, 1973–1982).

Die im folgenden Kapitel behandelten Terms-of-trade-Wirkungen wirtschaftspolitischer Datenänderungen, wie Zölle oder nichttarifäre Handelshemmnisse, stellen ebenso wie unterschiedliche Marktstrukturen lediglich Niveaueffekte dar, welche im Gegensatz zu Wachstumsprozessen keinen systematischen Trend des internationalen Austauschverhältnisses erzeugen können, solange diese Determinanten selbst nicht systematisch variiert werden.

Gleichwohl leiten manche entwicklungstheoretische Analysen die These ab, daß die bestehende internationale Arbeitsteilung gerade die ärmeren Länder der Weltwirtschaft benachteiligt, indem sie eine systematische Terms-of-trade-Verschlechterung in Entwicklungsländern erzeugt (PREBISCH-SINGER-These).

Die These sieht eine ungünstige Terms-of-trade-Position von Entwicklungsländern dadurch gefördert, daß

- ihre Inlandsnachfrage nach Importprodukten hohe Einkommenselastizitäten aufweist,
- die Auslandsnachfrage nach ihren Exportprodukten durch niedrige Einkommenselastizitäten bestimmt ist,
- die Weltmärkte für Exportprodukte hochindustrialisierter Länder höhere Monopolgrade aufweisen als die Märkte der Exportprodukte von Entwicklungsländern.

Der behaupteten Tendenz einer im Freihandelssystem wirksamen Umverteilung des Weltsozialprodukts zu Lasten armer Länder wirkt jedoch entgegen, daß

- Industrieländer höhere Wachstumsraten der Einkommen und Importe aufweisen können als Entwicklungsländer,
- die Exportsortimente der Entwicklungsländer sich in Richtung eines steigenden Anteils von Industrieprodukten mit höheren Einkommenselastizitäten verändert haben,
- auch Entwicklungsländer Inhaber von Verfügbarkeitsmonopolen über natürliche Ressourcen sein können.

Aus theoretischer Sicht kann ein der PREBISCH-SINGER-These folgendes Entwicklungsgesetz nicht zwingend begründet werden. Empirische Untersuchungen bestätigen diese Skepsis (SPRAOS, 1980; FINDLAY, 1981). Im Zeitraum 1960–1972 zeigte sich weder ein systematischer Aufwärts- noch Abwärtstrend der terms of trade zwischen Industrie- und Entwicklungsländern. Der 1973 im 1. Ölpreisschock wirksam gewordene Niveaueffekt des OPEC-Exportmonopols erbrachte eine beträchtliche Umverteilung des Weltsozialprodukts zu Lasten der hochentwickelten Länder, aber auch zu Lasten der ärmsten Entwicklungsländer. Nach dem 2. Ölpreisschock (1979/80) brachten die 80er Jahre eine teilweise Verteilungskorrektur, als der Druck eines wachsenden Ölangebots der Nicht-OPEC-Länder (Mexiko, Norwegen, Großbritannien) und der OPEC-interne Streit um Marktanteile die kollektive Monopolmacht des OPEC-Kartells auflösten.

4. Kosten und Ursachen des Protektionismus

Eine Freihandelsordnung wird durch Protektionismus ersetzt, wenn wirtschaftspolitische Instrumente zur Lenkung der Außenhandelsströme auf Produzenten- oder Nachfragerschutz ausgerichtet werden. Geschützt werden können dabei (siehe *Übersicht H-1*) inländische Importkonkurrenz- oder Exportanbieter gegenüber der Auslandskonkurrenz (Importzoll, Importkontingent, Exportsubvention) oder inländische Nachfrager von Importen oder Exporten gegenüber konkurrierender Auslandsnachfrage (Importsubvention, Exportzoll, Exportkontingent).

Neben Import- und Exportzölle (tarifärer Protektionismus) sind heute vielfach andere Formen preis-und mengenpolitischer Eingriffe (nicht-tarifärer Protektionismus) getreten oder haben diese ersetzt.

4.1. Tarifärer Protektionismus

Die Auswirkungen von Importzöllen lassen sich anhand partialanalytischer Methoden studieren. Auch wenn diese Methodik durchaus nützliche Ansatzpunkte zur Analyse praktischer Außenhandelsprobleme bietet, ist sie lediglich die Vorstufe einer exakteren Totalanalyse der Zollwirkungen auf Produktionsstruktur, terms of trade und Wohlfahrtsposition des zollerhebenden Landes.

Zölle können ausgestaltet sein als eine bei Grenzübertritt der Importwaren an den Staat zu entrichtende konstante Abgabe pro Produkteinheit (spezifischer Zoll), als konstanter Abgabesatz auf den Importwert (Wertzoll) oder als variable Abgabe zum Ausgleich der Differenz zwischen schwankendem Weltmarktpreis und höherem Zielpreis im Inland (Gleitzoll). Von Bedeutung sind Wertzölle und die als Variante der Gleitzölle ausgestalteten Abschöpfungen im Rahmen der EG-Agrarmarktordnungen.

Übersicht H-1: Instrumente des Protektionismus

<table>
<tr><th colspan="2">Eingriffsart / Zwischenziel</th><th>Preispolitik</th><th>Mengenpolitik</th><th>Eingriffsart / geschützte Aktivität</th></tr>
<tr><td rowspan="2">Importe</td><td>Beschränkung</td><td>Importzoll</td><td>Importkontingent</td><td>Inlandsproduktion von Importsubstituten</td></tr>
<tr><td>Förderung</td><td>Importsubvention</td><td rowspan="2">Kompensationsgeschäfte bei staatlichem Außenhandelsmonopol</td><td>Inlandsverwendung von Importprodukten</td></tr>
<tr><td rowspan="2">Exporte</td><td>Förderung</td><td>Exportsubvention</td><td>Inlandsproduktion von Exportgütern</td></tr>
<tr><td>Beschränkung</td><td>Exportzoll</td><td>Exportkontingent</td><td>Inlandsverwendung von Exportgütern</td></tr>
</table>

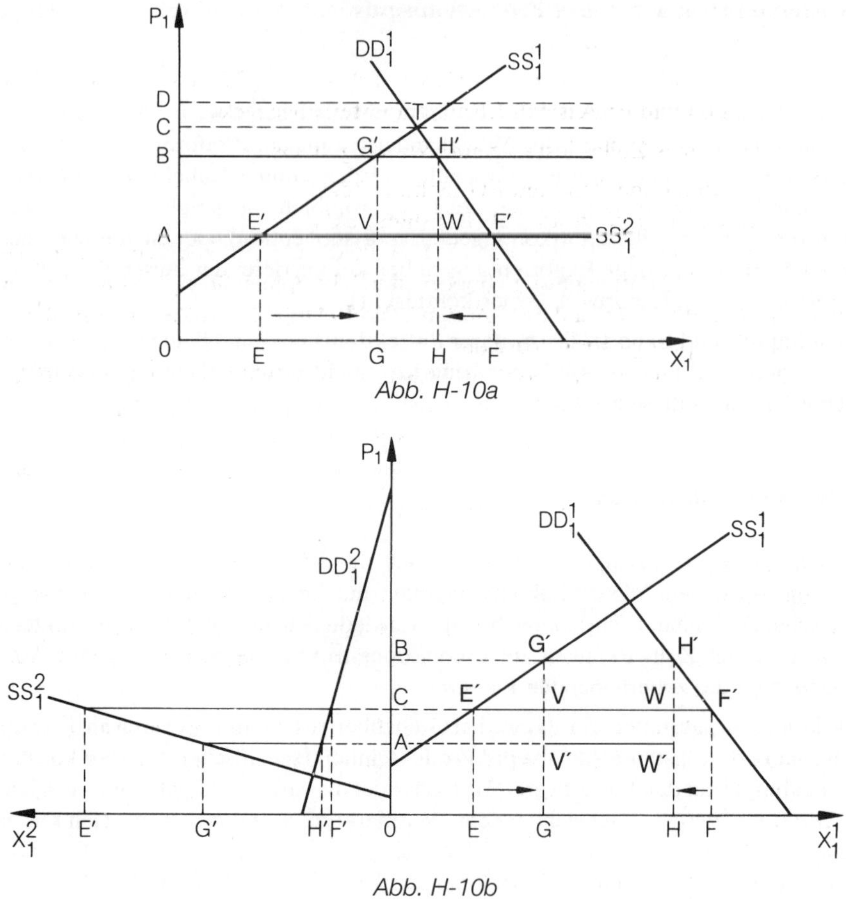

Abb. H-10: Partielle Gleichgewichtsanalyse der Zollpolitik kleiner Länder (a) oder großer Länder (b)

4.1.1. Schutzzölle

Jeder Importzoll erzeugt eine Spaltung des Preissystems homogener Außenhandelsgüter in einen (niedrigeren) Weltmarktpreis und einen (höheren) Inlandspreis importierter Güter. Die weitere Analyse muß drei Fälle unterscheiden:

- Der Weltmarktpreis eines importierten Konsumgutes kann durch Importzölle nicht beeinflußt werden (Zollpolitik eines kleinen Landes).
- Der Weltmarktpreis des Importproduktes kann durch Importzölle gesenkt werden (Zollpolitik des großen Landes).
- Das Zollsystem belastet importierte Vorleistungen und Endprodukte (Zollpolitik bei internationalem Zwischenprodukthandel).

Die Zollpolitik eines kleinen Landes (spezifischer Zoll AB) bewirkt keine Terms-of-trade-Änderung, verschiebt also die für das zollerhebende Inland völlig preiselastische ausländische Angebotskurve vom Niveau des exogenen Weltmarktpreises OA auf das Niveau des Inlandspreises OB *(Abb. H-10a)*.

Vor Zollerhebung wird die Inlandsnachfrage nach Gut 1 (OF) im Umfang OE aus Inlandsproduktion und im Ausmaß EF aus Importen abgedeckt.

Die Einführung eines Zolles löst folgende Wirkungen aus:

- Die Inlandsproduktion steigt um EG (Schutzeffekt).
- Die Inlandsnachfrage sinkt um FH (Konsumeffekt).
- Das Importvolumen sinkt um EG und FH (Außenhandelseffekt), da im Umfang des Schutzeffektes EG kostengünstige Importe durch kostenungünstigere Inlandserzeugung substituiert werden und der Konsumeffekt FH in voller Höhe einen Ausfall an inländischer Importnachfrage darstellt.
- Der inländische Importwert sinkt von EFF'E' auf GHWV (Zahlungsbilanzeffekt).
- Die Differenz VWH'G' zwischen Inlandsausgaben für Importe GHH'G' und Importwert GHWV fließt als Zolleinnahme in den Staatshaushalt (Fiskaleffekt).
- Es entstehen soziale Kosten in Höhe eines Wohlfahrtsverlustes, der mit dem Konzept der Produzenten- und Konsumentenrente (Beitrag K-3.1.) berechnet werden kann. Die Produzentenrente steigt um AE'G'B, die Konsumentenrente sinkt um AF'H'B. Die inländischen Nachfrager verlieren mehr als die zollgeschützten inländischen Anbieter gewinnen. Wenn die Nachfrager aus den staatlichen Zolleinnahmen entschädigt werden, ergibt sich bei gleichen Nutzengewichten der nun aufsummierbaren drei Wohlfahrtseffekte (Produzenten- und Konsumentenrenten-Effekt, Fiskaleffekt) ein Wohlfahrtsverlust von E'VG' + WF'H'.

Die Kosten eines Importzolls, die im Falle des kleinen Landes durch die Summe der Dreiecksflächen E'G'V und F'H'W bestimmt werden, können anhand der Gleichung

Protektionskosten = 0,5 spezifischer Zoll (Schutzeffekt + Konsumeffekt)

geschätzt werden, wenn gesicherte Kenntnisse der Preiselastizitäten von Angebot (Schätzung des Schutzeffektes EG) und Nachfrage (Schätzung des Konsumeffektes HF) vorliegen. Die Protektionskosten steigen mit zunehmendem Zollniveau und erreichen bei dem Prohibitivzoll AC ihren maximalen Wert, der durch die Dreiecksfläche E'F'T reflektiert wird.

Im Extremfall kann also der Schutzeffekt des Zolles handelsfähige in nicht-handelsfähige Güter verwandeln, wenn das Prohibitivzoll-Niveau AC realisiert oder überschritten wird. Da ein Zoll AD > AC die Gleichgewichtsposition T nicht mehr verändern kann, wäre hier der Zoll im Ausmaß DC überflüssig (Zollredundanz). Der Prohibitivzoll maximiert Schutzeffekt und Konsumeffekt und damit auch die Außenhandelsbeschränkung. Eine Veränderung der Außenhandelsstruktur (Transformation des Importgutes in ein Exportgut) kann erst bei Kombination von Importzoll (z. B. AC) und Exportsubvention (z. B. AD) auftreten. Nur hierdurch läßt sich der Schutzeffekt über das durch den Prohibitivzoll vorgezeichnete Ausmaß hinaus verstärken, da die Importsubstitution am Inlandsmarkt durch eine Verdrängung ausländischer Anbieter auf den Drittmärkten ergänzt wird. Beispiele für solche Praktiken liefert die europäische Außenhandelspolitik bei bestimmten der EG-Agrarmarktordnung unterworfenen landwirtschaftlichen Erzeugnissen.

Die Zollpolitik eines großen Landes (unterstellt ist der gleiche spezifische Zoll AB) verbessert die terms of trade des zollerhebenden Landes, da Schutzeffekt und Konsumeffekt nunmehr als signifikanter Nachfrageausfall nach ausländischen Exporten spürbar werden, der Weltmarktpreis inländischer Importe also sinkt *(Abb. H-10b).*

Vor Zollerhebung wird zum Weltmarktpreis OC die Menge EF (inländische Importnachfrage) = E'F' (ausländisches Importangebot) international gehandelt. Der Zoll AB senkt den Weltmarktpreis um AC und erhöht den Inlandspreis um CB. Im zollmodifizierten Gleichgewicht des Importgutmarktes bietet das Ausland zum gesunkenen Weltmarktpreis die Importmenge G'H' an, durch die die inländische Importnachfrage GH (= G'H') zum Inlandspreis OB abgedeckt wird. Da der inländische Preiseffekt schwächer ist als im Fall der vergleichbaren Zollpolitik eines kleinen Landes, werden auch Schutz-, Konsum- und Handelseffekt schwächer ausfallen. Je weniger der Inlandspreis als Folge eines gegebenen Zolles steigt, desto mehr verbessert dieser die terms of trade. Wie unmittelbar aus *Abb. H-10b* abgeleitet werden kann, lassen sich mithin die terms of trade durch Zollpolitik um so stärker verbessern, je preiselastischer Inlandsnachfrage und Inlandsangebot und je preisunelastischer Auslandsnachfrage und Auslandsangebot sind. Die Wohlfahrtskosten sind geringer als im Fall des kleinen Landes. Sie können sogar in Wohlfahrtsgewinne umschlagen. Die Produzentenrente steigt um den Betrag der Fläche CE'G'B. Die Konsumentenrente sinkt im Ausmaß der Fläche CF'H'B, wobei dieser Verlust durch zollfinanzierte Ausgleichszahlungen in Höhe von V'W'H'G' gemildert wird. Die Protektionskosten werden bestimmt durch die Summe der – nun kleineren – Dreiecksflächen E'G'V + F'H'W, von der jener Teil V'W'WV der Zolleinnahmen abzuziehen ist, der durch die Verbesserung der Terms of trade, also durch die ausländischen Exporteure, finanziert wird. Da V'W'WV > E'G'V + F'H'W nicht auszuschließen ist, können große Länder mit protektionistischer Handelspolitik unter Umständen Wohlfahrtsgewinne erzielen. Dass dies auf Kosten der ausländischen Handelspartner geht, zeigt sich im Auslandsmarkt, auf den die Senkung des Weltmarktpreises (von OC auf OA) übertragen wird. Der Verlust an ausländischer Produzentenrente überschreitet den Zuwachs der ausländischen Konsumentenrente.

Wird im nächsten Schritt berücksichtigt, daß die Erzeugung eines Konsumgutes den Einsatz importierter Vorleistungen (Rohstoffe, Zwischenprodukte) erfordert, so ergeben sich bedeutsame Modifikationen, wenn der Zolltarif importierte End- und Vorprodukte umfaßt. Diese werden durch die Theorie der effektiven Protektion umfassend analysiert (Johnson, 1965; Corden, 1966). Um die Grundaussage dieser Zolltheorie zu verdeutlichen, wird von ihren einfachsten Annahmen ausgegangen:

- Die Produktion eines inländischen Importsubstitutes erfordert den Einsatz eines importierten Vorproduktes, wobei der wertmäßige Inputkoeffizient konstant ist.
- Das zollerhebende Land ist klein. Damit sind die Weltmarktpreise des Fertigproduktes und des Vorproduktes exogen vorgegeben.
- Es werden keine Prohibitivzölle erhoben, so daß auch nach Zollerhebung internationaler Handel mit Fertig- und Vorprodukten stattfindet.

Wird ein Zoll auf das importierte Vorprodukt eingeführt, so steigen die Grenzkosten der verarbeitenden Fertigproduktion (Gut 1) nach Maßgabe des mit dem Importzoll multiplizierten Vorleistungswertes pro Werteinheit des Endproduktes *(Abb. H-11).* Beträgt dieser wertmäßige Vorleistungskoeffizient OK und wird ein Zoll von 100 v. H. auf das importierte Vorprodukt erhoben, so verschiebt sich mithin die inländische Angebotskurve des Fertigproduktes um AM (= OK) nach oben.

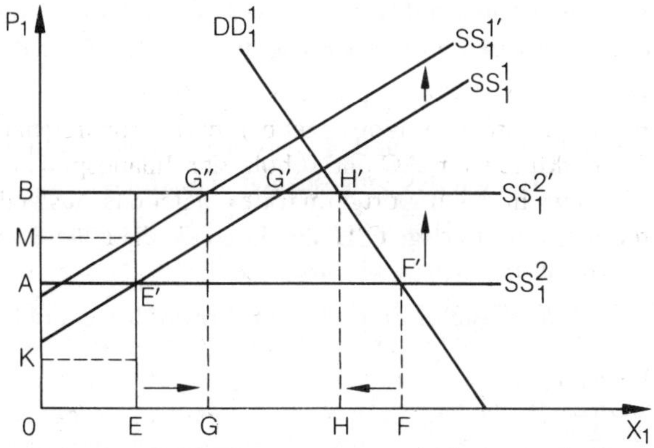

Abb. H-11: Partielle Gleichgewichtsanalyse eines Effektivzolles

Die Inlandsproduktion des Gutes 1 würde sinken, das Importvolumen steigen. Der positive Schutzeffekt zugunsten inländischer Produzenten des Vorproduktes würde sich mit einem „negativen Schutzeffekt" zu Lasten inländischer Produzenten des Gutes 1 verbinden.

Ein positiver Schutzeffekt kommt auf der Endproduktionsstufe erst dann zum Tragen, wenn dort ein Zoll eingeführt wird, der größer ist als die zollinduzierte Erhöhung des in einer Einheit des Gutes 1 enthaltenen Vorleistungswertes. Ein solcher Zoll AB > AM induziert damit schwächere Schutz- und Handelswirkungen als unter den in *Abb. H-10a* zugrundeliegenden Bedingungen. Das Importvolumen des Gutes 1 wird weniger sinken, während das Importvolumen des Vorproduktes sinken, konstant bleiben oder gar steigen kann, weil das Zollsystem nicht nur die Inlandsproduktion des Vorproduktes, sondern auch – wegen des Schutzeffektes auf der Endproduktionsstufe – die Inlandsnachfrage nach dem Vorprodukt erhöht. Werden zollgeschützte Vorleistungen auch zur Produktion von Exportgütern benötigt, so wird das Produktions- und Exportvolumen dieses Sektors sinken, wenn der dort wirksame negative Schutzeffekt nicht durch Subventionen kompensiert wird.

Bei gegebener Preiselastizität des inländischen Angebots an Gut 1 ergibt sich der Schutzeffekt in diesem Sektor somit nicht mehr aus dem Nominalzoll AB, sondern aus einem um die zollinduzierte Verteuerung von Vorleistungen korrigierten Effektivzoll BM = AB – AM. Da sich bei Vernachlässigung von Abschreibungen nach Abzug der Ausgaben für Vorleistungen vom sektoralen Produktionswert die Wertschöpfung (Löhne + Gewinne) ergibt, bringt der den Schutzeffekt messende Effektivzoll die zollinduzierte Zunahme der Wertschöpfung pro Einheit des zollgeschützten Produktes zum Ausdruck. Die effektive Protektionsrate in einem Sektor läßt sich somit unter den hier gewählten Bedingungen auf einfache Weise berechnen.

Die Wertschöpfung pro Einheit des Gutes 1 (Y_1/x_1) beträgt vor Einführung von Zöllen:

(16) $$Y_1/x_1 = p_1 - v_{i1}\,p_1 = p_1\,(1 - v_{i1})$$

v_{i1} – Anteil des Vorproduktes an einer Werteinheit von Gut 1.

Nach Einführung von Wertzöllen auf Gut 1 (z_1) und Vorprodukt (z_i) verändert sich die Einheitswertschöpfung im Sektor 1 auf den zollmodifizierten Wert:

$$(17) \qquad (Y_1/x_1)^{zm} = p_1\,[(1 + z_1) - v_{i1}\,(1 + z_i)].$$

Der effektive Zollsatz folgt aus (16) und (17) als prozentuale Veränderung der Wertschöpfung pro erzeugter Einheit des zollgeschützten Sektors:

$$(18.1.) \qquad z_1^{eff} = \frac{(Y_1/x_1)^{zm} - (Y_1/x_1)}{(Y_1/x_1)} = \frac{z_1 - v_{i1}\,z_i}{1 - v_{i1}}$$

Bei einer Mehrzahl zollbelasteter importierter Vorprodukte ergibt sich entsprechend:

$$(18.2.) \qquad z_1^{eff} = \frac{z_1 - \sum_i v_{i1}\,z_i}{1 - \sum_i v_{i1}}$$

Die eigentliche Schutzwirkung eines Zolls besteht also darin, daß der zollgeschützte Sektor höhere Einkommen an die in ihm beschäftigten Produktionsfaktoren ausschütten kann als bei Freihandel. Gemäß (18.1.) ist dieser Schutzeffekt für $z_1 \geqq z_i$ sichergestellt. Ist $z_1 = z_i$, entspricht die effektive Schutzwirkung dem Nominalzoll z_1. Ist $z_1 > z_i$, wird demgemäß der effektive Schutz des Sektors 1 größer sein, als dies sein Nominalzoll widerspiegelt. In diesem Fall spricht man von einer eskalierenden Zollstruktur, da der Nominalzoll auf einer nachgelagerten Produktionsstufe höher als auf der vorgelagerten Stufe ist.

Würde eine umgekehrte Zollstruktur $z_1 < z_i$ vorliegen, so ist der Schutz des Sektors 1 nicht mehr generell sichergestellt. Für $z_i > z_1 > v_{i1}\,z_i$ wird zwar noch ein Schutzeffekt wirksam sein, aber in schwächerer Intensität als das Niveau des Nominalzolls vermuten läßt. Schließlich kann Sektor 1 trotz positiven Nominalzolls schlechter gestellt sein als bei Freihandel, wenn $v_{i1}\,z_i > z_1 > 0$ gilt. Andererseits werden spezielle Zollsenkungen auf importierte Vorprodukte die Weltwirtschaft keinesfalls dem Freihandelszustand annähern, da gleichzeitig die Effektivprotektion nachgelagerter Produktionsstufen erhöht wird.

Am Beispiel deutscher Verbrauchsgüterindustrien kann gezeigt werden, daß trotz erheblicher Zollsenkungen noch immer eskalierende Zollstrukturen bestehen (Tab. H-3): die Zollsätze steigen mit zunehmendem Verarbeitungsgrad. Konsequenz ist, daß weiterverarbeitende arbeitsintensive Industriezweige, wie etwa Schuh- und Bekleidungsindustrie, in denen Entwicklungsländer komparative Kostenvorteile haben, in Industrieländern relativ hohe effektive Protektionsraten erhalten (wobei Tab. H-3 die beträchtliche nicht-tarifäre Protektion noch nicht erfasst).

Die anhaltende Zolleskalation kam dadurch zustande, daß

- die mit Zöllen auf importierte Vorprodukte verbundenen Wettbewerbsnachteile der verarbeitenden Sektoren durch überproportionale Zollanhebungen kompensiert wurden,
- die im Rahmen des Allgemeinen Zoll- und Handelsabkommens (GATT) erfolgten Zollsenkungen bei Rohstoffen und Rohprodukten stärker waren als bei industriellen Fertigfabrikaten.

Tab. H-3: Effektiver Zollschutz in der Bundesrepublik Deutschland

Industriezweig	Nominalzoll (% der Importe)				Effektivzoll (% der Wertschöpfung)			
	1958	1964	1972	1994	1958	1964	1972	1994
Grundstoff- und Produktionsgüterindustrien	9,1	10,9	7,2	5,0	16,9	22,4	14,1	(10,0)
Investitionsgüterindustrien	7,6	9,5	5,8	4,6	5,6	9,0	4,7	(8,7)
Verbrauchsgüterindustrien	11,9	14,7	10,2	7,5	13,9	18,0	12,4	(13,3)
Holzverarbeitung	13,3	14,8	8,0	5,2	19,9	20,7	9,9	(7,7)
Papier- und Pappewaren	15,0	17,0	13,2	9,8	24,4	24,8	19,9	(20,5)
Lederwaren (inkl. Schuhindustrie)	11,5	13,9	7,5	8,1	16,2	19,7	9,9	(14,7)
Textilien	11,1	12,7	10,3	10,1	20,3	24,0	20,8	(19,6)
Bekleidung	13,6	16,5	14,0	12,3	17,7	22,3	20,7	(26,3)
Industrie insgesamt	9,7	11,9	7,9	5,8	13,0	17,4	11,2	(11,0)

* Ausdrücke in Klammern besagen, daß die Durchschnitte nicht voll vergleichbar sind.

Quelle: GLISMANN, u. a. (2000), S. 5 und 7.

Empirische Schätzungen effektiver Protektionsraten müssen allerdings die mit Substitutionseffekten (Änderung von Inputkoeffizienten) und möglichen Weltmarktpreissenkungen verbundenen Wertschöpfungseffekte ebenso berücksichtigen wie die durch nicht-tarifäre Handelshemmnisse vermittelte zusätzliche Wertschöpfungssteigerung.

4.1.2. Erziehungszölle

Mit dem Terms-of-trade-Effekt kann Protektionismus nicht gerechtfertigt, sondern lediglich nachgewiesen werden, daß große Länder in Importzöllen ein verteilungspolitisches Instrument vorfinden, mit dem sie die Umverteilung einer durch Zollpolitik verringerten Weltproduktion zu ihren Gunsten erzwingen können. Erst wenn protektionistische Maßnahmen die Bedingungen eines Erziehungszolls erfüllen, könnte ihre zeitlich befristete Nutzung nationale Wohlfahrt und Weltsozialprodukt gleichermaßen steigern. Dieser vor allem von JOHN STUART MILL und FRIEDRICH LIST entwickelte Erziehungszollgedanke erscheint als eine schlüssige temporäre Ausnahme von einem Freihandelssystem. Demgegenüber wurde jedoch der Nachweis erbracht, daß die Bedingungen für die Gültigkeit des Erziehungszollarguments sehr speziell (KEMP, 1960) oder überhaupt nicht erfüllt sind (BALDWIN, 1969). Notwendige, nicht aber hinreichende Voraussetzung sind über einen längerfristigen Zeitraum sinkende Durchschnitts- und Grenzkosten eines industriellen Sektors, die Folge der mit organisatorischen oder technologischen Lernprozessen verbundenen Produktivitätssteigerungen (betriebsinterne und -externe Lerneffekte) und der mit wachsenden Märkten erschlossenen Massenproduktionsvorteile (betriebsinterne und -externe Skaleneffekte) sind.

Im Ausland sei dieser Sektor soweit ausgereift, daß das Potential an Lern- und Skaleneffekten vollständig ausgeschöpft und ein minimales Durchschnittskostenniveau

$DK^2 = OA$ erreicht ist. Das geringer entwickelte Inland strebt die Entwicklung dieses industriellen Importsubstitutionssektors an. Die Ausgangsbedingungen hierfür sind aber denkbar ungünstig (Abb. H-12).

Zum herrschenden Weltmarktpreis des Importgutes in Höhe von 0A ist eine inländische Importsubstitutionsbranche nicht konkurrenzfähig, da in der Ausgangsperiode die Durchschnittskosten DK_0^1 über den Durchschnittskosten DK^2 ausländischer Anbieter liegen. Die gesamte Inlandsnachfrage DD_0^1 wird aus Importen (= AB) gedeckt. Eine profitable Inlandsproduktion ist nicht möglich, da $p^w = DK^2 < DK_0^1$. Unter diesen Ausgangsbedingungen kann Protektion eine wirksame Starthilfe bieten, indem während der Ausgangsperiode 0 ein Zoll $z_0 = AC$ auf das Importprodukt gelegt wird. Zum neuen gestiegenen Inlandspreis OC = OA + AC wird die Inlandsnachfrage nunmehr aus Inlandsproduktion (CD) und gesunkenen Importen (DE < AB) abgedeckt. Diese Importsubstitution ist zwar mit den bereits analysierten volkswirtschaftlichen Kosten verbunden. Da aber das Niveau der inländischen Kosten im Zeitraum 0 bis n durch Lerneffekte (Abwärtsverschiebung von DK^1, D → H') und Skaleneffekte (Expansion entlang DK_n^1, H' → H) sinkt, sind die Kosten des Protektionismus ebenso wie der Importzoll selbst eine abnehmende Funktion der Zeit.

Sind im zollgeschützten Wachstumssektor hinreichende Kostensenkungen wirksam geworden, bedarf die weitere Entwicklung der herangewachsenen Industrie keiner „infant industry protection“ mehr, um die Früchte des temporären Zollschutzes ernten zu können. Dieser Ertrag kann – wie in *Abb. H-12* unterstellt – nach Ablauf der Schutzzoll-Phase daraus resultieren, daß die inländischen Produktionskosten ein stabiles Niveau unterhalb DK^2 erreichen: Produktive Fertigkeiten und unternehmerische Leistungsfähigkeit sind gereift, technisch-organisatorische Verbesserungsmöglichkeiten ausgeschöpft und weitere Skaleneffekte nicht mehr zu erwarten. Komparative Kostenvorteile sind entstanden, weil sich nach erfolgreicher Übernahme der neuen Produktion der Lohnkostenvorsprung des Inlandes durchgesetzt hat. Führt der Wachs-

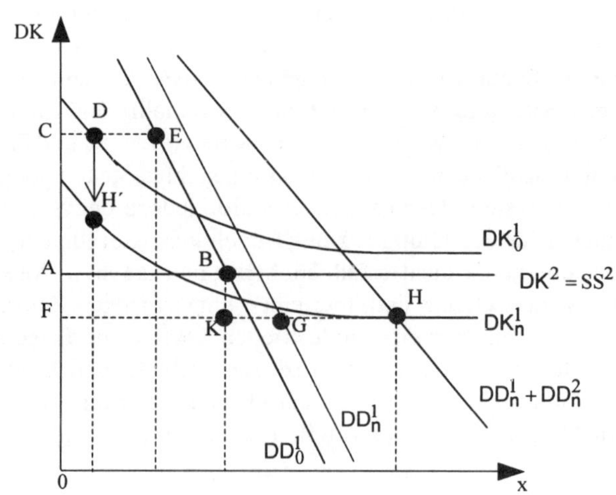

Abb. H-12: Partialanalyse eines Erziehungszolles

tumsprozeß somit zu einer inländischen Durchschnittskostenkurve DK_n^1 und einer höheren Nachfragekurve DD_n^1, so wird diese Inlandsnachfrage in vollem Umfang FG aus Inlandsproduktion gedeckt, während der zum Preis OF verbleibende Angebotsüberschuß GH die Auslandsnachfrage DD_n^2 abdeckt und somit Absatz auf Exportmärkten findet. Der temporäre Erziehungszoll erweist sich hier als auslösender Impuls eines Strukturwandels der internationalen Arbeitsteilung gemäß der Produktzyklushypothese (Abschnitt 3.3.). Er ermöglicht nach Abschluß aller Anpassungsprozesse (in dem hier analysierten Fall), daß

- die vor Einführung eines Zolles in der Periode 0 importierte Menge AB nunmehr aus kostengünstigerer Inlandsproduktion FK bereitgestellt wird,
- eine zusätzliche Versorgung KG zum Preis OF ermöglicht wird, während die gleiche Menge bei Verzicht auf den Erziehungszoll nur zum Preis $OA > OF$ hätte importiert werden können,
- Exporterlöse von $GH \cdot OF$ entstanden sind, deren Realwert (gemessen in Importeinheiten) eine Ausweitung der Importmöglichkeiten und somit eine weitere Verbesserung der Versorgungsposition anzeigt.

Zölle können also als temporäre Erziehungszölle komparative Kostenunterschiede dauerhaft verändern. Im Gegensatz zum Schutzzoll bedarf der Erziehungszoll somit keines flankierenden Einsatzes von Exportsubventionen, um langfristig unter der Bedingung sich schneidender Kostenkurven beider Länder Importgüter in Exportgüter zu verwandeln. Liegt die inländische Kostenkurve über der ausländischen und nähert sich dieser lediglich an, so führt das durch temporären Zollschutz induzierte Wachstum des Importsubstitutionssektors nicht zur Entwicklung einer inländischen Exportbranche. Der volkswirtschaftliche Ertrag aus dem Erziehungszoll beruht dann auf der Produktivitätssteigerung des Importkonkurrenzsektors und dem hierdurch induzierten Einkommenswachstum, was ebenfalls eine verbesserte Konsumposition bedingt.

Die Induktion komparativer Kostenvorteile des zollgeschützten Sektors ist also weder eine notwendige noch eine hinreichende Bedingung eines wirksamen Erziehungszolls. Notwendige Bedingung ist vielmehr, daß der auf den gegenwärtigen Planungszeitpunkt abdiskontierte Wert zukünftiger gesellschaftlicher Erträge den Gegenwartswert der zollinduzierten gesellschaftlichen Kosten überschreitet. Dies wiederum ist jedoch keine hinreichende Bedingung für das Erfordernis von Erziehungszöllen. Anreize zur Investition in neue Produkte oder wachsende Märkte sind auch ohne temporären Zollschutz wirksam, wenn der potentielle Investor sich die aus Lern- und Skaleneffekten resultierenden Erträge privatwirtschaftlich aneignen kann (interne Ersparnisse): Wollen inländische Produzenten in den Markt eintreten, so müssen sie zunächst zu Weltmarktpreisen unterhalb der eigenen Durchschnittskosten verkaufen. Der Gegenwartswert dieser vorübergehenden Verluste entspricht dann den Kosten einer Investition in neue Produkte und neues technisches Wissen (technische Verbesserungen, qualifiziertere Arbeitskräfte), die sich privatwirtschaftlich auch ohne Erziehungszoll als rentabel erweist.

Lediglich wenn innovationsbereiten privaten Investoren die Aneignung des gesellschaftlichen Ertrages nur teilweise gelingt, weil verbessertes technisches Wissen oder besser ausgebildete Arbeitskräfte in Zukunft auch von jenen Produzenten übernommen werden, welche die Kosten der Investition in neues Wissen nicht getragen haben (externe Ersparnisse), können die Investitionsanreize entscheidend geschwächt werden. Sie ließen sich durch temporäre Zölle hinreichend verstärken, welche die privatwirtschaftliche Rentabilität der Innovation ihrer gesellschaftlichen Rentabilität annähern, indem sie den privaten Investor für die Bereitstellung öffentlicher Güter (in Form allgemein verwertbaren technischen Wissens) entschädigen.

Auch bei Erfüllung dieser spezielleren Bedingung ist zu bezweifeln, ob Erziehungszölle ein effizientes System von Innovationsanreizen darstellen:

- Durch Änderung institutioneller Rahmenbedingungen (Begründung zeitlich begrenzter Eigentumsrechte an neugeschaffenem technischen Wissen: Patentschutz) können externe in interne Ersparnisse transformiert werden.
- Auch das Marktsystem entwickelt bei Vertragsfreiheit Formen der Internalisierung externer Ersparnisse (Preise für Nutzungsrechte an Neuerungen, Arbeitsverträge mit niedrigeren Löhnen in Ausbildungsphase).
- Bewahrt dennoch ein Teil der Innovationswirkungen die Eigenschaft öffentlicher Güter, so kann trotz Erziehungszoll die Einnahme der „free rider-Position" des Imitators als vorteilhafter eingeschätzt werden, weil Zölle auch jene Produzenten begünstigen, die Kosten und Risiken einer Innovation nicht zu tragen bereit waren.

Die vom Erziehungsprotektionismus erhoffte Innovationsdynamik kann also auch ausbleiben: Die Stückkostenkurve des zollgeschützten Sektors verharrt auf dem Niveau $DK_0^1 = OC$, und die Überlebensfähigkeit des inländischen Produktionssektors erfordert permanente Beschränkungen der internationalen Arbeitsteilung. Lern- und Skaleneffekte setzen private Investitionen voraus. Selektive Subventionierung solcher Investitionsprojekte verleiht dem angestrebten Erfolg wesentlich größere Wahrscheinlichkeit als die protektionistische Alternative.

4.2. Nicht-tarifärer Protektionismus

Der tarifäre Protektionismus hat im Zuge der GATT-Freihandelspolitik – vor allem durch die Ergebnisse der Kennedy- und Tokio-Runde – an Bedeutung verloren (s. Abschnitte 5.2. und 5.3.1.). Dieser Befund läßt sich aber keineswegs auf den nicht-tarifären Protektionismus übertragen. Die hierunter erfaßten vielfältigen Handelshemmnisse sind in den 70er und 80er Jahren stark ausgeweitet worden, so daß ein handelspolitischer Trend der Substitution des tarifären durch den nicht-tarifären Protektionismus festzustellen ist. Die folgende Wirkungsanalyse konzentriert sich auf Mengenbeschränkungen internationaler Handelsströme, die in der traditionellen Form von Importquoten oder – in zunehmendem Maße – in der neueren Variante von Handelsabkommen über freiwillige Exportbeschränkungen praktiziert wurden. Betrachtet wird die protektionistische Beeinflussung der internationalen Handelsbeziehungen zweier großer Länder, so daß an das Referenzmodell der Zollpolitik eines großen Landes (s. *Abb. H-10b*) angeknüpft werden kann. Aus solchen vergleichenden Analysen preis- und mengenpolitischer Eingriffe wurde häufig auf gleiche Wirkungen geschlossen. Jedoch läßt sich diese Äquivalenzhypothese nicht aufrecht erhalten

(TAKACS, 1978). Es soll daher auch nachgewiesen werden, daß Zölle, Importquoten und Exportbeschränkungen unterschiedliche Auswirkungen haben, weil Mengenbeschränkungen den internationalen Wettbewerb stärker beeinträchtigen als Importzölle.

4.2.1. Importkontingente

Importquoten bzw. -kontingente sind Wert- oder Mengenbeschränkungen von Einfuhrgütern, welche die Administration des Einfuhrlandes durch Vergabe von Importlizenzen kontrolliert. Um die Wirkungen mengenmäßiger Importbeschränkungen zu isolieren, wird vom Freihandelsgleichgewicht des Weltmarktes eines Gutes 1 ausgegangen *(Abb. H-13)*. Dieses liegt bei dem Weltmarktpreis p_{10}^{w}, bei dem sich Importnachfragekurve des Landes 1 (im_1^{1D}), abgeleitet als inländische Überschußnachfrage DD_1^1-SS_1^1 bei Preisen unter dem inländischen Autarkie-Gleichgewichtspreis, und Importangebotskurve des Inlandes (im_1^{1S}), abgeleitet als ausländisches Überschußangebot SS_1^2-DD_1^2 bei Preisen oberhalb des ausländischen Autarkiegleichgewichts, in Punkt C schneiden. In diesem Gleichgewicht gilt das Gesetz der Unterschiedslosigkeit der Preise auf einem vollkommenen Markt ($p_{10}^1 = p_{10}^2 = p_{10}^w$). Das Inland beschränke nun das Importvolumen auf $\overline{im_1^1} < im_{10}^1$. Es ergibt sich eine geknickte inländische Importnachfragekurve EBA $\overline{im_1^1}$, so daß der Rückgang der Importnachfrage des Landes 1 den Weltmarktpreis auf p_{11A}^{w} (Punkt A) fallen läßt. Der Preis im ausländischen Binnenmarkt muß sich dem gesunkenen Weltmarktpreis anpassen ($p_{11}^2 = p_{11A}^w$), da bei höheren Preisen ein Überangebot vorliegt, wenn die ausländischen Hersteller nur noch $\overline{ex_1^2} = \overline{im_1^1}$ ausführen können. Im geschützten Binnenmarkt des Inlandes hingegen steigt der Preis infolge der administrativen Angebotsverknappung auf p_{11}^1.

Es ergeben sich damit die gleichen Preis-, Mengen- und Wohlfahrtswirkungen im Inland (positiver Schutzeffekt EG, negativer Konsumeffekt FH) und im Ausland (negativer Produktionseffekt E'G', positiver Konsumeffekt F'H') wie bei dem impliziten Zollsatz $z_1 = (p_{11}^1 - p_{11A}^W)/p_{11A}^W$. Allerdings erzielen nunmehr die Inhaber von Importlizenzen pro Importeinheit einen Zusatzgewinn von $p_{11}^1 - p_{11A}^w$ (Lizenzprämie) und insgesamt eine Kontingentrente von $\overline{im_1^1}$ $(p_{11}^1 - p_{11A}^w)$, da sie zu p_{11A}^w einkaufen und zu p_{11}^1 verkaufen können. Dieser verteilungsrelevante Unterschied zur Zollpolitik läßt sich aber neutralisieren, da der Staat die Kontingentrente durch Verkauf der Importlizenzen gegen Höchstgebot in den öffentlichen Haushalt umlenken könnte. Auch effektive Protektionsraten lassen sich für Importquoten implizit aus den Preiseffekten herleiten, indem für das betrachtete Produkt und die importierten Vorleistungsinputs die impliziten Zollsätze errechnet und in Gleichung (18.1.) bzw. (18.2.) eingesetzt werden.

Die Protektionskosten werden wiederum bestimmt durch die Verluste der Konsumenten vermindert um die zugewonnenen Produzentenrenten und die Kontingentrente inländischer Importeure. Wie im Fall der Zollpolitik eines großen Landes, können sie positive oder negative Werte aufweisen. Wird ein Teil des Importkontingents in Form eines Exportlizenzsystems an den Handelspartner abgetreten, steigen die inländischen Protektionskosten und die ausländischen Wohlfahrtsverluste werden gemildert, weil nun ein entsprechender Teil der Quotenrente den ausländischen Exporteuren zufließt, die Exportlizenzen erhalten haben.

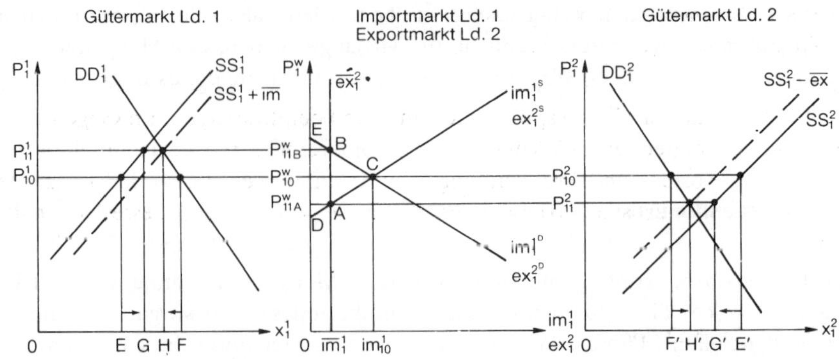

Abb. H-13: Partielle Gleichgewichtsanalyse der Importkontingentierung (A) oder Exportbeschränkung (B) im Außenhandel zweier großer Länder

Die wesentlichen Unterschiede gegenüber Importzöllen treten erst hervor, wenn bei vorgegebenen Einfuhrhemmnissen nachfrage- und angebotsseitige Datenänderungen auftreten:

- Steigt die Inlandsnachfrage (Rechtsverschiebung von DD_1^1 und im_1^{1D}), so steigt der Preis p_1^1 in dem durch die Importquote abgeschirmten Inlandsmarkt stärker als bei Anwendung eines Einfuhrzolls. Der Weltmarktpreis p_1^w wird bei bestehender Importbeschränkung nicht vom Sog der wachsenden Inlandsnachfrage erfaßt, während er bei gegebenem Zollsatz infolge wachsender Importnachfrage steigt. Das Einfuhrkontingent stellt auf Kosten verschärfter Preissteigerungen sicher, daß die wachsende Inlandsnachfrage vollständig dem Absatz inländischer Hersteller zugute kommt und daß den lizenzierten Importeuren höhere Lizenzprämien beschert werden. Der äquivalente Einfuhrzoll erlaubt hingegen ein die inländische Preissteigerung dämpfendes Wachstum des Importangebots, so daß im Sog des inländischen Nachfragewachstums auch das Welthandelsvolumen zunimmt.
- Steigt im Ausland die Arbeitsproduktivität, so daß dort die Grenz- und Stückkosten des Gutes 1 sinken (Abwärtsverschiebung von SS_1^2 und im_1^{1S}), so bleibt der Inlandspreis p_1^1 und damit auch die Inlandsproduktion bei Importkontingentierung gegen den zunehmenden ausländischen Kostenvorteil abgeschirmt. Dieser Kostenvorteil überträgt sich nur in einer Senkung des Weltmarktpreises p_1^w und einer entsprechenden Zunahme der Kontingentrente inländischer Importeure, ohne daß dies in Form wachsender Importe zu niedrigeren Preisen an die inländischen Konsumenten weitergegeben wird. Bei Anwendung eines Importzolles hingegen würden auch die inländischen Konsumenten an diesem ausländischen Fortschrittseffekt partizipieren, weil sich die Senkung des Weltmarktpreises bei wachsendem Einfuhrvolumen teilweise auf den Inlandspreis überträgt.
- Bei monopolistischer Struktur des Inlandsmarktes, in dem ein einziger, der Importkonkurrenz ausgesetzter inländischer Anbieter auftritt, wird eine Importquote $\overline{im}_1^1 < im_{10}^1$ diesem eine Preis-Absatz-Funktion $DD_1^1 - \overline{im}_1^1$ sichern, auf der er den gewinnmaximierenden Cournot-Preis für jene Produktionsmenge durchsetzen kann, bei der Grenzerlös und Grenzkosten übereinstimmen. Es läßt sich zeigen, dass der importmengenäquivalente Zoll den Importkonkurrenzdruck weniger einschränkt

und deshalb eine geringere Inlandspreissteigerung nach sich zieht als die vergleichbare Importquote (HELPMAN/KRUGMAN, 1989).

Damit hat sich gezeigt, daß Mengenbeschränkungen den internationalen Wettbewerb erheblich stärker als preispolitische Eingriffe beeinträchtigen. Im Gegensatz zu Importquoten können die Wirkungen eines Importzolles von ausländischen Herstellern durch Kosten- und Preissenkungen unterlaufen werden, so daß trotz internationaler Wettbewerbsverzerrungen die Dynamik des Preiswettbewerbs erhalten bleibt.

4.2.2. Exportbeschränkung

Exportkontingente sind Wert- oder Mengenbeschränkungen der Ausfuhr, die mehrere Exportländer oder ein einzelnes Ausfuhrland in Form eines Exportkartells oder einer handelsvertraglichen Selbstbeschränkung der Exporte praktizieren. Vor allem die letztgenannte Variante des nicht-tarifären Protektionismus stellte einen jüngeren Trend internationaler Handelspolitik dar, der sich in einer Grauzone des GATT (s. Abschnitt 5.3.) vollzog. Hierbei handelt es sich um bilaterale Handelsabkommen, in denen sich Exportländer verpflichten, bestimmte Ausfuhrmengen zeitlich befristet zu beschränken. Die so vereinbarte Mengenbeschränkung wird von der Administration des Exportlandes kontrolliert.

Dieser Fall ist nur dann mit einer global wirkenden Importquote äquivalent, wenn es dem großen Einfuhrland (Land 1) gelingt, alle Ausfuhrländer des betreffenden Gutes durch Selbstbeschränkungsabkommen zu binden. Die hierdurch veranlaßte Exportangebotsbeschränkung des Auslandes (Land 2, *Abb. H-13*) läßt sich in dem durch das Abkommen regulierten Exportmarkt als geknickte ausländische Exportangebotskurve DAB $\overline{ex_1^2}$ erfassen, so daß dort der Exportpreis auf $p_{11B}^w = p_{11}^1$ steigt. Im geschützten Binnenmarkt des Importlandes 1 werden die gleichen Schutz- und Konsumeffekte wie bei einer Importquote $\overline{im_1^1} = \overline{ex_1^2}$ wirksam. Auf den Auslandsmärkten sinkt der Preis auf p_{11}^2, weil das vom Einfuhrmarkt des Landes 1 verdrängte ausländische Exportangebot nun dort nach Absatzmöglichkeiten sucht. Die ausländischen Exporteure, die im Rahmen der Quotenregelung Zugang zum regulierten Exportmarkt haben, erzielen eine Kontingentrente von $\overline{ex_1^2}(p_{11B}^w - p_{11}^2)$, da sie zu p_{11}^2 einkaufen und zu p_{11B}^w exportieren können. Die Wirkungsunterschiede zwischen Import- und Exportkontingentierung reduzieren sich somit auf diesen Rententransfereffekt. Daher sind die Wohlfahrtsverluste des Importlandes größer und die des Exportlandes kleiner als bei Importkontingentierung.

Diese Folgerungen gelten aber nicht mehr, wenn nicht alle Exportländer gleichartiger Waren von Selbstbeschränkungsabkommen erfaßt werden. In diesem relativ häufigen Fall treten im geschützten Binnenmarkt des Importlandes handelsumlenkende Wirkungen auf, die mit der zu engen Perspektive des Zwei-Länder-Modells nicht erfaßbar sind (DINOPOULOS/KREININ, 1989; LANG, 1990). Im protektionierten Markt bewirkt der Preisanstieg eine Exportangebotsausweitung der nicht-gebundenen Ausfuhrländer, so daß der angestrebte Schutzeffekt abgeschwächt wird. Der durch den Rückzug des handelsvertraglich gebundenen Exportlandes geschaffene Absatzspielraum kann also von der protektionierten Inlandsindustrie nicht vollständig erobert werden, da die vom

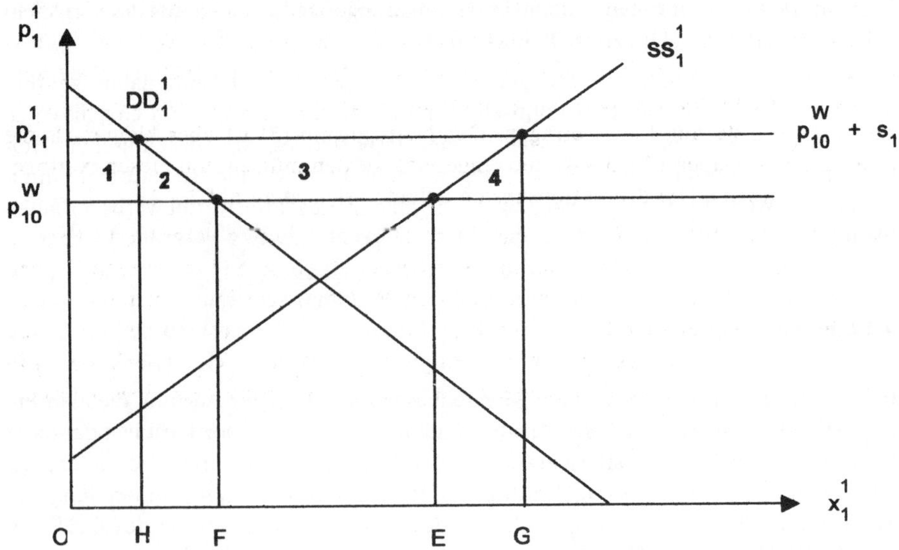

Abb. H-14: Partialanalyse der Exportsubventionierung im kleinen Land

Exportbeschränkungsabkommen nicht erfaßten Ausfuhrländer in diesem regulierten Weltmarktsegment höhere Exportmengen und -preise realisieren werden. Im Grunde begünstigen Exportbeschränkungsabkommen (z. B. die 1992–99 mit der EG vereinbarte japanische Automobilexportbeschränkung) somit „neue" Exportländer (z. B. südkoreanische Automobilexporte nach Europa), die unter dem Schutz der Ausfuhrbeschränkung etablierter Konkurrenten ihre Exportposition auf- oder ausbauen und hierdurch Skaleneffekte nutzen können.

4.2.3. Exportsubvention

Im Unterschied zu Produktsubventionen, bei denen die Subventionsausgaben von der Produktionsmenge abhängen, sind Exportsubventionen ein alternatives Mittel zur Exportförderung, bei dem die Subventionsausgaben von der Exportmenge abhängen. Die handelsverzerrenden Wirkungen exportfördernder Produkt- oder Exportsubventionen führen zu Wohlfahrtsverlusten kleiner und großer Länder. Dies soll auf Grundlage von *Abb. H-14* für eine Exportsubventionierung inländischer Produzenten des Gutes 1 ($s_1 > 0$) demonstriert werden (Annahme: kleines Land).

Da nach Einführung der direkten Exportsubvention der mit Exporten erzielte Stückerlös auf $p_{10}^W + s_1$ steigt, werden die Exportproduzenten das Exportangebot zu Lasten der Angebotsmengen im heimischen Markt ausweiten. Hierdurch wird sich der Inlandspreis an den Exportstückerlös anpassen ($p_{11}^1 = p_{10}^W + s_1$). Das Marktgleichgewicht mit dem um die Exportsubvention gestiegenen Inlandspreis wird stabilisiert, indem Reimporte verboten oder mit der Pflicht zur Rückerstattung der Exportsubvention belegt werden.

Die exportierte Menge steigt um EG + HF, wobei dieser Handelseffekt wiederum in Schutzeffekt (EG) und Konsumeffekt (FH) zerlegt werden kann. Der Wohlfahrtseffekt dieser Maßnahme kann durch Kombinationen der mit 1–4 bezeichneten Flächensegmente ermittelt werden. Die Produzentenrente steigt um 1 + 2 + 3, während die Konsumentenverluste nur 1 + 2 betragen. Der Nettogewinn (3) ist aber kleiner als die Subventionsausgaben (2 + 3 + 4), die eingesetzt werden müssen, um diesen Nettogewinn zu erreichen. Die Protektionskosten belaufen sich somit auf 2 + 4.

Im Falle des großen Landes wird das durch Subventionierung vergrößerte Exportangebot eine Senkung des Weltmarktpreises herbeiführen, so daß in anderen Exportländern Wohlfahrtsverluste, in Importländern Wohlfahrtsgewinne entstehen. Auch dem großen Ursprungsland entstehen Protektionskosten im Ausmaß der (nun kleineren) Flächen 2 + 4 zuzüglich der zum Ausgleich der Weltmarktpreissenkung erforderlichen Subventionsausgaben in Höhe von $(-\Delta p^W) \cdot HG$. Ein Negativbeispiel ist die Gemeinsame Agrarpolitik der EU.

4.3. Strategische Handelspolitik

Der „neue Protektionismus" zeigte sich nicht nur in der Ausbreitung von Exportbeschränkungsabkommen, sondern auch in der zunehmenden Häufigkeit (vor allem subventionspolitischer) protektionistischer Eingriffe, mit denen hochentwickelte Industrieländer die internationale Wettbewerbsposition exportorientierter heimischer Industriezweige – insbesondere im Hochtechnologiebereich – zu fördern trachten (z. B. Luft- und Raumfahrt, Mikroelektronik). Die traditionellen außenhandelstheoretischen Modelle sind auf diese Form des Protektionismus, die dem Auf- oder Ausbau neuer zukunftsweisender Industrien dient, nicht anwendbar.

Auf den Weltmarkt ausgerichtete Industriezweige, die Adressat solcher Fördermaßnahmen sind, produzieren in der Regel unter den Bedingungen sinkender Durchschnitts- und Grenzkosten (interne und externe Skaleneffekte). Da diese Firmen im Innovationswettbewerb stehen, sind ihre Produktionsprozesse humankapitalintensiv und relativ hohe Aufwendungen für Forschung und Entwicklung tragen zu hohen Fixkosten bei. Die am Markt etablierten Firmen verfügen über monopolistische Spielräume, die sich in der Durchsetzbarkeit von über den Grenz- und Durchschnittskosten liegenden Marktpreisen zeigen. Noch nicht am Markt etablierte potentielle Neuanbieter sind relativ hohen Markteintrittshemmnissen ausgesetzt, da der Marktzugang mit hohen Fixkosten verbunden ist, und da die etablierten Konkurrenten Vorsprungsgewinne auf Grund von Skalenvorteilen und auf Grund des in Lernprozessen erworbenen technologischen Wissens besitzen.

Strategische Handelspolitik ist der Einsatz protektionistischer Instrumente mit dem Ziel, auf international umkämpften Märkten unvollständiger Konkurrenz Marktanteile zugunsten einer inländischen Unternehmung zu verschieben oder den Markteintritt einer heimischen Firma zu fördern. Gelingt es, durch strategische Handelspolitik Monopolrenten einer ausländischen Unternehmung zugunsten einer inländischen Unternehmung umzulenken, wird dies als Wohlfahrtsverbesserung für das protektionistische Inland angesehen, wenn die durch Abschöpfung ausländischer Monopolgewinne finanzierte Gewinn- und Wertschöpfungssteigerung den Subventionsaufwand oder die Protektionskosten überschreitet (BRANDER/SPENCER, 1985; SIEBERT, 1988).

Der Nachweis wohlfahrtssteigernder Wirkungen strategischer Handelspolitik wurde erstmals mit dem einfachen Modell eines internationalen Mengendyopols erbracht (BRANDER/SPENCER, 1985). Analog zum Modell eines nationalen Mengendyopols (Beitrag K-5.1.) wird unterstellt, daß eine inländische und eine ausländische Unternehmung (Firmen A und B) ihre jeweilige Gesamtproduktion eines homogenen Gutes in einen Drittmarkt exportieren, auf dem sie die einzigen Anbieter sind ($x_A = ex_A$, $x_B = ex_B$). Beide Unternehmen planen die gewinnmaximale Absatzmenge bei gegebener erwarteter Absatzmenge des Konkurrenten.

Es werden konstante, übereinstimmende Grenzkosten beider Anbieter ($c_A = c_B = c = 28$) und stückbezogene Exportsubventionen ($s_A = 18$) oder Freihandelsbedingungen ($s_A = o$) unterstellt. Dabei wird zunächst angenommen, daß das Ausland die Freihandelsregeln einhält ($s_B = o$). Der Gewinn der inländischen Firma beträgt

$$G_A = p_w x_A - c_A x_A + s_A x_A \qquad = (p_w - c + s_A)\, x_A.$$

Der Gewinn der ausländischen Firma beträgt

$$G_B = p_w x_B - c_B x_B = (p_w - c)\, x_A.$$

Der aus dem Angebotsverhalten beider Firmen resultierende Weltmarktpreis liegt dort, wo das gesamte Exportangebot ($x_A + x_B = ex^s$) mit der Weltmarktnachfrage (ex^d) übereinstimmt:

$$p_w = a - bex^d = a - b(x_A + x_B) \qquad (a = 100,\ b = 2)$$

Die inländische Unternehmung maximiert ihren Gewinn

$$G_A = (a - b(x_A + x_A) - c + s_A)x_A = (100\text{–}2\ (x_A + x_B) - 10)x_A$$

entlang der aus $dG_A/dx_A = 0$ resultierenden Reaktionsfunktion

$$x_A = \frac{a-c+s_A}{2b} - 0{,}5\ x_B = 18 + 0{,}25\ s_A - 0{,}5\ x_B.$$

Bei Freihandelspolitik ($s_A = 0$) läßt sich diese als geometrische Ortslinie aller von der Absatzmenge des ausländischen Unternehmens abhängigen gewinnmaximalen Angebotsmengen der inländischen Firma darstellen (R_A in *Abb. H-15*):

$$x_A = 18\text{–}0{,}5\ x_B.$$

Die ausländische Unternehmung maximiert den Gewinn

$$G_B = (a - b(x_A + x_A) - c)x_B = (100\text{–}2\ (x_A + x_B) - 28)x_B$$

entlang der aus $dG_B/dx_B = 0$ folgenden Reaktionsfunktion

$$x_B = \frac{a-c}{2b} - 0{,}5\ x_A = 18\text{–}0{,}5\ x_A.$$

Sie ist als Reaktionskurve R_B darstellbar *(Abb. H-15)*, die für vorgegebene von B erwartete Absatzmengen der inländischen Unternehmung A die korrespondierenden gewinnmaximalen Angebotsmengen der ausländischen Firma abbildet.

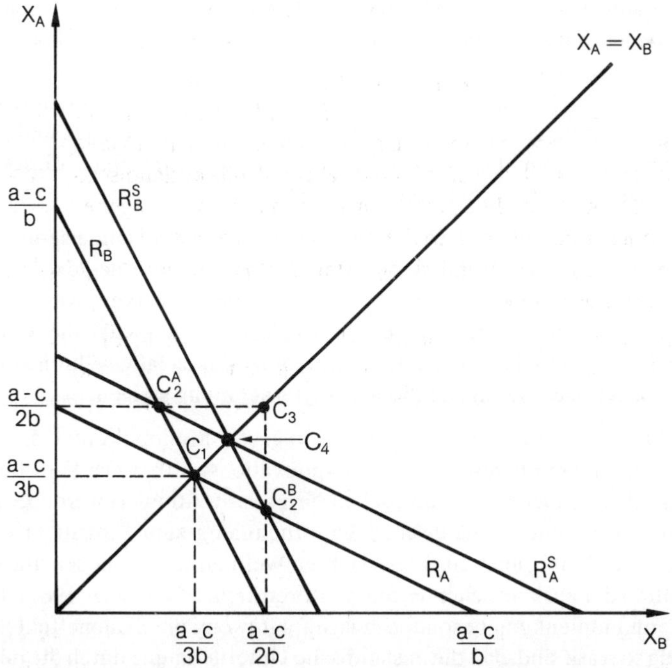

R_A, $R^S{}_A$ Reaktionskurve der inländischen Unternehmung vor und nach Subventionierung
R_B, $R^S{}_B$ Reaktionskurve der ausländischen Unternehmung vor und nach Subventionierung

Abb. H-15: Internationales Cournot-Dyopol und Exportsubventionen

Das COURNOT-NASH-Gleichgewicht des internationalen Dyopolmarktes ist durch den Schnittpunkt der Reaktionskurven beider Anbieter bestimmt, weil nur hier die gewinnmaximale Angebotsmenge jedes Anbieters die Erwartungen des Konkurrenten über sein Angebotsverhalten tatsächlich bestätigt und somit kein Anreiz besteht, von diesem Punkt abzuweichen. Es ergeben sich die Gleichgewichtslösungen:

$$x_A = (a - c + 2s_A) / 3b = 12 + s_A/3$$
$$x_B = (a - c - s_A) / 3b = 12 - s_A/6$$
$$p_w = (a + 2c - s_A) / 3 = 52 - s_A/3.$$

Im Freihandelszustand ($s_A = 0$) haben beide Anbieter bei einem Exportpreis $p_w = 52$ einen Weltmarktanteil von 50% ($x_A = x_B = 12$), weil ihre Grenzkosten übereinstimmen, und sie erzielen übereinstimmende Gewinne ($G_A = G_B = 288$).

Inländische strategische Handelspolitik ($s_A = 18$) verschiebt die Reaktionskurve des subventionierten heimischen Anbieters (um $s_A/2b = 4{,}5$) nach oben in die Position R_A^S ($x_A = 22{,}5–0{,}5x_B$). Das Weltmarktgleichgewicht verlagert sich von C_1 nach C_2^A . Die subventionierte inländische Firma gewinnt, die ausländische Firma verliert Marktanteile ($x_A = 18$, $x_B = 9$). Da das gesamte Exportangebot gestiegen ist (von 24 auf 27), geht der Weltmarktpreis zurück ($p_w = 46$).

Der Gewinn des ausländischen Unternehmens geht somit zurück (auf $G_B = 162$). Die inländische Unternehmung erreicht eine Gewinnsteigerung (auf $G_A = 648$), die durch

Gewinnumlenkung und Subventionszahlung alimentiert wird. Damit ist nachgewiesen, daß die staatlichen Subventionsausgaben ($s_A x_A = 324$) geringer sein können als die hierdurch verursachte Gewinnzunahme ($\Delta\ G_A = 360$). Der positive Wohlfahrtseffekt des strategischen Protektionismus beträgt $\Delta\ G_A - s_A x_A = 36$. Mit zunehmender Subventionierung geht der zusätzliche Wohlfahrtsbeitrag allerdings zurück und wird nach Überschreiten einer optimalen Subventionshöhe negativ. Unterhalb dieses Niveaus bestehen Anreize zu strategischer Handelspolitik.

Skaleneffekte verstärken diese Anreize zu einer strategischen Handelspolitik. Gelten die Kostenfunktionen $c_A(x_A)$ und $c_B(x_B)$ mit $dc_A/dx_A < 0$ und $dc_B/dx_B < 0$, so wird $s_A > 0$ eine stärkere Umlenkung von Monopolgewinnen bewirken, weil die subventionsbedingte Verschiebung der Marktanteile ($\Delta x_A > 0$, $\Delta x_B < 0$) die Grenz- und Durchschnittskosten der inländischen Unternehmung sinken läßt, während die Grenz- und Durchschnittskosten der ausländischen Unternehmung steigen.

Analoge Wohlfahrtsgewinne aus der Umlenkung von Monopolrenten können sich ergeben, wenn in einem Oligopolmarkt mit Innovationswettbewerb Forschungs- und Entwicklungsaufwendungen der inländischen Firma subventioniert werden, oder wenn die Subventionierung einer inländischen Unternehmung zum Eintritt in einen von einer ausländischen Unternehmung beherrschten Weltmarkt veranlassen und somit die Monopolposition der ausländischen Firma zerstören kann (KRUGMAN, 1987). In diesem Fall ist die Rentenumlenkung besonders ausgeprägt, wenn die Skaleneffekte in einem Industriezweig so stark sind, daß die ausländische Unternehmung durch die inländische Subventionspolitik in die Verlustzone gerät und die Produktion einstellt.

Das hier dargestellte BRANDER-SPENCER-Modell demonstriert, daß Marktunvollkommenheiten Anreize zu strategischer Handelspolitik schaffen. Die wohlfahrtssteigernde Wirkung einer strategischen Subventionierung beruht auf der Umlenkung von Monopolrenten. Diese werden erzielt, solange der Marktpreis über den Grenz- und Durchschnittskosten liegt. Sie können nur bestehen bleiben, wenn Marktzutrittshemmnisse verhindern, daß neue Anbieter durch die überhöhten Gewinne angelockt werden. Bei freiem Marktzugang würde die Konkurrenz neuer Anbieter den Marktpreis senken und die Monopolgewinne wegschmelzen, so daß die Voraussetzungen für die im BRANDER-SPENCER-Ansatz nachgewiesenen Wohlfahrtseffekte nicht mehr erfüllt sind.

Die optimale Subventionshöhe ist erreicht, wenn die Reaktionskurve der inländischen Firma so weit nach rechts verschoben wird, daß jener Gleichgewichtspunkt auf der Reaktionskurve des ausländischen Konkurrenten erreicht wird, dem die gewinnmaximale Produktions- und Exportmenge des inländischen Dyopolisten zugeordnet ist. Diese STACKELBERG-Unabhängigkeitsposition (Beitrag K-5.3.) kann ohne Subventionierung von keiner der beiden Firmen erobert werden, wenn beide danach streben und somit einander die STACKELBERG-Führungsposition verweigern. Inländische Subventionierungspolitik kann dagegen die inländische Firma in die STACKELBERG-Unabhängigkeitsposition schieben, wenn die ausländische Regierung nicht das gleiche Ziel verfolgt.

Die Theorie strategischer Handelspolitik rückt die Auswirkungen protektionistischer Maßnahmen auf internationalen Oligopolmärkten ins Blickfeld und vermittelt dabei neue Erkenntnisse. Eine Basis für ein neues Protektionismusargument, das an die Stelle des Erziehungszollargumentes treten könnte, bietet sie nicht. Eine sinnvolle Begründung für strategische Handelspolitik könnte es nämlich nur geben, wenn

- Markteintrittshemmnisse inländische Monopolrenten schützen,
- von der geförderten inländischen Industrie positive externe Effekte ausgehen,
- strategische Reaktionen der ausländischen Handelspolitik unterbleiben.

Die unzureichende Erfüllung dieser Voraussetzungen stellt die Handelspolitik vor kaum lösbare Probleme. So scheitert die Selektion erfolgversprechender Industrien an mangelnden Informationen der Entscheidungsträger über externe Effekte, Marktstruktur, Marktverhalten der Unternehmen und Auswirkungen der Instrumente auf andere Sektoren. Auch ist mit protektionistischen Aktionen oder Reaktionen des Auslandes zu rechnen. Ein solcher strategischer Handelskrieg der Regierungen wird aber in der Regel beiden Ländern Wohlfahrtsverluste einbringen. Betreibt auch die ausländische Regierung eine Subventionspolitik, die auf die Eroberung der STACKELBERG-Position C_2^B gerichtet ist, so führt die BOWLEY-Dyopolposition C_3 zum Gleichgewichtspunkt C_4 ($x_A = x_B = 15$, $p_W = 40$, $G_A = G_B = 450$). Nun überschreiten in beiden Ländern die Subventionsausgaben ($s_A x_A = s_B x_B = 270$) die induzierten Gewinnsteigerungen ($\Delta G_A = \Delta G_B = 162$). Die wechselseitigen Wohlfahrtsverluste (in Höhe von 108) folgen aus der strategischen Situation des Gefangenen-Dilemmas (Beitrag M-3.3.1.). Jedes Land stellt sich mit subventionspolitischen Interventionen besser, wenn andere Länder freihandelspolitisch oder interventionistisch agieren. Folgen alle Länder diesem strategischen Interesse, wird die Wohlfahrtsverluste einbringende schlechteste Lösung des beiderseitigen Protektionismus resultieren. Alle Länder würden sich besser stellen, wenn niemand protektionistisch handelt. Doch hat diese Freihandelslösung keine Chance, wenn alle Länder ihren handelsstrategischen Interessen folgen.

Der Ausweg aus der Falle des Gefangenen-Dilemmas ist die bindende Einigung der Welthandelsländer auf Freihandelsregeln (KRUGMAN, 1987, S. 142). Verstöße gegen Freihandelsregeln müssen mit so starken und glaubwürdigen Sanktionsdrohungen konfrontiert werden, daß sie sich nicht mehr lohnen. Aus dieser Sicht einer Weltwirtschaft, in der Märkte und Politik unvollkommen sind, folgt Freihandel nicht mehr aus dem Effizienzargument der Theorie komparativer Kostenunterschiede, sondern aus dem Kooperationsargument der „neuen Außenhandelstheorie".

4.4. Politische Ökonomie des Protektionismus

Die Politische Ökonomie des Protektionismus ist eine positive Theorie der Handelspolitik. Sie bietet eine Erklärung, warum es zu Protektionismus kommt, obwohl er in den meisten Fällen der Gesellschaft schadet (BALDWIN, 1982; FREY, 1985; RODRIK, 1995). Wie das Gefangenendilemma strategischer Handelspolitiken gezeigt hat, gilt dies nicht nur bei internationaler polypolistischer Konkurrenz, sondern auch bei Marktunvollkommenheiten, die Protektionsanreize auslösen, wenn handelnde Politiker gleichgerichtete Interessenlagen ausländischer Handelspartner ignorieren.

Zu einfach wäre es, die Ausbreitung des Protektionismus oder die unvollkommenen Schritte zur Verwirklichung eines Freihandelssystems mit unvollständiger Information oder irrationalem Verhalten der politischen Akteure erklären zu wollen. Die theoretischen und empirischen Nachweise der Protektionskosten gehören zum allgemeinen, politisch vermittelbaren Fachwissen. Dennoch sind die aus ökonomischer Sicht unerwünschten Ergebnisse politischer Entscheidungsprozesse Ausdruck der Rationalität politisch handelnder Individuen, wenn man bedenkt, was das Rationalverhalten des „homo politicus" von dem des „homo oeconomicus" unterscheidet.

Politisches Handeln in parlamentarischen Demokratien mit Interessenpluralismus und -konflikten entspricht nicht dem Leitbild des gemeinwohlorientierten Politikers, der im Rahmen vorgegebener Restriktionen stets bedacht ist, die gesellschaftliche Wohlfahrt zu maximieren. Vielmehr ist sein Handeln darauf gerichtet, Einfluß und Macht zu gewinnen, um eigene Ziele durchsetzen zu können. Der Ansatz der Neuen Politischen Ökonomie (NPÖ) geht davon aus, daß Politiker und die politische Entscheidungen oder Positionen vorbereitenden Bürokraten Eigeninteressen ebenso rational verfolgen wie die nach Gewinnmaximierung (Nutzenmaximierung) strebenden wirtschaftlichen Akteure in Unternehmen (Haushalten) des privaten Sektors. Unter den Spielregeln repräsentativer Demokratien führt dies zu wahlstrategischen Verhaltensweisen der Politiker, deren Interessen auf Maximierung der Wählerstimmen gerichtet sind, und der Bürokraten, die Budget- und Kompetenzmaximierung anstreben. Im eigennutzorientierten Individualverhalten der Mitglieder aller beteiligten Akteursgruppen liegt der Schlüssel zum Verständnis, warum Protektion entsteht, obwohl sie gegen das Gemeinwohlinteresse verstößt.

Politiker und Bürokraten sind potentielle Anbieter von Protektion. Gewinner des Protektionismus sind die Produzenten (Kapitaleigentümer, Beschäftigte) in geschützten Importsubstitutionssektoren. Sie werden Protektion nachfragen. Verlierer sind die Konsumenten der durch Protektion verteuerten Güter und die Produzenten in den importierte Vorprodukte verarbeitenden Exportsektoren. Von diesen Seiten ist Protektionswiderstand zu erwarten. Protektion wird angeboten, wenn die Protektionsnachfrage stärker als der Protektionswiderstand ist. Die Verlierergruppe der Konsumenten ist im Vergleich zur Gewinnergruppe der Produzenten von Importsubstituten die größere und weniger konzentrierte, schlechter informierte und weniger effektiv organisierte Interessengruppe. Der Wohlfahrtsverlust pro Kopf der betroffenen Konsumenten (z. B. jährlich 50 Mio. USD/ 10 Mio. Käufer = 5 USD pro Kopf) wird wesentlich geringer und weniger spürbar sein als der Wohlfahrtsgewinn pro Betrieb des geschützten Produktionssektors (z. B. jährlich 20 Mio. USD/ 20 Betriebe = 1 Mio. USD pro Betrieb).

Daher wird die Protektionsnachfrage wesentlich stärker als der Protektionswiderstand sein. Die Interessen der Exportwirtschaft, die ebenfalls zu den Verlierern gehört, werden den Protektionswiderstand nicht entscheidend verstärken, da auch hier die Diffusion der Gewinneinbußen größer sein wird als die Konzentration der Gewinnzuwächse im geschützten Sektor, und weil die negativen Auswirkungen des Protektionismus auf die Gewinne der Exportproduzenten schwierig zu identifizieren und zu quantifizieren sind.

Unter diesen Bedingungen handeln die politischen Akteure als Anbieter von Protektion und befriedigen die Protektionsnachfrage, weil diese stärker als der Protektionswiderstand ist. Im Anreizsystem einer parlamentarischen Demokratie verhalten sie sich dabei politisch rational, weil die wahrscheinlichen Verluste an Wählerstimmen niedriger als die wahrscheinlichen Gewinne eingeschätzt werden. Der Prozeß politischer Willensbildung wird zu Gunsten der Protektionsbefürworter verzerrt.

Der dargestellte NPÖ-Ansatz der Handelspolitik erfasst zwar bestimmte politische Anreizstrukturen, die eine Durchsetzbarkeit protektionistischer (freihändlerischer) Interessen begünstigen (erschweren). Er bietet jedoch keine umfassende Erklärung handelspolitischer Entscheidungen. Zum einen unterliegen die politischen Akteure auch anderen, nur mittelbar ihren Wiederwahlinteressen dienenden industriepolitischen (Erziehungszölle, strategische Handelspolitik), beschäftigungs- und einnahmepolitischen Anreizen. Zum anderen sind für die politischen Akteure in autokratischen Systemen andere Motive als Wählerstimmenmaximierung (z. B. Machtsicherung durch Schaffung und Allokation von Renteneinkommen) handlungsleitend, die oftmals einen noch höheren Grad an protektionistischer Abschottung hervorbringen.

Schließlich verdeckt eine zu einseitige partialanalytische Anwendung des NPÖ-Ansatzes die politischen Interessen an multilateraler Handelsliberalisierung. Wenn ausländische Handelspartner ihre Absatzmärkte für inländische Exportprodukte öffnen, kann die hierfür geforderte Gegenleistung einer reziproken Öffnung heimischer Märkte für ausländische Anbieter auch politisch vorteilhaft sein, weil die hierdurch erreichbaren Zuwächse der Produzentenrenten insgesamt größer als die Verluste sind. Die Gegenseitigkeit handelspolitischer Liberalisierungsmaßnahmen verbessert die politische Durchsetzbarkeit freihandelspolitischer Interessen.

5. Welthandelsordnung

5.1. Freihandelsziel

Die in klassischen, neoklassischen und neueren Freihandelsmodellen nachgewiesenen Vorteile der Liberalisierung des Welthandels und Kosten der Handelsrestriktionen bieten eine breite Legitimationsbasis des Freihandelsziels. Freier Welthandel ist das Leitbild der internationalen Ordnungspolitik, welches den Ländern, die ihre Außenwirtschaftspolitik an diesem Leitbild orientieren, nachhaltige positive Wirkungen der weltwirtschaftlichen Integration auf das Wohlstandswachstum verspricht.

Die Ergebnisse der Freihandelsmodelle (s. Abschnitt 3) zusammenfassend, entspringt dieses Wohlstandswachstum aus vier Quellen:

- Verbesserte Allokationseffizienz: Die einem Freihandelssystem angeschlossenen Länder werden sich auf die Exportproduktion jener Güter spezialisieren, die sie relativ kostengünstig herstellen können, und jene Güter importieren, deren Inlandsproduktion mit relativ hohen Kosten verbunden wäre. Das im Zuge der Weltmarktöffnung der Nationalstaaten anhaltende Wachstum von Exporten und Importen fördert wachsende Realeinkommen. Mit steigenden Exporten entstehen zusätzliche, besser entlohnte Arbeitsplätze und höhere Unternehmensgewinne. Mit steigenden Importen werden Kosten reduziert, weil die importierten Gütermengen im Ausland deutlich günstiger erstellt werden können als die Inlandserzeugung der gleichen Gütermengen.
- Ausnutzung von Skalenvorteilen: Freihandel schafft größere Absatzmärkte, so daß durch Produktionsausweitung größenabhängige Kostendegressionspotentiale besser

ausgenutzt werden können. Die Stückkosten in der ausländischen Herstellung heimischer Importgüter und in der heimischen Produktion von Exportgütern gehen mit wachsenden Absatzmärkten zurück.

- Wettbewerbsförderung: Freihandel wirkt der Monopolisierung von Märkten entgegen und intensiviert den Wettbewerb (Preis-, Qualitäts- und Innovationswettbewerb). Wachsender Wettbewerbsdruck zwingt die Unternehmen, auf Grund von Skalenvorteilen erzielte Kostensenkungen in den Preisen weiterzugeben. Zugleich wird der Konsumentennutzen durch das breitere Angebot horizontal und vertikal differenzierter Produkte erhöht.
- Wachstumsförderung: Die Weltmarktöffnung schafft und intensiviert Kontakte zum Ausland. Die heimischen (ausländischen) Unternehmen werden neues technisches Wissen über die im Ausland (Inland) entwickelten Prozeß- und Produktinnovationen erwerben. Fremdwissen kann schneller, umfangreicher und wesentlich kostengünstiger beschafft werden als im Zustand der Isolation. Freihandel fördert somit die internationale Wissensdiffusion und die Dynamik des Innovations- und Imitationswettbewerbs. Freihandelsländer erreichen eine höhere technische Fortschrittsrate und damit eine höhere langfristige Wachstumsrate der Realeinkommen.

Prozesse der multilateralen Handelsliberalisierung werden allerdings oftmals durch Verteilungskonflikte belastet, weil es Akteursgruppen geben wird, die zu den Gewinnern (Kapitaleigentümer und Beschäftigte in Exportsektoren, Konsumenten) oder zu den Verlierern (Kapitaleigentümer und Beschäftigte in Importsubstitutionssektoren) gehören können. Wesentlich ist aber, daß diese Verteilungskonflikte im Klima weltwirtschaftlichen Wohlstandswachstums grundsätzlich lösbar sind, während die mit Handelsrestriktionen errichteten Freihandelsblockaden Verteilungskonflikte lediglich umkehren, im Klima weltwirtschaftlicher Wohlfahrtsverluste aber nicht lösen werden.

Eine dem Freihandelsziel verpflichtete Welthandelsordnung beruht auf einer glaubwürdigen Bindung aller Mitgliedsstaaten an vertraglich vereinbarte Freihandelsregeln, auf deren Einhaltung jeder Teilnehmer vertrauen kann. Ausnahmen vom Prinzip des freien Welthandels werden meist nur aus vorrangigen gesundheits-, umwelt-, sicherheits- und verteidigungspolitischen Gründen oder in Form handelspolitischer Ausgleichs- oder Vergeltungsmaßnahmen gegen regelverletzende Länder zugestanden. Die Anwendungsvoraussetzungen dieser Ausnahmebereiche müssen im Freihandelsabkommen präzise geregelt werden, um ihre mißbräuchliche Nutzung und hierdurch ausgelöste handelspolitische Konflikte zu verhindern. Voraussetzungen der Stabilität einer solchen Freihandelsordnung sind die Einigung auf Sanktionsmittel, die gegen regelverletzende Länder eingesetzt werden können, um alle Mitgliedsländer von Verstößen gegen Freihandelsregeln abzuhalten, und die Gestaltung wirksamer Verfahrensregeln zur Lösung handelspolitischer Konflikte zwischen Mitgliedsstaaten.

5.2. Multilateralismus und Regionalismus

Staaten können die Verwirklichung des Freihandelsziels auf weltwirtschaftlicher Ebene unter Beteiligung möglichst aller Welthandelsländer (Multilateralismus) oder auf regionaler Ebene unter Beteiligung einer begrenzten Gruppe von Beitrittstaaten eines Freihandelsabkommens (Regionalismus) anstreben.

Der Multilateralismus findet seinen Niederschlag im Allgemeinen Zoll- und Handelsabkommen (GENERAL AGREEMENT ON TARIFFS AND TRADE: GATT) und dem Abkommen über die Welthandelsorganisation (WORLD TRADE ORGANIZATION: WTO), in welches das GATT übernommen wurde (s. Abschnitt 5.3.).

Auf die Bildung geographisch begrenzter Freihandelsräume gerichtete regionale Integrationsabkommen führen in den meisten Fällen zur Errichtung einer Freihandelszone, die den zollfreien (und möglicherweise auch von nicht-tarifären Hemmnissen befreiten) Handel im Integrationsraum mit meist restriktiveren, nicht-harmonisierten nationalen Handelspolitiken gegenüber Drittstaaten verbindet. Vertiefte Integrationsabkommen ergänzen die Liberalisierung des internen Güterhandels durch eine gemeinsame Handelspolitik mit einheitlichen Außenzöllen gegenüber Drittländern (Zollunion) oder vereinbaren eine Zollunion mit freier Mobilität der Produktionsfaktoren Arbeit und Kapital im Unionsraum (Gemeinsamer Markt).

Der Regionalismus in Europa (Beitrag S-2) wird geprägt durch die Vertiefung und Erweiterung der als Zollunion gebildeten EUROPÄISCHEN WIRTSCHAFTSGEMEINSCHAFT (EWG-6) zu einem Gemeinsamen Markt in der EUROPÄISCHEN UNION (EU-15, geplant für EU-27), die im Zuge der EU-Erweiterung geschrumpfte EUROPÄISCHE FREIHANDELSZONE (EFTA: Island, Liechtenstein, Norwegen, Schweiz) und das EU-EFTA-Abkommen über den EUROPÄISCHEN WIRTSCHAFTSRAUM (EWR: EU und EFTA ohne Schweiz). Regionale Integrationsabkommen außerhalb von Europa sind u. a. die NORDAMERIKANISCHE FREIHANDELSZONE (NAFTA: Kanada, Mexiko, USA), die Freihandelszone der ASEAN-Staaten (ASEAN FREE TRADE AREA: AFTA) und das auf einen Gemeinsamen Markt gerichtete südamerikanische Integrationsabkommen (MERCOSUR: Argentinien, Brasilien, Paraguay, Uruguay).

Vor diesem Hintergrund wird kontrovers diskutiert, ob die Ausbreitung des Regionalismus die Verwirklichung des globalen Freihandelsziels, also den Multilateralismus, fördert oder behindert (DE MELLO/PANAGARIYA, 1993; KRUEGER, 1999; PANAGARIYA, 1999):

- Substitutionsthese: Regionalismus ist die Folge ausbleibender multilateraler Handelsliberalisierung. Globale wird durch regionale Freihandelspolitik ersetzt. Die regionalen Handelsblöcke bilden Freihandelsräume, die sich gegeneinander abschotten. Regionale Handelsliberalisierung ist verbunden mit protektionistischer Abschirmung der Integrationsräume.
- Komplementaritätsthese: Regionalismus und Multilateralismus fördern sich gegenseitig. Regionale Handelsblöcke – insbesondere solche mit einer gemeinsamen Handelspolitik – können in multilateralen Verhandlungen größere Absatzmarktöffnungen anbieten und damit umfangreichere Gegenleistungen der Verhandlungspartner einfordern als Einzelstaaten. Mitgliedschaft und Liberalisierungsvorleistungen in einem multilateralen Freihandelsabkommen können den Beitritt zu einem bestehenden regionalen Integrationsabkommen erleichtern.

Da der Regionalismus somit Brems- oder Antriebskraft der multilateralen Handelsliberalisierung sein kann, müssen seine Erscheinungsformen differenziert beurteilt werden. Hierbei werden alter und neuer Regionalismus unterschieden (ETHIER, 1998). Alter Regionalismus enthält die Bildung protektionistisch abgeschirmter Integrationsräume, von der signifikante handelsumlenkende Wirkungen ausgehen (Beispiel: EU-Agrarhandelspolitik) und die somit eher die Substitutionsthese bestätigen. Neuer Regionalismus umfasst den Beitritt kleiner Länder zu einem Freihandelsabkommen mit einem großen Land oder einem bereits bestehenden regionalen Handelsblock, nachdem sich die Beitrittsländer mit unilateralen Reformen und Mitgliedschaft im multilateralen Handelssystem hierfür qualifiziert haben (Beispiel: EU-Osterweiterung). Dies bestätigt eher die These einer Komplementarität von Regionalismus und Multilateralismus, der im folgenden eingehender betrachtet wird.

5.3. Institutioneller Rahmen

Um die Freiheit des Welthandels im Rahmen einer globalen marktwirtschaftlichen Ordnung zu sichern, müssen die Staaten einen Konsens über die Prinzipien ordnungskonformen Verhaltens finden, vertraglich absichern und die Einhaltung dieser Regeln durchsetzen. Eine Welthandelsordnung, die die Freiheit des internationalen Handels durchsetzen und bewahren kann, muss mit einer Weltwährungsordnung verbunden werden, die die Freiheit des internationalen Zahlungs- und Devisenverkehrs für alle in der Leistungsbilanz erfassten grenzüberschreitenden Transaktionen (Leistungsbilanzkonvertibilität) und die Freiheit des internationalen Kapitalverkehrs (Kapitalbilanzkonvertibilität) gewährleistet.

Diese Beschränkungen der Autonomie nationaler Außenwirtschaftspolitiken sind im Interesse einer funktionsfähigen und stabilen Weltwirtschaftsordnung notwendig. Wenn in einem solchen System wohlstandsfördernder weltwirtschaftlicher Verflechtungen und gegenseitiger Abhängigkeiten nationalstaatliche Interessen mit Zöllen, Mengenbeschränkungen, Exportsubventionen und Konvertibilitätsbeschränkungen ihre Autonomieansprüche durchsetzen wollen, muß damit gerechnet werden, daß außenwirtschaftspolitische Reaktionen ausländischer Handelspartner nicht ausbleiben werden. Es entsteht die Gefahr eines sich selbst verstärkenden Prozesses zunehmender Protektion (Interventionsspirale), der den Welthandel stark schrumpfen läßt und allen Ländern Wohlstandseinbußen einträgt. Die nach 1930 sich ausbreitende Weltwirtschaftskrise und die anschließende Phase einer weitgehenden Desintegration der Weltwirtschaft sind ein bis heute mahnendes Beispiel einer derartigen Eskalation des Protektionismus.

Die Bemühungen um weltwirtschaftliche Reintegration nach dem zweiten Weltkrieg führten zur Bildung zweier Institutionen, die bis heute wichtige Rollen in der internationalen Wirtschaftspolitik spielen: Internationaler Währungsfonds (IWF) und Allgemeines Zoll- und Handelsabkommen (GATT).

Der Konsens über die Grundelemente der zu einem künftigen Freihandelssystem komplementären Weltwährungsordnung wurde früher erreicht (IWF-Abkommen von Bretton Woods, 1944) als die drei Jahre später erzielte Einigung über die Grundpfeiler einer Welthandelsordnung der Nachkriegsära (GATT, 1947).

Als währungspolitische Voraussetzung für den Wiederaufbau weltwirtschaftlicher Verflechtungen wurde im IWF-Abkommen das Prinzip der Währungskonvertibilität auf Basis fester Wechselkurse verankert und dem IWF die Überwachungsfunktion übertragen. Die Mitgliedsländer werden hierdurch verpflichtet, die Durchführung von Zahlungen und Überweisungen für laufende internationale Geschäfte ohne Zustimmung des IWF keinen Beschränkungen zu unterwerfen (Art. 8, Abs. 2). Im Falle temporärer Zahlungsbilanzdefizite stellt der IWF internationale Liquidität zur Verfügung, damit Ungleichgewichte im internationalen Zahlungsverkehr finanziell überbrückt werden können (Zahlungsbilanzfinanzierung). Dauerhafte Zahlungsbilanzungleichgewichte sollen dagegen durch geld- oder wechselkurspolitische Anpassungsmaßnahmen verhindert oder bekämpft werden (Zahlungsbilanzanpassung), wobei vor dem Zusammenbruch des Bretton-Woods-Systems fester Wechselkurse (1971–73) und der Freigabe der Wechselkurse Änderungen der Wechselkursparitäten um mehr als 10 v. H. einer IWF-Genehmigung bedurften.

Dieses System währungspolitischer Handlungsregeln sollte sicherstellen, daß das Ziel des langfristigen Zahlungsbilanzgleichgewichts nicht als Grund oder Vorwand dient, Konvertibilitätsbeschränkungen oder tarifäre und nicht-tarifäre Handelshemmnisse einzusetzen sowie Subventions- oder Abwertungswettläufe zu veranstalten.

Das 1947 von 23 Staaten unterzeichnete Allgemeine Zoll- und Handelsabkommen ist am 1. 1. 1948 in Kraft getreten. Die Bundesrepublik Deutschland trat dem Vertragswerk 1951 bei. Die Zahl der Mitgliedstaaten ist ständig gestiegen (1986: 91; 1993: 114). Seit 1995 hat die Welthandelsorganisation (World Trade Organization: WTO) die Rechtsnachfolge des GATT übernommen, welches als GATT-1994 mit leichten Veränderungen Teil des 1994 geschlossenen neuen multilateralen Handelsabkommens ist. Mittlerweile gehören der WTO 149 Mitgliedstaaten an (Stand Mitte 2006). Weitere Länder (darunter Russland) streben die Aufnahme an.

5.3.1. GATT-1947

Ordnungsprinzipien

Ziele des GATT-1947 waren ein schrittweiser Abbau von Zöllen und die Beseitigung nicht-tarifärer Handelshemmnisse, die durch bilaterale Liberalisierungsschritte und insbesondere durch multilaterale Verhandlungsrunden erreicht werden sollten. Die Annäherung an diese Ziele soll durch die Ordnungsprinzipien der

- Liberalisierung,
- Gegenseitigkeit (Reziprozität) und
- Nicht-Diskriminierung (Inländerbehandlung, Meistbegünstigung)

gefördert und unumkehrbar gemacht werden.

Das Prinzip der Liberalisierung beinhaltet Zollbindungen, die das Heraufsetzen bestehender und die Einführung neuer Zölle verbieten, und ein Verbot quantitativer und anderer nicht-tarifärer Handelsbeschränkungen. Dieses Verbotsprinzip gilt auch für Exportsubventionen, jedoch nicht für alle Produktsubventionen, die ebenfalls exportfördernde Handelsverzerrungen herbeiführen können.

Das Gegenseitigkeitsprinzip fordert, daß Zollsenkungen und andere Handelserleichterungen, die ein Land gewährt, mit gleichwertigen Gegenleistungen der hierdurch begünstigten Handelspartner zu beantworten sind. So sollen die Widerstände gegen unilaterale Liberalisierungsmaßnahmen dadurch vermindert werden, daß mit ihnen auch wachsende Exporte gefördert werden. Interpretationsspielraum besteht aber in der Bestimmung der „gleichwertigen" handelspolitischen Gegenleistungen.

Das Diskriminierungsverbot hat zwei Ausprägungen. Erstens sollen gemäß dem Prinzip der Inländerbehandlung ausländische Anbieter im Inlandsmarkt des Importlandes genauso behandelt werden wie inländische Anbieter. Es darf also keine wettbewerbliche Diskriminierung ausländischer gegenüber inländischen Anbietern geben. Zum Beispiel hatte Thailand zum Schutz der Gesundheit eine Steuer auf importierte, nicht jedoch auf im Inland hergestellte Zigaretten erhoben. Nach einer GATT-Intervention wurde die Diskriminierung 1990 aufgehoben. Zweitens sollen gemäß dem Prinzip der unbedingten Meistbegünstigung alle ausländischen Anbieter gleichartiger Importgüter an den Außengrenzen gleich behandelt werden. Zollsätze und andere für gleichartige Importgüter angewendete Importhemmnisse dürfen also nicht nach Ursprungsländern differenziert werden. Eine einheitliche Zollbelastung mit dem jeweils niedrigsten der geltenden Zollsätze ist sicherzustellen, ohne daß die Anwendung dieser Meistbegünstigungszölle von Bedingungen, wie etwa gleichwertige Gegenleistungen, abhängig gemacht werden darf.

Das Gegenseitigkeitsprinzip bezieht sich also nicht auf die Anwendung der Meistbegünstigungsklausel, sondern auf bilaterale Verhandlungsprozesse. Führen diese zum geforderten Ergebnis gegenseitiger, als gleichwertig akzeptierter Handelserleichterungen, müssen diese unverzüglich und bedingungslos auf alle GATT-Vertragspartner angewendet werden. Die Anwendung der unbedingten Meistbegünstigung auf die nach dem Grundsatz der Gegenseitigkeit bilateral ausgehandelten Liberalisierungsschritte führt somit zu einem multilateralen Liberalisierungseffekt.

Solche weitreichenden Liberalisierungswirkungen sollen insbesondere durch multilaterale Verhandlungsrunden erreicht werden. Das GATT ermächtigt zur Einberufung einer beschlußfassenden Vollversammlung mit dem Ziel einer allgemeinen Senkung bestehender Handelshemmnisse (Art. 28). Die dabei erzielten Fortschritte beim Abbau des tarifären Protektionismus sind in *Tab. H-4* chronologisch zusammengefaßt.

Tab. H-4: Zollniveaus und Zollsenkungen im Rahmen des GATT

Runde	Zeitraum	Durchschnittliche Zollbelastung in v. H. des Importwerts	Abnahme in v. H. des vorausgehenden Zolls	Zahl der teilnehmenden Staaten
1. Genf	1947	40	.	23
2. Annecy	1949	30	–25	13
3. Torquay	1950–51	25	–17	38
4. Genf	1955–56	23	–8	26
5. Dillon	1961–62	15	–34	26
6. Kennedy	1964–67	10	–33	62
7. Tokio	1973–79	6.3	–37	99
8. Uruguay	1986–93	3.9	–38	117

Entnommen aus: SENTI (2000), S. 219.

Insbesondere in den 60er Jahren des 20. Jahrhunderts wurden freihandelspolitische Fortschritte erzielt. Der entscheidende Durchbruch gelang erst mit der Kennedy-Runde. Nach 1970 wurde jedoch der Abbau des tarifären Protektionismus durch eine Ausweitung des nicht-tarifären Protektionismus konterkariert. Nachdem es bereits in der Kennedy-Runde nicht gelungen war, die meist hoch protektionierten Agrarmärkte in die Verhandlungen einzubeziehen und an die Zollsenkungen anzuschließen, blieb auch der Tokio-Runde dieser Erfolg ebenso versagt wie ein Abbau der verstärkten nicht-tarifären Handelshemmnisse. Immerhin wurde in dieser 7. multilateralen GATT-Runde eine Fortsetzung des Zollsenkungsprozesses, insbesondere bei industriellen Halb- und Fertigwaren, erreicht. Die bisher letzte 8. Verhandlungsrunde hat in Verbindung mit weiteren Zollsenkungen (auf ein durchschnittliches Zollniveau von 4.v. H. bei Industriegütern) neue Rahmenbedingungen für die Welthandelsliberalisierung geschaffen (s. Abschnitt 5.3.2.).

Ausnahmebereiche

Die freihandelspolitische Wirksamkeit des GATT wird durch zahlreiche Ausnahmeregelungen beschränkt. Im Grunde stellt das GATT einen Kompromiß zwischen nationalen Autonomieansprüchen und Freihandelsbindungen dar, der die Basis für die Unterzeichnung des Handelsabkommens war. Für jedes Ordnungsprinzip gelten somit Ausnahmebereiche, in denen die Geltung des Prinzips aufgehoben oder eingeschränkt wird.

Der Grundsatz der Meistbegünstigung findet keine Anwendung auf Handelspräferenzen, die bei Inkrafttreten des Abkommens bereits bestanden („grandfathering", Art. 1, Abs. 2). Handelspräferenzen bieten Einfuhrgütern aus bestimmten (präferenzierten) Exportländern zollfreien oder weniger stark beschränkten Zugang zum Markt des Präferenzgebers. Die Ausnahmeregelung ermöglichte es etwa Großbritannien, die

Präferenzbehandlung aufrechtzuerhalten, die es Einfuhren aus den Ländern des Commonwealth gewährte und die es für seine Exporte in diese Gebiete beanspruchen konnte.

Die Neubildung regionaler Präferenzzonen, mit denen Länder, meist in Form von Freihandelszonen oder Zollunionen, einander reziproke Handelspräferenzen gewähren (s. Abschnitt 5.2.), wird gestattet, obwohl sie gegen das Meistbegünstigungsprinzip verstößt. Voraussetzungen für die Aufhebung der Meistbegünstigung sind, daß annähernd der gesamte Handel im Präferenzraum liberalisiert wird, die hierdurch entstehenden Diskriminierungswirkungen geringer sind als die Vorteile für den gesamten Welthandel und der gemeinsame Außenzoll einer Zollunion nicht höher als der Durchschnitt der Einzelzölle vor Bildung der Zollunion ist (Art. 24). Sind diese Voraussetzungen erfüllt, wird vermutet, daß die durch handelspolitische Kooperation geschaffenen regionalen Handelsblöcke zu weltweitem Freihandel beitragen. Die bereits dargestellten Beispiele für diese durch Art. 24 abgedeckten Regionalisierungstendenzen (s. Abschnitt 5.2.) sowie zahlreiche nicht-reziproke Präferenzabkommen (z. B. EU-AKP-Abkommen mit ca. 70 afrikanischen, karibischen und pazifischen Entwicklungsländern, Allgemeines Präferenzsystem), die noch keineswegs die gesamte Bandbreite der Regionalabkommen abbilden, zeigen die fortschreitende Aushöhlung des Meistbegünstigungsprinzips durch den Regionalismus.

Der Grundsatz der Liberalisierung (Zollsenkungen und Verbot mengenmäßiger Handelsbeschränkungen) wird durch Schutzklauseln *(Übersicht H-2)* durchbrochen:

- Importzölle sind zulässig, wenn sie als Abwehrmaßnahme gegen die durch Dumping-Praktiken (Antidumpingzölle) oder Subventionierung (Ausgleichszölle) erlangten unfairen Konkurrenzvorteile ausländischer Anbieter genutzt werden (Art. 6).
- Mengenbeschränkungen der Einfuhr können „zum Schutz der finanziellen Lage gegenüber dem Ausland und zum Schutz der Zahlungsbilanz" – auch selektiv und damit diskriminierend – angewendet werden (Art. 12).
- Entwicklungsländer können zur Förderung der industriellen Entwicklung Industriegüterimporte, z. B. durch Erziehungszölle (s. Abschnitt 4.1.2.), beschränken (Art. 18).
- Unter bestimmten Voraussetzungen können bei starkem Anstieg der Einfuhr bestimmter Güter temporäre Handelshemmnisse zum Schutz eines von übermäßigem Importdruck getroffenen heimischen Industriezweigs eingesetzt werden (Art. 19).

Übersicht H-2: GATT-Schutzklauseln

Anwendungsbereich	*GATT-Artikel*
Schutz gegen Wettbewerbsverzerrungen durch Dumping oder Subventionen	6
Schutz der Agrarmärkte	11: 2a
Schutz der Zahlungsbilanz	12
Förderung der industriellen Entwicklung (infant industry protection)	18
Selektiver Schutz einzelner Industrien	19
Schutz des Lebens und der Gesundheit von Menschen, Tieren und Pflanzen	20
Nationale Sicherheit	21

In der Vergangenheit haben Industrieländer am häufigsten die Ausnahmeklauseln der Artikel 6 und 19 (dabei überwiegend Art. 6) genutzt, deren Anwendungsvoraussetzungen nicht präzise genug spezifiziert sind. Entwicklungsländer haben sich häufig unter Berufung auf Art. 12 oder 18 von Liberalisierungsverpflichtungen befreit. Art. 12 steht aber im Widerspruch zu der Erkenntnis, daß der Abbau von Zahlungsbilanzdefiziten am besten mit einer durch restriktive Geld- und Fiskalpolitik unterstützten Wechselkursanpassung, kaum aber mit tarifären oder nicht-tarifären Importrestriktionen herbeigeführt werden kann. Art. 18 stützt sich auf die „Theorie des Erziehungsschutzes", deren entwicklungspolitischer Nutzen zumindest zweifelhaft ist (s. Abschnitt 4.1.2.).

Die Entwicklungsländer sind in zunehmendem Maße von grundlegenden GATT-Verpflichtungen befreit worden (LANGHAMMER, 1987; BENDER, 1996). Ihnen wurde ein Sonderstatus zugestanden (Ergänzung des GATT-Vertrages 1965: Teil IV, Artikel 36–38), der in den Handelsbeziehungen mit Industrieländern den Grundsatz der Gegenseitigkeit für Entwicklungsländer aufhebt, die Meistbegünstigung untergrabende Handelspräferenzen erlaubt und den Entwicklungsprotektionismus legalisiert. Das in der Tokio-Runde geschlossene Sonderabkommen zu Subventionen erlaubt diese Maßnahmen als Bestandteil wirtschaftlicher Entwicklungsprogramme und hebt das Verbot von Exportsubventionen für Entwicklungsländer auf.

Schließlich bestanden bzw. entstanden sektorale Bereichsausnahmen mit der Konsequenz, daß die GATT-Regeln für den internationalen Handel von Agrargütern, Textilien, Bekleidungswaren und Dienstleistungen keine Geltung hatten. Das Verbot von quantitativen Importrestriktionen und Exportsubventionen galt nicht für den internationalen Agrarhandel. Das 1974 erstmals geschlossene und mehrfach erneuerte Multifaserabkommen schuf die Rechtsgrundlage für diskriminierende bilaterale Vereinbarungen von Quotenregelungen im internationalen Textilhandel, die zusammen mit den Quotenrenten (s. Abschnitt 4.2.2.) den Exportländern übertragen wurden. Auch war GATT-1947 ein Abkommen über den Warenhandel, dessen Regeln den internationalen Dienstleistungshandel nicht erfassten.

Insgesamt erscheint das GATT-1947 nicht als ein System verbindlicher, unumkehrbarer und glaubwürdiger Freihandelsregeln. Einerseits enthält das Abkommen Grundprinzipien, die einen freien Welthandel fördern. Andererseits umfasst es zahlreiche Ausnahmen, die einen Verstoß gegen jedes dieser Prinzipien erlauben (MOLSBERGER/KOTIOS, 1990). Die Ausbreitung des neuen nicht-tarifären Protektionismus, insbesondere in den 70er und 80er Jahren des 20. Jahrhunderts, war die Folge dieser Ambivalenz. Der oftmals in die Form von Exportbeschränkungsabkommen gekleidete „Grauzonenprotektionismus“ konnte am GATT vorbei entwickelt und durchgesetzt werden, weil dessen Normen aufgrund einer „stillschweigenden Konspiration der Staaten“ (MOLSBERGER/KOTIOS, 1990) nicht konsequent angewendet wurden. Zum Beispiel dürften Exportländer den Abschluß eines Exportbeschränkungsabkommens im Vergleich zu einem relativ aussichtslosen und aufwendigen Klageverfahren vor allem deshalb für das kleinere Übel gehalten haben, weil ihnen die Abschöpfung der Quotenrente zugestanden wurde. Diese Entwicklung wurde durch strukturelle Mängel des GATT-Streitschlichtungsverfahrens begünstigt. Weil der Schiedsspruch des Schlichtungsorgans einstimmig angenommen werden mußte, erhielten beklagte Parteien ein Vetorecht, dessen Ausübung jede für sie ungünstige Entscheidung blockieren konnte. Die Chancen, regelverletzende Handelspartner mittels eines Streitschlichtungsprozesses zu disziplinieren, waren daher relativ gering.

5.3.2. WTO-Abkommen

Das WTO-Abkommen ist die Rechtsgrundlage der neuen Welthandelsorganisation, die als internationale Organisation mit eigener Völkerrechtspersönlichkeit und Sitz in Genf am 1. 1. 1995 ihre Arbeit aufgenommen hat. Geschaffen wurde ein multilaterales Handelsabkommen mit wesentlich größerer Anwendungsbreite. Es steht auf drei Säulen *(Übersicht H-3)*:

- Das GATT-1994 (auch MULTILATERAL TRADE IN GOODS AGREEMENT: MTA) nimmt die traditionellen GATT-Regeln auf, erweitert ihren Anwendungsbereich auf den internationalen Austausch von Agrarprodukten, Textilien und Bekleidungswaren und präzisiert die Anwendungsvoraussetzungen von Ausnahmeklauseln für Antidumping- und selektive Schutzmaßnahmen.
- Das neue Dienstleistungsabkommen (GENERAL AGREEMENT ON TRADE IN SERVICES: GATS) unterwirft den internationalen Dienstleistungshandel den GATT-Ordnungsprinzipien und schafft Rahmenbedingungen für eine zukünftige, bislang aber noch kaum umgesetzte weltwirtschaftliche Öffnung der Dienstleistungsmärkte.
- Das neue Abkommen über handelsbezogene Aspekte geistiger Eigentumsrechte (TRADE-RELATED ASPECTS OF INTELLECTUAL PROPERTY RIGHTS: TRIPS) schafft einen Rahmen für eine multilaterale Einigung auf Standards zum Schutz geistiger Eigentumsrechte (wie Patente, Urheberrechte, Markenbezeichnungen, geographische Ursprungsbezeichnungen) im internationalen Handel.

Für die drei Säulen gilt der „single package approach“, der alle WTO-Mitgliedstaaten verpflichtet, alle unter dem multilateralen Dach stehenden Abkommen *(Übersicht H-3)* zu übernehmen. Lediglich für die vier (deshalb) sogenannten plurilateralen Abkommen (zum Handel mit zivilen Luftfahrzeugen, öffentlichen Beschaffungswesen, Handel mit Milchprodukten und Rindfleisch) gilt die Sonderregelung, daß diese nur für sie ratifizierende Staaten rechtlich bindend werden. Das neu geregelte Verfahren zur

Schlichtung von Handelsstreitigkeiten gilt dagegen für alle multi- und plurilateralen Abkommen.

Übersicht H-3: Welthandelsorganisation (WTO)

Ausschüsse: Handel und Entwicklung Zahlungsbilanz Budget, Finanzen, Verwaltung	Ministerkonferenz[1] Allgemeiner Rat[2] Generaldirektor[3] Sekretariat[4]	Streitschlichtungsorgan für alle Abkommen Organ zur Überprüfung der Handelspolitiken
	Multilaterale Abkommen	
GATT (MTA)	*GATS*	TRIPS

Gemeinsame Zielsetzungen	
Abbau von Handelshemmnissen Meistbegünstigung Reziprozität	Umweltschutz Nicht-Diskriminierung Begünstigung wirtschaftlich schwacher Länder

Rat für den Handel mit Waren	Rat für den Handel mit Dienstleistungen	Rat für handelsbezogene Aspekte geistiger Eigentumsrechte
Abkommen über Landwirtschaft Gesundheit Textilwaren Technische Handelshemmnisse Handelsbezogene Investitionsmaßnahmen (TRIMS: Trade Related Investment Measures) Anwendung von Antidumpingmaßnahmen Zollwert Kontrollen vor dem Versand Ursprungsregeln Einfuhrlizenzen Subventionen Anwendung von Schutzmaßnahmen	Abkommen über Verkehr natürlicher Personen Seeverkehr Luftverkehr Finanzdienste Telekommunikation	Konventionen von Bern: Kunst, Literatur Paris: Schutz des gewerblichen Eigentums (Urheberrechte, Erfindungen, Hersteller- und Handelsmarken, geographische Bezeichnungen, Geschäftsgeheimnisse) Washington: Integrierte Schaltungen Bestimmungen über Fälschungen aller Art

[1] Minister der Mitgliedstaaten
[2] Delegierte der Mitgliedstaaten
[3] Führt Beschlüsse aus
[4] Bereitet Sitzungen vor, erstellt Statistiken

Warenhandel

Die mit GATT-1994 und zusätzlichen multilateralen Abkommen über Landwirtschaft, Textilien und Bekleidung, Anwendung von Antidumping- und Schutzmaßnahmen, Subventionen und andere Bereiche ermöglichten Liberalisierungsfortschritte können aufgegliedert werden in Zollabbau, Vertiefung von Handelsregeln und Aufnahme zusätzlicher Handelsbereiche (Frenkel/Radeck, 1996).

Die Senkung der Zölle auf Industriegüter um 40 v. H. führt nach Abschluß des fünfjährigen Umsetzungszeitraums zu einem durchschnittlichen Zollsatz von 4 v. H. Geringere Zollsenkungen um 22 v. H. und ein längerer Anpassungszeitraum gelten für Textilwaren. Hier wird nach Umsetzung der Zollsenkungen ein durchschnittlicher Zollsatz von ungefähr 12 v. H. geschätzt (Koopmann, 1996), der immer noch das Dreifache des durchschnittlichen Industriegüterzolls betragen wird.

Die Handelsregeln des neuen Schutzklauselabkommens präzisieren die Voraussetzungen selektiver Schutzmaßnahmen gemäß Art. 19 GATT und verbieten alle „Grauzonenmaßnahmen", insbesondere also auch Exportbeschränkungsabkommen. Selektive Schutzmaßnahmen sind nur dann zulässig, wenn einer unvorhergesehenen, übermäßig starken Importsteigerung bestimmter Waren, die eine erhebliche Schädigung inländischer Anbieter verursacht, entgegengewirkt werden soll. Das Schutz begehrende Importland trägt die Beweislast für die Erfüllung dieser Voraussetzungen und muß in Form von Zollsenkungen bei anderen Produkten oder Abtretung von Exportquoten an die betroffenen Ausfuhrländer Kompensation leisten. Die nach Maßgabe des Schutzklauselabkommens für zulässig erklärten Importbeschränkungen haben eine maximale Laufzeit von vier Jahren. Auch wenn diese Handelsregeln einen Fortschritt gegenüber der alten Schutzklausel darstellen, darf nicht übersehen werden, daß sie eine Umgehungsmöglichkeit des Verbots von Importkontingenten und Exportbeschränkungsabkommen anbieten.

Auch die Handelsregeln des neuen Antidumpingabkommens präzisieren die Voraussetzungen für Antidumpingzölle. Wie bisher, muß der Kläger des heimischen Industriezweigs den Dumpingvorwurf beweisen. Dieser Tatbestand wird vermutet, wenn ein ausländischer Anbieter im Exportmarkt einen niedrigeren Preis als auf seinem heimischen Markt oder anderen Exportmärkten fordert. Sind solche Vergleichsmärkte nicht vorhanden, kann ein aus Vollkosten und Normalgewinnzuschlag berechneter Referenzpreis (Normalwert) zur Ermittlung der Dumpingmarge (Referenzpreis – Exportpreis) verwendet werden. Der dieses Kriterium erfüllende Dumpingtatbestand wird nur dann als sanktionsfähig anerkannt, wenn der Marktanteil der die Schädigung behauptenden Inlandsanbieter mindestens 25 v. H. beträgt, die Dumpingmenge mindestens 3 v. H. der Gesamtausfuhr dieser Ware und die Dumpingmarge mindestens 2 v. H. betragen. Sind auch diese Bedingungen erfüllt, muß noch der Kausalzusammenhang zwischen dem Dumping und der nachweisbaren Schädigung bewiesen werden. Erst wenn alle Voraussetzungen erfüllt sind, dürfen Antidumpingzölle erhoben werden. Sie dürfen die Dumpingmarge nicht überschreiten und haben eine höchstens fünfjährige Laufzeit. Diese Vertiefung der Handelsregeln kann das in Art. 6 GATT angelegte Mißbrauchspotential einschränken, nicht aber beseitigen, da ein wesentlicher Mangel fortbesteht. Es wird nicht differenziert zwischen einem wettbewerbspolitisch bedenklichen ruinösen Verdrängungsdumping („predatory dumping"), internationaler Preisdifferenzierung auf Grund einer preiselastischeren Nachfrage im umstrittenen Exportmarkt und verlustminimierenden Verkaufspreisen unter den totalen Durchschnittskosten auf Grund eines temporären Nachfragerückgangs. Im Grunde rechtfertigt nur der erste Fall den Einsatz von Antidumpingzöllen, solange keine internationalen Wettbewerbsregeln andere Sanktionsmittel bereitstellen.

Das neue Subventionsabkommen, das allerdings nicht für Landwirtschaft und Luftfahrtindustrie gilt, unterscheidet verbotene (direkte Exportsubventionen, Produktsubventionen mit exportfördernder Wirkung), angreifbare und erlaubte Subventionen (Forschungssubventionen, Regionalbeihilfen, Umweltschutzsubventionen). Angreifbare Subventionen (Vermutung ernsthafter Schädigung einer Vertragspartei, Anteil der Subvention am Produktionswert höher als 5 v. H.) können angefochten werden. Gelingt dem subventionierenden Land nicht der Nachweis, daß diese keine ernsthafte Schädigung des klagenden Wettbewerbers verursachen, wird das betroffene Land ermächtigt, auf fünf Jahre befristete Ausgleichszölle zu erheben.

Das neue Agrarabkommen regelt die Umwandlung aller nicht-tarifären Importrestriktionen in äquivalente Zölle (Tarifikation) und den über einen sechsjährigen (Industrieländer) bzw. zehnjährigen Zeitraum (Entwicklungsländer) gestreckten Abbau aller Zölle und Exportsubventionen um durchschnittlich 36 v. H. (Industrieländer) bzw. 24 v. H. (Entwicklungsländer) des durchschnittlichen Importzolls bzw. Exportsubventionswertes der Basisperiode 1986–90. Da im Referenzzeitraum 1986–88 die Spannen zwischen Inlands- und Weltmarktpreisen und die Subventionsausgaben überdurchschnittlich hoch waren, waren die effektiven Abbauraten geringer, zumal die Aufteilung der Kürzungsvorgaben auf die einzelnen Agrarprodukte im Ermessen der Mitgliedsstaaten steht.

Das neue Textilabkommen beendet die Geltung des Welttextilabkommens (AGREEMENT ON TEXTILES AND CLOTHING: ATC). Alle den Welttextilhandel verzerrenden quantitativen Handelshemmnisse müssen bis 2005 auslaufen. Nach Ablauf dieser Frist bleibt allerdings die Möglichkeit, den Vorbehalt selektiver Schutzmaßnahmen im Rahmen des Schutzklauselabkommens auszunutzen und die „Notbremse" des Art. 19 GATT zu ziehen.

Dienstleistungshandel

In den letzten 50 Jahren ist der Anteil der Dienstleistungsproduktion am Bruttoinlandsprodukt der Staaten und am Welthandel stark gestiegen. Da viele Dienstleistungstransaktionen Bewegungen des Produzenten zum Standort des Konsumenten oder Bewegungen des Konsumenten zum Standort des Produzenten voraussetzen, werden diese Produkte nur dann international handelbar, wenn nationale Grenzen überschreitende Bewegungen von Produktionsfaktoren (Aufenthalts- und Arbeitserlaubnis für ausländische Arbeitskräfte, Niederlassungsfreiheit für ausländische Direktinvestoren) oder von Leistungsnachfragern (Reisefreiheit, Migrationsfreiheit) ermöglicht werden. Daneben gibt es aber auch Dienstleistungen, die durch materielle Träger (z. B. Film, Kassette, Diskette, elektronische Post) übermittelt werden und deshalb nicht an internationale Faktor- oder Personenbewegungen gebunden sind, weil ihre internationale

Übertragung wie beim Warenhandel abläuft. Somit lassen sich die international handelbaren Dienstleistungen untergliedern in

- direkt handelbare, grenzüberschreitende Dienstleistungen (z. B. Transportleistungen, Übertragung durch technisches Medium),
- indirekt handelbare Dienstleistungen, die eine Niederlassung des Anbieters im Land der Leistungserbringung erfordern (z. B. Finanzdienstleistungen: Banken, Versicherungen),
- indirekt handelbare Dienstleistungen, die eine internationale Mobilität natürlicher Personen erfordern (z. B. Reiseverkehr, Ausbildungs- oder Beratungsdienste, Bau- oder Montageleistungen).

Die meisten der den internationalen Dienstleistungstausch beschränkenden Handelshemmnisse bestehen aus staatlichen Regulierungen der Dienstleistungsmärkte, also nicht-tarifären Maßnahmen, mit denen der Marktzugang für ausländische Dienstleistungsanbieter versperrt oder begrenzt wird. Eine Liberalisierung des Dienstleistungshandels wird somit durch den nicht-diskriminierenden Abbau dieser Marktzugangshemmnisse erreicht. Die Vorteilhaftigkeit eines unbeschränkten internationalen Dienstleistungshandels folgt aus den Begründungen des Freihandelsziels (s. Abschnitt 5.1.):

- Statische Integrationseffekte: Arbeitsreiche, humankapitalarme Entwicklungsländer spezialisieren sich auf arbeitsintensive Dienstleistungsexporte und erhalten dafür kostengünstigeren Zugang zu qualifikationsintensiven Dienstleistungsimporten, während die umgekehrte Spezialisierungsstruktur den humankapitalreichen Industrieländern entsprechende Vorteile bringt. Überall profitieren die heimischen Exportsektoren von preisgünstigeren Dienstleistungen, die als Vorleistungen in der Produktion der Exportgüter eingesetzt werden.
- Dynamische Integrationseffekte: Die Einfuhren qualifikationsintensiver Dienstleistungen fördern Technologietransfer- und Lerneffekte, wodurch komparative Vorteile zur Erschließung neuer Exportmärkte entwickelt werden können (Beispiel: Indische Spezialisierungsvorteile in computer software engineering).

Dennoch wird die Frage einer weitgehenden Liberalisierung des internationalen Dienstleistungshandels gerade zwischen Entwicklungs- und Industrieländern kontrovers diskutiert (Bender, 1996). Oftmals wenden sich Entwicklungsländer mit einem „infant services protection argument" gegen eine unbeschränkt freie Handelbarkeit humankapitalintensiver Dienstleistungen (z. B. Finanzdienstleistungen), bei denen Dienstleistungsanbieter der Hocheinkommensländer internationale Wettbewerbsvorteile haben, die die Entwicklung heimischer Finanzsektoren behindern würden. Deshalb sollte durch Regulierung und Beschränkung des Markteintritts ausländischer Anbieter von Finanzdienstleistungen ein temporärer Erziehungsschutz eingerichtet werden. Doch gelten auch hier die Einwände gegen den Entwicklungsprotektionismus (s. Abschnitt 4.1.2.) und es werden die positiven externen Effekte der Präsenz ausländischer Dienstleistungsproduzenten (z. B. verbesserte Qualifikation der für heimische Anbieter verfügbaren Arbeitskräfte) ignoriert.

Das Abkommen über den Dienstleistungshandel (GATS) ist ein Kompromiß zwischen den Ansprüchen des Entwicklungsprotektionismus, den im übrigen auch das GATT befriedigt, und des Multilateralismus. Es ist das erste multilaterale Regelwerk, mit dem die GATT-Handelsregeln auf international handelbare Dienstleistungen ausgeweitet werden. Der Anwendungsbereich erstreckt sich auf grenzüberschreitende Dienstleistungen und internationalen Tausch jener Dienstleistungen, die eine Niederlassung des Anbieters im Land der Leistungserbringung (z. B. Banken, Versicherungen) oder eine grenzüberschreitende Wanderung des persönlichen Dienstleistungsanbieters oder -nachfragers erfordern. Staatliche Dienstleistungen werden allerdings nicht erfasst. Mit dieser Einschränkung sollen die GATT-Ordnungsprinzipien gelten:

- Liberalisierung: Um freien Marktzugang für ausländische Anbieter zu gewähren, werden spezifische Marktzugangsbeschränkungen, wie Beschränkungen der Anzahl oder des Produktionswertes ausländischer Dienstleistungsanbieter, verboten.
- Inländerbehandlung: Ausländische Anbieter dürfen nicht gegenüber inländischen Anbietern gleichartiger Dienstleistungen diskriminiert werden.
- Meistbegünstigung: Ausländische Anbieter gleichartiger Dienstleistungen dürfen nicht untereinander diskriminiert werden.

Diese zunächst sehr weitreichend erscheinenden Liberalisierungsverpflichtungen lösen jedoch nur beschränkte Liberalisierungswirkungen aus, weil sie Gegenstand nationaler Listen sind, die eine Suspendierung dieser Verpflichtungen ermöglichen. Meistbegünstigung gilt nur für jene Dienstleistungsbereiche, die ein Mitgliedstaat nicht auf einer Negativliste aufgeführt hat. Öffnung des Marktzugangs und Inländerbehandlung gelten nur für jene Dienstleistungsbereiche, die ein Mitgliedstaat in eine Positivliste aufgenommen hat.

Diese ernüchternde Verhandlungslösung der Uruguay-Runde hat zunächst nur das Tor zur Liberalisierung des Dienstleistungshandels aufgestoßen, ohne ein für alle Vertragspartner verbindliches Liberalisierungsprogramm zu verabschieden. Es ist lediglich gelungen, einen institutionellen Rahmen für zukünftige Verhandlungsrunden zu gestalten und die bestehenden Handelsrestriktionen für spezielle Dienstleistungssektoren zu binden. Die freihandelspolitische Wirksamkeit des GATS muß sich also in Zukunft erst noch erweisen.

Geistige Eigentumsrechte

Der Schutz geistiger Eigentumsrechte (z. B. Patente, Markenzeichen, geographische Herkunftsbezeichnungen, Urheberrechte) wird durch nationales Recht geregelt. Solange nicht alle Staaten gleiches Recht anwenden, bleiben die Schutzrechte aber territorial begrenzt. Sie können international nicht durchgesetzt werden, wenn weder ein globaler Schutz intellektueller Eigentumsrechte noch international anerkannte Mindestschutzstandards bestehen. Für die Hersteller innovativer oder mit spezifischen Qualitätsmerkmalen ausgestatteter Produkte steigen damit die Absatz- und Erlösrisiken von Güterexporten und Direktinvestitionen in Ländern mit relativ niedrigen Schutzniveaus. Die erwarteten Ertragsraten von FuE-Investitionen werden reduziert, Innovationsanreize werden geschwächt. Je größer die Zahl der Welthandelsländer ist, deren Rechtssystem geistiges Eigentum unzureichend schützt, umso stärker werden die weltwirtschaftliche Innovations- und Wachstumsdynamik, internationale Arbeitsteilung und Diffusion technischen Wissens beeinträchtigt. Daher erscheint eine Einigung auf international einheitliche Mindestnormen des Schutzes geistiger Eigentumsrechte sinnvoll und notwendig (FRENKEL/RADECK, 1996; BENDER, 1996).

Das Abkommen über handelsbezogene Aspekte geistiger Eigentumsrechte ist auf dieses Ziel ausgerichtet. Alle WTO-Mitglieder werden verpflichtet, die vereinbarten Mindeststandards in nationales Recht umzusetzen (Art. 1) und hierauf Inländerbehandlung (Art. 3) und Meistbegünstigung (Art. 4) anzuwenden. Die in bereits bestehenden Konventionen (Bern, Paris, Washington) niedergelegten Verpflichtungen zum Urheberrechtsschutz, gewerblichen Rechtschutz und zu integrierten Schaltungen werden übernommen. Schutzrechte für Computer-Programme (Art. 10), Handelsmarken (Art. 15), geographische Herkunftsbezeichnungen (Art. 22) und Industriedesigns (Art. 25) werden anerkannt. Patentschutz ist einzuräumen (Art. 27), kann aber durch Zwangslizenzen mit angemessener Entschädigung des Patentinhabers und unter gerichtlicher Kontrolle (Art. 31) eingeschränkt werden. Die Patentschutzdauer beträgt mindestens zwanzig Jahre (Art. 33), der Mindestschutz für Urheberrechte fünfzig Jahre (Art. 12). Die nationale Zuständigkeit für die Sicherung geistiger Eigentumsrechte wird grundsätzlich anerkannt (Art. 62).

Mit dieser dritten Säule des WTO-Abkommens werden die weltwirtschaftliche Innovationsdynamik und der internationale Technologietransfer gestärkt. Handelsbeschränkende und -verzerrende Wirkungen unterschiedlicher nationaler Schutznormen werden abgebaut. Wohlstandsfördernde Wachstumseffekte in Industrieländern mit Innovationspotential und in Entwicklungsländern mit Potential zur Wissensadoption über Außenhandel (Beitrag G-6.5) sind zu erwarten.

Streitschlichtungsverfahren

Das für alle Bereiche des WTO-Abkommens (GATT, GATS, TRIPS, plurilaterale Abkommen) neu geregelte Streitschlichtungsverfahren führte zur Einrichtung eines ständigen Streitschlichtungsorgans (DISPUTE SETTLEMENT BODY: DSB) und Berufungsorgans (APPELATE BODY). Können handelspolitische Konflikte zwischen den Streitparteien nicht bilateral im Verhandlungswege gelöst werden, so kann eine klagende Vertragspartei die Einrichtung einer Untersuchungskommission (Panel) beantragen. Wird dieser Antrag im DSB nicht einstimmig abgelehnt, so wird ein Panel beauftragt, den Streitfall zu prüfen und eine Streitbeilegungsempfehlung abzugeben. Mußte diese im alten GATT-Regelwerk noch einstimmig angenommen werden, gilt sie nunmehr als angenommen, wenn der Panel-Entscheid im DSB nicht einstimmig abgelehnt oder vor der Berufungsinstanz angefochten wird. Im zweiten Fall gilt die Entscheidung des Berufungsorgan als angenommen, wenn sie vom DSB nicht einstimmig abgelehnt wird. Setzt die beklagte Partei die Streitschlichtungsempfehlung nicht um, kann die geschädigte Partei Kompensation verlangen und wird im Verweigerungsfall ermächtigt, Sanktionen zu verhängen.

Die Prozesse zur Lösung von Handelskonflikten sind durch diese Institutionalisierung gestärkt worden. Zweifelhaft bleibt jedoch, ob im Falle nachgewiesener Verletzungen von Handelsregeln tatsächlich wirksame Sanktionsmechanismen ausgelöst werden oder überhaupt vorhanden sind, wenn kleine Welthandelsländer keine glaubwürdigen

Sanktionspotentiale besitzen, weil die Gegenpartei weiß, daß handelspolitische Sanktionen nur ihren Urhebern schaden werden.

5.4. Fortbestehender Reformbedarf

Im Vorfeld der neuen WTO-Verhandlungsrunde („Millenium-Runde") haben sich die Kontroversen um den Reformbedarf und die daraus abgeleiteten Verhandlungsgegenstände verschärft. Als gegensätzliche Positionen treffen „free-trade view" und „fair-trade view" aufeinander (Bhagwati/Hudec, 1996).

Die am Leitbild des freien Welthandels orientierte Position leitet den in künftigen Verhandlungsrunden zu lösenden Reformbedarf aus Diagnosen nicht ausgeschöpfter Liberalisierungspotentiale ab. Diese Aufgaben sind klar umrissen (Bender, 1999; Schott, 2000; Senti, 2000):

- Fortschreitende Liberalisierung des internationalen Agrar-, Textil- und Bekleidungswarenhandels, da in diesen Bereichen noch immer überdurchschnittlich hohe effektive Protektionsraten weltwirtschaftliche Integrationsprozesse behindern.
- Senkung der Varianz der Zollsätze und Verstärkung der Zollbindungen, da vor allem in Sektoren, in denen Entwicklungsländer komparative Vorteile ausnutzen könnten, Zolleskalation (s. Abschnitt 4.1.1.) vorherrscht und die gebundenen Zölle oftmals über den tatsächlichen Zöllen liegen, so daß Zollerhöhungspielräume ausgenutzt werden können, ohne gegen die GATT-Verpflichtungen zu verstoßen.
- Verpflichtung auf ein multilaterales Liberalisierungsprogramm des internationalen Dienstleistungshandels, weil im GATS-Rahmen bislang lediglich ein weiterer Ausbau von Handelshemmnisse verhindert und somit der protektionistische status quo gesichert wird. Zunächst sollte durch Anwendung der Negativlisten auf alle handelbaren (auch der staatlichen) Dienstleistungen Transparenz über die bestehenden Handelshemmnisse geschaffen werden, damit langfristig alle Dienstleistungssektoren der GATS-Disziplin unterworfen werden (Hoekman, 2000).
- Prozedurale Reformen der Vorbereitung und Durchführung von Verhandlungsrunden, da zu wenig Transparenz der handelspolitischen Positionen und Verhandlungsprozesse besteht.

Die Liberalisierungskritik des „fair-trade view" leitet ihre Reformposition aus der Auffassung ab, eine unkontrollierte Liberalisierung des internationalen Handels- und Kapitalverkehrs sei Ursache von Fehlentwicklungen auf den Arbeitsmärkten, einer Erosion sozialer Sicherungssysteme und Umweltschutzstandards sowie einer Ohnmacht nationaler Wettbewerbspolitiken gegenüber privaten grenzüberschreitenden Beschränkungen des Wettbewerbs auf globalisierten Gütermärkten:

- Erstens führe die im Zuge der Gütermarktglobalisierung zunehmende Importkonkurrenz der Niedriglohnländer zu einem negativen Druck auf die Reallöhne und Beschäftigungschancen gering qualifizierter Arbeitskräfte, so daß sich die Einkommensschere zwischen niedriger und höher qualifizierten Arbeitskräften immer weiter öffnet.
- Zweitens erreichten Niedrigeinkommensländer mit niedrigen Arbeits-, Sozial- und

Umweltstandards „unfaire" internationale Kosten- und Wettbewerbsvorteile, die die anspruchsvolleren Standards in Hocheinkommensländern unter Anpassungsdruck brächten, der durch zunehmende Kapitalwanderungen aus Hochlohnländern mit hohen Steuern, Sozial- und Umweltstandards in Niedriglohnländer mit niedrigen Steuern und Standards verschärft würde.

– Drittens könnten die zunehmenden internationalen Wettbewerbsbeschränkungen marktstarker privater Anbieter (z. B. Exportkartelle, Verstärkung marktbeherrschender Positionen durch internationale Fusionen) nicht wirksam bekämpft werden, weil der extraterritorialen Anwendung nationaler Wettbewerbsregeln Grenzen gesetzt sind.

Deshalb müßten arbeits-, sozial-, umwelt- und wettbewerbspolitische Sicherungen in das WTO-System eingebaut werden. Daraus werden Reformentwürfe eines um internationale Arbeits-, Sozial-, und Umweltstandards (bzw. Mindeststandards) sowie um ein internationales Wettbewerbsabkommen erweiterten, mit handelspolitischen Sanktionen bewehrten WTO-Abkommens abgeleitet.

Oftmals erkennen die Vertreter dieser Position nicht, daß ein großer Teil ihrer Argumentation eine neue Verkleidung von Protektionsinteressen anbietet, deren Durchsetzung in einem entsprechend erweiterten WTO-Abkommens mehr Schaden als Nutzen stiften würde:

– Hocheinkommensländer können sich anspruchsvollere Sozial- und Umweltstandards als die Niedrigeinkommensländer leisten, weil an ihren Produktionsstandorten wesentlich höhere Faktorproduktivitäten erreicht werden. Durch relativ hohe Arbeits- und Kapitalproduktivitäten gedeckte Sozialleistungen und Umweltschutzeinrichtungen werden daher nicht zwangsläufig „unfaire" Kostennachteile erzeugen. Wenn aber ärmeren Entwicklungsländern Sozial- und Umweltstandards aufgezwungen werden, die mit ihren niedrigeren Produktivitäten nicht im Einklang stehen, werden dort die Stück- und Grenzkosten nach oben getrieben, so daß komparative Kostenvorteile verloren gehen. Die weltwirtschaftliche Integration der Entwicklungsländer wird gebremst, Wohlstandseinbußen und Armutssteigerung sind die Folge.

– Wenn zur Durchsetzung der Standards handelspolitische Sanktionsmittel gegen die Exporte regelverletzender Länder bereitgestellt und als sozial- und umweltpolitische Ausgleichszölle auf Grundlage eines erweiterten Art. 6 GATT eingesetzt werden, wird das im WTO-Abkommen bereits enthaltene protektionistische Mißbrauchspotential erheblich vergrößert.

Berechtigt erscheint die Reformforderung eines globalen wettbewerbsrechtlichen Rahmens zur Bekämpfung privater Wettbewerbsbeschränkungen, deren Auswirkungen die Grenzen des Anwendungsbereichs nationalen Wettbewerbsrechts überschreiten. Als Ansätze einer zur globalen Freihandelsordnung komplementären internationalen wettbewerbspolitischen Kooperation (Beitrag 0-9) werden Abkommen über extraterritoriale Anwendung nationalen Wettbewerbsrechts, internationale Kooperation nationaler Wettbewerbsbehörden oder ein supranationales Wettbewerbsrecht diskutiert (Kerber, 1999; Bender, 2000).

Der „free-trade view" wendet sich somit nicht gegen die Anerkennung globaler Ziele der Sozial-, Umwelt- und Wettbewerbspolitik, sondern gegen die Vorstellung, das WTO-System sei der geeignete Rahmen zur Durchsetzung dieser Ziele. Der Schutz universaler sozialer Grundrechte (z. B. Verbot von Zwangs- und Kinderarbeit, Recht auf Grundschulbildung) sollte im Rahmen der internationalen Arbeitsorganisation (INTERNATIONAL LABOR ORGANIZATION: ILO) ausgebaut und der Schutz globaler Umweltgüter mit internationalen Umweltabkommen angestrebt werden.

Die 2002 begonnene und 2006 unterbrochene Doha-Runde (Millenium Runde) der WTO folgt dem „free trade view". Grundlegende Reformen des GATT/WTO-Systems und die Einführung von sozialen und ökologischen Mindeststandards stehen nicht auf der Tagesordnung. Die wichtigsten Verhandlungsgegenstände sind zum einen die Öffnung der noch immer hoch protektionierten Agrarmärkte von Hocheinkommensländern (wie EU, Japan, USA) verbunden mit dem Abbau ihrer Agrarexportsubventionen und internen Stützungsmaßnahmen, zum anderen eine stärkere Öffnung der Märkte von Entwicklungsländern für Exportprodukte der Industrieländer. Fortschritte bei der Liberalisierung des Agrar- und Dienstleistungshandels und der Handelsregime von Entwicklungsländern versprechen erhebliche globale Wohlfahrtsgewinne. Ob dies realisiert werden kann oder ob der Multilateralismus zurückgeworfen wird, wird vom Ausgang der Agrarverhandlungen abhängen.

Kommentierte Literaturhinweise

Die theoretischen Grundlagen internationaler Handelsbeziehungen werden umfassend und klar dargestellt durch das nunmehr bereits in der 14. Auflage (2006) vorliegende Lehrbuch von KLAUS ROSE (1964) bzw. von KLAUS ROSE und KARLHANS SAUERNHEIMER (1992), durch den in 7. Auflage (2000) vorgelegten Text von HORST SIEBERT (1973) bzw. von HORST SIEBERT und OLIVER LORZ (2007) und das Lehrbuch von GERHARD RÜBEL (2004). Gleiches gilt für die Monographien von MANFRED BORCHERT (1977, 7. A. 2001), DOMINICK SALVATORE (1983, 8. A. 2004), PAUL KRUGMAN und MAURICE OBSTFELD (1988, 7. A. 2006), GUSTAV DIECKHEUER (1990, 5. A. 2001), JAMES R. MARKUSEN u. a. (1995) und HORST SIEBERT (1997), die Theorie und Politik internationaler Handelsbeziehungen betrachten.

Die neueren Ansätze der Außenhandelstheorie, die sich mit den Wirkungen der Welthandelsliberalisierung und des Protektionismus bei unvollständiger Konkurrenz auseinandersetzen, werden in den Monographien von ELHANAN HELPMAN und PAUL KRUGMAN (1989, 5. A. 1999) sowie von SÖREN KJELDSEN-KRAGH (2001) und in einem Überblicksartikel von DIETER BENDER (1994) vorgestellt.

Einen Überblick über die im WTO-Abkommen geregelte Welthandelsorganisation vermitteln die Monographien von HEINZ HAUSER und KAI-UWE SCHANZ (1995), RICHARD SENTI (2000) und HERMANN SAUTTER (2004), sowie der von MICHAEL FRENKEL und DIETER BENDER (1996) herausgegebene Sammelband. Die von JEFFREY SCHOTT (2000) sowie KARL GÜNTER DEUTSCH und BERNHARD SPEYER (2001) herausgegebenen Texte richten den Blick auf die Zukunftsperspektiven der Welthandelsordnung.

Literaturverzeichnis

Apolte, T; R. Caspers; P. Welfens (1999), Hg., Standortwettbewerb, wirtschaftspolitische Rationalität und internationale Ordnungspolitik, Baden-Baden (Nomos) 1999.

Arad, R. W.; S. Hirsch (1981), Determination of trade flows and choice of trade partners: reconciling the Heckscher-Ohlin and the Burenstam-Linder models of international trade, in: Weltwirtschaftliches Archiv, 117, S. 276–297.

Audretsch, D. B. (1987), An empirical test of the industry life cycle, in: Weltwirtschaftliches Archiv, 123, S. 297–308.

Balassa, B. (1963), An empirical demonstration of comparative cost, in: Review of Economics and Statistics, 45, S. 231–238.

Baldwin, R. E. (1969), The case against infant – industry tariff protection, in: Journal of Political Economy, 77, S. 295–305.

Baldwin, R. E. (1982), The political economy of protectionism, in: J. Bhagwati, Hg. (1982), S. 263–268.

Bender, D. (1994), Neuere Entwicklungen der Theorie internationaler Handelsbeziehungen. Anstöße zur Neuorientierung der Handelspolitik?, in: Jahrbuch für Sozialwissenschaft, 45, S. 1–49.

Bender, D. (1996), Die Entwicklungsländer in der neuen Welthandelsorganisation, in: M. Frenkel; D. Bender, Hg. (1996), S. 121–147.

Bender, D. (1999), Die WTO als Träger und Garant einer marktwirtschaftlichen Weltwirtschaftsordnung?, in: T. Apolte; R. Caspers; P. Welfens, Hg. (1999), S. 121–147.

Bender, D. (2000), Anforderungen an eine wohlstands- und entwicklungsfördernde Weltwirtschaftsordnung im Zeitalter der Globalisierung, in: R. Jochimsen, Hg. (2000), S. 156–181.

Bhagwati, J. (1958), Immiserizing growth: A geometrical note, in: Review of Economic Studies, 25, S. 201–205.

Bhagwati, J. (1969), Hg., International trade, 2 A., Harmondsworth (Penguin) 1970.

Bhagwati, J. (1982), Import competition and response, Chicago (University Press), 1982.

Bhagwati, J. N.; R. E. Hudec (1996), Hg., Fair trade and harmonization prerequisites for free trade, Cambridge (MIT Press) 1996.

Borchert, M. (1977), Außenwirtschaftslehre. Theorie und Politik, 7. A., Wiesbaden (Gabler) 2001.

Brander, J. A.; B. J. Spencer (1985), Export subsidies and international market share rivalry, in: Journal of International Economics, 18, S. 83–100.

Corden, W. M. (1966), The structure of a tariff system and the effective protective rate, in: Journal of Political Economy, 74, S. 221–237, deutsch: Die Struktur eines Zollsystems und der effektiven Protektionsrate, in: H. Luckenbach, Hg. (1979), S. 43–71.

Deardorff, A. V. (1979), Weak links in the chain of comparative advantage, in: Journal of International Economics, 9, S. 197–209.

De Melo, J.; A. Panagariya (1993), Hg., New dimensions in regional integration, Cambridge (University Press) 1993.

Deutsch, G.; B. Speyer (2001), Hg., The World Trade Organization millennium round, London (Routledge) 2001.

Dieckheuer, G. (1990), Internationale Wirtschaftsbeziehungen, 5. A., München (Oldenbourg) 2001.

Dinopoulos, E.; M. E. Kreinin (1989), Import quotas and VERs. A comparative analysis in a three-country framework, in: Journal of International Economics, 26, S. 169–178.

DORNBUSCH, R.; S. FISCHER; P. A. SAMUELSON (1977), Comparative advantage, trade and payments in a Ricardian model with a continuum of goods, in: American Economic Review, 67, S. 823–839.

ETHIER, W. J. (1998), The new regionalism, in: Economic Journal, 108, S. 1149–1161.

FELS, G. (1971), Spezialisierungsmuster in der Arbeitsteilung zwischen Industrie- und Entwicklungsländern, in: Die Weltwirtschaft, 1, S. 19–40.

FINDLAY, R. (1981), The fundamental determinants of the terms of trade, in: GRASSMAN, S.; E. LUNDBERG, Hg. (1981), S. 425–463.

FRENKEL, M.; D. BENDER (1996), Hg., GATT und neue Welthandelsordnung, Wiesbaden (Gabler) 1996.

FRENKEL, M.; K. RADECK (1996), Die Beschlüsse der Uruguay-Runde: Hintergrund, Inhalt und Bewertung, in: M. FRENKEL; D. BENDER, Hg. (1996), S. 13–43.

FREY, B. S. (1985), Internationale Politische Ökonomie, München (Vahlen) 1985.

GIERSCH, H.; D. HAAS (1974), Hg., Probleme der weltwirtschaftlichen Arbeitsteilung, Berlin (Duncker & Humblot) 1974.

GLISMANN, H. H.; D. SPINANGER (2000), Handelsliberalisierung in der Millenium-Runde: Strategie und ihre Auswirkungen für Deutschland, Tübingen (Mohr Siebeck) 2000.

GRASSMAN, S.; E. LUNDBERG (1981), Hg., The world economic order, London (Macmillan) 1981.

GREENAWAY, D.; C. MILNER (1986), The economics of intra-industry trade, Oxford (Basil Blackwell) 1986.

GROSSMAN, G. M.; E. HELPMAN (1989), Product development and international trade, in: Journal of Political Economy, 98, S. 1261–1283.

GROSSMAN, G. M.; E. HELPMAN (1990), Comparative advantage and long-run growth, in: American Economic Review, 80, S. 796–815.

GROSSMAN, G. M.; E. HELPMAN (1991a), Innovation and growth in the global economy, Cambridge (MIT Press) 1991.

GROSSMAN, G. M.; E. HELPMAN (1991b), Quality ladders and product cycles, in: Quarterly Journal of Economics, 106, S. 557–586.

GROSSMAN, G. M.; K. ROGOFF (1995), Hg., Handbook of International Economics, Vol. 3, Amsterdam (Elsevier) 1995.

GRUBEL, H. G.; P. J. LLOYD (1975), Intra-industry trade: The theory and measurement of international trade in differentiated products, New York (Halstead) 1975.

HABERLER, G. (1933), Der internationale Handel, Berlin (Springer) 1933.

HAUSER, H.; K.-U. SCHANZ (1995), Das neue GATT. Die Welthandelsordnung nach Abschluß der Uruguay-Runde, München (Oldenbourg) 1995.

HELPMAN, E.; P. R. KRUGMAN (1985), Market structure and foreign trade, 8. A., Cambridge/Mass. (MIT) 2002.

HELPMAN, E.; P. R. KRUGMAN (1989), Trade policy and market structure, 5. A., Cambridge/Mass. (MIT) 1999.

HESSE, H. (1967), Strukturwandlungen im Welthandel 1950–60/61, Tübingen (Mohr) 1967.

HIRSCH, S. (1972), The United States electronics industry in international trade, in: L. T. WELLS, Hg. (1972), S. 39–52.

HIRSCH, S. (1974), Hypothesen über den Handel zwischen Entwicklungs- und Industrieländern, in: H. GIERSCH; H. D. HAAS, Hg. (1974), S. 69–88.

HOEKMAN, B. (2000), The next round of services negotiations: identifying priorities and options, in: Federal Reserve Bank of St. Louis Review, 82, S. 31–47.

JOCHIMSEN, R. (2000), Hg., Globaler Wettbewerb und weltwirtschaftliche Ordnungspolitik, Bonn (Dietz) 2000.
JOHNSON, H. G. (1965), The theory of tariff structure with special reference to world trade and development, in: H. G. JOHNSON; P. B. KENEN (1965), S. 9–29; wieder abgedruckt in: H. G. JOHNSON, Hg. (1971), S. 307–330.
JOHNSON, H. G. (1971), Hg., Aspects of the theory of tariffs, London (Allen & Unwin) 1971.
JOHNSON, H. G.; P. B. KENEN (1965), Trade and Development, Genf (Librairie Droz) 1965.
KANTZENBACH, E.; O. G. MAYER (1996), Hg., Von der internationalen Handels- zur Wettbewerbsordnung, Baden-Baden (Nomos) 1996.
KEESING, D. B. (1967), The impact of research and development on United States trade, in: Journal of Political Economy, 75, S. 38–48, wieder abgedruckt in: P. B. KENEN; R. LAWRENCE, Hg. (1968), S. 175–189.
KEMP, M. C. (1960), The mill-bastable infant industry dogma, in: Journal of Political Economy, 68, S. 65–67.
KENEN, P. B.; R. LAWRENCE (1968), Hg., The open economy. Essays on international trade and finance, New York (Columbia University) 1968.
KERBER, W. (1999), Wettbewerbspolitik als nationale und internationale Aufgabe, in: T. APOLTE; R. CASPERS; P. WELFENS, Hg. (1999), S. 241–269.
KJELDSEN-KRAGH, S. (2001), International trade policy, Kopenhagen (Business School Press) 2001.
KOOPMANN, G. (1996), Die Welthandelsordnung nach der Uruguay-Runde – von der Liberalisierung zur Harmonisierung?, in: E. KANTZENBACH; O. G. MAYER, Hg. (1996), S. 11–47.
KRAVIS, I. B. (1956), Availability and other influences on the commodity composition of trade, in: Journal of Political Economy, 64, S. 143–155.
KRUEGER, A. O. (1999), Are preferential trading arrangements trade-liberalizing or protectionist?, in: Journal of Economic Perspectives, 13, S. 105–124.
KRUGMAN, P. R. (1979), Increasing returns, monopolistic competition and international trade, in: Journal of International Economics, 9, S. 469–479.
KRUGMAN, P. R. (1980), Scale economies, product differentiation, and the pattern of trade, in: American Economic Review, 70, S. 950–959.
KRUGMAN, P. R. (1987), Is free trade passé? in: Economic Perspectives, 1, S. 131–144.
KRUGMAN, P. R.; M. OBSTFELD (1988), International Economics, 7. A., Reading (Addison-Wesley) 2006.
LANG, F. P. (1990), Wechselkurs-, Preis- und Angebotseffekte freiwilliger Exportbeschränkungen, in: Zeitschrift für Wirtschafts- und Sozialwissenschaften, 110, S. 169–183.
LANGHAMMER, R. J. (1987), Die Sonderbehandlung der Entwicklungsländer im GATT: Eine Nutzen- und Kostenbilanz, in: Beihefte der Konjunkturpolitik, 34, S. 117–144.
LEONTIEF, W. (1953), Domestic production and foreign trade: The American capital position re-examined, in: Proceedings of the American Philosophical Society, 97; wieder abgedruckt in: J. BHAGWATI (1969), Hg., S. 93–139.
LINDER, S. B. (1961), An essay on trade and transformation, New York (Wiley) 1961.
LOWINGER, T. C. (1971), The neo-factor proportions theory of international trade: An empirical investigation, in: American Economic Review, 61, S. 675–681.
MACDOUGALL, G. D. A. (1951, 1952), British and American exports: A study suggested by the theory of comparative costs. I und II, in: Economic Journal, 61, S. 697–724 und 62, S. 487–521.

Markusen, J. R.; u. a. (1995), International trade. Theory and evidence, New York (McGraw-Hill) 1995.
Molsberger, J.; A. Kotios (1990), Ordnungspolitische Defizite des GATT, in: Ordo-Jahrbuch, 41, S. 43–114.
Oberender, P. (1988), Internationaler Handel und Marktökonomie: Eine markttheoretische Fundierung des internationalen Handels, in: Hamburger Jahrbuch für Wirtschafts- und Gesellschaftspolitik, 33, S. 41–61.
Panagariya, A. (1999), The regional debate: an overview, in: The World Economy, 22, S. 477–511.
Posner, M. V. (1961), International trade and technical change, in: Oxford Economic Papers, 13, S. 323–341.
Rivera-Batiz, L. A.; P. M. Romer (1990), Economic integration and endogenous growth, in: Quarterly Journal of Economics, 106, S. 531–555.
Rodrik, D. (1995), Political economy of trade policy, in: G. M. Grossman; K. Rogoff, Hg. (1995), S. 1457–1494.
Rose, K.; K. Sauernheimer (1999), Theorie der Außenwirtschaft; 1. A.: K. Rose, Theorie der Außenwirtschaft, 1964; 14. A., München (Vahlen) 2006.
Rübel, G. (2004), Grundlagen der realen Außenwirtschaft, München (Oldenbourg) 2004.
Salvatore, D. (1983), International Economics, 8. A., Englewood Cliffs (Prentice Hall) 2004.
Samuelson, P. A. (1949), International factor price equalization once again, in: Economic Journal, 59, S. 181–197.
Sautter, H. (2004), Weltwirtschaftsordnung – Die Institution der globalen Ökonomie, München (Vahlen) 2004.
Schott, J. J. (2000), Hg., The WTO after Seattle, Washington D. C. (Institute for International Economics) 2000.
Segerstrom, P. S.; T. C. A. Anant; E. Dinopoulos (1990), A Schumpeterian model of the product cycle, in: American Economic Review, 80, S. 1077–1091.
Senti (2000), WTO. System und Funktionsweise der Welthandelsordnung, Zürich (Schulthess) 2000.
Siebert, H. (1973), Außenwirtschaft, 7. A., Stuttgart (Fischer) 2000.
Siebert, H. (1988), Strategische Handelspolitik. Theoretische Ansätze und wirtschaftspolitische Empfehlungen, in: Außenwirtschaft, 43, S. 549–584.
Siebert, H. (1997), Weltwirtschaft, Stuttgart (Lucius und Lucius) 1997.
Siebert, H.; O. Lorz (2007), Außenwirtschaft, 8. A., Stuttgart (Lucius und Lucius) 2007.
Spraos, J. (1980), The statistical debate over the net barter terms of trade between primary commodities and manufactures, in: Economic Journal, 90, S. 107–128.
Steinherr, A.; J. Runge (1978), The evolution of West Germany's structure of foreign trade from 1962 to 1972, in: Zeitschrift für die gesamte Staatswissenschaft, 134, S. 301–326.
Stern, R. M. (1962), British and American productivity and comparative costs in international trade, in: Oxford Economic Papers, 14, S. 275–296.
Stern, R. M. (1976), Some evidence on the factor content of West Germany's foreign trade, in: Journal of Political Economy, 84, S. 131–142.
Stern, R. M.; K. E. Maskus (1981), Determinants of the structure of US foreign trade, 1958–75, in: Journal of International Economics, 11, S. 207–224.
Stobaugh, R. B. (1972), The neotechnology account of international trade: The case of petrochemicals, in: L. T. Wells, Hg. (1972), S. 83–105.

Takacs, W. E. (1978), The nonequivalence of tariffs, import quotas and voluntary export restraints, in: Journal of International Economics, 5, S. 565–573.

Vernon, R. (1966), International investment and international trade in the product cycle, in: Quarterly Journal of Economics, 80, S. 190–207.

Wells, L. T (1972), Hg., The product life cycle and international trade, Boston (Division of Research) 1972.

Wolter, F. (1977), Factor proportions, technology and West German industry's international trade patterns, in: Weltwirtschaftliches Archiv, 113, S. 250–267.

Wood, A. (1994), North-South trade, employment and inequality. Changing fortunes in a skill-driven world, Oxford (Clarendon) 1994.

Wood, A. (1995), How trade hurt unskilled workers, in: Journal of Economic Perspectives, 9, S. 57–80.

I. Öffentliche Finanzen

Heinz Grossekettler

Gliederung

1. Erster Überblick über die öffentliche Finanzwirtschaft und die Finanzwissenschaft

1.1. Ziele, Träger und Instrumente der öffentlichen Finanzwirtschaft

Als Finanzwissenschaft (public finance, finances publiques) oder Staatswirtschaftslehre (public economics, économie publique) bezeichnet man heute die Summe aller Aussagen darüber, welche ökonomischen Aufgaben der Staat in einer Wirtschaft mit Hilfe von Ausgaben und Einnahmen und Regeln für deren Planung und Kontrolle erfüllt (positive Analyse) oder erfüllen sollte (normative Analyse). Die Begründung, Erklärung und Wirkungsanalyse der Staatstätigkeit zählen zur Finanztheorie; Untersuchungen theoriegestützter Einsatzmöglichkeiten von Instrumenten zur Erreichung von Zielen und Analysen der zugehörigen Gestaltungsmöglichkeiten bilden die theoretische Finanzpolitik. Die lediglich durch Haushaltspläne festzulegenden Ausgaben gehören zur finanzwirtschaftlichen Prozesspolitik, die durch materielle Gesetze festzulegenden Ausgaben und Einnahmen sowie die Planungs- und Kontrollvorschriften zur finanzwirtschaftlichen Ordnungspolitik. Der Bestand an Haushalts- und Finanzgesetzen bildet als Finanzverfassung im weiteren Sinn ein Lenkungssystem, das Kompetenzen verteilt, Informationskanäle bahnt und Anreize vermittelt. Derjenige Teil dieses Systems, der sich in Verfassungsvorschriften wie vor allem Art. 104a bis 115 GG niedergeschlagen hat, ist die Finanzverfassung im engeren Sinn.

Die theoretische Finanzpolitik ist Teil der Theorie der Wirtschaftspolitik i. w. S. und unterscheidet sich von der Theorie der Wirtschaftspolitik i. e. S. dadurch, dass sie die wirtschaftliche Tätigkeit öffentlicher Verbände untersucht und sich bezüglich der Beeinflussung des Verhaltens von Privaten auf die Erforschung der (potentiellen) Rolle öffentlicher Einnahmen und Ausgaben beschränkt; die Wirtschaftspolitik i. e. S. (Beitrag N) umfasst dagegen alle anderen Instrumente, insbesondere die Gestaltung des Gesetzesrahmens für das private Wirtschaften, die Regulierungstätigkeit der öffentlichen Verwaltung und die Geldpolitik. Hauptakteure in der Finanzpolitik sind die Finanzministerien, während die Wirtschaftspolitik i. e. S. eine Domäne der Wirtschaftsministerien ist. Letztere sollten als Ordnungsministerien fungieren und geplante Maßnahmen auch dann auf Legitimität und vor allem Ordnungskonformität überprüfen, wenn ein anderes Ministerium federführend ist.

Wirtschaftssysteme der Realität erscheinen oberflächlich betrachtet als Mischsysteme aus zentralverwaltungswirtschaftlichen und marktwirtschaftlichen Elementen (mixed economies): In realen Zentralverwaltungswirtschaften, die es allerdings kaum noch gibt, dominiert die Staatswirtschaft, während das System der Märkte – der Preismechanismus – lediglich die Funktion eines Hilfskoordinationsmechanismus erfüllt; in realen Marktwirtschaften dominiert dagegen die Koordination über das Preissystem, und der budgetgesteuerten Finanzpolitik der öffentlichen Verbände kommt lediglich eine Ergänzungsfunktion zu.

Diese Sicht ist nicht ganz falsch, aber sie ist unvollständig. Soll eine Wirtschaft wohlorganisiert im Sinne von funktionsfähig und menschenwürdig sein und damit ein Optimum an Freiheit, Wohlstand, Gerechtigkeit und Sicherheit realisieren, muss darauf geachtet werden, dass die Kompetenzverteilung zwischen Staat und Privaten zweckmäßig ist und dass sowohl die staatlichen Entscheidungsträger als auch die Privaten sinnvoll informiert und motiviert werden. In Marktwirtschaften – und nur solche werden im Folgenden betrachtet – setzt dies voraus, dass der Staat eine Rahmenordnung für das private Wirtschaften schafft, was wiederum das Vorhandensein öffentlich finanzierter Verwaltungen impliziert; angesichts der Tatsache, dass sich Zentralverwaltungswirtschaften und damit auch die Dominanz einer budgetgesteuerten Finanzpolitik in der Wirtschaftsgeschichte nicht bewahrt haben, kommt es aber auch darauf an, dass der Staat nur diejenigen Aufgaben übernimmt, die er nach gesicherter Erfahrung besser als das System der Märkte oder private Unternehmer erfüllen kann.

Ziele

Der Staat unterscheidet sich von anderen Wirtschaftssubjekten dadurch, dass er über ein legitimes Machtmonopol verfügt und somit Zwang ausüben kann. Aus ökonomischer Sicht bedeutet dies für die Wirtschaftssubjekte, dass sie gezwungen werden können, bestimmten Verbänden anzugehören und Zwangsabgaben zu leisten. Dies befähigt den Staat dazu, Aufgaben zu übernehmen, die auf Märkten nicht erfüllt werden können, weil dort nur privatrechtliche und damit zwangsfreie Interaktionen stattfinden. Die Einsatzfelder für das staatliche Zwangsmonopol und damit auch die Ziele der öffentlichen Finanzwirtschaft unterteilt man in die Bereiche der Allokations-, der Distributions- und der Stabilisierungspolitik (Kapitel 2.1.–2.3.).

Allokation von Faktoren bedeutet deren Zuordnung zur Produktion von Gütern. Zu den typischen staatlichen Allokationsaufgaben gehören deshalb zwangsgestützte Tätigkeiten, die mit einem produktionsbedingten und prinzipiell auch in Geld bewertbaren Faktorverzehr – d. h. mit dem Entstehen von Transformationskosten (= Produktions- und Warendistributionskosten) – verknüpft sind. Das Ziel der Staatstätigkeit sollte darin bestehen, Bedürfnisse zu befriedigen, für die grundsätzlich Zahlungsbereitschaft vorhanden wäre, bei denen zu hohe Organisationskosten aber verhindern, dass diese Zahlungsbereitschaft auf privatwirtschaftlichem Wege aktiviert wird und die Bedürfnisse dadurch zu Bedarf werden. Hohe Organisationskosten liegen als eine spezielle Form von sogenannten Transaktionskosten (Abschnitt 2.1.4.) vor allem im Bereich der Kollektivgüter vor. Die bedeutendsten Anwendungsfälle sind Infrastrukturgüter wie etwa Deiche oder Straßennetze. Der Staat organisiert hier die Nachfrage kostengünstig durch den Einsatz von Zwang. Er löst damit eine Aufgabe als Bereitstellungsgarant, die darin besteht, den Bedarf in quantitativer und qualitativer Hinsicht zu spezifizieren und die Finanzierung (z. B. über Zwangsbeiträge der Anlieger von Straßen) sicherzustellen. Man spricht hierbei von einer „Bereitstellung", weil der Staat Kollektivgüter wie z. B. eine Straße oder Ergebnisse der Grundlagenforschung im Wege des Gemein- bzw. Anstaltsgebrauchs für seine Bürger zur Nutzung vorhält. Neben staatlichen Bereitstellungsaufgaben gibt es auch staatliche Herstellungs- oder Betreiberaufgaben. Bei ihnen geht es nicht um die Organisation der Nachfrage, sondern um eine Produktionsaufgabe, die im Prinzip auch von privaten Unternehmen gegen Entgelt übernommen werden könnte, die beim Vorliegen bestimmter Kostenstrukturen aber ebenfalls vom Staat übernommen werden sollte (Abschnitt 2.1.4.).

Anders als bei den Allokationsaufgaben spielen Transformationskosten bei den staatlichen Distributionsaufgaben keine Rolle. Hier geht es vielmehr um eine Umverteilung von Einkommen und Vermögen zwischen Personen oder im Raum. Der Staat sollte vor allem das Ziel verfolgen, durch den Einsatz von Zwang das Zustandekommen von Versicherungsmärkten zu organisieren, die ohne ihn wegen zu hoher Transaktionskosten nicht entstehen würden oder in ihrer Entwicklung behindert wären, obwohl ein entsprechendes Versicherungsbedürfnis bei den Bürgern vorhanden ist oder jedenfalls in ihrem wohlverstandenen Interesse läge. Die beim Eintritt der Versicherungsfälle fließenden Zahlungen nehmen die Gestalt von Transferzahlungen an, d. h. von Zahlungen, denen – anders als bei Transformationszahlungen – in der gleichen Periode keine spezielle Gegenleistung gegenübersteht. Transferzahlungen des Staates an die Privaten (insbesondere Sozialtransfers) bzw. der Privaten an den Staat (insbesondere Steuern) sind darüber hinaus auch geeignet, Korrekturen der Einkommens- und Vermögensverteilung vorzunehmen, die sich nicht mit Versicherungsbedürfnissen erklären lassen, sondern bestimmten Gerechtigkeitsvorstellungen entsprechen (Abschnitt 2.2.1.).

Staatliche Stabilisierungspolitik, durch die der Budgetsaldo variiert wird, bezeichnet man auch als Fiskalpolitik. Der Staat sollte das Ziel verfolgen, mit Hilfe seiner Zwangsmittel für eine Einkommensumverteilung zwischen verschiedenen Zeitperioden zu sorgen. Diese sollte so geartet sein, dass die Staatsnachfrage im Normalfall verstetigt wird. Nur wenn die Ist-Werte der Zielvariablen des Stabilitäts- und Wachstumsgesetzes aufgrund nachfrageseitiger Störungen in gravierender Weise von ihren Soll-Werten abweichen, sollte die Gesamtnachfrage in antizyklischer Weise beeinflusst und eine Stabilisierung der Erwartungen angestrebt werden. Auch in diesem Politikbereich fallen keine Transformations-, sondern lediglich Transaktionskosten an.

Bisher wurde so getan, als sei es unproblematisch, von den „Zielen der öffentlichen Finanzwirtschaft“ zu sprechen. Das ist nicht der Fall, denn es ist zwar selbstverständlich, dass einzelne Menschen Ziele haben, nicht jedoch, dass es eine konfliktfreie gesellschaftliche Zielsetzung gibt. Gleichwohl wird in der normativen Analyse der öffentlichen Finanzwirtschaft unterstellt, dass die Transaktionskostenvorteile des Staates genutzt werden sollten und dass die Existenz solcher Vorteile auch zu entsprechenden staatlichen Aktionen führe. Ersteres ist tatsächlich relativ unproblematisch. Die Norm, dass Hemmnisse beseitigt werden sollten, die der Umsetzung von Zahlungsbereitschaft in Bedarf, der Entwicklung von Versicherungsmärkten und der Förderung der makroökonomischen Stabilität entgegenstehen, dürfte auf allgemeine Zustimmung stoßen. Ob die solchermaßen begründbaren Ziele der Finanzpolitik auch das tatsächliche Handeln des Staates prägen und ob der Staat in der Realität in der Lage ist, Ziele zu erfüllen, die das System der Märkte nur unvollkommen realisieren würde, ist allerdings fraglich. Neben einem Marktversagen kann es nämlich auch ein Staatsversagen geben (Abschnitt 5).

Träger

Bisher wurde undifferenziert vom „Staat“ als handelndem Subjekt gesprochen. In der Realität muss der Staat jedoch als Summe aller Zwangsverbände und der von ihnen unterhaltenen öffentlichen Haushalte begriffen werden.

Verbände sind Vereinigungen von Personen, die sich zur Artikulation und Durchsetzung gemeinsamer Interessen zusammengefunden haben und deren Zusammenschluss normalerweise auf Dauer angelegt und körperschaftlich verfasst ist, d. h. die im Innenverhältnis demokratisch organisiert und im Außenverhältnis rechtsfähig sind. Der moderne demokratische Staat ist ein Verband in diesem Sinne. Er zeichnet sich aber durch eine Reihe von Besonderheiten aus:

- Er ist ein Zwangsverband, dem man in der Regel kraft Geburt angehört und der über ein räumlich begrenztes Machtmonopol verfügt.
- Er ist „auf ewig" angelegt, was zur Folge hat, dass er nach außen zeitlich unbegrenzte internationale Verträge schließen kann, während im Innenverhältnis intergenerative Fürsorgepflichten und Gerechtigkeitsprobleme entstehen.
- Seine Verbandsmitglieder (das Volk) sind so zahlreich, dass formelle Regeln des Zusammenlebens erforderlich sind und dass – insbesondere in Bundesstaaten – eine Vielzahl von öffentlichen Haushalten existiert, die zum Teil ebenfalls einen körperschaftlichen Charakter haben, zum Teil aber auch in anderer Form in Erscheinung treten.
- Es gibt – sieht man einmal vom grundgesetzlichen Schutz vor staatlichen Eingriffen in die Privatsphäre ab – in sachlicher Hinsicht keine raum- und zeitinvariante Grenze, die in einer Volkswirtschaft die Staatswirtschaft und die Wirtschaft der Privatrechtsgesellschaft (die Marktwirtschaft im engeren Sinn) voneinander scheidet. Statt dessen verfügen Teile der öffentlichen Haushalte – die Gebietskörperschaften – über eine prinzipielle Allzuständigkeit (Kompetenzkompetenz). Dies führt aus ökonomischer Sicht zur Forderung nach einer Finanzverfassung, welche die Kompetenzen des Staates so begrenzt, dass er auf die Verrichtung jener Aufgaben verwiesen wird, die er besser als die Privatrechtsgesellschaft erledigen kann, dass er sich also auf seine Kernkompetenzen beschränkt.

Die vorstehende Charakterisierung des Staates aus ökonomischer Sicht ist weder auf die Existenz undemokratischer Staaten noch auf die Frage eingegangen, ob die Zwangsgemeinschaft „Staat" aus Verwandtschaftsbeziehungen (Patriarchaltheorie), per Vertrag (Vertragstheorie) oder dadurch entstanden ist, dass ein Eroberervolk, ein Diktator oder eine Bande von Mafiosi die übrigen Staatsbürger unterworfen haben (Machttheorie) oder dass ein räuberisches Nomadenvolk seßhaft geworden ist und die vorhandene Führungsstruktur (der in der Kriegszeit entstandene Adel) die Gelegenheit genutzt hat, die eigene Führungsrolle durch die Übernahme von Staatsaufgaben abzusichern (Gelegenheitstheorie). Das war nicht erforderlich, weil es im Rahmen der ökonomischen Betrachtung nur um die wirtschaftliche Vorteilhaftigkeit der Staatenbildung und die dem Staat zufallenden Aufgaben geht. Ist dauerhafte Vorteilhaftigkeit möglichst für alle gegeben, kann man sich den Staat – unabhängig von der tatsächlichen Geschichte eines konkreten Staates – als durch einen Als-ob-Vertrag entstanden vorstellen, der immer wieder dadurch erneuert wird, dass das Staatsvolk nicht emigriert. „Staaten an sich", die keine ökonomische Aufgabe erfüllen, sind in der bisherigen Menschheitsgeschichte nicht nachweisbar (Abschnitt 1.2.).

Ein Staat umfasst in der Regel viele öffentliche Haushalte. In einem Bundesstaat sind zunächst die Haushalte der Gebietskörperschaften und die von ihnen abhängigen

Behörden und Unternehmen zu nennen. Ökonomisch sind sie Vielzweck-Zwangskörperschaften, die kraft ihrer Kompetenzkompetenz auch neu auftauchende Aufgaben aufgreifen können. Neben diesen Generalkörperschaften gibt es Spezialkörperschaften, Anstalten und Stiftungen, die zur mittelbaren Verwaltung gehören. Wenn die Spezialkörperschaften neben Bereitstellungs- auch Herstellungstätigkeiten wahrnehmen, nennt man sie wegen ihrer Ähnlichkeit mit privatrechtlichen Genossenschaften auch Zwangsgenossenschaften. Sie dienen – wie etwa ein Wasserverband, eine Rechtsanwaltskammer, eine Industrie- und Handelskammer oder auch die Sozialversicherung – Zwecken, die per Gesetz festgelegt und auch geändert werden können. Zusammen mit den kirchensteuerberechtigten Kirchen werden diese Zwangsgenossenschaften oft auch als Para- oder Hilfsfisci bezeichnet. Auch Anstalten (wie die meisten Landesbanken) und Stiftungen sind einem bestimmten Zweck gewidmet; anders als bei Zwangsgenossenschaften gibt es hier jedoch keine Mitglieder, die über ein gewisses Maß an Selbstbestimmungsmöglichkeiten verfügen. Während der Zweck von Anstalten geändert werden kann, ist der von Stiftungen meist unveränderlich.

Instrumente

Die Finanzverfassung i.w.S. legt fest, welche Aufgaben-, Ausgaben- und Einnahmenkompetenzen die einzelnen Verbände innerhalb der öffentlichen Finanzwirtschaft haben, d.h. wie groß ihre so genannte Finanzhoheit ist. Die laufende Wahrnehmung dieser Finanzhoheit schlägt sich in meist getrennten Entscheidungen über Ausgaben und Einnahmen nieder. Bedenkt man, dass im Wirtschaftsleben eine Einnahme normalerweise die Gegenleistung für eine Leistung ist, erscheint diese Trennung nicht selbstverständlich. Sie ist vielmehr Ausdruck der Tatsache, dass der Staat seine Leistungen in der Regel nicht verkauft, sondern dass er Ausgaben tätigt, um für seine Bürger Sachleistungen – etwa die Möglichkeit der Straßennutzung – bereitzustellen, und dass er einen Großteil der Leistungen über Steuern finanziert, die ex definitione unabhängig von einer konkreten Gegenleistung gezahlt werden müssen.

Die öffentlichen Ausgaben unterteilt man in Transformations- und Transferzahlungen. Transformationszahlungen liegen vor, wenn der Staat – wie bei den Leistungen der öffentlich Bediensteten oder beim Einkauf von Material – in der gleichen Periode eine spezielle Gegenleistung erhält. Die übrigen Ausgaben sind Transferzahlungen (insbesondere Subventionen sowie Sozialtransfers in der Form von Renten oder Pensionen). Die öffentlichen Einnahmen bestehen vor allem aus Steuern, Entgeltabgaben (Gebühren und Beiträgen) und Krediteinnahmen. Daneben gibt es Erwerbseinkünfte und freiwillige Übertragungen. Während Gebühren und Beiträge wie Erwerbseinkünfte eine staatliche Gegenleistung voraussetzen und dem Staat somit keine Dispositionsfreiheit vermitteln, sind Steuern Zwangsabgaben ohne spezielle Gegenleistung. Sie verschaffen dem Staat ebenso Dispositionsfreiheit wie eine Kreditaufnahme. Letztere führt allerdings nur zu einer vorläufigen Deckung von Ausgaben und muss längerfristig durch endgültige Einnahmen (Steuern) gedeckt werden, wenn der Bestand an Staatsschulden nicht wachsen soll. Eine fortlaufende Kreditaufnahme ist möglich; unter bestimmten – vielfach realisierten – Umständen kann sie aber dazu führen, dass der Anteil des Schuldenstandes am BIP wächst, was langfristig natürlich nicht tragfähig ist.

Im Rahmen der finanzwirtschaftlichen Ordnungspolitik werden auch finanzwirtschaftliche Entscheidungen gefällt, die sich nicht in Ausgaben und Einnahmen niederschlagen. Sie betreffen vor allem die Regeln für die Abgrenzung der staatswirtschaftlich zu verrichtenden Aufgaben in einer Volkswirtschaft von den marktwirtschaftlich zu erledigenden, für die Ausgaben- und Einnahmenverteilung unter den öffentlichen Haushalten sowie für die Planung und Kontrolle öffentlicher Ausgaben und Einnahmen (Finanzverfassung im engeren Sinn, Finanzausgleichsgesetze, Haushaltsordnungen, Abgabenordnung).

1.2. Stilisierte Entwicklung der öffentlichen Finanzwirtschaft

Die konkrete Entstehungsgeschichte des Staates als Institution ist auch heute noch umstritten, und zwar sowohl unter Historikern, die sich für den Staat als Herrschaftsorganisation interessieren, als auch unter Ökonomen, die in ihm primär den Garanten von Eigentumsrechten (Rechtsschutzstaat) sowie der oben geschilderten Kernaufgaben im Allokations-, Distributions- und Stabilisierungsbereich sehen (Leistungsstaat). Will man die Entwicklung der spezifisch finanzwirtschaftlichen Aufgaben des Staates herausarbeiten, ist es zweckmäßig, die Geschichte losgelöst von konkreten Ereignissen in stilisierter Form darzustellen und dabei gedanklich von einer einfachen Stammeswirtschaft auszugehen. In dieser machen Jäger und Sammler gemeinsam Beute und treiben untereinander und zum Teil auch mit benachbarten Stämmen einen rudimentären Tauschhandel. In solchen Wirtschaftssystemen (die unter den Ureinwohnern Australiens heute noch beobachtbar sind) gibt es keinen Staat; sie stellen gleichsam den Nullpunkt auf einer Skala für die wirtschaftliche Bedeutung des Staates in einer Gesellschaft dar. Das für den Tauschhandel erforderliche Eigentumsrecht ist gewohnheitsrechtlicher Art. Häuptlinge und Ältestenräte entscheiden in Zweifelsfällen. Das Recht selbst ist sehr einfach: Eigentum erstreckt sich – ähnlich, wie das auch bei (anderen) Primaten nachweisbare Eigentum (Eibl-Eibesfeldt, 1997, S. 483–490) – auf das, was man bei sich tragen, in seiner Hütte aufbewahren und gegen andere verteidigen kann. Insbesondere gibt es kein individuelles Bodeneigentum und kein Eigentum an den Früchten einer Sache. Nebenbei: In vielen ökonomischen Lehrbüchern wird die Vorteilhaftigkeit eines Staates anhand eines Vergleichs verdeutlicht, der gedanklich scheinbar noch weiter zurückgeht als bis zur Jäger- und Sammlergesellschaft, nämlich bis zu einem vertragslosen Zustand zwischen robinsonhaft lebenden Individuen. Aus diesem Hobbesschen Zustand eines „Krieges aller gegen alle“ führt dann ein Gesellschaftsvertrag oder ein Evolutionsprozess heraus, der eigenstabil ist, weil die ökonomischen Vorteile der „Abrüstung“ und des Übergangs zu rechtlich abgestützten Formen der Arbeitsteilung in einem Herrschaftsverband so offenkundig sind. Diese Vorstellung ist eine rationalistische Konstruktion, die sich unnötig weit von unseren gesicherten Kenntnissen über die tatsächliche Entwicklung der Menschheit entfernt. Diese Entwicklung ist wie die Geschichte fast aller Primaten von Anfang an durch ein Leben in arbeitsteiligen Gruppen charakterisiert (Eibl-Eibesfeldt, 1997, S. 821–835).

Auf die Wirtschaftsweise der Jäger und Sammler folgte über das Zwischenstadium der Hortikulturwirtschaft die Agrarwirtschaft. Vielfach wird behauptet, der damit verbundene Entwicklungssprung sei durch Erfindungen verursacht worden. DOUGLASS C. NORTH (1988, S. 78–93) betont dagegen, dass Änderungen der Knappheitsverhältnisse und daraus resultierende Variationen der Eigentumsrechte die entscheidende Rolle gespielt haben: Der Übergang zur Agrarwirtschaft wurde von den meisten Menschen erst dann vollzogen, als die Grenzerträge der Jagd- und Sammelarbeit die Grenzerträge der als Innovation schon bekannten Bodenbewirtschaftung und Herdenhaltung unterschritten. Dies trat ein, als sich fallende Grenzerträge bemerkbar machten, weil die guten Jagdgebiete wegen der Bevölkerungsvermehrung überjagt wurden und ein Ausweichen auf noch menschenleere Gebiete wegen deren Unwirtlichkeit mit einem Absinken der Grenzproduktivität der Arbeit verbunden war.

Der Übergang zur Agrarwirtschaft vollzog sich zögerlich: Es winkten zwar hohe Belohnungen, es fehlte aber eine soziotechnische Erfindung in Form eines differenzierteren Eigentumsrechts, das vor allem auch individuelles Bodeneigentum und neben dem Gebrauchsrecht von Sachen (usus) sowie dem Veräußerungs-, Verleihungs-, Veränderungs- und Vernichtungsrecht (abusus) auch das Recht an den Erträgen (usus fructus) umfasste. Anders konnte und kann nicht garantiert werden, dass der, welcher sät, auch erntet und dass der, welcher eine Herde hält, nicht nur Anrecht auf die Stammzahl von Häuptern (das Stammkapital [caput = Haupt]), sondern auch auf den Zuwachs hat, den man bei einer Viehzählung (census) feststellen kann (die Zinsen). Hinzu kommt, dass mit dem Ertragsrecht eine Pflicht der Haftung für eingegangene Verträge kombiniert werden muss, denn anders ist nicht sicherzustellen, dass gemeinsam erbrachte Vorleistungen ex post zur ex ante vereinbarten Ertragsteilung führen und dass Verträge über zeitlich versetzte Leistungen und Gegenleistungen eingehalten werden.

Wie die Geschichte zeigt, ist die Herausforderung, ein differenziertes Eigentums- und Haftungsrecht zu entwickeln, von der Menschheit auf zweierlei Weise durch Staatengründung beantwortet worden: mit der Entwicklung eines staatlich garantierten Privateigentums auf zunächst gewohnheitsrechtlicher Basis und mit der Entwicklung eigentumsrechtlicher Formen, die wir heute als Kollektiveigentum bezeichnen würden. Zwischen diesen Extremen gab es aber auch Mischformen.

Mit der Einführung eines differenzierteren Eigentumsrechts wird aus der Produktionsfunktion $Y = f(A)$ der Jäger- und Sammlergesellschaft eine Produktionsfunktion der Form

$$Y = g(A, K, T, O),$$

denn es werden neben Arbeit (A) weitere Produktionsfaktoren materieller und immaterieller Art eingesetzt: Kapital (K), technisches Wissen (T) und unterschiedliche Formen der Verteilung von Eigentumsrechten sowie der Gestaltung von Informations- und Motivationsstrukturen und damit von Wirtschaftsordnungen (O). Die Faktoren A, K und T sind Argumente in allen volkswirtschaftlichen Produktionsfunktionen. Der Erklärungswert von O zeigt sich dagegen nur bei internationalen Querschnittsvergleichen und nach ökonomischen Revolutionen (OLSON, 1996). Die Erweiterung der Produktionsfunktion bringt zum Ausdruck, dass sich erstens Sparen und Sachkapitalbildung der gesicherten Früchte wegen lohnen, dass zweitens ein Anreiz zur Bildung von Humankapital und damit zur stärkeren Spezialisierung und zum regelmäßigen Austausch von Gütern auf Märkten entsteht und dass drittens Produkt- und Verfahrensverbesserungen ökonomisch interessant werden.

Die Differenzierung der Eigentumsformen hat in den frühen Marktwirtschaften – der erste bekannte Markt, auf dem variable Preise der Markträumung dienten, war die athenische Agora des 6. Jahrhunderts v. Chr. (NORTH, 1988, S. 43) – erstmals die spezifischen Vorteile des Privateigentums an Produktionsmitteln zutage treten lassen: die Motivationsvorteile, die sich aus der weitgehenden Übereinstimmung individueller und sozialer Grenzerträge des Faktoreinsatzes ergeben, die Informationsvorteile, die aus einer getrennten Informationsverwertung vieler in ihren jeweiligen Tätigkeitsbereichen folgen, die Möglichkeit einer Risikoteilung im Rahmen von – schon in der Antike praktizierten – Beteiligungsfinanzierungen bei Großprojekten, die Fehlerausgleichstendenz, die aus dezentralem Handeln resultiert, und die Förderung des technischen Fortschritts, die sich daraus ergibt, dass viele Tatsachenexperimente nebeneinander betrieben und bezüglich ihrer Ergebnisse beobachtet werden und dass man nur die erfolgreichen Innovationen beibehält oder imitiert.

Dass zur Entwicklung hinreichend differenzierter Eigentumsrechte ein Staat erforderlich ist, resultiert daraus, dass es Vorteile gibt, die nur in staatlich verfassten Gemeinwesen voll realisiert werden können: Damit Preise im weitesten Sinn für die Nutzung von Gütern gezahlt werden, müssen Nichtzahler ausgeschlossen (exkludiert) werden. Hierbei können Probleme auftreten, die mit privatrechtlichen Mitteln nicht lösbar sind, wohl aber mit Hilfe des Einsatzes hoheitlichen Zwangs, mit Hilfe des Übergangs zu einer „höheren" Art von sozialer Exklusionstechnik also. Solche Ausschlussprobleme seien an Tennisanlagen und Deichen erläutert, die Beispiele für Kollektivgüter unterschiedlichen ökonomischen Charakters bilden (Abschnitt 2.1.1.).

Tennisanlagen können von einem Klub bereitgestellt werden, der Nichtmitglieder mit Hilfe des Privatrechts von der Nutzung seiner Anlage ausschließt und mittels dieser Exklusionsdrohung Spielwillige zum Beitritt und zur Mitfinanzierung motivieren kann. Deshalb brauchen solche Anlagen nicht vom Staat bereitgestellt zu werden. Bei Deichen muss man anders verfahren: Verweigert ein Deichhinterlieger einen Finanzierungsbeitrag, wird er trotzdem vom Deich geschützt. Diesem Verweigerungsanreiz kann der Staat begegnen, indem er aufgrund einer Vorteilsvermutung einen Zwangsbeitrag von der Gruppe der Hinterlieger erhebt, wie das heute in Deichverbänden geschieht und wie man es von den Anliegerbeiträgen der Eigentümer von Häusern gewohnt ist. Der Klubbeitrag im Tennisverein entspricht also dem Zwangsbeitrag im Deichverband. Der Exklusion mit Hilfe des Privatrechts (Zutrittsverbot für Nichtmitglieder des Tennisvereins) entspricht die „höhere" Art von Exklusion durch das öffentliche Recht, durch den Zwang nämlich, den Deichbeitrag zu zahlen oder zur Vermeidung einer Zwangsvollstreckung aus dem geschützten Gebiet ausziehen zu müssen. Im alten friesischen Deichrecht hieß es folgerichtig: Wer nicht will deichen, der muss weichen.

Solch eine „höhere" Exklusionstechnik wurde erstmals in den Stromtalkulturen und vor allem in den sich ab 4000 v. Chr. entwickelnden frühen Hochkulturen Mesopotamiens und Ägyptens, im Indus-Gebiet und in China genutzt (HERZOG, 1998, S. 15 ff.; ZIRNSTEIN, 1996, S. 19 ff.). Diese Hochkulturen – insbesondere Ägypten – trugen zum Teil Züge einer Zentralverwaltungswirtschaft (genauer hierzu EUCKEN, 1940/1989, S. 47). Die Kollektivgüter, die hier im großen Stil geplant und eingesetzt wurden, waren

Verkehrs-, Speicher- und vor allem Bewässerungsanlagen. Da letztere in nahezu allen frühen Hochkulturen eine Rolle gespielt haben – in der chinesischen Sprache bedeutet „tschin" sowohl „Gewässer regulieren" als auch „regieren" und „fa" sowohl „Gesetz" als auch „Wasserleitung", und der ägyptische Pharao trug u. a. den Titel „Hüter der Kanäle" (v. Unruh/Greve/Schliesky, 2001, S. 11) –, sprechen Historiker auch von einer sogenannten „hydraulischen Hypothese" der Entstehung von Staaten: Die zeitweilig herrschende Trockenheit in einem an sich fruchtbaren Gebiet (wie z. B. der Umgebung des Nils) fördert die Einführung einer Organisationsstruktur, die eine planmäßige Be- und Entwässerung im großen Stil gestattet, und bringt einen Herrschaftsverband hervor: den Staat.

Ähnliche Aufgaben verlangten ebenfalls nach einem Herrschaftsverband: Polizeiaufgaben, der Schutz von Siedlungen durch Verteidigungsanlagen (insbesondere an der Grenze zu nomadisierenden Völkern) und die koordinierte Führung von Streitkräften (dies auch schon bei Nomaden). Die erste Aufgabe, die Staaten in der Geschichte verrichtet haben, war also die transaktionskostengünstige Erfüllung der Allokationsfunktion in bezug auf Kollektivgüter mit Ausschlussproblemen. Neben den bereits genannten Kollektivgütern dieser Art waren das – den mythischen Vorstellungen jener Zeit entsprechend – vor allem auch Sakralbauten und Opfer, die man errichten bzw. bringen musste, um die Götter günstig zu stimmen und z. B. Regen „zu erzeugen", von dem dann alle (ohne Ausschlussmöglichkeit) profitieren konnten. In den später entstandenen Hochkulturen außerhalb der Trockengebiete waren dagegen vorrangig der Außenschutz und der Rechtsrahmen die ersten Kollektivgüter, zu deren Bereitstellung ein Staat erforderlich war. Recht kann sich auf Gewohnheitsbasis entwickeln und ohne ausgeprägte Herrschaftsorganisation durchgesetzt werden, solange die abzuwickelnden Geschäftsvorfälle einfach und die einen Rechtsverband bildenden Gruppen klein sind. Dann haben Überlieferung, Entscheidungen von Häuptlingen sowie sozialer Druck eine hinreichende Regelungskapazität. Die zugehörigen Wirtschaften waren meist relativ einfache Tauschwirtschaften. Zusammen mit der Entstehung des Münzgeldes im 7. Jahrhundert v. Chr. entwickelten sich aber auch relativ differenzierte Marktwirtschaften, vor allem die Athens und Roms. Hier brauchte man neben dem Gewohnheitsrecht auch eine staatliche Rechtsgarantie, das Kollektivgut „institutionelle Infrastruktur". Anderenfalls hätten das enge Zusammenleben und die Häufigkeit von Transaktionen zu hohe Reibungskosten erzeugt. Außerdem mussten in diesen Stadtstaaten Finanzierungsformen für eine schon recht differenzierte Infrastruktur entwickelt werden. In Griechenland erfolgte die Finanzierung über Leiturgien (d. h. freiwillige Leistungen reicher Bürger, die nach Ansehen und öffentlichen Ämtern strebten), in Rom, das Historiker auch als „Raubstaat" bezeichnen, über Tributzahlungen von Völkern, die in geradezu gewerbsmäßig geführten Kriegen unterworfen worden waren.

Die Uraufgaben des Staates – Schutz nach außen und Rechtsgarantie im Inneren – konnten im mittelalterlichen Europa zunächst quasi-privatwirtschaftlich bereitgestellt werden (Volckart, 2000, 2002, 1, 2002, 2): Ein Grundherr (Fürst, Ritter, Kloster) verpflichtete sich bäuerlichen Erbpächtern gegenüber zum Außenschutz (Bereitstellung einer Fluchtburg und von Streitkräften) und zur Ausübung der Gerichtsherrschaft. Die Gegenleistung im Rahmen dieses grundherrschaftlichen Vertrages waren Ernteabgaben der Grundholden sowie Hand- und Spanndienste auf dem Herrenhof. Die

Vorstellung der Herrschaftsgewalt eines Landesherren über ein abgegrenztes Staatsterritorium mit einem relativ einheitlichen Recht und damit die Vorstellung des Flächenstaates ist erst später entstanden, die Idee des Nationalstaates sogar erst mit Beginn der Neuzeit (Zippelius, 1998, S. 64–71). Sie war das Ergebnis eines starken Konzentrationsprozesses auf dem Markt für Sicherheitsleistungen, in dessen Verlauf zunächst der Hochadel und später ein König die anderen Grundherren über Kriegs- und Heiratspolitik ausschalteten und sich einen direkten Durchgriff auf die Steuerkraft der Bürger verschafften (Volckart, s. o.). Ökonomisch gesehen stellt die Bildung von Flächenstaaten die Zusammenfassung mehrerer Spezial-Zwangsgenossenschaften zu einer Vielzweck-Zwangsgenossenschaft dar. Sie erlaubt es, Verwaltungsverbundvorteile aus einer solchen Zusammenfassung wahrnehmen zu können. Die Möglichkeiten einer systematischen Infrastrukturentwicklung innerhalb eines durch ein stehendes Heer geschützten Gebiets waren hier ebenso treibende Kräfte wie später die Entwicklung einer (Investitionssicherheit vermittelnden) Verfassung und (noch später) die Vorteile der Kontrolle der Vielzweckgenossenschaft „Staat" durch einheitliche demokratische Kontrollorgane.

Anders als die Allokationsaufgaben haben Distributions- und Stabilisierungsaufgaben nicht zur Gründung von Staaten geführt. Sie sind von diesen vielmehr erst später übernommen worden. Distributionsaufgaben wurden (im Zuge des Kaufs von Wählerstimmen) im größeren Maßstab erstmals in Athen und später dann in Rom in Form von Unterstützungszahlungen für arbeitslose Vollbürger erfüllt; in Kleingruppen kann man Geschenke dagegen nicht nur schon in Jäger- und Sammlergesellschaften beobachten, sondern auch bereits bei Primatengruppen, hier oft als Mittel ranghoher Tiere zur Sammlung einer Anhängerschaft (Eibl-Eibesfeldt, 1997, S. 482–508). Stabilisierungsaufgaben im modernen Sinn – speziell in antizyklischer keynesianischer Form – wurden dagegen erst in den 30er Jahren des Zwanzigsten Jahrhunderts bewusst übernommen und gehören in Deutschland seit der Verabschiedung des Stabilitäts- und Wachstumsgesetzes (1967) und der Finanzverfassungsreform von 1969 zu den gesetzlichen Aufgaben des Staates.

1.3. Geschichte der Finanzwissenschaft

In der griechischen Antike und der Scholastik gab es keine eigentliche Finanzwissenschaft. Im Vordergrund stand eine Lehre von den moralischen Anforderungen an Staaten. Platon (427–347 v. Chr.) entwirft das Bild eines Staates, in dem jeder Bürger unter der Leitung der Philosophen (als Lehrern) seinen Anlagen entsprechend als Wächter oder Ernährer zum Wohle aller arbeitet. Diese organisatorische Vorstellung einer Elite, welche den Bedarf der organischen Gemeinschaft spürt und artikuliert und den Staatsbürgern ihren Platz zuweist, hat später auch die Idee des Gottesstaates in der Scholastik und des Einparteienstaates der Moderne geprägt, sei es in der faschistischen, sei es in der kommunistischen Variante. Außerdem spielt sie bei den zentralverwaltungswirtschaftlichen Staatsutopien eine dominierende Rolle. Zu nennen sind hier vor allem die „Utopia" von Thomas Morus (1516), der „Sonnenstaat" Tommaso Campanellas (1602), „Atlantis" von Francis Bacon of Verulam (1605) und der „Geschlossene Handelsstaat" von Johann Gottlieb Fichte (1800). Platons Schüler Aristoteles

(384–322 v. Chr.) äußert sich zwar zur Führung von Haushalten (auch öffentlichen), ist aber anscheinend der Meinung, dass sich der Staats- bzw. Königshaushalt nur durch seine Größe von privaten Haushalten unterscheidet. XENOPHON (430–354 v. Chr.), wie PLATON Schüler von SOKRATES (470–399 v. Chr.), empfiehlt in nahezu merkantilistisch-kameralistischer Manier, den Handel zwecks Vermehrung von Einnahmen aus Verkehrsabgaben und Zöllen zu fördern. In der Scholastik – insbesondere bei ALBERTUS MAGNUS (1193–1280) und THOMAS VON AQUIN (1225–1274) – werden die Lehren der griechischen Antike rezipiert und um eine Diskussion der Frage erweitert, welche Steuer gerecht sei und welche Besteuerungsgrundsätze folglich realisiert werden sollten. Die Antwort lautet: Ein Gesetz muss Subjekt, Objekt und Tarif der Steuer festlegen (Bestimmtheitsprinzip), die Steuer muss entsprechend der Leistungsfähigkeit auf die Stände verteilt werden (Leistungsfähigkeitsprinzip), und sie muss zweckgebunden sein (Affektationsprinzip).

Mit der Zeit der Kameralisten – in England und Frankreich Merkantilisten genannt – beginnt in Deutschland die Nationalökonomie als Universitätswissenschaft und gleichzeitig die Finanzwissenschaft. Da Deutschland damals ein unterentwickeltes Land mit vielen Fürsten war, die untereinander um bewegliche Produktionsfaktoren konkurrierten, mit deren Hilfe sie die Erträge der unbeweglichen Produktionsfaktoren steigern und ihre Camera (= Schatzkammer) füllen wollten, entwickelten Kameralisten wie VEIT LUDWIG V. SECKENDORFF (1626–1692), JOHANN JOACHIM BECHER (1635–1682), JOHANN HEINRICH GOTTFRIED V. JUSTI (1720–1771), JOSEPH V. SONNENFELS (1733–1817) und JOHANN HEINRICH JUNG-STILLING (1740–1817) unmittelbar anwendbare Lehrsätze zur Entwicklungspolitik. KASPAR KLOCK (1583–1655) und andere Steuerjuristen der Renaissance hatten sich als frühe Kameralisten vorher schon mit dem Substanzerhaltungsgedanken im Steuerrecht auseinandergesetzt.

Die Physiokraten – die berühmtesten Vertreter sind FRANCOIS QUESNAY (1694–1774), auf den die erste Darstellung des Wirtschaftskreislaufs zurückgeht, und ANNE ROBERT DE TURGOT (1727–1781), der sich als Generalkontrolleur der Finanzen den Hass der französischen Grundbesitzer zuzog – waren von der Existenz einer „ordre naturel“ überzeugt, die für eine harmonische Wirtschaftsentwicklung sorgen würde und welcher der Staat die gesetzte „ordre positif“ angleichen sollte. In Reaktion auf die einseitige Begünstigung von Handel und Gewerbe zur Zeit des Merkantilismus – insbesondere unter dem Finanz- und Wirtschaftsminister JEAN-BAPTISTE COLBERT (1619–1683) – forderten sie eine stärkere Förderung der Landwirtschaft. Gestützt auf die Beobachtung, dass Handel und Gewerbe in Frankreich damals nahezu ausschließlich Konsumgüter produzierten und umschlugen und dass Investitionen in der Landwirtschaft einen hohen Grenzertrag versprachen, kamen sie zu der Überzeugung, dass nur die Landwirtschaft einen Nettoertrag (produit net) erbringe. Da dieser der staatstragenden Klasse der Grundbesitzer zufließe, sollte diese Klasse auch für die Finanzierung der Staats- und Verwaltungstätigkeit sorgen, und zwar mit Hilfe einer Alleinsteuer (impôt unique) auf den produit net. Auf diese Weise sollten unproduktive Steuerüberwälzungskämpfe vermieden werden, denn letztlich müsse eine Steuer aus dem produit net getragen werden und könnten die Empfänger dieser Renteneinkommen einer Besteuerung auch nicht ausweichen. Diese Besteuerungsidee musste den Widerstand der Grundbesitzer und damit des Adels hervorrufen; sie ist bei Bodenreformern aber immer wieder in abgewandelter Form aufgetaucht.

In der Klassik – wichtige Vertreter sind ADAM SMITH (1723–1790), JEAN BAPTISTE SAY (1767–1832) und DAVID RICARDO (1772–1832) – wurden die Grundlagen des ökonomischen Liberalismus gelegt. Anders als FERDINAND LASSALLE (1825–1864) es mit seiner spöttischen Bezeichnung für die Rolle des Staates aus der Sicht der Klassiker als der eines „Nachtwächterstaates" glauben machen wollte, haben die Klassiker den Staat tatsächlich aber nicht auf die Herstellung von Recht und Ordnung beschränken wollen. SMITH wies ihm in seinem „Wohlstand der Nationen" (1776) vielmehr die Rolle zu, alle Aufgaben zu lösen, die zwar im allgemeinen Interesse liegen, aber nicht profitabel sind und folglich von privaten Unternehmern nicht verrichtet werden. Dieser klassischen Interventionsformel entspricht auch das heutige Verständnis der Staatsaufgaben. Im Hinblick auf die Besteuerung wurde von den Klassikern die Überwälzungslehre ausgebaut. Es wird darauf verwiesen, dass die Steuerlast immer von denjenigen Faktoren getragen werden müsse, die ein Renteneinkommen – verstanden als Differenz zwischen dem Einkommen in der jetzigen und in einer zweitbesten Verwendungsweise – erzielen und deshalb auf eine Besteuerung nicht mit Abwanderung reagieren. Anders herum betrachtet, wurde also prognostiziert, dass mobile Zensiten Steuern durch Abwanderungen ausweichen werden – gerade so, wie man es heute bei der zunehmenden Verlagerung von Investitionen ins steuergünstige Ausland beobachten kann. Das ist eine Tendenz, die als Reaktion der Staaten dann wiederum Steuererleichterungen für mobile Faktoren und eine Verlagerung der Steuerlast auf immobile Faktoren hervorruft. Als Besteuerungsgrundsätze fordert SMITH, dass eine Steuer bestimmt sein sollte, dass die Zensiten gleichmäßig behandelt werden müssten und dass mit dem Streben nach Wohlfeilheit und Bequemlichkeit auch auf Transaktionskosten der Besteuerung in Form von Erhebungs- und Entrichtungskosten bei Schonung der Privatsphäre geachtet werden müsste.

Als Blütezeit der deutschen Finanzwissenschaft bezeichnet man die Zeit der Ende des neunzehnten Jahrhunderts entstandenen großen Lehrbücher von LORENZ V. STEIN (1815–1890), ALBERT SCHÄFFLE (1831–1903) und ADOLPH WAGNER (1835–1917), der ersten systematischen Darstellungen der gesamten Finanzwissenschaft. Hinzu treten die Einführung der Grenznutzenlehre in die Finanzwissenschaft durch EMIL SAX (1845–1927) und die Untersuchungen zum Einkommensbegriff und zu den Grundlagen der Ausgestaltung der Einkommensteuer durch GEORG V. SCHANZ (1853–1931). Die Epoche ist nach der deutschen Finanzwissenschaft benannt, weil es seinerzeit nirgendwo sonst auf der Welt eine solch intensive Beschäftigung mit den Aufgaben des Staates gab. Die Erklärung dafür liegt auch darin, dass Deutschland im 19. Jahrhundert anders als England die infrastrukturellen Voraussetzungen für die Entwicklung zum Industriestaat erst schaffen musste. Dabei ging es nicht nur um die Voraussetzungen in Gestalt der materiellen Infrastruktur (z. B. Verkehrseinrichtungen), sondern auch um die in Gestalt der Ausbildungsinfrastruktur und der institutionellen Infrastruktur. Die Lehrbücher waren deshalb – ganz im Sinne der Historischen Schule – sehr stark von entwicklungsgeschichtlichen und juristischen Überlegungen geprägt.

Die Zeit einer Reökonomisierung setzte in der deutschen Finanzwissenschaft etwa in den 1930er Jahren ein und führte – vor allem als Reaktion auf die Weltwirtschaftskrise und die 1936 erschienene „General Theory" von JOHN MAYNARD KEYNES (1883–1946) – dazu, dass entwicklungsgeschichtliches und juristisches Denken zurückgedrängt und die volkswirtschaftliche Theorie wieder stärker betont wurde. Es kam zu einem Ausbau der Lehre vom so genannten Marktversagen als Grundlage der Staatswirtschaft (Überblick: FRITSCH/WEIN/EWERS, 2005), zur Entwicklung einer Optimalsteuertheorie, die auf der allgemeinen Gleichgewichtstheorie aufbaut – in KNUT WICKSELL (1851–1926) aber schon einen bemerkenswerten Vorläufer hatte –, zur Entwicklung von Konzeptionen der Stabilisierungspolitik sowie neuer Formen der Besteuerung (z. B. Mehrwertsteuer, integrierte Körperschaftsteuer, negative Einkommensteuer, persönliche Ausgabensteuer, Cash-Flow-Tax, Flat Tax) und zur Entwicklung einer positiven Theorie der politischen Willensbildung und der Interaktionen zwischen dem staatswirtschaftlichen und dem marktwirtschaftlichen Teil der Volkswirtschaft (Ökonomische Theorie der Politik; Abschnitt 5.2.). Einen Überblick über die Entwicklung der Finanzwissenschaft in den letzten 40 Jahren geben RICHTER/WIEGARD (1993) und CAESAR/PITLIK/SCHULZ (2005). Auffällig ist dabei vor allem das gewandelte Staatsverständnis: Der Staat entwickelt sich in der Fachliterartur vom wohlwollenden Vater und Entwicklungshelfer über den auf Paretoeffizienz bedachten Wohlfahrtsmaximierer zu einem von Interessengruppen und Ideologen beherrschten Staat, dessen Herrschaftsgewalt nur dann gemeinwohlfördernd eingesetzt wird, wenn sie in zweckmäßiger Weise verfassungsmäßig beschränkt wird.

2. Normative Analyse der öffentlichen Finanzwirtschaft

2.1. Rechtfertigung und Regeln staatlicher Allokationspolitik

2.1.1. Individual- und Kollektivgüter

Als normative oder auch funktionsorientierte Analyse staatlicher Allokationsaufgaben bezeichnet man Untersuchungen, in denen geklärt wird, welche Aufgaben vom Staat übernommen werden müssen, weil es sonst dazu käme, dass Bedürfnisse nicht befriedigt werden, obwohl bei den Bürgern im Prinzip eine entsprechende Zahlungsbereitschaft vorhanden ist. Die in solchen Analysen entwickelten Soll-Regeln können auch als Hypothesen darüber betrachtet werden, wie ökonomisch aufgeklärte Menschen Institutionen in einer Situation schiedsrichterlicher Unabhängigkeit zum Wohle aller gestalten würden. Ihnen stehen in der Praxis vielfach Ist-Regeln in Form rechtlicher Regelwerke gegenüber, die im politischen Prozess geschaffen und zum Teil durch Unkenntnis und/oder den Einfluss von Partialinteressen verzerrt sind (Kapitel 3. bis 5.). Beide Arten von Regeln stellen Normen dar, die nicht „bewiesen“ werden können. Man kann allerdings Behauptungen darüber aufstellen, ob die Ist-Regeln in Abstimmungen unter fairen Umständen auf Zustimmung oder Ablehnung stoßen würden. Diese Hypothesen lassen sich im Prinzip auch empirisch testen.

Der für die normative Begründung von Staatsaufgaben wichtige Unterschied zwischen Individual- und Kollektivgütern ergibt sich aus zwei Klassifikationsvariablen – dem Grad der privatrechtlichen Exkludierbarkeit und dem Rivalitätsgrad – und hat Folgen für eine wohlfahrtstheoretisch richtige Bereitstellung von Gütern und für die Organisation entsprechender Bereitstellungsverbände.

Der Grad ε der privatrechtlichen Exkludierbarkeit (Ausschließbarkeit) gibt Auskunft darüber, ob die Exklusion potentieller Nutzer eines Gutes, die nicht zahlungswillig sind, mit privatrechtlichen Mitteln zu vertretbaren Kosten möglich ist. Bei Lebensmitteln hat ε z. B. den Wert 1 (privatrechtliche Exklusion möglich), bei Deichen den Wert 0 (privatrechtliche Exklusion nicht möglich). Zwischenwerte sind denkbar, werden aber erst später betrachtet (Abschnitt 2.1.2.). Die Bedeutung der privatrechtlichen Exkludierbarkeit ist erheblich. Kann das Prinzip: „Jeder, der ein Gut nutzt, soll dafür auch einen Finanzierungsbeitrag leisten!“ (Exklusionsprinzip) nicht realisiert werden, ergibt sich nämlich typischerweise ein sogenanntes Schwarz- oder Trittbrettfahrerproblem. Es kommt dann nicht zur Bedarfsartikulation und zur Entstehung entsprechender Märkte. Niemand, der an einem Deich interessiert ist, tritt z. B. von sich aus als Nachfrager entsprechender Bauleistungen auf dem Markt auf. Er weiß ja, dass er die übrigen Nutzer nicht dazu zwingen könnte, sich an den Kosten zu beteiligen. Deshalb nehmen normalerweise alle eine abwartende Haltung ein. Bei ε = 1 kann ein Unternehmer dagegen von sich aus ein neues Gut anbieten, wenn er von dessen Absatzfähigkeit überzeugt ist, weiß er doch, dass er beim Gelingen der Marktkreation von den Nachfragern für jede abgesetzte Gütereinheit einen Erlös erzielen kann.

Unter günstigen Umständen kann das Trittbrettfahrerproblem ohne staatliche Eingriffe zum Teil überwunden werden, etwa durch die Entwicklung einer positiv durch Achtung und negativ durch Ächtung abgestützten Moral, die Gründung von Spenderklubs oder Formen der Nachbarschaftshilfe (Goldbeck, 1991; Ostrom/Gardner/Walker, 1994; Frey/Bohnet, 1996). Es kommt dann zu einer privaten Bereitstellung von Kollektivgütern, die man als „gemeinnützig“ bezeichnen kann. Außerdem muss man bei Gütern, welche zur Infrastruktur einer Region gehören, zwischen Situationen vor und nach einer Parzellierung von Grundstücken unterscheiden: Vor einer Parzellierung kann ein Gebiet im Prinzip von einem privaten Unternehmer (einem Projektentwickler) erworben, mit Infrastruktur versehen und dann parzelliert verkauft oder vermietet werden. Da die Ausstattung mit Infrastruktur den Wert der Grundstücke erhöht und sich dies im Verkaufspreis oder der Miete niederschlägt, existiert kein Exklusionsproblem; es könnte sich allerdings ein Machtproblem ergeben (zu solchen Möglichkeiten vgl. Foldvary, 1994). Nach Parzellierung und Verkauf eines Siedlungsgebietes (sei es nun bereits erschlossen oder nicht) ergibt sich bei einer zusätzlichen Infrastrukturausstattung dagegen ein Trittbrettfahrerproblem. Ein Unternehmer könnte die Gemeinschaft der Grundstücksbesitzer zwar mit einem Angebot konfrontieren und sie darauf hinweisen, dass die Infrastrukturausstattung ohne Bedarfsäußerung der Gemeinschaft unterbliebe. Bei einer größeren Zahl von Bewohnern wäre dies aber nichts anderes als die Aufforderung zur Gründung einer organisierten Nachfragergemeinschaft. Kostenüberlegungen würden dann schnell zeigen, dass die Gründung eines öffentlich-rechtlichen Verbandes günstiger wäre.

Der Rivalitätsgrad ϱ zeigt an, ob unter den Nachfragern eines Gutes Verwendungsrivalität besteht oder nicht. Bei Lebensmitteln gilt $\varrho = 1$, denn das Brötchen, das A ißt, steht für B nicht mehr zur Verfügung. Beim Fernsehen stört es den A dagegen überhaupt nicht, wenn B dasselbe Programm anschaut ($\varrho = 0$). Auch beim Rivalitätsgrad gibt es Zwischenwerte (Abschnitt 2.1.2.). Die ökonomische Bedeutung des Rivalitätsgrades dürfte unmittelbar einleuchten: Will man die Versorgung mit Lebensmitteln für eine wachsende Zahl Versorgungsberechtigter sicherstellen, braucht man zusätzliche Einheiten; hat man ein Fernsehprogramm für einen einzigen Zuschauer erstellt, können es dagegen ohne

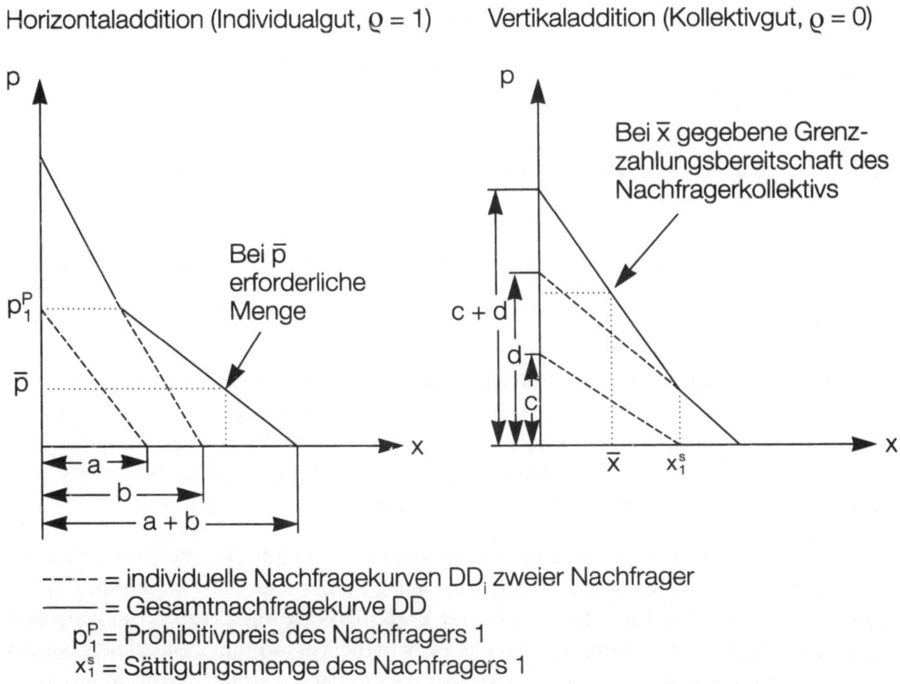

Abb. I-1: Horizontal- und Vertikaladdition von Nachfragekurven

zusätzliche Kosten beliebig viele weitere Zuschauer ansehen. Anders ausgedrückt: Bei ϱ = 0 haben die Grenzkosten der Versorgung eines weiteren Nutzers den Wert 0. Dies wiederum hat unmittelbare Konsequenzen für die wohlfahrtsoptimale Menge: Bei ϱ = 1 ist die volkswirtschaftlich optimale Menge bei der Stückzahl erreicht, bei der die Grenzkosten der individuellen Grenzzahlungsbereitschaft entsprechen (K' = p); bei ϱ = 0 ist die optimale Menge dagegen dort erreicht, wo die Grenzkosten der summierten Grenzzahlungsbereitschaft aller Nutzer gleichen (der Grenzzahlungsbereitschaft des Nutzerkollektivs). Was dies geometrisch bedeutet, ist in *Abb. I-1* dargestellt.

Bei ϱ = 1 muss man die individuellen Nachfragekurven (die es sowohl für Güter mit ϱ = 1 als auch für solche mit ϱ = 0 gibt) zur Gewinnung der Marktnachfragekurve bei jeweils vorgegebenen Preisen wie z. B. p̄ horizontal addieren, während man sie bei ϱ = 0 bei jeweils vorgegebenen Mengen wie etwa x̄ vertikal addieren muss. Bei ϱ = 1 bildet man so die Summe der Nachfragemengen ab, die zu jeweils vorgegebenen Preisen gehören, bei ϱ = 0 die Summe der Grenzzahlungsbereitschaften, die zu vorgegebenen Mengen gehören. Letztere können – wenn gewünscht – von allen Kollektivmitgliedern gleichzeitig genutzt werden.

Kombiniert man die Werte, die ε und ϱ annehmen können, gewinnt man eine Vierfeldertabelle mit vier verschiedenen Arten von Gütern, für die sich unmittelbar bestimmte (vorerst noch grobe) Finanzierungs- und Organisationsregeln angeben lassen. (*Übersicht I-1;* diese Übersicht entspricht weitgehend der von Musgrave/Musgrave/Kullmer, 1992–1994, Bd. 1, S. 71; zu Alternativeinteilungen vgl. Foldvary, 1994, S. 13–16).

Übersicht I-1: Güterarten

Ausprägungsgrad von ∈	Ausprägungsgrad von ϱ: 0	1
0	Pure (oder auch prototypische) Kollektivgüter (z. B. Deiche)	Quasikollektivgüter (z. B. überfüllte Innenstadtstraßen)
1	Klubkollektivgüter (z. B. Tennisanlagen)	Individualgüter (z. B. Lebensmittel)

Für alle Kollektivgüter ist es charakteristisch, dass sie Gebrauchsgüter sind, die nicht nur einzelnen, sondern Gruppen von Menschen dienen können. Deshalb muss die Nachfrage einer Gruppe organisiert werden, d. h. der Bedarf muss qualitativ und quantitativ festgelegt und die Finanzierung sichergestellt werden. Dies wirft – je nach der Kombination von ϱ und ε – unterschiedliche Probleme auf.

Bei den puren Kollektivgütern muss ein Zwangsverband zur Nachfrageorganisation gebildet werden (im Beispiel ein Deichverband). Außerdem wäre es falsch, bei der Umlage der Kosten im Nutzerkollektiv einen Preis pro Nutzungsakt zu verlangen, denn zusätzliche Nutzungsakte verursachen ebenso wie die Versorgung zusätzlicher Nutzer keine zusätzlichen Kosten, da ja nach wie vor die gleiche – bereits errichtete – Anlage genutzt wird. Bei Deichen wäre solch eine Art von Preis auch gar nicht vorstellbar, da jeder Deichhinterlieger den Deich ständig nutzt. Denkt man aber z. B. an ein System von Navigationssatelliten für die Luft- und Seefahrt, könnte man im Prinzip pro Peilung eine Gebühr erheben; das wäre aber wie gesagt nicht wohlfahrtsoptimal, denn dadurch würden Flugzeuge oder Schiffe von Peilungsanfragen abgehalten, obwohl durch die Beantwortung der Anfragen keinerlei zusätzliche Kosten entstehen. Statt der Gebühr pro Nutzungsakt müssen vielmehr Zwangsbeiträge erhoben werden, die ein zeitlich begrenztes Nutzungsrecht (eine Option) verschaffen und deshalb auch als – hier zwangsweise zu erhebende – „Optionspreise" bezeichnet werden (Deichbeitrag p. a. von allen Deichhinterliegern/Navigationshilfebeitrag p. a. von allen Besitzern entsprechender Peilgeräte).

Bei Quasikollektivgütern schmälert ein zusätzlicher Nutzer die Wohlfahrt der jeweils übrigen: Es entsteht ein Nutzenverzicht in Form von Überfüllungskosten (im Tabellenbeispiel Staukosten in Form von Zeitverlusten, zusätzlichem Treibstoffverbrauch und zusätzlicher Umweltverschmutzung). Deshalb müsste an sich eine Zugangsrationierung über eine Rationierungsgebühr erfolgen, welche so viele Nutzungsberechtigte auf andere Nutzungszeiten oder andere Routen abdrängt, dass den verbleibenden Nutzern ein zu definierender Qualitätsstandard (ein gewisser Verkehrsfluss) garantiert werden kann. Decken diese Rationierungseinnahmen die insgesamt entstehenden Kosten nicht, muss ein ergänzender Beitrag erhoben werden, insgesamt also ein gemischter Tarif (Rationierungsgebühr plus Grundbeitrag). Die Rationierungsgebühr kann bei den Quasikollektivgütern aber nicht erhoben werden, weil dies technisch unmöglich oder zu kostspielig ist. Im Beispiel überfüllter Innenstadtstraßen gilt dies heute allerdings nur noch mit Einschränkungen. Es sind nämlich elektronische Geräte entwickelt worden, die ein „road pricing“ und damit eine pretiale Lenkung des Verkehrs ermöglichen. Überfüllte Innenstadtstraßen sind damit auf dem Weg, den Charakter von Quasikollektivgütern zu verlieren und zu – gleich zu besprechenden – Klubkollektivgütern mit zeitweiligen Überfüllungserscheinungen zu werden. Anders verhält es sich beim Personennahverkehr. Hier war eine Kontrolle der grundsätzlichen Nutzungsberechtigung früher im Prinzip wirtschaftlich. Man konnte das Zahlen eines Grundbeitrags ja durch einen Ausweis dokumentieren, und die Kontrolle dieses Ausweises und der Entrichtung einer eventuell notwendigen zusätzlichen Rationierungsgebühr in Stoßzeiten war verhältnismäßig billig. Dies lag daran, dass die Exklusionskosten, die von den Löhnen der Kontrolleure und der notwendigen Kontrolldichte abhängen, gering waren, weil die Löhne ebenso wie die von der allgemeinen Gesetzestreue bestimmte Schwarzfahrbereitschaft im Vergleich zu heute niedrig waren. Gegenwärtig sind die Exklusionskosten jedoch so hoch, dass man – jedenfalls bis zur Entwicklung automatischer Kontrolltechniken – vor der Frage steht, ob man nicht manche Nahverkehrsmittel gebührenfrei zur Verfügung stellen und durch Zwangsbeiträge der Bewohner der jeweiligen Verkehrsregionen finanzieren sollte.

Klubkollektivgüter sind Güter wie Sportanlagen, bei denen man relativ leicht zwischen Nutzungsberechtigten (Klubmitgliedern) und Nicht-Nutzungsberechtigten unterscheiden und letztere mit privatrechtlichen Mitteln ausschließen kann. Außerdem besteht unter den Mitgliedern normalerweise keine Nutzungsrivalität (gebührenfreie Klubkollektivgüter). Deshalb ist eine Finanzierung allein über freiwillige Beiträge (Optionspreise) angebracht. Sollte zu Stoßzeiten eine Nutzungsrivalität auftreten, kann man zusätzlich eine Rationierungsgebühr als Grenzkostenpreis erheben, d. h. die Nutzung gebührenpflichtig machen (Mautgüter) oder ein anderes Rationierungsverfahren anwenden, weil die Nutzung nun ja Verdrängungs- oder Wartekosten verursacht. Da die Exklusion von Nichtmitgliedern auf privatrechtlicher Basis möglich ist, benötigt man keinen Zwangsbeitrag und kann das Gut deshalb von privaten Vereinen zur Verfügung stellen lassen. Wie bei den Quasikollektivgütern schon erwähnt, kann sich der Gutscharakter durch technisch oder wirtschaftlich bedingte Variationen der Exklusionskosten aber ändern.

Individualgüter zeichnen sich durch hohe Exkludierbarkeit und Rivalität aus. Ersteres garantiert die Handelbarkeit (Marktfähigkeit), letzteres die Finanzierbarkeit über reine Grenzkostenpreise.

2.1.2. Finanzierungs- und Organisationsregeln für eine ordnungskonforme Bereitstellung von Kollektivgütern

Der Rivalitätsgrad und der Grad der privatrechtlichen Exkludierbarkeit können nicht nur die Extremwerte „Rivalitätsfreiheit“ ($\varrho = 0$) und „Rivalität“ ($\varrho = 1$) bzw. „Nichtexkludierbarkeit“ ($\varepsilon = 0$) und „Exkludierbarkeit“ ($\varepsilon = 1$) annehmen, sondern auch die Zwischenwerte „partielle Rivalität“ ($0 < \varrho < 1$) und „partielle Exkludierbarkeit“ ($0 < \varepsilon < 1$). Berücksichtigt man dies, kann man verschiedene Arten von Kollektivgütern sowie natürliche Monopole und externe Effekte mit Hilfe unterschiedlicher ϱ- und ε-Werte beschreiben und zeigen, was diese Werte für das Wirken des Preismechanismus und damit die Koordination von Produktions- und Verwendungsentscheidungen bedeuten und wann in einem marktwirtschaftlichen System Allokationsmängel oder sogar ein totales Marktversagen auftreten.

Partielle Rivalität

Um die Zwischenwerte von ϱ ableiten zu können, sollte man sich aus rein heuristischen Gründen Verbände vorstellen, die für ihre Mitglieder Deichschutz, Autobahnnutzungsmöglichkeiten, Tennisspielgelegenheiten oder (wie früher der Senat von Berlin) Lebensmittelrationen für Notfälle bereitstellen. Hierbei kann man zwischen zwei Arten von Mengen- und Qualitätseinheiten unterscheiden, die unterschiedlich gemessen werden:

- Ausstattungseinheiten x, die aus der Sicht eines Verbandsmitglieds jederzeit für sie oder ihn persönlich verfügbar sein sollen und als garantierter Ausstattungs- oder Versorgungsstandard bezeichnet werden. Beispiele nutzungsorientierter Messangaben dieser Art sind die Garantie, mit einer Wahrscheinlichkeit von 99 v. H. gegen Sturmfluten unterschiedlicher Art geschützt zu werden oder mit einer Wahrscheinlichkeit von 99 v. H. jederzeit eine Autobahn mit einer Richtgeschwindigkeit von 130 km/h befahren zu können oder mit einer Wahrscheinlichkeit von 99 v. H. nach einer Maximalwartezeit von 20 Minuten täglich eine Stunde Tennis spielen zu können oder mit Sicherheit in Krisenzeiten eine Lebensmittel-Notration pro Tag zu erhalten.
- Bereitstellungseinheiten q, die aus der Sicht der Führung des Versorgungsverbandes erforderlich sind, um allen Mitgliedern des Verbandes den Versorgungsstandard x garantieren zu können. Beispiele für produktionsorientierte Messangaben dieser Art sind ein Deichbauwerk hinreichender Qualität, eine Autobahn mit hinreichend vielen Fahrstreifen, eine Tennisanlage mit hinreichend vielen Plätzen, ein Lager mit hinreichend vielen Notrationen. Die erforderlichen Bereitstellungseinheiten müssen gekauft oder selbst erstellt werden. Bei Einrichtungen wie z. B. Sport- oder Verkehrsanlagen, die in Eigenregie betrieben werden, kann man dabei oft zwischen einer Maximalbedienungskapazität q^M und einer verfügbaren Kapazität q^v unterscheiden. Letztere kann durch geschicktes Disponieren und unter Inkaufnahme von Feiertags- oder Nachtarbeitszuschlägen bei Reparatur- und Wartungsarbeiten an erstere angenähert werden (Variation von q^v innerhalb von q^M).

Bezeichnet man die Zahl der zu versorgenden Verbandsmitglieder mit n, kann man die Verknüpfungen zwischen q, x und n mit Hilfe der folgenden Bereitstellungsmengenfunktion abbilden:

$$q = x\, n^{\gamma}.$$

Betrachtet man q als variabel und x als fest vorgegeben, stellt γ eine Elastizität von q in bezug auf n dar, denn:

$$\frac{dq}{dn}\,\frac{n}{q} = \frac{(\gamma\, x\, n^{\gamma-1})\, n}{q} = \frac{\gamma\, x\, n^{\gamma}}{x\, n^{\gamma}} = \gamma.$$

γ soll deshalb Elastizität der Bereitstellungsmenge q in bezug auf zusätzliche Nutzer oder kurz Nutzungselastizität der Bereitstellungsmenge heißen.

Setzt man für γ die bisher betrachteten Extremwerte 1 bzw. 0 ein, erhält man

- für $\gamma = 1$ den Wert $q = x \cdot n$, der für Individualgüter charakteristisch ist (soll jedem der n Nutzer der Ausstattungsstandard x garantiert werden, benötigt man zur Versorgung insgesamt $x \cdot n$ Einheiten);
- für $\gamma = 0$ dagegen den Wert $q = x$, der für prototypische Kollektivgüter charakteristisch ist, denn ist z. B. Deichhinterlieger A mit einem Deich des Standards x ausgestattet, sind es alle anderen Deichhinterlieger auch (die Zahl der Nutzer spielt bei der Versorgung also keine Rolle).

In manchen Situationen muss man q jedoch auch als fest vorgegeben betrachten (z. B. wenn die verfügbare Kapazität einer Anlage ausgelastet und kurzfristig nicht anpaßbar ist). Dann ist x in der Bereitstellungsmengenfunktion als variabel anzusehen ($x = q\, n^{-\gamma}$), und man kann analog zur obigen Ableitung zeigen, wie die garantier*bare* Ausstattung x auf Veränderungen von n reagiert. Dies lässt sich auch so ausdrücken, dass x bei gegebenem q auf Variationen der n-Werte gemäß einer Qualitätselastizität $\kappa = -\gamma = (dx/dn) \cdot (n/x)$ reagiert, die zeigt, wie die Ausstattungsqualität bei wachsendem n sinkt. Die Grenzkosten dx/dn können dabei im Prinzip als Prämie gemessen werden, welche das Nutzerkollektiv zur Verhinderung des Qualitätsabfalls zu zahlen bereit wäre.

Bei variablem q kann neben der Nutzungselastizität als Bestimmungsfaktor von ϱ noch eine zweite Elastizität eine Rolle spielen. Diese ergibt sich, wenn man die Kostenfunktion betrachtet, die für die Herstellung von q gilt und die Beschaffungskosten des Verbandes prägt (bzw. die Herstellungskosten im Falle der Selbstversorgung). Diese Bereitstellungskostenfunktion kann man intervallweise in beliebig genauer Näherung durch

$$K = c\, q^{\delta}$$

abbilden (je kleiner das betrachtete Intervall, desto besser die Näherung). Hierin ist c ein Kostenfaktor, der bei einer linearhomogenen Kostenfunktion ($\delta = 1$) den Durchschnittskosten entspricht. δ ist eine analog zu γ gebildete Elastizität, welche die Reaktion von K auf eine Variation von q beschreibt. Sie soll Elastizität der Bereitstellungskosten in bezug auf zusätzliche Mengeneinheiten oder kurz Mengenelastizität der Bereitstellungskosten heißen.

Der Rivalitätsgrad ϱ hängt bei variablem q davon ab, ob zusätzliche Nutzer zusätzliche Kosten verursachen. Diese Frage kann man nun mit Hilfe der eben abgeleiteten Elastizitäten beantworten: Wenn für zusätzliche Nutzer keine zusätzlichen Bereitstellungseinheiten erforderlich sind oder wenn zusätzliche Bereitstellungseinheiten kostenfrei erhältlich sind, gilt $\varrho = 0$. Dieser Zusammenhang wird abgebildet, wenn man ihn mit Hilfe der Gleichung $\varrho = \gamma\delta$ beschreibt. Es gilt somit:

$$\varrho = \frac{dK}{dn}\,\frac{n}{K} = \gamma\delta.$$

Man hätte dies auch über ein Einsetzen der Gleichung für q in die Gleichung für K ableiten können, denn das Differenzieren von K nach n führt zum gleichen Ergebnis:

$$K = c\, q^{\delta} = c\,(x\, n^{\gamma})^{\delta} = c\, x^{\delta}\, n^{\gamma\delta}, \text{ d. h. } \frac{dK}{dn}\,\frac{n}{K} = \gamma\delta\,.$$

Damit ist formal gezeigt worden, dass der Rivalitätsgrad ϱ bei variablem q als Elastizität der Bereitstellungskosten in bezug auf zusätzliche Nutzer aufgefasst werden kann und von zwei Teilelastizitäten abhängt, nämlich

- der Nutzungselastizität γ der Bereitstellungsmenge, die zeigt, um wieviel Prozent die zur Versorgung eines Nutzerkollektivs erforderliche Bereitstellungs- und damit auch Anschaffungs- oder Herstellungsmenge q bei vorgegebenem Ausstattungsstandard x steigen muss, wenn die Zahl der Nutzer um 1 v. H. steigt, und
- der Mengenelastizität δ der Bereitstellungskosten, die angibt, um wieviel Prozent die Bereitstellungskosten steigen, wenn die erforderliche Anschaffungs- oder Herstellungsmenge q um 1 v. H. steigt.

Dies zeigt einen Weg, ϱ über die Gleichung $\varrho = \gamma\delta$ abzuschätzen, wenn man γ und δ ermitteln kann, und wirft die Frage auf, welche ökonomischen Sachverhalte sich hinter γ und δ verbergen.

Die Antwort auf diese Frage hängt mit den Stichworten „Subadditivität von Personen in ihrer Rolle als Bedarfsverursachungseinheiten" (in bezug auf γ) bzw. „Subadditivität von Mengeneinheiten als Kostenverursachungseinheiten" (in bezug auf δ) zusammen und lässt sich am besten an Beispielen erläutern. „Subadditivität" bedeutet dabei, dass die Versorgung zusätzlicher Personen bzw. die Produktion zusätzlicher Mengen die Kosten nur unterproportional steigen lässt, d. h. dass die Durchschnittskosten sinken.

Zunächst: Wie kann es zu einer Subadditivität von Personen in ihrer Rolle als Bedarfsverursachungseinheiten (also zu $\gamma < 1$) kommen? Die Antwort lautet: in vielen Fällen dadurch, dass dieselbe Anlage von mehreren Personen genutzt werden kann, dass diese sie normalerweise aber nicht ständig und auch nicht gleichzeitig nutzen wollen. Bei Tennisanlagen gilt z. B. die Faustformel, dass ein Tennisverein seinen Mitgliedern – von besonderen Stoßzeiten abgesehen – mit großer Sicherheit garantieren kann, dass jedes Spielerpaar nach einer Wartezeit von längstens 20 Minuten eine Stunde spielen kann, wenn pro 60 Mitglieder ein Platz vorhanden ist. Dass diese Garantie allen Mitgliedern gegeben werden kann, liegt daran, dass man aus Erfahrung weiß, dass nicht alle gleichzeitig spielen wollen. Wäre dies der Fall oder wollten alle Spielerpaare 24 Stunden am Tag spielen, benötigte man natürlich pro Spielerpaar einen Platz; γ hätte dann den Wert 1. Analoges gilt z. B. für Museen, bei denen sich die Besucher nicht nur über die Zeit, sondern auch auf verschiedene Räume verteilen können und bei denen das gleiche Ausstellungsstück noch dazu gleichzeitig von verschiedenen Personen betrachtet werden kann. Die Subadditivität kommt in solchen Fällen dadurch zustande, dass die Nutzung der gleichen Anlage durch verschiedene Personen zu einer Einsparung von Nichtnutzungszeiten (Leerkosten) führt. Sie ist somit Ausdruck einer Umwandlung von Leer- in Nutzkosten, die keine gegenseitige Behinderung zur Folge hat, weil die Mitglieder ihre Nutzungszeiten z. B. von sich aus unterschiedlich verteilen.

Ein anderer Grund, der zu $\gamma < 1$ führen kann, liegt in den Mindestgrößen von Anlagen, Mindestgrößen, die sich aus der Natur der Sache heraus ergeben. Baut man ein Sportschwimmbad, benötigt man eine bestimmte Mindestgröße, und bei deren Realisation können mehrere Menschen gleichzeitig im Bad schwimmen, ohne sich gegenseitig zu behindern. Ähnliches gilt für andere Sportanlagen, Straßen, Theater oder Mehrzweckveranstaltungshallen. Hier ist also die begrenzte Teilbarkeit mancher Anlagen der entscheidende Erklärungsgrund. Vielfach treten von Natur aus verteilte Nutzungszeiten und Mindestgrößen von Anlagen auch gemeinsam auf.

Solche Gruppenersparnisse bei kollektiver Nutzung sind auf bestimmte Maximalzahlen von Nutzern beschränkt: Soll der oben genannte Ausstattungsstandard im Tennisverein garantiert werden, muss eben für je 60 Mitglieder ein Platz vorhanden sein. Anderenfalls kommt es zu unterschiedlichen Arten von Nutzenverzichten und damit Kosten aus einer Verschlechterung der Ausstattungsqualität oder aus der Erhöhung von q: Man rationiert in Stoßzeiten durch das Erheben einer Gebühr und drängt anpassungsfähige Mitglieder damit auf andere Nutzungszeiten ab (Auftreten von Verdrängungskosten), oder man vermindert die Nutzungsqualität durch verlängerte Warte- und/oder verringerte Höchstnutzungszeiten (Hinnahme von Überfüllungskosten), oder man vergrößert q^v durch Verlängerung der Öffnungszeiten, muss dann aber Überlastkosten (z. B. Überstundenzuschläge und/oder Flutlichtkosten) in Kauf nehmen. Das Verbandsmanagement sollte die Mitglieder über die Art der Anpassung abstimmen lassen.

Was hier am Beispiel von Errichtungsgütern erläutert wurde, gilt mutatis mutandis auch für Schutzgüter wie die Abwassertransportkapazität von Flüssen, den Bestand an Wild oder Fischen oder die Ozonschicht der Erde. Bei solchen Allmendegütern gibt es aus der natürlichen Regenerationsfähigkeit resultierende Obergrenzen, denen in Bepreisungs- und Benutzungsordnungen Rechnung getragen werden muss.

Anders verhält es sich dagegen bei Gütern wie Deichen, bei denen die Zahl der Nutzer beliebig wachsen kann, ohne dass γ einen höheren Wert als Null annimmt. Dies liegt daran, dass hier keine Mindestgrößen ausgelastet oder Leerstandszeiten verkürzt werden, sondern dass Einrichtungen wie Deiche, Rundfunk- und Fernsehprogramme oder elektronische Peilhilfen aus der Natur der Sache heraus weder überfüllt noch übernutzt werden können. Überfüllt werden können hier allenfalls die von Deichen geschützten oder von Sendern versorgten Regionen.

Eine weitere Besonderheit bilden Netzwerkgüter wie z. B. Telefonnetze. Hier kann die Qualitätselastizität intervallweise sogar positive (und der Rivalitätsgrad somit negative) Werte annehmen, weil zusätzliche Teilnehmer den Nutzen bereits vorhandener Anschlüsse jedenfalls so lange erhöhen, wie es im Netz noch keine Überfüllungserscheinungen gibt. Man spricht in der Literatur deshalb in solchen Fällen auch von positiven Netzwerkexternalitäten.

Zur Erklärung der Tatsache, dass es auch eine Subadditivität von Mengeneinheiten als Kostenverursachungseinheiten (d. h. unterproportionale Kostenverläufe mit $\delta < 1$) gibt, genügen wenige Hinweise, denn dies ist ja aus der Produktionstheorie bekannt. Die Stichworte lauten hier Unteilbarkeiten von Anlagen und damit hohe Fixkosten, Harmonisierung von Leistungsquerschnitten unterschiedlicher Produktionsanlagen (oder auch der Leistungskapazitäten von Fachleuten) bei höheren Stückzahlen, Ersparnisse nach der sogenannten Zwei-zu-drei-Regel bei Anlagen wie Gebäuden oder Schiffskörpern, bei denen die Kosten von der Fläche der Außenhaut abhängen, während die Nutzungsmöglichkeiten vom Volumen bestimmt werden, Zentralisierungsvorteile der Lagerhaltung und Übungseffekte der Spezialisierung entsprechend einer Lernkurve.

In einem gewissen Umfang treten solche Kostendegressionsvorteile bei der Herstellung nahezu aller Güter auf. Ist ihre Bedeutung nicht extrem, kommt es auf dem Markt aber trotz der Ausnutzung dieser Kostendegressionsvorteile und damit der Realisation von Betriebsoptima zu einem Wettbewerb der Anbieter. Die Grenzkosten entsprechen dann langfristig den Durchschnittskosten (d. h. δ hat den Wert 1), und die erforderlichen Mengeneinheiten können vom Bereitstellungsverband auf dem Beschaffungsmarkt zu kostendeckenden Grenzkostenpreisen eingekauft werden. Im Fall natürlicher Monopole gilt dies allerdings nicht; hier liegen die Grenzkosten unter den Durchschnittskosten, und δ (und damit auch ϱ) hat einen Wert, der kleiner als 1 ist. Dies zeigt, dass natürliche Monopole einen Spezialfall von Klubkollektivgütern darstellen.

Im schon erwähnten Spezialfall, dass die Menge q als absolut fixiert betrachtet werden muss (ein solcher Spezialfall gilt kurzfristig z. B. für die Zahl der Parkplätze im Zentrum einer Stadt), ist dK/dq nicht definiert. ϱ hängt hier allein von γ ab (d. h. man kann in $\varrho = \gamma\delta$ für δ den Wert 1 einsetzen), und die Grenzkosten zeigen sich in Gestalt eines Nutzenverlustes in Form von Qualitätseinbußen. Die Rivalität wird durch die Qualitätselastizität κ abgebildet und steigt mit wachsendem n (so sinkt im Beispiel mit wachsender Einwohnerzahl die Wahrscheinlichkeit, dass ein Bürger einen Parkplatz im Zentrum seiner Stadt findet). Insgesamt hat δ also unter zwei Umständen den Wert 1: Wenn auf Wettbewerbsmärkten ein langfristiges Gleichgewicht erreicht wird und wenn q nicht variiert werden kann.

Aus den vorstehenden Überlegungen folgt, dass bei natürlichen Monopolen stets $\delta < 0$ gilt, dass dieser δ-Wert aber mit γ-Werten aus dem Intervall $0 \leq \gamma \leq 1$ kombiniert auftreten kann. Bei der Aufführung von Theaterstücken gilt innerhalb gewisser Grenzen z. B. $\gamma < 1$ (Besetzung leerer Plätze) und $\delta < 1$ (Umwandlung von Leerkosten der Spielbereitschaft in Nutzkosten, Übungseffekte). Im Bereich der Gasversorgung gilt dagegen $\gamma = 1$ (keine Gruppenersparnis beim Gasverbrauch und deshalb Erfordernis einer Faktorverzehrsgebühr) und $\delta < 1$ (Kostendegressionsvorteile aufgrund besserer Nutzung des hohen Fixkostenblocks der Versorgungsbereitschaft bei großen q-Mengen, aber Unmöglichkeit der Realisierung kostendeckender Grenzkostenpreise auf regional beschränkten Märkten, d. h. beim Vorliegen eines natürlichen Regionalmonopols).

Der Wert, den ϱ aufgrund der vorstehend geschilderten Umstände annimmt, ist für mehrere Sachverhalte von Bedeutung. Will man z. B. Teile Deutschlands hinsichtlich ihrer Infrastrukturausstattung miteinander vergleichen, muss man ϱ bei der Wahl der Indikatoren berücksichtigen. Ausgaben pro Kopf oder Einrichtungen pro Kopf können bei $\varrho < 1$ nämlich nicht ohne weiteres als Ausstattungsunterschiede gedeutet werden: Wer in einer dicht besiedelten Region zwischen mehreren Museen wählen kann, ist besser ausgestattet als derjenige, der „auf dem platten Land" nur ein einziges Museum ereichen kann, obwohl die Museumsausgaben des zuständigen Bundeslandes pro Kopf in beiden Teilregionen gleich groß sein können.

Die wichtigste Auswirkung hat der Wert von ϱ auf die Wahl eines wohlfahrtsoptimalen Tarifs. Bei variablem q folgt aus

$$\varrho = \frac{dK}{dn}\frac{n}{K} \text{ nämlich } \frac{dK}{dn} = \varrho\frac{K}{n} \ .$$

Zur wohlfahrtsoptimalen Harmonisierung von Produktions- und Konsumentscheidungen ist es erforderlich, von den Nutzern Gebühren in der Höhe der Grenzkosten ihrer jeweiligen Versorgung zu verlangen. Es gilt dann also

$$p = \frac{dK}{dn} \text{ und somit auch } p = \varrho \frac{K}{n} .$$

Das bedeutet, dass es von ϱ abhängt, ob die wohlfahrtsoptimale Gebühr p zur (letztlich notwendigen) Deckung der Durchschnittskosten pro Mitglied ausreicht oder nicht. Ist dies langfristig der Fall ($\varrho = 1$, Individualgüter), muss nur eine Grenzkostengebühr erhoben werden; ist dies nicht der Fall, muss entweder ein gemischter Tarif ($0 < \varrho < 1$) oder ein reiner Beitragstarif erhoben werden ($\varrho = 0$). Die Gasversorgung hat in ökonomischer Sicht z. B. den Charakter eines gebührenpflichtigen Klubkollektivguts, d. h. eines Mautgutes. Sie ist ein Gut, von dessen Konsum man privatrechtlich ausgeschlossen werden kann ($\varepsilon = 1$) und bei dessen Nutzung (Gasverbrauch) $\gamma = 1$ gilt und Grenzkosten in Form eines Faktorverzehrs entstehen (so dass die Nutzung gebührenpflichtig sein sollte). Gleichzeitig liegt ein natürliches Regionalmonopol mit $0 < \delta < 1$ vor. Aus $\gamma = 1$ und $0 < \delta < 1$ ergibt sich $0 < \varrho < 1$. Folglich ist ein gemischter Tarif in Form einer Grenzkostengebühr für den Faktorverzehr bei der Nutzung von Gas und eines Grundbeitrages angebracht. Hier wird der ökonomische Charakter von Gebühren und Beiträgen besonders deutlich (der sich von der heutigen rechtlichen Betrachtungsweise unterscheidet): Der Grundbeitrag ist ein Optionspreis, der die Möglichkeit der Nutzung zu Grenzkostenpreisen verschaffen und der Abdekkung jener Kosten dienen soll, die von den Grenzkostengebühren nicht abgedeckt werden (das sind cum grano salis vor allem die Kosten des Vorhaltens der Anlage und damit der Betriebsbereitschaft, also die Fixkosten). Bepreist man nach den Regeln der Kollektivgütertheorie, löst man im Fall gemischter oder reiner Beitragstarife auch das sogenannte Fixkostenproblem und die damit verbundenen Probleme der Verletzbarkeit von Unternehmen mit fallenden Durchschnittskosten durch Konjunkturabschwünge und ruinöse Konkurrenz. Eine (Teil-)Finanzierung über Beiträge bedeutet nämlich, dass fixen Kosten fixe Erlöse gegenüberstehen. Im Konjunkturabschwung bleiben folglich nicht nur Teile der Kosten, sondern auch Teile der Erlöse konstant. Die Grenzkostenpreise verhindern außerdem ein ruinöses „Rosinenpicken" durch sogenannte „Hit-and-run-Eintritte".

Partielle Exkludierbarkeit

Die Zwischenwerte des Exkludierbarkeitsgrades ε werden sichtbar, wenn man sich vor Augen hält, dass eine Exklusionstechnik nicht alle Effekte zu erfassen braucht, die mit der Verwendung eines Gutes verbunden sind. Es können vielmehr auch externe Effekte positiver oder negativer Natur auftreten. Sie gehen wegen der Unvollständigkeit der Exklusion nicht in das Preissystem ein und werden daher bei Beschaffungsentscheidungen normalerweise nicht berücksichtigt. Setzt man den Wert der erfassten Effekte ins Verhältnis zur Summe der Absolutwerte der von einer Exklusionstechnik erfassten sowie nicht erfassten Effekte, erhält man ein Werteintervall für den Grad der tatsächlichen Exklusion, das von 0 bis 1 reicht. Der Grad der privatrechtlichen Exkludierbarkeit ε kann somit als jener Exklusionsgrad definiert werden, der mit einer

Exklusionstechnik auf der Basis des Privatrechts gerade eben noch zu vertretbaren Transaktionskosten erreichbar ist: Ein Waldbesitzer kann auf der Basis des Privatrechts sicherstellen, dass niemand in seinem Wald Bäume fällt, ohne sie zu bezahlen; er kann den privatrechtlichen Exklusionsgrad auch noch steigern, wenn er einen Zaun um den Wald zieht und von Spaziergängern ein Eintrittsgeld verlangt; dass er für die positiven Klimaeffekte des Waldes entschädigt wird, kann er privatrechtlich dagegen nicht erreichen. Analog dazu kann man auch den tatsächlichen Exklusionsgrad eines bestimmten öffentlich-rechtlichen Exklusionsmittels und den damit bei tragbaren Kosten erreichbaren Exkludierbarkeitsgrad definieren: Der Staat kann Waldbesitzer über Hektarsubventionen für positive Klimabeiträge entschädigen, benötigt dafür aber natürlich auf der Basis öffentlichen Rechts erhobene Zwangsabgaben. Diese kann er nur von seinen eigenen Bürgern erheben. Deshalb können die Staaten, in denen der tropische Urwald wächst, nur von ihren eigenen Staatsbürgern die Finanzierung einer Subvention zur Verhinderung der Waldvernichtung verlangen, obwohl die ganze Welt davon profitiert. Die Besteuerung der gesamten Welt verlangte eine noch höhere Exklusionstechnik, z. B. Staatsverträge auf der Basis des internationalen Rechts.

Es ist schwer, ε zu quantifizieren. Man kann in konkreten Fällen aber wenigstens abschätzen, ob externe Effekte bei Anwendung einer Ausschlusstechnik auf privatrechtlicher Basis vernachlässigbar sind (kurz: Exkludierbarkeit), ob es internalisierungsbedürftige, aber nicht dominierende externe Effekte gibt (partielle Exkludierbarkeit) oder ob die externen Effekte dominieren (Nicht-Exkludierbarkeit). Im Falle der partiellen Exkludierbarkeit ist der Staat aufgefordert, mit Hilfe des öffentlichen Rechts für eine Internalisierung der sonst von den Individuen als entscheidungsirrelevant betrachteten Effekte zu sorgen: Er sollte diese Effekte (wie heute im Bereich des Umweltschutzes gefordert) in das Preissystem integrieren und damit bewirken, dass sie in das „Rechnungswesen" der Wirtschaftssubjekte eingehen. „Privatrechtliche Nicht-Exkludierbarkeit" stellt so gesehen einen Grenzfall dar, in dem internalisierungsbedürftige externe Effekte dominieren.

Organisation der Güterbereitstellung

Organisieren heißt Kompetenzen verteilen, Informationskanäle bahnen und Motivationsstrukturen gestalten. Bezüglich der Kompetenzverteilung muss im Bereich der Güterbereitstellung geklärt werden, wer das Recht haben soll, bestimmte Arten von Bedürfnissen zu konkretisieren (d. h. sie in einen nach Quantität und Qualität bestimmten Bedarf umzusetzen und damit auch das damit verbundene Volumen der Finanzierungslast zu bestimmen), und wer das Recht haben soll, die Verteilung der Finanzierungslast festzulegen. Diese Frage wird in der Kollektivgütertheorie mit Blick auf die Informations- und Motivationsvorteile entschieden, die sich ergeben, wenn man nach dem Subsidiaritätsprinzip handelt: Man geht bis zum Beweis des Gegenteils von der Vermutung aus, dass der jeweils kleinste handlungsfähige Nutzerverband (und bei Individualgütern damit letztlich auch ein Individuum) am besten über die eigenen Bedürfnisse Bescheid weiß und jedenfalls dann bestmögliche Entscheidungen zu treffen motiviert ist, wenn man für alle Konsequenzen selbst einstehen muss.

Will man diesen Grundsatz umsetzen, muss man das Subsidiaritätsprinzip operationalisieren. Dies ist mit Hilfe einer Klassifikationsvariablen für Verbandstypen möglich, die Extensionsniveau der Finanzierungskompetenz heißt.

Verbände verfügen nach innen und außen über bestimmte Kompetenzen. Das Extensionsniveau e schildert die Finanzierungskompetenz eines Verbandes und zeigt damit, welche Möglichkeiten ihm gegenüber den Mitgliedern zur Kostenumlage in sachlicher und räumlicher Hinsicht zur Verfügung stehen. Bezeichnet man Individuen als „unechte Verbände", die in sich die Rolle der Verbandsführung, welche Beschaffungs- und Finanzierungsentscheidungen fällt, mit der Rolle des (einzigen) Verbandsmitglieds vereinen, kann man die Verbände nach ihrem Extensionsniveau in aufsteigender Reihenfolge ordnen: Unechte Verbände (Einzelpersonen) rechnen in Opportunitätskosten, erheben also gleichsam in ihrer Rolle als Verbandsführung von sich selbst in ihrer Zweitrolle als Mitglied bei Beschaffungsentscheidungen Schattenpreise. Mehr Möglichkeiten stehen ihnen nicht offen. Echte Verbände haben in Form von Vereinen dagegen die Möglichkeit, freiwillige Gebühren, freiwillige Beiträge und Mischtarife von ihren Mitgliedern zu fordern. In Form von Zwangsvereinen (wie z. B. einem Deichverband) können sie darüber hinaus auch Zwangsgebühren und -beiträge erheben. Wenn Vereine oder Zwangsvereine, wie etwa Vereine zur Nutzung lokal erzeugten Biostroms oder Zwangsvereine zur Regulierung der Wasserqualität eines Flusses, die von ihnen garantierte Kollektivgutleistung selbst herstellen, spricht man von Genossenschaften bzw. Zwangsgenossenschaften. Hierbei unterhält dann ein (Zwangs-)Verein von Begünstigten ein Unternehmen zur Selbstversorgung mit einem Kollektivgut. (Zwangs-)Vereine und (Zwangs-)Genossenschaften bezeichnet man auch als Elemente des so genannten „Dritten Sektors", weil sie ein Extensionsniveau „zwischen" den Individuen und dem Staat (den Gebietskörperschaften) aufweisen (Übersicht: GROSSSEKETTLER, 2006). Den Gebietskörperschaften stehen über die Finanzierungsmittel der bisher besprochenen Verbände hinaus auch Sonderabgaben, Zwecksteuern und Steuern im engeren Sinn zur Verfügung. Das Aufkommen dieser Abgaben ist nicht oder nur zum Teil zweckgebunden und hängt auch von der Weite und der Einwohnerzahl des Verbandsgebiets ab.

Dem Extensionsniveau der Finanzierungskompetenz entgegengesetzt verläuft die Rangfolge der Einflussmöglichkeiten eines repräsentativen Mitglieds auf Verbandsentscheidungen über die Nutzung des Verbandsgutes. Mit steigendem Extensionsniveau e werden somit (Mit-)Eigentumsrechte zunehmend verwässert. Es ist deshalb sinnvoll, e folgende Rangordnungsskala zuzuordnen: e = 0 für Individuen (hier sind die Eigentumsrechte völlig unverwässert, so dass der Wert 0 als Kardinalzahl und natürlicher Nullpunkt interpretiert werden kann), e = 1 für Vereine und Genossenschaften, e = 2 für Zwangsvereine und Zwangsgenossenschaften, e = 3 für Gemeinden, e = 4 für Bundesländer, e = 5 für den Bund, e = 6 für supranationale Organisationen mit eigenem Abgabenrecht wie bis vor kurzem die Montanunion und e = 7 für einen (fiktiven) Weltstaat mit eigenem Abgabenrecht.

Angesichts der Informations- und Motivationsvorteile eines möglichst unverwässerten Eigentumsrechts folgt aus dem mit Hilfe der e-Skala operationalisierten Subsidiaritätsprinzip die oben bereits skizzierte Organisationsregel: Man sollte das Extensionsniveau e bei der Wahl eines Bereitstellungsverbandes für ein Gut derart wählen, dass es so niedrig wie möglich, aber so hoch wie zur Erfassung und Belastung der Gruppe der Hauptnutzungsberechtigten mit einer wohlfahrtsoptimal gestalteten Kostenumlage nötig ist und aufgrund denkbarer Verwaltungsverbundvorteile bei einer Nutzen-Kosten-Abschätzung verhältnismäßig erscheint. Diese Regel läuft auf eine möglichst gute Realisation des so genannten Kongruenzprinzips hinaus.

Kongruenzprinzip

Dieses Prinzip zielt darauf ab, die Versorgung mit einem Gut so zu gestalten, dass Entscheidungsbefugnis, Nutzen und Kosten in einer Weise zusammenfallen, die der Situation bei den meisten Individualgütern möglichst nahe kommt: Wer Brot kauft, fällt selbst die Entscheidung dafür, hat den Nutzen davon und muss auch die Kosten tragen. Im Sinne dieser Zielsetzung verlangt das Kongruenzprinzip zweierlei:

1. Der Kreis der Nutzenempfänger soll sich mit dem Kreis der Kostenträger decken, d. h.
   - niemand soll Nutzen empfangen, ohne an den Kosten beteiligt zu sein (d. h. Exklusion von Zahlungsunwilligen), und
   - niemand soll Kosten tragen müssen, ohne am Nutzen zu partizipieren (d. h. Vermeidung externer Kosten).

   Diese Forderung nennt man Prinzip der fiskalischen Äquivalenz.
2. Der Kreis derjenigen, die Versorgungsentscheidungen unterworfen sind, soll das Recht haben, über Wahlen direkt diejenigen kontrollieren zu können, die Versorgungsentscheidungen fällen, und zwar so, dass die Entscheider uno actu für den Nutzen und die Kosten verantwortlich gemacht (und so zu einer wohl abgewogenen Entscheidung gedrängt) werden, dass also nicht bei einer Wahl 1 nur der Nutzen eine Rolle spielt und bei einer Wahl 2 nur die Kosten relevant sind.

   Diese Forderung heißt Prinzip der ungeteilten demokratischen Nutzen-Kosten-Verantwortung.

Kongruenz besteht also z. B., wenn die Infrastruktureinrichtungen, für die ein Bundesland zuständig ist, ausschließlich von den Bürgern dieses Landes genutzt und bezahlt werden und wenn die Politiker sich für die Infrastrukturentscheidungen vor diesen Bürgern rechtfertigen müssen. Inkongruenz besteht dagegen, wenn ein Teil der Einrichtungen z. B. vom Bund bezahlt wird oder wenn der Bund Entscheidungen über die Infrastruktur in einem Land (etwa die Zahl der Kindergartenplätze) fällen darf, ohne für die finanziellen Folgen geradestehen zu müssen. Inkongruenz kann es auch bei Individualgütern geben, und zwar dann, wenn bei einem Gut die Kompetenzen zur Entscheidung über den Bedarf, zur Nutzung des Gutes und zu seiner Bezahlung nicht (wie im Normalfall) in einer Person vereint sind. Das ist z. B. bei Arzneimitteln der Fall, bei denen ein Arzt den Bedarf formuliert, der Patient konsumiert und die Krankenkasse zahlt.

Wird das Kongruenzprinzip realisiert, nutzt man die Informationsvorteile einer möglichst bürgernahen Ansiedlung von Entscheidungskompetenzen (Beispiel: Wettbewerb zwischen unterschiedlichen Regionallösungen) und sorgt gleichzeitig für eine Anreizstruktur, welche die Verbandsführung aufgrund des Zusammentreffens von Nutzen- und Kostenverantwortung dazu anhält, Bereitstellungsentscheidungen für Kollektivgüter ebenso sorgfältig zu kalkulieren, wie es einzelne Menschen bei (normalen) Individualgütern tun. Wird von den Teilprinzipien abgewichen, sollten deshalb überzeugende Gründe angeführt werden können (z. B. Verwaltungsverbundvorteile bei der Wahl eines höheren Extensionsniveaus). Näherungsweise kann man das Kongruenzprinzip auch erfüllen, wenn Kollektivgüter – wie heute weitgehend üblich – nicht über Entgelte, sondern über (ex definitione nicht zweckgebundene) Steuern finanziert werden. Eine weitgehende Kongruenz von Beschaffungs- und Finanzierungsentscheidungen ergibt sich unter solchen Umständen allerdings nur, wenn die Gebietskörperschaften ihre Steuern – ähnlich wie es in der Schweiz geschieht – getrennt erheben und damit auch die politische Verantwortung für die Steuerhöhe übernehmen müssen. Die Steuern nehmen dann den Charakter eines Globalbeitrags für die regionale Infrastruktur an, und die Politiker müssen sich vor Infrastrukturentscheidungen fragen, ob die Bürger mit der Ausweitung der Infrastruktur auch unter Berücksichtigung der Tatsache einverstanden wären, dass damit zusätzliche Abgaben verbunden sind.

Finanzverfassungsrechtliche Umsetzung

Würden alle Kollektivgüter auf Wettbewerbsmärkten beschafft und könnte man Marktangebots- und Marktnachfragekurven nach Kollektivgütern beobachten, wären Bereitstellungsentscheidungen einfach: Man bräuchte nur diejenige Menge auszurechnen, bei welcher der Grenzkostenpreis der summierten Zahlungsbereitschaft des jeweiligen Nutzerkollektivs entspricht, d. h. den Schnittpunkt der Angebots- und der Nachfragekurve zu ermitteln. Da dies nicht der Fall ist, muss man nach finanzverfassungsrechtlichen Regeln suchen, die in praktisch anwendbarer Weise zu einer möglichst guten Annäherung an das Optimum führen. Ein Weg hierzu ergibt sich aus der Variation einer Idee, die auf KNUT WICKSELL (1896, S. 113 ff.) und JAMES M. BUCHANAN (1967, S. 292 f.) zurückgeht:

- Man fällt im Gesamtstaat zunächst eine Verfassungsentscheidung, die sicherstellt, dass Bereitstellungskompetenzen für Güter von der Finanzverfassung grundsätzlich denjenigen Spezial- und Generalkörperschaften zugeteilt werden, die über das zur Art des Gutes jeweils passende Extensionsniveau verfügen und dem Subsidiaritäts- sowie dem Kongruenzprinzip entsprechen.
- Außerdem wird sichergestellt, dass jeder Verband intern demokratisch strukturiert ist und dass das Verbandsmanagement (die Verwaltung) die Mitglieder vor jeder Bereitstellungsmaßnahme über die Kostenstruktur und darüber unterrichten muss, welche Gebühren und Beiträge pro Mitglied anfallen, wenn man eine bestimmte Bereitstellungsmenge und -qualität realisiert.
- Verlangt man zusätzlich, dass Bereitstellungsentscheidungen von den Mitgliedern einstimmig gefällt werden (d. h. dass jedes Mitglied ein Vetorecht hat), und stimmt man der Reihe nach über alternative Bereitstellungsmaßnahmen mit wachsenden Kosten pro Mitglied ab, stellt sich eine Bereitstellungsentscheidung aus der Mitgliederperspektive wie eine Einkaufsentscheidung über ein Individualgut dar: Entweder man stimmt einer Maßnahme zu und gesteht damit gleichzeitig ein, dass der individuell erwartete Nutzen wenigstens den individuell anfallenden Kosten ent-

spricht, oder man lehnt ab und muss damit auch auf den Nettonutzenzuwachs verzichten. Letzteres ist aus der Sicht eines fairen Mitglieds nur sinnvoll, wenn dieser Zuwachs negativ ist.

- Einstimmigkeitsentscheidungen sind kostspielig und anfällig gegen Erpressungstaktiken von Mitgliedern, die versuchen, sich ihre Zustimmung abkaufen zu lassen, obwohl ihr Nettonutzen auch ohne einen Stimmenkaufbetrag bereits positiv wäre. Auch Direktwahlen gelten vielfach als zu kostspielig. Deshalb stimmt man in der Realität meist nach einem über Abgeordnete vermittelten Mehrheitsverfahren mit einem Ja-Nein-Modus ab. Das hat zur Folge, dass sich in einem Verband die Nettonutzenvorstellung des Medianwählers durchsetzt (Abschnitt 5.2.).
- Was für laufende Bereitstellungsmengen gilt (also z. B. bezüglich der Stunden, für die eine Tennisanlage geöffnet und damit auch betreut sein soll), ist mutatis mutandis auch auf Entscheidungen über Bereitstellungskapazitäten übertragbar (also z. B. für die Anzahl der Tennisplätze in der Anlage). Hierbei ergibt sich bei gegebener Mitgliederzahl im Allgemeinen das Phänomen, dass kleine Kapazitäten für die Mitglieder mit hohen Gebühren und niedrigen Optionsbeiträgen verknüpft sind (es fallen oft Überfüllungsgebühren an), große Kapazitäten dagegen mit niedrigen Gebühren und hohen Beiträgen (im Extremfall ist immer ein Platz frei). Die Unterscheidung zwischen laufenden Bereitstellungsmengen und maximalen Bedienungskapazitäten spielt allerdings nur bei Kollektivgütern eine Rolle, die – wie etwa Tennisanlagen, aber anders als Deiche – überfüllt sein und bei denen die Kapazitäten schrittweise erweitert werden können. Eine Kapazitätserweiterung ist oft die Voraussetzung für die Aufnahme weiterer Mitglieder. Einer solchen Vergrößerung des Verbandes werden die alten Mitglieder vor allem dann zustimmen, wenn die langfristigen Grenzkosten (Kapazitätsgrenzkosten) unter den langfristigen Durchschnittskosten liegen, d. h. wenn auch der Langfristwert von ϱ kleiner als Eins und eine Verbandsvergrößerung daher mit Kostensenkungen pro Mitglied verbunden ist.

Es ist unmittelbar ersichtlich, dass die vorstehenden Bereitstellungsregeln in der Realität vielfach nicht eingehalten werden. Gleichwohl haben sie auch unter den heutigen politischen Rahmenbedingungen ihre Bedeutung: Sie können eine Maßstabsfunktion übernehmen, denn je ähnlicher eine tatsächliche Form der Bereitstellung der regelgerechten ist, desto geringer sind die Zusatzlasten aus Bereitstellungsfehlentscheidungen; und sie können eine Vorbildfunktion übernehmen, die darauf hinwirkt, die tatsächlichen Bereitstellungsformen den regelgerechten möglichst ähnlich werden zu lassen. Man kann z. B. dafür sorgen, dass die zukünftige Verkehrsinfrastruktur verstärkt über Beiträge und Gebühren finanziert wird oder dass Steuern in einem Bundesstaat länderweise festgelegt werden können und damit Globalbeiträgen für die Länderinfrastruktur gleichen.

2.1.3. Regeln für die Behandlung externer Effekte sowie meritorischer und demeritorischer Güter

Der Begriff „externe Effekte“ wurde bisher vorwiegend zur Kennzeichnung von Effekten verwendet, die von einer Exklusionstechnik nicht erfasst werden ($0 \leq \varepsilon < 1$)

und deshalb nicht in das Preissystem eingehen: Das Mietrecht gestattet es, Nichtberechtigte von der Nutzung eines Hauses auszuschließen; hat dieses Haus aber eine historisch besonders wertvolle Fassade, über die sich auch Nichtbewohner freuen, so bieten weder das Miet- noch sonstige Teile des Privatrechts Möglichkeiten, diejenigen, die nichts zur Erhaltung der Hausfassade beitragen wollen, von dem Ambiente auszuschließen, das diese öffentlich ausstrahlt. Aus der Sicht des Hauseigentümers mag dies insbesondere dann ungerecht erscheinen, wenn der Erhaltungsaufwand für die Fassade bedeutend höher als der für eine Standard-Fassade ist. Entschließt er sich deshalb, die historische Fassade durch eine moderne zu ersetzen, werden dagegen seine Mitbürger unzufrieden sein und mehr Denkmalschutz verlangen. Die Unzufriedenheit beider Parteien zeigt aber nur, dass bei entsprechenden Entscheidungen nicht alle Interessen berücksichtigt wurden, d.h. dass die Entscheidungskoordination schlecht war.

Generalisiert man den vorstehend geschilderten Fall, kommt man zu derjenigen Definition „externer Effekte", die wirtschafts- und finanzpolitisch die größte Bedeutung hat. „Extern" bedeutet hier „außerhalb des Preissystems" und damit außerhalb des Hauptkoordinationsmechanismus von Marktwirtschaften: A (z.B. der Hauseigentümer) fällt eine Entscheidung, welche Nutzen- oder Schadensemissionen für B zur Folge hat (z.B. einen der Nachbarn), ohne dass B an dieser Entscheidung beteiligt ist und ohne dass es zwischen A und B zu einer finanziellen Kompensation kommt.

Externe Effekte in diesem Sinne – man nennt sie auch reale oder technologische externe Effekte – entstehen daraus, dass bei Produktions- oder Konsumtätigkeiten des A ein Kuppelprodukt erzeugt wird, das als Kollektivgut der übrigen Bevölkerung nutzt oder sie schädigt: A gönnt sich die schöne Hausfassade und erfreut damit auch andere, A fährt Auto und verschmutzt damit die Umwelt, A baut Nutzwald an und schafft damit auch Erholungsmöglichkeiten sowie Klimaregulierungsleistungen für andere, A emittiert beim Produzieren Schadstoffe und verschlechtert damit die Umwelt für andere, und A tut dies alles, ohne dass er die Nützlichkeit oder Schädlichkeit seiner Emission in Form von finanziellen Prämien oder Strafen spürt und damit in seinem „internen Rechnungswesen" berücksichtigt. Man beachte, was diese Art von externen Effekten sozial bedeutsam und zu einem wirtschafts- und finanzpolitischen Regelungsproblem macht: Es muss einen menschlichen „Sender" (den A) geben, dessen Verhalten beeinflusst werden kann, und es muss „Empfänger" geben, für die Entscheidungen des A spürbar nützlich oder schädlich sind. Die Sonneneinstrahlung mag für einen Empfänger B bedeutsam sein; da die Sonne aber kein über den Preismechanismus beeinflussbares Subjekt ist, liegt mangels eines entsprechenden „Senders" kein sozial relevanter realer externer Effekt vor. Eine Lärmemission in der Wüste mag sehr laut sein; wenn sie niemand stört, ist aber mangels eines „Empfängers" ebenfalls kein sozial relevanter externer Effekt gegeben. Dass A einen stechenden Blick hat, mag B stören; da so etwas herkömmlicherweise aber nicht als „gesellschaftlich korrekturbedürftig" empfunden wird, liegt hier ebenfalls kein wirtschafts- und finanzpolitisch bedeutsamer realer externer Effekt vor. Wie verhält es sich aber mit den Emissionen eines Rauchers? Hier scheiden sich die Geister sicher, und das zeigt, dass die Definition relevanter externer Effekte nicht unproblematisch ist.

In der ökonomischen Literatur wird der Begriff „externe Effekte" oft auch noch in einem zweiten, mehr sozialistisch geprägten Sinn gebraucht. „Extern" bedeutet dort

„außerhalb des Systems politischer Mitbestimmung" und damit außerhalb des Hauptkoordinationsmechanismus von Zentralverwaltungswirtschaften. Zur Unterscheidung von den bisher besprochenen realen externen Effekten nennt man externe Effekte in diesem zweiten Sinne auch „pekuniäre externe Effekte". Hierbei wird darauf abgestellt, dass der A den B vor Produktions- oder Konsumentscheidungen nicht angehört und ihm keine Mitwirkungsrechte eingeräumt hat. Wird z. B. eine Entlastungsstraße für eine bisher überlastete Strecke gebaut, so hat dies zur Folge, dass der Verdienst von Tankstellen und Raststätten an der bisherigen Strecke zurückgeht, während sich an der neuen zusätzliche Gewinnchancen eröffnen. Die Entscheidung zum Bau der Entlastungsstraße hat also eine Auswirkung auf die bisherige Einkommensverteilung: Unternehmer und Arbeitnehmer an der alten Strecke sind Verlierer, solche an der neuen Gewinner. Wären die Verlierer an der alten Strecke (mit-)entscheidungsberechtigt gewesen – in der Wirtschaftsgeschichte gab es solche Mitentscheidungsrechte im Zunftsystem, in dem alle Meister der Einführung von Neuerungen zustimmen mussten –, hätten sie sicherlich eine Kompensation verlangt; erhalten sie diese nicht, tritt aus ihrer Sicht ein durch gesellschaftliche Entscheidungen bedingter pekuniärer externer Verlust auf.

Externe Effekte dieser pekuniären Art sind dem Preismechanismus angeboren: Entscheidet sich A, vom Lieferanten B zu C zu wechseln, hat B einen pekuniären externen Verlust, denn A handelt, ohne B zu fragen oder ihn zu entschädigen. Anders als bei den externen Effekten realer Art sind die Effekte pekuniärer Art nicht Ausdruck eines Lenkungsdefektes: Dass Tankstellen und Raststätten aufgrund gewandelter Verdienstchancen an die neue Strecke verlegt werden, ist ökonomisch höchst sinnvoll, und dass diese Verlegung durch temporäre Unterrenditen an der alten und temporäre Überrenditen an der neuen Strecke pekuniär reizvoll wird, ist sicher zweckmäßig. Hieraus folgt, dass pekuniäre externe Effekte in einer Marktwirtschaft – anders als reale externe Effekte – normalerweise als nicht korrekturbedürftig betrachtet werden können, ja, dass es zur Grundentscheidung für eine Marktwirtschaft gehört, entsprechende Effekte ihrer Lenkungsleistung wegen grundsätzlich zu dulden. Eine Ausnahme bilden pekuniäre externe Effekte, die für die Benachteiligten so stark sind, dass nicht tolerierbare Verteilungswirkungen entstehen. Hier sind nach der Konzeption der Sozialen Marktwirtschaft Hilfen zur Selbsthilfe angebracht. Ein Beispiel für solche Effekte bilden Strukturkrisen in einer monostrukturierten Region, deren dominierende Branche – z. B. aufgrund technischer Fortschritte bei Substitutionsgütern – sehr schnell an Nachfrage verliert.

In der Finanzwissenschaft wird die Bezeichnung „externe Effekte" oft auch zur Kennzeichnung sogenannter meritorischer bzw. demeritorischer Güter verwendet, d. h. von Gütern, deren Wert typischerweise falsch eingeschätzt wird. „Extern" bedeutet dann „außerhalb des Planungshorizonts". Gemeint sind Langfristfolgen, die bei einer gegenwärtigen Entscheidung typischerweise nicht einkalkuliert werden, obwohl sie bedeutsam sind. Während reale externe Effekte zur Folge haben, dass individuell rational kalkulierende Wirtschaftssubjekte mit gesellschaftlich fehlerhaften Verhaltensanreizen konfrontiert werden, und pekuniäre externe Effekte zwar keine falschen Anreize bewirken, in manchen Fällen aber Korrekturen der Einkommensverteilung erforderlich machen, führt diese dritte Art von externen Effekten dazu, dass Wirtschaftssubjekte Entscheidungen fällen, die nicht in ihrem eigenen, wohlverstandenen Interesse liegen und die sie deshalb später typischerweise bedauern: Man unterschätzt – wie es das BÖHM-BAWERKsche Gesetz der Minderschätzung zukünftiger Bedürfnisse vorhersagt – die Erfordernisse einer ausreichenden Altersversorgung und versichert sich deshalb nicht rechtzeitig und hinreichend; man fühlt sich bei einem Haustürgeschäft sozial unter Druck gesetzt und unterschreibt deshalb einen Vertrag, den man nachträglich bedauert; man möchte nicht unsportlich erscheinen und legt deshalb keinen Sicherheitsgurt an; man unterschätzt die Gefahren von Rauschgiften und konsumiert diese deshalb.

Wie die Beispiele zeigen, führt diese dritte Form von externen Effekten immer zu einem nachträglichen Bedauern von Entscheidungen und zu einer – subjektiv aber erst nachträglich als falsch erkannten – verzerrten Einstellung zu bestimmten Gütern (die Präferenzen erweisen sich im Zeitablauf als inkonsistent). Deshalb bezeichnet man Güter, denen gegenüber eine solche Fehlentscheidungsdisposition besteht, auch als meritorische bzw. demeritorische Güter. Meritorische Güter werden in ihrem Wert typischerweise unterschätzt und spielen besonders im Versicherungsbereich eine Rolle (Abschnitt 2.2.1.); bei den demeritorischen Gütern wird der Nutzen dagegen überschätzt und werden Langfristschäden oft unterschätzt (Beispiel: Suchtgüter).

Bei den bisher betrachteten externen Effekten wurde auf die Entscheidung einzelner Individuen geschaut: Subjektiv rational entscheidende Individuen wurden mit allokativ falschen Anreizen konfrontiert (reale externe Effekte) oder erlitten in manchen Fällen untolerierbare Einkommenseinbußen (pekuniäre externe Effekte). Zu Fehlentscheidungen disponierte Individuen fällten bei meritorischen bzw. demeritorischen Gütern typischerweise Entscheidungen, die sie nachträglich bedauerten. Neben solchen externen Effekten auf der Individualebene gibt es aber auch verbandsexterne Effekte der genannten Kategorien: Land A wird von eigenen Schadstoffemissionen nicht beeinträchtigt, weil der Wind diese in Land B trägt, und berücksichtigt diese Emissionen deshalb in seiner Umweltschutzgesetzgebung nicht, und Stadt A unterhält Fortbildungseinrichtungen, die von Bürgern aus der Stadt B unentgeltlich benutzt werden dürfen, und berücksichtigt die Präferenzen der B-Bürger nicht (reale verbandsexterne Effekte); Stadt A gestattet die Einrichtung großer Einkaufszentren und zieht damit Umsätze aus Stadt B ab (pekuniäre verbandsexterne Effekte); Generation A entscheidet sich dafür, eine Pflegeversicherung so zu finanzieren, dass die Nachfolgegeneration B in große Schwierigkeiten gerät, und bedauert dies später selbst (demeritorische intergenerative Entscheidung). Solche verbandsexternen Effekte werden in der Literatur häufig als Spillover–Effekte bezeichnet. Sie spielen z. B. bei Finanzausgleichsregelungen eine Rolle (Abschnitte 2.2.2. und 4.4.) und bei der Beurteilung der Staatsverschuldung (Abschnitt 4.3.).

Bedeutsame reale externe Effekte müssen korrigiert, d. h. in das interne Rechnungswesen der Wirtschaftssubjekte eingebracht („internalisiert“) werden. Solche Effekte sind normalerweise gemeint, wenn ohne Zusatz einfach von „externen Effekten“ gesprochen wird. Auf der Individualebene ist das wichtigste Beispiel für das Auftreten solcher Effekte der Bereich des Umweltschutzes. Zur Korrektur der Externalitäten stehen Auflagen in Gestalt von Ge- und Verboten (Ordnungsrecht) sowie Preislösungen (Abgaben- und Subventionsrecht) und Mengenlösungen in Gestalt von Zertifikaten (Lizenzierungsrecht) zur Verfügung. Es werden also Schutzpflichten (z. B. für historische Gebäude) bzw. Unterlassungspflichten deklariert (z. B. für Lärmemissionen), oder es werden Lenkungssteuern oder -subventionen eingesetzt (das sind Preislösungen, welche die Preisverzerrungen beseitigen sollen und nach ihrem Erfinder als Pigousteuern bzw. -subventionen bezeichnet werden), oder man schafft einen ökologischen Mengenrahmen in Form von Höchst- bzw. Mindestmengen, die über Zertifikate handelbar gemacht werden, z. B. Höchstmengen für Staubemissionen oder Mindestmengen für den Waldanbau. Im internationalen Bereich spielen außerdem Kooperationslösungen eine Rolle, die darauf abzielen, weltweit schädliche Emissionen nicht überall, sondern vorrangig dort zu bekämpfen, wo pro Kosteneinheit die höchste Umweltschutzwirkung erzielbar ist.

Bedeutsame pekuniäre externe Effekte werden typischerweise über Entschädigungszahlungen geregelt, bedeutsame Effekte meritorischer bzw. demeritorischer Art vornehmlich über Nutzungspflichten (z. B. Versicherungszwang) und Nutzungsverbote (z. B. Rauschmittelverbot). Politiker neigen aus Wiederwahlgründen zur Übertreibung von Kurzfristinteressen und zur systematischen Fehlbewertung von „Kosten heute, Nutzen später"-Projekten, so dass verfassungsmäßige Präventionsmaßnahmen zur Vermeidung pathologischer Tendenzen angebracht wären (Abschnitt 5.). Ein Sonderproblem entsteht, wenn Kosten in der Gegenwart anfallen, der Nutzen jedoch über mehrere Generationen verteilt in Erscheinung tritt und intergenerative Ausgleichsmaßnahmen technisch unmöglich oder angesichts von Wiederwahlinteressen unwahrscheinlich sind. Mangels einer Internalisierungsmöglichkeit ist dann die Gefahr groß, dass Aktivitäten trotz positiver Barwerte nicht ergriffen werden. Eine weitere Form externer Effekte entsteht im Zusammenhang mit der Flächennutzung, d. h. in einem Bereich, der durch die Stichworte Raumordnung, Landesplanung, Regionalplanung, Stadtplanung und Nachbarschaftsrecht umschrieben wird. Hier geht es darum, Konflikte und Fehlanreize zu beseitigen, die aus Externalitäten zwischen Individuen oder Verbänden resultieren, welche benachbarte Flächenstücke nutzen. Es muss z. B. sichergestellt werden, dass Gemeinde A eine mit Geruchsbelästigungen verbundene Verbrennungsanlage nicht in der Nachbarschaft einer Erholungseinrichtung der Gemeinde B errichtet. Bei spezifizierten Eigentumsrechten könnte dies im Prinzip über ein System bilateraler Verträge erreicht werden; es dürfte jedoch wesentlich transaktionskostengünstiger sein, ein Planungssystem zu entwickeln, wie es in Deutschland mit dem Raumordnungsgesetz und den zugehörigen Planungsinstrumenten geschaffen worden ist. Es leuchtet außerdem unmittelbar ein, dass die Aufgaben der Raumordnung nicht allein statisch gesehen werden dürfen, sondern dass auch Gebietsentwicklungspläne aufgestellt werden müssen und dass sich hieraus Überschneidungsbereiche mit der Regionalpolitik ergeben (Abschnitt 2.2.2.).

2.1.4. Regeln für die Behandlung der Frage des Selbermachens oder Kaufens

Unter bestimmten Umständen sollte sich der Staat nicht nur als Bereitstellungsgarant und damit Nachfrageorganisator und Beschaffungsverband betätigen, sondern darüber hinaus Leistungen übernehmen, die ein Beschaffungsverband im Prinzip auch von privaten Unternehmen kaufen könnte. Dass „Bereitstellen" nicht unbedingt – ja noch nicht einmal häufig – auch „Herstellen" im Sinne der Selbsterstellung von Leistungen und des Eigenbetriebs von Anlagen und damit der Übernahme einer Unternehmerrolle impliziert, wird deutlich, wenn man wieder den Vergleich mit einem Tennisverein zieht: Dieser organisiert die gemeinsame Nachfrage der Mitglieder und verfügt zur Erledigung dieser Bereitstellungstätigkeit über einen Vorsitzenden (das „Management" oder die „Verwaltung" des Vereins). Dieser vergibt Aktivitäten wie den Bau oder die Pflege und Unterhaltung der Anlagen in der Regel aber an Unternehmen, die auf solche Tätigkeiten spezialisiert sind. Ebenso verhält sich der Staat beim Bau von Straßen oder der Errichtung von Deichen. Die Legitimation staatlicher Herstelltätigkeiten – also der wirtschaftlichen Betätigung als Unternehmer – kann deshalb nicht mit Hilfe von Kriterien erfolgen, wie sie vor allem im Rahmen der Kollektivgütertheorie vorgestellt wurden; statt dessen ist ein Rückgriff auf Kriterien erforderlich, die insbesondere in der Betriebswirtschaftslehre zur Rationalisierung von Kaufen-oder-Selbermachen-Entscheidungen erarbeitet wurden (Make-or-buy-Kriterien).

Hoheitsaufgaben des Staates im ökonomischen Sinn

Typisch für die Verwaltungstätigkeit ist das Abarbeiten einer Aufgabe nach Vorschriften, die dafür sorgen, dass eine bestimmte Vorgehensweise eingehalten wird und dass vorgegebene Entscheidungsspielräume nicht überschritten werden. Diese Regelorientierung unterscheidet die Verwaltungstätigkeit von einer ergebnisorientierten unternehmerischen Tätigkeit, die kreativer und auf die Beachtung des ökonomischen Prinzips gerichtet ist. Eine Regelorientierung wird vor allem durch Hierarchisierung und Arbeitsverträge erzeugt, die sich durch Bewährungsaufstieg aufgrund von erwiesener Loyalität auszeichnen, also durch Verhältnisse, wie sie für die Arbeitsverträge von Beamten typisch sind. Hinzu treten formalisierte Arbeitsanweisungen und Klagerechte der Bürger bei Formverletzungen. Unternehmerisches Handeln verlangt demgegenüber Entscheidungsspielräume bei der Wahl der Mittel sowie Ergebnisverantwortung und Ergebnisbeteiligung. Das Ideal einer regelorientierten Zusammenarbeit zweier Partner ist gegenseitige Verläßlichkeit beim Erbringen von Diensten, und zwar auch beim Vorhandensein von Missbrauchsmöglichkeiten und bei Abwesenheit oder Undurchführbarkeit laufender Kontrollen; das Ideal der Ergebnisorientierung ist die Kostengünstigkeit der Erzeugung eines vorgegebenen und hinsichtlich seiner Qualität leicht kontrollierbaren Werkes.

Aus der Sicht der Bürger gibt es Bereiche, in denen ein Zwangsverband mehr Wert auf die verläßliche Regeleinhaltung bei der Leistungserbringung legen sollte als auf ihre Kostengünstigkeit, und zwar deshalb, weil diese Kostengünstigkeit nur vordergründiger Natur wäre und nicht berücksichtigte, dass es bestimmte, schwer kalkulierbare Wagnisse gibt. Das, was man als Versicherungsprämien zur Beherrschung dieser Wagnisse zahlen müsste bzw. beim Nichtabschluss entsprechender Versicherungen als Risiken in Kauf nimmt, bezeichnet man als Kosten zur Abwehr von Machtmissbrauchsgefahren oder als Rechtsstaatlichkeitskosten oder – allgemeiner – als Verfahrenspräferenzkosten: Wirbt ein Staat ein Söldnerheer an, das unternehmerisch geführt wird und bestimmte Leistungen günstiger zu erbringen verspricht als eigene Streitkräfte, die in das öffentliche Recht eingebunden und der Bevölkerung durch natürliche Loyalität eng verbunden sind, nehmen die Bürger das Wagnis in Kauf, dass ein Staat im Staate entsteht, der sich zu einer mafiosen Ausbeuterorganisation entwickeln könnte. Ähnliches gilt für ein System von Steuerpächtern (statt einer Steuerverwaltung) oder für private statt öffentlicher Polizeikräfte oder für die Vergabe von Spendernieren im Wege der Versteigerung statt über die Regeln von Ethikkommissionen. Verfahrenspräferenzkosten sind also Mehrkosten für die Einhaltung besonderer Regeln bei Aktivitäten, die aus der Sicht der Bürger mit besonderen Gefahren für Leben, Freiheit, Menschenwürde und Eigentum verbunden sind und deshalb nicht rein ergebnisorientiert (unternehmerisch) verrichtet werden sollten.

Regelorientiert zu verrichtende Verwaltungstätigkeiten der vorstehend geschilderten Art sind häufig wiederkehrender Natur (der Staat benötigt z. B. ständig Sicherheitskräfte), erfordern spezifische Kenntnisse aufgrund von Vergangenheitserfahrungen („Vorgängen") und müssten von Dienstleistungsunternehmen beschafft werden, die aufgrund von Erfahrungsvorsprüngen rasch eine Monopolstellung erlangen würden. Deshalb empfiehlt sich für einen öffentlichen Bereitstellungsverband zunächst einmal die Integration eines Dienstleistungsunternehmens als Kernverwaltung zur Auftragsvergabe. Bei ausgeprägten Verfahrenspräferenzkosten ist außerdem die Integration einer Ausführungsverwaltung zweckmäßig. In beiden Fällen werden dann interne Kontrollmöglichkeiten an die Stelle des unzureichenden Wettbewerbs gesetzt. Auf diese Weise entsteht eine Hoheitsverwaltung im ökonomischen Sinn als Zwangsverband mit integriertem Selbstversorgungsunternehmen zur Erstellung von Leistungen auf der Basis besonders geregelter Verfahren.

Von den Kern- und Hoheitstätigkeiten ausgehend, kann auf der Basis normaler Transaktions- und Transformationskostenüberlegungen fallweise entschieden werden, welche weiteren Leistungen in den Kreis der Selbstversorgungsaufgaben des Staates einzuordnen sind. Diese Überlegungen sollten sich nicht prinzipiell von den Kaufen-oder-Selbermachen-Überlegungen unterscheiden, wie sie in Unternehmen bei Entscheidungen über die Produktionstiefe angestellt werden.

Entscheidungen über die Produktionstiefe

Solche Entscheidungen beruhen auf dem Vergleich zweier Kostenarten und den hieraus resultierenden Gesamtkosten: der Transformationskosten und der Transaktionskosten, die beim Kaufen von Fertigprodukten bzw. bei der Selbstherstellung dieser Produkte anfallen, d. h. beim Einkauf von Faktorleistungen zur Eigenfertigung. Transformationskosten bezeichnen den gesamten in Geld bewerteten Faktorverzehr, der durch die sachliche, räumliche und zeitliche Veränderung und damit die Herstellung und Distribution eines Gutes bedingt ist und dessen Konsumreife erhöht. Da Spezialisten, die für viele Abnehmer produzieren, im allgemeinen niedrigere Kosten haben als Unternehmen oder Verwaltungen, welche ihre Leistungen lediglich für den Bedarf der eigenen Mitglieder herstellen, ergibt der Vergleich von Transformationskosten in aller Regel einen Vorteil für das Kaufen von Leistungen beim Spezialisten. Ausnahmen hiervon können z. B. daraus resultieren, dass der Spezialist eine Monopolrente durchsetzen kann oder dass hohe Transportkosten anfallen.

Der Ausdruck „Transaktionskosten" ist aus Nebenkosten wie Provisionen, Gebühren und Spesen abgeleitet, die bei Wertpapiertransaktionen anfallen. Allgemein sind unter

Transaktionskosten Koordinationskosten zu verstehen, vor allem Organisationskosten (Unternehmen) bzw. Vertragsschließungs- und Überwachungskosten (Märkte). Will man sie von Transformationskosten abgrenzen, muss man nach demjenigen bewerteten Faktorverzehr fragen, der einer Verhaltenskoordination dient und nur deshalb anfällt, weil wir in einer Welt unvollkommener Information leben, in der Verträge möglicherweise nicht nach ihrem Geist erfüllt werden oder von Anfang an unvorteilhaft sein können, weil bessere Alternativen übersehen wurden. Dieser Faktorverzehr würde in einer Welt vollkommener Information entfallen, weil man dort z. B. keine Lieferanten suchen, keine Qualitätsprüfung betreiben und auch keine Vorsorge gegen Betrug treffen müsste.

Der Vergleich der Transaktionskosten der Selbstherstellung von Leistungen mit denen des Kaufens dieser Leistungen auf dem Markt kann zugunsten einer Selbstherstellung ausgehen. Das ist insbesondere dann der Fall, wenn die Qualitätskontrolle schwierig ist oder wenn man darauf angewiesen ist, über die betreffenden Produktionsanlagen in ex ante schwer planbarer Weise schnell verfügen oder entsprechende Umdispositionen vornehmen zu können. Transaktionskostenvorteile können deshalb im Prinzip ebenso wie Verfahrenspräferenzkosten für eine staatliche Herstellungstätigkeit sprechen. Neben einer Hoheitsverwaltung entsteht dann eine Leistungsverwaltung. Ob die einschlägigen Kostenstrukturen gegeben sind, kann man nur fallweise entscheiden. Sie können sich im Zeitablauf auch ändern.

Struktur von Arbeitsverträgen im öffentlichen Dienst

Im Bereich der Hoheitsverwaltung kommt es darauf an, Regelorientierung und vertikale Loyalität zu erzeugen. Zwischen Auftraggebern und Auftragnehmern – also zwischen Parlament und Minister, Minister und Ministerialbürokratie, Ministerialbürokratie und ausführender Verwaltung – besteht nämlich ein Verhältnis, das sich durch eine asymmetrische Informationsverteilung und dadurch auszeichnet, dass die jeweilige Arbeit in der Aufnahme und sachgemäßen sowie möglichst verzerrungsfreien Verdichtung und Verwertung von Informationen besteht. In der Sichtweise der sogenannten Agency-Theorie gilt im Einzelnen:

- Den jeweils Beauftragten (Agenten) stehen Informationen über handlungsrelevante Sachverhalte zur Verfügung, die der Auftraggeber (Prinzipal), für den diese Informationen verdichtet und zweckgerecht aufbereitet oder ausgewertet werden sollen, nicht kennt (Fall der sogenannten versteckten Information).
- Die Produktionsweise in der Verwaltung ist so geartet, dass der Beitrag eines einzelnen Mitglieds zum Gesamtoutput der Verwaltung nur schlecht identifizierbar ist. Außerdem stellen vor allem höhere Verwaltungsmitglieder so genannte „plastische Produktionsfaktoren“ dar, deren Effizienz von ihrer Motivation abhängt. Darüber hinaus ist ein politisch angestrebter Outcome (z. B. die Realisation des Ziels „Frieden“) nicht nur vom Verwaltungsoutput (hier z. B. dem Output des Außen- und des Verteidigungsministeriums und der Streitkräfte) abhängig, sondern auch von anderen Faktoren. Deshalb sollte man zwischen Outputzielen für die Verwaltung und Outcomezielen für die Politik unterscheiden, und die Politik sollte sich der Verwal-

tung gegenüber auf eine Kontrolle der Wirtschaftlichkeit der Outputerstellung beschränken, um die Motivation in der Verwaltung nicht durch laienhafte Inputkontrollen zu beschädigen.

- Sowohl die Tätigkeit der Ministerialbürokratie als auch die der ausführenden Verwaltung sind für eine wiederwahlorientierte politische Führung von zentraler Bedeutung, weil Verwaltungsentscheidungen den Staat aus der Sicht der Bürger erst erfahrbar machen und damit einen entscheidenden Einfluss auf die Stimmung der Wahlbürger ausüben können. Aufgrund der Kombination von Plastizität und zentraler Bedeutung der Verwaltungstätigkeiten liegt zwischen Regierung und Verwaltung also eine Beziehung vor, die man als „prekär“ im Sinne der Institutionentheorie bezeichnen kann: eine Vertrauen voraussetzende Kooperationsbeziehung, die von beiden Seiten missbraucht werden könnte und bei der gegenseitiges Vertrauen deshalb eine wichtige Form von Sozialkapital darstellt, das nicht leichtfertig aufs Spiel gesetzt werden sollte.

Ein Vertragstypus, der einer solchen Anreiz- und Kostenstruktur angemessen und auf das Schaffen vertikaler Loyalität gerichtet ist – d. h. der die Verluste im Vergleich zu einer (fiktiven) vertraglichen Koordination bei vollständiger Information minimiert –, kann durch das Gewähren bestimmter Garantien und Aufstiegsmodalitäten erreicht werden: Das Gehaltsniveau und die Beschäftigungsdauer, die garantiert werden, müssen so hoch sein, dass sich Korruption und Amtsmissbrauch nicht rentieren; außerdem muss es einen Bewährungsaufstieg aufgrund von in der Vergangenheit erwiesener Loyalität, Einsatzbereitschaft und Kreativität geben. Letzteres ist deshalb erforderlich, weil man den Output von Verwaltungen ja nicht verkauft und die plastischen Produktionsfaktoren deshalb nicht über eine Ergebnisbeteiligung zu hoher Produktivität und Kreativität motivieren kann, sondern sich als Vorgesetzter bei der Effizienzbeurteilung auf den Eindruck verlassen muss, den Mitarbeiter in der Vergangenheit in wechselnden Einsatzkombinationen und bei unterschiedlichen Aufgaben erzeugt haben.

Achtet man bei den verwaltungstypischen Auftraggeber-Auftragnehmer-Verhältnissen nicht genügend auf vertikale Loyalität, besteht die Gefahr, dass sich eine horizontale Loyalität der Beauftragten untereinander herausbildet, die sich gegen den Auftraggeber richtet. Sie würde im Bereich der ausführenden Verwaltung zu einer gemeinsamen Drückebergerei und im Bereich der Ministerialverwaltung zu einem Mangel an Engagement und Kreativität führen. Gängige Bürokratiemodelle unterstellen eine solche Situation im Verhältnis von Regierung und Ministerialbürokratie als Auftragnehmern zum Parlament als Auftraggeber. Innerhalb der Verwaltung selbst gelingt es den Vorgesetzten aber häufig, vertikale Loyalität und Wettbewerb der Untergebenen um gute Leistungen zu erzeugen. Besonders deutlich wird dies in extremen Situationen wie bei militärischen oder polizeilichen Einsätzen, in denen sogar das Leben auf dem Spiel steht.

Arbeitsverträge, wie sie im öffentlichen Dienst üblich sind, erscheinen im Bereich der Hoheitsverwaltung im engeren Sinn aus ökonomischer Sicht durchaus als angemessen. Ihre tatsächliche Verbreitung geht aber weit über diesen Bereich hinaus, denn der Staat der Realität hat Produktivvermögen erworben, Regulierungstätigkeiten übernommen und Rechtsvereinheitlichungen durchgeführt, die neue Betätigungsfelder für öffentlich Bedienstete in der Leistungsverwaltung geschaffen haben, ohne dass dies ökonomisch –

d. h. auf der Basis einer wohlfahrtsökonomischen Analyse der jeweiligen Koordinationsstrukturen – zu rechtfertigen wäre. Hieraus ergeben sich Privatisierungs-, Deregulierungs- und Entbürokratisierungspotentiale.

Privatisierung

Privatisierung und Deregulierung sind Möglichkeiten, mit denen man das Ausmaß einer staatlichen Lenkung der Nutzung von Produktivvermögen verringern kann. Materielle Privatisierung und Verstaatlichung stellen entgegengesetzte Bewegungen auf einer Skala dar, die zeigt, wie groß der Einfluss auf das Produktivvermögen einer Volkswirtschaft ist, den sich der Staat durch den Kauf oder eine andere Art privatrechtlicher Erlangung von Verfügungsrechten verschafft hat. Eine absolute materielle Privatisierung liegt vor, wenn der Staat Unternehmen oder Anteile daran verkauft oder wenn er im Wege der sogenannten funktionellen Privatisierung die Fertigungstiefe seiner Unternehmen oder Verwaltungen durch den Verkauf von Annexbetrieben verringert, also vom Selbermachen zum Kaufen übergeht. Ein solches Vorgehen ist mit Privatisierungseinnahmen verbunden. Eine relative materielle Privatisierung ist gegeben, wenn sich der Anteil des Staates am volkswirtschaftlichen Produktivvermögen dadurch verringert, dass die Investitionsquote bei öffentlichen Unternehmen gesenkt oder die Kapitalzufuhr bei Beteiligungen gedrosselt wird. Diese Form der Privatisierung ist mit ersparten Verstaatlichungsausgaben verknüpft. Eine lediglich formelle Privatisierung findet schließlich statt, wenn es zu keinem Vermögenstransfer zwischen Staat und Privaten kommt, sondern ein öffentliches Unternehmen (wie etwa die ehemalige Bundesbahn) seine Rechtsform von einer öffentlich-rechtlichen in eine privatrechtliche ändert (meist in die einer AG oder GmbH). Die formelle Privatisierung ist oft Vorstufe einer materiellen und bereits mit einem Übergang von der Regel- zur Ergebnisorientierung verbunden.

Ein Privatisierungspotential liegt überall dort vor, wo es nicht gelingt, mit Hilfe von Verweisen auf Verfahrenspräferenzkosten, Transaktionskostenvorteile und besc Koordinationsstrukturen eindeutige Vorteile der Integration von Produktivvermögen in den öffentlichen Verfügungsbereich geltend zu machen. Es gibt aber regelmäßig Privatisierungshemmnisse in Form von Beschäftigungs- und Machtinteressen von Bediensteten und Gewerkschaftsvertretern sowie Interessen von Politikern an Pfründen. Hinzu kommt, dass ein normaler Bürger von einzelnen Privatisierungsmaßnahmen persönlich nur wenig profitieren würde und sich deshalb typischerweise nicht dafür engagiert. Außerdem ist bei vielen Bürgen die falsche Vorstellung verbreitet, dass eine staatliche „Daseinsvorsorge“ (ein Begriff aus der Zeit des Dritten Reiches) billiger und besser als eine marktwirtschaftliche Versorgung sei. Damit diese Hemmnisse überwunden werden können, bietet sich die Berücksichtigung der folgenden Regelungen in der Finanzverfassung im weiteren Sinn an:

- Im Haushaltsrecht der Gebietskörperschaften sollten öffentliche Unternehmen zu periodischen Berichten verpflichtet werden, in denen die oben genannten Verstaatlichungsvorteile nachzuweisen sind. Gelingt ein solcher Nachweis nicht, sind solche Unternehmen zu privatisieren. Der Staat sollte also die Beweislast für die Zweckmäßigkeit einer Übernahme von Herstellungstätigkeiten haben.

- Damit es nicht mangels eines Klägers zu einem „Weitermachen wie bisher" kommt, sollten Unternehmen und Verbraucherverbände, die sich durch öffentliche Unternehmen beeinträchtigt sehen, Klagerechte haben. Darüber hinaus sollte eine ständige Privatisierungs- und Deregulierungskommission mit Unterstützung der Rechnungshöfe entsprechende Untersuchungen vornehmen. Die Untersuchungsergebnisse sollten bei Entscheidungen über Klagen berücksichtigt werden.

Entsprechende Regelungen gibt es in Deutschland nur ansatzweise. Der ein wirtschaftliches und sparsames Verhalten fordernde § 7 der Bundeshaushaltsordnung ist allerdings in einer Weise geändert worden, die im Lichte der obigen Vorschläge als Fortschritt betrachtet werden kann.

Deregulierung

Während Verstaatlichung bzw. (materielle) Privatisierung den Zugriff des Staates auf das volkswirtschaftliche Produktivvermögen mit Hilfe von privatrechtlichen Mitteln verändert, werden im Zuge von Regulierungs- bzw. Deregulierungsmaßnahmen öffentlich-rechtliche Mittel eingesetzt. Als Regulierung bezeichnet man alle Beschränkungen für Verfügungen, die Personen über sich selbst, Sachen oder Rechte treffen dürfen. Konstitutionelle Regulierungen sind Verfügungsrechtsbeschränkungen für jedermann mit Hilfe des allgemeinen Wirtschaftsrechts (z. B. des GWB), spezielle Regulierungen sind Verfügungsrechtsbeschränkungen mit Hilfe eines Sonderwirtschaftsrechts, das nur für bestimmte Bereiche gilt (z. B. für die sogenannten Ausnahmebereiche des GWB). Deregulierungsformen sind der absolute Abbau von Bereichen des Sonderwirtschaftsrechts (z. B. die zum 1. 1. 1999 in Kraft tretende Reduktion des GWB-Ausnahmekatalogs), Einschränkungen der Regulierungsintensität (z. B. Übergang von Festpreis- zu Margenpreisvorschriften in Bereichen mit einer Preisregulierung) und der relative Abbau von Bereichen des Sonderwirtschaftsrechts durch ein – wie auch immer verursachtes – Zurückbleiben dieser Bereiche hinter der Durchschnittswachstumsrate der Volkswirtschaft.

Regulierungsgrundsätze bilden ein Grenzgebiet zwischen Finanzwissenschaft und Wettbewerbspolitik; Spezialregulierungen sind vor allem dort erforderlich, wo die Marktprozesse nicht richtig funktionieren und private Macht nicht hinreichend durch Wettbewerb kontrolliert wird. Oft degenerieren Spezialregulierungen aber zu einem staatlich verordneten Kartellschutz. Ein Deregulierungspotential besteht deshalb überall dort, wo der (aus ökonomischer Sicht beweispflichtige) Staat nicht überzeugend darlegen kann, dass keine hinreichende Kontrolle durch den Wettbewerb besteht und dass sie auch nicht hergestellt werden kann. Der Nutzung von Deregulierungspotentialen stehen ähnliche Interessen und Ideologien wie der Nutzung von Privatisierungspotentialen entgegen. Deshalb sollte die Wirtschafts- und Finanzverfassung (im weiteren Sinn) folgende Vorschriften enthalten:

- In Regulierungsgesetzen sollte klargestellt werden, dass Regulierungsstellen aufzulösen und Regulierungen aufzuheben sind, wenn und soweit periodische Überprüfungen zeigen, dass es keine überzeugenden ökonomischen Begründungen für diese Regulierungen (mehr) gibt.

- Damit es nicht mangels eines Klägers zu einem „Weitermachen wie bisher“ kommt, sollten Unternehmen und Verbraucherverbände, die sich durch Regulierungen beeinträchtigt sehen, ein Klagerecht haben. Darüber hinaus sollte eine ständige Privatisierungs- und Deregulierungskommission entsprechende Untersuchungen vornehmen. Die Untersuchungsergebnisse sollten bei Entscheidungen über Klagen verwendet werden.

Entbürokratisierung

Während Privatisierung und Deregulierung dazu führen, dass der Einfluss schrumpft, den sich der Staat insgesamt den Bürgern gegenüber auf das volkswirtschaftliche Produktivvermögen verschafft hat, zielt die Entbürokratisierung darauf, die Transaktionskosten einer Regulierung für Staat und Bürger dadurch zu senken, dass die Regulierungstätigkeit bürgernäher und -freundlicher und damit in einer Weise gestaltet wird, die stärker der Tätigkeit eines marktorientierten Dienstleistungsunternehmens gleicht. Eine Bürokratisierung ergibt sich im Wege der Verrechtlichung und der Vereinheitlichung im Raum. Beides kann auch aus der Sicht der Bürger vorteilhaft sein: Verrechtlichung schafft Rechtssicherheit, Vereinheitlichung kann – wie es gerade im EU-Bereich sichtbar wird – Transaktionskosten sparen. Für beide Bewegungen gibt es aber ein Optimum, nach dessen Überschreitung Verrechtlichung in Formalismus und Vereinheitlichung in Vernachlässigung lokaler Besonderheiten ausartet. Aus der Sicht der Verwaltung haben Verrechtlichung und Vereinheitlichung stets den Vorzug, von persönlicher Verantwortung zu entlasten, da die Entscheidungsmaximen für Einzelfälle mehr und mehr in einheitlicher und „gerichtsfester“ Form vorgegeben werden und der Raum für Entscheidungen nach pflichtgemäßem Ermessen sinkt.

Entbürokratisierung in der Form zunehmender Bürgerfreundlichkeit ist z. B. dadurch erreichbar, dass Anträge (etwa auf Baugenehmigungen) als genehmigt gelten, wenn die Verwaltung nicht innerhalb einer bestimmten Frist widerspricht. Das setzt mehr Ermessensentscheidungen und mehr „gesunden Menschenverstand“ in der Verwaltung voraus, findet aber wie gesagt dort seine Grenze, wo der Gesichtspunkt der Rechtssicherheit zu stark vernachlässigt zu werden droht oder es zu einer Kumpanei insbesondere zwischen Großunternehmen und Behörden kommt. Entbürokratisierung in der Form zunehmender Bürgernähe kann dadurch realisiert werden, dass die Zuständigkeiten unterer auf Kosten derjenigen oberer Behörden erweitert werden (Dezentralisierung), dass also das Baurecht z. B. so gestaltet wird, dass lokalen Besonderheiten eher Rechnung getragen werden kann und Vereinheitlichungskosten vermieden werden, die man in der ökonomischen Literatur als „Frustrationskosten“ bezeichnet.

Da die Entbürokratisierung aus Sicht der Verwaltung oft eher be- als entlastend wirkt, muss eine zweckmäßige Finanzverfassung (im weiteren Sinn) auch Vorschriften enthalten, die eine überflüssige Bürokratisierung so gut wie möglich verhindern. Im Hinblick auf Vereinheitlichungstendenzen lässt sich dies durch die Forderung verwirklichen, dass der Staat bei einer Vereinheitlichung grundsätzlich die Beweislast dafür zu tragen hat, dass eine Einschränkung von Ermessensspielräumen, die zu Lasten bürgernaher und bürgerfreundlicher Regelungen geht, zur Vermeidung von Missbräuchen geeignet und erforderlich ist und dass sie bei einer Nutzen-Kosten-Abwägung auch als verhältnismäßig angesehen werden kann. Insbesondere im Hinblick auf Vereinheitlichungs- und damit Zentralisierungstendenzen sollte man Folgendes festlegen:

- Will eine höhere Ebene Kompetenzen an sich ziehen, hat sie den Beweis dafür zu erbringen, dass ein Problem auf einer niedrigeren Ebene ausweislich von Vergangenheitserfahrungen nicht gelöst werden kann und dass die höhere Ebene nicht nur zur Problemlösung geeignet erscheint, sondern dies auch in erforderlicher und verhältnismäßiger Form tun kann.
- Untere Ebenen sollten außerdem das Recht haben, höhere Ebenen auf die Rückübertragung von Kompetenzen zu verklagen. Sie sollten über Bürgerbegehren dazu gezwungen werden können, und die jeweils höhere Ebene sollte die Beweislast dafür tragen müssen, dass eine Rückübertragung von Kompetenzen zu Koordinationsmängeln führen würde.

Eine solche Regelung läuft auf eine Verankerung des Subsidiaritätsprinzips in der Finanzverfassung (im weiteren Sinn) hinaus; sie gewinnt innerhalb der EU im Verhältnis der EU-Organe zu den Mitgliedstaaten mehr und mehr an Bedeutung (vgl. Art. 5 EGV). Die Wirksamkeit entsprechender Regelungen wird in mehr und mehr Staaten (und auch in Deutschland) noch dazu durch Rechtfertigungszwänge gegenüber einer Entbürokratisierungskommission gesteigert, welche prüft, ob es Erkenntnisse gibt, die genutzt werden können, um Verwaltungsabläufe bürgerfreundlicher und bürgernäher zu gestalten.

2.1.5. Legitimationsschema zur Güterbereit- und -herstellung (GL-Schema)

Die normative Analyse hat gezeigt, dass der Staat in einer wohlorganisierten Marktwirtschaft im Bereich der Güterbereit- und -herstellung eine Reihe von Aufgaben zu verrichten hat: Es gibt für unterschiedliche Güter- und Machtsituationen unterschiedliche Empfehlungen für die Wahl eines Tarifs, eines Bereit- und evtl. auch Herstellungsverbandes sowie ergänzende Regulierungen. Will man solche Empfehlungen für ein vorgegebenes Gut systematisch ableiten, ist es zweckmäßig, sich des folgenden Algorithmus zur Empfehlung eines wohlfahrtsoptimalen Tarifs und Bereitstellungsverbandes sowie einer Herstellungs- und Regulierungsentscheidung zu bedienen.

Das GL-Schema ist ein Arbeitsablaufschema. Das schließt jedoch nicht aus, dass man die Reihenfolge der Fragenbeantwortung variiert oder Antworten zusammenfasst oder dass man das Schema auch bei etwas anders gearteten Problemen anwendet: Stehen Menge und Qualität eines Gutes noch nicht fest, kann man die Fragen z. B. zunächst einmal für eine Mindestmenge beantworten; anschließend müsste in der Praxis dann ein Abstimmungsprozess über mengen- und qualitätsmäßige Alternativlösungen stattfinden, wie er am Schluss des Abschnitts 2.1.2. geschildert wurde. Es ist auch nicht so, dass das Schema nur für Kollektivgüter angewendet werden kann. Es ist zwar sinnvoll, sich bei der Anwendung zunächst einmal vorzustellen, dass ein Gut von einem Verein bereitgestellt werden sollte; die Prüfung des Gutscharakters kann dann aber sehr wohl ergeben, dass ein Individualgut vorliegt und dass der richtige (hier dann unechte) Bereitstellungsverband deshalb ein Individuum wäre. Schließlich braucht die zu lö-

Übersicht I-2: Legitimationsschema zur Güterbereit- und -herstellung (GL-Schema)

1. Feststellung des Rivalitätsgrades und der wohlfahrtsoptimalen Tarifierung

1.1 Gutsbeschreibung und Abschätzung der Bereitstellungsmengenfunktion $q = x\ n^{\gamma}$

(1) Welche ökonomische Leistung wird einem typischen Verbandsmitglied garantiert, d. h. wie ist der Versorgungsstandard x definiert?

(2) Wer käme im Prinzip als eines der n Verbandsmitglieder in Frage?

(3) Müsste das Verbandsmanagement die versprochene Leistung für jedes einzelne Mitglied vorhalten $\gamma = 1$) oder gibt es Gründe – wie etwa Mindestgrößen von Anlagen oder von Natur aus verteilte Nutzungszeiten –, die für eine Subadditivität von Personen als Bedarfsverursachungseinheiten und damit für Gruppenvorteile bei der Nutzung sprechen ($\gamma < 1$)? Erschöpfen sich diese Gruppenvorteile bei gegebener Menge q wie etwa bei einer Tennisanlage mit zunehmender Mitgliederzahl oder gilt wie z. B. bei einem Deich unabhängig von der Mitgliederzahl, dass $\gamma = 0$? Ist es also sinnvoll, Alternativlösungen für die Zustände „ausreichende Bedienungskapazität ($\gamma = 0$)", „teilweise Überfüllung bzw. mäßiger Faktorverzehr ($0 < \gamma < 1$)" und „ständige Überfüllung bzw. Nichtexistenz von Gruppenvorteilen ($\gamma = 1$)" anzugeben, oder gilt ständig nur einer dieser Zustände?

1.2 Abschätzung der Bereitstellungskostenfunktion $K = f\ q^{\delta}$

(1) Kann die q-Menge bei Bedarf etwa durch eine zusätzliche Produktion von Verbrauchseinheiten, eine längere Öffnungszeit von Anlagen oder eine Verkürzung von Reparatur- und Ausfallzeiten erhöht werden, oder muss q als invariabel betrachtet werden (Sonderfall der Qualitätseinbuße durch Überfüllung mit $\varrho = \gamma$ und $\delta \equiv 1$)?

(2) Gibt es Gründe (wie z. B. Unteilbarkeiten von Anlagen oder eine bessere Harmonisierung von Leistungsquerschnitten bei wachsendem q), die bei einer Erhöhung der q-Menge für eine Subadditivität von q-Einheiten als Kostenverursachungseinheiten und damit für Kostendegressionsvorteile und $\delta < 1$ sprechen? Erlaubt die Ausnutzung dieser Degressionsvorteile eine wettbewerbliche Marktkonfiguration und damit die Beschaffung von q-Einheiten zu kostendeckenden Grenzkostenpreisen ($\delta = 1$), oder liegt der klassische Fall eines natürlichen Monopols vor ($0 \leq \delta < 1$)?

(3) Welcher Wert ist δ im vorliegenden Fall also zuzuordnen: $\delta = 0$, $0 < \delta < 1$ oder $\delta = 1$?

1.3 Welcher Wert ergibt sich aus den Abschätzungen von γ und δ für den Rivalitätsgrad $\varrho = \gamma\ \delta$, und welche Tarifierung wäre somit wohlfahrtsoptimal: ein reiner Beitragstarif ($\varrho = 0$), ein gemischter Tarif ($0 < \varrho < 1$) oder ein reiner Gebührentarif ($\varrho \geq 1$)?

1.4 Sollte eine Beitragsdifferenzierung vorgesehen werden?

1.5 Sollte eine Gästelösung eingeplant werden?

2. Ermittlung des optimalen Bereitstellungsverbandes

Welches Extensionsniveau ist bei Wahrung des Subsidiaritätsprinzips zur Realisation des Kongruenzprinzips und der wohlfahrtsoptimalen Tarifierung erforderlich, d. h. welcher Typ von Bereitstellungsverband ist zu wählen? Gibt es Gründe für die Annahme, dass das Nutzen-Kosten-Verhältnis der Bereitstellung bei einer Abweichung von einer strengen Anwendung des Subsidiaritätsprinzips verbessert werden könnte? Kann eine Vereinslösung evtl. durch Anbieterwettbewerb ersetzt werden?

3. Festlegung eines Herstellungs- und Regulierungsmodus

3.1 Legen Verfahrenspräferenzkosten oder Vorteile bei den Transaktions- oder Transformationskosten ausnahmsweise eine Integration von Bereit- und Herstellung nahe?

3.2 Sind zur Internalisierung von externen Effekten und/oder zur Korrektur von meritorischen oder demeritorischen Effekten zusätzliche Regulierungen erforderlich?

sende Aufgabe auch nicht unbedingt darin zu bestehen, lediglich eine Optimallösung abzuleiten. Statt dessen kann auch eine bestimmte Lösung vorgegeben werden, die aus ökonomischer Sicht zu kritisieren ist. Solch eine Aufgabe lässt sich nämlich am besten lösen, wenn man zunächst eine Optimallösung ableitet und diese dann mit der vorgegebenen Lösung vergleicht. Eine Beispielaufgabe wird dies verdeutlichen.

In den Textziffern 1.4, 1.5 und 2 des Lösungsschemas geht es teilweise um Spezialfragen, die bisher noch nicht besprochen wurden, um den Gedankenfluss nicht zu stören.

Eine Beitragsdifferenzierung (1.4) ist immer dann angemessen, wenn man davon ausgehen muss, dass die Vorteile (Nutzen), welche die verschiedenen Verbandsmitglieder aus der Bereitstellung eines Kollektivgutes ziehen, sehr unterschiedlich sind. Wer eine Fabrik an einer öffentlichen Straße betreibt, wird von diesem Infrastrukturgut in aller Regel z. B. einen größeren Vorteil haben als der Eigentümer eines Einfamilienhauses. Und wer Strom von einem Elektrizitätswerk bezieht (hierbei gilt aufgrund von Kostendegressionsvorteilen eines natürlichen Regionalmonopols, dass $\delta < 1$, was bei $\gamma = 1$ zu $0 < \varrho < 1$ und somit zu einem gemischten Tarif führt), wird entrüstet sein, wenn er als Eigentümer einer Wohnung den gleichen Beitrag wie ein Aluminiumwerk zahlen soll. Für dieses muss ja sehr viel mehr Kapazität vorgehalten werden. In solchen Fällen sollten die Beiträge der Mitglieder so differenziert werden, dass ein Vorteilsausgleich erzielt wird. Was dieser Vorteilsausgleich bedeutet, soll am Beispiel eines gemischten Tarifs verdeutlicht werden. Die Grenzkostengebühr sorgt hier dafür, dass der einzelne Nutzer für die von ihm verursachten Grenzkosten zahlt und dass insoweit für eine individuelle Äquivalenz von Grenznutzen und Grenzkosten gesorgt ist. Die Umlage des Restes der Kosten auf die Gruppenmitglieder hat in undifferenzierter Form zunächst einmal nur zur Folge, dass eine kostenmäßige Gruppenäquivalenz erreicht wird, d. h. dass die Gruppe der Nutzer alle Kosten trägt. Differenziert man den Optionspreis (Beitrag) im Sinne eines Vorteilsausgleichs unter den Gruppenmitgliedern, wird darüber hinaus eine Annäherung an eine individuelle Nutzen-Kosten-Äquivalenz erreicht, wie sie für Individualgüter typisch ist.

Man darf dabei aber nicht den Fehler machen, die Beiträge nach der laufenden Anlagennutzung bzw. Leistungsabnahme zu differenzieren. Tut man dies nämlich, rechnen die Verbandsmitglieder bei einer Nachfrageentscheidung nicht mehr mit dem Grenzkostenpreis (der Gebühr), sondern mit einem Durchschnittskostenpreis. Dies aber würde zu Wohlfahrtseinbußen führen, denn die Grenzkosten sind bei Kollektivgütern niedriger als die Durchschnittskosten, und ein Durchschnittskostenpreis führt somit zu einer Nachfrageeinschränkung, die volkswirtschaftlich unsinnig ist: Erhöht sich ein Tennisklubbeitrag mit der effektiven Zahl der Spiele, spielt man aus Ersparnisgründen manchmal auch dann nicht, wenn der Platz ansonsten leer stünde; erhöht sich der Fernsehbeitrag, wenn man den Apparat häufiger einschaltet, sieht man manche Sendung nicht an, obwohl dadurch keinerlei Produktionsfaktoren eingespart werden. Soll ein unnötiger Nutzenverzicht dieser Art vermieden werden, muss man die Beitragsdifferenzierung so gestalten, dass der Beitrag aus der Sicht des Mitglieds seinen Fixkostencharakter beibehält. Er muss deshalb nach einem geschätzten Nutzen (Vorteil) differenziert werden. In der Praxis verwendet man zur Erzielung eines entsprechenden Vorteilsausgleichs oft Maßstäbe, die in der Sprache der Juristen als „Wahrscheinlichkeitsmaßstäbe" bezeichnet werden. Sie stellen Hilfsindikatoren dar, von denen man annehmen kann, dass sie mit dem – als solchen ja nicht beobachtbaren – Nutzen der Gruppenmitglieder korrelieren: Ertragswerte von Grundstücken, die von einem Deich geschützt oder durch eine Straße erschlossen werden, die relative Höhe der Energielieferkapazität, die für ein Unternehmen im Vergleich zu anderen Abnehmern vorgehalten werden muss, oder der Widerstand bei einer elektrischen Absicherung, welche die Kapazitätsanforderung eines Privathaushalts anzeigt.

Eine Gästelösung (1.5) bietet sich immer dann an, wenn ein Kollektivgut nicht nur von Vereinsmitgliedern genutzt werden soll, sondern auch von Kurgästen, Gastmitgliedern oder Durchreisenden, die – weil z. B. nur kurzfristig am Ort – lediglich eine vorübergehende Nutzung anstreben. Unter solchen Umständen muss man bedenken, dass Gäste aus volkswirtschaftlicher Sicht nicht ausgebeutet werden sollten (der Verband soll keinen Monopolpreis von ihnen fordern), dass der Gästestatus aber auch nicht so attraktiv sein darf, dass Mitglieder zum Austritt aus einem Verein animiert werden oder dass Zwangsmitglieder sich ausgebeutet fühlen. Dies wäre der Fall, wenn man von Gästen nur eine Grenzkostengebühr verlangte und auf einen Restkostenbeitrag verzichtete. Ein akzeptabler Kompromiss liegt darin, von Gästen einen Preis in Höhe der Durchschnittskosten pro Nutzungsakt zu verlangen.

In Textziffer 2 des Lösungsschemas wird von einem strengen Subsidiaritätsprinzip gesprochen. Letzteres würde an sich verlangen, dass man bei der Suche des richtigen Extensionsniveaus von „unten nach oben" vorgeht und stets denjenigen Verbandstyp als angemessen aussucht, der erstmals den wohlfahrtsoptimalen Tarif und das Kongruenzprinzip realisieren kann. Dieser Verbandstyp ist „geeignet" (hat also kein zu kleines Extensionsniveau der Finanzierungskompetenz), aber auch „erforderlich" (d. h. verdünnt die Eigentumsrechte nicht zu stark). Besondere Vorteile können es aber in manchen Fällen nahelegen, gleichwohl ein höheres Extensionsniveau zu wählen. Bestünden solche Vorteile, könnte es z. B. zweckmäßig sein, ein Autobahnnetz nicht von einem bundesweiten Verein verwalten zu lassen (was aufgrund der heutigen Exklusionstechnik an sich möglich wäre), sondern von einer bundesweiten Zwangsgenossenschaft (einem „Autobahnsondervermögen" oder sogar einem „Sondervermögen Verkehr"). Dies könnte internen Kontrollproblemen besser gerecht werden, die aus der großen Anzahl und den Größenunterschieden zwischen den Vereinsmitgliedern resultieren, und es würde darüber hinaus der Tatsache Rechnung tragen, dass bei der Netzerweiterung öffentlich-rechtliche Kompetenzen erforderlich sind (z. B. das Enteignungsrecht) und dass die Einhaltung von Sicherheitsstandards kontrolliert werden muss. Ob die Besonderheiten eine Erhöhung des Extensionsniveaus tatsächlich rechtfertigen, sollte allerdings eingehend geprüft werden. Käme man zu dem Ergebnis, dass sie nur gering sind, wäre im Beispiel die Bildung eines Klubs angebracht, der mit einer staatlichen Behörde kooperiert.

In Textziffer 2 wird außerdem gefragt, ob die Vereinslösung durch Anbieterwettbewerb ersetzt werden könnte. Hierbei ist an Fälle gedacht, in denen im Prinzip ein Wettbewerb zwischen Vereinen (z. B. zwischen verschiedenen Tennisvereinen in einer Stadt) möglich wäre. Ist dieser Wettbewerb funktionsfähig, kann eine vereinsinterne Kontrolle über demokratische Wahlen durch eine wettbewerbliche Kontrolle in Form einer „Abstimmung mit den Füßen" (den Verbandswechsel) ersetzt werden. An die Stelle des Vereinsmanagements kann dann vielfach auch ein selbstständiger Anbieter treten, und an die Stelle interner Vereinsbeziehungen zwischen dem Management und den

Mitgliedern ein Markt, auf dem die optimale Tarifstruktur wettbewerblich realisiert wird (z. B. über Abonnement- oder Zeitkartenlösungen und Mengenrabatte).

Zur Erleichterung der Anwendung des GL-Lösungsschemas soll nun ein Beispiel besprochen werden, das an die Umgestaltung des Bahnverkehrs anknüpft, die in neuerer Zeit in vielen Ländern stattfindet oder bereits vollzogen ist.

Angenommen, in A-Land seien Netzverwaltung und Zugbetrieb getrennt worden. Das Schienennetz wird von einem öffentlichen Sondervermögen, dem „A-Land-Schienennetz-Verwaltungsvermögen ASV", bereitgestellt und betrieben, der Zugbetrieb ist von privaten Gesellschaften übernommen worden, die miteinander im Wettbewerb stehen, sich dabei aber auch regionale oder fachliche Schwerpunkte gesetzt haben (z. B. im Gütertransport- oder im Schnellverkehrsgeschäft). Die ASV-Leitung hat für die Benutzung des Schienennetzes Preise festgelegt, die pro Zug in Abhängigkeit von der Dauer der Netznutzung und der Länge des genutzten Weges zu entrichten sind. Wie sind diese ASV-Entscheidung und die ASV-Konstruktion zu beurteilen? Diese Frage kann mit Hilfe eines Soll-Ist-Vergleichs beantwortet werden, nachdem man mit Hilfe des GL-Schemas eine Optimallösung erarbeitet hat, wie sie im Folgenden skizziert wird.

1.1: (1) Das Gut „Schienennetz" ist aus der Sicht der Zugbetriebsgesellschaften ein gemeinsam genutztes Kollektivgut, für das allen Gesellschaften eine Mindestgarantie x (z. B. in bezug auf die technische Ausstattung und maximale Wartezeiten) garantiert werden sollte. (2) Als Nutzer kommen alle im Inland zugelassenen Zugbetriebsgesellschaften (ständige Nutzer) und ausländische Gelegenheitsnutzer in Frage. (3) Es gibt offensichtlich Gruppenvorteile im Konsum, die sich mit zunehmender Nutzer- und Nutzungsdichte durch Umwandlung von Leer- in Nutzkosten und durch Überlastkosten erschöpfen können. Deshalb ist es sinnvoll, zwischen Normaltrassen mit $\gamma = 0$, ständig überlasteten Engpasstrassen mit $\gamma > 0$ und Engpaßzeiten mit $\gamma > 0$ zu unterscheiden (letztere können auch auf Normaltrassen auftreten).

1.2: (1) Man kann zwischen einer Maximalbedienungskapazität q^M des Netzes unterscheiden, die von den verlegten Schienen abhängt und ohne größere Investitionen nicht variierbar ist, und einer verfügbaren Kapazität q^V, die niedriger als q^M ist, weil praktisch immer Teile des Netzes (z. B. wegen Reparaturen) ausfallen. Der Wert von q^V kann über geschickte Dispositionen und unter Inkaufnahme von Überlastkosten variiert werden (z. B. über Nacht- und Feiertagszuschläge für die Beschleunigung von Reparaturarbeiten). Obwohl diese Überlastkosten einen Anstieg der Grenzkosten zur Folge haben, liegen diese unter den Durchschnittskosten. (2) Um den Anforderungen der Nutzer gerecht zu werden, muss das Gesamtnetz eine bestimmte Mindestgröße und -verknüpfungsdichte aufweisen, und die anfallenden Kosten sind nahezu vollständig (versunkene) Kosten der Betriebsbereitschaft (Fixkosten). Es liegt der Fall eines natürlichen Monopols vor. (3) Normalerweise braucht die verfügbare Kapazität wegen $\gamma = 0$ nicht variiert zu werden; auf Engpasstrassen und in Engpaßzeiten kann q^V jedoch wie geschildert erhöht werden ($0 < \delta < 1$).

1.3: Der Rivalitätsgrad hat nach den vorstehenden Überlegungen im Normalfall den Wert $\varrho = 0$ und auf Engpasstrassen und in Engpaßzeiten einen Wert $0 < \varrho < 1$. Somit ist ein Beitragstarif als Grundtarif angemessen; wer dauerhafte oder zeitweilige Engpasstrassen nutzen will, sollte zusätzlich eine Rationierungs- bzw. Überlastgebühr zahlen, deren Höhe auf dem Versteigerungswege gefunden werden kann.

1.4: Die Vorteile der einzelnen Zugbetriebsgesellschaften dürften unterschiedlich groß sein. Deshalb sollte eine Beitragsdifferenzierung eingeplant werden. Differenzierungsmaßstab könnte z. B. die jeweilige Umsatzgrößenklasse sein, denn größere Gesellschaften dürften auch höhere Vorteile haben.

1.5: Für Gelegenheitsnutzer sollte eine Gästelösung vorgesehen werden. Diese Nutzer sollten auf Normaltrassen einen von der genutzten Streckenlänge abhängigen Durchschnittskostenpreis zahlen, auf Engpasstrassen und in Engpaßzeiten zusätzlich aber die jeweilige Gebühr. Bei Mehrfachnutzung könnte für die Normaltrassennutzung ein Preisnachlass gewährt werden (Preisdifferenzierung nach der Menge).

2 u. 3.: Da auf der Basis des Privatrechts leicht exkludiert werden kann, wäre das Extensionsniveau eines Vereins der Dauernutzer für die Netzbereitstellung hinreichend. Da der Netzbetreiber dem Verein der Zugbetriebsgesellschaften gegenüber aber ein natürliches Monopol hätte und die Kontrolle durch den Wettbewerb somit ausfällt, wäre eine Integration des Bereitstellungsvereins mit der Netzbetriebsgesellschaft angemessen, d. h. die Gründung einer privatrechtlichen Netzbetriebsgenossenschaft. Diese Genossenschaft müsste potentiellen weiteren Zugbetriebsgesellschaften offenstehen und sollte Gelegenheitsnutzer nicht diskriminieren. Deshalb sollte sie einer Missbrauchsaufsicht unterliegen (in der EU gemäß EG-Wettbewerbsrecht). Das Extensionsniveau einer privatrechtlichen Genossenschaft ($e = 1$) ist geeignet und erforderlich, und es ist auch verhältnismäßig, denn der Nutzen der Genossenschaft übersteigt offensichtlich die Kosten und durch die Erhöhung des Extensionsniveaus dürften keine Zusatzvorteile zu erzielen sein. Eine private Netzbetriebsgenossenschaft wäre bei Netzerweiterungen mangels öffentlich-rechtlicher Kompetenzen zwar auf die Hilfe des Verkehrsministeriums angewiesen und sollte in bezug auf Sicherheitsstandards und die Schaffung von Schnittstellen mit anderen Verkehrsträgern auch dessen Aufsicht unterliegen; dies verlangt aber keinen Übergang zu einem höheren Extensionsniveau. Meritorische oder demeritorische Effekte sind nicht zu erkennen, externe Effekte (Lärmemissionen, Gefahren für andere) dürften vor allem aus dem Zugbetrieb resultieren und müssten deshalb vom Staat bei der Gestaltung der Rahmenbedingungen für diesen Verkehr berücksichtigt werden.

Insgesamt sollten die Netzbereitstellung und der Netzbetrieb also über eine Netzbetriebsgenossenschaft der Zugbetriebsgesellschaften vorgenommen werden, die einer Missbrauchsaufsicht unterliegt und von ihren Mitgliedern gestaffelte Beiträge und Engpaßgebühren erhebt. Erstere berechtigen zur Nutzung von Normaltrassen in Normalzeiten, letztere werden für Engpasstrassen und Engpaßzeiten erhoben. Für Gelegenheitsnutzer sollte eine Gästelösung eingeführt werden. Die A-Land-Lösung hat gegenüber dieser Soll-Lösung die Nachteile eines unnötig hohen Extensionsniveaus (Bürokratisierung) und einer falschen Tarifstruktur (das Netz ist in Normalzeiten aus der Sicht der Nutzer zu teuer, und deshalb wird Verkehr auf andere Verkehrsträger abgedrängt, vor allem auf die Straße). Vergleicht man das „A-Land-Modell“ der Aufgabenstellung, die „alte“ Bahnlösung nach Gründung der DB-AG in Deutschland und die seit 1998 diskutierten Bahnmodelle, so sieht man, dass man sich in Deutschland wenigstens gedanklich von alt eingefahrenen Vorstellungen zu lösen beginnt, auch wenn das Netz in der Praxis bisher immer noch von der DB verwaltet wird. Diese soll es als „essential facility“ behandeln und von Konkurrenten „faire“ Nutzerpreise fordern – eine Auflage, die zu ständigem Streit führt und der DB vielfache Diskriminierungsmöglichkeiten eröffnet, obwohl es für Netzindustrien eine Netzregulierungsbehörde gibt (die Bundesnetzagentur), die solch einen Missbrauch verhindern soll.

2.2. Rechtfertigung und Regeln staatlicher Distributionspolitik

2.2.1. Anlässe und Regeln für eine Umverteilung im privaten Sektor

Ein marktwirtschaftliches System reagiert nicht auf Bedürfnisse als solche, sondern auf Bedürfnisse, die mit Kaufkraft ausgestattet sind und dann am Markt als Bedarf (bei gegebenem Preis nachgefragte Menge) spürbar werden. Die Kaufkraft wird im Normalfall durch Marktleistungen erworben und kann durch Vermögensbildung, Diversifikation der Erwerbsquellen, Versicherungen und private Unterstützungsleistungen auch unter widrigen Umständen sichergestellt werden. Hierbei kommt es jedoch ebenfalls zu Organisationsproblemen, die einen Einsatz des staatlichen Machtmonopols rechtfertigen.

Während im Rahmen der normativen Analyse staatlicher Allokationsaufgaben das Äquivalenzprinzip die entscheidende Maxime ist (Leistung und Gegenleistung sowie Grenzkosten und Grenznutzensumme sollten sich entsprechen, damit Produktions- und Verwendungsentscheidungen optimal koordiniert werden), wird im Distributionsbereich nach herkömmlichen (und auch im Grundgesetz verankerten) Vorstellungen das Leistungsfähigkeitsprinzip zur Leitmaxime: Jeder soll nach seiner ökonomischen Leistungsfähigkeit zur Realisierung einer gerechten Einkommensverteilung beitragen und erforderlichenfalls – ausgedrückt in politisch zu schätzenden Nutzeneinbußen – ein gleiches absolutes, ein gleiches relatives oder ein gleiches marginales Opfer auf sich nehmen (sogenannte opfertheoretische Varianten des Leistungsfähigkeitsprinzips). Anders als im Allokationsbereich, für den es im Prinzip darauf ankam, öffentliche Sachleistungen und finanzielle Gegenleistungen nicht voneinander zu trennen und in dem folglich Entgeltabgaben (Gebühren und Beiträge) das Hauptfinanzierungsmittel sein sollten, herrschen im Distributionsbereich einseitige Leistungen in Form von Steuern und Transfers vor. Sie lassen sich – anders als dies in der Praxis üblich ist – zum Teil allerdings nicht nur über Gerechtigkeitsüberlegungen und damit das Leistungsfähigkeitsprinzip legitimieren, sondern auch als Maßnahmen zur Beseitigung von Koordinationsmängeln auf Versicherungsmärkten. Dieser Weg entspricht auch der Entstehungsgeschichte der deutschen Sozialversicherung (Grossekettler, 2002, 1).

Milderung von Koordinationsmängeln auf Versicherungsmärkten

Versicherungen haben den Charakter eines Klubkollektivgutes: Mitglieder und Nichtmitglieder eines Versicherungsvereins lassen sich mit privatrechtlichen Mitteln voneinander trennen ($\varepsilon = 1$). Nimmt ein Versicherungsverein ein weiteres Mitglied auf, muss dafür eine Rückstellung für den Eintritt des Versicherungsfalls gebildet werden. Da die Wahrscheinlichkeit des Eintritts dieses Falls bis zum Ende der Versicherungsfrist aber unter dem Wert Eins liegt und das Gesetz der großen Zahl wirkt, kann die Summe dieser Rückstellungen (der Deckungsstock) langsamer als die Mitgliederzahl wachsen ($\gamma < 1$). Gleichzeitig steigen mit wachsender Mitgliederzahl aber auch die Verwaltungs- und Vertriebskosten, und zwar zunächst unterproportional ($0 < \delta < 1$), ab einer bestimmten Größe aber überproportional ($\delta > 1$). Der Vorteil des Gruppenkonsums ($\gamma < 1$) wird dann durch steigende Grenzverwaltungs- und -vertriebskosten aufgezehrt. Dies ist erfahrungsgemäß aber erst bei sehr großen Mitgliederzahlen der Fall. Ökonomisch ist es deshalb verständlich, dass Versicherungen vielfach als „Versicherungsvereine auf Gegenseitigkeit" gegründet wurden, d. h. als reine „Umverteilungsvereine" mit dem Zweck der Unterstützung derjenigen, bei denen der Versicherungsfall eingetreten ist. Da es sinnvoll ist, dass Versicherungen sich mit Verwaltungsleistungen selbst versorgen, kann ein Versicherungsverein als eine Genossenschaft aufgefasst werden, die daraus entstanden ist, dass ein Versichertenverein ein Dienstleistungsunternehmen als Verwaltung integriert hat. Als Versichertenverein mit Dienstleistungsunternehmen entsteht so der genossenschaftliche Versicherungsverein auf Gegenseitigkeit. Ist solch ein Verein auf Märkten tätig, die funktionsfähig sind, kann die Vereinskonstruktion allerdings auch durch das Angebot einer Versicherung über normale Erwerbsunternehmen ersetzt werden: Die vereinsinternen Kontrollen mit Mitteln der Mitgliederdemokratie werden dann durch die Möglichkeit ersetzt, „mit den Füßen abzustimmen", die der Wettbewerb bietet, und die Vereinsverwaltung (das integrierte Dienstleistungsunternehmen) wird durch das selbstständige Versicherungsunternehmen und sein Management ersetzt. Ein wirklich funktionsfähiger Wettbewerb unter Versicherungen setzt allerdings voraus, dass die anteilige Deckungsstockrückstellung bei einem Versicherungswechsel portabel ist (d. h. mitgenommen werden kann). Dies bringt Schwierigkeiten mit sich, für die es aber Lösungen gibt (z. B. Rückversicherungs- oder Finanzausgleichskonstruktionen) und die auch nicht in allen Versicherungszweigen gravierend sind.

Für Versicherungsmärkte ist es charakteristisch, dass ihre Entstehung und Entwicklung durch meritorische Effekte und/oder bestimmte Informationsasymmetrien be- oder gar verhindert werden kann: durch eine Verhaltensdisposition, die man nach ihrem Erst-Beschreiber als BÖHM-BAWERKsches Gesetz der Minderschätzung zukünftiger Bedürfnisse bezeichnet, durch eine Betrugs- und Unterlassungstendenz (moralisches Risiko/moral hazard), durch eine Tendenz zur Auslese schlechter Risiken (Selektionsrisiko/adverse selection) und durch eine Tendenz zur liquiditätsbedrohenden Häufung des Eintritts von Risikofällen (Kumulations- oder Klumpenrisiko), d. h. zur gegenseitigen Abhängigkeit von Risiken. Normalerweise können diese Dispositionen und Tendenzen durch eine zweckmäßige Vertragsgestaltung (z. B. Selbstbeteiligungs- sowie Risikozuschlagssysteme) in Grenzen gehalten werden. In manchen Fällen sind sie jedoch so stark, dass die Anbieter von Versicherungsleistungen Prämien kalkulieren müssten, die so hoch sind, dass den potentiellen Versicherungsnehmern eine Versicherung nicht mehr lohnend erscheint. Ein Versicherungsunternehmen ist wie gesagt im Grunde nichts anderes als eine Umverteilungsanstalt, die Beiträge schadensfreier Versicherungsnehmer verwendet, um diejenigen zu entschädigen, bei denen ein Versicherungsfall eingetreten ist. Da der Betrieb von Versicherungsunternehmen Kosten verursacht, die von den Versicherten zu decken sind, muss eine Versicherungsprämie stets höher als der Erwartungswert des Schadens sein. Dass man Versicherungen überhaupt verkaufen kann, liegt daran, dass die meisten Menschen im Hinblick auf Großschäden risikoavers und deshalb bereit sind, über den Erwartungswert des Schadens hinaus eine Prämie für

Sicherheit zu zahlen. Versichern sich nun aber nur schlechte Risiken oder kommt es häufig zu Betrugsformen, die über eine privatrechtliche Vertragsgestaltung nicht unterbunden werden können, muss die Versicherungsprämie neben dem reinen Betriebskostenaufschlag weitere Aufschläge enthalten. Die Gesamtprämie kann dann so hoch werden, dass die Versicherungsverträge nicht mehr absetzbar sind oder dass die entsprechenden Märkte jedenfalls sehr „dünn" werden.

So etwas ist aber nicht zwingend. Es liegt daran, dass das Privatrecht keine Möglichkeit bietet, Fehlentwicklungen durch eine Anwendung von Zwang zu verhindern, den letztlich jeder als im eigenen (langfristigen) Interesse liegend betrachtet und deshalb als Form der kollektiven Selbstbindung ansieht. Solch einen Zwang kann nur der Staat ausüben: Er kann eine Tendenz dazu, dass sich nur die schlechten Risiken versichern (im Falle der Arbeitslosenversicherung also z. B. die, welche in einer Krisenbranche tätig sind und fürchten, arbeitslos zu werden) durch eine Versicherungspflicht für alle ausschal-ten. Diese muss mit einem Kontrahierungszwang für Versicherungsunternehmen kombiniert werden und sorgt dann dafür, dass die Differenz zwischen der erforderlichen Prämie und dem Erwartungswert des Schadensfalls nicht zu groß wird. Der Staat kann außerdem besondere Überwachungs- und Schadensabwehrpflichten (etwa in Form von Melde- und Betätigungspflichten für Arbeitslose/Modell „Wisconsin") dekretieren und damit Tendenzen zum Betrug und zum Leichtsinn mildern. Und er kann schließlich über einen Versicherungszwang auch erreichen, dass Risiken besser versicherbar werden, die sich (wie etwa Arbeitslosigkeit in der Phase einer Depression) typischerweise in gehäufter Form realisieren. Darüber hinaus ist ein Versicherungszwang auch geeignet, Verhaltensdispositionen wie denen zur Minderschätzung zukünftiger Bedürfnisse entgegenzuwirken.

Der Verweis auf die vorstehend geschilderten Effekte und die staatlichen Möglichkeiten zur Koordinationsmängelheilung zeigt, dass die Redistributionspolitik und die Sozialpolitik zum Teil allokationstheoretisch begründbar sind: Sie sind Formen eines rationalen Risikomanagements, mit dem die Bürger den Staat beauftragen, weil die einschlägigen Märkte Entwicklungsstörungen aufweisen. Darüber hinaus erlaubt die staatliche Absicherung eines menschenwürdigen Daseins auch eine stärkere Arbeitsteilung. Ohne solch eine Absicherung würden nämlich Spezialisierungsmaßnahmen unterbleiben, die zwar einen positiven Erwartungswert haben (und damit volkswirtschaftlich vorteilhaft wären), die einzelwirtschaftlich ohne Versicherungsmöglichkeit aber zu risikoreich erschienen.

Wie die Geschichte der sozialpolitischen Institutionen zeigt, spielen die vorstehend geschilderten Überlegungen im gesamten Bereich der Sozialversicherung eine wichtige Rolle, die noch relativ junge Pflegeversicherung eingeschlossen. Hinzu kommt, dass wirtschaftspolitische Maßnahmen oft nicht nur Haupt- und Nebenwirkungen, sondern auch Wechselwirkungen mit anderen Maßnahmen zur Folge haben. So wird man es letztlich sicher für richtig halten, dass es Sozialleistungen als Letzt-Garantie für das soziale Existenzminimum und ein menschenwürdiges Dasein gibt, und ebenso wird man es begrüßen, dass Konkurs- und Pfändungsregelungen existieren, die unter bestimmten Umständen zur Löschung von Privatschulden (z. B. aus Haftpflichten) und zur Schonung eines Mindesteinkommens führen. Eine Folgewirkung der Einführung solcher Regelungen ist nun aber, dass Märkte für ökonomisch durchaus sinnvolle Versicherungen (wie z. B. die Pflegeversicherung) in ihrer Entwicklung behindert werden, weil potenziell Betroffene auf Sozialleistungen vertrauen, und dass dies durch einen weiteren staatlichen Eingriff (z. B. einen Versicherungszwang) korrigiert werden muss. Außerdem wirken Sozialhilfezahlungen wie ein Mindestlohn und können deshalb zu Mindestlohnarbeitslosigkeit führen, wenn man keine weiteren Maßnahmen einführt. Formen einer sogenannten negativen Einkommensteuer wie ein zweckmäßig gestalteter „Kombilohn" finden hier eine rationale Begründung. Ihre Einführung würde der noch zu erläuternden Regel Rechnung tragen, dass man zur Realisation verschiedener Ziele (hier der Ziele „produktivitätsorientierter Marktlohn" einerseits und „bedürfnisorientiertes Mindesteinkommen" andererseits) unterschiedliche Mittel einsetzen soll (Abschnitt 2.3.); außerdem würde sie einen im politischen Bereich häufig begangenen Fehler vermeiden: den Versuch, distributive Ziele mit allokationspolitischen Mitteln (Eingriffen in die Preisstruktur) zu erreichen.

Förderung der Vermögens- und Humankapitalbildung

Vermögensbildung schafft – individuell gesehen – Kaufkraftpuffer, auf die in Notfällen zurückgegriffen werden kann und die deshalb wie eine Versicherung wirken. Ähnliches gilt für eine vielseitig verwertbare Ausbildung, denn diese gleicht einer Selbstversicherung durch Diversifikation, wie sie ja auch Unternehmen vornehmen. Betreibt jemand Vermögens- und/oder Humankapitalbildung, ergeben sich – gesamtwirtschaftlich oder jedenfalls vom Standpunkt einer sozial orientierten Restgesellschaft aus – positive Zusatzeffekte: Vermögensbildung erhöht tendenziell die Sachinvestitionsquote und damit ceteris paribus die Arbeitsproduktivität, und Humankapitalbildung erhöht ceteris paribus die Arbeits- und Kapitalproduktivität; beides verringert darüber hinaus Unterstützungsrisiken. Die Produktivitätserhöhung wird zwar durch Zinsen bzw. Löhne entgolten; die Verringerung der Unterstützungsrisiken stellt jedoch einen positiven externen Effekt pekuniärer Art dar. Außerdem ergibt sich in dynamischer Hinsicht jedenfalls dann eine erwünschte Tendenz zur Angleichung von Startchancen, wenn die Vermögens- und Humankapitalbildung durch Minderbemittelte betrieben wird. Daher wird die staatliche Förderung solcher Aktivitäten von vielen als gerechtfertigt angesehen. Dies ist insoweit konsequent, als die Garantie eines menschenwürdigen Daseins und von Hilfe zur Selbsthilfe ja zur Konzeption der Sozialen Marktwirtschaft gehört und die Unterstützung der Vermögens- und Humankapitalbildung als vorausschauende und dynamische Hilfe zur Selbsthilfe aufgefasst werden kann.

Berücksichtigung von Mildtätigkeit und Gemeinnützigkeit

Es gibt Förderleistungen des A an den B, die auch dem A Nutzen stiften. Man findet sie hauptsächlich im Kreise der Familie und in Form von Spenden für bestimmte Zwecke (etwa zur Unterstützung von Waisenkindern oder zur Linderung von Katastrophen). Aus der Sicht der übrigen Gesellschaftsmitglieder ist mit diesen privaten Unterstützungsleistungen jedenfalls dann eine Entlastung verbunden, wenn damit Sozialleistungen eingespart werden. Auch hier liegt dann ein positiver externer Effekt pekuniärer Art vor. Deshalb kann man es als gerechtfertigt ansehen, wenn Unterstützungsleistungen innerhalb der Familien und Spenden für mildtätige Zwecke vom Staat jedenfalls dann steuerlich begünstigt werden, wenn der Staat für Transparenz auf dem Spendenmarkt sorgt und die Spendeneinzugs- und -verwaltungskosten in einem vertretbaren Rahmen bleiben. Ähnliches gilt für Spenden und Einrichtungen wie z. B. Stiftungen, die der privaten „gemeinnützigen" Bereitstellung von Kollektivgütern dienen sollen, also etwa der privaten Förderung wissenschaftlicher Tätigkeiten: Auch hier muss für Transparenz und Angemessenheit der Kosten gesorgt werden. Liegen die Kosten des Einzugs und der Verwaltung von Spenden z. B. deutlich über 25 v. H., kann man davon ausgehen, dass eine steuerfinanzierte Bereitstellung solcher Kollektivgüter wirtschaftlicher wäre (Wissenschaftlicher Beirat beim BMF, 2006).

Neben den Forderungen nach Transparenz und Wirtschaftlichkeit ist bei der Förderung mildtätiger und gemeinnütziger Zwecke auf drei Sonderaspekte hinzuweisen: auf eine ökonomische Angemessenheit von Sachleistungen, auf den Generationenvertrag und auf die Frage der intergenerativen Gerechtigkeit.

Sachtransfers (transfers in kind) sind Geldtransfers normalerweise unterlegen. Transferiert der Staat dem B einen Geldbetrag, wird B diesen nutzenmaximal verwenden; eine Sachleistung wird nur dann den gleichen (und niemals einen höheren) Nutzen stiften, wenn der Staat die gleiche Sache schenkt, die B auch von sich aus gekauft hätte. Schenkt der dem B persönlich verbundene A aber privat eine Sachleistung, ist es oft so, dass er den B (oder eine bestimmte Empfängergruppe) nicht irgendwie, sondern in ganz bestimmter Hinsicht unterstützen will. Bei einer solchen Motivationslage, bei der A den B mit Hilfe von „goldenen Zügeln" lenken will, ist die Sachleistung aus der Sicht des Gebers überlegen.

Als dem Generationenvertrag entsprechend bezeichnet man Leistungen wie etwa Kinderpflege, Ausbildungsfinanzierung oder Altenbetreuung, die früher von den verschiedenen Generationen der Großfamilie füreinander erbracht wurden, die heute aber mehr und mehr von der Gesamtbevölkerung sichergestellt werden (müssen). Dies hat zur Folge, dass das Gesetz der großen Zahl zu einer besseren Kalkulierbarkeit und der Rechtsanspruch zu mehr individueller Sicherheit führen. Ein solcher Vertrag kann jedoch nur dann problemlos erfüllt werden, wenn die Bevölkerung nicht schrumpft. Solange die Unterhalts- und Ausbildungsleistungen der Familien nicht voll abgegolten werden, führt der Generationenvertrag dazu, dass diejenigen, die Kinder aufziehen, positive externe Effekte pekuniärer Art für diejenigen erbringen, die als Alte von den Arbeitsleistungen dieser Kinder profitieren. Deshalb wird vielfach ein finanzieller Ausgleich verlangt, der Anreize zur Erfüllung des Generationenvertrages durch eigene Erziehungsleistungen setzt oder über eine Zwangsbeteiligung an den Leistungen anderer erreicht wird. Diese Forderung enthält einen richtigen Kern, muss allerdings in vielfacher Hinsicht relativiert werden (Wissenschaftlicher Beirat beim BMF, 2004, 1).

Ein Problem der intergenerativen Gerechtigkeit ergibt sich daraus, dass in jeder Generation Entscheidungen über den Bau und die Unterhaltung langlebiger Kapitalgüter vor allem im Bereich der materiellen und der Ausbildungsinfrastruktur zu fällen sind, aber auch in bezug auf ökologische Fragen, die mit einer langfristigen Entwicklung verbunden sind. Im Hinblick auf solche Investitionen wird vielfach vorgeschlagen, sie nach der sogenannten Pay-as-you-use-Regel zu finanzieren. Für die Praxis bedeutet dies, dass langfristige Nettoinvestitionen über Kredite finanziert werden dürfen. Wie bei der Wirkungsanalyse der Staatsverschuldung noch deutlich werden wird, können Belastungen unter bestimmten Umständen via Verschuldung an nachfolgende Generationen weitergegeben werden. Dies bewirkt, dass diese nicht nur den Nutzen der jeweiligen Kapitalgüter haben, sondern auch einen angemessenen Kostenanteil übernehmen müssen. Sollen die mit der Staatsverschuldung verbundenen Probleme vermieden werden, ist es allerdings zweckmäßiger, intergenerative Gerechtigkeit nicht über ein Verhalten nach der Pay-as-you-use-Regel herzustellen, sondern den Blick vom einzelnen Investitionsobjekt zu lösen und zu verlangen, dass alle Generationen einen gleichen Beitrag zu einer langfristig tragfähigen Entwicklung leisten. Dies läuft auf eine langfristige Stabilisierung der Nettospar- und -investitionsquote und die Kontrolle einer angemessenen Lastübernahme mittels Rechnungen hinaus, die der Realisierung des Ziels einer nachhaltig tragfähigen Finanzpolitik dienen sollen (WISSENSCHAFTLICHER BEIRAT BEIM BMF, 2001).

Umverteilung nach ethischen Prinzipien

Bei den bisher diskutierten Umverteilungsmaßnahmen spielten Koordinationsmängel oder pekuniäre externe Effekte eine Rolle. Es gibt aber auch Umverteilungsforderungen, die sich nicht auf solche Effekte, sondern auf Gerechtigkeitsüberlegungen stützen, welche direkt an der Verteilung des verfügbaren Einkommens in einer Volkswirtschaft anknüpfen. Von dieser Verteilung wird verlangt – und das spiegelt sich z. B. im deutschen Einkommensteuerrecht wider –, dass sie drei Korrelationsforderungen genügt. Das Einkommen, über das jemand verfügen kann, soll mit den folgenden Größen positiv korreliert sein: mit der Marktleistung für andere (Forderung nach Leistungsgerechtigkeit), mit dem objektiv geschätzten Arbeitsleid (Forderung nach Kostengerechtigkeit) und mit außergewöhnlichen persönlichen Belastungen (Forderung nach Bedürfnisgerechtigkeit).

Die Primärverteilung der auf den Märkten erzielten Einkommen entspricht bestenfalls (d. h. bei einem angemessenen Ordnungsrahmen) dem Ideal der Leistungsgerechtigkeit; soll auch den anderen beiden Forderungen Rechnung getragen werden, ist deshalb eine Umverteilung erforderlich. Man kann davon ausgehen, dass über die grundsätzliche Berechtigung der Forderungen nach Kosten- und Bedürfnisgerechtigkeit ein weitgehender Konsens besteht; über das richtige Ausmaß einer „gerechten" Umverteilung gehen die Ansichten aber auseinander. Heute versucht man allen drei Gerechtigkeitsforderungen dadurch genüge zu tun, dass man das Steuersystem – jedenfalls grundsätzlich – nach dem so genannten Leistungsfähigkeitsprinzip (ability to pay) ausrichtet. Machteinflüsse im politischen Feld haben freilich für vielfache Durchbrechungen dieses Prinzips gesorgt. Außerdem sollte man auch die Gefahren der Umverteilungspolitik bedenken.

Gefahren der Umverteilungspolitik

Alle Geld- und Förderleistungen, die der Staat im Rahmen der Umverteilungspolitik Privaten gegenüber erbringen soll, müssen finanziert werden. Soweit es dabei um andere als Versicherungsleistungen geht, stützt man sich wie gesagt als Finanzierungsgrundsatz auf das Leistungsfähigkeitsprinzip. Ein allgemein anerkannter Maßstab für ökonomische Leistungsfähigkeit ist das Einkommen, welches das Existenzminimum übersteigt und im Sinne von Kosten- und Bedürfnisgerechtigkeit korrigiert wird. Hilfsmaßstäbe sind Vermögen und Konsum. Als Hauptmittel einer rationalen Umverteilungspolitik bieten sich neben Zwangsversicherungen somit Transfers im Sinne der vorgenannten Zielsetzungen an, die mit Hilfe einer zweckmäßig gestalteten Einkommensteuer finanziert werden. Es gibt auch Vorschläge, einen gemeinsamen Tarif zu schaffen, der für jeden Bürger die zu zahlenden Steuerbeträge und die ihm zustehenden Transferbeträge (einschließlich Versicherungszahlungen) zusammenfasst. Wenn die Transfer- die Steuerbeträge innerhalb bestimmter Einkommensgrenzen übertreffen, spricht man von einer sogenannten negativen Einkommensteuer.

Mit dem Einsatz von Steuern und Transferzahlungen sind neben Einkommensumverteilungseffekten (der Transferlast) und Transaktionskosten in Form von Erhebungs- und Entrichtungskosten sogenannte Zusatzlasten verbunden. Diese äußern sich in Form unbeabsichtigter Substitutionseffekte. Zu nennen sind zum einen negative Leistungsanreize. Eine Einkommensteuer „belohnt“ z. B. die Ausdehnung der Freizeit auf Kosten der Erwerbszeit und die Ausdehnung des Gegenwartskonsums auf Kosten der Ersparnisbildung. Eher noch gefährlicher dürften jedoch die Schattenwirtschafts- sowie Arbeitsplatzexportanreize sein: Der „Keil“, der durch Steuern (und durch die Lohnnebenkosten) zwischen die Löhne getrieben wird, mit denen die Arbeitgeber einerseits und die Arbeitnehmer andererseits rechnen, reizt dazu an, schwarz zu arbeiten oder Arbeiten selbst zu übernehmen, die anderenfalls an andere vergeben worden wären (Reduzierung der Arbeitsteilung durch Do-it-yourself oder Hausfrauenarbeit), oder Arbeitsplätze ins Ausland zu verlagern. Hinzu kommt, dass neben die Zusatzlasten auch noch sogenannte Rent-seeking-Anreize treten: Unternehmen und Interessenverbände setzen Lobbyisten ein, um die Umverteilungsmöglichkeiten der Politiker so auszunutzen, dass andere Bürger Partialleistungen des Staates für die eigene Gruppe finanzieren oder dass Ausnahmen vom allgemeinen Steuerrecht erreicht werden. Auf diese Weise erzielte Verteilungskampfgewinne fordern zur Imitation auf und fördern eine allgemeine Verteilungskampfmentalität und Staatsverdrossenheit.

2.2.2. Anlässe und Regeln für eine Umverteilung im öffentlichen Sektor (Finanzausgleich)

Zwischen den Aufgaben und den davon abhängigen Ausgaben eines öffentlichen Verbandes oder Haushalts sowie seinen Einnahmen existieren Spannungen. Diese sind zum einen Ausdruck der allgemeinen Knappheit; sie können zum anderen aber auch Ausdruck von Ungleichgewichten in der Verteilung von Aufgaben oder Einnahmen sein. Maßnahmen zur Reduktion solcher Spannungen werden als Finanzausgleich (intergovernmental fiscal relations) bezeichnet. Nach dem Extensionsniveau der betroffenen Verbände unterscheidet man einen internationalen, einen Bund-Länder- und einen kommunalen Finanzausgleich sowie Sonderfinanzausgleiche (insbesondere zwischen den Trägern der Sozialversicherung und zwischen Krankenkassen sowie zwischen Rundfunkanstalten). Beim Finanzausgleich unter den Gebietskörperschaften, die ja Vielzweckkörperschaften sind, kann man die Spannungen zwischen Aufgaben und Einnahmen durch Aufgabenumverteilung (passiver Finanzausgleich) oder durch Einnahmenumverteilung lösen (aktiver Finanzausgleich oder auch Finanzkraftausgleich). Bei den Spezialfinanzausgleichen geht es um einen Ausgleich struktureller Nachteile für diejenigen Einrichtungen, deren Zuständigkeitsgebiet aufgrund der quantitativen und qualitativen Bevölkerungsverteilung z. B. signifikant höhere Krankheitsrisiken (Krankenkassen) oder signifikant niedrigere Empfängerdichten (Rundfunkanstalten) aufweist. Greifen Finanzausgleichsmaßnahmen an Budgetdaten an, spricht man von einem direkten Finanzausgleich, bezieht man sich bei Ausgleichsmaßnahmen auf wirtschaftsstrukturelle Daten (welche die Budgetdaten ja beeinflussen), bezeichnet man den Finanzausgleich dagegen als indirekt. Ein indirekter Finanzausgleich wird in Deutschland vor allem über die Zahlung von Sozialversicherungsleistungen und die Regionalpolitik realisiert. Im Folgenden wird nur auf Regeln für den Finanzausgleich unter Gebietskörperschaften und die Regionalpolitik eingegangen.

Grundfragen des nationalen Finanzausgleichs direkter Art

Anders als die Lösung der Allokations- und der bisher besprochenen Distributionsfragen gehört die Regelung von Finanzausgleichsproblemen nicht zu den Grundaufgaben von Staaten. Finanzausgleichsfragen tauchen nämlich erst dann auf, wenn man sich entschließt, nicht zuerst für eine befriedigende Einkommensverteilung im privaten Bereich und dann für die Bereitstellung von Kollektivgütern und die Korrektur externer und meritorischer Effekte nach den besprochenen Regeln zu sorgen. Sie sind vor allem eine Frucht der Entscheidung, Kollektivgüter über Steuern zu finanzieren und damit den Zusammenhang zwischen einer Beschaffung oder Herstellung dieser Güter und ihrer Finanzierung dadurch zu zerschlagen, dass man einerseits isolierte Einnahmenentscheidungen fällt (Steuergesetzgebung) und andererseits isolierte Ausgabenentscheidungen (Haushalts- und Leistungsgesetzgebung). Hat man diesen Zusammenhang zerstört und damit auch die vom Kongruenzprinzip empfohlenen Informations-, Motivations- und Verantwortungsstrukturen ausgehebelt, kann man Aufgaben einerseits und Steuereinnahmen andererseits im Prinzip beliebig verteilen; da es nun aber offensichtlich ist, dass es eine einsichtige Verteilungsmaxime für Steuererträge geben muss, entsteht ein für den „Steuerstaat" charakteristisches Forderungsbündel, das sich auch im Grundgesetz findet und einen Finanzausgleich erforderlich macht. Es ist im Sinne der Wohlfahrtstheorie allenfalls zweitbester Natur und umfasst folgende Teilforderungen:

- Die heute weitgehend entgeltfrei bereitgestellte Infrastruktur in Form von öffentlichem Sachkapital, Ausbildungseinrichtungen und institutionellem Kapital soll zur Herbeiführung eines Mindestmaßes an Chancengleichheit eine Gleichwertigkeit der Lebensverhältnisse im Raum garantieren (Art. 72 Abs. 2 und Art. 106 Abs. 3 GG).
- Die Gebietskörperschaften sollen zur Förderung eines wirtschaftlichen Verhaltens und von Verantwortungsklarheit grundsätzlich alle Finanzierungslasten tragen, die sich aus ihren gesetzlich festgelegten Aufgaben ergeben (Konnexitätsprinzip des Art. 104 a Abs. 1 GG). Nach der herrschenden juristischen Meinung folgt die Finanzierungslast dabei der Verwaltungskompetenz.

- Den Gebietskörperschaften wird jeweils ein Anspruch auf gleichmäßige Deckung ihrer Ausgaben und den Steuerpflichtigen ein Schutz vor Überlastung zugesprochen (Art. 106 Abs. 3); dies ist gleichbedeutend damit, dass das Zweite GOSSENsche Gesetz realisiert werden soll, d. h. dass ein Steuer-Euro bei allen Gebietskörperschaften den gleichen Grenznutzen stiften soll wie ein Euro des Einkommens nach Steuern, das den Steuerpflichtigen verbleibt.

Diese Forderungen sind nur schwer zu erfüllen, weil man Zahlungsbereitschaftsinformationen verliert, wenn Kollektivgüter nicht mehr über Entgeltabgaben finanziert werden. Wären die Steuern den Gebietskörperschaften getrennt zurechenbar, könnten die jeweiligen Politiker wenigstens noch abschätzen, ob die Gesamtbelastung den Bürgern einer Gebietskörperschaft ausweislich ihres Steuerwiderstandes und ihrer Reaktionen an den Wahlurnen im Hinblick auf die öffentlichen Leistungen noch angemessen erscheint. Bei einem Verbundsteuersystem wie dem deutschen (Abschnitt 4.4.) ist aber auch dies nicht möglich. Will man den Forderungskatalog gleichwohl so gut wie möglich erfüllen, müssen die Regelwerke für den Finanzausgleich unter Gebietskörperschaften folgenden Anforderungen gerecht werden:

- Da der passive Finanzausgleich eine Neuverteilung von Aufgaben (Funktionalreform) erfordert, die erfahrungsgemäß schwierig und transaktionskostenintensiv ist, sollte der Finanzausgleich vorrangig als aktiver Finanzausgleich zur Umverteilung primärer Einnahmen durchgeführt werden. Dabei kann zwischen einer vertikalen und horizontalen Komponente unterschieden werden; erstere umfasst den Finanzausgleich zwischen dem Bund und einem fiktiven Durchschnittsland bzw. einem Bundesland und einer fiktiven Durchschnittsgemeinde, letztere den Ausgleich auf der Ebene der Länder bzw. Gemeinden.
- In die „Finanzkraft" als Bemessungsgrundlage sollten nur Einnahmen einbezogen werden, die den jeweiligen Körperschaften Dispositionskraft vermitteln (also z. B. keine faktisch zweckgebundenen Entgelteinnahmen) und deren Einbeziehung keine unverhältnismäßigen Transaktionskosten verursacht (z. B. keine lokalen Verbrauchs- und Aufwandsteuern kleinerer Art). Alle Steuern und steuerähnlichen Einnahmen, die diesem Konzept entsprechen, sind vollständig einzubeziehen, um Ausweichreaktionen und Verzerrungen vorzubeugen (also z. B. keine Teilanrechnung von Gemeindesteuern im Bund-Länder-Finanzausgleich); existieren Variationsmöglichkeiten für die steuerberechtigten Verbände (z. B. Hebesatzrechte), sind im Hinblick auf die Steuererhebung Normierungen vorzunehmen (also z. B. Normhebesätze vorzugeben), um einer Entlastung der jeweiligen eigenen Verbandsmitglieder auf Kosten der Mitglieder jeweils anderer Verbände zuvorzukommen.
- Es muss Revisionsverfahren geben, die geeignet sind, Änderungen bei den Ertragskompetenzen – und damit der Primärverteilung der Steuereinnahmen – vorzunehmen, wenn sich die vertikale Aufgaben-Einnahmen-Spannung zwischen Bund und Ländern bzw. Ländern und Kommunen grundlegend ändert.
- Es muss eine Finanzausgleichsformel für die horizontale Umverteilung festgelegt werden, welche die Finanzkraftstreuung reduziert und für eine Mindestfinanzkraft sorgt. Letztere wird am besten in Abhängigkeit von der durchschnittlichen Finanzkraft pro Kopf der jeweiligen Ebene festgelegt. Zur Vermeidung von Fehlanreizen darf die Formel weder zu einer vollständigen Abschöpfung von Finanzkraftüber-

schüssen bei den überdurchschnittlich gut gestellten Geberverbänden noch gar zu einer sogenannten Übernivellierung führen, d. h. zu einer Veränderung der Finanzkraftrangfolge vor und nach Finanzausgleich. Damit die Umverteilung nachvollziehbar bleibt und kein Anreiz entsteht, im Rahmen von politischen Tauschgeschäften „an vielen Stellschrauben zu drehen", sollte die Formel möglichst einfach sein und gesetzlich fixiert werden.

- Es müssen Regeln für die Behandlung verbandsexterner Effekte getroffen werden.
- Da Bund und Länder bzw. Länder und Kommunen in einem Bundesstaat jeweils Gefahrengemeinschaften bilden, müssen Regeln für die Behandlung von Haushaltsnotlagen festgelegt werden.

Es sind mehrere Regelwerke denkbar, die dem vorstehenden Aufgabenkatalog gerecht werden. Bei der Auswahl eines Regelwerkes sollte man natürlich darauf achten, dass die Einzelregelungen zur Lösung der jeweiligen Aufgaben geeignet sind; sie sollten die jeweils unteren Gebietskörperschaften in ihren Entscheidungskompetenzen aber nicht unnötig beschränken (also erforderlich sein), und sie sollten außerdem die jeweils entstehenden Transaktionskosten berücksichtigen (also verhältnismäßig sein).

Nationaler Finanzausgleich indirekter Art: Grundfragen der Regionalpolitik

Die Regionalpolitik hat das Hauptziel, regional massierte Arbeitslosigkeit zu vermeiden. Ein Tätigwerden in diesem Sinne beruht auf der Erkenntnis, dass die „automatische" Lenkung der Betriebsstätten und damit auch der Arbeitsplatzangebote im Raum erfahrungsgemäß nur sehr unvollkommen funktioniert und dass von historischen Zufällen geprägte („pfadabhängige") Ballungs- und Entleerungstendenzen Formen eines Marktversagens darstellen, die aufgrund der Unvorhersehbarkeit der Entwicklung regional dominierender Branchen immer wieder neu entstehen können. Hinzu kommt, dass es innerhalb einer Volkswirtschaft (und in der EWU) nur eine Währung gibt und dass interregionale Spannungen deshalb nicht durch Wechselkursbewegungen gemildert werden können, sondern dass man auf Transferzahlungen zurückgreifen muss.

Die im Zuge der Wiedervereinigung stark ausgeweitete Regionalpolitik soll mit ihrer Bekämpfung von Arbeitsplatzdefiziten und den damit verbundenen Wanderungszwängen wie der Finanzausgleich zu einer Angleichung der Lebensverhältnisse im Raum beitragen. Sie unterscheidet sich vom direkten Finanzausgleich jedoch in charakteristischer Hinsicht in bezug auf Ziele, Mittel und Träger: Während der Finanzausgleich eine gleichmäßige laufende Bereitstellung öffentlicher Leistungen fördern will und sich an Gebietskörperschaften richtet, hat die Regionalpolitik private Investoren in wirtschaftlich rückständigen Regionen als Adressaten; während die direkten Finanzausgleichstransfers in bezug auf ihre Verwendung überwiegend ungebunden und der Höhe und dem Gewährungsanlass nach regelorientiert sind, sind die regionalpolitischen Zuweisungen zweckgebunden, der Höhe nach eine Ermessensangelegenheit und als Hilfe zur Selbsthilfe an eine Eigenbeteiligung der Investoren geknüpft; während der direkte Finanzausgleich jeweils von der Verwaltung des Oberverbandes (Bund bzw. Land) umgesetzt wird, ist die Regionalpolitik – jedenfalls in der deutschen Praxis – eine Gemeinschaftsaufgabe, die in die Verwaltungskompetenz der Länder fällt. Direkter

Finanzausgleich und Regionalpolitik können somit als komplementär betrachtet werden: Ersterer hat die Aufgabe, den Gebietskörperschaften Mittel dafür zur Verfügung zu stellen, ihre immobilen Produktionsfaktoren und damit die Standortqualität attraktiv zu machen. Die Funktion letzterer ist es dagegen, mobile Produktionsfaktoren durch besonders günstige Preis-Leistungs-Verhältnisse an diejenigen Orte zu lenken, wo sie einen fühlbaren Beitrag zur Verringerung struktureller Arbeitslosigkeit leisten (Ex-post-Therapie) oder wo sie die Krisenanfälligkeit durch Verringerung der Abhängigkeit von wenigen Branchen deutlich senken können (präventive Politik). Da die Regionalpolitik bei der Beurteilung von Förderanträgen immer auf Ermessensspielräume angewiesen sein wird, kann sie allerdings auch zur politischen Profilierung und zur Befriedigung von Partialinteressen missbraucht werden. Das lässt Skepsis gegenüber dieser Form einer Distributionspolitik angebracht erscheinen, die einerseits Umverteilungspolitik im öffentlichen Sektor, andererseits aber immer auch Subventionspolitik ist. Ordnungspolitisch muss diese Politik daher als besonders missbrauchsanfällig angesehen werden. Missbrauchsmöglichkeiten könnte im Rahmen einer Subventionsordnung vorgebeugt werden (Nieder-Eichholz, 1995). In der Praxis gibt es eine Beihilfeaufsicht der EU, welche diese Funktion teilweise erfüllt.

Grundfragen des internationalen Finanzausgleichs

Der internationale Finanzausgleich wird meist anhand seiner wichtigsten Teilprobleme behandelt: der Entwicklungshilfe, internationaler Besteuerungsprobleme und der Verteilung von Finanzierungslasten für internationale Organisationen.

Entwicklungshilfe kann zum einen als Teil einer Entwicklungspolitik der Industrieländer begriffen werden, bei der man deren Benevolenz voraussetzt und fragt, wie Kapital- und Handelshilfen zweckmäßig gestaltet werden können. Daneben kann man aber auch fragen, welches Eigeninteresse die Industrieländer an Entwicklungshilfe haben könnten, und diese Frage analog zu den Grundfragen des nationalen Finanzausgleichs und der Regionalpolitik beantworten (Scheube, 1992). Man stößt dann auf die folgenden „egoistischen“ Gründe und damit auch auf Regelungsprobleme für einen internationalen Finanzausgleich mit Entwicklungshilfefunktionen:

- die Notwendigkeit, Gebühren zu erheben, welche die Übernutzung von weltweiten Schutzgütern wie z. B. des Allmendegutes „tropischer Urwald“ verhindern. Deren Aufkommen könnte zur Abgeltung positiver externer Effekte verwendet oder pro Kopf an die Weltbevölkerung zurückverteilt werden, weil für den Lenkungszweck lediglich Substitutions-, nicht jedoch Einkommenseffekte erforderlich sind. Dies entspricht der Internalisierung verbandsexterner Effekte im nationalen Finanzausgleich. Zu nennen sind hier vor allem Gebühren, welche die positiven externen Effekte des Erhalts von tropischen Regenwäldern abgelten, und Gebühren, welche einer zu starken Verschmutzung der Erdatmosphäre sowie einer Übernutzung der Rohstoffe der Antarktis und der Weltmeere sowie des Weltraums als Satellitenparkplatz vorbeugen.
- den Wunsch, analog zur Behandlung von Haushaltsnotlagen im nationalen Finanzausgleich eine Versicherungsgemeinschaft herzustellen, die Strukturkrisenländern

per Hilfe zur Selbsthilfe die Möglichkeit bietet, sich wieder in den Welthandel zu integrieren.

- das Bedürfnis, einer unzweckmäßigen Immigration in die Industrieländer dadurch zuvorzukommen, dass mit Hilfe von Subventionen Arbeitsplätze in Entwicklungsländern geschaffen werden.

Internationale Besteuerungsprobleme ergeben sich daraus, dass beim internationalen Handel mit Gütern und bei der Einkommenserzielung heimischer Produktionsfaktoren im Ausland geklärt werden muss, welcher Staat bezüglich der ggf. anfallenden Güter- bzw. Faktorsteuern (Abschnitt 4.2.1.) ertragsberechtigt sein soll. Güter können im Prinzip nach dem Recht des Herkunfts- oder nach dem des Empfängerlandes besteuert werden (Ursprungsland- versus Bestimmungslandprinzip), Faktoren nach dem Recht des Wohnsitzlandes der Einkommensbezieher oder dem Recht des Landes der Einkommensentstehung (Wohnsitzland- versus Quellenlandprinzip). Man ist sich im Grundsatz einig, dass diese Fragen „wettbewerbsneutral" geregelt werden sollen. Unklar ist jedoch, wie dieses Postulat konkretisiert und erfüllt werden soll. Beim internationalen Handel können Zahlungsbilanz-, Allokations- und Fiskalneutralität unterschieden werden (Peffekoven, 1983). Das Allgemeine Zoll- und Handelsabkommen (GATT) und seine Nachfolgeorganisation, die World Trade Organization (WTO), ließen bzw. lassen das Bestimmungslandprinzip zu; in der EU will man die Steuergrenzen jedoch abschaffen und zum Ursprungslandprinzip übergehen. Dies wirft die Frage einer Verrechnung von Steueransprüchen auf. Bezüglich der Faktorsteuern sind Doppelbesteuerungsabkommen üblich, die jeweils Elemente des Wohnsitz- und des Quellenlandprinzips enthalten und der Erdrosselung von produktiven Faktorwanderungen durch Zweifachbesteuerung vorbeugen sollen. Sie können aber auch als Ersatz für eine internationale Steuerharmonisierung oder als Kartellverträge zur Sicherung von Einkünften der steuerberechtigten Staaten aufgefasst werden. Solche Kartellverträge werden teilweise von Außenseitern unterlaufen, die sich typischerweise als „Steueroasen" in der Umgebung größerer Länder finden.

Die Finanzierung inter- und supranationaler Einrichtungen könnte im Grunde genommen nach dem Kongruenzprinzip organisiert werden. Da sich bei der Direktbelastung der letztlich begünstigten Staatsbürger und einer Direktkontrolle durch diese aber erhebliche Transaktionskosten ergeben würden und das Aushandeln entsprechender Verträge schwer ist, haben internationale Einrichtungen meist den Charakter von Vereinen nationaler Verbände, die durch freiwillige Beiträge der nationalen Verbände finanziert werden. Bei supranationalen Einrichtungen wie (früher) der Europäischen Gemeinschaft für Kohle und Stahl gibt bzw. gab es aber auch internationale Zwangsabgaben. Obwohl die Anwendung des Äquivalenzprinzips auch bei inter- und supranationalen Einrichtungen erwünscht und möglich wäre, zeigt das Beispiel der EG-Entwicklung, dass mit der Annäherung an eine bundesstaatliche Struktur typischerweise auch eine Finanzierung einhergeht, die – wenn überhaupt irgendwelchen Prinzipien – eher Leistungsfähigkeitsgesichtspunkten genügt. Zum Teil kann dies dadurch gerechtfertigt werden, dass in Gemeinschaften wie der EU auch Distributionsziele verfolgt werden, wie sie im nationalen Bereich innerhalb des direkten und indirekten Finanzausgleichs eine Rolle spielen. Insgesamt dürfte mit der Abkehr von der Entgeltfinanzierung von Leistungen und einer davon getrennten Umverteilungspolitik aber auch im internationalen Bereich eine Wohlstandseinbuße verbunden sein.

2.2.3. Besteuerungsgrundsätze und rationales Steuersystem

Der wohlfahrtspolitische Grundfehler des Steuerstaates, Allokationsaufgaben über Steuern zu finanzieren, führt zu Preisverzerrungen, weil Steuern einen „Keil“ zwischen die Brutto- und Nettopreise und damit diejenigen Preise treiben, die für Verwendungsentscheidungen einerseits und Produktionsentscheidungen andererseits maßgeblich sind. Will man die Wohlfahrtsverluste gering halten, die mit einer solchen Zusatzbelastung (excess burden) aus der Verfehlung des Wohlfahrtsoptimums verbunden sind, kann man versuchen, den Regeln der sogenannten Optimalsteuertheorie zu folgen. Hierbei ergibt sich allerdings eine Fülle von Informationsproblemen. Außerdem führen Empfehlungen der Optimalsteuertheorie wie etwa die, lebensnotwendige Güter mit geringer Nachfrageelastizität unverhältnismäßig stark zu besteuern, zu Konflikten mit verteilungspolitischen Zielen, die nur unter Inkaufnahme erheblicher Transaktionskosten gelöst werden könnten.

Vor allem in der älteren Finanzwissenschaft hat man deshalb versucht, Besteuerungsgrundsätze zu entwickeln, die auf allokations-, distributions- und stabilisierungspolitische Ziele und Zielkonflikte Rücksicht nehmen und zu einem rationalen Steuersystem führen. Dieses kann als „rational“ bezeichnet werden, weil es aus einer wissenschaftlichen Diskussion hervorgegangen ist, welche danach trachtet, mit Hilfe der Besteuerungsgrundsätze eine Verlustfunktion zu minimieren, in der die Gesamtheit der Ziele

Übersicht I-3: Besteuerungsgrundsätze nach Fritz Neumark (1970)

1. Fiskalisch-budgetäre Grundsätze der
   - Ausreichendheit der Steuererträge im Hinblick auf den Normalbedarf und
   - Steigerungsfähigkeit der Steuererträge im Hinblick auf außergewöhnliche Mehrbedarfe
2. Ethisch-sozialpolitische Grundsätze der
   - Gerechtigkeit im Sinne von Allgemeinheit, Gleichmäßigkeit und Verhältnismäßigkeit der Besteuerung von Leistungsfähigkeitstatbeständen sowie
   - Umverteilung von Einkommen und Vermögen im Sinne einer Verringerung von Leistungsfähigkeitsunterschieden
3. Wirtschaftspolitische Grundsätze der
   - aktiven Steuerflexibilität (d. h. diskretionärer Anpassungsfähigkeit an stabilisierungspolitische Erfordernisse),
   - passiven Steuerflexibilität (d. h. einer automatischen Stabilisierungswirkung des Steuersystems aufgrund einer „built-in flexibility“),
   - wachstumspolitischen Ausrichtung des Steuersystems und
   - Wettbewerbsneutralität zwischen In- und Ausland, zwischen Regionen, zwischen Branchen, zwischen kleinen und großen sowie arbeits- und kapitalintensiven Unternehmen sowie zwischen unterschiedlichen Rechts- und Finanzierungsformen
4. Steuerrechtliche und steuertechnische Grundsätze der
   - Transparenz der Besteuerung (Offenheit, Eindeutigkeit und Verständlichkeit),
   - Praktikabilität (Rücksichtnahme auf Möglichkeiten und Grenzen der Finanzverwaltung),
   - Stetigkeit des Steuerrechts im Zeitablauf,
   - Wohlfeilheit (Erhebungs- und Entrichtungsbilligkeit) und
   - Widerspruchslosigkeit der Besteuerung im Sinne einer Interpretation des Steuerrechts, die Einseitigkeiten vermeidet und nach Geschlossenheit strebt

und deren Wohlfahrtswirkungen berücksichtigt werden. Dabei ist es sehr schwer, von den Besteuerungsgrundsätzen implizit vorgenommene Abwägungen wie „Wettbewerbsneutralität darf nicht zu stark auf Kosten der Gleichmäßigkeit der Besteuerung realisiert werden" daraufhin zu überprüfen, ob sie tatsächlich zu einer Verlustminimierung führen. Gleichwohl kann man feststellen, dass entsprechende Grundsätze unter Finanz- und meist auch unter Rechtswissenschaftlern auf ein nicht unerhebliches Maß an Zustimmung stoßen. In *Übersicht I-3* werden deshalb in Kurzform die „Grundsätze gerechter und ökonomisch rationaler Steuerpolitik" von FRITZ NEUMARK (1970) wiedergegeben, die weite Anerkennung gefunden haben.

Konfrontiert man die verschiedenen Grundsätze mit Gestaltungs- und Erfahrungsregeln aus der Steuerwirkungslehre (Abschnitt 4.2.), ergibt sich die Grundstruktur eines rationalen Steuersystems, auf das sich das historisch gewachsene System zubewegen sollte und in der Vergangenheit in einem gewissen Ausmaß auch zubewegt hat. Die Erfahrungsregeln lauten (ähnlich ANDEL, 1998, S. 438):

- Den Anforderungen der Besteuerungsgrundsätze wird man nicht mit einer einzigen Steuer gerecht werden können, weil sie zu komplex sind. Deshalb ist ein System von Steuern erforderlich, die im Sinne der Grundsätze aufeinander abzustimmen sind. Dies hat darüber hinaus den Vorteil, die Bemessungsgrundlage des Gesamtsystems zu verbreitern und dadurch unerwünschte Substitutionseffekte zu minimieren.
- Die breiten Bemessungsgrundlagen sogenannter allgemeiner Steuern ermöglichen es, ein vorgegebenes Steuerertragsziel mit relativ niedrigen Sätzen zu erreichen. Deshalb ist der von den Steuersätzen abhängige Anreiz zu Substitutionshandlungen bei allgemeinen Steuern vergleichsweise niedrig; der gleiche Effekt wird darüber hinaus auch dadurch erreicht, dass breiten Bemessungsgrundlagen schwerer auszuweichen ist.
- Ein einheitlicher Steuersatz hat in aller Regel geringere Verzerrungswirkungen als differenzierte Sätze.
- Unmerklich gestaltete Steuern haben im Prinzip weniger Verzerrungseffekte als merkliche; sie verführen die Politiker aber auch eher zu heimlichen Steuererhöhungen und sind in demokratietheoretischer Hinsicht fragwürdig.
- Lenkungseinnahmen zur Internalisierung externer und Korrektur demeritorischer Effekte sind unter Effizienzgesichtspunkten positiv zu beurteilen, weil sie nicht nur die Finanzierung von Staatsaufgaben erleichtern, sondern auch Verzerrungen des Preismechanismus beseitigen.

Stimmt man dem Steuerstaatsgedanken überhaupt zu, bietet es sich unter Berücksichtigung dieser Erfahrungssätze und der Besteuerungsgrundsätze an, ein rationales Steuersystem auf die folgenden Haupt- und Nebensteuern zu stützen (ähnlich ANDEL, 1998, S. 299):

- Hauptsteuer 1: eine umfassende Einkommensteuer (einschließlich Lohnsteuer sowie integrierter Körperschaft- und Kapitalertragsteuer), besser jedoch noch eine Steuer auf den persönlichen Konsum, die dem Neutralitätsideal entspricht,
- Hauptsteuer 2: eine allgemeine unpersönliche Konsumsteuer in der Form der Mehrwertsteuer,

- Nebensteuer 1: eine Erbschaft- und Schenkungsteuer, die mit der persönlichen Konsumsteuer auch in Form einer sogenannten Bürgersteuer integriert werden könnte (Engels et al., 1987),
- Nebensteuern 2–5: Lenkungssteuern in Form von Kfz-, Mineralöl-, Tabak- und Branntweinsteuern.

Weitere Steuern wären zur weitgehenden Erfüllung der Besteuerungsgrundsätze nicht erforderlich; es müsste allerdings geklärt werden, wie die Gesetzgebungs-, Ertrags- und Verwaltungskompetenzen für diese Steuern in einem föderalistischen Staat verteilt werden sollen. Auf die Ausgestaltung der genannten Steuern im Einzelnen kann an dieser Stelle nicht eingegangen werden. Es sei lediglich darauf hingewiesen, dass diese Steuern auch heute schon über 80 v. H. des Steueraufkommens erbringen (Abschnitt 4.2.2., *Übersicht I-14*), obwohl insbesondere die tatsächliche Einkommensteuer zu viele Ausnahmetatbestände zugunsten von Interessengruppen enthält. Außerdem sei erwähnt, dass es ausgearbeitete Vorschläge gibt, die Einkommensteuer durch eine Steuer auf die persönlichen Konsumausgaben zu ersetzen (z. B. Rose, 1994) und damit nicht mehr die Beiträge zum Sozialprodukt zu besteuern, sondern das, was aus dem Sozialprodukt entnommen wird. Weniger weitgehend ist der Vorschlag des Wissenschaftlichen Beirats beim BMF (2004, 2), an die Stelle einer direkt progressiven Einkommensteuer eine indirekt progressive „Flat Tax" mit hohen Freibeträgen und einem konstanten Steuersatz zu setzen. Diese würde zu einer erheblichen Vereinfachung der Einkommensbesteuerung und einer deutlichen Transaktionskostensenkung führen.

Damit soll die Kurzvorstellung eines rationalen Steuersystems beendet werden. Mit einer ausführlicheren Darstellung dieses Systems käme man zu einer Sollkonzeption für die Gestaltung der Staatsfinanzierung, wenn man bereit wäre zu akzeptieren, dass an der Leistungsfähigkeit orientierte Steuern auch für Allokationsaufgaben als Hauptfinanzierungsmittel eingesetzt werden. In der Realität ist dies der Fall: Das Grundgesetz sieht die an der Leistungsfähigkeit orientierte Gemeinlastfinanzierung als Normalfinanzierungsmittel für all jene Ausgaben an, die nicht ausschließlich bestimmte Gruppen begünstigen (Kirchhof, 1999, S. 213 ff.). Damit akzeptiert man allerdings auch die Trennung von Ausgaben- und Einnahmenbeschlüssen und die damit verbundenen Informations- und Verantwortlichkeitsverluste und nimmt in Kauf, dass die Bürger von den entgeltfrei bereitgestellten Gütern stets die Sättigungsmenge verlangen, gleichzeitig aber über zu hohe Steuern klagen und danach trachten, diese zu umgehen.

2.3. Rechtfertigung der Regeln staatlicher Stabiiisierungspolitik

Auch im Rahmen der Stabilisierungspolitik ergibt sich für den Staat eine finanzpolitische Aufgabe: Er kann einerseits versuchen, seine Einnahmen über die Zeit so zu verteilen, dass er seine eigene Nachfrage und die der Privaten verstetigt und damit zur Erwartungssicherheit im privatwirtschaftlichen Sektor beiträgt (Verstetigungspolitik/potentialorientierte Fiskalpolitik), andererseits kann er sich auch dazu verpflichten, konjunkturellen Auf- und Abschwüngen durch eine entsprechende Gestaltung seiner Einnahmen und Ausgaben entgegenzuwirken (antizyklische Fiskalpolitik). Konzeption und Praxis dieser Politikalternativen werden im Beitrag P behandelt, so dass hier lediglich auf drei Spezialprobleme eingegangen werden soll.

Verstetigungspolitik

Als Verstetigungsregel im Rahmen der Stabilitätspolitik wird manchmal empfohlen, die Staatsausgaben – analog zu einer Verstetigungsregel für die Geldpolitik – normalerweise mit einer numerisch bestimmten Rate wachsen zu lassen. Eine solche Regel hat den Vorteil, anschaulich und für die Öffentlichkeit leicht kontrollierbar zu sein. Dem steht jedoch der Nachteil gegenüber, dass der Staatsanteil am Produktionspotential gleichsam mechanisch und ohne politische Dringlichkeitsdiskussion vorgegeben wird. Will man diesen Nachteil vermeiden, gleichwohl aber an einer Regelbindung für die Ausgabenpolitik festhalten, empfiehlt sich eine Verhaltensregel, die auch als „potentialorientierte Ausgabenpolitik" bezeichnet wird: Die Regierung sollte turnusmäßig bekanntgeben, in welchem Verhältnis die Staatsausgaben mittel- bis längerfristig zum Produktionspotential stehen sollten. Diese Verhältniszahl wäre eine auf das Produktionspotential bezogene Staatsquote (Abschnitt 3.1.).

Steht diese Quote fest, ist das Abgabensystem so einzustellen, dass Einnahmen und Ausgaben über einen Konjunkturzyklus hinweg ausgeglichen sind oder dass – mit Blick auf die sogenannte implizite Staatsverschuldung, d. h. den zukünftigen Zuschussbedarfen der sozialen Sicherungssysteme – sogar ein leichter Überschuss erzielt wird. Kommt es zu Schwankungen im Auslastungsgrad des Produktionspotentials (Konjunkturschwankungen), werden die geplanten Ausgaben unabhängig von ihrer Deckung durch laufende Einnahmen ebenso realisiert wie konjunkturbedingte Mehr- und Minderausgaben insbesondere bei der Arbeitslosenversicherung. Hierdurch ergeben sich im Konjunkturtief Unter- und im Konjunkturhoch Überdeckungen, da das Steueraufkommen konjunkturabhängig ist. Steuern werden nämlich – gesamtwirtschaftlich gesehen – unabhängig von ihrer konkreten Bemessungsgrundlage aus dem laufenden Nettonationaleinkommen gezahlt. Das Konjunkturhoch zeichnet sich deshalb durch überdurchschnittliche, das Konjunkturtief durch unterdurchschnittliche Steuereinnahmen aus. Die Unter- und Überdeckungen gleichen sich bei der potentialorientierten Politik im Idealfall über den Zyklus hinweg aus und sollen kurzfristig durch Kreditaufnahme und -rückzahlung überbrückt werden. Da sich die Ausgaben potentialorientiert entwickeln, entfallen die typischen Probleme der antizyklischen Politik: Entdeckungs-, Entscheidungs-, Ausführungs- und Wirkungsverzögerungen sowie Prognosefehler, die zu einem ungewollt prozyklischen Verhalten führen können, sowie die Neigung der Politiker zu schuldenfinanzierten Wahlgeschenken und zu einer asymmetrischen Verschuldungspolitik, welche ein überproportionales Wachstum der Schuldenstandsquote am BIP und der Zinslastquote zur Folge haben. Außerdem wirkt eine stetige Entwicklung der Staatsnachfrage (insbesondere der Bauausgaben) auch verstetigend auf die privaten Ausgaben. Eine Politik dieser Art wird in Deutschland in modifizierter Form vom Sachverständigenrat zur Begutachtung der gesamtwirtschaftlichen Entwicklung propagiert und neuerdings auch in der EU gefordert. Da die Trendabweichungen der Gesamtsteuereinnahmen einerseits und der Transferzahlungen für Unterstützungsempfänger andererseits hierbei zur trendmäßigen Stabilisierung der Transformationsausgaben eingesetzt werden, spricht man bei dieser Politik auch davon, dass man die „eingebauten Stabilisatoren" wirken lässt. Damit eine solche Politik nicht missbraucht wird, müsste sie freilich verfassungsmäßig verankert werden.

Arten von Haushaltssalden

Das Konzept der potentialorientierten Ausgabenpolitik kann man auch als Maßstab zur Beurteilung der tatsächlichen Ausgaben- und Verschuldungspolitik des Staates verwenden. Dabei geht man davon aus, dass zu jedem Abgabensystem eine und nur eine potentialorientierte Ausgabenquote gehört. Diese kann man ermitteln, indem man die Normalbeschäftigungseinnahmen errechnet (also konjunkturbedingte Steuermehr- oder -mindereinnahmen rechnerisch eliminiert), die konjunkturbedingten Mehr- oder Minderausgaben vor allem der Arbeitslosenversicherung absetzt und das Ergebnis ins Verhältnis zum Produktionspotential setzt. Soll die Entwicklung langfristig tragbar sein, dürfen die tatsächlichen Staatsausgaben die so errechneten potentialorientierten Ausgaben nicht dauerhaft übersteigen. Tun sie es dennoch, entsteht ein sogenanntes strukturelles Defizit, das Anlass für eine Konsolidierungsstrategie werden sollte; das Gesamtdefizit unterscheidet sich von diesem strukturellen Defizit durch konjunkturell bedingte Salden, die sich im Idealfall über den Zyklus hinweg ausgleichen und deshalb hingenommen werden sollten (zu einer differenzierteren Darstellung dieser Grundkonzeption vgl. ZIEBARTH, 1995, und WISSENSCHAFTLICHER BEIRAT BEIM BMF, 2001).

Außer dem strukturellen und dem konjunkturellen Saldo, die sich zum tatsächlichen Saldo ergänzen, unterscheidet man oft auch noch den Primärsaldo, der konjunkturbereinigt oder unbereinigt dargestellt werden kann. Hierunter versteht man den Haushaltssaldo, der sich ergibt, wenn man die Zinsausgaben herausrechnet. Die laufende Überwachung der Entwicklung eines Landes anhand der verschiedenen Haushaltssalden erlaubt insbesondere dann eine Beantwortung der Frage, ob die Finanzpolitik dieses Landes als sowohl nachhaltig tragfähig als auch konjunkturgerecht betrachtet werden kann, wenn sie – wie neuerdings auch in Deutschland – regelmäßig durch einen Tragfähigkeitsbericht ergänzt wird (EZB-MONATSBERICHT 4/2002, S. 35–50; WISSENSCHAFTLICHER BEIRAT BEIM BMF, 2001; BUNDESMINISTERIUM DER FINANZEN, 2005).

Koordinierung der Verschuldungspolitik

In Deutschland können sich die Gebietskörperschaften weitgehend unabhängig voneinander verschulden. Dies wirft das Problem auf, dass die Verschuldungspolitik koordiniert werden muss, wenn ein konjunkturgerechter öffentlicher Gesamthaushalt und eine langfristig tragbare öffentliche Gesamtverschuldung realisiert werden sollen. Besondere politische Relevanz erhält dieses Problem durch die im Maastricht-Vertrag festgelegten und durch den Europäischen Stabilitäts- und Wachstumspakt ergänzten Defizitgrenzen, die in Deutschland zwischen Bund, Ländern und Gemeinden aufzuteilen sind. Zur Lösung bieten sich vor allem zwei Vorschläge an: ein nationaler Stabilitätspakt und eine Zentralisierung der Kompetenz zur konjunkturellen Verschuldung.

Bei einem nationalen Stabilitätspakt (wie er in Österreich z. B. realisiert ist) müssen sich Bund und Länder auf ein Verfahren einigen, mit dessen Hilfe die gesamtstaatlich zulässige Verschuldung jährlich unter ihnen aufgeteilt wird. Ein Gremium, innerhalb dessen eine solche Einigung in Deutschland herbeigeführt werden könnte, wäre der Finanzplanungsrat. Diesem müssten dann von Bund und Ländern überwachbare Budgets in Maastricht-Abgrenzung vorgelegt werden, und er müsste verbindliche Beschlüsse über die Höhe der Defizite des Bundes einerseits und der Ländergesamtheit andererseits sowie über die Aufteilung der Verschuldung auf der Länderebene fassen dürfen (Länder einschließlich Gemeinden). Man kann zeigen, dass bei einer solchen Vorgehensweise auch die Ausgabensumme der öffentlichen Haushalte und die Budgetumfänge des Bundes und der Länder festgelegt werden müssten und dass die Grundgesetzbestimmungen über die Ertragskompetenzen (Abschnitt 4.4.) damit indirekt auch die Umsatzsteuerverteilung festlegen würden (Grossekettler, 2000, S. 447–451; Wissenschaftlicher Beirat beim BMF, 2000, S. 16–21).

Beim Zentralisierungsvorschlag wird die konjunkturelle Verschuldung zu einer reinen Bundesaufgabe gemacht. Dies ließe sich z. B. dadurch erreichen, dass die Steuereinnahmen trendorientiert aufgeteilt werden. Der Bund müsste Länder und Gemeinden so stellen, dass ihnen diejenigen Steuererträge zufließen, die ihnen in einer schwankungsfreien Wirtschaft zugeflossen wären. Diese Beträge könnten im Arbeitskreis Steuerschätzung z. B. mit Hilfe der Berechnung gleitender Fünf-Jahres-Trends festgestellt werden. Die Verpflichtung des Bundes zur Verstetigung der Steuereinnahmen von Ländern und Gemeinden hätte zur Folge, dass die ihm verbleibenden Steuereinnahmen stärker als heute schwanken. Gleichwohl sollte er grundsätzlich eine potentialorientierte Politik betreiben. Länder und Gemeinden könnten bei einer solchen Steueraufteilung mit sich stetig entwickelnden Einnahmen rechnen. Im Gegenzug müssten sie auf die zur konjunkturell orientierten Verschuldung verzichten. Ihre Gesamthaushalte müssten also ausgeglichen sein (was eine objektorientierte Verschuldung in einem Vermögens-Teilhaushalt nicht ausschließt). Empirische Untersuchungen haben gezeigt, dass föderalistische Staaten mit solchen Finanzverfassungen eine wesentlich bessere Stabilitätsperformance aufweisen als Deutschland, wo effektive Regelungen dieser Art (noch) fehlen (Grossekettler, 2005).

2.4. Lösungsschema zur Beurteilung wirtschafts- und finanzpolitischer Maßnahmen: das ML-Schema

In den Abschnitten 2.1. bis 2.3. wurden eine Reihe von Politikempfehlungen und ein Lösungsschema für die Ableitung von Bereitstellungs- und Herstellungsempfehlungen vorgetragen. Neben den dabei schon angesprochenen Grundsatzüberlegungen stellen sich bei der Planung konkreter wirtschafts- und finanzpolitischer Maßnahmen jedoch immer wieder die Fragen, ob eine bestimmte – politisch geforderte – Handlungsweise einem legitimen Ziel dient, welches Mittel man zweckmäßiger Weise zur Zielrealisation einsetzen sollte und welche Instanz als Maßnahmenträger fungieren sollte. Zur Beantwortung dieser Fragen bietet sich eine Kunstregel an (das so genannte ML-Schema), die nun in zwei Schritten besprochen werden soll: Zunächst wird eine Zuordnungsregel für Ziele, Mittel und Träger erläutert (die ZMT-Regel) und anschließend ein Gesamtschema zur Konstruktion rationaler Maßnahmenvorschläge und zur Beurteilung politischer Maßnahmenforderungen (das genannte ML-Schema) vorgestellt. In diesem Schema ist die ZMT-Regel als Teilbaustein enthalten.

Die ZMT-Regel zielt auf eine Vermeidung von Dosierungs-, Kompetenz- und Loyalitätskonflikten im Rahmen einer Politik, die mehrere nicht völlig harmonische Ziele realisieren möchte. Die Regel verlangt für solche Fälle,

- dass jedem Ziel wenigstens ein nicht auch zur Realisierung konfligierender Ziele eingesetztes Mittel zugeordnet wird, denn anderenfalls können Dosierungskonflikte entstehen (ein bestimmter Zinssatz kann z. B. dem Vollbeschäftigungsziel dienen, gleichzeitig aber das Erreichen des außenwirtschaftlichen Gleichgewichts verhindern, weil hierzu ein anderer Zinssatz erforderlich gewesen wäre);
- dass jeder Ziel-Mittel-Kombination ein und nur ein Träger zugeordnet wird, denn anderenfalls könnten Kompetenzkonflikte entstehen (sind zwei Träger gemeinsam für ein Ziel verantwortlich, schieben sie sich oft gegenseitig die Verantwortung für Fehler zu; ist der Einsatz ein und desselben Mittels auf verschiedene Träger verteilt, kann es zu Abstimmungsproblemen und Trittbrettfahrerhaltungen kommen);
- dass ein und demselben Träger nur solche Ziel-Mittel-Kombinationen übertragen werden, die miteinander in dem Sinn kompatibel sind, dass sie bei der Führung des Trägers keine Loyalitätskonflikte zur Folge haben; solche Konflikte und damit verbundene Widerspruchsunterdrückungen würden z. B. auftreten, wenn man den Umweltschutz einer Abteilung im Verkehrsministerium übertrüge, statt ihm über ein eigenes Ministerium eine Stimme im Kabinett zu verleihen;
- dass für jede Ziel-Mittel-Kombination möglichst derjenige Träger ausgesucht wird, der über das höchste Informationsniveau verfügt; und
- dass die Träger ihre Instrumente normalerweise unabhängig voneinander zur Realisation ihrer jeweiligen Ziele einsetzen und dass Neben- sowie Wechselwirkungseffekte des Instrumenteneinsatzes in der gleichen Weise wie exogene Störungen ausgeglichen werden.

Die letzte Teilforderung wendet sich gegen eine zentrale Simultanplanung nach einem synoptischen Ideal (Maximierung einer Zielfunktion unter Berücksichtigung aller Ziel-Mittel-Beziehungen durch ein zentrales Entscheidungsorgan) und plädiert stattdessen für separate Teilregelungen zur Realisierung der verschiedenen wirtschafts- und finanzpolitischen Ziele über teilautonome Träger. Diesen sollen klare Ziele und eindeutige Kompetenzen zugewiesen werden. Sie sind nur zum Teil autonom, weil sie ihre Ziele und Mittel nicht frei wählen dürfen, sondern – wie etwa die EZB – diejenigen Zielwerte anzustreben und Instrumente einzusetzen haben, die ihnen vom zuständigen Entscheidungsorgan zugeteilt worden sind. Das Ergebnis einer solchen Separatregelung durch teilautonome Träger verleiht einer Volkswirtschaft die Fähigkeit, das auf die verschiedenen Träger verteilte Wissen voll zu nutzen und sich deshalb auch an unvorhersehbare exogene Störungen angemessen anpassen zu können (so genannte Multistabilität): Werden alle wirtschafts- und finanzpolitisch wichtigen Ziele auf diese Weise laufend von den jeweils zuständigen Trägern verfolgt, halten sich die jeweiligen Soll-Ist-Abweichungen in Grenzen und pendeln die Ist-Werte der Zielvariablen in der gleichen Weise um die Soll-Werte wie die Werte der Ist-Temperatur in einem Raum, der über eine thermostatgesteuerte Klimaanlage mit vorgegebener Solltemperatur verfügt. Es gibt allerdings eine Ausnahmesituation, in der die ZMT-Regel nicht ohne weiteres angewandt werden darf: Würde der Instrumenteneinsatz eines Trägers zu irreversiblen Schäden führen, falls er nicht mit anderen Politikbereichen ex ante (z. B. über interministerielle Verhandlungen) koordiniert wird, darf die Angleichung nicht in Form der geschilderten Ex-post-Ausregulierung von Zielabweichungen erfolgen.

Fragt man z. B., wie die Kompetenzen für die Allokations-, die Distributions- sowie die Stabilisierungspolitik im Sinne der ZMT-Regel in einem föderalistischen Staat zu verteilen sind, kommt man zu einer Aufgabenverteilung und damit zu einer Lösung von Fragen des passiven Finanzausgleichs im Sinne der so genannten finanzwirtschaftlichen Föderalismustheorie:

- Tendenziell sollten jede Gebietskörperschaft und die zu ihr gehörenden Spezialkörperschaften für die Ausstattung ihres jeweiligen Territoriums mit denjenigen Kollektivgütern zuständig sein, deren Nutzenabgabe primär im jeweiligen Verbandsgebiet erfolgt. Verbandsexterne Effekte sind im Rahmen des Finanzausgleichs zu internalisieren und damit äquivalent abzugelten. Die Kompetenzen für die Allokationspolitik sind somit entsprechend dem Kongruenzprinzip über alle Gebietskörperschaften zu verteilen.

- Die Distributionspolitik gegenüber den Privaten sollte dagegen in den Kompetenzbereich des Bundes fallen. Hierfür sprechen zwei Gründe: Soweit es darum geht, Koordinationsmängel auf Versicherungsmärkten zu heilen, wäre eine Beschränkung auf Teilregionen unplausibel. Deshalb kommt nur der Bund als Maßnahmenträger in Frage. Er hätte aber nur eine Garantenrolle zu erfüllen und müsste nicht etwa (wie in Deutschland über die Sozialversicherung) selbst als Versicherungsunternehmen tätig werden. In bezug auf Umverteilungsleistungen aus anderen Gründen und vor allem bei Umverteilung nach ethischen Prinzipien sind regional unterschiedliche Präferenzen denkbar. Dies könnte ein Grund für Leistungsdifferenzierungen sein. Es muss jedoch bedacht werden, dass größere Differenzierungen dieser Art Migrationshemmnisse voraussetzen, wie sie insbesondere von Sprach- und Kulturgrenzen gebildet werden. Anderenfalls würde ein hohes Maß an Umverteilung in der Region A nämlich dazu führen, dass die Reichen zum Teil in eine Region B mit weniger Umverteilung ziehen und die dortigen Armen umgekehrt in die Region A wandern. Dies hätte zur Folge, dass sich die Reichen in B und die Armen in A massieren und dass es in der umverteilungswilligen Region A nichts mehr umzuverteilen gäbe. Dem könnte im Prinzip über den Finanzausgleich entgegengewirkt werden. Würde man dies aber tun, könnten von den Regionen pekuniäre externe Effekte im Hinblick auf die jeweils anderen Regionen verursacht werden. Dies würde zu dysfunktionellen Anreizen und dazu führen, dass letztlich doch eine gesamtstaatliche Umverteilung stattfindet. Eine andere Möglichkeit bestünde darin, die soziale Sicherung unabhängig vom jeweils aktuellen Wohnort eines Bürgers der jeweiligen Geburtsgemeinde als Aufgabe zu übertragen. Dies führte jedoch zu Problemen bei der demokratischen Kontrolle. Insgesamt ergibt sich somit, dass die Distributionspolitik eine Bundesangelegenheit sein sollte.

- Im Hinblick auf die Stabilisierungspolitik sollten zum einen die obigen Ausführungen zur Kompetenzverteilung im Hinblick auf die Verschuldungspolitik berücksichtigt werden (Abschnitt 2.3.1.). Zum anderen muss man auch die Funktionsbedingungen der finanzpolitischen Stabilisierungspolitik bedenken. Diese setzt fühlbare Multiplikatoreffekte der Fiskalpolitik voraus und kann durch eine organisierte Anpassung an die Geldpolitik in ihrer Wirksamkeit unterstützt werden. Fühlbare

Multiplikatoreffekte sind unterhalb der Bundesebene jedoch kaum vorhanden, weil die Größe des Multiplikators negativ von der Höhe der marginalen regionalen Importquote abhängt und weil diese Quote bei kleinen Regionen typischerweise sehr groß ist. Diese entsprechen mehr dem Bild einer Volkswirtschaft mit starker Außenhandelsverflechtung. Auch die Stabilisierungspolitik ist somit eine Bundesaufgabe.

Damit ist geklärt, nach welcher Regel man Zuordnungen von Zielen, Mitteln und Trägern vornehmen sollte. Nun soll das Gesamtschema zur Lösung wirtschafts- und finanzpolitischer Probleme (das ML-Schema) erläutert werden. Dieses Schema umfasst Teilprüfungen zur Zielbeurteilung sowie zur Mittel- und Trägerauswahl und entspricht formal sehr weitgehend dem so genannten Übermaßverbot des deutschen Öffentlichen Rechts (das dort auch als allgemeiner Verhältnismäßigkeitsgrundsatz bezeichnet wird). Es ist vom Verfasser aber auf die speziellen Belange einer Prüfung wirtschafts- und finanzpolitischer Vorschläge zugeschnitten worden. Da das Übermaßverbot mittlerweile nicht nur im deutschen, sondern auch im EU-Rechtskreis anerkannt ist (Heinson, 1997, S. 75 ff.), erleichtert eine Nutzung des Beurteilungsschemas nicht nur die Urteilsbildung von Ökonomen, sondern auch die Diskussion mit in- und ausländischen Juristen und Verwaltungspraktikern. Zur Zielbeurteilung braucht man zunächst eine Regel, mit deren Hilfe sich finanzpolitische Vorschläge auf ihre Legitimität hin überprüfen lassen, darauf also, ob sie nicht nur legal (d. h. den Rechtsregeln entsprechend) zustande gekommen, sondern auch sachgemäß (legitim) sind. Eine solche Regel ist erforderlich, weil es offensichtlich ist, dass der politische Prozess oft dazu führt, dass Ziele angestrebt werden, die nicht dem Allgemeinwohl entsprechen, und weil man in der theoretischen Wirtschafts- und Finanzpolitik deshalb eine Methode zur Zielkritik benötigt. Diese lässt sich aus der Kantschen Universalisierbarkeitsforderung (dem Kategorischen Imperativ) unter gleichzeitiger Verwendung der altehrwürdigen nationalökonomischen Vorstellung eines unparteiischen Schiedsrichters und der Rawlsschen Vorstellung einer Entscheidung unter dem „Schleier des Nichtwissens" ableiten. Sie heißt Methode der vertragstheoretischen Legitimation und wird in *Übersicht I-4* näher erläutert und anschließend an einem Beispiel verdeutlicht. Die Fragen zur Maßnahmenauswahl könnte man an sich durch die Globalforderung nach einem optimalen Nutzen-Kosten-Verhältnis und damit nach Effizienz ersetzen; bei sehr vielen wirtschafts- und finanzpolitischen Maßnahmen – insbesondere solchen, die im Gegensatz etwa zu einzelnen Investitionsprojekten auf eine unbestimmte Vielzahl von Fällen zielen, die unter wechselnden Randbedingungen auftreten – kann man aber weder den Nutzen noch die Kosten quantifizieren. Immerhin aber lässt sich meist abschätzen,

- ob ein Ziel (und damit auch dessen Nutzen) durch den Einsatz eines Instruments erreicht werden kann (Eignung),
- wie die Rangfolge der Kosten unterschiedlicher Instrumente geartet ist und welches Instrument man folglich aus der Menge der geeigneten auswählen muss, wenn man das „mildeste" (kostengünstigste) Mittel einsetzen will (Erforderlichkeit), und
- ob der Nutzen insgesamt größer als die Kosten ist (Verhältnismäßigkeit i. e. S.).

Dies alles sind Fragen, deren Beantwortung keine Quantifizierung, sondern lediglich die Abschätzung von Rangordnungen voraussetzt, was die Urteilsfindung stark vereinfacht. Noch dazu kann man die Kostenschätzung auf Indizien stützen: Man geht von der plausiblen Vermutung aus, dass die Kosten staatlicher Maßnahmen um so höher sind, je stärker diese Maßnahmen gegen marktwirtschaftliche Prinzipien wie vor allem das Subsidiaritäts- und das Kongruenzprinzip sowie das Postulat der Ordnungskonformität verstoßen. Dies wird in der *Übersicht I-4* ebenfalls näher erläutert.

Die Probleme der Trägerauswahl und der Zuordnung von Zielen, Mitteln und Trägern sind im Rahmen der ZMT-Regel schon besprochen worden. Damit kann das Gesamtschema nun mit Hilfe der Lösungsskizze für einen Beispielfall erläutert werden.

Das Beispiel lehnt sich an einen praktischen agrarpolitischen Fall an und möge in B-Land spielen, in dem eine ähnliche Agrarpolitik wie in Deutschland und der Europäischen Union betrieben wird. Die Regierung des Landes B beabsichtigt, zur Verringerung von durch die bisherige Regulierung bedingten Angebotsüberschüssen, zur Verstärkung des Umweltschutzes und zur Verbesserung der Einkommenssituation in der Landwirtschaft eine Grünbrachesubvention einzuführen. Sie soll an Landwirte gezahlt werden, welche bisher als Ackerland genutzte Flächen brach liegen lassen und allenfalls als Weiden nutzen. Dieser Plan ist anhand von *Übersicht I-4* zu beurteilen. Dabei darf unterstellt werden, dass die drei genannten Ziele als „Markträumung", „Düngemittelreduktion in Höhe von x v. H." und „Mindesteinkommen in Höhe von y v. H. des Durchschnittseinkommens" konkretisiert worden sind und dass es keine politischen Restriktionen hinsichtlich denkbarer Alternativmaßnahmen gibt.

Man beginnt die Lösung mit einem Abschnitt A, in dem die Vorgehensweise geschildert und betont wird, dass ein Verstoß gegen die ZMT-Regel vorliegen könnte und dass man deshalb in einem Abschnitt B zunächst einmal prüfen muss, ob dieser Verdacht berechtigt ist. Sollte dies so sein (konfligierende Ziele), muss man das Prüfschema I-4 anschließend für die drei Ziele getrennt durchlaufen, anderenfalls (harmonische Ziele) ist ein einmaliger Durchlauf hinreichend. In Abschnitt B (ZMT-Prüfung) fragt man sodann, ob Konflikte zwischen den Zielen denkbar sind. Das ist der Fall: Es ist zum einen denkbar, dass das Instrument „Grünbrachesubvention" im Hinblick auf die drei verschiedenen Ziele jeweils unterschiedlich dosiert werden müsste, und zum anderen ist es möglich, dass es im Hinblick auf die Ziele unterschiedliche Alternativinstrumente mit einer jeweils besseren Bilanz in bezug auf die Kriterien Effektivität, Erforderlichkeit und Verhältnismäßigkeit gibt. Deshalb muss das Prüfschema in den Gliederungspunkten C, D und E nach Zielen getrennt durchlaufen und im Punkt F dann ein Gesamtergebnis formuliert werden. Die in den nachfolgenden Abschnitten C bis E verwendeten Ordnungszahlen beziehen sich auf *Übersicht I-4*.

Abschnitt C ist dem Ziel „Räumung der einschlägigen Agrarmärkte" gewidmet. Bei der Zieloperationalisierung (1) müsste herausgearbeitet werden, dass dieses Ziel realisiert wäre, wenn es im Zeitablauf weder zu dauerhaften Angebots- noch Nachfrageüberschüssen käme. Im Rahmen der Legitimationsprüfung für das Ziel müsste zunächst einmal dargelegt werden (2.1), dass „Markträumung" ein Ziel ist, das als Kennzeichen funktionsfähiger Märkte stillschweigend vorausgesetzt wird, wenn man sich für eine Marktwirtschaft entscheidet, und dass Abweichungen von diesem Ziel einer Verschleuderung von Ressourcen und dem Verzicht auf Wohlstand gleichkämen. Es gibt Anzeichen in der Erfahrungswelt (2.2), dass die Bürger dies auch so sehen und vor allem eine EU-Politik der Lebensmittelvernichtung und der Aussperrung der

Übersicht I-4: Maßnahmen-Legitimationsschema (ML-Schema)

1. Zieloperationalisierung und Beachtung der ZMT-Regel

Vor Anwendung der Schritte 2 bis 4 ist zu klären, wie empirisch festgestellt werden kann, ob das angestrebte Ziel „effektiv erfüllt" worden ist. Sollen mehrere Ziele realisiert werden und können dabei Kompetenz-, Dosierungs- oder Loyalitätskonflikte nicht ausgeschlossen werden, ist das ML-Schema gemäß der ZMT-Regel für jedes Ziel getrennt zu durchlaufen.

2. Vertragstheoretische Legitimation des Maßnahmenziels

2.1 Prüfschritt 1 = hypothetische Rechtfertigung: Erscheint es plausibel, dass sich aufgeklärte Bürger bei schiedsrichterlicher Unabhängigkeit und unter dem Schleier des „Nichtwissens" über persönliche Betroffenheit auf das Maßnahmenziel einigen würden? Diese Frage ist zu bejahen, wenn man darlegen kann, dass die Klassifikation des Ziels als Gemeinwohlziel einem unparteiischen Richter nachvollziehbar und vertretbar erschiene. Davon ist auszugehen, wenn ein Koordinationsmangel (Marktversagen) geheilt werden soll oder wenn letztlich alle Bürger aus sonstigen Gründen einen Nettovorteil von der Zielrealisation hätten.

2.2 Prüfschritt 2 = Verweis auf konkludentes Verhalten: Gibt es in der Erfahrungswelt Anzeichen dafür, dass die in Rede stehende Zielsetzung vom Gros aufgeklärter und unparteiischer Bürger geteilt wird und dass Verstöße dagegen als soziale Missstände aufgefasst werden? Spricht das tatsächliche Verhalten der Bürger also dafür, dass das Ziel ein Gemeinwohlziel ist?

2.3 Teilergebnis 1: Bei positivem Prüfresultat ist das Teilergebnis festzuhalten und weiterzuprüfen; bei negativem Resultat ist zu prüfen, ob das Maßnahmenziel mit einem Gemeinwohlziel verwandt ist, das „eigentlich" gemeint sein könnte; erforderlichenfalls ist unter dem Vorbehalt fortzufahren, dass die Zielsetzung zwar bestimmten Interessengruppen, nicht aber der Allgemeinheit dient. Das Ziel dürfte dann normalerweise nur innerhalb eines Sonderverbandes und nach Internalisierung verbandsexterner Effekte realisiert werden.

3. Ökonomische Legitimation der Maßnahmengestaltung

3.1 Instrumentenvektor: Ermittlung und Konkretisierung von Instrumenten, welche zu einer effektiven Zielrealisation führen könnten. Leitvorstellungen bei der Suche nach Instrumenten sollten (1) das Bestreben sein, marktwirtschaftlich erwünschte Prozesse durch eine geschickte Gestaltung der Transaktionskostenstruktur einem Schmiermittel gleich zu fördern und marktwirtschaftlich unerwünschte Prozesse durch eine Erhöhung von Reibungswiderständen zu hemmen, (2) Ursache-Wirkungs-Hypothesen Rechnung zu tragen, die sich empirisch bewährt haben, und (3) mit Blick auf die anschließende Erforderlichkeits- und Verhältnismäßigkeitsforderung Vorschläge auszuklammern, die offensichtlich mit relativ hohen Kosten und Verstößen gegen marktwirtschaftliche Prinzipien verbunden sind. Als Instrument gilt grundsätzlich auch die Umgestaltung oder Aufhebung einer bisherigen Regulierungsvorschrift.

3.2 Nähere Prüfung der Instrumente auf Effektivität: Unterstützt der von einer Maßnahme x ausgelöste Bewegungsimpuls (Anstoßeffekt) die Erreichung des gesetzten Ziels tendenziell (Richtungsbedingung), und ist die Maßnahme in quantitativer Hinsicht bei der vorgesehenen oder politiktypischen Dosierung so geartet, dass das angestrebte Zielniveau realisiert werden wird (Suffizienzbedingung)?

3.3 Aussonderungsschritt 1: Ineffektive Mittel von der weiteren Prüfung ausschließen.

3.4 Prüfung der verschiedenen Instrumente auf Erforderlichkeit (d. h. darauf, bei welchem Instrument das Ziel mit den niedrigsten Kosten realisiert wird). Dieser Kostenvergleich erfolgt qualitativ und wird durch Fragen nach Verstößen gegen marktwirtschaftliche Prinzipien ergänzt.

Als Kosten sind zu prüfen: (1) die Höhe der Transformationskosten einer Maßnahme, d. h. derjenige Faktorverzehr, der aus der Umformung von Gütern in Bezug auf ihre sachliche

Übersicht I-4: Maßnahmen-Legitimationsschema (ML-Schema)

Beschaffenheit sowie ihre räumliche und zeitliche Verfügbarkeit resultiert, also die Kosten der Produktion und Distribution von Gütern; (2) die Transaktionskosten, d. h. derjenige Faktorverzehr, der in einer Welt mit Informationsdefiziten z. B. durch die Suche nach Vertragspartnern und die Überwachung von Verträgen ausgelöst wird, ohne die Güter als solche sachlich, räumlich oder zeitlich zu verändern; (3) Verfahrenspräferenzkosten, d. h. der Wert von Prämien, welche die Bürger dafür zahlen würden, dass bei der Erbringung von Leistungen Regeln eingehalten werden, die vor Gefahren des Machtmissbrauchs schützen; (4) die Nebenwirkungskosten, d. h. der Nutzenverzicht, der sich daraus ergibt, dass die Realisierung des Hauptziels per Saldo zu negativen Wirkungen bei anderen Zielen führt, die durch einen zusätzlichen Faktoraufwand ausgeglichen werden müssen; (5) die Wechselwirkungskosten, d. h. der Nutzenverzicht, der daraus resultiert, dass der Einsatz des vorgesehenen Instruments per Saldo andere Instrumente weniger scharf und damit einen zusätzlichen Faktoraufwand erforderlich werden lässt.
Zur Erleichterung der Kostenabschätzung sind folgende marktwirtschaftliche Faustregeln hilfreich: (1) Transformations- und/oder Transaktionskosten steigen in der Regel, wenn stärker in die Entscheidungskompetenzen von nachgeordneten Verbänden und letztlich der Individuen eingegriffen wird, als es zur Sicherstellung der Effektivität von Maßnahmen unabdingbar ist (Missachtung des Subsidiaritätsprinzips), (2) wenn mit einer – letztlich nicht ordnungskonformen – Maßnahme Effekte verbunden sind, welche marktwirtschaftliche Koordinationsmechanismen stören, insbesondere das Funktionieren von Marktprozessen (Folge: Koordinationsmängel) oder das Funktionieren von Kreislaufprozessen (Folge: mangelnde Realisierung stabilitätspolitischer Ziele), oder (3) wenn die ZMT-Regel oder das Kongruenzprinzip verletzt werden. (4) Wird gegen Verfahrenspräferenzen verstoßen oder bestehen Missbrauchsmöglichkeiten, ergeben sich zusätzlich Kosten daraus, dass einem Missbrauch von Kompetenzen vorgebeugt werden muss; (5) vor dem Instrumentenvergleich ist jeweils zusätzlich zu prüfen, ob die mit einem Instrument verbundenen Kosten auf das erforderliche Minimum beschränkt sind oder ob sie durch ein Justieren des Instruments evtl. verringert werden könnten.
3.5 Aussonderungsschritt 2: Bilden einer Rangfolge der Instrumente und Aussondern aller Instrumente bis auf das kostengünstigste (= erforderliche).
3.6 Prüfung auf Verhältnismäßigkeit: Steht der Nutzen der Zielrealisation mit der verbleibenden Maßnahme in einem vernünftigen Verhältnis zum Nutzenverlust aus den o. a. Kosten?
3.7 Aussonderungsschritt 3 und Endergebnis: Entscheiden, ob der Nutzen der Zielrealisation mit Hilfe des geeigneten und erforderlichen Instruments größer ist als die damit verbundenen Kosten. Gibt es kein Instrument, das den Forderungen nach Effektivität, Erforderlichkeit und Verhältnismäßigkeit entspricht, muss trotz der Nichterfüllung eines Gemeinwohlziels auf staatliches Handeln verzichtet werden.

4. Auswahl eines Maßnahmenträgers

Bei der Wahl eines Maßnahmenträgers sind das Subsidiaritätsprinzip (Bürgernähe), das Kongruenzprinzip sowie die ZMT-Regel zu beachten.

5. Darstellung des Gesamtergebnisses

Die Mittelauswahl sollte in komprimierter Form in zielweise angeordneten Tabellen dargelegt werden, in denen beschrieben wird, welche Instrumente geprüft wurden, wie sie in Bezug auf die Entscheidungskriterien Effektivität, Erforderlichkeit und Verhältnismäßigkeit abgeschnitten haben und welches Instrument jeweils als „Mittel der Wahl" ausgesucht wurde. In der Tabelle sollte auch auf die Ergebnisse der Ziel-Legitimationsprüfung und der Auswahl des Maßnahmenträgers hingewiesen werden.

Entwicklungsländer von den Inlandsmärkten missbilligen. Das Ziel „Räumung der einschlägigen Agrarmärkte“ lässt sich somit sowohl hypothetisch als auch durch Verweis auf konkludentes Verhalten rechtfertigen.

Im Rahmen der Maßnahmenlegitimation (3.) sind zunächst einmal (3.1) Instrumente zu spezifizieren, die als (möglicherweise vorzuziehende) Alternativinstrumente zur Grünbrachesubvention in Frage kämen. Eine vorläufige Kurzprüfung, bei der das Prüfschema gleichsam im Schnellgang vorweg durchlaufen wird, ergibt, dass das Ziel „Markträumung“ auch mit Hilfe von Produktionskontingenten oder einer Preisfreigabe erreicht werden könnte. Insgesamt sollen deshalb die Maßnahmen „Grünbrachesubvention“, „Produktionskontingente“ und „Preisfreigabe“ geprüft werden. (3.2) Eine Beurteilung dieser Instrumente im Hinblick auf ihre Effektivität führt zu folgenden Ergebnissen: Die Grünbrachesubvention würde die Opportunitätskosten einer Bodennutzung für Ackerbauzwecke erhöhen und könnte deshalb einen Impuls auslösen, der in Richtung Zielrealisation geht. Die Landwirte könnten die freigesetzte Arbeitskraft aber zur intensiveren Bewirtschaftung anderer Flächen einsetzen. Es ist deshalb fraglich, ob innerhalb von Subventionssummen, die aus politischer Sicht als realisierbar erscheinen, eine hinreichende Impulsstärke erreicht wird. Deshalb wird die Effektivitätsforderung von diesem Instrument nur bedingt erfüllt. Produktionskontingente würden einen Anbau von Überschussprodukten, der über einen bestimmten Prozentsatz der Anbaumenge eines Basisjahres hinausgeht, mit Strafabgaben belegen (oder verbieten oder von Garantiepreisen ausschließen). Bei hinreichenden Kontrollen könnte dieses Instrument effektiv ausgestaltet werden. Eine Preisfreigabe würde auf normalen Märkten zur Markträumung führen. Im Hinblick auf Agrarmärkte wird zwar behauptet, dass die Angebotskurven invers verliefen und die Markträumungsprozesse deshalb nicht funktionierten; da solche Behauptungen mehrfach empirisch widerlegt wurden, kann die Preisfreigabe jedoch als effektiv eingestuft werden. (3.3) Es hat sich kein Instrument als eindeutig ineffektiv herausgestellt; deshalb sollen alle Instrumente weiter geprüft werden.

(3.4) Nun ist die Erforderlichkeit der Mittel zu diskutieren. Die Grünbrachesubvention greift nicht in die Entscheidungsfreiheit der Landwirte ein. Sie verzerrt die Marktprozesse zwar, hebelt sie aber nicht aus und verstößt auch nicht gegen die Ziele des Stabilitäts- und Wachstumsgesetzes. Das Kongruenzprinzip wird jedoch missachtet, denn Nutzenempfänger sind die Landwirte, Kostenträger dagegen alle Steuerzahler. Verfahrenspräferenzkosten i. e. S. entstehen nicht; es ist jedoch zu befürchten, dass die Agrarlobby eine Überdosierung der Subventionen durchsetzt. Produktionskontingente beschneiden die Entscheidungsfreiheit der Landwirte und verzerren die Marktprozesse; weil sie die Preise erhöhen, wird das Kongruenzprinzip verletzt, denn Nutzenempfänger sind die Bauern und Kostenträger die Konsumenten. Die Gefahr einer laufenden Einflussnahme der Lobby ist ebenfalls vorhanden. Würde man die Intensität von Verstößen gegen marktwirtschaftliche Prinzipien auf einer Skala messen, die vom Inkonformitätsgrad Null (freies Spiel der Marktprozesse) bis zum Inkonformitätsgrad 1 reicht (Vorschreiben einer ganz bestimmten Verhaltensweise für alle Beteiligten), so wiese eine Preisfreigabe ex definitione den Inkonformitätsgrad Null auf. Sie führt zur Funktionsfähigkeit von Markt- und Kreislaufprozessen. Insgesamt könnte sie somit als absolut ordnungskonform eingestuft werden. Produktionskontingente wiesen dagegen einen höheren Grad an Inkonformität als die Grünbrachesubvention auf und diese wäre ihrerseits weniger ordnungskonform als die Preisfreigabe. Transformationskosten wären mit dem Einsatz der Instrumente nicht verbunden, wohl aber Transaktionskosten. Diese hätten bei der Preisfreigabe den Wert Null und bestünden bei Grünbrachesubventionen und den Produktionskontingenten in Antrags-, Verwaltungs- und Überwachungskosten. Als Nebenwirkungskosten treten bei der Grünbrachesubvention und bei Produktionskontingenten Wohlfahrtsverluste wegen der damit verbundenen Verzerrungen des Preissystems auf; die Grünbrachesubvention würde außerdem zu einer Wechselwirkung mit der Waldbauernsubvention führen und die Wirksamkeit dieser ordnungspolitisch berechtigten Subvention schwächen. Produktionskontingente und Grünbrachesubventionen können wegen stärkerer Verstöße gegen marktwirtschaftliche Faustregeln und höherer Transaktionskosten sowie Missbrauchsgefahren, Neben- und Wechselwirkungskosten somit von der weiteren Prüfung ausgeschlossen werden (3.5).

(3.6) Bei der Prüfung auf Verhältnismäßigkeit sind Nutzen und Kosten der als geeignet und erforderlich angesehenen Maßnahmen gegeneinander abzuwägen. Die Preisfreigabe würde wie gesagt weder Transformations- noch Transaktions-, Nebenwirkungs-, Wechselwirkungs- oder Verfahrenspräferenzkosten verursachen. Wegen ihres erheblichen Nutzens wäre sie somit verhältnismäßig. Damit erweist sich die Preisfreigabe als geeignet, erforderlich und verhältnismäßig. Sie ist das Mittel der Wahl (3.7).

(4.) Eine Preisfreigabe erforderte lediglich die Aufhebung der in der Aufgabenstellung genannten Regulierungsvorschriften, die denen in der EU ähneln. Dies wäre ein einmaliger ordnungspolitischer Akt der zuständigen Entscheidungsorgane; die Bestimmung eines Maßnahmenträgers entfiele somit. (5.) Das Ergebnis der Prüfung zum Ziel „Markträumung" wird im Abschnitt F zusammengefasst.

In Abschnitt D sind das Ziel „Umweltschutzverbesserung" und seine Realisierungsmöglichkeiten zu analysieren. (1) Es ist in operationaler Form vorgegeben und kann (2) trotz der in der Realität bisher schon erreichten Verbesserungen sowohl aufgrund von theoretischen Überlegungen (2.1) als auch auf der Basis von Verhaltensbeobachtungen (2.2) weiterhin als legitim betrachtet werden. (3.1) Als Alternativinstrument zur Grünbrachesubvention kommt eine Zertifikatslösung in Betracht, die mit einem Verbot der Überdüngung in besonders gefährdeten Gebieten („hot spots" wie z. B. Wassereinzugsgebieten) kombiniert wird. Eine Prüfung auf Effektivität (3.2) führt zu folgenden Ergebnissen: Ob die Grünbrachesubvention wegen eingesparten Düngers umweltverbessernd wirkt, ist fraglich, da die verbliebenen Ackerflächen möglicherweise intensiver bewirtschaftet werden (bedingte Effektivität). Die Kombination aus Zertifikats- und Verbotslösung ließe sich dagegen effektiv gestalten: Den Landwirten werden pro Hektar handelbare Zertifikate in einem Umfang zugeteilt, der eine hinreichende Reduktion schädlicher Düngemittel garantiert. Diese Zertifikate können beim Düngemittelkauf entwertet werden (Kunstdünger) oder beim Nachweis der Verwendung von Gülle, wie sie beim Halten von Nutztieren typischerweise anfällt. Die Hot-spot-Lösung erforderte allerdings zusätzliche Stichprobenkontrollen. (3.3) Da kein Mittel eindeutig ineffektiv ist, sollen beide weiter geprüft werden.

(3.4) Im Hinblick auf die Erforderlichkeit ist die Grünbrachesubvention – absolut gesehen – in der gleichen Weise zu beurteilen wie beim Ziel Markträumung. Dort war sie im Vergleich zur Preisfreigabe ebenso wie die Produktionskontingentierung als nicht erforderlich eingestuft worden (vgl. oben, Abschnitt C). Im Vergleich zur Zertifikatslösung muss sie ebenfalls als nicht erforderlich beurteilt werden (3.4/3.5), weil handelbare Zertifikate den Landwirten einen größeren Verhaltensspielraum als Subventionen lassen (z. B. die Möglichkeit der Minderdüngung auf allen Flächen, statt der Nichtdüngung der Brachfläche), weil ein Zertifikatsmarkt zur marktwirtschaftichen Ordnung passt und wenig missbrauchsanfällig ist und weil eine Zertifikatslösung ungerechtfertigte Nutzenvorteile der Bauern und Nutzennachteile der Steuerzahler beseitigt und damit dem Kongruenzprinzip entspricht. Die Organisation des Handels mit Zertifikaten und die Überwachung der Bindung des Düngens an den Besitz von Zertifikaten verursacht Transaktionskosten. Wechselwirkungskosten wären nur bei der Grünbrachesubvention vorhanden, Nebenwirkungskosten treten ebenfalls nur bei der Grünbrachesubvention auf, denn der Einsatz der Zertifikatslösung würde ja wohlstandsfördernd sein, weil er Verzerrungen des Preissystems beseitigt (3.6). Mittel der Wahl (3.7) ist somit die Zertifikatslösung in der geschilderten Form. (4) Als Maßnahmenträger kämen die Gewerbeaufsichtsbehörden in Frage, die als bürgernahe Behörden auch heute schon mit Umweltschutzaufgaben befasst sind (hohes Informationsniveau) und bei denen weder Kompetenz- noch Loyalitätskonflikte zu befürchten wären. Die Dosierung der Zertifikatsmenge müsste vom Parlament festgelegt werden. (5) Das Gesamtergebnis zum Umweltschutzziel wird im Abschnitt F dargestellt.

Der Abschnitt E ist dem Einkommensziel gewidmet, das ebenfalls in operationalisierter Form vorgegeben ist (1). Im Rahmen der Prüfung auf die Möglichkeit einer hypothetischen Rechtfertigung (2.1) käme man hier zu dem Ergebnis, dass dauerhafte Subventionen für einen Wirtschaftszweig dem Allgemeinwohl widersprächen und als nicht legitimierbar betrachtet werden müssten. Es gibt jedoch ein möglicherweise gemeintes verwandtes Ziel: eine Art Versicherung gegen Strukturkrisen in Form einer Hilfe zur Selbsthilfe, die den Betroffenen nach allgemein festgelegten Maßstäben zeitlich befristet und degressiv gestaffelt zur besseren Bewältigung der Strukturkrise gewährt wird, z. B. zur Förderung einer Kapazitätsumstellung auf andere Produkte. Solch eine „Strukturkrisenversicherung" wäre hypothetisch zu rechtfertigen, und in der Realität sind Anzeichen für eine allgemeine Billigung entsprechend ausgestalteter Anpassungshilfen beobachtbar (2.2). Im Folgenden wird deshalb eine soziale Absicherung des Strukturwandels als eigentlich gemeintes Gemeinwohlziel geprüft (2.3).

Als Alternativinstrument zur Grünbrachesubvention, die eine Objektsubvention ist, kommt im Hinblick auf das modifizierte Ziel eine Subjektsubvention für diejenigen in Betracht, welche bedürftig sind und angemessene Umstellungsanstrengungen erkennen lassen (3.1). Eine Effektivitätsprüfung zeigt, dass eine Grünbrachesubvention allenfalls „bedingt effektiv" wäre. Wegen des Auftretens von Sickerverlusten (Mitnahmeeffekte in Form der Förderung ohnehin Umstellungswilliger und in Form der Förderung Nichtbedürftiger) ist es nämlich fraglich, ob das modifizierte Ziel „soziale Abfederung von Umstellungsprozessen" bei normaler Dosierungsstärke erreicht werden kann (3.2). Sondert man die Grünbrachesubvention gleichwohl nicht aus (3.3), verdeutlicht die Erforderlichkeitsprüfung (3.4) die Überlegenheit direkter Transfers: Bei Subventionsmaßnahmen gibt es keine Transformations-, sondern nur Transaktionskosten, und die sind bei einer Subjektsubvention wegen des Fehlens von Sickerverlusten niedriger als bei einer Objektsubvention. Bei den Marktmechanismen würde der

Renditenormalisierungsprozess im Vergleich zu einem subventionsfreien Zustand etwas gebremst, was bei einer Objektsubvention aber auch der Fall wäre. Kreislaufprozesse wären in beiden Fällen nicht fühlbar berührt. Das Kongruenzprinzip wäre in beiden Fällen – wie immer bei Umverteilungsmaßnahmen – verletzt, weil sich der Kreis der Nutzenempfänger (bedürftige Bauern) vom Kreis der Kostenträger (Steuerzahler) unterscheidet. Verfahrenspräferenzkosten spielen keine Rolle; es müsste allerdings darauf geachtet werden, dass die Lobby nicht für zu lange Anpassungsfristen sorgt. Aus der Verlangsamung des Renditenormalisierungsprozesses ergeben sich als Nebenwirkungen temporäre Wohlfahrtsverluste; Wechselwirkungskosten sind dagegen nicht zu befürchten. Als erforderlich wären somit direkte Transfers anzusehen (3.5). Vergleicht man die Transaktions- und Nebenwirkungskosten mit dem Nutzen der sozialen Abfederung, dürfte das Gros der Bevölkerung von einem Nettonutzen sprechen. Die zeitlich befristeten direkten Umstellungshilfen an Bedürftige können damit als verhältnismäßig eingestuft werden (3.6) und stellen im Hinblick auf das Umverteilungsziel das Mittel der Wahl dar (3.7). Als Maßnahmenträger kämen die landwirtschaftlichen Sozialkassen in Betracht. Ihre Auswahl würde dem Subsidiaritätsprinzip und der ZMT-Regel entsprechen (4). Das Gesamtergebnis zum Umverteilungsziel wird im nun folgenden Abschnitt F dargestellt (5).

In Gliederungspunkt F könnte somit das folgende Gesamtergebnis festgehalten werden: Es sollte geprüft werden, wie eine Grünbrachesubvention finanzpolitisch zu beurteilen ist, die mit den Zielen „Markträumung", „Verstärkung des Umweltschutzes" und „Einkommenshilfe für die Landwirtschaft" begründet wird. In einem ersten Prüfschritt wurde ein Verstoß gegen die ZMT-Regel festgestellt. Deshalb wurden die drei Ziele und ihre Realisationsmöglichkeiten getrennt geprüft. Der Grünbrachesubvention wurde dabei jeweils wenigstens ein Alternativinstrument gegenübergestellt. Die Ziel- und Mittelprüfung führten zu dem Ergebnis, dass das Ziel „Markträumung" als legitim betrachtet werden kann und durch eine Preisfreigabe realisiert werden sollte. Auch das Ziel „Verstärkung des Umweltschutzes" ist legitim; es sollte mit Hilfe einer Zertifikatslösung realisiert werden, die mit einer Sonderregelung für besondere Gefährdungsgebiete kombiniert wird. Das modifizierte Ziel „soziale Abfederung des Strukturwandels" ist (anders als das unmodifizierte Einkommensziel) ebenfalls legitim und sollte mit Hilfe direkter Transferzahlungen an Landwirte realisiert werden, die bedürftig und anpassungswillig sind.

Die Preisfreigabe stellt die Funktionsfähigkeit der Marktprozesse im Agrarbereich wieder her (ökonomische Tragfähigkeit), die als Zahlungen einer „Strukturkrisenversicherung" ausgestalteten Transfers sichern die soziale Tragfähigkeit der Gesamtregelung, und die Zertifikatslösung sorgt für die ökologische Tragfähigkeit. Dieses Ergebnis ist in *Übersicht I-5* zusammen mit den kriteriengerechten Maßnahmenträgern in Tabellenform dargestellt.

Übersicht I-5: Ergebnisse der Prüfung des Grünbrachefalls

Ergebnis der Maßnahmenprüfung zum legitimen Ziel „Markträumung“

Maßnahmen	Beurteilung der Maßnahmen im Hinblick auf		
	Effektivität	Erforderlichkeit	Verhältnismäßigkeit
(1) Grünbrachesubvention	(+)	–	/
(2) Produktionskontingente	+	–	/
(3) Preisfreigabe (W)	+	+	+
Ein Maßnahmenträger wäre nach Aufhebung der Regulierung nicht mehr erforderlich.			

Ergebnis der Maßnahmenprüfung zum legitimen Ziel „Umweltschutzverbesserung“

Maßnahmen	Beurteilung der Maßnahmen im Hinblick auf		
	Effektivität	Erforderlichkeit	Verhältnismäßigkeit
(1) Grünbrachesubvention	(+)	–	/
(2) Zertifikatslösung (W)	+	+	+
Maßnahmenträger der Wahl wären die Gewerbeaufsichtsbehörden.			

Ergebnis der Maßnahmenprüfung zum legitimen Ersatzziel „Abfederung des Strukturwandels“

Maßnahmen	Beurteilung der Maßnahmen im Hinblick auf		
	Effektivität	Erforderlichkeit	Verhältnismäßigkeit
(1) Grünbrachesubvention	(+)	–	/
(2) Direkte Transfers (W)	+	+	+
Maßnahmenträger der Wahl während die landwirtschaftlichen Sozialkassen.			

Legende: + = erfüllt; (+) = bedingt positiv; – = nicht erfüllt; / = wird nicht weiter geprüft, da bei einer vorangegangenen Prüfung eine Aussonderung erfolgt ist; (W) = Mittel der Wahl.

3. Positive Analyse des Ausgabeverhaltens der öffentlichen Hand

3.1. Staatsquoten und Entwicklungsgesetze

Die heutigen Statistiken gestatten es nicht zu ermitteln, ob der Staat alle Bereit- und Herstellungsaufgaben erfüllt, die er erfüllen sollte, und ob er sich auf diese Aufgaben beschränkt. Man kann das Gewicht des Staates und dessen Entwicklung aber immerhin mit Hilfe von sogenannten Staatsquoten beschreiben.

Staatsquoten

Solche Quoten lassen sich aus dem Material zweier Statistiken errechnen: aus dem am Faktorverzehr orientierten Datenmaterial der Volkswirtschaftlichen Gesamtrechnung (VGR) oder aus dem Material der zahlungsstromorientierten Finanzstatistik. Im Folgenden werden die Berechnung und Entwicklung der wichtigsten beiden Quoten dieser Art erläutert. Dies sind die Staatsquote im engeren und die Staatsquote im weiteren Sinn.

Erstere ergibt sich aus der Definitionsgleichung für das Bruttoinlandsprodukt Y, wenn man diese Gleichung durch Y dividiert. Man erhält dann:

$$(1) \qquad 1 = \frac{C^{Pr} + I^{Pr}}{Y} + \frac{X - M}{Y} + \frac{C^{St} + I^{St}}{Y}.$$

Die Staatsquote im engeren Sinn (auch „Ressourcenverbrauchsquote") umfasst also die Ausgaben des Staates für den öffentlichen Konsum und die öffentlichen Investitionen. Werden Zahlen aus der VGR verwandt, bilden die Zähler in Gleichung (1) Teile von Y. Die Privatausgaben-, die Außenbeitrags- und die Staatsquote im engeren Sinn sind dann echte Quoten und ergänzen sich zum Wert 1.

Addiert man zur Gleichung (1) eine Transferrelation für die Zinsausgaben (Z) sowie die Ausgaben für Sozialtransfers und Subventionen (S), ergibt sich eine Relation, die üblicherweise als Staatsquote im weiteren Sinn bezeichnet wird. Diese Staatsquote im weiteren Sinn ist eine unechte Quote und bildet zusammen mit der Privatausgaben- und der Außenbeitragsquote eine Summe, die größer als 1 ist:

$$(2) \qquad 1 + \frac{Z + S}{Y} = \frac{C^{Pr} + I^{Pr}}{Y} + \frac{X - M}{Y} + \frac{C^{St} + I^{St} + Z + S}{Y}.$$

Im Jahr 2005 betrug die Staatsquote im engeren Sinn 20,6 v. H., die Staatsquote im weiteren Sinn dagegen 46,8 v. H.. Man kann den Zähler der Staatsquote i. e. S. aus den staatlichen Vorleistungen, Arbeitnehmerentgelten, sozialen Sachleistungen (Sozialversicherung), Bruttoinvestitionen und sonstigen Ausgaben berechnen (www.destatis.de). Die sozialen Sachleistungen (vor allem Leistungen der sozialen Krankenversicherung) werden hier zum Konsum des Staates gezählt, da die Finanzierungslast dem Staat (der Sozialversicherung) zufällt. Zur Berechnung der VGR-Staatsquote im weiteren Sinne müssen dem Zähler zusätzlich die monetären Sozialleistungen, Subventionen, sonstigen laufenden Transfers, geleisteten Vermögenseinkommen (Zinsen) und Vermögenstransfers zugerechnet werden.

Mit Bezug auf die Entwicklung der Staatsquote im weiteren Sinn zu sagen, dass der Staat heute fast 50 v. H. des Sozialprodukts in Anspruch nehme, ist falsch. Hierbei wird nämlich nicht berücksichtigt, dass die Transferrelation doppelt gezählt wird: Die Zins- und Subventions- sowie Sozialtransferzahlungen sind Zahlungen, die zwar politisch verursacht worden sind, mit deren Hilfe aber Private Ansprüche an das Sozialprodukt geltend machen, die in C^{Pr} und I^{Pr} enthalten sind.

Weder die Staatsquote im engeren Sinn noch die im weiteren Sinn erfasst diejenigen Staatstätigkeiten hinreichend, deren Budget- und speziell Ausgabenintensität gering ist. Das sind vor allem Regulierungs- und Zwangstätigkeiten: Hielte der Staat die

Agrarpreise im Rahmen einer nationalen Politik nicht mehr durch Überschussaufkäufe, sondern durch Vorgabe von Produktionsquoten hoch, fielen die Staatsquoten ceteris paribus; ersetzte er Streitkräfte aus Wehrpflichtigen durch solche aus Freiwilligen, stiegen die Staatsquoten. In beiden Fällen hätte sich aber nicht das eigentlich zu messende Gewicht der Staatstätigkeit verändert, sondern lediglich die Wahl der Mittel. Dies verdeutlicht, dass Quer- und Längsschnittvergleiche von Staatsquoten nur dann aussagekräftig sind, wenn man davon ausgehen kann, dass ein Vergleich der Tätigkeiten mit geringer Budgetintensität den Eindruck aus dem jeweiligen Quotenvergleich nicht entscheidend verändern würde.

Ähnliches gilt für Quoten, die aus unterschiedlichen Statistiken ermittelt wurden. Da staatliche Darlehen in der Finanzstatistik – anders als in der VGR – als Ausgaben zählen und in den frühen 50er Jahren eine viel größere Rolle spielten als später und da die Sozialversicherung in der Finanzstatistik früher nicht berücksichtigt wurde, unterschieden sich westdeutsche Staatsquoten im weiteren Sinn, die mit Hilfe der VGR bzw. der Finanzstatistik ermittelt wurden, sowohl im Niveau als auch in der Entwicklungsrichtung: Die VGR-Quote wies z. B. vom Anfang der 50er bis zur Mitte der 70er Jahre ein hohes Niveau auf und stieg trendmäßig, während die Finanzstatistik-Quote in etwa um einen konstanten und niedrigeren Wert schwankte (WISSENSCHAFTLICHER BEIRAT BEIM BMF, 1976, S. 142). Zu bedenken ist auch, dass zwischen dem „Staat" in der VGR-Abgrenzung und dem „öffentlichen Gesamthaushalt" der Finanzstatistik ein Unterschied besteht: Ersterer umfasst die Gebietskörperschaften einschließlich der Sondervermögen des Bundes (ohne öffentliche Unternehmen) und die Sozialversicherung in einer international vergleichbaren Abgrenzung, letzterer die Gebietskörperschaften, die EG-Finanzierung, das ERP-Sondervermögen, verschiedene Fonds und das Bundeseisenbahnvermögen.

Man kann die globalen Staatsquoten nach Ausgabenarten und Gebietskörperschaften disaggregieren. Tut man dies und ergänzt man die Aufzeichnungen durch Schätzungen für die Zeit, in der es die im Zweiten Weltkrieg entwickelte VGR noch nicht gab, werden Entwicklungstrends sichtbar, die zum Teil schon im vorigen Jahrhundert prognostiziert wurden und als staatswirtschaftliche Entwicklungsgesetze bekannt sind.

Staatswirtschaftliche Entwicklungsgesetze

Bei diesen „Gesetzen" handelt es sich um Konzentrationsaussagen, die methodisch dem MARXschen Konzentrationsgesetz gleichen. Anders als erfahrungswissenschaftliche Gesetze, die Ceteris-paribus-Aussagen über Reaktionen auf Aktionen machen, prophezeien Entwicklungsgesetze Tendenzen, die längerfristig unter allen Umständen allein aufgrund des Zeitablaufs eintreten sollen. Bemerkenswerterweise haben sich die finanzwissenschaftlichen Entwicklungsgesetze bis heute in einer gewissen Weise bewährt.

WAGNERsches Gesetz

Das bekannteste Entwicklungsgesetz ist das WAGNERsche Gesetz. Es wurde von ADOLPH WAGNER (1835–1917), dem international wohl renommiertesten deutschen

Finanzwissenschaftler, bereits Ende des vorigen Jahrhunderts aufgestellt. Es prophezeit, dass – so jedenfalls die heute übliche Interpretation – die Staatsquote im weiteren Sinn längerfristig einen steigenden Trend aufweisen und dass sich somit das Gewicht wirtschaftlicher Tätigkeiten mehr und mehr beim Staat konzentrieren werde. Diese Behauptung hat sich bisher sowohl bei Längsschnittuntersuchungen als richtig erwiesen als auch bei Querschnittsanalysen. Bei letzteren wurde gefragt, ob Länder mit einem hohen Pro-Kopf-Einkommen eine höhere Staatsquote als solche mit einem niedrigeren Pro-Kopf-Einkommen aufweisen.

In der Literatur sind unterschiedliche und sich ergänzende Erklärungen des WAGNERschen Gesetzes vorgelegt worden. Unterstellt man, dass der politische Mechanismus den Präferenzen des Medianwählers zum Durchbruch verhilft (Abschnitt 5.2.), bietet es sich an, die Höhe der Staatsausgaben analog zur Erklärung der Nachfrage nach marktgängigen Individualgütern als abhängig von der Bevölkerungsgröße, dem Durchschnittseinkommen und dem Steuerpreis der öffentlichen Leistungen anzusehen.

Die Bevölkerungsgröße würde keine Rolle spielen, wenn der Staat lediglich pure Kollektivgüter mit einem Rivalitätsgrad von Null bereitstellte, denn dann könnte die Bevölkerung ja wachsen, ohne dass zusätzliche Infrastrukturausgaben erforderlich würden. Tatsächlich stellt der Staat aber viele Güter bereit, bei denen Überfüllungserscheinungen auftreten und die bei wachsender Bevölkerungsdichte sogar zu überproportional steigenden Kosten führen können (vgl. hierzu die späteren Ausführungen zum BRECHTschen Gesetz). Dies bedeutet, dass das Bevölkerungswachstum im Prinzip einen Beitrag zur Erklärung des Staatsausgabenwachstums leisten kann. Da die Privatausgaben bei wachsender Bevölkerung aber ebenfalls wachsen würden und die Bevölkerung in den wichtigsten Industriestaaten in neuerer Zeit kaum gewachsen ist, kann die Bevölkerungsgröße auch kein wesentlicher Bestimmungsgrund für das Quotenwachstum sein. Anders verhält es sich freilich mit der Bevölkerungsstruktur: Da der Staat in allen modernen Gesellschaften Alters- und Gesundheitssicherungsaufgaben übernommen hat und rechtlich zu einer bestimmten Mindestqualität verpflichtet ist, kann ein wachsender Alterskoeffizient zu einer steigenden Staatsquote i. w. S. führen.

Das Durchschnittseinkommen wäre dann ein wichtiger Erklärungsfaktor, wenn man unterstellen könnte, dass die vom Staat bereitgestellten Leistungen überwiegend eine Einkommenselastizität aufweisen, die größer als Eins ist. Für manche Leistungen etwa im Gesundheits- oder Bildungsbereich gilt das sicherlich; bezüglich der materiellen Infrastruktur erscheint es dagegen eher fraglich, denn hier dürfte es zumindest auf Teilgebieten Sättigungstendenzen geben. Bedenkt man, dass bei wachsendem Altersquotienten viele Absicherungsleistungen für Krankheit und Alter mit Hilfe privater (Zusatz-)Versicherungen wieder von den Bürgern selbst übernommen werden müssen, dürfte das Einkommenswachstum jedenfalls zukünftig nur begrenzt als Erklärungsfaktor des Staatsquotenanstiegs in Frage kommen.

Wenn ein Steueranstieg einen Nachfragerückgang bewirkte, so erschiene ein Staatsquotenanstieg um so eher plausibel, je geringer die Steuerpreiselastizität ist. Tatsächlich ist zu erwarten, dass die Steuerpreiselastizitäten der meisten Güter gering sind, weil die für die Steuerfinanzierung typische Zerschlagung des Zusammenhangs zwischen Preis und Leistung den negativen Einfluss der Steuerpreiserhöhung aufhebt oder jedenfalls sehr stark dämpft. Dies könnte also ein Erklärungsfaktor sein.

Mit der geringen Steuerpreiselastizität hängt eine Erklärung für das WAGNERsche Gesetz zusammen, die auf WILLIAM J. BAUMOL (1967) zurückgeht und als These von der Kostenkrankheit des öffentlichen Dienstes bezeichnet wird: Das Spektrum der staatlichen Leistungen umfasst viele Dienstleistungen wie z. B. Krankenpflege oder Lehrtätigkeiten, bei denen sich – anders als etwa in der gewerblichen Wirtschaft – bisher kaum Rationalisierungserfolge erzielen lassen. Steigen die Gehälter der im öffentlichen Dienst Beschäftigten nun in gleicher Weise wie die Gehälter der privat Beschäftigten, werden reale Staatsleistungen (also z. B. die Ergebnisse einer Pflege- oder Lehrstunde) immer teurer. Geht die Nachfrage aufgrund der geringen Steuerelastizität bei einer Überwälzung dieses Kostenanstiegs auf die Steuerzahler nicht wesentlich zurück, steigt folglich die Staatsquote.

Eine weitere Erklärung für den Modus operandi des Quotenwachstums könnte sich ergeben, wenn temporäre „Nachfragewogen" (SCHMIDT, 1974/75) wie z. B. ein wahlwirksames Verlangen der Bürger nach einem stärkeren Ausbau des Bildungssystems zu einer Aufblähung der Staatsquote führen würden und wenn es zusätzlich einen Mechanismus gäbe, der bewirkt, dass eine einmal erhöhte Staatsquote aufgrund eines Sperrklinkeneffekts auch dann auf ihrem erhöhten Stand verharrt, wenn die „Nachfragewoge" nach dem Erreichen eines erhöhten Versorgungsniveaus kein verstärktes Wachstum mehr erfordert.

Eine Theorie, die solch einen Zusammenhang behauptet, ist von PEACOCK/WISEMAN (1961) aufgestellt worden und unter dem Namen Niveauverschiebungseffekt (displacement effect) bekannt: Soziale Krisensituationen wie vor allem Kriege senken den Widerstand gegen Steuererhöhungen, weil es offensichtlich ist, dass der Staat bestimmte Probleme zum Wohle aller lösen muss. Ist die Krisensituation vorbei, hat man sich zum Teil an das hohe Steuerniveau gewöhnt. Deshalb gibt es keinen Druck auf die Politiker, die Steuer- und damit dann auch die Staatsquote wieder auf das Vorkrisenniveau zu senken. Diese Erklärung wird von den Entwicklungspfaden gestützt, welche die Staatsquoten insbesondere in Großbritannien und in anderen Staaten aufweisen, die an den Weltkriegen beteiligt waren. Da die Staatsquoten aber auch in den übrigen Ländern gestiegen sind, befriedigt auch diese Erklärung nicht; für die sozialen Sicherungssysteme und damit eine wesentliche Komponente der Staatsausgaben im weiteren Sinn lässt sich jedoch eine verwandte Hypothese ableiten, welche die Entwicklung aus einer Mischung von Nachfrageelementen (Fürsorgemotiv der Bürger) und Angebotselementen erklärt (Herrschaftssicherungsmotiv der Politiker in Demokratien). Diese Hypothese kann für alle Wohlfahrtsstaaten Gültigkeit beanspruchen (GROSSEKETTLER, 2002, 1): In Zeiten hohen Wachstums und niedriger Arbeitslosigkeit tolerieren Bürger mit einem überdurchschnittlichen Einkommen eine Abgaben- und Quotenerhöhung zum Ausbau des Wohlfahrtsstaates, und die jeweiligen Regierungen können bei den nächsten Wahlen auf die Stimmen zusätzlich Begünstigter hoffen. Dies ist allerdings schon eine Erklärung, bei der eine Mischung von Verhaltensweisen der Politikanbieter (herrschende Politiker) und der Politiknachfrager (Wahlbürger) vorliegt.

Eine weitere nachfrageseitige Erklärung stammt von KLEINMANN (1985): Damit der Staat Kollektivgüter bereitstellen kann, muss eine kollektive Willensbildung stattfinden. Diese setzt einen Willensbildungsprozess wie in den letzten Jahren etwa bei der Umweltschutzgesetzgebung voraus, innerhalb dessen Überzeugungsarbeit geleistet werden muss. Ob solche Willensbildungsprozesse erfolgreich durchgeführt werden können, hängt auch von den Transaktionskosten ab, insbesondere von den anfallenden Kommunikationskosten. Diese Kosten sind vor allem in den letzten 200 Jahren dramatisch gefallen. Damit ist ein Teil der Hemmnisse abgebaut worden, welche die Kollektivgüternachfrage vorher zu überwinden hatte. Dies hat einen Nachholeffekt ausgelöst, der so lange nicht abklingen wird, wie die Kommunikationskosten weiter fühlbar fallen.

Insgesamt wird der Erklärungsbeitrag der Hypothesen, welche die Bewährung des WAGNERschen Gesetzes mit Hilfe von Bestimmungsfaktoren begründen, die allein auf das Nachfrageverhalten der Wähler abstellen, in der Literatur als unbefriedigend eingeschätzt. Man hat deshalb nach zusätzlichen Erklärungen gesucht, die – wie oben schon angedeutet – in den Eigenarten der politischen Willensbildung begründet sind und den Bürgern eine Entwicklung aufzwingen, die diese eigentlich gar nicht wollen (Abschnitt 5.2.).

POPITZsches Gesetz

Auch das POPITZsche Gesetz ist ein Konzentrationsgesetz. Es geht auf den ehemaligen preußischen Finanzminister JOHANNES POPITZ (1884–1945) zurück und behauptet, dass die Staatsaufgaben mehr und mehr vom Zentralstaat verrichtet werden, dass es also eine Anziehungskraft des zentralen Etats gibt, die zu einer vertikalen Aufgaben- und Machtkonzentration im staatlichen Sektor führt (POPITZ, 1927). Die empirische Überprüfung dieses Entwicklungsgesetzes leidet darunter, dass man zwar feststellen kann, wie hoch die Ausgaben sind, die eine gebietskörperschaftliche Ebene aus eigenen Mitteln finanziert hat, dass man aber keine Statistik über das Ausmaß der Fremdbestimmung dieser Ausgaben hat. In Deutschland, Frankreich, Großbritannien und den USA ist der Ausgabenanteil des Zentralstaates bis zum Ende der 50er Jahre gestiegen. Dieser Anstieg hat sich in Deutschland danach – auch aufgrund einer Finanzreform – nicht mehr fortgesetzt. Die Gemeinden klagen jedoch darüber, dass sie z. B. Sozialhilfeleistungen erbringen und Kindergartenplätze bereitstellen müssen, die ihnen als Ausgabenverpflichtungen vom Bund vorgegeben wurden, ohne sich in der Ausgabenstatistik des Bundes niederzuschlagen. Berücksichtigt man solche Einflüsse und die Standards, die „oben" gesetzt und „unten" beachtet werden müssen, hat die Machtkonzentration bei den zentraleren Haushalten wohl auch in den Folgejahren angehalten. Das POPITZsche Gesetz kann in dieser modifizierten Form dann ebenfalls als bewährt gelten.

Man kann das POPITZsche Gesetz auf das WAGNERsche Gesetz und den – auch im Grundgesetz verankerten – Wunsch nach einer gewissen Einheitlichkeit der Lebensverhältnisse zurückführen (ALBERS, 1964, S. 854): Wenn der Staatseinfluss steigt, führt der Vereinheitlichungswunsch dazu, dass von den Bürgern für mehr und mehr Bereiche einheitliche Leistungen verlangt werden und dass erwartet wird, dass der Zentralstaat dies über den Finanzausgleich und zentral gesetzte Leistungsstandards sicherstellt. Auch KLEINMANN (1985) stellt eine Verbindung zum WAGNERschen Gesetz her: Wenn letzteres u. a. mit fallenden Kommunikationskosten zu erklären ist, so gilt gleichzeitig, dass das Fallen dieser Kosten Informationsnachteile beseitigt, die zentrale Bürokratien vorher gegenüber dezentraleren hatten und die Kostenvorteile anderer Art überkompensierten. Ein Fallen der Kommunikationskosten führt deshalb nicht nur zum Anstieg der Staatsquote, sondern auch zur Zentralisation der Verrichtung von Staatsaufgaben. Hinzu tritt ein auch schon von POPITZ (1927, S. 348) selbst angeführter Erklärungsgrund: Verfügt der Zentralstaat – wie der Bund in Deutschland – über alle maßgeblichen Gesetzgebungskompetenzen bei den Steuern, so erfüllen die Länder- und Gemeindesteuern nicht den NEUMARKschen Grundsatz der Steigerungsfähigkeit (Abschnitt 2.2.3., *Übersicht I-3*). Bei überraschenden Entwicklungen wie z. B. der Wiedervereinigung oder einer Naturkatastrophe ist dann nur der Zentralstaat finanzpolitisch handlungsfähig (z. B. über die Einführung eines „Solidaritätszuschlags“) und wird deshalb zum „natürlichen“ Träger von Zusatzaufgaben.

BRECHTsches Gesetz

Das BRECHTsche Gesetz ist ursprünglich nicht als Entwicklungsgesetz aufgestellt worden, es kann aber als ein Entwicklungsgesetz aufgefasst werden, das für alle Länder mit bereits hoher und weiter steigender Bevölkerungsdichte gilt. ARNOLD BRECHT (1884–1977) hat sein „Gesetz der progressiven Parallelität zwischen Ausgaben und Bevölkerungsmassierung“ bei einem Vergleich von Gemeindeausgaben gefunden: Gemeinden mit einer hohen Einwohnerzahl und damit auch einer hohen Bevölkerungsdichte weisen höhere Pro-Kopf-Ausgaben auf als solche mit einer geringeren Bevölkerungsdichte. Bedenkt man, dass die meisten Kollektivgüter ihren Charakter aufgrund von Kapazitätsreserven haben, die bei wachsender Nutzerzahl im Wege der Umwandlung von Leer- in Nutzkosten aufgezehrt werden (Abschnitt 2.1.2.), kann man bei Gebietskörperschaften, die viele Kollektivgüter bereitstellen, im Hinblick auf die Kosten pro Kopf einen u-förmigen Verlauf erwarten: Bei geringer Bevölkerung gibt es bei fast allen Kollektivgütern ungenutzte Kapazitäten. Wächst die Bevölkerung, brauchen die Anlagen deshalb nicht erweitert zu werden, und die Pro-Kopf-Kosten sinken. Bei fortschreitendem Bevölkerungswachstum werden aber mehr und mehr Leerkosten in Nutzkosten umgewandelt, und zur Erhaltung des Ausstattungsstandards müssen immer mehr Anlagen erweitert werden, so dass das Sinken der Pro-Kopf-Kosten aufhört. Gibt es absolut knappe Produktionsfaktoren oder Qualitätsunterschiede und damit verbundene Lage- und Qualitätsrenten, kommt es aufgrund des Ertragsgesetzes zu steigenden Kosten der Kapazitätserweiterung und damit zu steigenden Kosten pro Kopf. Wie die BRECHTschen Untersuchungen gezeigt haben, ist dieser Punkt in einem Land wie Deutschland überschritten. Sollen Ausstattungsstandards gehalten werden, führt eine steigende Bevölkerungskonzentration in einem solchen Land also zu steigenden Infrastrukturausgaben pro Kopf. Damit wächst dann einerseits die Staatsquote (WAGNERsches Gesetz) und andererseits kommt es zu einer horizontalen Ausgabenkonzentration im Staatssektor, d. h. in dichter besiedelten Ländern und größeren Städten (BRECHTsches Gesetz). Die empirischen Untersuchungen zu den Determinanten der Staatsausgaben (KUHN, 1993) widersprechen dieser Prognose nicht. Es gibt aber auch in dicht besiedelten Staaten wie Deutschland noch Teilregionen, in denen die Pro-Kopf-Ausgaben mit wachsender Bevölkerungsdichte fallen bzw. mit abnehmender Bevölkerungsdichte steigen, Regionen also, die sich (wie manche Teile der neuen Bundesländer) auf dem linken Ast des U befinden.

3.2. Planung und Kontrolle öffentlicher Ausgaben

3.2.1. Rechtsgrundlagen und Kompetenzverteilung

Der Anstieg der Staatsquote kann nicht oder jedenfalls nicht allein mit Hilfe der Nachfrageentwicklung erklärt werden. Es muss also Mechanismen geben, die auf der Angebotsseite – d. h. im politisch-administrativen System – ansetzen und diese Quote in Form eines Prozesses nach oben treiben, der sich von wohlverstandenen Wählerinteressen gelöst und eine pathologische Eigendynamik gewonnen hat. Genauer wird dies in Abschnitt 5.2. untersucht; ein wesentlicher Erklärungsfaktor ist dabei die Tatsache, dass die Staatsausgaben vor allem über Steuern finanziert werden und dass damit Zahlungsbereitschaftsinformationen entfallen, wie sie bei einem Verkauf von Gütern am Markt oder bei einer Kostenumlage in entgeltfinanzierten Verbänden aus der Reaktion der Kunden bzw. Mitglieder gewonnen werden können. Deshalb müssen die Ausgaben von der öffentlichen Verwaltung mit Hilfe von Verfahren geplant werden, bei denen Zahlungsbereitschaftsinformationen im Normalfall gar nicht erhoben werden (und aus Kosten- und Zeitgründen auch nicht erhoben werden können) und bei denen sie in Sonderfällen auf problematische Weise erschlossen werden.

Rechtsgrundlagen

Die Grundlagen für diese Planungsverfahren liefert das Haushaltsrecht. Seine wichtigsten Vorschriften sind die Art. 109 bis 115 GG, entsprechende Artikel in den Landesverfassungen, das Haushaltsgrundsätzegesetz (HGrG), das die Haushaltsführung von Bund und Ländern einheitlichen Grundsätzen unterwirft, die Bundeshaushaltsordnung (BHO) und die nahezu identischen Landeshaushaltsordnungen (LHO), das Stabilitäts- und Wachstumsgesetz (StabG) sowie das Haushaltsrecht der Gemeinden. Letzteres umfasst vor allem die Gemeindeordnungen und die Gemeindehaushaltsverordnungen und ist Sache der Länder; von einer Konferenz der Innenminister ist unter Beteiligung der kommunalen Spitzenverbände jedoch ein Musterentwurf erarbeitet worden, der für ein relativ hohes Maß an Einheitlichkeit und Vergleichbarkeit im Bundesgebiet sorgt.

Das Haushaltsrecht schreibt ein Rechnungswesen vor, das vor allem aus drei kontinuierlich zu führenden Rechnungen besteht und daneben fallweise Ergänzungen vorsieht. Kontinuierlich aufzustellende Rechnungen sind die Haushalts- und die Finanzpläne und die den Haushaltsplan ex post ergänzende Jahresrechnung (Haushalts- und Vermögensrechnung). Hinzu treten in den sogenannten kostenrechnenden Einheiten der Kommunalebene schon seit längerem und in Teilen der Bundes- und Landesverwaltungen seit kurzem Kosten- und Leistungsrechnungen. Fallweise werden vor allem Wirtschaftlichkeitsanalysen in Form von Kosten-Nutzen-Analysen und Kosten-Wirksamkeits-Analysen aufgestellt. Im Rahmen der kontinuierlichen Rechnungen spielen Zahlungsbereitschaftsinformationen kaum eine Rolle. Statt dessen spiegeln diese Rechnungen sehr stark die Vorstellungen von Regierung und Verwaltung sowie die Wünsche der Parteien und Verbände wider. Im Rahmen der fallweisen Rechnungen, die bisher nur für große Investitionsprojekte durchgeführt wurden, versucht man zum Teil auch, Zahlungsbereitschaftsinformationen zu gewinnen (Abschnitt 3.2.3.).

Das gesamte Gebiet befindet sich im Moment in einem starken Wandel, weil das Leitbild eines „schlanken Staates" mit einem „Neuen Steuerungsmodell" umgesetzt werden soll, das aus Privatisierung, Deregulierung, Entbürokratisierung, Flexibilisierung und Einführung echter Controllinginstrumente besteht. Wichtige gesetzliche Grundlagen hierfür sind das Haushaltsrechts-Fortentwicklungsgesetz, das am 1. 1. 1998 in Kraft getreten ist, und Experimentierklauseln in den Gemeindeordnungen.

Kompetenzverteilungsregeln

Mit seinen Vorschriften zur Kompetenzverteilung löst das Grundgesetz Fragen des passiven Finanzausgleichs. Es greift dabei aber nicht auf die ökonomischen Überlegungen zur Kompetenzverteilung zurück (Abschnitt 2.4.2.). Statt dessen stützt es sich einerseits auf die mehr machtpolitisch motivierte Gewaltenteilungsregel, die Charles de Montesquieu (1689–1755) in seinem „Geist der Gesetze" auf der Basis von Vorüberlegungen John Lockes (1632–1704) entwickelt hat und die eine Trennung von Exekutive, Legislative und Judikative fordert. Andererseits verwendet es eine föderalistische Zuständigkeitsvermutung zugunsten der Länder (Art. 30 GG), die den Ländern im Zweifel – d. h. bei Abwesenheit entgegenstehender Regelungen – die Zuständigkeit zuspricht.

Auf dieser Basis werden die wirtschaftlich relevanten Gesetzgebungskompetenzen vor allem dem Bund zugeordnet, und zwar in Form der ausschließlichen (Art. 71, 73 GG), konkurrierenden (Art. 72, 74 GG), Rahmen- (Art. 75 GG) und Grundsatzgesetzgebung (Art. 109 Abs. 3 GG). Den Ländern verbleibt in diesem Bereich vor allem das Landesverfassungs-, das Kommunal-, das Beamten- und das Polizeirecht sowie der Bereich der kulturellen Angelegenheiten. Im Umweltrecht verfügen die Länder über die Möglichkeit, vom Bundesrecht abzuweichen. Insbesondere die Steuergesetzgebungshoheit liegt fast vollständig beim Bund (Art. 105 GG).

Die Verwaltungskompetenzen sind dagegen schwergewichtig den Ländern zugeordnet. Im Bereich der gesetzesakzessorischen (ausführenden) Verwaltung vollziehen die Länder nicht nur die Landesgesetze (Art. 30 GG), sondern auch die Bundesgesetze, und zwar als eigene Aufgaben (Normalfall gem. Art. 83, 84 GG) oder im Auftrag des Bundes (Art. 85 GG). Der Bund verfügt nur in Ausnahmefällen über eine eigene Verwaltung (Art. 86–90 GG). Will er für seinen Kompetenzbereich Verwaltungsrichtlinien erlassen, ist er auf die Zustimmung des Bundesrates angewiesen (Art. 84 Abs. 2 GG), was in der Regel zu einer Vorabstimmung zwischen Bundes- und Landesministerien führt. Auch im Bereich der gesetzesfreien Verwaltung (Infrastrukturauftrag, Förderwesen) liegt die Verwaltungskompetenz vorrangig bei den Ländern. Neben den in der Verfassung aufgeführten Zuständigkeitsbereichen des Bundes erkennt das Bundesverfassungsgericht allerdings einen eng abgegrenzten Bereich sogenannter ungeschriebener Verwaltungszuständigkeiten des Bundes an, d. h. von Aufgaben, die nach herrschender Meinung nur vom Bund sachgerecht erfüllt werden können (z. B. gesamtstaatliche Repräsentation im Kulturbereich, Großforschungseinrichtungen).

Die Verwaltungszuständigkeit ist für das staatliche Ausgabeverhalten in Deutschland deshalb so wichtig, weil der allgemeine Lastenverteilungsgrundsatz des Art. 104a Abs. 1 GG (das Konnexitätsprinzip) bestimmt, dass die Gebietskörperschaften die Ausgaben tragen, die sich aus ihren Aufgaben ergeben, und weil dies nach herrschender juristischer Lehre bedeutet, dass die Finanzierungszuständigkeit der Verwaltungszuständigkeit folgt. Hiervon gibt es allerdings eine Reihe von Ausnahmen: Bundesauftragsverwaltung (Art. 104a Abs. 2 GG), Geldleistungsgesetze (Art. 104a Abs. 3 GG), Finanzhilfen (Art. 104a Abs. 4 GG), Gemeinschaftsaufgaben (Art. 91a und 91b GG), Kriegsfolgelasten (Art. 120 Abs. 1 GG) und Zuschüsse zu den Lasten der Sozialversicherung (Art. 120 Abs. 1 GG). In diesen Bereichen übernimmt der Bund einen Teil der Finanzierungslast, oder er trägt diese sogar voll.

Diese Verteilung der Auf- und Ausgabenkompetenzen ist z. T. noch Gegenstand der laufenden Föderalismusreform und steht der Aufgabenverteilung, wie sie den Vorstellungen der Theorie des finanzwirtschaftlichen Föderalismus entspricht (Abschnitt 2.4.2.), nicht völlig entgegen. Wie ein Blick auf die Ausgabenstruktur in den Gebietskörperschaften noch zeigen wird, hat der Bund Ausgaben- und Tätigkeitsschwerpunkte bei der Distributions- und Stabilisierungspolitik und bei den bundesweit bedeutsamen Infrastrukturmaßnahmen, während Länder und Gemeinden sich vor allem im Bereich der regionalen und lokalen Infrastrukturaufgaben betätigen. Diese Aufgabenverteilung begünstigt aufgrund des Schwergewichts des Bundes bei der Gesetzgebung aber Vereinheitlichungstendenzen und fördert wegen des Angewiesenseins des Bundes auf die Verwaltungstätigkeit der Länder eine Verantwortungsverwischung in der Form der sogenannten Politikverflechtung. Diese wird eher beschönigend als kooperativer Föderalismus bezeichnet; würde man von ökonomischen Empfehlungen wie vor allem dem Kongruenzprinzip und der ZMT-Regel ausgehen, ergäbe sich dagegen eine Organisationsstruktur, die als Konkurrenzföderalismus bezeichnet wird. Ordnungspolitisch gesehen stellt Politikverflechtung einen Verstoß gegen das Prinzip der Haftung im politischen Raum dar: Steuerfinanzierung, Steuerverbund und Politikverflechtung sorgen dafür, dass der Bürger selbst bei bestem Willen nicht mehr erkennen kann, wer für welche Ausgaben- und Finanzierungsentwicklung verantwortlich ist, und dass er deshalb bei Wahlen auch nicht darauf reagieren kann. Entgegen der eigentlichen Intention der Gewaltenteilungsregel wird auf diese Weise be- oder gar verhindert, dass sich Entscheidungen im politisch-administrativen System vorrangig nach den Interessen der Bürger richten, und es wird Politikverdrossenheit erzeugt, denn die Bürger stehen dem politisch-administrativen System trotz ihrer Wahlrechte im Grunde ähnlich ohnmächtig gegenüber wie die Nachfrager den Anbietern auf einem Markt, der umfassend kartelliert ist.

3.2.2. Haushalts- und Finanzplanung

Die jährliche Haushalts- und die Mittelfristige Finanzplanung bilden (immer noch) die Kernstücke des öffentlichen Rechnungswesens und der öffentlichen Wirtschaftsführung.

Charakter des Haushaltsplans

Der Haushaltsplan – auch Budget oder Etat genannt – wird als Anlage zum Haushaltsgesetz verabschiedet und stellt eine systematische Zusammenstellung der für ein

Haushaltsjahr vorgesehenen Ausgabenobergrenzen für einzelne Zwecke und der erwarteten Einnahmen dar. Für die ausgabenwirksamen (budgetintensiven) Formen staatlichen Handelns kann er als ein Zahlengerüst des Regierungsprogramms bezeichnet werden. Durch ihn wird die Verwaltung zum Leisten von Ausgaben und Eingehen von Verpflichtungen ermächtigt (aber nicht gezwungen). Als Teil des Haushaltsgesetzes richtet sich der Haushaltsplan nur an die staatlichen Organe. Das Gesetz stellt deshalb ein Organgesetz formeller Natur dar, das sich – anders als materielle Gesetze – nicht an eine unbestimmte Vielzahl von Bürgern richtet, sondern der Kontrolle von Regierung und Verwaltung durch das Parlament dienen soll. Neben dem Haushaltsplan enthält das Haushaltsgesetz Ermächtigungen zur Aufnahme von Krediten und zur Übernahme von Gewährleistungen sowie Verfahrensvorschriften.

Systematisch gesehen ist der Haushaltsplan Ausdruck der Emanzipation des Staates vom Bürger einerseits und seiner Unterstellung unter den Parlamentswillen andererseits. Die Loslösung vom Bürger erfolgte bereits in der vordemokratischen Zeit durch Aufgabe des Fondssystems – d. h. von entgeltfinanzierten Spezialetats, welche nach dem Übergang zur Demokratie grundsätzlich nach dem Kongruenzprinzip hätten organisiert werden können (Abschnitt 2.1.2.) – und Hinwendung zum überwiegend steuerfinanzierten Generaletat, in dem alle Einnahmen der Deckung aller Ausgaben dienen. Dies wird heute durch die Budgetgrundsätze der Einheit und Vollständigkeit (alle Einnahmen und Ausgaben in einem Budget, Art. 110 Abs. 1 GG) sowie durch den Grundsatz der Gesamtdeckung oder Non-Affektation (keine Zweckbindung, d. h. alle Einnahmen dienen der Finanzierung aller Ausgaben, § 8 BHO) sichergestellt. Diese Vorschriften lassen Spezialetats im Prinzip nur für entgeltfinanzierte Sonderleistungen zu.

Die Gesamtdeckung bewirkt, dass letztlich nicht mehr die Budgetentscheidungen von Bürgern maßgeblich sind, die unter Berücksichtigung ihrer jeweiligen persönlichen Budgetbeschränkungen u. a. auch Mittel für Kollektivgüter und die zugehörigen Fonds reservieren, sondern dass ein öffentlicher Haushalt mit einer eigenen Budgetbeschränkung entsteht, der selbstständige Mittelverteilungsentscheidungen fällen kann und muss. Das Korrelat dazu ist die (meist indirekte) Kontrolle dieses Generaletats durch die (Vertretung der) Bürger, die zuerst in England durchgesetzt wurde: 1628 erkämpfte sich das englische Parlament das Recht der Bewilligung der direkten Steuern („Petition of Rights"), das mit der „Bill of Rights" 1689 auf alle Einnahmen und zu Beginn des 18. Jahrhunderts mit der „Appropriationsklausel" auch auf die Kontrolle der Einnahmenverwendung ausgedehnt wurde. In Deutschland wurde ein Generaletat zuerst in Preußen eingeführt; die Kodifizierung des zugehörigen **Haushaltsrechts** erfolgte mit der Reichshaushaltsordnung von 1922, aus der nach der grundlegenden Haushaltsreform von 1969 die heutige Bundeshaushaltsordnung und das Haushaltsgrundsätzegesetz entstanden sind. Der Einfluss des Parlaments auf die Planung und Kontrolle dieses Haushalts soll vor allem durch die Budgetgrundsätze der Jährlichkeit (Art. 110 Abs. 2 GG), Klarheit (§§ 13, 14 BHO), Öffentlichkeit (§ 1 Satz 2 BHO) und den ungeschriebenen Grundsatz der Wahrheit sichergestellt werden. Konkretisiert werden diese Forderungen durch die Grundsätze der Einzelveranschlagung (Spezifikation der Einnahmen nach dem Entstehungsgrund und der Ausgaben nach Zwecken, § 17 BHO) und der Bruttoveranschlagung (keine Saldierung von Einnahmen und Ausgaben, § 15 BHO) sowie durch das Fälligkeits- und Trennprinzip (Veranschlagung nur der voraussichtlich kassenwirksamen Ausgaben [§ 11 BHO] und getrennter Ausweis von Verpflichtungsermächtigungen [s. u., §§ 16, 38 BHO]).

Systematik

Der Bundeshaushaltsplan wird normalerweise als Einjahresbudget in der Form eines Einheitsbudgets verabschiedet, das keine Zwischensalden kennt. Auch die meisten Länderhaushalte sind Einheitsbudgets; anders als beim Bund gibt es aber auch nach Jahren getrennte Zweijahreshaushalte. In den Gemeinden verwendet man wegen des vergleichsweise hohen Gewichts der Investitionen – die Gemeinden tätigen fast zwei Drittel aller öffentlichen Sachinvestitionen – statt eines Einheitsbudgets zweigeteilte Budgets, die in einen nicht vermögenswirksamen Verwaltungshaushalt und einen Vermögenshaushalt zerfallen. Diese beiden Haushaltsteile sind über einen Saldo verbunden, die sogenannte „(Netto-)Zuführung zum Vermögenshaushalt". Dieser Saldo soll positiv (Einnahmenüberschuss im Verwaltungshaushalt) und wenigstens so hoch sein, dass die ordentlichen Tilgungen finanziert werden können (Pflichtzuweisung). Der Sache nach spiegeln sich in der Zuführung zum Vermögenshaushalt Abschreibungen und Ersparnisse, die für Investitionszwecke zur Verfügung stehen; die Höhe der Zuweisung ist deshalb ein Indikator der finanziellen Lage einer Gemeinde.

Eine sehr gute Übersicht über das Haushaltssystem der Bundesrepublik Deutschland vermittelt eine Informationsschrift des BUNDESMINISTERIUMS DER FINANZEN (2001, 1), die auch über das Internet bezogen werden kann. Im Folgenden wird überwiegend der Bundeshaushaltsplan behandelt. Er ist in informatorische Übersichten, einen Gesamtplan und Einzelpläne gegliedert. Informatorische Übersichten sind die Gruppierungsübersicht (welche einer Kostenartenrechnung ähnelt), die Funktionenübersicht (welche einer Kostenträgerrechnung ähnelt), der Haushaltsquerschnitt (der die Gruppierungs- und die Funktionsübersicht tabellarisch zusammenfasst), die Übersicht der durchlaufenden Posten und die Personalübersicht. Der Gesamtplan gliedert sich in eine Haushaltsübersicht (welche der Kostenstellenrechnung ähnelt), eine Finanzierungsübersicht (welche den Finanzierungssaldo ausweist) und den Kreditfinanzierungsplan (welcher Krediteinnahmen und Tilgungsausgaben ausweist) sowie die Einzelpläne. Diese zerfallen in Kapitel und Titel und sind nach dem Ressortprinzip (also nach obersten Bundesbehörden) oder nach dem Realprinzip (d. h. nach zusammengehörigen Sachkomplexen wie z. B. der Bundesschuld) gegliedert *(Übersicht I-6)*. Die Kapitel eines Einzelplans umfassen die Einnahmen und Ausgaben der zugehörigen Behörden oder größerer Sachgebietskomplexe. Sie werden durch eine Kapitelnummer bezeichnet, die mit der Nummer des Einzelplans beginnt. Das Kapitel 6002 ist z. B. das Sachgebiet 02 (Allgemeine Bewilligungen) im Einzelplan 60 (Allgemeine Finanzverwaltung). Die Titel kennzeichnen Einnahmearten (Hauptgruppen 0–3) und kostenähnliche Ausgabenarten (Hauptgruppen 4–9). Es gibt ca. 1400 Einnahmen- und etwa 8800 Ausgabetitel. Zu jedem Titel gehören eine fünfstellige Titelnummer, eine dreistellige Funktionenkennziffer, Erläuterungen sowie das sogenannte Dispositiv, das sich aus der Zweckbestimmung, Beträgen für Ausgaben- und Verpflichtungsermächtigungen sowie Haushaltsvermerken zusammensetzt und die eigentlichen Festlegungen

Übersicht I-6: Ausgewählte Einzelpläne des Bundeshaushalts

Einzelplan (Epl.)	Bezeichnung	Soll 2006		Entwurf 2007		Veränderung gegenüber dem Vorjahr
		Mio. €	v. H.	Mio. €	v. H.	v. H.
1 :	Bundespräsidialamt	25,2	0,0	25,1	0,0	–0,4
6 :	Bundesministerium des Innern	4.359,0	1,7	4.439,2	1,7	1,8
8	Bundesministerium der Finanzen	4.874,8	1,9	4.715,7	1,8	–3,3
9 :	Bundesministerium für Wirtschaft und Technologie	5.717,9	2,2	6.000,3	2,2	4,9
11	Bundesministerium für Arbeit und Soziales	119.551,5	45,7	122.165,8	45,7	2,2
12 :	Bundesministerium für Verkehr, Bau- und Wohnungswesen	23.737,3	9,1	24.044,2	9,0	1,3
14 :	Bundesministerium der Verteidigung	27.872,5	10,7	28.397,9	10,6	1,9
32 :	Bundesschuld	39.114,4	15,0	40.458,3	15,1	3,4
60	Allgemeine Finanzverwaltung	3.891,7	1,5	5.703,7	2,1	46,6
	Summe Haushalt	261.600,0	100,0	267.600,0	100,0	2,3

Quelle: Bundesministerium der Finanzen (Finanzbericht 2007, S. 93).

kennzeichnet. In *Übersicht I-7* wird dies an einem – in formaler Hinsicht besonders informativen – Ausschnitt aus dem Haushaltsplan 1995 verdeutlicht.

Die ersten drei Ziffern der Titelnummer (z. B. 971) verweisen auf einen für Bund und Länder verbindlichen Ausgabenartenplan (sogenannter Gruppierungsplan), die letzten beiden Ziffern (z. B. 99) ergänzen diese Gruppierungsnummer durch eine Zählnummer, die weitere Unterscheidungen ermöglicht und außerdem der Kennzeichnung von Titelgruppen dienen kann. Dies sind Ausgaben, die zwar zu verschiedenen Titeln gehören, aber einen gleichartigen übergeordneten Zweck aufweisen. Die Titel-

Übersicht I-7: Ausschnitt aus dem Bundeshaushaltsplan 1995

6002
Allgemeine Bewilligungen

Titel Funktion	Zweckbestimmung	Soll 1995 1000 DM	Soll 1994 1000 DM	Ist 1993 1000 DM
971 99 –988	Globale Mehrausgabe	2 299	–	–

Haushaltsvermerk
Die Erläuterungen sind verbindlich.

Erläuterungen

Gemäß § 6 HG 1995 nehmen fünf ausgewählte Kapitel des Bundeshaushalts an einem Modellvorhaben zur Erprobung flexibler Budgetierungsinstrumente teil. In den jeweiligen Kapiteln sind globale Minderausgaben als „Flexibilitäts- und Effizienzrendite" eingestellt. Bei unabweisbarem Bedarf können diese Mittel mit Einwilligung des Bundesministeriums der Finanzen in Anspruch genommen werden.

Bezeichnung	1 000 DM
1. Kap. 0623 – Bundesamt für Sicherheit in der Informationstechnik	229
2. Kap. 0635 – Bundeszentrale für politische Bildung	412
3. Kap. 0909 – Bundesanstalt für Geowissenschaften und Rohstoffe	768
4. Kap. 1008 – Bundessortenamt	488
5. Kap. 1103 – Bundesausführungsbehörde für Unfallversicherung	402
Zusammen	2 299

Titelgruppen

Titel Funktion	Zweckbestimmung	Soll 1995 1000 DM	Soll 1994 1000 DM	Ist 1993 1000 DM
Tgr. 01	Verstärkung von Ausgaben im Personalsektor	(1 500 000)	(555 000)	(–)

Haushaltsvermerk

Die Ausgaben sind gegenseitig deckungsfähig.

Mit Einwilligung des Bundesministers der Finanzen können zur Deckung des Mehrbedarfs in den Einzelplänen

– Ausgaben aufgrund besoldungs- und versorgungsrechtlicher sowie tariflicher Maßnahmen,

– im übrigen Mehrausgaben bei den Personalausgaben im jeweiligen Einzelplan gegen Einsparung

geleistet werden.

Die Ausgaben sind bei den entsprechenden Titeln der jeweiligen Einzelpläne zu buchen.

Titel Funktion	Zweckbestimmung	Soll 1995 1000 DM	Soll 1994 1000 DM	Ist 1993 1000 DM
461 71 –981	Verstärkung von Personalausgaben der Hauptgruppe 4	1 350 000	445 000	–
971 71 –981	Verstärkung von Personalausgaben der Hauptgruppen 5 bis 9	150 000	110 000	–

Gegenüber dem Vorjahr entfallene Titel

Titel Funktion	Zweckbestimmung	Soll 1995 1000 DM	Soll 1994 1000 DM	Ist 1993 1000 DM
281 01 –019	Erstattungen der Länder nach § 21 Abs. 2 des Parteiengesetzes	–	–	–
681 01 –011	Für Bewilligungen durch den Bundespräsidenten	–	125	91
972 09 –989	Globale Minderausgabe aufgrund der Sperre gemäß § 4 Abs. 14 Haushaltsgesetz 1994	–	–111 000	–

gruppe 01 umfasst z. B. Verstärkungen von Ausgaben im Personalsektor, die bei den Titeln 461.71 und 971.71 zu buchen sind. Die Zählnummern sollen bei Titeln der gleichen Titelgruppe übereinstimmen. Die Funktionenkennziffer verweist auf einen ebenfalls für Bund und Länder verbindlichen Funktionenplan, der die Ausgaben mit Blick auf Leistungs- oder Nutzenarten wie z. B. „112: Ausgaben für Wissenschafts- und Forschungsverwaltung" kennzeichnet. Gruppierungs- und Funktionenkennziffern erleichtern vor allem Querschnittsvergleiche.

Ausgabenermächtigungen werden in kameralistischer Buchweise als Sollziffern (= Planzahlen) für das laufende und das vergangene sowie als Istziffer für das vorvergangene Haushaltsjahr ausgewiesen, damit Entwicklungen erkennbar werden. Sie erlöschen am Ende des Haushaltsjahres, wenn sie nicht für übertragbar erklärt wurden. Verpflichtungsermächtigungen erlauben es der Verwaltung, Verträge einzugehen, die in künftigen Haushaltsjahren zu Ausgaben führen (z. B. im Wege der Ausschreibung von Bauprojekten).

Haushaltsvermerke betreffen vor allem die Übertragbarkeit oder Deckungsfähigkeit von Ausgaben (s. u.) sowie Sperren. Diese können auf verschiedenen Wegen entweder zur Erzielung von Haushaltseinsparungen oder für den Fall ausgesprochen werden, dass bestimmte Bedingungen noch nicht eingetreten sind.

Eine Besonderheit ist die von der Praxis entwickelte sogenannte globale Minderausgabe. Wird für einen Einzelplan solch eine Minderausgabe vorgeschrieben, bedeutet dies, dass der jeweilige Minister bei Titeln, die er grundsätzlich selbst bestimmen kann, einen Betrag in Höhe der Minderausgabe „erwirtschaften" (d. h. einsparen) muss. Der Bundeshaushalt 1995 wies bei Titel 972.09 z. B. eine globale Minderausgabe in Höhe von 111 Mio. DM auf. Es gibt auch globale Mehrausgaben. Das können z. B. Ausgaben sein, die noch nicht im Einzelnen verplant worden sind und nur mit Zustimmung des Parlaments verausgabt werden dürfen. Im Haushaltsjahr 1995 gab es eine solche globale Mehrausgabe z. B. bei Titel 971.99 des Haushalts 1995 für Modellversuche zur Erprobung neuer Budgetierungsformen. Außerdem werden globale Mehrausgaben im Hinblick auf Tarif- und Preisverhandlungen angesetzt, bei denen man nicht vorzeitig ankündigen möchte, wie nachgiebig man im Ernstfall sein wird.

Globale Mehr- oder Minderausgaben, die als besondere Finanzierungsausgaben verbucht werden und deren Funktionskennziffer ebenfalls auf den Globalcharakter hinweist, kommen einerseits praktischen Bedürfnissen entgegen; sie können andererseits zusammen mit den ebenfalls im Einzelplan 60 verbuchten Mindereinnahmen (z. B. Finanzausgleichszahlungen an Länder) den Informationsgehalt des Budgets aber auch dadurch verzerren, dass sie höhere bzw. niedrigere Steigerungsraten vortäuschen. Ein beachtlicher Effekt dieser Art kennzeichnete z. B. den Haushaltsentwurf 1995: Der Bund zahlte ab 1995 keine Zuschüsse an den Fonds „Deutsche Einheit" mehr, übernahm statt dessen aber erhöhte Bundesergänzungszuweisungen. Ersteres wurde als Ausgabenwegfall, letzteres als Mindereinnahme gebucht. Dies bewirkte, dass die rechnerische Steigerungsrate 94/95 stark sank.

Das Personal wird im Haushaltsplan nicht über Haushaltsmittel, sondern über Planstellen (für Beamte) und Stellen (für Angestellte und Arbeiter) bewirtschaftet, wobei die Stellenpläne für Beamte per Gesetz und die für Angestellte und Arbeiter faktisch verbindlich sind. Für unter Fortfall der Bezüge beurlaubte Bedienstete können Leerstellen geführt werden, die Rückkehransprüche offenhalten. Planstellen und Stellen, die in Zukunft nicht mehr besetzt werden sollen, erhalten einen kw-Vermerk („künftig wegfallend“), solche, deren Wertigkeit in Zukunft sinken soll, einen ku-Vermerk („künftig umzuwandeln“). Jedes Haushaltskapitel verfügt über Übersichten über Planstellen, Stellen, kw- und ku-Vermerke.

Budgetkreislauf

Jeder Haushaltsplan durchläuft die Phasen der Aufstellung, des Vollzugs, der Abrechnung und der Kontrolle. Die Aufstellungsphase beginnt offiziell mit dem sogenannten Aufstellungsrundschreiben des Finanzministers, dem allerdings bereits Vorlaufwirkungen aus der Finanzplanung vorausgehen. Diese beruhen darauf, dass der Haushalt eines Jahres t bereits Schlussjahr der Finanzplanung t-3 war und ebenfalls in den Finanzplanungen t-2 und t-1 auftauchte (s. u.). Üblicherweise akzeptieren die Fachressorts Kürzungen gegenüber ihren Voranschlägen für fernere Haushaltsjahre eher als solche für das laufende Haushaltsjahr. Dies und die Tatsache, dass geringere Steigerungsraten in der Finanzplanung als politisch solide gelten, nutzt die Finanzverwaltung aus, um in den Verhandlungen zur Haushalts- und Finanzplanung eine Art Beweislastumkehr herbeizuführen: Der Finanzminister setzt in der ersten Finanzplanung für den Haushalt des Jahres t (also in der Finanzplanung t-3) zunächst einmal niedrigere Ansätze durch; im Aufstellungsrundschreiben für das Haushaltsjahr t, mit dem er etwa im Dezember des Jahres t-2 Bedarfsanmeldungen bis zum März t-1 anfordert, weist er dann darauf hin, dass Abweichungen von der Finanzplanung für t normalerweise nicht akzeptiert werden und einer besonderen Begründung bedürfen. Außerdem nennt er in diesem Schreiben Titel, die „überrollt“ werden müssen (d. h. bei denen keine Steigerungen eingeplant werden dürfen). Im Vertrauen auf einen entsprechenden Rückhalt in Regierung und Parlament kann er auch weitere Eckwerte für die Planung vorgeben. Er muss dabei beachten, dass der Haushalt nach dem Ausgleichsgrundsatz (Art. 110 Abs. 1 GG) auszugleichen ist, wobei zu den Einnahmen allerdings auch diejenigen Kredite gehören, die nach Art. 115 GG zulässig sind. Das sind Kredite bis zur Höhe der Investitionssumme und im Falle von Störungen des gesamtwirtschaftlichen Gleichgewichts zusätzlich auch die zu deren Abwehr erforderlichen Kredite. Diese Vorschrift ist allerdings kritisch zu betrachten, denn sie enthält zum einen viele unbestimmte Rechtsbegriffe und lässt es darüber hinaus zu, dass kurzlebige Investitionsgüter durch „ewige“ Kredite finanziert werden (Orientierung an den Bruttoinvestitionen ohne Gegenrechnung von Abschreibungen und Veräußerungserlösen). Das hat zur Folge, dass die Schulden schneller wachsen als das (ohnehin nur unvollständig erfasste) Vermögen des Staates, was insbesondere bei Analysen der langfristigen Tragfähigkeit und der intergenerativen Gerechtigkeit eine Rolle spielen kann.

Die Planung des Haushalts vollzieht sich „von unten nach oben“: Die Bedarfsanmeldungen nachgeordneter Behörden und der Abteilungen des Ministeriums selbst werden innerhalb jedes Einzelplans dem sogenannten Beauftragten für den Haushalt vorgelegt, den es in jeder Behörde gibt und der in einem Fachressort der Leiter des Haushaltsreferats ist. Er spielt dort eine ähnliche Rolle wie der Finanzminister innerhalb der Bundesregierung und muss versuchen, aus den in der Regel zu großen ersten

Bedarfsanmeldungen Voranschläge zu erstellen, die der Finanzminister als verhandlungsfähig betrachtet. Diese werden der Haushaltsabteilung des Finanzministeriums übersandt, die über sogenannte Spiegelreferate verfügt, welche jeweils für bestimmte Einzelpläne fachlich zuständig sind und mit den Haushalts- und Titelreferenten dieser Ressorts titelweise über die Voranschläge verhandeln. Die Verhandlungen, an denen auch der Bundesrechnungshof teilnimmt, werden durch Leitlinien der Haushaltsabteilung des BMF für seine Referatsleiter gelenkt. Voranschläge, über die auf Referatsleiterebene keine Einigung erzielt werden kann, müssen auf höherer Ebene (Abteilungsleiter, Staatssekretär, Minister) verhandelt werden. Verhandlungsgegenstand sind globale Titelbeträge (also z. B. für „Auslandsdienstreisen"), wobei dem Finanzministerium vor allem Steigerungsraten gegenüber dem Vorjahr und gegenüber der Finanzplanung plausibel gemacht werden müssen. Dies kann aufgrund der Kostenorientierung der Titel z. B. bedeuten, dass ein zufällig einmal reichlich dotierter Titel dies auch in Zukunft bleibt, weil man die Steigerungsraten – um im Beispiel zu bleiben – gut über Preissteigerungen im Auslandsreiseverkehr begründen kann. So etwas zeigt die ökonomische Problematik einer kosten- (nicht Output-)orientierten Planung „von unten nach oben". Es verdeutlicht gleichzeitig die Bedeutung der im Abschnitt 3.2.1. bereits angesprochenen Versuche zur Ablösung eines solchen Vorgehens. Den größten Erfolg verspricht dabei eine Fachbereichsbudgetierung nach dem sogenannten Tilburger Modell, einer Form der pretialen Lenkung, die als Neues Steuerungsmodell in unterschiedlichen Varianten in vielen Kommunen und einigen Ländern erprobt wird. Sie soll sich in der Endphase durch Vergabe von Globaletats an kundenorientierte „Fachbereiche", „Produktsparten" oder „Leistungszentren" auszeichnen. Die sich im Rahmen eines Kontraktmanagements dem Stadtrat bzw. Regierung und Parlament gegenüber zu bestimmten Outputleistungen verpflichten, deren Effizienz möglichst auch durch Preis-Leistungs-Vergleiche mit privaten Dienstleistungsunternehmen kontrolliert wird (Banner, 1994).

Auf der Basis der Voranschläge und Verhandlungen stellt der Finanzminister einen Haushaltsentwurf auf. Dabei berücksichtigt er (wie auch schon bei den Verhandlungen) die Ergebnisse der Frühjahrsschätzung des Arbeitskreises Steuerschätzung und die Empfehlungen des Finanzplanungsrates. Der Arbeitskreis Steuerschätzung ist ein Arbeitskreis aus Vertretern des Bundesfinanz- und des Bundeswirtschaftsministeriums, der Länderfinanzministerien, der Kommunen, der Bundesbank, des Sachverständigenrates und der großen Wirtschaftsforschungsinstitute. Er schätzt das Steueraufkommen auf der Basis einer Projektion für das Sozialprodukt. Diese Projektion entsteht aus einer Status-quo-Prognose der Entwicklung, berücksichtigt darüber hinaus aber auch die Eingriffsmöglichkeiten, die dem Staat bei unerwünschten Entwicklungen zur Verfügung stehen. Der Finanzplanungsrat ist ein Koordinationsgremium, dem neben dem federführenden Bundesfinanzminister der Bundeswirtschaftsminister, die Finanzminister der Länder und Vertreter der Kommunen angehören und an dessen Sitzungen die Bundesbank teilnehmen kann (§ 51 HGrG). Er soll mit seinen Empfehlungen das Haushaltsverhalten der Gebietskörperschaften koordinieren und stützt sich dabei ebenfalls auf die oben genannte Projektion. Im Hinblick auf die Verschuldungsvorschriften des Vertrags von Maastricht hat diese Koordinationstätigkeit eine besondere Bedeutung gewonnen (Abschnitt 2.3.1.); bisher war die Koordinationseffizienz allerdings enttäuschend.

Der Haushaltsentwurf wird dem Kanzleramt etwa im Juni zugeleitet. Die Bundesregierung beschließt ihn nach weiteren Verhandlungen etwa Anfang Juli. Im Rahmen dieser Verhandlungen hat der Finanzminister formal eine starke Stellung, denn er kann im Kabinett nur überstimmt werden, wenn auch der Kanzler gegen ihn stimmt (§ 28 und § 29 BHO in Verbindung mit § 26 GOBReg). Insbesondere bei starker Macht- und Wiederwahl- und geringer Wertorientierung sowie bei Abwesenheit ordnungspolitischen Sachverstandes wird diese formal starke Stellung aber wenig genutzt (Abschnitt 5.2.).

Mit der Verabschiedung des Haushaltsplans im Kabinett endet die Entwurfstätigkeit der Exekutive. Sollen danach (aber noch vor Ende der parlamentarischen Beratungen) Änderungen eingebracht werden, muss ein Ergänzungshaushalt beschlossen werden (§ 32 BHO). Der Bundeskanzler leitet den Haushaltsentwurf gleichzeitig dem Bundesrat und dem Bundestag zu, und zwar zusammen mit dem Finanzplan (s. u.), dem Finanzbericht und (alle zwei Jahre) dem Subventionsbericht. Der Finanzbericht (§ 31 BHO) gibt einen Überblick über den Stand und die laufende Entwicklung der Finanzwirtschaft und ist für Ökonomen eine Datenquelle ersten Ranges; der Subventionsbericht gibt einen Überblick über Finanzhilfen und Steuervergünstigungen des Bundes (§ 12 Abs. 2 StabG), verwendet allerdings einen Subventionsbegriff, der sehr viel enger ist als derjenige der Wirtschaftsforschungsinstitute.

Der Bundesrat kann im Rahmen des ersten Durchganges zum Bundeshaushalt Stellung nehmen und berät den Haushalt in seinem Finanzausschuss, dem ein Unterausschuss aus den Finanzreferenten der Länder zuarbeitet. Zur Stellungnahme des Bundesrates arbeitet das Bundesfinanzministerium ggf. eine Gegenäußerung aus, die von der Bundesregierung beschlossen und dem Bundestag zugeleitet werden muss. Da die Länder über den Bundesrat die Planungsgrundlagen des Bundeshaushalts kennen und da der Bund seinen Haushalt in der Regel pünktlich vorlegt, während die Länder dies oft verspätet tun, gibt es eine Informationsasymmetrie zwischen Bund und Ländern, die politisch bedeutsam sein kann: Die Länder wissen besser über die Bundesfinanzen Bescheid als umgekehrt. Im Hinblick auf den Europäischen Stabilitätspakt und sein nationales Pendant ist außerdem bedeutsam, dass die Haushalte von Bund und Ländern nicht in Maastricht-Abgrenzung ausgearbeitet werden und dass man deshalb nicht – oder allenfalls sehr schwer – feststellen kann, wer gegen eine einschlägige Haushaltsleitlinie verstößt.

Im Bundestag wird der Haushaltsentwurf in drei Lesungen beraten. In der ersten Lesung (Anfang September) trägt der Finanzminister seine sogenannte Einbringungsrede vor, in der die Grundlinien der Haushalts- und Finanzpolitik der Bundesregierung zum Ausdruck kommen sollen und deren Diskussion als ein Höhepunkt des parlamentarischen Lebens gilt. Die erste Lesung endet mit der Überweisung an den Haushaltsausschuss des Bundestages. Dieser ernennt Berichterstatter und Mitberichterstatter für jeden Einzelplan, die den Entwurf in sogenannten Berichterstattergesprächen mit Vertretern der Ressorts, des BMF und des Rechnungshofs beraten. Ihre Vorschläge sowie die Stellungnahme der Fachausschüsse und des Bundesrates fließen in die Ergebnisse der Beratungen des Haushaltsausschusses ein. Punkte, über die zunächst keine Einigung erzielt werden kann, werden in zwei sogenannten Bereinigungssitzungen behandelt.

In der zweiten Lesung wird das Ergebnis der Beratungen im Haushaltsausschuss von den Berichterstattern im Plenum vorgetragen, und es wird über alle Einzelpläne beraten und getrennt abgestimmt. Nach der Erledigung von Änderungs- und Entschließungsanträgen kommt es sodann zur dritten Lesung, in der über den Haushaltsentwurf insgesamt abgestimmt wird. Dieser Beschluss wird dem Bundesrat zum zweiten Durchgang zugeleitet und dort wiederum im Finanzausschuss und seinem Unterausschuss beraten. Der Bundesrat kann den Vermittlungsausschuss anrufen, was bei Änderungen einen erneuten Beschluss des Bundestages erforderlich macht. Danach kann er Einspruch einlegen, den der Bundestag jedoch mit einer Mehrheit gleicher Qualität zurückweisen kann, da das Haushaltsgesetz nicht zustimmungsbedürftig ist. Mit dem endgültigen Beschluss des Haushaltsgesetzes endet der parlamentarische Teil der Aufstellungsphase. Er ist durch großen Zeitdruck und Fristverkürzungen gegenüber materiellen Gesetzen gekennzeichnet. Der Zeitdruck wäre sicher noch größer, wenn es nicht den Budgetgrundsatz des Bepackungsverbots gäbe, der bestimmt, dass in das Haushaltsgesetz nur Bestimmungen aufgenommen werden dürfen, die sich auf Einnahmen und Ausgaben des Haushaltsjahres beziehen (Art. 110 Abs. 4 GG); anderenfalls müsste man damit rechnen, dass Abgeordnete die Zustimmung zum Haushalt so lange verweigern, bis sie über „Bepackungen" Partialinteressen ihrer Klientel durchgesetzt haben.

Nach der Verkündigung des Haushaltsgesetzes tritt dieses (gegebenenfalls rückwirkend) zum 1. Januar des Haushaltsjahres in Kraft. Damit beginnt die Phase des Vollzugs. Wird das Haushaltsgesetz nicht rechtzeitig verabschiedet, kommt es zur vorläufigen Haushaltsführung (Nothaushalt gem. Art. 111 GG), innerhalb der nur diejenigen Ausgaben geleistet werden dürfen, die zur Aufrechterhaltung der Verwaltung erforderlich und zur Erfüllung rechtlicher Verpflichtungen notwendig sind. Soll ein bereits verkündeter Haushaltsplan geändert werden, ist ein Nachtragshaushalt einzubringen (§ 33 BHO), wofür es geschäftsordnungsmäßige Erleichterungen gibt. Für stabilisierungspolitische Zwecke kann ein Eventualhaushalt gem. § 6 und § 8 StabG eingeplant werden, für den im Bundeshaushaltsplan ein Leertitel vorgesehen ist (Titel 971.01 in Kapitel 60.02).

Im Haushaltswesen unterscheidet man zwischen Haushaltsmitteln, Betriebsmitteln und Kassenmitteln. Haushaltsmittel werden über den Haushaltsplan zugewiesen und stellen die parlamentarische Erlaubnis für eine Mittelbewirtschaftung dar, Betriebsmittel sind Teile der Haushaltsmittel, die der Finanzminister für abrufbereit erklärt hat (§ 43 BHO). Nur über sie kann verfügt werden. Kassenmittel sind Bar- und Buchgeld, das von den Kassen verwaltet wird. Der Finanzminister wird durch die Dispositionsgewalt über Betriebsmittel in die Lage versetzt, den Abfluss der Haushaltsmittel so zu steuern, dass bei den Kassen keine Liquiditätsengpässe auftreten. Vor Einführung der EDV war dies durchaus nicht trivial; seit Mitte der 80er Jahre ist die Liquiditätsplanung aber so leistungsfähig, dass auf einschränkende Betriebsmittelzuweisungen weitgehend verzichtet werden kann. Der Finanzminister erlässt aber weiterhin Verwaltungsvorschriften zur Haushaltsführung, die das Haushaltsgesetz konkretisieren (§ 5 BHO). Außerdem kann er Haushaltsmittel notfalls sperren (§ 41 BHO).

Die Bewirtschaftung der Haushaltsmittel ist Sache der zuständigen Minister und wird von diesen auf die Leiter von Dienststellen übertragen, die jeweils von Beauftragten für den Haushalt unterstützt werden. Verfügungen werden durch das Erstellen von Ausgabeanordnungen getroffen, denen auf der Einnahmenseite Einnahmeanordnungen gegenüberstehen. Mit einer Ausgabeanordnung wird bestätigt, dass eine zu bezahlende Rechnung sachlich und rechnerisch richtig ist und dass die entsprechenden Haushaltsmittel verfügbar sind. Sie wird einer von den verfügungsberechtigten Behörden getrennten Bundeskasse zugeleitet, deren Aufgaben darin bestehen, die Ordnungsmäßigkeit und das Vorhandensein von Mitteln zu prüfen, die Rechnungen zu bezahlen und darüber Rechnung zu legen. Diese Trennung von Anordnungs- und Zahlungsbefugnissen dient einer „eingebauten" Kontrolle.

Haushaltsgrundsätze

Die Bewirtschaftung der Mittel soll vor allem von zwei Grundsätzen geprägt werden: materiell vom Grundsatz der Wirtschaftlichkeit und Sparsamkeit und mehr formell vom Grundsatz der Spezialität.

Der Inhalt des Grundsatzes der Wirtschaftlichkeit und Sparsamkeit (§ 7 BHO) ist umstritten, denn es ist unmittelbar einsichtig, dass es Situationen gibt, in denen Sparen (d. h. Nichtausgeben) unwirtschaftlich sein kann, z. B. wenn man Frostaufbrüche bei einer Straße im Haushaltsjahr nicht beseitigt (also Mittel spart), dafür dann aber in späteren Jahren um so mehr ausgeben muss. Eine sinnvolle (aber nicht der herrschenden Meinung der Verwaltungspraxis entsprechende) Interpretation des Grundsatzes wird sichtbar, wenn man die Sparsamkeitsforderung auf die Wahl von Zielniveaus, die Wirtschaftlichkeitsforderung dagegen in der Form der Minimumvariante des ökonomischen Prinzips anwendet, ein sparsam definiertes Zielniveau also mit minimalen Mitteln zu realisieren trachtet. So sollte das Ziel einer angemessenen Repräsentation Deutschlands im Ausland oder auch durch Regierungsgebäude in Berlin etwa mit Hilfe von Gebäuden realisiert werden, deren Erscheinungsbild entsprechend dem Sparsamkeitsgrundsatz „würdig, aber nicht üppig" ist und deren Herstellung entsprechend dem Wirtschaftlichkeitsgrundsatz mit minimalen Mitteln realisiert wird, d. h. unter professioneller Ausnutzung der Rationalisierungsmöglichkeiten bei der Vergabe und Durchführung von Bauaufträgen. Prestigeträchtige Prunkbauten wären damit selbst dann ausgeschlossen, wenn sie wirtschaftlich errichtet würden, und selbst einfache Behelfsbauten könnten gegen den Grundsatz verstoßen, dass sie wirtschaftlich zu erstellen sind.

Seit dem 1. 1. 1998 verlangt § 7 BHO nicht nur die Berücksichtigung des Grundsatzes der Wirtschaftlichkeit und Sparsamkeit im herkömmlichen Sinn (den die Praxis vereinfachend mit der Minimumvariante des ökonomischen Prinzips gleichsetzt), sondern auch Privatisierungsprüfungen, bei denen private Anbieter von einem sogenannten Interessenbekundungsverfahren Gebrauch machen können. Außerdem werden für geeignete Bereiche Kosten- und Leistungsrechnungen gefordert: Dass der Grundsatz der Wirtschaftlichkeit eingehalten wurde, soll mit Hilfe von Wirtschaftlichkeitsuntersuchungen nachgewiesen werden. Hierunter versteht das (neue) Haushaltsrecht nicht nur die in Abschnitt 3.2.3. behandelten (relativ arbeitsaufwendigen) Kosten-Nutzen- und Kosten-Wirksamkeits-Analysen, sondern auch einfachere Methoden der (Grob-) Abschätzung von Nutzen und Kosten einer Maßnahme (BUNDESMINISTERIUM DER FINANZEN, 2001, 1, S. 44–48).

Der Grundsatz der Spezialität hat eine qualitative, eine quantitative und eine temporäre Dimension. Die Forderung nach qualitativer Spezialität (§ 45 BHO) verbietet sogenannte Virements, d. h. die Nutzung eines Titels A zur Finanzierung von Ausgabenarten des Titels B. Eine Durchbrechung ist nur zulässig, wenn bei Titeln eine ein- oder zweiseitige Deckungsfähigkeit erklärt wird (§§ 20 und 46 BHO), die auch der Höhe nach beschränkt werden kann. Die Forderung nach quantitativer Spezialität (§ 37 BHO) verbietet überplanmäßige Ausgaben (d. h. das Überschreiten von Etatansätzen) und außerplanmäßige Ausgaben (d. h. Ausgaben ohne Etatansatz). Diese sind nur bei unvorhergesehenen und unabweisbaren Bedürfnissen und nach Zustimmung des Finanzministers zulässig (Art. 112 GG und § 37 BHO). Die Forderung nach temporärer Spezialität verbietet das Eingehen von Verpflichtungen für folgende Haushaltsjahre, wenn keine Verpflichtungsermächtigungen (§ 16 BHO) vorhanden ist, sowie das Übertragen von Ausgabenresten (d. h. nicht verbrauchten Ausgabeermächtigungen), wenn keine Übertragbarkeitserklärung (§ 19 BHO) existiert. Der Sinn dieser Spezialitätsforderungen besteht darin sicherzustellen, dass Mittel, die im Rahmen eines Titels bei Beachtung des Grundsatzes der Wirtschaftlichkeit und Sparsamkeit nicht benötigt werden, wieder in die Dispositionsgewalt des Parlaments zurückfallen. Tatsächlich haben sich in der Vergangenheit aber Erscheinungen wie z. B. das „Dezemberfieber" ergeben, d. h. die forcierte Ausschöpfung von Ausgabenermächtigungen gegen Ende des Jahres. Aus der Sicht der jeweiligen Verwaltungsstellen sollte dies dem Eindruck vorbeugen, dass Titel überdotiert seien, was ja Kürzungen im Folgejahr hätte auslösen können. Deshalb soll der Grundsatz der Spezialität nach dem neuen Haushaltsrecht nicht mehr so rigide gehandhabt und soll von den Möglichkeiten der Erklärung von Übertragbarkeit und Deckungsfähigkeit überall dort Gebrauch gemacht werden, wo dies die Wirtschaftlichkeit fördert. Es fragt sich jedoch (und auf eine Bejahung dieser Frage zielt das Neue Steuerungsmodell), ob diese Formen der Flexibilisierung hinreichend sind oder ob nicht viel grundsätzlicher nach einer Outputorientierung gestrebt werden muss. Hierbei bestimmt das Parlament, was die Verwaltung an messbaren Outputgrößen produzieren soll, um damit letztlich einen politisch gewünschten Outcome (ein – meist schwer messbares und von vielen Faktoren abhängiges – Endziel) zu erreichen, während die Verwaltung über das „Wie" und damit auch die wirtschaftliche Inputgestaltung entscheidet. Es ist schwer einzusehen, warum das Parlament einem Minister etwa Ausgaben für Dienstreisen und kleinere Bauerhaltungsarbeiten getrennt vorgeben soll, statt nach einer Vorgabe von Globaletats für outputorientiert abgegrenzte Leistungszentren oder Großprojekte zu streben und angemessene Controllingverfahren zu verwenden.

Nach der Ausführung des Haushaltsplans wird dieser abgerechnet, und es wird auf der Basis der Kassenrechnungen eine Jahresrechnung erstellt, die in eine Haushaltsrechnung und eine Vermögensrechnung gegliedert ist. Erstere macht den tatsächlichen Haushaltsvollzug und den Unterschied zwischen Plan- und Istgrößen sichtbar. Letztere ist lediglich rudimentärer Natur. Sie erlaubt es z. B. nicht festzustellen, wie sich der nutzbare öffentliche Sachkapitalstock im Vergleich zur Staatsverschuldung und zu in späteren Jahren drohenden Haushaltsrisiken entwickelt hat. Dies erschwert die Zukunftsvorsorge und die Entscheidung von Fragen intergenerativer Gerechtigkeit.

Die Kontrolle der Haushalts- und Wirtschaftsführung ist zweigeteilt. Sie umfasst die Verwaltungskontrolle durch den Bundesrechnungshof und die ihm unterstellten Prüfungsämter in den Verwaltungen und die politische Prüfung durch den Rechnungsprüfungsausschuss des Bundestags, der ein Unterausschuss des Haushaltsausschusses ist, sowie durch den Finanzausschuss des Bundesrats. Die sogenannten Mitglieder des Rechnungshofs (Präsident, Vizepräsident, Abteilungs- und Prüfungsgebietsleiter) besitzen richterliche Unabhängigkeit (Art. 114 GG). Sie prüfen die Haushaltsführung mit Hilfe ihrer eigenen Mitarbeiter und der Mitarbeiter in den Prüfungsämtern auf Recht- und Ordnungsmäßigkeit sowie Wirtschaftlichkeit. Dabei wird zwischen der rechnungsabhängigen Prüfung (Prüfung der Haushalts- und Vermögensrechnung) und der rechnungsunabhängigen Prüfung (Wirtschaftlichkeitsprüfung z. B. in Form von Organisationsuntersuchungen) unterschieden. Das Ergebnis schlägt sich in den sogenannten Bemerkungen (Jahresberichten) und Sonderberichten des Rechnungshofs nieder sowie in seiner Beratungstätigkeit im Rahmen der Haushaltsaufstellung und der Unterstützung von Parlament und Verwaltung. Die Bemerkungen werden dem Bundestag, dem Bundesrat und der Bundesregierung vorgelegt (§ 97 BHO). Die parlamentarische Kontrolle im Rechnungsprüfungsausschuss des Bundestags erfolgt auf der Basis der Bemerkungen des Rechnungshofes, die zusammen mit Vertretern des Hofs sowie von Verwaltung und Finanzministerium erörtert werden. Anschließend entscheiden Bundestag und Bundesrat getrennt über die Entlastung der Bundesregierung. Das Entlastungsverfahren steht jedoch nicht im Rampenlicht der Öffentlichkeit, weil eine Verweigerung der Entlastung praktisch nur die Konsequenz hätte, dass bezüglich des Haushalts weiterhin vor dem Verfassungsgericht geklagt werden kann. Zudem sorgt die Parlamentsmehrheit normalerweise für eine Entlastung; außerdem liegt der Entlastungszeitpunkt in der Regel im Jahr t+3, und dann ist das Jahr t bereits „politisch tot". Um seinen Empfehlungen gleichwohl mehr Nachdruck zu verleihen, veröffentlicht der Bundesrechnungshof seit 1997 auch „Ergebnisberichte", in denen geprüft wird, wie die Verwaltung auf Monita des Hofs reagiert hat.

Informationsgehalt

Wie sind Budget und Budgetkreislauf im Lichte der Anforderungen zu beurteilen, die man an ein Controllingkonzept für Regierung, Parlament und Öffentlichkeit stellen sollte? Ein Blick auf die Haupt-Budgetfunktionen gibt eine erste Antwort. Bei der heutigen Stellung des Budgets im staatlichen Rechnungswesen insgesamt muss das Budget erstens ein finanzielles Gleichgewicht gewährleisten (diese Liquiditätssicherungsfunktion wird oft auch als finanzpolitische Funktion bezeichnet), und es muss dem Parlament zweitens die Planung und Kontrolle allokations- und distributionspolitischer sowie drittens stabilisierungspolitischer Entscheidungen gestatten. Die allokations- und distributionspolitische Funktion wird oft auch politische Funktion genannt, die stabilisierungspolitische oft (wenn auch nicht treffend) wirtschaftspolitische Funktion.

Im Hinblick auf das Verwaltungsmanagement muss das Budget drei Teilfunktionen übernehmen, die bei Unternehmen auf verschiedene Rechnungen verteilt werden:

- die Funktion, externe Interessenten zu informieren und vor allem Parlament und Bürgern eine Kontrolle der Ordnungs- und Rechtmäßigkeit zu gestatten. Diese Dokumentationsfunktion wird hinreichend erfüllt.

- die Funktion, das kurz- und langfristige finanzielle Gleichgewicht zu sichern. Im Hinblick auf diese Liquiditäts- und Tragfähigkeitssicherungsfunktion enthält das Budget die richtigen Zahlenkategorien (Ausgaben und Einnahmen); mittel- und langfristige Wirkungen werden wegen der Kurzfristigkeit und des Fehlens einer hinreichenden Vermögensrechnung jedoch nicht abgebildet. Der WISSENSCHAFTLICHE BEIRAT BEIM BMF (2001) hat deshalb eine Ergänzung durch eine Nachhaltigkeitsberichtserstattung gefordert, die es seit kurzem auch gibt (BUNDESMINISTERIUM DER FINANZEN, 2005).
- die Funktion, Nutzen und Kosten in ein optimales Verhältnis zu bringen. Diese Effizienzsicherungsfunktion wird allenfalls teilweise erreicht. Zum einen wird der Nutzen der erbrachten Leistungen in einem inputorientierten (d. h. auf Mittelzuweisungen zugeschnittenen) Budget nicht abgebildet, denn die Einnahmen sind ja keine nutzenäquivalenten Verkaufserlöse, sondern vor allem leistungsunabhängige Steuereinnahmen. Zum anderen bestehen Unterschiede zwischen Kosten und Ausgaben. Die Ausgaben für Wehrpflichtige sind z. B. niedriger als die Kosten. Letztere bestehen in den Leistungen, die an anderer Stelle in der Volkswirtschaft entfallen, und entsprechen in etwa den Gehältern, die man Freiwilligen zahlen müsste.

Im Hinblick auf die allokationspolitischen Entscheidungen des Parlaments, die ja ein Abwägen von Nutzen und Kosten im Rahmen der Budgetbeschränkung erfordern, fehlen Nutzen- und diejenigen Kosteninformationen, die nicht über das Ausweisen von Ausgaben erfasst werden. Außerdem fördert der titelorientierte Verhandlungsprozess nicht das Denken in Alternativen. Die Einführung von Kosten- und Leistungsrechnungen in Teilen der Verwaltung könnte zu einer Verbesserung des Informationsgehalts führen, eine mehr outputorientierte Verhandlungsführung zwischen Parlament und Verwaltung, die den Zielen des bereits mehrfach angesprochenen Neuen Steuerungsmodells entspricht, hätte vermutlich deutliche Verbesserungen zur Folge.

Bezüglich der distributionspolitischen Entscheidungen des Parlaments fehlen Informationen über Sachleistungsbegünstigte und über Transfersalden (Sozialtransfers minus Abgaben) von Bevölkerungsgruppen. Die einzige Verbesserung, die hier in Sicht ist, stellt das sogenannte „Generational accounting“ dar, das intergenerative Verteilungsaspekte mit Hilfe einer Generationenbelastungsrechnung sichtbar machen soll (BOLL, 1996). Zur Beurteilung der stabilisierungspolitischen Entscheidungen des Parlaments fehlen Informationen über konjunkturelle Wirkungen. Man behilft sich hier mit Zusatzrechnungen, wie sie der Sachverständigenrat im Rahmen seiner Berechnung des sog. Fiskalimpulses anstellt. Hinzu treten neuere Methoden zur Berechnung struktureller Defizite und der langfristigen Tragbarkeit eines Defizits und der Staatsverschuldung insgesamt (auch) im Lichte des Vertrages von Maastricht. Sie gestatten die Ableitung von Faustformeln wie etwa denen, dass Schwankungen des Auslastungsgrades des Produktionspotentials von einem Prozentpunkt mit etwa einem halben Prozentpunkt auf den öffentlichen Gesamthaushalt Deutschlands durchschlagen würden (vor allem auf dessen Einnahmeseite) oder dass ein strukturelles Defizit von 1 bis 1,5 v. H. des BIP im Prinzip dann über eine längere Frist tragfähig wäre wenn damit ausschließlich wachstumsfördernde („produktive“) Investitionen finanziert würden (sog. Goldende Regel), aber auch dass es angesichts der Höhe der so genannten impliziten Staatsverschuldung (absehbare Versorgungslasten) dringend erforderlich wäre, möglichst bald ausgeglichene Haushalte anzustreben.

Finanzplanung

Die Kurzfristigkeit des Budgets und die dadurch bedingte Mindererfüllung seiner Hauptfunktion (der Liquiditäts- und Tragfähigkeitssicherungsfunktion) waren der Anlass zur Einführung der Mittelfristigen Finanzplanung, auf die schon mehrfach hingewiesen wurde. Sie wurde mit dem Stabilitäts- und Wachstumsgesetz eingeführt (§ 9 und § 14 StabG) und bettet den Haushaltsplan in eine Fünf-Jahres-Periode ein, die von t-1 bis t+3 reicht *(Übersicht I-8)*. Mittelfristige Finanzpläne werden nicht nur vom Bund, sondern auch von den Ländern und den Gemeinden aufgestellt. Sie sollen alle Budgetfunktionen unterstützen, vor allem aber Entwicklungstrends und so genannte Folgekosten von Beschlüssen über Investitionen und Leistungsgesetze sichtbar machen, d. h. Ausgaben, die erst in späteren Haushaltsjahren anfallen. Planungstechnisch begleitet die Mittelfristige Finanzplanung den Haushaltsplan titelscharf bis zur Einbringung in das Parlament. Dies hat zur Folge, dass die nach § 50 Abs. 3 HGrG im Prinzip möglichen Alternativrechnungen in der Praxis nicht vorgelegt werden und dass die Finanzplanung entgegen ursprünglichen Zielsetzungen den Charakter einer verlängerten Haushaltsplanung angenommen hat. Dem Parlament wird der Finanzplan nicht mehr titelscharf, sondern in Form globalerer Ansätze vorgelegt. Außerdem wird die Finanzplanung von den Abgeordneten lediglich zur Kenntnis genommen, nicht jedoch beschlossen. Dass sie gleichwohl Vorauswirkungen auf Folgehaushalte entwickelt, wurde schon betont. Sie fördert ein etwas langfristigeres Denken, weil sie Vorbelastungen sichtbar macht und zur Bildung von Reihenfolgeentscheidungen für größere Investitionsprojekte anhält. Sie erlaubt es außerdem, Schwerpunkte zu setzen und mittelfristige Strukturveränderungen gezielt herbeizuführen. Ihre politische und planerische (nicht jedoch rechtliche) Bedeutung kann man auch daraus ersehen, dass vor allem die Träger von Investitionshaushalten versuchen, „einen Fuß in die Tür" der Finanzplanung zu bekommen, weil das bereits als ein „halber Sieg" im Durchsetzungsstreit angesehen wird.

Schwerpunkte eines Finanzplans kann man mit Hilfe von Prioritätskennziffern (für erwünschte Entwicklungen) und Akzeptanzkennziffern (für nur unwillig hingenom-

Übersicht I-8: Finanzplan des Bundes 2006 bis 2010

	Soll 2006	Entwurf 2007	Finanzplan 2008	2009	2010
	Mrd. €				
I. Ausgaben	**261,1**	**267,6**	**274,3**	**274,9**	**276,8**
II. Einnahmen	**261,1**	**267,6**	**274,3**	**274,9**	**276,8**
darunter:					
Steuereinnahmen	194,0	214,5	218,2	226,0	231,1
Sonstige Einnahmen	29,4	31,1	34,6	27,9	25,2
Nettokreditaufnahme	38,2	22,0	21,5	21,0	20,5
5. Nachrichtlich: Ausgaben für Investitionen Ohne Betriebsmitteldarlehen an die Rentenversicherung	23,2	23,5	23,4	23,6	23,3

Quelle: Vgl. Bundesministerium der Finanzen (2006, S. 15).

mene Entwicklungen) sichtbar machen. Wie in einem Bericht des Verfassers über das Management der deutschen Wiedervereinigung an einem konkreten historischen Beispiel gezeigt wird (Grossekettler, 1996), errechnet man solche Kennziffern, indem man für eine Ausgaben- oder Einnahmenart I von einem Regressionsansatz der Form $I = a\,S^{\varepsilon}$ ausgeht (S = Ausgaben- bzw. Einnahmensumme). Hierin stellt ε die Strukturelastizität dln I/dln S dar, d. h. das Verhältnis der Wachstumsraten von I und S. Multipliziert man ε mit dem Gewicht von I im betrachteten Haushaltsjahr, erhält man eine Kennziffer, die zeigt, wie „anstrengend" die geplante Veränderung politisch gesehen ist. Will man eine bereits gewichtige Ausgabe überproportional wachsen lassen, zeigt die errechnete Kennziffer als Prioritätskennziffer deshalb einen Schwerpunkt an; wächst eine unerwünschte und gewichtige Kategorie wie z. B. die Nettokreditaufnahme, zeigt die errechnete Kennziffer als Akzeptanzkennziffer dagegen, was politisch nolens volens hingenommen wird. Die Strukturelastizität ε für die Nettokreditaufnahme N in *Übersicht I-8* ergibt sich aus den Werten für N und für die Gesamteinnahmen E über den Ansatz $N = a\,E^{\varepsilon}$ und die Regressionsschätzung $\ln N = 58{,}94 - 9{,}95 \ln E$ mit $R^2 = 0{,}77$ ($\rho < 0{,}05$) zu $\varepsilon = -9{,}95$. Bei $N_{07} = 22{,}0$ und $E_{07} = 267{,}6$ ergibt sich ein N-Gewicht in Höhe von 0,08 und damit eine Akzeptanzkennziffer in Höhe von $0{,}08 \cdot (-9{,}95) = -0{,}8$. Dies verdeutlicht, dass man sich im Finanzplan 2007 einen Abbau der Nettoneuverschuldung vorgenommen hat. Solch ein Abbauwunsch ist für die neueren Finanzpläne typisch; eingetreten ist aber oft das Gegenteil.

3.2.3. Wirtschaftlichkeitsuntersuchungen

Die Haushalts- und die Finanzplanungen gestatten nur eine sehr eingeschränkte Effizienzkontrolle, weil sie nicht Nutzen bzw. Leistungen und Kosten, sondern lediglich Ausgaben und vor allem Steuereinnahmen (nicht Leistungserträge) sichtbar machen. Für größere Investitionsprojekte (und in Zukunft auch für kostenträchtige Gesetzesvorhaben) soll diesem Mangel durch Wirtschaftlichkeitsuntersuchungen abgeholfen werden, vor allem durch Kosten-Nutzen-Analysen (K-N-Analyse, cost-benefit analysis), Kosten-Wirksamkeits-Untersuchungen (K-W-Analyse, cost-effectiveness analysis) und Nutzwertanalysen (N-W-Analyse, use-value analysis). Diese Rechnungen ähneln Investitionsrechnungen und Projektbewertungsverfahren, wie sie in der Privatwirtschaft üblich sind. Man kann sie zur Bewertung einzelner Projekte oder auch zur Auswahl von Projekten anwenden, die sich ausschließen. Wie in der betriebswirtschaftlichen Literatur ausführlich diskutiert, sollte man bei einem Projektvergleich aber nur Projekte mit einem vergleichbar großen Kapitalbindungsumfang und einer vergleichbaren Kapitalbindungsdauer gegenüberstellen oder die Vergleichbarkeit durch Einbeziehung von Differenzinvestitionen herstellen. Beachtet man dies nicht und vergleicht man z. B. ein 40-Mio.-Projekt mit einem 100-Mio.-Projekt, wird der Vergleich indirekt entscheidend dadurch beeinflusst, was man mit den 60 Mio. Euro angefangen hätte, die beim ersten Projekt übrigbleiben.

Welche Schritte man bei den verschiedenen Analysen durchlaufen muss, wird in den *Übersichten I-9* und *I-10* dargestellt. Die ersten sechs Schritte sind für alle Analyseformen gleich. Zeigt sich dann, dass das Gros der N- und K-Komponenten nicht monetär bewertbar ist, empfiehlt sich eine reine N-W-Analyse (Schritte 1 bis 7 und 10 bis 15 in I-10); ist das Gros der K-Komponenten dagegen monetär bewertbar, liegt eine K-W-Analyse nahe (Schritte 1 bis 15 in I-10), ist zusätzlich auch das Gros der Nutzenkomponenten monetär erfaßbar, ist eine K-N-Analyse angebracht (Schritte 1 bis 11 in I-9). Das Schema von K-N-Analysen ist darüber hinaus ein Grundschema für weitere Analysen, z. B. Technologiefolgenabschätzungen und Umweltverträglichkeitsprüfungen.

Mit den Analysen (vor allem mit Bewertungs- und Diskontierungsfragen in K-N-Analysen) sind viele Spezialprobleme verbunden (Hansmeyer/Rürup, 1993; Hanusch, 1994). Im Folgenden werden nur die Grundzüge der Analysen erläutert.

Das in Schritt 2 zu konkretisierende Zielsystem sollte beim Vergleich konkurrierender Projekte für alle Projekte einheitlich sein. Zeigt sich dann, dass manche Projekte im Hinblick auf manche Teilziele keinen Beitrag erbringen, erhöht das den Aussagewert von Vergleichen. Beschäftigungspolitische Gesichtspunkte können in aller Regel vernachlässigt werden, denn die Beschäftigungseffekte verschiedener Projekte unterscheiden sich meist kaum (vergleichbare Investitionen haben vergleichbare Beschäftigungseffekte); und wird ein betrachtetes Projekt nicht durchgeführt, kann man außerdem davon ausgehen, dass die eingesparte Investitionssumme für ein anderes (nicht genanntes) Projekt mit wiederum vergleichbaren Beschäftigungseffekten ausgegeben (und nicht etwa stillgelegt) wird. Ähnliches gilt für verteilungspolitische Effekte. Welche Gruppen werden mehr begünstigt, wenn die Umgehungsstraße für eine Gemeinde statt durch einen Tunnel über eine Hochbrücke führt? Sollen beschäftigungs- oder verteilungspolitische Effekte aber berücksichtigt werden, sollte man sie als eigenständige Teilziele behandeln, für die sogenannte Präferenzen anzugeben sind (d. h. Euro-Beträge, die z. B. zeigen, was es den Bundespolitikern wert wäre, wenn eine Autobahn in Ostdeutschland gebaut wird, die haushaltsmäßig in Konkurrenz zu einer vergleichbaren Autobahn in Westdeutschland steht).

In Schritt 3 muss u. a. festgelegt werden, welche Effekte vernachlässigt werden sollen. Das hängt vom Standpunkt des Auftraggebers ab: Eine Gemeinde wird aus ihrer egoistischen Sicht vielleicht verbandsexterne Effekte (Abschnitt 2.1.3.) vernachlässigt wissen wollen, die vom regional-, volks- oder weltwirtschaftlichen Standpunkt aus durchaus wichtig wären.

In Schritt 4 tauchen drei Paare von N-K-Komponenten auf: Tangible Komponenten sind in Geldeinheiten bewertbar, intangible nicht. Man sollte nicht vorschnell zur Klassifikation „intangibel“ greifen; welchen Einfluss die Lärmemissionen einer Autobahn auf Häuserpreise in der Umgebung haben, weiß man z. B. aus Erfahrung, und dies bietet einen guten Ansatz zur Bewertung dieser negativen externen Effekte. Erwartete Unfalltote sollte man dagegen nicht nach unterbliebenen Sozialproduktsbeiträgen bewerten; zwar müssen die Politiker z. B. letztlich entscheiden, welche Präferenz in Euro sie einer Reduktion der Unfallraten zuweisen, aber sie sollten das explizit tun und diese Bewertung nicht in der Angabe eines Nettonutzens verstecken. Direkte N-K-Komponenten sind solche, die einem Spezialverband von Interessenten zufließen würden (z. B. Binnenschiffern, die einen Kanal nutzen), indirekte dagegen solche, welche verbandsextern anfallen (z. B. bei den Bauern, an deren Höfen der Kanal vorbeiführt). Pekuniäre N-K-Komponenten betreffen verteilungspolitische Folgen

Übersicht I-9: Ablaufschema zu Kosten-Nutzen-Analysen

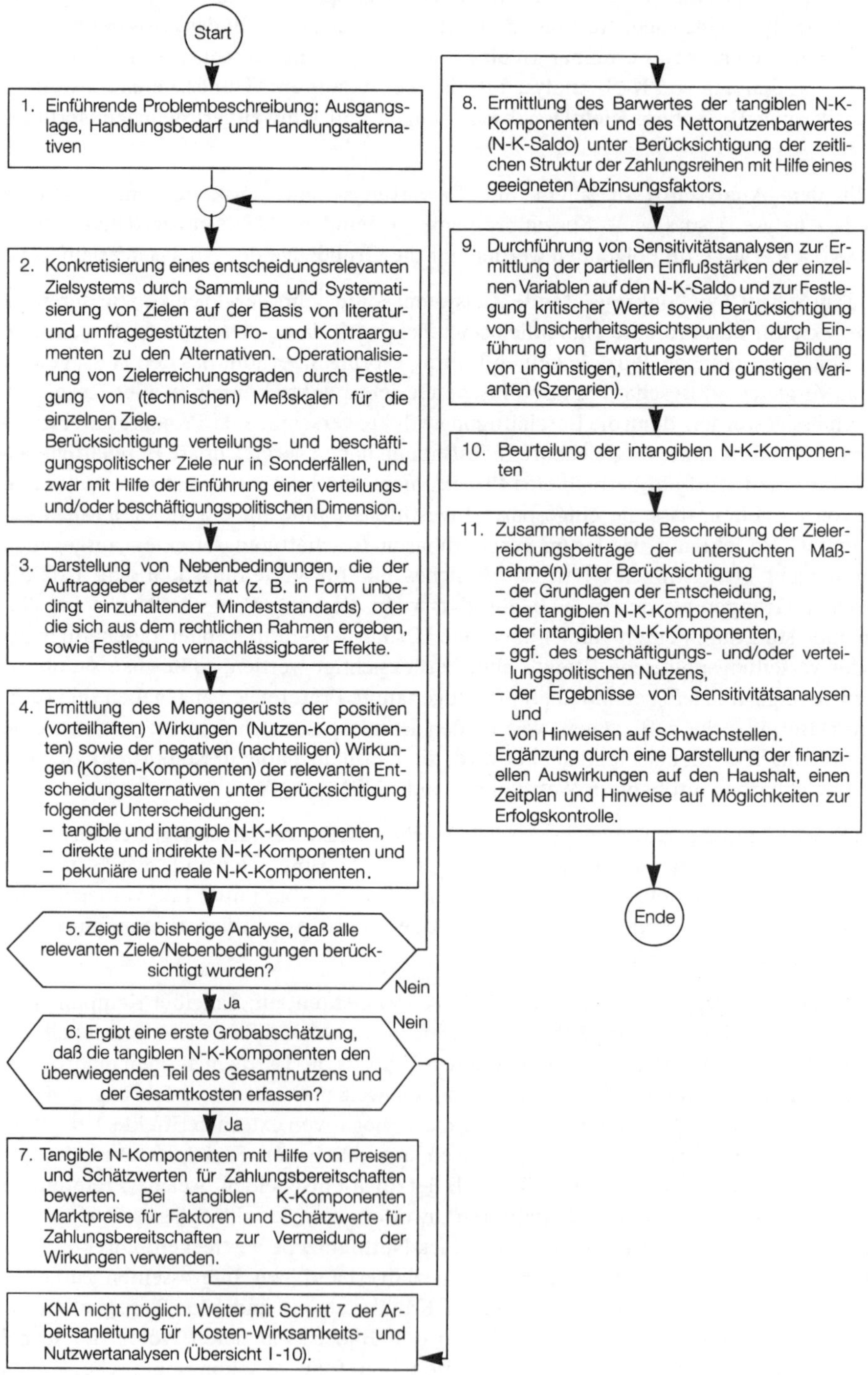

Übersicht I-10: Ablaufschema zu Kosten-Wirksamkeits- und Nutzwertanalysen

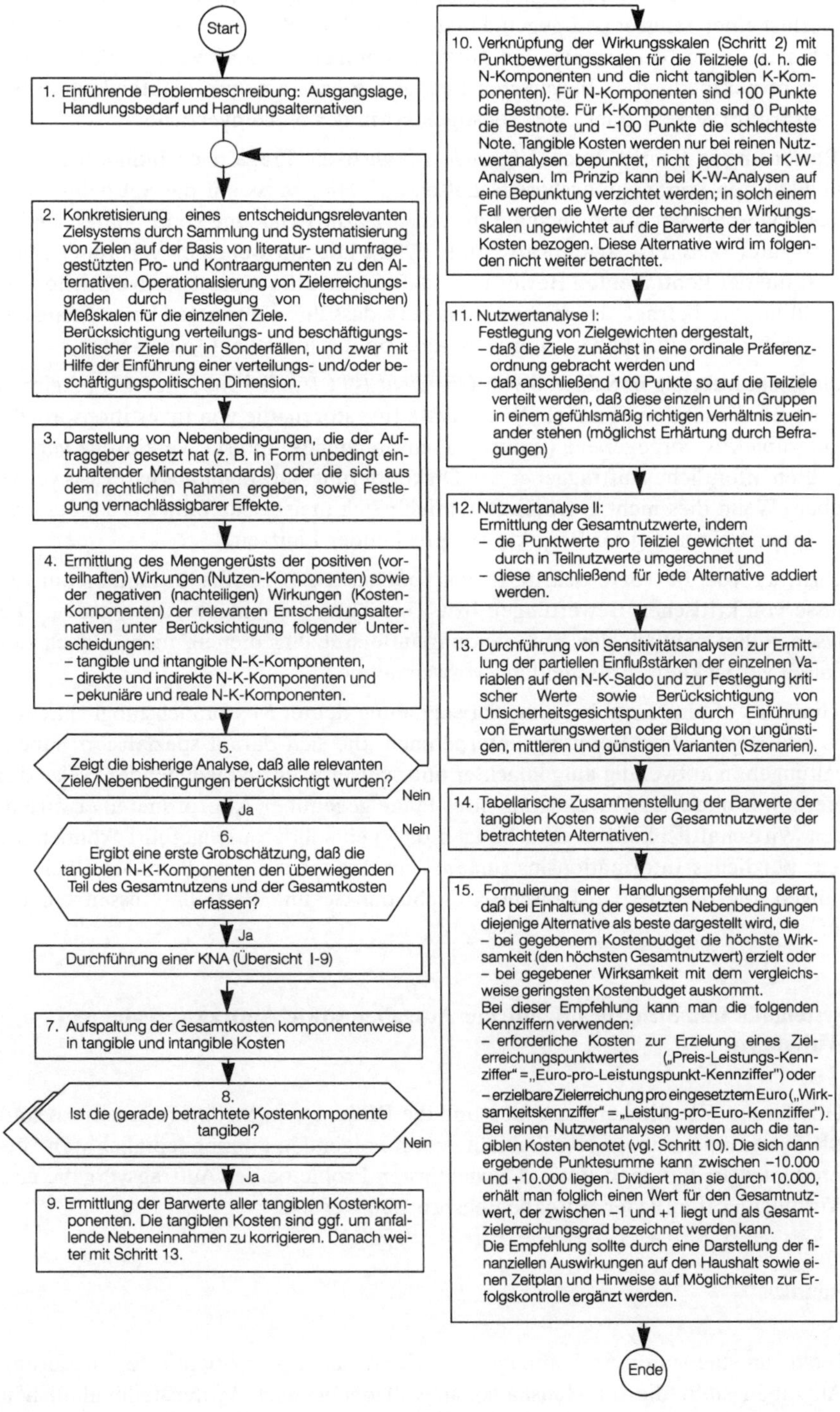

für Teilgruppen der Bevölkerung und können aus gesamtwirtschaftlicher Sicht meist vernachlässigt werden, weil dem Einkommensgewinn einer Teilgruppe 1 ein Einkommensverlust einer Teilgruppe 2 gegenübersteht. Reale N-K-Komponenten sind Abbild des Schaffens oder Vernichtens von Nutzenpotentialen gesamtwirtschaftlicher Art, d. h. von projektbedingten, bewerteten Leistungen bzw. einem projektbedingten bewerteten Faktorverzehr oder einer sonstigen Form des Nutzenverzichts.

Die Bewertung in Schritt 7 von *Übersicht I-9* wirft die Frage nach Indikatoren und Hilfsindikatoren von Zahlungsbereitschaften auf. Hier muss auf die Spezialliteratur verwiesen werden, vor allem auch auf die Ansätze zur Erfassung von Präferenzen für Kollektivgüter (z. B. POMMEREHNE/RÖMER, 1992). Die am weitesten verbreitete Methode ist die der kontingenten Bewertung. Dabei wird eine repräsentative Stichprobe von Wahlbürgern befragt, denen man versichert, dass ihre Antworten keine finanziellen Folgen für sie selbst haben, sehr wohl aber politisch relevant sein werden.

Auf die Diskontierung in Schritt 8 von *Übersicht I-9* (bzw. Schritt 9 in *I-10*) reagieren Rechnungen oft sehr empfindlich. Wie private Investoren, die von Investitionsprojekten eine subjektiv vorgegebene (unternehmensabhängige) interne Verzinsung verlangen, sollten öffentliche Auftraggeber den Diskontierungssatz ebenfalls expressis verbis vorgeben. Wenn dies nicht geschieht, empfiehlt sich meist eine Wahl der landestypischen Normalverzinsung für Projekte entsprechender Laufzeit.

In Schritt 11 von *I-9* (bzw. Schritt 15 von *Übersicht I-10*) sollte besonders auf die Einflüsse von kritischen Bewertungen bzw. Gewichtungen hingewiesen werden. Die Analysen sollen nämlich der Entscheidungsunterstützung dienen, nicht jedoch der „technisch verpackten" Entscheidungsvorwegnahme.

Der Hinweis auf eine Entscheidungsvorwegnahme deutet Missbrauchsmöglichkeiten an. Es gibt sogar schon Beratungsunternehmen, die sich darauf spezialisiert haben, Verwaltungen in aufwendig aufgemachter und schwer nachzuvollziehender Weise das zu liefern, was diese zur Verteidigung ihrer Pläne gegenüber Abgeordneten erwarten. Werden Wirtschaftlichkeitsuntersuchungen dagegen solide durchgeführt, können sie ein sehr nützliches Informationsinstrument sein. Sie weiten vor allem den Blick für Wirkungen, die über rein fiskalische Gesichtspunkte und Partialinteressen hinausgehen.

3.3. Systematik und Struktur öffentlicher Ausgaben sowie Auftragsvergabe und Wirkungen

Die Gliederung öffentlicher Ausgaben und die Bildung von Strukturkennziffern sind wie alle Systematisierungen zweckabhängig. Im Folgenden können lediglich weit verbreitete Untergliederungen sowie die wichtigsten Probleme der Auftragsvergabe und der Wirkungen öffentlicher Ausgaben besprochen werden.

Systematik

Eine erste, an staatsinternen Planungs- und Kontrollzwecken orientierte Gliederung der Ausgaben stellt die im Haushaltsplan vollzogene nach kostenstellenähnlichen

Verwaltungsbereichen (Einzelpläne und Kapitel), kostenartenähnlichen Ausgabengruppen (Titeln) und kostenträgerähnlichen Leistungsarten (Funktionen) dar. Hat man die finanzpolitischen Einflüsse des Staates auf die Volkswirtschaft insgesamt vor Augen, empfiehlt sich dagegen eine an den staatlichen Grundaufgaben orientierte Gliederung in Transformationsausgaben, die vor allem Allokationswirkungen haben, Transferausgaben, die vor allem (aber nicht nur) Distributionswirkungen entfalten, sowie Ausgaben mit schnellen Einkommens- und verzögerten Kapazitätseffekten einerseits und Ausgaben mit schnellen Kapazitäts- und verzögerten Einkommenseffekten andererseits, die für stabilisierungspolitische Expansions- bzw. Kontraktionsmaßnahmen wesentlich sind. Die Transformationsausgaben umfassen Ausgaben, denen in der gleichen Periode eine Gegenleistung gegenübersteht. Sie können nach verausgabenden Stellen und danach unterteilt werden, ob sie einen mehr investiven oder mehr konsumtiven Charakter haben und ob es sich um Personal- oder Sachausgaben handelt. Diese Untergliederungen sind kombinier- und verfeinerbar und für die Wirkungsanalyse relevant. Bauausgaben des Bundes entfalten z. B. schnell bundesweite Einkommens- und verzögerte Kapazitätswirkungen. Dies könnte im Rahmen eines Ausgabenstrukturmanagements im Prinzip zur Konjunkturanregung genutzt werden. Transferausgaben sind solche, denen in der gleichen Periode keine Gegenleistung gegenübersteht, insbesondere also Sozialtransfers in Form von Pensionen und Renten sowie Subventionszahlungen an Unternehmen. Eine Systematik, die den vorstehenden Überlegungen nahekommt, findet man regelmäßig im Finanzbericht, und zwar in den jeweiligen Erläuterungen zum aggregierten Öffentlichen Gesamthaushalt.

Ausgabenstruktur

Das Verhältnis von Teilausgaben zu Gesamtausgaben kann man mit Hilfe von Strukturkennziffern beschreiben. Die wichtigsten Kennziffern dieser Art sind nach Gebietskörperschaften getrennte Gewichte (Quoten), Wachstumsraten, Strukturelastizitäten und Prioritätskennziffern.

Verwendet man Daten aus der Finanzstatistik, kann man Gewichte bilden, indem man alle Ausgaben einer Art i (A^i) ins Verhältnis zur Summe S der um Zahlungen innerhalb gleicher Ebenen bereinigten Ausgaben ohne besondere Finanzierungsvorgänge setzt (den sogenannten Bereinigten Ausgaben) oder zur Summe der Nettoausgaben. Dies sind Bereinigte Ausgaben abzüglich der Zahlungen von anderen öffentlichen Bereichen; sie zeigen die aus eigenen Einnahmequellen zu finanzierenden Ausgaben einer Ebene an. Wachstumsraten lassen sich sowohl für die einzelnen Ausgabenarten (g^i) als auch für die Ausgabensumme (g^s) berechnen. Strukturelastizitäten erhält man als Quotienten der Wachstumsraten g^i und g^s. Ermittelt man diese Strukturelastizitäten aus den Trendwerten für einen Finanzplanungszeitraum t-1 bis t+3 und gewichtet man sie mit den Gewichten der jeweiligen Ausgabenarten im zugehörigen Haushaltsjahr t, ergeben sich Prioritätskennziffern. Wie in Abschnitt 3.2.2. dargelegt, spricht man bei Kennziffern für an sich unerwünschte Ausgaben (wie z. B. Zinsausgaben) zweckmäßigerweise von Akzeptanzkennziffern.

Die Funktionsgewichte für die einzelnen Gebietskörperschaften in *Übersicht I-11*

Übersicht I-11: Ausgabenstruktur: Hauptträger wichtiger Staatsaufgaben und Hauptaufgaben der Gebietskörperschaften 2003

Aufgabengebiete	Einheit[1]	Aufgabenträger			Gesamtnettoausgaben[2] für das Aufgabengebiet[3]:
		Bund	Länder	Gemeinden	
Verteidigung	Mio. €	24.409	–	–	24.409
	v. H. →	100,00	–	–	100,00
	v. H. ↓	8,81	–	–	–
Öffentliche Sicherheit und Ordnung	Mio. €	2.430	12.646	6.158	21.274
	v. H. →	11,42	59,44	28,75	100
	v. H. ↓	0,88	5,80	6,09	–
Schulen und vorschulische Bildung	Mio. €	43	40.309	10.012	50.348
	v. H. →	0,09	80,06	19,89	100
	v. H. ↓	0,02	18,50	9,91	–
Hochschulen	Mio. €	2.135	18.190	–	20.325
	v. H. →	10,50	89,50	–	100,00
	v. H. ↓	0,77	8,35	–	–
Soziale Sicherung	Mio. €	118.657	24.135	39.834	566.076
	v. H. →	20,96	4,26	7,04	32,26
	v. H. ↓	42,81	11,08	39,42	–
Gesundheit, Umwelt, Sport und Erholung	Mio. €	1.048	5.602	7.213	15.079
	v. H. →	6,95	37,15	47,83	91,94
	v. H. ↓	0,38	2,57	7,14	–
Verkehr und Nachrichtenwesen	Mio. €	10.088	5.473	6.649	22.265
	v. H. →	45,31	24,58	29,86	100
	v. H. ↓	3,64	2,51	6,58	–
Gesamtnettoausgaben der Gebietskörperschaften	Mio. €	277.184	217,862	101.048	1.003.307
	v. H. →	27,63	21,71	10,07	59,41
	Σ v. H.	57,29	48,82	69,14	–

[1] Obere Prozentzahl = Anteil einer Gebietskörperschaft an den Gesamtausgaben für ein Aufgabengebiet; untere Prozentzahl = Anteil der Ausgaben für ein Aufgabengebiet an den Gesamtausgaben einer Gebietskörperschaft.
[2] Die Nettoausgaben zeigen die aus eigenen Einnahmequellen finanzierten Ausgaben.
[3] Weitere Aufgabenträger sind Lastenausgleichsfonds, Sozialversicherung und Zweckverbände, so dass sich die angegebenen Werte senkrecht u. z. T. a. waagerecht nicht zu 100 v. H. addieren.
Differenzen durch Runden.

Quelle: Eigene Zusammenstellung nach Statistisches Bundesamt (FS 14, R. 3.1, 2006, S. 15 ff.).

zeigen ebenso wie Anteile der einzelnen Gebietskörperschaften an der gesamtstaatlichen Funktionserfüllung, dass der Bund Tätigkeitsschwerpunkte in den Allokationsbereichen „Verteidigung" sowie „Verkehrs- und Nachrichtenwesen" sowie im Distributionsbereich „soziale Sicherung" hat, und die bisherigen Konjunkturprogramme verdeutlichen, dass er auch der Hauptträger der Stabilisierungspolitik ist. Die Länder sind dagegen vor allem für die Aufgabenbereiche „öffentliche Sicherheit und Ordnung" sowie „Schul- und Hochschulwesen" zuständig. Die Gemeinden stellen vor allem Einrichtungen in den Allokationsbereichen „Gesundheit, Sport und Erholung" sowie „kommunale Dienste" zur Verfügung. Sie tragen etwa zwei Drittel der öffentlichen Sachinvestitionen, sind aber auch im Distributionsbereich „soziale Sicherung" tätig.

Eine solche Aufgabenverteilung entspricht weitgehend der Theorie des finanzwirtschaftlichen Föderalismus und der ZMT-Regel (Abschnitt 2.4.). Wie bereits erläutert, sorgt die spezifisch deutsche Verteilung von Gesetzgebungs- und Verwaltungskompetenzen bei Ausgaben und Einnahmen zusammen mit der Verteilung der Ertragskompetenzen bei den Einnahmen aber für Politikverflechtung und Verantwortungsvermischung. Im Bereich der Sozialpolitik, die wegen ihres gestiegenen Gewichts heute auch in einem gesonderten Sozialbudget dargestellt wird, kommt es z. B. zu so typischen Folgen der Nichtbeachtung der ZMT-Regel und des Kongruenzprinzips wie der, dass die verschiedenen Zuständigkeitsträger sich jeweils auf Kosten der anderen zu entlasten versuchen (z. B. der Bund auf Kosten der Gemeinden).

Auftragsvergabe

Öffentliche Ausgaben sind Personal- oder Sachausgaben. Die Personalausgaben wiesen längere Zeit eine steigende Tendenz auf. Sie werden ab etwa 2020 wegen zusätzlicher Ruhegeldzahlungen explodieren und sind davon geprägt, dass das öffentliche Dienstrecht auf Tätigkeiten in der Hoheitsverwaltung zugeschnitten ist (Abschnitt 2.1.4.), tatsächlich aber auch – und das ist ökonomisch falsch – in darüber hinausreichenden Gebieten der Leistungsverwaltung angewandt wird.

Bei den Sachausgaben sind die Besonderheiten des Behördeneinkaufs bei der Vergabe öffentlicher Aufträge zu beachten. Die öffentliche Hand sollte versuchen, preiswert einzukaufen und die Marktprozesse auch beim Vorhandensein eigener Marktmacht nicht zu verzerren. Zusätzlich zu diesen unbestrittenen Allokationszielen hat die Praxis auf Drängen von Lobbyisten jedoch distributive und stabilisierungspolitische Nebenziele entwickelt, die über sogenannte Präferenzregelungen erfüllt werden sollen, welche gegen die ZMT-Regel verstoßen. Es gab und gibt z. B. (nach neuem EG-Recht z. T. unzulässige) Präferenzregelungen für Lieferanten, die einen hohen Prozentsatz von Behinderten oder Frauen beschäftigen oder bestimmten Umwelt- und/oder Arbeitsschutzforderungen genügen. Dies führt zu nahezu willkürlichen Bevorzugungen von Lieferantengruppen in den Präferenzbereichen, zu Scheingründungen und Korruptionsversuchen sowie zu einer Verzettelung von Mitteln und Ineffizienzen in bezug auf alle genannten Ziele.

Angesichts der Missbrauchsmöglichkeiten des öffentlichen Einkaufs besteht eine wichtige Besonderheit darin, dass es Vorschriften gibt, welche die Auftragsvergabe mit dem Ziel regulieren, nationale und internationale Wettbewerbsverzerrungen zu vermeiden. Sie sind seit 1999 in einem eigenen Teil des Gesetzes gegen Wettbewerbsbeschränkungen geregelt und verlangen, dass Aufträge im Normalfall über Ausschreibungsverfahren vergeben werden und dass eine sogenannte Freihandvergabe auf der Basis von Markt-, Fest- oder gar Kostenpreisen nur den Ausnahmefall darstellen soll. Bei den gleich zu erläuternden Ausschreibungsarten soll die öffentliche Ausschreibung den Vorrang vor einer Ausschreibung auf der Basis einer offenen Präqualifizierungsliste für Unternehmen haben und diese wiederum den Vorrang vor einer auf ausgewählte Unternehmen beschränkten Ausschreibung. Außerdem soll es einen EU-weiten Zugang geben.

In der Praxis dominierte in der Vergangenheit die Freihandvergabe unter Vereinbarung von Kostenpreisen, die eigentlich nachrangig sein sollte. Zum Teil liegt das auch an bestimmten Problemen, die mit Ausschreibungen typischerweise verbunden sind: (1) Bestandteil des Ausschreibungstextes sollte (was vielfach sehr schwer zu erfüllen ist) eine funktionale – d. h. an vom Nachfrager gewünschten Eigenschaften orientierte – Leistungsbeschreibung sein. Das fördert nämlich im Gegensatz zu herstellungsorientierten oder gar an herkömmlichen Produkten orientierten Beschreibungen neuartige Lösungen und reduziert das Auswahlproblem auf die Preisdimension. (2) Die Unternehmen sollten einen Anreiz haben, ihren tatsächlichen Grenzkostenpreis zu nennen. Das ist nur der Fall, wenn der billigste Bieter zum Preis des zweitbilligsten liefern darf; das ist nach heutigem Recht nicht zulässig, obwohl es den Zusatzvorteil hätte, dass Kostenunterschätzungen (wie sie gerade bei den billigsten Anbietern am wahrscheinlichsten sind) über eine Art Sicherheitspolster gemildert würden. (3) Die Anbieter sollten zuverlässig sein, was über die in der EU vorgeschriebene Präqualifizierungsliste zwar erreicht werden kann, jedoch Vorarbeiten erfordert, welche zu nicht unerheblichen Blöcken von fixen Transaktionskosten führen können. Es müssen nämlich alle Unternehmen überprüft werden, die sich für die Aufnahme in die Liste bewerben, damit ihnen bei einschlägigen Ausschreibungen die Unterlagen zugeschickt werden und sie bietberechtigt sind.

Wirkungen

Weil alle Ausgaben finanziert werden müssen, können die Wirkungen von Staatsausgaben als solche nicht isoliert betrachtet werden. Je nach Lösung des Finanzierungsproblems kann man zwei Grundtypen von Wirkungen unterscheiden: Budgetwirkungen und Differentialwirkungen. Von Budgetwirkungen spricht man, wenn ein Beschluss über zusätzliche Ausgaben mit einem Beschluss über zusätzliche Einnahmen gekoppelt wird, wenn also eine Budgetverlängerung eintritt. Ein solches Paket kann Allokations-, Distributions- und Stabilisierungswirkungen entfalten. Allokationswirkungen ergeben sich in Form von Änderungen der Verwendungs-, Preis- und Erwartungsstruktur und den davon abhängigen Anreiz- und Substitutionseffekten, Distributionswirkungen zeigen sich in Änderungen der Einkommensverteilung, und Stabilisierungswirkungen kommen unter bestimmten Bedingungen in HAAVELMO-Effekten und Verschuldungseffekten zum Ausdruck.

Von Differentialwirkungen spricht man, wenn eine Ausgabenart 1 bei Konstanz der Einnahmen durch eine Ausgabenart 2 ersetzt und damit „verzichtsfinanziert" wird. Auch hier ergeben sich Allokations-, Distributions- und Stabilisierungswirkungen. Ersetzt man (wie in Deutschland nun schon längere Zeit) investive durch konsumtive Ausgaben, verschlechtert sich langfristig die Infrastruktur, und es unterbleiben vielleicht auch private Investitionen, weil es an den komplementären öffentlichen Investitionen fehlt. Dies wirkt wachstumshemmend. Ersetzt man dagegen z. B. Transformations- durch Transferausgaben, ergeben sich nicht nur Umverteilungseffekte, sondern unter bestimmten Bedingungen auch negative Multiplikatorwirkungen, denn der Transferausgabenmultiplikator entspricht dem negativen Steuermultiplikator und ist ceteris paribus kleiner als der Transformationsausgabenmultiplikator.

Im Einzelnen kann man sowohl die Budget- als auch die Differentialwirkungen von Ausgabenvariationen nur in konkreten Fällen abzuschätzen versuchen. Transferzahlungen im öffentlichen Bereich und zwischen dem öffentlichen und dem privaten Bereich haben z. B. nicht nur Einkommens-, sondern auch Substitutionseffekte. So wirken etwa zweckgebundene Zuweisungen im Rahmen des Finanzausgleichs wie Preisänderungen (haben also auch einen Substitutionseffekt), und für Subventionen mit Verwendungsauflagen gilt das gleiche. Die verästelten Wirkungen größerer Änderungen versucht man mit Hilfe des Einsatzes von totalanalytischen Regressionsmodellen zu erfassen (AGE-Modelle = applied general equilibrium models). Deren Leistungsfähigkeit ist umstritten, weil die Modelle zwar immer irgendwelche Rechenergebnisse und bei Ex-post-Spezifikationen oft auch einen guten „fit" liefern, ihre Ergebnisse aber nicht mit Hilfe grundsätzlich anderer Messmethoden kontrolliert werden können. Man könnte lediglich prüfen, ob die Folgen einer Wiederholung von Maßnahmen in der Realität ebenfalls zu den Modellprognosen passen, und zwar ohne nachträgliche Spezifikationsänderungen bei den Modellen. Wegen des Auftretens von Strukturbrüchen dürfte dies nicht gerade der Regelfall sein. Auf solchen Modellen aufbauende Politikempfehlungen sind deshalb problematisch.

4. Positive Analyse des Einnahmeverhaltens der öffentlichen Hand

4.1. Rechtsgrundlagen, Systematik und Struktur der öffentlichen Einnahmen

Öffentliche Einnahmen nennt man die Gesamtheit der Finanzmittel, die öffentlichen Haushalten zur Deckung ihrer Ausgaben zur Verfügung stehen. Dass sie getrennt von den öffentlichen Auf- und Ausgaben betrachtet werden, liegt – wie wiederholt betont – daran, dass der heutige Staat primär Steuerstaat ist und dass Steuern Einnahmen darstellen, die grundsätzlich nicht zweckgebunden sind. Im 17. Jahrhundert etwa und vor allem vor dem 30jährigen Krieg war dies gänzlich anders. Damals galt nämlich das Fondssystem mit der Maxime, dass sich jede öffentliche Aufgabe nach Möglichkeit selbst finanzieren sollte.

Rechtsgrundlagen

Nach den rechtlichen Grundlagen kann man zwischen privat- und öffentlich-rechtlichen Einnahmen unterscheiden. Privatrechtliche Einnahmen sind solche, die der Staat wie eine Privatperson durch freiwillige Entscheidungen Privater erzielen kann, vor allem Kredite, Zinseinnahmen, freiwillige Gebühren und Beiträge, Erwerbseinkünfte, Veräußerungserlöse sowie Erbschaften oder Schenkungen. Öffentlich-rechtliche Einnahmen sind dagegen vor allem Abgaben, die kraft Abgabenrechts an öffentliche Haushalte abzuführen sind und entweder ohne spezielle Gegenleistung entrichtet werden (Steuern, Zölle, Abschöpfungen und Sonderabgaben) oder entgeltlicher Natur sind (Gebühren und Beiträge). Das Abgabenrecht ist Teil des Finanzrechts und umfasst insbesondere folgende Vorschriften: die einschlägigen Artikel des Grundgesetzes (vor allem Art. 105 bis 107) sowie des Gemeinschaftsrechts der EU, die

Abgabenordnung als Grundlage des Allgemeinen Steuerrechts, das Besondere Steuerrecht der einzelnen Steuern sowie die Kommunalabgaben-, Verwaltungskosten- und Gebührengesetze der Länder als Grundlagen für die Gebühren- und Beitragserhebung und die Abgabensatzungen der Kommunen. Zu den Abgaben hinzu treten Zuweisungen von anderen öffentlichen Haushalten im nationalen Bereich (z. B. Finanzausgleichszuweisungen) und internationalen Bereich (z. B. Zuweisungen und Erstattungen der EU) sowie sonstige Einnahmen, z. B. Bußgelder verschiedener Art. Nicht zu den öffentlichen Einnahmen zählt man geldwerte Leistungen, die der Staat erzwingt, also etwa den unbezahlten Teil des Wertes von Wehrdienstleistungen oder Hand- und Spanndienste, wie es sie in manchen Kommunen und Deichverbänden noch gibt, oder die Entrichtungskosten der Steuerpflichtigen. Bei diesen Gruppen von Zwangs-Realleistungen handelt es sich vielmehr um sogenannten versteckten öffentlichen Finanzbedarf.

Systematik

Die vorstehend genannten Gruppen öffentlicher Einnahmen fasst man entweder entsprechend der Finanzstatistik zusammen (die Einnahmen der laufenden und der Kapitalrechnung unterscheidet) oder zu Abgaben, Krediteinnahmen, Erwerbseinkünften und sonstigen Einnahmen.

Die Abgaben bestehen aus Steuern, Sonderabgaben, Beiträgen und Gebühren. Steuern sind generelle Zwangsabgaben ohne spezielle Gegenleistung. Sonderabgaben dienen der Finanzierung besonderer Aufgaben für besondere Gruppen von Bürgern. Beiträge im rechtlichen Sinn dienen der Kostenerstattung für Einrichtungen, durch die abgrenzbaren Gruppen von Bürgern besondere Vorteile verschafft werden, und Gebühren sind – rechtlich gesehen – Kostenerstattungen für Einzelleistungen der öffentlichen Hand in Form von Nutzungserlaubnissen (Benutzungsgebühren) und Verwaltungsleistungen (Verwaltungsgebühren). Die rechtliche Definition der auch als Vorzugslasten bezeichneten Entgelte (Gebühren und Beiträge) ist am Stand der Finanzwissenschaft zu Beginn des 20. Jahrhunderts orientiert und unterscheidet sich von der heutigen ökonomischen Auffassung einer Gebühr als Grenzkostenpreis und eines Beitrages als Optionspreis zur Deckung der Restkosten. Die Begriffe Krediteinnahmen und Erwerbseinkünfte sind nicht erklärungsbedürftig. Sonstige Einnahmen umfassen den Rest der oben aufgezählten Einnahmenarten.

Von überragender quantitativer Bedeutung und staatstypisch sind die Einnahmen aus Steuern, Entgelten (Gebühren und Beiträgen) und Krediten. Man kann sie nach den Interessen (1) des politisch-administrativen Systems und (2) der zahlenden Bürger sowie (3) nach dem gesamtwirtschaftlichen Interesse an Effizienz folgendermaßen kennzeichnen:

Steuern zeichnen sich (1) durch Regelmäßigkeit des Fließens, hohe Verwendungsbreite (in der Regel keine Zweckbindung) und Endgültigkeit der Finanzbedarfsdeckung aus (keine Finanzbelastung zukünftiger Haushaltsjahre). Soweit Zweckbindungen (wie z. B. bei der Mineralölsteuer) vorkommen, gelten die damit finanzierten Leistungen gleichwohl nicht als „Gegenleistungen", auf die – wie bei Entgelten – ein Anspruch besteht. Weiterhin zeichnen sich Steuern (2) durch eine Groborientierung an der

Leistungsfähigkeit der Zensiten aus, welche durch Vermögen, Einkommen oder Konsum indiziert wird. Darüber hinaus weisen sie (3) Substitutionseffekte auf, die bei den fiskalisch orientierten (also vor allem der Einnahmebeschaffung dienenden) Steuern aufgrund ihrer negativen Wohlfahrtseffekte unerwünscht sind (Verstöße gegen das Neutralitätspostulat und gegen den Wunsch nach Realisation eines Wohlfahrtsoptimums), während sie bei den sogenannten Ordnungs- oder Lenkungssteuern erwünscht sein können (z. B. weil sie – wie bei der Mineralölsteuer – der Internalisierung externer Effekte dienen).

Entgelte sind durch (1) Regelmäßigkeit des Fließens, faktische (wenn auch nicht haushaltsrechtliche) Zweckbindung an das Aufrechterhalten der zugehörigen Einrichtungen und somit eingeschränkte Verwendungsbreite sowie Endgültigkeit der Ausgabendeckung gekennzeichnet. Des weiteren zeichnen sie sich im Idealfall durch (2) Berücksichtigung des Äquivalenz-, nicht aber des Leistungsfähigkeitsprinzips und (3) Neutralität aus.

Krediteinnahmen stellen (1) an sich eine Sonderform der Finanzierung dar, wurden in der jüngeren Vergangenheit aber als regelmäßig fließende Finanzierungsmittel angesehen. Eine früher übliche Zweckbindung ist heute ungewöhnlich, die Ausgabendeckung nur vorläufig, so dass zukünftige Haushalte vorbelastet werden. (2) Äquivalenz- oder Leistungsfähigkeitsgesichtspunkte spielen keine Rolle. (3) Neutralität kann kurzfristig gegeben sein, während langfristig mit Substitutionseffekten aus Steuern zur Aufbringung des Kapitaldienstes gerechnet werden muss.

Struktur

Analog zur Struktur der öffentlichen Ausgaben beschreibt man auch die der Einnahmen mit Hilfe von Gewichten (Quoten), Wachstumsraten, Aufkommens- und Strukturelastizitäten. Bei manchen Fragestellungen (z. B. wenn bewusst Änderungen in der Struktur herbeigeführt werden sollen) können auch Prioritäts- bzw. Akzeptanzkennziffern verwendet werden. Die Berechnung entspricht derjenigen, die bei der Behandlung der Ausgabenstruktur dargestellt wurde (Abschnitt 3.3.). Da die Bereinigten Einnahmen der Finanzstatistik die Krediteinnahmen nicht enthalten, muss man zur Bildung einer Berechnungsbasis noch die Nettoneuverschuldung (also den Saldo zwischen der Schuldenaufnahme und der Schuldentilgung am Kapitalmarkt) hinzunehmen. Da die Bereinigten Einnahmen nicht um Zahlungen zwischen den Ebenen bereinigt sind, können sie allerdings nur ebenenspezifisch verwendet werden. Will man den gesamten öffentlichen Bereich analysieren, muss man sich deshalb auf die Nettoeinnahmen in den Zahlen zum Öffentlichen Gesamthaushalt beziehen, die in der Fachserie 14 (Reihe 3.1) des Statistischen Bundesamtes veröffentlicht werden.

Unter der Aufkommenselastizität einer Einnahme versteht man das Verhältnis von deren Wachstumsrate (g_i) zur Wachstumsrate einer Bruttoinlandsproduktgröße, z. B. des Bruttonationaleinkommens (g_Y). Hat eine Einnahme – wie z. B. die Einkommensteuer – eine indirekt vom Sozialprodukt abhängige Bemessungsgröße B und einen von der Bemessungsgröße abhängigen Erhebungssatz t, gilt:

$$T = t(B) \cdot B(Y).$$

Differenzieren nach der Zeit und Division durch die Ausgangswerte liefert als Wachstumsraten:

$$g_T = g_t + g_B.$$

Hieraus gewinnt man durch Division durch g_Y und Erweitern:

$$\frac{g_T}{g_Y} = \frac{g_t}{g_Y} + \frac{g_B}{g_Y} = \frac{g_t}{g_B}\frac{g_B}{g_Y} + \frac{g_B}{g_Y} = (\frac{g_t}{g_B} + 1)\frac{g_B}{g_Y}$$

oder unter Verwendung von Elastizitätsbezeichnungen:

$$\epsilon_{(T/Y)} = (\epsilon_{(t/B)} + 1)\epsilon_{(B/Y)}.$$

Die Aufkommenselastizität in bezug auf das Bruttoinlandsprodukt $\epsilon_{(T/Y)}$ hängt also von der Satzelastizität in bezug auf die Bemessungsgrundlage und der Elastizität der Bemessungsgrundlage in bezug auf das Bruttoinlandsprodukt ab. Hat die Satzelastizität (wie z. B. bei Proportionalsteuern) den Wert Null, gilt $\epsilon_{(T/Y)} = \epsilon_{(B/Y)}$. Da Elastizitäten kurzfristig stark zu schwanken pflegen, ist es sinnvoll, sie aus Trend- oder Regressionsgleichungen zu berechnen. In Abhängigkeit von der Fragestellung muss man dabei entscheiden, ob eine Bereinigung um Rechtsänderungen erforderlich ist. Als unbereinigte Elastizität der Gesamteinnahmen des Öffentlichen Gesamthaushalts in Bezug auf das Bruttoinlandsprodukt Y erhält man für die Jahre 1992 bis 2006 aus den Daten des Finanzberichts 2007 (S. 128) z. B. die Regressionsschätzung

$$\ln E = 3{,}58 + 0{,}36 \ln Y \text{ mit } R^2 = 0{,}63 \ (\rho < 0{,}001)$$

und damit $\epsilon_{(E/Y)} = 0{,}36$. Elastizitätsberechnungen wie diese benutzt man neben anderen Instrumenten im „Arbeitskreis Steuerschätzung“, um auf der Basis einer Projektion das Steueraufkommen zu prognostizieren (Abschnitt 3.2.2.).

Wie hoch die jeweiligen Einnahmen 2003 waren, wie sie sich absolut und relativ über die Gebietskörperschaften verteilt haben und wie sich die Einnahmen der Gebietskörperschaften absolut und relativ zusammengesetzt haben, kann man der *Übersicht I-12* entnehmen. Die für alle Ebenen wichtigsten Einnahmen sind die Steuern. Sie decken rund 72 v. H. der Ausgaben der Gebietskörperschaften, allerdings mit fallender Tendenz. Die Krediteinnahmen hatten bei den Gebietskörperschaften einen Anteil von etwa 11,51 v. H., die Sonstigen Einnahmen eine Höhe von 12,44 v. H.; die Entgelte machten rd. 4 v. H. aus, bei den Gemeinden, die etwa zwei Drittel aller Entgelte der Gebietskörperschaften einnehmen, allerdings gut 17 v. H. Die Sonstigen Einnahmen enthalten vor allem Erwerbseinkünfte und Veräußerungserlöse.

Wirkungen

Anders als bei den Ausgaben sollen die Wirkungen der einzelnen Einnahmearten nicht generell, sondern nach Arten getrennt behandelt werden (Abschnitte 4.2. und 4.3.). Auch hier können Budget- und Differentialwirkungen sowie Allokations-, Distributions- und Stabilisierungseffekte unterschieden werden.

Übersicht I-12: Einnahmenstruktur der Gebietskörperschaften 2003

Arten von Nettoeinnahmen sowie Nettoneuverschuldung	Einheit[1]	Ebene[2]			Gesamteinnahmen der Gebietskörperschaften
		Bund	Länder	Gemeinden/ Gemeindeverbände	
Entgelte	Mio. €	2.260	5.251	16.304	23.815
	v. H. →	9,49	22,05	68,46	100,00
	v. H. ↓	0,82	2,45	17,26	4,07
Steuern	Mio. €	213.947	160,604	46.851	421.402
	v. H. →	50,77	38,11	11,12	100,00
	v. H. ↓	77,33	74,94	49,61	71,98
Nettoneuverschuldung	Mio. €	38.648	26.932	1.788	67.368
	v. H. →	57,37	39,98	2,65	100,00
	v. H. ↓	13,97	12,57	1,89	11,51
Sonstige Nettoeinnahmen	Mio. €	21.802	21.526	29.493	72.821
	v. H. →	29,94	29,56	40,50	100,00
	v. H. ↓	7,88	10,04	31,23	12,44
Gesamtnettoeinnahmen (Nettoeinnahmen + Nettoneuverschuldung)	Mio. €	276.657	214.313	94.436	585.406
	v. H. →	47,26	36,61	16,13	100,00
	Σ v. H.	100,00	100,00	100,00	100,00

[1] Obere Prozentzahl = Anteil einer Gebietskörperschaft an den Gesamteinnahmen der Einnahmeart; untere Prozentzahl = Anteil der Einnahmen an den Gesamteinnahmen einer Gebietskörperschaft.
[2] Bund ohne Sozialversicherung und Sondervermögen, Länder und Gemeinden jeweils mit Krankenhäusern.

Quelle: Eigene Zusammenstellung nach Statistisches Bundesamt (FS 14, R. 3.1, 2006, S. 15 f., S. 30 f.).

4.2. Steuerfinanzierung

4.2.1. Grundzüge der Allgemeinen Steuerlehre

Die Allgemeine Steuerlehre hat die Aufgabe, über die Entwicklung von Besteuerungsideen und Steuersystemen zu informieren und die allgemeinen Aspekte der Steuertechnik und der Steuerwirkungslehre darzustellen (Homburg, 2007, S. V; Schmölders/Hansmeyer, 1980, S. 5). Der Besonderen Steuerlehre obliegt es dagegen, die Spezialprobleme einzelner Steuern zu betrachten.

Geschichte

Steuern haben sich aus zwei verschiedenen Wurzeln entwickelt, die heute noch ihren Niederschlag in der Steuermentalität (der allgemeinen – auch als Finanzgesinnung bezeichneten – Einstellung zur Besteuerung schlechthin) und der davon beeinflussten Steuermoral der Völker finden. Sie erschweren Harmonisierungsbestrebungen in der EU (Schmölders/Hansmeyer, 1980, S. 101 ff.): In den germanischen Ländern sind Steuern aus der Vorstellung entstanden, dass ein Unterstützungsbeitrag (stiura) an die Fürsten gezahlt werden muss, damit diese ihre Steuerungsaufgaben (stur = Steuerruder) erledigen können. Steuern haben sich hier also aus einem zunächst freiwilligen Beitrag entwickelt (der „Bede" oder „Biete", die oft auf einem Platz gleichen Namens in Naturalform abgeliefert wurde). In den romanischen Ländern sind Steuern dagegen aus Tributen entstanden, die das von Historikern als „Raubstaat" bezeichnete Rom unterworfenen Völkern auferlegte (das französische Wort „impôt" für Steuer lässt sich aus „[tributum] imponere" = „[Tribut] auferlegen" ableiten). Vorläufer solcher Tribute/Steuern gab es auch schon in den Staaten der Frühzeit (Herzog, 1998, S. 244 ff.; Homburg, 2007, S. 23 ff.).

Die germanische Wurzel führte zur Vorstellung, dass die individuelle Steuerlast den individuellen Vorteilen und damit dem beitragstypischen Äquivalenzprinzip entsprechen sollte; die romanische Wurzel legt aus der Sicht des Staates dagegen die Vorstellung nahe, dass man das „Huhn nicht schlachten sollte, das die goldenen Eier legt", und dass deshalb im Sinne einer langfristigen Sicherung der Steuerquellen eine Überforderung der Zensiten zu vermeiden und das Leistungsfähigkeitsprinzip zu beachten ist. Da der Steuerwiderstand – die Gesamtheit der psychischen Reaktionen gegen das Zahlen von Steuern – von der Steuermentalität einerseits und der wahrgenommenen Steuerlast andererseits abhängig ist, machen die unterschiedlichen Entstehungsgeschichten verständlich, dass die Steuermoral in romanischen Ländern niedriger ist als in germanischen und dass man dort deshalb stärker zu indirekten (d. h. nicht am Einkommen anknüpfenden und insgesamt unmerklicheren) Steuern gegriffen hat, während in germanischen Ländern die direkten Steuern dominieren.

Die im Mittelalter bestehende Rivalität zwischen dem Reich und den Territorien führte dazu, dass sich in Deutschland – anders als in England und Frankreich – lange Zeit kein einheitliches Steuerwesen durchsetzte. Das Reich war auf die sogenannten Matrikularbeiträge der Reichsstände angewiesen, die Fürsten erhoben seit dem 13. Jahrhundert aus besonderen Anlässen Steuern, meist in der Form der Grundsteuer. Daneben wurden von den Reichsstädten seit dem 14. Jahrhundert Verbrauchsteuern erhoben, die etwa ab dem 17. Jahrhundert dann auch von den Landesfürsten als sogenannte Akzisen übernommen wurden. Eine direkte Besteuerung („direkt" im Sinne einer unmittelbaren Anknüpfung an Leistungsfähigkeitsindikatoren) entwickelte sich erst in der Neuzeit und als Folge des Ausbaus stehender Heere und einer umfangreicheren Verwaltung im Absolutismus. Zur wichtigsten Einnahmequelle des Staates wurden die Steuern im 19. Jahrhundert. Die Reichsverfassung von 1871 sprach dem Reich die Ertragshoheit über die Verbrauchsteuern und die Zölle zu, während die Länder die direkten Steuern erhoben. Die heute wichtigste Steuer, die Einkommensteuer, wurde nach Vorläufern in Frankreich (Vaubansche „Dîme Royale" von 1707) und England (Pittsche „Income Tax" von 1798) zunächst in Hamburg (1866), Sachsen (1874) und Preußen erhoben (Miquelsche Steuerreform von 1891). Nach dem Ersten Weltkrieg ging sie 1920 im Zuge der Erzbergerschen Finanzreform auf das Reich über; heute wird ihr Ertrag auf den Bund, die Länder und die Gemeinden verteilt.

Steuersysteme

Man unterscheidet rationale (d. h. nach plausiblen Kriterien konstruierte und wissenschaftlich diskutierte) Steuersysteme und historische Systeme, wie sie sich in der Erfahrungswelt entwickelt haben. Die Steuern eines historischen Systems kann man nach unterschiedlichen Kriterien einteilen. In ökonomischer Hinsicht sind die Gliederungen nach empfangsberechtigten Steuergläubigern – also nach der Ertragskompetenz – und nach der wahrscheinlichen Höhe von Substitutionseffekten sowie steuertechnischen Gestaltungsmöglichkeiten besonders wichtig. Die Gliederung nach der Ertragskompetenz ist – ebenso wie die nach der Gesetzgebungskompetenz – für Finanzausgleichsfragen von Bedeutung (Abschnitt 4.4.). Änderungen in den Ertragskompetenzen beeinflussen z. B. die Infrastrukturausstattung der Regionen. Die Gliederung nach Substitutionseffekten und Gestaltungsmöglichkeiten ist in *Übersicht I-13* dargestellt und soll nun erläutert werden.

Ausgangspunkt ist die Überlegung, dass Steuern – unabhängig von ihrer Bemessungsgrundlage – typischerweise aus dem laufenden Einkommen gezahlt werden und dass die möglichen Anknüpfungspunkte für Steuern deshalb in Darstellungen des Wirtschaftskreislaufs markiert werden können. Im Kreislauf können Steuern im Prinzip an allen Anfangs- und Endpunkten von Strömen ansetzen, die nicht schon selbst Steuerzahlungen darstellen, vor allem aber an den Strömen zwischen den privaten Haushalten und den Unternehmen. Dem widerspricht nicht, dass es Steuern gibt, die – wie etwa die (derzeit nicht mehr erhobene) Vermögensteuer – an Beständen anknüpfen. Bestandsteuern können nämlich als Sollertragsteuern aufgefasst werden, die aus dem laufenden Einkommen zu zahlen sind: Zu einer Steuer T auf einen Vermögensbestand (asset) A, d. h. $T = tA$, kann man sich stets eine äquivalente Steuer auf die Sollerträge $E = rA$ denken, für die $T = sE = srA$ gilt (so dass $s = t/r$) und die damit einer Steuer auf Stromgrößen entspricht.

Geht man von der Darstellbarkeit aller Steuerzahlungen in Kreislaufbildern aus, liegt es bei der Einteilung der Steuern nach ökonomischen Gesichtspunkten nahe, zunächst einen distributionspolitisch wichtigen Gesichtspunkt steuertechnischer Art zu berücksichtigen: die Frage, ob persönliche Merkmale steuerpflichtiger Privathaushalte bei der Steuererhebung berücksichtigt werden können oder nicht. Ersteres ist bei den Steuern der Fall, die auf der Angebotsseite der Faktormärkte oder der Nachfrageseite der Gütermärkte anknüpfen (also z. B. bei der Einkommensteuer oder einer Steuer auf den persönlichen Konsum), letzteres bei den Steuern, die auf der Nachfrageseite der Faktormärkte oder der Angebotsseite der Gütermärkte anknüpfen (also z. B. der früher erhobenen Lohnsummen- und Gewerbekapitalsteuer bzw. der Mehrwertsteuer). Es ist folglich zweckmäßig, die Steuern danach einzuteilen, ob sie auf der Angebots- oder Nachfrageseite der Faktormärkte bzw. der Angebots- oder Nachfrageseite der Gütermärkte ansetzen.

Ein zweites wichtiges Einteilungskriterium ökonomischer Art wird sichtbar, wenn man nach den für Allokationsüberlegungen wichtigen Substitutionseffekten und den damit verbundenen Zusatzlasten fragt. Hier kann man von zwei sehr plausiblen Hypothesen ausgehen: Substitutionseffekte (also ein Ausweichen auf noch nicht besteuerte Güter oder Tätigkeiten) sind um so wahrscheinlicher, je höher die Unterschiede zwischen Brutto- und Nettopreisen sind (diese Differenzen wirken auf die Aufmerksamkeit und beeinflussen damit den Ausweichwillen) und je schmaler die Bemessungsgrundlagen sind, d. h. je leichter es ist, nicht besteuerte Ersatzgüter für besteuerte Güter oder nicht besteuerte Ersatzverwendungen für besteuerte Verwendungen eines Faktors oder nicht besteuerte Ersatzfaktoren für besteuerte Faktoren zu finden (Ausweichfähigkeit). Will

Übersicht I-13: Anteile der verschiedenen Steuertypen am deutschen Steueraufkommen 2003 (Mio. €)

Anknüpfungspunkt im Wirtschaftskreislauf:	Allgemeinheitsgrad: groß	Allgemeinheitsgrad: klein
Angebotsseite der Faktormärkte	1.1 allgemeine persönliche Faktorsteuern – Einkommensteuer i. w. S. (einschl. Lohn- und Kapitalertragsteuer) Aufkommen: 164.572,0 Anteil: 37,21 v. H.	1.2 spezielle Faktorsteuern – Vermögensteuer[1] – Erbschaftsteuer[1] Aufkommen: 3.602,4 Anteil: 0,81 v. H.
Nachfrageseite der Faktormärkte	2.1 allgemeine unpersönliche Faktorsteuern – Körperschaftsteuer[2] Aufkommen: 8.275,2 Anteil: 1,87 v. H.	2.2 spezielle unpersönliche Faktorsteuern – Gewerbesteuer[1] – Grundsteuer – Grunderwerbsteuer[3] Aufkommen: 38.636,9 Anteil: 8,74 v. H.
Angebotsseite der Gütermärkte	3.1 allgemeine unpersönliche Gütersteuern – Umsatzsteuer (einschl. Einfuhrumsatzsteuer) Aufkommen: 136.995,9 Anteil: 30,98 v. H.	3.2 spezielle unpersönliche Gütersteuer, z. B. – Mineralölsteuer – Tabaksteuer – u. a. m. Aufkommen: 82.354,9 Anteil: 17,25 v. H.
Nachfrageseite der Gütermärkte	4.1 allgemeine persönliche Gütersteuern –	4.2 spezielle persönliche Gütersteuern – Kraftfahrzeugsteuer[4] Aufkommen: 7.335,6 Anteil: 1,66 v. H.

Gesamtaufkommen		Anteil am Jahresaufkommen
.. Faktor- oder Einnahmensteuern	= 215.086,5	48,69 v. H.
.. Güter- oder Ausgabensteuern	= 226.686,4	51,31 v. H.
.. allgemeine Steuern	= 309.843,1	70,14 v. H.
.. spezielle Steuern	= 131.929,8	29,86 v. H.

[1] Vermögen- und Erbschaftsteuer sind Steuern auf Bestände und können deshalb als Sollertragsteuern aufgefasst werden. Die Vermögensteuer wird seit 1997 nicht mehr erhoben. Die Gewerbesteuer umfasste bis 1997 die Gewerbeertrag- und die Gewerbekapitalsteuer. Erstere konnte man als Istertrag- und letztere als Sollertragsteuer interpretieren. Seit 1998 gibt es nur noch die Gewerbeertragsteuer.

[2] Die Körperschaftsteuer wird als allgemeine unpersönliche Faktorsteuer klassifiziert, weil der Bruttowertschöpfungsanteil der körperschaftsteuerpflichtigen Unternehmen an allen Unternehmen in Deutschland mit knapp 70 v. H. hoch ist.

[3] Die Grunderwerbsteuer ist einmalig beim Erwerb von Grundstücken zu zahlen und kann als kapitalisierter Teil einer Grundsteuer aufgefasst bzw. – andersherum gesehen – in eine laufende Grundsteuer umgerechnet werden.

[4] Die Kfz-Steuer könnte auch unter 3.2 aufgeführt werden. Da sie aber vom Halter entrichtet wird und unter bestimmten Umständen – z. B. Schwerbeschädigung – eine Befreiung möglich ist, wird sie unter 4.2 eingeordnet.

Quelle: Eigene Darstellung nach Bundesministerium der Finanzen (2005).

man ein vorgegebenes Steueraufkommen erreichen, ist es bei einer schmalen Steuerbemessungsgrundlage also einerseits leicht auszuweichen, und andererseits ist der Wille dazu auch stark, weil der Steueraufschlag pro Stück wegen der Schmalheit der Bemessungsgrundlage groß sein muss. Deshalb ist es sinnvoll, zwischen allgemeinen Steuern zu unterscheiden, die auf alle Güter und Faktoren in allen Verwendungsarten erhoben werden, und speziellen Steuern, die nur bei bestimmten Gütern oder Faktoren oder nur in bestimmten Verwendungsweisen anfallen.

Kombiniert man die vorstehend erläuterten Einteilungskriterien distributiver und allokativer Art, entsteht die in *Übersicht I-13* dargestellte Systematik. Da sie an Kriterien orientiert ist, die für die Steuerwirkungen wichtig sind, kann sie als wirkungsorientierte Steuersystematik bezeichnet werden. Sie zeigt, dass das deutsche Steuersystem zu etwas mehr als zwei Dritteln aus eher allgemeinen Steuern besteht und dass sich die Faktorsteuern, welche den Einsatz von Faktoren und das Entstehen von Produkten und Einkommen verteuern, und die Gütersteuern in etwa ausgleichen. Die Dominanz allgemeiner Steuern spricht im Vergleich zu anderen Steuersystemen für vergleichsweise geringe Substitutionseffekte (Zusatzlasten), die Dominanz der Faktorsteuern dagegen für eine gewisse Wachstumsfeindlichkeit. Letzteres könnte durch die noch nicht ausgenutzten Besteuerungsmöglichkeiten korrigiert werden: Eine (nahezu) allgemeine unpersönliche Faktorsteuer könnte jedenfalls dann als produktivitätsfördernd und damit wachstumsfreundlich gelten, wenn nur der Einsatz von Sachkapital und Arbeit aller Art in allen Verwendungsrichtungen, nicht jedoch der von technischem Wissen besteuert würde, d. h. wenn Übergewinne und damit auch Vorsprungsgewinne aus Produkt- und Verfahrensfortschritten steuerfrei blieben. Eine mehr schon in Richtung spezielle Steuer gehende Variante wäre eine Steuer auf den Verbrauch von Ressourcen aller Art, wie sie in Ansätzen bereits politisch diskutiert wird. Und eine (nahezu) allgemeine persönliche Gütersteuer, die nur den persönlichen Konsum von Gütern aller Art, nicht jedoch die Ersparnis besteuerte, würde tendenziell die Kapitalintensivierung fördern. (Dies wäre eine so genannte Expenditure Tax, bei der man die Steuerbemessungsgrundlage aus dem Einkommen ermittelt, von dem nachgewiesene Ersparnisse abgezogen werden dürfen.) Im Einkommensteuergesetz finden sich bereits Ansätze zu den eben genannten Reformen: Tarifvergünstigungen für gewerbliche Einkünfte und Absetzungsmöglichkeiten für bestimmte Sparformen.

Besteuerungstechnik

Steuertechnisch sind die Fragen zu klären, wie eine Steuer erhoben werden und wer die damit verbundenen Transaktionskosten zahlen soll, d. h. Erhebungs- und Entrichtungskosten; letztere werden häufig auch mit dem englischen Begriff „tax compliance costs" bezeichnet. Hierzu muss festgelegt werden, was Steuerobjekt und Steuerbemessungsgrundlage sein soll, wie der Tarif beschaffen sein soll und wer Steuerschuldner, Steuerzahler und Steuerdestinatar sein soll.

Als Steuerobjekt bezeichnet man Sachverhalte wie z. B. das Halten eines Kraftfahrzeuges, die besteuert werden sollen. Damit die Steuerschuld berechnet werden kann, muss operational (und damit auch justitiabel) festgelegt werden, an welchen Wert- oder Mengeneinheiten die Steuer anknüpfen soll. Diese Einheiten nennt man Steuerbemessungsgrundlage. Steuern mit mengenmäßig definierten Bemessungsgrundlagen heißen Mengen- oder spezifische Steuern, Steuern mit wertmäßigen Bemessungsgrundlagen Wert- oder Ad-valorem-Steuern. Die am Hubraum ansetzende Kfz-Steuer ist eine Mengen-, die am Umsatz ansetzende Umsatzsteuer eine Wertsteuer.

Bei der Berechnung der Steuerschuld wendet man einen Steuerbetrag pro Stück (Mengensteuern), einen Prozentsatz auf die Bemessungsgrundlage oder eine sonstige Berechnungsformel an. Die Formel, welche Steuerschuld und Steuerbemessungsgrundlage miteinander verknüpft, heißt Steuertarif. Tarife können unterschiedlich gestaltet werden (Pollak, 1980), vor allem ein- oder mehrdimensional, gestuft oder kontinuierlich und progressiv, proportional oder regressiv. Die meisten Steuertarife sind eindimensional, der Tarif der Erbschaftsteuer richtet sich jedoch nach dem Verwandtschaftsgrad und der Höhe des Erbanfalls. Um die Berechnung der Steuerschuld mit Hilfe von Tabellen zu erleichtern, verwendet man bei nicht proportionalen Steuern gerne Stufentarife, die – wie etwa bei der Einkommensteuer – aus einem an sich kontinuierlichen Tarif abgeleitet sind und den Betrag (oder manchmal auch Prozentsatz) für bestimmte Intervalle der Bemessungsgrundlage angeben. Proportional heißt ein Tarif dann, wenn der Quotient aus Steuerschuld (T) und Steuerbemessungsgrundlage (B) – der sogenannte Durchschnittssteuersatz – konstant ist, also z. B. bei T = tB mit t = konstant. Steigt der Durchschnittssteuersatz mit wachsendem B, heißt der Tarif progressiv, fällt t, nennt man den Tarif regressiv. Neben dem Durchschnittssteuersatz spielt der Grenzsteuersatz eine Rolle, die erste Ableitung von T nach B. Bei Proportionaltarifen fällt der Durchschnitts- mit dem Grenzsteuersatz zusammen, bei Progressionstarifen liegt er darunter. *Abb. I-2* zeigt als Beispiel eines Progressionstarifs die Durchschnitts- und die Grenzsteuersätze der deutschen Einkommensteuer. Dargestellt ist der Tarif 2007 für Ledige, der 4 Tarifzonen umfasst: den Grundfreibetrag in Höhe von 7.664 €, die erste linear-progressive Zone mit Grenzbelastungen zwischen 15 und 24 v. H. bei Einkommen zwischen 7.665 und 12.739 €, die zweite linear-progressive Zone mit Grenzbelastungen zwischen 24 und 42 v. H. bei Einkommen zwischen 12.740 und 52.151 € und die obere Proportionalzone mit einer gleich bleibenden Grenzbelastung von 42 v. H.. Der Sprung in Höhe von 3 v. H., den der Grenzsteuersatz bei einem zu versteuernden Einkommen von 250.000 € macht, resultiert aus der Einführung der so genannten „Reichensteuer".

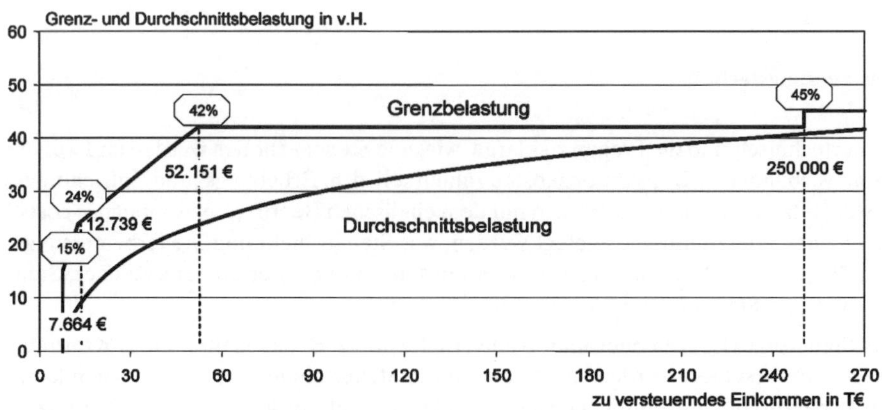

Abb. I-2: Einkommensteuertarif 2007

Eine Progression kann über ein Potenzieren der Bemessungsgrundlage und – in Form der sogenannten indirekten Progression – dadurch erreicht werden, dass Freibeträge eingeführt werden. Dies sind Teile der Bemessungsgrundlage, die nicht besteuert werden. Sie sind von sogenannten Freigrenzen zu unterscheiden, die das Erheben von Bagatellbeträgen verhindern sollen, nach deren Überschreiten der Tarif aber auf die gesamte Bemessungsgrundlage angewandt wird. Eine Einkommensteuer, die über einen (meist hohen) Freibetrag und einen konstanten Grenzsteuersatz verfügt und somit nur indirekt progressiv ist, bezeichnet man als „Flat Tax"; eine Einkommensteuer, die als so genannte Schedulensteuer ausgestattet ist (d. h. bei verschiedenen Einkunftsarten unterschiedliche Tarife verwendet), bezeichnet man bei einer Unterscheidung von Arbeits- und Kapitaleinkommen als „Duale Einkommensteuer" (Wissenschaftlicher Beirat beim BMF, 2004, 2).

Steuerwirkungen

Wer eine Steuer zahlt, muss nicht unbedingt der Träger der Steuerlast sein. Man muss nämlich zwischen Steuerschuldnern, Steuerzahlern und Steuerträgern unterscheiden. Steuerschuldner ist derjenige, der nach dem Gesetz den Tatbestand erfüllt, an den eine Steuerpflicht anknüpft. Der Steuerschuldner kann, muss aber nicht mit dem Steuerzahler identisch sein. Bei der im sogenannten Quellenabzugsverfahren erhobenen Lohnsteuer ist der Arbeitnehmer z. B. Steuerschuldner, der die Steuer einbehaltende Arbeitgeber dagegen Steuerzahler. Steuerdestinatar ist derjenige, der nach der Vorstellung des Gesetzgebers die Transferlast der Steuer tragen soll, bei dem also eine durch die Steuerzahlung verursachte Einkommenseinbuße eintreten soll, die „beabsichtigte Inzidenzwirkung". Die Marktreaktionen können jedoch dazu führen, dass es einen Unterschied zwischen dem Steuerdestinatar und dem effektiven Steuerträger gibt. Tritt solch ein Unterschied zwischen beabsichtigter und effektiver Inzidenz auf, hat eine Überwälzung stattgefunden (s. u.). Von der Transferlast zu unterscheiden sind Transaktions- und Zusatzlasten. Transaktionslasten sind die mit der Steuererhebung und -entrichtung verbundenen Transaktionskosten, bei der Lohnsteuer also z. B. die in den Buchhaltungen der Unternehmen anfallenden Kosten, die Steuerberatungskosten der steuerpflichtigen Arbeitnehmer und die im Finanzamt anfallenden Bearbeitungskosten. Eine Zusatzlast (excess burden) resultiert aus unerwünschten Substitutionseffekten und ist stets daran erkennbar, dass die Anbieter mit anderen Preisen als die Nachfrager rechnen und dass Produktions- und Verwendungsentscheidungen vom Preismechanismus deshalb nur noch unvollkommen koordiniert werden. Würde eine Biersteuer den Bierkonsum z. B. völlig erdrosseln, erhielte der Staat keinerlei Steuereinnahmen und die Transfer- und Transaktionslasten hätten jedenfalls dann den Wert Null, wenn man von Kosten zur Schwarzmarktkontrolle absehen könnte. Es fiele aber gleichwohl eine Zusatzlast an, weil der hohe Steueraufschlag den Konsumenten Knappheitsverhältnisse vorspiegelte, die falsch sind und einen unnötigen Konsumverzicht erzwingen. Die Prämie, welche die Steuerschuldner für das Entfallen der Preisverzerrung zahlen würden, ist der Wert der Zusatzlast. Im eben geschilderten Extremfall ist die Gesamtlast mit der Zusatzlast identisch, in normalen Fällen entspricht die Gesamtlast der Besteuerung dagegen der Summe aus Transfer-, Transaktions- und

Zusatzlasten. Man kann davon ausgehen, dass der Wert von Transaktions- und Zusatzlasten bei vielen Steuern einen fühlbaren Prozentsatz dessen ausmachen, was dem Staat an Einkommen zufließt. Faustformelmäßig kann man deshalb sagen, dass der Staat bei der steuerfinanzierten Bereitstellung eines Gutes mit einem Kostenpreis von 1,00 € von den Bürgern im Prinzip einen Nutzungspreis von 1,50 € verlangen können müsste, wenn der Nettonutzen der Bereitstellung nicht negativ sein soll (Wissenschaftlicher Beirat beim BMF, 2006, S. 25).

Bei den Steuerwirkungen muss man – wie bei den Wirkungen von Staatsausgaben und von anderen Staatseinnahmen – zwischen Budget- und Differentialwirkungen unterscheiden. Budgetwirkungen liegen vor, wenn eine Ausgabenvariation mit einer äquivalenten Steuervariation gekoppelt wird, Differentialwirkungen, wenn eine Steuer (oder Teile davon) bei Konstanz der Ausgabenseite durch andere Einnahmen ersetzt wird oder an deren Stelle tritt. Die empirische Unterscheidung von Budget- und Differentialwirkungen ist allerdings schwieriger, als es auf den ersten Blick scheint. Soll die Mineralölsteuer z. B. erhöht und durch eine gleichwertige Senkung der Einkommensteuer für Aufkommensneutralität gesorgt werden, mögen im Jahr der erstmaligen Durchführung reine Differentialwirkungen vorliegen. In den Folgejahren werden sich jedoch die unterschiedlichen Aufkommenselastizitäten bemerkbar machen, und das wird ceteris paribus zur Folge haben, dass sich die Steuerquoten anders entwickeln als es ohne den Steueraustausch der Fall gewesen wäre. Faktisch werden vermutlich auch Budgetwirkungen auftreten.

Sowohl die Budget- als auch die Differentialwirkungen kann man ihrerseits in Allokations-, Distributions- und Stabilisierungswirkungen unterteilen. Wie diese im Einzelnen beschaffen sind, hängt von den konkreten Umständen ab und ist schwer abschätzbar. Man versucht es mit Hilfe von AGE-Modellen, deren Leistungsfähigkeit jedoch umstritten ist (Abschnitt 3.3.). Im Folgenden kann lediglich auf wichtige Wirkungen und häufig gemachte Fehler hingewiesen werden.

Die wichtigste Steuerwirkung ist eine Differentialwirkung allokativer Art, die entsteht, wenn man eine Entgeltfinanzierung für Kollektivgüter durch eine Steuerfinanzierung ersetzt. Werden Infrastruktureinrichtungen im Zustand 1 durch Entgelte, im Zustand 2 dagegen mit Hilfe einer Einkommensteuer finanziert, so wird man beim Übergang von Zustand 1 zum Zustand 2 folgendes beobachten: Im Zustand 1 entsprechen die Grenzkosten der Infrastruktureinrichtungen den zugehörigen Grenznutzensummen, und es gibt keinerlei Unterschied zwischen den Preisen, mit denen die Lieferanten von Infrastruktureinrichtungen, die Bereitstellungsverbände und die Endverbraucher rechnen. Das Wohlstandsoptimum kann erreicht werden, und es gibt keine Zusatzlast. Beim Übergang zum Zustand 2 erhöhen die Bürger ihre politisch geäußerte Nachfrage nach Infrastruktureinrichtungen, denn diese erscheinen ihnen nun als freie Güter, gibt es bei Steuerfinanzierung doch ex definitione keinen Zusammenhang zwischen der zu entrichtenden Steuerschuld und den empfangenen Leistungen. Jeder einzelne Bürger betrachtet seine Steuern deshalb als gegeben und fragt politisch Leistungen bis zur Sättigungsmenge nach. Dies verzerrt das Gleichgewicht zwischen Individual- und Kollektivgütern. Außerdem treibt die Einkommensteuer gleichsam einen Keil zwischen Brutto- und Nettolöhne. Dies begünstigt Freizeit auf Kosten der Arbeitszeit, Do-it-yourself auf Kosten von Arbeitsteilung, Hausfrauentätigkeit auf Kosten von Erwerbsarbeit, Schwarzarbeit auf Kosten der offiziellen Arbeit und den Export von

Arbeitsplätzen sowie den Import von Gütern auf Kosten der Herstellung im Inland. Bei den anderen Steuern verhält es sich analog. Arbeitsteilung, Produktivität, Sozialprodukt und Arbeitsplatzangebot sowie Ehrlichkeit im Umgang mit dem Staat sind bei Steuerfinanzierung also immer geringer als bei Entgeltfinanzierung. Angesichts dieser Tatsache wird von vielen gefordert, das Steuersystem so umzugestalten, dass eine „doppelte Dividende" erzielt wird: eine Beseitigung der eben genannten Zusatzbelastung einerseits und eine Entzerrung des Preissystems durch Internalisierung negativer externer Effekte im Umweltbereich andererseits. Realisiert werden soll diese „Doppeldividende" durch eine Substitution derjenigen Steuern, die an Einkommen aus Arbeitsleistungen anknüpfen, durch „Ökosteuern" auf den Verbrauch nicht erneuerbarer Energien und die Belastung der Umwelt. Diese Grundidee verstößt gegen die ZMT-Regel (keine Suche nach jeweils optimalen Instrumenten); außerdem stehen ihr viele (bei den einzelnen Ökosteuervorschlägen jeweils unterschiedliche) Detailprobleme und die Tatsachen gegenüber, dass die Gewerkschaften die (umweltpolitisch richtige) Verteuerung der Lebenshaltung vermutlich nicht – wie bei den Vorschlägen meist implizit unterstellt – ohne Lohnerhöhungen hinnehmen werden (können) und dass man keinerlei Erfahrung mit einem revolutionären Umbau von Steuersystemen hat, bei dem Hunderte von Mrd. € umgeschichtet werden sollen.

Grundsätzlich können sich allokative Steuerwirkungen in Form von Auswirkungen auf Erwartungsstrukturen und auf Marktprozesse ergeben: Ankündigungseffekte einer neuen Steuer haben zeitliche Nachfrageverschiebungen und damit ebenso Preis- und Mengenwirkungen zur Folge wie die nachfolgende Steuerauferlegung (Markträumungsprozess). Steuern verändern im allgemeinen aber auch Renditestrukturen und haben dann Kapazitätseffekte zur Folge (Renditenormalisierungsprozess). Außerdem können sich Struktureffekte ergeben, wenn eine Steuer Konzentration begünstigt oder benachteiligt (Übermachterosionsprozess). Dies war in Deutschland z. B. beim Übergang vom alten Umsatzsteuersystem (Bruttoallphasenumsatzsteuer) zum Mehrwertsteuersystem der Fall, denn das alte System nahm Innenumsätze von der Besteuerung aus und begünstigte deshalb eine vertikale Integration von Unternehmen. Ähnliches gilt für eine Begünstigung der Gewinnthesaurierung: Diese hat zur Folge, dass Gewinne nicht etwa nur zur Finanzierung neuer Arbeitsplätze im alten Bereich einbehalten werden (Kapazitätsausbau), sondern verstärkt auch zum Aufkaufen anderer Unternehmen und damit zur wettbewerbsgefährdenden Konzentration ohne arbeitsplatzschaffende Effekte. Aber auch die Fortschrittsprozesse können beeinflusst werden: Die Kfz-Steuer begünstigt kleinhubige, die Mineralölsteuer dagegen verbrauchsarme Motoren (Produktfortschrittsprozess), und die einkommensteuerähnlichen Sozialabgaben begünstigen das „Wegrationalisieren" von Arbeitsplätzen (Verfahrensfortschrittsprozess).

Preis-, Mengen- und Überwälzungswirkungen können unter bestimmten Umständen mit Hilfe von Angebots- und Nachfragekurven komparativ-statisch dargestellt werden. In *Abb. I-3* wird gezeigt, dass die Auferlegung einer Gütersteuer auf Wettbewerbsmärkten aus der Sicht der Anbieter zu einer Erlösschmälerung in Höhe von $T = bx$ (Mengensteuer) bzw. $T = tp^n x$ (Wertsteuer) führt. Das hat Erlösschmälerungen pro Stück in Höhe von $T/x = b$ bzw. $T/x = tp^n$ zur Folge und entspricht einer Verschiebung bzw. Drehung von DD^b (Bruttonachfrage) um b bzw. tp^n nach unten auf DD^n (Nettonachfrage). Hieraus resultieren dann die Mengenänderungen Δx und eine Preisspaltung: Die Nachfrager müssen den Preis p_2^b zahlen, der höher als p_1 ist, während die

Anbieter nur noch p_2^n erhalten, der niedriger als p_1 ist. Da die Nachfrager über die Preiserhöhung und den Mengenrückgang einen Teil der Steuerlast mittragen, sagt man, diese sei zum Teil überwälzt worden. Wie groß das Ausmaß der Überwälzung ist, hängt von den Steigungen der Angebots- und Nachfragekurven ab. Bei einer senkrecht verlaufenden Nachfragekurve wäre z. B. eine vollkommene Überwälzung der steuerbedingten Preiserhöhung auf die Nachfrager möglich, weil diese nicht mit einer Mengeneinschränkung reagieren.

Die eben erläuterte Analyse war partialanalytisch und ist deshalb vor allem bei den „großen" Steuern nicht anwendbar: Die Mehrwertsteuer dreht im Fall von Budgeteffekten auf den einzelnen Märkten nicht nur DD^b nach unten auf DD^n, sondern verändert auch die Gesamtnachfrage über Multiplikatoreffekte und die Nachfragestruktur (der Staat fragt anderes nach als Private). Und bei Differentialwirkungen gilt ähnliches: Eine Einkommensteuersenkung, die durch eine Mehrwertsteuererhöhung kompensiert wird, würde z. B. sowohl die Nachfrage- als auch die Faktoreinsatzstruktur beeinflussen. Hinzu kommt, dass Steuervariationen auch Distributionseffekte im öffentlichen Bereich auslösen (Folge der Verteilung von Ertragskompetenzen) und dass hiervon weitere Effekte auf die Nachfragestruktur ausgehen. Darstellungen wie in *Abb. I-3* sind deshalb nur approximativ zulässig, wenn Differentialwirkungen untersucht werden sollen, bei denen eine allgemeine Steuer mit breiter Bemessungsgrundlage geringfügig variiert wird und eine spezielle Steuer mit einer schmalen Bemessungsgrundlage der Kompensation dient. Die kleine Variation der allgemeinen Steuer und die davon abhängige Variation von DD^b kann dann als „nicht fühlbar" vernachlässigt werden (Konstanz von DD^b), während man bei der speziellen Steuer einen spürbaren Effekt zu erwarten hat, da der Steueraufschlag wegen der Schmalheit der Bemessungsgrundlage erheblich verändert werden muss. Bei einer Einführung der speziellen Steuer ergibt sich dann z. B. ein erheblicher Unterschied zwischen DD^b und DD^n.

Aus *Abb. I-3* lässt sich ein weiterer interessanter Zusammenhang ableiten: Angenommen, die rechts dargestellte Wertsteuer sollte durch eine Mengensteuer gleichen Auf-

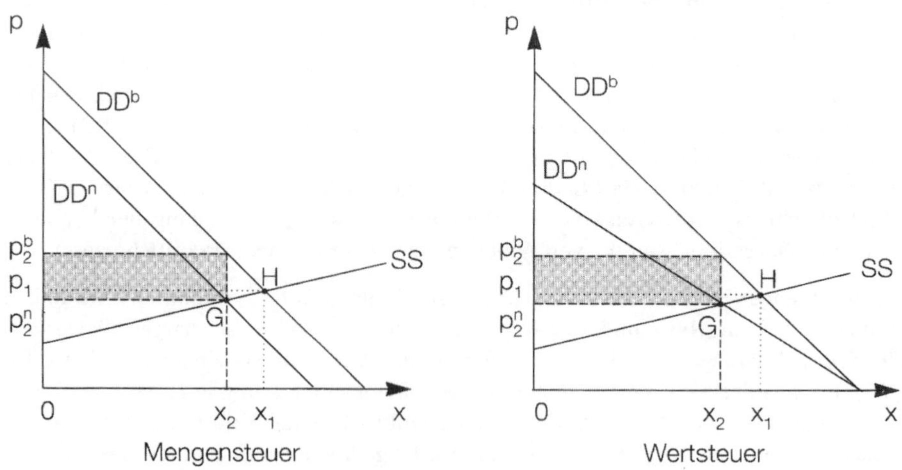

Abb. I-3: Preis- und Mengenwirkungen einer Gütersteuer auf Wettbewerbsmärkten

kommens auf die gleiche Bemessungsgrundlage abgelöst werden oder umgekehrt. Es sollen also Differentialeffekte des Austausches einer Wert- durch eine Mengensteuer unter sonst gleichen Umständen untersucht werden. Um dieses Problem zu lösen, geht man vom Gleichgewichtspunkt G in der Wertsteuer-Darstellung aus und fragt zunächst, welche Mengensteuer eine gleiche Mengenwirkung hätte, also zu gleichen Werten für x_2 und G führen würden. Die Antwort lautet: eine Mengensteuer, deren Steueraufschlag T/x = b so beschaffen wäre, dass DD^n – wie im linken Teil von *Abb. I-3* bereits dargestellt – als eine Parallele zu DD^b durch G eingezeichnet werden könnte. In solch einem Fall ist dann aber der senkrechte Abstand von G zu DD^b gleich groß und damit auch die steuerbedingte Preisdifferenz $p_2^b - p_2^n$. Da nun aber x_2 und $(p_2^b - p_2^n)$ in beiden Fällen gleich groß sind, ändert sich auch das Steueraufkommen $T = x_2 (p_2^b - p_2^n)$ durch den Austausch nicht. Im Umkehrschluss folgt somit: Der Übergang von einer Wert- zu einer Mengensteuer (oder umgekehrt) hat im Konkurrenzfall bei Konstanz des Steueraufkommens keine differentiellen Preis- oder Mengeneffekte. Aus der Sicht von Anbietern, Nachfragern und Staat ist die Umschichtung somit paretoneutral.

Untersucht man die vorstehenden Differentialeffekte für den Monopolfall, ergibt sich ein anderes Ergebnis *(Abb. I-4)*. Dies wird deutlich, wenn man in folgenden Analyseschritten vorgeht: Zunächst zeichnet man (wie in *Abb. I-3)* für die Wert- und die Mengensteuer gleiche Bruttonachfrage-, Bruttogrenzerlös- und Grenzkostenkurven in das Wert- bzw. Mengensteuerdiagramm ein und konstruiert den Gleichgewichtspunkt H vor Steuererhebung. Er liegt in beiden Diagrammen natürlich an der gleichen Stelle und korrespondiert mit den Werten (x_1/p_1). Nun führt man (wie in *Abb. I-3*) im Wertsteuerdiagramm die pro Stück um tp^n nach unten gedrehte Nettonachfragekurve ein und konstruiert von ihrem Schnittpunkt mit der p-Achse aus die zugehörige Nettogrenzerlöskurve. Diese schneidet die Grenzkostenkurve im Gleichgewichtspunkt G nach Steuern, zu dem die Menge x_2 und die Preise p_2^n und p_2^b gehören. Man fragt nun zunächst wieder, welche Mengensteuer zur gleichen Menge x_2 wie die Wertsteuer führen würde, und überträgt deshalb den Punkt G in das Mengensteuerdiagramm.

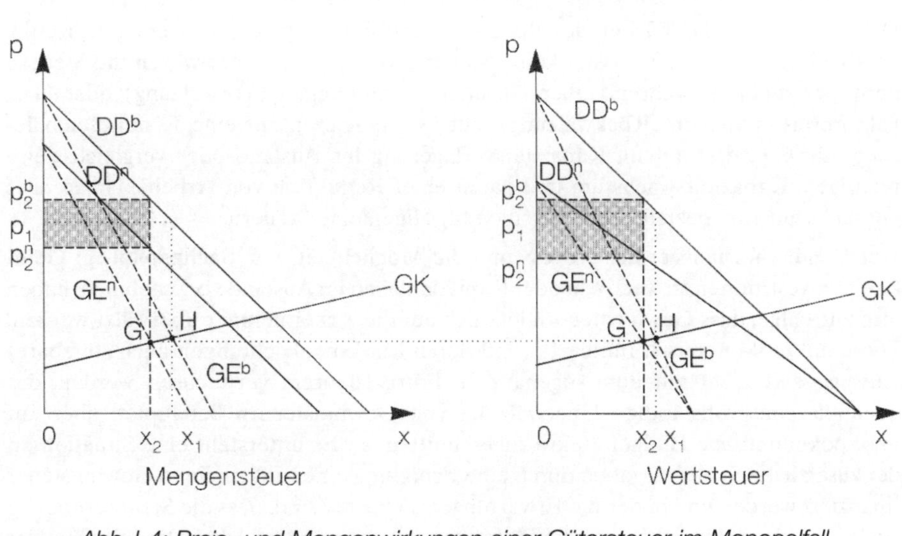

Abb. I-4: Preis- und Mengenwirkungen einer Gütersteuer im Monopolfall

Wenn G ein Gleichgewichtspunkt sein soll, muss die Nettogrenzerlöskurve durch G verlaufen. Da eine Mengensteuer Nachfrage- und Grenzerlöskurven parallel verschiebt, muss die gesuchte Nettogrenzerlöskurve durch G außerdem eine Parallele zur Bruttogrenzerlöskurve sein. Also zeichnet man diese Parallele ein. Die zugehörige Nettonachfragekurve muss den gleichen Schnittpunkt mit der P-Achse haben und parallel zur Bruttonachfragekurve verlaufen. Sie lässt sich also ebenfalls einzeichnen, und die zu x_2 gehörenden Brutto- und Nettopreise können markiert werden.

Betrachtet man nun die Aufkommensrechtecke ($T = x_2\,[p_2^b - p_2^n]$), so sieht man, dass das Wertsteueraufkommen größer und der Mengensteuer-Nettopreis höher ist. Hieraus folgt im Umkehrschluss, dass eine Wertsteuer gleichen Aufkommens wie eine Mengensteuer im Monopolfall kleinere Mengeneffekte und eine höhere Preisspreizung bewirkt. Die Wertsteuer erweist sich in diesem Fall somit als paretosuperior. Da die meisten realen Märkte keine reinen Wettbewerbsmärkte sind, folgt hieraus als Besteuerungsregel: Bei einer fiskalisch orientierten Steuer, bei der Mengeneffekte wegen ihrer negativen Wohlfahrtswirkungen unerwünscht sind, sollte man die Form einer Wertsteuer wählen; bei Ordnungssteuern, bei denen man Mengeneffekte beabsichtigt, sind dagegen Mengensteuern empfehlenswert.

Auch Gewinnsteuern mit $T = tQ = t\,(E–K)$ können unter den genannten Bedingungen partialanalytisch untersucht werden. Dabei ist es falsch, davon auszugehen, dass auf Wettbewerbsmärkten keine Gewinne anfielen, denn der steuerliche Gewinnbegriff deckt sich nicht mit dem der Lehrbuch-Preistheorie. Unabhängig von der Marktform gilt deshalb, dass ohne Steuern der Punkt mit $Q' = 0$ (d. h. $E' = K'$) realisiert wird und mit Steuern der Punkt $Q^{n}{}' = (E–K–T)' = 0$, d. h. $(1–t)\,(E'–K') = 0$, was wiederum zu $E' = K'$ führt. Eine spezielle Gewinnsteuer hat unter den oben gemachten Annahmen kurzfristig also keine Preis- und Mengenwirkungen und ist somit einer Wertsteuer wohlfahrtstheoretisch sogar noch überlegen. Der Renditenormalisierungsprozess würde allerdings dafür sorgen, dass solch eine spezielle Gewinnsteuer zu einer Emigration von Kapital in unbesteuerte Bereiche führt (also zu einem Kapazitätsabbau oder verringertem Wachstum), was die Vorteile längerfristig wieder reduziert.

Der Hinweis auf das Wirken des Renditenormalisierungsprozesses zeigt gleichzeitig, dass Unternehmen längerfristig keine Steuerträger sind: Sie überwälzen die Steuern entweder renditebewahrend über Absatzpreiserhöhungen (Vorwälzung) oder über Faktorpreissenkungen (Rückwälzung), oder sie reagieren auf eine Renditeschmälerung mit Kapazitätsabbau, Kapazitätsverlagerung ins Ausland oder vergleichsweise niedrigem Kapazitätswachstum und damit einer Reduktion von Arbeitsplätzen. Das gilt nicht nur für spezielle, sondern auch für allgemeine Steuern.

Der Renditenormalisierungsprozess und die Möglichkeit, von Sachkapital- in Geldkapitalinvestitionen zu wechseln oder Kapitalanlagen im Ausland vorzunehmen, haben also zur Folge, dass Gewinnsteuern letztlich auf die Arbeitnehmer überwälzt werden. Diese mikroökonomisch fundierte (und durch Marktbeobachtungen auch stützbare) Aussage darf nicht mit dem sogenannten FÖHL-Theorem verwechselt werden, das ebenfalls eine vollständige Überwälzung von Gewinnsteuern behauptet, aber auf makroökonomische Budgeteffekte zugeschnitten ist. Es unterstellt eine Situation, in der zusätzliche Staatsausgaben durch eine Erhöhung einer allgemeinen Gewinnsteuer finanziert werden und in der die Erwartungen so positiv sind, dass die Steuererhöhung weder zu einer Investitionseinschränkung noch zu irgendwelchen Reaktionen der

Konsumenten oder des Auslands führt. Ist das Geldangebot in einer solchen Situation völlig elastisch, steigen die Bruttogewinne der Unternehmen um die wiederverausgabten Gewinnsteuern, und diese sind somit vollständig überwälzt. Dies dürfte jedoch ein seltener Spezialfall sein.

4.2.2. Hinweise zur Besonderen Steuerlehre

Die Besondere Steuerlehre beschäftigt sich mit den Besonderheiten einzelner Kategorien von Steuern. Diese resultieren daraus, dass es unterschiedliche Möglichkeiten gibt, die Bemessungsgrundlagen von Steuern eines bestimmten Typs zu operationalisieren, den Tarif zu spezifizieren, Verbindungen mit anderen Steuern herzustellen und den Steuergläubiger zu bestimmen. International und im Zuge der historischen Entwicklung haben sich bezüglich der Einkommensteuer z. B. unterschiedliche Auffassungen über folgende Tatbestände herausgebildet: darüber, ob das Steuerobjekt das Haushaltseinkommen oder das einzelner natürlicher Personen sein soll (personelle Abgrenzung); ob der Einkommensbegriff bestimmte (aufgezählte) Einkunftsarten, alle Ertragsströme aus dauerhaften Quellen (Quellentheorie) oder – nach der Reinvermögenszugangstheorie – alle Arten von Vermögenszuwächsen umfassen soll (sachliche Abgrenzung); ob Jahres- oder Lebenszeiteinkommen oder Zwischengrößen erfasst und wie Schwankungen ggf. gemildert werden sollen (zeitliche Abgrenzung); wie Einkünfte aus dem jeweiligen Ausland behandelt werden sollen (räumliche Abgrenzung); wie das Verhältnis der Einkommensteuer der natürlichen Personen zur Einkommensteuer der Kapitalgesellschaften (der Körperschaftsteuer) gestaltet werden soll (z. B. Doppelbesteuerung ausgeschütteter Gewinne oder Behandlung nach einem Halbeinkünfte- oder einem Anrechnungsverfahren) und wie Fragen der Sicherstellung des Existenzminimums, der Progression und der Nichtdiskriminierung von Ehe und Familien gegenüber anderen Partnerschaften berücksichtigt werden sollen.

Solche Fragen werden durch die Steuergesetze und ihre Interpretation durch die Finanzämter und Finanzgerichte beantwortet. Sie haben unterschiedliche Auswirkungen auf das Aufkommen, die Aufkommenselastizität und die Wirkungen der einzelnen Steuern und sind Untersuchungsgegenstand dreier Wissenschaften: (1) der rechtswissenschaftlichen Steuerlehre (TIPKE/LANG, 2005; BIRK, 2006), die sich als Teilgebiet des öffentlichen Rechts mit der rechtlichen Ordnung der Besteuerung befasst und ihre Urteile über das, was die Steuergläubiger verlangen dürfen, vor allem auf das Grundgesetz, die allgemeinen Prinzipien des öffentlichen Rechts und das Fundamentalprinzip der Besteuerung nach der Leistungsfähigkeit stützt; (2) der betriebswirtschaftlichen Steuerlehre (SCHREIBER, 2005), welche die herrschenden Rechtsauffassungen bei der Interpretation der Steuergesetze als gegeben hinnimmt und fragt, wie den steuerlichen Anforderungen an das Rechnungswesen der Betriebe genügt werden kann und welche legalen Formen der betriebswirtschaftlichen Steuerpolitik dem Ziel einer langfristigen Gewinnmaximierung entsprechen; und (3) der finanzwissenschaftlichen Steuerlehre, die als Besondere Steuerlehre danach fragt, wie sich die Lasten der einzelnen Steuern in der Volkswirtschaft verteilen, welche Wirkungen auf Preise, Mengen, Kapazitäten, Strukturen, Produktentwicklung, Verfahrensentwicklung sowie die Ziele des Stabilitäts- und Wachstumsgesetzes zu erwarten sind, wie sich einzelne Steuern historisch und

Übersicht I-14: Kassenmäßige Steuereinnahmen 2003

Nr.	Steuer	Ertragskompetenz	Mio. €	v. H.	v. H. kum.
1	Einkommensteuer		164.572,0	37,21	37,21
	– Lohnsteuer	B, L u. G	(133.090,2)	(30,09)	
	– Kapitalertragsteuer	B u. L	(9.001,0)	(2,04)	
	– veranlagte Einkommensteuer	B, L u. G	(4.568,1)	(1,03)	
	– Solidaritätszuschlag	B	(10.280,3)	(2,32)	
	– Zinsabschlagsteuer	B u. L	(7.632,4)	(1,73)	
2	Umsatzsteuer (einschl. Einfuhrumsatzsteuer)	B, L u. G	136.995,9	30,98	68,19
3	Mineralölsteuer[1]	B	43,187,7	9,77	77,96
4	Gewerbesteuer	B, L u. G	24.138,6	5,46	83,42
5	Tabaksteuer	B	14.093,9	3,19	86,61
6	Grundsteuer (A und B)	G	9.657,8	2,18	88,79
7	Versicherungsteuer	B	8.869,6	2,01	90,80
8	Körperschaftsteuer	B u. L	8.275,2	1,87	92,67
9	Kfz-Steuer	L	7.335,6	1,66	94,33
10	Stromsteuer[1]	B	6.531,2	1,48	95,81
11	Grunderwerbsteuer	L u. G	4.840,5	1,09	96,90
12	Erbschaft-/Schenkungsteuer	L	3.372,8	0,76	97,66
13	Zölle	EU	2.877,0	0,65	98,31
14	Branntweinsteuer	B	2.204,4	0,50	98,81
15	Rennwett-, Lotterie- und Sportwettsteuer	L	1.861,5	0,42	99,23
16	Sonstige Steuern und steuerähnliche Abgaben	–	1.101,2	0,25	99,48
17	Kaffeesteuer	B	980,1	0,22	99,70
18	Biersteuer	L	785,9	0,18	99,88
19	Feuerschutzsteuer	L	327,8	0,07	99,95
20	Vermögensteuer[2]	L	229,6	0,05	100,00
Summen:			442.238,3	100,00	

Legende:
EU = Europäische Union; B = Bund; L = Länder; G = Gemeinden

[1] Diese Steuer spielte bei der so genannten Ökologischen Steuerreform eine besondere Rolle. Diese beinhaltete die Erhöhung des Mineralölsteuersatzes und die Einführung sowie schrittweise Erhöhung der Stromsteuer in fünf Stufen bis 2003.
[2] Die Vermögensteuer wird zurzeit nicht mehr erhoben.
Differenzen durch Runden.

Quelle: Eigene Zusammenstellung nach Bundesministerium der Finanzen (2005, S. 14).

im internationalen Vergleich entwickelt haben und welche Vor- und Nachteile mit verschiedenen Formen der jeweiligen Besteuerungstechnik verbunden sind.

Die finanzwissenschaftlichen Kernprobleme der wichtigsten Steuerarten werden in allen Lehrbüchern der Finanzwissenschaft behandelt (kompakt z. B. bei Brümmerhoff, 2001, S. 459–583). Aus der *Übersicht I-14* kann man in Verbindung mit *Übersicht I-15* (S. 693) entnehmen, dass die ertragsstärksten Steuern bis auf die Mineralölsteuer Verbundsteuern sind und dass – zählt man die verschiedenen Erhebungsformen der Einkommensteuer als Gliedsteuern einer einheitlichen Steuer – die Einkommensteuer und die Umsatzsteuer zusammen bereits rd. zwei Drittel und die größten sieben Steuern etwa 90 v. H. des Steueraufkommens ausmachen.

4.3. Weitere Finanzierungsformen

Als weitere Finanzierungsformen sind Sonderabgaben, Sozialabgaben, Entgelte und Kredite von Bedeutung.

Sonderabgaben

Der Staat ist an sich an die Einnahmenkategorien des Grundgesetzes und vor allem an die dort festgelegte Steuerverteilung gebunden. Die Praxis hat daneben aber gleichwohl Abgaben wie etwa den „Kohlepfennig" oder den „Wasserpfennig" entwickelt, die (obwohl beileibe keine „Pfennig"-Abgaben) vom Bundesverfassungsgericht zum Teil als Sonderabgaben nicht körperschaftlich strukturierter Gruppen der Bevölkerung anerkannt wurden. Voraussetzungen sind eine eindeutige Gruppenabgrenzbarkeit sowie eine besondere Gruppenverantwortung und eine sachgerechte Verknüpfung zwischen Belastung und Verwendungszweck, eine Verknüpfung, die vor allem (aber nicht nur) bei einer gruppennützigen Verwendung gesehen wird. Ökonomisch ist das Vorliegen dieser Voraussetzungen wie etwa beim (inzwischen für verfassungswidrig erklärten) „Kohlepfennig" oft nicht nachvollziehbar. Die Stromverbraucher haben z. B. keinerlei Interesse an der Erhaltung von Förderkapazitäten für die deutsche Steinkohle, denn angesichts der tatsächlichen Weltmarktverhältnisse und des geringen Beitrags heimischer Steinkohle zur Deckung des deutschen Energiebedarfs erweisen sich Hinweise auf die Sicherheit der Energieversorgung als leicht durchschaubare Lobbyargumente. Gleichwohl wird kaum etwas gegen solche Sonderabgaben unternommen und werden weitere gefordert.

Sozialabgaben

Von den öffentlichen Bruttoausgaben insgesamt entfallen nur etwa zwei Drittel auf Verwaltungen im engeren Sinn. Der Rest wird von Ausgaben der Sozialversicherungssysteme gestellt, die gemeinsam das Sozialbudget bilden. Diese Ausgaben werden zu etwa einem Drittel aus allgemeinen Mitteln über Zuweisungen finanziert und zu etwa zwei Dritteln über Sozialabgaben. Diese sind Zwangsabgaben mit einem beitragsähnlichen Charakter, bei denen neben dem Äquivalenzprinzip aber auch Leistungsfähigkeits- und sonstige Distributionsüberlegungen eine Rolle spielen. Da die Sozialabgaben am Bruttoeinkommen anknüpfen, wirken sie – anders als etwa private Versicherungsbeiträge, die aus dem versteuerten Einkommen gezahlt werden – steuerähnlich und weisen auch Zusatzlasten auf; da sie nicht systematisch mit den Distributionselementen des Steuersystems verknüpft sind, ergeben sich außerdem undurchschaubare Distributionseffekte personeller, gruppenspezifischer und vor allem intergenerativer Art. Hinzu kommt, dass manche arbeitslose Empfänger von Sozialleistungen ein höheres verfügbares Einkommen haben als Niedriglohnempfänger und dass die Grenzabgabensätze bei Zuverdiensten bei über 80 % liegen, so dass hohe Anreize für eine „Ergänzung“ der Sozialleistungen durch Schwarz- oder Gelegenheitsarbeiten bestehen. Dies dürfte ein Grund dafür sein, dass die Bedeutung der Schattenwirtschaft in Deutschland stark gestiegen ist und im Jahr 2002 etwa 16 v. H. des BIP ausmachte (MUMMERT/SCHNEIDER, 2002). Die absehbare Altersstrukturentwicklung in Deutschland lässt ab etwa 2020 eine Explosion der Sozialversicherungsausgaben und der hierfür erforderlichen Sozialabgaben und Zuschüsse erwarten. Dass hierfür bisher zu wenig Vorsorge getroffen wurde, ist ein typischer Beleg für die Vernachlässigung wichtiger Langfristprobleme durch die Politik.

Entgelte

Gebühren und Beiträge sollten, wie ausführlich dargestellt, eigentlich das Hauptmittel der Infrastrukturfinanzierung sein. In der Realität haben sie – außer bei den Gemeinden – aber eine eher untergeordnete (wenn auch steigende) Bedeutung. Zudem werden die Begriffe in unterschiedlicher Weise verwendet, und das deutsche Recht wird der Forderung nicht gerecht, Gebühren zur Abgeltung der Grenzkosten und Beiträge zur Abgeltung der sonstigen Kosten von gruppennützigen Einrichtungen einzusetzen. So ist die Entgeltfinanzierung in der Regel der Höhe nach auf einen Ersatz der Kosten im betriebswirtschaftlichen Sinn beschränkt. Dadurch werden denkbare Lenkungseffekte systematisch verhindert: Eine pretiale Lenkung des Verkehrs würde z. B. stauverhindernde Gebühren erfordern, und eine Internalisierung negativer Effekte auf die Umwelt könnte im Prinzip z. B. über Wasser- oder Luftverschmutzungsgebühren erfolgen; das heutige Entgeltrecht (oder seine Interpretation) steht dem jedoch entgegen. Deshalb versucht man zum Teil, auf Sonderabgaben oder Steuern auszuweichen.

Kredite

Eine Kreditfinanzierung kann in einer Marktwirtschaft unter bestimmten Umständen durchaus funktionell sein; sie ist aber auch mit Gefahren verbunden, gegen die man institutionelle Vorkehrungen treffen sollte. Im Prinzip kann die Kreditfinanzierung die folgenden Aufgaben übernehmen:

- die Funktion eines unterjährigen Ausgleichs von Einnahmeschwankungen durch Kassenverstärkungskredite,
- die Funktion einer mittelfristigen Verstetigung der Haushaltsbelastung aus der Realisation größerer Investitionsprojekte, eine Funktion, die normalerweise vor allem auf der Gemeindeebene eine Rolle spielt, im Zuge der Wiedervereinigung aber auch auf der Bundesebene von Bedeutung war (Haushaltsverstetigungskredite),
- die Funktion, in Situationen wie bei der Wiedervereinigung oder in Entwicklungsländern schnell für die Realisation von Infrastrukturprojekten sorgen zu können, die für die Startphase eines sich selbst tragenden Entwicklungsprozesses unabdingbar

sind und der Vorfinanzierung entwicklungsbedingter Steuermehreinnahmen dienen (Entwicklungskredite),

- die Funktion, konjunkturell bedingte Mehrausgaben und Mindereinnahmen im Zuge einer potentialorientierten Politik auszugleichen und einem sich selbst verstärkenden Abschwung vorzubeugen (Stabilisierungskredite) und
- die Funktion, der intergenerativen Gerechtigkeit durch Belastungsausgleich zwischen den Generationen zu dienen (Lastverschiebungskredite).

Kassenverstärkungs- und Haushaltsverstetigungskredite können an sich als problemlos angesehen werden. Sie führen normalerweise nur zu einer so genannten internen Verschuldung, bei der es nicht zu einem steigenden Anteil des Schuldenstands am BIP kommt und weder Produktionsfaktoren des Auslands in Anspruch genommen werden noch fühlbare Crowding-out-Effekte auftreten. Allerdings kann man in neuerer Zeit beobachten, dass Gemeinden – entgegen dem Geist des Gesetzes – eine sich verstärkende Bugwelle von Kassenkrediten vor sich her schieben und damit aus einer kurz- eine langfristige Verschuldung machen. Entwicklungskredite sollen dagegen einen Rückgriff auf ausländische Produktionsfaktoren ermöglichen, um ihrer Wachstumsbeschleunigungsfunktion gerecht zu werden. Bei sachgerechter Verwendung zeichnen sie sich dadurch aus, dass das Budgetdefizit zu einem Leistungsbilanzdefizit führt, welches von einem Anstieg der staatlichen und (wenigstens) einer Konstanz der privaten Investitionsquote begleitet wird. Diese „gesunde" Form einer externen Verschuldung ist von der gefährlichen Form solch einer Verschuldung zu unterscheiden, bei der die im Ausland geliehenen Produktionsfaktoren konsumtiv verwendet werden. Stabilisierungskredite können sich unter günstigen Umständen im Vergleich zu einer prozyklischen Politik in einem gewissen Umfang selbst finanzieren; anders als bei den STEINschen Entwicklungskrediten – benannt nach LORENZ V. STEIN (1815–1890), der ihre Legitimität betont hat –, die auf zusätzliches Wachstum des Produktionspotentials zielen, soll die Selbstfinanzierung der KEYNESschen Stabilisierungskredite aus der Stabilisierung des Auslastungsgrades des Produktionspotentials auf einem möglichst normalen Niveau erfolgen. Die Erfahrung hat aber gezeigt (vgl. Abschnitt 2.3), dass dies insbesondere bei einer antizyklischen Politik nicht erreicht wird und es stattdessen zu einer Schuldenexplosion kommt.

Die bisher besprochenen Funktionen der öffentlichen Verschuldung sind nahezu gänzlich (Verstärkungs- und Verstetigungskredite) oder jedenfalls zum Teil unbestritten (Entwicklungs- und Stabilisierungskredite). Anders verhält es sich mit den Lastverschiebungskrediten. In der Literatur unterscheidet man drei Theorien dafür, wie Lasten zwischen Generationen verschoben werden können (GANDENBERGER, 1981): dadurch, dass ein Teil der jüngeren Generation zu Zinszahlungen (an den anderen Teil oder das Ausland) gezwungen wird, ohne der Schuldaufnahme zugestimmt zu haben; dadurch, dass die jüngere Generation (bedingt durch Crowding-out-Effekte) einen geringeren Kapitalstock erbt; und dadurch, dass sie (bei externer Verschuldung) Kapitaldienstleistungen an das Ausland abführen muss. Bedenkt man, dass erhöhte Kapitaldienstleistungen an in- wie ausländische Gläubiger in der Regel Steuererhöhungen nach sich ziehen, kann man als vierte Form der Lastverschiebung hinzufügen, dass erhöhte Zusatzlasten der Besteuerung in Kauf genommen werden müssen, insbesondere in Form von Arbeitsplatzexporten und einer Vergrößerung der Schattenwirtschaft. Es dürfte nahezu unmöglich sein, über solche Formen der Lastverschiebung für einen gerechten Ausgleich des Nutzens langlebiger Investitionsobjekte zu sorgen. Die Mehrzahl der Ökonomen steht Lastverschiebungskrediten deshalb kritisch gegenüber und empfiehlt statt dessen eine Stabilisierung von Spar- und Investitionsquoten und deren Überwachung durch eine Generationenbelastungsrechnung (Abschnitt 2.2.1.).

Aus der Möglichkeit der Lastüberwälzung resultieren auch die Gefahren, die mit der Staatsverschuldung verbunden sind. Sie bestehen in Täuschungs- und Überbelastungserscheinungen sowie Lähmungs- und Ausweichreaktionen. Zu einer Täuschung der Bürger – einer Staatsschuldillusion – kommt es, weil die Politiker über schuldfinanzierte Leistungen scheinbar kostenlos Wohlstand schaffen können. Außerdem machen sich bei der Diskontierung der Zukunftsverpflichtungen die Minderschätzung zukünftiger Bedürfnisse und die Tatsache bemerkbar, dass viele Bürger von den Zukunftslasten nicht mehr persönlich betroffen sein werden und dass die Negativwirkungen aus der Sicht der Politiker jedenfalls nicht in der jeweils gegenwärtigen Wahlperiode liegen. Dies führt vor allem dann zu einer Überbelastung der Zukunft, wenn die Gegenwart plausibel erscheinende Entschuldigungsmöglichkeiten parat hält. Der Finanzierungsspielraum, der durch Staatsverschuldung gewonnen werden kann, ist aufgrund der unmittelbar einsetzenden Kapitaldienstverpflichtungen jedoch insbesondere dann kurzlebig, wenn die Wachstumsrate des Sozialprodukts (und damit des Steueraufkommens) niedrig und der am Kapitalmarkt zu zahlende Zinssatz hoch ist. Werden die Kapitaldienstverpflichtungen – wie es bei einer Verschlechterung der Altersstruktur typisch ist – noch dazu durch steigende Alters- und Gesundheitssicherungsausgaben verstärkt, kommt es rasch zu einer finanziell bedingten Lähmung der Politik und zu einer Vernachlässigung der Infrastruktur. Das kann die Standortbedingungen so sehr verschlechtern, dass Unternehmen emigrieren, was zu einem Teufelskreis aus Verschuldung, Abgabenerhöhung, Kapitalflucht und weiterer Verschuldung führen kann. Dass solche Gefahren nicht von der Hand zu weisen sind, zeigt die Entwicklung in Deutschland: Die Schuldenstandsquote (Schuldenstand in Relation zum BIP) stieg von 18,5 v. H. (1960) ebenso wie die Nettoneuverschuldungsquote des Öffentlichen Gesamthaushalts in Maastricht-Abgrenzung so stark an, dass Deutschland den Europäischen Stabilitäts- und Wachstumspakt von 2002 bis 2005 in Bezug auf die Nettoneuverschuldung verletzt hat (Überschreitung der 3 v. H. Grenze) und in Bezug auf die Schuldenstandsregel (60 v. H. des BIP) mit steigender Tendenz weiter verletzt. Außerdem gehören die Zinsausgaben bei allen Gebietskörperschaften zu den größten Abgabeblöcken. Sie können die Finanzierungssalden bei einem Anstieg des Kapitalmarktzinses um so schneller ungeplant in die Höhe treiben, je kurzfristiger die Verschuldungsstruktur ist.

Angesichts solcher Gefahren und früherer Erfahrungen ist es verständlich, dass in der Finanzverfassung versucht worden ist, Sicherungen einzubauen. Zentral sind die Bestimmungen der Art. 109 Abs. 2 GG und Art. 115 GG Abs. 1 GG. Sie sollen sich in ihrer Begrenzungsfunktion gegenseitig verstärken. Die erste Bestimmung – die unmittelbar auch die Länder einbezieht – verlangt, dass bei einer Entscheidung über den Verschuldungseinsatz den Erfordernissen des gesamtwirtschaftlichen Gleichgewichts Rechnung getragen wird. Das Bundesverfassungsgericht hat hierzu unmissverständlich hervorgehoben, dass auch die langfristigen Verschuldungsfolgen für die gesamtwirtschaftliche

Stabilität zu berücksichtigen sind. Der Art. 115 Abs. 1 GG fordert – ebenso wie seine Entsprechungen in den einzelnen Länderverfassungen –, dass die Verschuldungshöhe im äußersten Fall die Höhe der Investitionsausgaben erreichen darf. Eine Überschreitung ist nur dann zulässig, wenn das gesamtwirtschaftliche Gleichgewicht nachhaltig und ernsthaft gestört ist und diese Störung mittels Verschuldung effektiv behoben werden kann.

Dass diese beiden grundsätzlich sinnvollen Regeln ihre intendierte Eindämmungsfunktion bislang nicht zufriedenstellend erfüllen, hat seinen Hauptgrund in den unscharfen Formulierungen und unbestimmten Rechtsbegriffen. Wichtigstes Problem ist, dass bei der Investitionsgrenze weder Abschreibungen berücksichtigt noch Vermögensveräußerungen gegengerechnet werden.

Die Begrenzungsregeln für die Gemeindeverschuldung sind hingegen wirksamer. Die Gemeinden müssen eine Schuldaufnahme i. d. R. von der Kommunalaufsichtsbehörde genehmigen lassen. Die Genehmigung ist dabei zu versagen, wenn eine Gemeinde für die nächsten Jahre nicht gewährleisten kann, trotz der Verschuldung und der damit verbundenen Kapitaldienstlasten ihren Aufgaben gerecht zu werden. Das zur Beurteilung herangezogene Tragbarkeitskriterium ist die dauerhafte finanzielle Leistungsfähigkeit (Schuldendienstleistungsfähigkeit), die man mit Hilfe des Indikators „freie Finanzspitze" operationalisiert. Letztere ergibt sich, wenn man von der Zuführung vom Verwaltungs- zum Vermögenshaushalt die planmäßigen Tilgungsausgaben und Kreditbeschaffungskosten abzieht. Sie zeigt das Ausmaß der laufenden Einnahmen an, das zur Finanzierung von zusätzlichen Zins- und Tilgungslasten nachhaltig zur Verfügung steht. Auf das Problem „Bugwelle aus Kassenkrediten" wurde schon hingewiesen.

Insgesamt muss man die deutschen Regeln zur Eindämmung der Verschuldung als „zu weich" einstufen. In einer wohlorganisierten Volkswirtschaft, in welcher der Staat seinen langfristigen Sicherungsaufgaben gerecht wird, müsste es deshalb eine Verschuldungsordnung geben, die an den aufgezeigten Gefahren anknüpft und spezielle Sicherungen in die Finanzverfassung einbaut (FUNKE, 1995).

4.4. Nationaler Finanzausgleich

Unter den Gebietskörperschaften gibt es in Deutschland einen Bund-Länder-Finanzausgleich und einen Kommunalen Finanzausgleich.

Bund-Länder-Finanzausgleich

Normativ gesehen soll der Bund-Länder-Finanzausgleich zu einer Mittelverteilung zwischen dem Bund einerseits und den Ländern einschließlich ihrer Gemeinden andererseits sowie den Ländern untereinander führen, die dem Zweiten GOSSENschen Gesetz genügt: Die Steuerlast und Steuerverteilung sollen so gestaltet werden, dass ein Steuer-Euro beim Bund und bei allen Ländern (einschließlich Gemeinden) den gleichen Grenznutzen stiftet wie das verbleibende verfügbare Einkommen beim Steuerbürger. Art. 106 Abs. 3 Nr. 2 GG drückt diese Maxime in der Sprache der Juristen folgendermaßen aus: „Die Deckungsbedürfnisse des Bundes und der Länder sind so aufeinander abzustimmen, dass ein billiger Ausgleich erzielt, eine Überbelastung der Steuerpflichtigen vermieden und die Einheitlichkeit der Lebensverhältnisse im Bundesgebiet gewahrt wird." Die Umsetzung dieser Zielsetzung soll mit Hilfe von Verfassungsbestimmungen zur Steueraufteilung sowie Zerlegungs- und Finanzausgleichsgesetzen erfolgen.

Die Verfassungsbestimmungen zur Steueraufteilung legen fest, welche Gebietskörperschaften über die Ertragskompetenz für welche Art von Steuern verfügen sollen. Bei dieser Primärverteilung von Steuereinnahmen (d. h. der Umwandlung privater Zwangstransfers in „eigene" Steuereinnahmen der jeweiligen Körperschaften) wird von einem Mischsystem Gebrauch gemacht, das die Steuern zu einem Teil nach dem sogenannten Trennsystem verteilt, zum größeren Teil aber nach dem sogenannten Verbundsystem. Verteilung nach dem Trennsystem bedeutet, dass die Steuereinnahmen einer bestimmten Art ausschließlich einer bestimmten Ebene von Gebietskörperschaften als „eigene" Steuern zustehen. Welche Steuern dies in Deutschland sind, ist in *Übersicht I-15* aufgeführt. Es handelt sich durchweg um kleinere Steuern. Der Bund verfügt dabei im Prinzip über die Steuern auf bundesweit gehandelte (und deshalb schlecht regional radizierbare) Güter; Ländern und Gemeinden stehen dagegen die Erträge von Güter- und Faktorsteuern zu, die regional bzw. lokal relativ gut zugeordnet werden können. Alle größeren Steuern sind demgegenüber Verbundsteuern. Diese fließen (gedanklich) zunächst in einen „Topf" und werden dann daraus in zweifacher Weise verteilt: vertikal zwischen den Ebenen und horizontal auf der Länder- bzw. Gemeindeebene. Im Prinzip könnte man den „Topfinhalt" den Gebietskörperschaften sofort nach Einwohnern und Arbeitsplätzen zuweisen. Dies hätte viele Vorteile. Tatsächlich werden die Gebietskörperschaften jedoch an den Verbundsteuern nach Ebenen quotal beteiligt. Dabei gibt das Grundgesetz die Quoten der Ebenen für Einkommen- und die Körperschaftssteuer vor. Die Umsatzsteuerverteilung wird dagegen durch ein zustimmungsbedürftiges Bundesgesetz geregelt, um auf diese Weise eine anpassungsfähige Verteilungskomponente zu haben und die Gesamtverteilung in einem sogenannten Revisionsverfahren ändern zu können.

Auf der Ebene der Länder und Gemeinden müssen die Verbundsteuern auch horizontal aufgeteilt werden. Dabei ist zu klären, wer Steuergläubiger sein soll, wenn das Grundprinzip einer Verteilung nach dem örtlichen Aufkommen nicht eindeutig ist, weil Wohn- und Arbeitsstätte in verschiedenen Gebietskörperschaften liegen oder weil ein Unternehmen Betriebsstätten in verschiedenen Ländern und Gemeinden hat. Solche Umstände treten vor allem in Stadtstaaten auf, und für diese ist die Art der Lösung deshalb von besonderer Bedeutung. In der heutigen Praxis wird die horizontale Aufteilung im Rahmen der Primärverteilung auf der Basis eines Zerlegungsgesetzes vorgenommen und im Rahmen der anschließenden Sekundärverteilung durch den Länderfinanzausgleich im engeren Sinn (Zahlungen zwischen finanzstarken und finanzschwachen Ländern) sowie durch Bundesergänzungszuweisungen ergänzt. Die Umsatzsteuer wird dabei nicht im Rahmen der Primärverteilung zerlegt; stattdessen wird sie in einem Sonderverfahren verteilt, das zwischen der Primärverteilung und dem Länderfinanzausgleich im engeren Sinn angesiedelt ist (Verteilung der sogenannten Ergänzungsanteile). Der Bund-Länder-Finanzausgleich umfasst nach der Primär-

Übersicht I-15: Verteilung wichtiger Ertragskompetenzen nach dem Grundgesetz

Ebene und Hauptaufgaben	Steuererträge nach dem Trennsystem („eigene" Steuern)	Steuererträge nach dem Verbundsystem (Anteile an [1] den Gemeinschaftssteuern und [2] der Gewerbesteuerumlage; [3] Zuweisungen im Rahmen des Kommunalen Finanzausgleichs)
1. Bund Soziale Sicherung Verteidigung Verkehr und Nachrichtenwesen	Mineralölsteuer Stromsteuer Tabaksteuer Branntweinsteuer sonstige Verbrauchsteuern (mit Ausnahme der Biersteuer) Versicherungsteuer Solidaritätszuschlag EU-Abgaben	(1) Lohnsteuer und veranlagte Einkommensteuer (42,5 v. H.) Nicht veranlagte Steuern vom Ertrag und Körperschaftsteuer (50 v. H.) Umsatzsteuer (einschl. Einfuhrumsatzsteuer)[1] (2) Anteil an der Gewerbesteuerumlage (50 v. H.)
2. Länder Wissenschaft und Kultur Rechtspflege Polizeiwesen	Vermögensteuer[2] Erbschaftsteuer Grunderwerbsteuer Kfz-Steuer Biersteuer Rennwett- und Lotteriesteuer Feuerschutzsteuer Spielbankenabgabe	(1) Lohnsteuer und veranlagte Einkommensteuer (42,5 v. H.) Nicht veranlagte Steuern vom Ertrag und Körperschaftsteuer (50 v. H.) Umsatzsteuer (einschl. Einfuhrumsatzsteuer)[1] (2) Anteil an der Gewerbesteuerumlage (50 v. H.)
3. Gemeinden Schul- und Kulturwesen Gesundheitswesen Sozialhilfe Ver- und Entsorgung Verkehr	Gewerbesteuer Grundsteuer örtliche Verbrauch- und Aufwandsteuern wie Hundesteuer, Vergnügungsteuer oder Jagd- und Fischereisteuer	(1) Lohnsteuer und veranlagte Einkommensteuer (15 v. H.) (2) Umsatzsteuer (einschl. Einfuhrumsatzsteuer)[1] (3) Zuweisungen der Länder im Rahmen des Kommunalen Finanzausgleichs (obligatorischer und fakultativer Steuerverbund)

[1] Die Verteilung wird durch ein zustimmungsbedürftiges Bundesgesetz geregelt.
[2] Die Vermögensteuer wird seit 1997 nicht mehr erhoben.

Quelle: Eigene Zusammenstellung in Anlehnung an BUNDESMINISTERIUM DER FINANZEN (2005).

verteilung der Verbundsteuern mit Ausnahme der Umsatzsteuer auf diese Weise insgesamt vier Stufen:

- die vertikale Umsatzsteuerverteilung zwischen Bund und Ländern (einschließlich Gemeinden) sowie den horizontalen Umsatzsteuervorwegausgleich zwischen den Ländern,
- den horizontalen Länderfinanzausgleich im engeren Sinn,

- die Verteilung von allgemeinen (vormals: Fehlbetrags-)Bundesergänzungszuweisungen und
- die Verteilung von Sonderbedarfs-Bundesergänzungszuweisungen.

Beim momentan gültigen Finanzausgleich erhalten die Länder 50,4 v. H. und der Bund 49,6 v. H. des Umsatzsteueraufkommens, das verbleibt, nachdem eine in § 1 FAG näher aufgeschlüsselte Vorabzahlung als Ausgleich für Zuschüsse des Bundes an die Rentenversicherung (und ab 2007 zusätzlich als Ausgleich für Belastungen aus Zuschüssen zur Arbeitslosenversicherung) und 2,2 v. H. des Restaufkommens für die Gemeinden abgezogen wurden. Aufgrund der Steuersatzerhöhung ist obiges Verhältnis zum 1. Januar 2007 geringfügig um 0,08 v. H. geändert worden und wird zum 1. Januar 2008 nochmals um 0,1 v. H. zu Gunsten des Bundes verändert. Zudem wird der Länderanteil am Umsatzsteueraufkommen aufgrund der Übernahme der Finanzierungslasten des Fonds „Deutsche Einheit" durch den Bund jährlich um einen bestimmten Betrag (2005 und 2006: 2.322.712.000 Euro) gekürzt. Bis zu 25 v. H. des Länderanteils an der Umsatzsteuer werden zwischen den Ländern als Ergänzungsanteile zur Anhebung der Finanzkraft verteilt, der Rest nach Einwohnern. Ergänzungsanteile erhalten diejenigen Länder, deren Finanzkraft je Einwohner unterhalb des Länderdurchschnitts liegt, und zwar nach linearen Formeln, die in § 2 FAG genannt werden. Der Länderfinanzausgleich im engeren Sinn hebt die Finanzkraft der finanzschwachen Länder anschließend durch Ausgleichszuweisungen der finanzstarken Länder an. Dies erfolgt mit Hilfe mehrerer Formeln, bei denen die Finanzkraft des einzelnen Landes als Finanzkraftmesszahl, die länderdurchschnittliche Finanzkraft dagegen als Ausgleichsmesszahl dient. Zum Schutz der Zahlerländer vor übermäßiger Belastung gilt eine „Deckelung" für das Ausgleichsvolumen, falls ein finanzstarkes Land mehr als 72,5 % seines Finanzkraftüberschusses abgeben müsste (§ 10 Abs. 3 FAG). Nach erfolgtem Ausgleich erhalten diejenigen finanzschwachen Länder allgemeine Bundesergänzungszuweisungen, deren Finanzkraft nach Ausgleich unter 99,5 % der Finanzkraft der Ländergesamtheit liegt. Die Ausgleichsintensität (d. h. der Faktor, mit dem die Differenz ausgeglichen wird) beträgt hierbei 77,5 %. Hinzu treten dann noch Sonderbedarfs-Bundesergänzungszuweisungen zur Bewältigung extremer Haushaltsnotlagen, wegen überdurchschnittlich hoher Kosten politischer Führung und vorübergehend zum Abbau teilungsbedingter Sonderlasten und unterproportionaler kommunaler Finanzkraft für die neuen Länder und Berlin. Im Finanzausgleichsgesetz sind die entsprechend zu fördernden Länder sowie die Höhe der Zuweisungen explizit aufgeführt. Im Zusammenhang mit der Wiedervereinigung muss außerdem darauf hingewiesen werden, dass auch die Rentenversicherung, vor allem aber die Arbeitslosenversicherung im Zuge des so genannten impliziten Finanzausgleichs bedeutsame Ausgleichsleistungen erbracht haben.

Betrachtet man das komplizierte Gesamtsystem dieses Bund-Länder-Finanzausgleichs im Lichte der im Abschnitt 2.2.2. diskutierten Regeln, ergeben sich folgende Hauptkritikpunkte:

- Die „Finanzkraft", die aus der Normierung der in das Verfahren eingehenden Steuern entsteht, enthält die Gemeindesteuern nur zu 64 v. H. Dies ist historisch unter taktischen Gesichtspunkten zwar nachvollziehbar, ökonomisch jedoch nicht sinnvoll.
- Das Revisionsverfahren ist nicht funktionsfähig, weil die jeweils begünstigte Seite das Vorliegen bzw. Zustandekommen eines zustimmungsbedürftigen Bundesgeset-

zes blockieren kann und weil von dieser Möglichkeit auch Gebrauch gemacht wird.

- Die Finanzausgleichsformeln (Umsatzsteuerausgleich plus Länderfinanzausgleich im engeren Sinn) sind kompliziert und dadurch intransparent. Es dürfte nur wenige Abgeordnete geben, die das System durchschauen – von den Bürgern ganz zu schweigen.

- Verbandsexterne Effekte werden nicht systematisch, sondern nur zum Teil (als Hafenlasten außerhalb des Finanzausgleichs und in Form einer Stadtstaaten-Sonderregelung) berücksichtigt, und zwar in einer Weise, die ebenfalls nur historisch-taktisch verständlich erscheint.

- Das System führt über den Umsatzsteuerausgleich und die Bundesergänzungszuweisungen zu einer Vermengung des vertikalen und des horizontalen Ausgleichs. Diese Annäherung an eine Verteilung nach dem Zweiten GOSSENschen Gesetz wird auf diese Weise nahezu unmöglich gemacht.

- Das System ist extrem intransparent. Wegen der Politikverflechtung (alle entscheiden und finanzieren alles, und die Verantwortung diffundiert „irgendwie" im System) ist es dem Bürger unmöglich zu erkennen, wer ihm welche Lasten aufgebürdet hat. Das ist eine schwerwiegende Verletzung des Prinzips der politischen Haftung, das Bestandteil des Kongruenzprinzips ist.

Wie u. a. der WISSENSCHAFTLICHE BEIRAT BEIM BMF (1992) gezeigt hat, wären alle diese Mängel vermeidbar; dass dies nicht schon lange geschehen ist, liegt vor allem daran, dass Verteilungsfragen im politischen Prozess nicht nach einsehbaren und ökonomisch-rationalen Prinzipien entschieden werden, sondern mit Hilfe von Koalitionsbildungen, die Ausgleichs- und Befrachtungsleistungen nach taktischen Gesichtspunkten erforderlich werden lassen und zum Teil auch zur Blockade wichtiger Entscheidungen und zu Klagen vor dem Bundesverfassungsgericht geführt haben. Dieses hat im November 1999 entschieden, dass der bis dato „ausgekungelte" Finanzausgleich nicht verfassungskonform ist und spätestens 2005 durch einen Finanzausgleich abgelöst werden sollte, der sich auf längerfristig gültige Kriterien stützt, die in einem sogenannten Maßstäbegesetz vorgegeben werden sollte. Auf diese Weise sollte sichergestellt werden, dass der Finanzausgleich nicht mehr Spiegelbild taktisch günstiger oder ungünstiger Verhandlungspositionen ist, sondern einsehbaren und richterlich nachvollziehbaren Maßstäben folgt, die fachwissenschaftlich begründbar sind.

Das Maßstäbe- und das ab 2005 gültige Finanzausgleichsgesetz sind inzwischen verabschiedet worden (zur Kritik vgl. PEFFEKOVEN, 2001). Die oben genannten Mängel werden darin aber allenfalls in Teilen gemildert (Beispiel: Anrechung der Gemeindesteuern zu 64 v. H., davor lediglich zu 50 v. H.); insgesamt ist das neue Finanzausgleichsgesetz eher noch komplizierter als das alte, und das Maßstäbegesetz ist wohl nur der Form halber verabschiedet worden und dürfte in seiner jetzigen Gestalt eindeutig verfassungswidrig sein. Vermutlich ist das den Beteiligten sogar bewusst; man verlässt sich aber darauf, dass die Länder nicht klagen, weil der Bund sich ihre Zustimmung im Bundesrat durch Zahlungen erkauft hat, die alle Länder besser als im Status quo ante gestellt haben; die Bürger selbst haben im Bereich potenzieller Organstreitigkeiten keine eigenen Klagerechte (Art. 93 GG).

Kommunaler Finanzausgleich

Der Kommunale Finanzausgleich ist Ländersache und deshalb in den Ländern unterschiedlich – wenn auch ähnlich – organisiert. Im Folgenden werden die Regelungen Nordrhein-Westfalens als Beispiel besprochen.

Ausgangspunkt des Kommunalen Finanzausgleichs sind zwei Grundprobleme. Zum einen geht das Grundgesetz implizit von der – faktisch auch berechtigten – Vermutung aus, dass das eigene Steueraufkommen der Gemeinden keine Deckung der notwendigen Ausgaben erlaubt. Das GG ordnet deshalb an, dass die Länder die Gemeinden am Ländersteueraufkommen beteiligen müssen. Wie *Übersicht I-15* zeigt, geschieht dies durch Beteiligung am Länderanteil der Gemeinschaftssteuern (obligatorischer Steuerverbund gem. Art. 106 Abs. 7 Satz 1) und – nach Wahl des Landes – an weiteren Ländersteuern (fakultativer Steuerverbund gem. Art. 106 Abs. 7 Satz 2). Die Höhe der Beteiligung ist vom Landesgesetzgeber zu bestimmen, der dabei einen weiten Spielraum hat, weil er auch die Arbeitsteilung bestimmt und weil – zum Teil wohl kontrafaktisch – unterstellt wird, dass die Landtage eine objektive Abwägung zwischen den finanziellen Interessen des Landes im engeren Sinn und seiner Kommunen treffen. Das erste Problem, das der Kommunale Finanzausgleich zu lösen hat, ist also vertikaler Natur und besteht darin, die Kommunen an den Steuereinnahmen des Landes zu beteiligen.

Ein zweites Problem ergibt sich daraus, dass die Großstädte wichtige Bereitsteller der wirtschaftsnahen Infrastruktur und damit indirekt auch der Arbeitsplätze sind und sich deshalb typischerweise durch höhere Pro-Kopf-Werte des BIP und des Steueraufkommens auszeichnen als ihre Umgebung. Die Auspendlerorte der Umgebung und des flachen Landes müssen an diesem Steueraufkommen beteiligt werden. Gleichzeitig muss jedoch bedacht werden, dass das Aufrechterhalten der wirtschaftsnahen Infrastruktur mit besonderen Aufwendungen verknüpft ist, dass Großstädte meist auch Bildungs- und Kultureinrichtungen mit positiven Umlandeffekten unterhalten, dass sie unter dem Einpendlerverkehr zu leiden haben und dass sie als Agglomerationen nach dem BRECHTschen Gesetz (Abschnitt 3.1.) höhere Kosten pro Einwohner zu bewältigen haben. Aus all dem ergibt sich als zweite Aufgabe des Kommunalen Finanzausgleichs, dass das Kommunalsteueraufkommen unter Beachtung der zentralörtlichen Funktionen der Großstädte und verbandsexterner Effekte horizontal umzuverteilen ist.

In Nordrhein-Westfalen werden diese beiden Probleme auf der Basis jährlicher Gemeindefinanzierungsgesetze gemeinsam gelöst, und es wird gleichzeitig berücksichtigt, dass das Land faktisch als „Garantieanstalt“ Kommunen helfen muss, die in Haushaltsnotlagen geraten sind. Dabei werden den Gemeinden sogenannte Schlüsselzuweisungen und sogenannte Zweckzuweisungen gewährt. Erstere werden ohne Empfangsauflagen und auf der Basis einer Formel (des „Schlüssels“) gezahlt; ihre Hauptfunktion besteht darin, den Gemeinden frei verfügbare Steuermittel zur Verfügung zu stellen. Letztere sind dagegen an bestimmte Voraussetzungen geknüpft und dienen vor allem dem Ausgleich verbandsexterner Effekte, aber auch zur Durchsetzung meritorisch begründeter Lenkungsmaßnahmen des Landes (so genannter „Einsatz des goldenen Zügels“), deren Begründung ökonomisch häufig nur schwer nachzuvollziehen ist.

Die Schlüsselzuweisungen werden proportional zur Differenz zwischen einer Ausgleichsmeßzahl und einer Steuerkraftmeßzahl verteilt. Erstere basiert auf der sogenannten „veredelten Einwohnerzahl" („veredelt", weil hierin neben der tatsächlichen Einwohnerzahl vor allem die Ortsgröße [wirtschaftsnahe Infrastruktur] und Schülerzahlen [verbandsexterne Effekte] berücksichtigt werden), letztere kennzeichnet das normiert berechnete Gemeindesteueraufkommen. Wie im Einzelnen nur auf der Basis einer längeren Ableitung gezeigt werden kann (GROSSEKETTLER, 1987, S. 435 f.), ergibt sich auf diese Weise ein Schlüsselzuweisungsbetrag, der eine Dotationskomponente und eine Redistributionskomponente umfasst. Erstere sorgt dafür, dass jeder Gemeinde ein Anteil an der vom Land frei festgesetzten Schlüsselmasse zufließt, der dem Anteil der Gemeinde an der veredelten Einwohnerzahl aller Gemeinden entspricht; letztere hat zur Folge, dass über Zu- und Abschläge zu bzw. von der Dotationskomponente erreicht wird, dass der Anteil der Gemeinde an der normierten Kommunalsteuerkraft aller Gemeinden nach Umverteilung dem Anteil an der veredelten Einwohnerzahl entspricht.

Betrachtet man das System des Kommunalen Finanzausgleichs im Lichte der Regeln des Abschnitts 2.2.2., ergeben sich folgende Hauptkritikpunkte:

- Es gibt kein Revisionsverfahren zur Schlichtung von Konflikten zwischen dem Land und seinen Kommunen. In Rheinland-Pfalz und in Sachsen sind jedoch wenigstens Vorkehrungen getroffen worden, die eine dauerhafte Verschlechterung der Position der Kommunen in Relation zu der der Länder verhindern.
- Das Verfahren ist so intransparent, dass es nur von wenigen Fachleuten durchschaut wird und leicht in sachfremder Weise befrachtet werden kann. Auch hier kommt es also wieder zur Politikverflechtung und zur Verletzung des Kongruenz- und damit auch des Haftungsprinzips. Seit der Anwendung einer Formel zur „Veredlung" ist es aber immerhin schwerer geworden, die Stimmen einzelner Landtagsabgeordneter durch Sonderzuschläge für die jeweilige Heimatgemeinde zu „kaufen".
- Die Internalisierung verbandsexterner Effekte ist unsystematisch und zum Teil ineffizent.

4.5. Finanzwirtschaft der Europäischen Union

Die EU kann als eine „präföderale Ebene" innerhalb einer Staatengemeinschaft aufgefasst werden (ZIMMERMANN/HENKE, 2001, S. 204), die noch kein Bundesstaat ist, aber auch nicht mehr als reiner Staatenbund bezeichnet werden kann. Funktionell gesehen, sollte sie an sich eine Rechtsgemeinschaft sein, die im Bereich der Allokationspolitik positiv wirkende Güter- und Faktorwanderungen ermöglicht, europaweite Kollektivgüter bereitstellt und externen Effekten u. a. im Wege einer (groben) europäischen Raumplanung vorbeugt. Die Distributionspolitik kann aufgrund von Wanderungshemmnissen sprachlicher, kultureller und gefühlsmäßiger Art (Heimatverbundenheit) im nationalen Kompetenzbereich verbleiben und sollte dies aufgrund eines vorerst nur schwach ausgebildeten europäischen Solidaritätsgefühls und nach Maßgabe des Subsidiaritätsprinzips auch. Das gleiche gilt für die Stabilisierungspolitik, die auf der EU-Ebene gar nicht durchführbar wäre, weil der EU-Haushalt klein ist (er ist etwa doppelt so groß wie der Nordrhein-Westfalens), weil es auf dieser Ebene keine eingebauten Stabilisatoren gibt und eine Kreditaufnahme verboten ist (s. u.), weil die nationalen Konjunkturverläufe noch nicht sehr stark synchronisiert sind, weil die meisten Schocks unterschiedlich auf die EU-Länder und ihre Regionen wirken und weil viele von ihnen besser über die nationale Regional- und Stabilisierungspolitik als über eine EU-weite Konjunkturpolitik bekämpft werden können.

Die faktische Tätigkeit der EU entspricht dieser Sollvorstellung nur zum Teil (Beitrag S). So wäre zwar eine sehr viel stärker integrierte Verteidigungspolitik begründbar, nicht dagegen die heutige Agrarpolitik, die nach wie vor das mit Abstand größte Ausgabenvolumen bindet, oder die europäische Regionalpolitik heutiger Art.

Das komplizierte Haushaltsrecht kennt ähnliche Instrumente wie das deutsche (GROSSEKETTLER, 1992; PEFFEKOVEN, 1994). Es ist allerdings durch eine nicht rollierende (sondern jeweils für eine feste Zeitperiode geltende) Finanzplanung und dadurch gekennzeichnet, dass es zwischen Ausgabenkategorien unterscheidet, über die letztlich das Parlament entscheiden kann (sogenannte nicht obligatorische Ausgaben), und solchen, die letztlich vom Ministerrat entschieden werden müssen (sogenannte obligatorische Ausgaben).

Wie im Beitrag S näher dargelegt, bestehen die Einnahmen der EU aus Zöllen, Agrarabschöpfungen, Zuckerabgaben, verschiedenen kleineren Einnahmen sowie vor allem den sogenannten Mehrwertsteuer-Eigenmitteln und den BSP-Eigenmitteln. Die zuerst genannten vier Kategorien ergeben sich aus dem Charakter der EU als einer Gemeinschaft mit einem gemeinsamen Außenzoll und aus dem Außenschutz im Rahmen der protektionistischen Agrarpolitik. Die Mehrwertsteuer-Eigenmittel und die BSP-Eigenmittel sind nicht etwa eigene Steuern, sondern Matrikularbeiträge (d. h. von „unten nach oben" fließende Beiträge) der Mitgliedstaaten. Sie stellen keine Festbeträge dar, sondern werden in Abhängigkeit von der Mehrwertsteuer-Bemessungsgrundlage bzw. dem BSP erhoben und sollen die EU-Kosten auf der Basis dieser Indikatoren im Prinzip nutzenäquivalent abdecken. Für die Eigenmittel gibt es Kappungsgrenzen: Sie sollen 1,27 v. H. des BSP der EU nicht überschreiten. Der Anteil der BSP-Eigenmittel an den EU-Einnahmen weist im Gegensatz zu den Anteilen aller anderen Einnahmen eine steigende Tendenz auf. Saldiert man die zurechenbaren Beiträge der Mitgliedstaaten mit Zuschüssen und Kostenerstattungen der EU, ergibt sich die Nettozahlerposition eines Landes. Deutschland ist absolut und auch pro Kopf einer der größten Nettozahler, obwohl es (anders als z. B. Luxemburg) bei weitem nicht über das größte Pro-Kopf-Einkommen in der EU verfügt. Dies wird vielfach als ein Verstoß gegen das Leistungsfähigkeitsprinzip angesehen. Dem ist entgegenzuhalten, dass die Beitragsfinanzierung auf Nutzenäquivalenz angelegt ist und dass die „Zahlmeisterrechnungen" im Einzelnen sehr umstritten sind; auch unter Berücksichtigung dieser Einwände ist die Behandlung Deutschlands der Sache nach aber nicht nachvollziehbar und wohl nur politikökonomisch und historisch erklärbar.

Eine reguläre Kreditfinanzierung (etwa von Investitionen) ist der EU nach dem EWG-Vertrag an sich untersagt; über Off-budget-Operationen und haushaltstechnische Verrechnungen sowie Kreditvermittlungen ergibt sich faktisch jedoch ein begrenztes Ausmaß an Kreditfinanzierung. Auch einen direkten Finanzausgleich gibt es nicht; über die Regionalpolitik der EU – den Europäischen Fonds für Regionale Entwicklung (EFRE), den Europäischen Sozialfonds (ESF), den Europäischen Ausrichtungs- und

Garantiefonds für die Landwirtschaft (EAGFL), das Finanzinstrument für die Ausrichtung der Fischerei (FIAF) und den Kohäsionsfonds – wird aber ein indirekter Finanzausgleich praktiziert. Es könnte sein, dass dieser in Zukunft wegen der inzwischen entfallenen Pufferwirkung von Wechselkursanpassungen in der EWU an Bedeutung gewinnen wird.

5. Beseitigungsmöglichkeiten für Soll-Ist-Diskrepanzen

5.1. Wichtige Soll-Ist-Diskrepanzen

„Wie kann der Staat zu einer ordnenden Potenz für eine funktionsfähige und freie Ordnung der industrialisierten Wirtschaft werden?" (Eucken, 1952, S. 332) – diese Frage Walter Euckens (1891–1950) stand – bisher unausgesprochen – hinter den Überlegungen zur Soll-Organisation des Staates. Als er sie stellte, war nur eines klar: Die Rolle des Staates war von den großen Staatsdenkern des 17. und 18. Jahrhunderts – Hugo Grotius (1583–1645), John Locke (1632–1704), Samuel Pufendorf (1632–1694) und Charles de Montesquieu (1689–1755) – nur im Hinblick auf die Frage durchdacht worden, wie ein Rechtsstaat geschaffen werden könne, der nicht nur individuelle Freiheit (Stichworte: Grundrechtskatalog, Demokratie, Gewaltenteilung und Föderalismus) garantiert, sondern auch eine institutionelle Garantie der kulturellen Liberalität bietet (Stichworte: Informations- und Meinungsfreiheit, Schutz von Religion, Wissenschaft und Medien). Unklar war demgegenüber, wie dem Streben nach einem funktionsfähigen Preissystem auch für den Bereich der Kollektivgüter Rechnung getragen werden könnte und wie externen sowie meritorischen oder demeritorischen Effekten oder der Tatsache begegnet werden sollte, dass bestimmte Versicherungsmärkte fehlten und andere in ihrer Entwicklung gehemmt waren. Eucken, der ja einer der wichtigsten geistigen Väter der Sozialen Marktwirtschaft war, forderte deshalb, die Rolle des Staates von Grund auf ordnungspolitisch zu überdenken (Eucken, 1952, S. 332), und er warnte davor, unreflektiert überall dort nach dem Staat zu rufen, wo der Preismechanismus unter den gegebenen Umständen versage. Statt dessen müsse man stets fragen, ob der Staat die an ihn herangetragenen Aufgaben überhaupt bewältigen könne und ob es nicht andere Mittel gäbe, das Preissystem funktionsfähig zu machen (ebenda, S. 331).

Aus den Forderungen Euckens und anderer Ordoliberaler einerseits und der modernen Institutionenökonomik andererseits lassen sich eine Reihe von Gestaltungsprinzipien für die Wirtschaftsverfassung (i. w. S.) der Sozialen Marktwirtschaft ableiten (Grossekettler, 1997, S. 93 ff.). Für den Bereich der Staatswirtschaft folgen hieraus die Gestaltungsregeln für die öffentliche Finanzwirtschaft und die Abgrenzung von Privat- und Staatswirtschaft, die im Rahmen der normativen Analyse (Abschnitt 2.) erläutert wurden. Es gibt jedoch deutliche Unterschiede zwischen der Soll- und der Ist-Organisation. Sind sie gravierender Natur, so zeigen sie sich in pathologischen Entwicklungen wie dem unerwünschten Wachstum der Staatsquote und der ausufernden Staatsverschuldung, dem Nichtaufgreifen von Langfristproblemen oder wahltaktisch bedingten Entscheidungsblockaden bei dringend notwendigen Reformprojekten, über die sich die

Fachleute über Parteigrenzen hinweg im Grunde einig sind. Im Prinzip können solche Soll-Ist-Diskrepanzen zwei Ursachen haben: mangelnden Sachverstand und mangelnden Gestaltungswillen. Die erste Ursache wäre durch Beratung jedenfalls dann leicht heilbar, wenn dem ökonomischen und speziell ordnungspolitischen Denken nicht – wie es in der Realität leider der Fall ist – eine Reihe von Vorurteilen sowie andersartige Denktraditionen entgegenstünden. Der zweiten Ursache ist jedoch noch schwerer beizukommen; sie erfordert es, die Anreizstrukturen im politisch-administrativen System zu analysieren und der Öffentlichkeit und den Verantwortlichen zu zeigen, welche Gemeinwohlschäden aus den Soll-Ist-Diskrepanzen folgen, warum keine Gegenmaßnahmen ergriffen werden und wie man im Wege einer kollektiven Selbstbindung durch Verfassungsregeln für eine Änderung der Anreizstrukturen sorgen könnte.

Die wichtigsten Unterschiede zwischen Soll- und Ist-Organisation der öffentlichen Finanzwirtschaft betreffen folgende Komplexe: die Bereitstellung von Kollektivgütern, den Einsatz von Subventionen und Ordnungssteuern, die Privatisierung sowie Deregulierung und Entbürokratisierung von Herstelltätigkeiten, den Einsatz der Stabilisierungspolitik, die Gestaltung von Umverteilungs- und Finanzausgleichsprozessen im privaten, öffentlichen und internationalen Bereich und die Gestaltung des Föderalismus in Deutschland.

Im Bereich der Kollektivgüterbereitstellung entsprechen weder die Kompetenzverteilung noch die Finanzierung den Sollregeln. Die Kompetenzverteilung müsste dem Kongruenz- und damit auch dem Subsidiaritätsprinzip genügen. Dies würde vor allem bedeuten, dass die Kompetenzen zwischen den gebietskörperschaftlichen Ebenen mehr der Theorie des finanzwirtschaftlichen Föderalismus zu folgen hätten, dass die einzelnen Ebenen outputorientiert in Leistungszentren organisiert werden müssten und dass innerhalb der Leistungszentren eine eindeutige Verantwortungsstruktur zu schaffen wäre. Die Finanzierung hätte über Entgelte zu erfolgen, und Unzufriedenheit mit den jeweiligen Preis-Leistungs-Kombinationen müsste mit der Abwahl der Leitung von Leistungszentren beantwortet werden können. Die tatsächliche Organisation ist nicht so weit von diesem Bild entfernt, wie es auf den ersten Blick scheint: Sowohl die Gemeindeorganisation als auch die Ministerialorganisation der staatlichen Ebenen ist bereits weitgehend nach Leistungskategorien gebildet, und die Parlamente sind in Ausschüsse zur Kontrolle dieser Zentren gegliedert. Es gibt jedoch nur eine sehr beschränkte Entgeltfinanzierung, und die Bürger haben keine Möglichkeit, zwischen Kandidaten zu wählen, die für unterschiedliche Preis-Leistungs-Kombinationen bei der Gestaltung von Gruppen zusammengehöriger Kollektivgüter auftreten (Teutemann, 1992, S. 180 ff.). Statt dessen wird der Bürger bei Wahlen mit Vorschlägen zur Gestaltung eines „Gemischtwarenladens" aus öffentlich bereitgestellten Gütern aller Art, aller Ressorts und aller Ebenen konfrontiert, von Gütern, die in undurchschaubarer Weise über mit Zusatzlasten behaftete Steuern finanziert werden und bei denen Gesetzgebungs- und Verwaltungskompetenzen noch dazu in getrennten Händen liegen. Den Wählerwillen zu ermitteln, ist unter solchen Umständen praktisch unmöglich (keine Zahlungsbereitschaftsinformation), ihn zu verzerren dagegen leicht und folgenlos (Verantwortungsdiffusion).

Der Einsatz von Subventionen und Ordnungssteuern kann im Prinzip manchmal zur Internalisierung externer und meritorischer Effekte in Konkurrenz zu Auflagen- und (meist besseren) Mengenlösungen gerechtfertigt werden. Subventionen können auch bei der Bekämpfung von Strukturkrisen sinnvoll eingesetzt werden. Solange es für den Einsatz dieser Instrumente aber keine Regeln gibt und öffentliche Leistungen welcher Art auch immer nicht regelgebunden (sondern nur „irgendwie“) finanziert werden, muss man sich nicht wundern, wenn das Instrumentarium missbraucht wird, um einflussreichen Interessengruppen besondere Vorteile zuzuschanzen oder ideologischen Forderungen Rechnung zu tragen.

Die Möglichkeiten zur Privatisierung, Deregulierung und Entbürokratisierung werden typischerweise nur in Stresssituationen mit Finanzierungsengpässen genutzt, weil ihnen Partialinteressen entgegenstehen. Dies läuft darauf hinaus, dass Verträge, wie sie im Bereich der Hoheitsverwaltung durchaus angemessen sind, in viel zu weitem Umfang verwendet werden und dass sich der Staat in Bereichen als Unternehmer betätigt, in denen er mehr Schaden als Nutzen stiftet.

Der Einsatz der Stabilisierungspolitik wird durch das Stabilitäts- und Wachstumsgesetz geregelt. Dieses ist antizyklisch konzipiert und führt zu einer informationellen Überforderung, die Verzerrungsmöglichkeiten eröffnet und ein Handeln nach dem Modell des politischen Konjunkturzyklus provoziert (Abschnitt 5.2.). Außerdem begünstigt es ungewollt eine ausufernde Staatsverschuldung.

Die Gestaltung von Umverteilungsprozessen und des Finanzausgleichs ist zu wenig bzw. falsch geregelt. Das führt zu einer „Schacherdemokratie“, in der Vorschläge aller Art mit Begünstigungsklauseln für Teilgruppen befrachtet und über Koalitionsbildungen durchgesetzt werden, während Langfristprobleme aufgrund des Fehlens einer hierfür geschaffenen Lobby ungelöst bleiben. Ursache hierfür ist auch die Politikverflechtung im Rahmen des „kooperativ“ genannten deutschen Kartellföderalismus, der kreative Experimente und dringend erforderliche Reformen ebenso verhindert wie eine Kontrolle durch die Bürger auf der Basis klarer Verantwortungsstrukturen.

5.2. Erklärung von Soll-Ist-Diskrepanzen mit Hilfe der Ökonomischen Theorie der Politik (ÖTP)

Der Staat, zumal der demokratische, wurde von den Ökonomen entgegen der oben angeführten Warnung EUCKENS lange Zeit so behandelt, als ob er wie ein wohltätiger Diktator agiere und deshalb gleichsam „automatisch“ geeignet sei, an die Stelle unbefriedigend funktionierender Märkte zu treten. Es ist das Verdienst des Ordoliberalismus, gezeigt zu haben, dass funktionsfähige Märkte keine Selbstverständlichkeit sind, sondern das Ergebnis einer zweckmäßigen Wettbewerbsordnung; und es ist eine Aufgabe der ökonomischen Analyse öffentlicher Entscheidungsprozesse aufzuzeigen, wie der Wettbewerb im politisch-administrativen System verfassungsmäßig vorbereitet werden muss, damit der Staat die ihm zugedachten Aufgaben befriedigend löst.

Ansatz der ÖTP

Der Ansatz, mit dem die Ökonomische Theorie der Politik (auch Neue Politische Ökonomie genannt und im Englischen als public choice bezeichnet) an diese Aufgabe herangeht, unterscheidet sich wesentlich vom „Gemeinschaftskunde-Ansatz“ der üblichen Schilderung politischer Prozesse. Er betont nicht die sozialen Aufgaben, die im „politischen Kräftefeld“ (SCHMIDT, 1974/75) von Regierung, Opposition, Verwaltung, Parteien, Verbänden und Medien zu erfüllen sind, sondern die Tatsache, dass in diesem Feld ein Wettbewerb um Macht, Ämter und Aufmerksamkeit ausgetragen wird und „dass die soziale Funktion, so wie die Dinge nun einmal liegen, nur nebenher erfüllt wird – in gleicher Weise wie die Produktion eine Nebenerscheinung beim Erzielen von Profiten ist“ (SCHUMPETER, 1993, S. 448). Die Akteure im politischen Kräftefeld sind in dieser Sicht Anbieter, die normalerweise in der gleichen Art um Stimmen kämpfen und mit Stimmen handeln wie Unternehmer auf den Gütermärkten, und nicht etwa Treuhänder des Volkes, die in dessen Auftrag Streitfragen entscheiden. Neben dem Normalfall des Wettbewerbs gibt es unter bestimmten Umständen aber auch eine Kartellbildung von Akteuren im Kräftefeld, und entgegen der Ansicht der Pluralismustheorie, dass es im politischen Feld zu einer Organisation und Artikulation aller wichtigen Interessen und damit auch zu einem informationseffizienten (verzerrungsfreien) Interessengleichgewicht komme, wird solch ein Gleichgewicht in der ÖTP analytisch in Frage gestellt und im Endergebnis verneint. Wie bei der Analyse des Unternehmerverhaltens, bei der man von der Verhaltenshypothese „Gewinnmaximierung unter Nebenbedingungen“ ausgeht und hieraus falsifizierbare Prognosen ableitet, wird dabei angenommen, dass die Akteure im politischen Feld Zielfunktionen unter Nebenbedingungen maximieren, und es wird empirisch (meist mit Hilfe von Regressionsmodellen) überprüft, ob sich die ableitbaren Verhaltensprognosen mit den Beobachtungen in der Realität vertragen. Die Ergebnisse sind in der Regel nicht besonders überraschend, sondern mit vielen Stammtisch-Ansichten über Politik und Politiker verträglich; die systematische Prüfung der Hypothesen erlaubt es jedoch, Reformvorschlägen eine solidere Basis zu geben.

Erklärung von Diskrepanzen mit Hilfe der ÖTP

Nach einem auf SCHMIDT (1974/75) zurückgehenden Bild kann man sich die Willensbildung im politisch-administrativen Bereich als Resultat einer gleichsam vektoriellen Addition von Kräften vorstellen. Diese wirken in einem sozialen Kräftefeld, das nicht nur vom Wählerverhalten und der öffentlichen oder veröffentlichten Meinung, sondern auch von den egoistischen Interessen der Regierung, der Verwaltung, der Parteien, der Verbände und der Medien bestimmt wird, in dem sich aber ebenfalls bemerkbar macht, dass die Akteure neben ihrer Macht- eine Wertorientierung aufweisen und dass es nicht nur Opportunisten, sondern auch Staatsmänner gibt. In den ÖTP-Modellen wird – und das zuweilen überaus extrem – der opportunistische Aspekt betont, was nicht vollkommen falsch ist (sonst könnten sich die Modelle nicht bewähren), was aber einseitig ist und die Chancen für ordnungspolitische Reformen kleiner erscheinen lässt, als sie es nach den Erfahrungen des Verfassers als Politikberater in Wirklichkeit sind. Im Folgenden kann nicht das ganze Untersuchungsfeld der ÖTP und können insbesondere keine Einzelmodelle und deren Tests besprochen werden (hierzu sei z. B. auf MUELLER, 2003, verwiesen). Statt dessen sollen nur die Grundzüge der ÖTP-Erklärungen des Wähler-, Regierungs-, Verwaltungs-, Parteien- und Verbändeverhaltens erläutert werden (vgl.

hierzu auch Beitrag N, 3.3.3.). Auf dieser Basis soll gezeigt werden, wie es zu finanzpolitischen Entwicklungen kommt, die als pathologisch bezeichnet werden können, weil sie letztlich gegen das wohlverstandene Interesse aller verstoßen.

Wähler

Die Wähler haben aus der Sicht des Staatswesens insgesamt und damit auch ihres kollektiven Interesses eine soziale Aufgabe: Sie sollen als informierte Kontrolleure darauf hinwirken, dass die Entwicklung im politisch-administrativen System dem Gemeinwohl dient und die eigene Volkswirtschaft im Wettbewerb der Systeme nicht unterliegt. Ob diese soziale Funktion erfüllt wird, beantwortet die ÖTP mit einem Modell des individuellen Wählerverhaltens. Der einzelne Wähler verfolgt das Ziel, derjenigen Wahlalternative zum Sieg zu verhelfen, die seinen persönlichen Interessen am meisten dient. Er berücksichtigt beim Kalkulieren seines Einsatzes die Nutzenunterschiede bei einem unterschiedlichen Wahlausgang, die Wahrscheinlichkeit, mit seiner Stimmabgabe einen fühlbaren Einfluss ausüben zu können, die persönlichen Kosten (Informationskosten, Teilnahmekosten), die intrinsische Befriedigung aus der Erfüllung von Bürgerpflichten und sein Zuschauerinteresse an den – aus seiner Sicht – gladiatorenhaften Kämpfen der Politiker. Als Nebenbedingungen muss er – jedenfalls in Deutschland – hinnehmen, dass er weder die Kandidatenaufstellung der Parteien noch die Tätigkeiten der Verbände und der Bürokratie über den Einsatz seines Aktionsparameters – der Wählerstimme – fühlbar beeinflussen kann und dass die Parteien auf manchen Gebieten (z. B. bei der Besetzung von Posten in der öffentlichen Wirtschaft) nicht konkurrieren, sondern ihm als Kartell gegenübertreten. Darüber hinaus muss auch hingenommen werden, dass es kein Wahlverfahren gibt, welches allen Anforderungen aus einem plausiblen Katalog von Eigenschaften genügt (Unmöglichkeitstheorem von ARROW), dass es deshalb zu einer gewissen Zufallsabhängigkeit der Ergebnisse von Wahlen kommt und dass Wahlen strategisch manipulierbar sind. Je nach Wahlsystem hängen die Ergebnisse auch von der Abstimmungsreihenfolge und damit der Tagesordnung, der Wahlkreiseinteilung, der Zahl der Kandidaten oder bestimmten Sperrklauseln ab.

Das Ergebnis des Maximierungskalküls eines typischen Wählers ist unter den genannten Nebenbedingungen bei Wahlen mit einer großen Zahl von Beteiligten fatal: Obwohl alle Wähler die soziale Funktion bejahen und von ihrer Wichtigkeit überzeugt sind, sieht jeder einzelne die Funktionserfüllung als Kollektivgut an, auf dessen Bereitstellung der eigene Beitrag allenfalls einen marginalen Einfluss hat. Deshalb informiert sich der typische Wähler nur oberflächlich, hat ein kurzes (von Praktikern auf ein bis zwei Jahre geschätztes) Gedächtnis für politische Leistungen, nimmt an Wahlen eher aus Pflichtgefühl teil und hat am politischen Getriebe das eher sportliche Interesse eines (freilich parteiischen und manchmal sogar engagierten) Beobachters von Wettkämpfen. Entsprechend ineffektiv ist die faktische Kontrolle politischer Prozesse, und entsprechend groß sind die Verhaltensspielräume für diejenigen, die eigentlich kontrolliert werden sollen. Da die Wähler bei den wichtigsten Wahlen wie gesagt keinen Einfluss auf die Kandidatenaufstellung haben, ist die Bedeutung von Wahlen für die meisten Spitzenpolitiker auch nicht überlebenswichtig für ihre Führungsstellung: Sie wechseln vielleicht von der Regierung in die Opposition (oder umgekehrt), aber sie bleiben – unabhängig vom Wahlausgang – Spitzenpolitiker. Man mag solch eine Verhaltenshypothese zynisch nennen; gleichwohl verträgt sie sich noch am ehesten mit Überblicken über die (nicht völlig eindeutigen) Ergebnisse von empirischen Untersuchungen zum Wählerverhalten.

Regierung

Regierungen haben die soziale Funktion, Allokations-, Distributions- und Stabilisierungsentscheidungen herbeizuführen, die aus der Sicht der Bürger vor allem deswegen erforderlich werden, weil es Bedürfnisse gibt, die auf der Basis des Privatrechts und damit durch Selbstregulierungsprozesse auf Märkten nicht hinreichend in Bedarf umgesetzt und deshalb trotz prinzipiell vorhandener Zahlungsbereitschaft nicht befriedigt werden (Abschnitt 2.). Die Erfüllung dieser sozialen Funktion stellt ein Kollektivgut dar, das der gesamten Bevölkerung nutzt. Trotz des Kollektivgutcharakters der Regierungstätigkeit als solcher ist das individuelle Interesse der Regierungsmitglieder aber primär auf den Erhalt der eigenen Macht und damit vor allem auf die Wiederwahl der Regierung gerichtet; ist das sichergestellt, spielen zusätzlich weltanschauliche Gesichtspunkte und Klientelbeziehungen eine Rolle. Als Nebenbedingungen sind die Aktivitäten der Opposition, äußere Herausforderungen an die Volkswirtschaft und die Tatsache zu berücksichtigen, dass die Wähler auf die wirtschafts- und vor allem die konjunkturpolitische Lage reagieren. Instrumente sind die Aktionsparameter zur Beeinflussung dieser Lage im Sinne einer Stützung der Wiederwahlwahrscheinlichkeit.

Das Ergebnis des Maximierungskalküls ist unter diesen Umständen u. a. eine Politik, die darauf abzielt, Wahljahre (meist über eine expansive Politik) zu Aufschwungjahren zu machen und Wähler in Wahljahren mit Geschenken zu „beglücken“, die populär erscheinen, oft aber nicht dem ernsthaft kalkulierten Gemeinwohl entsprechen (politischer Konjunkturzyklus). Möglich ist dies vor allem, weil versteckte Steuererhöhungen (das sind solche, die sich bei progressiven Steuern ohne Steuerrechtsänderungen aus dem Wachstum des Sozialprodukts ergeben) und Möglichkeiten zur Kreditaufnahme die Budgetbeschränkung „aufweichen“ und die Opportunitätskosten einer solchen Politik gleichsam im Dunkeln verschwinden lassen. International vergleichende Untersuchungen haben diese Verhaltenshypothese weitgehend bestätigt (Soh, 1986). Speziell für Deutschland und hier wiederum für die Politik des Bundes fällt das Urteil allerdings differenzierter aus (Berger, 1997).

Verwaltung

Die Verwaltung hat die soziale Aufgabe, als selbstloser Diener von Regierung und Parlament dafür zu sorgen, dass alle entscheidungsrelevanten Informationen unverzerrt bereitgestellt und Entschlüsse verzerrungsfrei umgesetzt werden. Sie bildet in dieser Sicht zusammen mit der Regierung (ihrer Führung) ein Dienstleistungsunternehmen für die Bürger und deren Vertretung, das Parlament. Die individuellen Verwaltungsmitglieder haben nach dem ÖTP-Ansatz jedoch vorrangig ihre persönlichen Karrieren im Auge. Darüber hinaus sehen sie die Welt in fachlicher Weise verzerrt, d. h. so, dass ihnen die eigene Tätigkeit subjektiv wichtiger erscheint, als dies objektiv der Fall ist. Sowohl diese Déformation professionelle als auch die Karriereinteressen drängen auf einen möglichst großen und wenig eingeschränkten („weichen") Etat. Nebenbedingungen des Handelns sind die Zahlungsbereitschaften vorgesetzter Stellen und letztlich des Parlaments. Instrument zur Durchsetzung der eigenen Interessen sind hohe Informationsvorsprünge: Wenn sich ein Parlamentarier unter erheblichem persönlichen Zeitaufwand sehr gut in die Budgetunterlagen einarbeitet, mag er z.B. herausbekommen, dass die Marine ihre Ausstattung irgendwann einmal u. a. auch damit begründet hat, dass ein Tag Gefechtsbereitschaft in der Qualitätsstufe „Operationsplanfähigkeit" in der S-Boot-Flottille 30 000 € pro schwimmender Einheit kostet und dass dieser Wert seither mit Hilfe von Preisindizes fortgeschrieben und zur Begründung von Mittelanforderungen verwendet worden ist. Er kann aber nicht abschätzen, „wie eng" die Anfangskalkulation war, welche Kostenvariationen bei nahezu konstanter Qualität etwa durch Übergang von der System- zur Bedarfswartung, Veränderungen bei Personalvorbildungsanforderungen und Variationen von Ausbildungsprozessen möglich sind und ob die Zusammensetzung der Flotte im Hinblick auf den Auftrag der Seestreitkräfte ein „Muß" ist oder ob sie mehr die Vorlieben der Admiralität für verschiedene Typen schwimmender und fliegender Verbände widerspiegelt.

Das Beispiel zeigt, dass die Verwaltung (hier der „Regiebetrieb Streitkräfte") Wissenslücken als Informationsmonopolist ausnutzen kann. Auch dies führt zu einer Aufweichung der Budgetbeschränkung. Die Zahlungsbereitschaft des Parlaments kann im Extremfall so stark ausgebeutet werden, dass die gesamte Konsumentenrente abgeschöpft wird. Nach einem sehr bekannten Bürokratie-Modell (NISKANEN, 1971) wird auf diese Weise ein Budget realisiert, das doppelt so groß wie das effiziente ist. Dies liegt daran, dass die Verwaltung im Zuge eines eigennützigen Strebens nach Budgetmaximierung systematisch nicht die Menge bereitstellt, bei der Grenzkosten und Grenzzahlungsbereitschaft des Parlaments vermutlich äquivalent sind, sondern diejenige, bei der sich Gesamtkosten und Gesamtnutzen aus der Sicht des Parlaments entsprechen. Auch wenn man dieses Ausmaß der Verzerrung nicht als ernsthafte Schätzung auffasst, gestehen Verwaltungsinsider solche Verzerrungsmöglichkeiten und ihre Ausnutzung zu (LOHMAR et al., 1979).

Parteien

Die Parteien haben die soziale Aufgabe, die Willensbildung des Volkes zu unterstützen, die Bildung von Regierung und Opposition zu ermöglichen, Personal zu rekrutieren und auszubilden, wie es im politischen Bereich benötigt wird, und die politischen Ämter zu besetzen. Sie sollen damit einem Dienstleistungsunternehmen gleichen, das zwar vorrangig den Mitgliedern dient, aber auch positive externe Effekte für die Restbevölkerung hat. Die Mitglieder der Parteien sind nach ihren jeweiligen individuellen Interessen in aktive und unterstützende Mitglieder zu unterteilen. Aus der individuellen Sicht der aktiven Parteimitglieder sind die Parteien gleichsam Karriereleitern, die zu einem Amt innerhalb der Dienstleistungsunternehmen „Parteien",

„Verwaltung" oder „Regierung" führen; aus der Sicht der unterstützenden Mitglieder sollen sie der Realisierung einer meist eher weltanschaulich geprägten Ordnungsvorstellung dienen. Als Nebenbedingungen müssen die Parteien die Einstellungen der Wähler und vor allem deren Steuerwiderstand sowie die Tatsache beachten, dass es keine Zwangsmitgliedschaft in Parteien gibt (Schwarzfahrerproblem).

Den Zielen der aktiven, in ein Amt strebenden Mitglieder wird am besten gedient, wenn sich die Parteien um Stimmenmaximierung bemühen. Würde nur dieses Interesse zählen und kann man die Wähler nach ihren Präferenzen auf einem einfachen Links-Rechts-Kontinuum anordnen, wäre es in einem Zwei-Parteien- oder Zwei-Lager-System optimal, sich in bezug auf den Instrumenteneinsatz nach dem sogenannten Medianwählermodell zu verhalten.

Dieses behauptet, dass die Programme der konkurrierenden Parteien so lange variiert werden, bis sie den (freilich nur oberflächlich durchdachten) Interessen des Medianwählers entsprechen. Da die aktiven Mitglieder aber auf die freiwillige Hilfe der unterstützenden Mitglieder angewiesen sind und sich vor ihnen bei der Wahl von Kandidaten bewähren müssen, gilt dieses Medianwählermodell nur mit Einschränkungen: An der Parteiideologie muss in einem Umfang festgehalten werden, der groß genug ist, um trotz des Fehlens einer Zwangsfinanzierung dafür zu sorgen, dass die erforderlichen Unterstützungsleistungen erbracht werden und die Mitglieder der Parteispitze ihre Stellung behalten.

In Mehrparteiensystemen und bei Wahlbürgern mit mehrdimensionalen politischen Orientierungen treten weitere Einschränkungen hinzu. Was als Ergebnis bleibt, ist jedoch, dass Parteiprogramme „pragmatisch" und meist im „Kampf um die Mitte" verändert werden und dass es im Wahlkampf nicht um ein wirkliches Informieren und Überzeugen der Wähler und ein Reagieren auf deren wohlabgewogene Interessen geht, sondern um die Mobilisierung einer gefühlsmäßigen Unterstützung.

Interessenverbände

Interessenverbände haben die soziale Aufgabe, im politischen Feld Vermittler von Informationen über wirtschaftliche Interessen von Partialgruppen zu sein und die Ausführung von Gesetzen zu erleichtern. Aus der Sicht der einzelnen Interessenvertreter (Lobbyisten) gleichen sie wie Parteien Dienstleistungsunternehmen, die für ihre Gruppe ein Kollektivgut bereitstellen; anders als die Parteien haben sie aber unter einer sehr wichtigen Nebenbedingung zu leiden: Die Parteien werden – jedenfalls in Deutschland – vom Staat finanziell unterstützt (Abgeltung externer Effekte) und dürfen bei ihren Mitgliedern auch aus weltanschaulichen Gründen auf Unterstützung hoffen. Das erleichtert die Finanzierung des von den Parteien bereitgestellten Kollektivguts. Die Verbände stehen jedoch vor einem gravierenden Kollektivgutproblem: Erkämpft ein Interessenverband etwa einen Protektionsvorteil für seine Branche, so gilt dieser Vorteil wegen der Allgemeingültigkeit von Gesetzen für Mitglieder ebenso wie für Nichtmitglieder. Dies führt zu einem laufenden Beitrags- und Beitrittsproblem. Hinzu kommt, dass eine Verbandsgründung als solche mühselig und kostspielig ist und selbst aus der Sicht an sich beitrittswilliger Mitglieder abermals ein Kollektivgut darstellt. Dies führt zu einem Gründungsproblem. Die Kollektivgüterprobleme haben zur Folge, dass Verbände oft von wenigen Großmitgliedern beherrscht werden und dass Verbände für Großgruppen mit jeweils marginalen individuellen Vorteilen gar nicht gegründet oder von ihren Mitgliedern jedenfalls nicht ernsthaft kontrolliert und aktiviert werden. Im Prinzip können Interessenverbände als Instrumente Geld, Stimmen, soziale Drohungen und Informationen einsetzen. Sie tun das auch. Da es aber unmöglich ist, ständig „Abgeordnete zu kaufen" oder „sozialen Druck zu machen" und da Stimmen nur wenigen großen Verbänden in einem ausreichenden Umfang zur Verfügung stehen und ihr Einsatz für besonders wichtige Gelegenheiten zurückgehalten werden muss, ist das normale Einflussmittel die Bereitstellung von Informationen. Hierbei kann es sich kein Verband leisten bei einer Lüge ertappt zu werden, weil er dann in Zukunft insbesondere von der Ministerialbürokratie nicht mehr als Berater akzeptiert würde. Verbände informieren deshalb i. d. R. zwar richtig, aber nicht umfassend, sondern selektiv im Sinne ihrer eigenen Klientel.

Das bedeutet im Ergebnis, dass der Informationswettkampf der Verbände zwar alle Informationen ans Licht bringt, die aus der Sicht existierender Verbände und deren Mitglieder wichtig sind, dass – anders als es eine optimistische Variante der Pluralismustheorie nahelegt – aber all jene Informationen unbeachtet bleiben, die aus der Sicht nicht oder jedenfalls nicht straff organisierbarer Gruppen wichtig wären. Benachteiligt sind auf diese Weise Großgruppen wie Konsumenten, Sparer, Rentner und die Angehörigen späterer Generationen einerseits und ausländische Unternehmen andererseits. Die Wirtschaftsgeschichte stützt diese Sicht der Dinge (OLSON, 1965 und 1982).

Pathologische Prozesse

Die vorstehend beschriebenen Verhältnisse führen zu pathologischen Prozessen, die auf Staatsversagen und damit darauf beruhen, dass der Staat sein Machtmonopol nicht einsetzt, obwohl es an sich eingesetzt werden müsste, oder – häufiger wohl – dass er es einsetzt, obwohl er sich besser zurückgehalten hätte.

Als Beispiele für pathologische Prozesse im Allokationsbereich soll auf das WAGNERsche Gesetz und auf das Vertagen der Lösung von Langfristproblemen zurückgegriffen werden. In Abschnitt 3.1. wurde dargelegt, dass man den Staatsquotenanstieg (insbesondere den Anstieg der Quote im weiteren Sinn) nicht allein „nachfrageseitig" (aus den Interessen der Bürger) erklären kann, sondern dass es hierzu auch einer „angebotsseitigen" Erklärung bedarf, d. h. eines Rückgriffs auf die Interessenstrukturen im politischen Kräftefeld. Hält man sich diese Interessenstrukturen vor Augen, unterstellt man außerdem in einem Gedankenexperiment, dass es im Zeitablauf bei objektiver Betrachtung der Bürgerinteressen gleich häufig Anlässe zu Erhöhungen wie zu Senkungen der Staatsquote gibt, und überlegt man dann, welche Feldwiderstände solchen Quotenbewegungen entgegenstehen, so kommt man zu folgendem Ergebnis: Die Verwaltung unterstützt Erhöhungen und bekämpft Senkungen der Quote mit Hilfe ihrer Möglichkeiten zur Aufweichung der Budgetbeschränkung. Die Regierung und die sie tragenden Parteien müssen den Steuerwiderstand berücksichtigen, können ihre Budgetbeschränkung aber über Staatsverschuldung und heimliche Steuererhöhungen aufweichen und eine Quotenerhöhung insbesondere dann durchsetzen, wenn die Aufkommenselastizität des Steuersystems größer als Eins ist (was in Deutschland der Fall ist) und deshalb keine „auffälligen“ Steuerrechtsänderungen erforderlich sind. Die Verbände sind zwar abstrakt in ihrer Mehrzahl gegen eine Quotenerhöhung, sehen die Quotenkonstanz jeweils individuell aber als Kollektivgut an und wehren sich gegen Veränderungen ihrer jeweils spezifischen Lasten. Ähnlich verhält sich auch das Gros der Wähler. Insgesamt sind somit die Feldwiderstände gegen eine Quotenerhöhung gering, gegen eine Quotensenkung stark. Unter den gedanklich unterstellten Umständen wird man deshalb Beobachtungen erwarten, die einem Zufallsprozess mit asymmetrisch verteilten Übergangswahrscheinlichkeiten entsprechen und zu einem treppenähnlichen Anstieg der Staatsquote führen. Die tatsächliche Entwicklung widerspricht dem nicht (speziell zum Anstieg der Transferleistungsquote vgl. GROSSEKETTLER, 2002, 1).

Auch die Tendenz zur Vertagung wichtiger Langfristprobleme (etwa des Problems der langfristigen Stabilisierung von Alters- und Gesundheitssicherungssystemen in Deutschland) wird aus der Betrachtung der Feldwiderstände unmittelbar verständlich: Die zukünftigen Erwerbstätigen sind verbandlich nicht organisiert, die übrigen Verbände nicht interessiert; die Regierung und Parteien halten sich mit dem Aufgreifen des Problems zurück, weil es eine Investitionsgutstruktur hat: Kosten (Stimmenverluste) heute, Nutzen später, aber zu einem Zeitpunkt, zu dem die Wähler ihre Dankesschuld bereits vergessen haben. Die Wähler sind zwar oberflächlich informiert, zu einem großen Teil aber nicht mehr betroffen, und die Verwaltung ist nicht eindeutig interessiert. Ergebnis: Problemvertagung. Verstärkt wird diese Tendenz zur Problemverschiebung durch die Existenz von „Zeitinkonsistenz“. Das ist der Fall, wenn es keine Möglichkeit gibt sicherzustellen, dass heute erbrachten Leistungen in der Zukunft eine Gegenleistung gegenüberstehen wird, und wenn Politiker beim Einfordern solcher Leistungen deshalb an sich auf eine gute Reputation bei ihren Bürgern angewiesen wären, ihre Glaubwürdigkeit aber verspielt haben. So leiden Reformversuche, die Anfangsopfer verlangen, in Deutschland z. B. darunter, dass Politiker nur über eine sehr geringe Reputation verfügen, dass für die Zukunft versprochene „Ernteerträge“ deshalb unglaubwürdig erscheinen und dass die Wähler auf die Zumutung von Anfangsopfern daher mit einer Abwahl der Regierung reagieren.

Das Nichtaufgreifen von Problemen kann jedoch nicht nur ein ungewolltes Ergebnis parteitaktisch rationalen (aber gesamtwirtschaftlich schädlichen) Verhaltens sein, sondern auch aus einer bewussten Kartellbildung resultieren. Als ein Beispiel für Kartelle im politischen Kräftefeld wurde bereits die Ämterpatronage der Parteien bei der einvernehmlichen Besetzung von Stellen in der öffentlichen Wirtschaft genannt (ein Privatisierungshemmnis); es gibt aber weitere Kartellierungsformen. So sind parteiübergreifende Kartelle von Sozialpolitikern, Kommunalpolitikern oder – eine „unschlagbare Koalition“ – gar von Sozial- und Kommunalpolitikern bekannt (eine solche Koalition hat z. B. in den 90er Jahren gegen wissenschaftlichen Rat die gesamtwirtschaftlich schädliche Finanzierung der Pflegeversicherung zustande gebracht, die Deutschland heute vor große Probleme stellt, dem damals verantwortlichen Minister BLÜM aber viel Lob und Stimmen eingebracht hat). Bekannt sind auch vertikale und horizontale „Fachbruderschaften“ von Vertretern bestimmter Verwaltungszweige der Länder und des Bundes, die ihre Anliegen – vor allem im Rahmen der Gemeinschaftsaufgaben nach den Art. 91a und b GG – dadurch zu schützen wissen, dass sie quasidiplomatische Abkommen zwischen den Bundesländern und mit dem Bund schließen und die darin geplanten Vorhaben damit vor einer allgemeinen Kosten-Nutzen-Diskussion im Rahmen der jeweils heimischen Budgetberatungen bewahren. Auch die Tatsache, dass die Kommunalpolitiker sich gegen die Einführung eines Hebesatzrechtes der Gemeinden bei der Einkommensteuer sträuben (was nach Art. 106 Abs. 5 GG möglich wäre) und dass die Länderfinanzminister Vorschläge für ein analoges Recht der Länder nicht unterstützen, kann als Ergebnis einer Kollusion gedeutet werden: Kommunal- und Landespolitiker finden es politisch „bequemer", Einnahmen nicht selbst verantworten zu müssen, sondern dem Bund die Rolle eines Steuereintreibers zuzuschieben und sich selbst über Zuweisungen dann Gelegenheit zu verschaffen, als Verteiler von „Wohltaten" aufzutreten, die „irgendwie" (aber für die Bürger nicht nachvollziehbar und scheinbar entgeltfrei) finanziert werden.

Im Distributionsbereich, der in den vorstehenden Beispielen schon mehrfach berührt wurde, ergibt sich ein pathologischer Prozess, der in der Literatur als Rent-seeking-Prozess bezeichnet wird und auch allokative Auswirkungen hat: Wenn Wähler relativ schlecht informiert sind und eher gefühlsmäßig reagieren, sind sie nicht in der Lage, von ihnen getragene Sonderlasten zu identifizieren, die zum großen Teil gar nicht ihnen selbst, sondern anderen Partialgruppen Nutzen stiften. Und selbst wenn den Wählern die Sonderlasten bewusst wären, würde es sich wegen des damit verbundenen Aufwands aus der Sicht jedes einzelnen meist nicht lohnen, politisch gegen die Sondervorteile der jeweils anderen zu kämpfen. Dieses wissend, streben Interessenvertreter danach, das Umverteilungspotential der Regierung mit Mitteln der Verbandspolitik zu aktivieren, um Sondervergünstigungen für ihre Mitglieder herauszuschlagen und die damit verbundenen Lasten auf möglichst viele Schultern und damit unmerklich zu verteilen. Diese Sondervorteile können in Finanzhilfen, Steuererleichterungen oder aber vom Staat gestützten Monopolpositionen bestehen (Protektionismus). Der Kampf für solche Sondervorteile lohnt sich individuell gesehen, der Kampf dagegen wie gesagt nicht. Da nun aber viele sich so verhalten, schädigt sich im Endeffekt die gesamte Gesellschaft selbst, denn es werden immer wieder politische Entscheidungen getroffen, die für wenige mit großen Vorteilen und für viele mit jeweils geringen Nachteilen verbunden sind und bei denen der Wert des Gesamtnutzens geringer als der Wert des Gesamtschadens ist: Die Allokation verschlechtert sich durch Protektionsmaßnahmen und die damit verbundene Sklerosis, der Lobby-Aufwand ist per saldo zu einem großen Teil Verschwendung, die Verteilungskampfvorteile der einen ermuntern andere zur Nachahmung, und die Staatsverdrossenheit steigt. Weitere Beispiele für pathologische Erscheinungen im Distributionsbereich sind das Fehlen von Regeln für Distributionsprozesse, die Funktionsmängel des nationalen Finanzausgleichs (Abschnitt 4.4.) sowie die protektionistische EU-Agrarpolitik.

Als Beispiel für einen pathologischen Prozess im Stabilisierungsbereich wurde bereits der politische Konjunkturzyklus angesprochen (vgl. oben): Die Wählerstimmung ist für eine Regierung im frühen Konjunkturaufschwung unter Wiederwahlgesichtspunkten besonders günstig, denn in dieser Phase herrscht allgemeiner Optimismus, die Arbeitslosenquote hat eine eher sinkende Tendenz, die Inflationsrate steigt noch nicht konjunkturell, und die Wachstums- und damit Einkommensaussichten sind positiv. Deshalb versuchen Regierungen, Wahljahre zu Aufschwungjahren zu machen. Die Regierungsparteien unterstützen dies, die Oppositionsparteien mögen die Regierung durchschauen, können gegen Ausgaben mit Geschenkcharakter vor Wahlen aber kaum opponieren, da die Wähler das nicht honorieren; die Verbände haben keine ausgeprägten Vorteile davon, eine wiederwahlorientierte (Pseudo-)Stabilitätspolitik zu bekämpfen. Diese kann jedoch mit den Zielen des Stabilitäts- und Wachstumsgesetzes kollidieren, denn sie kann statt zu einer Politik der Dämpfung von Konjukturzyklen zu einer Politik der zeitlichen Stauchung oder Streckung führen. Natürlich wird keine Regierung zugeben, dass sie so etwas tut; wie bereits erwähnt, sprechen empirische Prüfungen jedoch dafür, dass solche Versuche tatsächlich stattfinden und sogar weit verbreitet sind (u. a. Soh, 1986).

5.3. Vorschläge zur Beseitigung von Soll-Ist-Diskrepanzen

Pathologische Prozesse ergeben sich aus einer fehlorientierten Funktionslogik sozialer Prozesse und damit aus Fehlern in der Finanzverfassung (im weiteren Sinn). Diese können daraus resultieren, dass man an sich bekannte menschliche Verhaltenstendenzen bei der Gestaltung der Finanzverfassung nicht richtig einkalkuliert hat. Sie können aber auch Folgen davon sein, dass Unterschiede zwischen individueller und kollektiver Rationalität und damit „soziale Fallen" nach Art des bekannten Gefangenendilemmas erst im Zuge von Entscheidungen auf der Basis einer bereits gegebenen Finanzverfassung in Erscheinung treten. Mit zu den wichtigsten Gestaltungsfehlern der deutschen Finanzverfassung gehören die Normalfinanzierung von Kollektivgütern über Steuern, die Eröffnung von Möglichkeiten zu einer nicht durch Regeln begrenzten Umverteilungspolitik und die Politikverflechtung im Rahmen des kooperativen Föderalismus. Um diese Kardinalfehler zu ändern, wären wesentliche Änderungen politischer Art erforderlich. Die entsprechende Literatur lässt sich in Deutschland direkt mit dem Ordoliberalismus und der oben (Abschnitt 5.2.) genannten Grundforderung Euckens nach einem funktionsfähigen Preissystem verknüpfen; im angelsächsischen Sprachbereich ist dieser Denkansatz eng mit dem Constitutional-economics-Ansatz James M. Buchanans verbunden. Viele Reformvorschläge sind sehr grundsätzlicher Natur und noch nicht bis zur Anwendungsreife ausgearbeitet worden. Die direkt umsetzbaren (und zum Teil auch schon getesteten) Reformvorschläge kann man in solche technikorientierter und solche anreizorientierter Art einteilen.

Mehr technikorientierte Reformvorschläge

Die mehr technikorientierten Ansätze gehen von der These aus, dass es im Bereich der politisch-administrativen Willensbildung und vor allem bei der Budgetgestaltung nicht nur Anreizinkompatibilitäten (d. h. Anreize zu einem nur individuell, nicht aber kollektiv rationalen Verhalten) gäbe, sondern dass den Akteuren auch die richtige Entscheidungsunterstützungstechnik fehle. Auf dieser Linie liegen Vorschläge zur Einführung von Kosten- und Leistungsrechnungen, des bereits erwähnten Neuen Steuerungsmodells und von zwei Budgetierungssystemen, die in den Vereinigten Staaten auch getestet worden sind: die Programmbudgetierung (PPBS) und die Grenzprogrammbudgetierung (ZBB).

Das öffentliche Rechnungswesen soll in Deutschland auf allen Ebenen durch eine Kosten- und Leistungsrechnung ergänzt werden (die es bisher fast nur in den kostenrechnenden Einheiten auf der kommunalen Ebene gegeben hat). Die Bundesregierung strebt dabei eine Standardisierung durch Einführung eines Einheitskatalogs von „Produkten" an, wie sie auch im bereits erwähnten Neuen Steuerungsmodell definiert werden müssen. Hierdurch soll ein Übergang zu diesem Modell und sollen Leistungsvergleiche ermöglicht und besonders erfolgreiche Vorbilder identifiziert werden können (Benchmarking). Diese Art von Verwaltungsmodernisierung gehört zum Leitbild eines „Schlanken Staates", über dessen Realisation die Bundesregierung auch im Internet berichtet (http://www.staat-modern.de). Sie dürfte auf etwas längere Sicht eine Umstellung der Budgetplanung vom heutigen Bottom-up-Verfahren auf ein Top-down-Verfahren zur Folge haben: Es wird zunächst ermittelt, wie groß der Budgetumfang sein darf und welcher Anteil der Budgetsumme noch verplanbar ist. Die freien Mittel werden anschließend den politischen Präferenzen entsprechend auf größere Produktbündel aufgeteilt, und von den Leitern der zugehörigen Bereiche wird verlangt, dass sie mit Hilfe der Zuschüsse und eigener Einnahmen Kontrakte erfüllen, die mit dem jeweiligem Bewilligungsorgan ausgehandelt worden sind.

Bei der Programmbudgetierung (PPBS), die von 1961 bis 1965 in den Vereinigten Staaten und dann auch in anderen Ländern ausprobiert wurde, versucht man, mit der kurzfristigen Ausgaben- und Fortschreibungsorientierung der herkömmlichen Budgetierung zu brechen. Die Stoßrichtung kommt gut in den Begriffen zum Ausdruck, welche die amerikanische Bezeichnung „planning, programming, budgeting system" kennzeichnen:

- Planung: Die Staatstätigkeit soll auf längere Sicht und outputorientiert geplant werden. „Outputorientiert" heißt hier, dass Ziele in operationaler Form als nutzenstiftende Leistungen beschrieben werden (also z. B. Reduzierung der Zahl von Krebstoten um 10 v. H. p. a.), nicht jedoch nur in Form von Ausgabenbeträgen für ein Ziel (x € für die Krebsbekämpfung).
- Programmierung: Zur Zielrealisierung sollen Alternativprogramme erstellt werden, und es soll auf der Basis von Kosten-Nutzen-Analysen und ergänzenden analytischen Studien entschieden werden, welche Realisationsstrategien ergriffen werden. Diese sollen zu einem umfassenden längerfristigen Finanzplan verknüpft werden.
- Budgetierung: Der längerfristige Finanzplan soll in jährliche Exekutivbudgets umgesetzt werden, die zeigen, wann welche Programmbausteine realisiert werden sollen.
- Systematische Zusammenfassung und Kontrolle: Die genannten Schritte sollen systematisch verknüpft und im Lichte gewonnener Erfahrungen laufend verbessert werden.

Die Erfahrungen mit dem in den USA getesteten PPBS-System waren enttäuschend. Es überforderte zunächst die Verwaltung; diese lernte aber, das System im Sinne eigener Zielsetzungen zu nutzen, und dies wiederum führte – ganz im Gegensatz zur ursprünglichen Intention – zu einer weiteren Emanzipation vom Parlamentswillen, weil die Parlamentarier in dem komplizierten entscheidungstechnischen System gleichsam vor lauter Bäumen den Wald nicht mehr erkennen konnten. Deshalb wird das System heute nicht mehr angewandt.

Die Grenzprogrammbudgetierung (ZBB) ist ebenfalls in den Vereinigten Staaten ausprobiert worden. Man versucht hier, outputorientiertes Denken in Grenzgrößen in den Budgetierungsprozess einzuschleusen und von der routinemäßigen Fortschreibung von Vergangenheitsansätzen wegzukommen. Deshalb werden einzelne Verwaltungsstellen umschichtig radikal in Frage gestellt und gleichsam auf eine „Null-Basis" gebracht (daher die englische Bezeichnung „zero-base-budgeting"): Die jeweils gerade geprüfte Verwaltungsstelle hat outputorientiert (s. o.) und auf der Basis von Kosten-Nutzen-Analyen darzulegen, welchen Nettonutzen sie überhaupt stiftet und was passieren würde, wenn man die Stelle auflöste bzw. ihr Budget in mehreren kleinen Schritten (Grenzprogrammen/decision packages) senkte oder erhöhte. In einer Universität müsste also z. B. dargelegt werden, welche Auswirkungen es hätte, wenn das Institut x geschlossen würde, welche Kurse und Arbeiten entfielen, wenn die Mittel um 10 v. H. gekürzt würden, und was zusätzlich gemacht würde, wenn man sie um 10 v. H. erhöhte. Unterhalb einer bestimmten Schnittlinie (cut-off-line) liegende Programmpakete werden bei dieser Art der Budgetierung zwecks Einsparung von Willensbildungskosten generell, darüber liegende dagegen nur bei Nachweis eines überzeugend hohen Nettonutzens genehmigt. Auch das ZBB-Verfahren war weniger erfolgreich, als man gehofft hatte, und ist deshalb wieder aufgegeben worden. Insbesondere hat die Verwaltung es rasch gelernt, die Politiker mit Hilfe von Horrorszenarien für den Fall von Kürzungen oder gar Schließungen zu täuschen und die Programmpakete, an denen sie selbst ein starkes Interesse hat, im sicheren Budgetteil unterzubringen, die für die Politiker besonders interessanten Programmpakete dagegen im Spezialbewilligungsteil. Das legislative Gegenstück zum Zero-base-budgeting ist die sogenannte Sun-set-Legislation (Termingesetzgebung), bei der Einrichtungen nur auf Zeit bewilligt werden und sich dann einer Kosten-Nutzen-Evaluierung unterziehen müssen.

Mehr anreizorientierte Reformvorschläge

Die anreizorientierten Verbesserungsvorschläge zielen darauf ab, Willensbildungsverfahren so zu gestalten, dass Anreizinkompatibilitäten vermieden und individuelle und soziale Interessen so harmonisiert werden, dass die Ausnutzung objektiv vorhandener Möglichkeiten zur Effizienzerhöhung dem subjektiven Interesse aller Beteiligten entspricht. Dass eine solche Institutionengestaltung zu Entwicklungserfolgen führt, wird von der Wirtschaftsgeschichte bestätigt (Olson, 1996). Man untersucht pathologische Entwicklungen deshalb zunächst mit ÖTP-Mitteln und fragt, ob die Fehlorientierung der Funktionslogik dadurch beseitigt werden kann, dass man durch Regeländerungen – also ordnungspolitische Maßnahmen – partielle Widerstandsänderungen im politischen Kräftefeld herbeiführt. Die Widerstandsänderung soll über eine Selbstbindung der Politiker realisiert werden, die den Politikern aber häufig abgetrotzt werden muss – sei es über die öffentliche Meinung, sei es über internationale Organisationen (Grossekettler, 1997 und 2000; Olson, 1996, S. 21 f.). Bei der Institutionengestaltung geht man vor allem von der Erfahrung aus, dass das Offenhalten prinzipiell unbeschränkter staatlicher Interventionsmöglichkeiten entweder dazu führt, dass Lobbyisten und tagespolitische Stimmungen Interventionen erzwingen, die letztlich pathologische Entwicklungen bewirken, oder dass Kartellbildungen und andere Formen von Wettbewerbsbeschränkungen und Selbstblockaden notwendige Aktivitäten verhindern. Als

Regeländerung wird deshalb zum einen der bewusste Verzicht auf an sich vorhandene Entscheidungsoptionen gefordert (z. B. ein Verzicht der Landespolitiker auf Verschuldungskompetenzen). Dies kann man dadurch erreichen,

- dass Kompetenzen an unabhängige Institutionen abgegeben werden, die mit Hilfe eines definierten Instrumentariums auf ein bestimmtes Ziel festgelegt werden (Beispiele: Abtreten der Geldpolitik an die auf Preisniveaustabilität festgelegte autonome EZB, Teilunabhängigkeit des Bundeskartellamts, Unabhängigkeit der Rechnungshöfe).
- dass Verfahrensregeln und Entscheidungsprinzipien (sogenannte „Ordnungen") festgelegt werden, die so konstruiert sind, dass pathologische Prozesse weitgehend ausgeschlossen werden können (Abgaben- und Haushaltsordnungen und die ihnen zugrundeliegenden Prinzipien sind hier einschlägige Beispiele, die z. T. allerdings noch fehlerhaft gestaltet sind) oder
- dass Eckwerte für Ergebnisse von politischen Prozessen vorgegeben werden (z. B. maximale Staats- oder Verschuldungsquoten), die nicht überschritten werden dürfen.

Zum anderen werden – wie in Abschnitt 2.1.4. dargestellt – Berichts- und Darlegungspflichten sowie Klagerechte gefordert, um einem „Weitermachen wie bisher" vorzubeugen.

Ordnungspolitische Vorschläge dieser Art werden auf der Basis legitimer Zielvorstellungen und der Basis von ÖTP-Analysen wie gesagt gemacht, um eine Korrektur fehlorientierter Funktionslogiken herbeizuführen. Die Erfahrung zeigt, dass das staatsmännische Element im politischen Kräftefeld (vor allem auch in der Ministerialbürokratie, die entsprechende Vorschläge entwerfen muss) immerhin so groß ist, dass funktionale Lernprozesse in Form von per Regelvariationen bewirkten Verhaltensänderungen möglich sind. Es ist eine Aufgabe der Nationalökonomie und speziell der wissenschaftlichen Beratungsgremien sowie der „vierten Gewalt im Staate" (der Medien und hier vor allem ordnungspolitisch orientierter Wirtschaftsjournalisten), entsprechende Vorschläge zu entwickeln und für sie zu werben. In den Vereinigten Staaten hat man auf einen solchen Druck hin versucht, das Staatsquotenwachstum durch die Vorgabe von Ausgaben-, Struktur- oder auch Defizitquoten aufzuhalten (Folkers, 1983), dabei allerdings lange Zeit keine größeren Erfolge erzielt. In Deutschland hat man mit der Einführung eines hohen Autonomiegrades für die Bundesbank oder das Bundeskartellamt sehr gute Erfahrungen gemacht und z. B. Vorschläge für eine Kürzungsordnung (Schwarzner, 1991), für eine Subventionsordnung (Nieder-Eichholz, 1995, Werner, 1995), für eine Verschuldungsordnung (Funke, 1995), für eine verfassungsmäßige Begrenzung der Staatsausgaben (Schemmel/Borell, 1992) und zur Öffnung von Märkten vorgelegt (Deregulierungskommission, 1991). Die Kürzungsordnung zielt darauf, Kürzungswiderstände in Verwaltungen zu beseitigen und damit dafür zu sorgen, dass Verwaltungen nicht nur linear wachsen, sondern (zumindest in Teilen) auch schrumpfen können, ohne dass dabei schwerwiegende Konsolidierungsschäden entstehen. Die Subventionsordnung will den Missbrauch von Subventionskompetenzen im Zaume halten; die Verschuldungsordnung stellt einen Versuch zur Eindämmung pathologischer Entwicklungen bei der Staatsverschuldung dar, verfassungsmäßige Grenzen für den Staatshaushalt richten sich gegen das

Wachsen der Staatsquote, und die Forderung nach Öffnung von Märkten zielt auf die Beseitigung von Privatisierungs- und Deregulierungshemmnissen (Abschnitt 2.1.4.). Der Verfasser hat aus solchen Ansätzen und weiteren Überlegungen zur Kombination ordnungspolitischer Regeln mit ÖTP-Analysen einen Vorschlag für eine Verbesserung der Finanzverfassung Österreichs abgeleitet (GROSSEKETTLER, 2002, 2).

Als eine Kombination von anreiz- und technikorientierten Reformvorschlägen kann man die schon mehrfach erwähnte Einführung des Neuen Steuerungsmodells auffassen, das mittlerweile nicht nur auf der Kommunal-, sondern auch auf der Landesebene von Bedeutung ist. Wie bereits angedeutet, zielt es darauf ab, mit der Verwaltung im Rahmen eines Kontraktsystems Outputziele zu vereinbaren und deren Einhaltung über ein Controllingsystem zu überwachen. Außerdem sollen Organisationen outputorientiert und nach Leistungszentren gestaltet und eigene Verwaltungen dann aufgelöst werden, wenn Leistungen vom Markt bezogen werden können, die vergleichbar sind oder gar ein besseres Preis-Leistungs-Verhältnis bieten.

Kommentierte Literaturhinweise

(1) In der deutschsprachigen Literatur gibt es ein breites Angebot an guten finanzwissenschaftlichen *Lehrbüchern,* in denen die vorstehend behandelten Fragen zum großen Teil ausführlich diskutiert werden. Weit verbreitet sind: BLANKART (2006), BRÜMMERHOFF (2001), EDLING (2001), MUSGRAVE/MUSGRAVE/KULLMER (1992 ff.), PETERSEN (1988/93), ROSEN/WINDISCH (1992/98), STIGLITZ/SCHÖNFELDER (2000), WELLISCH (2000) sowie ZIMMERMANN/HENKE (2005). In den meisten dieser Werke werden vor allem Klub- und Quasikollektivgüter (die in der Realität die größte Rolle spielen) sowie die zugehörigen Finanzierungs- und Organisationsregeln nur knapp behandelt. Deshalb sei ergänzend auf das mehr theorieorientierte Buch von ARNOLD (1992) und die mehr anwendungsorientierten Aufsätze von GROSSEKETTLER (1991 und 2006) und ein Buch von R. E. WAGNER (1991) verwiesen. Den aktuellen Stand der Marktversagenstheorie stellen FRITSCH/WEIN/EWERS (2005) dar. Über Probleme von Monopolregulierung und Wettbewerb informieren BORRMANN/FINSINGER (1999), Kommunalfinanzen werden in ZIMMERMANN (1999) dargestellt.

(2) Will man sich über den *Stand der Finanzwissenschaft zu bestimmten Zeitpunkten* sowie über die *Geschichte der Finanzwissenschaft und Finanzwirtschaft* informieren, empfehlen sich die folgenden Handbücher: drei Auflagen des Handbuchs der Finanzwissenschaft (GERLOFF/MEISEL, 1926–29; GERLOFF/NEUMARK, 1952–65, und NEUMARK, 1977–83), das Handbook of Public Economics (AUERBACH/FELDSTEIN, 1985–2002), das Handwörterbuch der Sozialwissenschaften (VON BECKERATH et al., 1956–68) und das Handwörterbuch der Wirtschaftswissenschaft (ALBERS et al., 1977–83).

(3) *Aktuelle Forschungsgegenstände sowie aktuelle Fragen der Finanzpolitik* werden in den einschlägigen Fachzeitschriften und den Gutachten des SACHVERSTÄNDIGENRATS sowie des WISSENSCHAFTLICHEN BEIRATS BEIM BMF behandelt. Als Spezialzeitschriften seien PUBLIC FINANCE ANALYSIS (ehemals FINANZARCHIV), INTERNATIONAL TAX AND PUBLIC FINANC sowie PUBLIC FINANCE QUARTERLY genannt. Die älteren Gutachten des Beirats beim BMF sind in drei Sammelbänden veröffentlicht worden: BUNDESMINISTERIUM DER FINANZEN (1974, 1988 und 1999).

(4) *Statistisches Material* findet man vor allem in den Finanz-, Subventions- und Beteiligungsberichten des BUNDESMINISTERIUMS DER FINANZEN, in den SACHVERSTÄNDIGENRATSgutachten, in den Monats- und Geschäftsberichten der BUNDESBANK und der EUROPÄISCHEN ZENTRALBANK, im Statistischen Jahrbuch für die Bundesrepublik Deutschland und im Statistischen Jahrbuch Deutscher Gemeinden sowie in den Fachserien 13 (Sozialleistungen), 14 (Finanzen und Steuern) und 18 (Volkswirtschaftliche Gesamtrechnungen) des STATISTISCHEN BUNDESAMTES.

(5) Zu *Rechtsfragen und Ist-Regelungen* sei in bezug auf das Haushaltsrecht auf HEUER (1993), in Bezug auf das Steuerrecht auf BIRK (2006), HOMBURG (2007) und TIPKE/LANG (2005), in Bezug auf das StabG auf STERN/MÜNCH/HANSMEYER (1972) und in Bezug auf Verfassungsfragen auf ISENSEE/KIRCHHOF (1999) sowie STERN (1980) verwiesen. Außerdem gibt es einen bemerkenswerten Vorschlag für ein Steuergesetzbuch für mittel- und osteuropäische Transformationsstaaten von LANG (1993) und sehr gute Übersichten des BUNDESMINISTERIUMS DER FINANZEN (1998, 1; 1998, 2; 1998, 3; 2001, 1; 2001, 2) über das Haushaltsrecht, den Bundeshaushalt, die Finanzverteilung, das Haushaltssystem und das Steuersystem in Deutschland.

Literaturverzeichnis

ALBERS, W. (1964), Das Popitzsche Gesetz der Anziehungskraft des übergeordneten Haushalts, in: F. NEUMARK, Hg. (1964), S. 835–858.

ALBERS, W.; et al. (1977–83), Hg., Handwörterbuch der Wirtschaftswissenschaft, Bde. 1–9, Tübingen (Mohr).

ANDEL, N. (1998), Finanzwissenschaft, 4., völlig überarb. A., Tübingen (Mohr).

ARNOLD, V. (1992), Theorie der Kollektivgüter, München (Vahlen).

AUERBACH, A. J.; M. .S. FELDSTEIN (1985–2002), Hg., Handbook of public economics, 3 Bde., Amsterdam (North-Holland).

BANNER, G. (1994), Neue Trends im kommunalen Management, in: Verwaltungsführung/Organisation/Personal, 16, S. 5–12.

BAUMOL, W. J. (1967), Macroeconomics of unbalanced growth: the anatomy of urban crisis, in: American Economic Review, 57, S. 415–426.

BECKERATH, E. VON; et al. (1956–68), Hg., Handwörterbuch der Sozialwissenschaften, 3. A., 12 Bde., Stuttgart (Fischer).

BERGER, H. (1997), Konjunkturpolitik im Wirtschaftswunder, Tübingen (Mohr).

BIRK, D. (2006), Steuerrecht, 9. A., Heidelberg u. a. O. (Müller).

BLANKART, C. B. (2006), Öffentliche Finanzen in der Demokratie: eine Einführung in die Finanzwissenschaft, 6. A., München (Vahlen).

BOLL, ST. (1996), Intergenerative Verteilungseffekte öffentlicher Haushalte – Theoretische Konzepte und empirischer Befund für die Bundesrepublik Deutschland, Diskussionspapier Nr. 6/96 der Volkswirtschaftlichen Forschergruppe der Deutschen Bundesbank, Frankfurt (Eigenverlag).

BORRMANN, J.; J. FINSINGER (1999), Markt und Regulierung, München (Vahlen).

BRÜMMERHOFF, D. (2001), Finanzwissenschaft, 8., völlig überarb. u. stark erw. A., München/Wien (Oldenbourg).

BUCHANAN, J. M. (1967), Public finance in democratic process. Fiscal institutions and individual choice, Chapel Hill (University of North Carolina Press).

BUNDESMINISTERIUM DER FINANZEN (1974), Hg., Der Wissenschaftliche Beirat beim Bundesministerium der Finanzen. Entschließungen, Stellungnahmen und Gutachten 1949 bis 1973, Tübingen (Mohr) 1974.

BUNDESMINISTERIUM DER FINANZEN (1988), Hg., Der Wissenschaftliche Beirat beim Bundesministerium der Finanzen. Gutachten und Stellungnahmen 1974 bis 1987 Tübingen (Mohr)

BUNDESMINISTERIUM DER FINANZEN (1995), Hg., Bundeshaushaltsplan 1995, Bonn (Eigenverlag).

BUNDESMINISTERIUM DER FINANZEN (1998, 1), Hg., Das Haushaltssystem des Bundes. Grundlagen einer einheitlichen Finanz- und Wirtschaftspolitik der öffentlichen Hand, Bonn (Eigenverlag).

BUNDESMINISTERIUM DER FINANZEN (1998, 2), Hg., Der Bundeshaushalt – Unser Geld, Bonn (Eigenverlag).

BUNDESMINISTERIUM DER FINANZEN (1998, 3), Hg., Die Finanzverteilung in der Bundesrepublik Deutschland, Bonn (Eigenverlag).

BUNDESMINISTERIUM DER FINANZEN (2001,1), Hg., Das Haushaltssystem der Bundesrepublik Deutschland, Bonn (Eigenverlag).

BUNDESMINISTERIUM DER FINANZEN (2001,2), Hg., Unsere Steuern von A – Z, Bonn (Eigenverlag).

BUNDESMINISTERIUM DER FINANZEN (2006), Hg., Finanzbericht 2007, Berlin (Eigenverlag).

BUNDESMINISTERIUM DER FINANZEN (2005), Hg., Bericht zur Tragfähigkeit der öffentlichen Finanzen, Berlin (Eigenverlag).

CAESAR, R.; H. PITLIK; J. P. SCHULZ (2005), Finanzwissenschaft: Fragen und Anregungen, Stuttgart (Steiner).

DEREGULIERUNGSKOMMISSION (1991), Marktöffnung und Wettbewerb, Stuttgart (Poeschel).

EDLING, H. (2001), Der Staat in der Wirtschaft, München (Vahlen).

EIBL-EIBESFELDT, I. (1997), Die Biologie menschlichen Verhaltens. Grundriß der Humanethologie, 4. A., München (Piper).

EUCKEN, W. (1952), Grundsätze der Wirtschaftspolitik, 6. A., Tübingen (Mohr).

EUCKEN, W. (1940/1989), Die Grundlagen der Nationalökonomie, Erstauflage 1940, 9. A., Berlin u. a. O. (Springer)

EUROPÄISCHE ZENTRALBANK (2002), Monatsbericht 04/2002, Frankfurt am Main (Eigenverlag).

FOLDVARY, F. (1994), Public goods and private communities. The market provision of social services, Aldershot (Elgar).

FOLKERS, C. (1983), Begrenzungen von Steuern und Staatsausgaben in den USA, Baden-Baden (Nomos).

FREY, B. S.; J. BOHNET (1996), Tragik der Allmende. Einsicht, Perversion und Überwindung, in: DIEKMANN, A.; C. C. JAEGER, Hg., Umweltsoziologie, Opladen (Westdeutscher Verlag) 2001, S. 292–307.

FRITSCH, M.; TH. WEIN; H.-J. EWERS (2005), Marktversagen und Wirtschaftspolitik: Mikroökonomische Grundlagen staatlichen Handelns, 6. A., München (Vahlen).

FUNKE, ST. (1995), Die Verschuldungsordnung. Ein Beitrag zur finanzwirtschaftlichen Ordnungspolitik, Berlin (Duncker & Humblot).

GANDENBERGER, O. (1981), Artikel: „Theorie der öffentlichen Verschuldung", in: F. NEUMARK, Hg. (1977–1983), Bd. 3, S. 3–49.

GERLOFF, W.; F. MEISEL (1926–29), Hg., Handbuch der Finanzwissenschaft, 3 Bde., Tübingen (Mohr) 1926–1929.

GERLOFF, W.; F. NEUMARK (1952–65), Hg., Handbuch der Finanzwissenschaft, 4 Bde., 2. A., Tübingen (Mohr).

GOLDBECK, J. (1991), Die Deichgenossenschaften. Eine Analyse ihrer historischen Entwicklung auf der Basis der Kollektivgüter- und Genossenschaftstheorie, Münster (Regensberg).

GROSSEKETTLER, H. (1987), Die Bestimmung der Schlüsselmasse im Kommunalen Finanzausgleich, in: FinanzArchiv, N. F., 45, S. 393–440.

GROSSEKETTLER, H. (1991), Die Versorgung mit Kollektivgütern als ordnungspolitisches Problem, in: ORDO, 42, S. 69–89.

GROSSEKETTLER, H. (1992), Der Budgetierungsprozess in der EG, in: HANSMEYER, K.-H., Hg., Ausgewählte Probleme der EG-Finanzen, Berlin (Duncker & Humblot), S. 183–255.

GROSSEKETTLER, H. (1996), Die ersten fünf Jahre. Ein Rückblick auf die gesamtdeutsche Finanzpolitik der Jahre 1990 bis 1995, in: FinanzArchiv, N. F., 53, S. 194–303.

GROSSEKETTLER, H. (1997), Die Wirtschaftsordnung als Gestaltungsaufgabe. Entstehungsgeschichte und Entwicklungsperspektiven des Ordoliberalismus nach 50 Jahren Sozialer Marktwirtschaft, Münster/Hamburg (Lit).

GROSSEKETTLER, H. (2000), Ordnungstheorie und Recht. Die Rollen von Ökonomen und Juristen bei der Entwicklung und Verteidigung einer koordinationseffizienten Wirtschaftsverfassung, in: LEIPOLD, H.; I. PIES (Hg.), Ordnungstheorie und Ordnungspolitik – Konzeptionen und Entwicklungsperspektiven, Stuttgart (Lucius & Lucius), S. 429 – 455.

GROSSEKETTLER, H. (2002,1), Ursprünge und Entwicklungslinien sozialer Sicherungssysteme in Deutschland, in: APOLTE, TH.; U. VOLLMER (Hg.), Arbeitsmärkte und soziale Sicherungssysteme unter Reformdruck, Stuttgart (Lucius & Lucius), S. 47 – 81.

GROSSEKETTLER, H. (2002,2), Die österreichische Finanzverfassung vor dem Hintergrund des internationalen Standortwettbewerbs, in: THEURL, E.; R. SAUSGRUBER, H. WINNER (Hg.), Kompendium der österreichischen Finanzpolitik, Wien/New York (Springer), S. 32 – 89.

GROSSEKETTLER, H. (2005), Funktionsfähigkeit der nationalen Stabilitätspakte föderalistischer EU-Staaten im Lichte der Anforderungen des Europäischen Stabilitäts- und Wachstumspaktes, in: GENSER, B. (Hg.), Haushaltspolitik und öffentliche Verschuldung, Berlin (Duncker & Humblot), S. 53–94.

GROSSEKETTLER, H. (2006), Verbände zwischen Markt und Staat aus finanzwissenschaftlicher Sicht, in: SCHMIDT-TRENZ, H.-J.; R. STOBER (Hg.), Jahrbuch Recht und Ökonomik des Dritten Sektors 2005/2006 (RÖDS) (Nomos), S. 13-35.

HANSMANN, J. (1995): Contingent Valuation: A Critical Assessment, Amsterdam (North Holland).

HANSMEYER, K.-H.; W. RÜRUP (1993), Staatswirtschaftliche Planungsinstrumente, 4. A., Düsseldorf (Werner).

HANUSCH, H. (1994), Nutzen-Kosten-Analyse, 2. A., München (Vahlen).

HEINSON, ST. (1997), Der öffentlichrechtliche Grundsatz der Verhältnismäßigkeit. Historische Ursprünge im deutschen Recht, Übernahme in das Recht der Europäischen Gemeinschaften sowie Entwicklungen im französischen und englischen Recht, Münster (Diss.).

HERZOG, R. (1998), Staaten der Frühzeit. Ursprünge und Herrschaftsformen, 2. A., München (Beck).

HEUER, E. (1993), Kommentar zum Haushaltsrecht, Neuwied (Luchterhand).

HOMBURG, ST. (2007), Allgemeine Steuerlehre, 5., erweiterte Auflage, München (Vahlen).

ISENSEE, J.; P. KIRCHHOF (1999), Hg., Handbuch des Staatsrechts der Bundesrepublik Deutschland, Bd. IV: Finanzverfassung – Bundesstaatliche Ordnung, 2., durchges. A., Heidelberg (Müller).

KIRCHHOF, P. (1999), Staatliche Einnahmen, in: ISENSEE, J.; P. KIRCHHOF, Hg. (1990), S. 87–233.

KLEINMANN, K. (1985), Die langfristige Entwicklung von Kommunikation und Staatsausgaben, Frankfurt/Main u. a. O. (Lang).

KUHN, TH. (1993), Determinanten der Staatsausgaben: Bevölkerung und Urbanisierung. Eine Literaturübersicht, in: ifo-Studien, 32, S. 127–145.

LANG, J. (1993), Entwurf eines Steuergesetzbuchs, Bonn (Stollfuß).

LOHMAR, U.; et al. (1979), Diskussion von Thesen über die Staatsbürokratie, in: Aus Politik und Zeitgeschichte, Beilage Nr. 15/79 zur Wochenzeitung „Das Parlament".

MUELLER, D. C. (2003), Public choice III, Cambridge/Mass. u. a. O. (Cambridge University Press).

MUMMERT, A.; F. SCHNEIDER (2002), The German Shadow Economy: Parted in a United Germany? in: FinanzArchiv, 86.

MUSGRAVE, R. A.; P. B. MUSGRAVE; L. KULLMER (1992 – 1994), Die öffentlichen Finanzen in Theorie und Praxis, 3 Bde., 6., 5. erw. 4. A., Tübingen (Mohr).

NEUMARK, F. (1970), Grundsätze gerechter und ökonomisch rationaler Steuerpolitik, Tübingen (Mohr).

NEUMARK, F. (1977–1983), Hg., Handbuch der Finanzwissenschaft, 3. A., 4 Bde., Tübingen (Mohr).

NIEDER-EICHHOLZ, M. (1995), Die Subventionsordnung. Ein Beitrag zur finanzwirtschaftlichen Ordnungspolitik, Berlin (Duncker & Humblot).

NISKANEN, W. A. (1971), Burlancracy and representative government, Chicago & New York (Aldine/Atherton).

NORTH, D. C. (1988), Theorie des institutionellen Wandels. Eine neue Sicht der Wirtschaftsgeschichte, Tübingen (Mohr).

OLSON, M., JR. (1965), The logic of collective action, Cambridge/Mass. (Harvard University Press).

OLSON, M., JR. (1982), The rise and decline of nations: Economic growth, stagflation, and social rigidities, New Haven (Yale University Press).

OLSON, M. JR. (1996), Big bills left on the sidewalk: Why some nations are rich, and others poor, in: Journal of Economic Perspectives, 10, S. 3–24.

OSTROM, E.; R. GARDNER, J. WALKER (1994), Rules, games and common-pool resources, Ann Arbor (University of Michigan Press).

PEFFEKOVEN, R. (1983), Probleme der internationalen Finanzordnung, in: NEUMARK, F., Hg. (1977–1983), Bd. 4, S. 219–268.

PEFFEKOVEN, R. (1994), Die Finanzen der Europäischen Union, Mannheim u. a. O. (BI-Taschenbuchverlag).

PEFFEKOVEN, R. (2001), Reform des Länderfinanzausgleichs und des Solidarpakts II, in: Wirtschaftsdienst, Bd. 81, 8, S. 427–447.

PETERSEN, H.-G. (1988/93), Finanzwissenschaft I (3. A. 1993) und II (1988), Stuttgart u. a. O. (Kohlhammer).

POLLAK, H. (1980), Steuertarife, in: NEUMARK, F., Hg. (1977–1983), Bd. 2, S. 239–266.

POMMEREHNE, W. W.; A. U. RÖMER (1992), Ansätze zur Erfassung der Präferenzen für öffentliche Güter. Ein Überblick, in: Jahrbuch für Sozialwissenschaft, 43, S. 171–210.

POMMEREHNE, W. W.; L. P. FELD; A. HART (1994), Voluntary provision of a public good. Results from a real world experiment, in: Kyklos, 47, S. 505–518.

POPITZ, J. (1927), Der Finanzausgleich, in: GERLOFF, W.; F. MEISEL, Hg., Bd. 2, S. 338–375.

RICHTER, W. F.; W. WIEGARD (1993): Zwanzig Jahre „Neue Finanzwissenschaft", in: Zeitschrift für Wirtschafts- und Sozialwissenschaften, Berlin (Ducker & Humblot).

ROSE, M. (1994), Ein einfaches Steuersystem für Deutschland, in: Wirtschaftsdienst, 74, S. 423–432.

ROSEN, H. S.; R. WINDISCH (1992/98), Finanzwissenschaft, 2 Bde., München/Wien (Oldenbourg).

SCHEMMEL, L.; R. BORELL (1992), Verfassungsgrenzen für Steuerstaat und Staatshaushalt. Ein Beitrag zur Reform der Finanzverfassung, Wiesbaden (Karl-Bräuer-Institut).

SCHEUBE, J. (1992), Entwicklungshilfe als ökonomische Gestaltungsaufgabe. Ein Beitrag zur finanzwirtschaftlichen Ordnungspolitik, Berlin (Duncker & Humblot).

SCHMIDT, K. (1974/75), Zur politischen Reaktion auf Nachfragewogen in der Staatswirtschaft, in: FinanzArchiv, N. F., 33, S. 30–44.

SCHMÖLDERS, G.; K.-H. HANSMEYER (1980), Allgemeine Steuerlehre, Berlin (Duncker & Humblot) 1980.

SCHREIBER (2005), Besteuerung der Unternehmen. Eine Einführung in Steuerrecht und Steuerwirkung, Berlin (Springer).

SCHUMPETER, J. A. (1993), Kapitalismus, Sozialismus und Demokratie, 7. A., Tübingen/Basel (Franke).

SCHWARZNER, G. (1991), Öffentliche Haushalts- und Finanzplanung bei Finanzierungsengpässen, Berlin (Duncker & Humblot).

SOH, B. H. (1986), Political business cycles in industrialized democratic countries, in: Kyklos, 39, S. 31–46.

STATISTISCHES BUNDESAMT, Hg., Finanzen und Steuern, Fachserie 14, Reihe 3.1 (Rechnungsergebnisse des öffentlichen Gesamthaushalts), Stuttgart (Metzler-Poeschel), lfde. Jge.

STERN, K. (1980), Das Staatsrecht der Bundesrepublik Deutschland, Bd. 2: Staatsorgane, Staatsfunktionen, Finanz- und Haushaltsverfassung, Notstandsverfassung, München (C. H. Beck).

STERN, K.; P. MÜNCH; K.-H. HANSMEYER (1972), Gesetz zur Förderung der Stabilität und des Wachstums der Wirtschaft, Kommentar, 2. A., Stuttgart u. a. O. (Kohlhammer) 1972.

STIGLITZ, J. E.; B. SCHÖNFELDER (2000), Finanzwissenschaft, 2. A., 3. Nachdruck, München/Wien (Oldenbourg).

TEUTEMANN, M. (1992), Rationale Kompetenzverteilung im Rahmen der europäischen Integration. Ein Beitrag zur finanzwirtschaftlichen Ordnungspolitik, Berlin (Duncker & Humblot).

TIPKE, K.; J. LANG (2005), Steuerrecht. Ein systematischer Grundriss, 18. überarb. A., Köln (O. Schmidt).

UNRUH, G.-CHR. VON; F. GREVE; U. SCHLIESKY (2001), Grundkurs öffentliches Recht. Eine Einführung in das Staats- und Verwaltungsrecht mit Grundzügen der allgemeinen Staatslehre, 5. A., Neuwied (Luchterhand).

VOLCKART, O. (2000), Ein wirtschaftstheoretisches Modell der Entstehung des modernen Staates, in: Der Staat, Berlin (Duncker & Humblot), S. 227–255.

VOLCKART, O. (2002, 1), Wettbewerb und Wettbewerbsbeschränkungen im vormodernen Deutschland 1000 – 1800, Tübingen.

VOLCKART, O. (2002, 2), Wettbewerb und Wettbewerbsbeschränkungen in Politik und Wirtschaft. Deutschland im Mittelalter und Früher Neuzeit, Marburg.

WAGNER, R. E. (1991), Hg., Charging for government. User charges and earmarket taxes in principle and practice, London (Routledge).

WELLISCH, D. (2000), Finanzwissenschaft, 3 Bde., München (Vahlen).

WERNER, G. (1995), Subventionsabbau – gesetzliche Zwänge schaffen. Vorschläge zur Ergänzung des Haushaltsgrundsätzegesetzes zwecks besserer Kontrolle und Kürzung von Subventionen, Wiesbaden (Karl-Bräuer-Institut).

WICKSELL, K. (1896), Finanztheoretische Untersuchungen nebst Darstellung und Kritik des Steuerwesens Schwedens, Jena (Fischer).

WISSENSCHAFTLICHER BEIRAT BEIM BMF (1976), Gutachten zur Aussagefähigkeit staatswirtschaftlicher Quoten, in: BUNDESMINISTERIUM DER FINANZEN, Hg. (1988), S. 139–168.

WISSENSCHAFTLICHER BEIRAT BEIM BMF (1992), Gutachten zum Länderfinanzausgleich in der Bundesrepublik Deutschland, Bonn (Stollfuß).

WISSENSCHAFTLICHER BEIRAT BEIM BMF (2000), Stellungnahme zum Finanzausgleichsurteil des Bundesverfassungsgerichts vom 11. November 1999, Bonn (Stollfuß).

WISSENSCHAFTLICHER BEIRAT BEIM BMF (2001): Nachhaltigkeit in der Finanzpolitik. Konzepte für eine langfristige Orientierung öffentlicher Haushalte, Bonn (Stollfuß).

WISSENSCHAFTLICHER BEIRAT BEIM BMF (2004, 1): Nachhaltige Finanzierung der Renten- und Krankenversicherung, Berlin (Stollfuß).

WISSENSCHAFTLICHER BEIRAT BEIM BMF (2004, 2): Flat Tax oder Duale Einkommenssteuer? Zwei Entwürfe zur Reform der deutschen Einkommensbesteuerung, Berlin (Stollfuß).

WISSENSCHAFTLICHER BEIRAT BEIM BMF (2006): Die abgabenrechtliche Privilegierung gemeinnütziger Zwecke auf dem Prüfstand, Berlin (Stollfuß).

ZIEBARTH, G. (1995), Methode und Technik der Bereinigung struktureller Budget-

defizite, Diskussionspapier Nr. 2/95 der Volkswirtschaftlichen Forschergruppe der Deutschen Bundesbank, Frankfurt (Eigenverlag).
ZIMMERMANN, H. (1999), Kommunalfinanzen, Baden-Baden (Nomos).
ZIMMERMANN, H.; K. D. HENKE (2005), Finanzwissenschaft. Eine Einführung in die Lehre von der öffentlichen Finanzwirtschaft, 9. A., München (Vahlen).
ZIPPELIUS, R. (1998), Kleine deutsche Verfassungsgeschichte, 4. A., München (Beck).
ZIRNSTEIN, G. (1996), Ökologie und Umwelt in der Geschichte, 2. A., Marburg (Metropolis).

Stichwortverzeichnis